本書的出版，承蒙中國社會科學院出版基金資助

［清］沈家本　撰

韓延龍　劉海年　沈厚鐸　等整理

社科學術文庫
LIBRARY OF
ACADEMIC WORKS OF
SOCIAL SCIENCES

沈家本未刻書集纂補編

上卷

（清）沈家本 撰

中国社会科学出版社

圖書在版編目(CIP)數據

沈家本未刻書集纂補編：全2卷／（清）沈家本撰，韓延龍等整理. —北京：中國社會科學出版社，2018. 10
ISBN 978-7-5203-2912-5

Ⅰ. ①沈… Ⅱ. ①沈…②韓… Ⅲ. ①法制史-中國-清代 Ⅳ. ①D929. 49

中國版本圖書館 CIP 數據核字(2018)第 172018 號

出 版 人 趙劍英
責任編輯 任 明
責任校對 韓天炜
責任印製 李寡寡

出　　版 中國社會科學出版社
社　　址 北京鼓樓西大街甲 158 號
郵　　編 100720
網　　址 http：//www. csspw. cn
發 行 部 010-84083685
門 市 部 010-84029450
經　　銷 新華書店及其他書店

印刷裝訂 北京君昇印刷有限公司
版　　次 2018 年 10 月第 1 版
印　　次 2018 年 10 月第 1 次印刷

開　　本 787×1092 1/16
印　　張 85. 75
字　　數 1500 千字
定　　價 850. 00 圓（全 2 卷）

沈家本（1840——1913）畫像

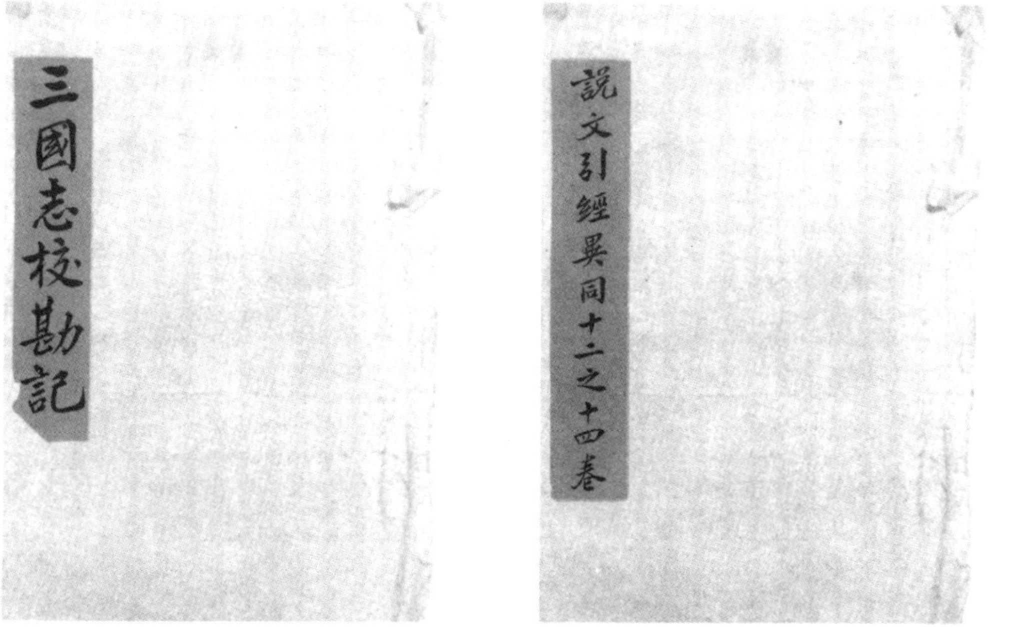

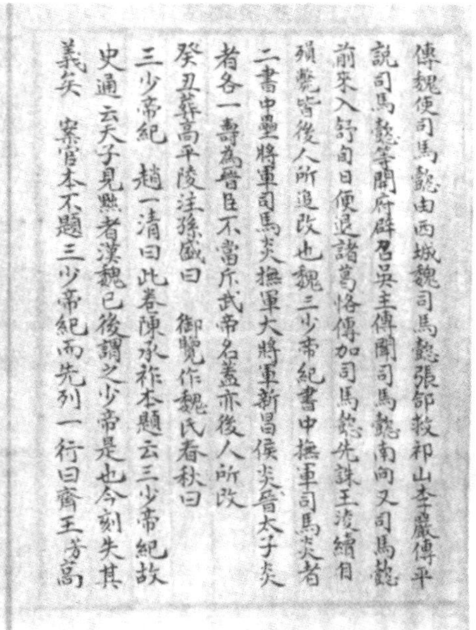

傳魏便司馬懿由西城魏司馬懿張郃救祁山李嚴傳平
說司馬懿等開府辟召吳主傳獻司馬懿南向又司馬懿
前來入舒旬日便退諸葛恪傳加司馬懿先誅王淩續自
殞斃皆後人所追改也魏三少帝紀書中撫軍司馬炎者
二書中壘將軍司馬炎撫軍大將軍新昌侯炎晉太子炎
者各一壽為晉臣不當斥武帝名蓋亦後人所改
癸丑葬高平陵注孫盛曰　御覽作魏氏春秋曰
三少帝紀　趙一清曰此卷陳承祚本題云三少帝紀故
史通云天子見黜者漢魏已後謂之少帝是也今刻失其
義矣　案宮本不題三少帝紀而先列一行曰齊王芳高

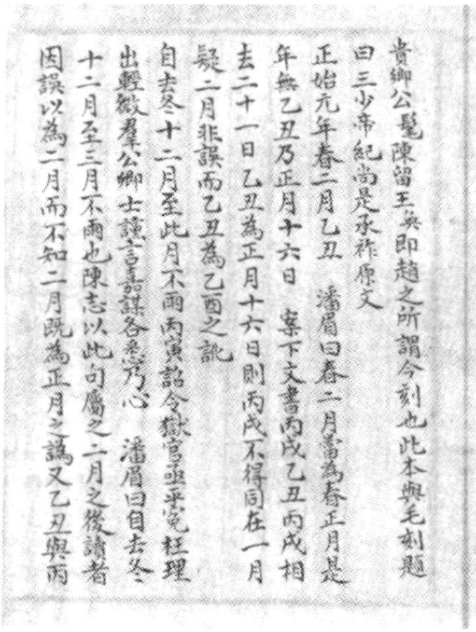

貴鄉公髦陳留王奐即趙之所謂今刻也此本與毛刻題
曰三少帝紀尚是承祚原文
正始元年春二月乙丑　潘眉曰春二月當為春正月是
年無乙丑乃正月十六日　案下文書丙戌乙丑丙戌相
去二十一日乙丑為正月十六日則丙戌不得同在一月
疑二月非誤而乙丑為乙酉之訛
自去冬十二月至此月不雨丙寅詔令獄官亟平冤枉理
出輕微羣公卿士讜言嘉謀各悉乃心　潘眉曰自去冬
十二月至三月不雨也陳志以此句屬之二月之後讀者
因誤以為二月而不知二月既為正月之譌又乙丑與丙

沈家本手稿影印件

杜預以旃訓旝與馬融廣成頌云旃旝摻其如林其義正合此其爲漢人舊説杜注所本初無疑義即説文亦旝列于旃前也｜杜以旝爲大將之麾執以爲號令孔疏謂張侯曰師之耳目在吾旗鼓進退從之是在軍之士視將旗以爲進退其説實較賈逵發石之義爲長發石乃攻擊之具非號令之具也韻會引説文之引詩者並云説文云云引詩云云旝字與他字文法相同未必於此文獨有所改移故以从㫃之義推之｜段沈據之增旌旗一訓一在前一在後説雖不同然不得謂毫無

遣都尉唐譜等詣進乘縣　續漢志牂柯郡進乘縣前漢志乘作桑晉志亦作進乘

以興為督交阯諸軍事上大將軍定安縣侯　續漢志交阯郡定安前漢志晉志作安定宋志作定安未知孰是

相國參軍事徐紹　晉書紹作劭

安彌福祿縣各言嘉禾生　續漢志酒泉郡福祿前志作祿福續志攷異曰魏志龐淯傳及皇甫謐列女傳載龐娥事云祿福趙君安之女又云祿福長尹嘉曹全碑亦云拜酒泉祿福長則知作福祿者誤也

成 平生志願儘堪酬 富貴榮華四十秋 夢醒獨留酣夢態 我來呼喚不回頭 我伺先生借枕頭 只須一夢到杭州 歸來記取西湖景 擬赴西湖次第遊 名

初五日晴 卯初刻開車 五十里杜邨鋪 夫樊城來車甚多 有數十兩 午刻由杜邨開行入磁州界 渠夷道二十里 水彩雲影相映 如入清涼世界 廿里磁州 地甚清淺 而城垣隳敗 三十里磁州南界總鋪 出直隸界 渡漳河 水淺 策馬而渡 入河南界 地為豐樂鎮 屬安陽縣 即住宿焉 計行一百里 此處已越賊前 可無他慮 作姨丈函 又作方子望書 擬明日過鄴郡寄

目録

敘雪堂故事

一卷

秋審事宜

秋審處郎中、員外郎、主事無定員，由堂官酌委，掌覈秋審、朝審之案會典。凡各省秋決之囚，得旨則監候，越歲，審其應決與否而上之，曰秋審。在部之囚亦如之，曰朝審。凡秋審之別有四：曰情實，曰緩決，曰可矜，曰留養承祀。十七司擬而付於總辦，總辦擬而呈於堂，乃彙招册，以送於九卿、詹事、科道而待集議。凡秋審情實者，皆繕黄册以呈御覽，朝審亦如之會典。

總辦司員於年底即請堂派各司專辦次年秋審官，滿洲一員，漢二員，將各該司應入秋審人犯，依原案題結先後，以次摘叙案由，分别實緩矜留，出具看語，陸續彙送本處。坐辦司員將各司略節，删繁補漏，交總看司員酌覈允當，加具看語，呈堂批閲。仍於堂議之前，總看、坐辦各司員彙齊集覈議，將情實、緩決、可矜、留養承祀各犯詳細參酌，平情定擬。凡同一罪名而其中情節微有區别，即實緩判然，必準酌案情，一歸允協。儻有與外省所擬不符者，另繕一册，俟堂議定奪。

每年開印後即具行催稿呈堂，傳各司行文各省催取。秋審後尾，限四月内到齊。及略節閲定，先後發寫紅格，交匠刊刻。俟各省後尾到，合内外看語一併列入招册，分送九卿、詹事、科道。凡各省秋審本揭，如係新事初次入於秋審者，備叙案由，確加看語，以憑會覈。其舊事緩決人犯，摘叙簡明略節，依次彙爲一本具題，俱不叙入問供。至本部分送九卿招册内，除初次入秋審各案外，亦惟舊事情實未勾併由實改緩，下年初入秋審緩決者，仍刷印分送。其已入緩決者，不復備册，止於會審時逐一唱名，進呈本内亦第開列起數、名數。若舊事内有一、二案尚須商議，并該督撫前擬情實，後改緩決；前擬緩決，後改可矜之案仍摘出，臨期印册，分送九卿公議。

舊例緩決、可矜之案，俱繕招册進呈。乾隆二十四年奏准删除，止進情實册會典小注。

秋審以八月上旬，九卿等會於天安門外金水橋西朝房，以各省秋審起數，按其實緩矜留逐案唱報。其與外擬不符，另行改擬之案，即將應改緣由朗誦。如九卿等有商籤，應准應駁之處亦加朗誦，俾衆共聞。議既定，將情實、緩決、可矜、承祀留養各犯分擬具題，恭候欽定。其緩決本内，將由實改緩者開列在前。如有蒙古人犯，應知會理藩院堂官到班會審，其照蒙古例治罪者一體列銜。

朝審於霜降前刊送招册，至霜降十日，九卿等亦於金水橋西朝房集議。各司俱帶册，並監提人犯唱名過堂，遂分擬具題候旨，如秋審會典。

謹按近年秋審集議，均在八月下旬，由刑部定期知會九卿、詹事、科道上班。朝審上班在秋審上班之次日，亦不在霜降前十日矣。從前秋審，九卿集議，每年或十一、二日，或十三、四日，并無定限。近年以來但止一日，未詳始於何年，候考。及期予勾，尚書、侍郎咸待。本下，侍郎一人接焉，決囚則蒞法場而監視。冬至前六十日，欽天監擇期，按各省道里遠近，首雲南、貴州，次四川、廣西、廣東、福建、盛京、陝西、甘肅，次湖北、湖南、浙江、江西，次安徽、江蘇，次河南，次山東、山西，次直隸。朝審則於冬至前十日，遇停勾之次年則於冬至前五日。是日清晨，豫設黄册於懋勤殿御案，設書、侍郎跪於右，記注官侍立於左。奏本學士奏勾到某省，大學士一人展漢字本於案，奏本學士奏各犯姓名，恭候御覽黄册，大學士等亦各閲所攜小摺。俟皇帝降旨，大學士遵旨勾漢字本，勾訖捧出，照勾清字，繕寫清、漢票籤送批本處進呈。批出清字時兼批漢字，密封交該道御史，即交部辦理。如在圓明園御洞明堂勾到，大學士、軍機大臣跪於右，内閣學士、本部尚書、侍郎跪於左，記注官分左右侍立。如遇行在勾到，大學士等亦分左右跪，記注官侍立於案下之右。批出時密封交行在兵部發京送内閣，兼批漢字，遂交該道御史交部辦理。勾到下，部豫設黄案於大堂中，該道御史齎到，侍郎一人跪接，交司行文。勾到文限期：雲南、貴州、四川、廣西、廣東、福建限四十日，吉林限三十日，江西、浙江、湖南、甘肅限二十五日，江南、陝西、湖北限十八日，盛京限十五日，河南限十二日，山東、山西限九日，直隸限四日。

朝審決囚，本部侍郎一人監視綁犯人畢，每司各派司員赴市曹，步軍統領衙門派步軍翼尉一員護送。又，侍郎一人會同刑科給事中赴法場，京畿道御史齎本至，侍郎等恭接，遵旨行刑畢，遂復命。

凡勾決，皆榜揭以示衆。每年勾到後，大學士、軍機大臣會同本部，將已勾、未勾各案情摘叙簡明事由奏聞，行知各督撫，於處決時揭示通衢曉諭，朝審則由部發交該城榜示。

凡秋審、朝審歲支之款，皆覈而題銷。每年辦理秋審，動支户部銀五千兩。凡黄册描邊、繕寫本章、紅格刊刷、裝訂招册及版片鉋面、鋸邊、修補舊字，又繕寫命盜等案黄册，並監犯衣藥物等項，俱於秋審項内支取，按年覈銷。

秋朝審覆奏本

康熙七年覆准：「朝審秋決重犯，將矜疑、緩決、情實者，分別三項具題，俟命下之日，矜疑者照例減等，緩決者仍行監候，情實者刑科三覆奏聞。俟命〔下〕之日，開列各犯姓名，奏旨勾除方行處決，其未經勾除者仍行監候。」見會典，此朝審之覆奏之始。唐太宗怒斬張蘊古，既而大悔。因詔：「死刑雖令即決，皆三覆奏。」久之，向群臣曰：「死者不可復生，昔王世充殺鄭頲而猶能悔，近有府吏取賕不多，朕殺之，是思之不審也。決囚雖三覆，而頃刻之間何暇思慮。自今宜二日五覆奏，諸州死罪三覆奏。」見唐書·刑法志。宋，京師大闢一覆奏。見宋史·刑法志。明制，凡死刑即決及秋後決并三覆奏。見明史·職官志。是康熙中之朝審三覆奏，亦因唐、明之制而酌定者。雍正二年四月奉上諭：「朕惟明刑所以弼教，君德期於好生。從來帝王於用刑之際，法雖一定而心本寬仁，是以虞廷以欽恤垂訓，周書以慎罰爲辭，誠以民命至重，寧過乎仁，毋過乎義也。朕自臨御以來，一切章奏無不留心細覽，於刑讞一事猶加詳慎，恐法司未能平允，情罪未能悉當，朕心彌用惻然。故凡京城及各直省題奏讞獄，但少有可矜者，無不法外施仁，量加末減。獨念朝審重囚，其情實者刑科必三覆奏聞，勾除者方行處決。而外省情實重囚，惟於秋審後法司具題，即咨行該省，無覆奏之例。朕思中外一體，豈在京諸囚宜加詳慎，在外省者獨可不用詳慎乎？人命攸關，自當同仁一視。自今年爲始，凡外省重囚經秋審具題，情實應決者，爾法司亦照朝審之例三覆奏聞，以副朕欽恤慎罰之至意。云云。」此秋審三覆奏之始。乾隆十四年九月奉上諭：「朝審情實人犯例由刑科三覆奏，其後各省亦皆三覆奏，自爲慎重民命，即古『三刺三宥』遺制。謂臨刑之際必致詳審，不可稍有忽略耳，非必以三爲節。朕每當勾到之年，置招册於旁，反覆省覽，常至五、六遍，必令毫無疑義。至臨勾，必與大學士等斟酌再四，然後予勾，豈啻三覆已哉？若夫三覆，奏本章科，以悤遽具題，不無豕亥。且限於時日，豈能逐案全覽？朕思爲政，惟當務實，而師古不在徇名。三覆之例行之雖久，實不過具文。若不詳閲招册，即照例十覆亦不過照例稟旨，此廷臣所共知者，徒事繁文，何益於政？嗣後刑科覆奏，各省皆令一次，朝審仍令三覆，亦足寓存革之意，實敦行簡之風。欽此。」此秋審改爲一覆奏之始。嘉慶二十年九月奉上諭：「秋審、朝審情實人犯，舊例著三覆奏，本昭古者『三刺三宥』遺意。我朝欽恤民命，凡案犯供情原委備載招册。每年黄册進呈，早經反覆推求，慎之又慎，實不止於三覆。其科臣循例題本僅屬具文，是以乾隆十四年將直省秋審改爲一覆奏，已足以存舊制。向來覆奏之本，皆於黃册進呈後隨即奏上，距勾到之時甚遠。嗣後黃册仍於八月中旬呈進，其秋審、朝審覆奏之本，皆著於本省勾到前五日覆奏一次。朕批閱時再同黃册詳加酌核，以昭慎重。著爲令。」

秋朝審進呈黃册及進呈日期

順治十年題准：朝審於每年霜降後，三法司會同九卿、詹事、科道等官，逐一審録。刑部司官先期將重囚招册略節删正呈堂，刊刻刷印進呈，並分送各該會審衙門。會審時各犯有情實、緩決、矜疑者，例該吏部尚書舉筆分爲三項，各具一本，俱刑部具題請旨。內有御筆勾除者方行處決，未經勾除者照舊監候。又，康熙十二年題准，直省秋審，令該督撫會擬，情實、緩決、矜疑分別具題。刑部將該督會審情實、緩決、矜疑看語刊刻招册，送呈御覽，分送九卿、科道官員各一册，會議分擬具題，請旨定奪。其盛京等處監禁重犯，亦造黃册，入在直省秋審內具題完結。各等語（會典）。以上二條，秋、朝審呈進黃册之始。其進呈日期在九卿未經審定以前。又，雍正三年奉旨將情實、緩決、可矜分爲三項，各依省分，以雲南省起，照該督撫看語刊刻招册，並九卿看語一並進呈等因（會典）。此一條進呈黃册日期，在九卿審定以後。迨乾隆十四年奏准，秋審、朝審初次進呈招册，俱屬九卿未經審擬之案，遵旨除。嗣後，秋、朝審呈進黃册，俱九卿審定之後，始行刷印，繕録進呈。

秋朝審招册删去撫看語止敘部看

奏爲刊刷秋審招册，請酌量變通辦理，以歸簡易以昭詳慎事。內閣抄出掌江南道監察御史九成奏前事等因，乾隆十九年十月二十九日奉硃批：「該部議奏。欽此。」欽遵於本月十三日抄出到部。臣等議得，「據掌江南監察御史九成奏稱：『竊查每年秋審到部，將直省重囚案情罪名，刊刷招册，分送九卿、詹事、科道，公同詳閱，分別情實、緩決、可矜，請旨定奪，曲至重也。招册內理宜全録情節，以備參詳，庶幾輕重合宜，不至錯誤。惟是向例刊刷招册，必將法司看語與督撫看語一併叙入，承辦之員恐刊刷工價多有糜費，遂删去繁冗以圖節省。迨辦理日久，承辦各員遞年更換，非出一手，間有將要情遺漏不載致淆裁酌者。如本年山西省情實斬犯張起雲，原案內開：「因布客殷廣祿屢次調戲伊女大姐兒，忿恨將殷廣禄掐死。張起雲見其擔內貯有錢布，當即取藏。復剥取屍衣，將屍背土窑滅跡。嗣經屍弟舉控，差役訪獲。」乃招冊內止將掐死緣由叙出，九卿見其因女屢被調戲致斃，情稍可原，有欲改擬緩決者。及刑部查出原案，知有收藏錢布、剥衣、棄屍滅跡等情，始行照覆，此其明驗也。詳查秋審招冊內所述督撫看語，業將案犯情節再爲聲叙，案係兩層而語實重複。與其聲叙兩層慮有縻費節删字句，曷若省去一層，照稿全録以杜遺漏。且查現在朝審招冊內，法司題結直省解部監候之案，只叙該督撫題某一案擬罪數語於前，其奉旨「三法司核擬具奏」之下，則叙法司會稿原看，該督撫原題看語內情節概不叙入，翻閱既不重複而案情亦覺詳備。請諭刑部，嗣後刊刷秋審招冊，俱照此一體辦理，只將法司會稿原看全行開載，務令承辦各員詳加覈對，不得將緊要情節稍有遺漏。如有率意删減，致案情與原稿不符者，經九卿、詹事、科道查出，即行指參，將承辦各員交部嚴加議處。如此則案歸簡易，既無重複之繁文而案情全備，愈昭讞獄之詳慎矣，等因。』具奏。前來，查秋審招冊首列督撫看語，所以叙原招情節；次列法司會看，所以詳定擬罪名，舊制相沿，遵行日久。每年秋審時，臣部會同九卿、詹事、科道等官，將各省案件逐起審定，惟期虛衷詳慎，無枉無縱，原不在招冊款式及一、二字句之繁簡也。今該御史奏稱，秋審招冊理宜照稿全録，以備參詳，等語。查臣部向來辦理招冊，務令承辦司員摘叙緊要案情，刊刻分送。仍令各該司員將原稿揭帖俱攜送秋審棚內，以備詳查。儻有商酌之處，俱可隨時檢閱，不獨如該御史所奏，本年山西省張起雲謀殺殷廣禄一案始行備卷查覈也。是秋審時各案稍有疑義，原屬有卷可查，并不因不照稿全録致淆裁酌。且原稿內有一案數犯，各有罪由與現入秋審全不相涉者；亦有一犯數事并發，罪有重輕，已從重定罪，而餘罪無庸贅叙者。若必全行載入，頭緒紛紜，反難查閱，應將該御史所稱照稿全録之處毋庸議。再，該御史奏稱，招冊內止叙法司會稿原看，將該督撫原題看語概不叙入等語。查本年新舊各案共計七千餘起，若將現在刊舊之板概行删改另刻，不特工價浩繁，且計明歲秋審之前，爲期不過數月，勢難趕辦。惟將明年新事删去撫看，止叙部看，每案約可節省數佰字，似與删繁就簡之意相符，事屬可行。除乾隆十九年以前舊事毋庸删改另刻外，其自乾隆乙亥年新事起，應如該御史所奏，止載部看，以省重複。至該督撫審擬原題，間有因供情互異及律例不符，經法司題駁改正，或蒙睿覽改定，與尋常照覆之案不同者，應仍摘叙督撫原看，以備參閲，等因。」十一月十四日奉旨依議。

秋審官犯予限完贜

乾隆三十六年十一月初七月奉旨：「羅源浩名下追賠銀兩，雖經陸續全完，但已在一年限外，且伊尚有應追分賠辦運銅行脚費銀及攤賠委負馬生龍空運脚銀，兩項俱未完交。著再予限一年，俟羅源浩依限完交後，該部奏聞請旨。」

查羅源浩雲南糧道，因總理銅廠，濫放工本，積欠無著，應分賠銀。又截留京銅工本，應賠銀共十一萬有奇。斬犯。

三十七年十一月初二日奉旨：「羅源浩名下所有應追未完銀兩，著再展限一年，俟完繳之日，該部再行奏聞請旨。」

新疆等處秋審

新疆并烏里雅蘇臺、科布多等處應入秋審人犯，由陝西司分別實緩，專摺具奏。與各省官犯、服制本同日進呈。

擬絞固監緩決官犯入於秋審具題

奏爲請旨事。據原任福建巡撫黄檢咨稱，「官犯徐元於福州知府任内，因所屬福清縣知縣杜錫齡將已獲盜犯林添啟縱放出洋，以致同役爲盗，徐元不揭報，任犯遠颺，實與親縱無异。查所縱盗犯，原犯情罪係例應擬遣之犯。但有心欺玩，法難寬貸，將徐元比照受財故縱罪止擬絞例擬絞，固監緩決；候逃囚林添啟獲日，請旨另行辦理。查斬絞重囚，例應入於秋審，分别定擬。兹官犯徐元，原擬係比例固監緩決，應候逃囚獲日另行辦理。但究係擬絞之犯，逃囚尚未弋獲，應否入於本年秋審，仍照原擬緩決，候逃囚獲日請旨辦理之處，咨部示覆，以便辦理。等因。」咨達到部。查徐元已革福州府知府，其所屬知縣杜錫齡縱令盗犯林添啟出洋緝賊，以致林添啓遠颺無蹤。徐元并不揭報，協同捏飾，該撫比受財故縱與囚同罪。並聲明，所縱雖例應擬遣盜犯，從重依故縱凌遲斬絞律止擬絞例擬絞，固監緩決，候逃囚獲日請旨另行辦理。等因。臣部覆具奏，奉旨：「依擬。欽此。」欽遵在案。今該撫復以徐元應否入於秋審咨部請示。臣等伏查，死罪人犯，凡監候秋後處決者，俱應入於秋審，分別情實、緩決辦理，而官犯則彙册恭候勾到。此案，徐元係擬絞固監緩決，候逃囚得獲另辦之犯，原擬并無「秋後處決」字樣，似與别項官犯應入秋審者不同。但係已革知府大員，未便照監候待質常犯不入秋審之例辦理。所有徐元一犯，應請令該撫即入於秋審具題。臣部於恭進官犯黄册時，另立一册隨同進呈，恭候聖鑒。等因。乾隆四十四年四月初二日奉旨：「所奏是」。

官犯年終彙奏

嘉慶十五年十二月二十二日諭：「本日刑部奏，常犯情實改緩決，及常犯減等各摺，係每年照例辦理。因思在京及各省官犯，向無彙奏緩決之條，原以官犯與常犯不同，問刑衙門不敢輕擬寬減。但此内所犯，案情本有輕重之别，監禁年分亦有久暫之殊。間有經朕記憶，特降諭旨加恩宥赦者。其餘各犯，或尚有情罪較輕，未邀宥赦之人，著刑部自本年爲始，將各官犯彙開名單，於年終具奏一次，單内將所犯事由、罪名及監禁年分并該犯年歲詳細分注奏上，候朕酌核。該部載入則例，永遠遵行。」

記名情實

斬絞監候人犯於刑部具題。具奏時，奉旨入於秋審情實者：

盜馬案入矜十八年四十九起。

乾隆十九年秋審，九卿審擬由緩改矜人犯有偷馬案三十五起。二十二年二十三起。

趕入本年情實

情重人犯，督撫審題，在秋審截止日期以後，由法司會議趕入本年秋審情實，亦有奉旨趕入者。

朝審歸秋審處會辦

舊制，秋審四川司辦理，朝審廣西司承辦。乾隆元年，秋審設立總辦處綜理其事。二十三年，朝審亦會同總辦處辦理。

停止刷送舊事緩決招册

秋審九卿會審，向例分送招册，不論新舊緩決，一體彙册會核。乾隆三十四年刑部奏准，止將本年新事招册刷印分送，其舊事已入緩決者，毋庸再行刷印，仍將歷年緩決各犯姓名，於會審時逐一唱名。至進呈秋審本章，亦開列起數、名數具題。

秋審册首式

嘉慶二年九月内，和中堂諭：「明年秋審册内，開首竟寫『一起某某人』，不必寫報明等事由。」

勾到册内夾片提奏

情實人犯尚有一綫可原者，刑部於勾到册内夾片題奏，恭候欽定。

黄册黏簽

情實人犯尚有可原者，請旨後，於黄册發下時分别黏簽。

萬壽節後勾到

嘉慶八年九月初十日奉旨：「嗣後，每年奏擬各省勾到日期，十月内，『萬壽節』十日後即可擬日勾到，爲期不必過遠。」

存儲黄册

秋審情實招册，康熙、雍正年間均在内閣存儲。自乾隆二十七年奉旨，於勾到後即將招册發交刑部存儲。五十三年奉旨，令繳進銷毁，因有應須查辦照核之處，奏明准留十年。當將乾隆四十三年至五十三年黄册存留本部，俟已過十年再行繳進。其餘黄册，自乾隆二十四年起至四十二年止，共計一千一百七本，付交方略館銷燬。

冬至前五日勾到

嘉慶十年閏六月十七日奉上諭：「向例秋審、朝審勾到日期，均在冬至十日以前。本年秋讞，因上年停勾，將所有人犯與本年新案一併辦理，人數較多。經長麟面奏，核計勾到日期，次數加增，恐冬至十日以前辦理稍形迫促。當即飭令刑部，檢查舊案，冬至前十日以内有無辦過現審重犯。兹據查明，自乾隆三十五年以後，遇有現審立決人犯，於冬至五日以前奏請處決，歷次辦有成案。冬至五日前既可辦理現審立決案件，則秋審、朝審勾決亦事同一律。所有本年勾到日期，著核計次數，均擬定在冬至五日以前辦理完竣。嗣後遇有停勾之次年辦理勾決，一年辦兩年者，即照此例，以冬至五日前爲斷。如專辦本年者，仍照舊例，以冬至十日前爲斷。該衙門載入會典遵行。」是年朝審勾到仍在冬至十日以前。

上班五日前分送會審各衙門人犯招册

乾隆二十八年奏准：「嗣後秋審，届期刑部將各省招册於十五日以前即分發各衙門，俾得從容繙閱。」

嘉慶七年奉上諭：「御史瞿曾輯奏稱，秋審册籍遲至會審前一、二日始行分送，不暇詳閱，詳定於十數日前送閱一節，尚屬可行。嗣後，此項册籍，著該部飭司於秋審上班十數日前分送大學士、九卿、詹事、科道，以便伊等細心研勘。」以上二條見臺規。十二年，山東道監察御史覺羅德祥奏請，於上班半月以前分送各衙門，將刑部擬改之件於招册按起黏簽注明，等因，一摺。奉旨：「德祥奏請將刑部秋審招册於上班半月以前分送各衙門，並請將擬改之件俱令於册內按起黏簽注明，以便共加考核等語。各省秋審本章，向來原陸續具題到部，刑部爲刑名總匯，援情定罪，務須詳慎參求。是以定例於上班之前五日，始將各省招册分送大學士、九卿、詹事、科道等官，預加校核。而招册內刑部凡有擬改之件，亦即於上班日宣讀，俾衆官共知。原令各據所見，公同商核。兹據該御史所奏，以送閲招册之日較遲，未能先期研勘。但事關秋讞大典，其各省招册應否照擬之處，刑部必當詳加核定。儻因分送各衙門招册須在上班半月以前，或於讞典稍有草率，亦殊非慎重民命之道。該御史所奏是否可行，著刑部堂官悉心妥議具奏。」經刑部奏稱，查各省秋審題本，自雍正十三年奏明定例，於五月内具題到部。嗣於嘉慶五年，因部臣辦理迫促，酌改於四月内到部。惟是各省情形不同，如雲南、貴州、兩廣、四川等遠省，本年應辦秋審於上年封印前截止，間有於四月内題報到部者。至福建以次等近省，係本年開印以後直至三月三十日始行截止，勢難於四月内具題。雖經臣部節次嚴催，總須五月底始能陸續題到。臣等於各省具題到日，即飭各該本司及覆看、總看，滿、漢司員，覆加詳核，將内外不符、應行改擬照覆之處，逐起黏簽，分送各堂。臣部堂官，按册批閲，於七月初旬先由承辦各司員會同商榷，是爲司議。臣部堂官於七月中旬再行公同商定，分別實緩、可矜，是謂堂議。其有案情介乎實緩之間者，往往反覆辯論，至再至三，甚有堂議後數日始能商定者。誠以秋審大典，人命至重，不厭精祥，斷不敢急圖竣事，致涉草率。其秋審招册自各省具題到日，陸續刊刻刷印，晝夜趕辦，亦須至七月二十日以後方能裝釘完竣。九卿上班會審總在八月初旬，以會審稍遲，則趕繕黃册本章，恐致貽誤，是以各衙門招册僅能於上班前數日内分送。嘉慶七年，御史瞿曾輯奏請將秋審册籍定於十數日前分送，欽奉諭旨，著於上班數日前分送。仰惟睿慮周詳，臣部辦理情形已在聖明洞鑒之中。今據該御史奏稱，務於上班半月以前分送，固爲慎重刑章，詳細研勘起見。惟是臣部辦理招册，期限緊迫，向來上班數日前分送，已屬盡力趕辦，勢不能再爲那展。應請仍遵前奉諭旨，於上班數日前分送，以昭慎重。所有該御史奏請務於上班半月以前分送之處，應毋庸議。又，該御史所奏刑部擬改之件，俱於招册内按起黏簽注明，然後分送各官，各官簽商亦於上班五日前送交刑部彙核一節。查秋審，刑部改事及科道簽商，均宜慎密。比至上班，再將應商、應改之件對衆宣讀，共見共聞，刻即公商定議，庶各衙門吏役不致有早通消息，撞騙招摇情弊。若將擬改事件及科道簽商先期互送，不惟衙門衆多，册籍浩繁，此數日内勢難行分送。且於未經上班之前，某省秋審有無更改，某案朝審如何擬定，紛紛傳播。秋審近省不無偵探之人，朝審在京尤易啓招摇之弊。所有該御史奏請刑部擬改之件於招册内簽明，各官簽商於上班五日前分送彙核之處，亦毋庸議。云云。奉旨依議。二十一年諭：「御史孫世昌奏請將秋、朝審册籍早送詳閲一摺。秋讞大典，與議各員自應悉心詳核。每年九卿、科道所閲招册，刑部於七月二十日後始行分送，距上班日期祇三、四日，未免稍促。嗣後，刑部堂議著較向來移前數日，其招册亦可趕早分送，俾得從容核閲，以昭詳慎。」二十四年諭：「御史張元模奏『刑部分送招册日期請議添數日』一摺。刑部辦理各省招册，於秋、朝審前十日咨送九卿、科道等衙門，原議日期已足敷核勘。兹據該御史奏，刑部咨文於十日前送到，其分送招册不能容符十日之限。著刑部遵照原定限期，務將咨文、招册一併趕早分送，俾各衙門得以悉心核勘，以昭慎重。」道光五年，因御史萬方雍奏請將刑部議定改擬各案看語彙齊繕刻，於會議上班前五日分送九卿、詹事、科道。光緒十八年十二月，御史文郁奏請將秋、朝審招册於上班前十日分送。經刑部奏稱，臣部每年辦理各省秋審不下一千七、八百起，或多至二千餘起，向係先期派定初看、覆看司員飭令各司，各司承辦司吏將題結各案造具略節清册。初看、覆看各員，自開印以后即行閲看，擬定實緩矜留，彙交總辦秋審處，由總看司員悉心詳核。凡實緩矜留之界在疑似者，加批記商，分日呈堂。臣等公同逐起詳核。俟各省督撫具題秋審後尾於六月内一律到部後，與臣部所擬實緩覆加查對，如有内外所擬不符者，臣等於堂議之日公同商定。其應入朝審各案，向以七月十五日爲截止日期。必須俟截止之後，所有節略清册方能造齊，逐起擬定實緩。故每年堂議總在七月下旬，所有秋、朝審各案實緩矜留，至爾時方能一律擬定，再由臣部循照定例，奏請欽派大臣覆核。朝審各案，約計覆核大臣覆奏已在八月中旬，臣部又須將改擬各案看語彙齊繕刻，方能與招册一併分送九卿、詹事、科道各衙門，定期上班，此臣部招册不能早送之實在情形也。查分送招册，從前本以前十日爲期，後因繕刻改事看語，須一併分送，遂以前五日爲期，歷年辦理，並無遲誤。應請嗣後，秋、朝審各案招册，仍照道光年間章程，於上班前五日與改事看語一併分送九卿、詹事、科道各衙門，以昭慎重而免貽誤。云云。奉旨依議。

改事方籤

道光五年，御史萬方雍奏，請飭刑部將辦理秋審改擬情實、緩決等案出語，豫行知照九卿、詹事、科道一摺，所奏甚是。秋讞爲明刑鉅典，與議諸臣原應公同集議，以昭詳慎。其案情介於可實、可緩之間者，尤關罪名生死出入。若如該御史所奏，刑部辦理秋審各案，向祇摘叙略節，刊刻招册，分送九卿、詹事、科道。屆期會議，其由緩改實，由實改緩，或由緩改矜，由矜改緩之案，並不擬定看語方籤豫行知照，僅於上班時令書吏宣唱一次，會議諸臣於匆遽之時，僅聽書吏宣唱看語，焉能備悉案由，從而商榷？是徒有會議之名而無核議之實，豈國家矜慎庶獄之意乎？嗣後，著刑部將議定改擬各案看語彙齊繕刻，於會議上班前五日分送九卿、詹事、科道，俾豫行查對招册案情，是否改擬允協。會議時得各抒所見，以重刑獄而昭核實。

謹按：每年秋審堂議後，總辦處將改擬各起另擬看語，刊訂成册，名曰「改事方籤」，同各案招册彙齊分送各衙門，蓋自此始。

秋招册先期分送九卿

山西道御史戈濤奏稱：「查每年八月，刑部會同九卿、詹事、科道等官，在天安門外慮審各省重犯招册，所以集衆議而平庶獄，典至鉅也。凡豫班者，均宜虚衷商榷，以仰副我皇上慎重民命之至意。惟是刑部招册，向係臨期散給，爲時迫促，册籍繁多，雖竭力披覽，誠恐有不能詳細之處。仰懇勅下刑部，嗣後秋審屆期，將各省招册於十五日以前即分發各衙門，俾得從容繙閱，克守厥心，庶幾會讞大典益昭慎重，云云。」奉硃批：「所奏是，依議行。」

情實十次改緩

乾隆三十九年十月十六日奉旨：「嗣後秋審、朝審情實人犯，有經十次未勾者，著刑部查明，於下次改入緩決，但不得擅改可矜。著爲令。」

官犯情實五次改緩

乾隆三十九年十一月初四日奉旨：「朝審情實官犯，舊案餘存者太多，著交該部查明，有經五次未勾者，即改入緩決，但不得擅改可矜。」

四十二年十月初四日奉上諭：「嗣後秋審、朝審情實官犯，有經十次未勾者，著刑部查明改入緩決。但官犯非常犯可比，既改緩決後，如遇應查辦緩決三次以上者，不得與常犯一例減等。其中或有應行寬宥者，俟朕隨時特降諭旨。」

由情實改擬緩決人犯於勾到文聲明

乾隆四十三年，刑部議准，嗣後外省撫審情實，經刑部改爲緩決題準各案，即於咨行勾決文後填寫：「查撫擬情實之案某人等幾人，經九卿改緩決，合併知照該撫」字樣，俾各本省得以按名稽核。

秋審截止日期

嘉慶四年奏定秋審截止日期：雲南、貴州、廣西、廣東四省截至年前封印日；四川、福建二省截至正月三十日；奉天、陝西、甘肅、湖南、湖北、浙江、江西、安徽、江蘇九省截至二月初十日；河南、山東、山西三省截至三月初十日；直隸截至三月三十日；新疆、察哈爾截至六月三十日，均以刑部題結之案爲止。嗣於，嘉慶七年四川省以四川距省遠州縣人犯，四月尾方可解省，實難趕辦，請將川省秋審截止日期以年前封印題結之案爲止，經刑部奏准。

免勾一次人犯不入黄册

乾隆五十七年八月二十二日奉旨：「嗣後，秋審情實人犯，已經奉旨免勾一次，即屬舊事，無庸列入黄册，其情實緩決本内，仍照舊開列。」

新疆秋審情實未勾及緩決人犯在新疆地方互相調發

乾隆四十二年十二月間，伊犁將軍伊勒圖等奏稱「秋審緩決二次人犯劉宗武等請減發爲奴」一摺，奉旨：「伊勒圖等奏請將秋審二次緩決之劉宗武等發遣爲奴一摺，所擬未當。内地秋審人犯緩決三次者方准減等，情實十次未勾者，方改緩決。新疆人犯治罪應較内地爲重，庶各犯不敢輕蹈法紀，豈可轉較内地從輕？著交軍機大臣會同刑部另擬具奏。欽此。」當經酌議：嗣後新疆秋審人犯緩決者，必俟五次之後；情實者，必至十二次未勾，方准於新疆地方互相調發爲奴。

新疆秋審人犯

乾隆二十九年，伊犁辦事大臣奏准，新疆地方死罪人犯入於陝、甘秋審辦理。又，是年刑部奏稱，「新疆地方遼闊，人命案件應入於秋審者，若與内地秋審人犯一時辦理，道里遠近既有不同，行文日期難免遲滯。請嗣後新疆各地方所有應行立決人犯均聽各該處辦事大臣自行辦理外，如有應入秋審人犯，即令各該處辦事大臣於每年五月中，將各犯案情並原擬罪名咨明臣部，臣等分別案情輕重，擬定情實等項，專摺具奏，請旨遵行。等因。」九月十四日奉旨依議。又，三十六年九月初七日奉上諭：「據刑部奏新疆緩決人犯一摺，該部止照各省之例一體核辦，未爲允協。即如鬥毆殺人之例，多擬緩決。夫所謂鬥殺者，必當實有互相格鬥情形。而向來問刑衙門，凡遇因傷致死之案，不論其是否彼此交鬥，並有兇犯獨自動手者，審無謀、故情節，概照斗殺科罪，本未適情法之平。第內地此等案情較多，難於盡改，尚不妨仍舊。若新疆各處，設立耕屯，兵民雜處，理宜倍加整肅。若於此等逞兇斃命之犯，僅令繫獄，遲數年仍可減等，不足以昭炯戒，秋讞時自不當與內地一例核擬。昨因巴彥弼等奏王成得戳傷張振一案，業經降旨交與刑部將該犯擬入情實。此摺著一併交刑部堂官，將鬥毆各案詳加查核，畫一辦理。等因。」嘉慶元年軍機處奏，刑部辦理秋審情實人犯，各省俱係題本，恭繕黃册進呈。惟新疆各犯，向俱專摺具奏，辦理未免參差，況新疆久隸版圖。應請嗣後亦照各省之例，改用題本，恭繕黃册進呈。

新疆秋審截止日期

新疆秋審向無截止日期，惟據該將軍、都統、辦事大臣具奏到日，凡在秋審未經具奏以前者，悉歸本年辦理。嘉慶三年始經刑部議定，以六月三十日爲限，如三十日以前該將軍等奏到者，歸於本年辦理，其七月初一日以後奏到之案，俱入下年核辦。

恤刑之年内外俱停秋決

本年八月初一日，準刑部咨稱，該部題爲暫停秋決之期等事。奉旨：「是。今歲著暫停秋決。欽此。」仰見我皇上慎獄明刑，軫恤民命之盛心，凡待秋決重囚，莫不欣沾浩蕩矣。查刑部原題云：「恐恤刑官未至，各省督撫循例行刑，合無暫停今歲秋決。似專指在外者而言。臣等竊謂内外奉行畫一，更足廣昭德意。伏思秋決各犯，其定罪情由較之立決重囚原有差等，故每歲朝審，多所減豁。及至臨刑，仍有免決留回者。此泣罪緩死之仁，正於無可生全中惜其須臾之命也。往例秋決之時，如遇是年有大喜、大赦及偶有災異，率多停止。今皇上欽恤之澤既已徧播海内，而在内各犯尤近在輦轂照臨之下，似宜一體邀恩。嗣後每遇恤刑之年，内外俱暫停秋決，著爲定例。庶皇仁普被而遠近獲均矣。」奉聖旨：「是。以後每遇恤刑之年，内外俱暫停秋決，著爲定例。三法司知道。」龔端毅鼎孳奏疏。

緩決人犯毋庸聲明祖父子孫陣亡

乾隆三十二年雲南省新事王稻巃一犯，該撫擬入緩決，並聲明該犯之祖出兵陣亡，前來。查緩決人犯聲明祖父子孫陣亡之案，未經辦過，是以於題本内夾片，毋庸聲請。今將夾片録後：「查王稻巃一犯，今據該撫聲明，該犯之祖王世才係尋霑營步兵，於雍正八年出師雲南昭通，進攻龍街子，與賊對敵陣亡，領有卹賞。伊父單傳，該犯并無伯叔兄弟，相應照例聲叙等語。查父祖子孫陣亡，其尋常鬥毆及非常赦所不原各項死罪，入於秋、朝審情實案内辦理者，臣部均照例聲叙入本，恭候欽定。至緩決人犯，向無辦過成案。該犯既入緩決，似毋庸再爲聲請。應將該撫聲明王稻巃祖父陣亡之處毋庸議，合并陳明。」

官犯趕入秋審

乾隆二十二年九月奉旨：「各省官犯無多，嗣後應以該省行刑之日爲節，官犯審擬結案在行刑之日以前者，皆補疏題請。」

死罪情重人犯趕入本年秋審

乾隆十九年閏四月二十一日上諭：福建巡撫陳宏謀奏稱，諸羅縣姦民吴典等糾衆奪犯，及同安縣賊犯林對等糾衆拒捕，兩案内爲從犯各犯，俱已擬候具題，尚未準部覆，例應入於次年秋審。但此二案情罪重大，已令臬司歸入秋審會勘。等語。凶頑之徒，糾黨抗官，肆行不法，自應明正典刑，以示懲創。著照該撫所請，入於本年秋審情實具題，並傳諭各該督撫，凡遇此等案件，俱照此辦理。等因。又，二十五年四月内，西安按察使阿永阿請將因姦殺死親夫之犯趕入本年秋審。經刑部議準，嗣後凡有此等案犯，律應監候，已經審實具題，如四月以内部文到省，該督撫即趕入本年秋審情實。或五月以后，七月以内奉旨者，臣部即歸入各該省册内，由九卿會勘，擬以情實，請旨勾決，不必復行取具該督撫看語。其案内如有從犯，仍照例入於次年秋審。又，是年十月初六日上諭：「刑部秋審情實招册内，有案犯定讞時已逾該省熱審之期，而九卿秋審，即提入本年秋審册内請勾者，此雖該犯情罪重大，法無可緩，用速憲典，以示懲創。但朕詳閲招册，見其中情罪等差，尚有應行區别者，如一人連斃二命，暨妖言惑衆、傳習符咒，并官員侵漁帑項、勒斂民財之類，非殘忍已極，即有關於民俗官方，自不得不早正典刑，以昭炯戒。然亦應於秋審時，該部將此等案件另開罪犯清單奏明。至尋常謀、故等案，雖情節本無可緩，而定案期限適在秋審後者，此亦時會偶值，自可令其幸延一年之生，何必亟亟爲也。等因。」又，二十六年九月内，刑部奏明投遞匿名揭帖告言人罪一項；又，四十年四月内，刑部奏明姦夫戀姦殺死悔過拒絶之婦一項；又，五十三年二月内，刑部奏明輪姦爲從一項：均關系風俗人心，一體查辦。又，四十二年六月内，山東巡撫國泰審奏竇十調姦張氏，拒捕逞兇，一死四傷，將竇十定擬斬決一案。奉上諭：「淫惡兇犯，情節固爲可惡。但按律擬以斬候，於法已無可加。若因其情罪較重，只須趕入本年秋審情實。傳諭各督撫，嗣後如遇此等案犯，按律定擬後，即夾片聲明趕入本年秋審情實。等因。」嘉慶四年經刑部奏稱，「各省秋審之案，在截止日期後題結者，歸入下年辦理，向無趕入之例。乾隆十九年福建巡撫陳宏謀奏準吴典等糾衆搶犯，擬絞監候案内，聲請趕入本年秋審情實。臣部遇有情重之案，如一人連斃二命等項，節次奏明，趕入本年秋審辦理，并酌定條款，纂入例册遵行。是以有各省聲明趕入本年秋審者，亦有臣部聲明趕入本年秋審者。以應入下年秋審之犯聲明趕入本年，既罪名仍按斬絞本律，而問刑之官遽請趕入秋審辦，即屬加重之意。現在欽奉諭旨，問刑衙門不得於律外加重。是以辦理一切罪犯，承審各官俱應各按本律本例定擬斬絞。即間有情節較重者，亦應斷自宸衷，臨時酌量趕入，非問刑衙門所應聲請。嗣後，外省定備及臣部核覆各案，均毋庸先行聲明『趕入秋審』字樣，以符體制。」

停勾年分情重人犯奏請正法

乾隆十九年閏四月二十一日奉上諭：「停止勾決之年，情實案内有糾衆聚匪、劫犯辱官及侵蝕虧空各犯，與尋常謀故、殺等犯不同，若輩予以監候已屬法外之仁，使更久稽顯戮，地方百姓日遠漸忘，非所以尚刑章而示炯戒。嗣後停決年分，著刑部將情罪重大案犯開具事由，另行奏聞，請旨正法。」

又，二十五年刑部議准，西安按察使阿永阿奏請因姦謀死親夫之案，如遇停勾之年，與情重各案一併另請正法。又，是年十月内奉上諭：「刑部秋審情實招册内有案犯定讞時，已逾該省熱審之期，九卿秋審提入本年册内請勾者，其中如一人連斃二命，暨妖言惑衆、傳習符咒，並官員侵漁帑項、勒斂民財之類，非殘忍已極，即有關民俗官方，應於秋審時將此等案件另開罪犯清單奏明。欽此。」

二十六年九月欽奉恩旨停止勾決，刑部將情實案犯内如前項情罪重大者，奏請正法聲明。此外，有投遞匿名揭帖告言人罪一項，情節險惡，亦請一體查辦。

又，乾隆四十五年三月二十三日奉上諭：「刑部議覆直隸省民婦王氏因與劉祥通姦，被媳杜氏撞遇，誣陷杜氏姦情毆死滅口一案。照該督所題，依故殺者斬律擬斬監候，秋後處決，並聲明王氏誣姦捆毆杜氏，有意致死滅口，且傷至一百餘處，姑媳恩義已絶，應照凡人問擬，等因，所辦自屬平允。此等倫理滅絶、殘忍已極之人，法無可貸，秋審問擬情實即予勾決，以昭儆戒。本年秋審原當停勾，此案著交刑部存記，於秋審時即行具奏聲明，依律辦理。此外如有似此者，亦著一體於本内聲明，秋後即予正法，使殘忍害命之犯不致延喘，受害者早得申寃，亦情理之正，而明歲情實之案亦可少減。」又，是年三月二十六日奉上諭：「刑部審擬王吴氏砍傷七歲幼姪王儍子身死，圖絶人後一案，其情節極爲殘忍，著交刑部改議，即照前次直隸省民婦王氏致死伊媳之案聲明，本年雖遇停勾，仍當届期請旨。」

道光元年停勾，奉旨「本年停辦情重各犯。嗣後，停勾年分均由刑部請旨，均奉旨停勾。」

科布多烏里雅蘇臺死罪人犯由將軍辦理

乾隆四十五年六月初二日奉上諭：「據明善將鬥殺科布多商民王思禮之民人王廷相照例解送刑部辦理一案，援引無論金刃、他物，絞監候律。明善將此等兇犯定擬解送京刑部辦理，雖係從前舊例，但路途遥遠，委派官兵護送，倘於途間逃逸，復致紛紛緝拏，反於事無益。現在伊犁、新疆等處遇有此等事件，俱在各該處辦理，科布多地方雖小，自宜解送烏里雅蘇臺將軍辦理。况烏里雅蘇臺將軍處現有部員，則此等事件尤當照新疆之例在本處審訊定擬。著將該犯王廷相即由科布多派委官兵解送烏里雅蘇臺將軍，照明善援引之律擬以絞監候辦理外，仍將此案由該將軍核奪，入於秋審彙題。嗣後，烏里雅蘇臺、科布多遇有此等事件，俱照此辦理。著爲令。」

秋審時呈遞黃册各項本章照常呈遞毋庸減數

嘉慶二十年十二月奉旨：「向來刑部秋審時呈遞黃册，遂將各項本章減數呈遞。黃册於呈進後留中，朕不時披覽，每日閱看本章，兩不相妨。嗣後，秋審時，刑部各項本章著照常呈遞，毋庸減數。至每年開印後三日，刑部向不進本，著減去一日，於開印後第三日進紙張本，第五日進輕罪本，以後陸續如數呈進。其齋戒、祭祀、月朔日期並各項應行回避，不進刑務本及不進勾決本日期應行酌減，著刑部查明，開單具奏，候旨遵行。」

免勾人犯停勾年分準作一次計算

再查向例，各省應入秋審人犯，服制情實二次免勾即改入緩決，常犯情實十次免勾亦即改入緩決。每逢恩旨停勾年分，其曾經免勾人犯雖循例仍以情實具題，因係停勾而非免勾不作一次計算。惟此等人犯，既經初次免勾之後，雖入於次年情實，仍可邀恩不予勾決，該犯等已蒙恩於初入秋審之年，即終身仰沐更生之澤，今以恩旨停勾不作一次計算，是情實應勾各犯因停勾而得稍遲一年之刑，而業經免勾將來仍可邀恩者，因停勾而轉遲改緩之限，揆諸情事，未免向隅。即如嘉慶二十五年補行勾到二十四年之雲南等十三省，其服制情實二次未勾及常犯情實十次未勾各犯，臣等現已循照舊例，分別奏改緩決。其尚未勾到之河南、山東、山西、直隸等四省，並朝審案內服制情實二次及常犯情實十次與勾之雲南等省同一例應改緩，因未經免勾不作一次計算，轉不能與雲南等省一體奏請改緩，似不足以昭情法之平。臣等公同商酌，嗣後除初次應入情實人犯適遇停勾年分，既未奉旨免勾，仍不得作一次計算外，其服制及常犯情實業經免勾一次之犯，雖恭逢恩旨停勾，亦準作一次計算。倘蒙俞允，所有二十五年未經勾到之河南、山東、山西、直隸等四省並朝審案内服制情實二次及常犯情實十次各犯，另再恭繕清單奏請一律改入本年秋審緩決辦理，並請嗣後恭逢恩旨停勾年分，亦照此永遠遵行云云。道光元年九月初五日奉旨依議。

廣西秋審窵遠各屬人犯停止解省

奏爲遵旨議奏事。云云。該臣等議得廣西巡撫吴虎炳奏稱，「竊照秋審人犯，新例仍行提省會勘。乾隆四十一年雲南按察使汪圻條奏，『滇省永昌、順寧、麗江、昭通、廣南、普洱等六府，距省自九百里以至一千三、四百里，其間並無城池監獄者各十餘處，且中途擁擠。即有專責員弁，而深山路曠，管押難周。請將秋審人犯，專責不由審轉之道府於冬季巡歷時親加研鞫，造册加結，移報院司彙核，等因。』奉部議準在案。臣查廣西省除桂林首府附省外，平樂、梧州、柳州、慶遠四府解犯至省，程途俱在千里之内；南寧府所屬州縣暨潯州府所屬桂平一縣，鬱林州所屬博白、陸川、興業三縣，雖程途在千里之外，但均屬水陸通衢，沿途住宿程站俱有城池監獄暨塘汛墩臺，行走既便，防守無虞，毋庸豨。惟泗城、思恩、鎮安、太平四府，地處極邊，所屬州縣解犯至省，自一千三、四百以至二千五百餘里，經過地方類多深山密箐，且道遠路長，住宿之處或無城池監獄、塘汛墩臺，直至南寧、柳州等處始入水陸大路。況秋審同時起解，泗城等三府人犯會萃於思恩府屬之武緣縣，一時擁擠紛擾，協解兵役未免顧此失彼，難保無雇倩充數致有不虞，實與雲南永昌等府情形殆爲尤甚。自復舊制以來，泗城等府人犯解省雖無疏虞之事，但因地方權宜，究不如免提至省更爲盡善。應將泗城、思恩、鎮安、太平四府屬之凌雲、西林、西隆、百色、武緣、小鎮安、天保、歸順、奉議、崇善、龍州、寧朋、永康、左州、養利十五州縣秋審人犯，仿照雲南永昌等府之例，免其解省。泗、鎮、太三府人犯，責成不由審轉之左江道；思恩府屬人犯，責成不由審轉之右江道，各於冬季巡歷時逐一親加研鞫，造册加結，移報院司彙核。倘有鳴冤、申辦、捏供、翻異者，即將本犯解省審辦。如有續行補入之案，隨時補勘移報。倘該道不實力奉行，或有冤抑不爲昭雪，或任犯混供，率行解省，查出嚴參究治。如此，則讞典仍昭慎重，而重犯可免疏虞。於籌酌議邊地變通之例，均歸畫一，等因，」具奏前來。查乾隆四十一年正月内，據大學士、兩江總督高晉條奏，每省秋審仍照舊例，提犯至省會勘，所有道府巡歷覆勘之例即行停止。經臣部覆準通行在案。於乾隆四十一年九月内，臣部議覆雲南按察使汪圻條奏，將雲南省離省窵遠之永昌等府所屬人犯，專責不由審轉之各該道員，於冬季巡歷時親加研鞫，不必會同該府。等因。奉旨：『依議。欽此。』欽遵亦在案。今該撫奏稱泗城、思恩、鎮安、太平四府，地處極邊，所屬州縣解犯至省，自一千三、四百里至二千五百餘里，經過地方類多深山密箐，道遠路長，經宿之處或無城池監獄、塘汛墩臺，難保無虞。請照雲南永昌等府之例，免其解省，專責不由審轉之該道員於冬季巡歷時親加研鞫，等語，亦屬因地制宜，慎重解審獄囚之意。應如該撫所奏，將泗城、思恩、鎮安、太平四府所屬凌雲、西林、西隆、百色、武緣、小鎮安、天保、歸順、奉議、崇善、龍州、寧明、永康、左州、養利十五州縣秋審，照雲南永昌等府之例免其解省。泗、鎮、太三府屬人犯，責成不由審轉之左江道；思恩府屬人犯責成不由審轉之右江道，各於冬季巡歷逐一親加研鞫，造册加結，移報院司彙核，不必會同該府。倘有鳴冤、申辯、捏控、翻異者，即將本犯解省。如有續行補入之案，補勘移報。倘該道不實力奉行，或有冤抑不爲昭雪，或任犯混供，率行解省，令該督撫即行嚴參究治。庶重囚可免疏虞，而讞典益昭慎密矣。俟命下之日，臣部纂入例册，行文廣西巡撫，下年秋審即照新例辦理。等因。乾隆四十三年三月十九日奉旨依議。

減等人犯酌加監禁

欽奉恩旨：「查辦減等，由刑部將應入秋審人犯分别准減、不准減，及監禁一年、二年、四年、六年後再行減等。其不准減各案，有案雖較重而情尚可原者，仍入緩決。」查酌加監禁年限，以兩年爲多，其一年、嘉慶十年查辦東三省死罪人犯，有監禁一年再行減等者。四年、六年，嘉慶以前有此章程，道光以後則多以二年爲斷。

因瘋殺人官犯

道光十四年十二月奉旨：「因瘋斃命，永遠監禁之齊重義一犯，著該部查明現在在監情形具奏。」經刑部奏稱：「齊重義係已革户部主事，因鬥患瘋疾，執持刀劍砍傷朱甲、七幅等十三人，七幅因傷身死，依殺律擬絞。朝審奉旨未勾，著永遠監禁。現據司獄結稱，齊重義自道光十年閏四月初八日起，至今將滿五年，瘋病並未舉發。查瘋病殺人常犯恭逢恩旨例得查辦。齊重義永遠監禁官犯，向無辦過似此成案。等因。」奉旨：「齊重義著存記於十六年春間再行具奏。」

酌減秋審銀兩

奏爲奏明酌減秋審銀兩以歸實用事。竊查臣部每年辦理秋、朝審招册本章，及兩監藥餌、湯、囚犯棉衣、醫仵並刷印格、律例等項，於乾隆六年奏准，每年歲底由户部預領銀六千兩，於次年開印後陸續給發，其用過實數於次年四月奏銷。如用數在六千兩以上，即在預領次年銀兩内動支墊給，遞年遵照辦理。至乾隆十九年，核計透用不敷銀兩，漸積至三千九百六十兩零，俱於即年奏銷摺内聲明在案。自十九年經御史九成奏准删除招册内重復情節，暨二十四、二十六、三十四等年將初次進呈清、漢黄册及舊緩決招册等項節次裁減，一切刊刻刷印工價比前較少，每年所領銀兩漸有餘剩，所有十九年以前不敷銀三千九百餘兩，即以餘剩銀兩補還。至本年四月奏銷，除全行補足外，尚餘銀一千一百餘兩，亦於奏銷摺内聲明在案。其上年應領銀六千兩，已照向例於上年歲底支領到部，核計本年用過銀數，約亦可餘銀千兩。臣等詳細酌核，向後辦理秋、朝審等項，約計每年需銀五千兩即可敷用，似不必仍前請領六千兩，轉致積存。應請自三十九年爲始，將應領銀六千兩酌減一千兩，止領五千兩，以歸實用。至臣部既現存前項銀二千餘兩，並請於咨領三十九年分銀五千兩内，即扣除二千兩，實領銀三千兩，統於明年四月内奏銷時，將本年用過銀兩及應存數目詳細核明具奏。嗣後遇有餘剩，即於歲底應領銀兩内接數扣除；倘有不足，仍照向例在於預領明年奏銷銀兩内動支。理合恭摺奏明，俟命下，行文户部查照辦理。等因。乾隆三十八年十一月十四日奏。奉旨：「知道了。」

竊贓滿貫出語

乾隆五十七年堂定竊贓滿貫出語：

計贓幾百幾十兩零，究係初次行竊，尚無積慣爲匪情事。

計贓幾百幾十兩零，究係一時起意，尚無蓄意伺竊情事。

計竊幾百幾十兩零，究係鼠竊，與肆竊客貲、爲害行旅者有間。

計竊幾百幾十兩零，究係乘便攫取，與設計謀竊客貲者有間。

三犯至五十兩以上，尚無肆竊多贓情事。

朝鮮人犯

朝鮮國民人在内地犯事，由該國王供定擬，咨報禮部。由禮部轉咨刑部，歸河南司辦理。有乾隆五年朝鮮民人金時宗等越境潛居内地一案。又，二十八年金順丁等順越封界，偷取什物一案。又，二十九年朴厚贊等偷打貂皮、冒禁越界一案，見秋審檔案。金順丁一案刑部合入河南招册，奉旨：「令該部另册進呈。」

致斃緦麻尊長情實二次改緩

刑部謹奏：「伏查秋讞爲恤刑鉅典，比年以來，荷蒙皇上隨事訓示，至再至三，更於二十七年勾到後，將御覽折角招册發交臣部，俾令因端領會，以爲準的。臣等敬謹捧閲，於細微同異銖兩權衡之處，悉心恭繹，仰體聖明欽恤庶獄至意。寅畏將事，不惟情罪重大，無可貰貸之犯不敢稍事姑息，即情有一綫可原而跡涉疑似者，亦必反覆推勘，以求允當。除一切新鑒謀故、鬥毆各案，俱恪遵節年辦理章程詳慎核擬外，第查卑幼傷斃緦麻尊長之案，各省共十一起，俱經該督撫擬入情實。臣等詳細查核，其中事起互毆，並無别項情節，及雖有護父等情而事非危急者九起，均已照依各該督撫原審，列入情實。惟四川省杜廷順毆死緦麻服叔杜現許一案，緣杜現許偶至伊家閒走留飯，自誇力大，不懼人毆。飯畢，拍腹令杜廷順試打相戲，該犯聽從，先打其肚腹一下，杜現許仍連聲令其再打。杜廷順見其果不畏懼，復用拳打四下，旋即赴街剃頭，遇杜現許胞弟杜現管，告知其事。杜現許亦即自行回家，是晚殞命。又，廣東省黄煊權毆死緦麻服兄黄煊國一起，緣黄煊國偷竊伊家木椅，被伊父撞遇扭住，黄煊國輒用刀扎傷伊父手腕，伊父受傷奔逃，復被持刀追趕，並言殺死抵命。該犯見父受傷被追，情急救護，用竹扁挑毆傷黄煊國偏右倒地，磕傷殞命。以上二案，臣等與九卿反覆商論，卑幼毆殺緦麻尊長之案，其服制原與期功不同，故定罪之初按律止擬斬候，非傷斃期功尊長概擬立決，間或情有可原，始得蒙恩改爲監候者可比。向來秋讞時審擬此等案件，苟其有心干犯，即無不列入情實。若果情有可原，雖不得與常犯一例議矜，而情同過誤，委非有心犯尊者，間亦量擬緩決。今黄煊權一案，緣黄煊國行竊，臨時拒捕刃傷緦麻尊屬，本係律應駢首之犯。該犯情切救父，毆死罪人，與别項逞兇毆死緦麻服兄者迥别，擬以情實似屬可憫。杜廷順一案情起相戲，亦無争角干犯情形，核其情節，似應與因事争毆傷斃緦麻尊長之犯量爲區別，以昭平允。謹公同酌議，將杜廷順、黄煊權二犯俱行改爲緩決。再，查廣東省舊事内，有趙亞九傷斃緦麻兄趙亞女一起，緣趙亞女欲佔公共木碓，趙亞九之母陳氏向論，被趙亞女推跌倒地，該犯工作回家，上前救護，復被趙亞女趕毆，遂用拳回抵傷斃。雖較黄煊權之毆死行竊拒捕刃傷伊父之黄煊國情似稍重，亦與杜廷順之聽從杜現許試打相戲並無争角干犯情形者不同。但查毆死期功尊長由立決改爲監候之犯，兩次情實未蒙勾決，即得邀恩改緩。趙亞九罪本斬候，業經八次蒙恩免勾，是其救母傷斃服兄之情，久在聖明洞鑒，亦似可酌情改緩，是以臣等亦將趙亞九一犯公同改擬緩決，等因，乾隆二十九年九月初四奏。」旋奉諭旨：「以此摺辦理乖謬，傳旨嚴行申飭。復令將十年以來此種案，有經督撫列入情實，而九卿駁改緩決者，前後凡若干案，查明覆奏。」經刑部查，十年以來，卑幼傷斃緦麻尊長之案，由情實改擬緩決止有二起，係二十、二十二年舊事。又，是月奉上諭：「向來期功服制情實人犯内停勾二次者，曾經降旨令大學士會同刑部省録改緩。其服係緦麻案件，因非由立決改監候者，散入各省讞册，本非前旨所該。雖勾到時有以情節稍輕酌予免勾，而積至數年，竟未得與服重人犯一體改緩，誠實不免向隅。然既有此情節，刑部堂官何不早奏核定，而於秋讞時遂將傷斃緦麻尊長之杜廷順等三案遽行改緩。是其意在因事沽名，而於條例之應加酌劑者轉未通行籌議，司憲之義謂何？今日勾到四川册内，核杜廷順情罪本不甚重，因予免勾，可見刑部前奏之謬誤，祇以意中釣譽，遂致節外生枝，而於明刑弼教之本意全未體會也。朕辦理庶獄，事無鉅細，一秉虛公詳慎，從不稍存成見。嗣後遇此等緦麻服屬人犯，亦照期功以上例，於停勾二次之後，著大學士會同該部一體省核，改入緩決。著爲例。將此通諭中外知之。欽此。」又，是月奉上諭：「前舒赫德等摺奏，秋讞情實人犯内，將傷斃緦麻尊長之杜廷順、黄煊權、趙亞九三犯均請改爲緩決辦理，甚屬乖謬，已傳諭嚴行申飭。此等有關服制之犯，不得輕議更張，原以重倫常而昭法紀，是以從來督撫原擬，九卿核定，並無任意改駁。朕於勾到時量其案情輕重，分別予勾之外，仍令監候。即如三案内已有緩至七、八次之犯，即照例仍入情實，總屢不予勾者，其與緩決亦無大區別。或遇矜恤之典，未嘗不可再行議緩、議矜。若當秋審時竟奏明先改緩決，幾若定有規條，則册内所存，皆實係謀故難貸之人，並無一、二情節稍輕可以待朕別擇者，豈能轉於各犯中曲法予以不勾？是伊等所進情實犯中，竟不令朕寬免一人矣。昔人稱皋陶曰殺之三，堯曰宥之三，是必先有皋陶之執法，而後可施帝堯之矜宥。若舒赫德等喋喋議緩，惟恐不及。是早以三宥自居，朕將何所庸其權度乎？然舒赫德之所以汲汲爲此者，其亦有故。昨日御史李宜青條奏臺灣事宜，不與滿御史會商，取巧獨奏，大失臺垣建言之體，然此尚小臣，若舒赫德爲滿洲尚書，如以此等案情必應改緩，或以服制内期功之犯停勾二年，尚令大學士會同省核，今以緦麻較輕轉致歷次不改，奏請酌量核定，未始不近情理。然此何不於去年漢尚書秦蕙田在部時共爲商確奏定，而適於此時乘間更易章程，冀以從寬而博衆譽？在相遇無識如竇光鼐輩，未必不謬相推許。以今年秋審爲辦理獨佳，然使舒赫德援李宜青之事，比類返觀，如出一轍，其能不有顔面，爲有識者所鄙薄耶？執法之司，必以明允協爲是，而秋讞大典，刑部及九卿等並宜詳悉折衷，不得稍存畸重、畸輕之見。倘因此飭諭舒赫德等，遂不量案情，私心摩揣，或致有意從嚴，則是又自取罪戾，朕豈能更爲輕恕哉！將此通諭九卿及内外問刑衙門知之。欽此。」

御史嵩桂條奏裁撤總辦秋審司員

刑部謹奏爲遵旨議奏事。據山東道監察御史嵩桂奏，刑部總辦秋審處司員諸務專擅，請將秋審司員裁撤，等因。一摺。嘉慶四年三月二十三日奉硃批「刑部議奏，欽此。」欽遵抄出到部。臣等將該御史原奏逐條詳議，開列於後。

一、該御史奏稱，「刑部有總辦秋審之員，因各司案件較繁，從前堂派不過數人總率其事，後增至二十餘員之多，堂官又特派二、三人總理，致啓專擅之漸，請將總辦秋審處司員裁撤。」等語。查秋讞大典，民命攸關，必須彙齊比較，期於畫一。自雍正十三年奏准設立總辦秋審處，於通部司官内簡委總辦秋審滿、漢各四員專司其事，載入會典，謂之總看。復因磨勘黄册、招册，覆看九卿題本並黄册，進呈後輪班進朝聽候交查及每日候辦交抄速議事件，歷年又另派明敏司官十餘員，俱在秋審處行走。其滿、漢總看司員祇有總看之責，並無總理之名。至各司員分辦秋審之責，每司堂派滿、漢司官二員分看秋審，謂之司看。每年封印後將各司官單呈堂，臣等於秋審處行走各員及各司諳習司員中公同詳慎通派，並非由總看之員擬定。其司看各員，分省核看緩、實、矜及應商各案，各抒所見簽説，彙交總看司員，復通行逐案查核加批，陸續呈堂，臣等復詳加查核應實、應緩、應矜，於司看、總看加有簽説應商者，亦逐案加批。俟各省秋審具題到部，摘出内外所擬實、緩未符各案，比較畫一，當堂面議，謂之堂議。其各司分看之員，果有意見未協，仍許各抒所見，回堂面商，並非不全與聞，原期虛衷詳核，不存成見，此臣部歷來辦理秋審之章程也。若裁撤秋審處司員，即令各司擬辦，則情實、緩決、可矜勢必各司各樣，未能畫一，而僅於堂議時臨期猝核，亦恐舛錯紛歧，轉非平允協中之道，應將該御史所奏裁撤總辦司員之處應毋庸議。至所奏各直省恐駁改失入，未免有賄囑諸弊之處，查秋審上班時，九卿、詹事、科道公同會議，如果臣部定擬緩、實或有未協，九卿、詹事、科道俱有簽駁改正。是出入之權並非秋審處司員所能專擅。該御史所奏亦毋庸議。

一、該御史奏稱，「保舉京察多係總辦秋審之員，既派總辦秋審，復令管理贖罪處、督催所、律例館、司務廳、飯銀處、贓罰庫，以及清、漢檔房諸務」等語，查京察鉅典，原以甄別賢否，臣部係刑名總匯，凡總辦秋審司員，向來均由各司中擇其通曉律例、才具出衆者選充。遇有重大案件，輪流委審，視各司官員較爲出力，是以從前京察時多有保列一等，而各司中認真辦事之員，亦均一體保列。至若贖罪處、督催所、飯銀處，向無專設司員，歷係於司員中簡派管理。惟律例館現在奏准纂修條例，尤關緊要，臣等復公同加慎，於司員中遴選提調、纂修，以專責成。又如司務廳，設立滿、漢司務二員，贓罰庫設立滿司庫一員，清檔房設立堂主事二員，漢檔房設立堂主事二員，並無郎中、員外郎額缺，歷來於司員中擇其公正諳熟、辦事結實者選派兼管，以嚴稽查。臣部保題、保送滿官，向係清檔房承辦，漢官向係貴州司承辦，臣等皆就平日辦事能否，當差勤惰，秉公保舉，秋審處司員非但不能攙越，抑且不能與聞，並無倚信秋審處司員之事，該御史所奏亦毋庸議。

一、該御史奏稱，「恩赦鉅典，各省彙册到部，本司摘叙案由造册，交秋審處酌定，該處並不列名。倘擬有錯謬，惟該司叙案、畫稿之員獨任其咎。」等語。查嘉慶元年恭逢大赦，又二年三月二次欽奉清理庶獄恩旨，臣等揀派本司滿、漢司官二員專辦，將本省送到清册摘叙案由，分別應準、不應准造清册，先各畫押，復派秋審處司員覆核。如查有各司辦理參差，與條款不符者，隨案更正，秋審處覆核之員亦於册面畫押，呈堂核定後交司辦稿具題。如有錯誤，各司承辦之員及秋審覆核之員一併議處。亦非該司叙案、畫稿之員獨任其咎。該御史所奏亦毋庸議。

一、該御史奏稱，「各司簽分現審稍涉疑難之案，堂官專派總理會審，以致各司事多掣肘，且又當月之司收管各處文移現審案犯，倘遇奏事日期，各堂不能進署，伊等即代堂掣簽交司。」等語。查各司簽分現審，遇有疑難繁重之案，俱係各本司司員回堂請派，臣等於各司中擇其平日辦事明幹者，派令審訊，並非專派總看司員。而本司之員亦仍會同審辦，一體畫押。如有意見不合之處，原準回堂講論，並無掣肘之虞。再，臣部十八司逐日派滿、漢司官輪流當月，惟總看司員事務殷繁。乾隆七年舊例，總辦司員於三月初一日起停辦司事，免派雜差。嗣因總看各員多係各司掌印、主稿之員，勢不能不兼辦現審，祇於司中當月對本行文等事，仍照舊免派。其餘秋審處行走各員，仍俱一體當月，所有承收在京各處來文並現審事件，向來堂官遇奏事日期不克進署，因現審係當月司員承收，未便即令分簽，間或特派總辦秋審司員代掣分司，實未允協。嗣後應由各堂輪掣，以昭慎重。以上各條，臣等公同酌議，是否有當，伏候訓示遵行，云云。奉旨依議。

秋審遇因姦毆死本夫案

奴才託庸、素爾訥謹奏爲奏聞事。本年八月二十一日，奴才等於秋審班内查有福建省陳招弟因姦毆死湯宋氏本夫湯乃明毀屍滅跡一案，前據□部議覆署福撫崔應階以陳招弟與宋氏通，本夫湯乃明貪資縱容，後因醜聲外揚，令妻拒絶。陳招弟復姦往宿，湯乃明撞遇斥責，陳招弟以費用多錢，忽被拒絶，頓起殺機，將湯乃明連毆立斃，應依例以因姦致死定擬。宋氏雖本夫縱容通姦，但伊夫既令拒絶之後，被陳招弟毆傷身死，當時並未喊救，後又不行首告，應依姦婦雖不知情律擬絞監候。等因。題准在案。經陞任福建巡撫温福以宋氏目擊姦夫殺死本夫，復殘毀支解其屍，既不立時喊救，又不直告夫兄湯之祥首告，於殘殺其夫情殊凶慘，將宋氏改爲情實。今九卿、科道會審，仍以緩決定擬，具各書題。奴才等伏查此案，湯宋氏初與陳招弟調戲成姦之時，伊夫湯乃明並不知情，後經知覺，貪其資助，仍行縱容，固屬賣姦。迨湯乃明囑宋氏拒絶姦夫之後，而湯宋氏不遵夫言拒絶，仍復私與姦好，且陳招弟將伊夫毆死之夜，何以宋氏之兄宋長保預先住宿姦夫之家，一聞姦夫呼幫，即行跑至協同毀屍，而宋氏見夫屍慘割，亦不攔阻，任聽氏兄與姦夫滅跡，又聽從姦夫之言，捏稱伊夫落水淹斃，謊告夫兄湯之祥，希圖隱匿。其爲知情同謀，毫無疑義。今九卿等會審，仍照不知情擬以緩決，於情罪未爲允協，奴才等未敢隨同書題，理合據實奏聞。

臣温福謹奏爲據實直陳仰祈聖訓事。竊前在福建巡撫任内辦理本年秋審案件，其有原擬已屬平允，俱即照依定擬具題。惟查有陳招弟因姦毆死本夫湯乃明一案，情節可疑。從前僅將姦婦湯宋氏問擬絞候，不無輕縱，是以將湯宋氏改擬情實，具題在案。今於本月二十一日，在秋審班内會審至湯宋氏一案，刑部仍將湯宋氏問擬緩決。查此案情節，湯宋氏初與陳招弟調戲成姦，雖因伊夫湯乃明留其住宿後又得受錢穀，但湯乃明被兄湯之祥嗔責，即囑妻拒絶姦夫，而湯宋氏不但不肯拒絶，且轉以本夫之言告之陳招弟，則其致死本夫，顯屬有因。況當陳招弟殺死湯乃明之時，即云湯宋氏畏其兇暴，不敢聲張，何以伊兄宋長保先借宿姦夫之家，聞呼即至幫同毁棄屍骸？及陳招弟囑其捏稱落水淹死，湯宋氏又何以輒肯依允，並不將致死實情告之夫兄湯之祥？是其忍於視夫之被慘身死毫不動念，實與知情同謀無異，未便仍行擬緩，致淫兇之婦屢稽顯戮。當與刑部再三講論，刑部仍以此案究係賣姦，且上次已經緩決，今次難以改入情實爲詞。臣謂湯宋氏於伊夫賣姦，則從夫之命，於伊夫教之拒絶，則又不從夫命。目睹陳招弟支解夫屍，並不阻擋。及至見夫兄湯之祥，又聽姦夫之囑，捏稱伊夫檢柴溺死。是其殘忍已極。此等迷戀姦夫淫兇惡婦，似未便仍從寛緩。若謂上次緩決之犯，不便復改情實，則秋審各案内，現有上次緩決今改情實者，何獨於湯宋氏必不可改入情實？臣本愚昧無知，於刑名律例又多未嫻，豈敢據執己意以爲必是。但愚見所及，亦不敢稍事緘默，惟有據實直陳，並抄録原案招册，恭呈御覽，伏候聖明訓示，庶秋讞大典益昭慎重，仰祈皇上睿鑒。謹奏。本月二十五日接大學士尹繼善字寄二十三日奉上諭：「本日據託庸、素爾訥奏稱，秋審班内有福建省陳招弟與湯宋氏通姦，毆死本夫湯乃明，毁屍滅跡一案，九卿等會審時，將湯宋氏仍照不知情擬以緩決，未敢隨同書題等語。朕初閲情節，已降旨令刑部、九卿再議，繼閲温福摺亦奏及此事，因係伊前在福建巡撫任内所改情實之案，言之較詳。此案，湯宋氏本係犯姦之婦，且目睹其夫爲姦夫毁屍滅跡，尚以檢柴溺斃誑告夫兄，即擬以情實亦不爲過。但向來辦理因姦謀死本夫之案，其審係本夫故縱賣姦者，雖由姦婦起意同謀，尚以斬决論罪，不擬凌遲，則姦婦之不知情者，其罪更當有間。若以爲伊夫令其賣姦則從之，教以拒絶則不從，且目睹支解夫屍并不阻擋，是乃責以大義，天下之不知大義身犯刑辟者不知凡幾，尚不能盡以禮意相繩，何獨與此等淫蕩之婦而爲之斤斤責備乎？總之，湯宋氏之入於情實與否，俱無不可，而秋讞大典，滿洲三書與刑部九卿異議，交章論奏，則於政體有關，所繫甚大。在温福曾經承辦此案，於分原所當言，而託庸、素爾訥則何所激而出此？若係國計民生要務，滿尚書獨能持正，不肯依阿衆論，據實入告，朕必深爲嘉許。而此種尋常讞牘，無關重輕，實不值如此矯矯示異。設伊等意在從寬，或案犯亦係旗人，則已將伊等治罪。念所言尚係懲治淫兇，且心無所爲，故不加責。但不和衷商榷，顯立異同，恐啓門户之漸，於事體大非所宜。至劉統勳任大學士已久，刑各又其專責，當託庸等講論時，自應委曲婉轉，極力盡言，以衷一是。即朕現在所降之旨，非劉統勳不能見及者，何妨如此明白開説，早爲定案？乃聽其兩議入奏，劉統勳亦不得謂之識大體矣。僅令刑部、九卿再議。尚恐未喻朕意，著傳諭劉統勳與託庸等虛衷集議，仍與九卿等合詞妥擬入册具題，毋各稍存意見，原摺併發回。欽此。」寄信前來，臣等跪讀之下，惶愧感激，無地自容。伏思臣等會同辦理秋讞大典，遇有案情意見未能盡合，理應虛公商榷，以衷一是，自不得各持已見，致有異同。今福建省陳招弟與湯宋氏通姦，毆死本夫湯乃明，毀屍滅跡一案，臣部與九卿以湯宋氏係本夫縱姦，業經緩決一次。臣温福以前在福建巡撫任內曾經改擬情實，是以具摺陳明。而臣託庸、臣素爾訥以仍擬緩決未敢附和書題，亦即隨同具摺，殊屬冒昧。臣劉統勳有刑名專責，當彼此講論時，不能婉轉盡言，明白開説，俾此案公同酌定。擬致令交章論奏，瀆陳聖明之前，自問實無可辭咎。仰荷皇上天恩不加譴責，備蒙訓誨反覆周詳，臣等感愧之誠，實難名狀，惟有各自改悔，勉勵於現在，審核各案，益加詳慎，和衷定讞，以期衆論咸孚，悉歸允當。斷不敢再致稍存意見，上負皇上訓迪臣工至意，自蹈罪愆。除湯宋氏一案，臣劉統勳、臣託庸等虛衷集議，仍會同九卿等擬以緩決具題外，所有欽奉諭旨遵辦緣由，臣等謹恭摺奏覆，伏祈皇上睿鑒，謹奏。

解役疏脱人犯本犯罪未定不即入緩決

一、九月二十日進河南省秋審本，有緩決內絞犯薛法唐、李奉牽疏脱遺犯周四一案，發出詢問，以此案與安徽省之張松、劉同俱係解役疏脱人犯，何以張松、劉同改爲情實，薛法唐、李奉牽照覆緩決？

當經劉中堂烏大人將兩案改擬及招覆緣由辦理摺片於二十日申刻具奏，將奏片摺角，于二十一日發出。

臣劉統勳、臣烏納璽謹奏，「查本年秋審內解役疏脱人犯，外省問擬緩決者共兩案，一係安徽省之張松、劉同疏脱絞犯馬福；一係河南省之薛法唐、李奉牽疏脱遺犯周四。臣等核擬時，因馬福毆死白坤，業經訊明供認，例應擬絞。張松、劉同奉差押解，劉同違例雇替，張松於正犯脱逃後攜帶護票潛逃，是以改擬情實。至薛法唐、李奉牽押解周四，因周四由黑龍江脱逃時，係在脱逃拏獲，即行正法，定例以前罪止枷杖。其直隸開州梁二謀殺常郎之案，據梁二供，與周四同謀，但遂平縣拏獲審訊，周四並未承認，是周四罪名尚在未定，是以將薛法唐、李奉牽照覆緩決，謹奏。」

一、二十一日劉中堂烏大人面奉諭旨：「嗣後各省秋審内有解役疏脱人犯，本犯罪名未定，如河南省之薛法唐、李奉牽案情相似者，即照薛法唐之例牢固監候，不必即入緩決，俟拿獲正犯審明定擬之日，再將解役人等入於秋審辦理。」

一、奉劉中堂諭：「各省秋審情實黄册内有父子共毆人，而其子將人毆死，各督撫於秋審後尾内尚引『救父』字樣者，九卿出語務將該督撫出語内『救父』字樣明析指駁。」

孟木成平反案

山西巡撫勒保奏稱，臣抵任後，於十月初五日據代州民孟鵬程呈稱：乾隆四十九年三月份，代州孟木成扎傷張光裕身死一案内，指伊爲證，但張光裕與孟木成因何起釁，是否孟木成扎傷身死，伊不知情，亦並無將張光裕背送溝内情事。從前案内所供，俱係畏刑誣招。今孟木成問擬死罪，皆由伊誣招所致，良心難昧，不得不爲之申明，等情。臣隨檢查原卷，緣代州民張光裕揭借孟木成銀錢未償，將地畝立契抵給，地邊另有荒灘一片並未在内。孟木成於四十九年春間，開種茭禾，張光裕查知不依，孟木成答以丈明退還。三月二十八日晚，張光裕醉後至孟木成鋪内混駡，經鋪夥崔晸勸回。二更時，張光裕復至孟木成家内，孟木成讓入書房，張光裕詈駡不依，互相揪毆，孟木成掣刀劃扎致傷張光裕領頦、耳根等處倒地，孟木成之父孟宗道並工人孟鵬程聽聞趨視，見張光裕受傷，無法處置，孟鵬程起意背送他處，希圖隱瞞。孟木成即央孟鵬程將張光裕背至郝家灣溝，經張光燦尋獲報州，未及驗訊，旋即殞命。據代州究出前情，由司審辦，將孟木成仍依毆殺人律擬絞監候，孟鵬程照不應重律擬杖八十。經前撫臣農起於五十年五月具題，奉旨：「孟木成依擬應絞，著監候，秋後處決，餘依議。欽此。」嗣於乾隆五十一年經前撫臣伊桑阿將孟木成擬入秋審情實，彙册具題。各在案。臣隨飭司監提孟木成到案研訊，據該犯極口呼冤，與孟鵬程所呈無異。復查此案，孟木成扎傷張光裕倒地之後别無證見，惟孟木成之父孟宗道並孟鵬程二人聞聲往視目擊。其事且係孟鵬程起意將張光裕背送至郝家灣溝内，希圖隱瞞，是孟鵬程實爲案中要證，從前定案時自必因其指證確鑿，毫無疑義，是以將孟木成擬抵。

具題。如果畏刑誣服，何以事隔兩載，不特並無一人翻控，即孟鵬程亦無一言申訴。且當本年秋審時，孟木成又不自行鳴冤，直至今日始據孟鵬程代爲呈辯，其中必有賄囑翻異情事。人命重情不厭詳慎，自應徹底究明，以成信讞。正在行司飭提犯證質訊問，接秋决部文，孟木成一犯業蒙勾到，臣因案關出入，未便遽行處决，致有冤抑。現將孟木成暫緩行刑，一面星飛提集人犯，逐一嚴加訊究。如審係虛揑，即將孟木成立行正法，并將孟鵬程從重治罪，以示懲儆。倘另有别情，臣亦即據實具奏，請旨究辦。等因。」乾隆五十一年十月二十一日奉批：「甚是，即有旨諭。欽此。」又，同日奉上諭：「據勒保奏，抵任有代州民孟鵬程呈稱，孟木成扎傷張光裕身死問擬絞候一案，從前指伊爲證，係畏刑誣認。其扎傷致死，伊并不知情，理合申明。現在孟木成一犯奉到部文業蒙勾到，案關出入，未便遽行處决，致有冤抑。請將孟木成暫緩行刑，提集犯證，嚴訊確實，再行辦理。等語。所奏甚是。此案孟木成扎死張光裕之後，從前定案時原因孟鵬程指證確鑿，是以將孟木成擬抵。今孟鵬程復以指伊作證之處係畏刑誣認，代爲呈辯伸冤，恐其中尚有别項情節，人命重情不可不徹底究訊，以成信讞。但事隔兩載，孟鵬程并無一言申訴，本年秋審，孟木成又不自行鳴冤，直至此時，孟鵬程方爲辯訴，亦難保無賄囑翻異情事。現在該撫提訊各犯，如果孟鵬程所控屬實，自應即爲平反，以申冤獄。若審係虛揑，即將孟木成即行正法，並將孟鵬程從重治罪，以儆刁頑。等因。」

又十二月十五日奉上諭：「據勒保奏孟木成扎死張光裕一案，檢明屍骨并非刀傷一摺。此案原因孟鵬程指證確鑿，是以將孟木成擬抵。今孟鵬程既以伊作證之處係畏刑誣認，代爲呈辯伸冤，而檢驗屍骨并非刀傷身死，其中必有别情，並派侍郎姜晟帶明幹司員並諳練仵作馳驛前往，會同詳悉，覆秉公查審，定擬具奏。其所參相驗不實之崞縣知縣高虞祥，承審錯誤之原任告並代州知州吴重光，均著革職。該侍郎會同該巡撫一併嚴審究辦。」

旋於五十二年二月初五日，經姜晟等檢驗屍骨并非刃傷，亦非孟木成毆死，審明冤誣等情擬議具奏，孟木成一犯不應仍行監禁，請旨釋放。奉旨依議。

富禮善主使毆傷張二身死嚇逼趙文達頂認正兇案

奏爲遵旨覆審具奏事。竊照本年朝審情實册内，刑部審題趙文達毆傷張二身死一案，蒙皇上閲看招册，因案有疑實，恐有頂兇情節，本月十二日勾到之晨，特派臣阿桂、臣和珅、臣福康安、臣劉墉覆審。臣等當即派員馳赴市曹，將趙文達提回，傳集案內應質人等，覆加研審。緣趙文達與富禮善均係尚書公福隆安家人，本年正月內福隆安修造房屋，令富禮善總管一切工作，趙文達等亦分派監修。有大工頭張德中央求富禮善妻弟鍾四，向富禮善承攬工程，許以每領工程銀一百兩，謝給銀七兩。鍾四應允，轉向富禮善説合，張德中攬得一萬一千餘兩工程，先領過銀二千五百兩，謝給鍾四銀一百七十五兩，張德中即雇覓匠夫興工。二月十四日，有小工張二向小工頭李德長支工錢不允，彼此争毆，致傷李德並同夥之蘇四、盧豐。李德隨向大工頭張德中告知情由，張德中見李德頭臉被張二打傷流血，即至富禮善家，令伊家人王七轉告富禮善，答以工人打架應聽張德中自行了結。張德中因邀王七一同往看。富禮善聞知，復令雇工宋二、王三赴張德中鍋夥，告以張二等既經打架，送看街兵看守，俟次日到工再辦。張德中、宋二、王三即將張二等交街兵看守。十五日，富禮善到工，張德中將張二、蘇四、盧豐，及在場幫鬧之張八四人押至，張德中央富禮善將張二等照法處治，儆戒衆人。富禮善隨向張二等責問，蘇四不服，先上前分辯，富禮善即令同主家人徐國泰、拜布克、楊五十兒將蘇四按倒，用木棍責打十餘下，盧豐等在旁喊叫，富禮善即令徐國泰等拉去責打。適趙文達走至，富禮善即令趙文達幫同按打，將盧豐、張八先後各打一頓。復令徐國泰、拜布克將張二按倒，令趙文達先用木棍毆打數十下，因手指擦破，將棍遞與楊五十兒，又毆數十下。富禮善因張二等强横，不便放去，又令楊五十兒前赴官廳借取鎖鍊四掛，將張二等鎖於木栅之上。傍晚時候，張二傷重，卧地喊痛，即行開鎖送至鍋夥處調養，張二至晚因傷殞命。十六日，張德中隨據實呈報，經提督衙門傳訊，富禮善先令楊五十兒到官聽審，楊五十兒不允，富禮善復以張二行兇傷人，即毆死亦不至抵償之語，誘令趙文達赴官聽審。趙文達至，提督衙門審問，即將富禮善喝令毆打等情據實供明。十七日，經提督衙門將案犯咨送刑部，當經刑部以富禮善喝令毆死張二，即屬正兇，隨片行該旗傳富禮善及趙文達供出幫按之徐國泰、拜布克等。票傳原報張德中到部質審，富禮善恐刑部究出該犯主使實情，因思趙文達本係首先下手毆打之人，且賦性獃頑，可以向其推卸。又原報張德中係伊妻弟鍾四舉薦攬工，令鍾四向其囑託當官證住趙文達，俾無從置辯。張德中貪攬工程，又因未領銀兩尚多，隨即應允。張德中先至刑部，隨翻改原報供詞。正在監提趙文達與張德中質審間，旋據該旗將富禮善、徐國泰、拜布克送部。富禮善走至司門，適遇趙文達自監中提出，富禮善即以「你若混行扳我，我將來就要處死你一家」之語向其恐嚇。趙文達向畏富禮善兇横，恐遺累父母兄弟。迨當堂與富禮善等質對時，又被張德中與富禮善同聲堅質，俱稱是日富禮善實未在場，趙文達質抵不住，隨即誣認。承審各員以該犯前後異供，顯有情弊，將該犯與張德中掌嘴跪鍊，該二犯矢供不移，隨録供呈堂，會同法司將趙文達依律擬斬監候，徐國泰等分別擬杖。富禮善訊無喝令情事，毋庸置議等因，具題完結。朝審時經九卿擬入情實。今臣等欽遵諭旨，會同覆審，趙文達等始猶堅執前供，研鞫再三，方據供吐前情不諱。臣等以富禮善主使趙文達等將張二毆打身死。趙文達初次到案，既將富禮善主使情由供明，及與富禮善質對，何以即頂認正兇，甘服死罪，頓將富禮善開脱？明有賄囑頂認情事。即楊五十兒同係毆打張二之人，趙文達到案，不行供出，情弊亦屬顯然。至工頭張德中業經據實呈報，何以刑部審訊，復改易前供，扶同捏證？自必得受富禮善重賄。再，富禮善係福隆安管家，該犯主使毆斃人命，復設法圖脱己罪，曾否回明伊主，以致刑部不加深究；並承審之員有無聽受囑托各情事，均須徹底根究。復將各犯逐一嚴詰。據富禮善供：「提督衙門傳訊時，我因楊五十兒不肯到官，想著趙文達素日有些獃氣，可以誘他去，就向他説楊五十兒不去，我有法處他，你只管去，我自然格外照應你。後來聞他在提督衙門仍供出我來，因張德中是原報之人，故叫妻弟鍾四先囑爲證。我到了部，適在司門首遇見趙文達，又向他説你若再扳我，叫你一家都死在我手，所以官員們審訊時，有張德中從旁質證，趙文達就自己承認了。實在没有用銀買囑他，若我果有買囑頂兇之意思，起初張德中呈報時，我就該賄囑他止將趙文達的名字報出，如何還聽他將我呈報呢？至刑部官員因趙文達、張德中供詞改變，將他揪耳掌嘴，又向徐國泰等再三追求，因衆證始終不移，纔定案的，實是被我們大家朦混過去，並無求情囑託的事。再，起初工上打架原是小事，没有告知我主人。後來張二身死，我回過，主人説你們快去查明是誰打死的，就送到官裏去辦。張德中便將我在提督衙門呈報，移送刑部。刑部定案放我出來後，我禀知主人，此案刑部審明實係趙文達毆斃張二，趙文達已經承認，與我無干。主人見部中已經審明，就没有再問是實。」據趙文達供：「我起初見富禮善因楊五十兒不肯到官，就要處治，所以他叫我去，我不敢推辯。我在提督衙門原供出富禮善叫我打的。後來部傳富禮善審訊，我在司門首遇見富禮善向我説，若再説是他主使，他就治死我一家。我聽見害怕，及他在府充當管家，諸事可以專主，曾將同主家人蔣齊兒、楊旺兒下毒手打過，養到一月還不能走動。如今張二本是我也動手打的，自然要定重罪，何必結怨富禮善，拖累我父母兄弟受罪。所以自己承認了，實在没有得過他銀錢。現蒙這樣嚴審，我已將富禮善供出，如有得銀等事，還有不據實供出的嗎？至我不説出楊五十兒，也因自己既認重罪，不必再累他人，並無別的緣故是實。」據張德中供：「富禮善喝令趙文達等將張二打死，先原没有囑託我，我所以據實報了。後來鍾四來向我説，叫我到部不要扳出富禮善來。我想如不依他，必不能辦這樣工程，無從賺錢，且在後領得工程銀兩，俱要酬謝鍾四，借此我就可以不給他，也得幾百兩銀子的便宜，遂應允了。到刑部時，我見趙文達被我質住，已認罪，所以官員們將我不過掌責，我尚可熬耐，所以爲富禮善始終隱瞞的。後來案情完結，富禮善仍令我接辦工程，共領了一萬一千一百銀子，該謝鍾四銀七百七十八兩，除先給過他一百七十五兩外，後來我止給他一百兩，他還不依，又在我領得銀兩内扣過二百兩，還該他三百餘兩，只因替他隱瞞了富禮善之事，就没有給他，這是實情。蒙這樣嚴審，我只得供明了，實無另有受賄情事。」各等語。復傳訊承審此案之刑部司員音德布等同供：「當初提督衙門咨送張二被毆身死一案，我們檢查原文，據張德中供稱，張二係富姓家人叫人用棍責打身死。是富姓家人乃此案正兇，當即回堂，用印片傳喚富姓家人並趙文達，供出幫同揿按之徐國泰、拜布克等，復票傳原報張德中一併到案嚴審。據富禮善堅供，他們毆打張二時，伊跟隨主兒出門當差，並不在場。訊之徐國泰、拜布克等，俱供伊等係趙文達令其揿按，實未見富禮善在場。我們隨令趙文達與伊等當堂質對，趙文達遂稱原供係伊一時希圖卸罪，飾詞妄扳。質之張德中，亦翻原供。我們因該二犯前後供詞互異，顯有頂兇開脱情事，將該二犯揪耳長跪，並加掌責。復告知趙文達，以你若供明係富禮善主使毆打，你便無罪，若將富禮善開脱，你即應抵命。反覆開導，令其據實供吐。據趙文達堅供實因張德中曾將李德與張二打架情由告訴過富禮善，我就想推到他身上可以卸罪。今傳到富禮善當堂質對，不敢狡賴。當日原我起意毆打，如今情甘抵償等語。並據張德中供：我因先告訴過富禮善，富禮善叫我告訴管工家人，我即告知趙文達，將張二叫至工所，趙文達用木棍毆打身死。我因告訴過富禮善，所以在提督衙門呈報富禮善喝令毆打的。再三究詰，各犯矢供不移，隨即供呈堂，並會大小法司審訊，供詞無異，是以纔把趙文達定案擬抵具題。實不知道他們有頂兇情弊，也無受人囑託的事。若是我們受人囑託，現在富禮善到案，諸事水落石出，還肯替我們隱瞞嗎？可以質對得的。」等語。後將富禮善等再四究詰，加以刑嚇，矢口不移，似無遁飾。查律載：威力主使人毆打致死，以主使之人爲首，下手之人爲從，減一等；又，主使數人毆一人致死者，以下手傷重之人爲從，其餘皆爲餘人；又，奴婢毆良人至死者，斬監候；又，姦徒得受正兇賄賂，挺身到官頂認，致脱本犯罪名者，不計贓數多寡，俱照本犯斬絞之罪一例全科；又，證佐不言實情，以致罪有出入者，減罪人罪二等，各等語。此案，富禮善係尚書公福隆安管事家人，因伊主造修房屋，工人張二等打架滋事，不回明伊主送官究治，輒倚勢主使趙文達等將張二等四人先後揿按毆打鎖押，以致張二受傷身死，罪已難逭。復嚇逼趙文達先到官聽審，並令妻弟鍾四轉囑原報張德中扶同翻供揑證，致趙文達頂認重罪，該犯反脱身事外，實屬倚勢藐法。富禮善合依威力主使人毆打，以主使之人爲首，奴婢毆良人至死者斬監候律，擬斬監候。該犯係應擬情實之犯，又有頂兇情弊，今業已審明，應請旨補行予勾。並著傳集各王公大臣家奴同至市曹看視行刑，以爲豪奴倚勢行兇舞弊藐法者戒。趙文達聽從首先下手，應照爲從律減一等擬流。其到部時挺身頂認，重罪，訊因被富禮善嚇逼，罪人誣證，該犯不能抵辦，是以承認，尚無受賄情弊，照例亦止應減等擬流。但蒙皇上特派大臣覆訊，該犯到案不即供吐實情，始終頂冒正兇，實屬可惡，未便因其未經受賄稍爲寬縱。趙文達應即照姦徒得正兇賄賂、挺身到官頂認致脱本犯罪名全科例，擬斬監候，秋後處決。張德中在場目富禮善主使毆打張二身死，既已據實報明，乃因貪圖攬工並思扣留謝錢，聽從鍾四囑託，隨同翻供，以致罪有出入，若僅依證佐不言實情減罪人罪二等律擬以杖徒，亦覺情浮於法。張德中應於富禮善死罪上酌減一等，從重發往烏魯木齊給種地兵丁爲奴。楊五十兒聽從毆打，徐國泰、拜布克幫同揿按，應各照餘人律杖一百。李德先與張二爭毆肇釁釀命；宋二、王三聽從富禮善主使，私交兵丁往拏張二看守，均屬不合，應各照不應重律杖八十。除徐國泰、拜布克、李德均於前案擬杖應免重科外，餘俱照擬鞭責發落。王七訊止隨同張德中前往喝阻，富禮善主使毆打，並未在場幫毆，應與訊不知情。趙文達之父趙美、母楊氏均毋庸議。至趙文達被富禮善倚勢嚇逼頂認正兇，伊父母兄弟未便復留福隆安處服役，所有趙美一户原係副都統成安家人，應請旨仍賞還成安名下爲奴。鍾四於富禮善囑託卸罪，復從中詐取張德中説合工程銀兩，亦應按律治罪。該犯現在脱逃，業經提督衙門選派番役緝拏，應再行行文都察院、順天府、直隸總督並原籍督撫一體飭屬嚴緝務獲，解部歸案辦理。至此案刑部堂官均已奉旨降爲三品頂帶，革職留任。福隆安罰公俸十年，仍革職留任。其原辦此案主稿及隨同畫押並承辦朝審招册之刑部司員，亦經吏部分別議以降革在案，應均毋庸再議。所有臣等覆加審訊定擬緣由，謹繕摺具奏，伏乞睿鑒，爲此謹奏請旨。乾隆四十八年十二月初二日奉旨：「富禮善著即處斬。趙文達依擬應斬，著鑒候，秋後處決。餘依議。」

知縣杖斃鋪户案

陝西總督楊應琚奏鳳翔縣知縣李莊挾私故勘平人致死一案，奉旨，三法司速議具奏。」斬犯一名李莊，年五十歲，係直隸永平府遷安縣人，原任陝西鳳翔府鳳翔縣知縣。據陝甘總督楊應琚奏准吏、刑二部咨，乾隆二十八年五月初十日奉上諭：「鄂弼泰奏參鳳翔縣知縣李莊杖斃鋪户李信一摺，其事甚堪駭非尋常劣員情事所應有，而該撫僅援濫刑斃命之例爲詞，於例意失之遠矣。州縣官員因鞫訊公事，任性乖張，或用非刑，或責不如法，以致對簿之人邂逅傷死，此乃謂之濫刑。今李莊以署内需布，令本縣布行平民辦交，復聽信家人，事後抑勒找補。甚至以所求不遂，盛怒疊杖而立斃。是始以所部賈人爲其魚肉，後以縣官威勢肆其草菅，不獨與濫斃科條絶不相蒙，即以鬥毆抵命常法揆之，彼乃一時起釁，既無勒索重情，兩造平人又無官民定分，校此猶爲霄壤。又豈抵監候足蔽厥辜？李莊著即革職拏問，交與該督嚴審，定擬具奏。欽此。」該臣等看得，參革鳳翔縣知縣李莊杖斃鋪户李信一案。緣乾隆二十八年二月二十五日，李莊因署内需用布疋，並欲制備各項人役號衣，令家人孫二赴鋪買布。孫二即赴東關李信、曹夥開鋪内看定白布一卷，内止凈布二十八疋，又包皮短布二節，照布行鋪規應作三十疋售賣，議定每疋價銀五錢八分，共銀十七兩四錢。孫二聲言尚欲照買二卷，李信答以止存一卷，孫二隨令將看定一卷與未看一卷俱送署領價。復至王舉元鋪内看定布一卷，亦連皮作布三十疋，議定每疋價銀五錢六分五共銀十六兩九錢五分，亦令送署領價。迨李信送布二卷至署，孫二因未看之卷粗鬆短狹，不及看定之布，慫行退還，李信情願讓銀一兩四錢，止作十六兩，孫二依允，兩卷共給銀三十三兩四錢。又王舉元送布至署，亦照原議之價給領，孫二隨將買布發銀總數籠統回覆。至四月初五日，李莊取用布疋，查點每卷不及三十疋之數，即向孫二查問，孫二始將布疋實數及交易行規分晰回明。李莊以包皮布僅可抵算一疋，止有布二十九疋，何云每卷三十疋。且既係按疋議價，何以二十九疋布領三十疋價銀，遂疑布行欺騙並疑孫二串通作弊。初六日，傳李信等訊問，適李信外出未到，李莊掌責夥計曹璜，著落找尋。至初七日下午，李信、王舉元一同投案。李莊訊問情由，勒令找補，並欲治欺詐之罪。李信等不服，出言頂撞。李莊氣忿，令皂役王元正、王起登將李信、王舉元各責二十五板。李信受杖出署，行至署東昏迷蹲地，至掌時殞命，供認前情不諱。查李莊任内買用布疋，本屬私用，乃於事後勒令找補不遂，輒將無辜平民盛怒杖責致斃，實屬挾私逞忿，草菅民命。除家人孫二、皂役王元正等分別擬以枷杖外；李莊合依官吏挾私故勘平人致死者斬律，應擬斬監候，歸入本年秋審案内情實。該臣等審得李莊身爲知縣，乃因買布短少，勒找不遂，輒將無辜鋪户立斃杖下，殊屬殘酷，李莊應情實。

秋審簽商案

乾隆三十四年八月二十日上班會審貴州省，據大理寺卿鄧時敏簽商。此案吴再國因龍貴元休棄其女，屢次送回不納，另娶吴喬元堂兄吴喬受之女。吴再國以吴喬元係龍貴元姊丈，疑其唆撥。而龍貴元又催財禮不休，以致吴再國逼吴正才等拉吴喬受之牛抵還財禮，不過欲吴喬受勸止龍貴元免索之計，究與逞兇搶奪者不同，且并與吴喬元無涉。乃吴喬元一聞聲喊，即携帶鳥鎗，點然火繩趕追，隨放打傷吴正才斃命。核其情節，顯屬有心。查鳥鎗殺人律應斬候，前擬絞刑已屬從輕，再予緩決，未免過縱，似應改入情實。本部以此案放鎗致死罪人與尋常鳥鎗殺人不同，照覆緩決。

又，二十一日會審福建省，又據大理寺卿簽商。此案陳元因孫垤等越界築墳向阻被毆，並將伊母打傷；退避屋内，復被拾石擲屋。陳元恐石塊傷人，將裝就防夜鳥鎗從屋内墻孔望外點放，適傷孫埰致斃。核其情節，陳元既避屋内，原有懼禍之心，且不見墻外之人，其墻孔施放鳥鎗，不過因孫垤等拾石擲屋，恐被打傷，一時情急，希圖嚇退，並不暇計及傷著墻外之人。雖火器殺人，究與逞兇施放者不同。事本理直，傷由失誤，似可改爲緩決。本部以此案係因争鬥而擅放鳥鎗殺人，以故殺論斬，歷來俱擬情實，是以仍照該撫所擬辦理。旋於二十八日接奉大學士尹繼善字寄上諭：「鄧時敏奏秋審會讞時，有貴州省吴喬元傷吴正才身死一案，係有心致斃，簽商應改情實。又有福建省陳元鎗傷孫埰身死一案，事本理直，傷因失誤，簽商應改緩決。刑部俱依外議照覆。不允商改一摺，所奏似乎近理。就兩案相較，吴喬元以與己并無干涉之事，聞喊攜鎗追奪，打傷斃命，情節較重；陳元因孫埰等拾石擲打，一時情急，從墻孔放鎗，以致孫埰斃命，其曲本在孫垤等，情節較輕。何以重者轉擬緩決，輕者獨入情實？若火器傷人例無輕縱，陳元之不應改緩尚可謂之執法；吴喬元同一鳥鎗斃命，獨得刑誅；揆之情法，似未平允。刑部堂官於鄧時敏簽商時，因何不虛衷商榷，酌改持平，殊不可解。或兩案別有實在情節，鄧時敏因曾簽論，欲爲此奏，祇就所見而言，其餘案内關鍵未經叙入，亦不可知。著刑部堂官明白回奏。」大理寺卿鄧時敏跪奏：「爲秋讞大典辦理宜歸畫一，恭摺據實奏聞，仰祈聖裁事。本年八月秋審期，齊集九卿諸臣會讞各省犯案，二十日審得貴州省吴喬元傷吴正才身死一案，緣吴正才之叔吴再國有女嫁與苗民龍貴元爲妻，已歷四年，尋經休棄，另娶吴喬元堂兄吴喬受之女，並向吴再國索還原聘財禮牛一隻，屢次口角。吴再國以吴喬元係龍貴元姊丈，疑其唆撥，屢至吴喬受家吵嚷，欲其勸止龍貴元，免索財禮。龍貴元催討如故，以致吴再國邀伊姪吴正才往拉吴喬受之牛抵還財禮。原與無因逞兇搶奪者不同，且並與吴喬元無涉。乃吴喬元一聞吴喬受聲喊拉牛，即携帶鳥鎗，點然火繩趕出追奪，放鎗打傷吴正才斃命。該撫擬以緩決。臣簽商，以鳥鎗殺人律應斬候。原按照罪人不拒捕而擅殺擬絞，已屬從輕。今細核案情，究係火器殺人，有心致斃，再予緩決，未免過寬，似應改入情實，刑部依外擬照實不允。二十一日審福建省有陳元傷孫垛身死一案。緣孫垛同兄孫垤、孫長、孫埗等越界赴陳元之父陳助山内築墳，陳助同伊子陳元、陳芮往阻，孫垤等不依，爭鬧趕打。陳元等帶傷跑回，孫垤等又趕至陳助屋外尋毆，陳助之母張氏、妻魏氏出而攔阻，孫長等復將張氏、魏氏推跌磕傷，遂一同關門退避屋内。孫垤等在外拾石擲破屋瓦，陳元恐石塊打進傷人，將裝就防夜鳥鎗從屋牆孔往外點放，適傷孫垛致斃。該撫擬以情實。臣簽商，以此案孫垤等越界築墳，滋釁互毆。陳元等跑回躲避屋内，實有懼禍之心，並不見屋外之人。孫垤等拾石擲屋，陳元恐石塊打進傷人，一時情急，從墻孔放牆，希圖嚇退，亦並不暇計及傷著屋外之人。雖係火器傷人，事本理直，傷因失誤，比吴喬元之有心施放情節較輕，似可改入緩決，刑部亦依外擬，照覆不允。臣思情法貴酌其平，定讞務歸畫一。兩案均屬火器殺人，依律原應照故殺問擬斬候，秋審應入情實。乃一則擬絞緩決，一則擬斬情實，彼此互歧，輕重懸殊，臣仰遵皇上屢降諭旨，不敢固執己見，致蹈忿争之習，因俱隨衆畫題。但臣愚昧之見，反覆研核，似覺吴喬元一案，情重法輕。兩相比照，究不得所以擬緩擬實之由。爲此據實奏聞，伏乞皇上睿裁訓示，以昭畫一，以垂憲典，臣不勝激切待命之至。」

刑部謹奏爲遵旨明白回奏事。乾隆三十四年八月二十八日，接奉大學士尹繼善字寄奉上諭云云，欽此。寄信前來。臣等接奉諭旨，不勝悚惕。秋讞大典，臣等不敢不虛衷商榷，期於平允。所有大理寺卿鄧時敏簽商二案内，福建省陳元傷孫埰身死一案，孫埰等越界爭築墳堆，逞强趕打，事雖理曲，但係互相鬥毆，而擅放鳥鎗殺人者，以故殺論斬。臣部歷來辦理秋審故殺案，俱擬情實。此案所以未敢擬緩決，已蒙聖明洞鑒。至貴州吳喬元傷吳正才身死一案，鄧時敏簽商，以吳再國等拉吳喬受之牛抵還財禮，並與吳喬元無涉，輒放鎗致傷吳正才身死，顯屬有心，欲行改實。臣等當即查明原案，吳喬受係吳喬元同居堂兄，本未分家，牛係公共，並非與吳喬元無涉。吳再國因龍貴元向索原聘財禮，輒疑吳喬元唆撥，屢向尋釁，並邀同吳正才等赴吳喬受家强拉牛隻，是吳再國等白晝搶奪，本屬有罪。吳喬元因牛隻被奪，聞喊追趕，原係應捕之人，及見吳正才牽牛跑還，冀圖嚇令放牛，鎗傷吳正才右肋，越二日殞命，致死罪人，與尋常鬥毆案内火器傷人者不同。貴撫原題本照罪人不拒捕而擅殺律擬絞，是以照覆緩決。鄧時敏祇就所見而言，案内關鍵未經聲叙，臣等謹將各原案繕寫黏簽，恭呈御覽，謹奏。乾隆三十四年九月初二日奉上諭：「前據鄧時敏奏秋審會讞時，有貴州省吳喬元鎗斃吳正才、福建省陳元鎗斃孫埰二案，並經簽商，刑部俱未允從一摺。就鄧時敏所論，似乎近理，但恐鄧時敏原伸其説，祇據所見而言，於案内緊要關鍵未經叙入，因令刑部堂官明白回奏。今據奏到，陳元一案係互相鬥毆，且陳元曾先擲傷孫埰等，復擅放鳥鎗致死孫埰，例以故殺應擬情實。吳喬元一案，吳再國遷怒尋釁，糾約伊姪往吳喬受家拉牛，吳喬元尚未分家，牛亦公共，原係應捕之人，不得謂之無涉，而吳再國白晝搶奪即屬有罪，吳喬元追捕放鎗致死罪人，與尋常鬥毆火器傷人者不同，應擬緩決等語。是二案情節本自分明，果係鄧時敏原奏未經詳叙，刑部定讞尚無失重失輕之處。著仍照刑部原擬辦理，鄧時敏原摺及刑部堂官覆奏摺併發。欽此。」

又，二十六日會審河南、山東，本部將河南省謀殺人傷而未死之張才一案改入情實；山東省捏報割辮附會之王大振一案改入緩決。於二十八日據大理寺少卿周於禮簽商。查張才以宋鏞留彼工作，並無文約，亦未議給工錢，嗣因屢被責詈，且用糞叉毆傷逐出，張才復於鄰家傭工。宋鏞屢見責駡，張才懼宋鏞力大，未敢與較。後因酒醉，追憶前嫌，起意謀殺，傷輕未死。細核此案情節，律引繯首，坐原謀也；擬入緩決，無人命也。若該犯本非謀殺，則尋常鬥毆傷杖責了事，原可不致成案，若以其原係謀殺而捨案誅心，改入情實，轉於人命正條不甚允協，張才似可照覆緩決。

查王大振以公差捏禀證實割辮重案，若非奉旨提問，幾至通杲沉冤莫白，證實割辮非尋常誣罔可比，奉差捏禀較平人陷害爲重，此案原擬情實，似宜照覆；抑或申明，恭候聖裁，未便遽改緩決。

本部以張才負恩逞兇，法難寬宥。王大振奉差訪查，因程遠期迫，恐違限受責，隨附捏擅，稟冀圖銷差，並無栽害等情，均照改定辦理。嗣於九月初四日接奉大學士尹繼善字寄奉上諭：「刑部堂官等覆吴喬元、陳元二案，已降旨仍照原擬矣。今日又據周於禮奏張才、王大振二案，亦係一重一輕，簽商擬改，刑部未允者，其因何擬改緣由，亦著刑部堂官明白回奏。」大理寺少卿周於禮跪奏爲奏聞事。八月二十六日臣等會商河南、山東各省重囚招册内，河南張才謀殺宋鏞傷輕未死一案，該撫原擬緩，刑部改入情實；山東省王大振捏稟割辮屬實一案，該撫原擬情實，刑部改入緩決。臣查張才以貧民乞食，宋鏞見其壯健，留彼工作，未立文約，亦未議給工錢，嗣因屢次責詈，且用糞叉毆傷逐出，張才於鄰家傭工。宋鏞復屢見責罵，張才懼其力大，亦未敢與較。後因酒醉乘凉，憶及前嫌，起意謀殺，傷輕未死。細核案情，宋鏞既無文約，且經毆傷逐出，原無雇主名分；又經屢屢凌逼，愚民自覺難堪，張才酒後起意致死，究屬一時氣忿所致，與蓄謀殺害者差別有間。臣愚以爲，此案律引繯首，坐本謀也；擬入緩決，無人命也。本律原以人命爲重，既無人命，或可照覆。若以原係謀殺而捨案誅心，改擬情實，轉於人命正條未爲允協。臣以此簽商，部臣議以留住恩養，執刀謀殺，法無可寬等語，似屬近理，臣比不敢固執己見，謹照部議改入情實，畫題在案。至王大振一案，該犯本鄒縣衙役。緣泗水縣盤獲割辮匪犯通杲，該撫飭委鄒縣知縣孔傳晊承審，刑逼誣認曾在費縣地方割過馮文興、李小良髮辮。該縣隨差王大振等往查。王大振以道遠期迫，起意捏稟，以致證實成案。奏聞提問，經軍機大臣審明，通杲係刑逼誣認王大振等，亦並無馮文興、李小良其人。臣伏思此案，如非王大振捏稟證實，原可不致成案，是王大振乃此案罪魁，擬情實，似爲允協。臣亦經簽商，部臣執以割辮各案皆有髡髮藥物，此案尚無栽贓情形，仍行改緩。臣時未敢扶同畫題，歸查割辮諸案，比對此案，雖無栽贓情形，然王大振以公差捏稟，證成大案，其情形與栽贓諸案輕重何殊？若非奉旨提問，幾至沉冤莫白。臣伏思證實割辮非尋常誣枉可比，奉差捏稟，較平民冤陷尤重，此案似宜照覆情實。即據部臣以爲情節稍輕，亦只可於册内聲叙，恭候聖裁，未便遽改緩決。抑臣更有請者，山東省密邇都門，衙役素多姦狡，似此捏造重案擬入情實要犯，該部徑行改緩，恐啓胥吏乘機舞弊之漸。臣於此案因不敢固執己見，致蹈忿爭陋習。然一得之愚，亦何敢不仰陳於聖主之前，存隱忍卸責之心。所有臣兩案簽商未及畫題情由，理合恭摺具奏，伏乞皇上睿鑒，訓示施行。

刑部謹奏爲遵旨明白回奏事。乾隆三十四年九月初四日，接奉大學士尹繼善字寄奉上諭云云。欽此。寄信前來。臣等查謀殺人傷而未死之案，其間情節輕重不同，歷年辦理秋審，臣部會同九卿核擬，俱酌量起釁根由、傷痕輕重分別情實、緩決具題。本年秋審河南省張才謀殺宋鏞傷而未死一案。緣張才本係乞丐，宋鏞見伊年力强壯，留家工作，嗣因偷，懶被斥不服，宋鏞給與張才工錢一千文，將其逐出。迨張才在鄰家傭工，復被宋鏞遇見斥詈，懷恨在心。後聞宋鏞在院咳嗽，追憶前嫌，起意謀殺。帶刀踰牆進院，用刀扎傷宋鏞額顱、胸膛、胳膊、肚腹等處，經宋瑞齡聞聲往救，倖而未死。該撫原擬緩決。臣等以宋鏞雖經救未死，但張才黑夜踰牆，持刀連砍多傷，實屬負恩逞兇，情節較重，是以會同九卿將張才改擬情實。至山東省王大振奉差訪查割辮匪犯，附會揑禀。臣等查割辮匪犯流毒數省，該地方人等不能嚴行協緝，乃藉此栽贓訛詐，誣陷無辜，自應予以情實，以爲拖累良民者戒。然其間情節不同，有素挾仇隙，編造辮尖借端陷害者；有貪圖重賞，或索詐不遂，妄賴平民者；亦有心疑捉拏毆拷，致斃人命者。本年秋審内似此情節之案，如福建省之鄧吉、安徽省之楊貴、趙正樹、直隸省之張二，該督撫俱擬情實。臣部會同九卿照擬核覆。朝審内之李昆、李正邦、汪紹思三案，亦經擬入情實在案。惟王大振一案，臣等詳核供招，王大振奉差訪查馮文興、李小良被割辮下落，在通杲畏刑誣認之後，並非王大振誣指妄拏。該犯因鄒、費二縣相隔三百餘里，該縣勒限五日往返，恐逾期受責，隨附會揑杲，冀圖銷差免責。核其情節，並無挾嫌邀賞，有心栽害誣陷等情。會讞時，雲南道簽商，以楊貴竊犯無獲，起意栽陷，較王大振之事後附會者不同。是以楊貴仍照覆情實。將王大振改擬緩決。臣等謹將各原案繕寫黏簽，恭呈御覽。謹奏。初七日奉旨張才、王大振二案，刑部所擬俱是。著仍照原擬辦理，周於禮原摺并刑部覆奏摺并發。」

秋審簽商案

大理寺卿鄧時敏謹奏爲秋務歸平允，仰祈聖裁以重人命事。本年八月秋審各省犯案，二十五日審得山東省田二打手劃傷史典身死一案。據該撫題稱，田二打手因與史典之孫史居扭奪鐵槍，被史典持棍趕毆，用力將槍奪獲，槍頭劃傷史典斃命。傷非有意，死越三日，田二打手應緩決等因具題。刑部以一死一傷改入情實。臣細核全案情節，緣田二打手因弟田三與史典之孫史小容彼此詈駡後田二打手聞知，往史典家訊問，史典以無人詈駡回復。該犯雖口出『料想不敢』一言，業經走回。史小容之兄史居輒持鐵槍追趕向扎，該犯接槍，兩相拉奪，史典亦持棍趕至欲毆，該犯情急，用力將槍奪獲，槍頭向上，以致劃傷史典顋門，越三日殞命。當有劉倫拉勸，史居復乘勢奪槍，該犯因用槍桿打傷史居頂心數處。史居之弟史香聞知，又携鐵槍往護，該犯已經跑走。復行追趕，適遇無干之田賓、田協。史香疑其在場，即用槍扎傷田賓左腿、田協左右臂而散，此全案情節也。竊詔情法貴持其平，死傷各有所因。查史姓前後三人均持槍執棍趕毆，該犯止徒手一人。史典之死，實由史居持搶趕扎、互相拉奪所致。史居之傷，此時已有劉倫拉勸，復行逞兇奪槍，以致該犯情急抵御，傷亦自取。是一死一傷均由史居滋釁，並非該犯自行攜槍戳毆，依毆律擬以絞候已足蔽辜，改擬情實，似於情法均未平允。臣再三面商，以秋審定讞務照本案情節爲衡，不得因該犯混名『打手』，疑其素行兇恨，狠懸加大罪，應仍照外擬爲當，刑部執意不允。臣伏思我皇上如天好生，矜慎刑獄，一杖之微，務期允協。人命重情，生死出入，所關非細。雖法外之仁出自聖恩，而臣之職司刑獄，豈容依違兩可，輕率畫題？爲此不揣愚昧，據實奏聞，並將招册全案備録，恭呈御覽，伏乞皇上睿裁，訓示施行。謹奏。乾隆三十六年九月初四月奉旨：「該部議奏。」

刑部謹奏爲遵旨議奏事云云。伏查臣部向來辦理秋審，凡鬥毆殺人之案，其尋常争鬥並無兇暴情形者，入於緩決。至如理曲傷重，逞兇疊毆者，又細核其起釁緣由，下手情狀，重者擬入情實，所以儆兇徒而清庶獄，此辦理秋審區别輕重之大較也。今此案田二打手因史典之孫史小容與伊弟田三互詈，該犯即往史典家内口稱誰駡伊弟，史典答以無人詈駡。該犯聲言「料想不敢」而出。史小容之兄史居嗔其欺侮，取槍趕毆，該犯閃避，接住槍杆奪獲，劃傷史典顋門倒地。史居乘勢奪槍，該犯復用槍杆連毆，致傷史居頂心、顋門等處倒地。史典傷重，越日殞命。查田二打手因伊弟田三與史小容口角微嫌，輒登門尋釁，聲言「料想不敢」，其情狀已露强横。及史居等嗔其欺侮，分攜槍棍趕毆，該犯既已奪槍杆劃傷史典，復用槍杆連毆史居多傷，史典傷重殞命。是史典、史居雖携槍棍趕毆，並未下手致傷該犯，而該犯自登門尋釁，以至徒手奪械，逞兇疊毆史典祖孫二人，一死一傷。核其情節，實屬兇暴，該撫擬以緩決，與尋常鬥毆之案無所區别。是以臣部會同九卿改擬情實，並非因其混名「打手」懸加其罪也。至史香之毆傷田賓、田協，在田二打手業經傷人散歸之後，史香已照刃傷人律擬徒，未便因此遽原該犯情罪。所有田二打手一犯，臣部仍照九卿原議，改擬情實。等因。九月十三日，奉旨依議。

情實斬犯誤行移付開除

奏爲檢舉事。據臣部直隸司員外郎葛鳴陽呈稱，「竊職等承辦查對本司秋審册籍行文注銷等事。本年秋審上班時，適因患病在寓，八月二十五日，據本司承辦秋審書辦樊承先持送秋審人犯病故付子一紙至職寓所，内開新事留養絞犯蘇國玉、情實斬犯王克均，據該督咨報病故，應移付總辦秋審處開除等因。職當即畫押，移付在案。嗣於秋審事後，將辦過秋審稿件應存、應銷及記檔注册等事詳細覆核。今查出直隸咨文一件，係咨報王克均同案流犯王小五病故，並無王克均病故之文，不勝駭異。除將該書辦樊承先收禁聽候審訊外，職從前畫付時疏忽，未將原文查對，咎實難解。相應據實檢舉等情。」查秋審情實人犯，例應會同九卿審定請勾。本年直隸秋錄，於八月二十六日會審，乃該吏樊承先臨審前一日，將該督擬入情實之王克均列爲病故，送付開除，情實重大，實堪駭異。亟應徹底究明，從重定擬，以示懲創。隨審樊承先供稱：「我承辦本年直隸秋審，先有隨本聲明病故人犯十二名，業經移付總辦秋審處開除。八月二十五日，直隸秋審將近上班，我恐有續報病故人犯應須開除，將收文號簿逐一檢點，查有蘇國玉病故及王克均病故二條。因審期已迫，就趕辦付子，送給本司承辦秋審行文對册的員外郎葛鳴陽畫押，移付秋審處開除。那號薄内王克均三字原係添寫在王小五病故旁邊，我認作王克均與王小五俱病故，不曾詳查原文，遽行移付，開除錯謬。該犯實無可辯。」等語。臣等以開除情實人犯，最關緊要，該吏斷無不查原文，僅就號薄内旁寫王克均名字即行移付之理。明係另有别情，自知罪重，是以藉詞狡賴。隨將該犯親加夾訊，據供：「實誤據號薄，並無别項弊端。此等情實重犯，如果捏混報死，不但部中不能始終瞞過，且犯人現存該省獄中，該省亦必查出，雖至愚之人，也不肯做此必破之弊。我未查原文，誤行開除重犯，已經罪無可逭，何敢捏情支飾，忍受嚴刑？」隨將號薄内因何於王小五名字旁添寫王克均名字之處質訊該司收文、行文書張聖音。據供：「七月初八日收到直隸咨文一件，内係開送錯擬王克均罪名、職名，並有同案流犯王小五在監病故之語。堂書摘掛事由，誤寫王小五病故字樣，未將咨送王克均錯擬罪名事由一併寫出，及將職名咨送吏部時，本司主事景如柏添寫王克均三字，不想樊承先查閱號薄，未對原文，竟將王克均認係與王小五同爲病故，移付開除，並無別故。」詢問主事景如柏，據稱「咨送錯擬罪名行文吏部時，因文内係錯擬王克均罪名，而所寫事由乃係王小五名字，隨於『王』旁邊另注『克均』二字。我因其遺漏，是以添寫屬實。」各等情。反覆質詰，各供不移。查情實人犯病故開除，爲秋審時最要事件，承書吏樊承先只據號薄内王小五病故之旁寫有王克均名字，隨將王克均列爲病故，與實病故之蘇國玉同付總辦秋審處開除。雖嚴審，據供並無情弊。但胥吏情僞多端，其中或有不實不盡別情，均未可定，合行據實參奏，請旨會同都察院嚴審定擬具奏。至情實人犯王克均業已稽戮二十餘日，應即請旨勾決。臣等查照原案另繕犯由略節，恭呈御覽，俟命下行文該省正法。至該司之員，於此事漫不經心，錯謬至此。其畫押出付之員外郎葛鳴陽，雖經自行檢舉，但其移付之時不將原文核對，均非尋常疏忽可比，應俟審定時，交吏部分別嚴加議處。臣等總司一部刑名，乃於此事毫未查出，昏憒糊塗，實屬無以自解，應請一併嚴加議處。等因。乾隆四十二年十一月三日奉旨：「刑部奏直隸省斬犯王克均之同案流犯王小五病故，該司書辦樊承先並不詳看原文，輒以王克均亦已病故，趕辦付子，送司員葛鳴陽畫押，移付秋審處開除，恐其中別有情弊，請將該書辦審究，並將堂司官嚴處。等語。秋審情實人犯，最關緊要，乃該書辦等混付開除，致重囚得稽顯戮；該部堂司官漫不經心，未即查出，咎實難辯，著交部分別嚴加議處。至該書辦樊承先有無弊混，不可不徹底跟究，該犯王克均現在南皮縣監禁，即欲速寘於法，亦不爭此數日，自當提同質審，令其事水落石出。著按察使達爾吉善星速馳往該處，即將王克均一犯親押解京。如中途或有疏虞，恐達爾吉善不能當其罪也。解到時交軍機大臣會同刑部嚴行鞫訊，並將該犯與樊承先用刑質對，務得實情。如訊有賄囑舞弊情事，則樊承先自當立正典刑，即或審無情弊，而以應勾人犯稽誅二十餘日，樊承先之罪亦非尋常錯誤可比，統俟審明定奪。至秋審勾到時，情實人犯已未勾決，均列於榜示之内。直隸省於十月二十八日勾到，該督周元理、臬司達爾吉善接到部文，因何不行細查，將遺漏王克均一犯及早據實具奏，其咎亦無可避免。著周元理、達爾吉善即行明白回奏。」

達爾吉善由滄州監内將王克均提出，押解行至武清縣地方，王克均患病身故，將屍擡至都城門外，以備覆驗，並自請嚴加治罪。奏旨：「該部嚴察議奏。」大學士誠謀英勇公阿桂等謹奏爲遵旨審擬具奏事。先經刑部具奏承辦直隸司秋審書辦樊承先，將滄州情實斬犯王克均混出病故付子開除一摺。乾隆四十二年十一月二十三日奉旨：「著按察使達爾吉善星速馳往該處，即將王克均一犯親押解京，交軍機大臣會同刑部嚴行鞫訊，務得實情。等因。欽此。」嗣於十二月初二日據達爾吉善奏明，遞解該犯王克均，行至武清縣河西務地方，該犯驟患中風痰厥病證，於三十日酉刻身死。等因。臣等隨遴派軍機司員會同刑部司員，帶領諳練仵作前往朝陽門外所，如法詳細相驗結報。該屍週身並無別故，探驗口鼻，俱有痰涎，實因病身死。並訊據原解官役人等供稱，該犯在途病斃情形與達爾吉善原奏無異。臣等隨會同監提書辦樊承先詳細鞫訊。據供：「我承辦秋審，本年先有隨本聲明病故人犯十二名，當經移付開除，八月二十六日，是直隸省秋審上班日期，我恐有續報病故人犯應行開除，先於二十五日將收文號薄逐一檢查，蘇國玉病故及王小五病故旁注有王克均三字。那時本司承辦秋審行文的員外郎高鳴陽患病在寓。我因審期已迫，就趕付子送至寓所畫押，移付秋審處開除，我實因號碼薄內王克均三字添寫在流犯王小五病故旁邊，誤認作王克均與王小五俱係病故，隨即移付開除。今被本官查出那件咨文，原係開送錯擬王克均罪名，并案內流犯王小五病故。所以號薄內旁寫王克均三字，並無王克均病故之事，我不曾詳查原文，實是錯謬該死，並沒有作弊的事。」「求詳情詰以秋審情實人犯關係緊要，你既專辦此事，豈有不查看原文，竟行辦付之理。明是你與王克均素相認識，或受其賄囑，因乘本官患病之時，乘機辦付，混請畫押開除，及經本官查出，又任意支飾。如今若再不供出實情，又要受重刑了。」又據供：「我實誤據號薄移付，並無別項情弊。此等情實重犯，如果混揑報了病故，不行辦理，不但部內終難瞞過，即該省接到部文，不見王克均名字，也必然要來咨查，我就是想要作弊，也斷不肯做這樣必破的弊，自取重罪。我未查原文，誤行開除重犯，已經罪無可逭，何敢稍有支飾？我在部中受過刑夾，還敢稍有隱瞞」等語。再三究詰，矢口不移。臣等以樊承先雖堅供并無情弊，但究屬該犯一面之詞，其斬犯王克均又已身死，無可質證。隨將該縣長解禁役于坤、朱興子等逐一隔別詳訊，令將王克均家道貧富及在監時有何親屬探望各情形據實指供。據稱王克均原係在窑燒瓦盆度日，犯罪在監時，但有伊子王長庚，約年二十餘歲，衣服襤褸，曾經到監探視，來時帶有粗糧窩窩幾箇給食，實未見送給別物，等語。是樊承先所供并無賄囑情弊之處，似屬可信。查律載：官司故出人罪，全出者以全罪論，失於出者減五等。若囚未決，放而還獲及囚犯死者，各減一等等語。今樊承先將情實斬犯王克均混寫病故付子，與別案實病故之蘇國玉同付開除，若該犯果係有心作弊，即應囚罪全科，立行正法。今嚴加審鞫，委因誤看號薄，當無舞弊別情，但以情實重犯並不查核原咨，混行移付開除，致因在途病故，得逃顯戮，究非尋常失出可比，應將樊承先比照故出人死罪未放律，杖一百，流三千里；仍先於刑部門首枷號三個月，俾書辦共知儆戒，滿日發配。至刑部堂司各官，業經奉旨交吏部分別嚴加議處。直隸按察使達爾吉善亦經奉旨交部嚴察議奏，均應聽吏部理。等因。十二月初六日，奉旨依議。

應入本年秋審人犯遺漏未辦補請勾決

乾隆五十八年四川司題明人於本年秋審之譚鄧氏遺漏未辦，嗣查出檢舉。

刑部爲檢舉事。臣部員外郎舒敏、候補主事劉珏呈稱：「職等承辦四川司秋審，現因本年秋審事竣，查理下年應辦秋審案卷，有譚鄧氏謀殺楊楊氏身死，並被屍身壓死乳孩一案，係乾隆五十八年三月十九日題結。因向例四川省秋審案件，每年俱二月初十截止，以即歸入下年秋審辦理。譚鄧氏一案題結，已在該省秋審截止之後，惟查此案係謀殺人致屍身將乳孩壓死，該省照謀殺律問擬斬候，本部聲明趕入本年秋審辦理，職等查秋審時，將二月初十以前各案俱經彙入秋審。此案係三月十九日題結，在該省截止之後，誤歸入下年秋審案内。今經查出，理合據實檢舉。等因。」查臣部辦理秋審，於各司專派滿漢司官二員，以專責成。今該員等係承辦四川秋審之員，何以將聲明趕入之件率行遺漏？雖據呈稱，因此案題結在截止之後，誤歸入於下年秋審卷内。但恐該承辦書吏別有舞弊，臣等隨親訊。書吏俞能睿供稱：「我係四川司經承，向來辦理秋審，每年俱將截止以前正案陸續提出，分交各貼寫繕寫册籍，其截止後題結之案，另貯一箱。譚鄧氏一案係在截止期後，即誤歸入下年秋審卷箱。五月内派出隨往熱河，將卷宗交書吏沈銓接辦。」訊之沈銓供稱：「我接收俞書辦交出秋審案卷，係已分本年、下年存貯二箱。我只將本年之案查辦，未將分貯下年辦理之案再行細查，實不知内有趕入一件」各等語。反覆究結，委係遺漏，並無弊混。除將該吏等分別枷責懲儆外，該承辦司員等將題明趕入本年秋審之案遺漏未辦，非尋常疏忽可比，雖係自行檢舉，仍應請旨交部嚴加議處。其該司滿、漢郎中與專派承辦之員雖有差別，但秋審要件並未留心檢查，咎亦難辯，應請交部分別議處。臣等未能查出，不勝慚悚，應請一併交部察議。至譚鄧氏一案，另繕原題恭呈御覽，將該氏請旨即行處決，爲此謹奏。等因。十二月初二日奉旨：「譚鄧氏著即處斬。至此案承行司吏，以題明入於本年秋審之件乃竟遺漏未辦，僅予枷責，不足示懲，著枷號一百日，俟期滿發往伊犁充當苦差。餘依議。」

叙雪堂故事删誊

一卷

秋審人數

乾隆十九年：秋審舊事四千八百五十一起，新事二千二百三起，共七千五十四起，人犯七千三百十五名。
二十二年：舊事二千十六起，新事一千八百六十六起，共三千八百八十二起，人犯四千一百十九名。
二十三年：舊事三千五十五起，新事一千九百六十四起，共五千十九起，人犯五千二百七十五名。
二十五年：舊事五千八百八十九起，新事二千三百三十起，共八千二百十九起，人犯八千五百七名。
二十八年：舊事五千三百三十五起，新事二千三百八十三起，共七千七百十八起，人犯□千□百□。
二十九年：舊事六千九百二十八起，新事二千一百七十九起，共九千一百七起，人犯九千三百五名。
三十年：舊事八千二百四十三起，新事二千四百三十一起，共一萬六百七十四起，人犯一萬八百八十一名。
三十一年：舊事三千五百八十四起，新事二千二百四十二起，共五千八百二十六起，人犯五千九百四十三名。
三十二年：舊事四千九百七起，新事二千五百十八起，共七千四百二十五起，人犯七千五百六十三名。
三十三年：舊事六千五百七十八起，新事二千六百十五起，共九千一百九十三起，人犯九千三百七十四名。
三十四年：舊事八千二百五起，新事二千四百八十七起，共一萬六百九十二起，人犯一萬八百四十九名。
三十五年：舊事三千八百二十四起，新事二千五百十九起，共六千三百四十三起，人犯六千四百八十九名。
三十六年：舊事三千六百七十五起，新事二千七百八起，共六千三百八十三起，人犯六千五百十三名。
三十七年：舊事四千三百七十二起，新事二千四百六十八起，共六千八百四十起，人犯七千十四名。
三十九年：舊事二百六十起，新事二千七百七十三起，共三千三十三起，人犯三千一百六十五名。
四十一年：舊事四千十二起，新事二千九百十三起，共六千九百二十三起，人犯七千九十二名。
四十二年：舊事四千四十一起，新事二千二百九十六起，共六千三百三十九起，人犯六千四百九十五名。
四十三年：舊事五千四百二十八起，新事二千七百三十五起，共八千一百六十三起，人犯八千三百十二名。
四十四年：舊事六千九百三十六起，新事三千七十五起，共一萬十一起，人犯二百四名。

四十五年：舊事（原文缺）。

四十八年：舊事三千五百八十二起，新事二千八百五十六起，共六千四百三十八起，人犯六千六百二十二名。

四十九年：舊事四千九百三十起，新事二千七百七十四起，共七千七百四起，人犯七千八百八十七名。是年情實一千一百八十三起。

五十年：舊事三千二百五十一起，新事二千四百七十九起，共五千七百二十七起，人犯五千八百八十三名。

五十一年：舊事四千五百二十二起，新事二千五百十五起，共七千三十七起，人犯七千一百七十名。

五十三年：舊事四千七百三十五起，新事二千五百三十五起，共七千二百七十起，人犯七千四百二十一名。

五十四年：舊事六千一百七十七起，新事二千五百十二起，共八千六百八十九起，人犯八千八百五十七名。

五十五年：舊事二千六百七十三起，新事二千八百二十七起，共五千五百起，人犯五千六百二十六名。

五十六年：舊事二千六百十七起，新事上年二千五百四十起，本年二千八百二十起，共七千九百七十七起，人犯八千一百九十三名。

五十七年：舊事六千二百二十七起，新事二千四百九十五起，共九千一百七十二起，人犯九千三百十二名。

五十八年：舊事三千九百七十八起，新事三千零一起，共六千九百七十九起，人犯七千一百十六名。

五十九年：舊事六百三十六起，新事二千八百四十一起，共三千四百七十七起，人犯三千六百一名。

六十年：舊事二千五百四十五起，新事二千九百三十起，共五千四百七十五起，人犯五千六百二十一名。

九卿上班日期

乾隆十九年：八月十九日審起，九月二十日審竣。

二十二年：八月十八日審起，二十九日審竣。

二十三年：八月十八日審起，九月初三日審竣。

二十五年：八月十九日審起，九月初五日審竣。九月十三日朝審念稿。二十三年同。

二十八年：八月十八日起，九月初四日竣。朝審：九月初八日會審念稿。

三十年：八月十八日起，三十日止。九月初八日朝審念稿。

三十一年：八月二十一日起，九月初五日竣。九月初八日朝審。

三十二年：八月十八日起，九月初四日竣。九月初七日朝審。

三十三年：八月十八日起，三十日竣。九月初三日朝審。

補十八年：八月十八日起，九月初六日竣。

三十四年：八月二十日起，二十八日竣。分六日審。九月初三日朝審。

三十五年：八月二十日起，二十六日竣。九月初三日朝審。

三十六年：同上。八月二十九日朝審。

三十七年：九月初三日朝審。

三十八年：九月二十八日朝審。

三十九年：八月十九日起，二十五日竣。九月十七日朝審。

四十一年：八月十九日起，二十四日竣。八月二十八日朝審。

四十二年：八月十九日起，二十六日竣。九月初三日朝審。

四十三年：八月十八日起，二十二日竣。八月二十八日朝審。

四十四年：八月二十日起，二十五日竣。八月二十八日朝審。

四十五年：八月二十九日朝審。

四十八年：八月十九日起，二十二日竣。二十四日朝審。

四十九年：八月十八日起，二十一日竣。二十四日朝審。

五十年：八月十八日起，二十四日竣。內十九、二十、二十三三日不審。二十六日朝審。

五十一年：八月十八日起，二十一日竣。二十四日朝審。
五十三年：八月十九日起，二十四日竣。内二日不審。
五十四年：八月十九日起，二十一日竣。
五十五年：八月二十四日起，二十六日竣。
五十六年：八月十八日起，二十一日竣。
五十七年：八月十八日起，二十一日竣。
五十八年：八月十八日起，二十日竣。
五十九年：八月十八日起，二十日竣。
六十年：八月十八日起，二十日竣。

恩赦

乾隆十九年九月十二日奉旨：「自山海關以外及寧古塔等處官吏軍民人等，除十惡死罪外，其已結、未結一應死罪，俱著減等發落，軍流以下悉予寬免。欽此。」

又，十三日奉旨：「今年秋審情實人犯，著停止勾決。」

二十三年四月二十七日奉上諭：「京師三月以前連得雨澤，麥秋可望豐稔。入夏以來，雖得有微雨，未能霑透。現據方觀承奏，直屬未得透雨之處，麥秋收數頗減，而大田此時業已播種，待澤孔殷，朕心彌切軫念，已降旨令該督雩申祈禱。因思清理刑獄亦求雨澤之一端，著刑部堂官照乾隆十年、十五年之例，將徒罪以下等罪查明情節，或應釋放、或應減等者，即行具奏發落。其尋常案件亦著速爲完結，毋得稽延滋累，並行令直隸總督一體辦理。」

三十九年四月二十九日奉上諭：「京師及近畿地方，春霖未獲優霑，入夏以來亦尚未得有透雨，現在時交芒種，已敕禮部雩申祈禱。因思清理庶獄亦足感霈甘膏，著刑部堂官查明軍流以下等罪情節，分別減等發落。其因事牽涉拘繫候質者，亦速行訊明省釋。至尋常案件并著即爲完結，毋得稽延留滯。其直隸省著周元理一體遵照查辦，該部即遵諭行。」

四十一年十月二十七日奉上諭：「向來秋、朝審人犯内有業經緩決三次以上人數積多者，每届數年勅令刑部量爲減等，以示法外之仁。乾隆三十九年五月因祈雨清理刑獄，曾降旨將三十八年以前緩決一、二次以上各犯概予減等，幾於囹圄一空。今自查辦之後計至本年，秋讞擬入緩決者又積有六千餘名，其數已不爲少。著刑部堂官將本年秋、朝審緩決至三次各犯逐一查明，各按所犯情節，照例分别減等發落，以昭矜恤。」

四十三年正月初二日奉上諭旨：「前經降旨，直省軍、流人犯已過十年者，查明釋放回籍。今自乾隆十一年查辦之，歷時已久，各省到配人犯所積漸多，自應再沛恩施，用昭矜恤。近年以來，屢命將秋、朝讞緩決至三次各犯概予減等，而此項軍、流人犯，其從前情罪本屬稍未得仰邀曠典，亦殊可憫。著交各省督撫查明，各該地方從前軍、流人犯内，已過十年、安分守法别無過犯者，分别咨部，照十一年之例核議，奏請省釋。其有在配年久，自爲謀生，不欲回籍，仍其自便。」

又，四月初十日奉上諭：「京師及輔春膏未渥，昨雖有微雨，不成分寸。現在已交夏令，高下田畝待澤維殷，朕心益增顒望。因思清理庶獄亦足感召天和，著刑部堂官查明軍流以下等罪，分别減等發落。其因事牽涉拘繫質訊者，亦速行訊明省釋。至尋常案件著即爲完結，毋得稽延留滯。直隸省並交周元理一體遵照查辦，該部即遵諭行。」

又，四月二十一日奉諭旨：「令河南巡撫將該省軍、流以下等罪，通行查明減等。」

四十八年九月十一日奉上諭旨：「盛京等處俗厚風淳，獄訟衰息。惟因五方雜處，良莠不齊，其無知而蹈法網者亦復不免。朕謁祖陵禮成行慶，業經賚沛恩膏，益宜式措祥刑並敷愷澤，所有奉天、吉林、黑龍江等處軍民人等，除十惡死罪及秋審情實各犯外，其已結、未結一應死罪俱著減等發落，軍流以下悉予寬免，用昭肆眚施惠至意。」

四十九年二月二十二日奉上諭：「朕清蹕巡方，順時行慶，而矜卹庶獄，廑念尤深，宜沛德音，式敷愷澤，江蘇、安徽、浙江三省軍流以下人犯俱着加恩，各予減等發落，用昭肆眚施惠之至意。」

五十年上諭：「本年舉行千叟宴盛典，官民耆老咸得普被恩施，用彰錫福。其直省軍、流以下人犯亦於恩昭内概予減等發落。惟罪犯斬、絞情節不至予勾，或本擬緩决者，俱應牢固監禁，該犯等因身罹重辟，雖年已老邁，仍不免羈禁囹圄，未得一體邀恩，朕心深用惻然。著刑部堂官於朝審、秋審情實未勾並本擬緩決斬、絞人犯內，詳加查核，除近年新事及舊事年未及七十者仍牢固監禁外，其年七十以上情實未勾及本擬緩決之犯，著加恩分別減免釋放，其應如何辦理之處，著該部詳細妥議具奏，候朕另降諭旨。經刑部查，秋審官犯並無七十以上之人。惟常犯原擬情實數次未勾及緩決二次以上監禁已久者，有年八十以上者四名，請予釋放；年七十以上者二十名，同情實數次未勾四名，減發近邊充軍；原擬緩決二次以上十六名，減爲杖一百、流三千里，均照例收贖。朝審內常犯并無七十以上之人。惟官犯情實内有三全一名，年七十六歲，七次未勾；阿爾善一名，年七十三歲，二次未勾，可否減等納贖，恭候欽定。再，秋審内有緩決一次、年七十以上者九名，究屬新事，未便一體減免。等因。四月初三日奉旨：「三全、阿爾善俱著加恩准予減等，照律納贖。曲聲有、孔珍詩、李廷棟雖止緩決一次，核其情節尚輕，並著加恩准予一體減等收贖，餘依議。」

三十六年五月初三日奉上諭：「昨以京師及近畿甘霖未沛，農田待澤甚殷。因命刑部將軍流以下等罪分別減等發落。今思秋審册犯内有曾經三次緩決者，其情罪俱尚可原，今歲恭逢萬壽慶典，此等人犯亦當在恩詔寬減之例，又何必令其久囹圄。著交刑部堂官將秋審緩決三次人犯逐一查明，酌量所犯情節，分別減等具奏，以清庶狱而召和甘。」

緩決三次人犯減等條款

乾隆四十七年查辦秋、朝審緩決三次以上人犯條款

三次以上準減流：

鬥殺

共毆

擅殺罪人

毆妻至死

姦夫擬抵

奴婢毆死良人
毆死本宗、外姻卑幼
毆死兄弟妻
姦婦不知情
毆死妻前夫子女
受賄頂兇
背夫逃走
良人毆死他人奴婢
毆死夫妾
羞忿自盡
毆死功服雇工
威力主使制縛致死
比照大逆緣坐之伯叔減流，其祖父釋放。
近邊：
故殺妻
故殺期、功以下卑幼本宗外姻
毆死外姻緦麻尊長
屏去人服食
比照大逆緣坐之兄弟及兄弟之子。
邊遠：
毆死本宗緦麻尊長

罪人拒捕傷人

收買官鹽，審非私梟

夥竊自首，畏罪私自淨身。

極邊四千里：

蒙古搶竊什物未傷人

殘毀兄屍

殺死期、功尊長毆死及謀故殺小功并因救親義忿毆死期親、大功尊長。

義忿故殺

毆死夫

鳥槍故殺救父。

伊犁、烏魯木齊等處：

竊盜拒捕傷人

搶奪傷人。

黑龍江等處：

軍犯鬥殺

謀殺加功

殺死期功尊長戲殺、誤殺及迫於尊長之命毆死期親、大功并救親義忿謀故殺期親、大功尊長。

光棍爲從偷姦未成

誘拐子女

誣告致死

謀殺未死
謀殺尊長誤傷旁人
圖財害命不加功
比照蠹役詐贜斃命
比照强奪姦佔。
三次以上不准減：
圖財强嫁
因姦謀殺本夫
嘓匪爲從
謀叛未成
減等人犯復犯死罪
殺死期、功尊長（情重）
姦職官妻
侵盗錢糧
枉法贜
妖言惑衆
川販爲從
竊贜滿貫（係婦女）
監候待質
威逼期親尊長致死
誣告家長

竊盜私自净身
罪人拒捕殺人
光棍爲從
實犯大逆緣坐之祖父母、伯叔、兄弟、子姪及比照緣坐之子孫
私鹽下手殺人
違犯教令致父母自盡
過失殺夫之父母
奪犯傷差
毆死夫
誤傷伊父
因瘋殺人
鬥毆、共毆、刃殺徒手傷重
詐假官
百日内薙頭
盜典房屋滿貫情重。

卑幼捉姦殺死緦麻尊長

奏爲檢舉事。臣等查例載："凡有服尊長姦卑幼之婦，本夫於姦所親獲，將姦夫、姦婦登時殺死者，照卑幼毆故殺尊長本律治罪。該督撫疏内聲明「法司核擬時來簽請旨。」等語。自乾隆二十一年定例以後，臣部辦理有服制尊長與卑幼之婦通姦致被本夫殺死，照例來簽。奉旨："「九卿定擬之案，凡捉姦殺死期親尊長者，聲請改爲監候；殺死功服尊長者，聲請減等滿流。」歷年遵辦在案。至卑幼捉姦殺死緦麻尊長，自定例以後并未辦有此等案件，是以未經議及。臣

等伏思殺姦本由義忿，服制愈疎，則罪亦應遞減，自應照滿流之例酌減爲流二千里，以昭區別。今臣等查得乾隆三十二年十二月二十九日據兩廣總督署廣東巡撫李侍堯審題，劉五滿與緦麻服劉見有之妻鄒氏通被劉見有於姦所親獲，將劉五滿、鄒氏登時殺死，自行投首一案。該撫將劉見有依律擬斬監候，並將殺姦緣由於疎内聲明具題。臣部當將劉見有照擬核覆，未將該犯捉姦殺死緦麻尊長應行減等之處來簽聲明，實屬疎忽。所有臣部議覆此案堂司各官，理合請旨交部議處。至劉見有一犯可否減爲流二千里之處，應將原案一併進呈，恭候欽定。等因。乾隆三十四年八月十三日奉旨：「劉見有著減爲流二千里。所有從前未經聲明之堂司各官着交部察議。」

病狂殺人依瘋病定擬

安撫題邵院因病發狂扎傷張柏身死一案。緣邵院受雇於張柏鄰居李才家傭工，與張柏之父張儉素好無嫌，張柏年甫七齡。乾隆五十一年八月十二日，邵院染患傷寒病證，一遇發熱即昏迷不省人事，跳舞喊叫，酷類瘋顛，熱退即便清醒。李才延醫調治，服藥未效，時刻防範，鄰佑皆知。十八日午後，李才見其在房睡熟，隨帶轉房門，赴地工作，伊妻倪氏亦赴廚炊煮。詎邵院熱極發狂猝起，取防夜鐵槍出外跳舞，張柏與伊姊存姐在場玩耍，見而嬉笑。張柏幼稚無知，亦拾棒學舞，走近邵院身旁，猝被邵院用槍扎傷左胳膊、左肋倒地哭喊，存姐亦在旁啼哭。適張儉之兄張佑自集回莊，目邵院持槍跳舞，當即奪槍喝問，邵院目瞪口呆，神昏面赤，熱氣蒸蒸，知系病狂所致。當將邵院拉交李才家看守。張柏傷重，延至次夜殞命，報驗審供不諱。查因病發狂致死人命，律例并無治罪明文。若照瘋病殺人例追埋葬銀十二兩四錢二分給付死者之家，將邵院永遠鎖錮；該犯不過一時熱極昏迷，並非實在患瘋，似未允協。如依鬥殺人律將邵院擬絞監候，在張柏幼稚無知，死於非命，法應抵償，而邵院與張柏平日既無嫌隙，當場又無他故，實因病熱發狂，槍扎致斃，熱退之後，茫然不知有殺人之事，依律擬抵又覺情輕法重。查律無正條，例得比照其律某例加減科斷，請將邵院比照殺毆人者絞律量減一等，杖一百流三千里，仍追埋葬銀二十兩給付屍親營葬，李才擬杖。等因。具題前來。查例載：「瘋病殺人者追取埋葬銀十二兩四錢二分，給付死者之家」。又：「瘋病殺人者除照例收贖外，即令永遠鎖錮，雖或痊愈，不準釋放。」各等語。此案，邵院因患傷寒病證，熱極發狂，手攜防夜鐵出外跳舞，適幼孩張柏在場頑耍，見而嬉笑，亦拾捧學舞，走近邵院身旁，猝被邵院用槍扎傷左脅倒地，時張柏之伯張佑自集回莊，目擊邵院持槍跳舞，當即奪槍喝問，邵院目瞪神呆，將該犯拉交伊雇主李才家看守，張柏延至次夜殞命。核其情節，平日既無嫌隙，當場又無別故，既據該撫驗明實傷寒病證發狂，面赤神昏，語無倫次，雖熱退旋即清楚，而犯時茫然不知，即與因瘋殺人者無異。該撫將該犯比照鬥殺律量減擬流，殊未允協。邵院應改照瘋病殺人例永遠鎖錮，雖或痊愈不准釋放，仍追埋葬銀十二兩四錢二分，給付屍親收領。等因。乾隆五十二年七月十四日題，奉旨依議。

發遣回犯兇惡不服管教即行打死

乾隆五十四年五月十八日奉上諭：據善德具奏，發遣廣州給與兵丁爲奴回犯馬進禄將家主砍傷身死，復夥四四子將二娃子殺死，又砍傷陳啓順并戳傷馮德，被協領高明章拏獲審明，將馬進禄凌遲處死，四四子斬決。等語。此案，發遣回犯原係應行正法免死減等者，如怙惡逞兇，或家主，或係該管官員將軍、副都統等即應打死。因一味姑息，致將家主戕害始依律辦理，將來若將該管大臣官員殺害，更屬不成事體。從前屢降諭旨，善德等何以並未留心？將此通諭各省，嗣後發遣回犯，如平素稍露兇惡，或不服家主管教，該將軍、副都統即行打死，以示炯戒。」

刑部請旨竊盜遇大赦其赦前所犯次數悉赦除

刑部謹奏爲請旨事。准江蘇司傳抄，竊查臣部定例：「竊盜遇赦得免併計後再行犯竊，復遇恩詔後犯案到官，俱照初次恩詔以後所犯次數併計科罪。」詳核例義，係指尋常恩詔而言。至元年大赦與尋常恩詔不同。諭旨内既稱已發覺咸赦除之，則其從前所犯次數自應全行赦除，不得仍在併計之列。但例内未曾分晰註明，以致各省辦理竊案，往往有將元年大赦以前所犯之案，亦照尋常恩詔後所犯數次併計科斷者。臣部亦因泥於成例，率多隨案照覆。上年九月内曾經臣部酌議通行各省，嗣後竊盜凡恭遇嘉慶元年大赦援免再行犯竊者，俱照初犯例科斷。等因。其自上年九月未經通行以前，各省所辦竊案，仍照向例併計問擬者不一而足，究屬參差，實不足以昭平允。理合奏明請旨，飭令内外問刑衙門，辦理竊盜除遇常赦仍照定例，以初次恩詔後所犯次數併計科罪外，至恭遇嘉慶元年正月初一日大赦，其赦前所犯次數無論曾否得免併計，悉予赦除，毋庸併計，復犯到官均以初犯論。其元年以後辦過併計各案，問擬絞候軍遣流徒者，應請一體查照更正，彙册報部，庶恩澤得以普遍，而辦理亦歸畫一矣。是否有當，伏乞皇上訓示施行，謹奏請旨。嘉慶四年二月初六日奏，本日奉旨：「依議。欽此。」

盗竊謀殺事主

查吴占魁（兄）、吴東娃（弟）係青自孝妻之兄弟，應同凡論。吴占魁行竊青自孝牛隻，謀殺青自孝滅口。按凡人謀殺及竊盗事扼殺事主二罪均應擬斬，應從一科斷。吴東娃聽從下手，按拒捕殺人爲從，罪止擬流，應從重照謀殺加功本律問擬。（同六，陝。）

因姦拒捕

查甘學椹與小功弟甘學憘之妻通姦，係屬罪人。其因甘學憘捕拏，將其拒傷身死，與因争鬥毆死小功卑幼不同，應照凡人拒捕本律問擬。（同十一，川。標首甘學椹因姦拒傷捕人甘學憘身死。）

復仇

查徐盛篙之父徐八仙聽從謀叛，被團首李淙灤臨陣殲斃，係屬法所當誅，不應爲讎。徐盛篙將其故殺身死，與尋常子復父讎者不同，按故殺律罪應擬斬。其於伊父謀叛，訊不知情，例應緣坐（謀叛之子緣坐是律非例）係屬輕罪，自應從重問擬。（同二，川。）

查先朋汶之父先大川乘亂搶掠，被團首陳開第登時格斃，律得勿論，不在例準復仇之列。且先朋汶故殺陳開第身死，亦非因復仇起釁，應仍按本律問擬。（光八，川。）

查牛小良之父牛夭怪結捻焚掠，被石有用格斃，律得勿論。牛小良將其謀斃，與義當復讎者不同，按謀殺律罪應斬候。脱逃已逾三年，例應改爲立決。惟恭逢光緒元年正月二十日恩詔，應免其逃罪，仍應照謀殺本律問擬。光八，河。

秋審比校條款 附案

五卷

秋審比校條款附案序

秋審比校條款初定於乾隆三十二年，其時因各司定擬實緩每不畫一，改正較繁，酌定比對條款四十則，刊刻分交各司，頒發各省。迨四十九年，四川總督以秋審事件本無一定律例可以依據，惟就本案情罪參酌推敲，稍從其嚴則不免失入之弊，稍從其寬則不免失出之弊，奏請將秋審改案頒發各省奉爲楷模等因，經本部以案情萬變，或同事而異情，心迹介在纖微，輕重即判然迥別，此省之案不能遽符乎他省，今年之案不能預合乎來年，要在司讞者逐案推勘精詳核定，未可刻舟求劍，致滋似是而非之病。每年審案二千餘起，祗講求於駁改之數十案仍不能括通曉，即就此數十案而論，亦必須詳閱供招、細核屍格傷痕，始能辨別輕重，删存略節。今若止將略節刊刷，而全案供招屍格無由查覽，究不能得其所以改實改緩之故，將使稍涉拘牽者佚必轉致援引失當，紛滋辯論，不獨挂漏無裨，亦與政體未協等因議駁，惟將三十二年所刊條款及三十二年以續增各條彙總通行。查是年通行内定例擬入情實二十八款，即係三十二年實緩比對條款除筆内所舉各款，計增者三，併者一，删者二，又酌量入實十三條，與三十二年部定款目不盡相符。阮吾山少司寇葵生秋讞志稿別有四十九年續增各條，亦與通行歧異，書闕有間，不可得而詳矣。三十二年條款雖已頒行，外間傳本甚希。秋讞志稿於三十二年條款增入按語甚爲詳盡，其書未經刊行，僅有傳鈔之本，訛脱在所不免。元和王白香有孚所輯秋審指掌將兩次條款悉行載入，而無吾山少司寇按語，蓋所據乃頒發之本也。道光初年來安戴蘭江少司寇由比部郎升直臬時，會稽謝信齋誠鈞在幕中襄理，得其手録秋讞條款奉爲枕中秘，信齋復採取成案附於各條之後，編爲兩册，意在由條款而參考比案，由比案而折衷條款，意至善也，欲付梓而未果。其女夫陳仲泉觀察受其本而藏之，光緒四年始刻於吴中，其本蓋編於嘉慶年間，而道光初傳鈔之本也。余家藏有先大夫手抄秋審比案，起道光中年訖二十九年，各門皆載有條款，與謝本微有不同，則道光末年本也。同治十一年蜀中刻本與道光末年本相同，所據當是舊本。至同治五年京師刻本頗有增修改訂之處，與各本皆有異同，是爲最後之本。然其中尚多應修而未修者，應併而未併者，應補而未補者，應删而未删者，歷年因仍未改，或與新章有別，或與定例不符，自應考訂詳明，以免紛歧而祛疑惑。至案情萬變，初非條款所能賅，謝氏附比案於條款之中，非獨互相印證，並可補條款所不及。考歷來成案，雍正以前傳者已鮮，乾隆檔案稍存崖略，餘嘗分門採録編爲二卷，尚可得其大凡。嘉慶以後訖乎道光中年有鈔本八卷，道光二十二年至二十九年有鈔本七卷，二十年以前之案亦稍存一二，同治十一年蜀臬刻本凡二十四卷，蓋就道光七卷之本益以咸豐、同治兩朝訖於同治八年。光緒七年續編十六卷則訖於光緒三年。安徽排印本則與咸豐、同治兩朝亦訖於光緒三年，而咸豐、同治之案較蜀本爲多。光緒十年京師刻本，起光緒四年，訖九年戊子、己丑之間。余嘗與敘雪同人彙集各本，擷其精要，薙其繁蕪，復益以光緒九年以後之案，編成巨帙。癸巳出守津、沽，其書留存敘雪堂中，因循未及付梓，庚子之變散失不全，良可惜也，今仿謝氏之書，採比案於各條之後，要在會通繁賾，剖析毫芒，事不厭於推求，旨必歸於平恕，未始非司讞者之一助，而世輕世重之故亦可得而詳焉。光緒癸卯十二月，歸安沈家本序。

秋審比校條款附案　卷一

職官

一、職官凡文武食俸祿皆是犯一應死罪，無論罪名、情節輕重，俱入情實。嘉慶四年奏定章程：官犯一項必須身列仕版，現食俸祿，若僅係頂帶榮身，如四等職銜台吉額外外委等項不入文武官階，有職無任，並未食俸之員有犯，俱分別情節輕重定擬實緩，入於常犯冊內辦理。

乾隆三十二年條款云：「官犯案件，各督撫已經秋審核擬具題者，入於官犯另冊。如題結在該省秋審之後，該督撫未及趕入者，查明實係例應趕入案件，另訂招冊，分送九卿。其非例應趕入，已過句決之期者，仍歸下年秋審。」志稿云：「近來遇有官犯之案，概入本年，無所謂例應入例不應入也。惟黄冊已進後之新案，則可酌入下年耳，亦視官之尊卑與案之輕重分別酌辦，歷年諭旨皆宜細閲。」

四十九年續增條款云：「官犯案件非常犯可比，如毆妻致死、擅殺罪人等類，實在情輕者，方可入於緩決，其餘均當列入情實。至題結在該省熱審以後，查明例應趕入並情重案件，即於原奏聲明歸入本年秋審。至已過該省勾決之期者仍歸入下年辦理。」

按：乾隆條款，前一條法係辦法不及實緩，後一條實緩仍有分別，並非一概入實。嘉慶六年，廣西古洪振經制外委職司巡防主使銃斃、私越邊關，罪人以擅殺定案，外緩改實免句，其時尚無一概入實明文，故外省有緩案也。四十九年條款明言擅殺入緩，而此起擅殺由緩改實，是條款已存而不論矣。從前官犯本係散入常犯冊內，乾隆十四年，奉旨另爲一冊，十六年纂爲定例，仍分別情實、緩決、可矜三項進呈。其時各省官犯及服制人犯黄冊進呈在各省常犯之先，嘉慶五年奉旨：官犯服制黄冊毋庸先期進呈，俱於每次呈進各該省情實常犯招冊，將此二項另繕黄冊列於常犯之前，聽候句到，六年纂入例冊。修例按語云：查秋審官犯自乾隆十四年定例以後，俱分別情實、緩決定擬。迨乾隆二十二、三、七等年，臣部於官犯楊灝、經應門高聯登、程嘉富等擬入緩決案内，屢奉諭旨嚴飭，自後臣部於秋審官犯俱定擬情實，例内緩、可矜等字係屬舊例，應行節删。此官犯一概入實之明文也。然乾隆二十三年官犯陝西宋珩照緩，高登案内之李珌分案照緩。三十二年朝審索諾木達爾扎等四名、羅卜梁等五名均牧廠總管，虧缺馬駝，尚無扣派侵肥情事擬實，奉旨改緩，可見當日上意原非欲一概入實，何以四十二年朝審護軍校滿成毆死忤姑之妻，在常犯得入可矜，九卿擬緩，刑部續又改實，且既已一概擬實，何以四十九年條款尚有入緩之文，皆不甚可解。竊謂職官雖與平民不同，其偶罹法網豈遂無可矜原者，原例分别實、緩、矜三項，本極平允，乃懼遭訓斥而一概從嚴，官犯與常犯遂大相懸殊矣。今當修改例文之時，或將官犯所犯情節在常犯應入可矜及一次減等者酌量入於緩決，稍示差等，似尚不失欽恤之意，存以俟參。又按：乾隆二十二年九月奉上諭：嗣後凡有新案官犯，無論情實、緩決，概行黏簽聲明，毋得遺漏朦混。（楊灝案内所奉上諭）十月又奉上諭：嗣後應以該省行刑之日爲斷，官犯審題結案在行刑之日以前者，著皆補疏題請，或情實，或緩決，其情實予句者，即行刑之日已過亦著行刑；其在行刑之後審結者，乃入下年招册内新事，該部仍黏簽聲明。是官犯有實有緩，諭旨甚明，楊灝、高登、程嘉富均以貪黷敗檢，經應斗以逞强行兇故改入情實，非欲將情輕人犯一概入實也。後來官犯竟無緩決者，殊失本意。

服制

一、有關服制等項，如毆死期功尊長，及刃傷期親尊長並子孫、妻妾、奴婢，過失殺祖父母、父母、夫、家長等條，係由立決改監候者，俱歸服制册，擬入情實。其尊長僅令毆打，卑幼輒迭毆多傷致死斬候之案，嘉慶四年奏明亦歸服制辦理。又，刃傷期親尊長案内，訊非有心干犯及誤傷者，嘉慶八年始定絞候之例，亦入服制册。又，子孫妻妾違犯教令致祖父母、父母、夫抱忿自盡，及逼迫期親尊長，致令自盡之案，嘉慶十四年奏准，亦入服制册辦理。

（違犯恩養已久義父母致令自盡照親子取問。如律擬絞之犯不入服制，仍照常犯辦理，嘉慶十八年直隸有改緩之案。）

乾隆三十二年條款各項，由立決改爲監候，在應擬情實除筆二十八款之内，服制已在其中矣。

按：有關服制由立決改監候人犯，從前散入常犯册内，比較情節輕重，分別實緩。乾隆十六年奉旨由立決改監候人犯俱應入於情實，句到時即或免句，下次亦應仍入情實，或情節果輕免句數次之後，遇特旨寬減則可耳。十七年奉旨將服制案犯查明彙爲一册，與官犯招册先期進呈候句。十八年特命大學士會同刑部覆加詳勘，將兩次未句之勝公榮等八名仍入情實，侯正興等十三名改爲緩決。此後兩次未句之犯，遂一律改爲緩決。蓋當日服制候句人犯每年必句數起或十數起不等，嘉慶初年句者漸少，然五年廣西省曾句一起，奉有上諭尚非一律免句也。道光以後，服制册内並無句決之犯。光緒十二年江西楊開沅、十三年四川苟濼照二起，均於黃册内從嚴聲敘，仍蒙恩免句，遂似一入服制册即可邀恩，是情實亦成具文，轉不若從前之分別實緩較有區別。此今昔法不同之一端也。

子孫過失殺祖父母、父母，本律滿流。乾隆九年將妻妾、奴婢過失殺夫、家長，亦照子孫律定擬，二十八、三十一等年，一體改爲絞決，仍准夾簽改監候。嘉慶四年改從本律本例，十一年將子孫過失殺祖父母、父母復改照乾隆年間定例問擬絞決，夾簽改監候，入於服制册，並聲明妻妾、奴婢過失殺夫、家長亦照此辦理。乃嘉慶，廣西周妹因用蘗拌飯，冀圖毒鼠，不期主母夜往取食，誤毒斃命，照過失殺夾簽改絞監候，歸常犯入實，獨未入服制册，未詳其故。至子孫之婦過失殺夫之祖父母、父母，本律亦係滿流，道光二十三年改照子孫之例亦擬絞決改監候，亦應入服制册。此條未議及應補期親卑幼聽從尊長主使共毆，以次尊長尊屬致死由立決改監候者，乾隆三十四年，奉天霍三相聽從父命，幫同綑縛胞兄，伊父自勒斃，外緩改實未句。四川柏有爲與胞叔柏長佑共毆胞伯柏長青身死，該犯用柴條毆傷，旋被柏長佑刃斃，柏長佑正法，柏有爲照實未句。福建王發因胞兄抓傷伊母，聽從伊母幫勒致斃，照實未句。皆應入服制册，而外省實緩參差何也？嘉慶四年將聽從尊長主使毆死小功、大功尊長例應斬候者，歸入服制册，則前項之入服制册自不待言，應補有關服制斬絞監候之案。嘉慶九年奏定：「卑幼毆傷期功尊長、尊屬，正餘限外身死，如刃傷期親尊長尊屬並以手足他物毆至折肢、瞎目，及毆大功、小功尊長、尊屬至篤疾，訊非有心干犯，或係誤傷及情有可憫者，若係折傷並手足他物毆傷，本罪止應徒流，餘限外因傷斃命者，統歸服制册。」又：「刃傷期親尊長、尊屬並折肢、瞎目，傷而未死，訊非有心干犯，或係誤傷及情有可憫者，亦於是年奏明歸服制册。」此條有後節而無前節，應補前。「刃傷期親尊長」六字重複，應删。

子孫違犯教令，致祖父母、父母自盡。乾隆四十九年山東李金箱外實改緩，逼迫期親尊長致死，乾隆三十四年湖廣喻惟照、五十七年湖廣盧貴石均入實句決，四十八年山西孟克勉入實未句，五十一年四川劉興部照緩，奉旨改實未句，俱在常犯册内。妻釁起口角並無逼迫情狀，致夫輕生自盡，亦散在常犯册内，嘉慶十四年奏明歸入服制册。至違犯教令致姑自盡，乾隆三十九年廣東楊氏入實未句，此項亦應歸服制册，應補。道光二十六年直隸趙二、光緒二年直隸趙雙全皆因瘋致傷伊母，由立決改監候入服制册。同治四年，河南張憬台誤傷伊父，平復因病身死；九年，奏天李氏誣告伊父，由絞決改監候，均入服制册。咸豐十一年，山西梁氏拒姦，致傷伊翁身死，道光十三年江蘇鄒氏、同治二年山西靳氏均妾毆傷妻致令自盡，照逼迫尊長致令自盡，道光二十九年浙江朱保松聽從謀殺有罪之尊屬、同治七年江蘇蔣法沅謀殺犯姦小功叔母，均入服制册。又，因姦致夫羞忿自盡，從前歸常犯，近年如光緒二十八年四川袁氏亦入服制册。

凡此等案件似皆應補，此條尚未周備，擬改定曰：「一、服制册人犯概入情實，如誤傷及因瘋毆傷祖父母、父母，火器誤傷及毆死期功尊長、尊屬，期親卑幼聽從尊長主使共毆，以次尊長尊屬致死，子孫、妻妾、奴婢過失殺祖父母、父母、夫之祖父母、父母、夫、家長等項。此外，凡有關服制由立改監候者均歸服制册。其有關服制例應斬絞監候之案，如卑幼聽從毆小功、大功尊長、尊屬，若尊長僅令毆打輒行迭毆多傷至死者，卑幼刃傷期親尊長、尊屬並以手足他物毆至折肢、瞎目，及毆大功、小功尊長、尊屬至篤疾，於餘限外身死，或刃傷期親尊長、尊屬並折肢、瞎目傷而未死等案，訊非有心干犯；或係誤傷及情有可憫者；若係折傷並手足他物毆傷，本罪止應徒流，於餘限外因傷斃命者；子孫、妻妾違犯教令致祖父母、父母、夫之祖父母、父母、夫抱忿自盡，逼迫期親尊長致令自盡，因姦致夫羞忿自盡，亦歸入服制册辦理。」違犯義父母教令致令自盡，不入服制册，應歸常犯入緩。又按：道光四年，江蘇錢恆發違犯嫁祖母教令，致令自盡，該省入服制册，經刑部以嫁祖母並無服制，惟究係親生一脈，恩義綦重，自應入實，仍歸常犯，於出語聲敘。愚謂嫁祖母雖係父之所自出，與孫究隔一層，且改嫁已無服制，恩義亦因之而殺，似非嫁母爲己身所自出，其恩至重者可比，此等案如情節不重，似可入緩。

一、殘毀有服尊長死屍者，應入情實。不入服制册。

謝信齋云：「卑幼而殘毀有服尊長死屍，則是蔑倫殘忍，莫此爲甚。嘉慶十七年直隸閻祀因胞兄閻寬貪夜强姦伊妻，該犯外回，聞妻聲喊，攜棍趕入，瞥見一人向外欲出，該犯因黑夜看視不清，用棍毆傷閻寬倒地，然燈照視，始知伊兄被毆昏暈，旋即殞命。該犯畏懼，且恐家醜外揚，央人將屍擡至山上燒化滅跡。因該犯毆兄致死，係屬犯時不知，律同凡論，從重依毀緦麻以上尊長死屍律，擬以斬候。秋審以死雖蔑倫胞兄，毆亦犯時不知，惟燒燬兄屍，法難寬宥，擬實照實。」

按：此條未詳定於何年。閻祀之案係入常犯句決。又嘉慶十二年，四川何濬毀小功尊長屍身圖賴照實。道光三十五年，江西錢三仔竊匪丢棄母屍，希圖挾制，雖未殘失，法難從寬，照實。二十七年，安徽汪信芳因胞伯被伊父謀殺，該犯起意毀屍，裝入油簍，照實。此三案情節均較閻祀爲重，法無可寬。乾隆二十八年，廣東司徒喜瑞因胞兄被族兄砍傷限外因風身死，該犯以死由冒風，恐被兇犯脱罪，輒刀砍兄屍，希冀抵償，入常犯情實免句，三十九年改緩。嘉慶十二年，四川李占美姦所獲姦，殺死小功兄，犯時不知，認明後割頭自首，改實免句。情節皆較閻祀爲輕，故雖入實仍不予句。按近年辦法，類此者可以酌量聲敘矣。

一、誤殺期功尊長，犯時不知，照鬬殺者應擬緩決。小注：按盜官物等項，犯時不知亦可照辦。

按：此條未詳定於何年，小注應照道光本删去。按字雙行寫於大字之下，「鬥殺」今本作「凡鬥」，亦從道光本改。

一、毆死本宗緦麻尊長之案，（不入服制册，惟道光十七年安徽省汪書容聽從父命活埋罪犯應死緦尊，由立決改監候外緩改實，查案酌入服制册。）刃傷者向俱入實。如救親情切或致斃蔑倫尊長並情急搪抵傷輕，及戳止一傷，死非徒手者，雖屬刃傷，亦可酌量入緩，其理直，手足，他物傷輕者，應入緩決。若鐵器傷重，及他物傷多者，雖衅起理直，亦不應輕議緩決。再親屬重姦不重盜，若毆死行竊尊長並因錢債細故而行毆，情兇傷重者，俱不應率行入緩。（道光年間成案，火器誤斃相盜親屬入緩。）小注：此係向辦舊章，近年金刃三傷以下亦有入緩者。

乾隆四十九年條款：「毆死緦麻尊長之案，卑幼因細故與尊長鬬毆者，應擬情實。若戲誤姦盜義忿，情堪矜憫者，可以緩決。」

按：致斃本宗緦尊之案，乾隆年間辦理最嚴。如二十一年廣東趙亞九、二十九年廣東黄烜權、三十年廣東黄日生、三十二年廣東梁尚楝、三十三年河南張長、三十五年湖廣向世瑚、四十一年廣西黄甲華、四十七年浙江張連法、五十年雲南林阿四、山西王仲、五十一年安徽張大狗、五十五年廣西梁永玖、五十七年山東李良友、廣東石圓坤，皆係救親情切。三十一年直隸楊馬子、四十二年山東姚椐、四十六年直隸尚驢，皆死係蔑倫尊長。三十一年四川李作楹被扭向推死由跌，四十七年直隸滕大海被毆回蹬，山東劉好義被按回推，四十九年廣東黎廣河傷由回毆，江蘇石敘山死由跌扛，五十 年安徽柏宗文傷由回抵，皆係搪抵傷輕。五十一年山東王運明嚇扎一傷，死係抽風；五十一年福建李朝俸棍戳一傷，山東侯全兒石擲一傷；五十五年王榮朝脚踢一傷，福建陳勝士拳抵二傷，皆係理直手足他物傷輕，均入實免句二次改緩，與此條酌量入緩之語不符。又二十九年四川杜近順係戲殺外實，九卿改緩，奉旨照實，有上諭申飭。三十七年湖廣劉克萬死係向大功弟妻拉手調姦，五十一年李金旺死係圖族姪媳罪人，四十七年四川王庭重死係竊竹罪人，均入實免句二次改緩，核與四十九年條款亦不相符。蓋當時以服制攸關，雖理直情輕，亦不輕議緩決。四十四年，江西曹守祥釁起索欠，毆斃緦叔情實句決，奉上諭以叔姪用錢理本非曲，刑部看語稱死者理曲，甚屬非是，傳旨申飭。此乾隆年間辦法之原委也。迨嘉慶年間辦法稍寬，如十八年，陝西雷保兒刃三，二致，一深重，犯非徒手，有急情；二十五年，山東張大德刃三，二内，另傷其姪非致命，有急情，均照緩。十六年，陝西瞿吉存拳二刃二，又劃傷小功兄，死者誘人蔑倫，改緩。二十五年，山東張二德刃五，三損，並砍落食指，死係毆死伊父之餘人，照緩。然如七年直隸禹治泰刃斃徒手致命傷重；十五年，江蘇錢玉衡刃一，砍五，劃骨斷；二十一年，四川鄭文述金刃要害一傷甚重，理直，被毆死者頭往後仰，收手不及；十四年，陝西薛金成斧砍致命一傷骨損，倒後又砍一傷立斃；二十四年，直隸朱經魁傷非致命，有急情，第酗酒被斥刃扎二傷，均改實，皆金刃未至三傷者。其他物傷重，如十五年貴州陳庭柱共毆不致命鐵四，一骨斷，二骨損，一骨微損，照實。湖廣李久梅邀賭不允，木七不致命四損，改實。此外則緩案爲多，與乾隆年間之案辦法不同矣。此條似即改定於嘉慶年間，道光此項較慶年間又寬，救親蔑倫等案，金刃雖至五六傷亦入緩決。其金刃一二傷者，惟十三年江西陳觀明生刃二不致，案關一家三命，改實；十六年，貴州韋見賢刃斃徒手緦叔母，砍止一傷，死越旬餘，因犯向劉氏調戲，死斥責，犯又欲往劉氏家吵鬧，死攔阻起釁，改實；二十六年，江蘇周以豐借貸不遂，夤夜糾衆架至門外攢毆，犯刃二，一斷，照實，此外多入緩決。其已至三傷者，如十年四川鄭仁蛟、十七年江蘇謝守德、十九年貴州楊庭潰、二十三年湖廣張甲沅均以傷非致命入緩。十九年安徽魏黑妮孜以末致命重傷，由死者奪槍自戳，照緩。惟二年，江蘇楊士思刃三死徒手，無真正急情，二十一年，河南史克方刃三，一致、一透、劃一；二十四年，江蘇楊五兄弟共毆，犯刃三，二透劃一，均外緩改實。若金刃四傷以上，則非有救親等項可原情節，無不入實者。鐵木之傷，道光六年，雲南李實木八，二致；八年，四川梁榮明木六，二致，二損，均以衅起糾毆，照實。二十五年，河南李魁年斧背五一斷，係兇徒糾毆改實。二十七年，山西郭梅香鐵九，二斷，一折，一損，一微損，又木一，改實。其餘八九傷以下，大多入緩矣。咸豐以後金刃三傷，如咸豐二年，河南賈春林刃三，二斷，内二傷與石三傷，在倒，後均不致命，改實。五年，四川吴應嶺刃三，二致，一要害，一透内，有急情，照實。八年，四川程受賢刃三，一浮皮斜透，劃一死者一，比理曲，案關一家三命，改實。同治五年，四川毛開昶刃三，二致，一由心坎斜深穿透左肋，一臍肚内腸出，死徒手，另傷一人，改實。六年，河南陳發財刃三，均頭面致命，二損，木一，微損，劃一，照實。十一年，直隸連澐逃徒尋毆刃三，一要害，一致，劃二，另傷其妻，照實。光緒六年，四川伍尖猴咡刃三，二致，一透，死徒手，改實。十年，山東郭假妮刃三，一致透内腸出，一損死徒手，理不直，改實。十二年，直隸陳滲刃三，無致命釁不曲，改實。惟咸豐六年山東馬當、同治十年四川湛議旭均以刃三，無致命損透，外緩照緩，祇此二起，蓋較道光年間又稍嚴矣。他物傷之入實者，如咸豐二年四川蔣大洤木九竹釘三；三年，河南鄭一杰鐵十二，七年，四川袁東共毆犯鐵十二，八年直隸邊黑醬鐵十叉六點，皆在十傷以上；其十傷以下者，大概入緩。咸豐六年，山東牟之均共毆，犯鐵六，在跌地後三重疊，一骨折，一骨碎，照實。八年，四川孫仕謨鐵二，石三，四致，三損。犯姦通緦兄妻死挾制索錢改實，則以情傷較重也。又，致死年老及幼小婦女緦尊略爲加嚴。年老，如道光四年，山東李治家理曲，逞兇刃戳不致命一傷；十年河南張青子共毆，犯鐵五，一重疊骨折不致命，均照實。十四年江蘇李存章刃一拳一，改實。幼小，如道光四年，河南耿二麻毆死七歲緦叔，他物一傷，頭面致損，照實。婦女，如咸豐二年，江西許輝茂致死逾七緦叔母木五一致，改實。又，致死緦尊另傷緦尊一人者，近來亦稍從嚴，如光緒六年直隸劉皂火刃斃緦尊二傷一致透劃一復刃傷緦尊一人，八年，四川李漇萌刃斃緦叔，二傷一骨斷，復另傷緦叔一人成廢，均改實。

又按：乾隆二十九年奉旨：「緦麻服屬人犯亦照期功以上例，於停句二次之後，改入緩決，纂入例册。」蓋當日實案多也，嘉慶以緩案漸多，此項遂無停句二次之犯，此例已成虛設矣。

又按：嘉慶二年，浙江姜善得因緦兄竊伊家穀石，搜獲捆住，被罵溺斃，由立決改監候，入於服制册，情實免句；道光十七年安徽汪書容、二十八年安徽耿小志孜、二十九年浙江朱保松皆照此辦理。此注應修改。又，段末小注道光本無，查道光二十六年四川陶正節火器誤斃行竊緦麻尊屬，外緩照緩。此注當即據此案而言，自是後來增入。又，注内「近年金刃三傷以下，亦有入緩者」，道光本作「近年金刃三傷以上者，亦不可輕議緩決」。此注不知何年所改，蜀本尚仍道光本之文，似應修改。

此條與近年辦法不盡符合，今擬改定曰：「一致死本宗緦麻尊長、尊屬之案，（不入服制册，嘉慶二年浙江姜善得溺斃竊伊穀石緦兄由立決改監候酌入服制册。道光十七年安徽汪書容、二十八年安徽耿小志孜、二十九年浙江朱保松皆仿照辦理。）金刃四傷以上，他物已過十傷者，俱入情實。如金刃已至三傷有致命損透等情，或另刃傷緦尊一人，或死係老、幼、婦女，或因錢債細故而行毆情兇傷重者，皆不可輕議緩決。其金刃一二傷及他物十傷以下，仍酌量理之曲直，傷之輕重，分别實緩，若釁起救親情切，或毆死蔑倫行竊尊長，皆可以酌入緩決。（火器誤斃行竊緦尊亦可入緩。）」

一、毆本宗緦麻尊長、尊屬至篤疾之案，究無人命，亦與刃傷期親尊長不同，其情節略有可原者俱入緩決。

謝信齋云：「按毆本宗緦尊傷至篤疾律應絞候，係由平人滿流罪上加至於死，業已從重治罪，自當入緩。道光十一年，浙江楊潮倫因緦尊兇横，屢向借錢未還，該犯戳瞎其兩眼，照緩減等。十三年，奉天李奉毆緦尊成篤，因被其屢次毆罵，起意糾夥將其兩眼挖瞎，尚非無故干犯，照緩，不准留養。」

按：此條未詳定於何年。乾隆三十八年，江西劉復俚毆傷緦尊二人成篤入實，其時辦法嚴也。道光本俱入緩似應可從，今本而删去「究無人命」二句。

一、毆死外姻緦麻尊長，視常人只差一間，不得與本宗並論。如刃傷及他物傷多，俱應核其情傷輕重，分别實緩，較常鬥略爲加嚴。

按：此條未詳定於何年。道光十一年直隸張有忠刃六，三致，二透，死先將伊父毆傷，犯找向理論，被毆回扎；十六年，安徽梁小登孜金刃頭面，六傷，五致，一損死，理曲，各傷有被砍被扭急情，均照緩。同治五年，四川廖誠葬刃六，一透，一損，死旬餘，照緩。惟道光十九年，江蘇胡榮刃六，二致，一透，改實；二十八年，河南于丕寶摔倒後石毆二傷，均骨折，又扎傷兩眼睛，傷重情兇，改實。同治五年，山西呂汝凝刃八，一致，三損，三倒後，死理曲，改實；咸豐元年朝審，盧文錦刃九，均損，二致五重疊死，理曲［改］實。大約金刃五六傷以下可緩，八九傷以上不可輕議緩決矣。他物亦可准此核辦，若于丕寶一起之傷重情兇，自可隨案酌量，本難一概論也。

一、毆死同居繼父及毆死小功母舅之案，應入情實。如係救父救母並傷迫於誤及情因抵格，適傷致斃者，亦可緩決。

小注按：毆死同居繼父，例止斬候，較本宗期功罪應斬決者不同，如兩無大功親，服屬期年，而撫養年久，恩同顧復者，雖情傷較輕，自多入實。如兩有大功親，服屬齊衰三月者，即應酌量分別辦理。若小功母舅，母姨，究與本宗小功有間，如核其情節，在服制中可以夾簽者，即應入緩。

謝信齋云：「毆死同居繼父及小功母舅律均斬候，向亦視其情傷輕重分別實緩。」

按：此條未詳定於何年，他本亦無此小注。當是此本增入，同居繼父一項分析極明，惟近來各省此項案件聲明每多含糊，秋審不能不酌量辦理。嘉慶六年，廣東陳阿潤恩養雖二十餘年，並未分產授室，死者已有二子，該犯可以歸宗，難與兩無大功親應服期年之繼父並論，釁非違犯教令，傷由帶跌誤跪；二十五年，四川詹正光是否兩有大功親，原題未經聲明，惟同居僅止三年，並未分產授室，釁起不曲，他物一傷，均照緩。道光八年湖廣周幅隴犯自三歲賴繼父撫養以至成立，惟現已分居，且止他物抵格一傷死近三旬，犯理曲；二十四年湖廣李汶九竊匪致斃年老繼父，身受多傷，死由奪刀自戳，均照緩。此項本非一概入實，謝氏之說雖與條款微有不同，尚非無據。至小功母舅，乾隆五十一年廣東范鼎章、山西張趁毛子二起由實改緩，亦非一概入實。然歷來辦法頗嚴，金刃二傷以上，他物五六傷以上，雖情輕亦多入實。其金刃一傷者，道光五年江蘇劉沅奪刀回砍一傷照實，二十七年山東李遂金刃致命一傷透膜，另傷其子照實。他物則嘉慶十三年洪受有鐵器回抵，一傷致損，理不曲，改實。道光十六年四川陳玉沅石毆頭面，致命二傷俱損，照實。二十八年，雲南匡沅興鐵三，二致，無損折照實。較之本宗緦尊之案爲重。竊謂本宗緦麻乃一脈之親，外姻小功究係推恩而及，二者服制雖有功緦之判，而律牌同一斬候，本宗緦尊辦法既較乾隆年間爲寬，則外姻小功似亦可略示區別，其理曲逞兇者固不可曲貸，其犯尊之罪而理直情輕者不妨稍原，其抵禦之情存以俟參。至案係救父救母，如乾隆四十四年福建蘇秧見母受傷趨護用刀砍戳致死入實未句，嘉慶二十五年四川李有林刃三一損惟死者持刀將伊父抓扭並推倒牆角，用頭亂撞，犯奪刀向砍，確有護父急情，且死越十日，照緩。而光緒十年山東董按然刃五，三致，四透，末後連扎三傷；在死者業將伊母髮放之後，且伊母亦未受傷，外緩改實。則亦非一概入緩，尚須隨案酌核也。又道光八年，直隸巩苑氏因撻詬跌伊夫繼父劉汶炳身死，比依毆夫之親屬與夫毆同罪毆繼父致死律斬候，入緩。此等案甚少，如情傷較重，似亦應酌照致死夫緦麻以上尊長辦理。

一、毆死妻父母之案，如係負恩昧良、逞忿行兇者，應入情實。其餘理直情急，金刃一二傷，及他物傷無損折者，亦可入緩。

謝信齋云：「按毆死妻父母定罪雖擬斬候，究非例實之案，如情傷較輕，本可緩決，然有金刃二三傷而尚可緩者，亦有他物一二傷而竟入實者。嘉慶二十四年，河南殷法武鐵器疊毆，致命二傷，重至骨損，致斃年老妻父，外緩改實。雲南周士明他物五傷，三致命，一骨損，死係妻父，惟衅起不曲，情因護兄，且奪刀逃避，復被趕上揪按騎壓，緊捏腎囊，情急是真，照緩。道光八年，直隸郝勇刃扎二傷，一致命透內，死妻父，因釁起非曲，扎由被揪，照緩。十年江蘇侯達邦贅婿毆死恩養未久妻父，他物不致命一傷，骨折，照緩。又五年，直隸祖海青故殺妻父，因死者先曾調姦子媳，伊妻常宿母家，疑與死者不端，起意殺妻，誤傷死者，復起意將其致死，外以蔑倫無耻，不值實抵擬緩，部以疑雖有因，惟故殺外姻緦尊，法難寬貸，改實句決。」

按：此條定於何年未詳。乾隆四十五年陝西李連高、四十八年河南崔之鑑、四十九年王名富，皆毆死妻父由實改緩，本非一概入實也。金刃三傷之案不多見，道光十五年，山西趙黑小刃斃徒手妻父，復另傷妻母，惟三傷無致命損折，照緩。光緒五年，山東燕文木致斃逾七妻父，刃三，一致命，二骨損，改實。似可酌照本宗緦尊之案。金刃已至三傷者，傷重入實，傷輕入緩。如別有理曲逞兇等項重情，或另有可原情節，則又未便以三傷爲斷矣。他物傷亦酌量准此，無損折而過多亦未便遽緩也。

一、因姦盜致縱容之祖父母、父母、翁姑被人殺死者，俱入情實。致翁姑被殺者近亦有酌緩成案。

謝信齋云：「子孫身犯邪淫，致縱容祖父母、父母被人殺死，則是忘其身以累其親，誠爲法所不容。道光七年，直隸郝氏因與楊有通姦，致縱容之翁被楊有殺死；十二年，直隸唐先治因與李孚之妻通姦，致縱容之父被李孚扎死，均照實。此條似屬例實，然近年亦有緩案。二十二年，直隸李氏因致縱容之翁被姦夫謀殺，第該氏事前並未同謀，迨到案即當堂指證，尚非戀姦忘仇，照緩。」

按：此條未詳定於何年，致祖父母、父母被殺者，向俱入實。如遇大赦則酌入緩決。同治五年，直隸白二小因姦致母被殺；十三年，湖廣李氏因姦致父被殺，均恭逢恩詔，題明不准援免，秋審時仍入緩決。光緒十一年，直隸楊二因姦拐致縱容之母被殺，因恭逢恩旨，與大赦不同，仍入情實。蓋歷年秋審總以倫紀攸關不便從寬，惟嘉慶十七年，雲南普小老因竊致縱容之母被殺，改實免句，所僅見也。其致翁姑被殺者，嘉慶八年，直隸趙氏因氏翁禁止往來，姦夫自行謀殺，原題比照姦夫自殺其夫，姦婦不知情律擬絞，秋審以該氏實不知情，亦無戀姦情事，照緩。其時尚未定子孫之婦有犯與子孫同科例也。迨十四年，甘肅潘氏因姦致伊翁捉姦，被姦夫拒殺，改擬絞決。嗣後致翁姑被殺之案遂與祖父母、父母同科，然歷來仍多緩案。道光十八年福建林黑娘、二十五年福建蘇氏、二十七年湖廣雷氏均係因姦致縱容之姑被殺，外緩照緩。光緒十二年，陽氏致縱容之姑被殺，亦照緩。惟光緒五年山東謝氏因姦致翁被拒殺，七年河南楚氏因姦致姑被謀殺，均由立決改監候，秋審改實，聲叙以伊翁姑初未縱容也。此條未及此，應補。

又按：因姦致並未縱容之父母被殺之例，係比照過失殺父母之例定擬，乃過失殺父母例得夾簽改監候，秋審入於服制册內，情實免句，而致父母被殺之案，未縱容者立決，縱容者秋審入於常犯情實，殊未平允，似應將此項亦歸服制册，庶與過失殺同歸一律。

一、因姦致本夫羞忿自盡者，俱入情實。

謝信齋云：「婦女與人通姦，本夫並未縱容，一經見聞，殺姦不遂，因而羞忿自盡，較之僅與其夫口角致夫輕生自盡情節爲重，彼尚應入服制册擬實，此則自無不實之理，歷年成案均屬入實，可以遵辦。」

按：此條未詳定於何年，向俱入常犯册情實。乾隆四十八年，山西張氏因與人通姦，被夫窺破，並未報官究治，即輕生投繯；又任氏因與伊夫緦服弟通姦，致夫羞忿自盡，均入實未句，十次改緩，是雖入實，非一律句決也。光緒二十八年，四川袁氏歸入服制册。又四年，湖北李氏因姦致姑羞忿自盡，亦入服制册。嗣後可以仿照辦理，將此條歸併前服制一條之内。

一、姦夫謀故殺及拒捕，致斃本夫，姦婦不知情之案，如事後仍與姦夫續姦，或跟隨同逃，俱以戀姦忘仇論。並此外又致其父兄被殺，及另釀多命者，俱入情實。其餘畏罪支飾不首，或被姦夫恐嚇隱忍，無前項戀姦忘仇情事，及僅釀旁人一命無服制者，均可緩決。小注按：被逼同逃並非戀姦忘仇，近年亦有緩案。

乾隆三十二年條款云：「姦夫謀殺本夫，姦婦雖不知情案件，如有事後隱匿，忘仇戀姦，並跟同姦夫嫁者，應入情實。其餘雖事後知情不首，因被恐嚇畏懼隱忍並無復與通姦情事者，可入緩決。」志稿云：「姦婦始終不説姦情，欲隱縱姦夫者，是真戀姦忘仇。若初時含愧未經聲張，而到官報仇自行供出者，則姦夫業已入實，姦婦可以擬緩。里巷男女之案，一命一抵，冤憤已消。」

謝信齋云：「姦夫自殺其夫，姦婦不知情之案，總以是否戀姦忘仇，分別實緩，如事後同逃續姦、貪賄貪娶及聽從棄屍，或另釀有服親屬一命者，向俱入實。」又云：「姦通有服親屬，致夫被殺，向以其有關内亂，多有入實，亦有仍行擬緩者。嘉慶十五年，四川文氏姦通夫緦弟，致夫被殺，照實。道光十年，直隸謝氏因與小功夫兄許二假妮通姦，被夫撞獲，禁止往來，許二假妮復至伊家續舊，該氏不肯依從，許二假妮戀姦情熱，探知伊夫在院獨卧，夜至氏家將伊夫勒死，後向氏告知，該氏不依哭喊，許二假妮用言恐嚇，自行將屍移棄井内，復赴伊家欲向續舊，該氏在屋痛哭，見許二假妮走至，拉住究問屍身，當欲告知鄉地報官，許二假妮嚇禁聲張，即行走回。該氏因屍無著，悲痛成疾，並畏許二假妮兇惡，未敢呈告，經井主報驗差傳該氏認屍，究出實情，外以尚非戀姦忘仇擬緩，部以姦通小功夫兄致夫被殺，亂倫傷化，改實句決。又嘉慶二十四年，江西邱氏與夫小功叔通姦，姦夫將伊夫謀殺，該氏聞知哭泣，氏姑報案，尚非戀姦忘仇，照緩。道光五年，江西陳氏因與夫緦孫通姦，致夫被謀殺，該氏先不知情，亦無戀姦情事，亦照緩。是邱氏、陳氏兩案雖與謝氏一案均係姦通有服親屬，致夫被殺，情事相同，何以一則改實，一則照緩？但細核邱氏、陳氏之得以入緩者，案係當時破獲，謝氏之所以改實者，案越一月之久，經井主見屍始行報官，究訊得實，若無井主具報，則案竟不破矣。至謝氏到案，供稱痛屍無著，悲感成疾，究屬一面之詞，未便以事後支飾之供，遽寬其淫惡之罪，部之改擬情實，良有深意也。」

按：道光本俱以「戀姦忘仇論」句下有「被逼同逃，並非戀姦，近多緩案」十二字，小注無段後之注，此蓋此本所移改。此項實緩最爲參差，戀姦、忘仇二者有一於此，應入情實固無疑矣。事後同逃近於戀姦，而道光四年江蘇丁氏逃至姦夫家，冀圖躲避，非姦宿；七年，直隸覃氏被逼同逃，因防守嚴緊，不能脱身，非戀姦；十四年，雲南劉氏聽從同逃，未續姦，均照緩。即注内所謂近多緩案也。然此後亦多實案，如二十九年，山東韓氏跟隨姦夫同逃將近一月，雖未續姦，究屬忘仇；光緒六年，奉天王氏事後跟隨姦夫行走，係被嚇畏懼所致；湖廣賀氏事後與姦夫同居，係因被逼，均改實。此前後參差而與條款亦相歧也。聽從棄屍近於忘仇，道光二十五年，四川吴氏事後聽從埋屍，照實；同治六年，河南張氏事後棄屍滅跡，經夫堂弟盤問，即告知實情，得以破案，至屍身被獸殘食，尚非該氏意料所及，改實；七年，河南楊氏聽從姦夫棄屍滅迹，事後扶同支飾，經夫弟盤問，始雖用言支吾，旋即説出實情，得以破案，照實。然如道光二十四年廣西蘇氏事後幫同棄屍由被逼，二十六年廣西侯氏事後幫同棄屍由被嚇畏懼，同治六年山東趙氏事後幫同棄屍，被姦夫嚇逼，均照緩，此亦前後參差者也。此而欲辦理畫一，誠難言之矣。又如，另釀有服親屬一命，嘉慶十七年山東顧氏被夫毆責，即不理姦夫，是已拒絶在先，事後亦未戀姦，惟致縱容之母在押自縊，改實。道光二十六年，貴州劉氏因姦致夫被殺，復目擊姦夫致斃夫妹一命，改實。而嘉慶十一年廣東黄氏姦夫毒殺本夫，復故殺窺破姦情之夫弟，照緩監禁，殆恭逢是年恩旨故從寬歟？竊謂此等淫濫之婦，難復責以大義，但事前果非同謀，則事後種種支捏情形，非畏罪牽連，即逼於强悍，情苟可原，似不妨稍寬一綫，死者既有姦夫抵命，吾山司寇所謂一命一抵，冤憤已消也。至姦通有服親屬致夫被殺之案，如係夫功服親屬，向以有關内亂入實，然内亂律注謂「姦小功以上親」。示掌云：「姦小功親之妻，擬罪本與姦緦麻親之妻同」，律注現無「之妻」字樣，則小功親之妻，應不同内亂論，惟大功小功服制較近，故此等案惟謝信齋所舉邱氏一起照緩，餘如乾隆五十四年四川唐氏姦通夫大功兄、道光二十二年四川何氏姦通夫小功弟、同治三年直隸劉氏姦通夫小功兄、光緒八年奉天郭氏姦通夫大功叔、九年奉天于氏姦通夫大功弟，皆以瀆倫傷化較凡姦爲重，入於情實。惟咸豐三年，湖廣朱氏姦通夫大功兄逢恩酌緩，此外不多見也。緦麻究較功服爲遠，謝本所舉文氏一起入實外，如道光五年江西陳氏姦通夫緦姪孫、十七年福建陳氏姦通夫緦弟、湖廣張氏姦通夫緦兄、二十五年直隸楊氏姦通緦麻親屬，皆入緩決，實案不多見也。謝本所舉三起亦偶爾參差，當日未必別有深意，似應於條款内增此一層，而以功緦爲實緩界限，免致參差。

一、因姦殺死子女滅口之案，親母無論有無子嗣，入於緩決，永遠監禁，嫡母、繼母、嗣母，如致夫絶嗣者，俱入情實，未絶嗣者，入於緩決，永遠監禁。其嫡母、繼母非理毆殺庶生及前妻之子，致夫絶嗣，應絞候者，俱入緩決。如係故殺及爲己之子圖占財産、官職而殺，嫡母緩決，繼母情實，例内已有明文，應查例照辦。

按：此條定例兩條，始於乾隆十四、二十六等年，嗣後節次增改修併，毆故殺一條嘉慶六年改定，因姦一條十六年改定，此文「應絞候者」四字及「例内」以下十一字可删，段末「嫡母緩決」下添「永遠監禁」，「繼母情實」下添「如蒙恩免句，仍永遠監禁」。

一、姑抑媳同陷邪淫，致斃媳命者，應入情實。其因姦致死伊媳滅口之案，親姑、嫡姑、繼姑均入緩決，永遠監禁。小注按：令媳賣姦不從毆逼自盡者，亦應入情實。

謝信齋云：「姑之於媳本以恩義相維，今因抑媳同陷邪淫不從致斃媳命，即無恩義之可言，故定例應照平人謀殺之律分別首從擬以斬絞，在平人謀殺無論情節輕重，均應入實，自應循例擬實。」

乾隆四十九年通行情實各條有「姑淫逼媳同陷邪淫，致斃媳命」一項。

按：此條定例二條，前一條定於乾隆三十七年，後一條定於道光二年，修併於因姦致死子女滅口一條之内。道光本無後一條，二年之例係四年纂入例册，可見此書在四年以前。

一、謀故殺期親以下卑幼及卑幼之婦各案，如圖詐、圖賴、爭繼、爭産、畏累、憎嫌，並因錢債、田土、口角細故逞兇殘殺，或非理欺陵者，俱入情實。若情因管教，一時觸忿，並死者理曲逞兇，及致死爲匪玷辱祖宗卑幼者，俱可緩決。其毆死功緦卑幼應絞候者，非情節實在慘忍，不必遽行議實。乾隆三十二年條款云：「故殺期親弟姪之案，如因奪産、爭繼及因圖賴、圖詐情節殘忍者，應入情實。其餘如係一時觸忿，及致死爲匪之人者，可以緩決。」志稿云：「故殺胞弟、胞姪，總以案情爲斷，本律止應流，後來定例改絞，各有深意，若圖謀財產襲職，以致其人絶嗣者，設心殘忍，近年尚有改爲立決之案，不待秋審。蓋骨肉爲天屬之恩，故國法於卑幼爲匪，尊長尚准其相隱，故殺乃人倫之變，故秋審於卑幼被殺，尊長不輕予免句，宜逐案細核情節，不可一概而論，惟死者先已自絶恩義，則兇手可以量緩。」

又，比對緩矜條款云：「毆死卑幼案件，如係卑幼干犯尊長訓誡，及被頂撞氣忿毆斃並毆死爲匪之人者，應入可矜，其餘事本理曲、傷多情重者，應入緩決。」志稿云：「卑幼宜看服制之親疏，爲匪亦看何等之情罪，如不孝、不弟、邪教、竊盜等情重之卑幼，則有關合族禍患顔面，尚可酌量擬矜，如尊長理曲情兇，則應入緩決，設圖謀財産情近於故者，仍宜酌改情實。」

謝信齋云：「尊長之於卑幼，本有親親之誼，今因尊長而謀故殺害卑幼之命，未免殘忍，然其間情節大有輕重，未可一概而論。如果係圖詐、圖賴、爭繼、爭産、畏累、憎嫌起釁，則是情同陌路，殺由私忿，自應循例擬實。若因錢債、田土、口角細故，逞忿殘殺，亦有不便入實者。道光十年直隸劉定、十二年直隸羅四兒兩起，均因釁起錢債、口角，故殺卑幼，外緩照緩。亦有殺死非因詐賴及繼、爭産別情而應須擬實者。道光二年，湖廣周文科因積錢留待娶妻，伊兄逼付養母，該犯氣忿將十三歲胞姪砍死，外以義乖情慘入實，照實。嘉慶二十四年，貴州李潮簡故殺胞弟，因死者之理曲甚微，該犯之故殺太慘，且先令伊子以姪毆叔，復忍心手斃其命，外緩改實。道光三年，山西胡新盛令胞弟讓鋪業不允，將其故殺，究係爭利，改實。又，釁起管教亦有間擬情實者。道光四年，河南宋旺因不服管教逃走，故殺年甫十五胞弟，事後又割落其頭，挖累素有嫌隙之人，改實。」

按：乾隆條款前一條但舉「期親」而未及「功緦」，亦無「畏累憎嫌及錢債、田土、口角細故非理欺陵」等語，後一條但言「毆死」而未及「謀故」，未詳何時將前條增修而删去。後條大約在嘉慶年間，各項情節以圖詐、圖賴、爭繼、爭産、畏累、憎嫌六者爲重，歷年絶少緩案。惟詐賴在事後者，可以酌入緩決。嘉慶十一年，廣東湯承真故殺理曲犯尊胞弟，因懇分租穀，究與爭産不同，外緩照緩。畏累者則有嘉慶十七年湖廣郝文藻，死係自三歲撫養成立胞弟因其嗜酒屢教不悛，畏累勒斃，究因管教起釁。道光十三年，陝西劉大撈兒，死係年甫十三胞弟，因畏責逃避畏累故殺。四川鄭潮松畏累勒斃屢次私逃之出嫁胞妹。光緒九年熱河胡金山畏累謀殺患瘋胞妹，死者改醮數次，均被休回，患瘋後顛悖情狀，爲之兄者實屬難堪，與尋常恐貽己累，殘殺骨肉者有間，均照緩。此又隨案酌核其中界限，相去幾希，不可稍忽也。至錢債、田土、口角細故逞忿殘殺之案，入實者固多，而入緩者亦不少。劉定、羅四兒兩起之外，尚有嘉慶二十一年四川何大魁口角細故故殺大功卑幼，道光七年四川汪潮舉錢債細故故殺大功卑幼，均以無詐賴照緩。十六年，浙江許五受挾不允借貸，用言譏誚之恨故殺胞弟，安徽沈兆汶挾借貸不遂之嫌謀殺胞弟，均以死者不悌照緩。道光十六年，河南樊甫頭細故逞忿故殺年甫十二小功卑幼，以該犯亦甫逾成童，照緩。咸豐五年四川吴國萬索欠細故故殺胞弟，同治七年孫亭招錢債細故故殺胞弟，光緒七年陝西惠立汰因田土細故故殺胞弟，九年四川舒開鶯因細故逞忿故殺胞弟，均照緩。蓋按其情節究較圖詐等六者爲輕，正未可一概入實，致失之太嚴也。此外，又有因挾嫌、挾恨而入實，乾隆五十四年，湖廣彭正山因竊情敗露，挾嫌故殺大功弟，改實。道光十三年，四川李上友挾繼母欺壓之嫌，謀殺異母弟，照實。十五年，浙江雷含銀挾屢向伊母挑唆之恨，謀殺年甫十三胞弟，改實。十六年，陝西張殿榮挾死者故父夙嫌，故殺年十二緦卑幼，改實。所當隨案比核，不容執一而論。他如姦匪、姤姦、竊匪、拒捕等項，皆情節之最重者，正未可輕議緩決矣。至毆死功緦卑幼較之凡鬬爲輕，非謀故殺可比。乾隆、嘉慶年間實案尚多，近來大都入緩，非實有兇慘重情，秋審可以從寬也。再，謀故殺卑幼之婦，歷年秋審實緩不一，亦以情節輕重爲斷，如有憎嫌、詐賴等項重情，或細故挾嫌，逞忿殘殺者，應入情實。餘可緩決，不得以尋常婦女論也。

又按：此條期功緦不復分別，惟服制既有遠近之分，秋審亦應有寬嚴之别，況期服卑幼係由生入死，似未可與功緦並論，向年成案期親與功緦分列兩門，非無意也。既以功緦而論，緦麻去凡人一間，功服則較親矣。致死尊長之案，功緦相去懸絶，則致死卑幼之案，功緦不無區別也。

一、謀故殺義子並雇工，及白契所置，恩養未久奴婢，如有圖詐、圖賴、憎嫌、畏累等情而殘殺，及死太幼稚、恩養未久者，應入情實，其餘俱可緩決。

謝信齋云：「一則究有父母之恩，一則實有主僕之分，雖殺出有心，罪止絞候，不與凡人同科斬罪。如有圖詐、圖賴、憎嫌、畏累等情，因而殘殺，自當入實。倘殺死由於他故，而圖賴係在事後，向不以之加重，未便概行擬實，當平心細核也。嘉慶九年山西劉楷故殺八歲病婢無詐賴，十三年廣東何氏故殺七歲幼婢釁起管教，毆烙多傷，此俱死太幼稚、恩養未久之案，均外實照實。録以備參。」

按：此條未詳定於何年。死太幼稚、恩養未久者，實案爲多，然情節苟非實在慘忍，不必輕議入實。若有因姦滅口及圖姦不遂等項重情，則不可寬矣。

一、妻謀故殺妾之案，如無圖詐、圖賴及妬慘重情者，俱可緩決。

謝信齋云：「妻之於妾有嫡、庶之分，故妻毆妾與夫毆妻罪同，蓋謂其情親當矜也，歷年秋審此等案件如無妬慘重情，自當從緩，不可輕擬情實。」

按：此條未詳定於何年，嘉慶十九年，廣東梁氏憎嫌妾生幼子，挾恨謀毒致斃，又謀斃夫幼姪，改實。此正所謂妬慘重情也，圖詐、圖賴之案向來亦多入實，餘則可緩矣。

一、婦女毆死夫緦麻以上尊長之案，理直情急，或傷輕者，俱可緩決。不入服制册。

謝信齋云：「妻妾毆夫之期親以下、緦麻以上尊長，雖與夫毆同罪，惟至死罪止斬候，不入服制册，自應核其情節，分別實緩。」

按：此條未詳定於何年。歷年成案之入實者，如嘉慶十八年，湖廣劉氏釁不曲被撞推跌致斃，死係夫期親伯母，照實。二十二年，山西樊氏死係逾七夫期親尊屬，扭倒後口齩一傷，復刃傷致命，又另傷其媳，照實。二十四年，山西王氏推跌磕傷腰眼，復奪棍迭毆，五傷，死係逾八夫小功兄，改實。直隸王氏致斃七十四歲夫兄，因口角起釁，取棍先毆左額角二下，死者趕毆，復取劈柴毆傷其左額角，骨損外以傷係他物，擬緩，部以致命傷重，改實。其入緩者，如道光十七年湖廣全氏斧刃三傷，一致損，木一，死夫兄；十八年，湖廣小魏氏刃砍頭面三傷，二致命，又帶劃四，死係夫期親伯母；二十一年，山西宋氏毆死夫期親尊長，鐵三，木六，五致，二損，劃一，死理曲；二十九年四川徐氏鐵三，木六，三致，二損，帶劃二，死理曲，係夫之緦尊，均照緩。分別實緩，大概如是。惟夫之期親尊屬尊長情誼較親，似應稍嚴，功緦漸疏，可稍寬矣。婦女之於夫屬，本以義合，故毆罪與夫同，而(至)〔致〕死則不同也。

一、婦女謀故殺夫卑幼之案，如圖詐、圖賴、憎嫌、畏累並細故非理殘殺者，應入情實。若衅起管教，及死者理曲犯尊，亦可緩決。

按：此條未詳定於何年。致死夫卑屬，論罪較夫爲重，則秋審實緩似未便從同，歷年成案不甚分別，大約謀故之情重者入實，情輕者入緩，毆死則雖傷重傷多，亦多入緩。「卑幼」應依律文改「卑屬」爲是，致死夫之弟妹應以凡論，不與卑屬同。此條之末，道光末年本有「及毆死夫弟照尋常凡鬥分別情傷輕重，定擬實緩」，蜀本同，不知此本何以删去，仍應增入或另列一條。

一、夫謀故殺妻之案，如圖詐、圖賴及圖姦他人，因妻礙眼而殺，逼妻賣姦不從而殺，憎嫌病妻而殺，並妻無大過逞忿殘殺者，俱應情實。其餘無前項殘忍情事，或係事後圖賴者，應入緩決。

乾隆三十二年條款云：「故殺妻之案因圖詐、圖賴及圖姦他人，因妻礙眼而殺，並逼妻賣姦不從而殺者，應入情實，其餘並無前項殘忍情形者，可以緩決。」志稿云：「毆死妻向不以律牌分輕重，止以情節定實緩，凡無縱姦訛詐者，究死係卑屬，名義所關，皆入緩決，仍宜照舊例定擬，宜與後可矜條款互看，惟殺情兇殘者，酌量入實。」謝信齋云：「夫爲妻綱，名分綦嚴，故謀故殺妻，律止絞候，蓋謂其分尊可原也。」

按：此條於乾隆條款内添入「憎嫌病妻」及「妻無大過」二層。查乾隆四十一年，直隸謝夫禄因貧無力養贍，愁慘交迫，一時急躁，故殺卧病之妻，入實未決，十次改緩。四十三年，貴州蒲應甲故殺瘋顛之妻怨罵翁姑，入實未句，似其時此一層尚非必句之案，故條款不載。嘉慶以入實未句者多，然如嘉慶八年直隸朱在仁因癱廢之妻嫌貧吵鬧，撳入井内致死；十八年，四川張觀保故殺癱妻，因其時常與伊母吵鬧，均照緩。道光六年，陝西金世增故殺無故癱妻，犯父年老雙瞽，可憫緩留。二十六年，四川鄭明逵謀殺病妻，因死者嫌貧争鬧咒駡，二十一年朝審，于詳故殺瘋妻，因死者抱怨哭鬧，氣忿而殺，與因病發憎嫌起意殘殺者，稍有不同，均緩，初非一概入實。至雙瞽之妻，向因其與病妻不同，緩案尤多，並不以死係篤疾而加重。若並無大過之妻，情節種種不同，本無一定，故向來實緩亦最參差，但能就案論案，不可稍有成見矣。又，圖姦他人而殺，雖係例實，然亦間有緩案。嘉慶二十五年，四川劉恩才死者知伊與人通姦，屢向吵鬧，伊夜往續舊，即攜棒前往吵鬧，並毆夫成傷，照緩。道光二十四年，雲南陳啓賢謀殺妻命，先留姦婦在家居住，私約爲婚，事閱十年有餘，死者因伊未給米，輒行混駡，該犯將其勒斃，起釁尚非因姦；二十六年四川張玉洪姦匪故殺曾經理勸之妻，該犯與族嫂通姦，業經死者勸令改悔，斷絶往來，後因死者妄疑向斥，復被潑罵，將其致斃，起釁尚非因姦，均照緩。又，毆死妻之案，乾隆年間實案甚多，志稿所謂「不分律牌，但論情節」也。嘉慶以後實案漸少，嘉慶十七年湖廣范丑子細故毆死九歲童養妻，二十年陝西馬化灉回民因姦逞忿刃斃無過之妻，光緒二年奉天郭連昌先與鄰婦通姦，被妻勸阻不聽，乘醉復往續姦，因死者趕上揪住拉回，輒刃斃其命，要害一傷，食氣嗓俱斷，情兇近故，均改實。此外不多見矣。

一、僧尼及諸色匠藝人等（優伶不在內）毆死弟子之案，如有因姦、挾嫌、畏累等情逞忿殘殺者，俱入情實。其釁起管教無殘暴重情者，可以緩決。

按：此條未詳定於何年，僧尼違例收徒應以凡論者，應略加嚴。道光十四年陝西安吉法喇嘛違例收徒應同凡論，綑縛後迭毆多傷，致斃幼孩，情殊欺淩，死十四，改實。又，十六年，陝西王均死十一，價典爲徒，教令學唱，因其貪頑，起意責打，先掌批一抓一，捆縛後木二十九，七致；皮鞭十六致，均不損，照威力制縛，照實。此以學唱而不以弟子論也。

一、服制以凡鬬定罪之案，如毆死功緦以上尊長、尊屬，因本犯與死者並父祖出繼，降爲無服。又，賣休，買休等項妻妾毆死夫與翁姑，又，毆死繼母係父賣休，買休之妻，此等案犯定罪，雖同凡鬬，秋審則不可概以凡論，非實在理直情輕，不得輕議緩決。至毆死賣休，買休之妻，一則曾有夫妻名分，一則現有夫妻之情，似應較尋常婦女稍寬。

按：此條未詳定於何年。道光十一年秋審馬五十一起，部議云：致死尊長之案，以其有關服制，故較凡人加重，若已降爲無服，則其親已殺，即與服盡親屬同，定案既照凡人科罪，秋審自應與凡鬥並論，此說持論與此條稍有不同。竊謂由有服降爲無服，有由期服降者，有由功緦降者，其初之親誼本不一律，即未便一律加嚴，似仍應核其案情之輕重酌量辦理。緦麻本去常人一間，既已無服，竟同凡論，自不爲寬，期功或略爲加嚴，以示區別可矣。至賣休、買休之妻，律應離異，本無服制。嘉慶二十年湖廣姚氏當時部議以死雖伊翁買休之妻，惟死者嫁與伊翁生有二子，已越十有九年，其於該氏顯有姑媳名分，因律應離異，定案故同凡論，秋審則情傷，並議案關風化，未便以鬬情尚輕，置歷年之名義於不論，外緩改實。其持論似極嚴正，而鄙意竊有未妥。夫名分從服制而生，豈得離服制而强定其名分，且必先有夫妻名分，乃可言姑媳名分。此案死者既律應離異，即不得爲氏翁之妻，又烏得爲該氏之姑？乃云顯有姑媳名分，其義安在？夫婦爲人倫之始，賣休買休，婚姻之不正，實有乖風化，故有干律議。嘉慶十五年續纂嫁娶違律應行離異者，與其夫及夫之親屬有犯，仍按服制定擬之例，而知情買休一項，雖有媒妁婚書，仍依凡人科斷，是始之不正，即令相依日久，生有子嗣，亦終爲律應離異之人，毆死者既爲律應離異之人，又何風化之可言，而曰案關風化，何也？此案鬥情既輕，本可照緩，乃竟改實，過矣。竊謂：此等案件總當以律義爲準的，既有干乎律議，即不必節外生枝，轉多窒礙，凡事必立一界，乃不至游移不定。律其界也，秋審亦守律可也。因姚氏一案而論之如此，存以俟參。

又案，此當分爲二條，自有服降爲無服本有服制者也，買休等項無服之可言者也。義既各殊，分之爲是。

一、毆死外祖父母，由立決改監候者，應入服制册辦理。

按：此條道光本、蜀本皆無，乃此本增入，似應修併於服制册一條之内。

擬補二條

一、功服以下尊長，聽從外人，圖財謀殺十歲以下卑幼，下手加功者，入於情實。期親尊長，服制較近，應斟酌辦理。

光緒五年秋審，河南李金禾聽從圖財謀殺年甫五歲小功姪一起，本部左侍郎錢寶廉以例無明文，奏請飭議專條，奉上諭：「本年秋審河南省李金禾聽從圖財謀殺年甫五歲小功服姪，係照平人謀殺律問擬，既經刑部改擬情實，實屬法無可貸。惟念該犯係屬爲從加功，例無明文，衡情定罪，若照平人謀殺加功律，亦應問擬絞候，入於情實。李金禾一犯著即改爲絞監候，現屆句到之期，即行處決，毋庸派大員覆核。錢寶廉所奏飭議專條之處，仍著刑部議奏」等因。經刑部議准，嗣後功服以下尊長，如係聽從外人圖財謀殺十歲以下卑幼下手加功，即照此次欽奉諭旨，按平人謀殺加功律問擬絞候入實。如係期親尊長圖財聽從外人謀殺十歲以下卑幼，亦照此問擬絞候。惟服制較近應俟秋審時斟酌辦理。

按：尊長謀殺卑幼律，依故殺法爲從之尊長，得依爲首之罪減一等例，無死罪。至圖財謀殺卑幼，依凡人謀殺定擬例，指爲首者言，未及爲從。自光緒五年議定新章之後，功服以下尊長自應遵照入實，期親似可從寬入緩，爲首者例應斬決，命已有抵，圖財之情節固重，服制亦未可竟置而不論也。

一、弟子毆死受業師，由立決改監候之案不入服制册，可以酌入緩決，其定案時照凡鬬問擬，而情傷較重者不可輕議緩決。

按：弟子毆殺受業師，業儒照期親尊長、僧尼及匠藝人等照大功尊長，律皆斬決。其由立决改監候者，皆非有心干犯，情節較輕，在服制案中例得聲叙免句，此項既不得入於服制册，若入於常犯情實辦理，殊多窒礙。道光二十六年山東車秉新一起，部議云：「弟子之於儒師，服制圖内所不載，向不歸服制册辦理。」查嘉慶二十五年，湖廣張松係匠藝致死受業師由斬决改監候，外緩照緩在案。誠以服制情實，人犯兩次免句即可改爲緩決。若常犯情實，人犯即或邀恩免句，亦須情實十次，方准改緩。倘將此等案犯照尋常由立決改監候之案一概入實，是定案時既以有關名分而加重，秋審時又以不入服制而從嚴，未足以昭平允。是以道光十一年直隸王一一起，係因瘋刃傷繼父；十六年直隸陳保妮一起，係誤傷義父，俱由立決改監候，秋審時因其不入服制辦理，均酌量入於緩決。蓋於維持名分之中仍寓欽恤之意，與尋常由立決改監候法難再寬者未可並論也。此起弟子致斃儒師，核其情，節被毆情急抵格適傷，尚非有心干犯，與張松一起情節相類。雖該犯係致死儒師照毆死期親尊長治罪，張松係匠藝致死業師照毆死大功尊長治罪，按例稍有不同，惟同一照律擬以斬決，同一原情改爲監候，罪名無所區別。且服制案中原不分期功，總以是否有心干犯分別夾籤，則秋審案中自可不以期親大功分別實緩，似應仿照張松一起酌入緩決，外緩照緩。此外，如道光二十六年貴州安洪吉傷由誤中死出不虞、同治六年直隸薛惠救祖事在危急，均照緩。光緒六年，湖廣劉佳庚疑賊確屬有因誤戳並非意料，外實改緩。此三案皆毆死儒師者。又光緒六年，四川性體僧人致死未教經典之師，定案雖照凡鬬，究有師徒名分，細故逞兇，斧刃頭面傷重斧刃頭面三，二致命，一微損另劃一。改實此亦服制照凡之比，非實在理直情輕，不得遽議緩也。同爲立決改監候之案，此不獨非各項情重法難再寬者可比，較服制之案爲尤輕，師毆弟子既列於此門，則弟子毆師自應另列一條，故擬補此。

秋審比校條款附案　卷二

人命

一、各項殺人自首得免所因，及强盗自首改斬監候者，俱入情實。

乾隆三十二年條款，强盗自首在應擬情實二十八款之內。四十九年部頒條款：「『强盗』下添『傷人』二字。」

按：此條何年增修未詳。强盗自首現行條例，聞拏投首，應擬斬候者，係傷人首夥各盗傷輕平復，及行刦數家止首一家，兩項殺人自首免因，有搶竊、拒捕、圖財各項皆情節較重者，自難寬宥；其殺人自首而無因可免，如謀故等項，仍應入實，若係尋常鬬毆之案，如果自首，似可酌量稍寬。道光二十三年，山東陳昂竊剝事主衣服，致命受凍身死，因聞拏自首，律得免其所因，照屏去人服食致死辦理，照緩。又，十一年，山西朱景汶金刃傷多且重，犯案後逃至葉爾羌等處充兵，經伊母代首，該犯實有軍功，又恭逢恩旨入於緩決，監禁二年再行減等。

一、各項立決人犯，或奉旨改斬候，或原情奏請改爲監候者，俱應情實。間有情節實可矜宥，臨時酌量入緩，但不宜過寬。

乾隆三十二年條款：「立決改監候在應實二十八款之內，係統服制而言。」

按：立決改監候服制爲多，此外奉旨改者近年罕見。原情奏改者，如道光二十五年，山西範平兒强奸九歲幼女已成，因畏懼中止，免其立決，改實。道光十一年，直隸王一因瘋砍傷義父，尚非有心干犯，其另斃平人一命，亦因瘋發無知，雖兩犯死罪，究係一死一傷，並非兩命，照緩。

一、凡人謀故殺之案，俱應情實。「人」字照道光本增。

乾隆三十二年條款，「謀殺故殺在應擬情實二十八款之內」。四十九年續增條款云：「謀故殺人之案，本應列入情實，惟其中如男子拒奸有據，或有服親屬與人通奸，殺非登時而出義忿，以及義男弟姪有負恩養不服訓誡者，此等案件或情同擅殺，或有關名分，原題雖以凡論，至秋審不妨原情入於緩決。」

光緒蜀本續增一條云：「凡人謀故之案均應情實，如死者之父係姦淫伊女、伊母，或婦女被死者之父强逼嫁賣，氣忿謀殺未遂，因而殺死其子，仍科本律者，可以緩決。」

謝信齋云：「凡人謀故殺人，情兇罪重，秋審自難不實。其間實有情節可原，往往由部彙案奏請改緩，亦有外省酌入緩決者，成案不一，用録數案於後。道光二年廣東何謂政謀死儒師，因該犯先被誘姦，經人窺破恥笑，悔過拒絶，復被藉端凌虐，忿憾將其謀死，外循例入實。部以此等案件風化所關，死者無復人理，不值實抵，彙奏改緩。嘉慶二十五年，湖廣王代良因憑媒聘娶買休之妻與人淫亂，該犯於姦所登時殺死姦夫姦婦，定案時以係買休照凡人故殺定擬，秋審原情照緩。道光三年安徽董泳凝殺姦不遂，遷怒，故殺其十三歲幼子，究係義忿所激，與尋常故殺不同，照緩。六年，直隸沈繼淙、張樹身於監獄重地謀毒放火，罪犯斃命，定案時勢難從寬，亦未便將被害良民爲放火兇犯實抵，照緩。

按：謀殺之案向多入實，乾隆年間有入實而免句者。三十九年，傅天成因義子李如榜毆傷妻楊氏垂危，央伊代出主意，伊見楊氏傷重，料不能活，主使用繩套其頸上，假裝自縊，在枋上繫挂殞命，照實未句，十次改緩。省份未詳四十四年，江蘇潘裕忝因死者與小功兄妻通姦，屢逐不去，忿激謀殺，照實未句。五十三年，奉天範小胖犯年十五，小於死者十七歲，死者設計留宿，威嚇成姦，該犯氣忿謀殺，部以指姦無據，改實未句。四十六年，湖廣周扶連因姦致姦婦起意謀殺縱姦本夫，令該犯買砒拌入腐皮給食，死者腹痛，託伊買藥，該犯買給解毒散，姦婦欲將賸砒給食，該犯勸阻不理，而姦婦將砒末傾入沙糖水内給死者飲下毒斃，照實未句。五十六年，四川文思鏡因死者與伊父通姦致母自縊，激於義忿將其謀殺，改實未句。皆以其情有可原。潘裕忝、劉范小胖二起，在今日又爲例緩之案矣。至酌入緩決者，謝氏所舉之外，如咸豐五年江西周模旺謀殺行竊族弟，係因死者不務正業，犯收留教訓，仍復屢竊，經犯賠贓寢事，嗣因復竊，起意致死除害，與挾仇謀殺有間，照緩。八年，直隸賈春郰因痛父被殺，尋兇犯未遇，故殺兇犯之父報復，外實改緩。光緒四年，奉天王泳溎謀殺圖姦子媳未成，罪人，因事經勸息，仍照本律定擬，外實改緩。餘不多見。其情節可原而又未便遽行入緩者，從前循例擬實，於黃冊出語内聲叙，多蒙恩免句。同治以後，則於黃冊黏簽聲叙，無不邀恩免句者。故殺之案，雍正以前不皆入實，雖舊檔已不可考，而見於成案彙編者，如康熙五十九年陳麟與陳宗龐素有雞姦，陳宗龐向借錢物，用繩自勒恐嚇，該犯氣忿，將陳宗龐自套之繩緊拉殞命。蔡友因林招在張成仔家，該犯往向張成仔索取借用錢文，林招袒護，出與角口，持棍趕毆，該犯用刀將其扎斃。六十一年，王純因與一主家人任阿年角口，任阿年先打，復持刀欲刺，該犯畏刺，情急奪刀還戳致斃。雍正三年，蔡升因王絨與伊族人蔡响角口，勸散，王絨復向尋鬥，誤將蔡涷園麥戕壞，蔡涷拾石擲傷王絨，王絨持挑趕毆，蔡涷喊救，該犯赴援，被王絨肆駡，奪挑還毆致斃。宋朝瓊因周夢黎主唆陳敬，將伊姪已定陳敬之女尾哥改嫁，又惡言譏辱，該犯忿激，將其毆踢致斃。黄雀三因張細拕運杉木由黄姓田禾經，有在逃之黄永仲索取買路錢不給，黄永仲、黄雀三見柴夫人衆勢兇，往阻放鎗，適中張細斃命，釁起一時，尚非有意，該撫原照鬥毆，部駁照故殺。以上六案皆原情入緩，減等時准減。又，六十年，王信朗因無服族姪王洪生、王洪德、王海將伊兄王觀朗祭田占耕爭鬧，王洪德被王觀朗戳傷脊背，又被該犯刀砍頂心斃命，王洪生、王海亦被王信求戳傷，俱殞命。王洪生兄弟三人皆受傷身死，雖王信求已正法，王信朗係刀砍王洪德，情罪兇惡，不准減等，情节較前六案爲重，一家三命故減等時奏明不准減等。秋審時不入情實者，殆以釁起不曲，一犯已正法，當時辦法從寬也。乾隆年間，緩案未見，間有入實未句者，四十五年一起，四十八年三起，五十五年一起，餘亦不多見。近年故殺之情有可原者，辦法與謀殺同。

一、謀故殺人而誤殺旁人者，應入情實。如所欲殺之人本非應抵，亦可原情入緩。此照道光本。

謝信齋云：「謀故殺人而誤殺旁人，雖死非本犯所欲殺之人，而旁人無辜被殺，其情可慘，定罪既以故殺擬斬，秋審豈能曲法從寬。嘉慶二十四年，四川周文舉謀殺胞姪，誤殺旁人，擬實照實。律内伯叔故殺姪，罪止杖一百流二千里，以謀殺胞姪罪不至死之犯，因其誤殺旁人尚應擬實，則凡平人謀故殺人而誤殺旁人，更應入實。録此以備類推。」

按：此條未詳定於何年，謝氏所引周文舉一案與註語不符，此註當在此案之後。查康熙六十年許四因先與雞姦之陳海海復與林世奮姦好，後林世奮在陳海海家，該犯持刀向刺，時值昏黑，適詹挺朗跑出閉門，誤將詹挺朗刺斃，以黑夜誤傷旁人致死，情稍可原，入緩。照故殺誤殺旁人定擬。爾時故殺之案尚可入緩，更無論誤殺旁人矣。乾隆以後多入情實。惟道光二十二年安徽蕭氏部議：「謀殺誤殺旁人，律以故殺論。如因謀殺平人起釁入實無疑，如起釁並非謀殺平人，亦不得拘於故殺之律，概從重典。查親屬因搶竊殺傷仍照謀故本律擬斬之案，秋審因所殺究係搶竊罪人，向俱酌入緩決，經本部於道光七年題准，通行各省在案。此起蕭氏謀毒，屢次訛借、逞兇搶奪、放火，小功服姪李開盛，致誤毒無服夫姪李開勳身死。設李開盛非該氏有服親屬，該氏即應照擅殺以鬥殺論、鬥殺而誤殺旁人律擬絞，定案時因其所欲謀殺之人例不得照擅殺科斷，故不得將所誤殺之人照鬥殺問擬。衡情而論，雖本案所殺係屬平人，與通行內所指謀故殺搶竊本人者微有不同，而其爲格於親屬之故，不得照擅殺擬絞，實屬情無二致，況擅殺而誤殺旁人之案，死者多係平人，秋審向俱入緩。比類參觀，似應原其忿激之情，而寬其過誤之罪，方於情法兩得其平，照緩。」又咸豐十一年，山西續毛仔因謀殺遊蕩不務正業、屢竊家財當賣、訓斥不悛之胞姪，誤殺旁人，擬緩病故。同治五年，山西張根鎔因謀殺妻，誤殺小功甥女照緩，不准留。皆較李文舉之案辦法從寬，而與註語可相印證，蓋亦世輕世重之一端也。

一、謀殺人傷而未死，其謀已行者，應入情實。

乾隆三十二年條款云：「謀殺人傷而未死之案，如係因姦用毒延及多人，或毆砍多傷已成廢篤者，應入情實。其餘謀殺已行，傷輕平復者可以緩決。」志稿云：「此條總看起釁行毆，以理曲、情兇、傷重三者兼備爲斷，蓋本未成命案，不輕擬實抵也。此等案情以誅心爲主，如捆縛投諸水火，意其必死，而自行復生意外遇救者，雖未致殘篤，即擬情實，亦不爲枉然。歷來皆入緩決者，推兇犯之心與誣告人死罪者之心約略相同，誣告死罪未決者止於擬流，則謀殺人傷而未死者擬絞入緩，亦適得其平。兩心相等，而受傷則異，故誣告者止流罪，而謀傷者定死罪，業已加一等矣，宜平心細酌，方得允當。」

謝信齋云：「謀殺至重，若已經傷人，則殺人之謀已行，而其人得以不死實出萬幸，故此項人犯歷來秋審均係入實。」

按：乾隆條款及志稿所言最爲平允，此條未詳何年改定。歷年此等案件乾隆年間較多，緩案未見，惟四十七年查辦緩決三次以上人犯減等條款內，減發黑龍江者有謀殺未死一項，此爲確有緩案之明證，此後漸少，而無不入實者。

惟嘉慶二十五年，直隸姚氏、申二小因姚氏誤信姦夫申二小捏造縱姦本夫欲將伊嫁賣之言，聽從哄誘謀毒，下毒麫中，後詢知誆誘實情，旋即哭怨憤憾，申二小亦後悔，令氏趕回毀棄，因伊夫方食毒麫，即行奪棄，喊救得生。原題俱量減擬流，經部駁擬斬絞，秋審外以悔救得生，其情不無可原，酌擬緩決，部以名分風化所關，改擬情實免句。道光三十年，奉天郎學儉因趙斌與伊好之温汰河雞姦，窺破氣忿，起意將其殺死，乘趙斌睡熟，用剃刀很砍傷其左耳至腮頰左耳輪、左眉連右眼、右鼻孔、下腦後際，趙斌傷經平，恭逢恩詔，酌入緩決。

一、謀殺加功之案，無論被逼勉從，或僅幫同捺按，並止代爲買藥，未曾下手，俱應情實。從前間有因被父母家長嚇逼幫按，或先代爲求饒，及死者係姦淫並應死罪人酌入緩決者，近來一概入實。如死者自願畢命，因而聽從加功及聽從謀殺應抵正兇等項尚可酌入緩決。

乾隆三十二年條款云：「謀殺加功之案，有貪財、圖姦、挾嫌，逞忿、肇釁釀事，及造意之人未曾下手，而從犯肆行兇殺者，應擬情實。其餘如僅止聽從加功，並無前項貪殘兇暴情形者，可以緩決。」志稿云：「加功之犯重在姦貪，外省多以知情下手爲斷，但有事中同謀之知情，有事外揣度之知情，有臨時助惡之知情，有自行助力之下手，有被逼被嚇不得已之下手，未可一概渾言。乾隆三十二年本部奏明：謀殺加功案内如有因姦、因賄者，俱入情實，此外可以緩決，通行在案。但此等謀殺之案，情兇勢衆，人人皆有欲殺之心。近年屢蒙聖諭指示，外省不知有同一加功而或實或緩，宜提出駁改，其中惟有謀殺光棍姦惡行兇之犯，止將首犯入實，餘犯斟酌從緩，亦須於勘語内詳細聲明。近年並有外省擬實本部改緩之案。」

按：乾隆條款此項，本係分別實緩定擬，此條未詳何年改定。查雍正以前，謀殺加功之案不皆入實，如康熙六十年林齊因林萬錦與丁喬有隙，以林教已成廢人，致死向丁喬圖賴，商同該犯將林教毆斃，以首犯病故，該犯係聽從指使入緩。六十一年，蕭文介因徐振超以顔吉生素行偷竊，村衆欲逐，顔吉生聲言放火洩忿，徐振超懼害，商同該犯將顔吉生砍斃，以首犯病故，該犯情尚可原入緩。雍正元年，余懷章因丁達元經伊母鄔氏將女許配爲妻，丁達元穢罵，鄔氏商同該犯將丁達元毒斃，以鄔氏已正法，該犯係聽從伊母指使入緩。三年，謝世隆因葉志榮係伊弟妻前夫之子，該犯及弟謝六止與劉如瑛爭種田畝爭毆，將勸阻之林素止毆傷倒地，謝六止商同該犯將葉志榮毆死圖賴，首犯正法，該犯係聽從指使入緩，乾隆元年奉特恩減流，見成案彙編。以上四案，惟蕭文介一起死係竊匪情節，尚有可原，其餘三起並無可原之處，當時皆入緩者，仍是一命一抵之意。乾隆朝亦不盡入實，其可考者緩決有三十五年一起，其外實改緩有三十八年一起、三十九年二起、四十三年二起、四十五年一起，入實未句有三十三年三起、三十七年一起、三十九年三起、四十年一起、四十一年一起。迨四十六年，廣東鄧亞觀一犯聽從加功，僅止幫同撳按，外緩照緩，奉旨：尋常共毆傷重擬抵，至此等謀殺之案，不得以一命一抵爲詞，僅將起意及下手致死之人入實，而同謀加功之人又減入緩決，著交部另擬。遵旨改實。嗣後，加功不入實者鮮矣。然嘉慶二年劉涌泰一起，奉旨一命五抵未免過多，經刑部詳細閲看，除程宜法係造意首犯，擬請句決，爲從之王秉富先經病斃外，楊富盛一犯係止將程廷璣車騾拉住，又用刀連扎多傷致死，擬請句決，其劉涌泰一犯止係將程廷璣從車拉下，張幅柱（則）一犯則僅砍右腮頰一傷，似尚可寬，蒙恩免句。七年，福建張阿嗦亦以雖係加功，傷非致命，入實免句。是當日上意頗以一命數抵爲過嚴，而部臣並未酌定條款，何也？倘仰體好生之德，酌復乾隆舊章，將情有可原之犯分案入緩，似尚不失欽恤之意，存以俟參。

又按被逼勉從者，道光三年山東劉二年甫十六，聽從伊兄逼令幫按，分案入緩；六年雲南楊皮二哇誤信姦情，受雇加功被逼勉從，照緩；八年貴州李彦文被雇主嚇逼勉從，照緩，亦有於黄册出語聲叙免句者。

一、圖財害命案内應斬絞監候者，俱入情實。

乾隆四十九年條款云：「圖財害命從而不加功之案，如先經商同謀害，後又得財者，應擬情實，若僅止臨時知情，後又畏罪未經得財者，可以緩決。」

按：此條未詳何年改定。乾隆三十三年，廣西韋亦保聽從圖財害命，得財未加功，擬實未句，十次改緩。嘉慶七年，陝西許柱子、趙林兒雖係圖財害命，俱係爲從，並未加功，況已正法三人，足抵二命，實未句。竊謂：圖財害命固較謀殺爲重，然謀殺不加功者僅擬滿流，傷而不死從而加功者亦僅擬滿流，此例惟未得財殺人加功者絞，與謀殺本律同。其得財殺人不加功者斬，得財傷人未死加功者絞，按律同强盗不分首從論，固已從寬，若以謀殺本律論，均由流入死，秋審寬其一綫，似不爲縱，蓋强盗不分首從之律本太重也，存以俟參。

一、各項罪人拒捕，殺所捕人者，俱入情實。

乾隆三十二年條款云：「罪人拒捕等案，或事犯被拘，或因姦被獲，如有喊衆持仗逞兇抗拒，致傷應捕之人及拒捕至殘廢篤疾，應擬情實。其餘如係情急圖脱及被追無奈回毆者，可以緩決。」私鹽竊盗拒捕殺人，在應擬情實二十八款之内。志稿云：「此條與前竊盗拒捕、搶奪傷人二條情法相同，正宜參看。」

謝信齋云：「犯罪之人逞兇殺所捕人，其情甚兇，其罪可誅，歷年秋審均係入實，從無緩案。」

按：此條未詳何年删定。乾隆三十九年，山東楊二罪人拒捕，殺所捕人，外實改緩，其案由未詳，當必有可原情節。嘉慶十一年，山東劉亮伊母買私鹽十斤，被巡役捕拏，畏懼喊叫，該犯知母販私轉賣，前往迎接，聞喊喝問，被毆，回毆，繩鞭一傷致死，依私鹽拒捕律，究非該犯販私，毆由護母，照緩，監禁四年減軍，此緩案也。此外，非逢恩無酌緩者，如嘉慶十一年直隸劉得武傷由誤劃，死係限外因風，外實照實情，輕者不緩，較乾隆條款爲嚴矣。

一、因姦聽從姦婦，同謀殺死本夫之案，無論僅止代爲買藥、買刀及代爲雇人幫殺，並未在場下手者，俱入情實。

乾隆三十二年條款，見「謀殺人傷而未死」一條之内。

謝信齋云：「既斃本夫於非命，又陷姦婦於寸磔，淫兇難寬，例應入實。嘉慶九年，廣東羅九恩姦夫起意謀殺本夫，買砒給姦婦拌入飯内，旋經看出，已行未傷，擬流，部改毒藥殺人藥而不死，擬絞，外緩改實。」

按：此條未詳何年分出增定，向無緩案。

一、男子拒姦無據，審無起衅別情，仍按謀故鬥殺定擬之案，例内已載明入緩，應查例照辦。

道光本云：「拒姦無據，逞忿故殺之案，向來俱入情實，近年亦有因死者年長十歲以上，兇犯屢次被逼難堪，一時觸忿，或先經和姦，後即悔過，臨時拒絕，供證可憑者，酌入緩決，須查案比核，不宜過寬。」道光本於姦搶門另列道光三年奏准一條，蓋謝氏所增，非戴氏原文也。

按：此例道光三年奏改，五年修纂例内，道光本尚係未修以前之文。道光二十七年，齊和死者拔刀將該犯揪住，硬欲續姦，該犯無奈允從，正欲行姦，被人經過瞥見，即以實無廉恥之言向斥而過，該犯羞愧難忍，將死者推開，抱怨以後斷絶，死者復拏刀駡砍，該犯拏刀向戳，死者聲言將姦情揚破，使伊無顏見人，該犯悔忿極，起意致死，照故殺定擬改實。改例之後，實案祇此一起，餘未見。姦情本屬暖昧，三年改定例文，蓋亦罪疑惟輕之意，照例辦理，似不必從嚴也。末二句似可改爲「入於緩決」四字，例内「審係因他故致斃，揑供拒姦狡飾者，仍分別謀故鬥殺定擬實緩，照常辦理」一節，似應補入條款之内。

一、非應許捉姦之人殺死姦夫，仍依謀故鬥殺定擬各案。嘉慶十五年奏明：「果係本宗情好素密，實出一時義忿，並無起釁別情，仍入緩決。如有挾嫌訛詐等情，應照尋常謀故鬥殺，酌核情節，分別實緩。」

按：此條應將「嘉慶十五年奏明」七字删除，改註段末，以符部例。至此項謀故入緩，鬥殺入矜，歷年成案大概如是。道光五年，河南王發因死者將伊故友之子誘姦，該犯受其祖母囑托，一時忿激，將其故殺，雖非例許捉姦之人，衡情殊有可原，照緩，則並非本宗，而因受其親屬囑托，原情酌入緩者。至所殺如係姦婦，道光七年，安徽袁洛聽從捉姦，誤殺姦婦改矜。同治九年，浙江徐呈發死者係伊姪婦，因與人通姦，黌夜往姦夫家暫住，勸令轉回不允，將其踢傷倒地，復用斧破開肚腹，挖取胎孩斃命，情殊兇慘，改實。姦婦本可與姦夫同論，此案特因情慘而從嚴耳。

一、爲父報仇，故殺國法已伸人犯之案，乾隆五十八年曾奉諭旨，入於緩決，永遠監禁。後即纂爲定例，係專指謀故殺致死伊父正兇而言。後又有因尋殺伊父正兇未遇，適逢正兇兄弟，即係彼時在場同毆伊父餘人，被其惡言毒駡，觸忿故殺之案，雖殺非正兇，而報仇之心則一，亦酌入緩決監禁。爲兄報仇殺死正兇者亦同，嘉慶三年、十八年俱有案，二十二年秋審河南馬蔚可係故殺毆死伊父遇赦援免之餘人，照緩永遠監禁。

謝信齋云：「定例殺正兇而入決者，所以杜殘殺，秋審並餘人而亦比例入緩者，所以廣孝思。」

按：乾隆定例專指正兇，其後成案推及餘人及爲兄復仇，皆得比例定擬，纂定此條。惟嘉慶二十四年，直隸劉黑里雲伊父被滑縣賊匪裹脅入夥逃回，並非死者平空誣告，迨經訊明，釋回病故，亦非無辜拕斃，可以毋庸復仇，該犯挾嫌故殺緦麻兄，外緩改實。同治二年四川徐勝高、光緒八年河南牛小良、四川先明汶皆因其父罪犯應死，不當爲仇，外實照實不聲叙，此又隨案酌定，不可拘於成例也。故殺毆死伊父已經責釋之人，嘉慶四年陝西王者印一起在馬蔚可之先，此注未及毆死之案，入緩不監禁。道光年間有成案。此條擬改定曰：「爲父報仇，謀故殺國法已伸人犯，無論正兇餘人，俱入緩決，永遠監禁。如伊父罪犯重大不當爲仇者，仍入情實。至爲兄報仇，謀故殺正兇者，亦得酌入緩決，永遠監禁。如所殺係案内餘人，仍入情實。」

一、連斃二命之案，無論一故一鬥及二命俱鬥殺，並内有一命即係當場殺人之犯，或係正餘限外身死，律不應抵者，俱應入情實，如内有一命係姦盗罪人，兇犯有應捕之責，衹應核其另斃一命之情節輕重，分别實緩。倘死者俱係姦盗罪人，兇犯無應捕之責，或僅係追趕落河，或追逐致令跌斃等項，以及其餘各案理直情輕，寔可矜原者，亦可酌核入緩，但不宜過寬。（嘉慶十八年四川省楊桂春一起係非應捉姦之人殺死姦夫姦婦二命，本部查有成式可遵，外實改緩，奉旨仍照實句決。）小注按：道光十八年安徽省王守虧致斃人一家兄弟二命，一係擅殺，一係鬥殺，傷輕，外實改緩。

按：乾隆四十九年通行一人連斃二命，在定例入實之列，此條未詳何年改定。律不應抵者罪止徒流，姦盗罪人應按擅殺定擬者，罪或仍應擬絞，乃二罪一絞一徒流者概實，二罪均應擬絞者轉得酌緩，似未平允。近年如咸豐九年奉天劉符、光緒六年四川李鑑得均以一命係救親情切，例得聲請減流照緩。又嘉慶十一年，四川文國賢一命卑幼之婦，又刃傷兄妻，以一命係胞姪律不應抵，照緩；咸豐十一年，奉天孟興以一命係當場致斃，伊叔應抵，正兇照緩，較向來辦理從寬，似應將一命律不應抵者，核其情節輕重，酌量辦理。至一鬥一誤之案，其誤斃之一命究係無辜，較一鬥一擅者爲重，應仍照向章入實。

又按：乾隆年間，連斃二命在停句年分奏請正法情重人犯十三項之内，從無緩案，此條蓋已改從寬矣。此條擬改定曰：「一連斃二命之案，無論一故一鬥及二命俱鬥殺或共毆或一鬥一誤者，俱入情實。如内有一命律不應抵罪止徒流者，仍核其情節輕重，酌量實緩。若一命係擅殺，衹應核其鬥殺一命之情節輕重，分别實緩云云，不宜過寬。」

一、連斃二命之案，如毆溺一人，又一人因撈救溺斃者，從前亦有實案。惟此等一命係毆跌所致，一命則非其意料，似衹可以另釀一命論，究與連斃二命者有間。如另釀一命係死者之父子、夫婦、兄弟、叔姪，因非毆死一家二命，仍依鬥殺絞候者，自不可輕議緩決。

謝信齋云：「因争鬥追毆致令失跌淹斃二命，向以其死由自溺，不由於傷，雖一家二命，亦科凡鬥絞候之罪，秋審則以此造理曲情兇、倚衆追趕，致無辜之人涉險溺斃者入實，非此則量從寬緩。嘉慶二十三年，陝西陳習會因死者二命係同主雇工黑夜赴伊木筏查認木號，該犯疑賊，喊人擲石追毆，致倉皇跌溺；二十五年，浙江江學庸趕溺一家二命仍擬絞候，因釁起非曲，且止一人往追，均外緩照緩。又有毆斃一命，而致其人之有服親屬因痛死者亡於非命遂自輕生，則其另斃一命實非本犯意料所及，與毆溺一人，又一人因撈救溺斃者不同，道光十一年，直隸顧鴨毆斃周慶又致周慶之嗣父周汶明痛子情切，亦即自縊身死，秋審以周汶明之自盡由於痛子輕生，初非該犯意料所及，而其毆斃周慶，釁非伊肇，傷係手足，外緩照緩。」

按：此條未詳定於何年，似與上條同時所定。追毆溺斃二三命以上之案，釁曲者實，情輕者緩。嘉慶道光年間成案實緩皆有，近來惟光緒十年安徽陸萬因向路過婦女戲謔，死者理阻不服，推溺斃命，又致死者之弟撈救溺斃，外緩改實。

一、瘋病連斃二命之案，俱入情實。如内有一命不應抵者（如殺死子姪之類）可以緩決。即另斃二命，俱不應抵者，亦可入緩。

小注：按咸豐八年奏明，因瘋致斃平人非一家二命者入於緩決。

乾隆四十九年條款云：「瘋病殺人之案，如有殺死凡人二命以上及雖非二命而有關服制者，應擬情實，其餘死雖二命而一係子姪，或一命而死係繼父等類恩義未深者，可以緩決。」

按：此條未詳何年改定。嘉慶十六年續纂條例除筆，但言期功尊長尊屬及平人二命是所言服制，亦但指期功尊長尊屬而言，緦服不在内矣。道光四年修改條例：「瘋病連殺平人非一家二命以上及殺死一家二命者，殺死一家三命以上者，秋審俱入於情實。」咸豐八年刑部奏准：「因瘋致斃非一家二命者酌入緩決，其連殺平人非一家三命以上及殺死一家二命者，殺死一家三命以上者，秋審俱入於情實。」此條應修改。

一、擅殺二三命及火燒活埋者，俱入緩決。若至四五命以上，情節寔在慘忍者，亦酌擬情實。

乾隆四十九年條款云：「擅殺罪人之案，如死者本無大罪又未拒捕，起意活燒活埋非刑致斃，或因幼孩拾取細物肆行慘殺，以及誤犯期功尊長有關服制者，應擬情實，其餘大概或緩或矜，分別辦理。」

謝信齋云：「擅殺四五命以上，究由義忿所激，與連斃平人多命不同，雖云酌擬情實，其間尚有緩案。嘉慶二十一年直隸倪萬清擅殺六命，均係行竊罪人，毆由被拒被詈，亦無殘忍情狀，外緩照緩。道光七年福建杜北照主使毆斃扒埝罪人七命，亦外緩照緩。」

按：此條未詳何年改定。乾隆年間擅殺之案，即一命亦有入實者。其多命之案，如五十年江蘇範關勝因妻王氏嫌貧吵鬧，妻母孫氏護女，將伊逐出。嗣王氏與鮑四通孫氏容，該犯聞知，起意捉乘鮑四走出，用刀戳傷，並見孫氏站立門首，亦用刀戳傷，至厨房戳傷王氏，各殞命。部以雖三命，均屬罪人實出於義忿，外照，奉旨以該犯擅殺妻母一命，不得謂之激於義忿，改實免句。嘉慶以後案爲多火燒者，如嘉慶八年廣東楊三燒斃竊匪四命照緩；道光十五年湖廣袁以富燒死兄弟一家三命，死者行竊該犯鄰佑袁映地内薯種，袁映喊令幫捕，因死者稱欲放火，該犯起意將死者三人撩入薯窖，同時燒斃，外緩改實；咸豐元年，雲南張定六放火燒斃行竊罪人三命，内有兄弟二人，内一人糾竊逾貫，罪犯應死，例不應抵，外實照實。活埋者，如嘉慶六年四川劉正科團頭活埋竊賊三命，照實。四命以上者，如嘉慶十五年，四川李登祥推溺竊賊致死四命之多，三屍未獲，照實。近年此等案件不多見，蓋定案之時已設法網開一面矣。

一、聽糾毆斃一家二命，下手傷重從犯應絞候者，不論傷之多寡輕重，俱入情實。嘉慶十八年議覆御史嵩安條奏如實在被毆危急一傷適斃或死近罪人死由跌溺者，酌量入緩，是年四川有照緩案。

按：此條嘉慶十八年有奏准章程，應照章改定曰：「聚衆共毆致死一家二命爲從下手傷重之犯，俱入情實。如實在被毆危急，一傷適斃，或死近罪人，死由跌溺者，酌量入緩。」

又按：此例下手傷重之犯本止擬流，嘉慶九年改爲絞候，係由生入死，稍寬似不爲縱首犯已擬絞決，若從犯皆入情實，是以三命實抵二命，未免過嚴。各斃各命之案，竟有一家二命無一人實抵者，相提並論，輕重殊不得其平。是年因御史條奏，將情輕者酌入緩決，庶爲得之。

一、各斃一命之案，從前無論情節輕重，俱入情實，近年則仍按其起釁之曲直、兩造人數之多寡强弱，無論兩比互斃二三命及致斃彼造二三命，俱可分別辦理。如釁起理直，或當時並未在場，後至攔勸或情切救親，父子共毆者不在此內。並身先受傷，死非徒手，及金刃他物抵戳一二傷者，若各兇犯俱有前項可原情節，則俱可緩決。若内有一二兇犯可原，則分案入緩。再二三命之案，如兩造均係父子、兄弟、叔姪，自應較兩造均非同姓及雖同族而非有服親屬者爲重，若情節尚有可原，亦可分別入緩，不必因此加重，概入情實。倘至四五命以上，則斷不可輕議分案入緩矣。嘉慶十八年御史嵩安奏請：「共毆致斃四五命以上案犯，如係猝遇攔勸及猝至救親，應核情節，分別實緩，亦經本部奏明，如係猝遇攔勸，幫毆斃命之犯，仍照舊章入實。間有情節實可矜宥者，如死由跌溺或傷近失誤之類，隨時酌核辦理。惟救親一項如果勢在危急，在一命案內，例准隨本減流者酌入緩決。至從前有一犯監斃，已有一抵，另犯尚可從寬入緩。」此説究不甚妥。　小注按：如内有一命係應抵正兇，或係誤殺、擅殺及死由抽風，或在正餘限外，兇犯罪不應抵之類，皆應扣除計算。

一、各斃一命之案，有彼此鬥不同地，先後鬥不同時者，各就尋常鬥毆分別實緩。惟廣東等省常有遇事爭鬥，實係一釁相因者，即與械鬥無異，若至四命以上，斷不可輕議緩決。

乾隆三十二年條款云：「一數人鬥毆各斃一命之案，如糾約多人持械共毆，情似械鬥及情節兇暴者，應入情實，其餘如釁起一時並非預謀糾鬥，實係尋常鬥毆之案，可入緩決。」志稿云：「各斃一命之案，所謂雙頭人命是也。其中雖有輕重不等，但二十年以來屢奉聖旨嚴懲兇鬥之風，本部多有改實予句之案，自宜照辦。如共毆之案，兩造彼此各斃一命，又有此造之人各斃彼造一命者，皆入情實。惟有一案而係兩事，情節俱輕者，如趙甲與錢甲在村東鬥毆，將錢甲毆死，同日趙乙與錢乙在村西鬥毆，將趙乙毆死，情節皆輕，而彼此各不知情，因係一家之人，同日報官，同案具題，亦入各斃一命條內，似是兩案併爲一案，若分爲兩本則皆緩，今因合辦而各實，稍有不妥，宜擇出酌定。」

道光初年本前一條段末小注「在倘至四五命以上」句下，無「嘉慶十八年」至「酌入緩決」一段。另有一條云：「一共毆致斃四五命以上之案，其本非同場共毆之人，偶然撞遇，釁起攔勸，或先未同謀往毆，猝見父母被毆，情切救護，此等情節較諸聽糾往鬥者情尚可原」。嘉慶十八年間，御史條奏請核其所犯情節分別實緩，經刑部奏明，以若輩因攔勸不遂，目擊兇犯攢毆傷人，輒敢挺身幫護，實與聽糾無異，豈可稍爲寬縱，即有情節實可矜原之案，如死由跌溺或傷近失誤之類。亦止當隨時酌量辦理。至救親一項，如見親被毆，猝至助鬥，並無實在救護急情，即致斃一命之案，亦不得率行擬緩，如果勢在危急，在一命案內，例得隨本聲請減流。因案關多命，不便隨案聲請，向於秋審時酌入緩決，仍應循舊辦理，蓋即節録十八年部議也。道光末年本已無此條，而刪附前條之内，與今本又稍異。惟段末「一犯監斃已有一抵，另犯尚可從寬入緩」云云，係指二三命之案而言，今將四五命以上之文攙入中間，文義便不明白，似應將四命以上另列一條，以清眉目，即近年以來四命以上緩案甚少也。

又，按各斃一命之案，乾隆年間緩少實多，如四十二年，雲南喻國良、楊元因開塘誤挖寨民糧田被控，喻國良向寨民盧老學理論，因被拾石擲傷，輒拔刀戳傷盧老學顖門斃命，進後楊元亦與寨民陸老得鬥毆，刀戳陸老得顖門斃命，持刀兇戳各斃一命，楊元照實，喻國良奉旨改實。五十六年，四川吕池陽因伊兄被死者用刀戳傷，拾石擲斃，同案之陳文富戳斃吕紹陽已入情實，該犯雖衅起護兄，擲中一傷，但係各斃一命，改實句決。前一案鬥不同地同時，但起釁同耳。後一起情切護兄，他物一傷，在今日爲必緩之案，可見當日此等案件辦理綦嚴。近年以來則辦理又太寬，無論兩比互斃二三命及致斃彼造二三命擬實之案，十無一二，有金刃多至六傷而照緩者。惟光緒七年湖廣義椿苟金刃八傷，一致透另帶劃三傷，死係徒手；八年直隸李淋升金刃八傷，二致四透五在倒地後，均以致斃二命，該犯傷多且重，改實。六年江西傅牙仂致斃三命，以該犯首先逞兇致斃徒手近七老人，金刃穿透傷重，改實。八年浙江馬助亨袒族致斃彼造三命，以該犯刃戳要害，一傷透内，食氣嗓破斷，又木器六傷，且首先逞兇，改實。江西鍾慷七彼造三命，以該犯金刃三傷，一致命要害透内，食氣嗓俱破，勘傷較重，改實。又，八年江西萬良梅彼造三命，該犯金刃五傷，一致透，劃二，改實。蓋亦僅見大概，嘉慶中稍嚴，道光後日寬，幾與鬥殺一命之案實緩相比不甚懸殊矣。至一家二命之案，使人父子、兄弟、夫婦、叔姪同時被殺，情節甚慘，若竟無一人實抵，死者地下含冤，生者一家飲泣，揆之人情天理，究未得其平。歷年成案，如嘉慶十五年，四川田慶楊、趙萬畛致斃父子二命，田慶楊刃五，二穿透，身先受傷，刀奪獲，趙萬畛幫護，二傷俱穿透死理曲，非預糾，俱照實。十八年，直隸殷登高、殷五致斃兄弟二命，殷登高鐵二，一致，刃六，三致，俱在倒地後，毆砍立斃，殷五聽糾幫毆，於死者倒地，餘人疊毆多傷之後，斧砍其致命，骨損立斃，均屬情兇難寬，俱照實。二十一年，山東宋安智、宋克佩叔姪致斃父子二命，宋安智毆剜六傷，一重迭，三損，宋克佩毆扎十傷，四重迭，四損折，難以刀棍均由奪，獲身先受傷爲解，俱改實。道光十二年，四川楊忠會等兄弟致斃堂伯姪二命，楊忠會火器殺人實，楊忠念刃四，三頭面致命，一損，又傷三人，難以死非徒手，砍有急情爲解，改實。此皆兩犯俱實者。嘉慶十四年，廣東譚代中兄弟致斃兄弟二命，俱係理曲肇釁，刃斃徒手，一兇逃，該犯刃三，一穿透，又另傷其弟，改實。道光三年河南陳繼興致斃父子二命，一兇逃，該犯喝令捆縛迭毆，木器多傷，死理曲肇釁，犯攔勸被毆傷，不致命，改實。咸豐三年，貴州胡之義致斃兄弟二人，一兇逃，該犯刃六，一致無損透，改實。

同治八年湖廣張宗明父子致斃夫婦二命，一兇逃，該犯刃五一透，伊子戳斃一命，該犯亦刃劃成傷，改實。此皆一兇在逃而入實者。道光七年，直隸史胖父子各斃父子一命，伊父監斃，犯倚衆兇毆，先幫同伊父毆斃其子，復挾忿迭毆致斃其父，鐵尺二十七，傷十一在倒後，雖死非徒手，傷無損折，惟情兇傷多，照實。咸豐七年，王屎子致斃伯姪二命，一兇故，犯致斃年甫十五幼孩，金刃一傷，由右血盆透過脊背骨損，照實。此皆一兇病故而入實者。其兩犯一實一緩，如嘉慶二十二年，江西謝啓聘等堂叔姪致斃堂弟兄二命，死理曲肇釁，該犯奪刀迭戳八傷，改實。道光十二年，四川陳焕儒致斃大功兄弟二命，該犯負欠，刃斃徒手債主，六傷一致透，改實。十三年，河南張幅禮等致斃兄弟二命，犯刃七，三損，石二，一重迭，皆不致命，兩比均賭匪，改實。二十四年奉天於得江等致斃兄弟二命，犯刃四，一致透，木一致，死理曲，改實。二十八年，奉天王良等致斃父子二命，犯刃四，一致二透死，糾人登門尋釁，改實。咸豐四年，四川夏振剛等致斃父子二命，死越界阻伊收割，理曲，犯刃七，二致一損，木二致，另傷其子，改實。五年，四川王庚二等竊匪致斃兄弟二命，死訛錢，犯刃五，木二，一損，皆不致命，又戳其兄七傷，改實。同治八年，湖廣吴有望等致斃叔姪二命，犯刃四，二致一透，内腸出，改實。河南劉官杜等致斃兄弟二命，犯刃三，一損，木一脚踢一，另傷其弟，且死者已逃，犯追及致斃，殊屬兇横，改實。迨光緒年間辦法，有以首先逞兇入實者，如八年四川馬遇隆刃三，二骨斷，另兇致斃其父，犯亦幫砍有傷，復另傷二人，王館輔刃一，食氣嗓微損；山東宋權刃斃七旬老人，二傷一致，損一，食嗓斷；九年山西胡善友刃斃徒手，二傷透内，理亦不直，藍雙娃子刃二，均骨折；廣東張亞荃刃三，二透一致，劃七，他物頭面致命一，另傷其妻；湖廣蔣榮佳刃六，一致，一兇瘐斃；十一年四川劉正友刃六，二頭面致命，一穿透三在倒地後；湖廣謝險濷刃四，一致透二透膜；十二年山東張桂芳刃三，二致一透一透膜，另劃要害一，死近八老人；十三年四川嚴正常刃二，致一，頭面骨破，一透膜；奉天魏德莊刃二，一頭面致命，骨微損，一穿透在倒後，復另傷一人，並將死者之兄迭扎多傷等案，均外緩改實。有以情傷較重入實者，七年江西鍾茳璨刃二，一要害，食嗓斷，氣嗓微破，一兇監斃；九年湖廣李組喬刃三，一致透，一兇逃；十年四川文品枋，死逾七，刃一，木八，五斷，二微損；十一年四川鄒代潰刃三，均頭面，二致一透，内眼珠損破，木頭面致命一，死徒手，伊子另斃一命，犯亦刃戳多傷；十二年安徽徐春澐目擊伊子將死者之弟扎傷倒地，復同伊堂弟共毆致斃一命，刃三，一致透劃一，均外緩改實，較之二三命非一家者辦理爲嚴，此其大較也。若兩犯俱緩之案，歷年以來較一實一緩者爲多，按之條款未盡符合，蓋成案辦法已較條款從寬矣。竊謂二三命之案，雖較一命爲重，然究非一家，至一家二命自較非一家者爲重，如果一兇瘐斃，或例應情實，則兩命已有一抵，另犯自可稍寬，款末所言未爲不妥，又或死近罪人，或死由跌溺，或傷重而近失誤，或理直而傷不多，如此等類，即兩兇皆緩，亦不爲縱，若無前項情節，則不宜過寬。又，一家三命之案較一家二命爲更重，向來辦理亦較從嚴，自不可無一人實抵也。

此條擬將「倘至四五命以上」以下刪除，另改定一條云：「一共毆致斃四命以上之案，概入情實。其情節實可矜宥者，如死由跌溺，或傷近失誤之類，隨時酌核辦理。惟救親勢在危急，在一命案内，例得隨本減流，及先後鬥不同場，又非一釁相因者，酌入緩決。至死者人數不分此造彼造，總以應抵名數合計併算，如内有一命係應抵正兇，或係誤殺擅殺，及死因抽風，或在正餘限外，兇犯罪不應抵，或釁起各別，又非當場幫毆，或内有二命係彼此戳斃，互相抵償之類，皆扣除計算。」

又按：後一條似係因當時有此等案件，故定此條。惟二三命之案，如果鬥不同場，究與械鬥不同，自應仍各就尋常鬥毆，分别實緩，不必於廣東等省獨嚴，此條似在可删之列，存以俟參。

一、毆斃人命後，復另釀一命，亦可按其當場之起釁曲直、毆情輕重分别實緩，比常鬥稍爲加嚴，不必盡入情實，若釀至二命以上，則應酌入情實。

按：此條未詳定於何年。向來成案，如本案情傷不重者，其另釀一命多以死非意料，概不加重，若另釀之一命係由畏罪聞拏自盡，則更與兇犯無涉。嘉慶十四年，廣東劉汝鳳毆死婦女，理直傷輕，惟畏罪誣陷平人，另釀一命；浙江及阿連賭匪夤夜推門尋釁，推溺其妻，又致其夫趕救同溺，未便以被扭向推，死由跌溺，另釀一命非意料所及爲解，均改實。此本案情輕，而另釀之一命情節較重者。又，二十四年，四川劉泳茂釁起不曲，身先受傷，鋤由奪獲，在毆斃婦女案中尚可原緩，惟該犯先將其夫毆傷倒地，因死者護夫，復鐵器迭毆致命二傷，立斃其命，又致其夫亦因傷自縊，改實。道光五年，廣西鍾廷傑金刃立斃十四歲幼孩，又致其父因年老無靠服毒自盡，難以被踢嚇砍二傷爲解，改實。此本案情節本重，而另釀之一命情尤可憫者。

一、一死一傷及二三傷並另傷一人成廢之案，如係情急抵御，或被傷之人係奪刀致劃，俱不必因此加重入實。如一死而又另傷四人以上，則不可輕議緩決，其有起釁理直，實有以寡敵衆情節可原者，亦可酌量入於緩決。

按：此條未詳定於何年。乾隆四十九年條款，金刃殺死徒手一條內，有逞兇砍戳一死數傷者，應擬情實，之語。乾隆年間成案，一死一傷亦多擬實，可考者三十六年一起、四十四年一起、四十九年二起、五十一年一起、五十三年三起、五十四年二起、五十五年四起、五十七年四起、五十九年二起、六十年二起，皆入實句決。其一死二三傷及一死四傷以上者更無論矣，蓋以懲鬥很之風，故特嚴也。嘉慶以後，日從寬宥，不獨一死一傷者不入實，即一死二三傷者亦多入緩。其一死二傷而入實者有：嘉慶十八年，湖廣鄭道義索欠，奪刀戳斃婦女臍肚一傷，又砍傷喊拏婦女一目成廢，又劃傷攔捉一人，理直傷重而情更兇；道光四年，直隸徐有賓釁非伊肇，傷無損折，惟以地保挾嫌，聽從訟棍糾約五人毆一倒後，該犯木器十八傷，一致，六重，迭又另傷其父兄二人，理曲情兇；咸豐八年，直隸李二麻子先毆傷其兄，復將其父砍傷，死年十七，見父受傷，找向不依，將其迭砍致死，刃八，六頭面，四致，三損一微損；道光五年，陝西張雙娃道士刃斃徒手婦女，三傷，一損，二在倒後，均頭面致命微損，劃二，復另傷其子及勸阻之人；六年，四川母庭汶刃斃兄妻，三傷，一微損，一要害，食氣嗓俱破，另傷二人，均外緩改實。一死三傷而入實者，嘉慶十六年，卿現任姦匪因姦婦無錢拒絕，被扭情急，一傷透脅，又傷三人，照實。十七年，山西張庭勳釁不直，死先動刀，回毆，他物三，頭面二損，又毆傷其妻子三人，傷多情兇，改實。二十四年，山西史温賭匪執持雙刀，戳五，二致一透，又傷三人，難以一人敵四，身先受傷，死亦賭匪爲解，照實。道光五年，奉天姚才鉤傷四，倒後木三，二折，另傷其兄成廢，餘人，另傷其兄成篤，外以釁起非曲，毆非預糾，傷無致命入緩，部以倚衆兇毆，倒地，後傷多且重，致彼造兄弟三人一死，一篤，一廢，改實。二十二年，直隸朱秀刃六，二致，二透膜，二穿透，另扎傷三人，改實。咸豐八年，直隸李殿奎革役糾衆兇毆三人倒地，因死者攔阻，輒先將其毆傷倒地，復與餘人亂毆，死係七十老人，並未還手，傷多情兇，以該犯原謀擬抵，另傷三人，照實。以上各案皆因情節較重而加嚴，此外各案凡情節較輕無不入緩矣。一死四傷之案雖應入實，然緩案亦多。道光四年，直隸姜發祥扎止一傷，死越旬餘，另傷四人，係以寡敵衆。十七年，奉天康福亮刃鐵各一，另傷其親屬四人，係情急亂劃，死理曲兇毆。咸豐六年，四川彭國才嚇戳一傷，另傷四人，係被毆情急抵禦所致。山東馮至光刃斃人命，釁起護母，另傷四人，因被追被捉所致，八年，山東鄭三歪刃三，一筋斷骨損，二骨微損，均不致命，另傷四人，内一人係誤劃，均照緩，蓋實案亦不多矣。

一、毆斃人命後，故殺子女圖賴卸罪者，應入情實，（按如原犯情節本輕亦有酌緩成案。）如無詐賴別情，亦祇按其當場之鬥情輕重，分別實緩。

按：此條未詳定於何年。上云「圖賴」，下云「無詐賴」，語意殊嫌矛盾，應修改。近年此等案不多見，以情節而論，兇犯自殺子女係屬輕罪，他人殺伊子女即罪犯應死，誣告人死罪未決應擬加役流，罪名頗不爲輕。從前成案，如嘉慶十六年，江蘇馬志青兄弟各斃一命，一兇在逃，該犯情傷本輕，復故殺幼女抵賴；湖廣羅永全斃命後，謀殺親女圖賴；道光十六年，貴州吴秉仁受傷奪刀抵戳適斃，惟故殺胞姪圖賴，兇狡難寬，均改實。咸豐七年，陝西徐開沅毆死婦女，木二，由被抱不釋所致，復故殺三月幼女圖賴，照實。以上各案，除羅永全一起案由不詳外，其餘情節皆本輕而皆入實。其入緩者有：嘉慶七年，貴州羅阿黨理直金刃一傷，殺子女圖賴；十三年，貴州王維金鬥殺刃三，故殺子女圖賴；道光七年，貴州王法索欠，刃二，一致損，故殺親女圖賴未成，經犯父首告；二十六年，湖廣何金准被撞情急，嚇砍適斃，將幼女搭死，捏詞赴官誣控，均照緩。此四案惟王法自首情輕，餘三起與前入實各起情節不甚懸殊，而實緩不同如此，蓋此等案本少，隨時核辦，不免參差耳。

一、與人鬥毆後尋釁報復，遷怒於其父母，毒毆致斃者，應入情實。

按：此條例文雍正六年奉旨議定，原例有「遇赦不宥」一句，秋審自應入實，惟例文專指毒毆者而言，若尋毆傷輕，並無慘毒情狀者，似未便引此例。歷年此等案件亦不多見。

一、鬥殺共毆並各項命案，或父母肇釁，或父母囑令毆打致斃人命，父母因被毆氣忿，及畏罪、畏累、痛悔等情自盡，並非子孫犯罪致父母愁急輕生，仍照本律例定擬者，既不在加擬立決之例，毋庸加重辦理。

按：此條未詳定於何年。歷年成案入緩者多，惟道光十年貴州鄧小六刃二，一要害，均由抵禦，犯母慮子問罪因而自盡，改實。十三年貴州朱成淙毆死生有子女之庶母，復誤斃幼妹一命，致母憂慮自盡，照實。

一、毆斃人命後，或乘便攫取財物，或臨時起意移屍圖詐圖賴，仍按其當場鬥情輕重，分別實緩。

謝信齋云：「毆斃人命之後，其有攫取財物，移屍詐賴，均屬殺人後始行起意，並非行兇之際別有所圖，歷年秋審仍按其當場鬥情輕重以定實緩，向不以之加重也。」

按：此條未詳定於何年，歷來皆入緩決。惟道光二十五年雲南李樹淋死者之子，被告係積匪，犯充差役，奉官往拏，輒邀雇多人，持械前往，主使斃命，事後向門丁求救，商改報詞，復攫取財物，雖下手傷重之從犯及幫毆有傷之餘人均病故，照實。

一、因鬥毆而釀成重案，如啓邊釁之類情傷雖輕，俱應酌入情實。

按：此條未詳定於何年，成案不多見。嘉慶二十年，福建楊承姪金刃一傷，惟兩造挾嫌迭次互爭，釀成重案，該犯既刃斃人命，又以一言致另行謀斃一人，謀命兇犯在逃未獲，案重情兇，若無抵命之人，無以懲健鬥而靖民風，外緩改實。小注：「六」字，道光本作「大」字。

一、毆斃人命後，或焚屍，移屍滅迹，或致屍身漂没無獲，或賄囑仵作匿傷捏報，或誣卸他人，或狡供不認，致屍遭蒸檢，此與誣告致屍遭蒸檢者不同。並賄買頂兇等項，有一於此，訊係畏罪起見者，仍按其當場鬥情輕重分別實緩，倘狡供致屍一再蒸檢，又有賄囑舞弊，誣賴、圖卸種種狡詐情節，並釀成巨案，即鬥情尚輕，應酌入情實。

按：此條未詳定於何年，歷年案多入緩。惟嘉慶九年四川高學泗鬥殺情輕，棄屍河內已失，照實。此因屍身無獲而從嚴者。十五年，山西王成三賭匪，挾嫌藉捉姦爲由糾毆，鐵三，重迭骨損，一致，死後復支解屍身，棄屍滅迹，照實。十四年，河南馬氏刃一致損，死後將頭顱四肢全行砍落；咸豐十年，河南楊兆詳合夥局賭斃命，事後將屍鐨分四段，情殊兇殘，均擬實，而逢恩酌緩。道光二十五年，湖廣謝老八糾毆斃命，嚇戳一傷，事後割落屍頭，並戳破胸膛等處，照實。此因情節兇慘而從嚴者。嘉慶二十五年，廣西黄位彰死近罪人，掌批兩傷，死被捆餓死，係威力制縛中情輕之案，惟圖脱已罪，逞兇糾衆，拋棄屍身，攔阻本官，不令相驗，又逼寫字樣，兇横挾制，以致屍身拋棄，被獸殘食，刁詐已極，照實。咸豐七年，奉天張永林共毆刃一，事後燒屍，捏作死者放火，擾害首報，較意圖滅迹尤狡詐，改實。此因刁狡而從嚴者。嘉慶十六年，河南董玉華理直傷輕，惟裝縊圖卸，並賄囑刑仵匿傷捏報，旋因檢驗傷痕，復串囑頂兇，希圖卸罪，致屍三遭蒸檢，照實。道光四年，山東王維新糾毆致斃瘋病之人，事後賄囑仵作捏報毒斃，致屍兩遭蒸檢，改實。此因蒸檢次多而從嚴者。又，咸豐八年，陝西王小雨殺人後棄屍河内衝失，照緩，與高學泗一案歧異，而與條款相符，似此條修定在高案之後。

一、殺人免死赦回，或在配復行殺人之案，嘉慶十六年奏准：「倘兩犯均係鬥殺共毆，不論情節輕重，概入情實。如前犯鬥殺共毆，後犯擅殺、戲殺、誤殺及殺死妻與卑幼，或前犯擅殺等項，後犯鬥殺共毆，實係理直情輕者，酌入緩決。至前後兩犯中，或有一案係竊盜等項，並非殺人，衹按其後犯情節定擬實緩。」嘉慶十八年本部議覆御史嵩安條奏：「除前後兩案鬥殺共毆均係應緩者，仍擬情實外，如前後兩犯均應可矜，或前犯緩決，後犯應入可矜者，俱酌擬緩決。若前犯緩決，後犯情節係例不應矜之案，即不得輕議緩決。」

嘉慶十六年奏定章程：「嗣後凡兩犯鬥殺共毆者，無論情節輕重，概擬情實。如前犯鬥殺共毆，後犯擅殺、戲殺、誤殺及毆死妻與卑幼，或前犯擅殺等項，後犯鬥殺共毆，實係理直情輕者，酌入緩決。再查前犯鬥殺共毆，後犯竊盜等項，或前犯竊盜，後犯鬥殺共毆等案，前後所犯迥然不同，更非兩犯命案者可比，其前犯死罪業已蒙赦減除，似可毋庸併計，應視其後次所犯情節，應入情實緩決，分别辦理。庶與前後兩犯一事怙終不悛之案用示區別，而昭慎重。」

按：此條道光初年本無「嘉慶十八年以下」云云。謝氏註中始載入。是其本定於嘉慶中年，故此段尚未補入也，歷年成案均照章辦理。至前案鬥毆，後案毆死妻卑幼，專指毆死者。若後犯係故殺，道光九年四川李正沅先犯鬥殺減流配逃，復故殺妻；咸豐六年江蘇陸三和尚先犯鬥殺減軍配逃，復故殺外姻卑幼，均照實。

又按：此條應將「嘉慶十六年奏準倘」八字、「嘉慶十八年」以下三十四字删除，而注明於段末。

一、遣軍流徒各犯在配殺人，及赦回復行殺人者，究與免死復犯不同，無論所殺係同配罪犯，或係在配、在籍平人，均照常鬥略爲加嚴。其理直傷輕，無兇暴情形者，俱可緩決。

乾隆四十九年條款云：「軍流在配殺人之案，須核其原罪輕重與現犯之情形參觀核辦，今酌擬如係怙惡逞兇、情節暴戾以及免死減等、復犯死罪者，應擬情實，其餘理直傷輕被毆回抵者，可以緩決。」

按：此條未詳何年改定。歷來緩案爲多，因與前後兩犯死罪者究有不同也。然亦有實案，如嘉慶十三年，廣西宋硬郎棍徒擬軍，在配毆死理斥差役，奪棍一傷，照實。二十一年，雲南撒苗流犯刃斃徒手趕拏之人一傷，改實。二十三年，安徽陳敬先逃徒聽糾阻拏，於餘人毆砍多傷後，（庫）奪刀幫砍，致命骨開，黨惡逞兇，照實。道光十年，四川廖端功竊匪在逃，刃斃捕役，死未奉票，照凡鬥。十二年，雲南陳亭玉逃軍被拏，刃斃捕人之弟，死非應捕；十六年，湖廣徐紅逃軍被拏，立斃幫捕之人，死非應捕，均改實。此情同拒捕而加嚴者，此外因情節較重，酌量入實，間亦有之，尚不甚多。

一、尋常鬥毆殺人之案，最難參酌畫一。有金刃一二傷而應入實者；如洞胸貫脅情近於故之類。有金刃過十傷而尚可緩者；如身受多傷理直情急，及死非徒手、死近罪人之類。有他物二三傷而應入實者；如理曲逞兇，鐵器傷在要害，骨斷骨裂之類。有他物二十餘傷而尚可緩者，如受傷抵禦理直情急，並傷無損折死近罪人之類。起釁情節有以索欠、負欠分曲直者，亦未平允。如先係重利盤剝，後復強取牲畜什物作抵，則索欠者反理曲矣。如窮民尾欠無幾，央緩不允，被債主陵逼不堪，因而抵毆致斃，則負欠者其情大有可原矣。又倒地迭毆，情節固重，然亦不可概入情實。北方風氣剛勁，其一按、一毆，並架至空地扳倒行毆之案，不一而足。倘起釁理直，尚無兇殘情狀，亦可酌量入緩。大約鬥殺之案，或理曲情兇，刃斃徒手，或倒地迭毆，扎至死方休，或死未還手，肆行毒毆很砍，或姦盜賭匪逞兇行毆，此等之類情無可原，俱應入實。其餘理直情急傷輕者，入緩無疑，但係理直情急傷雖多，金刃他物在內。或僅止一二傷損折穿透，並僅係手足傷，俱可略傷而衡情擬入緩決。論傷痕，鐵器比他物爲重，金刃比鐵器爲重。若用大石砸壓，或用竹籤，木桿等物插入耳鼻道至斃，及雖不用器械，或以毒物置人口鼻，或用鹽滷灌入口內致斃，此等之類情近於故，其情節非大有可原者，斷難議緩，以上各項，歷年成案均不畫一，總須臨時平心參核，先衡情，後論傷，彙比辦理。

道光本「金刃過十傷」，作「金刃八九傷」。

乾隆三十二年條款云：「鬥毆殺人之案，如係逞忿兇毆情近故殺，並死者不敢還手，毒毆立斃，及有姦盜殘忍兇惡情節者，應入情實，其餘尋常鬥殺之案，可入緩決。」

志稿云：「鬥殺案件幾居秋審之半，其中情節百出不窮，每界於可實可緩之間，此中宜有權衡，取五年以內近案相比，務期平等，不可稍有重輕，此條所列尚未賅備，其大要則先核起釁理曲理直，次核行兇情弱情强，次核傷痕多寡輕重，次核兇器爲金爲械，次核動手之先後，還毆之有無及死者持械徒手，合參以定，自無枉縱。乾隆四十六年，又因金刃有五年限滿之例，除金刃二傷以下仍入緩決外，但其中如有起釁之理太曲，且先動手刃殺徒手，或窩賭負欠刃殺徒手而傷多且重者，或已被打傷倒地復行用刀砍殺者，或乘其不備而暗地戳其要害之處傷深且重者，或有犯長上欺老幼淩孤寡者，俱列情實。至金刃三傷以上之案，則情罪較重，俱宜提出核辦。若理不甚直，情不真急者，亦宜商實。其中惟義忿及尊長因公殺爲匪卑幼，與死者迹類光棍徒則不必論傷，皆仍入緩。三傷皆指砍戳扎剁而言，若有劃傷、帶傷、搕傷及一砍而成兩傷，俱不以三傷論。繼而論之，理直、情急、傷輕，此三者有二可以入緩，理曲、情兇、傷重此三者有二可以入實。而一言以蔽，則必以誅心爲主，近於故者實之，迫於不獲已者緩之，尤爲平允。近年金刃重傷之案，有與此册加嚴之處，總以乾隆四十七年九月所奉諭旨爲准式，大約二傷平常之案入緩，三傷以上者提出，酌其情不甚急，理不甚直者，俱入情實。」

四十九年條款云：「金刃殺死徒手之案，如有理曲尋釁，或傷多傷重，或逞兇砍戳一死數傷，或傷在已經倒地後，或死者僅止向揪向毆並未傷及兇手，以及有姦盜賭博情節者，應擬情實。其餘被毆回抵，理直情急，並父母先被毆傷、救護情切者，可以緩決。至死者先持他物毆人，因而刃殺案件，可從此分別參觀。」

又，是年通行酌量入實各條云：「鬥殺之案，或理曲情兇，刃殺徒手，或致命傷多，立時斃命，死者並未還手，或一死數傷，肆行慘殺，或死者已被毆倒地，復逞忿兇毆多傷，或死者雖非徒手，而刃殺多傷立斃，迹同故殺者。」

乾隆四十二年九月初六日奉上諭：「鬥殺之案，情形本自不同，有並非互鬥亦援鬥毆律條問擬者，因係積久相沿姑仍其舊。而秋讞時之分別情實緩決，則輕重當（其）權衡，如彼此俱以手足相毆，及各持金刃互格，因而傷重致斃者，兩造情事相等，原可入於緩決。若死者僅以詈駡起釁，或用手足先毆，而兇犯輒持金刃抵拒殺傷，其爲逞強斃命已可概見，且金刃本可殺人之物，若死者並未持械，豈能徒手相當？即非頓起殺機，其與故殺亦所差一間，此等而不入於情實，又何以懲暴除兇？況爲法司者，惟當準酌情理，務得其平，若稍存陰騭之見，曲從開脱，實乖明允之道，且死者何辜，寧不含冤地下乎？嗣後内外問刑衙門，於秋審鬥殺案犯並當遵旨悉心定擬，毋有枉縱，庶好勇鬥狠之徒共知儆戒，不敢輕蹈法網，所全實多，是即辟以止辟也。」旋經刑部請，將本年緩決案内查明死者並未持械，兇犯以金刃格傷致斃者，改擬情實，奉旨所辦，又屬過當。且立法自有次第，何不可待之，有著刑部轉行各督撫，遍行出示曉諭，此後倘有仍用金刃殺傷徒手之人者，即當擬入情實，即不予句，概不予以減等。四十三年秋審，各省情實人犯較上年多至一百八十餘人，其因金刃傷人擬實者較多。奉旨「今年秋審案件俱在未奉諭旨以前，愚民尚未周知，所有今年秋審情實金刃傷人之案，著刑部於黃册夾簽聲明，原可扣除不句，但止應照情實未句人犯辦理，不得援尋常緩決人犯之例，三年即予減等，恐僻壤窮鄉遽難家喻户曉，著再予以五年之限，令各督撫將朕此旨明白曉諭，若五年後復有用金刃傷斃徒手之人者，即當概行予句」，等因。（是年夾籤各案未經句決者不過十分之二。）四十七年進呈雲南招册，奉旨：「以鄭起、黃禹鼎二起傷由圖脱，殺本無心，該撫原擬情實，刑部照擬核覆，未免拘泥；三保一起事本理直，死出無心；羅士朝一起一時情急，用刀嚇劃，九卿改入情實，亦未免過當。」並奉旨有「以金刃傷而論，亦當核其情事之曲直、傷痕之多寡」等語。

謹按：金刃本係堪以殺人之物，與他物手足不同。唐律：「諸鬥毆殺人者絞，以刃及故殺者斬，雖因鬥而用兵刃殺者，與故殺同。爲人以兵刃逼己，因用兵刃拒而傷殺者，依鬥法。」疏議曰：「用刃即有害心。夫人以刃來而我以刃往，其情勢相敵，故得依鬥法。若我有刃而人無刃，則人無殺念而我有殺心，故與故殺同科。」唐律具有深意。伏讀高宗聖訓實與唐律之意後先符合。明律將金刃他物手足併爲一科，殊失古義。特相沿已久，不便遽改耳。既入秋審核擬實緩，自應略有區分。乾隆年間成案已不可考，惟三十六年山東田二打手奪槍，劃傷死者殞命，復用槍杆毆傷其孫，致祖孫二人一死一傷，改實。此起在四十二年以前。四十二年，福建魏萬因村民建醮施孤，祭物聽人取食，該犯俟祭畢，取猪首走回，死者追趕索分，該犯不理，死取柴毆打，該犯拔刀戳傷其左乳身死，黃册進呈後奉旨改實。此皆金刃一傷者。四十三年以後，金刃一二傷入實之案尤多，在今日皆爲必緩之案。大約嘉慶、道光以後日漸從寬，金刃雖逾十傷亦不入實。謝信齋：「近年鬥殺案件，如起釁無甚曲直，金刃十五傷以上，（劃傷不在內。）不可輕議緩決。」此殆道光年間辦法，然道光二十年以後，金刃逾十二傷者緩案已少。咸豐、同治年間，大率以十二傷爲斷，凡已至十二傷不輕議緩。

咸豐十一年恩詔，金刃十二傷以上不準援免，酌入秋審緩決。至光緒年間則又以十傷爲斷，如起釁無甚曲直，而金刃已至十傷者，不輕議緩決。蓋在嘉慶、道光年間辦法太寬，較之乾隆年間相去懸絶，今酌定以十傷爲實緩界限，其中或傷無損折，或死係因風，或傷多而甚輕微，或傷重而半平復，及别有可原情節者，仍隨案酌量入緩，似此辦法較嘉慶、道光間爲嚴，而乾隆間尚覺其寬矣。金刃未至十傷之案，近年亦有實案，皆情兇傷重無可原恕者，不甚多也。

金刃砍戳咽喉食氣嗓俱斷者，近年以要害奇重論，非實有可原情節亦不輕議緩，良以咽喉爲立死之處，重至食氣嗓俱斷，則斷無生理，非若他處傷，即深重而醫藥得宜，尚可生全也。乾隆成案無可考，嘉慶間實緩皆有，道光間緩多實少，迨咸豐以來則實多緩少，蓋以其情兇近故，如情節無可原宥，概行入實，與金刃十傷以上者幾爲例實之案。外省未能周知，即情節毫無可原率行入緩，每年多有改實之案，似不如各立專條，以便遵行而免歧異，存以俟參。

又，鬥殺傷係手足他物之案，乾隆年間辦理亦嚴。如三十九年，雲南周世興因死者酒醉在戲場與婦女捱擠，向前拉開斥責，被其毆詈，拳毆致命一傷，改實未句；四十九年，四川鄭如才祖兄抗欠，踢斃改實，此手足傷之入實者。四十九年，山東劉希堯鐵尺毆斃人命，改實。五十三年，新疆高富元鐵三，一致，死先毆；任進隨被罵氣忿，掇起砂火盆摔去，致傷其顋門斃命，均照實。五十四年，福建陳錦助父兇毆，鐵器傷重，不得謂之護父；山西葛秀撲地迭毆多傷，死未還手，多拉莫特鐵器傷重，死未還手，五十八年，陝西劉大名倒地連毆，鐵器傷重，六十年，直隸宋惠理曲，鐵器傷重，均改實。此他物傷之入實者，在今時皆爲緩案。又，二十二年朝審，李四因張氏索欠罵詈，該犯拳毆跌地，復連踢重傷致死。奉上諭：「張氏因索欠而罵人之常情，並未與鬥，而李四直不欲償其宿逋，毒毆斃命，即謂釁起一時，情非謀故，顧安得謂之鬥毆殺乎？嗣後鬥殺案内遇有此等情節較重，秋審俱當擬入情實。」細繹諭旨，可以見當日之宗旨矣。嘉慶年間，他物傷尚多實案，五年直隸吴起善因死者酒醉，在該犯門首向伊子索茶，不允争扭，該犯喝斥，死者將伊揪住，伊子將其扳倒，犯用斧背毆傷其右臁肕骨折，伊次子幫同揿按，犯復連毆其左臁肕骨折，伊子用石毆傷其顋門，越十六日殞命。奉諭：「父子三人同時逞兇，傷至骨折，何得謂死者醉鬧？傷係他物，入於緩決」，遵旨改實。十五年，河南劉庭玉倒後鐵九，俱在頭面，二致，二損，死醉鬥犯理勸被毆；二十一年，直隸許仁義索欠，（本）水榔捶四，倒後刀背九，三致，八損，不用刃；朱貴倒後，木九，一致内，重迭一片者六處，一損，二折，死，護母，理不曲，均改實。至道光年間，寔案漸少，惟五年直隸范添才因死向索欠，央緩不依，逞兇迭毆，二十一傷，三致，二損，三倒後，改實。七年，陝西安具死者手足臍腹均被獸食殆盡，惟賸一頭顱，已驗有鐵器八傷，六致，三損，三倒後，理曲逞兇，改實，其餘大多入緩。謝信齋謂：「鐵器至三十傷以上，他物至五十傷以上，不可輕議緩決。」此係道光年間辦法，然鬥殺案内鐵木至三十傷、五十傷者不多見，共毆案内則有之，謝蓋大概言之，非專指鬥殺也。鬥殺案内有木器三十二傷而入緩者，共毆案内有鐵器二十一傷及三十三傷而入緩者，蓋較嘉慶時爲寬矣。咸豐五年，陝西門興府父子共毆，鐵二十六，七損，二折，八倒後；六年，山西王正財兄弟尋毆，犯鐵二十二，二折，一損，一微損，十一在按地後；五年，奉天劉木木二十二，石十一，四致，二損，一折，五倒後，死理曲，均改實。八年，山東秦斷壳毆死債主，鐵二十七，無損折，始終鋤，不用刃，照緩。同治以後，鐵器至二十傷以上，木石至三十傷以上，成案不多見。竊謂：鐵器輕於金刃，木石又輕於鐵器，鐵器以二傷抵金刃一傷，木石以三傷抵金刃一傷。近來金刃至十傷以上不輕議緩，則鐵器過二十傷、木石過三十傷者亦不可輕議緩決。咸豐改式門興府、王正財二起係鐵器過二十傷者，劉木一起係木石過三十傷者。以此三案爲式，而再以秦斷壳照緩之案互相比核，亦可得輕重之權衡矣。咸豐十一年恩詔鬥殺鐵器二十五傷以上者，不准援免，酌入緩決。蓋是年酌緩金刃以十二傷爲斷，鐵器以二抵一，又舉成數，故斷以二十五傷以上者。今金刃已稍從嚴，則他物亦未便過寬也。其鐵器未及二十傷、木石未及三十傷之案，仍按鬥情輕重，分別實緩。又，咸豐六年，山西曹四子石一，圍圓尺五，落齒三在坐地後，此大石砸壓之案，外緩改實。此等案不多見也。至手足傷斃命之案，在尋常鬬毆中情節最輕，嘉慶以後久無實案。又以竹籖木桿等物插入口鼻等處，情近於故，成案甚少。以毒物置人口鼻，即是以毒藥殺人，當從重論。他如以鹽滷等物灌人，以箭毛調醋灌人，以糞水灌人，以巴豆放入飯内令人腹瀉，係照以他物置人耳鼻孔竅致死律者，緩多實少，詳彼條。又，一按一毆之案，情節較兇，乾隆年間無不入實，嘉慶、道光中亦比他案加嚴，近年不於此等處著眼，亦不可忽略。雖北方風氣剛勁，然此等行爲決非良善之人，自應嚴懲，以儆兇暴。

又按：此條議論較多，不似條款體例，應修改簡明，將議論改爲小注，以備參考。

一、原謀共毆下手傷重之案，如理曲人衆，情兇傷重者，多入情實。若釁起理直，尚無兇暴情形，亦可酌入緩決。

按：乾隆年間條款在共毆人致死條內，此條未詳於何年分出改定。共毆首重原謀，自應視他案加嚴，乾隆中實案雖多，其案情已不可考。嘉慶二十一年，江蘇王蘭釁不直，刃四，三斷俱倒後，傷不致命，死越旬餘；安徽劉滾孜攢毆致斃徒手，餘人毆砍九，犯刃六，一斷，三損；二十二年，山西陽良晤弟兄輪扎，犯刃八，五致一損，死徒手，均改實。道光三年，河南翁九一六人攢毆，一齊動手，犯刃六，一致透，餘人亦毆扎十餘傷，死未還手，餘人一透內傷，其時尚能格鬥，犯最後槍扎胸膛倒地；四年，劉中孚細故逞忿，先砍二傷，將死者兩手縛住，又連砍五傷，一損，倒後，復砍一傷，筋斷無致命；九年，湖廣彭老七糾衆尋毆，於餘人叠砍，倒地後刃七，一損，一斷，死恃强欺凌，傷不致命，均改實。此皆金刃傷入實者。又，嘉慶二十四年，直隸王鳴義叔姪輪毆，犯他物十九，三致，無損折，死非徒手改實。二十五年，直隸張素行糾五攢毆，犯凶器八，多在倒後，二重疊，一折，死未還手，且祖壻理曲逞兇，照實。山西韓文魁糾四攢毆，三十一傷，犯鐵圈十二，一致，一損内有倒地多傷，理直，改實。道光四年，直隸高發糾毆，木二十一，二致，四折，劃九，復用手挖出兩眼，雖死者素不安分，犯無被害確據，且釁起犯一比窩賭，不得謂死者爲罪人，餘人骨折重傷，亦由該犯糾毆所致；五年，河南田來鐵七五損，倒後木器連毆，致命二傷，復將脚腕扳折，死登門尋釁，糾人抵禦，與預謀尋釁不同，均改實。此他物傷入實者，大約以傷重情兇爲斷。咸豐以後，成案輕重雖不一致，宗旨不外乎是。光緒年間成案入緩者多，惟八年奉天孫知照以原謀而兼主使，巨刃五，一折，一損，一微損，二倒後並將右脚截落，又另碰頭面致命一傷，微損，死者始終未還手，復砍傷死者之兄成篤；河南王太禾以四毆一、犯與餘人一齊下手，刃六，二頭面致命，削落手指一節，又磚毆頭面致命二，一微損；九年，河南王桐旭犯與餘人將死者扳倒攢毆，戳瞎右眼，復挖瞎左眼，均改實。皆情形兇暴者。

一、聽糾共毆致死之案，多係事不干己，如黨惡兇殘，刀械交加，毆扎多傷，死未還手者，應入情實，其餘以後下手擬抵，並同時共毆之人，亦有傷重者，罪疑惟輕，本犯尚可入緩。道光五年章程：「械鬭案内聽糾下手斃命之犯，照尋常共毆謀毆將致斃四命以上者，擬入情實，若情節實可矜憫，及四命以下，各按傷情輕重，臨時分別實緩」。

按：此條未詳定於何年。聽糾斃命雖較糾毆爲輕，然以無干之人逞兇助惡，究較尋常共毆爲重。乾隆五十八年，河南尤花奇無干聽糾，扳倒攢毆，刃三，二折；五十九年，安徽喬亮事不干己，聽糾倚衆，攢毆刃扎傷重；河南邢寬事不干己，聽糾攢毆，下手傷重，均改實。道光六年，四川劉學應刃七，鐵九，一損，均不致，惟貪賄聽糾致死徒手，改實。九年直隸黑狗聽糾尋毆，鐵五，一重疊，刃六，致將右脚砍落，俱在倒後，死理曲，傷不致；十六年，河南王青無干聽糾，刃六，倒後連砍，致命五，均損，死徒手，均照實。此皆傷重情兇者。咸豐中間有實案，同治年間實案絶少，其入實者皆別有重情，非以其無干聽糾也。又按小注，係專指械鬥之案，自當另爲一條，而將前各斃一命第二條内所言廣東等省云云附於其後。

一、尋常共毆人致死之案，如非原謀，亦非聽糾，係釁起一時，並無心撞遇拉勸、幫護因而爭毆，須看兩比之人數多寡強弱、傷之多少輕重，共毆之是否同時，此造之有無受傷，一一詳核比校。至於理之曲直，竟可不必深論。如死者先被餘人毆傷，兇犯未曾目覩，迨後經見幫毆，傷痕無多，祗應就本傷論。或兇犯先毆數傷即行歇手，餘人後復幫毆，非其所及知；或兇手及餘人身受多傷；或死者持有刀械，毆由抵禦，勢非得已；或餘人亦有致命重傷，以該犯後下手並比校分寸擬抵；或義忿激於衆怒；或死類棍徒本不足惜，如此等類，既有可原，可疑情節，均應緩決。若同時刀械交加，鱗傷徧體，並數人揿按一人毒毆，或目覩餘人已攢毆多傷而又肆加毆砍，傷痕獨重，以及倒地疊毆死係徒手，死未還手，情節種種兇横者，俱應入情實。

乾隆三十二年條款云：「共毆人致死之案，如係糾衆持械兇毆，情同械鬥，及攢毆多傷，情節兇暴，並原謀下手，傷重情近故殺者，應入情實。其餘如釁起一時，並非預謀糾鬥者，可入緩決。」志稿云：「共毆之案，往例俱不入情實，古人具有深意，難以明言。今招冊皆係信讞，自不能普行輕縱，致死者冤不能伸。此條所列極爲詳明，故共毆案中宜分預謀及適遇，及人之多寡、傷之多少輕重，與死者曾否還手，衆人有無受傷，皆爲竅要。若他人先毆後毆之傷，該犯未曾目覩者，止論本傷，蓋餘人各有應得傷罪，不得更以餘人所毆之傷合併計算，而加重於兇手一人也。」

四十五年堂定共毆實緩條款云：「查共毆之案，死者勢孤情弱，兇手人衆勢強，是以本部年來不照從前概入緩決，必須擬以實抵，俾死者不致含冤。惟各案情節不同，不可或輕或重，致有不齊。今酌定：凡預謀糾約多人，持械兇毆致斃者，或同時刀械交毆，傷痕徧體者，或原謀持械下手傷重者，或餘人已經打倒而又加毆獨重者，或數人按捺掀地，一人逞兇獨毆者，此等皆宜列入情實。至於尋常爭鬥共毆，適斃死出不虞者，無心撞遇拉勸，被怒刃傷無多者，或兇手先被重傷，或兇手首先一毆，或他人先後向毆、本犯不知情者，或實由義忿激於衆怒，與死者迹類光棍、兇徒死不足惜者，自宜合情理傷痕酌定，仍照舊入於緩決。再兩造人數亦宜比較，十人以上之共毆與二三人之共毆宜有區別，如此逐節相比，自不致輕重失平。」志稿增擬條款云：「父子共毆之案，外省有照鬥殺論者，有照共毆論者，多入緩決。近年於此等案情倍加慎重，其中區別之處，如子先與人鬥，而父又加刃斃命，其情較重；父先與人鬥，而子又加刃斃命，其情較輕。至於外省有將父先動手、子後殺人之案，混引救父減等擬流，或奉旨申飭，或經部駁改，屢經講論乃定罪，具題時之事非秋審時事也。」

按：此條未詳何年改定。乾隆三十年後，共毆之案改入情實，見於檔冊者不下七八十起，此即所謂年來不照從前概入者緩決（者）也，其案情已不盡可考。嘉慶、道光以後，實案無多，金刃過十傷而入實者無論矣。其金刃未至十傷者，如道光三年，直隸陳士明衅起死者，先扎致命四，摔倒後一按、一毆，疊扎五，一損，石二折；五年，安徽黃振死理曲，登門尋釁，槍拾獲惟四人攢毆，木一，刃四，內右手腕一傷斷，倒後二扎，穀道損，餘人攢毆多傷，後復令其按砍左右手指。又他物二十傷以上者，如三年，山西雷大孝死强横，他物三十四傷，鐵多於木，內二十六在倒後，一致損，又係父按子毆，身無完膚，理直，刃不用刃；六年，直隸劉際春兄弟共毆，磚二十九，一致，一折，大半在倒後，鱗傷徧體，釁不甚直；七年，山西樊若俊兄弟逞忿兇毆，犯毆砍二十五，木一，刃三，鐵二十一，三折，四損，大半在倒後，理直奪械，均改實。各起傷多且重，入實甚允。然類此而入緩者亦有之，總由臨時酌核，故不能畫一。咸豐、同治〔年〕間，金刃傷多傷重而情節不好者尚有實案，他物傷則實案未見，光緒年間則鬥殺共毆幾於不甚分別矣，此條當與前鬥殺一條參看。條款云「理之曲直不必深論，」此語究不甚妥，金刃十傷以上要害奇重等案，近年雖多入實，而情節實有可原者亦皆酌緩，如起釁之理太曲，亦應酌量擬實，又不能但以傷痕傷數論矣。

又按：此條亦應修改。

一、套拉斃命之案，多近失誤，如無兇横情節，可緩。

按：此條未詳定於何年。嘉慶十四年，湖廣沈成周負欠理曲，死乘伊外出，潛拏棉被作抵，拴縛意在送官，劃一刀背二在未縛之先，因其身往下矬，繩繫扣緊咽喉，氣閉斃命；十七年，福建施得芳負欠，捆縛患病債主，復套縳要害致死，未便以死者嫚罵、情非吊打爲解，均改實。道光以後案多入緩，惟光緒七年，奉天穆騰阿套拉致斃年甫十三幼孩，事後復懸吊裝縊，情殊兇狡，改實。謂套拉近於失誤似矣，然亦有死者不肯行走，用力很拉而至斃命者，此豈得以失誤論？事，固不可一概言也。

一、尋常共毆之案，定案時同毆傷輕之餘人有病故者，亦屬命有一抵，雖正兇情節略重，亦可酌入緩決。

按：此條未詳定於何年，蓋以案非謀故，不欲以二命抵一命也。道光八年，直隸賀文青弟助兄勢，倒後鍘刀頭面三傷，二致内頂心等處，長五寸，重至骨裂腦出，情兇近故，惟伊兄監斃，命有一抵。」光緒七年，直隸李盛蕊父子共毆致斃徒手，犯刃十六，八致，三損，四倒後，伊父在押病故，未便以父子二人爲死者一人抵命，均照緩。惟同治四年山西吉亀亀竊匪，挾死者告知事主，令人查拏之嫌，糾夥尋毆斃命，犯首先揪住髮辮，於餘人毆傷後，木重迭四三損，毆有重傷之餘人在保病故，外緩改實，殆因係竊匪而加重也。

一、亂毆不知先後輕重，罪坐初鬥，及原謀未動手罪坐原謀之案，皆罪疑惟輕，俱應緩決，如原謀首先下手，情勢兇暴並原謀而又當場喝令者，應入情實。若首先下手傷輕，或僅止聲稱毆打並無喝逼攢毆重情，亦可酌量入緩。

按：此條未詳定於何年。罪坐初鬥之案，情節較輕，向多入緩，惟罪坐原謀者實案頗多，非獨嚴懲禍首，亦必情勢兇暴者也。如嘉慶八年，山東李根子竊匪分贜不遂，糾衆持械攢毆，犯首先毆跌倒地，餘人亂毆，不知先後輕重，復起意扎瞎兩眼，黑暗下手扎劃四傷；十三年，江蘇王受負欠糾衆，喝令按倒兇毆，犯石毆不致二傷，一重，迭均照實。咸豐七年，陝西張導兒糾八攢毆，刃六，木四，一重疊，又刃劃三，復刃傷其子成廢，原題聲明不知先後輕重，第該犯持有鐵鋤知金刃之傷皆係該犯砍斷；九年，直隸張添珩姦匪因姦挾嫌，夤夜糾毆，犯先毆木一致，復於餘人揪跌倒地後，囑令攢毆，該犯等五人同時下手，木六，二重疊一損，四折，傷不致命，餘人在官病故，命有一抵，均改實。以上各案皆與條款相符，近年原謀首先下手之案，無不入實，然亦有原謀喝令又一同下手而入緩。如光緒七年，河南許桐印糾毆致斃徒手，犯喝令餘人將死者扳倒，石二重疊骨損，惟死越二旬，傷無致命；陝西韓世沅以四毆一，與餘人一齊下手，刃十七，木八，三致，二重疊一損，不容死者還手，惟刃傷無致命損折，木器骨損一傷，顯非該犯所毆，因餘人内二人手持木棍，無從定誰爲下手傷重，以該犯擬抵，罪疑惟輕，均照緩。一係下手傷重，一係下手傷輕，皆隨案酌量辦理者。

一、威力主使毆人致死之案，較凡鬥爲重。如釁起理直，傷亦不多，無恃强兇暴情形者，可以緩決。

乾隆三十二年條款云：「威力主使、威力制縛人拷打致死之案，如係兇暴之徒，或挾嫌藉事吊拷，或恃强喝令毒毆，或非刑淩虐，或妄拷平人，種種强暴不法者，應入情實。其餘如係一時誤認賊贜而拴吊毆打適斃者，可以緩決。」志稿云：「死者實係有罪之人，或素有爲匪實據及誤認賊贜與死由自盡者，則可入緩，若並未相争，藉端洩忿，疑賊無因毒毆殘殺者，則須入實。」

按：此條未詳何年改定，乾隆成案入實者多，亦有入實免句者。嘉慶二十年，直隸宋氏挾忿主使糾衆喝毆多傷，死逾七老人，照實。道光二年，奉天魏岱五人攢毆，犯先後鐵八，二致，餘人二十餘傷，亦均係犯喝令，大半在倒後；十年，山西吴五九賭匪挾嫌主使多人揪倒攢毆多傷，後復喝砍，重至骨碎，不致命；十六年，奉天馮開山主使按倒後刃十八，一損，一折，不致命，均改實。咸豐四年，四川王孝係犯先毆鐵二，又主使鐵十二，一斷，一損，劃一不致命，改實。同治八年，陝西冉學導團總挾死者欺淩之嫌，糾衆尋毆，將其拉跌倒地後，喝令團丁四人攢砍，刃七，俱損傷不致命，死越一旬，照實。光緒八年，山西延立信先毆，木二，重迭，一頭面致命，復於倒後主使鐵十八，磚四，一損，一微損，木三，二重迭，死者並未還手，改實。

一、威力制縛人拷打致死之案，較之威力主使尤重，如挾嫌藉事拷打，或非刑淩虐，或妄拷平人，一切兇暴不法情節，俱入情實。其餘釁起理直，並疑竊有因，及制縛而未拷打，或邂逅傷輕致斃者，亦可緩決。

按：乾隆條款見上，此蓋就舊款修改。惟「制縛而未拷打」句似欠明白，既未拷打，其人何以身死，疑有脱誤。

又按：乾隆成案多實。嘉慶二十五年，雲南段文達因死者之夫行竊，在死者並非罪人，且不知竊情，尤屬無辜，犯代人訪贜，希圖酬謝，輒吊拷兇器戳傷致死，情殊欺淩，改實。九年，廣西李林賭匪逼討賭欠，誘至家中，喝令捆縛毆打，他物六，三致，無損折，下手傷重之餘犯監斃，改實。二十九年，奉天趙輔泉先毆，藤桿五，一致，主使捆縛後，復毆三十一傷，十一致，又脚踢致命二，一微損，死倚醉尋釁，改實。同治九年，四川戚寅生疑竊，雖屬有因，惟業經搜尋，贜均無獲，捆縛吊拷致斃無辜平民，木八，脚踢二，一致命，竹篾二，改實。

又按：威力制縛人之律，本指豪强之徒而言，迨後來遵用，即非豪强亦無不援引此律。共毆之案，一喝（命）

〔令〕即以主使論，非必果有威之可畏也，特力不敵耳。惟相沿已久，定案時祇能遵用，秋審時則須有區別矣。故此兩條雖較凡鬥爲嚴，而向來成案入緩者多，非無故也。

一、弩箭殺人照鬥殺者，應入情實。

謝信齋云：「弩箭殺人雖照鬥殺擬絞，而歷年秋審向多入實。至弓箭殺人似無區別，第以例而論，火器照故殺不得不實，此照鬥殺何至必實。以情而論，順手嚇放，或中或不中，或死或傷，均未可知，較之金刃迭戳者情節爲輕。道光三年，廣東區亞蔭因區亞枝誤撻死者手擔爭鬥，將其戳傷跑走，死者追趕，犯恐區亞枝受虧，從旁放箭嚇射致死，究係弓箭與弩箭不同，照緩。」

按：此條因何纂定，定於何年，未詳。乾隆中弓箭殺人之案無不入實。如三十五年，奉天常二弓箭殺人以鬥殺定案改實；五十三年，福建盧旋主使箭射斃命照實；五十五年，四川王四聰被追拏弓箭殺人改實，可考者有此三案。又嘉慶六年，貴州李二被毆，用弓箭放射嚇人致死，亦改實。蓋箭本殺人之具，其鋒刃與刀槍無異，且金刃須切近方能砍戳，箭則相隔雖遠亦能殺人，與火器無殊。近數十年來，久無此等案件，蓋國朝騎射最重，習此藝者多精，凡持有弓箭之人必素習此藝之人，其殺人也較金刃爲易，故從前秋審辦理獨嚴。迨後火器日精一日，而習此者亦技藝日疏，不能如從前之命中矣。此條幾成虛設，應否刪除，存參。弩箭一物近更不多見，殆即流俗之所謂袖箭也。習把式者尚有此物，以此殺人則亦罕聞。

一、凡火器殺人之案，無論疑賊誤殺、因鬥誤殺，俱入情實。間有情切救親及無心點放，（如被死者追逐撻動火機之類。）亦可酌入緩決。嘉慶十八年本部奏明：「嗣後火器殺人之案，一概入實。其間有情節實屬可原之案，於黃冊內詳爲聲敘。惟無心點放照鬥殺定擬者，入緩。」嗣於道光三年及十九年奏明：「火器捕賊誤殺及當場致斃應抵正兇，並未經報部巡役致斃鹽匪之類，酌入緩決。」

乾隆四十九年條款云：「鳥槍殺人之案，如因鬥爭施放，例以故殺論者，應擬情實。其餘如係防夜致死姦盜不法之人，及實係誤傷、情同過失、原擬絞候者，可以緩決。」按：此條與各本文法不同，當是同治間改定。乾隆條款以斬絞爲實緩之分，頗爲簡當，然當時辦法亦不盡然。如三十八年，浙江葉狗宜依戲殺律絞；四十年，山東劉仲倫照非應許捉姦之人有殺傷者依鬥殺律絞，皆入實免句。惟三十四年福建陳元依故殺擬斬照實，貴州吳喬元依擅殺擬絞照緩，大理寺少卿鄧時敏欲將吳喬元改實奏明，仍照刑部原擬斬實絞緩，頗與章程相符。至救親情切者，有四十四年四川馬伸、戴正環二起；疑賊有因者，有三十九年河南李之信、四十一年河南陳五二起，皆入實免句十次改緩。嘉慶十八年，御史嵩安奏請將捕賊、疑賊火器誤殺平人，及救親情切火器殺人，酌擬入緩，經刑部查，鳥鎗竹銃爲害最烈，無論所殺者何人，殺之者是否有心，而以必致殺人之火器向人施放，其情節與故殺等，故定例斬候。在故殺之案，即不論情節輕重，概入情實，則以故殺論之案，亦不當因其情稍可原率擬緩決，即因捕賊、疑賊誤殺平人起釁，雖非無因，而死者無辜猝遭慘殺，情亦可憫。且既無爭鬥情狀，更難保非懷挾隱嫌，託詞捕賊以遂其戕害之計，其弊不可不防。至因救親而火器殺人，案情尤多捏飾。試思伊父母如果被毆危急，該犯既持有鎗銃，祇應直前攔護，乃輒行施放，豈不慮傷及父母？此等命案定讞時，因罪無出入，就案核覆，秋審未便稍爲寬貸。即間有情輕之案，亦當於黄冊内詳叙情由，恭候句到，無不仰邀免句。該御史所請，應毋庸議等因。歷年以來，救親、疑賊兩項均入實聲敘，蒙恩免句，惟火器捕賊誤殺旁人，道光六年山東省審辦高法坤一案照故殺擬斬，經部以高法坤身充巡役，使毆死爬鹽之人，應照擅殺罪人以鬭殺論，將高法坤改照因鬭而誤殺旁人律擬絞，七年秋審入於緩決。此後火器捕賊誤殺旁人之案，均擬絞入緩。十九年秋審，廣西農觀候一起外實，由部奏明改緩，並通行各省照此辦理。至親屬相盜火器殺人，例不以擅殺科斷，仍擬斬候者，於道光七年由部奏明酌緩。又鹽店巡役火器致斃匪，因未經報部有名，仍擬斬候者，於十三年奏明酌緩。火器當場致斃應抵正兇，仍擬斬候者，道光十八年刑部因廣東耿漸錦一起擬緩，奉天王均美一起擬實，辦理兩歧，奏准將王均美改入緩決，並請嗣後仿照辦理，通行各省在案。此外，如死在湯火傷保辜正餘限外者，亦得於黄冊酌量聲敘。道光五年，河南支大秋一起係越三十一日身死，咸豐八年，福建繆佛送一起係越四十四日身死，均經聲敘仍句決。道光二十一年，福建黄速容一起係越七十二日身死；二十七年，安徽陳祥雲一起係越五十四日身死；咸豐五年，貴州句蠻子一起係越五十日身死；同治八年，高套一起係越七十二日身死；十五年，奉天蔣秀幅一起係越四十日身死，四川吳啓申一起係越一百二十五日身死；十三年，奉天高杜一起係越一百七十日身死，皆聲叙蒙恩免句。内支大秋一起，尚在湯火傷餘限之内，未經免句，似應即以此爲界限，援案辦理。又有以死近罪人及罪坐原謀而量予聲敘者，隨案核定，難預斷也。又釁起救親之案，如非事在危急，向來從嚴聲敘。咸豐九年，奉天張起盛經御筆句決；十年，四川吴家餘一起遇赦酌緩。同治十一年，（奏）〔奉〕天王福年一起未聲敘句決。

一、屏去人服食致死之案，如情節不甚兇暴者，亦酌量擬緩。

按：此條未詳定於何年。乾隆五十年，安徽劉三五改實，其案情不可考。嘉慶七年奉天沈義冬月脱盡衣衫，扡拉凍斃，未便以釁起索欠爲解。道光九年，湖廣畢盛修幫搶孀婦，拒傷捕人，將乳哺幼孩棄置凍死；廣東鐘啓源擄捉關禁，逼勒遷葬，死者因病求放，不但斷其醫藥，復用言恐嚇致死其命，難以死者瘡潰爲解，均改實。其緩案有：乾隆五十八年，湖廣鞠大理，時當十月，索欠無償，剥脱衣服凍死；嘉慶十六年奉天宋義死者兩次賭輸，將身穿棉襖袴質錢抵欠，非該犯强逼，亦非設計誘取，死越四日；道光九年，山東孫小牛乞丐恃强剥衣抵欠，致逾七丐婦凍死，究非意料；十四年朝審，李蓮舟屏去人服食，致十二歲幼孩凍斃，惟多方解救，尚無致死之心；十六年，河南蘇大貴兩比皆賭匪，犯剥衣止圖抵欠，其自行跌入雪坑以致凍死，尚非意料；十七年，四川丁維高死年十五，犯先毆，他物四，無致命損折，剥去衣帽止圖逼令還被，凍死非意料，釁起理直；二十二年，山東陳昂竊剥事主衣服，致令凍死，因聞拏自首，得免所因；二十四年，山西張禮脱去鞋襪抵欠，致令兩足受凍，潰爛致死，釁起理直，死越旬餘；二十九年，浙江汪耕生嚴冬剥去棉衣，致令凍死，惟剥衣由於抵欠，未可責以兇忍，至謂先經脱給馬褂已足償抵，未見原物，殊難懸揣。以上各案，惟陳昂一起因自首從寬，餘亦衹可入緩。雖事屬過當，究無殺人之心也。此類案甚少，故備録之。

一、以他物置人耳鼻孔竅致死，情同謀故者，應入情實。

小注按：如係比照定擬，情有可原者，亦酌擬入緩。

按：此條未詳定於何年。此律至死者絞，蓋以有傷人之意，無殺人之心也。若情同謀故，則如上鬥殺條内所言，用竹籤木桿等物插入耳鼻穀道，及以毒物致人口鼻，明有殺人之心，非謀即故，即不得照此律定罪矣。歷來成案，有以笋毛灌服，如嘉慶二十四年，四川黄氏死係故夫堂弟之妻，該氏屢次周泏，非無親親之誼，死貪得無厭肇釁，該氏用笋毛調醋，制縛灌飲，止欲令其咳嗽，並無致死之心；咸豐十年，四川劉玉功死年十一，兇毆竹器三傷，復捆縛兩手，用笋殼毛和水灌服，止欲令成哮病，死者哮咳殞命，毆傷輕淺，死越一旬，均照緩。有以巴豆放入飯內者，道光六年，四川古文彪因挾不讓同食之嫌，將巴豆放入飯內，欲使腹瀉不止，隨即向醫告知實情，比例定擬照緩。有以糞水灌入口內者，如道光十五年，四川任懷芳以穢物灌入婦女之口，致令受毒身死，理曲尋釁，用糞嚇灌，止欲使其不能再罵，並無致死之心，照緩。此案係照鬥殺，近年各案多照此律。後來用糞灌人致死之案，亦多入緩。有以辣煙薰燒致死者，如道光十一年，貴州林麻幺兩比皆係砂丁，死者採取伊砂，喝阻不止，用稻草辣子在壁口放火燒煙，不期煙氣上衝，壁深口窄，將其薰死，比律定擬照緩。有搇在溝內吞食穢水者，如同治五年，四川賓效坤互相揪扭，同跌溝邊，犯爭起，將死者頭面搇入溝內，意止欲令吞食穢水，初無致死之心，其因水有毒蟲，中毒身死，非意料，比律問擬照緩。至灌服鹽滷之案尤多，如嘉慶七年，四川許臻成死情近擾害；十一年，四川陳文秀死將伊姪女賣人爲妾；十二年，四川鄭廷連死糾賭逞兇，皆係灌滷致死，均照緩。後來灌服鹽滷之案多入緩決，惟道光二十四年，四川王周糾人攔截，中途灌服鹽滷致死；光緒七年，四川張尚仁先毆木五，倒後，復喝令餘人捆縛兩手，用鹽滷灌服致死，皆係姦匪妒姦斃命，未便以死亦姦匪，灌滷止令成哮爲解，均照實。又有以燒酒灌入兩耳者，如道光二十六年，四川趙雲安先毆木二捆住，又用燒酒灌入兩耳竅致死，死本爲匪，疑竊不爲無因，用酒灌耳，意止冀令成殘廢，且死越旬餘，照緩。小注：各本皆無，當是此本所增，前所録之案比律定擬者多此注，蓋據成案增入。

一尋常鬥殺案內，用熱水燙潑致斃者，亦可核其情節，分別入緩。此等情傷較慘，如係伏暑時候，有心用滾水澆淋，連片傷多者，不可輕議緩決。小注：燙傷致斃之案歷年入緩者，蓋湯火雖與金刃同科，究不若金刃之立斃人命，苟情節稍有可原，即應入緩。

按：此條未詳定於何年。乾隆三十八年朝審，高老用熱水澆斃人命〔改〕實。嘉慶六年，四川楊萬才死姦誘伊同班唱戲之人，理斥被毆，釁不爲曲，惟順取茶壺走至身後，向其項頸一淋，情近於故，改實。十一年，河南楊鳳兆盛暑熱茶潑燙十歲幼孩多傷，難以先受傷死一旬爲解，照實。十七年，山西張俊傑細故逞兇，於盛暑時取鍋水肆潑，遍體鱗傷，情殊慘忍，改實。道光六年，奉天項萬榮於餘人燙傷躺地後，復舀取熱水連潑，致命傷多，連片皮脱肉爛，雖釁起死者，時非盛暑，改實。咸豐十年，直隸何三主使推跌倒地後，熱水燙潑，傷二十一，十五成片，時非伏暑，死近二旬，改實。同治四年，山東任氏滚水潑淋夫兄之妻，自頂心起至脚腕相連成片，皮肉潰爛，半身幾無完膚，且時逢盛暑，致令墮胎，改實。此外大多以尚非有心澆淋，或由被毆抵禦，或非意料所及，或時非伏暑，或死因抽風等情入於緩。又如道光十年朝審，侯二格推跌豆漿鍋，燙傷身死；咸豐十年，四川王洪幅推跌糖鍋内燙傷身死，勘傷雖重，究非意料，均入緩。又如道光十年，湖廣李松潰推跌炭坑内燒傷，旋即幫同屍子扶起，死越一旬；咸豐六年，山西武庚辰燒紅鐵器燙傷要害身死，係被毆嚇抵，死者撲攏勢猛所致，均照緩。

一、金刃傷穿透之案，如係胸前透脊背，或肚腹透腰眼，或左脅透右脅，及一切要害致命處所穿透者，皆情兇近故，應入情實。倘理直情急受傷回抵，僅止一二傷，或死者撲攏勢猛、收手不及之案，雖至洞胸貫脅，亦可緩決。其餘髓脚、胎膊等處穿透者，亦照尋常鬥殺傷痕分别實緩。

按：此條未詳定於何年，各本「應入情實」句下有小注，如死者撲攏勢猛收手不及之類，近年亦多緩案。「僅止一二傷」下，無「或死者撲攏勢猛收手不及」十一字，此當是此本所改。

又按：金刃穿透之傷，向來凡進刃處所及出刃處所皆在致命部位，以穿透奇重論。成案内嘉慶四起，一實一緩。道光三十八起，僅照實一起，改實二起，其餘非曰「撲攏勢猛，」則曰「被扭帶跌，」非曰「奔撲勢猛，」則曰「拉奪揉扎，」非曰「刀尖鋒利，」則曰「刃薄鋒利，」一概入緩，可謂寬矣。核與嚴定此條之意似不相符合。夫穿透傷之由前透後，或由後透前，由左透右，或由右透左，或直透，或斜透，其傷痕自五六寸、七八寸及尺餘不等，非下手極兇極很必不能如此深重，此固非僅僅撲攏勢猛及刀鋒尖利之所能致也。此而謂之情兇近故，夫復何詞?乃必曲爲之解，總由救生不救死之説中於人心者深也。咸豐元年恩赦章程：「穿透傷在肢體並部位僅止一處者，仍準其援免外，若穿透在頭、腹、胸、背及由肢體透入腹、背等處並穿透係兩處部位者，均不准其援免，酌入秋審緩決。」辦理較嚴，秋審内實案漸多。同治以來，凡穿透奇重之案概行入實，間有酌量入緩者。如同治八年，四川楊洸倖刃一，由左脅透過左腰眼，死係行竊匪徒。十二年，山東劉佃障刃一，由肚腹透過右後脅腸出，係該犯奪槍轉身欲逃，死者從背後拉住髮辮不放，犯向後嚇扎，確由情急所致，與對面有心直刺者不同。光緒七年，浙江余年好刃一，由右脅穿透左脅，死者先將伊堂叔毆傷，追該犯等閉門躲避，仍復撞門叫罵，犯從門縫用槍嚇戳，不期死者撞攏勢猛，收手不及。以上三起，衡情究有可原，外緩照緩不多見也。至進刃、出刃兩處部位一係不致命者，情節較奇重者稍輕，然亦有實案。如同治四年，山東於二闖刃一，由小腹透過右臀；山東王洸法刃斃徒手一傷，由胸膛透過左後肋骨損；五年，奉天王可仲因爭卸煤車不允，刃斃徒手三傷，一左手腕透過，一由項頸透出，咽喉未損斷；十年，奉天傅學理刃斃債主六傷，二致，一透膜，一由咽喉透過項頸，均改實。光緒九年，山東華二紅薯刃一，由左後肋透過肚腹骨損。王小騷道士因借錢不允，刃斃人命，一傷由心坎透過左後肋，均改實。又有一處部位係致命穿透者，光緒七年，熱河高才金刃小腹一傷，由右透左腸出，與貫脅何異，改實。然究係緩案爲多，若兩處部位俱係不致命，則情節又輕，向多入緩矣。此條似應修。

一、扳倒割筋剜眼，致斃人命之案，多入情實。如釁起理直，死非善類，並情節不甚兇殘，意止欲令成廢者，亦可緩決。

按：此條未詳定於何年，「意止欲令成廢」，本係小注下另有「亦可緩決」一句，各本同，此本修併。歷年成案，緩者爲多，而實案亦復不少。乾隆五十年，江蘇孫如傑因與死者修補鍋起釁，謀毆洩忿，用石灰將其兩眼揉瞎致斃；奉旨改實。道光十六年秋審共六起。陝西張必潰釁不直死，屢次尋釁，將其捆縛騎壓，挖瞎兩眼，死近四旬。湖廣林國榜革兵索賭欠，按住割落兩耳。安徽王體和類屬兇徒，糾毆致死徒手，刃三一致透，復令餘人扳倒按住，挖出兩眼，割落右耳，死近二旬。張庭本以二毆、一犯，先砍一斷，復於餘人毆傷倒地後，鐵二斷，復挖出兩眼，砍落一指，死旬餘。江蘇王從聚糾毆，木三，一重疊刃一，戳三劃倒後，復令餘人按住，將兩脚筋割斷，死理曲，傷無致命。以上五起，皆改實，是爾時辦理獨嚴。此後二十七年、二十八年、二十九年皆有實案，咸豐同治年間亦多實案，光緒年間案多入緩，蓋此項獨從寬矣。如七年，李馬城刃二，倒後復令餘人幫同捺按捆縛，挖出兩眼。八年，河南李小五糾毆，先將死者推跌，刃二，復喝令餘人按住，用刀挖出左眼，並將右眼戳損。十二年，河南賈有淋糾毆致斃徒手，犯先將死者扳倒，喝令餘人按住，挖瞎兩眼，並扎傷兩脚跟。十三年，奉天王榮毆致斃徒手債主，於餘人毆扎多傷後，將其捺按倒地，刃一損折，復令餘人揪按，自行挖瞎其兩眼，並用石灰揉擦。此等案毆情不爲不兇，皆外緩照緩，於條款頗有出入，大約要害穿透較從前爲嚴，此項則較從前爲寬也。

一、旗人殺死旗人之案，從前俱入情實，嘉慶八年本部奏明，照民人鬥殺一律，分別情傷輕重，定擬實緩。

按：滿洲殺死滿洲之案，乾隆十四年奉上諭俱擬情實候句，纂入例册，三十二年條款在應擬情實二十八款之内。嘉慶八年刑部奏明：「凡謀故及鬥毆情傷輕重等案，秋審均與民人一例分別實緩，以歸平允。」其實乾隆時雖俱擬情實，每年多有免句之案，初非概予句決也。

一、致斃老人、幼孩之案，有欺情狀者，應入情實。如事本理直，傷由抵禦及手足他物傷輕，並金刃一二傷輕者，亦可入緩。

乾隆三十二年條款云：「毆死幼孩之案，如有意欺致死稚弱，情節可惡者，應入情實，其餘事本理直，無心傷斃，可以緩決。」志稿云：「誤傷、戲傷自行跌傷溺死者，並非與幼孩相爭，實無致死之心，自應入緩。若理曲相爭有欺凌之心者，不必多傷刃傷，皆應入實。」四十九年條款云：「毆死老人之案，如有恃强欺凌，或持械毒毆，或夥衆共毆，或理曲尋釁，傷斃年七十以上者，應擬情實，其餘被毆回抵，理直傷輕，並無前項兇暴情形者，可以緩決。」

按：此條未詳何年修併改定。乾隆年間成案入實者多，然案情如何及傷痕之多寡輕重，已不可考。嘉慶以後，金刃之案六傷以上者皆實。惟道光二十年，直隸黄進幅刃斃逾八老人，六傷，二致，三損，另劃五，惟死者屢次借貸，復勒令承買地基，持刀向砍，實屬倚老逞兇，略傷言情不無一線可原；二十二年，直隸張彤雲死七，刃六，四致，一微損二倒地後，木一，惟傷無損折，死越三旬，各傷已平復五處，均照緩。四五傷以下者多緩，惟嘉慶十八年，雲南吴老二其子先毆二傷，犯復二戳、二劃，非致命筋斷，死七，犯六十四，照實。二十二年，四川羅玉品理不直，刃四，一致命要害，死徒手老人，鐵器雖有鋒刃與刀斧有間，死近三旬，改實。道光六年，江西王相春死七十，刃二，一損，一深寸餘，另劃三俱深抵骨，照實。七年，貴州牟應華一人毆一，刃四，鐵一，死老人，部照緩，九卿改實。八年，直隸白洛重回抵，槍扎年老族兄四傷，二致透，難以死者護子登門尋釁爲解，照實。九年，山西康雲祥負欠刃斃老人，三傷頭面致命，俱損，改實。二十六年，湖廣楊繼富糾毆死逾七，鉤倒致傷後，斧刃按砍三傷，二重疊一損一斷，右肋骨俱斷，死理曲，傷不致，餘人有骨斷傷，照實。咸豐二年，陝西拜雙文兩比皆回民，死七十，共毆，犯刃二，一筋斷骨損不致，外緩，御史簽商奉旨改實。三年，直隸劉二死徒手，七十，刃五，二致，三損，三倒後，另傷婦女一人，照實。同治六年，山東湯試幹死逾七，刃致命四，二損，二碎，另劃三，均在頭面，鐵一，又係雙股，一扎即成兩傷，照實。六年，河南吴狗妮挾不肯容留之嫌，倚醉逞兇，刃斃近八老人，頭面一要害，二致，改實。光緒五年，山西石四兒刃斃七旬族叔，三傷，二致命，頭面一微損一損透。七年，四川高添幅死逾七老婦，刃三，二頭面，致命一損，另劃一；山東許連元死逾七，刃四，磚一，另劃一，復另傷一人；山東張三倚醉駡街，致斃理勸之七十老人，刃一致透，木三，一折，二頭面，一致命，相連部位四處，另傷其姪；浙江朱漳奶死逾七，刃三，一由左髓穿透均不致。八年，雲南許洪沅挾嫌遷怒，刃斃解勸之徒手逾七老人，四傷，二致，一透，一損，另劃一；九年，直隸李黑熊死逾七，刃三，一頭面致命損，鐵二；湖廣周繼都死近八，刃三，不致，無損折，均改實。以上各案，以光緒七、八、九等年爲最嚴，三傷無不入實，雖以周繼都之不致命三傷亦改入實，十年以後則又稍寬，四傷以下無入實者。惟十二年，四川苟麻子死徒手逾七，竹器七，二頭面致命，刃三，一致透，腸微出一，頭面另劃。三十三年，奉天莊力仁死徒手逾七，先刃四，一致三透，倒後刃一，致透内腸出，另劃一，另傷其女，釁不直，均改實，則以傷重故也。他物之傷，如道光七年，陝西曾三年死徒手老人，磚三損，復揪扭髮辮，將頭在石上磕碰，二傷俱損，改實。十三年，江蘇鄒七子理不直，石毆頭面十二，六致一損，事後攫取衣物，改實。二十八年，直隸范鄆城糾毆，死七十，鐵十二，一折，大半在餘人推跌倒地後，照實。二十九年，直隸韓三黑塌死逾七，木六，四重疊一致，一在坐地後，又坐地鐵三，另傷其孫，照實。大約十傷以上入實者多，十傷以下之入實者皆情節較重。然亦有逾十傷而入緩者。如道光二十四年，直隸尹二死徒手逾七，木十六，六致，二損，二折，十倒後，傷多且重，以死者理太不直，照緩，此又略傷而論情也。其死年逾八者，嘉慶十八年，山西郭喜淋木石四，一致，二損，三倒後，死八十二。道光十四年，廣東賴亞因死逾八，刃五，二致一透，另劃二，均照實。死年九十者，道光二十六年，江蘇張麻死九十，刃一不致，釁不直，改實。大約逾八較逾七者應略嚴，年至九十則尤應嚴，此張麻一起所以不致命一傷即改實也。幼孩之案分别實緩與老人相似，而十歲上下略有分别，犯年之長幼亦應有分别，如犯甫成童，較死者所長無幾，即不可過嚴，總以是否欺淩爲斷。金刃已至五傷者，如道光四年四川蔡中謨、二十四年四川蕭潰嬉、同治十年四川任辛年、十三年四川李三咡，皆入實。惟道光二十七年，四川趙三死係伊買休妻携帶前夫之子過門撫養，有管教之責，死者年届成童；咸豐二年，四川蕭昌榜死係行竊罪人，因業寢息，不照擅殺科斷，均外緩照緩，苟非情有可原，不可輕議緩決。三傷四傷以下，則隨案輕重臨時酌核。有傷少而入實者，如嘉慶十七年，四川趙麼鑾負欠奪棍毆死十二幼孩，頭面三傷，無損折，情近欺淩，改實。二十二年，四川趙華秀與其父吵，輒怒六歲幼孩，拾石疊毆致命二傷，照實。道光二十四年，直隸高炳然細核前後情節，頗涉挾嫌尋釁，十歲幼孩哭罵揪衣，有何急情，當頂一刀，相連偏右，長至三寸五分，重至骨損震裂，此等兇傷，不可謂非近故，改實。二十九年，陝西李原梁死護父，年十三，刃一致透，鐵一微損，改實。咸豐七年，四川巫二娃死十二，石二，均損，一致命，尖圓五寸五分，情近欺淩，改實。皆情傷較重者也。

一、聽從伊妻謀死前夫子女，仍同凡論擬絞，及毆殺內傷多情慘，死太幼稺者，俱應情實。

謝信齋云：「既照凡論擬絞，則是助惡加功，秋審自應入實。嘉慶十年，四川董之應聽從伊妻活埋前夫十三歲幼子，改實。又，故殺妻前夫子女亦多實案。嘉慶二十五年，貴州劉定貴故殺妻前夫之女，平日憎嫌，難以釁起管教恩養年久爲解，照實。道光四年，江蘇蔣元恩故殺妻前夫九齡之女，惟恩養已經七年，圖賴係在事後，第細故逞忿致死幼女，情殊慘忍，改實。惟毆殺案釁起管教、理直傷輕者，均可緩決。嘉慶十六年，直隸董立成毆死七歲妻前夫之子，撫養已届六年，釁起管教，兩次棒毆四傷，又手足三傷，照緩。」

按：此條未詳定於何年。乾隆成案，有三十四年河南胡有彩故殺妻前夫之女趕入情實一起，餘無可考。然故殺之案向辦成案雖均以凡論，然亦有入緩者。嘉慶五年，四川張士林故殺妻前夫十八歲恩養三年已久之子，釁起不聽管教，照緩。咸豐十一年，陝西楊洸友故殺妻前夫之子；同治二年，熱河弓沅曾故殺妻前夫之女，秋審以同居繼父服齊衰三月，究與凡人有間，遇赦酌入緩決。同治五年，四川曹人有死係妻前夫之子，撫養兩年之久，迭次行竊，經該犯還贓寢息，嗣復竊該犯衣物逃跑，旋因病回歸，該犯不肯收留，因被死者辱駡，將其故殺身死。該犯與死者有繼父名分，不能照凡人殺死竊賊之例問擬，擅殺自未便拘於同凡論之律，遽予實抵。十一年，浙江潘毛三死係妻前夫之子，撫養十餘年，釁起管教，均照緩。毆殺之案亦有入實者。道光八年，四川梁萬國死係妻前夫九歲幼子，撫養僅止三月，細故逞忿捆毆，竹片二十一傷，六致，一跌傷，經人勸釋，復脚踢致命立斃；咸豐八年，陝西方起沅死妻前夫之子，鐵二，木五，六致，二重疊，死甫五歲，毫無知識，攜鐮頑耍，抛撒豆籽，乃幼孩常態，因喝禁不理，用鐮柄鐮背疊毆致死，情節甚慘，均改實。又同治七年，山西李柴僖故殺子媳前夫之子，因偷竊該犯銀物，復竊人地葱，欲毆逃逸，後與撞遇，欲拉回責逐，因被混駡起意致死，定案時比照故殺妻前夫之子律定擬，秋審仿照曹人有之案，彙奏照緩。

一十五歲以下幼孩殺人之案，除謀故等項應入情實外，如係鬥殺，必實。有兇暴情節，傷多近故，無一可原，及死更幼穉，死係雙瞽篤疾，理曲欺淩，疊毆傷多者，方入情實，餘俱緩決。至老人殺人，有彼此强弱不同，以弱敵强，雖傷多亦可緩決。若犯本强健而死者懦弱衰邁，或幼孩篤疾，輒肆行疊毆情傷俱重者，自應入實，其謀故等亦與凡人同。

按：此條未詳定於何年。乾隆條款，幼孩殺人見矜緩比校門內，老疾鬥殺亦見彼門，然係老疾連言，不專指老人也。老幼犯謀故，法無可寬。至尋常鬥毆，自當量示矜恤，一穉弱、一衰邁也。幼孩鬥毆殺人實案未見。道光六年，四川劉富兒照緩一起，部議云：「兩幼相鬥，兇犯十四五以下情傷俱重者，向有實案。此起犯年十二，犯事時年甫十一，童子無知，若綁赴市曹正法，情殊憫惻。死者亦係同歲幼孩，刃砍頭面九傷，八致，七損，立斃其命」云云，是從前原有實案，今不可考矣。老人斃命實案亦未見，其年在八十以上者律得議擬奏聞，取自上裁。如犯事之時年未八十，與奏請之律不符，而秋審時年屆八旬，未便與尋常人犯一體辦理。光緒六年，馮大科一起外緩改矜，亦欽恤之意也。擬矜條款雖無老人一項，而乾隆五十八年，山東孫日周犯年逾七，死由痰壅，外緩改矜，是從前本有矜案。光緒十三年，奉天吴氏逾七，老婦釁起不曲，毆止一傷，由被推情急所致，且死越一旬，因無入矜成案，仍入緩決，蓋未考檔案也。

一、致斃婦女之案，如恃强欺淩、情兇傷重，及他物迭毆七八傷以上，金刃四五傷以上者，俱應入情實。其尋常互鬥理直傷輕者，可以緩決。

乾隆三十二年條款云：「毆死婦女之案，如係恃强欺侮、情重傷多者，應入情實，其餘尋常互鬥，理直傷輕者，可以緩決。」志稿云：「毆死婦女同一律牌，而强弱不等，川、廣等省婦女，强梁之狀不亞於男子，老孀弱女分別觀之。其餘先核其誰先動手，次核其毆之多寡、傷之重輕，再核其理之曲直、情之强弱，諸惡備其二三者，可以商實。其婦女先毆而回毆一二下者，皆可入緩決。至於傷不致命而婦女自盡者，最宜核其赴死之心，蓋婦女輕生往往心，有他故不遂，隱曲難言，而因端以畢命者，李代桃僵，不可不察。」

按：此條何年修改未詳。毆死婦女重在欺淩，即他物七八傷以上，金刃四五傷以上，而無欺淩情狀者，歷年亦有緩案。乾隆年間辦理較嚴，而傷痕多寡、案情輕重多不可考。惟五十五年四川楊汝貴一起，金刃連戳二傷，死係徒手婦女，外緩改實，尚存大略。嘉慶以後，或糾衆兇毆，或挾忿遷怒，或傷重立斃，或理曲逞兇，或死係年老，或釁起圖詐，種種情節不好，雖傷少亦入（緩）〔實〕。如起釁無甚曲直，金刃在六傷以上者，緩案絶少，四五傷以下者緩多實少。道光二十八年以後，下逮咸豐年間以及同治初年，凡已至五傷者一概入實。同治末年以後，五傷者緩案漸多，即六傷亦間有緩案矣。他物傷，道光成案有鐵器十四傷，木器十九傷而入緩者，大約金刃與條款不甚懸殊，他物則未免太寬，似應立一界限，或鐵器過十傷、木石過十五傷者酌量入實，未及此數而傷不重者一概入緩，存以俟參。究而論之，金刃六傷以上者不可輕議緩決，四五傷以下、情兇傷重近於欺淩者，亦應酌量入實，他物傷多且重，亦不可率行入緩，蓋以婦女而逞兇肆毆，欲謂之非欺淩不得也。

一、毆死祖妾、父妾，仍分別有無子女，及是否年老並情傷輕重，酌定實緩。較兄妻尤應加嚴。

按：此條未詳定於何年。嘉慶四年，直隸牛維來强爭祖妾養老田地，復刃斃其命；十二年，河南張志義理曲兇毆六十八歲已生子女之祖妾，致命一傷，骨碎立斃，均改實。二十一年，山西李桃如致死父妾，釁不直，倚醉首先動手，致命頭面鐵三，照實。道光十三年，貴州朱成宗致死生有子女庶母，復誤殺幼妹一命，伊父又憂慮自盡；同治六年，山東朱小訓致死未生子女祖妾，刃五，三致，三損，一由手心透過手背骨折，另劃二，難以釁起護母傷由抵禦爲解，均改實。

一、致斃兄妻之案律以凡論，亦與致斃尋常婦女一律分別實緩，略爲加嚴。至弟妻究與兄妻有間，應同尋常婦女論。

按：此條未詳定於何年。「弟妻」以下道光本係小注。嘉慶十三年，河南彭起蛟竊父貯穀被責，遷怒刃斃徒手兄妻一傷；十七年，四川梁六毆死小功兄妻墮胎致死，手足五，一致；十八年，四川邱輔萬細故毆死兄妻，木七，一致，一損；道光十三年，山西范士蛟毆死兄妻，木一，頭面骨陷，打落上牙六，下牙五，倒後復毆死，惡言肇釁；

十四年，雲南劉方生刃斃徒手兄妻，五傷，三致一透，理不直，均改實。此外情傷輕者皆緩，與尋常婦女大略相似。又，道光四年山東扈上倫故殺弟妻照緩，部議云故殺例實。嘉慶二十二年，陝西祁潮士因兄妻與伊緦叔通姦，一併活埋，外緩照緩。上年河南陳幅文故殺强姦伊妻未成之緦兄，本年湖廣劉齊民係本夫捉姦，已隔年餘，將姦夫殺死，仍照擅殺定擬，各在案。此起因大功弟妻與人通姦，告知其翁，休棄不果，事隔多時，死者猶挾嫌，時向揚駡，並反誣該犯亦與有姦，殺雖有心，實因死者敗壞門風，忿激所致，因已閱五年，不得仍科擅殺，秋審原情，此等淫蕩悍潑之婦不值實抵。此故殺中情有可原之案，未便遽行入實者也。

一、毆死雙瞽篤疾及病人之案，情傷稍重者，多入情實。如理直傷輕，亦可緩決。至篤疾殺人，稍有可原情節，即入緩決。

乾隆三十二年條款篤疾殺人見後矜緩比校門内。道光本「篤」下有「廢」字。

按：此條未詳定於何年。歷年成案亦以是否欺淩逞兇分别實緩。嘉慶二十一年，直隸馬鳳兒癡迷之人，有何見識，其形狀可望而知，輒捆縛按倒迭毆，木二十六，餘人木九，未便以釁起疑賊死届一旬爲解；道光三年，直隸高楨死雙瞽，他物五，一損，一折，又脚踢一，二致，毫無抵禦急情，欺淩逞兇，難以死先尋釁爲解，均改實。十六年，直隸王添慶姦匪致死瞽目，金刃迭砍頭面四，二致損，難以砍有急情死係縱姦無恥本夫爲解，照實。此皆情傷較重者。道光七年，湖廣夏正魁負欠刃斃殘廢之人，頭面八傷，先被斧砍二傷，又被揪住腎囊，迨死者倒地，犯亦疼暈倒地，情急是真無損折，照緩。此傷多而情尚輕者。至篤疾殺人謀故，仍照常入實，鬥毆則多緩。道光十五年，四川徐志興致死幼孩，石六，四致，三在死者睡卧未起之時，犯雙瞽，釁不曲，照緩。如殺人後始成篤疾者，則未便以篤疾殺人論。光緒十年，直隸田印强借不遂致死病人，刃四，一致三透，帶劃一，死者始終坐炕未還手，情近於故，復另傷其父母並子三人，事後被死者之父將雙目扎瞎，照實。

一、僧人毆斃人命之案，向多以其犯殺戒入實。如理直傷輕者，亦可緩決。若犯姦而又犯殺，則不可輕議緩決。

乾隆三十二年條款云：「僧人殺人案件如實係戲殺、誤殺以及情節本輕者，應擬緩決；其逞兇鬥狠致斃人命者，應入情實。」志稿云：「二十年以前，僧人命案酌量加重。自三十七年以後，仍同凡論。近年有僧人殺賊之案，撫擬情實，九卿改緩。至僧人殺僧更同凡論。」又云：「秋審實緩當合時地以相參，即如僧人殺人，當乾隆三十三、四年間多入情實。不過三四年犯者漸稀，仍復入緩，乃辟以止辟之明效大驗。」

道光本「傷輕」下有「及僅止金刃二三傷」八字，此本刪去。按：此條未詳何年改定。僧人犯姦又犯殺者，歷年成案無不入實，惟嘉慶二十二年，四川悰沅頭面致命刃一，他物二，一裂一損，惟釁非因姦，傷由抵禦，死係縱姦之人；道光十三年，四川悟來刃一致，在倒後，另傷一人，惟刀係奪獲，死亦犯姦僧人，均照緩。至尋常鬥毆四五傷以下，無不入緩，惟道光八年，直隸行真疑年甫十三之佟黑子偷拔伊地稷子，往向問明吵鬧，理不爲直，死踵至向斥，輒拔刀連扎，八傷一致，又劃二，死係徒手理斥之人，復另傷旁勸一人，難以傷無損折扎由抵禦爲解；又，心定毆死師姪，刃八，一致，木二，鐵十，內三折，一重疊，難以釁起理直死非徒手爲解，均照實。光緒八年，四川空裏刃八，二致，二頭面，一透內腸出一微損，死亦僧，改實。

一、姦匪、竊匪致斃人命之案，如係爭贜、爭姦毆戳傷多者，俱應入情實。其餘釁非因姦、因盜，係尋常口角爭毆，或係死者懷妒忿爭等類，情急傷輕者，亦可緩決。至姦匪毆死縱姦本夫一項，死者亦屬無恥，如非因姦起釁，亦可與常鬥一律辦理。

謝信齋云：「道光十五年，河南張喜成姦匪刃斃逾七老人，刃二，一致，拳二，姑以死者教令其媳與伊通姦亦屬無恥，該犯毆扎各傷，均有被揪被抱急情記緩後，以外實照實。按此起部中以若非外實定入緩。往往緩實介在可出可入之間，部中總以外間之實緩爲定，所謂外以緩來或可照覆，外以實來亦難率改也，宜乎？歐陽崇公有求生不得之歎也，司筆者當加意焉。」

按：此條未詳定於何年。姦匪一項，死者如係本夫而釁起別故者，嘉慶十四年，陝西李金義他物七，六致，釁起索欠，且受傷奪械有急情；光緒四年，江蘇沈阿大磚五，三致，惟姦情業經斷絕，死者負欠逞兇，傷無損折，均照緩，因與姦無涉也。死者如係買休之夫，道光七年，陝西史金雨奪刀無損折，死越旬餘，惟姦其買休之妻，復刃斃其命，六傷，二倒後；直隸謝石保姦匪夤夜圖姦死者買休之妻，兇器八，四致一透，皆在倒後，均改實，因其現有夫妻之情也。死者如係姦婦後夫，道光二十六年，四川楊證乾死係姦婦改嫁後夫，刃一改實，因其情同拒捕也。死者如係本夫及姦婦有服親屬，道光二十六年，山西薛保沅挾禁阻理斥之嫌，糾毆致斃姦婦之兄，兇器十八，一致，二微損，十二，在揪倒钀地後，照實。二十七年，浙江嚴之才死姦婦夫兄喝令餘人石毆，一自行拾石，一毆兩傷致損，姦事寢息，照凡鬥，改實，亦因其究係應捕也。死係平人而案關姦通有服親屬者，嘉慶十四年，安徽王應昌姦通小功兄妻，被族人義忿捆送，輒敢喝令多人背縛拉回，因其掙脱，復行喊追，以致失跌溺死，又致姦婦自盡；道光五年，陝西張劉娃姦通緦麻姪婦，刃斃恥笑之人，八傷三斷，三致，死二旬，均改實，因其亂倫逞兇也。死係平人釁起理斥而勘傷又重者，道光九年，貴州張得玉致死理斥之人，刃五，一致透，受傷抵禦；十年，湖廣向應隴謀娶姦婦，致死不允，媒説之人刃二，一致損，鐵五，二倒後，均斷有急情，均改實。其情傷較輕者，嘉慶十六年，河南王保致死理阻之人，刃三，二致一損，身先受傷，砍由抵禦；道光十四年，廣西姚善養致死理斥之人，他物三，無損折，均照緩，因其究非應捕，故分別輕重也。至死者亦係姦匪，向以兇犯妒姦及死者妒姦爲實緩界限，然成案亦不盡然。嘉慶二十二年，山西宋管重刃一，倒後鐵五，不致命；道光七年，湖廣盧光覺頭面鐵二，一損，均照緩，此兇犯妒姦而傷輕者。道光十三年，安徽范學智刃七，一致三損，一筋斷，又劃三，難以妒由死者爲解，改實。四川楊華兒以二毆，一刃，致命五，一損一透，又劃一，死懷妒忿爭，犯奪刀受傷，非預糾照實，此死者妒姦而傷重者。若死係縱姦本夫，向以因姦非因姦分輕重，因姦之案絶少，非因姦者入緩爲多，然亦有實案。嘉慶十六年，河南張文藻既姦其妻，復斃其命，摔倒迭毆，石七，又釀姦婦一命，難以釁非因姦爲解，道光十三年直隸王振興糾衆黄夜尋毆，致死縱姦本夫，按倒後，主令餘人連毆，木七，一重疊，一折，又自拾石疊毆四，二折，非因姦無致命，均改實。又，死係其餘縱姦之人，亦緩多實少，惟道光二十四年，山西岳六則死縱容之母，將姦婦許給該犯爲妻，後復領回，欲圖另嫁，其理亦曲，刃八，四致二透，又劃二，照實。此因傷多且重，即尋常婦女亦應入實也。又有死非善類而亦入實者，嘉慶十四年，河南喬殿魁革衿因姦迭毆，木石十傷，八倒後，一損，難以死者訛詐傷非致死越二旬爲解，改實。此蓋以毆情太兇而從嚴也。此姦匪致死之人種種，實緩亦種種不同，其大概如此。竊匪一項，死者如係平人，亦有應捕非應捕之判，應捕而照拒捕問擬者無論矣，應捕而照凡鬥者，情節亦較重。道光四年，山東孟安舊匪圖竊，央死者庇護不允，刃五，三透，立斃徒手捕役；七年，直隸冀盤刃斃捕役圖脱，一傷，該犯非奉票句緝之人，照凡鬥，均改實。非應捕者情節固稍輕，然亦多實案。道光五年，陝西馬孫家帶刃物各一，無損折，惟回民行竊，被人窺破竊情，挾嫌尋釁且遷怒其父，刃砍立斃；六年，山東趙道死係隨同事主往捕之人，刃頭面，二致損，死者自欲幫捕，非事主所邀，照凡鬥；十四年，四川周家保死理斥，刃四，一致透，一穿透，死非應捕，傷由抵禦，均改實。此皆以平人而從嚴也。又有非平人而入實者。嘉慶十七年，陝西馬阿卜都行竊，賠錢寢息，後未復竊，死代事主查贜，嚇令給錢，犯糾三人哄出，餘人，他物十，犯末後一傷損，死者雖非善類，犯傷少情兇，照實。道光九年，山東樊第五聽糾尋毆，將七十老人推門拉出，犯鐵九一折，難以傷非致命死亦訛詐匪徒餘人有骨損重傷爲解，改實。此皆以毆情太兇而從嚴也。若兩比皆係竊匪，自以爭贜爲重，然傷多傷重者實，傷少傷輕者爭贜非犯意則情節又輕，雖金刃至五六傷亦有緩案。更有釁非爭贜而入實者，嘉慶十五年，山東王小卧猪丐匪因其夥揚伊竊情，挾忿輪毆，死未還手，原謀情兇，未便以磚毆五傷無損折死越一旬爲解；道光六年，廣東朱試遠死者腹餓欲歸，犯逼令伺竊，不從即毆，較之爭贜斃命者尤爲可惡，刃三俱損，二致，又鐵四不致，死徒手，均改實。

一、續姦不遂，毆死悔過拒絶之姦婦者，應入情實。如死者並非悔過拒絶，因他故不允續姦而殺，及非因姦起釁致斃姦婦者，照尋常毆斃婦女之案，略爲加嚴。

按：此條未詳定於何年。乾隆四十年部議：「近來和姦殺命之案，有按謀故鬥毆本律問擬者，亦有和姦在先，後因拒姦殺死，即照强姦之例問擬立決者，惟查因姦殺人，情罪本重，即先係和姦，後因拒姦殺死之犯，秋審時無不擬入情實，較强姦殺人之犯不過稍緩須臾，從無幸逃法網，但不論强姦、和姦，概擬情實，是强姦殺死良人之罪既無可以再加，遂使失節於先之人與守節而死之人視同平等，實無以勵名節而維風化，嗣後除並未犯姦之婦女良人，若因强姦不從立時殺死，俱照例問擬斬決外，如既經和同相姦，繼因別故拒絶致被殺死者，本人既失節於先，即難與貞良並論，應仍照謀故鬥毆本律問擬監候，入於本年情實」等因。是從前殺死姦婦係秋審例實之案，迨後纂例時將「入於本年情實」句删去，不知何時又分別悔過，非悔過修定此條。凡殺死悔過拒絶者，概行入實無論矣。其因他故者亦非一端，有因無力資助者，有因與他人通姦情密者，殺死此等無恥之婦，情節較輕。又有因其翁在家恐被知覺者，有因其父看破送回夫家者，有因恐被本夫看見責打者，有因其夫回歸恐被窺破者，有因其姑管束嚴緊者，有因恐人看見及撞破者，種種情節，在死者稍知廉恥則殺之者，既喪其節，復戕其命，淫兇爲甚，情何可原？向來實緩不甚畫一。惟道光九年，四川王士順死者因身上不快，不允續姦，致命一傷，立斃徒手，外實照實。此案情節較之以前各節爲輕，而辦理則又獨嚴也。又有因死者改嫁，糾衆登門尋釁，刃斃其命者；犯欲修好，死以後夫相隨不應混提者；室女嫁後被夫盤出姦情，時加淩辱，向伊抱怨，立斃其命者；誘令同逃，死者抱怨，刃斃其命者，皆以情重入實。又有因死者失約另嫁，刃斃其命者，以情輕入緩，自是平允。綜而論之，金刃如至六傷以上，在尋常婦女，不可輕議緩決，若死係姦婦，應不論起釁因姦非因姦，一概入實。若四五傷以下，應分別輕重，酌量實緩。歷來成案甚多，亦未覩若畫一，隨案悉心比核可也。

一、乞丐斃命，並賭匪致斃賭匪之案，俱照常鬥分别實緩。若賭匪因賭起釁致斃平民，應略爲加嚴。此本平民作民人，照道光本改。

謝信齋云：「道光七年，直隸劉克勤兩賭匪四毆一犯，鐵十傷，二重疊，一折，石十八，五重疊，五損一折内，倒後二十三，惟死者因索賭欠，乘伊外出，輒至伊家鱉卧，向伊妻逼討，並揪衣亂撕，不避瓜李，略傷言情，不無一線可原，照緩。」按：此起原題本將死者突入屋内鱉卧一節删去，余以死者既有欺辱兇横之狀，兇犯即有含羞難忍之情，秋審有關比核急爲補入原題，故後得以略傷而言情從緩減死，是節删題稿，務宜平心細核，用意詳求，不可借簡招爲名，祗圖簡潔爲能，不顧秋審參核，以致誤人於死，所謂不求而死者與我皆有憾也，可不慎歟！

按：此條未詳定於何年。嘉慶年間成案無乞丐一門，蓋與常鬥不殊，即毋庸另立名目也。夫乞丐亦平人，古來英傑往往出於其中，本不得與平民歧視。條款第曰「乞丐」，而向來閲看秋審，每遇乞丐即以丐匪目之，未爲允協。惟乞丐之中亦不免有游惰兇狠之輩，如果伺竊拒捕，或倚衆逞强，或强討滋事，因而殺死平人，目之爲匪，亦復何辭。至兩比皆係乞丐，則更與常鬥相同矣。道光以後成案另列一門，實案絶少，惟咸豐三年，奉天盧舉子死逾八，木十四，六致，倒後，脚踢三，無損折，死旬餘，且係竊人穀草丐匪；四川舒狗兒糾毆，犯木十，内一斷，三微損；八年，山東楊三挾忿糾毆，石五均斷，又重疊一傷，不致命；同治九年，山西李穩按因向死者求乞無給，逞兇斃命，頭面鐵七，三致，三損，均改實。此外皆尋常緩案也。賭匪多游蕩之徒；死者（如）〔多〕係平人。道光四年，山西郝紹梅一羣賭匪，因該村社首理斥，輒將其共毆致死，犯刃四，一致透，一睛破，一透；十一年，直隸袁立先誘其義子賭博，將麥勒抵賭欠，復因死者理斥，義子用刀疊砍致命，頭面二，俱裂，末後又將其手腕砍斷脱落，死徒手婦女，未便以情急死句餘爲解，均改實。其兩比皆賭匪者，同治九年，湖廣黃九保死徒手，刃七頭面，六致，四損，三跌地後，又帶劃一，改實。十年，直隸張幅升死徒手，刃八，四致，三損四微損，二倒後，又劃四，各傷均頭面，並砍斷髮辮一綹，照實。皆傷多且重者。

一、奴婢毆死良人，仍照常鬥核其情節，分別實緩。

按：此條未詳定於何年。奴婢毆死良人定律雖擬斬候，秋審向不加重。乾隆四十四年，四川武濟布奴婢毆死良人，死兵丁，拉住伊手戲謔，並用脚踢，犯正用小刀修削指甲，隨手一攩，致傷其右髓殞命，擬實未句；四十九年朝審，關東家奴戲殺藍翎侍衛，擬實，辦理均嚴。惟六十年奉天趙瘸子家奴因賭起釁，奪刀致死良人，七傷，以親老從寬，改緩留養。又，嘉慶十六年，四川熊季貲釁，不曲，奴僕砍傷良人，二傷俱重，無急情，照實。道光四年，奉天傅旺係家奴，承種主地，嗣地入官，經人認買，犯霸種不退，死係民人，向轉租該犯之地，即向該犯納租，後知地已易主，即轉向新主交納，犯氣忿，糾雇四十餘人拔麥洩忿，復喝令攢毆立斃，照實。餘多緩案。嘉慶十八年，直隸韓勇毆死家長之無服族兄，律同凡論，拳一，脚三，死越一旬，照緩。

一、乳母悶死幼孩之案，例無明文，定案俱照乾隆二十六年諭旨擬絞。致雇主絶嗣者情實，未絶嗣者緩決。五十九年奉旨：「嗣後遇有此等案件，凡係獨子，致其宗絶嗣者，即係出於無心，亦應入於秋審情實。」

道光本無「五十九年」以下云云。蜀本「旨」下無「嗣後」云云。有「入實並未指明未絶嗣者入緩」十二字，「入實」下有「乾隆五十九年」云云。小注「入緩」下有「現在辦理無論是否絶嗣均擬情實」。小注此條乃此本所改定。

按：此項犯婦，乾隆年間查有四案，三十三年薛氏、四十一年俞氏、四十八年劉氏、六十年（即五十九年徐許氏）俱係朝審入實免句，此外未見。

又按：此條應遵照徐許氏案内諭旨，修改簡明。

一、回民毆斃人命之案，如結夥持械情兇傷重者，俱應入情實。若僅係尋常鬥毆不必加重。

志稿云：「回民之案嚴於陝甘。」

按：此條未詳定於何年。回民兇很性成，動輒逞兇惡鬥，定例以結夥持械爲重，秋審自應從嚴。如道光三年，直隸劉八結夥糾毆，灑炭灰迷目，木七，俱損折，三重疊，二倒後死，平人理曲；六年，奉天楊幅寬刃四，一折，在餘人砍傷倒地後，結夥二十餘人，情同械鬥；河南吳效曾糾衆持械尋毆，致斃護送之人，槍扎致命二，一要害透内，均改實。咸豐八年，直隸吳昇平夤夜糾衆尋毆，砍損門窗，糾往之人將死者父與弟攢毆多傷，犯刃扎死者三傷，二致，一長四寸骨折，腦出，一透内，均頭面，情兇傷重，照實，此皆結夥持械之案。又，道光八年，陝西楊文炳鐵三十餘，七致，一損，十七在倒後；十年，雲南馬棒山犯姦，刃斃理勸之婦女一傷，均改實。此死係平人之案。嘉慶十四年，陝西馬三十九聽糾幫毆，庫刀回扎一傷，死七十老人；道光十年，陝西馬計兒釁不直，木十七，二重疊，二損，倒後復扭脱左胯左骽，均改實。咸豐八年，陝西馬轉兒斧刃八，二損，一微損，鐵五，一重疊，二折，五倒地後，改實。此死係回民之案，大約情傷較重者方略加嚴，其餘亦同常鬥。

一、平人致斃番民，及番民致斃平人，俱照常鬥分別實緩。

按：此條未詳定於何年。近來此等案鮮見。嘉慶十六年，四川竹吉等苗民共毆，各斃民人一命，因與民人結親起釁，竹吉棒石四，竹只木棒三，損斷，俱實。八年，四川張善毆死搶布夷人，案情本輕，惟夷衆燒搶報復，究因該犯起釁，改實。此二案辦理皆嚴。咸豐間尚有夷民斃命之案，皆情輕入緩。

一、兵丁、差役、糧船水手毆斃人命之案，如索詐索賄，倚勢滋事，情節兇暴者，俱應入實。其餘亦照常鬥分別實緩。

按：此條未詳定於何年。糧船水手近來已無此項人，應删去。乾隆年間，新疆地方兵丁斃命之案，辦理獨嚴，餘省非情傷較重，亦不盡入實。嘉慶十七年，山東張士全革兵無干，倚衆逞兇，業已疊毆多傷，復按倒亂毆，鐵十四，八致，死未還手，未便以傷無損折爲解；二十一年，山西張成兵丁致死老婦，鐵二，理不直，難以死越旬餘爲解，均改實。道光二十一年，廣東彭仕得兵丁挾嫌誣指平人，致令受傷淹斃，照實。光緒五年，福建張得升營兵糾衆，夤夜尋毆，致斃無干之人，犯刃三，一致，一將手砍落，並戳傷過路攔勸之人，事後復串供狡卸，改實。八年，福建石虎彪勇丁因姦刃斃平人，情傷均重，改實。此兵丁實案。嘉慶二十四年，山東朱東鳳以縣役爲地保爪牙，聽從訛詐，妄拏無辜，首先揪住按倒，拕拉於衆人，毆倒多傷後，脚踢腎囊致死；道光九年四川楊大順差役以不干己事，無端搜查，二人毆一，死七十老婦，犯石一致損，實屬藉勢滋擾，均改實。光緒八年，奉天劉起才差役疑賭妄拏，黄夜持械進屋搜查，致斃平人，刃五均頭面，二致，四損，情近倚勢滋擾，改實。此差役實案。大約兵役殺人之案，倚勢滋擾者多，索賄索詐者少，地方官☞回護處分，不肯深（求）〔究〕也。乾隆四十二年雲南王萬年、四十四年江蘇盛七皆係蠹役詐贜斃命，趕入情實。又，道光二十五年，安徽張泳汰死係殺人應抵正兇，犯係奉差往拏之人，定案時以該犯有挾嫌索詐情節，仍按共毆擬抵，不無可原，照緩。光緒七年，直隷劉開汰已革地方，因索討賄和錢文，刃四，一致透，復另傷説合之人，照緩，不准留。此二案又係從寬者。

一、毆斃兵丁差役之案，如情同拒捕者，俱應入實。其餘亦照常鬥分別實緩。

按：此條未詳定於何年。平人殺死兵役之案，由於兵役倚勢滋擾，忿激致死者多，其情大可原宥，若係有干律擬之人，情同拒捕，雖傷輕亦應入實。嘉慶二十五年，四川羅家庚聽從竊匪糾毆，刃斃攔勸之官役，一傷不致命，雖死非應捕，惟該犯袒庇竊匪，且另傷（喝）〔揭〕破竊情之人，濟惡逞兇，毋庸論其傷之輕重。河南馬妮子死者雖非奉票差拘，究有緝捕之責，犯因伊弟行竊被獲，求釋不允，將死者推倒，磚七，一損，又係兄弟一按一毆，死未還手，均改實。咸豐三年，四川董憘生竊匪以贜已首還，不肯赴審，被扭被按，刃三不致死，差役改實。此皆情同拒捕，故傷不重而入實。若死係兵役，而案照凡鬥傷不甚重，自應入於緩決。道光十一年，四川劉庭受死差役，刃一，二致折，惟被扭情急，犯非死者所緝正賊；十三年，奉天邵六犯出外尋工，攜鳥鎗防身，死奉票緝拏越邊之人，疑係越邊查訊，死雖旗兵，犯非拒捕，刃三，有急情，二起俱照凡鬥外緩照緩。

一、在押人犯毆斃人命，仍核其本案情傷輕重，分別實緩。

按：此條未詳定於何年。在押斃命與在監殺人有間，故向多緩案。如死係同押之人，自應仍照常鬥分別實緩。若死係應捕之人，即與同押之人有異，輕重當分別。嘉慶二十四年，山西霍晚輔竊匪在押，毆斃捕役，鐵四，二致，皆在倒後，惟因死者向索代賠飯錢起釁，情非拒捕，各傷亦無損折；道光十一年，四川唐希在押致死差役，木三，二致，一透，釁起口角，另犯訛詐錢文，罪止擬軍，向不加重，均照緩。此起釁情輕者。道光八年，湖廣劉幺竊匪在押逃走，致死攔阻婦女，他物一傷，死非應捕，該犯將其毆倒後未及走脱，又將捕役致傷，是死即係幫同向捕之人；九年奉天音得保教令誘拐婦女被獲在押，刃戳看守旗兵一傷；原題犯固有罪，惟死者接班看押，將伊鎖住，不容寢睡，與藉差陵虐無異，照差役奉票而藉差陵虐致被毆死例，以凡鬥擬絞，其實死者並無實在陵虐情節，均改實。同治七年，直隸李大水竊匪在押傷人，因看役欲加手銬，逞兇致死，刃四，一致損，又劃二，復刃傷一人，定案時因死者並不禀官，輒擅用手銬，情近陵虐，照凡鬥間擬，究係積匪刃斃看役之案，死者亦無實在陵虐重情，改實。此起釁情重者。至監獄重地而敢於殺人藐法，逞兇情節較重，向多實案。嘉慶十年，四川孔占元軍犯，在監毆死搶奪殺人之犯，他物二，理直；十八年，直隸譚紀中因刃傷，人在監毆死同監絞犯，鐵二；二十五年，直隸陳阿著徒犯，在監羈禁，毆死同監絞犯；十三年，直隸劉起遺犯，在監毆死禁卒，磁四，一損，口角起釁情急，均照實。又，十二年，四川佘吴受流犯，在監毆死人命，石一致，改實。十九年，四川李卯軍犯，在監毆死軍犯，奪柴二傷，因買肉同食，犯食肉過多起釁，照實。同治九年，熱河王鈺春軍犯，在監毆死同監人犯，木二致，微損，因索欠起釁，改實，皆以其藐法，傷雖輕而從重也。惟嘉慶十年，四川吴允隴外監罪止枷責，賊犯毆死同監輕罪之人，死揭短石一；道光十六年，雲南李有軍犯，在監毆死人命，釁起索欠，他物一傷；十九年，江西劉老三軍犯，毆死同監人犯，因死者與人口角，該犯拉勸，被毆搪抵，手上鐵鐐抵傷。此三起皆照緩，蓋以情傷較輕也，條款未經議及在監一層，應補。

一、部民毆本管官，折傷刃傷者，俱擬情實。其非本管官以凡鬥論之案，如死者理曲，自取陵辱，情傷俱輕者，可以緩決，餘俱入實。

按：此條未詳定於何年。毆官之案向從重，此犯上之風不可長也。本管官固屬例實，即非本管官以凡鬥論者，亦多實案。乾隆五十六年，直隸王成玉係尚書，已退轎夫毆死王府護軍，手足一傷，釁不曲，照實。嘉慶十七年，廣東鄒升犯雖非外委本營所屬兵丁，既經派出隨同捕賊，即屬本管，因頂撞畏責，刃劃三傷，原題依毆傷擬流，部駁改照折傷擬絞，照實。道光二年，陝西楊逢才該村違制演戲，典史奉委查禁，該鄉約抗違被責，復恐帶縣，喝（命）〔令〕該犯將典史連踢兩傷，係部民不服拘拏，毆傷本官，雖首犯業已正法，犯上之風斷不可長，且查嘉慶九年有魏跟隨兒毆傷知縣一案，係會場聚賭滋事，該縣彈壓，該犯等與書吏爭鬧，用泥土向擲，該縣亦被誤擲致傷，本部以部民不服彈壓，擲傷本管官改實，奉旨免句在案。此起係典史被毆，較知縣微輕，舉脚連踢，則較誤擲爲重，未便以聽從下手非挺身滋鬧爲解，改實免句。四年，江蘇郁盛先死千總船過閘河，拉落跳板，船户業已賠錢，該犯嫌少，取篙作抵，將水手擲傷，死向伊理斥，與自取陵辱者不同，犯以閘夫賤役逞兇犯上，倚衆毆官，倒地後，復攢毆多傷致死，雖非本管官，亦難以傷係他物毆非預糾爲解，照實。以上各起，鄒升本管官也，王成玉、郁盛先二起非本管官也，楊逢才一起則係部民不服拘拏逞兇毆官已傷者，照光棍爲從例擬絞者也。又有嘉慶十七年朝審，套兒步甲毆死驍騎校，毆情甚輕，惟案照軍民毆死現任官員例斬候，似不得與凡鬥並論入實。此毆死在京現任官員照毆死本管官之例擬斬者也。其以凡論者，有道光六年，直隸張麽伊弟賭博，該犯既不知情，雖係拏賭官弁，該犯又係犯時不知身先受傷，木二，一致，原題聲明疑係假差，仍照凡鬥；八年，四川楊毛狗死汎官，惟犯時不知以凡論，嚇戳一傷，死近三旬，且該犯開剥死牛例得勿論，本屬無罪之人，均照緩。

一、官司差人追征錢糧、句攝公事、抗拒不服、毆差致死之案，原以該犯非有罪之人，故不以罪人拒捕論，秋審亦當分別情傷，以定實緩。

道光末年本，蜀本段末有「如情同拒捕者，俱應入實」。道光初年本與此同。

按：此條未詳定於何年。既不以拒捕論，又何情同拒捕之可言。段末二句不添爲是；道光初年本原無此二句也，拒捕律折傷者絞，殺人者斬，此律篤疾者絞，死者斬，輕重本自不同，則秋審亦應有區別，不得以偶然抗拒俱入情實也。向來成案入緩者多，惟道光二十八年，陝甘馬殿榮拒毆致死差役，槍桿九，三致，三倒後，情傷較重，雖犯非有罪之人，且伊母病故，欲俟喪事完畢自行投案，與有心抗拒不同，傷係他物，亦無損折，照實。二十九年，陝甘杜國法拒毆致死差役，刃二，又劃三，倒後木五，二致一折，一重疊，情傷較重，雖該犯因妻病重不能分身前往聽審，其欠錢亦情願帶還銷案，與有心抗拒者有間，照實。此二起情節亦尚可原，特介在實緩之間，外既擬實，不便改耳。

秋審比校條款附案　卷三

盗搶竊

一、姦職官妻者，姦夫、姦婦俱入情實。如姦婦係再醮者，將姦婦入緩。至姦夫係平人，姦婦亦係再醮，則姦夫似亦可酌緩。

按：此條未詳定於何年。道光初年本「者」下無「姦夫姦婦」四字，無「如姦婦」以下云云。各本「如姦婦」以下係小注。嘉慶九年湖廣尹楚英案内，「把總之妻與人姦，係再醮之婦，入緩」。此文蓋即據此案增定。道光十二年朝審，張大係民人，與閒散世職一等輕車都尉郭興隅之妻韓氏通姦，俱實。此據謝本抄本作「俱緩」，恐誤，記查。光緒九年，貴州王氏職官再醮之婦與舊僕通姦，雖較平人爲重，究係再醮之婦，照緩。職官妻犯姦入情實者，以其係命婦也。再醮例不得膺誥命，不得正其名爲職官之妻。姦婦可寬，若將姦夫入實，似未平允，以俱緩爲是。且此條例已嚴厲，本意重在姦婦，不在姦夫。今姦婦既寬，則姦夫自應一例從寬也。

一、輪姦爲從，及强姦已成，無論曾否傷人，並誘姦幼女幼童，雖和同强之案，俱應入情實。若冒姦已成之案，究與强姦不同，可以緩決。

乾隆三十二年條款：「强姦已成，在應擬情實二十八款之内。輪姦爲從，本照光棍例。光棍爲從，亦在二十八款之内。故不復見也。」

按：此條未詳何年增定。輪姦已成及强姦已成，二項向無緩案。誘姦幼女幼童，亦多入實，如恭逢恩詔，可以酌緩。嘉慶元年直隸崔三和姦十一歲幼童，道光三十年湖廣宋四淋誘姦十二幼女，同治四年河南高師子誘姦十二幼女，均酌入緩決。因與實犯强姦不同，故得援恩從寬也。又道光二十三年朝審，岡三逼允成姦，僅止空言嚇唬，尚無損膚裂衣重情，且被姦之女年已十四，與十二以下雖和同强者有別，定案時從嚴，照强姦律擬絞，聲明朝審時分別辦理，自應寬其一線緩。此起，蓋界强與和之間，故從寬也。至冒姦之案，嘉慶七年，（直）隸劉太冒姦已成，本婦未自盡，照緩。十二年，山東孫奇强姦未成，致本婦自盡，部改冒姦照實句。又二十五年，直隸段法祥改實。部議云：「查冒姦之案，律與强姦同科。秋審以本婦自盡者入實，本婦未經自盡，或臨時本婦知覺，該犯有强暴情形，本婦欲行自盡，經救得生各等情，亦應擬實。此起冒姦無强暴情形，本婦知覺亦無羞忿之意，至先曾另犯索欠挾制逼姦一婦，强合和成，律止滿杖。惟究係兩污良婦，竟難不實。」

一、因盜而强姦未成，應入情實。

按：此條未詳定於何年。道光十四年，四川趙長生等竊匪强姦婦女。趙長生雖未成姦，業已幫同揿按，實。張老麽年甫十五，僅止摇動火繩，無幫按情事，緩，略有區别。此起全案未見，似係照竊盜强姦、同謀姦而未成者擬絞，故有幫按、未幫按之分。較之强姦本律，强捉未成姦者問流罪，輪姦已成未同姦者亦無死罪，其例本較重也。

一、因姦因盜威逼人致死者，俱入情實。

乾隆三十二年條款在應擬情實二十八款之内。此條有小注：道光四年奏定章程「竊賊遺火燒斃事主」云云與後條重複，應删。各本皆無。

按嘉慶十五年，江蘇張黄進夥謀搶嫁孀婦未成，致令自盡，照因姦威逼人致死。該犯因病未行，並非畏罪中止；道光十二年，廣西盧士海糾夥搶奪，致事主驚慌逃避，落水身死，比照因盜威逼人致死，均外緩改實。又道光十二年，山西楊玉發調姦童養子媳，不從，疊毆致死，照因姦威逼，照實。惟道光十年，奉天甯發行竊綿被，不知被内裹有幼孩，用（胳）膊夾住行走出屋，不期幼孩被夾氣閉殞命，比照因盜威逼緩，遇赦監禁三年。

一、因姦盜毆斃無辜平人，情傷較重者，應入情實。

道光本無「情傷較重」四字，係後來增入。

按：此條未詳定於何年，應與上卷姦匪竊匪一條參看。又按嘉慶、道光以後，此等案件緩多實少，故「情傷較重」四字，似可修併於上卷一條之内。

一、語言調戲致婦女及良人子弟羞忿自盡，並污蔑姦情致婦女忿激自盡者，俱應入情實。小注按：語言調戲致本婦羞忿自盡之案，如無手足句引情狀，向俱於黄册内聲叙，俱蒙恩免句，情實一次後改入緩決。

按：雍正十一年定例，强姦未成，及但經調戲，本婦羞忿自盡之案，秋審時俱擬情實。乾隆三年改爲分别實緩奏請定奪。五年，福建蕭充一案，撫實，九卿改緩，奉旨申飭維風化也。此後復概入情實。七年，奉旨，如果一線可原，仍當免句。既經一次免句之後，下年即可改爲緩決。如係停止，句到之年入情實者，下年不得即改緩決。嗣後歷年遵照辦理。凡有手足句引情狀者句決。僅止語言調戲者免句。惟道光二十二年，山東、直隸秋審句到。因山東省一年之内語言調戲致婦女自盡之案有五起之多，曾奉上諭，謂地方官狃於救生不救死之説，有心輕縱，詔旨切責。是年直隸張二壯一起奉旨句決。此偶然從嚴，不爲常例也。至手足句引之外有别項重情，亦予句決者。如嘉慶五年，江蘇張老四語言調戲，致夫婦二人自盡；十五年，河南黄作北語言調戲，致夫自盡，伊妻亦畏累自盡，均句決。十六年，河南張喬死係前夫因貧改嫁之妻，犯圖姦未成，主使穢罵，致婦自盡。原題因係賣休之婦，減流。部改本律絞，實句。十二年，陝西王三桂子夤夜入室，圖姦拒傷嫂氏，致氏自盡，雖無手足句引，乾隆五十四年，江西陳國章見大功堂兄之女在房梳洗，進房用言調戲，致令自縊，均句決。五十五年，湖廣賀俊向族妹出言戲謔，收禁縣監，江水泛溢衝塌監獄，犯逃匿被獲。調姦釀命，復脱監逃匿，句決。光緒六年，四川劉仁惠調姦致本婦自盡，雖無手足句引情狀，惟死者之姑聞喊攏拏，該犯輒毆敲多傷，較僅止語言調戲之案爲重，句決。惟嘉慶十年，河南李黑調姦致本婦自盡，被撞向推情因圖脱實，免句。此則於情重之中稍示區别者也。又有恭逢恩詔者，嘉慶元年，直隸劉十拉手圖姦，致本婦自盡，入情實，句決。咸豐二年安徽王桂手，同治二年山西趙幅、來保，五年江蘇胡五，均係拉手調戲，遇赦酌緩，又較前案從寬矣。至調戲致本夫羞忿自盡，乾隆三十四年湖廣劉大俊照實免句，嘉慶十七年廣東李陽竈（受）〔緩〕改實，道光六年河南陶德照實，既與本婦同科，當亦未句也。又謝信齋謂例内强姦内外緦麻以上親及緦麻以上親之妻，或但經調戲，其夫與父母親屬及本婦羞忿自盡者，俱擬斬候。此等調姦之犯與無關服制不同，如情實一次免句之後，下年仍應入實，不得率行改緩。道光年間直隸有案，其案現無可考。以王三桂子、陳國章二起爲比，則竟在應句之列，此當進案酌定者。又有先與通姦，於悔過拒絶後，復向調戲，致令自盡之案。如同治十二年直隸趙保太一起，定案時仍以良婦論，將該犯擬絞。秋審時因與良婦究有不同，議酌入緩。應查是年檔案，是實是緩，以備比核。又婦女因人褻語戲謔羞忿自盡，如係並無他故，輒以戲言覿面相狎者，既照但經調戲本婦羞忿自盡例擬絞，即一體入實。道光三年，河南周五報褻語戲謔，致本婦自盡，照實。江蘇王連科改實。至良人子弟自盡，與下條男子被調姦一條無可分別，似應將此條「良人子弟」刪去，於下條酌量修改。疑此條在先，下條係續增，故與此條不甚相符也。若誣姦釀命之案無不入實者，以污人名節，情節較重。如止空言污衊，未經書寫字帖者，逢恩可以酌緩。又嘉慶二十年，廣西鄧顯國誣姦索詐，希圖恐嚇得贓，致無辜僧人被逼自盡，改實。此亦比照辦理者。

一、與夫兄弟通姦者，應入情實。如始終俱係被逼無奈，亦可酌議緩決。

按：此條未詳定於何年。事關內亂，固不可過寬。然乾隆五十六年朝審，扎郎阿與胞兄繼妻章佳氏通姦，挾制嚇取財物。該氏恐伊子被扎郎阿陷害，遂將姦情自首。奉旨案關倫紀，其罪本無可寬，但念章佳氏因伊夫在外，恐幼子被害，致夫絕嗣，尚有不忍致死其夫之心，與尚有可原者相等，業將章佳氏改入緩決。是以扎郎阿一併免勾。則此等案件如果情有可原，自當寬其一線。近年如同治十年，江西淩氏與夫胞叔通姦，由被夫逼勒勉從，當經訴知其姑避往母家未返，實與甘心淫亂者不同，至伊夫被胞妹致死，亦由別故起釁，並非因姦，照緩。此因其夫之死與姦無涉而從寬者。又如嘉慶十一年福建游氏被夫兄嚇逼成姦，咸豐五年山西張氏被小功姪嚇逼成姦，光緒十一年河南李氏被夫兄嚇逼成姦，均外緩照緩。惟道光十六年，四川唐氏因蔣世發係伊夫蔣世沅胞兄，伊夫出繼，降服大功，蔣世發向該氏逼姦勉從，已非一次，嗣伊夫黑夜獲姦，將蔣世發殺死，犯時不知，照律勿論。該氏比照姦出嫁祖姑、從祖伯叔姑律，絞候。姦通降服大功夫兄，致姦夫被本夫登時殺死，亂倫釀命，難以被逼勉從爲解，照實。

一、穢語村辱婦女，致令輕生，又致其夫痛妻自盡者，例內載明入緩，應遵照辦理。

按：此條例文係嘉慶二十年恭奉諭旨，纂定爲例。因川督題李潮敦因與章王氏口角，穢語村辱，致氏與夫章有富先後自縊身死。原題比照威逼人致死一家二命例問擬充軍，所擬尚輕也。段未［末］二語可改「入於緩決」四字。道光二十二年，陝西蔡四穢語村辱，致姑嫂二人俱羞忿自盡，係比照此例定擬緩。

一、男子被調戲羞忿自盡，比照強姦未成，或比照本婦羞忿自盡例定擬。僅止空言調戲者可緩。

按：上條良人子弟羞忿自盡，此條之男子被調姦羞忿自盡也。兩條相複，應將「應入情實」之語修併於此。乾隆五十四年，奉天董静川調姦男子，致令羞忿自盡，改實未句。男子與男子羣居共處，互相戲謔，事所恒有，非若婦女之禮應遠嫌也。如止空言調戲，情節尚輕，入緩似不爲縱。乃道光二十七年河南韓樂幅語言調戲，致良家子弟羞忿自盡，外緩改實，何也？豈良家子弟與男子果有分别歟？抑因條款兩歧，遂致辦法亦兩歧歟？二十八年，山西謝汝鞍强姦男子未成，致令自盡，照實。此有强情，非空言調戲可比，入實宜也。今擬將上條「良人子弟」一層删去，而改定此條曰「男子被人調姦或强姦未成羞忿自盡者，應入情實。如僅止空言調戲者，可緩」。

一、兄收弟妻、弟收兄妻之案，自乾隆五十九年奉旨，由父母主婚者，男女應擬絞候，定例後俱擬情實。近年由父母主婚，男女勉從，並無先行通姦情事，因例有「核其情節另行定擬」之文，以鄉愚不知例禁，原情擬緩，將來自可照辦。

道光初年本云：「一、兄亡收嫂，弟亡收弟婦，罪犯應死之案。其實係鄉愚不知例禁，曾向親屬地保告知成婚者，男女各擬絞監候，秋審入於情實。如由父母主令婚配，男女仍擬絞監候，秋審時核其情罪另行定擬。例内已有明文，應遵照辦理。」

按：道光本係照例文節録。此條未詳何時所改轉，不明晰。五十九年乃四十九年之譌。又此條本律係各絞，因其爲亂倫之大者也。乾隆四十九年奉尹題：「高九聽從伊父高志禮主婚，與弟妻楊氏婚配，將高九、楊氏絞決一案，經部以該犯等既由父母主婚，律得減等科斷。若照律各絞，是卑幼自行犯法，與聽從尊長者無所區别，駮令另行審題。」奉旨，嗣後似此事由父母主婚，雖係罪坐主婚而男女應行減等，似應改擬絞候，著刑部堂官詳晰定擬。復經部奏准。嗣後兄亡收嫂、弟亡收弟婦，雖事由父母主婚，其聽從之男女，各擬絞監候，秋審時核其情罪，另行定擬。嘉慶十七年，刑部審奏史霱科收弟婦爲妻一案，將史霱科依律擬絞立決。奉旨，律載兄姦弟妻和者緩決。今該犯收弟婦李氏爲妻時，曾與李泳年商明，並告知地保。核其情節實係鄉愚不知例禁，並無先姦後娶情事。若與兄姦弟妻者一律決，未免無所區别。史霱科著改爲絞監候，入於明年朝審情實。嗣後有似此兄收弟妻審明實係鄉愚無知誤蹈瀆倫之罪者，俱著照此案辦理。此例文修改之原委也。高九、楊氏入於乾隆五十一年秋審情實，免句。此後惟嘉慶十四年，湖廣吕氏與夫兄成婚未便以勉從姑命爲解，改實。道光十五年，奉天孫六子兄亡收嫂爲妻，復致斃其命，蔑倫逞兇，雖胞叔主婚，照實。此外如嘉慶二十二年，劉海弟收兄妻係伊父主婚逼迫勉從，且婚配未逾月，即因伊嫂自盡破案。道光四年，直隸范氏夫亡改嫁夫弟，係由夫叔主婚，即與父母之命無異，且夫弟業出繼，較之期親服制亦有不同。奉天趙文山、關氏因趙文山之父以長子逃走多年，主令趙文山與關氏配合，趙文山未敢應允，伊父並向關氏之母商允，趙文山等不敢拗，邀請族友完婚；陝西陳受時收弟婦爲妾，係聽從母命；直隸馬氏夫亡嫁與夫兄爲室，由父母主婚，均照緩。嫁娶違律，父母主婚，獨坐主婚，男女不坐。餘親主婚，男女得減一等。此因係兄弟妻，僅由立決改監候，定案時已屬從嚴，秋審自應從寬也。

此條擬改定曰：「一、兄收弟妻、弟收兄妻之案，實係鄉愚不知例禁，曾向親屬地保告知，成婚男女各擬絞候者，入於情實。如由父母及餘親主婚者，酌入緩決。」

一、誣執夫兄欺姦者，應入情實。

按：此條未詳何年所定。誣執必有所因，不過家庭細故乃遽陷夫兄於重辟，情殊險惡，自難不實。惟成案未見。

一、姦夫圖脱拒捕刃傷折傷者，亦與竊盜圖脱拒捕一律，分別實緩，特不以姦所加重。如係强姦、輪姦未成，因而拒捕刃傷者，應入情實。

按：此條未詳定於何年，應與後竊盜拒捕條參看。大約四傷以上者即不輕議緩決。咸豐八年，陝西張薛虎子姦匪拒捕，奪刀連砍本夫四傷，雖有掙不脱身急情，改實。三傷以下可以入緩，然亦有入實者。嘉慶十一年，四川趙順被戳，奪刀一劃一扎，致釀姦婦二命，照實。十四年，四川唐允富姦夫圖脱拒捕，折傷本夫二齒，雖與毆致成廢不同，即姦婦自殺其夫，該犯亦不知情，惟拒折本夫二齒，又釀成滅倫重案，改實。道光十三年，河南葛妮子姦拐，刃傷應捉姦之人二傷，格鬥復將被拐之人引領逃逸，照實。二十年，奉天金明姦夫於本夫問知姦情畏兇移居之後，復往續姦，刃傷本夫，較之被捕圖脱拒傷爲重，雖砍止一傷，改實，皆情節較重者也。其在姦所刃傷不加重。道光三年，四川吳土地部查姦盜向係同科，姦夫姦所拒捕，似與事後拒捕不同，然定例竊盜盜所臨時拒捕刃傷事主，例應斬候，與圖脱拒捕者罪止絞候輕重懸殊。至姦匪刃傷捉姦之人，則例内並無姦所拒捕及圖脱拒捕分別定擬之文。此起姦夫拒傷應捉姦之人，雖未離姦所，究止刃扎一傷，照緩。此與條款相符者也。至强姦、輪姦拒捕刃傷，無論傷之輕重多寡，均應入實。下文强姦未成刃傷本婦一層，似可修併於此條。强姦例内有「執持金刃兇器」之文，輪姦例内無「拒捕刃傷」之語，應即照强姦科斷。今擬將段末之文改定曰：「如係强姦、輪姦未成，執持金刃兇器戳傷本婦，及拒捕致傷其夫與父母並有服親屬，不論傷之輕重多寡，均入情實。」

一、强姦未成、刃傷本婦者，俱入情實。

按：上條强姦未成拒捕刃傷，本婦已包在内，母〔毋〕庸另立專條。惟雍正十一年定例，强姦未成，本婦羞忿自盡之案，俱擬情實。條款内未見，似應將此條改定曰：「一、强姦未成，本婦羞忿自盡者，應入情實。」或將此條删去，而將「本婦自盡」一層修併於「語言調戲」一條之内。道光本、蜀本「强姦」下有「調姦」二字。現行例内調姦刃傷僅擬極邊，自可毋庸置議。

一、因姦拒捕傷人案内，或致姦婦被殺，或致姦婦自盡，其犯姦本罪律止擬徒者，仍核其拒捕情形，分别實緩，不必加重。

按：此條未詳定於何年。嘉慶二十二年，河南毛青安姦匪事後圖脱，刃扎氏翁一傷，又釀姦婦一命。二十四年，河南劉長春姦夫圖脱，刃扎三傷，又一劃傷，姦婦羞愧自盡，係輕罪不議。二十五年，直隸孔梆子因在姦婦屋内被姦婦之父姦所捉獲，登時勒斃姦婦。例内父母捉姦，其應擬罪名，悉與本夫同科。按：本夫於姦所獲姦，登時將姦婦殺死，姦夫當時脱逃，後被拏獲到官，審明姦情是實，該犯已罪應絞候。乃該犯復因圖脱，刃拒姦婦之父，三傷兩扎一劃，均照緩。道光十一年，直隸李莘與劉長春案同，亦照緩。孔梆子一案係兩犯死罪，亦未加重。

一、姦夫擬抵之案，如係姦有服親屬，有關内亂（外姻不在内），並僧人犯姦者，俱應入情實。餘俱緩決。

按：此條未詳定於何年。小注，道光初年本無，末年本有。「有關内亂」四字，似當删去。有服親屬不盡在内亂之列也。乾隆六十年，浙江王孝孜姦緦麻弟妻，致令被殺，照實。嘉慶十一年，四川謝應禄姦通大功弟妻，致令被殺；二十二年，江蘇張沅姦通緦服嬸，致被夫慘殺；道光十五年，四川趙輝中姦通緦兄妻，致被慘殺，均實。嘉慶十四年，四川龍榮富調姦大功兄妻，致本婦被夫慘殺。原題聲明：「成姦即在頃刻，與通姦被殺無異，比例擬絞，照實。」至外姻親屬，嘉慶十八年，四川經思才姦通外姻緦麻姑表兄之妻，本婦被殺，照緩。道光九年，浙江曾男林姦通外姻小功尊屬之妻，致本婦被殺，照實。兩案實緩不同。殆後一案因係尊屬之妻而從重歟。至僧人犯姦擬抵者，嘉慶十三年江蘇玉亭，道光十年廣東方茂，均照緩，均未遵照條款。如無別項重情，似亦不妨稍寬，姦婦之命不必有人實抵也。此條應否修改，存參。

一、圖財强賣疎遠親屬，如圖吞產業以致釀命，或强嫁孀婦與人爲妻妾，致被姦污者，俱應入實。若僅圖財禮，尚未釀命，及被賣之人未被姦污者，可以緩決。

乾隆三十二年條款云，「圖財强賣疎遠親屬之案，如因圖吞產業，强將孀婦搶賣，其婦不甘失節自盡者，應入情實。若並無謀產，僅止貪圖財禮，因而搶嫁，倘未釀成人命者，可以緩決。」志稿云：「此條以釀命不釀命爲斷。」

按：此條未詳何年所改。乾隆條款以釀命、不釀命爲實緩界限。例內婦女自盡本較僅止搶賣者罪名爲重。此條添入强嫁姦污一層，而强嫁例内疎遠親屬並無死罪，恐有錯誤，應修。此項成案甚少。嘉慶二十一年，江蘇陳丙圖財糾搶族妹之女，按拉嚇禁，嫁賣得賍，致令良婦失節，因係無服親屬，不與凡人夥搶爲首同科，斬決。道光六年，河南李成楚夥衆强搶嫁賣無服親之妻，致令良婦失節，均改實。

一、誘拐略賣人口，被誘之人不知情案件，如被誘之人尚無下落，或誘拐二三案同時並發，内有一人尚無下落，並拐回姦宿暨轉賣爲娼，及拐逃不從而毆迫者，俱應入情實。如無前項情節，雖誘拐多次，被拐之人均已給親完聚，俱可緩決。小注案：道光十九年奏明，如僅有下落，尚未給親完聚者，入緩，監禁十年，方准減等。

乾隆三十二年條款云，「誘拐案件如係用藥術迷拐，並拐賣多人爲首，及被誘之人無著，並拐回引誘姦宿，或先係和誘後復毆逼者，應入情實。其餘如無前項情節，且被誘之人已給親完聚者，可以緩決。」志稿云：「此等案情比之謀殺人傷而未死者究屬稍輕，比之誣告人死罪未決者相等。若拐後有姦及轉賣爲娼等情，則從重論。」

道光本段首云：「一、誘拐不知情及强略人口賣與外境外人之案，如係用藥迷拐，及被拐之人尚無下落」，如僅有下落尚未入緩，監禁十年方準減等。追出給親完聚者，道光十九年奏准通行。下接「或誘拐二三案」云云，無後小注。用藥迷拐之例已改斬決，故此本删去。

按：此條未詳何年修改。現在辦法惟「用藥迷拐」例文已改「拐賣多人」，爲首亦不加重。其餘大概相同。道光十九年，刑部以略誘之案，被誘之人如未給親完聚者入實，業已給親完聚者入緩。近來亦有雖未給親完聚但經供有下落即入緩決成案。惟思所拐幼孩雖有下落，其究竟能否給親完聚，尚在未定。此等人犯若入緩後，將來即准減等，未免與實已親完聚者無所區别。議令仍應飭令查明被誘之人，如果給親完聚，該犯於緩決三次後，准其減等。倘未給親完聚，應將該犯暫行監禁，統計前後，予以十年限期，俟限滿方准減等。奏准通行，現在遵照辦理。如誘拐多人而內有一人病故者，嘉慶二十五年，江蘇楊金大兩拐幼女，一拐婢女，同時並發，內一幼女在買主家病故，雖其父領埋，生前究未完聚，改實。同治六年，江蘇蔣泳幅誘拐幼孩八人，尚未賣出即被拏獲，內二人於到案後病故，雖與給親完聚有間，較之賣出後查無下落者不同，照緩。二起一實一緩，惟生前雖未完聚，究有下落，似可從寬辦理。又如嘉慶十四年，浙江金阿三誘拐不從，刃傷幼童，改實。道光二十六年朝審，李三略誘幼孩，業已嚇逼閹割，咸豐元年朝審，劉狗兒略誘幼孩業已轉賣閹割，均實。此三案皆較毆迫爲重，自應入實。咸豐八年，廣東常太誘拐子女二次，均已給親完聚，內一人被轉賣之人毆打，與該犯毆迫有間；同治八年朝審，劉氏誘拐幼孩，因其欲走，責打未傷，已給親完聚，均緩。此三案皆毆迫之情輕者，入緩亦不爲縱。又兩犯誘拐者，道光三年廣東岑亞秀先犯誘拐遇赦釋免，復犯誘拐緩。又誘拐婢女者。道光三年，廣東劉亞淩誘拐無服親奴婢，與良人子女不同。查嘉慶十三年，該省梁亞六係誘拐婦女轉賣，未經查獲，曾經照緩。婢女依人生活，所親者並非其親，緩，留養。又嫁賣與人成婚者。道光二十二年，福建魏氏誘拐婦女，致令失節，究與强賣爲娼不同，已給親完聚；二十八年，湖廣袁秉心誘拐婦女嫁賣與人成婚，究與自行姦污者不同，均照緩。至誘拐疊次同時並發，較赦後復犯者爲輕。兩犯誘拐既有緩案，則此項自不能從嚴，故歷年無不入緩。又比照人口出境者，道光十一年四川陳玉才、施木匠均緩。又乾隆三十三年新疆齊勒保將有夫回婦誘拐，回家賣與外藩。緩。

一、略賣因而殺人，或致被殺者，俱應情實。

按：此條未詳定於何年。乾隆四十一年，四川吴世賢誘拐殺人，照實。此等情較重，自難不實。

一、誘拐致其人親屬自盡之案，有仍照誘拐不知情擬絞者，有照略賣殺人擬斬者，俱應情實。

按：此條未詳定於何年。情節較上條爲輕，較未釀命者爲重，亦難不實。成案未見，蓋例實之案，故不録也。

一、强奪良家婦女姦占爲妻妾之案，如本婦先經願嫁，從中被人阻撓，該犯搶回姦污者，酌入緩決。若無前項可原情節，係毆逼成姦者，則入情實。

乾隆三十二年條款云：「强奪良家妻女占爲妻妾之案，如有挾忿搶奪毆逼强姦者，應入情實。其餘如被人哄騙，尚非强搶行姦，並無毆逼情形者，可以緩決。」志稿云：「强搶妻女內，惟曾經許嫁未曾下禮，爭搶有因，及兩姓互爭一女，互相搶奪，與並未逼姦成婚者，可緩。此等案情總以（已）未成姦爲輕重。」

道光初年本「之案」下有「俱應情實，從前間有因」九字，無「如」字。「緩決若」下無「無前項可原情節係」八字。

按：今本未詳何年改定，似覺不甚分明。前節專指本婦願嫁者言，後節專指毆逼者言。如非先經願嫁而又非毆逼者，實乎？緩乎？且先經願嫁者，多係孀婦曾經媒説者。若室女婚姻聽命於父母，安得有先經願嫁之事？則强搶室女而姦占者，實、緩如何分別乎？竊謂志稿以（已）未成姦爲輕重界限最爲分明。如嘉慶二十五年，陝西焦月娃謀娶不遂，糾衆攔搶同族孀婦，强逼成婚，照實。道光十年，山東任建媒説良家婦女未允，輒糾衆强搶姦占爲妻，未便以被搶之婦先曾被休改嫁爲解，本欲改嫁，誼屬瓜葛休並棄，非因姦。原題照良家。改實。十一年，雲南劉連生因伊父欲娶龔三妹與伊爲妻，媒説不允，經伊父强搶至家，聲言且緩成婚，犯乘伊父外出，强逼姦污，照實。十六年，貴州甘原棒强搶曾經犯姦悔過自新之婦爲妾，嚇逼成姦。外尾［委］以究係曾經犯姦之婦與明知良婦姦占者有間，入緩，部改實。又嘉慶六年，浙江陳紅圓强奪姦占，聞拏投首，仍科本罪，照實。以上各案皆已成姦者。任建一起係被休改嫁之婦，劉連生一起伊父起意糾搶，甘原棒一起係曾經犯姦之婦，陳紅圓一起係自首之犯，均不得稍寬。此條款原有俱入情實之文，足可相證也。其已成姦而入緩者，如嘉慶十七年江蘇陳二成，二十二年陝西李有義，道光四年河南邵枚卜，五年四川楊通詩，十一年江蘇米天成，各起皆以本婦先欲改嫁，與强搶良婦致令失節者有間，入緩自屬允當。至未成姦而入實，如嘉慶二十四年，山東曹二强搶孀婦爲妻，尚未姦污，惟糾搶欲與成婚，且拒捕推跌氏翁，外緩改實，以其情節較重也。惟道光四年，奉天朱焕彩因與本婦之家素有瓜葛，媒説不允，主使搶回，與族弟爲妻，已被姦污，照緩。然尚非自行姦占，情猶可原也。嘉慶十年，浙江陳佳希謀娶孀婦不遂，糾衆搶回姦污，無逼迫情事，照緩，則未免輕縱矣。平心論之，强搶婦女姦占爲妻妾，與誘拐婦女不知情，二者有强與誘之分。强重而誘輕。猶之盜犯有强與竊之分，其較然也。迹其强暴情形，强劫但失財耳，强搶而姦占，至于污人名節，實較强盜尤爲可惡，故未成姦者尚可寬貸，已成姦者未可輕恕也。况誘拐婦女而有姦污情形者，應入情實。强搶而姦污較誘拐爲重。誘拐之案即哄誘姦污亦皆入實，則强搶而已姦污不應復論其毆迫與否。此類參觀，其義自見。條款内圖財强賣疎遠親屬一條，亦以姦污、未姦污爲實緩之分，又其一證也。至夥搶婦女之例，乾隆以前舊文本無「瓜葛」一層。嘉慶九年添入，遂覺節外生枝。豈素有瓜葛之婦女即可不問女家情願與否，强搶姦占耶？理既難通，情烏可恕！條款内本無此層，自在不論不議之列。乃向來核辦秋審亦有以之曲爲原解者，皆例文誤之也。本年江蘇陸來恩一起，係向素有瓜葛之家媒説未允，將室女强搶回家，當日拜堂成親，因無毆迫情事，奉旨加恩入於緩決。此正似從前情重之案，或由部擬入情實，或奉旨改入情實。迨至句到之時，往往有邀恩免句者，並有明奉諭旨入於情實免其句決者。此中毫釐千里，九重自有權衡，而臣下則但能守法，庶不致稍涉參差。此條語意既不分明，而因姦占致本婦及其親屬自盡者，向俱入實。未經敘入亦欠詳備，自應酌量修改。今擬改定曰：「搶奪良家妻女姦占爲妻妾之案，不論有無瓜葛、糾衆與否，總以（已）未成姦爲斷。（已）成姦者情實，未成姦者緩決。如本婦本欲改嫁，媒説未允，或本婦先經願嫁，被人阻撓，糾搶尚屬有因者，酌入緩決。若糾搶時，有拒捕兇暴重情，並致本婦及本婦之親屬自盡者，無論已未成姦，俱入情實。」

又按：咸豐元年，奉天劉士德於有瓜葛之家先經媒説未允，後偕犯父犯兄同往拜年，臨時起意，强搶强行姦污，逢大赦不免，照實。同治十三年（直）隸閻濤因本婦夫出家貧，意欲改嫁，媒説未允，糾同伊弟强搶姦占爲妻。檢查本婦供係畏兇隱忍，並非甘心樂從，該犯雖無嚇情事，究係强逼成姦，照實。此二起與陸來恩情事頗相似。閻濤一起較陸來恩爲輕，以本婦原有改嫁之意，非比室女之難于明言也。

一、夥衆搶奪婦女爲從，及搶奪路行婦女爲從之案，道光五年奏定章程，聚衆夥謀搶奪婦女已成，案内從犯，如業經入室，或雖未入室而事後姦污，或幫同架拉，或夥搶不止一次，或被搶數至三人，或係致釀人命案内幫同逼迫之犯，或係拒捕殺人案内在場助勢之犯，或本犯自行拒捕傷人，或由本犯領賣致被搶之人尚無下落者，擬入情實。其無前項情事，擬入緩決。至聚衆搶奪路行婦女已成者，從犯則以曾否動手爲斷。但經動手搶奪之犯，均入情實。其未動手搶奪而有姦污，及前項情事，亦入情實。如無前項情事，擬入緩決。其未夥衆搶奪强賣，首犯如無實在可原情節，無論曾否被污，俱入情實。其「並未」下今本係小注。此從道光本。嘉慶十四年章程，凡聚衆夥謀入人家内搶奪婦女已成者，爲從之犯以是否入室爲斷。其但經入室之犯，均入情實。雖未入室而事後進同姦污，或拒捕傷人，或幫同架拉，持械嚇逼，或夥搶不止一次，或搶奪數至三人，或至釀成人命，或被搶之人尚無下落，及另有不法別情者，亦擬入情實。若並未入室亦無前項情事者，擬入緩決。以下路行婦女一節與今文同。此後釀成人命之從犯，無論曾否入室幫搶，及有無進同拒捕，均入情實。道光四年，刑部以此等人犯不知拒殺情事，若概行入實，未免太重。又經奏明，如案犯拒捕殺人，該犯幫同拒捕，或在場助勢者入實。如僅止在外瞭望，並未幫同拒捕，亦未在場助勢，及僅止另犯不法輕罪入緩。五年復經奏准改定，即今文也。無其「並未夥衆」云云。

光緒十四年章程，嗣後聚衆夥謀搶奪婦女，如係拒殺事主，或執持火器將事主拒傷，並倚衆乘機分搶財物，情同強盜案内爲從擬絞之犯，不論次數、人數，是否入室架拉，事後曾否姦污領賣，及有無在場助勢等情，均擬情實。其非執持火器拒傷事主，並乘便攜取進身衣物案内從犯，仍照向章分別辦理。

按：此項從犯近年以來均照章辦理。其中有僅止在院看人或進同進院不以入室論者，僅止護送同行不以幫拉論者，有幫同扶掖出莊及扶送上車即以架拉論者。其在船上夥搶，則以過船爲入室應實，未過船者應緩。然如道光二十九年廣東梁亞進聽從夥搶婦女已成，先經上船同行，首犯拒捕殺人，又復在場目睹，改實。釀命案内並未幫同逼迫者可緩，而道光五年山東郝碩本婦在該犯家自盡，雖未幫同、逼迫，照實。十四年，河南陳照護送同行，致婦自戕，雖未入室架拉，照實。

道光本此條後尚有二條。其一條云：「搶奪婦女，其有並非夥衆但強賣與人爲妻妾者，擬絞監候，秋審時如婦女已被賣失身者，應入情實。尚未轉賣及給親完聚者，可以緩決。」謝信齋云：搶奪婦女已成，情殊兇惡，因非夥衆，故罪止絞候，較之聚衆夥搶案内從犯爲重。向來聚衆夥搶從犯，但經入室助勢，秋審即應擬實。今起意糾搶業將婦女搶獲，因其糾夥未及三人，已由駢首改爲絞候。若將該犯入緩，是糾搶已成之首犯，轉較進同夥搶之從犯爲輕，似未平允，故歷年秋審多入情實。嘉慶二十四年，安徽潘亮先平空搶奪素無瓜葛良家婦女轉賣，糾止一人，並未夥衆，故罪止絞候。雖未經姦污，究較聚衆夥搶案内之從犯爲重，實。道光九年，河南徐金貴平空搶奪良婦，嫁賣得財，尚未姦污，以搶時並未夥衆，擬絞改實。」按：此條即上條段末「並未夥衆」云云，不免重復。蓋此條分別「被賣」、「未被賣」定章在先，彼條無論曾否被污，較此條爲嚴，蓋在後。今本删去此條是也。嘉慶十一年，山東趙文裴圖財搶奪嫁賣，未便以其婦已經失節爲解；十七年，山東鄭孫六賊匪搶賣夥賊之妻，尚未被姦，均改實。道光二十一年，江蘇徐廣路搶奪路行婦女强賣，因並未夥衆，故罪止絞候，雖被搶之婦尚未被污，亦改實。

道光本又一條云，聚衆夥謀搶奪興販婦女已成，爲首擬絞監候，例係由輕加重。如婦女並未被污及給親完聚者，秋審時可以緩。謝信齋云：「夥搶興販婦女，在道光三年以前均比照搶奪犯姦婦女之例，分別問擬軍流。嗣於四年間經山東省咨請部示，奏改絞候。五年續纂入例，本屬由輕加重。六年，山東李殿元興販婦女嫁賣後，糾衆强搶拒傷事主之母，又致夥犯拒捕殺人，且將本婦姦污，情節太兇，難以例係由輕加重爲解。九年，奉天劉文魁因該氏夫故無依，無錢媒説，嗣聞其改嫁，輒糾衆十六人搶回，嚇逼姦污，原題照搶奪良婦已成斬決。部駁强搶居喪失節改嫁之婦，照搶奪興販例絞候，外緩改實。十四年，江蘇王有道以販私匪徒糾搶婦女九口，二口無下落，被搶柴氏係良婦，因犯時不知，仍照搶奪興販婦女擬絞，無姦污改實免句。」按：此例係由生入死，故秋審多入緩。各本删去此條未詳其故，應補。道光六年本已無此條矣。成案如道光七年，山東李占奎等搶奪悔婚改嫁之婦，迹近興販婦女，原題照犯姦婦女擬流，部駁照良婦擬絞，惟係悔婚另嫁，未便照搶奪實在良婦爲從入室之犯一例入實，俱緩。十六年，江蘇仝道被搶之戴氏先嫁張姓爲妻，因不守婦道被出，改嫁李姓。犯糾衆至李姓家，將戴氏搶出。李姓攔阻，被該犯用刀砍傷，尚未嫁賣，比照興販緩。此二案非興販，而一似一比，故皆從輕也。

一、川匪攔搶案内，無論殺人、傷人，爲首、爲從，俱應情實。

按：搶奪新例較此例爲重。此例似在可删之列。則此條亦可不存。

一、聚衆搶奪婦女未成爲首擬絞之犯，應酌入情實。

道光初年本無此條，末年本有。嘉慶十七年，江蘇王全聚衆入室，謀搶孀婦，因本婦設計走脱，幸而未成，得免駢首改實。道光三年，河南常至聚糾衆謀搶，雖因本婦外出未經搶獲，惟既打門入室，實。九年，山東高三夥搶婦女未成，爲首業經踢門入室，改實。又八年，熱河張珩殺人免死後，復聚衆入室搶奪孀婦未成，被該氏之父將該犯挖眼成篤。未成爲首比照已成從犯，改實。十四年，安徽孫懷義搶奪婦女未成，業經進屋，改實。二十五年，奉天霍兆亮聚衆搶奪婦女未成，業已入室，改實。惟二十六年，河南甘立沅糾搶婦女未成，僅止擁進大門，尚未入室。夥犯拒捕殺人已在該犯逃走之後，照緩。此又以入室、未入室爲實緩之界限，可以照辦。

一、搶奪逾貫，雖未至五百兩，俱應情實。如係一人乘間搶奪尚無兇暴情狀者，可以緩決。

乾隆三十二年條款云：「搶奪滿貫之案，俱照竊盜滿貫例辦理。」今酌擬：「如有糾衆入室搶奪，並未傷人而形同盜劫，及曾以他物傷人者，應入情實。其餘如僅止局騙搶物，尚無恃强劫奪情形者，可以緩決。」志稿云：「滿貫不計多寡，若至千兩以上，另冊記存。」（分知竊、誤竊、贓存、贓消爲斷。）四十九年通行酌量入實條款云：「搶竊滿貫之案，或結夥窩匪在城市搶奪者，或遭風失火乘人危急肆搶者。或蓄意謀竊放火燒房糾夥以肆搶取者，或犯竊到案中途私自扭鎖脱逃並賄役脱械逃竄者，或指稱考棚名色賄買生員丟包撞騙得財者，或一夜連竊數家得財者，或軍流在配脱逃後仍怙終肆竊者，或積匪猾賊犯竊多次者，或將題奏本章及軍機錢糧公文起意燒燬沉溺者，或竊盜衙署倉庫鞘餉及在官軍裝器械者，或蓄意謀竊行路官員、客商沿途潛隨行走因而設計竊取銀物者，或奴婢句引外人及串通同主奴婢行竊主財者，或店主、船户、車夫、雇夫、鑽艙等賊積慣爲匪肆竊旅客銀物者，或僧尼、喇嘛、回民、番民、獞猺結夥行竊者，或贓銀數至千兩者。」（按此條悉志稿所擬應入情實各款。）

按：搶奪逾貫之案，乾隆年間秋審與竊盜同科。四十九年條款，搶竊尚合爲一條，情重者入實，情輕者緩決。一次後即減發伊犁等處爲奴。四十六年奏定，將此項與尋常緩決之犯一體辦理，不准遽行減等，是尚未一律入實也。此條未詳定於何年，當在五十七年竊贓逾五百兩入實諭旨之後。四十九年條款本有數至千兩一條，係合搶竊言之。後來以搶重於竊，竊贓五百兩入實，搶奪遂加嚴矣。此亦世輕世重之一端也。嘉慶以後大約均照此核辦。嘉慶五年，江蘇周大因背負褡褳，時值求雨禁屠，疑係猪肉，起意糾搶褡褳，知係銀物，俵分而散，改實。道光四年，廣東余亞貴糾搶逾貫，已至七人，未便以捏託盤查迹類乘間爲解，五年，廣東招西活搶奪逾貫，同夥已至四人，難以係屬徒手全贓起獲爲解，十年，江西劉細妹孜惡丐八人各自乘機上船搶奪，犯贓逾貫，雖原題聲明並未同謀，究與一人伺搶者不同，均改實。其一人搶奪而情重者，嘉慶十五年，直隸魏廣遠一人搶奪逾貫，復逞兇拒毆事主多傷，不得以傷非金刃爲解，改實。其造意不行者，嘉慶二十五年，廣西李培犀糾夥五人搶奪逾貫，該犯因與事主認識，未同行而分贓，道光三年廣西覃特生，四年貴州劉懷均起意糾搶，未同行而分贓，夥犯拒傷事主，均改實。十六年，廣東劉林娘糾搶客貨逾貫，係例實之案，未便以自病未往爲解，改實。又有人多而情輕者，道光三年，劉細妹孜搶奪，係窩主李昌造意，因未同行分贓，以該犯臨時主意上盜爲首，究與自行蓄意圖搶有間，夥犯拒傷事主，該犯以攜贓先遁，照緩。又嘉慶十八年，湖廣吴家貴糾夥三人搶奪得贓，因銀兩過多，畏懼未分，破案起出原贓，照緩。十年朝審，劉九一人徒手伺搶逾貫，復推跌事主未傷，且贓甫入手即被拏獲，全行給事主，緩。此二起皆以贓數全獲而從寬。蓋此等案本重在事主失財。今財既未失，情自可原，酌量入緩，自是平允。

一、搶奪有服親屬，計贓逾貫，及先經借貸不遂、糾搶有因者，可入緩決。

按：此條未詳何年所定。嘉慶十年，廣西鄒學賢搶奪素有周恤無服親屬，九年，廣西何炳華賭匪輸錢，借貸不允，糾衆搶奪，均照緩。此二案與此條相符，似即據案纂定。惟皆指逾貫者言，似可修併於上條之内。

一、搶奪拒捕，刃傷及折傷，無論傷之多寡、輕重，俱應入情實。小注：按近年如被扭圖脱情急刃劃一二傷者，亦可酌入緩決。

道光本小注係正文無「案近年」三字。

乾隆三十二年條款云：「搶奪傷人之案，如糾衆肆搶，及因事主奪贓，故行毆砍多傷，致成殘廢篤疾、情形兇暴者，應入情實。其餘實因圖脱情急，無奈拒捕，可以緩決。」志稿云：「同一搶奪而輕重迥殊。有搶奪銀兩貨物者，有搶奪衣帽食物者，總宜核其圖脱情急之眞僞，與所攫贓物之輕重，事主被傷之情形，並賊犯有無被傷，合觀之以定實緩。」

謝信齋云：「道光三年刑部堂議，搶奪僅止帶劃一二傷者酌入緩決。然必先被事主扭獲，情急圖脱因而帶劃致傷，方可入緩。若情同格鬥，傷係帶劃，亦應擬實。」

按：此條未詳何年改定，較乾隆間辦理爲嚴。道光三年，將刃劃一二傷者酌入緩決，亦網開一面之意也。此後皆照此核辦。十三年，廣東招泰漳於夥犯抱住事主之時，該犯用刃劃取肚兜，致將事主小腹帶傷，情近失誤，尚非有心拒捕，較之圖脱帶劃之案情事略同，緩。十六年，山東王二刃劃二傷，係因被事主用手奪刀，將刀抽回所致，與圖脱致劃無異，刀背拒毆三傷，係屬輕罪，向不以之加重，緩。惟九年，雲南徐中林搶奪，刃劃事主脚尖一傷，無被揪圖脱急情，照實。十三年，廣東黄亞有搶奪，刃劃一傷，無被揪圖脱，又石擲一傷，改實。此因情同格鬥而加嚴也。又九年，廣東劉亞榜搶奪，未被揪獲，轉自拒捕，刃劃一傷，改實，句到時奉旨，拒由被捕，劃止一傷，並無護贜護夥，改緩，決不准留養。雲南曹小石頭刃劃事主一傷，無被揪圖脱急情，亦入實未句。此皆特旨從寬者。似核辦此等案件不妨略寬，亦推廣皇仁之道也。

一、竊贜滿貫之案，乾隆五十七年，軍機大臣面奉諭旨，贜逾五百兩者情實，未至五百兩緩決。小注：按奏定計贜章程係以制錢一千作銀一兩。近年行使大錢，銀價較前昂貴數倍。如以錢一千作銀一兩計贜，雖逾五百兩，而按犯事時以錢易銀價值，實不及五百兩者，仍於黄册聲明，以冀邀恩免句。咸豐十年趙大，同治四年閻兆登，有免句案。

乾隆四十九年條款，見前志稿云：「竊盗之情形不等，贜數之多寡不一，並未定以界限。蓋歷來大半擬入緩決，問情實者寥寥。」今按：竊情百變，正須按情分條。而贜至數千亦宜酌爲區别。今擬兩條於後，以備臨讞參考。

一、向來竊盗滿貫之案，俱酌情節重輕，以定實緩。至情節何者爲重，何者爲輕，未定界限，明列條款。是以各司所擬參差不一，即總辦處亦不能燭照釐正。今酌擬應入情實各款（云云，即前四十九年條款，）以上各案，或設計糾謀，或怙終不悛，皆屬情節較重，非尋常鼠竊可比，俱應入於情實。其竊盗滿貫之案，仍照例入於緩決。

一、竊盗滿貫之案向來止論情節，不計贜數，概入緩決。伏查竊盗到官定案，則計贜擬絞，不問情節之輕重。秋審則核案誅心，不問贜數之多寡。一人獨竊千二百金，十人共竊一百二十金，同一絞罪。多者不能加重，少者不能減輕。蓋贜爲總名，以銀爲斷。其中爲金珠寶玩錢文，爲綢布衣物器皿，種種不一，而價值之貴賤輕重，偷竊之難易强弱，亦種種不一。有壯夫夥擡箱籠，而衣物僅止滿貫者；有童稚順取衣包，而一帶一髻價值數千者。贜雖多而值止滿貫，不得以值少而稍寬。贜雖貴而犯時不知，亦不得以值多而加重。此誅心之本意，即「惟齊非齊」之微義也。且如竊賊挖壁踰墻，糾夥設策，贜止現銀百餘金，不能入情實。又翦綹掏摸鼠竊可諒，而誤獲珠寶，估值多金，亦止可入緩決。況竊銀花用無存，珠寶旋歸事主，其情又迴别。更有不肖事主，將無作有，失粗報精，失賤報貴。贜既無存，任聽估值。而印官亦以通報在先，回護扶同，全不足信。但其中有偷現銀情眞數確者，不可無別。應將贜至一千兩、五百兩以上者指出，核其知竊、誤竊、贜存、贜消，並竊情之强弱酌定。

按：志稿所言可謂詳盡。四十九年通行，多或贜數至千兩者一項，蓋即採後一條之語也。自五十七年之後，五百兩即實，無論千兩矣。未至五百兩者，除後列各條分別實緩外，其餘大概入緩。然亦有加嚴者，如嘉慶八年，湖廣鍾挖子先因沿河疊竊，擬遣，赦回，復糾夥鑽船行竊。雖未至五百兩，實屬爲害行旅，改實。十四年，浙江趙阿三糾竊逾貫，被獲後復敢誣扳，解至中又乘間脱逃，照實。江西劉秋冬等竊贜逾貫，及三犯之案並不併案定罪。惟該犯等結夥多人，積年盤踞河面，肆竊無忌，俱至十餘次之多。前經犯案到官，狡不吐實，復經訪拏奏明嚴辦，究出積年句連巨竊隨船疊竊，改實。又道光七年，直隸張立鼠竊得贜，已逾五百兩，本應入實。惟該犯將贜竊出，因係銀兩，未敢花用，已有畏懼之情。迨被捕役撞喊拏，該犯復思贜銀甚多，慮恐被獲問罪，不如棄擲中途，使捕役呈案給還事主，即可免究，遂即棄贜而逸，俾事主獲領全贜，猶有悔過之心。定案時以棄贜途中，並非自行注主，仍以得財科斷，照律擬絞。秋讞原情，該犯之畏懼棄贜，實與悔過首注無異，外緩照緩。此贜逾五百兩，而原情從輕者。光緒五年奏定章程，京師地面計贜定罪之案，均以市價爲憑。市價長落不常，大宛兩縣按五日一次具文報部。是當十大錢已不若制錢以一千作銀一兩矣。此小注可删。

一、行竊庫銀餉鞘爲首，並糾竊衙署官物，計贜逾貫，雖未至五百兩，俱應入實。行劫官帑，在外瞭望接贜從犯並同。

按：小注各本原在「爲首」之下。今行劫從犯皆擬立決，無入秋審者。此注應删。

一、行竊官員公寓逾貫，究與行竊衙署不同，未至五百兩仍入緩決。

一、行竊滿貫未至五百兩，有持刀嚇禁事主，迹近於强者，應入情實。

一、竊滿貫未至五百兩，此外另有圖脱拒捕，或將事主推跌，或他物一二傷，情節不甚兇暴者，俱屬輕罪，仍以未至五百兩入緩。

一、糾竊未至五百兩，而夥賊臨時行强，該犯仍照滿貫擬絞者，亦可緩決。

一、竊賊二、三次滿貫，同時並發，及積匪行竊一次逾貫，俱未至五百兩者，可入緩決。

乾隆三十二年條款云：「偷竊庫銀及竊盜餉鞘滿貫，案件查明，如係藐法肆竊者，應入情實。其餘若僅止乘便攫取，尚無藐法情節者，可以緩決。志稿云：「明知係庫銀餉鞘，雖乘間攫取，即屬藐法。自乾隆四十年以後，此等案情皆入情實。若本非在庫在鞘，犯時不知爲官帑而乘間攫取者，方擬緩決。」

按：常人盜倉庫錢糧，罪應擬絞者，入於秋審情實，乾隆二十九年始定爲例。偷竊衙署服物，贓至一百二十兩以上者，入於秋審情實。乾隆二十四年例至四十九年通行酌量入實條款，此二項皆在其列，自係例實之案。然道光十一年，江蘇阮宗甫獨竊庫銀，並非餉鞘，又非在衙署之内，跟蹤未一日，緩。又定例，竊匪穿穴壁封竊盜庫貯銀一百兩以上擬絞一項，條款未經議及。道光十九年，直隸陳五厨役糾竊庫銀一百兩，尚未逾貫，惟定案既擬絞罪，秋審即應入實。第該犯得贓後商允夥犯拆開銀封，留下十錠，餘俱撩棄馬號，意謂檢得原贓可免追拏，固與首還不同，究有畏法之心。即贓未逾貫，在尋常竊盜罪止擬流，今係庫銀加重，擬絞。秋讞衡情，似與數逾滿貫者不同，照緩。此庫銀之從輕者。道光十八年，浙江張阿載雖係行竊衙署逾貫，惟該犯見低小後門進内行竊，並不知係學署，與有心藐法者不同。二十一年，史第三雖在衙署行竊，惟係住客行裝，並非官物；二十九年，陝西賀圪旦子行竊衙署内官親衣物，並非本官之物，均照緩。此衙署之從輕者。第二條向多入緩，從無實案。第三條，嘉慶十年，江蘇蔡龍糾竊逾貫，復持刀嚇禁事主幼姪，情類行强，改實。道光四年，江蘇戚阿全行竊未至五百兩，因事主喊追，嚇禁如敢追拏即行捆縛，祇係空言嚇禁，向不以之加重，照緩。此空言拒嚇，並無持刀逞强情形而從寬者。第四條係屬例緩，惟致事主失財窘迫，因而自盡，情節較重。嘉慶十八年，浙江吴成立竊贓逾貫，致事主失財窘迫自盡，較尋常鼠竊之案爲重，改實。第五條，如夥賊行强在該犯先逃之後，自應仍按竊盜爲首科斷。若該犯係在外把風接贓，從前尚有情有可原之例，罪止擬遣。故秋審不加重，今則一律駢誅，已無此項人犯矣。第六條，積匪犯竊多次，在乾隆四十九年通行酌量入實條款之列。嘉慶年間實案尚多，道光後多入緩決。二年，浙江顧阿六行竊十二次，逾貫者五次，三次係該犯爲首，又復拒傷事主，是積匪而又逞兇。惟係同時並發，與免死復犯不同，他物拒捕又係輕罪，照緩。此案情節較條款爲重，而亦入緩，蓋因同時並發，例係從一科斷，故不加重也。

又按：以上六條皆竊贓未至五百兩之案，似可修併一條，而增入事主自盡一層，擬改定曰：「竊贓逾貫未至五百兩之案，如係糾竊庫銀餉鞘並衙署官物，或持刀嚇禁事主迹近於强，及致事主失財窘迫自盡者，應入情實。若止空言拒嚇，並無持刃逞强情狀，或圖脱拒捕，將事主推跌及他物一二傷，情節不甚兇暴者，或夥賊臨時行强已在該犯逃走之後者，或二三次逾貫同時並發，或係積匪行竊逾貫者，可以緩決。」

一、前犯竊贓滿貫及三犯擬絞免死減釋，或在配復行竊滿貫，及三犯擬絞之案，又前後兩犯均係刃傷事主，或前犯刃傷事主，復犯滿貫，及三犯或前犯滿貫，及三犯後犯刃傷事主，此等類皆怙終不悛，雖竊贓未至五百兩，刃傷止一二處，俱應入情實。

按：此條未詳定於何年。先後兩犯一事，向以怙惡不悛入於情實。如嘉慶十八年江蘇王百順，道光四年廣東吴亞籠子，二十一年浙江沈宗潑，均前後兩犯，竊贓逾貫，均實。十八年，江蘇張勇先犯竊贓逾貫免死釋回，復糾竊圖脱刃傷事主，改實。道光五年，山東李鑾先犯刃傷事主工人，後犯刃斃人命。該犯在樹下躺卧，欲俟夜深偷竊並未行竊。以免死竊匪復萌故智，因而刃斃人命，改實。七年，浙江張長生前因犯竊擬絞，後犯鬥殺，尚非兩犯人命。惟以免死竊匪强令官役保充官差，不允輒刃弊其命，三傷，一透，雖以傷非致命戳有急情爲解，改實。九年，江蘇唐文先犯三犯免死，後復行竊三犯，照實。至先後兩犯不同，或先犯竊，後犯人命，如道光五年，浙江丁阿土先因行竊逾貫，在逃，遇赦免罪不免緝。因死者誣人行竊，向斥爭毆奪棍三傷，二致，一損。又王阿三先犯逾貫減免，後因疑竊，斃命刃二，均因受傷回戳。十二年，貴州李學勤先犯行竊刃傷事主，援免後毆斃人命，奪掽三傷，二損，一微損，不致命，均照緩。或先犯人命後犯竊，如道光十二年，山東郭小套先因謀殺加功援免，後復犯糾竊未得財逃走，被事主喊拏，情急圖脱刃戳一傷平復，緩。嘉慶十六年有奏定章程，見人命門，應參看。

一、用藥迷竊，未得財者，例應情實。

按：乾隆四十八年，刑部遵旨議定，用藥迷人圖財案内，人已被迷，經他人救醒，雖未得財，將首先傳授藥方轉傳貽害，及下手用藥迷人之犯均，擬斬監候，入於秋審情實。此例甚嚴，而案不經見，蓋事極詭祕，破案者少也。

一、首犯贓逾五百兩，從犯因三犯擬絞者，仍入緩決。

按：此條未詳定於何年。係屬例緩，仍首從各别之意。

一、窩竊滿貫之案，例係併贓論罪，俱應情實。若係暫時窩竊，非同積匪巨窩者，亦可酌入緩決。

按：此條未詳定於何年。窩主併贓論罪乃乾隆三十五年定例。三十三年，懲辦巨窩馬得鰲一案，夥犯十三名，因滿貫爲從已逾數次，其分贓又在一百二十兩以上，照爲首例絞候，皆趕入情實。嘉慶十年，直隸馬一虎糾夥二十餘人，行竊七年，先行八次，逃後復竊三次，内銷贓勒贖三次，共十三次。原奏依積匪擬遣，駁改依窩竊計贓逾貫，巨窩糾竊勒贖，積年爲害地方，改實。二十四年，直隸王幅安回民窩匪，肆竊逾貫。雖統計各主之贓共一百三十兩零，未至五百兩，惟坐地分贓，實屬爲害閭閻，照實。惟竊盗窩主統計各主之贓論罪，較竊盗之一主爲重者加嚴，例須造意方坐，若僅止起意窩竊、坐家分贓，罪應充軍。向來成案有並非造意而照窩竊例擬絞者，如道光二十一年，直隸張洛順窩竊二十次。該犯並未造意同行。原題統計各贓以逾貫擬絞，已屬從嚴，照緩。同治三年，直隸劉猪窩竊七次，統計各贓一百八十九兩零，究與造意同行者有間，照緩。

一、竊盗得免，併計後，三犯計贓擬絞，免死減釋，或在配復犯竊計贓五十兩以上，仍以三犯擬絞之案，與竊盗免死後至三犯者不同，可入緩決。「後至」字從道光本。

按：此條未詳定於何年。嘉慶十四年，浙江張小娘三犯擬絞減軍，逃後復竊一次，以三犯論，照緩。

一、因竊問擬遣軍流徒赦回，並別項遣軍流徒赦回，復行竊逾貫，或至三犯及刃傷事主者，仍按贓數及刃傷多寡辦理，不必加重。

按：此條未詳定於何年，較之免死復犯死罪者爲輕。嘉慶、道光年間成案多入緩。惟道光二十年，山東孟傳忠刺匪擬軍減徒在逃，復犯姦拐，事發後因差役奉票拘拏，輒起意糾夥拒捕捽跌，後刀械交加，致令骨折成廢，改實，以毆情太兇也。

一、跟蹤行竊逾貫之案，從前不問是否贓逾五百兩俱入情實。嘉慶十六年奏准，如獨自起意及僅止一二人暫時跟隨，乘便攫取者，仍與尋常鼠竊一體分別實緩。若糾衆已至三人，或假扮客商，晝則同行，夜則同住，志在必得，但經滿貫，雖未至五百兩，亦入情實。

嘉慶十六年，刑部原奏云：「跟蹤行竊之案，向因此等匪徒窺見客商攜有貲財，或假託附伴，或躡迹潛進，乘事主不備，竊財取物逃逸，實爲行旅之害，故秋審概擬情實。惟是同一跟蹤行竊而情節有輕重不同，如偶然見財起意跟竊爲時無幾，或獨自跟進及僅止一二人並未糾衆，此等人犯較之夥謀聚衆，晝則同行，夜則同住，蓄意圖竊，期在必得者，情節稍輕。若一律問擬情實，似覺無所區別。應請嗣後跟蹤行竊逾貫之案，如獨自起意及僅止一二人，暫時跟隨乘便攫取爲時無幾者，秋審時，與尋常竊盜一律分別贓數，是否逾五百兩定擬實緩，以昭平允。」

按：此項人犯近來甚少。嘉慶十七年，四川王光宇糾夥蓄計跟蹤掉竊客貲逾貫爲害行旅；二十四年，貴州謝老大跟蹤行竊，業已糾夥三人同行兩日，實屬蓄意肆竊，志在必得，計贓四百八十兩零，均改實。道光十一年，雲南劉才貴跟蹤多日，計贓四百四十一兩，照實。然亦有人多而從寬者。道光五年，廣東張亞才糾允本船水手三人行竊。該犯扮客搭船，一人行竊得贓。三水手僅止事後俵分，在船亦止一日。十三年，貴州劉雲新糾夥三人與事主同居住宿，臨時起意掉竊，蓄意跟蹤；十四年，陝西劉湝結夥雖已四人，惟内有三人另房住宿，並未同竊，跟蹤亦止一日。二十二年，四川蕭洪順糾衆三人跟蹤行竊逾貫，係屬臨時起意，尚與蓄謀已久、志在必得者有間，均以贓未至五百兩入緩。又有爲時不久而從嚴者。道光二十九年，江西黄亨衢糾夥鎔造錫餅，跟蹤掉竊洋銀，計贓逾貫，與尋常鼠竊不同，雖跟蹤僅止一日，照實。

一、夥衆丢包行竊，例應照搶奪定擬之案，但經逾貫，雖未至五百兩，俱應情實。如係潛蹤掉竊，並非公然攫取，應照竊盜辦理者，嘉慶十六年奏准，仍與尋常鼠竊，以是否贓逾五百兩分別實緩。其有跟蹤情事者，亦照跟蹤久暫、夥犯多寡辦理。

嘉慶十六年，刑部原奏云：掉竊逾貫之案，從前各省有照姦匪夥衆丢包誆取財物依搶奪例治罪者，亦有照竊盜本律問擬者，辦理未能畫一。嘉慶十二年，臣部於核覆湖北巡撫章審擬劉老五等掉竊馬允加銀兩案内聲明例意，以不法匪徒朋比爲姦，見有孤單行客，丢包誘令拾取，假以搜檢爲名，乘機搜取財物，其陰詐强横情同搶奪，故例以搶奪之罪。至尋常掉包行竊之案，祇係躡迹潛蹤伺隙掉換，行同鼠竊，較之丢包公然搜搶者迥不相同，自應仍照竊盜本例科斷。等因，通行在案。是此等人犯，定案既有搶竊之分，秋讞即有實緩之別。在夥衆丢包誘令檢拾、公然攫取財物者係照搶奪律治罪，秋審自當入實。其伺隙掉包依竊盜定擬之案，與尋常鼠竊相同，若不論贓數多寡，概擬情實，似非核實持平之道。應請將掉竊逾貫之犯與尋常竊盜逾貫之案，一體按計贓數是否逾五百兩分別實緩。如案係跟蹤掉竊者，仍按跟蹤久暫、夥犯多寡分別辦理，以示區別。

按：丢包情重，有跟蹤情事者自有跟蹤條款，無此二者情形，即係尋常鼠竊，自應一體分別實緩，不必另生異議也。

此二條前條擬改定曰：「跟蹤行竊逾貫之案，如糾衆已至三人，或假扮客商，晝則同行，夜則同住，志在必得者，但經逾貫，雖未至五百兩，應入情實。若係獨自起意，及僅止一二人，暫時跟進，乘便攫取者，仍與尋常竊盜一體分別實緩。」

後條擬改定曰：「夥衆丢包行竊照搶奪定罪之案，但經逾貫，雖未至五百兩，俱應情實。如係潛蹤掉竊並非公然攫取照竊盜辦理者，仍與尋常竊盜逾貫之案一體分別實緩。其有跟蹤情事者，亦照跟蹤行竊例分別辦理。」

一、船户、車夫、店家，有主客相依之義，但經行竊逾貫，雖未至五百兩，實屬爲害商旅，俱應入實。如係船上水手、店内雇工及一切挑脚人等乘間鼠竊，贓未至五百兩，若有句引外人夥竊情事者入實，餘俱緩決。

乾隆四十九年通行條款在酌量入實之列。

按：道光四年，湖廣張增文騾户行竊客貨逾貫，改實，騾夫與車夫同也。雲貴等省挑夫皆係長途攬載，與車夫無異。嘉慶年間案多入實。道光年間如係蓄謀糾夥者，十三年廣東鄧已秀挑夫蓄謀糾夥五人行竊逾貫，照實。此外多緩案。九年貴州李忠貴，部議云：「查挑夫行竊如無蓄謀糾夥及積慣肆竊情節，近年多入緩決。此起挑夫行竊逾貫，雖係蓄謀，尚無糾夥積猾情事，照緩。」可見當時漸從寬也。又十五年，四川陳朝勳挑夫乘間獨竊，尚無糾夥預謀重情，至所竊銀兩雖多，共一千二百餘兩，分貯二箱，事主四人，究非一主。原題聲明以一主所失四百五十兩爲重，秋審自可原緩，照緩。此挑夫分別實緩之成式也。至船户、車夫、店家行竊亦有從輕者。嘉慶七年，江西劉横詰因船被火焚，無力修造，將搶出藍布盜賣。惟客已登岸，失火已屬該犯不慎，又復乘機將貨物隱賣，竊贓逾貫，爲害行旅，改實免句。又九年，江蘇劉勝會案同，照緩。又十一年，廣東李盛燦因船已撞沈，不能裝載，將起出鹽斤盜賣，照緩。道光十一年，奉天于五車夫獨竊客貨逾貫，寄存店内，旋因心生悔懼，欲找事主同至店内交注原贓，尚未遇見即被拏獲，照緩。二十一年，湖廣黃得業店家行竊客貨逾貫，由事主戀姦誨盜所致，照緩。此皆情有可原，無不寬其一線也。又道光八年，陝西趙幅趕脚驢營生，按站短雇，與車夫、船户長途攬載者不同，且乘隙竊逃，迹近拐帶，尚無糾夥蓄謀，照緩。

一、船户等項盜賣客貨逾貫，雖贓未至五百兩，俱應情實。如蓄計盜賣，故意將船撞破，及有心放火燒燬房屋、船隻、車輛者，其用心最爲險毒，入實無疑。若實係遭風失火，乘間盜賣客貨，從前間有緩案，近來亦多入實。

按：此條未詳何年所定。盜賣與行竊一也。第行竊者乘本客之不防，盜賣者本客並未同行，或寄存店内，本客並不在店。受人倚託而起意盜賣，其情節較之本客同行及在店者爲重。然果係遭風失火，因乏用情急而出於此，究有一線可原。道光四年江蘇陳正剛船户因守凍日久，水脚錢文支完，又因船破無力修整，盜賣鹽商引鹽逾貫，照實。此外省辦理從嚴，而部中不便改緩。本文近來亦多入實，或即指此然。嘉慶間劉横誥之改實免句，劉勝會、李盛燦之照緩。見上案猶在前。道光二十六年，湖廣李宏大、王汰和二起均係船户盜賣引鹽逾貫。訊因遭風乏用，及發漏修船所致，尚無蓄意偷竊重情，均照緩。咸豐八年，直隸張善化船户載運引鹽，因運道阻滯不能前進，起意盜賣，與遭風失火乘間盜賣者情事相類，贓四百八十兩，照緩。皆係近年之案，似未便毫無區別也。此條擬將第一節「雖」字、「俱應情實」字删去，「入實無疑」改「俱應情實」。末二句改「可以酌入緩決」。

一、奴婢行竊主財逾貫，未至五百兩，如係負恩勾引外賊肆竊者，應入情實。其一人乘間鼠竊，可以緩決。至雇工、長隨及兵役、水火夫人等行竊本主、本管官財物逾貫，亦照此分別實緩。

乾隆三十二年條款云：「僕竊主財滿貫之案，向來辦理俱照尋常滿貫之例，分別情節問擬。」自乾隆二十年，江蘇省孫二一案係乘主全家外出，託伊管家之便，句引外賊肆兇罄竊，奉旨改入情實。之後二十三、四兩年此等人犯即擬入情實。二十七年，朝審内米大成一案，本部定擬情實，蒙恩免句。此後此項人犯仍係分別辦理。今酌擬：「如有負恩結夥肆竊情重者，俱入情實，其尋常鼠竊及乘便攫取者，可入緩決。」志稿云：「奴竊主財，三十年前援引親屬較之竊匪爲輕，論不爲允，自應較凡竊爲重。如有勾引外賊入室，暗通使女開門，及受恩昧良、暗設狡計、肆竊密室藏物殆盡者，自當擬實。其乘便掠取箱厨銀物者，仍與凡竊同論。」

按：此條就乾隆條款增修。四十九年通行條款亦在酌量入實之列。竊謂前代官家大户莫不有奴僕數房，全家相依，恩義聯屬。故奴婢盜家長財物在親屬相盜律内減凡罪一等免刺，以其爲一家人也。入國朝後風氣漸異，從前旗下人尚多畜奴，故逃旗之令甚爲嚴厲，漢人則畜婢而不畜奴，所用皆係雇工，朝秦暮楚，幾無恩義可言，故奴僕盜家長財物定例轉較凡盜爲嚴。此亦今昔情形不同之一端也。此條遵照舊説分别，極爲平允。乾隆四十九年條款，串通同主奴婢者入實，而後來亦多從寬。如道光二十一年山東李氏，二十六年朝審郭五，二十七年直隸吕幅皆係糾邀同主雇工行竊逾貫入於緩決。其句引外人而從寬者，道光三年，浙江洪南山雇工句引外人行竊逾貫，惟該犯於初七日受雇來店工作，初九日即行句竊，與久經受雇者微有不同。五年，廣東曾亞欣恩養十二年之雇工行竊，贓三百兩零，句引外人窩藏分贓，並未句引行竊；十一年，廣東劉一醮雖係雇工句引外人行竊，無主僕名分；二十六年，江蘇徐了頭雖雇工糾竊主財逾貫，惟夥賊本在店内暫住，究與句引外人不同，均照緩。又嘉慶二十一年，湖廣周士遥外人勾引雇工行竊逾貫，道光三年朝審，吴氏外人勾引奴婢行竊逾貫，均緩。此又因外人起意而從寬也。

一、竊盜臨時盜所拒捕，刃傷事主，俱入情實。亦間有因止刃劃一傷入緩之案。查此項情節亦有不同。一聞事主聲喊，即持刀相向，情近於强，雖止一劃傷，自應入實。若實係被拉被抱，劃由圖脱，與逃後被追圖脱者，時異而情同，例子斬候已有區分，似可酌量入緩。

乾隆三十二年條款云：「竊盜臨時拒捕之案，如係糾衆護贓及連傷二人以上，或夥犯被執輒行奪回、逞兇拒捕者，應擬情實。其餘尚無兇暴情形者，可以緩決。」志稿云：「竊盜内有匪竊多案，又執持金刃前往、砍傷事主三傷以上，及砍傷婦女者，情節較重，應商實。若其中實因事主抱獲捆打，及事主人衆同擒，已逃被追者，其情稍輕。總宜核其拒捕之心是否止圖脱身而别無護贓奪夥逞殺之意，或先被事主毆傷，分别實緩。」

道光三年，刑部堂議：「嗣後竊賊臨時盜所砍戳成傷者應入情實。其係臨時盜所護夥護贓而僅止帶劃一二傷者，均酌入緩。

按：乾隆條款，如傷由圖脱，不論砍戳帶劃皆可酌緩。道光三年以砍戳帶劃分别實緩，已較嚴矣。然是年廣東王國保等該二犯所拒傷痕各止二處，各傷均止皮破，其所供帶劃情形尚屬可信，惟竊盜臨時盜所護贓逞兇，格鬥刃事主，照實，與堂議不符，何也？此後如十六年河南王碾，二十九年直隸尤得子、廣東徐亞見，均刃劃一傷。二十一年雲南許老三，二十四年直隸張成，均刃劃二傷。十九年河南馮三哈蟆刃劃三傷。雖均係臨時盜所確由圖脱情急，尚無護贓護夥格鬥重情，均照緩，則又以圖脱與格鬥分別實緩，與此條情形相符。是此條係三年以後所定者，今皆遵照辦理。

此條文繁，擬改定曰：「一、竊盜臨時盜所拒捕刃傷事主者俱入情實。若實係被拉被抱確有圖脱急情者，酌入緩決。」

一、竊賊已離盜所拒捕，刃傷事主，嘉慶八年奏准：「如被拉圖脱，雖三傷俱問緩決。」歷年來凡護贓護夥，情同格鬥者入實。其餘無前項情形，實係圖脱情急、刃戳止二三傷者，俱入緩決。（内劃傷、他物傷不算。）若金刃戳扎三傷以上者，仍入情實。又被追而未被獲，無急情可原，輒糾夥轉身迎拒、情勢兇横者，雖僅金刃一二傷，亦不可輕議緩決。

道光三年，刑部堂議：「嗣後竊盜護贓護夥砍戳成傷者，又雖係圖脱而砍戳二人成傷，或致事主受傷成廢，或事主窘迫自盡者，又砍戳一二處而情節兇暴近於格鬥者，又砍戳四傷以上者，又金刃帶劃八傷以上者，又金刃砍戳三傷帶劃五傷者，又金刃砍戳二傷帶劃六傷者，又金刃砍戳一傷帶劃七傷者，以上均應入情實。如被事主追逐揪扭情急圖脱，砍戳在三傷以上，及僅止帶劃七傷者，雖係護贓護夥而僅止帶劃一二傷者，均酌入緩決。」

道光初年本「三傷以上」下有「及扎劃至五六傷」七字。末本無此，先後寬嚴之不同也。

謝信齋云：「竊盜圖脱，金刃帶劃八傷以上，金刃砍戳三傷又帶劃五傷，金刃砍戳二傷又帶劃六傷，金刃砍戳一傷又帶劃七傷，以上四項雖經刑部堂議入實，究未奏准通行，遇有此等，秋審似宜參酌辦理。道光二十二年，直隸張隴兒聽糾行竊未得財，被事主驚覺起捕。該犯逃出院内即被追及揪住衣領。該犯圖脱，用刃拒傷三扎六劃，確因被揪不放情急圖脱所致。若照本部堂議即應入實。外以刃扎究止三傷，其餘各傷均係帶劃，擬緩，照緩。」

嘉慶八年刑部核辦秋審實緩條款云：「查竊盜棄贓圖脱，拒捕刃傷事主之案，定例擬絞監候，秋審以事主傷經平復，無關人命，拒止三傷者入緩。其三傷以上者俱擬情實。上年貴州省楊日聞刃扎事主三傷一案，臣部改擬情實，奉旨免勾。本年廣東省劉得善一起，四川省李文潮一起，俱係棄贓逃走，被事主赶扭圖脱拒戳三傷，該省俱擬緩決。臣等以同一事主傷輕平復之案兩傷入緩，三傷入實，似未爲允協。茲據廣東、四川將圖脱金刃三傷之劉得華、李文潮問入緩決，臣部俱擬照覆入緩。至護夥及情兇傷重者，臣部核明仍擬情實。」

按：從前此等案件劃傷亦併計，故三年堂議尚及此。是年，直隸楊中義被扭圖脱，三扎，六劃，照實。六年，直隸魯燦刃傷瞽目事主二扎九劃，雖有被拉急情，亦難爲解，改實。又四年，廣東黄亞蛟轉身刃劃六傷，並未被扭被揪，雖有被追圖脱急情，亦難爲解。另傷二人，七年，直隸郭黑護夥格鬥，無圖脱急情，雖止二劃傷，均改實。則竟以劃傷入實矣。惟嘉慶二十五年，山東戴化南刃劃事主十傷，圖脱情急照緩，則帶劃雖至八傷以上，亦未入實也。此條劃傷不算，則三年堂議可以存而不論。然亦世輕世重之一端，故仍録之以備考核。又七年，直隸張佑魁圖脱刃扎二傷，另有劃衣誤戳六傷，照緩。五年河南安秀孜，六年劉俊案同均緩，此誤戳亦不併計者。五年，山東張繼玉被拉圖脱，先扎三，復喊令夥賊幫扎一，以四傷入實。此主使之傷亦併計也。近來又多鎗傷事主之案，照刃傷科斷。秋審似應較刃傷核辦，稍嚴。

一、竊賊圖脱拒捕，致斃事主，無論情傷輕重，俱入情實。

乾隆三十二年條款：「竊盗拒捕殺人，在應擬情實二十八款之列。」

道光十三年，河南李喜行竊拒傷事主身死，刑部照擬情實。經大學士富□以該犯行竊劉金眞鎌刀並未用强。劉金眞瞥見追捕。該犯棄贓逃走。劉金眞追及，將伊揪住用拳疊毆。該犯負痛情急，用頭向撞，適傷劉金眞臍肚，倒地移時殞命。在該犯冀圖掙脱，初無致死事主之心，可否改爲緩決奏奉諭旨，李喜一犯既因行竊起釁，及事主追捕復因該犯撞傷殞命，刑部援引定擬實，與案情符合。所有李喜一犯仍著照刑部原議辦理。等因。

按：此項向無緩案。拒捕例不保辜，其死於正限外、餘限内者，如嘉慶十二年廣東劉串兒，十三年河南柳之合均照實。有因追趕跌斃者，嘉慶十三年，山東王來子刃扎事主一傷，事主因追趕跌斃，改實。有帶跌致死者，道光十一年，江西葉良子行竊被縛圖脱，帶跌事主，下磡磕斃，改實未句。此皆案情之最輕者。因係拒捕殺人，不能入緩也。

一、竊賊圖脱拒捕，除他物傷一人不計外，如刃傷事主至二人者，雖僅止一二傷，俱人情實。若二人内有一劃傷及二人俱劃傷者，尚可酌入緩決。

按：乾隆三十二年條款，竊盗拒捕連傷二人以上者，應擬情實。此條未詳何年改定。嘉慶年間，此等人犯已將砍戳與劃傷稍示區别，或即是爾時所定也。刃傷二人如一係鄰佑，與事主不同。嘉慶年間辦法以另傷係屬輕罪，仍按刃傷事主一人是否四傷以上分别辦理。道光六年江西鄒六，部議云：「竊盜拒捕連傷事主二人，秋審舊例應入情實。迨歷年衡情酌辦，一一細加分晰。有圖脱刃傷二人，内有一人係被劃傷輕酌緩者；有所傷二人，雖一係劃傷而均無被揪圖脱急情，仍入情實者；有所傷二人，雖内有一人並非因被揪情急致傷，二人均止被劃傷，即酌入緩決者；有戳傷一人，劃傷一人，二人各被一傷，雖有一人非因被揪圖脱致傷，仍入緩決者。雖事涉繁瑣，而近年辦理較若畫一。此起刃傷二人，一係事主工人，均應以事主論。其致傷事主究因被其赶捉所致，止一劃傷；砍傷工人則確由被扭情急，且亦止一傷，似可酌量入緩，照緩。」

按：此條分晰甚明，可以照辦。又刃傷事主三人者，雖係劃傷，亦多入實。道光二十七年，直隸王成兒刃傷事主三人，均係劃傷，雖由被事主三人一齊上前捉住圖脱情急所致，改實。咸豐八年直隸張起加刃傷事主三人，一事主二扎五劃，二事主各一劃傷，均由被抱被揪圖脱，無護贓護夥，照實。惟道光十一年，直隸張五被捕情急，刃劃事主一傷，其將事主一人刃傷，均係自割衣辮誤戳，罪止擬軍。最後刃傷事主鄰人，罪止擬徒，共九劃僅一劃出於有心嚇抵，照緩。蓋以鄰人向不併計，故從寬也。又嘉慶十七年，山東王大子圖脱刃劃事主二傷，他物二傷，又刃劃事主工人二傷，復毆幫捕之人一傷，該犯在受傷倒地之後，三人同捕，情急照緩，則又以一人係他物，向不併計也。

一、竊賊圖脱拒捕，僅止金刃一二傷，亦無兇暴情形，此外或事主追逐自行跌斃者，亦可緩決。

謝信齋云：「事主追逐跌斃，初非本犯意料所及，與失財窘迫自盡者不同，向不以之加重，係屬例緩，可以遵辦。」

按：此條未詳何年所定。嘉慶十三年，山東王來子刃扎事主一傷，事主因追赶跌斃，改實，與此不符。以案情而論，追趕跌斃死在當時，窘迫自盡死在事後，自應以死在當時者爲重。以罪名而論，失財窘自盡者罪止擬徒，追赶跌斃者在鬥毆案内。如係被毆傷輕因自向追毆以致跌斃者，從前仍按鬥殺擬抵。以被毆而追，因追而跌，事實相因也。新例毆傷人後跑走，被毆之人追趕以致失跌身死，由絞減流，則原情也。是即以新例言，鬥毆尚罪應擬流，竊盜拒捕非尋常鬥毆可比，豈得謂較失財窘自盡者爲輕？況刃傷平復，或致事主成廢及金刃一二傷情形兇暴者尚應入實，乃致釀事主一命者反可入緩，似未平允。此條應商。

一、竊賊圖脱拒捕，他物毆傷事主至廢疾、篤疾者，較刃傷平復爲重，俱應入實。若扎傷平復，僅止骨節參差，或斷一指、折一齒，事主不致貽累終身者，亦可緩決。小注，若盜田野穀麥等類，與實犯竊盜不同，雖拒捕至廢疾，亦可酌入緩決。道光二十年四川張在遠，二十一年奉天李復興兩案均奏明改緩。

道光本小注係大字，無「二十年四川張在遠」八字，「改緩」下有「通行」二字。

道光二十一年，盛京題李復興行竊事主依林太地内高粱穗，拒捕刃傷依林太成廢一案，奉部以向來辦理秋審如實犯竊盜拒傷事主至廢疾者，入於情實。至盜田野穀麥，律得免刺。按例係屬別項罪人，與實犯竊盜者有間。若拒毆事主成廢，向係原情入緩。李復興自應仍遵歷辦成案，改入緩決等因，奏准通行在案。

按：此條未詳定於何年。嘉慶七年，山東郭六子，事主折髓平復已能行動，惟筋骨參差，照緩。此僅止骨節參差者。道光五年，江蘇王同高被扭圖脱，金刃劃割二傷，左手指一傷筋斷，僅止屈而不伸，並未成廢，至他物毆傷店夥係輕罪，照緩。此或斷一指者。至別項罪人拒捕向以成篤者入實，成廢者入緩，歷有成案應照辦。

此條小注擬改爲大字曰：「若別項罪人拒捕，盜田野穀麥等類，成篤者入實，成廢者入緩。」「較刃傷平復爲重」七字可删。

一、兩賊同時拒一事主，及各自拒傷事主，各科各罪。如實係圖脱情急，無彼此護夥兇横情節，金刃未至三傷以上者，亦可緩決。

按：兩賊同時拒一事主之例纂於嘉慶六年。此條當在其後。情節以彼此護夥爲重，應不論傷痕多寡輕重，入於情實。如無此等情節，係各拒各捕，應各按尋常拒捕刃傷，分別實緩，不必加重。

一、竊賊兩次刃傷事主同時並發，雖各止一二傷，亦入情實。

案：此條未詳定於何年，成案未見。此係兩犯死罪同時並發，與連傷二人者無異，究較之免死復犯、先後皆係刃傷事主者爲輕，如一案係屬劃傷，似亦可寬其一線。

一、竊賊刃傷事主，聞拏畏懼，將原贜送注，除確有證據者依例減流外，若係一面之詞，別無證佐，仍擬絞候者，照例入於緩決。

按：此條係嘉慶六年續纂定例，應遵辦。

一、竊盜殺人爲從、幫毆之犯，自乾隆四十六年定例，不分他物、金刃，俱擬絞候。以後俱入情實。嘉慶六年新例，金刃及他物折傷者擬絞。傷非金刃，未至折傷者，擬遣。其例前定案之犯，於秋審上班後奏明。刃傷及他物折傷者情實。他物未致折傷者緩決。八年，四川馮大湧一起係竊匪圖脱拒捕，僅止刃劃一傷，另他物三傷，曾經奏明入緩。嗣後此等從犯係竊案圖脱，一傷甚輕，無護贜護夥及倚衆兇暴别情，俱入緩決。小注按：搶奪殺人從犯，情急圖脱刃劃一二傷，與首犯拒不同場，定案時照爲從問擬者，不可原情入緩。

道光初年本首句係「搶竊殺人」，小注係大字，故「此等從犯」下有「係竊案」三字。道光末年本、蜀本首句亦作「搶竊」，而「搶奪殺人從犯」以下改爲小注，已失原本之意。此本即改「搶竊殺人」爲「竊盜殺人」，「搶奪殺人從犯」以下又改爲另行小注，遂覺中間「係竊案」三字不甚可解。此修改之失也。又小注「不可」道光兩本皆作「亦可」，當時原有緩案，故云然也。此本作「不可」，蜀本同，未詳何時所改。

嘉慶八年刑部核辦秋審實緩章程云：「一乾隆四十六年，臣部遵旨議准定例，凡搶竊殺人案内爲從幫毆有傷，原例擬軍之犯，不論他物、金刃，俱擬絞監候。嘉慶四年，臣部修輯條例，以殺人首犯例應擬斬，一命已有一抵，其幫毆之餘犯應行酌量區别，議將刃傷及手足他物至折傷以上者，仍擬絞候。如傷非金刃又非折傷者，發極邊煙瘴充軍。而此等幫毆刃傷之從犯，秋審俱擬情實，各在案。今本年秋審，四川省絞犯秦德受一起擬入情實，馮大湧一起擬入緩決。同一幫毆刃傷，外擬實緩互異。臣等詳核案情，秦德受因事主扭住夥犯，該犯護夥幫同砍戳臂膊二傷，内一傷骨損。該省擬實，自應照擬情實。至馮大湧刃傷止係帶劃，拒由事主扭住圖脱，情傷較輕，且他物幫毆之犯，如非折傷，例止擬軍。若將刃傷情輕又非獲夥之馮大湧一例改入情實，殊覺生死懸殊。臣部現擬將馮大湧一犯照覆緩決。」

按：搶竊殺人爲從幫毆之犯，從前舊例罪止擬軍，乾隆四十六年改爲絞候。嘉慶四年嫌其太重，復將傷非金刃者改爲軍罪，而擬絞之犯俱擬入實。八年復將刃傷情輕者酌入緩決。當時皆搶竊並舉，即成案分别門類，亦搶竊彙在一處，特搶案少，而竊案多耳。道光六年廣東胡亞大，部議云：「搶奪較竊盜爲重，拒殺事主爲從又較搶奪刃傷爲重，秋審向俱入實。」近年雖間有情急傷輕酌核入緩之案。惟此起僅止被赶，並無圖脱急情，輒即持刃相向，雖劃止一傷，亦難曲爲解免，改實。據此則爾時已將搶竊分別重輕矣。又二十二年廣東陳亞滿，部議云：「搶奪殺人爲從，刃劃一二傷，確由圖脱情急者，向有入緩成案。此起搶奪拒捕刃劃事主二傷，係在首犯拒殺之先，且由恐被拏獲所致，惟究無被揪被扭圖脱急情，照實。」此起因無圖脱急情而入實。而當時有緩案，與「亦可原情入緩」之語相符。今本改「亦爲不」，又係近來從嚴辦法。竊謂此項人犯本係由生入死，從前原因首犯應擬斬決，命已有抵，故不問死罪。今既加重擬絞，而秋審又一概入實，似覺毫無區別。今擬改定曰：「一、搶竊殺人爲從幫毆之犯，如係護贜護夥，或同場助勢逞兇，或夥犯殺人由該犯喊救，及另有倚衆兇暴别情者，俱入情實。若實有被揪被扭圖脱急情，與首犯拒不同場，搶奪從犯僅止刃劃一二傷，（他物傷不計。）竊盜從犯僅止扎劃一二傷者，可以酌入緩決。」

一、親屬相盗，拒斃捕人，仍依鬥殺絞候者，應入情實。小注按：此指無服親屬而言。若有服親屬相盗拒殺，卑幼定案依毆殺卑幼律擬絞者不在此例。

按：此條未詳定於何年。無服即族弟、族姪亦多入實，並無緩案。有服則多入緩。道光十五年四川張啓志，部議云：「親屬例不重盜，向來行竊拒殺有服卑幼歷有入緩成案。此起雖係因竊拒殺幼孩，惟死者究屬緦麻卑幼，被抓嚇毆一傷適斃，亦與逞兇殘殺不同。定案時照毆死卑幼本律問擬，秋審自應入緩。」撫尾入實，旋經該省奏明改緩。又安徽吴大鈺雖係因竊拒殺年甫十二幼女，惟死者究係該犯緦麻卑幼之婦，他物三傷確由被抓圖脱所致，尚無逞兇殘殺情事，定案即照毆死卑幼之婦定擬，秋審自可原緩，均照緩。又咸豐二年，安徽舒珍喜牙行竊雞隻，刃斃緦弟圖脱拒捕，緩。光緒十二年，四川黄泳順竊放田水，火器致斃緦姪，究與行竊財物不同，被追情急，緩。然亦有入實者。道光二十一年，孫大文行竊拒殺緦麻雙瞽姪婦案，係故殺，與毆死不同。二十五年，四川楊仕淋臨時盜所故殺事主，死者係年甫九歲緦麻妹。咸豐八年，山東李興搶奪拒捕，故殺緦弟難以死者拾石向擲，責以犯尊爲該犯議緩，均照實。此謀故與毆殺之别也。又嘉慶二年，廣東曾亞保行竊有服親屬，拒殺雇工，以毆死雇工論，照實。咸豐二年，四川李老五糾竊小功伯母菸苗，拒殺追捕之人，死係雇工，刃二均致透，照緩。此二案皆係雇工，一實一緩，當以後案爲式。又道光十六年安徽吴榮因竊故殺事主幼女滅口，定案照故殺族中無服親屬奴婢之女擬絞，改實。此又以無服親屬，且案係故殺也。

一、竊賊冒捕嚇詐拷斃竊賊者，應入情實。

按：此條未詳定於何年，成案亦未見，似可修併於人命門竊匪一條之內，毋庸另立專條。此所重究在人命也。

一、回民糾夥三人以上行竊逾貫，雖未至五百兩，俱入情實。如糾夥未及三人，或雖糾夥三人並未執持兇器，贓亦未至五百兩者，似亦應酌予緩決。小注按：如三人內有一民人，即不以三人論。至回民結夥行竊刃傷事主之案，仍照尋常竊盜一體分別辦理。

道光初年本首句「三人以上」下有小注「如內中有一民人，即不以三人論」。末年本、蜀本同。「如糾夥」至「或雖」九字作「糾夥未至三人者可緩。」查回民糾夥持械至三人以上，但經行竊即應擬軍，與尋常行竊擬杖者不同，故贓至滿貫，歷來俱入情實。但此等案雖有五十六字，末年本已與此本同，蓋刪去繁文矣。小注至作如係大字，段後小注，末年本「如回民結夥」係小注。蜀本同。

按：此條未詳定於何年。如三人結夥而未持械，道光十三年，直隸庫英回民糾夥四人，主令行竊，該犯未經同行，夥犯一攜麻繩，餘俱徒手，並未持有兇械，定案時將夥犯仍照民人竊贓逾貫爲從減等擬流，不照回民夥竊科斷。又新疆張虎回民糾夥未持械，另犯糾竊二次被拏，拒捕刃傷差役平復，均以未至五百兩照緩，與條款相符。又嘉慶四年，陝西馬金學回民結夥三人行竊，刃傷事主，不論傷之多寡，改實，與注中所言不合，蓋爾時辦理從嚴。道光二十一年陝西馬沅兒、二十七年直隸白大、山東張二麻，皆照尋常竊盜一體分別實緩。道光初年本此注作大字，可見爾時已改從寬也。

一、回民行竊、窩竊，發遣在逃行竊，計贓逾貫，及行竊時另犯應死罪名者，秋審概入情實。

按：此條未詳定於何年，當在前條之後，成案未見。

一、蒙古搶奪傷人，照蒙古例擬絞之案，如傷非金刃，傷輕平復，在刑例罪止擬軍者，可以緩決。若係金刃，在刑例罪應擬斬者，自難概寬。

道光初年本作「蒙古拒傷事主，不分金刃、他物斬候者，俱照蒙古例擬緩。」末年本已同今本。

按：嘉慶二十三年，直隸圖古蘇蒙古偷竊牲畜，刃傷事主二人，照緩。爾時搶竊不甚分別可見。道光初年本係嘉慶年間舊文也。道光六年，熱河王碌用棍拒傷事主平復，改緩。九年，熱河彭發拒捕刃二，蒙古舊例應斬，新例改絞候，係由重改輕。按之刑例亦應斬候，改實。十一年，直隸什爾土等蒙古搶奪刃傷，照實。十五年，熱河額立七蒙古搶奪棍毆事主四傷，内一傷骨折，係在折傷以上，按照刑例已應擬斬，改實，是道光年間辦理章程。蒙古搶奪拒捕傷人之案，金刃及折傷以上，刑例罪應擬斬者入實。傷非金刃，傷輕平復，刑例罪止擬軍者入緩。此條所改尚未明晰，擬於「傷係金刃」下添「及折傷以上」五字。

又按：蒙古行竊拒捕刃傷之案此條未及。咸豐二年山西布印行竊拒捕刃傷三人，在常犯必實，惟犯係蒙古，原題聲明「秋審減等時發遣」等語，查與理藩院則例相符，照緩。同治七年，山西噶勒桑竊盜拒捕刃扎事主一傷，照蒙古例定擬。其有無護夥，原題聲叙未能明晰，照緩，應將此層補入，以昭周備。道光六年改定理藩院則例：「行竊拒捕傷人未死，爲首者擬絞監候，籍没畜産給付被傷之人，俟秋審減等釋放時僉發。湖廣、福建、江西、浙江、江南等省，是蒙古此項人犯係屬例緩，應照緩。」

一、蒙古搶劫什物未傷人，及搶奪十人以上，並計贓逾貫，爲從者俱入緩決。

按：此條成案皆緩，照蒙古例也。道光三年理藩院定例：「搶奪逾貫，首犯擬斬，從犯擬絞。」例内聲明秋審衡情定以實緩。十六年，山西三都克捆縛事主，搶奪逾貫，復另犯糾搶牲畜十匹以上，未傷人，照緩。達什扣等一起，達什扣糾搶逾貫，復拒傷事主二人，實。潮霍爾等或幫同拒毆，或他物拒傷事主，以爲從，均緩。又道光二年，刑部會同理藩院奏准：「夥衆强劫未傷人之犯，如祇係强劫什物或搶得牲畜在十匹以下者，仍照向例擬絞，均入緩決。」倘什物内搶有牲畜在十匹以上者，即照刑律二罪並發從其重者論，照偷竊蒙古牲畜例，按其匹數分別首從擬以實緩，通行在案，應酌照後一條辦理。至民人在蒙古地方搶奪逾貫，例應入實，未便因其在蒙古地方未傷人爲之原解。嘉慶二十四年直隸馮貴改實。

一、偷竊蒙古四項牲畜三十匹以上，不分首從，俱入情實。二十匹及十匹以上，爲首入實。其二十匹以上，從犯入於緩決，例内已有明文。至内地民人盗牛二十隻以上，定例以有妨農務，不論贓數，擬以絞候，原較凡盗爲重，如秋審再入情實，則較之盜尋常馬匹等項輕重大相懸遠，似應入於緩決。小注：道光二年新例，三十匹以上爲首情實，爲從擬絞，核其情節分別實緩。

道光初年本「明文」下有「搶奪牲畜照偷竊分別辦理。道光二年奏定章程」十九字。末年本、蜀本係小注。此本删去。

乾隆二十四年原例：「十匹以上，首犯入於情實。」五十四年改爲：「三十匹以上不分首從俱情實，二十匹以上爲首情實，爲從同竊分贓者緩決。十匹以上首犯情實。」道光二年，刑部會同理藩院奏准，十匹以上爲首緩決。二十匹以上及三十匹以上首犯情實，從犯緩決，載入例册。理藩院現行例文，二十匹以上亦擬緩決。此條自應照改。同治七年，山西哈勒塔爾固秀爾普搶奪捆縛事主二次，搶奪牲畜四十匹以上爲從三次，係屬五犯。應死罪名雖一次，在恩詔以前似難議緩，照實。盜牛之犯，乾隆五十六年，新疆噶爾桑蒙古爲首糾竊牛二十二隻，入實句決。案内從犯緩。此案並非在蒙古地方，與五十四年例文相符，蓋以新疆地方故從嚴也。今蒙古例已改輕，内地盜牛之案更未便從嚴辦理。第盜馬牛而賣者，若計贓已逾五百兩，即難議緩。則盜牛之應計隻數，及盜馬照盜牛例治罪之應計匹數者亦無全緩之理。今條款内但云「似應入緩，而究竟隻數之過多，應否一體入緩，」既無明文，亦無辦過似此成案。惟光緒五年，奉天任吉慶實竊馬七十三匹，其沿途倒斃馬三十九匹，已出攔圈，應併計以一百十二匹論，爲數過多。該犯係窩主造意，情節亦重，惟究非積慣巨窩，爲數雖多，亦非例實之案，照緩。蓋以條款既無明文，故從寬也。

一、竊賊發冢，開棺見屍，剥取屍衣，及盜未殯，未埋屍棺三次者，俱應情實。此例重在見屍。如因屍衣腐爛無存及剥衣未得，被人撞遇逃逸者，亦入情實。

乾隆三十二年款：「開棺見屍，在應入情實二十八項之内。」

按：發冢之例，近年新例新章皆極嚴厲。從前如道光三年，奉天侯德開棺見尸屍，未便以並未竊取屍衣爲解。雖伊父陣亡，不准聲明，改實。十五年，直隸厲逢元開棺剥取屍衣被人瞥見吆喝，即將原贓擲入棺内，亦難不實，照實。非不加嚴，蓋開棺見屍者，重在屍身之顯露，情節殘忍，尚不在屍衣之已否被竊也。至未殯未埋屍柩成案，嘉慶十六年，河南陳維隴盜未埋屍棺爲首三次，實。十八年，四川陳俸一盜開浮厝之棺爲首六次，改實。十九年，四川楊國興盜開未埋屍柩三次，剥取屍衣，均改實。道光十二年，江蘇吴順年開未埋屍柩三次，係由瘋發無知，實。近年則此等案甚鮮見也。

一、發冢三次爲從，僅止在外瞭望者緩決。若幫同開棺，及爲從至三次以上情實，例内已有明文。其盜未殯未埋屍棺爲從三次以上應絞候者，如僅止在外瞭望，亦可酌入緩決。

按：發冢舊例惟開棺見屍爲首，並爲從三次以外者，始問擬絞候。其爲從不及三次者，罪止擬軍。至鋸縫鑿孔抽取衣飾，較之開棺見屍情節爲輕，首從各犯均係分別次數擬以軍徒，並無死罪。同治四年，大理寺少卿于凌辰，御史張觀鈞、佛爾國春條，奏經刑部議准，開棺見屍爲首斬決，鋸縫鑿孔爲首絞決，爲從俱絞候。五年，又經御史林式恭條奏議准，開棺見屍爲從幫同下手者，不論次數，俱入情實。在外瞭望一二次者入於緩決，三次及三次以上者，入於情實。鋸縫鑿孔爲從幫同下手三次及三次以上者，入於情實，一二次入於緩決。在外瞭望六次者入於情實，一次至五次者入於緩決。光緒十二年，御史良弼條奏，又經刑部議定，開棺見屍爲從絞犯，無論是否幫同下手在外瞭望，均入情實。鋸縫鑿孔爲從，但經幫同鑿鋸不論次數，並在外瞭望已至三次以上者，俱入情實。其瞭望僅止一二次者，入於緩決。此條與上條均與現行例章不符，應修改。今擬將兩條修併爲一，改定曰：「一、發冢開棺見屍爲從，不論是否幫同下手在外瞭望，均入情實。鋸縫鑿孔爲從，但經幫同鑿鋸，不論次數及在外瞭望已至三次並三次以上者，俱入情實。其瞭望僅止一二次入於緩決。至盜未殯未埋屍柩爲首三次者，入於情實，爲從三次以上者，酌入緩決。」

又按：發冢罪名從前本不計次數。自雍正十三年將爲從之犯開棺三次及三次以外者，照竊盜三犯律擬絞纂爲定例，始以次數分別罪名輕重。其文曰：「開棺而不曰『發冢』，此以棺計數之明文也。」乾隆十六年又將盜未殯屍柩，及發年久穿陷之冢開棺見屍三次以上者擬絞。嘉慶十九年修律按語云：「查向來辦理發冢開棺分別次數之案，無論同時異時，同地異地，但以見一屍爲一次，惟例内統言開棺見屍爲從一次、二次、三次及三次以外，並未指明見一屍爲一次。上年江蘇省吴毛七等同時連開三棺，將爲從之犯以一次定擬，經臣部駁令更正，並通行各省，嗣後凡發冢開棺見屍爲從之犯，以所見之屍爲次數，不得以同時同地連發多冢者作一次論，」遂於例内添入「均以見一屍爲一次，不得以同時同地連發多冢者作一次論」小注，迨同治九年修改新例將此注删去，而按語並未聲明，恐係疏漏。查是年秋審，山西李椿會聽從發冢四次，統計鑿棺抽竊已十餘次之多，雖止在外瞭望，改實。又李開明聽從發冢鑿棺抽竊二次，一次一家三棺，一次一家二棺，以五次論，以未至六次入緩。是當時雖删去例注，而核辦秋審仍以一棺爲一次，亦可見例注之删非有異議也。或謂鑿棺抽竊較開棺見屍情節爲輕，辦法似可稍寬。查鑿棺抽竊係嘉慶四年直隸崔名瑞一案因未顯露屍身，故照見棺槨爲首擬軍。六年纂入例册。同治年間改定死罪，是此例即從開棺見屍之律分出，律義總要一綫。同此一例，彼此不能兩歧。同此一案首從不能兩歧。觀於同治九年李椿會等二案，則鑿棺抽竊之案辦法亦不能兩歧也。第罪名以次數分輕重本非古法，其中窒礙之處不獨發冢一項爲然。且此條新例又過於嚴厲，將來修改新例，必應酌量變通，庶歸平允。

又按：輯注云：「在野之墳雖發冢開棺，不得同於强盜。已死之人雖殘毁棄置，不得同於謀殺。」前人立論自得情理之平。發冢志在得財，亦竊盜耳。唐明律竊盜本無死罪。此以開棺見屍而定爲絞，唐律與明律相同，已較凡盜爲重。今以潛行竊物之犯竟與强盜同科斬決，以情合法，究有未安。乃世之議法者第曰從重，初不問情法相符與否，欲求允當，必至訾議生甚矣。定律之難也。乾隆四十年，三法司核擬刨墳絞犯逃後二三年被獲之王學孔、敖子明，擬立決一本，奉旨所辦，未免誤會朕意。此等刨墳爲首及三次人犯雖例應擬絞入情實，然皆貧民無奈爲此，有司民之責者當引以爲愧，而其犯實無人命之可償也，即入本年秋審足矣，有何不可待而改爲立決乎！嘉慶八年，直隸李五聽從剥取屍衣，分贓已至三次。殘及枯骨，怙惡不悛，未便以僅止瞭望爲解，改實。進呈後奉旨入緩。是年議定：「嗣後發冢開棺見屍從三次罪應絞候者，若係幫同開棺仍入情實，僅止瞭望入於緩決。三次以外雖止瞭望亦擬情實。」是爾時上意不欲過嚴。先後同揆，今新例之重如此，大失列聖寬仁之意矣。

一、貪圖吉壤發冢，致壞人屍棺骸罐者，亦以見屍科罪，應入情實。如係山地被人盜埋盜葬，及心疑盜葬，出於有因而發冢，壞人屍棺骸罐者，亦可酌入緩決。

按：此條未詳定於何年。嘉慶七年，山西晉錫娃圖賣絶地發冢。因棺已損壞，欲行另埋未果，當被查知。二十五年安徽湯嫩子因伊伯將坟前餘地契賣楊姓安葬兩棺，該犯小女病故，卜係祖墳塞嚮，令楊姓遷葬被斥，起意將其墳刨開，撬開棺蓋，將兩棺骨殖移埋他所。雖因惑於風水，掘後又爲掩埋，與行竊剥衣抛棄骨殖者有間，究係例實，均照實。此實案也。嘉慶十年，福建劉兼三疑侵祖墳，發掘洩忿，挖出骸骨另埋，雖已見屍，究係疑出有因，且該犯並未同往，緩。道光十一年，湖廣胡顯明雖係發冢開棺，惟初意祇欲掘取屍棺另埋，因刨開墳土之時棺蓋腐爛，被鋤帶開，始將骨殖移藏他處，與撬開棺蓋者迥殊，緩。恭逢恩旨監禁二年，減軍。十二年，江西樊獻潮發冢掘骸另葬，係因恐礙祖墳風水起見，與圖竊屍衣者迥殊，亦與貪圖吉壤者有間，犯未同行，緩。此緩案也。

一、指稱旱魃，刨墳毀屍，爲首如有挾仇洩忿情事，例應入實。訊無嫌隙者緩決。

按：此條係嘉慶九年恭奉諭旨纂入例册，自應遵辦。嗣後十四年山東吴老四，道光四年河南譚定基，二十年山東姜二、花蘭，均係起意邀打旱魃，刨毀屍棺，均訊無挾嫌情事，照緩。

一、殺死搶竊族人，例不照擅殺科斷，仍依謀故鬥殺定擬之案，道光七年，本部題覆福建馬幅周案內聲明，若拘於謀故殺人，向係入實之例，概擬情實，未免向隅，請酌入緩決。通行在案。嗣後如犯係雇工人及兄弟妻之類定案因係親屬相盜不照擅殺科斷者，雖案係謀殺，亦俱遵照入緩。道光七年福巡奏：「馬源開因無服族弟馬幅周行竊伊家衣物，事後查知馬幅周情願認賠竊贓，嗣該犯向索贓錢，被其用拳向毆，該犯順取竹銃嚇放，致傷馬幅周身死。查馬幅周雖係行竊罪人，惟例不得照凡人擅殺科斷，仍照同姓服盡親屬相毆至死以凡論竹銃施放殺人以故殺論例，擬斬監候。查火器殺人之案，秋審時例應入實，而同姓親屬相盜例雖不以擅殺科斷，究與因事爭鬥者有間，定案時既擬以斬候。秋審時若概入情實，未免向隅，自應衡情酌入緩決辦理。恐各省拘於謀故殺人向係入實之例，以致概擬情實，不足以昭平允，應通行各省，如有似此之案，酌入緩決辦理。嗣後，凡殺死搶竊族人之案，均照此核辦。道光十四年，江西夏人嶸連斃族人二命。死者均係强砍山樹拒捕成傷罪人，定案照凡鬥，緩。惟二十六年，四川陳汶名連斃父子一家二命，死者均係行竊田水族人。連斃一家二命、一鬥一擅之案，向亦酌入緩決。此起二命均照鬥殺問擬，較之內有一命係實犯擅殺者情節爲重。凡人致斃竊放田水之人，例雖照擅殺科斷，第田水究係無人看守之物，較之有人看守器物情罪本有不同，況係親屬相盜，業經援案由立決改爲監候，未便率行擬緩，改實。

一、行竊遺落火煤，不期將事主燒斃，照因盜威逼人致死問擬斬候之例，係道光三年纂定。原奏聲明，遺火燒斃一命，及二命而非一家者，酌入緩決。燒斃一家二命，及三命非一家者，入於情實。迨道光四年纂修條例時復聲明，秋審案件應候臨時酌核辦理，毋庸將入於情實緩決之處纂入例內。查此項竊賊遺火事出無心，遇有燒斃一命者，自可酌入緩決。若至二命以上，則死者之情較慘，似不應率行入緩。竊剥事主衣服致令凍斃，本犯投首，免。因照屏去人服食致死擬絞者，亦間有酌緩成案。嘉慶二十年，浙江王大因竊遺火致事主幼孩慘被燒斃，改實。道光三年，刑部酌定條例並聲明，竊賊遺火事出無心，其燒斃人命並非意料所及，與實係因盗威逼致死者究屬有間。若將行竊遺火燒斃事主一命之犯秋審時概擬情實，似覺漫無區别。請將遺火燒斃事主一命，及二命而非一家者酌入緩決。遇查辦緩決減等時，將燒死二命而非一家之犯不准減等。至燒斃事主一家二命及三命而非一家者，入於情實，奏准通行。此後燒斃一命之案無不入緩。惟光緒十二年，山東楊三結夥持械行竊，燒斃事主一命，逃出後復放鎗向事主嚇禁，情殊兇暴，難以事出無心爲解，改實。則以其情節較重也。二命成案未見。

道光末年本、蜀本小注尚有「查道光二十二年山東省陳昂一起照緩，係第二册」十九字。

一、犯罪事發，官司差人持票拘捕，毆差成廢之案，當酌量有無兇横情節，分别實緩。道光二十年山東孟傳忠實，奉天聶成沅緩。二十二年直隸申三老虎實，湖廣張老麼緩。若毆所捕人至篤疾者，應入情實。

按：此條注中引二十二年成案，自非道光初年所應有。謝氏無注語，恐係後來羼入。注中所引四案皆别項罪人。孟傳忠刺匪擬軍減徒，復犯姦拐，事發後因差役奉票拘拏，起意糾夥拒捕，摔跌後刀械交加，致令骨折成廢，改實。聶成沅拐匪被拏，止圖糾人嚇散，乘空逃逸，與蓄意逞兇拒捕者有間，成廢傷係他物，照緩。申三老虎竊盗傷非事主，即照别項罪人拒捕定擬。此起竊匪圖脱拒傷捕役，尚未成篤，另傷一人係輕罪，外實照實。此起如非外實，即可入緩矣。張老麼竊匪拒傷差役成廢，例以别項罪人論，且拒由圖脱尚無兇暴重情，照緩。四案惟孟傳忠情節爲重。申三老虎亦可緩也。

擬補

一、夥盗供出首盗，限内拏獲，係舊例法無可貸之犯，減爲斬候者，入於緩決。夥盗供獲夥盗一半以上，並首盗供獲全案夥犯，減爲斬候者，核其情節，分別實緩。

按：夥盜供獲首盜，康熙年間現行例係免死發遣。同治九年改爲分別流徒。光緒五年奏改爲：「夥盜供獲首盜係曾經傷人，傷輕平復之犯，減爲斬監候，秋審入於緩決。其首盜供獲夥盜及夥盜供獲夥盜，均擬斬監候，秋審時核其情節分別實緩。」此例通行以後，盜犯之入於秋審凡舊例法無可貸者入實，情有可原者入緩。法無可貸者，曾經轉糾黨羽持火執械塗臉入室，助勢搜贓架押事主送路到案。誣扳良民，並行劫已至二次，及濱海沿江行劫過船搜贓者是也。情有可原者，在外瞭望接遞財物，並未入室過船搜贓，並被人誘脅隨行上盜，或行劫止此一次，並無兇惡情狀者是也。皆指未傷人夥犯而言。迨光緒十四年刑部奏定，嗣後夥盜供獲首盜，係舊例法無可貸之犯，減爲斬監候，秋審入於緩決。夥盜供獲夥盜一半以上，並首盜供獲全案夥犯，均減爲斬監候，秋審時核其情節分別實緩，自應補列此條。惟此項夥犯歷年以法無可宥、情有可原分別實緩，而首犯本不在情有可原之列。如有入於秋審人犯，似不能不擬實矣。然强盜自首，例内以傷人、未傷人分別輕重，則秋審之實緩，亦可以此量爲區別。此條本係寬典，秋審自以從寬爲是。康熙五十四年上諭，强盜重案將造意爲首及殺傷人者，於各案内一二人正法，餘俱發遣。是殺人者固在六項斬梟之列，首犯及傷人夥盜亦不得減等發遣也。

一、强姦、犯姦婦女未成，將本婦立時殺死者，入於情實。

按：此條係嘉慶十二年定例。

一、造讖緯、妖書、妖言及傳用惑衆者，俱入情實。如情節實有可原，亦可酌入緩決。

按：此等人犯向俱入實。惟乾隆三十四年，陝西陳淩雲因幸圖進財，捏造讖詞，刻成石匣投遞臬司衙門，按造讖緯妖書妖言律斬，趕入情實，未句十次，改緩。又三十一年，貴州喻仁係妖言惑衆案内幫做衣帽之裁縫，緩。此二案皆原情從寬辦理。遇有此等案件，自可准此核定。

一、盜砍紅樁樹株，由立決改監候者，應入情實。

按：盜砍陵寢紅樁以内樹株，由立決改監候者例實。惟此等案多係回乾樹株應行招商變價之物，情節較輕。歷來成案皆於黃册聲兇邀恩免句，自可照辦。同治十年直隸趙二傻，十三年直隸崔蕣兒，俱實免句。

秋審比校條款附案　卷四

雜項

一、僞造印信，如冒支錢糧及誆騙得財，俱應入實。其餘誆騙未成者，尚可入緩。

乾隆三十二年條款，僞造印信在應擬情實二十八款之內。下注云：「有分別」。又比校一條云：「私雕印信之案，如有冒支錢糧及僞造憑照誆騙多贓者，應入情實。其餘誆騙未成，及贓數無多者，可以緩決。」志稿云：「誆騙未成，贓數無多，及僅止一案未及多次者，皆可緩決。若係官員世職大臣子弟爲匪誆騙多金，及有關軍機錢糧假官者，宜從實。至描畫與雕刻，其心亦相同。而罪懸殊者，蓋描畫止於一張，雕刻易於多用。故必以案數多寡爲衡。」

按：此條例文誆騙數多者擬斬，爲數無多者擬流。則誆騙未成者自無死罪。此條應修。乾隆年間成案多入情實。嘉慶元年，省分闕張介平銀匠僞造印信，串票包攬花户錢糧，騙得制錢八十餘千，照實。十四年，廣東蘇亞發僞造縣印，誆騙得贓，未便以爲數無多爲解，改實。道光二十四年，江蘇劉肇興私刻關防，誆騙得贓，照實。同治五年，朝審，余化鵬書吏迭次僞造印文行使，誆騙得贓，情殊藐法，雖印信係屬描摹，與盜用有間，定案時以迭次僞造從重，照盜用律問擬，業已由軍加絞，不無一綫可原，惟係奉旨從嚴辦理之案，擬實。

一、買受僞劄、詐假官者，應入情實。如假官並未造有憑劄，罪係計贓從重加入絞候，可以緩決。

按：乾隆三十二年條款，詐假官在應擬情實二十八款之內。四十九年增「買受僞劄」四字。歷來成案，乾隆二十九年，省分闕亦常阿因得謝銀，冒戴已革翎頂，囑託公事，實未句，此亦未造有憑劄者。嗣後，凡無憑劄之案皆緩。又乾隆三十二年，奉天周篤恭因父選授訓導，赴任病發，邀令姚鐸頂冒父名，謁見上司，照有故官員憑劄賣與他人，照實未句十次，改緩。此與僞造憑劄自爲假官者同例。而此案從寬，當以其情有可原也。道光六年朝審，王國聘因母老孀居，望伊得一功名，與人談及，祇有書吏役滿考職得有執照，可以報捐分發，經人説合，將劉應貴描成役滿，縣吏王庭用假照賣與王國聘，得銀花用。王國聘報捐分發籤掣安徽，到省試用，尚未署事，旋經户部行文該省查明，解京審出實情，照例擬斬。劉應貴僞造憑劄，誆騙得贓，實屬藐法。王國聘報捐分發，尚未署事，與業已赴任者有間，惟名器攸關，俱擬情實。奉旨劉應貴句決，王國聘監候。九年，江蘇潘玉洪起意詐充巡員稽查私鹽爲名，置買牌傘簽筒筆硯，在船張設，糾夥九人，囑張姓充當委員，倩人代寫緝私文劄一件，進口捏造「喻洪林」三字爲名，並未指列何項官銜，刻成鹽巡道淮北、江寧府正堂戳記各一顆，在江面往來，屢次向各船户訛詐擾害，依無官詐稱有官並未造有憑劄，犯該軍遣罪者擬絞例，擬絞照緩。光緒五年，江西王斌材撤遣營勇，私雕假印，冒充職官，詐騙多贓。惟假印騙銀不及十兩，罪止擬流。業因詐稱有官加重，擬絞。其捏造係屬委劄，與捏造部頒劄付不同，定案既照並未造有憑劄問擬，自應原緩，照緩。

一、私鑄錢十千以上，及爲從工匠人等應擬死罪者，俱應情實。小注：按私鑄一條，咸豐四年七月初十日奉上諭，「嗣後私鑄當百以下大錢，人犯如係爲首及匠人，數在十千以上，或不及十千而私鑄不止一次者，即於斬候上請旨即行正法。如私鑄僅止一次，爲數又在十千以下者，定爲斬監候，入於秋審情實等因。欽此。」通行在案。

按：乾隆三十二年定例，私鑄銅錢案犯核其錢數至十千以上，或雖不及十千而私鑄不止一次者，秋審時俱入情實。三十一年將「案犯」二字改爲「首犯匠人」。是年條款在應擬情實二十八款之内。道光二年，江蘇曹洪遠私鑄銅錢僅止三日，錢數僅止十三千零；六年，陝西任九私鑄鉛錢，尚未行使，均照實。至咸豐四年上諭，係指當百等項錢文而言。同治九年纂例，因當百等項錢文業經停使，故另纂「當十大錢照私鑄銅錢例分别擬罪」一條。此條上諭並未纂入。此注似可删除。

又按：私鑄之犯，康熙年間現行例，爲首及匠人斬決，爲從絞決。雍正十一年因此例太重，改照强盜例，將法所難宥者立決，情有可原者發遣。乾隆十四年又將爲首及匠人改爲斬候，爲從發遣，至今遵用。是私鑄案内爲從之犯並無應問死罪入於秋審者。此條有「爲從」字樣，未詳其故。查嘉慶二十一年奉天安歳全案内之王添歳，夥同私鑄十千以上，改實。是當日夥同私鑄之犯有問死罪者。此條「爲從」字樣或即指此。然究與例文不符，似應將「及爲從工匠人等」改曰「爲首及匠人」。

一、左道惑衆，及邪教爲從者，俱應情實。

乾隆三十二年條款，左道惑人在應擬情實二十八款之内。

按：此條向無緩案。嘉慶十五年，貴州顧占鼇匪徒傳習邪教，煽惑及衆，法無可寬，未便以並無斂錢不法别情爲解，外緩改實。

一、邪術醫病致斃人命者，應入情實。

按：此條未詳定於何年，向多入實。惟嘉慶十三年，奉天陞保多爾、吉恂郎、宋存信三名，均係邪術醫病斃命，或用鍘刀或用鳥鎗，均改實免句。道光七年，湖廣蔡添海道士誦道德經治病，與邪術醫人者不同，他物二傷無損折，且因被扭情急抵禦，死雖瘋發無知，該犯尚無欺淩情事。二十六年，熱河依勒爾士跳神切病，止期治邪，與書符咒水實在邪術有間，傷由失手將刀振落所致，且死係伊外姻親屬家奴，究與致斃平人不同，均照緩。又咸豐十年　朝審，聶氏師巫燒香治病，圖騙錢文，尚無畫符咒水習教傳徒重情，且年屆七旬，雙目俱瞽，已成篤疾，緩。此案與邪術治病不同，亦與左道惑衆有間，年老篤疾，自不能擬實也。

一、光棍爲從者，應入情實。

乾隆三十二年條款，光棍爲從在應實二十八款之内。下注云：「有分别。」又比校一條云：「光棍爲從之案，如係隨從聚衆、罷市辱官、毒害無辜，及强姦已成等項種種兇惡不法者，應入情實。其餘如係聽從隨行，並無前項情節者，可入緩決。」　志稿云：「光棍爲首者已經立決。其餘爲從原屬稍輕之案，除本條所開各款必入情實外，其餘可入緩決。蓋此等爲從往往多人進行，定案時不能一一區别，每致不得其平。至於比照光棍定擬者，尤宜詳慎。蓋此等案件外省多加重定擬者。」

四十九年通行擬實條款有「情重」二字。

按：此條固多實案，而間有緩案。乾隆條款甚爲平允，似應修復。光緒十三年，湖廣蕭克修聽從聚衆罷考，逞兇毆官，情殊藐法，是以改實。惟該犯僅至大堂，未敢前進，尚知畏懼。且首犯已正法，已足示儆，聲叙免句。十七年，浙江彭阿培聽從聚衆，赴縣赴求兑錢漕，鬨堂塞署，並將告示扯毁，情殊藐法。惟當奇災猝遘，農民惶急，報災求兑錢漕，與無故約會抗糧者終屬有間。該犯(汎)[訊]無轉相糾約情事，其將縣官推搡倒地，亦因人多擁擠，並無動手毆官之人，且首犯業經正法改實聲敘。此二案，均因條款將「分別」之語删去，不得不爲此酌量辦理也。（同治元年直隸☜張萬金因案情可疑照緩。）

一、投遞匿名揭帖者，應入情實。

乾隆三十二年條款，匿名揭帖在應擬情實二十八款之内。

按：此條向皆入實。乾隆三十八年朝審佛保因分贜不均，匿名揭告，但積福、萬保住之案由伊發覺，且所告亦皆得實，未句。嘉慶十二年，陝西陳玉瑞兵丁匿名告言人罪實，免句。光緒七年，奉天孫長均該犯姓名畢竟列入揭帖，且原咨聲明以揭帖言詞，與孫長均前控情節相符，料係該犯捏造，遂提該犯審出實情，與眞正匿名無從根究者稍覺有間。檢查道光七年陝西荀萬章一起句決成案，在揭帖内雖已列入己名，惟尚有私雕印信、假造官封、由驛投遞重情。此案情節較輕，照實，聲叙未句。據此三案，是其中情節亦有區別，未可一概論也。嘉慶二十二年，江西董維黄匿名寫帖，指人留窩逃逆，聞拏投首，律得減流。原案不准減等，酌定絞候，已屬從重。秋審外緩改實，未免過嚴。

一、誣告叛逆，被誣之人未決者，應欽遵嘉慶二十一年蔣伯能案内諭旨入實。

嘉慶二十一年六月初十日奉旨，「蔣伯能依擬應斬監候，並入於本年秋審情實。嗣後遇有誣告叛逆人犯原擬斬候者，均照此例辦理，欽此。」

按：乾隆成案亦多入實。惟四十七年福建周鑑聲因被在籍知縣葉廷推故兄控責，挾有微嫌，該犯進以葉廷推有不守臣節等情，架詞誣控，依誣告叛逆未決例斬，實，三次未句，年逾七十，逢恩減軍收贖。謝信齋云：「拖斃人命入實予句。未拖斃人命者，入實免句。」嘉慶二十二年，山西竇大有挾嫌誣告叛逆，（誣人有平西王名目）冀圖陷害，未便以誣控呈底非自行編造爲解，改實。道光四年，河南譚木照誣告叛逆，實，免句，永遠監禁。此二起有無人命，原案未見，不能詳也。近年有同治三年陝西帕爾吐，咸豐三年朝審吉年均入實句決，並無人命。謝説姑存參。

又按：「此應」至「實」十八字應改「應入情實」四字。

一、誣告人致死，並致死其有服親屬之案，如有挾嫌圖詐，或假捏姦贜，或事犯到官誣扳平人，或唆賊硬證，或賄差妄拏、圖洩私忿、累斃無辜，及拕斃案外一二命者，俱應入情實。其餘若因事本可疑，一時誤認，死由追拏跌溺，並非被逼自盡，及死者本非善類，無前項刁惡慘毒情形者，尚可酌入緩決。

乾隆三十二年條款無「並致死其有服親屬」八字。「挾嫌圖詐」作「挾有嫌隙」。「姦贓」下有「污人名節」四字。「平人」作「平民」。「無辜」至「二命」十字作「數命」二字。「情實」下有「並革役冒差、訛詐、危言恐嚇、致斃數命者，亦應入情實」二十一字。「自盡及」作「自戕」。「並類」下有「亦」字。「尚可酌入緩決」作「可以緩決」。志稿云：「誣告致死，本例重在拕累無辜，而秋審擬實又重在致斃數命。若按累由於官吏，則本犯之情可原。數命各有因由，則不能全罪本犯，進案定擬，難拘一格。此與上條情事相仿。指捕役誣良一條。惟差役訛詐、拷打制縛者，止論斃命，不論數命，皆入情實。誣告以到官者方坐。」

四十九年通行酌量入實條款，與三十二年同。「嫌隙」下無「或」字。「累斃」下有「無辜及致斃」五字，無「並革役」以下云云。謝信齋云：「誣告人致死，向以是否挾嫌圖詐及事出懷疑，分別實緩。」

按：乾隆成案，如十九年福建周魁盛，三十四年湖廣姜木林，廣東陳子隆，四十三年湖廣龍初璋，五十一年雲南尹連奇，五十六年關錫俸，五十八年湖廣毛添五，皆以二命入實。十九年福建蔡倪挾仇誣陷，五十八年湖廣蔡四挾嫌誣指，致斃無辜，均入實。其事出懷疑，有入實而免句者，有改緩者。嘉慶以後懷疑者皆入緩。惟嘉慶十四年，湖廣白扶萬因竺枝斯係另案竊賊，被夥賊混扳，誤信妄拏，尚屬情理。因而疑及其兄知情，逼寫「窩竊」字樣，扣留其子，勒令賠贓，復指名誣告到官，致其妻忿激自戕，所疑本屬無理誣告，近於有心，照實。咸豐九年　朝審王大磨，死係同案竊匪。其因被禁身死，與平人不同，惟係挾嫌誣告之案，照實免句。光緒六年奉天張氏，伊夫因行刦被獲在押病故，該氏輒挾嫌捏詞控告，並將伊病斃幼子稱係死者踢死，復情虛畏責自行割舌誣賴，希圖抵制，以致死者被押殞命，猶敢潛逃京控，情殊刁健。惟該氏業已成廢，死係在押病故，與拷禁身死究有不同，彙奏照緩。

一、童穉無知，誣告人因而致死之案，嘉慶十五年奉有諭旨，入於緩決。設有案犯相同者，均照此辦理。

各本無此條。前條有小注云：嘉慶十五年周隴倈子年甫九，誣告斃命，部擬永遠監禁，奉旨歸入緩決。嗣後設有案犯相同者，著照此辦理。此本删小注，而另立此條。然語句尚可删節。

嘉慶十五年八月庚寅奉上諭，「此案周隴倈子年甫九歲，即知挾嫌誣指，狡供捏證，以致拕弊無辜，殊爲狡黠，自應量加懲創，但向來十以下犯死罪者定例尚准收贖，今刑部照誣告致死平人之例問以絞候，竟請永遠監禁，則未免過重。該犯實係童穉，且當差役查拏失鞘之案向伊詢問之時，伊因曾被劉玉光毆詈，兼貪圖差役給錢買糖，進即信口誣指，彼亦不知偷竊餉鞘是何罪名，不過藉以洩忿。是該犯本無致死其人之心。此時加等問擬，衹應照擬絞罪，不准收贖，入於秋審緩決，已足蔽辜。將來遇有恩赦減等之時，仍可邀恩減免，何至令其終身永錮，殊失平允。周隴倈子一犯應即問以絞候，交刑部歸入緩決。嗣後設有案犯相同者，著照此辦理。」按：此案是年刑部以情節不實、不盡請旨駁審，嗣入於十七年秋審緩決，死者係在押病故。湖廣案。

一、挾仇誣告謀命，致屍遭蒸檢之案，無論係平人、尊長之屍，俱應入實。如起釁本因妄疑，並未固執求檢，或原驗傷痕本有遺漏、錯誤，及蒸檢卑幼之屍，無實在狡詐可惡情節，尚可酌入緩決。

按：此條未詳定於何年，乃專指誣告致屍遭蒸檢者言。其斃命後致屍遭蒸檢者，見前人命門一條之內，與此不同也。歷年成案，乾隆五十三年，（省分闕）王氏因夫驟病身亡，疑係夫弟挾嫌毒斃，赴廳具控，致夫屍遭蒸檢，實，未句十次改緩。嘉慶七年，江蘇姚文錦誣告致蒸檢胞妹屍身，索詐未得，改實未句。十六年，安徽鄒名德姪媳被人先姦後娶，因疑伊姪身死不明固屬有因，且被檢係卑幼之屍，又因原驗錯誤，非該犯固執。惟牽牛挾制，復欲訛詐，初次蒸檢詳報毒斃，供係因姦謀殺招解，駁審復檢，始稱病斃，案情不無可疑也，改緩。道光七年，湖廣賓元亨挾嫌誣告圖詐，致屍遭蒸刷，未便以蒸係卑幼之屍爲解，改實免句。又貴州王椿與王君弼賭博挾嫌，輒以李貴係被致死，藉詞牽控，結求檢驗，以致屍遭蒸檢。惟該犯誤信懷疑，與平空捏情妄扳者有間。且查李貴被推後死僅旬餘，開棺時事經十載，倘係因跌內損，則骨殖已無傷痕可驗，衡情酌斷，似尚在罪疑惟輕之列。至牽控姦情亦屬輕罪。案經擬結，未便加重照緩。十三年湖廣湯得中挾嫌誣告，致蒸檢降服緦麻姪女屍身，無實在狡賴情事，照緩准留，皆可與條款相印證也。

一、刁徒平空訛詐釀命之案，係嘉慶九年本部條奏新例，以其究與在官人役不同，有拷打者斬候入實，無拷打者絞候入緩。嗣本部十年纂例時又奏明，無拷打者仍分別情節輕重，以定實緩。歷年秋審如釀至二命，及串差倚勢，並假捏姦贓一切刁惡兇橫者，情實。其餘情有可原者，俱入緩決。

嘉慶九年，刑部奏明：「刁惡之徒無端肇釁，捏事生風，動輒勒索逞兇，肆意訛詐，以致被詐之人逼迫難堪，因而自盡，其兇惡情狀，欺壓鄉愚，實與蠹役詐贓斃命無異，若不擬以絞抵，既不足以重人命，亦無以示儆戒。議請嗣後凡刁徒無端肇釁，平空訛詐，欺壓鄉愚，致被詐之人因而自盡者，即比照蠹役嚇詐致斃人命例擬絞監候。拷打致死者擬斬監候，爲從各減一等。再，蠹役詐贓斃命，究係在官人役倚勢作威，知法犯法，秋審例入情實。其刁徒訛詐釀命係比例擬絞，秋審時擬入緩決。若拷打致死者仍入情實。」十年纂例時，以刁徒釀命情節固有可原者，亦有較蠹役爲兇惡者，若一概入於緩決，似覺無所區別，自應分別情節輕重，入於情實緩決，以昭平允，於例內添纂明晰。

按：此例纂定後，凡死由自盡之案，嘉慶十二年安徽葉斌以串差嚇詐得贓，改實。道光十三年，湖廣黃國信以圖詐串役私行關禁，照實。此串差倚勢者。嘉慶十五年，江蘇錢萬年以訛詐不遂，糾人打門嚇索，改實。十七年福建鄭學富以取繩嚇逼，改實。十九年，湖廣蔡正邦以縛手嚇逼，照實。道光四年廣西鄧亞資以捆縛關禁，改實。十六年，陝西趙保兒以逞兇打鬥，改實。又貴州羅發以令人拉回吊拷，照實。此刁惡兇橫者。嘉慶十二年，湖廣陳傳明以誣告亂倫重情，改實。二十八年，江蘇劉紅以捏指代賊銷贓，改實。咸豐九年江蘇王和尚以捏指收買賊贓，改實。此假捏姦贓者。道光三年，湖廣宋國尚平空嚇詐，致其病母忿拍牀架，被壓致死，其子以母死非命自盡，改實。十六年，湖廣湯必陞誣指窩竊兩次，得錢嫌少，復向索詐，死者之兄出外借貸落水溺死，該犯不知，復令人至死者家中索錢，死被逼自盡，照實。此案關二命者。道光三年，江蘇顧紹行捏欠訛詐得錢，復往拉猪作抵，四年，陝西馬靖國謀占地畝兩次嚇詐，十一年，湖廣陳方玠兩次嚇逼婦女，均改實。此又疊次訛詐，亦在兇橫之例者。此條應擬情實者，大略如是。此外別有兇惡情形隨案酌核，難以一概論也。

一、誣良爲竊，逼斃人命者，應入情實。其事出有因，並非有心誣捏，及死本舊匪者，可以緩決。

道光初年本無「其事出有因」云云。末年本有。

乾隆三十二年條款，誣良爲盜，逼斃人命，在應實二十八款之內。下注云：「有分別。」又比校一條云：「捕役誣良案件，如係挾嫌圖賴，及嚇逼詐財，致斃無辜者，應入情實。其餘如係妄聽，事出有因，及死者本係犯案舊匪，並無前項詐逼情節者，可以緩決。」

按：道光二年刑部奏准，「嗣後誣竊出於有心，死者係屬良民之案，拷打傷重致死者，擬以斬候。誣告到官及捆縛嚇詐，逼認致令自盡者，擬以絞候，秋審俱入情實。僅止空言查問，尚無捆縛拷打嚇逼别情，死者抱忿短見輕生者，擬以絞候，秋審入緩。誣竊出於有心，而死係舊匪，及死雖良民而誣竊出於無心之案，拷打傷重致死者，擬以斬候，秋審時情傷較輕者，酌核入緩。誣告到官及捆縛、嚇詐、逼認，致令自盡者，擬以絞候，秋審入緩。誣竊出於無心，死者又係舊匪之案，拷打致死者，擬以絞候，秋審時情傷較輕者，酌核入緩。

按：乾隆條款專指捕役。此將「捕役」删去。凡係誣良爲竊之案均照此核擬。歷年成案入實者多。惟嘉慶四年陝西曹終恥竊匪挾嫌誣指平人，致其妻自盡，死者究非所誣之人，照緩。十七年，山西高福娃疊起疑竊，經鄉保查詢，該犯恐死者質明，不肯干休，混行誣認，此則有心誣良因而致令自盡，故以誣竊致死論絞，究非圖詐起見，亦無勒逼毆打别情，照緩。道光十四年，江蘇陳元廣借貸不遂，挾嫌栽贓，誣竊逼死無辜，無拷打，照緩。此外緩案頗多。至事出有因，即未可竟謂之誣；死本舊匪，亦未便遽謂之良。可寬則寬之矣。

一、捕役私拷嚇詐，致斃人命者，應入情實。小注按：如事出因公，無圖詐邀功情事，又死非無辜者，雖擬斬，亦有緩案。

乾隆三十二年條款，捕役私拷嚇詐，非刑致斃人命，在應實二十八款之内。

按：此條成案入實者多。惟道光七年，陝西張欣得巡役逞兇，弔拷喝毆皮鞭十三傷，四致，六重疊，死十五幼孩。惟死本舊匪，且屢認屢翻，情本可疑，與誣竊詐贓邀功者不同。十五年，熱河姚玉文捕役私拷斃命，死者究係舊匪，捆縛拷打，心圖追問另案，尚無挾嫌詐贓情事，均照緩。此即小注所云緩案也。

一、蠹役詐贓致斃人命，不論贓數多寡，已未入手，俱入情實。按：蠹役嚇詐逼死人命之案，乾隆二十四年，刑部奏明，照捕役嚇詐逼認致死例擬絞監候。三十二年於例内添纂「如有嚇詐致斃人命，不論贓數多寡，擬絞監候」二句。嘉慶五年，雲南巡撫初彭齡條奏：「衙役索詐不遂，捆縛弔拷，因傷身死，請照故殺律擬斬。」經刑部議，稱衙役嚇詐被逼自盡之案，俱擬絞罪。其因毆打致死者，如情節不甚兇惡，亦照例擬絞。若捆縛弔拷，有心致死者，隨案改擬斬候，秋審時均入情實。查衙役因詐贓致斃人命，其藐法逞兇，與誣竊拷打斃命情節正自相等。例内既無明文，應如該撫所奏添纂。若係拷打因傷身死者，即照故殺律擬斬監候。咸豐五年，工部右侍郎宗室載齡條陳：「書差詐贓害民」罪名，經刑部議覆，嗣後書差索詐得贓之案，但經致斃人命，不論贓數多寡，於絞候例上從重加擬絞決。若拷打致死，於斬候例上從重加擬斬決。同治九年纂修例文時，又改爲，「如嚇詐致斃人命，不論贓數多寡，已未入手，擬絞立決。拷打致死，擬斬立決。若死係作姦犯科有干例議之人，係嚇逼致自盡者，擬絞監候，拷打致死者，擬斬監候。」此條應修改。再，從前此項人犯原不論死者是否良民，概入情實。今例文又於加重之中稍爲區別，固未便遽議從輕。然斬絞立決，究嫌過重。

一、假差嚇詐致被詐之人自盡，或忿打致死，或忿爭毆殺者，應入情實。小注：如本係舊匪或並非無辜，死由自盡者，可以酌緩。

道光初年本「毆殺」下有「仍按鬥殺擬絞」六字，與例文不符。小注如作其係大字。末年本與今本同，蓋已修改矣。按：此條成案，如死係舊匪，多入緩決。嘉慶九年，安徽周白鳳假差嚇詐舊匪，致其母愁急自盡，舊匪亦痛母病故，照緩。至死非舊匪，如嘉慶十七年陝西何貴死係窩留有罪之婦，二十四年雲南張高榮死係犯姦僧人，道光四年李英，七年山東許興吉死均係賭匪，三年陝西蘇添成死收藏賊贓，十年四川楊受沅死本姦匪，均入實。是舊匪專指竊賊而言。其餘不得同論矣。道光十三年，湖廣姚全珖假差圖詐致死奉票緝私差役，因犯非應行句攝，照凡鬥。死由踢溺，身受多傷，改實，雖非毆殺，亦與毆殺不殊。又，假差詐贓逾貫之案，道光四年湖廣王先貴照緩。案内聲明，詐充差役並未捏有簽票，止口稱奉差嚇唬局騙得贓逾貫，無逞兇釀命重情者，可以緩決。應補入條款之内。

一、差役釀命比照誣告致死，及一切比照定擬之案，如挾嫌圖賴及嚇逼詐財，致斃無辜者，俱應情實。其餘妄疑誤聽，事出有因，並死本舊匪者，亦可緩決。

按：前有捕役私拷、蠹役詐贓二條，則差役釀命之案已包舉在内。此條係指一切比照誣告致死之案，本不專指差役言。然誣告人致死，前有專條，則比照誣告定擬之案，但於前條添其「一切比照此例定擬之案，均照此分別實緩」二句足矣，此條似可刪除。

一、強盜免死發遣在配，犯該徒罪以上者，應入情實。如非怙惡逞兇，若後犯係擅殺罪人之類，及尋常遺犯、在配犯、該軍流以上擬絞之犯，果無不法別項情事者，可以酌入緩決。

道光本「如非」以下係小注，此改爲大字。

乾隆三十二年條款云：「免死盜犯、在配犯、該徒罪以上案件，如係在配逞兇怙惡藐法者，應入情實。其餘無心犯罪者可以緩決。」志稿云：「無心犯罪自不從重，但本係盜犯幸免死罪，復犯軍流，情皆不輕，宜酌入實。徒罪以下可勿深論也。」

按：免死盜犯從前最多成案。有因遇赦以平常遣犯論者；有先犯行劫應行擬遣，事在赦前另犯人命，俱核其鬥殺情傷，分別實緩者；有因業已當差期滿爲民，與爲奴遣犯不同，俱核其情傷分別實緩者；有因派充遣勇防堵，出力凱旋，例得奏請釋回，因犯事在未經奏釋之先，仍照本例問擬，俟秋審時酌核辦理者。近年則此項人犯甚少。惟光緒六年，奉天隆老九係免死盜犯，配逃復犯人命，業因遇赦免其立決，法難再寬，改實。至尋常遣犯犯該軍流擬絞之例，在徒流人逃門。而在配犯該軍流枷號三個月之例，在徒流人又犯罪門。同是遣犯而在逃在配罪名生死懸殊，秋審自不便再行加嚴。平常遣犯在配殺人，向俱核其後犯情節分別實緩。此項係由生入死，自可一概入緩，方爲平允。此條應修。

一、賄買案外之人頂兇已成者，應入情實。如係案内餘人代認重罪頂兇之犯，應照正兇減一等治罪者，本犯僅止避重就輕，尚非脱然事外，可以緩決。　小注按：頂兇之案行賄者，不論原犯輕重，俱入情實。受賄者不論贓數多寡，如致本犯遠颺無獲者，自應入實。如本犯已獲擬以實抵者，頂兇之犯可以緩決。

道光本無小注。蜀本亦無。似係此本所增。

乾隆四十九年續增條款：「受賄頂兇之案，如鬥毆等項，頂兇之人在場幫毆，或已刃傷人，助毆傷多傷重，並受賄贓至逾貫，以及頂認謀故者，應擬情實。其餘僅止事後貪賄頂認，並無別項情事，贓數亦屬無多，正兇又未漏網者，可以緩決。」

按：頂兇之例定於乾隆二十七年，載在稱與同罪門内。頂兇之犯照本犯一例全科。行賄之犯立決者毋庸另議。原犯應入情實者擬爲立決。應入緩決者，秋審時擬入情實。三十一年，雲南黄得貴共毆，行賄頂兇，趕入情實。受賄頂兇之黄起緩決。三十六年，廣東謝有道賄囑頂兇，照實。鍾斗生受賄頂兇，照緩。四十九年，廣西吴世光擅殺竊賊，頂兇夾籤，趕入情實。此三案内謝有道、吴世光死者皆係竊賊，因行賄頂兇，以事主而抵賊人之命，當日辦法之嚴厲如此。四十八年刑部核覆雲南徐剛一案，將頂兇之唐二照本犯絞罪全科。其正兇之弟徐三係踏傷田内豆禾起釁之犯，恐到案連累，央求唐二頂兇，依説合人減等杖流。奉旨：徐三本係正兇胞弟，且事因伊起，又係伊覿面賄囑無弊，其中並無另有輾轉爲之説合之人，何得比照説合人減等之例，僅擬杖流。著將徐三暫行擬絞監候，俟拏獲徐剛到案審明，另行定擬，具奏。至唐二貪賄頂兇，罪由自取。刑部於頂兇之犯，向皆入情實。無所分別，亦屬疏漏。因思頂兇者，其本案亦自有輕重，如謀逆、强盜、謀故鬥毆，本屬不同，其應如何分別，條款著另行詳議。旋經部議，以受賄頂兇之犯從前止計贓科罪，嗣因此等愍不畏死之徒，貪利冒認，反使正兇脱累，死者含冤，是以乾隆二十七年，臣部議覆前任福建按察使曹繩桂條奏：凡得受賄賂頂認正兇，無論成招與否，均不計贓數多寡，即照禁卒解役賄縱罪囚例，按本犯斬絞之罪一律全科，等因。歷經臣部於秋審遇有此等案件，即擬入情實。竊思貪冒之徒受賄頂替，較正兇之毆死人命，後又賄人頂替賈禍他人者自屬有間。其謀逆强盜罪於凌遲斬梟，決不待時者，頂兇之犯應照本犯一例全科，即謀故等案本例應擬監候者，其情罪重大亦屬顯然，正犯若復行賄頂兇，按例即應改爲立決。若貪賄之徒膽敢惟利是趨，挺身代罪，捨命而不顧，將何事不可爲？秋審時亦當仍照舊例入於情實。至鬥毆等案貪財頂認，雖同一欺公枉法，而正兇原犯之輕重不同，頂替之情事各殊，若一概入於情實，誠如聖諭無所分別。應請嗣後鬥毆等項案内，如行賄之正兇原犯理曲情兇應入情實，照例改爲立決。以及受賄頂兇之人，或本係在場幫毆以刃傷人，並助毆傷多傷重，又或受賄贓至滿貫，種種以身試法無可寬宥者，仍列入情實。其行賄之正兇原犯情節本應緩決，照例改爲情實者，受賄頂替之犯，或僅止事後貪賄頂認，並無别項情事，贓數亦屬無多，正兇又未漏網，此等案犯實屬冥頑無知，情節稍輕，俱酌擬緩決等因。奏准。四十九年條款即據此續增也。迨嘉慶五年始分别案外之人、同案之犯及已未成招。六年續纂一條入於受贓律有事以財行求門内。十九年又將前後兩條修併爲一，列於受贓律内。凡行賄之犯係案外之人，頂兇已成招者，仍照原例；未成招及同案之犯代認重傷者，照原犯罪名定擬。受賄頂兇之犯已成招者，一例全科。若正犯放而還獲，或逃囚自死及未成招者，減正犯一等，同案之犯代認重傷已招解者減一等，未招解者照本罪科斷。計贓重者以枉法從重論。是行賄之犯重者立決，輕者情實。既非不論原犯輕重俱入情實，受賄之犯，如本犯未獲固一例全科，若正犯還獲，或自死及未成招者，已得減等，不入秋審矣。小注所言似係錯誤，應即删去。又按：正犯還獲及自死，頂兇者既得減等，則未獲、未死之間未便遽行處決，致將來罪有出入。從前本有受財故縱與囚同罪，人犯固監緩決，候逃囚得獲審豁之地，似可仿照辦理。現行例内獄卒、解役二項即此例也。道光以後成案，凡未成招者正兇皆入緩決。四年，江西王次求案内餘人頂兇，亦照緩。惟因頂兇而屍遭蒸檢者，嘉慶十六年河南董玉華屍三遭蒸檢，道光二年朝審徐大屍遭覆檢，十六年楊再模屍兩遭蒸檢，均實。又道光五年，廣東賴品超毆情甚輕，其賄囑頂兇，究因畏罪，雖致屍遭檢驗，亦與蒸檢不同，照緩。其未成招而入實者，咸豐八年直隸張光奎回民兄弟三人結夥共毆，該犯將死者揪按倒地，刀扎四傷，均在合面一致二損。釁起伊弟行竊死者酒麴，被其捆縛欲行官，該犯往視，輒逞兇共毆，致斃其命。情傷較重，雖餘人頂兇，非該犯之意，且尚未成招，照實。

又按：此條擬改定曰：「一賄買案外之人頂兇已成，原犯應擬緩決者，入於情實。如賄買同案之犯頂兇，及頂兇尚未成招，原犯係鬥毆問擬絞候者，仍核其本案情傷輕重，分别實緩。」

一、監犯越獄，如糾夥三人以上，原犯斬絞監候，俱改立決。原犯軍流，俱改絞監候，爲首入實，爲從入緩。原犯徒罪爲首，改絞候入緩。若僅止一二人乘間脱逃，原犯斬絞監候應情實者，即行立決；應緩決者，即入情實。原犯軍流爲首，改絞候入緩。例内已有明文，應查例照辦。遣犯越獄照軍流辦理。

按：此條乃乾隆五十三年所定之例，應遵照辦理。惟文法太繁，應删改。

又按：乾隆三十二年條款應擬情實二十八款内，有監候不應矜減人犯越獄一條，可見從前緩決人犯越獄被獲，實緩大有區别。自改定此例之後，如戲、誤、擅殺及秋審可矜人犯，例得一次減等。一經越獄概擬情實，並無差等，似覺過重。此例應修改。道光四年，山東劉化長原犯謀殺不加功流罪，係在大赦前，不在不准援免之列。因首犯未獲，待質年限未滿，不准保釋，較之尋常實犯軍流越獄爲首者，似覺稍有區别。惟係糾夥越獄脱逃例應入實，將可原情節黄册聲明。按：此起流罪既遇赦援免，即係無罪之人，今因越獄而仍照流罪越獄之例改擬絞候，已覺過重，秋審仍擬情實，與真正流犯越獄者初無分别，未爲平允。附記於此。

又按：乾隆五十四年定例，解審斬絞重犯中途脱逃，應入緩決者即改入情實。條款此條未見，應補。歷来办法，逃在未定案以前者，不用此例。道光十一年，湖廣唐大城竊贓未五百，另案牽涉，質明後解回審辦，中途脱逃，照緩。此亦未定案者也。

一、斬絞等犯，因變逸出被獲，並非起意越獄，仍照原擬者，仍核其本案情節，分別實緩。

謝信齋云：「因變逸出，專指兵變而言。如賊匪滋擾州縣，將監犯逼脅裹逃者是也。倘因水火等變逸出，即不能仿照辦理。」

按：現在辦法，水火等變俱照此辦理。道光二十五年，浙江趙根本等八人係反獄案内乘機脱逃之犯，仍依常律定罪，俱照緩。

一、殺人在逃，年久始行就獲之案，既非例内所指應行正法條款，仍依本例監候，祗照尋常鬥殺分別實緩，不必因此加重。

謝信齋云：「殺人在逃係畏罪常情，歷年秋審向不以之加重，仍應按其當時鬥情，分別辦理」。

按：乾隆五十三年，四川王思高負欠，刃斃徒手，脱逃十年就獲；湖廣劉之紹聽糾毆斃人命，脱逃二年就獲，均本部聲明趕入情實。此二起辦理獨嚴。後來秋審皆不加重矣。

一、犯一應死罪，事發在逃，復犯死罪者，應入情實。若逃後犯軍流等罪，或先犯軍流後犯死罪，本案及另案俱情輕者，可入緩決。

按：此條未詳何年所定。道光五年，河南李包事發在逃之例，本另有一條，與别項罪人稍異，且該犯以汝屬兇徒，疊肆詐擾，復兩次拒傷捕人，難以拒毆扎傷僅斷一指，不致貽累終身爲解；二十一年，湖廣向國朝因姦致姦婦被殺，犯罪在逃，主使毆打斃命，該犯自毆鐵二，主使鐵八，一致，三損，六斷，九倒後，事後賄和，致屍遭蒸檢；二十六年，陝西伍瓜子回民先因聽從奪犯，復結夥持械傷人，事發在逃，拒捕刃傷緝役，雖砍止一傷，未便緩，均實。此三案皆先犯軍流，後犯死罪者。是情節較重，亦未便遽緩也。

一、鹽梟拒捕傷人案内，首從各犯罪應斬絞者，俱應入實。

按：此條未詳定於何年。道光四年，江蘇施良迪私販拒傷官兵，向俱入實，難以他物一傷爲解，改實。

一、聚衆奪犯，傷差者，應入情實；未傷差者，例係由流加入絞候，可以緩決。如另有不法重情，及數至十人以上，雖未傷差，亦入情實。

謝信齋云：「糾衆奪犯傷差，向不問首犯之有無下手，及差役受傷之多寡輕重，秋審概入情實。再查聚衆奪犯十人以上，律應斬候者，入實。未傷人爲首擬絞。因係從重，照傷人科罪，秋審向多入緩。」

乾隆三十二年條款，奪犯傷差，在應實二十八款之内。下注云「有分別」，而如何分別並無明文。

按：聚衆奪犯傷差之案，乾隆年間辦理綦嚴。三十二年，江西王大錢係賊犯聽從汪復保，打奪賊犯劉老三、劉五俚。該犯首先將鎖鍊砍斷，放走犯人。王子秀等各用擔棍拒傷差役。汪復保斬決，王大錢絞候，王子秀等擬遣，奉旨改絞候，俟數年秋審之後改發烏魯木齊。王大錢秋審入實，未句十次，改緩。此以爲從照律應流之犯而俱擬絞候，可謂重矣。四十九年，江西王秋等六名俱糾衆奪犯，爲從，未傷人，奏明趕入情實，較前案辦理尤重。蓋一時懲創之舉，非可緩爲定例也。又四十一年，山西任福奪犯未傷差，九卿會審趕入情實。嘉慶以後辦理稍寬。如嘉慶十八年，陝西王才明祖姪聚衆中途奪犯，致夥犯毆傷差役、鄉約二人，藐法難寬，未便以並未主使幫毆爲解，改實。道光八年，直隸從羊竊匪糾衆奪犯傷差，該犯並未下手，照實。此以傷差而入實者。嘉慶十五年，河南李兆吉結夥包送私販，復聚至十人以上，中途奪犯，藐法逞兇，未便以未傷差爲解；道光七年，浙江鍾三瑞以擔首糾結謝阿狗等三十餘人，强索疊毆擾害閭閻歷有年，所難與尋常誘拐婦女給親完聚及奪犯未傷差之案並論，均外緩改實。此以十人以上及情節較重而入實者。至奪犯未傷人，惟嘉慶十五年，奉天額哲蘇係官犯，改實。道光四年，江蘇李丙糾夥五人打奪已經定罪起解之犯。夥犯等既將兵役揿按倒地，該犯亦將車夫揪倒，均各下手逞兇，情節較重，惟究未毆傷，仍應照向例入緩，照緩。此未傷人案内之情重者尚可入緩，其情輕者自無不緩矣。

一、犯罪事發，官司差人拒捕，因而逞兇殺死捕役，爲首者斬決，爲從者糾原例止於發遣。嘉慶十一年本部條奏，爲從者不論手足、他物、金刃，俱擬絞候。例係由輕加重。歷年秋審，從犯幫毆、刃傷、折傷者，俱入情實。他物傷輕者亦可緩決。

道光初年本「犯罪」作「賊犯」。末年本已改「犯罪」。

謝信齋云：「新例竊盜拒捕殺人案内，爲從幫毆刃傷者，如實係被應捕之人扭獲，情急圖脱，用刀自割髮辮，誤傷捕人，例由絞罪減軍。此等拒殺官差刃傷爲從之犯，如僅止刃劃一傷，雖非因割辮帶劃，究與逞兇拒捕者有間，亦可酌入緩決。」

按：拒捕殺人本律，爲首斬候，爲從滿流。乾隆五十一年，於湖北賊匪陳其方等案内將從犯改發伊犁。五十三年續纂一條例，首曰「賊犯犯罪，」是專指賊犯言也。五十五年將首犯改爲斬決。五十七年又續纂「犯罪事發拒殺差役」一條。嘉慶十一年於四川賊犯龍四猴子案内，將「賊犯拒捕爲從幫毆有傷之犯」改爲「不論手足、他物、金刃，」俱擬絞候。二十四年將兩條修併爲一。而一切犯罪事發拒捕爲從之犯，俱擬絞候矣。别條姦盜罪人與别項罪人皆有區别。此條獨改爲一律，似與别條不免參差。秋審若再一律加嚴，是更無差等矣。此條可商。

一、挾嫌放火之案，俱入情實。如誤燒他人者，亦可酌擬緩決。

按：此條未詳定於何年。乾隆年間成案多入情實。嘉慶二十一年，奉天李勇和挾嫌主使人放火燒毀鋪房什物，未便以究未同行爲解。道光十年，廣西黄軒焕放火意在燒禾，不期風大火猛，延燒草寮，致死患病幼孩。起釁並非挾仇，斃命尤非意料，比照放火故燒自己房屋延燒民房因而殺人者，以故殺論。十三年，河南王成欲乘火行竊，於事主後園放火燒其草堆，以致延燒空房，與故燒空地閒屋擬流之例相符，定案時因案關光屬兇徒放火圖竊從重，依燒燬官民房屋律斬候。十六年山東李覓挾嫌放火，經犯父稟首獲案，律得減軍。因係燒燬料垛，仍照本律從重問擬，不無一線可原，究係懷挾私仇，故燒官物之案，均改實。惟嘉慶七年朝審，孫才挾恨放火，不知有官物，實免勾。

一、圖財放火未延燒之案，俱入情實。

按：此條未詳何年所定。道光二十六年，浙江王阿九謀財放火，雖未延燒，其謀已行，照實。咸豐二年，雲南張小四兩次燒人房屋，雖經救熄，尚未燒燬，究係圖財放火之案，改實。

又按：失火延燒宫闕歷年朝審成案。乾隆四十八年，太監吕進忠在值房失火，黄册進呈後趕入情實。嘉慶以後多入實免勾。如嘉慶十三年之魏進朝壇户燒坑失火延燒齋宫，道光十六年韓進玉，二十五年馬亭潰，咸豐八年禹得罄失火延燒延輝閣，同治九年成鈺失火延燒武英殿，均入實，聲敘免勾，似應補列一條，以備比核。

一、伏草捉人勒贖者，俱入情實。

按：捉人勒贖之風，從前閩、粵爲甚。嘉慶二十五年始纂定廣東、福建兩省專條，係照苗人伏草捉人之例問擬。近年則直隸、奉天兩省此風尤熾，疊經奏定條例，從嚴懲辦，然其入於秋審之犯並非一概入實。應查近年成案，於此條內聲敘明晰，以免辦理歧異。

道光年間成案，淩虐者實，未淩虐者緩，或拒傷兵役，或致斃人命，則無不入實。又二十九年，廣東郭亞九係上船擄捉、登岸拉走之犯，外緩改實。近年入室擄捉形同强盜者，已照强盜辦理。間有撥門入室，乘人睡熟擄捉出門者，情節與强盜稍殊。此等案內，或在外等候，或在船看守等項情輕之犯，可以酌緩。至在途擄捉較之入室者爲輕，如無兇暴重情，亦可酌入緩決。

一、疏縱罪囚，如係得贓賣放，無獲者應入情實。其餘一時疏忽，並無受賄，及逃犯已經拏獲者，可以緩決。

謝信齋云：「賄縱罪囚，按例與囚同罪，至死擬絞，應視罪囚情節，分別實緩。嘉慶二年，直隸李若奉係受賄故縱竊贓逾貫之犯，以罪囚之贓未至五百兩，照緩。二十四年，浙江王忠捕役縱賊得贓，因罪囚贓已逾千，改實。乾隆三十二年條款云：疏縱罪囚等案，或禁卒在監或解役在途，得受銀錢私開鎖鐐致囚遠颺無獲，及疏脱情實人犯者，應入情實。其餘因其一時疏忽，並無受賄私開刑具，及囚已就獲者，可以緩決。志稿云：「疏脱情實死罪重囚，無論賄縱不賄縱，俱入情實。若定案之時犯尚在逃，而秋審之期犯已就獲者，賄縱者入實，疏脱者入緩。」

按：此條就乾隆條款删定。查乾隆十八年定例，斬絞重犯在監脱逃，審係禁卒賄縱者，即視其所縱囚犯之罪全律科斷。如本犯應入秋審情實者，亦入情實。其非得賄故縱者，仍照本律科斷。二十五年定例，解審斬絞重犯，在途開放鎖鐐以致脱逃，本犯未獲者將解役監禁，候拏獲正犯之日，究明賄縱屬實，將該役照所縱囚罪全科。如無賄縱情弊，審係違例雇替，託故潛回，止任一人押解以致脱逃者，亦照故縱律與囚同罪，不准照舊例減囚罪二等。果係依法管解偶致疏脱者，除依律治罪外，仍勒限緝拏。他人捕得亦不准依律寬免。二十九年續纂：「禁卒將監犯鬆放獄具以致脱逃，分賄縱、徇情」之例。又續纂「解役偶致疏脱，限內無獲，減一等」之例。三十五年又定「獄卒一時疏忽偶致脱逃，限內能自捕，得依律免罪」之例。是爾時一時疏忽，偶致脱逃之獄卒解役，亦係依律治罪，何以有擬絞入秋審之犯？未詳其故。嘉慶六年、十四年兩次將例文修併。凡獄卒解役偶致疏脱者，即逃犯無獲，亦得減一等發落，並無應擬死罪入於秋審之犯。其禁卒在監鬆放獄具，解役在途開放鎖鐐，以致脱逃，嚴行監禁，候拏獲正犯，究明賄縱，則照囚罪全科。無賄縱則照故縱律與囚同罪，至死減一等。解役例内並云：監禁十年，正犯未獲，將解役照流犯待質限滿之例，先行發配。是正犯無獲，亦無應入秋審之犯。」此條與例文不符應修。道光二十五年，貴州楊二寨頭受賄通線，致行刼盜犯越獄脱逃，情殊藐法，雖以犯已全獲爲解，照實。近來此等案件絶少。蓋外省不照例懲辦，法亦成具文矣。咸豐元年雲南孫有差役賄縱罪囚，計贜三百三十兩。罪囚已獲，遇赦不免，照緩。

一、枉法贜實犯死罪者，應入情實。須執法之人方是。或係在官人役，亦不可輕議緩決。

乾隆三十二年條款，枉法贜在應實二十八款之内。

按：乾隆三十八年朝審，萬保住承辦官物，起意冒銷帑項至四五倍，且其得贜獨多，實句。福住、德官、松海三犯分贜雖亦不少，究係聽從萬保住分給，實，均未句。朱英係學政朱荃之弟，在兄任内犯贜六百九十餘兩，五十年年七十，緩決已逾十次，逢恩減流收贖。五十三年，福建林長春兵丁賄拔弁缺贜在八十兩以上，擬絞。奏明趕入情實，未句。是爾時並非一概從嚴也。同治五年，熱河馬大書役代人揑寫呈詞，誣控大臣收受贜銀二百兩，惟該犯並非執法之人，其添砌情節，意止希圖聳聽，較之舞文作弊於法實有所枉者尚覺有間，外實，歸彙奏改緩。

一、結拜弟兄未至四十人，年少居首，並無歃血焚表等情，罪應絞候者，俱入情實。

按：此條未詳定於何年。未至四十人，則三十餘人至數人皆在其内。若止數人結拜而亦擬絞入實，殊覺過重。此例應修，此條亦應酌改。乾隆四十三年朝審，羅聚寶因貧無聊，糾黨結盟多人，照謀叛未行律擬絞，緩決逾十次，五十年年逾七十逢恩減流收贖。同治二年，湖廣李一結拜六人，年少居首，尚未及四十人，逢恩題明入於緩決。就此二案論，固當略有區别也。

一、雇工刃傷家長及家長期親，總以名分爲重，多入情實。如實在被毆被、揪，理直情急圖脱，傷由失誤者，可以緩決。

小注按：奴僕毆傷家長期親問擬斬候之案，起釁非有可原，不得議緩。至雇工人毆家長至折傷問擬絞候之案，究與奴僕有間，仍可酌量入緩。

道光初年本無此條。各本有而無小注。似是此本增。

按：嘉慶十八年，湖廣熊太雇工因醉被家長掌批驅。情急，刃砍致命一傷，又一劃傷，改實。二十五年，安徽錢幅受雇跟隨，先支工銀，未經扣滿，因酒後與人口角，將伊驅逐，並索還預支工銀，未能全給，雇主不依斥罵，該犯拔刀抵抗，劃傷雇主眉叢，照實。道光五年朝審，劉四雇工服役二月，辭出後倚醉逞兇，刃劃雇主二傷，實。十三年朝審許祥沅因雇主攆逐，倚醉頂撞，刀扎不致命一傷，實。二十一年朝審，錢大砍由被毆情急，又經自首，尚知畏法，惟係現在服役雇工刃傷家長，砍劃多傷之案，自難不實。自首一節祇可於黃冊聲敘。咸豐三年朝審，張瑞先砍二傷，由伊主將胳膊拉住欲毆，該犯棄刃不及，向上掙扎圖脱所致，刃劃二傷亦由伊主奪刀自劃。同治二年朝審，張立兒因家長令伊買物，倚醉違犯，刃劃三傷。迨家長奪刀，又被劃傷，不得謂之失誤。又另傷家長堂弟一人，均實。此刃傷家長之入實者。同治五年朝審，馮八挾被逐之嫌，持刀尋釁，刃砍家長之妻頭面多傷，到案後復捏姦圖卸，實。此刃傷家長期親之人實者。至奴僕較雇工爲重。乾隆三十年，新疆王成家奴醉後將妻罵詈，被伊主之子斥責，輒敢嚷罵不止，並用木枕頭擲傷偏左，照實。嘉慶三年，江蘇王理家奴刃傷家長之子一抵一劃，無急情，釁起懶惰，照實。五年，廣東譚沛裕亦照實。此奴婢毆傷刃傷家長期親之入實者。道光五年，湖廣楊太契典服役年餘，因贖身價未完，契未撤回，復指名誆借，被主查明，該犯用刀自抹，誤劃家長一傷；十三年朝審，高二被砍被劃，刀尚未入伊手，因伊奪刀，致伊主自在刀口上掽劃致傷，復揪落髮辮二分，均緩。此雇工刃傷家長之入緩者。乾隆三十八年朝審，榮兒因伊夫被主責打病故，伊亦被伊主屢責，心懷報復，乘家長之子馬秉信時向調戲，誘令通姦，詭稱代洗莖物，用刀割傷。割傷家長之子罪固應得，但究因馬秉信圖姦自取，情殊可原，實未句十次改緩。此奴僕刃傷家長期親之情有可原者。道光二十四年朝審，閻三雇工刃傷家長之子，係被毆情急抵格適傷，尚非有心干犯，緩。此雇工刃傷家長期親之入緩者。至致死家長期親之案，道光四年，雲南古有潛細故回毆家長年老服兄二傷，並推跌磕傷致死，未便以圖脱爲解，改實。二十八年，山東姜心樬雇工巨刃致斃家長小功外甥，致命一傷骨開，難以刀係奪獲，傷由死者拾石起身收手不及爲解，照實。嘉慶十二年，江蘇屠毛大刀放出家奴之子，毆死家長緦麻親，釁無曲直，他物二傷，照實。道光二十五年，貴州蛇幺放出家奴之子，刃斃家長嫡孫，雖戳止一傷，照實。此情重入實者。道光六年，山東陳三妮死係家長大功孫女，用右手向其毆打，死者頭往後仰，致誤毆其背上，跌井溺死。十一年，直隸烏黑勒呼奴婢誤殺家長小功親；二十九年，直隸王五放出家奴之孫，致斃家長之孫，被扭並未還手，傷由帶跌致戳，在期功服制中，可以緩決夾籤聲請，自可原情入緩，均照緩。

擬補

一、詐爲制書已施行者，應入情實，未施行者，可以酌入緩決。

按：詐爲制書成案皆入情實。即未施行者，如嘉慶十年，四川左茂昆詐爲制書，雖未施行，情節較重，未便以慮罪中止尚未向人傳布爲解，其可原情節祇可於黃册出語聲明，實。又十三年，湖廣馬六僞爲上諭，詐騙財物，旋即燒毁，並未施行，實句。惟咸豐五年朝審，張霖僅止寫有「奉旨、聽旨」字樣，並無揑姦違悖語言，原奏聲明，與實在詐爲制書有間。因係巡防喫緊之際，從重擬絞，彙奏酌入緩決。此起原案未見，第言從重擬絞，當係比照未施行之律定擬。竊謂此律已施行者皆斬，未施行者絞，原有輕重之分。且唐律未施行者減一等擬流。今律仍絞已加重矣。秋審似可稍寬。今擬定爲已施行者實，未施行者緩。如果别有重情，自可隨案酌定也。

一、詐傳詔旨者，應入情實。

按：詐傳詔旨成案皆入情實，無緩案。此與詐爲制書情節相等。第詐爲而未施行者，尚未向人傳布。詐傳則一經傳出，即已布散於人，不可掩飾矣。故無輕重可分也。

一、擅入御在所者，應入情實。

按：乾隆四十七年朝審，李知止因思攬牟利，妄行喊訴，擅入御在所，實未句。同治年間劉振生一案改爲立決，與李知止之入實未句者，寬嚴不同如此，時爲之也。

一、持刃入宫殿門者，可以酌入緩決。

按：成案甚少。同治元年朝審，郎寶玉在紫禁城内行竊，執持金刃，欲行拒捕，復爬上壽膳房。司議以原奏聲明，密邇宮禁之地，持刀上房，情殊藐法，未便照尋常竊匪圖脱拒捕未傷人情節率行入緩。堂議入緩。又張起鳳司議以太監於禁城重地聽糾賭博，復金刃傷人，情節較重，惟扎由慮被毆打，且係糾賭太監，查常人在禁城内金刃傷人罪止擬遣，因太監比例加等擬絞，似可原緩，堂議入實，病故。此二案均係比照持寸刃入宮殿門律定擬，而一緩一實，殆後一案因太監而從嚴。就前一案比核定擬，自可酌量入緩。

一、越皇城者酌入緩決。

同治十一年朝審劉二，司議云：「查偷越皇城，各犯律以是否已經越過爲罪名之分，並無區别首從明文。推原定律之意，蓋以皇城密邇大内，其禁綦嚴，姦徒膽敢偷越，故治罪獨從重典。今皇城以内多係民居，不必盡屬禁地。溯查宮衛門内舊律言皇城者凡八：一、擅入皇城門者，杖一百。一、持寸刃入皇城内者，發邊遠充軍。一、私將兵器帶入皇城門内者，發邊遠充軍。一、軍民縱放牲畜衝入皇城門内者，守衛人杖一百。行宮外營門、次營門與皇城門同。一、皇城門守衛人應直不直者，四十。一、在京犯罪被極刑之家同居人口不得守把皇城，京城門禁。一、皇城門應閉不閉、誤不下鎖者，發遠遠充軍。一、越皇城者絞監候。雍正三年將擅入皇城四條内「皇城」均改「紫禁城」。「應直不直」一條「皇城門」上添入「紫禁城」。其餘三條仍從其舊。統觀各律，其改爲「紫禁城」者，如於皇城内有犯，即屬無罪可科。其未改爲「紫禁城」者，雖無量減明文，似亦應核其情節略爲區别。即以此律而論，越京城者已應滿流，則越皇城者自不能改從輕典。越皇城者即應擬絞，則越紫禁城者亦屬無可再加。其理然也。此案該犯等糾夥爬越皇城行竊内倉米二次，定案時分别首從，以該犯爲首擬絞，將爲從之犯減等擬軍，已屬酌量辦理。若將該犯擬入情實，設有偷越紫禁城之案，轉致法無可加，似應將該犯酌量擬入緩決。辦理之處，恭候堂定。堂議入緩。」又十二年朝審，王三、即保兒兩次爬越皇城行竊内倉米石，亦照劉二案入於緩決。

按：宮衛舊律承用前明律文，午門、東華、西華、元（今改神）武，本係紫禁城之門，是律文原包紫禁城在内，不復分别。雍正中將擅入皇城律文改爲紫禁城。按語以午門等門皆紫禁城門名也。而持寸刃入皇城門，私將兵器進入皇城門，縱放牲畜衝入皇城門三條，亦皆改爲紫禁城，則未明言其故。竊意，前明皇城内西有西苑，東亦有宮殿爲禁地。如英宗所居之南城是也。

迨至本朝，明之南城已爲番寺民居，遺址莫考，他更可知。情形既大不相同，若將擅入等項仍按律科罪，實非定律之本意。故特弛其禁，亦因時制宜之道。應直不直一條增入紫禁城，則紫禁城與皇城一律科斷，並不區别。其餘三條皇城已賅紫禁在內，不必再分輕重。如有犯者，朝審時但核其本案情節酌量辦理，似亦不必以紫禁城而加重也。

秋審比校條款附案　卷五

矜緩比較

按：乾隆三十二年部定比對緩決可矜條款凡十則。內有秋審舊事緩決內鬥毆情輕、婦女鬥殺男子、毆死卑幼三條，爲今本所無。蓋今昔辦法不同矣。

一、毆、故殺、詈駡及頂撞翁姑不孝有據之妻，（以屍翁姑及屍親人等到案有供爲據。）向俱問擬可矜減二等發落。嘉慶四年奉諭旨，故殺妻可矜之案，毋庸再減一等，歷年欽遵辦理。如係毆死，仍再減一等。至妻犯姦並未縱容及毆夫成傷者，如無謀故慘殺重情，亦可入矜，但不得與毆死不孝之妻減二等辦理。

乾隆三十二年條款云：「毆妻致死案件，除毆詈翁姑有據之妻例應於可矜案內辦理外，其餘如本夫理直，傷出不意，及先被毆詈氣忿回毆適傷致斃者，應入可矜。其有逞忿毒毆傷多情重者，應入緩決。」志稿云：「毆妻之案，説已見前實緩相比條內。此指干名犯義之婦，及不孝、悍惡、異常淫兇敗家之妻，方可入矜。其男子逞兇傷重者，仍入緩決。」謝信齋云：「毆、故殺不孝之妻，秋審入矜，必須事有確據，或取有死者生供，或屍親到案供明，或鄰證聽聞可憑，方可擬矜。若因他事夫妻口角起釁，迨受傷後，死者牽及翁姑詈駡復被毆死，仍應擬緩。」歷有改緩成案。道光八年，直隸省杜東海、韓封邱均毆死牽詈翁姑之妻，外入可矜，部以死者受傷後牽詈翁姑，究係該犯一面之詞，情無可矜，改擬緩決。又五年，直隸省劉四保起釁是憾死者之潛逃，並非責死者之不孝，至頂撞伊母一節，在死者被毆多傷之後，緩。又六年，江蘇省趙大椿死者果否牽詈翁姑，查閲原揭，屍兄及鄰佑均未供及，即死者將伊揪打亦未成傷，外矜改緩。又是年，陝西省李必端死者欲絶該犯宗祀，悍妒（己）〔已〕甚，該犯起意致死，實有不得已之苦心，揆以無後爲大之義，較之尋常故殺妻之案尤有可原，改矜。

按：乾隆二十七年八月上諭，「可矜各犯例應減等杖流。但其中同在可矜之列而情節各殊者，如子婦不孝毆詈翁姑，而其夫忿激致斃者，因該犯之母素有姦夫，已經拒絶，後復登門尋釁，以致拒毆致斃者，此等尚因情切天倫，一時義忿所致，與尋常鬥很者原屬不同，然僅一例減流，而終身遠徒。不得完聚，其情亦堪憫惻。着照免死減等例再減一等發落」等因。纂爲定例。然乾隆二十七年定減二等之例，其後如二十八年朝審常明戳斃酒醉詈姑之妻，奉旨不准再減一等。三十四年，湖廣傅廷朝套拉勒斃穢言詈姑之妻，照常明案不復再減一等。三十七年，福建鄭恒蔚搭斃罵姑之妻，安徽李三才毆斃罵姑之妻，皆奉旨不准再減一等。是當時雖已定有此例，仍隨案酌核，即毆殺亦非一例減二等也。嘉慶四年奉旨，故殺妻可矜之案毋庸再減一等。此後故殺減一等、毆殺減二等，以有心無心分别，界限較爲分明。至犯姦及毆夫成傷，志稿所謂「淫兇敗家」、「干名犯義」者也，向俱入矜，今亦照辦。若舊章所稱「理直傷出不意」、「氣忿回毆」等情成案，惟嘉慶二十五年，直隸林湖死者恐夫醉後鬧事，拉住持刀之手，該犯急欲捕賊，掙不脱身，手往後揬，不期誤戳致斃，並無鬥情，照矜。道光六年江蘇裴方列刀砍伊妻腦後，越十八日因風身死，傷痕僅止半分，不得謂之傷重，定案時因醫治未結痂，即屬傷重，未經援減，改矜。此外亦不多見。近年似此案件頗少，亦應隨案酌核辦理。

又按：家庭之間事多瑣細，難得憑證，故必取有屍翁姑人等供詞，方爲不孝有據，即律文親告乃坐之意也。然父母袒庇伊子扶同妄供，翁姑憎嫌伊媳妝點情節，亦事所難免。不逆不億先覺爲難立法，祇能如是，又不爲翁姑做飯煎藥等項皆以不孝論。然其中豈無偶爾遲誤，或别有他故者？悉心比核，庶得其平。此條文冗擬改定曰：「一毆、故殺毆詈及頂撞翁姑之妻，取有屍翁姑及屍親人等供詞方以不孝有據論，俱入可矜。故殺減一等發落，毆殺再減一等。至妻犯姦並未縱容，及毆夫成傷者，如無謀故慘殺重情，亦入可矜，減一等。若别有可原情節，隨案酌核辦理。」

一、例載「救親情切，傷止一二處，秋審應入可矜」等語。向來救親之案，如父母已受傷跌地，復被騎壓按毆，實係事在危急，例得隨本減流。其情切救護，勢非危急，仍照本律，擬絞者應入可矜。倘所毆已至三傷，或父母僅被拉抱並未被毆，或釁雖救護死者業已歇手，向兇犯毆打，即屬互鬥；或本係兇手理曲，肇釁累父母被毆，已復逞兇斃命；或父子共毆，或各斃一命，此等情節俱無可矜，只應緩決。小注：按咸豐十一年新章，救親斃命之案，除父母主令子孫將人毆死，或先與人尋釁，其子踵至助勢共毆斃命，或兇犯理曲肇釁累父母被毆，已復逞兇斃命各項，雖死係犯親卑幼，父母业經受傷，應仍將兇犯各照本律定擬，不准聲請減等外，若並無前項情節，確因救親起釁各案，如死者係犯親本宗外姻有服卑幼，先將尊長毆傷，其子目擊父母受傷，情切救護，將其致死，不論是否實係事在危急，及有無互鬥情形，定案時仍照本律定擬。援引孟傳冉案内欽奉諭旨，聲明照例兩請，候旨定奪。其非犯親卑幼，兇犯因見父母受傷救護，起釁者不論傷痕多寡，是否互鬥，俱照本例擬絞監候，秋審時酌入可矜。至父母並未受傷之案，應仍分別是否事在危急，傷痕多寡，及是否互鬥，悉照定例及向辦章程定擬。如案係火器及謀故殺者，雖釁起救親，均仍照本律，不得援以爲例。

乾隆三十二年條款云，「救親案件，如係父已年老不能拒敵，或被毆傷重勢在危急，或母被欺辱，女流力弱不能脱身，負傷喊救，其子情急救護，毆傷致斃者，應入可矜。至於事非危急，或死者已被其父毆傷，情似共毆者，不得概從矜減。」志稿云：「父子共毆之案，往往攙入救親擬矜。此中界限最宜分明。若其子理曲肇釁，累父被毆，子復逞兇斃命；或父先毆人成傷，子又助惡斃命，皆宜入於情實。其餘概入緩決。惟死者理曲情兇，而父母被毆未能還手，喊救情急，適傷致斃者，方可酌入可矜。」謝信齋云：「所毆已至三傷，案非互鬥，近年曾有入矜成案。即父母僅被拉抱，勢在欲毆，尚未受傷，兇犯見而護親，一傷適斃，亦可入矜。」道光四年，直隸劉三磚毆三傷，俱係情殷護父。案非互鬥，外緩改矜。又，安徽劉會該犯趕扎一傷，正在伊父被扭之時，實係救護情切，並非互鬥，亦入可矜。

按：救親斃命之案，如勢在危急，按乾隆五年改定之例，得兩請減流。舊條款語意尚不分明。志稿所言較爲切當。後來條款多承用之。至傷止一二處入矜，乃嘉慶六年修改條例之文，亦係向來辦法。故毆至三傷者不得入矜。如嘉慶二十四年，陝西曹宗鐸，四川周朝奉，並以始終無互鬥情形，惟所毆至三傷均照緩。道光六年，湖廣梁奉蘭劃傷重至抵骨，併計已有三傷，内二傷係互鬥，伊父身受多傷，照緩。二十七年，陝西王立發刃扎三傷，非互鬥，照緩。皆是照章辦理，其三傷入矜者。謝氏所舉劉三之外，尚有嘉慶二十五年浙江葉言孫棍毆致命三傷，無鬥情，照矜。道光二十三年，雲南李添佑手足三傷非互鬥，改矜。此外不多見，究與舊章不符。迨咸豐九年，山東孟傳冉致斃姊夫，刃十四，二致命，一透膜腸出，一透過，一骨微損，係由該犯先將死者拳毆肇釁，先扎五傷護父，餘互鬥，外實照實。奉上諭，孟傳冉因朱勝淀乘醉尋釁，將其妻父，即該犯之父孟毓峯扎傷，是死者已犯有服尊長。該犯回歸救護，將朱勝淀用鎗扎傷致死，是其救父情切，事在危急，不得以傷多且重入於情實。孟傳冉著即照例減等。嗣於十一年，山東巡撫查有蔡大彬、陳先法二案釁起救父，無危急可言。陳先法互鬥，若不援例兩請，與孟傳冉之案兩歧。聲請減等，究與定例不符，咨部核示。經部以死者以卑犯尊，犯親業已受傷，與孟傳冉之案相符者，自應准其聲請。至死非卑幼，及犯親並未受傷，倘或概予聲請，誠恐各兇犯事後揑飾，皆得藉救護父母，空言巧爲避就，承審官紛紛開脱，亦不可不防其漸。議請嗣後云云，奏准，纂爲定例。此後毆至三傷以上，而犯親受傷者不矜之案遂少。惟同治八年，四川何發書見父受傷救護，惟釁起伊父理曲，且死者業已釋手，向犯撲毆，犯刃砍要害傷重。又陽武潰拳毆三，脚踢掌批各一，雖係見母受傷，惟死係婦女，皆以案係互鬥，外矜改緩。光緒十年，陝西李幅瀠見母受傷，情切救護。惟巨刃九傷致命，損斷三在倒後，多而且重，外矜改緩，均係酌量從嚴。蓋新章太寬，未可存拘墟之見也。若犯親並未受傷，應照舊章辦理，則毆至三傷自不可輕議入矜。雖成案或以無鬥情而從寬，然非互鬥而不矜之案具在，固不甚畫一也。又父母僅被拉抱並未被毆者入矜之案甚多。如嘉慶二十三年直隸范大糖瓜刃砍二傷，正在伊父被揪喊救之時，非互鬥，改矜。道光六年山東張在公石毆一傷，正在死者拉住伊父欲毆之時；湖廣潘容倡劃戳二傷，均在死者將伊父揪扭欲毆之時，非互鬥，均改矜。其餘尚不勝枚舉。夫曰欲毆是尚未毆也。又道光二十六年，山東張玉樸刃扎一傷，正在死者向伊祖追趕之時，非互鬥，照矜。夫曰追趕較之拉抱，情尤輕也，且拉與抱亦稍不同。拉住或但向理論，抱則必有摔跌之意矣。查向來辦法，但分互鬥、非互鬥，不論已毆或未毆。如係互鬥，雖犯親受傷亦不入矜。今犯親受傷者既已從寬，則此項亦不必過嚴。「拉抱被毆」字樣似應酌改。

此條今昔辦法不同，擬改定曰：「救親斃命之案，除實係勢在危急，及死係犯親本宗、外姻有服卑幼，例得聲請減等，並案係謀故殺、火器殺人，例應情實外，凡照本律擬絞者，如死非犯親有服卑幼，兇犯因見父母受傷救護起釁者，不論傷痕多寡、是否互鬥，酌入可矜。若父母並未受傷，其勢亦非危急，但係情切救護，傷止一二處，無互鬥情形者，亦可入矜。倘已有互鬥情形，或所毆已至三傷，或父母僅被揪扭並未向毆，或釁雖救護死者業已歇手，向兇犯毆打即屬互鬥，或案係共毆，或各斃一命，或彼造一死一傷，俱無可矜，祇應緩決。至聽從父母主令將人毆死，或父母先與人尋釁，助勢共毆，及理曲肇釁累父母被毆，已復逞兇致斃人命，雖死係犯親卑幼，父母業經受傷，例不准聲請減等者，仍隨案酌核情節輕重，分別實緩，不得經擬可矜。其孫於祖父母、妻於夫情切救護，致斃人命之案，亦照此酌核辦理。」（義子之於義父母，如恩養年久，例得與親子同論者，亦可入矜。）

又按：死者如係老人、幼孩、婦女，向多不矜，應隨案酌核辦理。

一、被拉並未還手，同跌落水、落崖，兇犯幸而得生之案，應入可矜。如互拉致跌，已有鬥情，並理曲肇釁者，俱仍緩決。

按：此條專指同跌幸而得生者。乾隆條款未曾議及，似係定於嘉慶年間。嘉慶以後之案均照此辦理。

一、鬥殺之案，如被揪被推並未還手，死由自行栽跌，或痰壅致斃，及因恐其栽跌向拉，致令挫磕，實無鬥毆情形者，俱應酌入可矜。

按：乾隆三十二年條款云：「鬥殺情輕之案，如因被毆推拒，失跌致斃，並無回毆情形，亦未推毆成傷者，應入可矜。其餘如係兩人爭鬥，互扭致跌，或推已成傷，或首先動手，或背後力推，或鄰近河岸坡坎危險處所推跌致死者，雖情節較輕，未便矜。」志稿云：「凡鬥之案，惟失跌之情最輕，本部向皆擬矜。然亦宜核其向背，及有無爭鬥之心，並視被推之人年老年幼，與被跌之地。如係山崖河岸危險必死之區，則亦無可矜。此等案件，外省所擬每不畫一，實、緩、矜三者皆有，應改者即改之。」又云：「竊查跌死之案，死於失跌本不定擬死罪，其因推而跌以致死者，定案時則云『死由跌傷，究因手推所致，』仍照鬥殺擬絞。至秋審時則云用手向推，死因失跌，』或緩或矜。各有成案。乾隆四十四年滇省劉文瓏一案，該撫以在高山險地屍身跌爛，且係拍跌殘疾之人，列入情實。經本部，改爲緩決，並聲明向例在案，蓋不擬流，而擬絞者即是治其手推之罪，雖擬絞而仍入緩者，所以原其因跌之情。是以歷年辦理險地推跌之案，概不准其入矜，亦不列於情實，斯爲得中，似宜永遵。」

按：被揪被推並未還手，死由自行栽、跌向拉，痰壅致斃及因恐其栽跌致令挫磕等項。較之因被揪扭掙脱致令跌斃者情節固輕，即較之彼此揪扭，於鬆放之後，復自行向人撲毆，因兇犯閃避，失跌身死者尤可矜憫。蓋彼此揪扭一層，其先尚有鬥情，此則始終無鬥情也。彼此揪扭一層今例已得減等。而此仍擬鬥殺，似未允協，應否將此等案件酌量改輕，存以俟參。至推跌斃命之案，如止被毆推拒，乃鬥情之最輕者。既無回毆情形，亦未推毆成傷者，乾隆年間本皆擬矜。乃嘉慶以後成案以用手向推，已有爭鬥情形，不得入矜。未詳始於何年。平心而論，即無欲毆之心，而仍照鬥殺擬絞，已覺法重情輕，秋審復不得入矜，未免過於嚴厲。乾隆條款頗爲詳允，似宜酌量修復，而删此條。因被揪扭掙脱致令跌斃，向皆入矜，亦應增入。

一、十五歲以下幼孩殺人之案，如死者年長四歲以上，恃長欺淩，理曲逞兇，力不能敵，回抵適傷者，酌擬可矜。倘死亦幼孩，應遵乾隆四十四年貴州劉縻子毆死李子相案内所奉諭旨，監禁數年，以消其桀驁之氣。

乾隆三十二年條款云：「幼孩鬥殺案件，如被殺者較伊更小，並係金刃重傷者，應入緩決。其被年長之人欺毆，力不能敵，情急回毆致斃者，應入可矜。」志稿云：「此種案情宜逐案細商，不能統列一例。雖係幼孩，而有知無知、力弱力强、有心無心，死者爲長爲幼，以及貧富良賤之間，並其父母之有無，一一想到，平心區别，方能平允。」按：十五歲以下殺人之犯，自雍正十年江西丁乞三仔之案，奉旨減等，此後凡與丁乞三仔情罪相等者，皆得隨本減流。若情節稍有未符，則仍擬絞，候秋審時酌入可矜。乾隆四十四年，因劉縻子一案奉旨纂定條例，遂分别年歲，增入「年長四歲」之文，此條蓋後來所改定者。又幼孩護親、護叔、護兄，皆有入矜成案，似應增入於此條之内。

此條「監禁數年」一節，與秋審無涉，今擬改定曰：「十五歲以下幼孩殺人之案，如死者年長四歲以上，而又恃長欺侮，理曲逞兇，力不能敵，回抵適傷者，酌入可矜。其幼孩護親斃命之案，不論是否互鬥，均入可矜。如係護叔、護兄，無互鬥情節者，亦得酌量入矜。倘死者亦係幼孩，概擬緩決。」

一、戲殺並誤殺旁人，及誤殺其人功緦以下親屬，例得一次減流，不必入矜。小注：如擅殺而誤殺，因死係其人之祖父等項親屬，不得一次減流者，仍酌入可矜。

乾隆三十二年條款云：「戲殺誤殺案件，如係一時失手，死由跌磕，並無爭鬥情形者，俱應列入可矜。其餘事雖戲誤，而傷重立斃，及誤殺婦女幼孩者，俱應緩決。」志稿云：「誤殺旁人可以入矜。但旁人亦自有别。若趙甲與錢乙相爭，而誤殺過路之孫丙，是爲真正旁人。定案時宜以誤殺論。若趙甲與錢乙相爭而誤殺錢乙之兄弟子孫，則死者雖非兇手所欲殺，而究係讐家之人，則仍以鬥殺論。此二項皆應於審明定罪時，分别律牌。至入秋審則前項酌矜，後項擬緩。若前項不矜，恐開後項入實之漸，不可不立一界。」

按：此條嘉慶四年刑部奏請定例，誤殺案內，所殺係其人之祖父母、父母、伯叔父母、兄弟及妻，並在室女，係期服以上親屬者，原奏聲明，俟緩決三次再行查辦。六年纂入例册，增「子孫」二字，删「係期服以上親屬」七字。蓋以子孫最親，即不在期服以上，亦應一例同科。其餘親屬自不在内。原奏聲明，其誤殺人功緦以下親屬，均得一次減等。近年或欲推及其餘親屬，似與原定之例不符。至死係老人、婦女、幼孩，向來辦法多不入矜。近來或亦聲明，不准一次減等。然不甚畫一，隨案輕重酌核辦理，尚無不可。

一、擅殺姦夫、姦婦及圖姦罪人之案，本部於八年奏明，捉姦實由義忿，審無謀故重情，擬入可矜。歷年來如本夫、本婦父母與有服親屬，例得捉姦者，無論登時事後，傷之多寡輕重，均以義忿入矜。若謀、故殺並殺死二命，内有一命不應抵者，仍入可矜。及非應捉姦之外人，聽從本夫親屬糾往，無義忿可言，俱應緩決。至死係强嫁、搶賣、誘拐罪人，亦一體分別辦理。

一、母犯姦拒絶，姦夫復登門尋釁，其子一時義忿，拒毆致斃者，應入可矜，照免死減等例再減一等發落。例有明文，應遵照辦理。雖係謀故，亦與謀故殺别項姦匪不同，不在奏明三次減流之限，當仍酌入可矜。

一、男子拒姦殺人之案，照擅殺例擬絞者，如無謀故别情，應入可矜。其先被雞姦，悔過拒絶，復因逼姦而殺者，因和姦在先，止入緩決。

一、擅殺搶竊罪人之案，嘉慶四年奉有諭旨，死者雖拔刀拒捕，並未受傷，不得謂之拒捕有據。迨本部於八年奏明，毆死拒捕成傷賊匪者，應入可矜。歷年無論兇犯及同捕之人，被拒有傷，均以拒捕有據入矜。若謀故殺及拒捕無據，並所殺非下手拒捕之人，或殺死二命，俱仍緩決。至差役擅殺，亦循照分別辦理。

一、除姦盜罪人外，其餘各項擅殺，如死者拒捕成傷有據，亦可仿照殺人之案，酌擬可矜。

一、老人、幼孩擅殺竊賊。雖未拒捕成傷，亦應酌入可矜。

一、擅殺、威逼及共毆致死本犯父母案内，國法未伸之餘人，此等情切天倫，較之别項擅殺更可矜原。如無謀故重情，應入可矜。

乾隆三十二年條款云：「擅殺姦盜罪人案件，或本夫捉姦，姦夫乘閒脱逃，一時義忿；或竊盜攜贜逃逸，追逐，勢孤不能擒獲，毆傷致斃；或姦盜之人，雖已獲住，反被毒罵挾制畏忿，毆傷致斃者，應入可矜。其餘如犯已擒獲，非刑毆死，或事涉可疑，情同謀故者，應入緩決。」志稿云：「罪人之名不等，有罪重而可容、罪輕而難忍，總宜核其殺情之强弱爲斷。姦盜自屬可原，然殺未成之姦，與無贓之盜，而金刃慘惡異常者，亦難入矜。」

按：此七條均擅殺矜緩比校條款。第一條係嘉慶八年奏定。第二條係乾隆二十七年與毆故殺不孝之妻同時奉旨所定。第三條係道光三年所定。第四條係嘉慶四年奉旨，及八年刑部奏請所定。第五、第六、第七三條係照成案節次續定，但未詳定於何年。道光初年本已有。嘉慶四年刑部奏准，擅殺之案與戲殺誤殺，均於緩決一次後核辦減等。八年又以擅殺案件較多，情節輕重各異，緩決一次即行減等，恐易啓殘殺之端，仍俟緩決三次後，奉有恩旨與尋常鬥殺等案一體查辦。迨道光二十二年刑部奏准，擅殺案件，如係謀故並火器殺人連斃應抵二命，及各斃各命致死，彼造四命以上者，均俟緩決三次後，再行查辦。餘俱緩決一次後即行減等，毋庸擬入可矜。迄今遵照辦理。此七條已屬贅文，似可刪除。將擅殺一項修併於上條戲殺、誤殺一條之內。今擬改定曰：「一、戲殺、擅殺並誤殺旁人，及其人之功緦以下親屬，例得一次減流，不必入矜。如擅殺案件係謀故，並火器殺人連斃應抵二命，（内有一命不應抵者，仍准一次減流。）及致死彼造四命以上，各斃各命者，誤殺其人之祖父母、父母、伯叔父母、妻兄弟、子孫及在室女者，概擬緩決，俟三次後，再行查辦。若係母已拒絕之姦夫復登門尋釁，其子一時忿激，致斃者，謀故殺減一等，毆殺減二等。」

一、篤疾殺人之案，如釁起理直，回毆適斃者，應可入矜。

乾隆三十二年條款云：「老疾、殘廢、篤疾之人鬥殺案件，如被殺者亦係殘疾之人，及情節兇很者，應入緩決。其被人欺毆情急，無奈回毆致斃者，應入可矜。」志稿云：「死者爲殘篤之人，兇手每多從重論。則兇手爲殘篤之人，亦應量爲從寬，方得平允。故向無情實，而可矜尤多。然其中惟瞽目之人率羣逞兇者，不盡可憫，宜酌案情。」按：此條舊有老人殘廢，不知何時刪定。應與人命門老人殺人篤疾二條參看。據乾隆條款，是老人斃命亦可入矜。乾隆五十八年山東孫曰周死由痰壅，該犯年逾七十，外緩改矜，是其證也。近年有老人斃命情節甚輕，議入矜。而無案可據仍照緩者，蓋未考及。此條似應將老人補入，以示矜恤。

一、救親毆死有服卑幼之案，無論是否互鬥，概入可矜。

按：此條道光本無，未詳何年增入。歷來辦法如是，應改列於前救親一條之後。乾隆條款本有毆死卑幼擬矜一條，然非指救親也。今另詳於後。

一、毆致命而非重傷，越八九日因風身死者，概入可矜。越七日者亦有矜案。其非致命又非重傷，越四日因風身死者，亦同。謝信齋云：「此條係屬例矜。然必死屆七、八、九日方可擬矜。若越五、六日身死，則情無可矜矣，擬緩爲允。」

按：道光初年本無非致命又非重傷一節，末年本有，蓋爾時增入。查原毆傷輕，越數日因風身死，減爲杖流，係康熙五十七年恩詔條款，乾隆五年纂定爲例。四十七年復纂致命傷輕，傷重非致命，必十日外方准改流之例。嘉慶十四年以例內越數日，應越幾日並無一限期，酌定以五日爲限，將兩例修併爲一。其時例文初定，秋審尚無不及五日、十日酌矜之案。檢查入矜成案，多在道光初年，且係由緩改矜。蓋外省其時尚未得見有此等矜案也。則此條當爲道光初年所定，末年復補入後一節耳。

擬補

一、毆死卑幼之案，如死者理曲干犯，金刃止一二傷，及毆殺爲匪卑幼，仍照本律定擬。而尚無慘忍重情者，酌入可矜。

乾隆三十二年條款，「毆死卑幼，干犯尊長訓誡，反被頂撞氣忿毆斃，並毆死爲匪之人者，應入可矜。其餘事本理曲，傷多情重者，應入緩決。」志稿云：「卑幼宜看服制之親疏，爲匪亦看何等之情罪。如不孝、不弟、邪教、竊盜等情重之卑幼，則有關合族禍患顏面，尚可酌量擬矜。如尊長理曲情兇，則應入緩決。設圖謀財產，情近於故者，仍宜酌改情實。」

按：此條未詳何年刪去。乾隆五十五年，奉天張鐸才情急格殺，死係兇惡犯長卑幼，改矜。道光三年，湖廣涂玉富意祇欲將錨頭拉回。因力乏手鬆，死者奪過錨頭自行戳傷，並無向毆之心，且死係緦麻卑幼；五年，江西鍾石善死係理曲犯尊緦麻卑幼，該犯年老被傷，奪刀回戳一傷，均改矜。

又按：乾隆五十二年定例，有服尊長殺死罪不至死之卑幼，如果訓誡不悛，尊長因玷辱祖宗起見，忿激致死者，按服制本律減一等。是此項已無死罪。迨嘉慶六年又增修，若卑幼並無爲匪確證，尊長假託公忿，報復私仇，或一時一事尚非怙惡不悛、情節慘忍致死，並本犯有至親服屬並未起意致死，被疏遠親屬起意致死者，均照謀故毆殺各本律定擬之文。是毆死此等卑幼，如係假公報復，及情節慘忍者，既照本律定擬。其情亦無可矜。第案情萬變，豈無卑幼偶然爲匪，尊長因訓誡邂逅致死者？又豈無死者雖有至親服屬，不能管束，而疏遠親屬輩分較尊，又力能管束者？因例係照本律定擬，秋審遂一概入緩，似亦非矜恤之道，似應補列此條。

一、婦女鬥殺男子之案，如係被死者欺逼，及還毆適斃，情節較輕者，酌入可矜。

乾隆三十二年條款，「婦女鬥殺男子案件，如事屬互鬥，毆有多傷者，應擬緩決。其被兇徒欺逼，及被毆還抵，情非得已者，應入可矜。」志稿云：「女子力弱，本可原情。然惟一二傷者可以量減。若刃傷至三五處以上，有兇鬥之狀者，則無分男女，仍照鬥殺定例，分擬實緩。婦女亦不必有意從輕方允。」

按：此條未詳何年刪去。乾隆五十九年，四川涂氏護夫情切，他物一傷，且病痊自首，義烈可風，改矜。此案有護夫、自首兩層情節，入矜自屬平允。此外案不多見。光緒十三年，奉天吴氏，逾七老婦，致斃人命，釁起不曲，毆止一傷，由被推情急所致，且死越一旬，因查無入矜成案，外緩照緩。總由此條刪去，遂無可遵循也，似補之爲是。又乾隆條款，此二條外，尚有一條云：「秋審舊事緩決内，鬥毆情輕之案，如有僅止被毆回推失跌傷斃，並無還毆情形，實堪憫惻者，酌量改矜。」志稿云：「舊事緩決提出改爲可矜，向來常有之事。近年以來連遇大赦，存者多屬情重，仍舊入緩。惟開單備商。」按：從前秋審舊事招冊與新事招冊一體彙冊會核，故有舊事緩決改入情實之事。其鬥毆情輕，既經緩決一次，亦得酌量改矜。自乾隆三十四年停止刷印舊事招冊，所有舊事人犯，僅於會審時逐一唱名，不復會核。後來並唱名之事亦一例停止。故一歸舊事之後，非遇有查辦減等之時，不復覆核。故無復有改實、改矜之事。此條可不必補。

讀律贅言

一卷

歷代治盜刑制考

謹按：律載，強盜已行而但得財者，不分首從皆斬。此前明律文，國朝承用未改者也。嗣於康熙五十四年欽奉諭旨：凡強盜重案，着大學士會同三法司，將此内造意爲首及殺傷人者，於各本案内一、二人正法，餘俱照例減等發遣。又於雍正五年九卿遵旨議定，將盜案内法所難宥，情有可原者分晰具題，大學士會同三法司詳議，分别正法及發遣各等因，纂爲條例。乾隆二十六年復經大學士會同刑部議將夥盜曾經轉糾黨羽，明火執械，入室搜贓，並行劫已至二次等項，俱擬斬決，不得以情有可原聲請，續纂入例。迨至咸豐四年，因盜風日熾，經王大臣會同刑部議請，盜劫之案仍依本律不分首從皆斬。其中把風接贓之犯，雖未分贓，亦係同惡相濟，不準量減。纂定新例遵行，蓋又三十年餘矣。竊謂強盜舊律，本視唐宋加嚴，康熙、雍正年間，列聖法外施仁，網開一面，其寬大之恩，哀矜之念，函夏欽仰，洵盛德也。即乾隆年間續纂之例，雖寓除惡務盡之意，而仍不悖於祥刑本旨。自咸豐間改歸舊例，犯法者遂無倖逃之網，而手持三尺，每太息而定爰書。家本承乏西曹，嘗見四人共盜一衣，甫離盜所，即被擒獲而俱論決者，此不幾與隋開皇時，四人共一榱桷、三人共竊一瓜即付行決者無以異乎？在當時金田肇禍，海内沸騰，執法者鑒於姑息之養姦，特用重罰，此固因時制宜之道，然未可遂以爲一成而不易也。夫自三代以來，治盜之律，世輕世重。在殘酷之朝，至有盜一錢而死者，而慈祥之世，初何嘗盡人而誅之，是豈不知兇憝之徒之不可曲貸哉！書曰：「刑期於無刑，民協於中。」又曰：「咸中有慶。」誠以刑也者，必得其中而不可少過焉者也。是故立法既貴乎平，而用法尤貴乎恕。強盜之法，無可貸者，理之當誅者也，當誅而誅之，是之謂平。其情有可原者，情之當宥者也，當宥而宥之，是之謂恕。平恕者何？所謂中也！此合乎天理而順乎人情者也。重乎此則過乎中矣。老子曰：「民不畏死，奈何以死懼之。若使民常畏死而爲奇者，吾得執而殺之，孰敢。」是則法之重也，特治其標而已，焉能清盜之源哉。宰我釋周社，用栗之意「曰，使民戰慄」，而夫子深咎之。陽膚爲士師，而曾子告之以哀矜勿喜。宋人之言曰：求其生而不得，則死者與我皆無恨也，知求而有得耶，以爲有得則知不求而死者，有恨也。夫常求其生，獨失之死，而世常求其死也。今之用法者，將使民戰栗乎？抑有哀矜勿喜者乎？將求其生而不得乎？抑求其生而得乎？今采集歷代治盜刑制，彙録而備考之，都爲一册，固仁人君子所當深念者矣。

商

案：夏后氏以前刑制無考，今自商始。

商書盤庚曰：「乃有不吉不迪，顛越不恭，暫遇姦宄，我乃劓殄滅之，無遺育，無俾易種于兹新邑。」孔傳：「暫遇人而劫奪之，爲姦於外，爲宄於内」，「劓割育長也，言不吉之人當割絶滅之。無遺長其類，無使易種於此新邑。」蔡傳：「乃有不善不道之人，顛隕踰越，不恭上命者，乃暫時所遇爲姦爲宄，劫掠行道者，我小則加以劓，大則殄滅之。」

案：春秋左氏哀十一年傳，子胥引盤庚之誥曰：「其有顛越不共，則劓殄，無遺育，無俾易種于兹邑。」杜注：「顛越不共，從横不承命者，劓割也，殄絶也。」史記伍子胥傳所引經文略同。然則「劓、殄」二字當連。不得如蔡傳之分爲二句也。王尚書引之經義述聞曰：「經言暫遇不言劫奪，傳説非也。蔡説尤謬。「暫」讀曰「漸」。「漸」，詐欺也。荀子正論篇：「上幽險，則下漸詐矣」，是詐謂之漸。吕刑曰：「民興胥漸」，漸亦詐也。「遇」讀「隅」字，或作「偶」。淮南原道篇曰：「偶䁥智故，曲巧僞詐」，皆姦詐之稱也。據此則此經本謂姦詐之人，非謂劫奪也。孔、蔡二傳皆非。

又案：此經本與強盜刑制無涉，惟遇二傳既有劫奪之訓，則治盜之法莫先於此。故辯其大概如此。

周書康誥曰：「凡民自得罪，寇攘姦宄，殺越人於貨，暋不畏死，罔弗憝。」孟子萬章篇曰：「康誥曰殺越人於貨，閔不畏死，凡民罔不譈，是不待教而誅者也。」

案：此即強盜殺人者。

書傳曰：「決關梁，踰城郭而略盜者，其刑臏」；「觸易君命，革輿服制度，姦軌盜攘傷人者，其刑劓」；「降畔寇賊劫略奪攘撟虔者，其刑死。」周禮秋官司刑注引。

案：「踰城郭而略盜」，今例之爬越入城行劫也。「盜攘傷人」，今例之搶劫傷人也。在今例皆應擬死罪，而古之刑，止臏、劓而已。至劫略奪攘，其刑重至於死，若僅指尋常搶劫而言，與上二條輕重懸殊，似未明允。竊謂傳文曰「降畔寇賊劫略奪攘撟虔」，當以「降畔」爲一項，降附他國、背叛本國，今律之謀叛也。「寇賊劫略」爲一項，舜典孔傳曰：「羣行攻劫曰寇，殺人曰賊。」費誓：「無敢寇攘。踰垣墻、竊馬牛、誘臣妾，汝則有常刑。」鄭注：「寇，劫取也。」一切經音義七引書范甯集解「寇謂羣行攻剽者也」。今例之響馬、強盜江洋大盜以及強盜殺人者也。「奪攘撟虔」爲一項，「奪攘」如漢書景帝紀所云：「漁奪百姓」；「撟虔」則漢書韋昭注：詐稱爲矯，強取爲虔。蓋撟稱上命以漁奪百姓者，非今律之白晝搶奪也。

漢

史紀高祖紀：「與父老約法三章耳：殺人者死，傷人及盜抵罪。」集解應劭曰：「抵，至也，又當也。」李斐曰：「傷人有曲直，盜贓有多少，罪名不可豫定。故凡言抵罪，未知抵何罪也。」索隱韋昭云：「抵，當也。謂使各當其罪。」

案：史言殺人者死，傷人及盜抵罪，是殺人之外，視其罪之重輕，各當其罪，不皆入於死也。

南史宋明帝紀：泰始四年，「詔定黥刖之制。有司奏，自今凡劫竊執官仗，拒戰邏司、攻剽亭寺及傷害吏人並監司將吏自爲劫，皆不限人數，悉依舊制斬刑。若遇赦，黥及兩頰『劫』字，斷去兩脚筋，徙付交、梁、寧州。五人以下止相逼奪者，亦依黥作『劫』字，斷去兩脚筋，徙付遠州。若遇赦，原斷徒猶黥面，依舊補冶士。家口應及坐，悉依舊結讁。及上崩，其例乃寢。」

隨書刑法志，梁武帝天監元年定律：「劫，身皆斬，妻子補兵。遇赦降死者，黵面爲『劫』字。」

案：「劫，身皆斬」，此今律強盜得財，不分首從皆斬之權輿也。梁武定律時，得齊武時删定郎王植之集註張、杜舊律一書，因之損益，則此律亦齊以上承用之者。第未詳始於何時耳。張、杜謂晉張斐、杜預。

文獻通考刑四「北齊神武秉魏政遷都於鄴，群盜頗起，遂嚴立制，諸強盜殺人者，首從皆斬，妻子同籍，配爲樂户；其不殺人及不贓滿五匹，魁首斬，從者死，妻子亦爲樂户。」

案：此條因盜起嚴刑，知從舊文，制不如是。

隋書刑法志周保定大律「賊盜及謀反、大逆、降叛、惡逆罪當流者，皆甄一房，配爲雜户。」

案：周大律不傳。校此條知當時之制，不皆入於死也。

又云：建德六年，齊平，「以齊之舊俗，未改昏政，賊盜姦宄，頗乖憲章。其年又爲刑書要制以督之。其大抵持杖羣盜一匹以上，不持杖羣盜五匹以上，監臨主掌自盜二十匹以上，盜及詐請官物三十匹以上……皆死。」

案：此條所言或是竊盜。

唐

唐律：「諸強盜，不得財徒二年，一尺徒三年，二疋加一等。十疋及傷人者絞，殺人者斬。殺傷奴婢亦同，雖非財主，但因盜殺傷，皆是。其持杖者，雖不得財流三千里，五疋絞，傷人者斬。」疏議云：罪無首從。

唐書刑法志：武德四年「以人因亂冒法者衆，盜非劫傷其主及征人逃亡、官吏枉法，皆原之」。憲宗元和八年詔：強盜持杖劫京兆界者，論如故，其餘死罪皆流。

五代

通考「晉天福十二年敕應天下，凡關強盜捉獲，不計贓物多少，按驗不虛，並宜處死。時四方盜賊多，朝廷患之，故重其法」。

宋

宋史刑法志：「五季衰亂，禁罔煩密。宋興，削除苛峻。」「舊法，強盜持杖，雖不傷人，皆棄市。」建隆中詔，「但不傷人者，止計贓論。」仁宗天聖五年，陝西旱灾，因詔，「民持杖劫人倉庫，非傷主者，減死刺隸他州。非首謀者又減一等。」景祐二年改強盜法，「不持杖、不得財徒二年；得財爲錢萬及傷人者，死。持杖而不得財，流三千里；得財爲錢五千者死；傷人者殊死。不持杖得財爲錢六千，若持杖罪不至死者，仍刺隸二千里外牢城。」神宗熙寧四年，立盜賊重法，「凡劫盜，罪當死者，籍其家貲以賞告人，妻子編置千里。遇赦，若灾傷減等者，配遠惡地。罪當徒、流者，配嶺表；流罪會降者，配三千里，籍其家貲之半爲賞，妻子遞降等有差。應編配者，雖會赦，不移不釋。凡囊橐之家，劫盜死罪，情重者斬，餘皆配遠惡地，籍其家貲之半爲賞。盜罪徒、流者配五百里，籍其家貲三之一爲賞。」「元豐敕，重法地分，劫盜五人以上，兇惡者，方論以重法。」哲宗「紹聖後，有犯即坐，不計人數。」「至元符三年，因刑部有請，詔改依舊敕。」「先是，曾布建言：盜情有重輕，贓有多少。今以贓論罪，則劫貧家情雖重，而以贓少減免。劫富室情雖輕，而以贓重論死。是盜之生死，係於主之貧富也。至於傷人，情狀亦殊。以手足毆人，偶傷肌體，與夫兵刃湯火，固有間矣，而均謂之傷。朝廷雖許奏裁，而州郡或奏或否，死生之分，特幸與不幸爾。不若一變舊法，凡以贓定罪及傷人情狀不至切害者，皆從罪止之法。其用兵刃湯火，情狀酷毒，及污辱良家，或入州縣鎮砦行劫，若驅虜官吏巡防人等，不以傷與不傷，凡情不可貸者，皆處以死刑，則輕重不失其當矣。及布爲相，始從其議，詔有司改法。未幾，侍御史陳次升言：祖宗仁政，加於天下者甚廣。刑法之重，改而從輕者至多。惟是強盜之法，特加重者，蓋以禁姦宄而惠良民也。近朝廷改法，詔以強盜計贓應絞者，并增一倍；贓滿不傷人及雖傷人而情輕者奏裁。法行之後，民受其弊。被害之家，以盜無必死之理，不敢告官，而鄰里亦不爲之擒捕，恐怨仇報復。故賊益逞，重法地分尤甚。恐養成大寇，以貽國家之患，請復行舊法。布罷相，翰林學士徐勣復言其不便，乃詔如舊法，前詔勿行。」「崇寧中，始從蔡京之請，令諸州築圜土以居強盜貸死者，晝則役作，夜則拘之。視罪之輕重，以爲久近之限。許出圜土〔日〕充軍，無過者縱釋。行之二年，其法不便，乃罷。」高宗「建、紹間，天下盜起，往往攻城屠邑，至興師以討之，然得貸亦衆。同知樞密院事李回嘗奏強盜之數，帝曰：皆吾赤子也，豈可一一誅之？誅其渠魁三兩人足矣。」

通考孝宗淳熙中「中書舍人葛邲言：乾道六年，指揮強盜并依舊法，議者以爲持杖脅人以盜財者亦死，是脅人與殺人等死，恐非所以爲良民地。後來遂立六項并依舊法處斷外，餘聽依刑名，疑慮奏裁。自此，指揮已行之後。非特刑名疑慮者不死，而在六項者亦爲不死。法出姦生，徒爲胥吏受贓之地。若犯强盗者，不别輕重，而一於死，則死者必多，又非所以示好生之德也。乞下有司詳議，立爲定法，從之。其後，言者又謂，强盗苟不犯六項，雖纍行劫至十數次以上，并贓至百千貫，皆可以貸命。謂宜除六項指揮外，其間行劫至兩次以上，雖是爲從，亦合依舊法處斷。乃詔自今應强盗除六項指揮外，其間有纍行劫至兩次以上，雖是爲從，亦依舊法處斷。有情實可憫者，方行奏裁。所謂六項者，謂爲首及下手傷人、下手放火，因而行姦、殺人加功，已曾貸命、再犯之人也」。

遼

遼史刑法志：興宗重熙五年「有兄弟犯强盗當死，以弟從兄，且俱無子，特原其弟」。

金

金國舊俗「盗劫者，擊其腦殺之，没其家貲，以十之四入官，其六償主，并以家人爲奴婢。其親屬欲以馬牛物贖者，從之」。

元

元史刑法志：「諸强盗持杖但傷人者，雖不得財皆死。不曾傷人不得財徒二年半，但得財徒三年。至二十貫，爲首者死，餘人流遠。不持杖傷人者，惟造意及下手者死。不曾傷人不得財徒一年半，十貫以下徒二年。每十貫加一等，至四十貫，爲首者死，餘人各徒三年。若因盗而姦，同傷人之坐，其同行人止依本法，謀而未行者，於不得財罪上各减一等罪之。」

「强盗初犯刺項，並充景跡人。」「再犯仍刺」。「諸强盗殺傷事主，不分首從皆處死。諸强奪人財，以强盗論。諸以藥迷瞀人取其財者，以强盗論。諸白晝持杖剽掠得財，毆傷事主，若得財不曾傷事主，並以强盗論。諸官民行船遭風着淺，輒有搶虜財物者，比同強盜科斷。若會赦，仍不與真盜同論，徵贓免罪。」

充軍考

王氏明德讀律佩觿曰：「充軍之令，從古未有，始自前明。開創伊始，放牛歸馬，一倣漢充國遺制。分隸老師夙將，星屯遐荒，世守其地，各爲外捍而内衛。然征戰之餘，什伍恒缺而不周，故特出此令以實之。其所謂「軍」者，即此分屯各隘，荷戈執戟之行列，而「充」即充此逃故傷亡之什伍也。故統其名曰「充軍」。律例中有此充軍一例，猶夫曆之置閏以成歲，所謂閏律也。愚按：此説似是而未盡也。秦始皇三十三年，發諸嘗逋亡人、贅婿、賈人略取陸梁地。二世二年，赦酈山徒，发以擊楚軍。漢武帝元鼎六年，越馳義侯遣別將巴蜀罪人，發夜郎兵下牂柯江。元封六年，益州、昆明反，赦京師亡命令從軍，遣拔胡將軍郭昌將以擊之。天漢四年，發天下七科讁及勇敢士，遣貳師將軍李廣利將六萬騎、步兵七萬人，出朔方。「七科」，張晏以爲吏有罪一，亡命二也。東漢顯宗永平八年詔郡國中都官，死罪繫囚減罪一等，勿笞，屯朔方、五原之邊縣。肅宗建初七年詔天下繫囚減死一等，勿笞，詣邊戍。章和元年令郡國中都官，繫囚減死一等，詣金城戍。和帝永元八年詔郡國中都官，繫囚減死一等，詣敦煌戍。安帝元初二年詔郡國中都官，繫囚減死一等，勿笞，詣馮翊、扶風屯。延光三年詔郡國中都官，死罪繫囚減罪一等，詣敦煌、隴西及度遼營。是發罪人以充軍，秦、漢之時，久有此令，特不在常刑之内耳。自魏、晉相承，死罪其重者，妻子皆以補兵。宋制，爲劫者，同籍周親謫補兵。梁制，劫身皆斬，妻子補兵。此充軍爲常刑之始，然猶是緣坐之犯也。北齊河清三年，奏上齊律，流刑鞭、笞各一百，髡之，投於邊裔以爲兵卒。此爲本犯正身充軍之始，惟未有道里之差，且以流爲軍，與後代區軍於流者有異。唐律以加役爲最重，而未有充軍之制。天寶六載詔以徒役者寒暑不釋械繫，杖或捶以至死，皆免以配諸軍自效。乃一時寬大之政，非常制也。宋沿五代之制，於流罪配役之外，其罪重者刺配充軍，始區軍、流爲二。明代之制，實沿於此。金天會七年詔，凡竊盜十貫以上徒五年、刺字、充下軍。此又徒罪充軍之制。謂從古未有，始自前明者，特考之未詳耳。至於今日，軍衛悉裁，充軍之犯，與流無異，又徒有充軍之名矣。

重刻唐律疏議序

唐律疏議三十卷，唐長孫無忌等奉敕撰，國朝四庫全書所收録，並附見於各家書目中。惟坊間傳本甚希，讀律之士艱於購覓，叙雪同人爰鳩貲重刻，以廣傳布。工既竣，而序之曰：律者，民命之所繫也，其用甚重而其義至精也。根極於天理民彝，稱量於人情事故，非窮理無以察情僞之端，非清心無以祛意見之妄。設使手操三尺，不知深切究明，而但取辦於臨時之檢按，一案之誤，動累數人；一例之差，貽害數世，豈不大可懼哉。是今之君子，所當深求其源而精思其理矣。自魏李悝著法經六篇，漢蕭何、叔孫通、張湯、趙禹遞相增益，馬融、鄭康成，以海内巨儒，皆嘗爲之章句，豈非以律意精微，俗吏所不能通曉歟？魏、晉以降，漸趨繁密。隋律簡要，而唐實因之。史稱高祖詔裴寂等更撰律令，凡律五百，麗以五十之條，流罪三皆加千里，居作三歲至二歲半者悉爲一歲，餘無改焉。太宗又詔房玄齡等復定舊令，議絞刑之屬五十，皆免死而斷右趾。既而又哀其斷毁支體，除其法，爲加役流三千里，居作二年。其後玄齡等遂與法司增損隋律，降大辟爲流者九十二；流爲徒者七十一。高宗又命長孫無忌等偕律學之士，撰爲疏議，即是書也。名疏者，發明律及注意；云議者，申律之深義及律所不周不達，若董仲舒春秋決獄，應邵決事比及集駁議之類。蓋自有疏議，而律文之簡質古奥者，始可得而讀焉。嘗考元魏太和中置律博士，時儒説十餘家，詔但用鄭氏章句，不得雜用餘家。唐律本隋，由魏而周而隋，淵源具在。然則唐律之疏議雖不純本太和，而鄭義多在其中，漢律雖亡，其義猶賴以考見，深可寶貴。況我朝定律，監古立法，損益歸於大中，而所載律條，與唐律大同者四百一十有奇，其異者八十有奇耳。今之律文與唐律合者亦什居三、四。沿波討源，知其所從來者舊矣。則是書非即功令之椎輪，法家之津筏歟？至由是書而深求乎古今異同之原，講明乎世輕世重之故。晰奇闡微，律無遺蘊，庶幾傳古亭疑，情罪相準，無銖黍毫發之爽，是又在善於讀律者。

光緒十有六年十二月，歸安沈家本叙於秋署之叙雪堂。時董成其事者，漢陰張麟閣郎中成勳、武進馮申甫郎中鍾岱也。

（於律之源流利弊，洞澈靡遺，乃能有此一篇。文字勿以尋常法家言視之。折服折服。年小弟徐兆豐讀。）

重刻唐律疏議凡例

一、是書傳刻之本有二。一爲東瀛本，出於日本國，僞舛太多，不足以資參校。一爲蘭陵孫氏影刻元泰定本，至爲精審。惜原板毁於兵火，流傳日希。兹從孫本繕寫，行式一如其舊，但化密爲疏，以省目力。

一、東瀛本末附釋文一卷。孫本兼附王元亮表及洗冤録。是本附釋文於每卷之後，從孫本式也。元亮表無關考證，洗冤録自有專書，姑從芟薙。

一、孫本亦間有譌奪。如卷二以官當徒條：「行、守者，各以本品當仍各解見任」二句疏議，引律「見任」，「任」譌「仕」。卷四略和誘人條：「私有禁物」句注：「謂非私所應有者及禁書之類」，「類」譌「物」。卷五犯罪未發自首條：「若越度關及姦」句注：「姦，謂犯良人」，「姦」譌「奸」。卷六官户部曲條：「即同主奴婢自相殺」句注：「依常律」，奪「律」字。卷十八造畜蠱毒條：「諸造畜蠱毒」句疏議，「或集合諸蟲，置於一器之内」，「蟲」譌「蠱」。卷十九園陵内草木條疏議，「若盜他人墓塋内樹者」，「墓」譌「基」。卷二十一兵刃斫射人條：「諸以兵刃斫射人」句注：「兵刃，謂弓、箭、刀、矟、矛、穳之屬」，奪「刀」字。卷二十三鬥毆誤殺傷人條：「若以故殪僕而致死傷」句疏義，「彼此相持」，「彼」譌「被」。卷二十四犯罪經所在官司首條疏議，「盜賊之輩」，「輩」譌「輩」。又越訴條：「諸越訴及受者」句疏議，「杖六十」，「十」譌「千」。卷三十聞知恩赦故犯條：「流二千里」，「二」譌「三」。以上諸條譌奪顯然，徑行改補。餘悉仍舊文，不敢妄下雌黄。

一、釋文譌奪較甚，顧跋已言之矣。如卷二十四引周官：五家爲比，四閭爲族，八閭爲聯。「五家」譌「今五」，「閭」俱譌「宫」。卷二十六剽幟下引尚書費誓正義，幾不可句讀。如此之類，查原書改正，餘亦姑仍其舊。

續修會典事例（殘卷）

一卷

共謀爲盜

一、共謀爲强盜夥犯，臨時畏懼不行，而行者仍爲强盜。其不行之犯但事後分得贓物者，杖一百徒三年。不分贓者，杖一百。如因患病及别故不行，事後分贓者，杖一百流三千里。不分贓者，杖一百徒三年。

謹案：此條嘉慶十九年增定。

一、共謀爲强盜夥犯，臨時畏懼不行，而行者仍爲强盜。其不行之犯但事後分贓者，杖一百流二千里。贓重者，仍從重論。不分贓者，杖一百。如因患病及别故不行，事後分贓者，發新疆給官兵爲奴。不分贓者，杖一百徒三年。

謹案：同治七年改定。

共謀爲賊

一、共謀爲强盜夥犯，臨時畏懼不行，而行者仍爲强盜。其不行之犯但事後分贓者，杖一百流二千里。贓重者，仍從重論。不分贓者，杖一百。如因患病及别故不行，事後分贓者，發新疆給官兵爲奴。不分贓者，杖一百徒三年。

謹按：此條嘉慶十九年於原例「杖一百」下增入「如因患病及别故不行，事後分贓者，杖一百流三千里。不分贓者，杖一百徒三年」。同治七年改定。

發塚

一、凡發掘貝勒、貝子、公夫人等墳塚，開棺槨見屍者，爲首斬立決梟示，爲從皆絞立決。見棺者，爲首絞立決，爲從皆絞監候。未至棺者，爲首絞監候，爲從發邊遠充軍。如有發掘歷代帝王陵寢及會典内有從祀名位之先賢、名臣并前代分藩親王或遞相承襲分藩親王墳墓者，俱照此例治罪。若發掘前代分封郡王及追封藩王墳墓者，除犯至死罪，仍照發掘常人墳塚例定擬外，餘各於發掘常人墳塚本罪上加一等治罪。以上所掘金銀，交與該督撫飭令地方官修葺墳塚，其玉帶珠寶等物仍置塚内。

謹按：此條道光二年增定，於原例「先賢、名臣」上，增入「會典内有從祀名位」等字。於「照此例治罪」下增入分封郡王、追封藩王墳墓二層。同治四年又嚴定發塚章程於「爲首斬立決」下增入「梟示」二字。

發塚

一、發掘常人墳塚，開棺見屍，爲首者，擬斬立決，爲從無論次數，俱擬絞監候。其發塚見棺、鋸縫、鑿孔抽取衣飾尚未顯露屍身，爲首擬絞立決，爲從俱擬絞監候。發塚開棺見屍，爲從幫同下手開棺者，不論次數秋審俱入情實。在外瞭望一、二次者，入於緩決，三次及三次以上者，入於情實。其發塚見棺、鋸縫、鑿孔爲從幫同鑿棺、鋸棺三次及三次以上者，入於情實，一、二次者，入於緩決。在外瞭望六次者，入於情實，一次至五次者，入於緩決。至發掘常人墳塚見棺槨，爲首者，改發近邊充軍。年在五十以上，發附近充軍。爲從者，杖一百徒三年。

謹按：此條嘉慶十八年於原例「及至三次以外」句下增註：「均以見一屍爲一次，不得以同時同地連發多塚者作一次論」二十四字。將例末糾衆發塚起棺一層分出另立專條。二十一年將鋸縫、鑿孔首從罪名改爲：爲首一、二次發近邊充軍；三次發邊遠充軍；四次及四次以上照積匪猾賊例發極邊煙瘴充軍。爲從一、二次，杖一百徒三年；三次者，照雜犯流罪總徒四年；四次、五次者，發邊遠充軍；六次及六次以上者，發極邊煙瘴充軍。同治四年奏定新章，九年將此條改定。

發塚

一、有服卑幼發掘尊長墳塚，未見棺槨者，爲首期親卑幼發極邊足四千里充軍；功緦卑幼發邊遠充軍。爲從期親卑幼發邊遠充軍；功緦卑幼發近邊充軍。見棺槨者，爲首期親卑幼實發雲、貴、兩廣極邊煙瘴充軍；功緦卑幼發極邊足四千里充軍。爲從期親卑幼發極邊足四千里充軍；功緦卑幼發邊遠充軍。如有尊長或外人爲首、爲從，分別服制，凡人各以首從論。開棺見屍并鋸縫、鑿孔，首從之卑幼無論期親、功緦均照常人一例問擬。

謹按：此條同治四年嚴定發塚罪名，常人開棺見屍及鋸縫、鑿孔首犯已加至斬、絞立決。爲從俱擬絞候。卑幼有犯無可再加，是以改定。

發塚

一、子孫盜祖父母、父母未殯、未埋屍柩，不分首從、開棺見屍者，皆斬立決。如未開棺槨，事屬已行確有顯跡者，皆絞立決。如有尊長、卑幼或外人爲首、爲從，分別服制、凡人，各以首從論。

謹按：此條嘉慶十九年因子孫盜屍柩不皆因貧，而原例子孫下有「因貧」二字，遇有犯罪毀棺抵制或挾仇誣陷者，引斷未免窒礙，是以節删。

發塚

一、凡奴婢、雇工人發掘家長墳塚已行，未見棺者，爲首擬絞監候，爲從發近邊充軍。見棺槨，爲首絞立決，爲從絞監候。開棺槨見屍者，爲首斬立決梟示，爲從斬監候。毀棄、撇撒死屍者，不分首從皆斬立決梟示。如有家長、尊卑親屬或外人爲首、爲從，分別服制、凡人，各以首從論。

謹按：此條同治四年嚴定發塚章程於「斬立決」下均加「梟示」。

發塚

一、糾衆發塚起棺索財取贖，已得財者，將起意及爲從下手發掘扛擡棺木之犯，比依强盜得財律，不分首從皆斬立決；跟隨同行在場瞭望之犯，發新疆給官兵爲奴。其未經得財者，首犯仍比依强盜得財律，斬立決；從犯俱發新疆給官兵爲奴。如發塚後將屍骨抛棄道路并將控告人殺害者，亦照强盜得財律，不分首從皆斬立決。

謹按：此即嘉慶十八年由發掘常人墳塚例末分出另立之條。彼時將原例「糾衆發塚起棺索財取贖者，比依强盜得財律，不分首從皆斬」等語，改爲分别已、未得財辦理，仍將得財爲從，僅止跟隨同行在場瞭望及未得財爲從各犯，俱比照强盜情有可原例發遣。同治四年節删「情有可原」字樣，增入抛棄屍骨及殺人二層。

發塚

一、凡奴婢、雇工人發掘家長墳塚已行未見棺者，爲首擬絞監候，爲從發近邊充軍。云云

謹案：「近邊」原例作「邊衛」。乾隆三十二年改爲近邊。

發塚

一、凡發掘貝勒、貝子、公夫人等墳塚，開棺槨見屍者，爲首者斬立決，爲從者絞立決。見棺者，爲首絞立決，爲從皆絞監候。未至棺者，爲首絞監候，爲從皆僉妻發邊衛永遠充軍。云云

謹案：「爲從皆僉妻發邊衛永遠充軍」，乾隆五年改爲「爲從僉妻發邊遠充軍」。二十四年删「僉妻」二字。又「爲首者」「爲從者」，二「者」字原例無，應删。

發塚

一、凡發掘貝勒、貝子、公夫人等墳塚，開棺槨見屍者，爲首斬立決梟示，爲從皆絞立決。見棺者，爲首絞立決，爲從皆絞監候。未至棺者，爲首絞監候，爲從發邊遠充軍。如有發掘歷代帝王陵寢及會典内有從祀名位之先賢、名臣并前代分藩親王或遞相承襲分藩親王墳墓者，俱照此例治罪。若發掘前代分封郡王及追封藩王墳墓者，除犯至死罪，仍照發掘常人墳塚例定擬外，餘各於發掘常人墳塚本罪上加一等治罪。以上所掘金銀，交與該督撫飭令地方官修葺墳

塚，其玉帶珠寶等物仍置塚内。

謹按：此條道光二年增定。同治四年又於「爲首斬立決」下增入「梟示」二字。

發塚

一、發掘常人墳塚，見棺槨爲首與開棺見屍爲從一次者，俱改發近邊充軍。開棺見屍爲從二次者，實發煙瘴充軍。如年在五十以上，見棺槨爲首與開棺見屍爲從一次者，發附近充軍。開棺見屍爲從二次者，仍發煙瘴充軍。若爲從開棺三次及至三次以外（均以見一屍爲一次，不得以同時、同地連發多塚者作一次論。）審有贓證次數，確據事主告發實情者，照竊盜三犯律擬絞監候。爲從三次審係幫同開棺，秋審入於情實。僅止在墳外瞭望，入於緩決。至三次以外，雖止瞭望俱擬情實。其發塚見棺、鋸縫、鑿孔抽取衣物首飾，并非顯露屍身者，發近邊充軍。爲從減一等。

謹案：此條嘉慶十八年改定，將末段糾衆發塚起棺一節分出另爲一條。二十一年復將鋸縫、鑿孔首從罪名改爲爲首一、二次發近邊充軍；三次發邊遠充軍；四次及四次以上者照積匪猾賊例發極邊煙瘴充軍。爲從一、二次，杖一百徒三年；三次者，照雜犯流罪總徒四年；四次、五次者，發邊遠充軍；六次及六次以上者，發極邊煙瘴充軍。

一、發掘常人墳塚，開棺見屍爲首者，擬斬立決，爲從無論次數，俱擬絞監候。其發塚見棺、鋸縫、鑿孔抽取衣飾尚未顯露屍身，爲首擬絞立決，爲從俱擬絞監候。發塚開棺見屍爲從幫同下手開棺者，不論次數秋審俱入情實。在外瞭望一、二次者，入於緩決，三次及三次以上者，入於情實。其發塚見棺、鋸縫、鑿孔爲從幫同鑿棺、鋸棺三次及三次以上者，入於情實，一、二次者，入於緩決，在外瞭望六次者，入於情實，一次至五次者，入於緩決。至發掘常人墳塚見棺槨爲首者，改發近邊充軍。年在五十以上，發附近充軍。爲從者，杖一百徒三年。

謹案：此條同治四年改定。光緒十二年復將爲從罪名改爲開棺見屍爲從擬絞之犯，無論是否幫同下手，在外瞭望，均入於秋審情實。鋸縫、鑿孔爲從，但經幫同鑿鋸，不論次數并在外瞭望已至三次以上者，俱入情實。其瞭望僅止一、二次者，入於緩決。

發塚

一、糾衆發塚起棺索財取贖，已經得財者，比依强盗得財不分首從皆斬律，擬斬立決，仍令各該督撫嚴行究審。將起意及爲從下手發掘扛擡棺木之犯，照强盗法所難宥例聲請正法；僅止跟隨同行在場瞭望之犯，照情有可原發遣例發新疆給官兵爲奴。其未經得財者，首犯仍比依强盗得財律，擬斬立決。從犯俱比照强盗情有可原例發遣。

謹案：此條嘉慶十八年從發掘常人墳塚例内分出增定。

一、糾衆發塚起棺索財取贖，已得財者，將起意及爲從下手發掘扛擡棺木之犯，比依强盗得財律，不分首從皆斬立決；跟隨同行在場瞭望之犯，發新疆給官兵爲奴。其未經得財者，首犯仍比依强盗得財律，斬立決；從犯俱發新疆給官兵爲奴。如發塚後將屍骨抛棄道路并將控告人殺害者，亦照强盗得財律，不分首從皆斬立決。

謹案：此條同治四年改定。

發塚

一、凡奴婢、雇工人發掘家長墳塚，已行未見棺者，爲首擬絞監候，爲從發近邊充軍。見棺槨者，爲首絞立決，爲從絞監候。開棺槨見屍者，爲首斬立決梟示，爲從斬監候。毁棄、撇撒死屍者，不分首從皆斬立決梟示。如有家長、尊卑親屬或外人爲首、爲從，分别服制、凡人，各以首從論。

謹案：此條同治四年於「斬立決」下俱增入「梟示」二字。

發塚

一、盗未殯、未埋屍柩及發年久穿陷之塚，未開棺槨者杖一百徒三年；爲從杖九十徒二年半。如開棺見屍，爲首一次者，發邊遠充軍；二次者，發極邊煙瘴充軍，三次者，絞。爲從一次者，仍照雜犯流罪總徒四年；二次者，發邊遠充軍；三次者，發極邊煙瘴充軍；三次以上者，亦絞。

謹按：此條嘉慶二十一年，於「徒三年」下增「爲從杖九十徒二年半」九字。

發塚

一、凡子孫發掘祖父母、父母墳塚，均不分首從，已行未見棺槨者，皆絞立決。見棺槨者，皆斬立決。開棺見屍并毁棄屍骸者，皆凌遲處死。若開棺見屍至三塚者，除正犯凌遲處死外，其子俱發往伊犁當差。如有尊長、卑幼或外人爲首、爲從，分別服制、凡人，各以首從論。

謹按：此條道光六年調劑新疆遣犯，將例内發往伊犁改發極邊足四千里充軍。二十四年新疆遣犯照舊發往，仍復原例。

發塚

一、子孫盜祖父母、父母未殯、未埋屍柩，不分首從，開棺見屍者，皆斬立決。如未開棺槨事屬已行確有顯跡者，皆絞立決。如有尊長、卑幼或外人爲首、爲從，分别服制、凡人，各以首從論。

謹案：此條原例「子孫」下有「因貧」二字，嘉慶十九年删。

發塚

一、有服卑幼發掘尊長墳塚，未見棺槨者，爲首期親卑幼發極邊足四千里充軍；功緦卑幼發邊遠充軍。爲從期親卑幼發邊遠充軍；功緦卑幼發近邊充軍。見棺槨者，爲首期親卑幼實發雲、貴、兩廣極邊煙瘴充軍；功緦卑幼發極邊足四千里充軍。爲從期親卑幼發極邊足四千里充軍；功緦卑幼發邊遠充軍。如有尊長或外人爲首、爲從，分别服制、凡人，各以首從論。開棺見屍并鋸縫、鑿孔，首從之卑幼無論期親、功緦照常人一例問擬。

謹案：此條同治四年改定。

發塚

一、平治他人墳墓爲田園，未見棺槨，止一塚者，仍照律杖一百。如平治多塚，每三塚加一等，罪止杖一百徒三年。卑幼於尊長有犯緦麻功服，各加凡人一等。期親又加一等。若子孫平治祖墳并奴僕、雇工平治家長墳，一塚者，杖一百徒三年。每一塚加一等，仍照加不至死之例，加至實發雲、貴、兩廣極邊煙瘴充軍爲止。其因平治而盜賣墳地得財者，均按律計贜準竊盜論加一等。贜輕者，各加平治罪一等。知情謀買者悉與犯人同罪，不知者不坐。如因平治而强占或盜賣計畝數多，按例應擬徒流、充軍，以至因平治而見棺、見屍并棄毁屍骸，按例應擬軍遣、斬絞、凌遲者，仍照各本例從其重者論。其子孫因貧賣地，留墳祭掃并未平治又非盜賣者，不在此例。

一、奴僕、雇工人盜家長未殯、未埋屍柩，未開棺槨，事屬已行確有顯跡者，照發塚已行未見棺例，爲首絞監候，爲從發近邊充軍。開棺見屍者，照發塚見棺槨例，爲首絞立決，爲從絞監候。其毁棄、撇撒死屍者，仍照舊例，不分首從皆斬立決。

謹按：以上二條，俱嘉慶二十二年定。

發塚

一、盜未殯未埋屍柩，鋸縫、鑿孔，爲首一、二次者，杖一百徒三年；三次者，照雜犯流罪總徒四年；四次、五次者，發邊遠充軍；六次及六次以上發極邊煙瘴充軍。爲從一、二次者，杖九十徒二年半；三次者，杖一百徒三年；四次、五次者，總徒四年；六次、七次者，發邊遠充軍；八次及八次以上者，發極邊煙瘴充軍。

一、發掘墳塚并盜未殯、未埋屍柩，無論已開棺、未開棺及鋸縫、鑿孔等項人犯，各按其所犯本條之罪分别首從併計科斷。如一人迭竊，有首有從，則視其爲首次數與爲從次數罪名相比從其重者論。若爲首各次併計罪輕，準其將爲首次數歸入爲從次數内併計科罪，不得以爲從次數作爲爲首次數併計，亦不得以盜未殯、未埋屍柩及鋸縫、鑿孔之案歸入發塚見棺及開棺見屍案内併計次數治罪。

一、受雇看守墳墓，并無主僕名分之人，如有發塚及盜未殯、未埋屍柩，并鋸縫、鑿孔與未開棺槨者，或自行盜發，或聽從外人盜發，除死罪無可復加外，犯該軍流以下等罪，悉照凡人首、從各本律例上加一等問擬。

謹按：以上三條俱嘉慶二十四年定。

一、夫毁棄妻屍者，比依尊長毁棄期親卑幼死屍律，於凡人杖流上遞減四等，杖七十徒一年半；不失屍及毁而但髡髮若傷者，再減一等，杖六十徒一年。

謹按：此條道光五年定。

一、凡發掘墳塚及鋸縫、鑿孔偷竊之案，但經得財，俱核計所得之贜，照竊盜贜科斷。如計贜輕於本罪者，仍依本例定擬。若計贜重於本罪者，即從重治罪。

謹按：此條咸豐二年定。

歷年事例

姦殺

嘉慶二十二年六月奉旨：「此案張成標因圖姦張盤沅不從，起意殺死。復將張盤沅屍身用水澆燙，刮去皮肉，剖開胸腹，挖出臟腑飼犬，殘忍已極。僅照因姦殺死良人子弟例問擬斬決，尚覺情浮於法，張成標著即處斬，再加梟示。將該犯兇殘情節於榜示内載明，俾衆共知警惕。嗣後斬決之犯，有情節兇殘似此者，俱照此例辦理。餘依議。欽此。」

謹案：此條已遵旨修纂爲例，在人命殺一家三人門内。應將諭旨移歸彼門。

歷年事例

發塚

同治四年議准據大理寺少卿於淩辰、御史張觀鈞、佛爾國春奏請將盜墓賊犯照劫奪財物例重定罪名各一摺，查同一發塚，而其間或係常人，或係家長，或係祖父母、父母及貝勒、貝子等項，所發之塚即異，且或鋸縫、鑿孔或開棺見屍，或起棺索財，自軍流、斬絞以至凌遲，各視其分誼之親疏、貴賤及情節之重輕以爲等差。蓋律例乃天下之大法，使人知尊卑貴賤渾然不容或紊，此乃刑弼教之意也。如將盜墓各犯，比照强盜不分首從問擬，此等兇惡之徒，即盡法懲治，亦不足惜。惟查律例輯註云：在野之墳，雖發掘開棺，不得同於强盜。已死之人，雖殘毀棄置，不得同於謀殺。前人立論，自爲允當，況本例内發掘家長墳塚，毀棄、撇撒死屍，及發掘祖父母、父母墳塚，均不分首從，若發掘常人墳塚，即不分首從，設有發掘祖父母、父母、家長墳塚，并起棺索財取贖，情節尤重者，轉致無可復加。第近來發塚案件層見疊出，各犯結夥成群，殃及枯骨，肆行無忌，情實可恨，誠不可不嚴加懲創。嗣後發掘常人墳塚開棺見屍爲首者，從重擬斬立決。爲從無論次數俱擬絞監候。其發塚見棺，鋸縫、鑿孔抽取衣飾，雖未顯露屍身，亦應從重，將爲首之犯不論次數擬絞立決。爲從者俱擬絞監候。至發掘常人墳塚開棺見屍，爲首之犯，既從重定擬駢首。其奴婢、雇工人發掘家長墳塚開棺見屍，爲首并撇撒死屍首從各犯，及發掘貝勒、貝子、公夫人等墳塚開棺見屍爲首之犯，未便無所區别。應各於斬決本罪上從重加擬梟示。發掘公主之女墳墓，例無作何治罪明文。查公主之女并無品級，現在發掘常人墳塚罪至斬、絞立決。嗣後發掘公主之女墳墓，即照發常人墳塚例從重治罪。如有發掘墳塚後將屍骨撇棄道路并將控告人殺害者，即照發塚起棺索財取贖之例，比依强盜得財本律，不分首從擬斬立決。

同治五年議準據御史林式恭奏請將發塚爲從之犯比較案情輕重酌定實緩一摺，查云：嗣後發塚開棺見屍爲從幫同下手者，不論次數俱入情實。在外瞭望一、二次者，入於緩決，三次及三次以上者，入於情實。其發塚見棺、鋸縫、鑿孔爲從幫同下手三次及三次以上者，入於情實，一、二次入於緩決。在外瞭望六次者，入於情實，一次至五次者，入於緩決。

盜賊窩主

一、知竊盜贓而接買、受寄若馬贏等畜至二頭匹以上，銀貨坐贓至滿數者，俱問罪，不分初犯再犯，枷號一個月發落。若三犯以上，不分贓數多寡，俱免枷號發近邊充軍。接買盜贓至八十兩爲滿數，受寄盜贓至一百兩爲滿數，盜後分贓至一百二十兩以上爲滿數。

謹案：此條同治七年改定此例。

盜賊窩主

一、强盜窩主造意不行又不分贓者，改發附近充軍。如年逾五十，杖一百流三千里。若并非造意又不同行分贓，但知情存留一人者，杖一百徒三年。存留二人者，杖一百流三千里。存留三人以上者，發極邊足四千里充軍。

謹案：此條嘉慶二十二年改定。

一、强盜窩主造意不行又不分贓者，改發極邊足四千里充軍。若非造意又不同行分贓，但知情存留一人者，杖一百徒三年。存留二人者，杖一百流三千里。存留三人以上者，亦發極邊足四千里充軍。

謹案：此條道光九年改定。咸豐十一年改爲「凡窩藏强盜之家，雖非造意亦不同行分贓，但知係强盜而窩藏，不論窩藏人數多寡，照强盜窩主問擬斬決。其暫時存留者，仍照舊例核辦。至窩留持械搶奪、倚强肆掠案犯，亦照此辦理。」

一、强盜窩主造意不行又不分贓，改發新疆給官兵爲奴。若非造意又不同行分贓，但知情存留一人發近邊充軍。存留二人亦發新疆給官兵爲奴。存留三人以上於發遣處加枷號三個月。五人以上加枷號六個月。如知情而又分贓，無論存留人數多寡，仍照窩主律斬。

謹案：此條同治七年改定。

盗賊窩主

一、强盗案内知情買贓之犯，照洋盗例分別次數定擬。其知而寄藏及代爲銷贓者，一次杖八十徒二年，二次杖九十徒二年半，三次以上杖一百徒三年。

謹案：此條本與知竊盗贓而接買、受寄爲一條，同治七年分出增定。咸豐十一年將「知强盗後而分贓并知而寄藏及代爲銷贓者」改爲「無論已、未滿數，發新疆給官兵爲奴。遇赦不赦」。「知强盗贓而故買者」改爲「無論贓數多寡，均杖一百流三千里」。同治七年將「知强盗後分贓」一項修併强盗門知而不首條内。故買、寄藏、銷贓三項分出增定另爲一條。

盗賊窩主

一、窩線同行上盗得財者，仍照强盗律定擬。如不上盗又未得財，但爲賊探聽事主消息通線引路，照强盗窩主造意不行又不分贓，改發新疆給官兵爲奴。

謹案：此條咸豐十一年將强盗不上盗不得財，但爲賊探聽事主消息通線引路，亦照强盗窩主問擬斬決。同治七年改定此例。

盗賊窩主

一、窩留積匪之家果有造意及同行分贓、代賣，改發極邊煙瘴充軍，面刺「改發」二字。如有脱逃被獲，即改發新疆，酌撥種地當差。其未經造意又不同行，但經窩留分得些微財物或止代爲賣贓者，均減本犯一等治罪。至窩藏回民行竊犯至遣戍者，亦照窩藏積匪例分别治罪。

謹按：此條道光六年調劑新疆遣犯，將例内應發新疆當差者，改發雲、貴、兩廣極邊煙瘴充軍，到配加枷號三個月。二十四年新疆遣犯照舊發往，仍復原例。

盜賊窩主

一、洋盜案内、知情接買盜贓之犯，不論贓數多寡，一次杖一百徒三年；二次發近邊充軍；三次以上發新疆給官兵爲奴。

謹按：此條嘉慶十八年定。

盜賊窩主

一、回民窩竊罪應發極邊煙瘴者，改發新疆給官兵爲奴。

謹按：此條嘉慶二十年定，道光六年調劑新疆遣犯，將例内應發新疆者，改發雲、貴、兩廣極邊煙瘴充軍，到配加枷號三個月。二十四年新疆遣犯照舊發往，仍復原例。

盜賊窩主

一、凡皇親、功臣、管莊家僕、佃户人等及諸色軍民大户勾引來歷不明之人，窩藏强盜二名以上、竊盜五名以上，坐家分贓者，俱問發邊衛充軍。若有造意共謀之情者，各依律從重科斷。干礙勳戚、功臣者，參究治罪。

謹案：「邊衛充軍」乾隆三十二年改爲「近邊充軍」，又查「勳戚」二字例文原作「皇親」，似應改正。

盜賊窩主

一、知强竊盜贓而接買、受寄，若馬贏等畜至二頭匹以上，銀貨作贓至滿數者，俱問罪。不分初犯再犯，枷號一月發落。若三犯以上，不拘贓數多寡與知强盜後而分贓至滿數者，俱免枷號發邊衛充軍。接買盜贓至八十兩爲滿數；受寄盜贓至一百兩爲滿數，盜後分贓至一百二十兩以上爲滿數。

謹案：「邊衛充軍」乾隆三十二年改爲「近邊充軍」。又查「銀貨作贓」，原例係「銀貨坐贓」，「枷號一月」原例「一」下有「個」字，似應添改。

盜賊窩主

一、强盜窩主造意不行又不分贓者，改發烏魯木齊等處當差。如年逾五十不能耕作者，杖一百流三千里。若非造意又不同行分贓，但知情存留一人者，杖一百徒三年。存留二人者，杖一百流三千里。存留三人以上者，發極邊足四千里充軍。謹案：嘉慶六年查窩主造意不行又不分贓律，應滿流之犯，於乾隆二十三年改發新疆。四十二年仍發內地，照原律加一等。故改爲附近充軍。惟年逾五十不能耕作之人，本不發新疆者，仍照原律滿流。因將例文改定。

謹案：此條案語「四十二年」乃「三十二年」之譌。「附近充軍」下應添入「四十四年仍發新疆」八字。

盜賊窩主

一、容留外省流棍者，照勾引來歷不明之人例，發近邊充軍。

謹案：「近邊」原例作「邊衛」，乾隆三十二年改。

盜賊窩主

一、老瓜賊本處鄰佑、地保有知情容留者，發近邊充軍。

謹案：「近邊」原例作「邊衛」，乾隆三十二年改。

盜賊窩主

一、窩留積匪之家，果係造意及同行分贓、代賣，即照本犯一例改發極邊煙瘴充軍，并於面上刺「改遣」二字。如有脱逃被獲，即照積匪脱逃例辦理。其未經造意又不同行，但經窩留分得些微財物或止代爲賣贓者，均減本犯一等治罪。至窩藏回民行竊犯至遣戍者，亦照窩藏積匪例分別治罪。謹案：此條乾隆三十七年增定。嘉慶六年將「即照積匪脱逃例辦理」句改爲「改發黑龍江等處給披甲人爲奴」。十七年又改爲「改發新疆給官兵爲奴」。

謹案：此條按語「嘉慶六年」下應添删「即照本犯一例」六字，并於「面上刺改遣二字」改爲「面刺改發二字」。

盗賊窩主

一、山東一省除窩竊未及三名仍照舊例辦理外，其窩竊三名以上坐地分贜及代變贜物者，發近邊充軍。五名以上者，即發雲、貴、兩廣極邊煙瘴充軍。地保及在官人役有窩賊分贜者，悉照捕役豢竊例辦理。俟該省盗賊之風稍息，再行奏明復歸舊例。

謹案：此條嘉慶二十三年定。

一、順天府五城及直隸、山東二省窩藏竊盗一、二名者，杖一百徒三年；窩藏竊盗三名以上及强盗一名者，俱發近邊充軍；窩藏竊盗五名以上及强盗二名以上者，實發雲、貴、兩廣極邊煙瘴充軍。窩留積匪之家，無論賊犯在彼行竊與否，但經知情窩留者，亦實發雲、貴、兩廣極邊煙瘴充軍。其應擬死罪者，仍各從其重者論。俟盗風稍息，奏明復歸舊例。

謹案：此條道光九年改定。二十四年將窩藏强盗二名以上者改發新疆給官兵爲奴。咸豐十一年改爲「但知係强盗而窩藏，不論窩藏人數多寡問擬斬決」。

一、順天府五城及直隸、山東二省窩藏竊盗一、二名者，杖一百徒三年；三名以上者，發近邊充軍；五名以上者，實發雲、貴、兩廣極邊煙瘴充軍。窩留積匪之家，無論賊犯在彼行竊與否，但經知情窩留，亦實發雲、貴、兩廣極邊煙瘴充軍。若罪應擬死，仍各從其重者論。

謹案：此條同治七年改定。

盜賊窩主

一、凡曾任職官及在籍職官窩藏竊盜、强盜，按平民窩主本律本例，罪應斬決者，加擬梟示；罪應絞候者，加擬絞立決；罪應徒流充軍者，概行發遣黑龍江當差。

謹按：此條嘉慶二十三年定。

盜賊窩主

一、西寧地方拿獲私歇家，除審有不法重情實犯死罪外，其但在山僻小路經年累月開設私歇家者，爲首照私通土苗例發邊遠充軍，爲從杖一百徒三年。

謹按：此條道光二年遵諭旨定。

盜賊窩主

一、廣東、廣西二省如有不法姦徒窩藏匪類，捉人關禁勒贖，坐地分贓者，無論曾否得贓，及所捉人數并次數多寡，但經造意，雖未同行，即照苗人伏草捉人案内土哨姦民勾通取利造意例，擬斬立決。雖未造意，但經事前同謀者，即分别有無淩虐及致令自盡各情，照捉人首犯分别擬以斬候，發遣。若先未造意同謀，僅止事後窩留關禁勒贖，如捉人首犯罪應斬絞者，窩留之犯發遣新疆給官兵爲奴，罪應擬遣者，發極邊足四千里充軍。倘由本犯自行關禁勒贖，别無窩家者，仍按本例從其重者論。本犯父兄究明曾否分贓，照盜案例分别發落。鄰佑、牌保除受賄包庇從重定擬外，若止知情不首，亦照盜案例分别責懲。窩留關禁之房屋，如係房主知情者，房屋一併入官。倘數年後此風稍息，仍隨時奏明，酌量辦理。

謹按：此條道光二十五年定，係指廣東一省而言。咸豐三年增入廣西省。

盜賊窩主

一、山東省匪徒有窩留搶幅匪犯者，無論有無同行，但其窩留之犯曾經搶奪訛索，强當滋事者，窩主悉照首犯一例治罪。倘數年後，此風稍息，奏明仍照舊例辦理。

謹按：此條道光二十五年定。

盜賊窩主

一、强盜案内知情買贓之犯，照洋盜例分別次數定擬。其知而寄藏及代爲銷贓者，一次杖八十徒二年；二次杖九十徒二年半；三次以上杖一百徒三年。

一、知竊盜贓而接買、受寄若馬贏等畜至二頭匹以上，銀貨坐贓至滿數者，俱問罪。不分初犯再犯，枷號一個月發落。若三犯以上，不分贓數多寡，俱免枷號發近邊充軍。（接買盜贓至八十兩爲滿數，受寄盜贓至一百兩爲滿數，盜後分贓至一百二十兩以上爲滿數。）

謹按：原例本止後一條。咸豐十一年因接買、受寄强盜贓與竊贓同一罪名不足示懲，將「知强盜後而分贓并知而寄藏及代爲銷贓者」改爲「無論已未滿數，發新疆給官兵爲奴。遇赦不赦」。「知强盜贓而故買者」改爲「無論贓數多寡，均杖一百流三千里」。同治七年查事後知情而分贓故買或寄藏銷贓未便與事前知情不行分贓者同擬遣流。且四項罪名略同，亦未允當。將分贓一項併入强盜門知而不首條内。將强盜案内故買、寄藏、銷贓三項修改爲前一條。

盜賊窩主

一、强盜窩主造意不行又不分贓，改發新疆給官兵爲奴。若非造意又不同行分贓，但知情存留一人發近邊充軍。存留二人亦發新疆給官兵爲奴。存留三人以上於發遣處加枷號三個月。五人以上加枷號六個月。如知情而又分贓，無論存留人數多寡，仍照窩主律斬。

謹按：此條嘉慶二十二年調劑新疆遣犯，將原例發烏魯木齊等處當差，改發附近充軍。節删「不能耕作者」五字。道光九年將例文改爲「强盗窩主造意不行又不分贓者，改發極邊足四千里充軍。若非造意又不同行分贓，但知情存留一人者，杖一百徒三年。存留二人者，杖一百流三千里。存留三人以上者，亦發極邊足四千里充軍」。咸豐十一年嚴定窩盗章程，改爲「凡窩藏强盗之家，雖非造意亦不同行分贓，但知係强盗而窩藏，不論窩藏人數多寡，照强盗窩主問擬斬決。其暫時存留者，仍照舊例核辦。至窩留持械搶奪、倚强肆掠案犯，亦照此辦理」。同治七年查章程，與推鞫窩主之例不符，是以改定。

盗賊窩主

一、窩線同行上盗得財者，仍照强盗律定擬。如不上盗又未得財，但爲賊探聽事主消息通線引路，照强盗窩主造意不行又不分贓，改發新疆給官兵爲奴。

謹按：此條咸豐十一年將窩藏强盗雖不上盗不得財，但爲賊探聽事主消息通線引路，亦照强盗窩主問擬斬決。同治七年因章程概予駢誅，未免過重，原例罪止杖流，又覺稍輕，是以改定。

盗賊窩主

一、順天府五城及直隸、山東二省窩藏竊盗一、二名者，杖一百徒三年；三名以上者，發近邊充軍；五名以上者，實發雲、貴、兩廣極邊煙瘴充軍。窩留積匪之家，無論賊犯在彼行竊與否，但經知情窩留，亦實發雲、貴、兩廣極邊煙瘴充軍。若罪應擬死，仍各從其重者論。

謹按：此條嘉慶二十三年定，原例文云：山東一省除窩竊未及三名仍照舊例辦理外，其窩竊三名以上坐地分贓及代變贓物者，發近邊充軍。五名以上者，發雲、貴、兩廣極邊煙瘴充軍。地保及在官人役有窩竊分贓者，悉照捕役豢竊例辦理。俟該省盗賊之風稍息，再行奏明復歸舊例。道光九年改爲「順天府五城及直隸、山東二省窩藏竊盗一、二名者，杖一百徒三年；窩藏竊盜三名以上及强盜一名者，俱發近邊充軍；窩藏竊盜五名以上及强盜二名以上者，實發雲、貴、兩廣極邊煙瘴充軍。窩留積匪之家，無論賊犯在彼行竊與否，但經知情窩留者，亦實發雲、貴、兩廣極邊煙瘴充軍。其應擬死罪者，仍各從其重者論。俟盜風稍息，奏明復歸舊例。」二十四年將窩藏强盜二名以上者，改發新疆給官兵爲奴。咸豐十一年嚴定窩盜章程，改爲「但知係强盜而窩藏，不論窩藏人數多寡，問擬斬決」。同治七年修改章程，另立專條，將本條内窩藏强盜之處節删。

歷年事例

盜賊窩主

嘉慶二十三年八月十二日奉上諭：和舜武奏酌改竊賊窩主條例一摺，近日東省糾衆夥竊之案甚多，且有窩家爲之淵藪，自應嚴立科條，俾姦民知所畏懼。嗣後山東一省竊賊除贓數滿貫，罪無可加及行竊僅止一、二人，并窩竊未及三名仍照舊例辦理外，其竊賊結夥在三人以上執持繩鞭器械者，不分首從、贓數、次數俱改發雲、貴、兩廣極邊煙瘴充軍。三人以上徒手行竊者，於軍罪上減一等，杖一百徒三年。若結夥至十人以上，雖徒手亦照三人以上執持繩鞭器械之例辦理。窩竊三名以上坐地分贓及代變贓物者，發近邊充軍。五名以上者即發雲、貴、兩廣極邊煙瘴充軍。地保及在官人役有窩竊分贓者，悉照捕役豢竊例辦理。俟東省盜賊之風稍息，再由該撫奏明復歸舊例。至近日并有廢員在籍窩賊。如王奎聚者，尤出情理之外。著刑部將曾任職官及在籍職官窩藏盜賊者，另行從重定擬條例具奏。欽此。

歷年事例

盜賊窩主

道光二年十二月初七日奉上諭：嗣後西寧地方拏獲私歇家，除審有不法重情實犯死罪外，其但在山僻小路經年累月開設私歇家者，將爲首之犯照私通土苗例擬發邊遠充軍，爲從之犯擬杖一百徒三年。所有現獲各犯，即照此例嚴辦。

欽此。

起除刺字

一、竊盗刺字發落之後，責令充當巡警。如實能改悔，歷二、三年無過，又經緝獲强盗二名以上或竊盗五名以上者，準其起除刺字復爲良民。該地方官編入保甲，聽其各謀生理。若不係盗犯，不准濫行緝拏。

謹按：此條道光十八年因原例竊盗改過并未定有年限，獲盗亦未指定名數，辦理恐涉游移，是以改定。

起除刺字

一、竊盗刺字發落之後，責令充當巡警。如實能改悔，歷二、三年無過，又經緝獲强盗二名以上，或竊盗五名以上者，準其起除刺字復爲良民。該地方官編入保甲，聽其各謀生理。若不係盗犯，不準濫行緝拏。

謹案：此條道光十八年改定。

起除刺字

一、應發烏魯木齊等處人犯，除例應刺明事由者，仍照例刺發外，其例不應刺事由者，即令起解省分於該犯右面刺「外遣」二字，解赴甘省，酌量分發補刺地名。

謹按：此條嘉慶二十二年因原例内兇徒執持軍器毆人至篤疾等項業經改發内地，是以節删。

起除刺字

一、應發烏魯木齊等處人犯，除例應刺明事由者，仍照例刺發外，其例不應刺事由者，即令起解省分於該犯右面刺「外遣」二字，解赴甘省，酌量分發補刺地名。

謹案：此條嘉慶二十二年改定。

起除刺字

一、京外在伍兵丁脱逃被獲及逾限投回者，面上俱刺「逃兵」二字，其軍營脱逃之餘丁，面上刺「脱逃餘丁」四字。此條乾隆五十五年增定。

謹案：脱逃餘丁刺字係乾隆四十一年定例，原例在兵律從征守禦官軍逃門内，五十三年修併移改增定。此條案語稱五十五年，下「五」字乃「三」字之譌。

起除刺字

一、凡蒙古民人番子人等有犯搶劫之案，應照蒙古例定擬者，均面刺「搶犯」二字，其蒙古發遣人犯在配脱逃，面刺「逃遣」二字，至蒙古免死減軍人犯在配脱逃，面刺「逃軍」二字。

謹按：此條嘉慶二十五年定。

起除刺字

一、興販硝黄犯，該徒罪以上者，左面刺「硝犯」二字。罪止擬杖者，右臂刺「硝犯」二字。

謹按：此條同治元年定。

起除刺字

一、陝西省簽匪、會匪罪應鎖繫之犯，限滿釋放後，故態復萌，迨拏獲，是否著名積匪，他處曾否犯案，無從究詰。嗣後此項鎖繫名犯，徒罪以上各於右面分別深刺「簽匪」、「會匪」字様。杖罪以下於右臂刺字。其有再犯者，徒罪以下各於左面再行刺字。

謹案：此條光緒十三年定。

歷年事例

雍正七年議準：發遣黑龍江等處遣犯，左面刺事由清、漢字様，右面刺地名清、漢字樣。

補輯：又議準，查竊盜一項，如三犯經刺有罪由字様，未免字跡太多。因贓數不多，應改遣者，因初次二次已罪由毋庸再刺。止於右面刺應發地名。

乾隆二十三年議準：查改遣人犯向例俱刺地名，如搶奪、竊盜等犯，各本條内原有刺字之例，應照例將事由刺於左面。其餘造讖緯、妖書傳用惑人等項軍流遣犯律例内并無刺字明文。今改發巴里坤等犯皆係情罪較重，自應一例刺發。至該犯原犯罪名，本條例有刺字，應例將事由刺於左面。其例内并無刺字者，應照例毋庸刺字。二十四年議準：查改發巴里坤條例内强盜窩主造意不行又不分贓一條，此項人犯原即在强盜律内應明刺「强盜」二字。其搶奪傷人之犯俱刺「兇犯」二字。其搶奪未傷人，計贓罪應滿流之犯與竊贓數多罪應滿流者情罪相等，自應一體改發，仍於面上刺「搶奪」字様。四十二年議準：查擬遣之軍營脱逃餘丁面上刺字係因再有脱逃例應正法，便於查究起見。而擬流即有脱逃，不在應行正法之列，毋庸刺字。三十二年議準：改發内地人犯衹刺漢字，毋庸刺清字。四十八年議準：營兵保甲詐贓與蠹役有間，均免刺字。又議準搶竊等犯私自銷毀刺字，遇赦寬免。查其所毀之字，將來復犯應得併計者，仍行補刺。其例免併計者，毋庸補刺。五十三年議准：搶奪案内斬、絞等犯，面上刺「兇犯」二字。至軍遣人犯，仍刺搶奪事由。嘉慶四年議準：發遣吉林、寧古塔等處人犯，均刺「吉林」清、漢字様。五年議準：查尋常遣犯逃脱被獲例無刺字明文。嗣後洋盜案内擬發遣之犯，在配脱逃被獲，除甘心從盜發遣者仍照免死盜犯例正法外，其有并非甘心從盜，實係擄捉過船，逼令入夥，隨同上盜發遣者，即照平常發遣人犯脱逃被獲例，遞回原遣處枷責管束，毋庸刺字。十六年議準：查乾隆十五年奏定京師年幼竊匪章程内載：十三歲以上犯竊，初犯以笞責免刺，再犯杖責刺臂，犯該徒流以上，照例以成丁之年爲始計算問罪充發。是既稱成丁之年爲始，則未成丁所犯之案，自不在併計之列。故自奏定章程迄今數十餘年，凡十三歲至十五歲犯竊之案，再犯、三犯均杖責刺臂，即四犯、五犯亦係刺臂。蓋竊盜刺字，有關併計，年未及歲，犯竊既不併計，即可毋庸分別再犯、三犯刺面，用示於恤幼稚之意。以上各條均補輯。十九年議準：竊盜計贓擬絞，秋審緩決減軍之犯，左面刺「竊盜」二字，右面刺「改發」二字。又議準嗣後由黑龍江、吉林改發新疆回城各犯，面刺「外遣」二字。由黑龍江、吉林改發極邊煙瘴人犯内未傷人盜首聞拏投首者，窩家線盜聞拿投首者，又曾經傷人及行劫二次以上之夥盜聞拿投首者，又夥盜供出盜首者所在，一年限内拿獲者脱逃被獲，均應正法，面刺「改遣」二字。其餘改發極邊煙瘴各項并發足四千里人犯，均一體面刺「改發」二字。有應刺事由者，仍刺事由。又議準竊盜刺字原以分別次數，其有關併計者，自應仍刺「竊盜」字樣。如係逃流、逃軍復竊贓未滿貫，其罪止於加等調發，無關併計，祇應按照尋常逃軍、逃流加等調發之例分別刺字，毋庸重刺事由。又議準强盜情有可原免死發遣之犯，左面刺「强盜」清、漢各二字，右面刺「外遣」清、漢各二字。二十年議準：凡有因竊擬徒人犯，在配在逃復竊未至滿貫者，毋庸重刺事由。二十五年議準：查例稱銷毀刺字擬以加杖，係指不應起除之字自行銷毀，仍應補刺者而言。至遇赦減罪例應官爲起除之字，有犯自行銷毀者，祇可酌量責懲，不應仍依銷毀刺字本例科斷。道光四年議準：查異姓人序齒結拜弟兄，聚衆至四十人以下，二十人以上爲首，杖一百流三千里，此項流犯本條例内及起除刺字門内均無刺字明文，不得率予刺字。六年議準：江蘇巡撫題徐七毆傷緦麻表兄談二身亡一案，查例内指明戲殺、誤殺、鬥殺三項俱免刺字。則人命案内無謀故重情，即不在刺字之列。檢查乾隆二十九年修例通行，亦止稱謀故重囚審定即行刺字，并未載及别項情重人犯。今徐七係鬥殺外姻緦麻尊長，與命案内謀、故擬斬情重難宥者不同，毋庸刺字。又議準，查竊盜係罔顧行止，是以正身旗人犯竊，有玷旗籍，罪止杖笞，即應銷檔，但免刺字。至五府屬下包衣，究與正身旗人不同，初次犯竊，未便照正身銷除旗檔，亦未便與民人犯竊一律刺字，應毋庸銷除旗檔，仍免去刺字。七年議準：回民結夥三人以上執持兇器毆人者，實發雲、貴、兩廣極邊煙瘴充軍，毋庸刺字。又議準山東竊賊結夥三人持械行竊之犯，如在配脱逃被獲，仍發原配安置，毋庸加等配發，并免枷號、刺字。十年議準：查外遣改發之犯，均刺地名事由，原即與齊民有别，易於稽察，立法極爲周密。惟緣坐、被脅發遣人犯，例無刺字明文，前以伊犁將軍請將逆回案内發遣伊犁爲奴男犯亦照例分别刺字，應將緣坐、被脅爲奴各犯均於左面補刺「緣坐」或「被脅」字樣，右面刺「伊犁」二字，以便識别。十一年議準，查逆回案内緣坐幼男因其年太幼稚，故同母發遣，至十三歲再行改發，自應俟改發之時再行刺字。十四年議準：應發黑龍江等處及停發新疆改發内地各犯，遇有脱逃，向係照尋常軍流人犯脱逃一例辦理者，毋庸面刺「改發」二字。十七年議準：查緣坐逆犯，左面刺「緣坐」二字，右面刺「伊犁」二字，係指逆案回犯實發伊犁者而言，如係發駐防爲奴，自應毋庸另刺地名，應於左面刺「緣坐」二字，以便識别。十八年議準：查祖父母、父母呈首子孫懇求發遣一項，人犯以不得於親發遣，本無事由可刺。因調劑雲南省軍犯，纂定新例，凡應實發雲、貴、兩廣極邊煙瘴充軍，如盜犯投首等類共十八條。其餘各項應發四省煙瘴人犯，無論例内載明改發、實發，均以極邊足四千里爲限，面刺「煙瘴改發」四字，奏請通行遵辦。此項人犯係民人應發極邊煙瘴充軍者，即在新例其餘各項之内，自可遵循辦理。如旗人有犯擬遣例不銷檔，向不與尋常遣犯一例刺字。嗣後凡有觸犯被呈發遣之犯，係民人右面刺「煙瘴改發」四字，係旗人毋庸刺字。二十年議準：查本夫捉姦殺死人犯其有服尊長之案，如非登時，又非其所，如係本宗期、功尊長，均照卑幼故殺尊長本律擬斬立決。此項人犯例得夾簽減流，與情重斬、絞人犯應行刺字者不同，毋庸先行刺字。又議準，查竊盜併計以刺字，爲坐而三犯竊盜，律例均無作何刺字明文，細釋例意，竊盜併計至二犯而止，三犯計贓問擬軍流後，復犯行竊，其科罪别有專條，是三犯毋庸重刺，律例雖未明言，其意已可概見。檢查到案，有三犯刺右面式樣，惟例無明文，且三犯刺字無關併計，嗣後竊盜初犯、再犯，既經分别刺字之後，三犯時即按照事由相同，毋庸重刺之例辦理，於竊盜之併計，既無格礙，揆之律例，三犯不言刺字之意亦覺相符，辦理庶歸畫一。

婦女實發律例彙説

一卷

婦女實發律例彙説序

班孟堅言：「法家者流，出於理官。」故身任理官者，始講求法家之學，習使然也。四庫書浩如煙海，稗官小説悉入搜羅，獨法家之言所録者寥寥可數，豈世皆鄙棄斯學，竟無人討論而著述歟？抑有討論著述之書，世無人爲之表彰，遂湮没而不傳歟？大司寇長安薛公自釋褐即爲理官，講求法家之學，生平精力畢瘁此事。所著有漢律輯存、唐明律合刻、服制備考、讀律存疑諸書。若是編則僅有同官傳鈔之本，蓋非公所甚注意者。甲辰歲，叙雪同人爲公刊讀律存疑，余實任編纂之役，已行於世。其時醵資之事，段少滄觀察任之；校讎之事，許俊人僉事任之。凡此諸人之不惜心力以董其成者，豈獨有私於公哉？良以法家者言，非淺學所能道，世間傳述之書，既不多覯。若此鴻篇巨帙，其餉遺我後人者，固非獨爲一人一家之事，而實於政治大有關係者也。當此法治時代，若但徵之今，而不考之古；但推崇西法，而不探於中法，則法學不全，又安能會而通之以推行於世？然則今之刻公書也，固將使世之人群講求法家之學，以有裨於政治，豈獨有私於公哉！公所著漢律輯存，庚子逸於京師，傳聞爲某舍人所獲，秘不肯出。唐明律合刻、服制備考二書，有力任校刊者，又在若存若亡之間。自來著述之傳不傳，若有數存乎其間。公之書，若無人爲之表彰而剞劂之，則亦將不傳。乃有人表彰之剞劂之，而公之可傳者，尚不能盡傳。此固公之憾，亦講求法家之學者之群以爲憾。是編雖非公精意所存，然亦一代之典章所繫，不可忽也。余故序而刊之，庶余心憾可以少釋。崔伯淵有言：嘗肉一臠，識鑊中之味。此系一臠也。近時邵陽魏默深刺史之元史新編，其稿流落於仁和龔氏、獨山莫氏者數十年，而終還歸於魏氏，付刊行世。公書之流落人間者，安知不傳於數十年之後，如元史新編也乎！

婦女實發律例彙説

律例内婦女犯軍、流、徒罪，均準收贖。情重者，始有實發之條。而實發者，又有爲奴、不爲奴之别。例文歧出，周知非易。前令各司議婦女應否實發爲奴若干條，蓋欲講求律例之原本，藉覘閫署之人材。乃統閲説帖，所議雖均有可採，而求其條理分明，源流畢貫且知改法之難而不生異議，得定例之意而能觀其通，諸作内究未一睹。竊思婦女以名節爲重，實發係屬不得已之法。本部歷次通行，意至慎重，司讞者自應詳加考究。鄙見所及業散見各批矣。其有與例意足相發明者，就現行例内分爲實發爲奴者二十一條；實發而不爲奴者九條，并有爲奴而不實發者一條，略彙前説，逐注條末，存以俟考。

爲奴實發者二十一條：

一、蒙古人犯正法，妻單行發遣者，酌發南省駐防兵丁爲奴。名例，流囚家屬。

此係乾隆二十九年奏准定例。原奏内稱：蒙古搶劫各案罪應發遣之犯，連妻子一體爲奴，改發南省驛遞當差。或本犯正法，其妻子奉特旨發遣，或原議内奏請發遣各項，則本屬有罪之人，自不得與無罪之家屬一例聽其自便等因，纂爲蒙古專條，正與匪類不可留旗之意相符，非若民人發配携帶妻室聽其自便者可比。故内地人犯家屬則云不得官爲資送，此等家屬則云僉遣遞送悉照緣坐犯屬辦理，以示區别。説帖有謂軍流不準僉妻，此例即成賸語，應行刪除。不知民不準僉妻之例，係乾隆二十四年纂定，專指無罪家屬而言。此例在後，何得謂爲賸語？即如偷竊四項牲畜，刑律聲明無庸僉妻發配蒙古，則例猶有僉發之文，亦此類也。至謂本犯正法，妻子單行發遣，必係反逆家屬，各有正條，此係重複等語，原奏俱在，其爲臆説無疑。且民人緣坐家屬，係各省輪發蒙古，則酌發南省又何可混而爲一也。

本按：此專指蒙古有犯搶劫，例應抄没僉妻者而言，係照緣坐犯屬辦理，較内地盜案爲重，即六代時劫身皆斬，妻子補兵之遺意也。第搶劫究非反逆可比，其妻子亦未必無安分營生者，一概僉發，似無區别，乃古法之過於嚴厲者。雖曰匪類不可留旗，亦當酌量變通以歸畫一。

一、旗下家奴酗酒行兇，經本主送部發遣之犯，妻室子女俱一體發遣，給兵丁爲奴。同上

此係同家口一體發遣，本非分離，仍在一處。説帖有認作本犯自發遣，妻女另賞人爲奴者，係屬錯誤。此指契買及世爲家奴者而言，其妻室子女亦在家奴之列，故一體發遣。若發遣爲奴之犯，其隨帶之妻子又當别論矣。

本按：此旗下家奴僉妻之例，與妻女自己犯罪實發者不同，軍流僉妻之例停，而此例不停者，恐其在原主服役，

或滋生事端也。觀例文云：「年老殘廢及子女幼小不能隨帶者，令於親屬依棲，不準仍留原主處服役」其意可見。然此條辦法頗有窒礙，應變通。

一、京城姦媒有犯誘姦、誘拐罪坐本婦之案。如犯該軍流，俱實發各省駐防爲奴。名例，工樂户及婦人犯罪。此爲嚴懲京城姦媒起見，應與略人略賣人門内罪坐本婦收贖一條參看。必實有可惡情節，方可照此實發。若尋常誘拐之案，應仍照彼條準其收贖。

本按：此專指姦媒而言，至尋常誘拐之犯，近來并不照此辦理。與姦媒之倚此爲生，積慣怙惡者尚有别也。

一、婦女有犯毆差閧堂之案，罪至軍流以上者，實發駐防爲奴。同上。

此條與姑謀殺子婦情節兇殘一條係歷奉特旨從嚴，自應照定例實發。説帖多欲改爲監禁，豈不與道光三年諭旨相反？

本按：此等毆差閧堂之案大多悍潑之婦恃係婦女，即犯軍流，亦得收贖，故敢如此鴟張。稍示嚴懲亦挽回之一道。

一、婦女犯係積匪并窩留盜犯多名及屢次行兇訛詐罪應外遣者，實發駐防，給官兵爲奴。同上。

查同治三年本部通行婦女犯積匪并窩留竊盜多案，犯該軍罪以上及屢次行兇訛詐擬軍者，實發駐防爲奴，本屬過嚴。同治七年略爲變通，大約謂婦女犯積匪等項，如罪應擬外者，方行實發。軍流以上者，仍準收贖，意在由重改輕，如無外遣罪名，即可不必實發。若實有不得不發之勢，則必加重擬遣方可，此定例之苦心也。説帖多謂積匪及屢次訛詐無外遣專條，豈非刻舟求劍？惟廣西司湯作最爲得之。至謂下文流字亦無根椐，更屬拘泥。夫積匪所包者廣，類此者豈無流罪？假如積匪及棍徒量減，或係從犯復犯被拏拒捕，或在押脱逃應問何罪耶？例本係約舉之詞，猶毆差閧堂之罪至軍流也，彼條有問流罪者乎？諸作又何以置而不議也？

本按：此條係由御史富稼奏請（三年）而加重，又由御史范熙溥奏請（七年）而由重改輕。例文尚有罪應軍流者準其收贖一次，仍詳記檔案。如不知悔改復犯前罪即行實發駐防不準收贖一段，即七年改輕者也。三年本無外遣一層，七年以爲重而甫經通行不便遽廢，故增外遣一層以補救之。窩留盜犯有外遣正條。行兇訛詐等項，非因另罪加重，鮮擬外遣者。此例雖行而照此辦理者甚少，所謂定例之苦心如此。

又按：此門尚有婦女免發駐防一條。

一、婦女翻控審虛係嘉慶二十三年定例，實發駐防爲奴。一、婦女犯盜致縱容之祖父母、父母及夫之祖父母、父母畏罪自盡，係嘉慶十七年定例，發黑龍江爲奴。道光二年均改爲監禁三年。

一、官員交結朋黨紊亂朝政者，妻、子爲奴。職制，姦黨。

此前明殘刻之律文，久不行矣。總類發配門内亦不載，存而不論可也。

本按：此律關繫朝局，故歷來修律無敢議及，而從無引用之者。全律即不便遽删，妻、子爲奴一層似可删去。

一、内地姦民私行煎挖硝磺至三百斤以上及合成火藥至十斤以上者，妻緣坐。軍政，私藏應禁軍器。

一、臺灣姦民私煎硝磺至三百斤以上及合成火藥至十斤以上者，妻緣坐。關津，私出外境及違禁下海。

此二條與謀叛同科，其照律緣坐自係均指給功臣爲奴而言，現在反逆案内婦女既改發駐防，則此等家屬應一體照辦。

本按：此二條似嫌太重，應變通。

一、太監在宫門及禁門以内吸食鴉片煙者，家屬實發新疆給官兵爲奴。關津，私出外境及違禁下海。

此例雖嚴，從未見有此案，亦具文耳。

本按：太監不應有家屬，前史中雖有太監娶妻之事，究非正理。此條似應變通，且係比照緣坐辦理，究嫌過重。

一、反逆案内緣坐婦女發各省駐防，給官員兵丁爲奴。賊盜，謀［四］反大逆。

本按：本律凡謀反及大逆正犯之母女、妻妾、姊妹若子之妻妾給付功臣之家爲奴。道光十三年改發駐防。十四年纂入例内。

一、反逆緣坐給功臣爲奴人犯，伊主呈明不能養贍者，改發各省駐防爲奴。同上。

自道光十四年將緣坐婦女改發駐防以後，并無給功臣家爲奴人犯，此條即屬贅文，應無庸置議。

本按：既屬贅文，即應删除。

一、倡立邪教，傳徒惑衆滋事案内之親屬，照律緣坐。（同上。）

此條爲分别應否緣坐而設，故將照律緣坐一層歸入除筆，以示區别。然邪教本例既無緣坐明文，則此條除筆即屬緣坐專條，説帖有謂此爲賸語者，竊所未安。

本按：此指照律以反叛定擬之犯而言，故照反叛之律定擬，即應照律緣坐。乃當時辦法如此，并非别有例文也。禁止師巫邪術門傳習白陽、白蓮、八卦等邪教，習念荒誕不經咒語，拜師傳徒惑衆者，爲首絞立決，爲從改發回城，并不照反叛律定擬，自不應有緣坐之文，非例文之疏也。此條除筆未將以反叛定擬之意提明，致讀者不能了然，遂生異議耳。

一、糾衆戕官反獄案内之親屬，照律緣坐。（同上。）

與上條同，維糾衆戕官反獄是一是二，例内并未聲叙明晰，定案者當斟酌引用。

本按：此條與上條同在除筆一條之内，非反獄而糾衆戕官。如部民、軍士、吏卒懷挾私讎及假地方公事挺身鬨堂，逞兇殺害本官，無論本官品級及有無謀殺，已殺者，不分首從皆斬立決，載在鬥毆門内。部民謀殺本官，已殺者，不管首從皆斬，載在人命門内。俱無親屬緣坐之文，蓋不同反逆之律也。又八旗兵丁因管教將本管官戮死，妻子發遣黑龍江，亦載在鬥毆門内。係雍正年間特别之案，亦與反逆之緣坐無涉，似此條除筆專指反獄之案，特語未分明耳。

一、謀叛者，妻、妾、女給功臣之家爲奴。（賊盜，謀叛。）

此與反逆緣坐婦女同一給功臣爲奴，上條既改發駐防，此條自應一體照辦。

一、糾衆行劫獄囚拒殺官弁，將爲首及爲從殺官之犯依謀反大逆律，親屬緣坐。（賊盜，劫囚。）

此條與倡立邪教一條均以實犯反逆論，則此等緣坐婦女亦應改發駐防。

本按：此例定於雍正年間，乃一時之峻法。第因劫囚而戕官情節固重，然究非反逆可比。既凌遲又緣坐無乃太重。此例以戕官爲重，如未戕官者，不在此限。觀下文各節罪名可見。

一、姑謀子媳情節兇殘顯著者，改發各省駐防，給官兵爲奴。（人命，謀殺祖父母、父母。）

查此條係乾隆四十八年欽奉諭旨纂定。嗣於道光二年本部酌改婦女實發條例，擬將此條并毆差閧堂二項改爲酌量監禁三年。經大學士會同軍機大臣核議，奉諭旨不準酌改。聖訓煌煌，永宜遵守。是以同治七年，本部議覆御史范熙溥條陳婦女實發摺内聲明，此條係照例發往，并無不準發往之文。若謂尊卑名分攸關，彼抑媳同陷淫邪一條，獨無尊卑名分耶？若謂彼條犯姦與因别事不同，而謀殺之與自盡究孰爲輕重耶？又謂因子媳之故實發爲奴，名則寬其生，辱有甚於死。其夫其子若在，當亦無顏於人世。彼致媳情急自盡之案，其夫與子若在，又當如何代爲設想也。定例遵行已久，且屢經奏明，無可更改，似未便另生他議也。

一、發遣當差爲奴之犯，殺死伊管主一家三人者，兇犯之妻、妾發駐防，給官員兵丁爲奴。人命，殺一家三人。

查平人殺死一家三命，妻以外尚緣坐其女，此條情節較重，乃祇言妻、妾而未及兇犯之女，緣彼條已屢經修改，此仍係舊例故也。今以妻女發附近充軍地方之例例之，其女自亦在應發之列，若已許嫁，仍照例歸其夫家，説帖見及者頗少，記參。

本按：本律注明不言女不在緣坐之限，此仍舊例不誤，彼條并坐其女，殊失律意。

一、姦婦抑媳同陷淫邪，致媳情急自盡者，改發各省駐防爲奴。人命，威逼人致死。

説帖有謂母與女有犯此等情節，例無治罪明文，可否照此一體實發，抑或稍示區别，酌量監禁。不知别條實發均罪在軍流以上，此條係由枷杖實發則更嚴矣。似毋庸再爲推廣，況母女與姑媳究意不同乎。

一、姦婦因媳礙眼毒毆自盡者，發駐防爲奴。同上。

此即抑媳同陷淫邪致令自盡之例，并非别有罪名。説帖有另認作一條者，係屬錯誤。

本按：此條係定姦夫罪名，姦婦在除筆内，即指上一條也。

一、父母縱容通姦，因姦情敗露愧迫自盡者，婦女發駐防，給兵丁爲奴。同上。

姦盜事同一律，而因盜致父母自盡者，現改爲監禁，此條則仍行實發也。男女例本同科，而子孫致父母自盡者現改爲充軍，此條則仍係爲奴也。罪名之參差實如諸作所議，第例中如此者甚多，非大修不能畫一。即如毆差閧堂、謀殺子婦，男子並無爲奴之文，婦女均實發駐防，其理又安在也！

本按：此條似應變通，以歸畫一。

一、婦女與人父子通姦，致其子因姦謀殺其父，釀成逆倫重案者，將犯姦之婦實發駐防，給兵丁爲奴。犯姦。

此因釀成逆倫重案加重實發，究非婦女本罪也。

本按：此因有此案而遂定此例，然究非常有之事，犯姦不過杖決枷贖，爲奴則加至十數等矣。

實發而不爲奴者九條：

一、婦女毆差鬩堂犯徒罪者，若與夫男同犯一體，隨同實發。名例，工樂户及婦人犯罪。

本按：婦女犯徒罪實發，祇此一條，因與夫男同犯也。

一、官吏與內官及近侍人員互相交結，漏洩事情夤緣作弊扶同奏啓者，妻流二千里安置。職制，交結近侍官員。

此亦前明殘刻之律。

本按：此婦女之流罪實發者，康熙中流徒尚陽堡等處者，大抵眷口隨同實發，今久不行矣。

一、叛案內律應緣坐，流犯發新疆種地當差。賊盜，謀叛。

查叛案律應緣坐，流犯有叛犯之母在內，例并未分別作何安插，則亦在當差之內。説帖內有見及此者，具微細密，第婦女當差與別條不符，若令爲奴又嫌畸重，照律流二千里亦可。

本按：謀叛本律云：「凡謀叛但共謀者，母流二千里安置。」此條緣坐流犯即此，故不復出此例。下文云：「如本犯未經到配以前身故，妻子免遣。」似此條所稱流犯婦女本不在內。婦女無種地當差之例，此項人犯自應依律擬流實發。

一、盛京、烏喇等處居住之人，不詳詢來歷混買人者，係另户連妻發往江寧、杭州披甲。賊盜，略人、略賣人。

一、殺一家非死罪三、四命以上者，妻、女發附近充軍地方安置。人命，殺一家三人。

此條律祇緣坐其妻，例則并其女而緣坐更加嚴矣。乾隆年間係發伊犁給厄魯特爲奴。自三十二年停發新疆，十六條此改爲充軍。其應行實發不待言，惟婦女充軍別條所無耳。

何故。
本按：例文云：「充軍地方安置」，則非實軍也。附近亦二千里，安置亦與流等，而必改其名曰充軍地方，不解

一、採生折割人者，妻流二千里安置。若已行而未曾傷人者，妻流二千里。人命，採生折割人。
本按：上一層雲妻子及同居家口，則不止妻一身。下一層注云同居家口不在應流之限，則止及其妻。
一、造畜蠱毒堪以殺人者，妻流二千里安置。人命，造畜毒殺人。
以上二條既應緣坐即應實發，律明誤會赦猶流者也。照律擬流實發亦無不可，若泥於婦女無實流之説，勢不至悉令爲奴不止也。殺一家三人之妻女，發附近充軍，似不可照辦。
本按：此律亦有同居家口，蓋與上條皆全家俱流者也。如有女、有子婦、有妾自亦皆在流遠之限。
一、八旗兵丁因管教將本管官戳死者，妻發遣黑龍江。鬥毆，毆制使及本管長官。
此發遣而不爲奴者，例内僅見之條也。
本按：此雍正三年因衆佛保之案奉旨議定者，乃特别辦法，他條所無。
一、呈首子孫發遣，如將子孫之婦一併呈送，與其夫一併僉遣。訴訟，子孫違犯教令。
此條及婦女毆差犯徒罪一條，盛京、烏喇居住之人混買人一條，均因有夫同犯，故行實發。與從前僉發之例亦合，非過刻也。
本按：此三條隱用僉妻之意，與他條婦女實發不同。觀於婦女毆差犯徒罪一條，婦女專犯徒罪，仍照律收贖，其意可見。

爲奴而不實發者一條：
旗下家人三次逃走，發各省駐防爲奴。婦女有犯，亦照此科斷，按律收贖。督捕則例。
此雖爲奴之條，而男則行實發。婦女仍準收贖，亦别條所無。
右列各條，除家人逃走一條不在實發之内，又複見者一條，其餘因正兇緣坐者十八條，均非婦女自行犯罪。同夫

男僉配者三條，亦不盡係婦女本罪而其應行實發，説帖均無異議。至犯係積匪，京城姦媒，與人父子通姦，抑媳同陷淫邪四條，雖係婦女本身犯罪加重實發，説帖均無異議。惟因姦致父母自盡，姑謀殺子婦，毆差閧堂三條，説帖多欲改爲監禁，其不可行説已見前，然尚未有議改收贖者。近歲竟有以姑謀殺子婦之案照流罪收贖辦理，殊失定例本意。蓋實發爲奴之例，行之已有百餘年，即酌改爲監禁，尚有不能畫一之處，況收贖乎！有斟酌畫善之策，則變法亦可，否則切勿輕改成法也。

本按：光緒壬午癸未間，司寇薛公在西曹，諭令各司將婦女應否實發各條各攄所見呈遞説帖，公親自評其得失。時天水尚書尚在律例館，因取公説彙爲是編。余友人處鈔此本，其中尚遺漏若干條，未知所傳鈔之所逸歟，抑爲編輯之偶略歟。官事冗迫，未獲向公討論之也。兹補録如左。

實發爲奴者四條：

一、刑部及大小各衙門官吏不執法律，聽從上司主使出入人罪者，罪亦如之。職制，姦黨妻爲奴。

按：此承上文交結朋黨，云妻子爲奴而言。上文妻爲奴此亦同也。此等律文久不用矣。

一、寺觀庵院自創建，增置尼僧女冠，入官爲奴。户役，私創庵院及私度僧道。

按：此律文仍明之舊，然未聞有行之者，同虚設矣，似不若勒令還俗歸宗。

一、八旗家奴若有鑽營勢力欺壓孤幼贖身爲民者，將人口賞給外省駐防兵丁爲奴。户役，人户以籍爲定。

按：渾言人口，則妻、妾、女皆在内矣。

私鑄紅衣等大小礮位及抬鎗者，不論官員軍民人等及鑄造匠役，妻給付功臣之家爲奴。軍政，私藏應禁軍器。

按：此條係康熙年間現行例，原文係妻子入官，其應如何入官之處并未指明。嘉慶十年經部議，私鑄礮位售賣漁利之犯，情罪同於背叛，自應即照謀叛案内之妻子給付功臣之家爲奴。於十四年將例文改定，反逆案内爲奴人犯改發駐防，此項亦應一體改爲發。

實發而非爲奴者：

一、盛京居住滿州、蒙古、漢軍文武官員，犯係侵盜虧欠錢糧及姦貪詐詐等事降革者，均連其家屬，撥發各省滿洲駐防，交該管官嚴加管束。名例，職官有犯。

按：此條久不行矣。

一、八旗兵丁衝突儀仗者，同眷屬俱發往各省駐防，交該將軍都統等嚴加管束。宫衛，衝突儀仗。

按：京旗之貧困無聊者，往往故意犯此，希冀同眷屬一齊發遣，可以在外謀生，八旗生計之艱難如此。

以上二條，實發而非爲奴，曰家屬、曰眷屬則妻女皆在内，與他條之實發者稍有區别。

徒流不收贖者三條：

一、婢過失傷家長者，杖一百流三千里，不收贖。鬥毆，奴婢毆家長。

按：婢過失傷家長之期親及外祖父母者，杖九十徒二年半，均不在收贖之限。乾隆十五年部議。

一、妹過失傷兄姊者，杖八十徒二年。折傷者，杖九十徒二年半，刃傷及折肢若瞎其一目者，杖一百徒三年。姪女過失傷伯叔父母、姑；外孫女過失傷外祖父母各加一等，不在收贖之限。鬥毆，毆期親尊長。

按：妹於兄姊，係照傷罪減二等。此照律分别叙明皆徒罪不收贖者，惟姪於伯叔父母、姑；外孫於外祖父母加等一等爲流二千里。

一、子、孫女過失傷祖父母、父母及妻妾；過失傷夫之祖父母、父母者，杖一百徒三年，俱不在收贖之限。鬥毆，毆祖父母、父母。

按：以上三條，律注皆有不收贖之文，係指過失傷收贖之律而言。既不準贖，即應實發矣。至婦女是否仍準依例收贖，律例内皆無明文，以名分論，自應不準收贖。惟妾過失殺正妻例内，已有徒罪準贖之文。又，道光十二年河南李王氏過失傷夫之父一案，以該犯傷由過失，與實犯不孝有殊，且婦女不能擺站當差，量爲變通，準其納贖在案。則遇此等案件，自可酌量辦理。

遷徙者三條：

一、土蠻、傜、獞、苗人讎殺劫擄及聚衆促人靴禁者，所犯係死罪，一應家口父母、兄弟、子姪俱令遷徙。如係軍流等罪，將本犯照例枷責，仍同家口父母、兄弟、子姪一併遷徙安插。名例，徒流遷徙地方。

一、雲南、貴州苗人犯該徒、流、軍、遣，情節較重或再犯不悛，將本犯照例折枷後，仍同家口各就土流所轄一併遷徙安插。同上。

一、土官、土人潛往外省生事爲匪，徒罪以上同家口父母、兄弟、子姪一併遷徙安插。關津，私越冒度關津。

按：以上三條俱合家遷徙，凡婦女皆在其内，此亦實發之與他條不同者，近來此等案件亦不多見。

按：婦女犯罪與男子殊，流戍道遠，孑身難於長行。五徒較輕亦苦於不能任役，是以漢有顧山之制，唐有留住之條，明則徒流俱聽收贖，皆所以寬婦女示矜恤也。國朝承用明制，婦女徒流準贖，故以流三千里人犯僅贖銀一兩三錢七分五厘。爲數過微，不足以示懲戒，於是遇有情節較重者，軍、流、遣罪改爲發遣爲奴，不準收贖。乾隆以後實發款目日益加多，蓋於矜恤之中參以懲戒之意，因時制宜，亦有不得已者。此編將實發各律例彙爲一卷，條理分明，而尤以輕改成法爲戒，蓋慎之也。讀是編者，甄其異同以考其得失，庶可得律例之原本而觀其通歟！光緒甲申長夏，家本記。

余補輯此編，藏弆篋衍未以示人，今歲出校訂之，將付手民，以備考證之助。計自癸卯歲奉命修訂法律，於次年三月開館，次第請將律例之不合於用及重法數端先行刪除。此條所列臺灣姦民私煎硝磺，盛京、烏喇等處居住之人，殺一家非死罪三、四命以上者，妻女發附近三條，已在奏準刪除之列，緣坐一項亦已奉明詔刪除。此編所列者計四十三條則所存者不過一半矣。丁未仲冬家本又記。

律例精言歌括

一卷

讀書萬卷不讀律，致君堯、舜終無術；
東坡此言真有味，個中精要須明晰。
余將律例合纂成，知之方可理刑名。
若能記取最簡要，豈獨官員與幕賓。

五行刑贖罪

律首開章講五刑，笞杖流徒斬絞名。
除真死罪餘收贖，其中分辯各等論：
無力有力稍有力，三者以之別重輕。
在京在外兩班贖，律之欲載徂顯明；
在外不同京運上，春夏折銀秋冬應；
惟有軍職訁□□，一年十石准納粟。

六　贜

六贜細閲作贜圖，監守常人竊盗殊；
更分枉法不枉法，有禄無禄非一途。
百二十兩爲滿貫，八十两絞枉法誅。
二死三流同一減，斬絞雜犯折總徒。

八議何爲應議者犯罪

親故功賢能勤貴，再加議賓成八議，
要知總係有爵位。

七　殺

人命條中有七殺，劫殺謀殺鬥毆殺，

故殺戲殺誤傷殺，還有過失一條殺。

十　惡

謀反大逆謀叛行，恶逆不道大不敬；
不孝不睦與不義，加之内亂十惡名。
此中罪亦有輕重，決不待時謂死刑。
職官有犯須奏聞，請旨不許擅勾聞。
下官若被上凌虐，實封奏聞亦須聽。
文武官俸後免追，公罪私罪贖各論。
犯罪存留養親例，家無次丁須應議。
婦人犯罪除姦盜，餘俱收贖皆當記。
徒流又犯罪相連，總徒不得过四年。
七十爲老十五小，流徒俱應收贖錢。
罪人自首應免罪，免罪不免贓之累。
強盜傷人若未死，並未得財搶奪罪。
二罪俱發以重論，後先之際須推並。
犯罪共逃能捕首，一半以上罪不問。
何者親族相容隐，大功以上皆不論。
不限籍之與異同，同居共財皆一等。

吏　律

府州縣中有信牌，量地遠近限往回。
有事只發信牌催，不許親身自去来。

赴任过半限半年，中途患病始保職。
官員在任忽他往，擅離職役笞四十。
公式
毁棄制書印信牌，監侯之斬所應得。
誤殺之罪減三等，不坐水火與盗賊。
文書稽遲計時日，吏典一日笞一十。
更勿增減官文書，决杖一百加流徒。
户律
脱漏户口杖一百，隱蔽差役亦相如。
收留迷失子女者，賣爲奴僕杖百徒。
賦役不均爲民累，放富差貧名作弊。
官吏俱該杖一百，滿贓軍例真堪畏。
田宅
欺隱田粮並漏籍，一畝五畝笞四十。
若是移坵与換段，以高作下查等則。
詭寄粮田一百板，荒蕪地畝杖八十。
丁力少而田粮多，聽從耕種報入籍。
檢蹈灾傷新例切，夏災六月秋九月。
如逢水旱不申達，有司官吏杖八十。
有灾还須官自去，親詣田所方爲據。
若还以熟報作荒，一百罷職永不叙。

盗賣田宅杖徒止，強占杖流三千里。
重复典賣竊盗論，追價償还後業主。
棄毁樹木與田禾，罪同竊盗免刺字。
擅食田樹瓜菓者，一两以下笞一十。
婚　姻

男女婚姻各有配，有約毁者笞五十；
若還再許与他人，主婚之人杖七十；
已成婚者亦断離，女归前夫有定格；
前夫不愿追財礼，仍歸後夫亦合律。
強聚故違俱有罪，各笞五十所應得。
長成匹配各有時，指腹割襟俱禁革。
招婿養老無子孫，仍擇同宗繼一人；
奉承祭祀接宗祧，家産与之两均分。
典雇妻妾杖八十，雇女之父六十應，
或将妻妾作姊妹，另拐妇女作己親，
設詞局騙而家賣，此等律例俱充軍。
逐婚嫁女或招贅，後夫知情亦同罪；
其女斷付歸前夫，仍相完娶爲匹配。
妻妾失序杖一百，停妻再娶九十應。
同姓爲婚杖六十，尊卑爲婚以姦論。
姑舅兩姨表姊妹，聽從民便爲婚姻。

親屬妻妾娶爲婚，律杖一百至絞斬。
緦麻六十徒一年，父妾伯叔母皆斬。
兄收弟婦弟收嫂，男女和同皆各絞。
若還是妾亦杖徒，倫理綱常須共曉。
府州县官聚妻妾，部民勿聚應須記，
律杖八十甚分明，爲事杖百仍離異。
逃走妇女不可親，聚爲妻妾究知情。
若果成婚与同罪，婦人加逃罪二等。
良賤爲婚究家長，律杖八十從重論。
勢豪強占人妻女，爲妻妾者絞一定。
若将奴婢冒良人，亦杖九十各改正。
出妻之條出七分，其中尚有三不出。
若非義絕与輕離，八十重杖仍完聚。

倉　庫

收糧之限要端詳，八月初一例開倉。
勢豪大户抗不納，三百石上發邊疆。
多收税銀斛面者，踢斛淋尖杖計贓。
打攬倉場枷一月，杖枷六十爲包糧。
附餘錢粮須報官，計贓定罪爲欺瞞。
監守盗贓無首從，虧折追賠勒令完。
私借錢粮罪監守，留難無故究支收。

擅開官封杖六十，挪移出納杖還流。
起解金銀須足色，不足官吏笞四十。
損壞倉庫加徒杖，追賠損壞之財物。
擬断賍罰財物者，入官給土要分明；
若還不当坐賍論，問罪還加杖百刑。
守掌在官財物者，侵欺借貸各查賍。
隐瞞入官家産者，罪同户口隐田粮。

課　程

凡犯無引之私鹽，決杖一百徒三年。
誤指平人問流罪，鹽徒拒捕斬律嚴。
窩盜應杖九十斷，杖外加徒二年半。
肩挑馱載運工人，杖八徒二减等算。
鹽徒聚衆十人上，撑架大船用兵仗，
共相拒捕殺傷人，比照強人斬非枉。
官鹽摻土杖八十，買賣不許轉别境。
肩挑背負之窮民，易米度日例不禁。
私茶私礬同罪名，比例皆如私鹽論。
舶商匿税隐貨物，杖之二百納課程。

錢　債

違禁取私笞四十，一本一私所應得；
若還加折人妻女，強者問絞和杖百。

費田受寄財物人，坐贓徒杖律有刑。
若係親屬費用者，俱与凡人一體論。

市　廛

私充牙行律杖革，官行例應置店歷。
把持行市獨行強，乱唱市價杖八十。
私造斗斛秤尺者，增減大小杖六十。
器用布絹不如法，短狹而賣笞應得。

禮　律

禁止師巫邪術神，左道惑衆絞流分。
扶鸞禱聖俱犯禁，鳴鑼賽會問不應。

儀　制

收藏禁書習天文，杖罪賞首並追銀。
生員不許建一言，犯者黜革違制論。
服舍違式不可強，有官無笞各論□。
龍文鳳文加杖徒，首告給银五十兩。
棄親之任八十上，妄称親老亦同杖。
鄉黨序齒不序爵，佃户見主非奴様。

兵律

官衛

擅入太廟杖一百，擅入太社五十足。
擅入宫殿六十徒，但持寸刀絞難贖。

衝突儀仗雜犯絞，越皇城者亦俱同。
各處城門不下鎖，律杖八十不須容。

軍　政

擅調官軍發邊遠，激變擄掠亦充軍，
不操練兵杖八十，激變良民加斬刑。
私賣戰馬杖一百，私賣軍器亦如之，
私藏私造皆杖百，夜行犯禁三十笞。

關　津

私渡關津無首從，各杖八十越加徒。
中流罰錢應重杖，販賣硝磺爲首誅。

廄　牧

寄殺牛馬杖八十，畜生傷人笞四十，
因而傷人過失論，收贖給主罪應知。

郵　驛

遞送公文三百里，稽程三刻即加笞。
擦損沉匾笞四十，若無印信即爲私。
鋪舍損壞應修理，私役鋪兵罪私已。
勒乘驛馬杖八十，多支廪給罪強取。

刑律

盜賊

謀反大逆變爲奇，不分首從皆凌遲；

同居異姓皆斬立，十六以上不待時；
母女妻妾姊妹輩，給付功臣爲奴婢；
許嫁之女歸其夫，過房子孫免罪戾；
罪及子姪與姪孫，此事不可輕連累。
謀叛之罪不同反，不分首從俱皆斬；
妻妾子女亦爲奴，祖父兄弟流罪減。
妖書妖言不可造，傳用惑衆亂正道，
不分首從斬皆嚴，杖百徒三因不報。
偷盜印信與銅牌，斬罪首從俱言皆；
若盜關防非欽給，一百刺字罪應該。
監守常人盜錢粮，不分首從俱計贓，
偷盜官物應刺字，斬絞折徒雜犯殃。
強盜已行不得財，杖百流三罪網開；
但得事主財物者，不分首從斬應該。
劫獄劫庫姦燒事，殺人聚衆皆梟示；
傷人未死不得財，罪如搶奪傷人治。
強盜窩主問造意，分贓不行斬無異；
不行若又不分贓，杖一百流三千里。
窃盜拒捕殺傷人，臨樣同強加斬刑。
因盜而姦罪無二，不曾姦捕有攸分。
竊盜已行不得財，笞以五十免刺字；

得財殺刺律分明，罪至絞者應三次，
更有掏摸一般同；罪人爲盗俱免刺，
竊盗窩主造意人，分贜不行以首論；
不行若有不分贜，比之竊盗減一等。
身不爲盗勒分贜，准以竊盗爲縱論。
收買强盗之盗贜，知情給價作贜論。
公取竊取皆爲盗，已離盗所方呈告，
惟有珠玉宝货類，據人手中即比照。
刦因不分首從斬，途中打奪杖流三。
白晝搶奪無兇器，徒三杖百戒凶頑。
若因搶奪而傷人，律斬秋後處决監。
失火行船遇風淺，乘機搶奪罪同參。
盗牛馬畜計錢，加之竊盗亦可言，
若是盗而私殺者，杖以一百徒三年。
如盗御馬有攸分，枷號三月發邊軍；
操馬盗至三匹上，免枷附近軍終身。
田野穀麦菜与果，計贜竊盗亦無詞；
山野柴草木石類，已經積聚罪如之。
親属相盗减五等，大功小功緦麻分；
尊長行强盗卑幼，亦從服制辨等論；
卑幼若然盗尊長，行强一樣以凡論。

恐嚇取財計贓是，竊盜加等爲免刺。
以盜誣良嚇詐財，不分首從充軍去。
誣良爲盜係官吏，革職之議有新例。
詐欺官私取財者，計贓准竊免刺字。
略人略賣兩字，但爲奴婢滿杖流；
若爲子孫妻妾者，杖百徒三罪有由；
略賣子孫爲奴婢，姪孫外孫並弟妹，
杖百徒二罪應得，内兼子孫之婦輩。
發塚見棺罪滿流，開棺見屍絞監候，
未至棺槨亦杖徒，盜取磚石竊盜儔。
卑幼若發尊長墓，其罪亦同凡人論；
開棺見屍獨斬加，棄屍賣地律同文；
牙保知情杖八十，價追入官地歸親。
尊長發塚須論服，開棺滿徒杖一百。
殘毁他人死屍者，杖一百流三千里。
若毁緦麻以上親，監候之斬干法紀。
熏狐塚内忽燒棺，徒二杖八應須議。
平人墳墓作田園，雖未見棺杖百奇。
有主墳内若盜葬，按律應加八十杖。
路旁之屍剥衣服，准竊免刺計贓兩。
深夜無故入人家，登時殺死應無論。

已就拘執擅殺者，杖百徒三照律問。
起除刺字有攸分，只就此條末欵認。

人命

謀殺人命造意斬，從而加功絞不減；
若果同謀即問流，雖不加功悔亦晚。
傷而不死造意絞，從而加功問满流；
不加功者满徒杖，若不傷徒杖求。
謀殺長官皆斬明，謀殺祖父皆極刑；
緦麻以下斬皆决，謀殺家長同二親。
殺死一家三人者，凌遲處死又何疑；
財産斷付死者家，妻子仍流二千里。
採生折割人最惡，凌遲處死亦相當；
財産查明須斷付，妻子還將流遠方。
造畜蠱毒殺人者，問斬還須究令使；
同居雖是不知情，妻子亦流二千里。

鬥毆

鬥毆及故殺人者，一斬一絞皆監候；
同謀共毆致傷人，首絞從流法不宥。
戲殺誤殺過失殺，各以鬥毆殺傷論。
惟有謀故誤傷人，自應律斬不同問。
擅殺妻者絞罪名，有罪殺死杖一百。

殺死子孫圖賴人，杖七十徒年半足。
父母自亡賴人死，杖百徒三罪應贖。
放彈射箭投磚石，雖未傷人笞四十；
傷人減等作凡論，致死杖流所應得。
車馬傷人分鎮鄉，鎮流鄉杖異王章；
若因公務急馳驟，因而傷人給埋葬。
庸醫殺人誤本方，過失收贖毁青囊；
有意取財准竊盜，因而殺人斬應當；
因事威逼人致死，重杖一百更追銀。
若是行姦與爲盜，威逼人死斬罪名。
婦人夫亡苦守節，因強求娶逼貞烈，
因而致死給埋葬，邊衛充軍所定決。
私和人命非息訟，杖以六十常人共；
若係父母与尊長，断以杖徒俱從重。
两人鬥毆相爭打，每人各笞二十荆；
他物打人笞三十，青腫成傷四十刑；
若是拔髮至方寸，笞罪該以五十懲；
毆血若從耳目出，吐血俱皆仗八十。
穢物污人罪亦同，灌人鼻口杖二百；
毆傷人耳並口鼻，損人一齒與一目，
更及折人一手指，其罪俱係杖一百。

損人两齒及两指，六十杖外徒一年。
若眇雙目墮胎者，杖八徒二律更嚴。
折人两肢瞎兩目，毁敗阴阳爲疾，
問發流罪三千里，杖決一百始合律。
犯人家産分一半，此亦被害所應得。
同謀共毆而傷人，各以下手傷爲憑；
若係亂打無分别，喝令原謀别重輕。
保辜之限有定制，手足他物二十日；
刃刀湯火若成傷，三十日限有定則；
折跌肢體及墮胎，五十日限須嚴勒。
保辜限外身死者，新例免死僉妻流。
四十五年有成案，來君美毆孫仲侯。
拒捕毆差八十杖，不必重傷吐血上；
傷重還須二等加，杖百流三法難讓。
毆師比凡加二等，篤疾杖流法有準。
若還毆死罪泛常，立即處斬新例引。
良賤相毆篤疾絞，不同凡毆律須知。
若還奴婢毆家長，但傷即斬死凌遲。
妻妾毆夫死者斬，審知故殺亦凌遲。
夫毆妻死亦問絞，若毆妾死
女婿如毆岳父母，但毆即坐杖一百。

同姓親屬相毆敵，但憑服制爲定則：
大功小功及緦麻，杖徒輕重須按律。
弟毆兄姊從何判，杖九十徒二年半。
折傷篤疾絞相當，毆死斬倫難變亂。
兄姊毆死弟与妹，杖一百外徒三年；
故殺加流二千里，篤疾折傷恕不言。
毆祖父母父母者，但毆斬罪律難容。
若毆死者凌遲處，妻妾如毆姑舅同。
故殺子孫情不原，杖六十加徒一年，
嫡繼慈養母殺者，律加一等更增嚴。
毆死前夫之子者，止較凡人減等。
妻妾若毆舅姑，仍與姑舅同一本。

駡詈

駡詈官長及斥辱，知府州縣俱杖百；
六品以下減三等，佐貳首領又減獄。
奴婢若駡家長絞，卑幼駡尊杖不饒；
祖父父母不可駡，如若有犯罪應絞；
再有妻妾駡父親，律有分明須共曉。

訴訟

告收須由縣及府，知州如同親父母；
若還越訴紊先後，五十之笞律照處。

在外刁徒情可惡，身背黄袱稱奏訴，
府制官吏問充軍，主使之人須究故。
告狀不受理多殊，失察反叛問杖徒，
鬥毆婚姻田土事，律减罪人二等除。
誣告罪應加二等，加不至絞止杖流。
已决寔抵所剩罪，未决收贖亦自由。
干名犯義告父母，得寔杖百徒三年；
若審全無即問絞，惟有謀反聽告焉。
控告外祖父母者，得寔罪應杖一百；
大功小功及緦麻，俱係杖罪各論服。
禁囚不許他人，教唆詞訟計贓論。
官吏詞訟家人訴，不得自將公文行。

受　贓

官吏受贓計贓論，八十两絞爲满貫；
事有以財行求者，新例与受同一断。
在官求索借貸錢，和不枉法强爲枉。
因公科斂計賍錢，一入已照坐贓看；
因而入已满貫絞，無禄人須减等言。
衙役威逼人之死，比照串給陷害律。
犯贓若至一两上，本官失察降一級。

詐僞

将軍六部都察院，盗用印絞干法紀，
布政按察府州縣，杖一百流三千里。
僞造印信歷日等，爲首之人監候斬。
若係關防非欽給，杖百徒三律應減。
僞造金銀杖徒受，私鑄銅錢絞監候。
詐稱内史等京官，煽惑人民斬不宥。
詐病死傷避官事，輕笞四十重杖八。
平人設計弄愚人，罪爲教誘人犯法。

犯姦

和姦八十有夫九，刁姦一百強絞候。
強未成姦問満流，強和俱絞因姦幼。
買休賣休杖百離，財物入官法不宥。
縱容妻妾犯姦者，各杖九十所當受。
親屬相姦若無服，強者問斬和杖百；
緦麻以上和斬徒，嬸嫂和絞強斬戮；
奴僕人姦家長妻，及姦生女斬皆宜。
官姦部　永不叙，若姦囚婦杖求徒。
　之相姦加一等，官吏宿娼六十准。
買民爲娼杖百刑，財禮入官女父領，
強照雞姦被殺死，比照應死擅殺律。

雜犯

寄雜犯於刑律中，新頒條例斟酌從。
賭博財物杖八十，枷號两月窩主同；
年幼無知被引誘，免枷同杖法難容。
囑托公事律必究，但囑即笞五十彀；
官吏聽從与同罪，曲法事行杖百受；
所枉之罪重於杖，故出故入難論宥。
故燒放火人房屋，因而取財斬不贖。
失火延燒五十笞，傷人還加杖一百。
罪人拒捕加二等，毆殺捕人斬正法。
獄囚脱監及越獄，各於本罪加二等。
府州縣官不報，照例革職須記省。
獄卒不覺失囚者，减囚二等罪何言；
若因自内反獄逃，又減一等情可原。
越獄重犯限一年，一年不獲律最嚴；
再限一年隨部議，降級調用免遷延。
知情藏匿罪人者，止照罪人減一等。
首從皆坐却原何，爲給衣糧相送隱。
一犯二解有定則，少差革職因逃去；
更有僉差不慎憂，一年勒限須明記。

斷獄

軍流徒犯俱收禁，取保脱逃降一級；
若還笞杖人犯逃，罰俸半年人再緝。
重犯患病在監醫，違例取保情難惜，
若還逃脱緝無縱，照例調用降一級。
應禁不禁杖六十，不應禁者亦如之；
故禁故勘加二等，此中須要辨公私。
夾棍拶指重刑外，若還擅用即非刑；
小事不許動夾棍，孕婦拶指必須停。
監犯切勿討病呈，例同謀殺造意人。
獄卒加功監候絞，不加功亦問流刑。
監犯若無親共友，每月例給米三斗。
年終詳報准開除，活人一命功不朽。
多有獄卒扣半升，官不嚴查同木偶，
獄卒與囚金刃物，解脱扭銷杖一百。
因而傷人及在逃，加徒一年杖六十。
主守教徒反異情，外人逃者減一等。
死囚命人自殺死，親戚故舊皆有刑。
定例老幼不訊拷，七十爲老十五小，
鞫獄不得杖外推，審問必對原狀考。
獄囚不許誣指人，在禁投告即爲誣。

官司出入人罪例，其中有故分杖徒。
有司决囚等第明，州縣而府解提刑：
徒罪可聽本省决，軍流地方候部行，
斬絞重犯非易决，生死之權出大廷。
檢驗死傷不以實，欽定則例降一級。
遲延上委不復檢，二者新例俱革職。
命案完結六個月，逾限罰俸有定額；
罰俸展限止四月，再不完結即議革。
命案如若不申報，照例革職爲隱匿。
投河自縊不檢驗，恐啓弊竇有條例。
婦人犯罪姦死外，其餘收管憑夫帶；
無夫之婦付親屬，懷孕死罪從緩戮。

工律

營造

公廨倉庫勤收拾，違者損壞笞四十。
侵占街道起房屋，復舊之外杖應得。
盜決官河杖一百，盜决民田杖一百；
若係故决害人者，杖百徒三罪應得。
橋梁道路不修理，提調官吏笞四十；
應置渡船不置者，官吏亦應笞四十。完
事掠律者要斟酌，刑法不可妄動，謹慎爲要。

沈觀雜鈔

一卷

論籌還外債

自商路之説起，我國民爭投資以購路股，於是乎始知個人與地方之關係。自籌還外債之説起，我國民爭投資以償賠款，於是乎始知個人與國家之關係。此誠民德民智之進步，人人所公認，吾輩亦表同情者也。

商辦鐵説遍二十一省，拒款之聲不絶於耳，毁家認股，奔走勸募，報章記載無日無之。然起視各省路政，其稍有成效者不過十之一二，仍以股款未足進行遲滯，其他或徒擁虚名，外人譏笑，以爲中國人好大言無成事，吾耻之，吾傷之，吾終諒其力不從心而不忍指摘之也。何也？一國之財止有此数，不用於此，即用於彼，使因鐵路之故，盡廢百業以赴之，路成將無所用。蓋實業消沮，轉運之機關亦同虚設，此不可逃之定例，稍有常識者所共知，無待贅述者也。

若夫籌還外債，則關尤鉅，綜計我國所負外債約十萬萬，吾國民所集之數爲百萬乎則不及千之一，爲千萬乎則不及百之一，即進而至萬萬乎猶不及十之一，而民力固已疲矣。夫以今日負債之重，僅其千一、百一、十一，不幾重貽笑於外人，使得測量民力之所至乎？即使全國四萬萬人縮衣食，一朝遽集十萬萬外債盡償，豈非絶大之快事，而吾猶期以爲不可也。國中母財所以爲生産之用，一日忽輦多數金銀輸出外邦，農工商業將因以俱敝，此尤不可逃之定例，稍有經濟學之常識者殆無不知之，更無用贅述也。

當是時設令各國逼我中國限數年之内清還債款，此乃中國最危極險之事，凡我政府外部苟能運動其外交之手段，將此急還之債款推之久遠，以數十年分還，即是世界外交家之能手，財政家之人傑，報章歷史均將傳爲美談，今我國民欲救中國，奈何反取外人逼我之毒策持以爲自救之策乎？又設令中國會開矣，爲募集公債果有數萬萬，須知此項大注之母財乃發生吸力之機關，此時應將此項母財留爲本國發生吸力，之具乎？抑甘心送爲外國發生吸力之具乎？

論者又曰：速還外債所省利息其數過半，謂爲有利，不知此財在我，以營生業，其所得之利息更超過於外債之利息。外債利息大抵四五厘，而中國通常利息多以一分計也。且近年因賠償各款，財政主權已歸外人掌握，若又悉索民財以裒益之，其危險之現象必有不可思議者。

論者又謂：外債未清，列强將監督吾財政，瓜分之局即肇於此，國民汲汲謀所以籌還之者，救亡之策，出於不得已也。吾又以爲不然，外債償還之期限與数目既已明載條約，爲各國所公認，我苟未嘗失信，外人何辭干涉？今有商店於此，雖負莫大債款，信用未失，資本家亦無從過問。我國按期清償外債，未嘗有毫厘之短絀，晷刻之遲延，斷非埃及屢次破産所可比擬。若謂外人必用强權，不顧公理，協以謀我，即債務清償，夫豈無術以肇釁！蓋瓜分政策視吾國内政之治亂與列邦勢力之消長爲斷，與外債無涉也。

然則外債雖可以不還，國民遂可以不過問乎？又不然，國民既以擔負外債爲己任，則宜致力實業，以增進生産之力，要求政府制定法律，劃一幣制，整頓金融機關，以保財産之安全，促生機之發達，民力既足，國富自增，於是而加徵賦税，募集公債，欲償外債固非難事，即未遽清償亦不足以爲患，此則吾全國上下所當共勉者也。

節録晉丁中丞奏請開缺摺

竊臣自通籍供職京曹，十有餘載。嗣膺外任，既苦竭蹶，不遑服闋補官，精力益覺不逮，在晉六年，百無一補。本年正月即擬請開缺回籍省親。惟因晉省禁，上年甫經禁絶，春苗尚須搜查，何敢畏難規避！兹幸通省南北栽種過期，似已根株盡絶，惟文水縣聚衆一案，雖迫於事變，勉爲因應，初非臣始念所及料，而年前疏於防範，實屬咎無可辭，昨經言路糾彈，仰荷聖明曲宥，不加嚴譴，感激之餘彌增内疚，伏以舍短取長者，君父曲成之念難進易退者。人臣自守之經，自古推從政之才首貴行己有耻。蓋必有節操而後有事功本末之数，不容誣也。歷考史册，古大臣每因人言引嫌辭位，退避賢路，東西各國總理大臣及行政大臣苟經國會之糾彈亦皆相率辭職以順輿情，可見人臣以禮進退中外皆同。方今國會未開，行政裁判亦未成立，惟恃骨鯁之臣維持朝局，而台諫之氣易屈難伸，於朝政之得失，官員之賢否，皆將誘之使言，俾其主持公論，偶有一二忠直敢言者，内外大僚又不能虚己以聽，自省愆尤，而顧憑藉權勢與之争一日之勝，則嗣後誰復敢易言大吏之短長，其極不至於閉塞言路不止，今言路奏劾大僚至数十摺，而引嫌避位者十無一二人，是豈慎重求言之意？故必退一二人以風示天下，俾作其敢言之氣，則有裨於時局者實多，臣故冒昧請之，尤願皇上毅然行之，伏念臣材能不及中人，精力又復苶敗，其不足任重，自量已審，故常持知耻易退之説，冀以稍輕罪戾，既不敢文過飾非，抱憾衾影，復不敢希戀棧，貽誤地方，臣父年老多病，未能就養，晨昏久曠，寢饋難安，可否仰懇天恩，俯賜體恤，準予開缺回籍壽親云云。

又附片云，再各省督遇事，必須稟承政府，内外融和，方能稍有展布。臣性情粗直，不能因應咸宜，凡所施爲但問公義如何，略無瞻顧，即政府親貴大臣或未能意見胥融，早思退避親賢，以明卑遜之誼。去冬渥蒙特簡，即自揣方能精力深以未能稱職爲憂，特以新命初頒，未敢上辜寵宸，眷供職数月，負咎良多，徬徨求代之心，實非始於今日，此晉省官紳士庶均所共知。方今明詔預備立憲，凡在國民皆得發抒己見，臣忝膺疆寄，遭際聖明，用敢披瀝直陳，仰懇天恩，俯賜鑒察，無任悚惶企禱之至，謹附片具陳，伏乞聖鑒。

鄭蘇戡復孟庸生書

昨夜自壺盧島歸，得十二日手書，郵部之説在京已聞之矣，各省督來電類多畏葸騎墻，毫無主見，夏蟲不可語水，莊生誠知言也。借債造路實爲中國救亡入手之法，使奥漢、新疆、蒙古、西藏四大幹路果成就，國内言之，則爲縮小之法，易於行政；對各國言之，則爲漲大之法，難於吞食，故曰救亡之要着，雖聖賢復起，豪傑間生，無以易此。誠以鐵路有奪胎换骨轉弱爲强之效力，彼所謂生産不生産者，皆一知半解之淺見，搔癢不著，未足與辯，時事愈亟，而在朝在野之士君子既無世界眼光，又無全國眼光，其所持者非捉風捕影之談，即循墻摸壁之論，畫餅以充饑，蒸沙以作飯，此乃僕所深哀竊憤者也。僕發此論，以待識者，且冀責任内閣及國會成立之後，舉國上下，稍有知覺或有恍然悟其舍此别無他策之一日耳。憲志日刊中能否姑持此論以先導，或請將此書附登來稿，舉世非已，非僕所顧也，惟慎衛。

節録滇督李仲帥致各省督撫電

憲政九年之預定，十一部同時之進行，凡洞見維新癥結者，每深憂嘆樞府關心而難輕議，度支釐額而不先發，今朝旨令議覆趙御史摺，似欲言發於外，藉以折衷補救。近日舊政輪難存，新政支離日甚，其大病則在無人，無人之病則在欲速而不懷根本。世風之靡，人心之幻，因輻中之。於是强事就人，强人就事，無人即先辦事，無事即先用人，種種枝蔓，相因而起。守舊時之釀釁，維新後之造作，諸症如一故。愈求人才人才愈不出，其大難則在無主腦，諸部各自爲謀，亦無秩序，而無審國情、量國力、聯合主斷之人，徒委編查館爲細碎調停，改革不從重要、簡單入手，故文法愈密，措理愈難。坐此二病，智愚同困。其妨礙維新，阻力甚大，即有一二枝節眉目，何補大局，到得財盡民散，事已無救，今幸以款絀見端，正可進求病本。羲深慮時不我與，馴至外人干預，羣沸交騰，本藉憲政以固人心，轉因憲政以速國禍，此危非一二人口舌可解，如各疆臣趁此時機，皆能言異旨合，直陳無隱，並於維新根本各貢條陳，宵旰徬徨，苦無辦法，倘朝廷不易反汗之名，隱收變通之益，幡然决，當或可期。諸公蓋抱憂時，雖孱庸寡，甚願規步偉劃，分其緒論，狂瞽無當，先乞誨，大稿已成，即求密示，管蠡所及，亦必呈正，臨電盼。羲，微。

近各省奏報預算册報，無不附陳財政支絀情形。吉林巡陳昭常奏有云：「部章清釐之策本在籌節兩端，然至於節無可節，理固在多計取盈，復至於籌無可籌，勢必須旁求協濟。在疆臣當以行政重，詎能以收支適合，遂卸責成；在部臣亦自以國勢爲衡，非盡以出入强符遂稱整理。」此言實代表各省督責望度支部之心理。

各省制台撫台均鑒：辰閣會之議，仰荷諸帥合謀，謬委經羲起草，近聞議局、商學會代表第三次請願已上，倘不蒙允轉圜更難聯請，奚益自以電奏爲捷，妥擬電稿，文曰：內閣國會爲憲政根本，計已定於先朝，事無待於末議，顧造端閎大，不易圖維老成過爲持重，必求謀出萬全，政府首當其衝，不敢輕於一發，其爭執不過數年，期限之遲早，其關係乃在目前國勢之存亡。錫良等疆寄忝膺，憂危共切，忍視朝廷爲孤注獨擧中央以責難。策外覘世變，內察國情，立憲既無反汗之理，則閣會決無不成立之理，與其遲設而失事機，不如速設以維邦本，用敢推求利弊，力破羣疑，共竭愚誠，披瀝陳之。今之致疑於內閣者，必曰權責太重，權盛則恐挾震主之威，責專則慮啓營私之漸。不知自古權奸竊國非因在位日久，即由兵柄下移。今閣臣但司行政，本無統馭軍隊之權，而責望所歸易興易仆，一身進退利害較輕，既不能有擅作之福威，更不必爲要路之盤踞，況有國會以監察財政出納，末由自專；有審判以擁護法權，生殺無從任意，不必慮者一。或又疑內閣既設，君主僅擁虛名，豈知不負責任實由神聖不可侵犯之義而生，至大權之載諸憲法者，立法、行政、司法悉歸總攬，不過無內閣則職務分之臣下，而擔負仍在朝廷；有內閣則統治屬諸一人，而功過必歸樞府，鞏固君權尊崇主，無逾於此，不必慮者二。或又疑內閣初立，組織者未必皆幹濟之才，任非其人，終慮覆餗，不知世變，人才互相陶冶，但使部臣同爲閣臣，應行政綱協同審擇，已無目前政出多門彼此矛盾之事，益以國會監察權限明則責成專，雖欲諉卸而不能，才力薄則應付窮，雖欲把持而不得。數經更易，以後求才者知非破格不爲功，飽當憂患之餘，任事者亦必審量而後進，相磨相棄，自有一二非常之選，因時會構造而成，不必慮者三。其致疑於國會者或謂議員，程度不一，言論易涉囂張，比年爭路爭鑛，迭肆要求，允之則政策益紛，抑之則風潮更烈，一慮也。抑知士論沸騰，實多激於憂憤，與其强爲遏制，徒滋事外猜疑，何若引就範圍，俾知局中曲折，及其經驗漸深，疑誤盡解，尚望與政府相扶相勵，力拯艱危。今世立憲較久之國，內閣國會往往少紛爭而多匡正，其明驗也。或謂國會有彈劾大臣之權，議員將挾私拚擊，賢者避謗求去，不肖者轉得結黨自固，二慮也。不知國會彈劾與臺諫異，言官風聞入告，動機發自一人，議院據事直陳，同意必謀之多數，如果大臣當國衆望交孚，則數人對抗之私，何能敵全體？輿論之公，黜陟進退，權操君主，憲法自有明文，國會何能干預？至論黨派之發生，要以政見爲標準，內閣政見與議院合，利用適資其交濟，內閣政見與議院不合，全黨豈聽其轉移乎？或謂國會當幼稚時代，僅有要求而無擔負，財政問題仍難解決，三慮也。不知國會初設不必急謀財政之擴張，先求鞏固財政之信用，議員來自田間，深知疾苦，果財政計劃悉經協贊，蠲除擾累，力戒虛糜，人民已共諒政府之無他，迨至行政克堅民信，措施深入人心，議員目覩計臣挹注之窮，外界競争之烈，凡各國通行之租賦，中朝未有之税章，未嘗不可審勢因時徐圖興舉，即欲廣募國債立應急需，恃此樞紐以匯通，國民既休戚相關，何能置國難於不顧？日本國會未開，歲入僅八千萬元，國會既開不及二十載，已逾六萬萬元，可爲借證。

以上，會利弊，理勢所在，均無可疑。捨此則主腦不一，憲政别無着手之方，缺一則輔車無依，閣會均有踰轍之害，程度不足，官與民共之，不相磨勵，雖百年亦無所進，法律難定，情與俗礙之，互爲參考，歷數載可望實行。此非錫良等之私言，實天下臣民所公認者也。

今日大患在於政務太繁，財用日絀，有内閣統一政策，國帑始可酌盈劑虚，有國會協贊，歲用要政始不因咽廢食。比者日俄協約成，一舉亡韓，列强均勢政策皆將一變，方針時猛厲並進，時局危險已遠過於德宗在位之日，緩無可緩，待無可待，此即閣會尅期成立，上下合力，猶恐後時，奈何以區區數年期限争持不决乎？

錫良等更有瀆者，以明懷宗之憂，動惕厲卒無救於明室，其謂諸臣皆亡國之臣豈有他哉，不負責任而已。夫以政體不善致諸臣責任隳壞於冥冥之中，至大局安危之際，幾無能負責任之人，而使至尊獨憂社稷，此爲何等景象！殷鑒不遠，能無懍栗？錫良等知而不言，無以對我皇上，更無以對我先帝，伏懇聖明獨斷，親簡大臣立即組織内閣，特頒明詔定以明年開設國會，敕憲政編查館尅期擬呈議院選舉各法，欽定施行，宗社幸甚，生民幸甚。再，此電由經義主稿，與錫良等往電商，詢謀僉同，合并陳明請代奏，錫良、瑞澂、袁樹勛、李經義、廣福、溥良、陳昭常、周樹□、程德全、朱家寶、孫寶琦、丁寶銓、寶棻、聯魁、增韞、馮汝騤、楊文鼎、張鳴岐、龐鴻書、謹肅等語，不當之處敬祈指教。筱帥、果帥前電均表同情，究列台銜與否，務祈速示。松、信、恩三帥尚未賜覆，亦乞即示。惟尊電均請於廿二日以前到滇，電奏定於廿三晨拜發，事機迫切，不及從容熟商，諸求鑒諒。羲篠印。宣統二年九月十七日。

直督陳筱帥致各省督電

各省制台撫台均鑒：辰頃電請軍機處代奏文曰：竊維時事艱難日甚一日，朝廷宵旰憂勞，臣民徨望治，實已迫於積薪厝火不能稍安之勢，近來各省士紳伏闕陳言，無不以內閣國會同時並舉爲請，忠愛之忱良可嘉佩。惟夔龍以爲國會與內閣雙方並進雖有輔車相依之象，然事有先後，必宜循序漸進，非可一蹴而幾，日本明治維新號稱鋭進，而設立內閣與召集國會亦尚相距數年，良以憲法成立必須各項機關預備完全，人人知立憲之性質，然後國會召集，自收上下相維之效。現在內閣未設，無行政統一機關；弼德院未設，無要政顧問機關；審計院未立，無歲出歲入綜核之機關；行政裁判院未成，無裁判行政爭議之機關。舉凡憲法上應有之預備未全設施而欲內閣與國會同時並舉，是不啻治絲而先使之棼也，爲今之計宜於行政機關先求統一，俾責任既專，政見無從歧出，是內閣爲行政樞紐，必宜先行組織，方足以策進行，既有內閣，一切憲政預備自可依次程功，一面選派通達治體之大員擬議憲法、議員法、選舉法各草案，呈候欽定頒布，數年之後，各項機關完備，國會可一集而成，較之同時進其難易利鈍何待煩言？

夔龍愚見，竊願我皇上宸衷獨斷，明詔天下，先於明年設立責任內閣，將各項機關次第籌設，或慮國會未開，內閣疑有專擅，不知資政院已經成立，參議協贊之職已具規模，自可以資政院代舉其職，俟宣統五年資政院議員任滿，彼時內閣早設三年，行政緒端均已從容整理，代議之職，國民亦已熟悉，即以是年召集國會之期，是較原訂期限尚已縮短三年，如此予爲轉移，既收相輔爲用之功，復免凌節而施之弊，實於大局裨益良多，管窺之見，是否有當，謹請代奏等語，特奉聞。龍，養印。

滇督李仲帥來電九月廿四日

各省督均鑒：辰密閣會事，諸帥電均敬悉，已於漾晚遵列銜電奏。某等更有瀆者「至能無懍栗」一段遵慕帥改删去，又於「可爲借證」句下加一段，文曰：「以上閣會利弊均無可疑，而持〔異〕議者猶謂軍機處總持行政略同內閣，資政院集輿論可代國會，此又不可不辨也，就軍機處言之，樞部未能聯合，主義難免背弛，且日贊萬幾，取決俄傾，合謀不及，詳究爲難。在昔，制度因仍尚可權宜應付，今則政務繁棘遂覺籌措艱虞，時勢厄之，焉可不變？就資政院言之，各國下院議員必由民選，所以重人民之責，立政府之監。今資政院議員互選者由議局發生與人民有直接關係，欽選者以朝官充任與政府有統屬嫌疑，藉爲引導議院之機關自無不可，謂可替代國會之作用而國會遂可遲設數年，則理解殊誤。總之，閣會權責所關，不容假借，捨此則主腦不立」云云，似義更周，又定以明年開設國會改爲定於一二年内似不迫促，僭妄乞諒。羲敬印。

鐵路大臣端欽使以事關重大，未便擅專，乃具意見，特電致北京澤貝子、盛宫保云：川路改線之議，方在京時，曾與杏公檢閲各圖，互相考較，到鄂後詳加體察，就所聞見參之舊日原人之私議與勘路各員所陳述証之，川人多主張由川達漢中之川漢，而不主張現辦之川漢，兹就兩路情形其得失難易分條論列，用資參考。查原線不便者曰：循水原口勘路不敢用漢、宜、沙沿江而繞道荆門、襄陽，本爲謀避輪船爭利起見，現在商輪已至重慶、頗便交通，襄樊以民船運貨，千里順流，運費至廉，斷難强之就陸，此路成恐與滬寧現况相同。不便一曰開山，宜夔一段有須開山至二十英里者，外人謂爲第三難工。以方所見，瑞士難工不過十三英里之山洞，此外山洞之多非如此路處處皆山，更有極大橋工，程功之難，需費之鉅，恐爲世界第一難工。若不畏其難，毅然做去，就經濟言，恐非續借之四百萬磅所能集。不便二曰貨少，運輸之利不僅挹彼注兹，必更有多路爲之銜接始能通暢，川省物產富饒，輸出貨多，輸入貨少，運費既車貴於船，取道自水勝於陸，即使上水勉管陸運，不過外來洋貨，非所必需，一至成都已爲止境，以極費之工專運外輸之貨。不便三曰地僻，火車所經最足興旺市面，而附屬營業即其大端，川路深邃大山，居民寥落，沿途行棧無利可興。不便四，若取道川北入漢中，接西安、洛、潼，此路爲方官陝時所曾注意，其爲利便不可殫言，略舉數端，概其大要。長江開放已久，設防守險趨重中原，川、陝爲西北要衝，轉餉調兵不虞阻隔，遠資控制，近利運輸，川、陝素多礦產，其寧陝佛坪各廳、森林茂密，秦州一帶逼近漢中，糧食豐足，向以轉運不便未能流通，一修鐵路，材木既有所取，開礦運糧，民用饒裕，譬之京漢通車，豫省運出雜糧歲增千萬，此便於商務者一。原線延長二千餘里，又有歸巴夔萬之險工，一里需數里之費，秦蜀險阻不過二三百里，其中乃平地居多，以驛程約計路短將及千里，省費不下億萬，運料不必保險成本，更可減輕技師，即屬中材勝任亦能愉快，此便於施工者二。西潼繁沃，古號上腴，龍蜀溝通，市廛闐溢，通一段之車即可收一段之利，粵之三佛可爲借徵，此便於養路者三。夫鐵路爲國家之經絡，幹路既定爲政策，自宜總規全局，不復拘於一隅，原本張錫督川楚時所建議，當時川、陝官紳眼光既不及此二公，又限於疆域未及統籌，蘇勘謂：昔力陳宜夔工險曠時多費，又有江流坐分其勢，他日恐難獲利，因進入幽谷出棧道之策，文襄心知其然，而在楚言楚，不肯幡然改圖，方爲此言非好爲翻案，亦非以川人一時抵抗故以解紛，蓋以利十變法，古有明言，事半功倍，今猶未晚，條陳鄙見，聊佐蓋籌，至現辦之路，本議由廣水發端，鄂商以漢口請，公呈到部，如何批答，統祈酌奪示覆爲幸云。

岑雲帥告蜀中父老子弟文

春煊與吾蜀父老子弟別九年矣，未知父老子弟尚念及春煊與否？春煊則固未嘗一日忘吾父老子弟也。乃者丁此不幸之事，使春煊再與吾父老子弟相見，頻年契闊之情竟不勝其握手欷歔之苦，引領西望不知涕之何從，吾父老子弟試一思之，春煊此時方寸中當作何狀耶！

春煊衰病侵尋久無用世之志，然念及時事糜爛，吾父老子弟正在顛連困苦之中，不能不投袂而起，是以一奉朝命，無暇再計，刻日治行，匍匐奔赴。第滬、蜀相距六千里，而遙斷非日夕可至。郵電梗塞，傳聞异辭，苟不爲耳目之所聞見，何能遽加斷次？則此旬月間，吾父老子弟所身受者，又當何如？此春煊所以寢不安席，食不甘味者也。

今與父老子弟約：自得此電之日始，士農工賈先行各歸其業，勿生疑慮，其一切未決之事，春煊一至，即當進吾父老子弟於庭，開誠布公，共籌所以維持挽救之策，父老子弟苟有不能自白於朝庭之苦衷，但屬事理可行，無論若何艱鉅，皆當委曲上陳，必得當而後已。倘有已往冤抑亦必力任申雪，不復有所瞻循，父老子弟果幸聽吾言，春煊必當爲民請命，决不妄戮一人，朝廷愛民如子，斷斷無不得請，如其不然，禍交相尋日以紛拏，是非黑白何從辨析？春煊雖厚愛吾父老子弟，亦無術以處之，吾父老子弟其三思吾言，勿重取禍以增益。春煊之罪戾即有一二，頑梗不化之徒仍造端生事，不特王法所不容，當爲吾父老子弟所共棄，則宜屏弗與通，使不得施其煽惑之技，而春煊亦將執法以隨其後矣。至蜀中地方官吏，已電囑其極力勸導，勿許生事邀功，以重累吾父老子弟。春煊生性拙直，言必由衷，苟有欺飾，神明殛之。吾父老子弟其幸聽吾言乎，企予望之。

岑雲帥致四川省各官電文

四川全省各道府廳州縣武營知悉：春煊奉命入蜀，會同督院辦理剿撫事宜，現先撰告蜀中父老子弟文專電，傳布地方文武應即刊印多張，加蓋印信，張貼城鎮鄉村使人民共喻，春煊之意，其不通電報處所，即由鄰封專人遞送，一體辦理。地方文武有維持治安之責，務即切實勸導，並選公正士紳講演，以期早日解散。自此電到後，地方人民苟非實行倡亂，不得妄加捕治，其因亂事拘拿在先者，苟其地業已安靖，應擇情節較輕者量予保釋以省繫累；即情節尤重必不可原，只許暫行羈留，候春煊到後再行判决，不得擅行殺戮。但望上下共釋猜嫌，庶或於春煊未到以前即致敉平，國家之福，地方之幸，出力官紳自應擇尤請獎；如奉行不力或貪功生事，一經覺察立予嚴懲。此電到後即將辦理情形隨時報告，勿得隱飾。

疑團莫解之川亂

據川督所奏，前月十五日蜀民即已暴動，圍攻督署，何至今日仍麕集省城附近，尚未潰决四出，且匪勢既如此猖獗，何以見諸奏報者並未聞有一城失守，此其不能無疑者一。

據川督所奏，謂保路會於前十四日已暗中齊團，謂陣獲之人或稱係保路同志會召集，或稱係蒲羅諸人調來，果爾則該會之蓄逆謀已久，何以該會之爲首領者僅肯於十五日輕身入署，坐待拘囚，此其不能無疑者二。

據川督所奏，該會逆謀凶狡實非一日，故十五夜間即有民團數千人到城下，嗣後連日所到各團共有十餘州縣。夫既曰民團即非匪黨，乃該督以民團到省指爲該會謀叛之證據，據則爲匪黨明甚，然則四川一省只有匪團而無民團矣。此其不能無疑者三。

據川督所奏，謂民匪混雜，然則所到省者不盡爲匪可知，乃該督謂搶劫焚掠無所不至，且數與官兵開戰，則又明明爲匪可知，何以民與匪之一致行動如此。此其不能無疑者四。

據川督所奏，謂要求從此不納糧税，不準則圍城攻打。夫要求云者，國民對於政府之常態，不過用激烈手段之謂也。若既謀叛即當然不納糧税，更無須向政府而爲要求。今蜀民既爲叛民行動，乃一面又爲國民行動，此其不能無疑者五。

據川督所奏，謂該匪徒圍攻督署後又分股攻圍各處。乃據前月二十五日重慶自治公所、教育會及商會致京官電，則皆謂因望日驟拏紳首數人，萬衆頂先皇牌赴督署邀恩，巡防隊猝鎗斃數十人，故各屬聞風奔懇甚多，嗣聞朝廷有分剿之諭，赴救愈多，哀聲動山谷，與川督所奏迥然不同，豈自治公所，教育会及商會均與匪黨聯爲一氣耶？此其不能無疑者六。

據川督所奏，謂該逆黨已密派多人運動各省議局及京外官紳，意圖淆亂黑白，則此匪黨勢力可謂龐大已極，能及於吾國上等社會，豈各省議局及京外官紳亦有肯與通謀者耶？此其不能無疑者七。

據川督所奏，謂該逆紳等謀叛，罪不容死，乃恭讀二十八日上諭，仍諭以妥籌安撫以免株連而釋羣疑，於該紳等並未言及，不特可見朝廷寬大或亦以該紳等之爲匪民，未能遽定，姑待之平靖後耶，此其不能無疑者八。

以上八者皆吾人所懷疑莫釋，而亦即吾全國人所懷疑莫釋者也。吾願政府深思其所以然。

度支部催解京餉來電

廣東總督鑒：現在大軍南下，部撥鉅餉均須現銀，鄂督袁又奏添募兵隊，餉需四百萬，亦須部庫籌撥，各鎮月餉亦歸部放，統計約需千萬左右，羽書旁午，急如星火，部儲已撥提一空，若如京餉不能源源接濟，勢將束手，務祈極力設法迅速籌解現銀，力顧根本，至近日各省紛紛請款艱窘情形固本部所深悉，惟部庫支絀如此，斷無餘力兼顧，各督皆有籌款之責，務希勉其難，以支大局。度支部支印。

張督聲明停解京餉覆電

北京度支部鑒：支電悉，軍需浩繁，部庫支絀，自在意中，如能設法騰挪敢不力籌接濟，況係應解之款更無可辭，無如粵省本年迭遭事變，用度日增，入不敷出已達數百萬，現因湘鄂告變，警耗紛傳，謠言迭起，局勢日危，增兵籌防，刻不容緩，即將京都各餉概行截留尚虞匱乏，是以有請罷不急政務暫濟目前之議，設非萬不得已何肯出此下策。自清理財政以來，本省歲入歲出各款早已和盤托出，孰盈孰絀，皆在大部計劃之中，非可諱飾。至督撫籌款，從前或可勉任其責，近則不然，上束縛於部章，下受成於議局，固有之權剝奪殆盡，至事急乃以空言相責難，何能有濟？況年來庶政畢舉，羅掘已窮，無論就地無款可籌，當此人心浮動，民氣囂張，各省抗捐釀事，層見疊出，何能更蹈覆轍？近日粵省紳民方以抽捐繁雜，負擔太重，紛紛求免。爲國家收拾人心計，爲地方消弭亂源計，不得不酌予停罷，以塞衆望，本有之款尚不可恃，何能更望增籌？

總之，粵事危迫日甚一日，儘本省之財本省之事尚毫無把握，若大部必欲責令悉索敝賦，束手待斃，則全局瓦解即在目前，鳴岐一身不足惜，貽誤國家大局實所不敢，亦萬所不忍，惟有仰懇奏明先將鳴岐立賜罷斥，嚴行治罪，迅簡賢員接替以保危疆而存大局，統祈鑒諒。鳴岐，歌。

國事共濟會宣言書

中國自治立憲問題發生國中，遂分君主立憲、民主立憲兩黨。君主立憲黨之言曰：「中國之立國以滿、漢、蒙、回藏五種人集合而成，而蒙回藏之人能與漢人同處一國政府之下者，全恃滿洲君主名義羈縶之耳。今世界各國對我政策方主領土保全、門户開放、機會均等，而其所謂領土者乃合二十二行省、蒙古、西藏、回部等藩屬而言，若漢人以二十二行省自立一國，變爲民主政體，一時兵力必不能兼定蒙、藏而蒙藏又無獨立一國之力，則滿洲君主去位之時，即漢蒙回藏分離之時。蒙必歸俄，藏必歸英，東三省必歸日、俄，而各國領土保全之策以破，德、法不能坐視英、俄、日之獨有所得也，法必得雲南等處，德必得山東等處，於是漢人土地亦必不能瓦全矣！欲求領土之完全，滿漢蒙回藏之統一，非留現今君主名義不可。」以是理由，故惟主張君主立憲。

民主立憲黨之言曰：「各國革命可以至君主立憲而止，而中國則不能，非謂君主之謂滿人，必欲以種族相仇之見排而去之也，乃以君民之種族不同，則人民之權利必爲君主所吝與，即令一時被迫而盡與之，然使尚有保持君主之力，則亦仍有推翻憲政之力，故君主一日不除去，即憲政一日不確立，根本解决之法惟有改君主爲民主。滿漢蒙回藏五種皆平等，立於共和政府之下，始有完全之憲政，并非於政治革命之外别有所謂種族革命也。」以是理由，故惟主張民主立憲。

是二黨者各持一説，各謀進行，其所争之點無他，君主、民主之一問題而已。此外，如確定憲政，發揮民權，則兩黨之所同也。滿、漢、蒙、回、藏五種必使同立一政府之下，决不可使分離，以與各國保全領土主義衝突，又兩黨之同也。然則兩黨共同之目的安在乎？皆不過成立立憲國家以救危亡之禍而已。近者革命軍起，東南響應，北京政府與武昌軍政府各以重兵相持，兩不相下，設必欲恃兵力以决勝敗，無論孰勝孰敗皆必民生塗炭，財力困窮，以保一君主目的而使全國流血，君主立憲黨所不忍出也；以去一君主目的而使全國流血，民主立憲黨所不忍出也。設更不幸而二十二行省中有南北分立之事，又不幸而漢人團一國，蒙、回、藏遂以解紐，以内部離立之原因成外部瓜分之結果，則亡國之責兩黨不能不分擔之矣，豈救國之本意哉？

然而兩黨之政見應何去而何從，非兩黨所能自决也，必也訴之於國民之公意。用是兩黨之人聯合發起以成斯會，意在使君主民主一問題不以兵力解決而以平和解決，要求兩方之停戰，發起國民會議，以國民之意公決之，無論所決如何，君主民主兩黨皆有服從之義務，不服從者即爲國民公敵。法國拿破崙第一執政時，帝政或民政兩問題不能決也，由全國人民投票公決之。南意大利諸小邦之屬於羅馬教皇或撤的尼亞兩問題不能決也，由諸小邦投票公決之。國家大事決於國民會議，此先例之可援而適於今日中國時勢者也。至於實行本會宗旨之時，其對於北京政府之行動由君主立憲黨任之，其對武昌軍政府之行動由民主立憲黨任之。總之，兩黨之意不欲背其平日救國之懷而以相争釀成危亡之禍，故於紛争之際咸有惴惴之心，此則對於全國國民所共同求諒者也。

國事共濟會簡單

一、本會以保持全國領土各省及各藩屬之統一爲宗旨。

二、本會依前條之宗旨要求兩方停戰，鼓吹組織臨時國民會議，解決君主民主問題，以免全國戰争之禍。

三、本會會員平日主張君主立憲者擔任請願北京政府，贊成本會辦法。平日主張民主立憲者擔任請願武昌軍政府，贊成本會辦法。

四、無論何人得本會會員二人之介紹，均得爲本會會員。

五、本會本部暫設天津，各省及各藩屬地方隨時得設支部。

六、本會設幹事四人，兩黨各舉二人。

七、各省及各藩屬地方有贊成本會宗旨者，得自行組織支部，一面通告本部。

發起人：　君主立憲黨　楊　度等；

　　民主立憲黨　汪兆銘等。

梁節菴電勸黎元洪

宋卿仁兄左右：鄙人客鄂十七年，屢與談笑，知公抱有用之學爲有用之人，清苦簡質，實所心敬，時於抱冰堂上指數將才，稱公廉勇可依，張文襄公深韙是言，以張統制資格在前，未及獨當一面，文襄已矣，聞公時時追念，每每泣下。自瑞總督來湖北後，日以詆文襄爲快，公與諸將士皆不能安，鄙人病居布局輒爲長歎也。

前月忽聞武昌之事，驚曰：「宋卿必殉節矣！」繼知宋卿聞變果欲自刎，爲左右所持不得死，今遂如此，則更大驚矣。嗟乎，宋卿忠孝人也，平日受父師之教，至於從軍，爲軍官，爲大官，知有忠孝而已，何曾與彼黨有一信之往還，一人之交契？今日如此非本心也。朝政不修，人心思亂，在上之瑞督謬亂無政，武漢可危久矣。今果有事，宋卿欲死不得遂至如此。

宋卿試思，昔之武昌城居民稠密，百貨充積，學堂林立，軍隊精嚴爲各省之冠，今之武昌城喪亂蕭條，逃者大半，人人危懼，家家貧窘，何以至此，宋卿獨不念乎？天思高厚，待宋卿不薄，今宋卿如此。張文襄公教忠教戰，千辛萬苦成此一軍，待宋卿不薄，今宋卿如此。

更有一言，宋卿湖北人也，由前而觀天下，人人皆曰他日禦侮强國者湖北陸軍也，由今而觀天下，人人皆曰今日背上殃民者湖北陸軍也，宋卿竟爲之念此，安乎？兩軍相對，互相勝敗，互有損傷，官軍將官有湖北人，兵有湖北人，今以湖北人殺湖北人，黄帝以來少見此事，宋卿創爲之，念此安乎？

自武漢之事起，謠言日多，各省居民紛紛遷徙，富家金帛託之外人，中國精華忽然立涸，宋卿知之乎？自相殘殺，禍已無日，在旁之人利我如此，既害中國反益外邦，種教澌滅，誰執其咎，宋卿知之乎？武昌城内旗人殺盡，聞某家一子手抱未周歲不曾學話亦殺之菱湖之旁，萬國兵禍無此慘酷，宋卿知之乎？謂滿洲爲異種人，西洋各國獨同種乎？何以於此則殺之，惟恐不盡；於彼則待之，惟恐不親。媚人欺己，諂强凌弱，黄帝無此政教，宋卿知之乎？我大清國皇帝傷此禍亂引爲己咎，特下罪己之詔，哀痛真切，有如興元，感動天下，讀者流涕，又協定憲法，大開黨禁，而且實行責任内閣，不用親貴。天下人人日日企望而不得見者，今一旦見之，歡聲雷動，有如死者復生，宋卿！宋卿！讀之如何？

嗟乎！宋卿忠孝人也，又豪傑士也，吾知宋卿此時必能率湖北子弟數千人來歸朝廷以自白也，我皇上但有自責不責宋卿也。天下人人日日企望而不得見者，今因武漢之事見之，此非宋卿不能得也，是宋卿實有功於大清國也。宋卿鑒吾此言，鑒吾此心，即請自致於湖北京官達此忠忱於陛下，鼎芬亦必將宋卿平日忠愛與此回不得已之心遍告於人人，宋卿其無疑焉！如有不信，鄙人僅有一子，小名綵勝、宋卿所知所見也，願以此子送至武昌爲質，奉勸宋卿速歸爲大清國第一等忠臣，練兵强國，威名將略爲天下冠，湖北聲名爲天下冠。湯、張、胡、萬、李、阮諸公懷抱英傑，不特湖北士望，亦爲天下人才，朝廷或未知其人，鄉邦或未竟其用，切望同歸並用，必有殊功，敬請宋卿代致此懷。在營將士勞苦可念，必有能記識鄙人者，均請一一致意。

鼎芬久病不愈，痛念國勢日蹙，正在危急存亡之秋，忽有此事，憂心如焚，又念與宋卿有十年之交，揮泪灑血，發此一電，泣告宋卿，如其信從，鄙人他日當扶病勉來武昌，同登奥略樓，拜張文襄祠，同宋卿飲酒賦詩，其許之乎？至若身家性命置之度外久矣，此則宋卿所知也，時已深秋，武昌早寒，惟珍重不宣。大清國梁鼎芬頓首九月十一日。

説文引經異同

二十一卷

自序

漢藝文志云：「昔仲尼没而微言絶，七十子喪而大義乖，故春秋分爲五，詩分爲四，易有數家之傳。」是則經説之紛然淆亂而有異同，其由來久矣。迨秦燔書禁學，而先王之典籍燼，學術熄，經之墜緒，不絶如縷。漢興，乃除挾書之律，開獻書之路，復置博士之官。由是，諸經漸出，天下學士靡然嚮風焉。第其時之學者，人各一家，家自爲説，支派紛歧，非能盡得聖門之微言大義，異同互見，是非參錯，易則有施讎、孟喜、梁丘賀、京房、費直、高相諸家；書則有歐陽生、夏侯勝、建爲今文家，孔安國爲古文家。詩則有齊、魯、韓、毛四家。禮則有戴德、戴聖、慶普諸家。春秋則公羊有顔安、樂嚴、彭祖，穀梁有尹更始、胡常申、章昌、房鳳，左氏有賈護、劉歆諸家。各守師傳，不能會通，其得也在謹嚴，其失也在固蔽。將欲探訓詁之真恉，必先求文字之本原，則舍説文，其奚自哉？夫通經者必通説文，通説文而不通經，則訓詁之真恉必多扞格，通經而不通説文，則文字之本原必多茫昧，是説文之字義，實與經義相爲表裏者也。漢代小學書僅備諷誦之用，急就外又多亡逸，惟説文形聲義俱備，實可以求文字之本原。其自序稱「今敍篆文，合以古籀，博采通人，至于小大，信而有徵，……將以理羣類，解謬誤，曉學者，達神恉」，蓋能深究夫本原，而非僅諷誦之書之所可比矣。其所引經文千餘條，與今諸經本大有異同，而各部之中所引，又各有異同。其出于經師授受之各有異同者半，其出于古籀篆隸之變通而有異同者亦半。精而攷之，比而求之，往往爲微言大義之所繫，烏可忽而不察也。自序云：「其稱易孟氏，書孔氏，詩毛氏，禮周官、春秋左氏、論語、孝經，皆古文也。」其自言雖如此，然其所引易兼及施、梁丘諸家，書兼及今文家，詩兼及三家，春秋兼及公羊，但求其是，並甄其異，初未嘗墨守一家。其所撰五經異義先成，説文後出，而持論往往不同，可徵其學與年進，實能觀其會通而無固蔽之失者矣。山陽吴山夫玉搢謂説文引經數千言，按其同異，大約參半，字殊義别，不可畫一。前人閒有説者，多以不合於今本，類訾其紕繆，或以爲譌誤。因爲引經考一書，知其閒有與今本雖異而實同者，有可以並行而不倍者，有今本顯失，不考説文不足以證其誤者。偏旁定而後訓故明，訓故明而後經解正，遂作引經攷二卷，不分異同，概行編入。其書成於乾隆元年，椎輪之始，論説尚未詳備。嘉定陳小蓮瑑又作引經攷證八卷，但取異者論之，視吴爲詳。二書並以説文之部爲次。江陰承受亶培元作引經證例廿四卷，以經爲次。其所謂例，有證字者，有證聲者，有證義者。證字之中，有兼證義，或證會意，或證叚借者；證義之中，有證本義者，有證别義者，有引一經以證數字者，有引兩經以證一字者，有用經訓而不著經名者，有稱經説而不引經文者，視前二書爲加詳矣。其書始刊於光緒丙戌，行世最後。外如程炎、陳壽祺、臧禮堂、張澍皆有引經考之作，傳本並希，未獲見也。注説文者段氏玉裁、嚴氏可均、桂氏馥、王氏筠，皆有獨到之處。注經之家，乾、嘉閒人爲多，解説紛繁，各持一是，讀者莫知所從。因彙集衆説，統爲一編，偶有所見，以「蒙案」二字别之，期以會諸説之通焉。夫説文兼形聲義，所引之經亦以證形聲義，與今同者無論已，其與今異者，或形異而聲義不異，或形異而聲義並異。證聲者每曰「讀若」，人易曉也。證形者以會意爲多，證義者以叚借爲多，此理不明，説遂紛擾，而欲得真恉，須究本原。況此書經千數百年，其迻寫之謬，修改之謬，所不能免。非極深研幾是非，未易定也。今舉衆説而探討之，説之互殊者，彼攻此角，論難鋒起，實際斯呈。説之相合者，此倡彼應，剖析彌精，羣疑自息。其衆説合而一説偶不合者，當於一説之中明其獨是；其兩説合而衆説均不合者，當於衆説之中求其真是，是又在抉擇之審矣。光緒己卯之冬，余始纂此書，嚴寒夜課，僅畢易、書二經，因事中輟。庚辰夏秋之交，續纂又未成。今夏重理此稿，入秋甫竣，凡得二十六卷。以經爲次，仿承例也。其引它書，列爲二卷，附録于後。自維淺薄，僅窺塗徑，然所采者多名家鉅子之言，閒附管見而已，過而存之，未必非讀許書之一助也。光緒辛巳八月初九日。

寄簃集記　初稾

易

夕惕若厲　骨部　「髃，骨間黄汁也。从骨易聲。讀若易曰『夕惕若厲』。」段云：『讀若』二字，小徐無，非也。汗簡、古文四聲韵皆云『髃』出古周易。正因說文奪『讀若』字，遂徑作『夕髃』也。『夕惕若厲』又見夕部及他古籍。易惟費氏以古字，號『古文易』。鄭君傳費氏，亦云『惕，懼也。』且易『惕』字屢見，儻古文皆作『髃』，諸家必有爲之說者，而未見也。」

夕惕若夤　夕部　「夤，敬惕也。从夕寅聲。易曰：『夕惕若夤。』」吴云：今易無此文。通雅曰：『應誤記艮卦艮其限，列其夤，厲熏心，以夤、厲互用也。據王輔嗣易解列其夤，夾脊肉也，从肉爲是，从夕者譌耳。說文有胂夤，胂應是重文。許氏以夤附夕部已誤，引夕惕若之，易又安可據乎。」按易乾卦有『夕惕若厲，无咎』之文。通雅謂其彼此誤記，引『厲』作『夤』，是未可知也。」陳用惠氏士奇易說之說。易說云：「說文云『夤，敬惕也』，易曰『夕惕若』，愚謂『夤』从夕从寅，夕惕之皃、因時而惕，故曰『若夤』。古者『夤』讀如『延』，『夤緣』莊子作『延緣』，『夤』與『乾』協。說文兩引乾九三爻辭，一作『夤』一作『厲』者，後人亂之也。『厲』乃占辭，與『悔吝』等，安得屬上句乎。」惠氏棟周易迷於「惕若」下增「夤」字，其說云：「案許慎敘曰，『其稱易孟氏，古文也，』是古文易有『夤』字。虞翻傳其家五世孟氏之學，以『乾』有『夤敬』之義，故其注易，以『乾』爲『敬』。俗本脱『夤』，今從古增入也。」王氏引之經義述聞云：「家大人曰，經文本無『夤』字，請列五證以明之。文言曰：『故乾乾，因其時而惕，雖危无咎矣。』言『惕』而不言『夤』，則經文本無『夤』字，其證一也。李鼎祚集解所列鄭、荀諸家之說，皆不爲『夤』字作解，則是諸家本皆無『夤』字，其證二也。（荀爽注文言「脩辭立其誠」曰：「『立誠』謂夕惕若厲」，則無『夤』字明矣。）若謂虞翻以『乾』有『夤』敬之義，故注易以『乾』為『敬』。案說文曰『惕，敬也』，乾有『夕惕若厲』之文，故虞翻以『乾』爲『敬』，『敬』謂『惕』，非謂『夤』也。且翻注文言曰：『夕惕若厲，故不驕也。』注繫辭傳『其辭危』曰：『危謂乾三夕惕若厲，故辭危也』則是翻本亦無『夤』字，其證三也。惠氏所據者說文也，案說文『夤，敬惕也。从夕寅聲。易曰：夕惕若夤』。此『夤』字本作『厲』，今作『夤』者，因正文『夤』字而誤也。說文引易「夕惕若厲」者，以證「夤」字从夕之義，非以其有「夤」字而引之也。如「祝」字解曰：「或曰從兑省。易曰兑爲口爲巫」，此是證「祝」从兑省之義，而所引無「祝」字。「壻」字解曰：「詩曰女也不爽，士貳其行士者，夫也。」此證「壻」从士之義，而所引無「壻」字。「庸」字解曰：「易曰：先庚三日」，此證「庸」从庚之義，而所引無「庸」字。「相」字解曰：「易曰「地可觀者，莫可觀於木」，此證「相」从木之義，而所引無「相」字，皆其例也。又案陸元朗釋文每列說文引經異同，此處出「若厲」二字而不言說文「厲」作「夤」，則唐初說文本猶作「夕惕若厲。」）說文『𩨗』字解曰：『讀若易曰「夕惕若厲」』，足證『夤』字之誤，則是許氏所見本亦無『夤』字，其證四也。淮南人間篇、漢書王莽傳、風俗通義並引易曰『夕惕若厲』。乾元序制記曰：『三聖首乾德，夕惕若厲。』班固爲第五倫薦謝夷吾表曰：『尸禄負乘，夕惕若厲。』張衡思元賦曰：「『夕惕若厲』以省諐兮。』則是兩漢相傳之本，皆無『夤』字，其證五也。」　嚴云：「『若夤』當作『若厲』，校者誤會許意輒改耳。」　段改「夤」爲「厲」說與述聞同。　王云：「韻會曰，『徐引易「夕惕若」』，是知易爲楚金所引爲『夤』，从夕，而說曰『惕，證也』。後人妄加『夤』字，以爲許說，不知漢書王莽傳、風俗通干寶、荀爽、淮南子、思元賦皆引『夕惕若厲』爲句，本書『𩨗』下即引之矣。小徐引『夕惕若』，乃後世斷句也。」　承云：「夕部引易證義，骨部引易證聲也。建首『寅髕也。正月易氣動，去黃泉，欲上出，「今云」陰尚彊，象宀不達，髕寅于下也，』此『寅』爲『引進』之意。爾雅釋詁『寅』訓『敬』者，『敬』與『警』同，言『自敬敕』，引申之義也。『夤』字從夕故易于『夕』言之。漢書敘傳下集註引鄧展曰『寅，敬也』，即本說文。許君自敘，『易稱孟氏，』則『夕惕若寅』必本孟氏古文也。其『𩨗』下引『夕惕若夤』以證『𩨗』『惕』聲同而『夤』字作『厲』，疑後人據今本改之，否則許君兼用别家本也。」　蒙案：陳氏取惠說，承氏亦宗之，然述聞五證甚確，當以吴、段、王諸說爲是。

忼龍有悔　心部「忼，慨也。从心亢聲。一曰易『忼龍有悔。』」　吳云：「今易乾卦作『亢』。九經字様云：『上説文下經典相承隸省。』」　陳云：「大徐云『俗作慷』，玉篇忼、慷同字，廣韻慷、忼亦同字，俱與『亢龍』義遠，未詳，疑是『讀若易亢龍有悔』之誤。」　惠氏棟云：「亢説文作『忼』。」　郭忠恕汗簡曰：『古周易如此。』」唐元度九經字様同。」　段云：「按『一曰易』三字，乃『易曰』二字之誤，淺人所改也。『忼』之本義爲『忼慨』，而周易乾上九『忼龍』，則叚『忼』爲『亢』。『亢』之引申之義爲『高』，子夏傳曰『亢，極也』，廣雅曰『亢，高也』，是今易作『亢』爲正字，許所據孟氏作『忼』，叚借字也。凡許引經説叚借，如『無有作玨』、『堲讒説』、『曰圛』皆是。淺人以『忼龍』與『忼慨』義殊，乃妄改爲『一曰』矣。」　王云：「『一曰』蓋承『亢』聲而言，謂『亢』聲讀爲平聲，『亢龍』讀爲去聲也。忼，當依今本作『亢』。雖九經字様引作『忼龍』，明堂位鄭注『康讀』爲亢，龍之亢，固作『亢』也。」

坤　土部「坤，地也。易之卦也。从土从申。土位在申也。」　經義述聞云「坤釋文『坤本又作巛，巛今字也』。毛居正六經正誤曰：『巛字三畫作六段，象小成坤卦。巛古坤字，陸氏以爲今字，誤矣。』鄭樵六書略曰：『坤卦之☷，必縱寫而後成巛字。』引之謹案説文：『坤，地也，易之卦也，从土从申，土位在申。』是『乾坤』字正當作『坤』，其作『巛』者，乃是借用『川』字。考漢孔龢碑、堯廟碑、史晨奏銘，魏孔羡碑之『乾坤』，衡方碑之『剥坤』，郙閣頌之『坤兑』，字或作『𡿨』，或作『𡿦』，或作川，皆隸書『川』字，是其借『川』爲『坤』，顯然明白。『川』爲『坤』之叚借，而非『坤』之本字，故説文『坤』字下無重文作『巛』者。玉篇『坤』下，亦無『巛』字，而於川部『巛』字下注曰『注瀆曰川也，古爲坤字』，然則本是『川』字，古人借以爲『坤』耳。家語執轡篇『此乾巛之美也』，王肅注曰『巛，古坤字』，亦謂古字叚借，如小雅鹿鳴鄭箋曰『視，古示字』，謂古借爲『示』字也。樂記鄭注曰『古以能爲三台字』，謂古借爲『三台』字也。豈謂『告示』之『示』必當作『視』，『三台』之『台』必當作『能』耶！廣韻二十二魂『坤』下列『巛』，注曰『古字』，古文四聲二十四魂『坤』下列『巛』，曰『古文』。又列『巛』，曰王存乂切韻。）始誤以叚借之字爲本字，而集韻類篇始沿其誤矣。『坤』得借用『川』字，古『坤』『川』之聲並與順『相』近。説卦傳『乾健也，坤順也』，『乾』與『健』聲近，『坤』與『順』聲近。乾象傳『天行健』，『健』即是『乾』。坤象傳『地勢坤』，『坤』即是『順』。（王弼曰：「地形不順，其勢順。」）是『坤』與『順』聲相近也。大雅雲漢篇『滌滌山川』，與焚、熏、聞、遯爲韻。說文順、訓、馴、紃、䡅、巡等字，皆從川聲，是『川』與『順』聲亦相近也。『坤』、『順』、『川』，聲並相近，故借『川』爲『坤』。『川』字篆文作『巛』，故隸亦作『巛』。淺學不知，乃謂其象坤卦之畫，且謂當六段書之。夫坤以外尚有七正卦，卦皆有畫，豈當象之以爲震、巽、離、坎等字乎，甚矣其鑿也！盧氏紹弓周易音義考證謂『巛六畫中不連，連者是川字』，殆爲曲說所惑。」

龍戰于野　部首　「壬，位北方也。陰極陽生，故易曰：『龍戰于野。』戰者，接也。象人裹妊之形，承亥壬以子生之敍也。（壬）與巫同意。壬承辛，象人脛。脛，任體也。凡壬之屬皆从壬。」段云：「引易證陰極陽生也。乾鑿度曰：『陽始于亥。乾位在亥。』文言曰：『爲其兼於陽，故稱龍。』許君以亥壬合德，亥壬包孕陽氣，至子則滋生矣。」

屯　木部　「棆，母杶也。从木侖聲。讀若易『屯卦』之『屯』。」巾部　「㡒，載米䉵也。从巾盾聲。讀若『屯卦』《屯》。」

乘馬驙如　馬部　「驙，駗驙也。从馬亶聲。易曰：『乘馬驙如。』」　吳云：「今易屯卦作『班如』。案說文『驙』，駗驙也，義與『屯邅』同。當是引『屯如邅如』作『駗如驙如』，而誤引下句也。」　陳云：「今作『屯如邅如，乘馬班如』。釋文云：『馬云邅，難行不進之皃。』案說文辵部『䞪，趁也。』本部『駗』，馬載重難行也。」廣雅釋詁三『驙，難也。』又說文『屯』亦訓『難』。漢書敘傳『紛屯亶與蹇連兮』，並字异而義同。」錢云「駗驙者，『屯邅』二字之異。其引易句，或後人傳寫脱誤。」　段云：「周易屯六二『屯如亶如，乘馬班如』，『亶』俗作『邅』。宋時經典釋文不誤，許所據易，蓋上句作『駗如驙如』，『乘馬』二字當爲誤文。」　王云：「宋刻釋文作『亶』，乃『驙』之省形存聲字也。」臧氏琳云：「說文辵部無『邅』字。走部『趁，䞪也。䞪，趁也』。馬部『駗，馬載重難行也。驙，駗驙也。』易曰：『乘馬驙如』，然則『邅如』字當作『驙』，說文當作『屯如驙如』。作『乘馬』者，涉下而誤。載重難行之義，與馬融『難行不進之皃』正合，則馬氏亦當作『驙』。今作『邅』者，蓋古或借作『䞪』字，走與辵偏傍相近，遂誤作『邅』也。　惠氏易說據說文，改屯六二「乘馬班如」爲「乘馬驙如」。其說云：「說文云

『驙』者，『馬載重難行』，六二乘剛之象也，『驙』誤爲『班』。馬將行，其羣分，乃長鳴，故曰『班馬之聲』。『班』猶『分別』也，失『屯邅』之義矣。」蒙案：易正義引子夏傳云：「『班如』者，謂『相牽不進也。』馬季長云：『班，班旋不進也』」，釋文「班，鄭本作『般』。」李鼎祚周易集解引虞翻曰「班，躓也」，馬不進，故班如矣。」是漢時易皆作「乘馬班如」，無作「驙」者，惠説非也。當以吴、陳諸家之説為是。宋吕祖謙音訓作「亶」，云「陸氏作『亶』，張連反，」故段云宋時釋文不誤也。

匪寇婚冓。女部　「冓　重婚也。从女冓聲。易曰『匪寇婚冓』。」釋文「冓，馬云『重婚』，本作『冓』。鄭云『猶會』，本或作『構』者非。」　段云：「重昬交互爲婚姻也。字从冓者，謂若交積材也。曹風『不遂其冓』。毛傳曰『冓　厚也』，引申之義也。」　王云：「案鄭君所据之本作『冓』故以『會』釋之。仲春之月，令會男女是也。云『猶』者，『冓』乃『構』之古字，『冓材爲室』，是本義，『合二姓爲婚姻』則借義也。許君爲鄭君前輩，豈有所据之本反作『冓』者。馬融、賈逵皆云『重婚』，是据俗字作『冓』説之。然鄭君不肯苟同其師，許君何獨苟同其師乎？且果收此字，則當在婚姻之下，不當在此。別本作『構』，正足爲證，陸氏非之亦誤。」　蒙案：此文諸家無異詞，惟王取釋文，疑許本亦作「冓」，引易言叚借也。

再三黷　黑部　「黷，握持垢也。從黑賣聲。易曰『再三黷』。」　吴云：「今易蒙卦作『瀆』。案説文『褻黷』，字當用『黷』。五經文字云：『黷音瀆，見商書。案禮記及易並作瀆』，六書故云『黷通作瀆』，非。」　陳云：「崔憬云『瀆古黷字』，孟喜作『黷』。集韻云『黷通作瀆』。論語雍也集解釋文：『瀆今作黷』。又一切經音義：『黷，古文作遺嬻二形。』」　段云：「古字多叚借通用。許所據易作『黷』，今易作『瀆』。案鄭注云『瀆，褻也』。『瀆褻』，許女部作『嬻媟』。若依鄭義，則『黷』爲叚借字，『嬻』爲正字也。『黷』訓『握垢』，故从黑。」邵云：「黷，握持垢也。案説文別有『媟遺』、『媟嬻』字，見辵女二部，此握持垢亦此義，則『媟遺』、『媟嬻』亦可作『黷』。今經典惟書説命『黷於祭祀』，公羊桓八年傳：『亟則黷，黷則不敬。君子之祭也，敬而不黷。』國語：晉『畏黷，敬也。』黷則生怨」作『黷』，其他多作『瀆』。一切經音義卷十四云：『黷，古文作遺、嬻二形』，則『遺』、『嬻』爲古文，『黷』乃今文也。」　王云：「崔憬曰『瀆古黷字』，言『瀆』者古叚借字，溝瀆之中盡濁垢也，『黷』則後起之專字矣。」　蒙案：表記引易「再三瀆」，李氏集解引崔憬曰「瀆古黷字」，是其本亦作『瀆』。許所據作『黷』者，當是孟喜易也。惟孟喜多古文，而此獨用今字，未詳。

泣涕㦁如　心部　「㦁，泣下也。从心連聲。易曰：『泣涕㦁如。』」吴云：「今易屯卦作『泣血漣如』。案説文，『㦁，泣下也。』『漣』爲『瀾』字重文，音義皆別。」陳云：「案詩氓『泣涕漣漣』，本應作『泣涕』。釋文『漣音連，説文云泣下也』」，是陸以説文爲作『漣』矣。楚辭『泣下漣漣』，漢書韋賢傳集注『漣漣，泣下皃』，諸書作『漣』而『㦁』字不習見，惟孟喜易作『㦁』，故許君稱之。」惠氏棟九經古義云：「案『漣』本『波瀾』之字，説文引作『㦁』，或古从立心，篆書水心相近，故誤爲『漣』。陸德明亦引説文而不云字异，明不从水旁。淮南子引此經，又作『連』从省文。毛詩「泣涕漣漣」亦當从心，連聲。）段云：「許所據爲長。」桂、王並云經典借『漣』字。　蒙案：李氏集解引九家易曰，「體坎爲血，伏离爲目，互艮爲手，掩目流血，泣之象也」。虞翻曰：『謂三變時，离爲目，坎爲血，震爲出。血流出目，故泣血漣如』。」是漢人説易並作「泣血」。桓寬鹽鐵論曰：「小人先合而後忤，初雖乘馬，後必泣血」，亦用易語。陳謂「應作泣涕」者，恐未爲是也，惟易林坤之井云「泣涕漣如」。

以往遴　辵部　「遴，行難也，从辵粦聲。易曰：『以往遴。』」口部「吝，恨惜也。从口文聲。易曰：『以往吝。』」　吴云：「今易蒙卦作『吝』。案前漢書魯恭王傳『晚節遴，惟恐不足于財』，王莽傳『性實遴嗇』，師古曰：『遴讀與吝同。』」讀書通：『吝通作遴。』」陳云：「案『往吝』本文，孟喜本作遴。擊辭傳『坤爲吝嗇』，京房本作『遴』。荀子解蔽『無邑憐之心』，楊倞注：『憐讀爲吝』。廣雅釋詁：『遴，貪也』。方言：『荆、汝、江、湘之郊，凡貪而不施，或謂之恡』。恡恨與吝『恨惜』之訓合。蓋从粦从吝之字，古多互通，故説文鹿部：『麐，牝麒也。麟，大牝鹿也。』而毛詩麟趾，春秋『獲麟』，禮『麟鳳』『麒麟』，凡經傳『麒麟』字，俱應作从吝之『麐』者，今通作从粦之『麟』矣。此亦『吝』『遴』字異音同之一證也。」九經古義云：「案史書，『遴』本『吝』字，見簡汗此易經古文。」　段云：「案辵部引『以往遴』不同者，許易稱孟氏，或兼稱他家，或孟易有或本，皆未可知也。」

渝安貞　水部　「渝，變也。从水，俞聲。」韻會七虞「渝，説文『變汙也，从水，俞聲。』引易『渝安貞』」。

案今説文「渝」下無引易語。王依韻會引補。

或錫之鞶帶　革部　「鞶，大帶也。易曰：『或錫之鞶帶。』訟上九　男子帶鞶，婦人帶絲。」　段云：「鞶，革帶也，故字從革。内則曰：『男鞶革，女鞶絲。』注云：『鞶，小囊盛帨巾者。男用韋，女用繒，有飾緣之，則是鞶裂。與詩云垂帶如厲，紀子帛名裂繻，字雖今異，意實同。』案小雅『垂帶而厲』，箋云：『而亦如也。而厲，如鞶厲也。鞶必垂厲以爲飾，厲字當作裂』，説與禮記注同。而毛傳云：『厲，帶之垂者。』左傳『鞶厲』，服云：『鞶，大帶也。』賈逵、杜預説同。虞翻注易亦云『鞶帶，大帶』，皆與鄭異。蓋鄭以大帶用素，天子、諸侯、大夫同，士用練，皆不用革也。大帶所以申束衣，革帶以佩玉佩及事佩之等，故喪服以要絰象大帶，又有絞帶象革帶也。内則云：『男鞶革，女鞶絲』，則鞶非大帶明矣。周禮巾車疏引易注云：『鞶帶，佩鞶之帶』，此蓋鄭注與詩、禮注同。而内則『施縏袠』注：『縏，小囊也。縏袠言施，爲箴管線纊有之。』則縏亦與鞶同類。」　王云：「此文遞相訓釋，既以大帶釋鞶，又引易以見鞶之即帶，又破内則『男鞶革，女鞶絲』之文，而曰『帶鞶帶絲』見男女之别，正以見鞶之是帶而非囊也。内則鄭注『鞶，小囊盛帨巾者』。是説也，漢時多有之。班固與竇將軍箋：『受賜鞶囊。』東觀漢紀：『賜鄧遵虎頭鞶囊。』曹瞞傳：『身佩小鞶囊，以盛手巾細物。』而許君不用者，鄭君注内則，謂之『鞶裂』，引詩『垂帶如厲』，謂厲、裂字異意同。而都人士毛傳曰『厲，帶之垂者』。左桓二年傳『鞶厲』，服注『鞶，大帶也』。孔疏引内則『施縏袠』曰：『袠是囊之别名。』若以鞶爲小囊，則不應佩二囊矣。大立帶，其『鉤』盤自約束也。孫根碑『束鞶立朝』，皆足徵鞶之爲帶也。左莊二十一年傳『後之鞶鑑』，是即内則『女鞶絲』，而以鑑飾之也。若謂大帶用素，革帶用革，鞶既从革，不爲大帶，然同一帶耳，散文則通，何足致訾。」　蒙案：象傳云：「以訟受服，亦不足敬也」，是鞶帶乃命服之帶，自當指大帶言。左傳「鞶厲游纓，昭其數也」，杜注：「尊卑各有數。」此鞶帶爲命服之確證，不得訓爲小囊也。孫根碑之「束鞶立朝」，即論語之「束帶立朝」，其爲大帶毫無疑義。至内則之「鞶革鞶絲」，乃子事父母之儀，與朝服之儀不同，則用鄭解尚可通。然許君之意，似無分别，不必强爲之説。

輿脱輹車部　「輹，車軸縛也。从車复聲。易曰：『輿脱輹』小畜九三，大畜九二。」　陳曰：今作『説輻』。案説文無『脱』，『解捝』之『捝』當用『捝』，此『脱』字亦刻書者之誤。輹、輻同聲，釋文引馬注以『輻』爲『車下縛』，是亦當作『壯于大輿之輹』。釋文云：『輹本又作輻』，蓋輹輻同聲互用。然『輹』有『約』義，廣雅：『輹，束也。』左傳『車説其輹』，注：『輹，車下縛也』，皆作『輹』義，亦與説文合。若『輻』，則説文訓『輪轑也』，與『輹』義別。」惠氏棟周易本義辨證云：「音訓『輻』。陸氏曰：『本又作輹』。晁氏曰：『案説文作輹，云車軸縛也。易「輿説輹」。説文輻字云車轑也，不以易爲證。』項氏安世曰：『案輻无説，理必輪破轂裂而後説也。輿下之輹乃有説時，車不行則説之，恐與大畜、大壯同，作輹字爲長。』顧氏炎武曰：『古音輻不與目協，輻音偪當依先儒作輹。左傳曰車説其輹，注輹，車下縛也』」。嚴云：「小畜釋文引説文云『解也』，似六朝舊本作『輿挩輹』。手部『挩，解挩也』」。段氏説文改「脱」爲説，」其説云：「説，各本作『脱』，許書必當用『説』，今依周易正。周易小畜馬云：『車下縛也』，與許合。或作『腹』者叚借字，或作『輻』者譌字。」蒙案：釋文小畜云：「『輻』本又作『輹』。大畜云：「『輹』蜀才本同，或作『輻』。大壯云：「『輹』本又作『輻』。是「輹」「輻」二字相亂，三卦並同。陸乃於小畜出「輻」字爲正文，則其誤也。今易石經以下本皆誤，當以説文正之。

履虎尾虩虎部「虩，易『履虎尾，虩虩』，恐懼也。一曰蠅虎也。从虎㷀聲。」吴云：「今易履卦作『愬愬』，釋文云：『馬作虩虩。』案廣雅『虩，懼也，』『愬』無『懼』意。諸書讀『愬』同『虩』，『愬』蓋『虩』之譌也。」陳云：虩，易「履虎尾虩虩」，恐懼也。今履卦九四云：「履虎尾，愬愬，終吉。」震卦云：「震來虩虩。」荀本作『愬愬』，見釋文。王侍御云：「『愬虩古同聲，許君以恐懼意足成之，稱履卦兼用震卦義也。』」段云：「『釋文曰『愬愬』，子夏傳云恐懼皃。馬本作「虩虩」，云恐懼也。説文同。』案震卦辭『震來虩虩』，馬云『恐懼皃，』鄭同馬。鄭用費易，許用孟易，而字同義同也。」王云：「案許所據者孟氏易，馬融所傳者費氏易。兩本皆作「虩虩」，蓋正字也。荀九家易作『愬愬』，則同音借用字也。吕覽引之亦作『愬愬』，高注：『愬讀如虩』，則吕所據本同荀，而高本同許、馬也。」

包巟用馮河巛部「巟，水廣也。从巛亡聲。易曰：『包巟用馮河。』」吴云：「今易泰卦作『荒』。釋文云：『本亦作巟。』六書正譌云：『別作荒，非』。」陳云：「鄭康成讀爲『康』，吴澄據説文作『巟』。易説云：「『荒』古作『巟』。説文云『水廣也，又大也，包荒，用馮河。』水之廣且大者莫如河，非包巟之象與?王弼訓『巟』爲『穢』失之『荒』。漢隸皆作『巟』，見孝廉柳敏碑。又堂邑令費鳳碑云『大巟无射之月』，則知『荒』古皆作

『巟』矣。」段云：「巟，水廣也，引申爲凡廣大之稱。周頌『天作高山，大王荒之』。傳曰：『荒，大也。』凡此等皆叚『荒』爲『巟』也。荒，『蕪』也，『荒』行而『巟』廢矣。桂云：「漢書作『巟』。蒙案：釋文引説文「水廣也，又大也，」似説文又有「大也」一訓，而今本無之。不知是今本説文逸去，抑釋文係引他書而奪去書名也？廣雅釋詁：「巟，大也。」左傳桓十三年「莫敖縊于荒谷」，釋文：「本又作『巟』。」

城復于隍　阜部「隍，城池也。有水曰池。無水曰隍矣。从𨸏皇聲。易曰：『城復于皇。』案泰上六虞注：「隍，城下溝，無水。有水稱池，」與許同。

噬乾𦞃　肉部「𦞃，食所遺也。从肉仕聲。易曰：『噬乾𦞃。』噬嗑九四 胏，揚雄説𦞃从𠂔。」鍇本𠂔下有「止」字，段云衍也。吴云：「今从重文。」陳云：「玉篇『𦞃』爲胏之重文，本説文而互倒。廣韻無『𦞃』字。」釋文：胏，緇美反。馬云：『有骨謂之胏。』鄭云：『簀也。』字林云：『𦞃，含食所遺也，』一曰脯也。子夏作『脯』，徐音甫、荀、董同。」段云：「馬融、陸績皆曰『肉有骨謂之胏。』説文、字林作『𦞃』，訓爲『食所遺，』蓋孟本孟説與？」桂云：廣雅胏，脯也。』玉篇胏，脯有骨也。』廣韻『脯，有骨曰胏。』馥謂食脯吐其骨也。」王云：「案『𦞃』字與『脯』遠隔，是許君解易，與馬不同。段氏疑爲『孟本孟説，』亦或有然。抑字林有『一曰脯也』句，未必不本之許君，則『食所遺』爲正義，『脯』爲兼義，而引易以實之，亦非不可通，但『食所遺』義他無佐證耳。『含』字當補。」

賁如皤如　白部「皤，老人白也。从白番聲。易曰：『賁如皤如。』額，皤或从頁。」

不菑畬田　田部「畬，二歲治田也。从田余聲。易曰：『不菑畬田。』」吴云：「今無『田』字。」段云：「田，汲古以爲衍而空一字。宋本皆有之，蓋『凶』字之誤。許所據，與坊記所引同也。」桂據毛本云：闕處，集韻、類篇、李燾本並作『田』。馥據坊記引易當是『凶』字。」坊記「易曰：不耕穫，不菑畬，凶。」嚴云：「不菑畬田，宋本及五音韻譜、集韻九魚、類篇引皆如此。毛本刓去『畬』下之『田』，空白。案『田』字自誤，但既四字爲句，知許所引易必不與今本同。无妄釋文：『不耕穫，或依注作不耕而穫非。下句亦然。』『下句』者『不菑畬』也，『亦』者，亦多『而』字也，是陸所見或本作『不菑而畬，』説文當同。无妄疏、唐石經初刻皆云：『象曰不耕而穫』，以推爻詞，必作『不菑而畬』」。

僮牛之告　部首　「告，牛觸人，角著横木，所以告人也。从口　从牛，易曰：『僮牛之告。』凡告之屬皆从告。

大畜六四　釋文：「童牛，無角牛也。廣蒼作『犝』。劉云：『童』，妾也。』牿，古毒反。劉云：『牿之言角也。』陸云：『牿當作角。』九家作『告』，説文同。云『牛觸』，角著横木，所以告人。』」　吳云：「今易作『童牛之牿』。案説文，『僮未冠也，童男有辠也。』僮牛幼小之稱。韻會云：『今以僮幼字作童，童僕字作僮，相承失也。』説文『牿』、『告』分音，訓『告』音『誥』，『牿』音『谷』。今『告』字專爲『告報』之義，所奪『牿』字則兼『牛牢』『防觸』二義，故易用『牿』。」　陳云：「汪明經曰，『古之爲奴者，髡鉗以自别，纚笄無所施，故謂之童，義取乎秃也。牛羊之無角者曰童牛，曰童羖，山無艸木曰童山，其義一也。僮，未冠也。童之从人，以類加之偏旁，如芻豢之爲犓，巢車之爲轈。』據此，則當从廣蒼作『犝』。然説文無『犝』字，作『僮』與『童』，字之叚借也。牿，九家作『告』，與説文同。許以『告人』爲義，則字當作『告』，不必轉其聲如『角』，而破字爲牿』也。」　李氏集解引虞翻曰：「艮爲『童』，坤爲『牛』，『告』謂以木楅其角。大畜，畜物之家，惡其觸害，艮爲手爲小木，巽爲繩，繩縛小木，横著牛角，故曰『童牛之告』。」　周易本義辨證云：「案告，古文『牿』。項氏安世曰：『告字从牛者，乃牛馬牢。周書牿牛馬是也，則此不當从牛。』康成作『梏』云：『施梏於牛之前足。』晁氏曰：『鄭作角非也。』」

虎視眈眈　目部　「眈，視近而志遠。从目，冘聲。易曰：『虎視眈眈。』」頤六四

入于坎窞　穴部　「窞，坎中更有坎也。从穴臽，臽亦聲。易曰：『入于坎窞。』」坎初六六三　一曰旁入也。」

段云：「各本作『坎中小坎』。今依易釋。干寶釋易正用『旁入』之義。」

禔既平　示部「禔，安也从示是聲。易曰：『禔既平』。」坎九五　吳云：「今易作『祇既平』。釋文云：『京作禔。』」案易復卦『无祇悔』，王肅、陸績本皆作『禔』。史記韓長孺傳『禔取辱耳』，注：『禔亦作祇』，『祇』禔古字通。」　陳云：「案氏、是古通用。儀禮『太史是右』，注：『是古文爲氏。』漢書顔師古注：『氏與是同。』説文『禔』之重文作『祇』，是、氏通用，則禔、祇亦可通矣。」　釋文『祇』，京作『禔』，説文同，音『支』，又上支反，安也。」　段云：「案許自序所稱『易孟氏』，京房受易焦延壽，延壽嘗从孟喜問易。虞翻自言臣高祖光、曾祖成、祖

鳳、父歆，皆治孟氏易，『至臣五世。』翻注此爻云：『祇，安也。』然則孟易作『禔』訓『安』，甚明。翻本作『祇』，謂『祇』即『禔』之叚借，與何人斯鄭箋正同。」王云：「氏、是古通，故易『无祇悔』，陸績本作『禔』，云『禔，安也』。墨子引泰誓，非命上篇云：『禓厥先神，禔不祀』天志，中篇云：『棄厥先神，祇不祀。』」

畜牝牛吉　牛部　「牝，畜母也。从牛匕聲。易曰：『畜牝牛，吉。』」離卦詞。

日𣅇之離　日部　「𣅇，日在西方時側也。从日仄聲。易曰：『日𣅇之離。』」離九三。　吳云：「今易作『昃』。案𣅇、昃小異義同。」陳云：「今作『昃』，大徐以爲俗字。」釋文：「日昊，王嗣宗作『仄』，音同。」段云：「蒙（旨）上日景言之：日在西方則景側也。易曰：『日中則昃。』孟氏易作『稷』。穀梁春秋經『戊午，日下稷』，古文叚借字。隸作『昃』，亦作『昊』，小徐本夨部又出『昊』字，則複矣。夫製字各有意義，『晏』、『景』、『晷』、『旱』之日在上，皆不可易也。日在上而干聲則爲不雨，日在旁而干聲則爲晚，然則『𣅇』訓爲『日在西方』，豈容移日在上。形聲之内非無象形也。」

突如其來如　部首　「𠫓，不順忽出也。从到子。易曰：『突如其來如。』不孝子突出，不容於内也。『𠫓』即易『突』字也。㐬，或从到古文『子』。」嚴云：「小徐『不容於内也』下，有『𠫓即易突字也』，蓋下『㐬』字之説解，誤跳在此耳。許引易『突如其來如』，説𠫓从到子』之意。朱氏仿刊毛本，乃徑改云『易曰「𠫓如其來如」』，此錯讀小徐者。」又云：晁説之古易音訓引京、鄭皆作『㐬』，見周易會通。京受孟氏易，許君稱『易孟氏』，故此云『即易突字也。』朱仿毛本又改云『即易𠫓字。』段於「𠫓即易『突』字也」下云：「倉頡之『𠫓』，即易之『突』字，非謂倉頡時己見爻辭。正謂周易之『突』，即倉頡之『𠫓』也，此爻辭之用叚借也。『突』之本義即『犬从穴中暫出』，『𠫓』之本義謂『不順』，故曰用叚借。　案小徐本有此六字，大徐本删之，由其不知許意也。若近惠氏定宇校李鼎祚周易集解，改作『㐬如其來如』，則爲紕繆矣。」又於「『㐬』或从到古文『子』」下云：「大徐於此下安『即易突字』四字，惠氏之誤本此。」桂改引易「突如」爲𠫓如。王於易曰『突如其來如』下云：「引此者以字義、字形不甚比附，故引此以附合之。突、𠫓同音，故用之，且不連引下文，知非餔王莽之糟也。漢書匈奴傳：『王莽作焚如之刑。』如淳曰：『焚如、死如、棄如者，謂不孝子也。不畜於父母，不容於朋友，故燒殺棄之，莽依此作刑名也。』案莽誤解經文，如氏阿附之，讀說文者乃據以爲說，且疑其說出于孟喜，重紕貤繆矣。」　蒙案：呂氏祖謙音訓引晁氏曰：「說文作𠫓或㐬，蓋即據說文也。其云「京、鄭皆作『㐬』」，則未知所出。周易述改「突」爲「㐬」，蓋與校集解之意同也。據嚴、段、王三家之說，則許初不作𠫓、「㐬」，惠氏、桂氏之說爲可議矣。

咸其脢　肉部　「脢，背肉也。从肉每聲。易曰：『咸其脢。』」咸九五。　段云：「子夏傳云『在脊曰脢』。馬云『脢，背也』。鄭云：『脢，背脊肉也。』虞云：『夾脊肉也。』按諸家之言，不若許分析憭然。『胂』爲『迫呂之肉』，『脢』爲『全背之肉』也。釋文云說文同鄭作『背脊肉』，未知其審。內則注：『脄，脊側肉也。』『脄』即『脢』字。」

榰恒凶　木部　「榰，柱氏也。古用木，今以石。从木耆聲。易曰：『榰恒凶』是。」小徐云：「案周易恒卦上六『振恒凶』，王弼云：『振，動也。』今許慎言『榰』，則孟氏所注易文故不同。」　吳云：「今易無此文。說文長箋謂『即易恒卦振恒之文』，『榰』『振』義不可通，未詳是否。」　陳云：「今易逸其文。」　段云：「『氐，各本作『砥』，誤，今正。日部『昏』下曰，『氐者下也。』广部『底一曰下也。』『氐』『底』古今字。玄應書引作『柱下』，知本作『柱氐』矣，今之磉子也。釋文『振恒』作『震』，今易皆□。耆聲辰聲合韻最近，許稱蓋孟易也。」

有孚裕無咎　衣部　「裕，衣物饒也。从衣谷聲。易曰：『有孚，裕，无咎』晉初六　吳云：「今本有作『罔』，疑誤。」陳云：「案此經義，當爲『罔』。其曰『有孚』者，涉隨卦『有孚，在道以明，何咎』，而誤『无』之爲『無』，校書者亂之也。」　段云：「今經有作『网』，虞翻、王弼同，則未知許所據孟易與？抑字譌與？」　嚴云：「據象傳，似『有孚』義短。」　王云：「本爻五句五義。『晉如』者，卦爲晉，故雖初在事外，亦欲晉。『摧如』者，二三，皆陰柔小人阻抑之也。『貞吉』者，與四陰陽正應。故其進也，得正而吉，與四合德，故『有孚』但席珍待聘，不可衒玉求售耳，故『裕，无咎』。嚴氏乃以象傳駁之。「案象曰：『裕，无咎，未受命也』，則是專解『裕，无咎』，不闕『有孚』。此如士子抱道未仕，未受章服之命，故得從容審慎，以觀時變。如其業經受命，則如大過上爻『過涉之凶，不可咎矣。』今本譌『有』爲『罔』，故其解之也與上文重復，柰何以之駁說文乎？」　蒙案：李氏集解引虞翻曰「應离爲罔，四坎稱孚」。虞氏實傳孟易，其本作「罔孚」。許用孟氏，何以與虞不同？王氏之說，姑存疑可也。

抍馬壯吉　手部「抍，上舉也。从手升聲。易曰：『抍馬，壯，吉。』」　吳云：「今易皆作『拯』。釋文云『子夏作抍』，徐鉉曰『今俗別作拯，非是。』周易本義辨證云：「當依子夏傳作『抍』。艮六三渙初六同。九經古義云：「漢孔彪碑亦以抍爲拯」』。邵云：「易明夷、渙釋文並引子夏傳作抍。又引字林云『抍，上舉，音承。』又方言云：『抍，拔也，出休為抍。』周禮鄭注往往作『抍』職幣，注云『振猶抍也』。大司農注云：『振窮，抍救天民之窮者也』。蓋漢時所傳古字如此，今作『拯』。說文無『拯』字。」　桂云：「易艮卦『不拯其隨』，馬本作『抍』，云『抍』舉也。』」　又云『拯』，云「子夏傳、說文、字林並作『抍』，音升，一音承，上舉也。漢時所傳如此，而今作『拯』者，唐開成以後所定也。」　王云：「明夷六二、渙初六皆曰『用拯馬壯，吉』」，此傳寫挩『用』字也。」段改許篆為「拯」，其說云：「釋文曰『丞音拯救之拯。』說文云『舉也』。子夏作『抍』，字林云『抍，上舉，音承。』然則說文作『拯』，字林作『抍』，在呂時爲古今字。」　又於重文「撜」下云：「丞聲、登聲皆六部也，升聲亦六部，而此篆古从丞，从登，不从升者，丞登皆有『上進』之意，形聲中會意。經典『登』作『升』皆叚借字，『升』之本義實於『上舉』無涉。」　蒙案：張參五經文字手部有『拯』有『抍』，是大曆時經文已作「拯」，非俟開成以後。桂說王亦用之，然破不確。顏元孫干祿字書亦有「拯」無「抍」，可見唐時經典多作「拯」矣。段說與諸家獨异，然釋文以「抍」爲出字林，而引說文於前，不言與字林同，可見陸所據說文實作「拯」，段說未可非也。承云疑說父當作「拯」，而以「抍」爲古文。

抍馬　車部　「𨌚，軺車後登也。从車丞聲。讀若易『抍馬』之『抍』」。說見上。

明夷于南狩。犬部　「狩，火田也。段云：「火各本作『犬』，不可通，今依韻會正。」从犬守聲。易曰『明夷于南狩』。明夷九三

其牛觢　角部　「觢，一角仰也。从角㓞聲。易曰：『其牛觢。』」　吳云：「今易作『掣』。案說文『觢，一角仰也』。釋文云：『鄭作犎，云牛角皆踊曰犎。子夏作契，云一角仰也。荀作觭。』爾雅釋畜：『角一俯一仰，觭。』說文引經字近于鄭，義同于子夏及荀，知今本作『掣』，乃『犎』之譌也。」　陳云：「案孟作『觢』，鄭作『犎』。虞翻云：『牛角一仰一低，故稱犎』，是虞亦作『犎』。爾雅曰：『角一俯一仰，觭。』說文：『觭，角一俯一仰也』，則

『挈』即『觭』矣，故荀爽本又作『觭』也。爾雅釋畜釋文『觢本作挈』，是『觢』、『挈』同字。其作『掣』者，爾雅『甹夆挈曳也』，郭云『謂牽挽』。周頌『并蜂』傳『摩曳』也」，箋云：『羣臣小人無敢我摩曳』，蓋牛角俛仰，可牽挽摩曳也，故今作『掣』。『掣』即『摩』，爾雅釋文云：『掣本作摩』。而『摩』又與『契』通，荀子議兵『契讀爲挈』。詩『爰契我龜』。漢書敘傳集注作『爰挈』。漢碑『書契』字作『挈』，故子夏又作『契』也。」周易本義辨證云：「晁氏曰『契古文，觢篆文，掣今文。』愚謂『掣』本作『觢』或作『契』，傳寫訛爲『掣』。王弼遂讀爲『掣曳』之『掣』，後皆仍其謬也。」段云：「『觢，一角仰也』，『一』當爲『二』。釋嘼曰：『角一俯一仰，觭。皆踊，觢。』『皆踊』，謂『二角皆竪也』。蒙上文『一俯一仰』，故曰『皆』。許『一俯一仰』之云在下文，故云『二角』。俗譌爲一，則與『觭』無異。易音義引說文，以『角一俯一仰』系之『觢』，當時筆誤耳。睽六三『其牛掣』。鄭作『挈』，云『牛角皆踊曰挈』，與爾雅、說文同。子夏作『契』，荀作『觭』，虞作『掣』，皆以『一俯一仰』爲訓，與許、鄭不同也。『觢』者，如有掣曳然，角本當邪展而乃聳直也。虞本當同荀作『觭』，李氏鼎祚正文作『掣』，遂比而同之耳。觭，『角一俛一仰』也。荀易『其牛觭』。案子夏傳作『契』，云『一角仰』也。虞作『掣』，云『牛角一低一仰』。是子夏虞皆作『觭』也。『觭』者，奇也，『奇』者，異也，一曰不耦也，故其字从奇。公羊傳『匹馬隻輪無反者』，穀梁作『倚輪』，漢五行志作『觭輪』，此『不耦』之義之引伸也。周禮『觭夢』，杜子春讀爲『奇偉』，此『異』義之引伸也。」嚴云：「觢，易睽釋文引作『角一俛一仰』，別引作『子夏傳云「一角仰也」』。今此及『觭』篆下，說解互易，盖後人校改。『觭』疑當作『一角仰也』。今此『角一俛一仰』，乃『觢』字之說解，校者依字林移此，以合今釋畜耳。字林引見釋畜釋文。」桂云：「釋畜釋文『觭，郭去宜反，字林邱戲、江宜二反，云「一角低一角仰。樊云傾角曰觭』，『觢』字或作『挈』。郭常世反，字林之世反。丁君杰曰：『釋文引字林觢之世反，觭邱戲、江宜二反，一角低一角仰。案易睽六三其牛掣，鄭玄作挈，云牛角皆踊曰挈，即爾雅所謂皆踊觢，而字林音之世反者也。釋文觢字或作挈，可證也。子夏傳作契，云一角仰也，即爾雅所謂角一俯一仰觭，而字林音邱戲、江宜二反者也。荀爽易作觭，可證也。惟說文觢下云一角仰也，引易其牛觢以實之，觭下又云角一俛一仰也，玉篇从之，則混觢、觭爲一訓。蓋觢字从古文易，觭字从爾雅，而不悟爾雅又有皆踊觢之文也。虞翻易作觢，訓亦與說文同。惟劉瓛本字从説文，解依鄭玄，庶幾得之。』」　又云：「馥案虞翻易傳云：『牛角一低一仰，故稱觢』，與易釋文所引本書同，與今本『觭』字注同。子夏傳『一角仰』與今本『觢』字注同。鄭作『犎』，云『皆踊』，與釋畜『觢』字、郭注釋文並同，與本書『觢』字異。本書爲人所亂，已非原文，故前賢所引不同。其與周易、爾雅乖刺之故，未能究知，或者謂『一角仰』當爲『二角仰』，與『皆踊』義合。」　王云：「筠案改『一』爲『二』，段氏正同此説，然易釋文引説文『觢，角一俯一仰』，爾雅釋文引字林『觭，一角低一角仰』，則兩書不同可知。惜不引説文『觭』字訓、字林『觢』字訓耳。詳兩書不同之故，蓋許君所據爾雅本與吕氏、郭氏所據不同。釋草一篇不同者至多，余已詳辨於艸部矣。若『氿』『厬』之訓『交易』，則以字在兩部，校者忘之，得不改也。惟『觢』『觭』二字相比校者，見爾雅。字林之説，今在『觢』下，遂移之于『觭』下。而『一角仰』之文，則非由『觭』下移之，反因引易而以子夏傳改之，何也？『一角仰』即『角一俯一仰』，絶非異義。設無一角俯，何以見其爲一角仰乎？故丁氏謂『觢』字从古文易，『觭』字从爾雅者，乃校説文者之見，豈有許君艸率至此？蓋許君所讀之經，如『翌舞』『翇舞』，尚爲鄭君所不及見，何況魏、晉以後乎？或者所據爾雅本是『角一俯一仰觢』、『皆踊，觭』，吕忱所讀已如郭氏讀者，遂以許君爲乖刺，惜無引『觭』字説者，無可證據耳。惟睽卦之『觢』，荀爽本作『觭』，是兩字可以互譌之證。」　蒙案：『觭』从『奇耦』之『奇』，形聲中兼會意，與『一俯一仰』之義正合。則『觢』訓『皆踊』亦無可疑者，不應許所見爾雅有異本也。諸説似當以段氏爲得其通。

天且劓　刀部　「劓，刖鼻也。从刀臬聲。易曰：『天且劓。』」睽六三。　劓，劓或从鼻。」　吴、陳並云今用重文。

㠯事遄往　辵部　「遄，往來數也。从辵耑聲。易曰：『㠯事遄往』。」損初九。　吴云：「『㠯』今作『已』。釋文。『已』本亦作『以』。虞作『祀』。集解虞翻曰：『祀舊作已』。」　段改㠯爲『已』，云『已』依韻會。虞翻曰『祀舊作已』是也。今本鉉作『㠯』，鍇作『以』。

勿卹　目部　⿰目育，目突皃也。从目窅。讀若易曰『勿卹』之『卹』。」夬九二。　陳云：　今作『恤』，『卹』、『恤』二字經傳通用。説文血部『卹』、心部『恤』，俱訓『憂』，本字異而義同。左傳『郵無恤』，人表作『郵無卹』」。

段云：「古書多用『卹』字，後人多改爲『恤』。如比部引周書『無毖于卹』，潘岳藉田賦『惟穀之卹』李注引書『惟刑之卹』，今尚書『卹』皆作『恤』是也。」王云：「詩羔裘序『不恤其民』，釋文『：恤本又作卹』。」

其行趀且　走部　「趀，蒼卒也。从走朿聲。讀若資。易曰：『其行趀且。』」夬九四。今無引易語，王據釋文增。今作「次且」。釋文「次，本亦作『趑』，或作『𧿳』。說文及鄭作『趀』，同七私反。馬云『卻行不前也』。說文：『倉卒也』。嚴云：「據夬釋文『次且』引說文作『趀』，則六朝舊本，朿聲』下有『易曰：「其行趀且。」』」校議議云：「釋文蓋言說文正字作『趀』，經典通用『次』，非謂說文引易作『趀』也。」

繫于金檷　木部　「檷，絡絲檷也。从木爾聲。讀若昵。」「昵」今作「柅」，段依釋文改。）易曰：「繫于金檷。」（姤初六引易，今本「檷」無　段據釋文增。今作「柅」。釋文「柅，說文作『檷』，云『絡絲趺也，讀若昵。』字林音『乃米反』。王肅作『抳』，从手。子夏作『鑈』，蜀才作『尼』，『止也』。」　錢云：「惠君棟曰，『易繫于金檷，此不引，非全書也。』」

有隕自天　阜部　隕，從高下也。从阜員聲。易曰：『有隕自天。』姤九五。

萃　心部　「倅，憂也。从心卒聲。讀與易『萃卦』同。秦醉切」承云：「艸部『萃，艸皃，讀若倅』。與此相轉注。」

⿰本允升大吉　本部　「⿰本允，進也。从本从中，允聲。易曰：『⿰本允升大吉。』」升初六。　吳云：「今易作『允』。案說文『⿰本允』、『允』音同義異，集韻『⿰本允』同『允』。陳云：「今作『允』，省文也。朱震漢上易傳引施讎易亦作『⿰本允』，進也。案施讎與孟喜同受易於碭田王孫。施作『⿰本允』，知孟亦作『⿰本允』。許稱孟氏，故不省。其省作『允』者，必虞、京諸家之本。王輔嗣訓爲當』，未免望文生義矣。」段云：「『⿰本允，進也。㫃部『旞』下曰：『導車所載，全羽以爲允。允，進也。』許意謂即『⿰本允』之省也。升初六爻辭，鄭曰：『升，上也。』荀爽云：『謂一體相隨，允然俱升。』九家易曰：『謂初失正，乃與二陽允然，合志俱升。』允然者，升之皃。不訓『信』，蓋古本作『⿰本允』升也。」王云：「『案『⿰本允』即『允』之彖增字也，故㫃部『旞』下云：『允，進也』，是『允』本有『進』義。」又云：「『⿰本允』蓋『允』之籀文。」

槷𡴫　出部　槷𡴫，不安也。从出臬聲。易曰：『槷𡴫。』困九五，今作「劓刖」，上六作「臲卼」，小徐本作「劓𡴫，困于赤芾」，今「芾」作「紱」。釋文九五云：「劓，徐魚器反。刖，徐五刮反，又音月。荀、王肅本『劓刖』作『臲鼿』，云『不安皃』。陸同鄭，云『劓刖當爲倪仉』。京作『劓劊』。案說文『劊，斷也』」。又上六云：「臲，五結反。王肅妍喆反，說文作『劓』，牛列反。薛同卼，五骨反，又音月。說文作『𡴫』，云『𡴫』，不安也。』薛又作『杌』，字同。」段云：「困上六『于臲卼』，釋文云：『臲，說文作劓』，與今本不同。小徐本作『易曰「劓𡴫，困於赤芾」』。『劓』字與陸氏合，而多『困于赤芾』四字，則爲九五爻辭，又不與陸合。鍇注仍引上六爻辭，恐四字淺人所增也。九五『劓刖』，荀、王作『臲鼿』。鄭云：『劓刖當爲倪仉』，則兩爻辭義同矣。許作『槷𡴫』，蓋孟易也。尚書：『邦之杌隉。』『槷』與隉、臲、劓、倪同，『𡴫』與杌、鼿、卼、仉同。杌、鼿、卼、仉皆兀聲，以說文『檮杌』作『檮柮』例之，則出聲兀聲同。『𡴫』當是从臬出聲，五忽切，因不立臬部，誤謂从出臬聲耳。臬聲則與『槷』同，音五結切非也。」許書有『抏』無『杌』。嚴云：『槷』皆當作『劓』，困釋文引說文作『劓』，小徐作『劓』。案『劓』即『劓』。桂云：「考工記『轂大而短則摯』，鄭注『摯讀爲槷，謂輻危槷也。』」又云：「釋文『臲，說文作劓』。馥謂『劓』當爲『刖』。長笛賦『巔根跱之槷刖兮』，李善注：『槷刖，危皃』。」王依陸改「劓」爲「劓」，云：「劓，小徐作『劓』，用其或體也。」易困上六釋文云：『臲，說文作劓，卼，說文作𡴫。云𡴫，不安也。』案當作『劓𡴫，不安也。』且陸氏引作『劓𡴫』是，而引于上六則非也。許君所引者，乃九五爻詞，今本作『劓刖』。兩字皆叚借，本不爲誤。荀、王本即作『臲卼』。鄭君則云：『劓刖當爲倪仉』，知九五、上六其字本同，其義亦同。許君用孟易作『劓𡴫』，上借下正。鄭君改爲『仉』，兩字皆借。今本作『臲卼』，則後作之專字也。特上六既改，九五未改，故王弼以『劓刖』爲『刑』，以『臲卼』爲『不安』，後人沿之，故陸氏不敢引于九五而引于上六。大徐亦删『困于赤芾』四字。『芾』今本作『紱』字，當作『市』。凡連語皆形容之詞，大半借用，無專字。如本文解義則云『槷𡴫』，引易則云『劓𡴫』，借『劓』爲『槷』。長笛賦『巔根跱之槷刖』，李注：『槷刖，危皃。』廣韻十五鎋，『刖』下亦云然。易林艮之需『根刖樹殘』，震之需『刖根枯株』，皆借『刖』爲『𡴫』。合『𡴫』『刖』爲一語，即今本之『劓刖』矣，安可皮傅字形，以『刑』爲說，而疑許君所述之古義乎？」承曰：「釋文『臲』下引說文作『劓』，元朖誤也。當五爻作『劓刖』，上爻作『槷鼿』，方與許書合。案睽三爻『天且劓』，説文作『臬』，則此『臬』當爲五爻「劓刖」之異文，證一。下『劓刖』下引王肅、陸績、荀爽本作『𪖬𠘧』，云『不安皃』。鄭康成云：『劓刖當爲倪仉』，數家皆以爲五爻、上爻同文也，惟京房作『劓劊』。説文：『刖，絶也；劊，斷也』，義正相同。虞翻『劓』訓『割鼻』，『刖』訓『斷足』，皆用本字之説。京房受易于焦贛，贛从孟喜問易。虞翻自言，臣高祖光、曾祖成、祖鳳、父歆皆治孟氏易。許自敍云：『易稱孟氏』，則當與京、虞同，證二。『臬』訓『刖鼻』，無『不安』之意，而『槷』訓『不安』，考工記已有『轂大而短則槷』之文，證三。小徐本作『易曰臬鼿，困于赤芾』，較大徐本多四字，似可定九五爻詞。而楚金注，仍引困上六文，明是後人不察元朖之誤，改『槷』爲『臬』，且不知鄦稱孟易，而以荀、陸之説增竄其中，非許氏原文可定矣。然則五爻『臬刖』，上爻『槷鼿』，可無疑義也。」蒙案：長笛賦之「槷刖」，亦借「刖」爲「鼿」也。桂云「臬」當爲「刖」，似誤。「劓刖」之説，王最爲通。

井洌寒泉食　水部　「洌，水清也。从水列聲。易曰：『井洌，寒泉，食。』」吴云：「隸省作『洌』。」王云：「『食字宋本或有或無，汲古本則後來刓補者。御覽、玉篇、風俗通、韻會引易，皆無『食』字。』」

鞏用黄牛之革　革部　鞏，以韋束也。从革巩聲。易曰：「『鞏用黄牛之革。』」

鼎　部首　「鼎，三足兩耳，和五味之寶器也。象析木以炊。貞聲。昔禹收九牧之金，鑄鼎荆山之下，入山林川澤者，离魅蝄蜽莫能逢之，（臣）以協承天休。易卦：巽木於下者爲鼎。古文以貝爲鼎，籀文以鼎爲貝。」此文段依韻會所據小徐本，今从之。段云：「引易證下體象析木之意。」

鉉　金部　玉鉉大吉　金部　「鉉，舉鼎具也。从金玄聲。胡犬切，易謂之『鉉』，禮謂之『鼏』。鼎部　鼏，以木横貫鼎耳而舉之，从鼎冂聲。莫狄切　周禮『廟門容大鼏七箇』，即易『玉鉉大吉』也。鼎六五上九釋文：「金鉉，玄典反。徐又古玄反，又古冥反，一音古瑩反。馬云：『鉉，扛鼎而舉之也』。」吴云：「今周禮考工記：匠人作『廟門容大扃七个』。」註：「大扃，牛鼎之扃，長三尺。每扃爲一个，七个二丈一尺。」案説文，『鼏，以木横貫鼎耳而舉之』，金部：『「鉉，舉鼎也。」易謂之鉉，禮謂之鼏。』儀禮士冠禮『設扃鼏』。鄭注：『今文扃爲鉉，古文鼏爲密。』釋文云：『扃，扛鼎也；鼏，覆也。』説文謂『鼏』即『鉉』，周禮注謂『扃』即『鉉』，疑是三字一義。古文或可相通，然士冠禮云『設扃鼏』，『扃』『鼏』若屬一物一義，何得重舉二字。且儀禮公食大夫禮又云：『鼏若束若編。』鄭注：『凡鼏，鼏蓋以茅爲之，長則束本，短則編其中央。』是『鼏』爲『覆鼎之物』無疑，與說文『以木橫貫鼎耳』之說絶不相涉。『鼏』與『扃』『鉉』絶不相同，說文訓語並所引經皆有錯誤。」陳云：「錢詹事曰，『鼏即扃之異文，鉉又扃之轉聲，古讀扃爲姑泫切是也。若个則箇之俗字，說文箇訓竹枚，無个。大學引書一介臣作个臣。釋文云古賀反，俗學行於唐，而以个、箇爲物之以枚數。月令左个右个，及周禮此經俱作个矣。又別作個，更俗。』」

江氏藩周易述補云：「許君以『鉉』鼏爲一物，然禮云『設扃鼏』，明是兩物。若云一物，則士喪禮不當言『取鼏委于鼎北，加扃不坐』矣。『鼏』『鉉』二義似非許君之言，疑後人增入。」段於金部書「鼏」爲「⿵門鼎」云：『⿵門鼎』音『扃』，與『鼏』音『蜜』，畫然二物二事。易謂之『鉉』者，周易鼎六五『鼎黃耳金鉉』，上九『鼎玉鉉』是也。古說皆云鉉『貫於耳』，顏師古獨云鉉者『鼎耳』，非『鼎扃』也，其說甚誤。易言『黃耳金鉉』，則『耳』與『鉉』非一物明矣。云禮謂之『⿵門鼎』者，士冠禮『設扃鼏』，鄭注：『今文扃爲鉉，古文鼏爲密，一部皆然。』考工記匠人亦作『扃』，許所見禮經『扃』作『⿵門鼎』，即鼎部所云『橫關』鼎耳而舉之者也。『⿵門鼎』與『扃』皆以『郊冂』之『冂』爲聲，『扃』訓『外閉之關』，音義皆同。若『鼏』則訓『鼎蓋』，古音如『密』，今音如『覓』。於鼎部增『鼏』篆訓解，而改「鼏」篆爲⿵冂鼎，从鼎，冂聲。其說云：「禮經十七篇多言『扃鼏』，注多言『今文扃爲鉉，古文鼏爲密。』案『扃』者叚借字，『鼏』者正字，『鉉』者音近義同字也。玉篇有冂部，此从之爲聲，古熒切。案大、小徐篆皆作『⿵門鼎』，解作冖聲，莫狄切。以『鼎蓋』字之音，加諸『橫貫鼎耳』之義，誤矣。廣韻、集韻、禮部韻略、玉篇、類篇皆佚此字。然廣韻、玉篇皆云，『亡狄切，鼎蓋也，』則蠠字尚未亡。集韻、類篇引『橫貫鼎耳云云』於錫韻，冥狄切，而蠠字亡矣。惟匡謬正俗及毛晃禮部韻略增字獨不誤。蠠『鉉』異字同義，或讀『鉉』古冥反，則非矣。」嚴云：「『鼏』篆體當作『⿵門鼎』，說解當作冂聲，蠠讀與『扃』同，故禮經古文借『扃』爲之。十七篇中『扃鼏』十許見，古文作『扃密』，今文作『鉉鼏』。古文之『扃』即鼎部之蠠，今文之『鼏』从冖，許所不取。囊余作唐石經校文，據蚰部『蠠』或作『蜜』，疑當从冖聲，因謂說文『⿵冂鼎』字有篆而闕說解，蠠字有說解而闕篆。後通古音，乃悔前說之謬。『冂』之聲轉即近『密』，如『冥』从『冂』聲，而『冥』聲之『幎』讀爲『密』。則『蠠』字从冂，必可與『蜜』爲重文也。」錢亦謂説文當有𪔂、「鼏」二篆，説與段略同。桂云：「王君念孫曰，『説文鼎部當別有𪔂字，从鼎，冂聲。今徐本鼏下所解，即𪔂字義也。蓋𪔂、鼏二字篆文相近，誤去其一耳，然鼏字之解遂亡。』馥案增韻『扃，鼎鉉』，周禮『廟門容大扃七个』，『扃』古作𪔂。又𪔂字解云从冂音同，與錫韻『鼏』字不同。『鼏』从冂，音覓。舊本於錫韻『鼏』字下注云『木貫鼎』誤。又『冋』字云『古作冂，象鉉形』。五音集韻、『鉉，舉鼎也，亦作𪔂。字鑑𪔂涓熒切，與扃同。上从冂，音扃，與錫韻鼏字不同，鼏音覓。』匡謬正俗：『鉉者，鼎之耳，易稱金鉉、玉鉉是也。扃者，關也。禮云「入（耳）户奉扃」。今之宮中猶呼門户短關，以關鈕者爲門扃。又左傳云楚人惎之，脱扃，莊周云惟恐緘縢鐍扃之不固」，皆謂鈕屈之内小關者爾。而禮器有鼎扃者，字亦或作冋，謂横關之物，以扛舉鼎耳，所以貫鉉，非即鉉也。而先儒説者讀扃爲鉉，合爲一物，失之遠矣。若謂鉉非黄耳者，易詞不應云黄耳金鉉，據此而言，非冋明矣。』馥案：本書脱『冋』字，賴此足證。而俗本兩『冋』字並誤作『鼎』，遂使讀者瞀瞀莫辨。易鼎卦『金鉉』釋文：『音古冥反，一音古螢反。』馥謂即𪔂字音也。」鈕氏樹玉駁段説云：「案士冠禮、聘禮並云『設扃鼏』，士喪禮『抽扃取鼏』，是『扃』與『鼏』乃二物，説文合爲一。」據玉篇『鼏，覆樽巾也，又鼎蓋也』，亦爲一物，則儀禮之『鼏』當是『冪』。鄭箋詩絲衣云：『舉鼎冪，告絜禮之文也。』禮器『犧尊疏「布鼏」』，釋文作『幎』，注云『本又作冪，又作鼏』，並其證。『冪』與『幎』，玉篇訓爲『簾也，覆也』，蓋同聲叚借。公食大夫禮曰：『鼏若束若編。』鄭注：『凡鼎，鼏蓋取茅爲之，長則束本，短則編其中』，與玉篇『幎』義合，不應更增一篆。」

承云：「案許書，覆冪」字本作『冖』，从一下垂以象形，諸經作『冪』、『幎』、『冪』、『羃』等字者皆非許所，有即『冖』之俗體也，可知『鼏』本訓正爲『貫鼎木』矣。審周禮『大扃』作『鼏』，則『鼏』字古不作『鼎蓋』解也。儀禮『扃』『鼎』連文，『扃』訓『貫鼏』爲『舉鼎』，本非『扃鼎爲兩物也。其云鼏『若束若編』者，謂木貫鼎耳，恐其舉之而有失，故編束以固之，非如鄭説『以茅爲蓋』也。『扃』字無本訓『外閉之關』，『關』『貫』義相近，其非實物之名審矣。今本考工記改『鼏』爲『扃』者，蓋本有『貫鼎木』之訓，後人泥『鼏』爲『鼎蓋』，故改『鼏』以合義，而不知無書之本訓『貫鼎木』，『鼎蓋』字即用『冖』字爲之，或用巾部『幭』字，覆物古多用布巾也。自鄭説判『扃鼏』爲二物，正韻遂造𪔂字爲『鼎蓋』，以別于『鼏』。段大令宗之，改許書之『鼏』爲『鼏』，謂『从鼎冂聲』，而更贅『鼏』文于後，訓爲『鼎覆』，則支離甚矣。惠徵君疑木貫鼎不从冖，定爲後人所增，亦不知字之本从冂耳。」蒙案：鈕、承二説，皆駮段者也。承謂儀禮『扃鼎』非兩物，然士喪禮抽扃取鼏」，明是二物，則此説不攻而自破。从冖从冂，義當有别。許云「冖覆也」，「鼏」以「覆」爲義，故从冖。鄭訓爲「鼎蓋」，即从冖之義。承於从冖、从冂之區别既不分明，烏足以難段氏！鈕謂鼏篆不必增，然無解于「鼎」下所引考工記之「大扃」，字實作鼏。大扃以廟門能容若干箇爲度，其爲貫鼎木而非覆巾明甚。鈕但以鼎蓋爲説，亦不足以折段氏也。張氏行孚云：「段、錢兩家是也。士冠禮『設扃鼏』，鄭注云：『扃以之扛鼎，鼏覆之。』『扃』古熒反，『鼏』亡狄反。」『扃』字之解與説文『鼏』字注同。而説文『扃』字注云：『外閉之關也，从户同聲，古熒切』，是儀禮『扃』字明爲『鼏』之叚借字。故周禮『廟門容大扃七箇』，説文作『容大鼏七箇』，明『鼏』爲『鼎鼏』之本字也。故儀禮注雖云『今文扃作鉉』，而説文『鉉』字注曰『易謂之鉉，禮謂之鼏。儀禮不用本字，而借用『扃』字者，正恐鼏『鼏』相溷也。不用古文『密』字，而用今文『鼏』字者，正以『密』爲叚字，而『鼏』爲本字也。乃嚴氏謂『冂』聲近『密』，許不取『鼏』字。夫『冂』與『密』既非疊韻又非雙聲，古音何由相通？况从冥之『幎』讀爲『密』者，正以『冥』字从冖聲也。乃嚴氏强謂『冥』从『冂』聲，以證『冂』聲（聲）近『密』，果何所本乎？至『鼏』與『幎』雖聲近義通，然『蓋鼎』曰『鼏』，『蓋尊彝』曰『幎』，故説文云『幎幔也』。周禮有『幂人』，又云『幔，幕也。帷在上曰幕，覆食案亦曰幕。』若謂説文本無鼏字，何以説文鼏字之音適與儀禮『鼏』字之音相同，而説文鼏字之解又適與儀禮『扃』字之相同也？由是推之，『鼏』字有篆與音而闕解，鼏字有解説而闕篆與音，彰彰然矣。」王氏引王、段、鈕三説，而云不能定其是非，今得張説，是非可定矣。校議亦王補鼏篆。

笑言啞啞　口部　「啞，笑也。从口亞聲。易曰：『笑言啞啞。』」

不喪匕鬯　部首　「鬯，以秬釀鬱艸，芬芳攸服，以降神也。从凵，凵，器也。中象米，匕所以扱之。易曰：『不喪匕鬯。』凡鬯之屬皆从鬯。」經義述聞：「匕有二説。鄭注曰：『升牢於俎，君匕之，臣載之。』見集解王注曰：『匕所以載鼎實。』此以匕爲出牲體之器也。許氏説文曰：『鬯，以𩰪釀鬱艸，芬芳條暢，各本誤「作攸」服以降神也。从凵。凵，器也，中象米。匕所以扱之。』引易曰：『不喪匕鬯』，此以匕爲取鬯酒之器也。引之謹案：許説爲長。匕謂柶也，說文曰：『柶，匕也。』又曰：『匕一名柶，祭祀之禮，尸祭鬯酒，則以柶扱之。』天官小宰：『凡祭祀，贊王祼將之事。』鄭注曰：『凡鬱鬯，受祭之，啐之，奠之。』疏曰：『謂王以圭瓚酌鬱鬯獻尸后，亦以璋瓚酌獻鬱鬯獻尸，尸皆受。灌地降神名爲祭之。』是尸受鬯酒，有祭之之祀，祭之則必以柶扱酒矣。士冠禮：『冠者即筵坐，左執觶，右祭脯醢，以柶祭醴三。』疏曰：『三祭者，一如昏禮。始扱一祭，又扱再祭也。』是其例也。匕所以扱鬯酒，故以匕鬯並言，不然，則祭器多矣，何獨取於匕乎？鬯亦器也，謂圭瓚也。圭瓚以盛鬯酒，因謂圭瓚爲鬯。春官大宗伯：『凡祀大神，享（天）大鬼，祭大示，涖玉鬯，省牲鑊，奉玉齍。』玉齍謂玉敦也。玉鬯謂圭瓚也。鄭注分玉鬯爲二，以玉爲禮神之玉，失之。周語有『神降于莘，王使大宰忌父帥傅氏及祝史奉犧牲玉鬯往獻焉』。韋注曰：『玉鬯，鬯酒之圭，長尺二寸。有瓚，所以灌地降神之器。』說文作『瑒』，云：『圭，尺二寸，有瓚，以祠宗廟者也』，是圭瓚得謂之鬯也。匕有淺斗，鄭注士冠禮曰：「柶狀如匕」，又注少牢饋食禮曰：「疏匕挑匕皆有淺斗，狀如飯橾。」瓚槃大五升，見春官典瑞注皆器之仰受者也。震上二畫中虛，下畫承之，正象仰受之，上下皆震，象匕从瓚上扱取酒也。言匕鬯而不及他器者，祭統曰『獻之屬，莫重於祼』，故以祼器言之。」

皀其限　匕部　「皀，很也。从匕目。匕目，猶目相比，不相下也。易曰：『皀其限。』皀九二匕目爲皀，匕目爲真也。」　吳云：「五經文字云：『目匕皀上，說文，下經典，相承隸省。』」

士刲羊　刀部　「刲，刺也。从刀圭聲。易曰：『士刲羊。』」　歸妹上六

寷其屋　宀部　「寷，大屋也。从宀，豐聲。易曰：『豐其屋。』」釋文「豐，說文作『寷』。」　吳云：「今易作『豐』。案說文『寷』訓『大屋』，今經典相承，通借『豐』。」　陳云：「象上傳曰：『豐，大也。』廣雅：『寷，大也。』寷豐异文，無異義。」　段改引易「寷」作「豐」云：「稱此說『寷』從宀豐，會意之恉，宀，屋也，豐，大也。故『寷』之訓曰『大屋』。此與稱『百穀艸木麗於地』說『蘼』从艸麗同意。經典釋文不得其解，乃云『麗，說文作蘼，豐說文作寷』，大、小徐皆於引易作『蘼』『寷』之字，其繆非一日矣。」　王與段同，云「引此者以見豐兼意，乃不曰从豐，豐亦聲者。豐者豆之豐滿者也，與宮室無涉，易於屋言豐，故引以證也。」

旅瑣瑣　部首　「惢，心疑也。从三心。讀若易『旅瑣瑣』」。

顨　丌部　「顨，巺也。从丌从頭。此易顨卦爲長女，爲風』者。」　吴云：「今易卦作『巽』。説文：巽，具也。顨，選具也。頭，巽也。』三字訓同聲近，當即一字重文。」　陳云：「案許義，當時易作『巽』矣，故特著明之。」　段云：「今周易巽卦作『巺』。許於『巺』下云『具也』，不云卦名。謂『顨』爲易卦名之字。蓋二字皆訓『具也』，其義同，其音同。伏羲、文王作『顨』，孔子則作巽㢲，而小篆乃作巺矣。『顨』爲卦名，『巺』爲卦德。孔子象傳但言健、順、動、止、巺、陷、麗、説，皆卦德也。其言『重巺以申命，』『巺以行權，』『震，動也，巺，入也，』巺爲雞，『巺爲股，』『巺爲木，爲風，爲長女，』皆當舉卦名而不作『顨』。但云巺以德爲名者，於伏羲、文王爲古今字也，是可以知字有古今之理矣。許於此特言之者，存周易最初之古文也。此説本之江氏聲。愚又謂許所見易，惟此爲木、爲風、爲長女』之字作『顨』，猶今易惟雜卦傳之『姤』作『遘』也。」

先庚三日　用部「庸，用也。从用从庚。庚，更事也。易曰：『先庚三日。』」巺九五　段云：「『先庚三日』，先事而圖更也。引以證用庚爲『庸』，與『蘼』『亹』引易同意。」

繻有衣　系部　「繻，繒采色也。从糸需聲。讀若易『繻有衣』。既濟六四　今「衣」下有「袽」字。　段云：「蓋有譌奪。證之以『䋈』篆下所稱，則『繻』當作『需』，衣下奪『䋈』字。」

需有衣䋈　系部　「䋈，絜緼也。一曰敝絮也。从系奴聲。易曰：『需有衣䋈。』」　吴云：「案説文『繻』注亦引此文作『繻』，疑此誤。説文無『袽』字。經典釋文云：『袽，説文作䋈。子夏作茹，京作絮。』廣雅『䋈，塞也』，與易『袽』訓『塞舟漏』義同，古今字也。」　陳云：「『需有』之『需』，孟喜本作『需』。易象上傳『需，須也』。説文亦曰：『需，頿也。』釋文『繻，而朱反。王肅云音須，』則『繻』以『須』聲，『需』以『須』義，故同字也。又易注曰：『繻宜曰濡。』莊子徐無鬼『濡需者，豕蝨是也』。釋文：『濡需，謂偷安須臾之意。』『濡』『需』連文，可證『繻』『需』同字。易釋文又云：『繻，子夏作䙌，王廙同。薛云：古文作繻，』『䙌』即『襦』。周禮注：『襦讀爲繻有衣絮之絮，』是『襦』『繻』亦同字矣。『衣䋈』之『䋈』，釋文作『袽』，『女居反，絲袽也。王肅音如，子夏傳作茹，京房作絮，』今本作『袽』，俱从如，無从奴者。説文『䋈』訓『敝絮』，『絮』訓『敝緜』，義本同。而廣雅『䋈塞也』，王弼易注『衣袽爲塞舟之罅漏』，則義當作『䋈』爲長。」　周易述補「襦有衣䋈」注：

襦，鼂衣也。乾爲衣，故稱『襦袃』，敝縕也。乾二之五『衣象裂壞』，疏『襦』作『繻』非，子夏作『襦』是也。易釋文作『褠』，寫訛也。説文无『褠』字。『襦，鼂衣也，』説文解字文。説文曰：『安鼂，温也，』蓋冬衣也。『袃』俗本作『絮』，説文作『袃』，云『縕』也，一曰敝絮，从系，奴聲。易曰：易需有衣袃』，『需』『襦』古字通。」王云：「考工記弓人鄭司農云：『帤讀爲襦有衣絮之絮。』釋文：『絮本亦作帤。』韻會引黄庭經『人間紛紛臭如帤』。又吕覽仲春紀『以茹魚去蠅，蠅愈至』。注：『茹，讀如船漏之茹字，茹，臭也。』案此子夏作『茹』之證。『茹』、『帤』皆即『絮』。

説文引經異同　卷二

易

象傳

屯剛柔始交而難生　屮部　「屯，難也。象艸木之初生。屯然而難。從屮貫一。一，地也。尾曲。易曰：『屯，剛柔始交而難生。』」

觀乎天文以察時變。部首　「示，天垂象，見吉凶，所以示人也。从二，三垂，日月星也。觀乎天文，以察時變，示人神事也。」見賁卦，許不稱「易曰」。

百穀艸木䴡於地　艸部，「䴡，艸木相附，䴡土而生。从艸麗聲。易曰：『百穀艸未䴡於地。』」離　吴云：「今易作『百穀草木麗乎土』。案説文『䴡，艸木相附，䴡土而生。麗，旅行也。』『䴡』本有『附著』義，故今皆从省。又今説文韻譜本皆作『䴡於地』，毛氏仿宋本作『土』。」陳云：「案孟喜本作説『䴡於地』。許君稱『易孟氏』，故亦作『䴡於地』。或本作『土』，校書者因今本易而改之也。『䴡』省爲『麗』，魏、晉經師之本也。」釋文：「麗，説文作『䴡』。土，王肅本作『地』。」段云：「此引易象傳説，从艸麗之意也。凡引經傳，有證字義者，有證字形者，有證字音者。如『艸木麗於地』，説从艸麗；『豐其屋』，説从宀豐；皆論字形耳。陸氏易釋文乃云説文作『䴡』作『寷』，不亦謬哉。他如『蕬』字之引夏書，刑字，『相』字，『晉』字、『和』字、『葬』字、『庸』字、𠫓字之引易，『響』字之引詩，『有』字之引春秋傳，『宂』字之引孝經説，罔字之引孟子，『易』字之引祕書，『畜』字之引淮南王，『公』字之引韓非，皆説字形會意之恉，而學者多誤會。」嚴云：「『䴡於地』，衆本皆同。釋文引説文作『䴡』，是六朝舊本已如此，惟類篇引作『麗乎土』。案上文『離麗也，日月麗乎天』，下文『重明以麗乎正，柔麗乎中正』，諸『麗』字難皆作『䴡』。段氏依類篇改『䴡』作『麗』，以爲引此以證『䴡』从艸麗是也。毛本『地』字，刓改作『土』，蓋依小徐及類篇，據上言『相附䴡土而生』，不言『䴡地』。釋文『土』引王肅本作『地』，不言説文作『地』，則舊本作『土』無疑。」桂云：「論衡説日篇引易『百果艸木麗於土』」。蒙案：玉篇艸部「䴡，力計切，易曰：『百穀草木麗乎地。』麗，附著也，本亦作『麗』，玉篇當亦本説文爲説。嚴云「六朝舊本如此」者，是也。徐堅初學記日第二引易作「麗乎地」，則與王肅本同。

水火相熄　火部　「熄，畜火也。从火。息聲。亦曰滅火。易曰：『水火相熄。』」革　今「熄」作「息」。釋文：「息」説文作『熄』。」今説文無，王據陸補。校議亦謂當有引經語。承同。校議議云：「釋文謂説文正字作『熄』，經典借『息』爲之，非許引易作『熄』也。」

⿰𦎫丮飪　丮部　「⿰𦎫丮，食飪也，从丮𦎫。易曰：『孰飪。』」吴云：「今易無此文。」段云：「鼎象傳曰：『亯，飪也。』許所據作『熟飪』。錢云：「今易作『亨飪』。亨飪者，應爲𦎫飪』字之譌也。」嚴云：「此蓋易説。」王引嚴氏曰：『亨』古作『亯』，『⿰𦎫丮』字爛文。」此與校議説不同，未知王氏何據。

象傳

雲上于天需　雨部　「需，䇓也。遇雨不進，止而䇓也。从雨而聲。易曰：『雲上于天需。』」需。

殷薦之上帝　㐆部　殷，作樂之盛稱殷。从㐆從殳。易曰：『殷薦之上帝。』」豫。

君子節飲食　部首　「皀，園器也，一名觛，所以節飲食。象人，卩在其下也。易曰：『君子節飲食。』」節。

明出地上晉　日部　「晉，進也。日出而萬物進。从日从臸。易曰：『明出地上晉。』」晉吴云：「五經文字云『石經作晉。』」段云：「隸作『晉』。」蒙案：釋文「晉」，孟作「齊」，子西反，義同。許君於「晉」下引易，而「齊」下不言易，可見許君雖云「易用孟氏」，初非墨守一家也。

施令以告四方　部首　「后，繼體君也。象人之形。施令以告四方，故厂之，从一口。發號者，君后也。」今姤卦作『后以施令誥四方』。」段改「施令以下曰：「从口，易曰：『后以施令告四方。』」王氏不取其説。段云：「釋詁、毛傳皆曰：『后，君也。』許知繼體君者，后之言後也，開刱之君在先，繼體之君在後也。析言之如是，渾言之則不別矣。易象下傳曰：『后以施命誥四方。』虞云：『后，繼體之君也。』此許説也，蓋同用孟易。」王云：「案典、謨所有『后』字，皆一國之君，而非天下之君。商書、商頌所有『后』字，大率謂湯。惟周尚文，故易傳、毛詩凡言『后』者，但主繼體而言，故許君本之以立説也。易大象率言『君子』，其言『先王』者六：比、豫、觀、噬嗑、无妄、渙。所言者建國、立朝、作樂，皆開創之事也。其言『后』者二：泰之『財成輔相』乃補偏救弊之事，非創始之事；姤之『施命誥四方』，亦承平之象也。兼言『先王』及『后』者一，復是也。先言『先王』後言『后』，已較然可知。觀言『先王』，言『省方』；復言『后』，言不『省方』者，正言其勤于省方」也。立政篇所謂『方行天下，至于海表』，以覲光揚烈者也。苟非十二年展義之期，則施命誥之而已，此繼體之所有事也。惟離言『大人』者『兩明相繼』，故統『先王』與『后』而概謂之『大人』也。」

君子豹變其文斐也　文部　「斐，分别文也。从文非聲。易曰：『君子豹變，其文斐也。』」革。　吴云：「今易作『蔚』。案『斐』、『蔚』音相近。『蔚』本訓『艸木盛皃』，因借爲『文采深密皃』，故與『斐』通。」　陳云：「許用孟氏。干寶曰『蔚，炳之次也。』虞翻曰『蔚，蔇也』。是諸家俱作『蔚』矣。文選魯靈光殿賦『葱翠紫蔚』，陸士衡詩『蔚彼高藻』，俱云『蔚文皃』，與『斐』訓『文』同義。錢詹事曰『斐』，即蔚之异文。斐與分聲相近，故亦可與君協韻。」瑑謂如錢氏之説。則『斐』以『文』爲義，兼以『分』爲義，義存乎聲也。」　蒙案，釋文：「蔚，説文作『斐』。」

繫辭傳

天垂象見吉凶　見前彖傳「觀乎天文以察時變」條。

夫乾隺然　冂部　隺，高至也。从隹，上欲出冂。易曰：『夫乾，隺然。』」　吴云：「今易作『確』。案説文『隺，高至也』。繫辭：『夫乾，隺然示人易矣；夫坤，隤然示人簡矣。』」『乾坤』即『天地』，『隺』形其高，『隤』形其卑，字義甚明。今本作『確』，韓康伯云『剛皃』，義从而晦，『隺』『確』形近，誤也。」　邵云：「釋文引説文云『高至』，而不云『説文作隺』，文言並同。是陸本本作『隺』，故可不必云『説文作隺』也。今易兩處俱作『確』，乃『确』之俗文，見徐鉉『确』字註。復古編及六書正譌並同，甚無義。」段説同。　桂云：「鄭氏易贊作『隺』。」

再扐而後卦　手部　「扐，易『筮再扐而後卦。』」　吴云：「今易作『掛』。案乾卦疏引易緯曰『卦者，掛也』。『卦』、『掛』音義原通。又大元作『挂』，説文，『挂，畫也。』」　段云：「釋文云『京作卦，云再扐而後布卦，』蓋許同京也。『大衍之數五十，其用四十有九。分而爲二以象兩，掛一以象三，揲之以四以象四時，歸奇於扐以象閏，五歲再閏，故再扐而后掛。』虞翻曰：『奇，所掛一策；扐，所揲之餘。不一則二，不三則四，取奇以歸扐，扐並合掛左手之小指。爲一扐，則似閏月定四時成歲，故歸奇於扐以象閏者也。已一扐，復分掛如初揲歸奇於初扐，并掛左手次小指間爲再扐，則再閏也。又分扐揲之如初，而掛左手第三指間成一變，則布卦之一爻。謂已二扐，又加一爲三，并重合前二扐爲五歲。故五歲再閏，再扐而後掛。』據虞則字作『掛』者，謂再爲分二掛一，或作『卦』者謂，於此起卦爻，皆可通也。凡數之餘曰『扐』。王制『祭用數之仂，喪用三年之仂』。鄭皆以爲數之什一。『仂』『扐』蓋同字。考工記云『以其圍之阞捎其藪』，叚『阞』爲之。鄭以爲三分之一，然則權度多少中其節，謂之『扐』，無定數也。」王云：「案『掛』字誤也。繫辭先云『掛一以象三』，『掛』者掛于小指間也，在『再扐』之前。若『再扐』之後，則虞翻所云『成』一變則布卦之一爻』也，安得復掛乎？字又作『艻』，大元『并餘於艻』。又王制『祭用數之仂，喪用三年之仂』，許君不收『仂』，蓋亦借『扐』。蒙案：儀禮特牲饋食禮「挂于季指」，少牢饋食禮「挂于季指」，注：「古文『挂』作『卦』。」一切經音義十七『挂』，古文作『卦』。然則「挂卦」古今字。「掛」乃「挂」之俗字，許有「挂」無「掛」。

虙羲氏　大部「奰，壯大也。从三大，从三目。二目爲䀠，三目爲奰，益大也。一曰迫也。讀若易『虙羲氏』。立部⿰立录，見鬼鬽兒，从立从录，籀文『鬽』，讀若『虙羲氏』之『虙』。作「包犧氏」。釋文「包本又作『庖』，白交反。鄭云：『取也』。孟、京：『伏犧』，許宜反，字又作『羲』。鄭云：『鳥獸全具曰犧』。孟、京作『戲』，云『伏服也，戲化也』。」吳云：「顏氏家訓云孔子弟子虙子賤即虙犧之後。今兖州有子賤碑，漢世所立，乃云濟南伏生即子賤之後，知『虙』與『伏』古通。漢書百官公卿表：『易敘宓羲、神農、黄帝。』師古注『宓音伏，本又作虙，傳寫譌作宓耳』。陳云：「『伏』之重脣爲『包』，漢書作『炮羲』，列子黄帝篇作『庖羲』。尚書釋文云，『伏古作宓』，古今人表作『宓犧』，皆同音得通。」段云：「許作『虙羲』，鄭大卜注、應氏風俗通同。虙，古音讀如『密』。」

刳木爲舟剡木爲楫以濟不通　部首「舟，船也。古者共鼓貨狄刳木爲舟，剡木爲楫，以濟不通。象形，凡舟之屬皆从舟。」釋文：『挎』本又作『刳』，『掞』本亦作『剡』。周易本義辨證云：『刳』釋文音訓作『挎』，五經文字在手部，从刂者非。『剡』釋文音訓作『掞』。」蒙案：說文有「刳」「剡」無「挎」「掞」，五經文字刀部有

「刳」，其手部之「挎」下注云「見詩禮」，則非易字，惠説非也。今易「以濟不通」上有「舟楫之利」四字，許約易語以爲訓，故不稱「易曰」也。

犕牛乘馬　牛部　「犕，易曰：『犕牛乘馬。』从牛葡聲。」　吴云：「今易作『服牛乘馬』。正字通曰，『伯犕，人名，周襄王大夫，左氏作伯服，故索隱音服。後漢書皇甫嵩傳董卓屈嵩曰「義真犕未？」注「服同」。字典曰：『今河南人有此言。』説文長箋曰：『考絥平祕切諧伏聲，而重文作鞴』，則『服』、『伏』、『葡』三字當知古音相諧，今失其讀。」　陳云：「『犕』爲『服』之重脣音，猶『匍匐』之爲『扶服』、『扶伏』、『蒲伏』也。」九經古義云：「案『犕』與『服』古字通。春秋傳僖二十四年，王使伯服、游孫伯如鄭請滑，史記作『伯犕』。後漢書皇甫嵩傳董卓謂嵩曰：『義真犕未乎？』義作『服』。趙世家云：『武靈王云今騎射之備，近可以便上黨之行，而遠可以報中山之怨』。今戰國策云『騎射之服』，然則史記『備』當作『犕』也，特牲饋食禮云：『備答拜焉。』注云：『古備爲復。』説文云：『絥，車絥也，或作鞴。从革葡聲』。是古『備』字有『服』音，『伏』字有『葡』音。」　段云：「古音服聲、葡聲同在第一部，故『服』、『犕』皆扶逼反，『以車駕牛馬』之字當作『犕』，作『服』者叚借耳。左傳『伯服』，史記作『伯犕』。後漢書皇甫嵩傳『義真犕未乎』？北史魏收嘲陽休之『義真服未，』正作『服』字，此皆通用之證也。今韻『犕』，平祕切。」　王云：「後漢書皇甫嵩傳章懷注：『犕音服。説文曰：犕牛乘馬，犕古服字，今河朔人猶有此言，音備』。案此説是。此『服從』之言亦讀如『備』也。關雎『服』與『得』『側』爲韻。」　蒙案：皇甫嵩傳語，魏志董卓傳注引山陽公載記，正作「義真服未乎，」范書嵩傳注引獻帝春秋則曰「可以服未」，此「犕」「服」通用，正不必遠引魏收語也。左傳「伯服」，史記鄭世家作「伯犕」，而周本紀亦作「伯服」。

重門擊㯳　木部　「㯳，判也，从木㡿聲。易曰『重門擊㯳』」。　吴云：「今易作『柝』，六書正譌云『㯳，通作欜，俗作柝』。」　陳云：「許君稱『易孟氏』，其作『欜』者，孟喜本也。其兼收『㯳』者，以『㯳』與『橐』同。小雅斯干釋文：『橐本作㯳』。廣雅釋訓『欜，橐聲也』。是『橐』亦同『欜』矣。左哀七年傳『魯擊㯳聞于邾』，釋文云：『本作欜』。文選西京賦注：『㯳與欜同音』。周禮多古字，宮正挈壺氏、修閭氏俱作『欜』，是『欜』『㯳』古今字。『橐』又與『託』通，淮南修務訓『項託』，漢書董仲舒傳孟康注作『項橐』。先子曰：『㯳』下引易語，疑後人所增。古文易『柝』作『欜』，『欜』下引易乃許君原本。」嚴云：「釋文『柝』引說文作『欜』，則六朝舊本『柝』下未必引易。玉篇『柝』下引爾雅『木謂之柝』，亦不引易，疑此後人輒加。」段云：「案『欜』下引易『重門擊欜』，『欜』之本義也，引經言轉注也。此引易『擊柝』者，『欜』之借字也，引經言叚借也。易有異文，兼引之而六書明矣。」錢云：「義爲『判』似即『坼』字，當云『讀』如易曰『重門擊欜』。寫此書者但知俗本，不知古本，誤刪也。」桂云：「周易音訓引本書作『欜』，晁氏曰『今說文又出柝字，非古本說文也』。馥謂當爲『讀若易曰「重門擊欜」』。王云、『欜』下既引之矣，且釋文曰『說文作欜』，尤爲『柝』下不引易之明證。或者本作『讀若易曰「重門擊柝」』，所以區別二字之不同，後人沿今易誤寫爲柝，又有校者刪『讀若』耶？蒙案：以上諸家凡三說，互不同。各有所見，今並録之。

重門擊欜　木部　許云：「欜，行夜所擊木。句依段、王用御覽改。从木橐聲。易曰：『重門擊欜。』」

上棟下宇　宀部　「宇，屋邊也。从宀亏聲。易曰：『上棟下宇。』」虞翻曰：「宇謂屋邊也。」

古之葬者厚衣之以薪　茻部　「葬，臧也。从死在茻中，一其中，所以荐之。易曰：『古者葬，厚衣之以薪。』」茻亦聲。

後代聖人易之以書契　大部　「契，大約也。从大㓞聲。易曰：『後代聖人易之以書契。』」今易「代」作「世」。段、王並云：「『世』作『代』者，唐人避諱改之。」

天地壹壺　壺部　「壺，壹壺也。从凶从壺，壺不得渫也。易曰：『天地壹壺。』」吴云：「今易作『絪緼』。釋文云『本又作氤氳』。復古編作『壹壺』，『吉凶在壺中，不得渫也。別作絪緼、氤氳，並非』。案經書用字多有叚借通用，轉相沿習，不知其本，反成怪异。如『壹壺』二字，在易則作『絪緼』、『氤氳』，班固典引作『烟煴』，抱朴子作緸緼』魏大饗碑亦作『烟煴』，魏元丕碑作『壹緼』，形聲相近，即便引用，初未暇論字義也。」陳云：「案『壹』讀於悉切，『壺』讀於云切，本同母字，今人所謂雙聲。『絪緼』聲亦相轉，後漢書班彪傳注：『絪緼，陰陽和一，相扶皃也。』文選典引『烟烟煴煴』，注與後漢書注同義。魯靈光殿賦『含元氣之烟煴』，思玄賦『天地烟煴』，俱从火，皆『壹壺』之異文。說文糸部有『緼』無『絪』。」段云：「今易作『絪緼』，他書作『烟煴』、『氤氳』。蔡邕注典引曰：『烟烟煴煴，陰陽和一，相扶皃也。』張載注魯靈光殿賦曰：『烟煴，天地之蒸氣也。』思玄賦舊注曰：『烟煴，和皃。』許據易孟氏作『壹壺』，乃其本字，他皆俗字也。許釋之曰：『不得泄也』者，謂元氣渾然，吉凶未分，故其字从吉凶在壺中會意。」合二字爲雙聲疊韻，實合二字爲一字。文言傳曰：『與鬼神合其吉凶』，然則吉凶即鬼神也。繫辭曰：『三人行則損一人，一人行則得其友，言致一也。』『壹壺』『構精』，皆釋『致一』之義，其轉語爲『抑鬱』。桂云：『壹壺』也者，廣韻『壺鬱』也。史記賈生傳『堙鬱』，漢書作『壹鬱』，『壹』通作『絪』。大戴禮少間篇『所謂失政者，疆蔞未虧，人民未變，鬼神未亡，水土未絪』。盧辯注：『絪猶亂。』韓詩外傳曰：『陰陽相勝，氛祲絪氳也。』『壹』通作『緼』，漢朱龜碑：『星精壹緼。』」

雜而不𨒪　辵部　「𨒪，踰也。从辵戉聲。易曰：『雜而不𨒪。』」　吴云：「今易作『越』。說文長箋曰：『𨒪越二字，音聲訓義皆通，與逾踰同義，一字重文也。』」　陳云：「說文『𨒪，踰也。越，度也。踰，越也』。漢書司馬相如傳注引文穎『越，踰也』。亦轉相爲訓，字异義同。」

闡幽　門部　「闡，開也。从門單聲。易曰：『闡幽。』」

文言傳

利者義之和也　刀部　「利，銛也。从刀，刀和然後利。从和省。易曰：『利者，義之和也。』」

臣弑其君　殺部　「弑，臣殺君也。从殺省，式聲。易曰：『臣弑其君。』」

說卦傳

參天㒳地　部首　「㒳，再也，从冂。闕。易曰：『參天㒳地。』」吴云：「今易作『兩』。說文：『㒳，再也』。兩二十四銖也。音同義別，今皆通用『兩』。玉篇以『㒳』爲古文『兩』。周易本義辯證云：「『兩』當从說文作『㒳』。蔡邕石經作『㒳』，『兩』乃『斤兩』字見漢定陶、上林諸鼎。」段云：「蓋孟氏易如此。」

燥萬物者莫暵乎離　日部　「暵，乾也。耕暴田曰暵。从日堇聲。易曰：『燥萬物者，莫暵乎離。』」釋文「熯，王肅云『呼但反，火氣也』。徐本作『暵』，音『漢』，云『熱暵也』。說文同。」吴云：「今易作『燥萬物者，莫熯乎火』。案『暵』本从日，堇聲，隸省作『暵』。正字通云『从日火，从難省』，不知『難』亦从堇，『暵』未嘗从

『難』省也。又離爲南方卦，與火同體，故『火』一本作『離』。」陳云：「説文，『暵，乾也。熯，乾皃』。釋文『熯』本又作『暵』，『熯』『暵』之爲一字信矣。若離之爲火，則用孟喜本耳。案經文『疾乎雷、疾乎風，説乎澤，潤乎水』，以類言之，當以作『火』者爲正。然『盛乎艮』，言『艮』不言『山』也，故孟氏作『離』。小徐本作「燥萬物者，莫暵乎火。火，離也」。段依韻會删「火離也」三字。

爲馵足　馬部　大徐本無，韻會引，小徐亦有。

爲的顙　日部　「的，明也。从日勺聲。易曰：『爲的顙。』」　吴云：「今易作『的』。案説文『的』本从日，白部無『的』。漢魯峻碑銘『晚矣的的』，與説文同。从『白』者，俗譌也。」校議云：「『易曰』五字，疑後人所加。『馰』下云『易曰「爲馰顙」』，炮下云『若馰顙之馰。』」説卦釋文『的』，引説文作『馰』，則六朝舊本『的』下未必引易。」

爲馰顙　馬部，「馰，馬白額也。从馬的省聲。一曰駿也。易曰：『爲馰顙』。」　吴云：「爾雅釋畜『的顙白顛』，因音借用，『的』隸譌作『的』。」陳曰：「『的』馰同字，『焯』『炮』同義，錢詹事已詳其説于養新録矣。」段云：「疑『馰』後出非古。」王依孙本作「的顙」，云「日部引作『的』是也。引此者以證『的』省聲，兼以見『的』爲『馰』之古文也。毛本作『馰』非。　又云：「『的』者古今叚借字，『馰』則後作之專字。」蒙案：　火部炮，讀若「馰顙」之「馰」。

爲長女爲風　見前下經「巽」下。今作「爲風，爲長女」。

爲黔喙　黑部　「黔，黎也。从黑今聲。秦謂民爲『黔首』，謂黑色也。周謂之『黎民』。易曰：『爲黔喙』。」

兑爲口爲巫　示部　「祝，祭主贊詞者。从示从儿口。一曰从兑省。易曰：「兑爲口爲巫」。」　吴云：「今易作兑，爲巫，爲口舌』。案説文較今本少『舌』字，疑此誤。」

易説

地可觀者莫可觀于木　目部　相，省視也。从目木。易曰：『地可觀者，莫可觀于木。』詩曰：『相鼠有皮』。」吴云「今易無此文。」　陳云：「漢經師之説也，錢詹事已詳其義于養新録矣。」　段云：「五行志曰：『説曰木，東方也。於易，地上之木爲觀。』顔云：『坤下巽上，觀。巽爲木，故云地上之木。』許蓋引易觀卦説也。」校議云：「此蓋易説也。齊書符瑞志引尚書大傳云『東方，易經地上之木爲觀』，與此略同。」桂云：「王應麟曰『疑易傳及易緯之文』。王觀國曰：『古之以易名家者，各有訓説而爲之傳記，故宗其學者皆以易曰稱之。』」

井法也　井部　「刑，罰罪也。从井从刀。易曰：『井，法也。』井亦聲。」吴云：「今易無此文。此鄭康成注，見釋文並王伯厚玉海」。陳云：「今雜卦傳云『井，通也』」。一切經音義二十引易記云『井爲刑法也』。案廣雅釋詁『井，灋也』。後漢書竇武傳注『井者，法也』。初學記引風俗通云『井法也，節也』。言法制居人，令節其飲食無窮竭也』。『井，法』之義，其來已古。余友徐季壽云，『春秋元命包：『㓝字从刀从井，井以飲人，人入井爭水，陷於泉，以刀守之，割其情欲，人畏慎以全命也。』初學記引説文曰：刀守井也。飲之人入井陷之，以刀守之，割其情」，是許解㓝字與緯合矣。今本説文不同，而㓝下次刱字云：造法刱業也。易曰：井法也五字，當在刱字下，後人誤竄于㓝下，因删刀守井之義。徐堅所見本尚不誤也』。」段云：「『井者，法也』，蓋出易説。司馬彪五行志引易説同。」桂云：「繫辭傳『井居其所而遷』。鄭注『井，法也』。」王云：「井卦釋文引鄭曰：『井，法也。』蓋易家古説，故許君鄭君皆稱之。」

天下所歸往　部首「王，天下所歸往也。董仲舒曰：『古人造文者，三畫而連其中謂之王。三畫，天地人也，而參通之者王也』。孔子曰：『一貫三爲王』，凡王之屬皆從王。」易緯乾鑿度云：「王者，天下所歸往。」

說文引經異同 卷三

書

堯典

假于上下 人部 「假，非真也。从人叚聲。一曰至也。虞書曰：『假于上下。』」 吴云：「今書作『格』。案易萃卦『王假有廟』，詩商頌『昭假遲遲』，『格』皆作『假』。『格』、『假』二字，古蓋通用。」 陳云：「案『假』『格』通用，今正義本『祖考來格』、『惟先格王』、『格人玄龜』、『格于皇天』，史、漢俱作『假』。又士冠禮注：『今文格爲嘏』，是从各、从叚之字本通也。」 段云：「彳部『徦』，『至也』。」經典多借『叚』爲『徦』。毛詩雲漢傳、泮水傳『假，至也』。烝民、玄鳥、長發箋同。此皆謂『假』爲『徦』之叚借字也。其楚茨傳『格，來也』，抑傳『格，至也』，亦謂『格』爲『假』之叚借字也。又那傳、烈祖傳『假，大也』。此與賓筵、卷阿傳之『嘏，大也』，同謂『假』爲『嘏』之假借字也。假樂傳、維天之命傳『假，嘉也』，此謂『假』爲『嘉』之假借字也。」又段氏古文尚書撰異云：「許所稱尚書，皆孔安國壁中本。凡壁中本，有安國以今文讀之改定其字者，如『堋』改作『朋』，『𢿱』定作『斷』，『𢦏』定作『蠢』之類是也。叔重存其故書本字，往往與今本乖異，職此之由，許所見壁中是『假』字，而今本堯典『格』字五見。考毛詩楚茨、抑作『格』，毛云『來也，至也』。雲漢作『假』，毛云『至也』。是古時『格』、『假』通用，尚書作『格』，其來已久。王逸注招魂曰：『假，至也。』書曰『假于上下』。叔師多用今文尚書，此今文尚書與古文尚書同也。後漢書孝順帝紀，『丕顯之德，假于上下』，史記『假人玄龜』、『假于皇天』、『假于上帝』，漢書『惟先假王正厥事』，尚書大傳『祖考來假』，此今文尚書有『假』無『格』之證。易『王假之』、『王假有廟』，虞翻皆云『假，至也』。詩『來假祁祁』，鄭云：『假，至也。』毛、鄭于『假』字或云『大也』，或云『升也』，或云『至也』，其音皆讀如『賈』，或讀如『嫁』。陸氏釋文于升、『至』二義皆云『更白反』，非也。」 王氏鳴盛尚書後案云：「『格』古作『假』，説文人部引虞書『假于上下』。後漢馮異傳：永初六年，安帝詔曰：『昔我光武受命，横被四表，昭假上下』，亦作『假』。作『格』者，晉人改也。」段改『虞書』爲『唐書』，説見下「朞三百有六旬」句下。嚴云：「説文舊本引書，稱『尚書』或但稱『書』，六朝、唐初引見如此。其唐、虞、夏、商、周等字，皆校者所加，亦有未盡加者，如『圛』下、『堣』下、『垔』下，稱『尚書』，『蕲』下、『韶』下、『叶』下、揺下，但稱『書』也。」承氏改「假」从彳，移于彳部「假」下，然經典多作「假」，少作「假」者。

宅堣夷　土部「堣夷，在冀州陽谷。立春日，日值之而出。」段云：「許所聞尚書古義如此」。从土禺聲。尚書：曰『宅堣夷』。」釋文：「嵎（夷）音隅。馬云：『嵎，海隅也。夷，萊夷也。』尚書考靈曜及史記作『禺銕』。」吴云：「『堣』『嵎』形聲皆近，古或通借。」陳云：「『崵』下」一曰嵎銕，崵谷『嵎』與『堣』異文。『銕』爲『夷』之叚借字。宋本作『鐵』，『鐵』之重文爲『銕』，夭結反，而此處音讀『銕』，當爲『夷』異文。『崵』與『暘』異文。三字皆異，此必歐陽、夏侯本之文異於孔傳，而義通音同者，許君故兼收之，而不稱『書』，止稱『一曰』也。」校議：「『崵』下云『嵎銕』，宋本及小徐作『嵎鐵』。銕，古『鐵』字，土部又作『堣夷』，『銕』『夷』同聲，『堣夷』蓋孔氏古文也。」段改「陽」爲「暘」，云「山部『崵』下曰『首崵山，在遼西。一曰嵎銕，崵谷也』，『嵎』『銕』『崵』三字皆與此異。『嵎』當作『禺』，蓋『堣夷』暘谷』者，孔氏古文如是，『禺銕，崵谷』者，今文尚書如是。今堯典作『宅嵎夷，曰暘谷』，依古文而『堣』譌『嵎』，恐衞包所改耳，玉篇、唐韻皆作『堣』可證。堯典音義曰：『尚書考靈曜及史記作禺銕』，尚書正義卷二曰，『夏侯等書古文宅堣夷「堣」作「嵎」者譌爲『宅嵎鐵』，『嵎鐵』即『禺銕』之異字。凡緯書皆用今文，故知許土部所稱爲古文，山部爲今文。尚書如『昧谷』爲古文，『栁穀』爲今文，正同。『堣夷』『暘谷』許明云在冀州，山部曰，「（首）崵山在遼西。一曰禺銕，崵谷」。「一曰」猶一名，非有二物。遼西正在冀州，然則堯典之『堣夷』非禹貢青州之『嵎夷』。司馬貞注禹貢云：『今文尚書及帝命驗並作禺鐵，在遼西』，此謂堯典也。陸氏引馬云『嵎，海隅也。夷，萊夷也。』馬釋堯典始以禹貢釋之，而僞孔傳大意從之。羲和測日，不必遠至海外也。」古文尚書撰異云：「堣夷，古文尚書字，本從土，轉寫誤從山。説文土部『堣夷』，山部『封嵎』，二字畫然。玉篇土部『堣夷』，日所出。虞書分命羲仲，宅堣夷，本亦作嵎』，蓋有『堣』

『嵎』二本，後人舍是从非耳。正義『嵎鐵』即『禺銕』，『銕』者古文『鐵』字，『鐡』者『鐵』字譌體也。凡緯書皆出漢人之手，故考靈曜、帝命驗皆用今文尚書。釋文引史記作『禺銕』。今史記作『郁夷』，乃『禺銕』之別本。『郁』在尤矦入聲，『禺』在矦部平聲。釋文之『史記』二字，疑『說文』二字之誤，謂山部『崵』字下所云也。或陸氏所據史記與張守節、司馬貞本不同。」桂云：「史記禹本紀『堣夷既略』，列子亦作『堣夷』，又作『隅夷』。胡渭曰：『說文：崵山，在遼西，一曰嵎銕，崵谷也。既在遼西，則冀域而非青域，不可以當禹貢之嵎夷』。馥案後漢書以嵎夷爲遼東、樂浪、三韓之地，陽谷，叒下作『暘谷』。」尚書後案云「馬云『嵎，海隅也。夷，萊夷也』。據說文堣夷乃在冀州遼西，後漢書則以爲遼東、樂浪、三韓之地。但『寅賓出日』，自當于正東之青州，似不必就東北冀州之遼水東西。玆處大約北極出地三十六度，恐當以馬說爲定。蓋青州上言『嵎夷』，下言『萊夷』，上言『既略』者，總指海隅之地及萊夷而言；下言『作牧』者，就中抽出萊夷而言。馬以經解經最確。」江氏聲尚書集注音疏注云：「說文『冀州』蓋誤，當爲『青州』。禹貢云『堣夷既略』，青州分也。疏云陽谷是日出之所，當在東方。冀州則在北方。此冀州蓋寫書者之誤，非謂許君誤也。」蒙案：說文句讀取後案之說，江說亦與之同。如江所云，則許書土部「冀州」字誤，而山部之所云「在遼西」者，自指（首）崵山而言。「一曰」以下別爲一說，不必蒙上「在遼西」之文也。又日部『暘』下引商書曰「暘谷」。陳云：「『堣』下云『陽谷』。叒部，『日初出東方湯谷，所登榑桑』。史記五帝本紀『暘谷』，索隱云：『舊本作湯谷』。史記本淮南子文，而今本淮南子作『暘谷』。洪範『時暘若』，漢書作『時陽若』，則『暘』、『陽』、『湯』、本通用也。」段從小徐作『虞書』，云宋本、葉本如是，他本作「商」非也。江氏聲說與段同。案日部引書，當是洪範之文。說詳彼條。

平豑東作　豊部「豑，爵之次弟也。从豊从弟。虞書曰：『平豑東作。』」釋文「平，馬作『苹』，普庚反，云『使也』。下皆放此。」吴云：「今書堯典作『秩』。案說文『秩』訓『積也』，『豑，爵之次弟也』，經典絕無『豑』字。如書之『秩宗秩敘』、詩之『左右秩秩』、『德音秩秩』皆但作『秩』，豈盡衛包改古文時失之邪？惜無可攷矣。」

陳云：「案攴部『敘，次弟也』，是『豑』『敘』同義。禾部『秩，積也』。自隸變以『秩』爲『豑』，開元時改書之『豑』爲『秩』。」段云：「今尚書作『平秩』，史記作『便程』，周禮鄭注引書作『辨秩』，許作『平豑』，『豑』

蓋壁中古文之字如此。孔氏安國乃讀爲『秩』，而古文家從之。許存壁中之字，如鄭注禮經存古文之字，注周禮存故書之字也。」古文尚書撰異云：「尚書大傳曰『辯秩東作』、見索隱，今本佚。『辯秩南僞』、『辯秩西成』，周禮馮相氏注：『辯秩東作，辯秩南僞，辯秩西成，辯在朔，易』正義云『皆據書傳而言』。案『辯』與『辯』通用。此伏生今文也。今本古文尚書皆作『秩』，蓋由孔安國以今文字讀之，讀『⿰平弟』爲『秩』也。」

鳥獸褎毛　㲋部　「⿰㲋并，羽獵韋絝。从㲋并聲。⿴衣㲋，虞書曰：『鳥獸⿴衣㲋毛。』从胼从衣。」吴云：「今書作『⿰㲋毛毛』。案毛部引作氄髦，集韻氄或作⿰㲋毛』。氄褎音同義異，『褎』與『毛盛』義遠，疑音同誤借。」陳云：「案『褎』爲『⿰㲋并』之重文。『⿰㲋并』从㲋，㲋讀若雋。雋取佳聲，氄取隼聲，隼取佳聲。『褎』氄同聲，故同義。惟『⿰㲋并』分⿰㲋并部『从㲋并聲』，當云『从㲋，从并，㲋亦聲』。說文以部居爲聲，此例甚多，如后部『垢』从后聲，丵部『僕』从丵聲是也。今尚書作『⿰㲋毛』，馬融訓『温柔皃』，與說文『㲋，柔韋』之訓，知『⿰㲋并』取聲于㲋，亦取義于㲋也。」九經古義云「汗簡引尚書作『胼』，案『胼』與『褎』相似」。段云：「毛部作氄，此作『褎』，豈彼古文此今文之異與？」桂云：「疑此當云『讀若虞書鳥獸⿰隼毛毛』」。王云：「繫傳曰『此亦⿰㲋犬字。鳥以柔毳爲衣，故从衣，當言从衣，从朕皆脱誤』。筠案大徐本蓋因小徐此語，因顛倒之，非有據本然如此，豈有涉于『韋絝』乎？玉篇『⿰㲋犬』無重文，而别有『⿰㲋毛』字，而冢、人尹二切，「云『亦作氄⿺毛矞』，案此義與『褎』正同。今堯典作『氄』，毛部引之作氄，然而冢切與而隴切正同。其『⿰㲋并』音子徇切，與唐韻不同，其衣部亦不收『褎』字。故从小徐本，使人一望知其爲挩誤。」古文尚書撰异云：「『⿰㲋并』字訓『羽獵韋絝』，而虞書『⿴衣⿰㲋并毛』則訓『毛盛』，六書之叚借也。此與毛部所引絶異，蓋今文尚書」。又云：「說文毛部作『髦』，㲋部作『毛』，似古文尚書作『髦』，今文尚書作『毛』。然古今人表南宫髦、毛伯同在顧命，而一髦一毛不同。既夕禮云『馬不齊髦』，鄭注云『今文髦爲毛』。案既夕禮說馬鬣，則『髦』是本字，『毛』是叚借字也。堯典說鳥獸毛羽，則『毛』是本字，『髦』是叚借字也。」

鳥獸氄毛　毛部　氄，毛盛也。从毛隼聲。虞書『鳥獸氄髦』」。吴云：「『毛』『髦』古通，古文尚書作氄髦』。」陳云：「說文『毛，（毛）髮之屬。髟，長髮猋猋。髦，髮也』。無異義也。鄭氏尚書『中冬鳥獸氄髦』，周禮司裘注引作『中秋，鳥獸氄毨。』釋文云：『氄音毛』。王光禄謂氄當爲髦字之誤」。瑑謂氄當爲氄，毨當爲『毛』之誤，並誤『仲冬』爲『仲秋』耳」。九經古義云：「張有復古編云毴从毛、隼。書曰「鳥獸毴毛」，別作氄非」」。蒙案：周禮鄭注毴毨，王亦疑毴即毴字，與陳説略合。然當以王光禄之説爲是，許書毨選也，仲秋，鳥獸毛盛，可選取以爲器」，與鄭注「因其良時而用之之」説相合也。孫氏星衍尚書今古文注疏謂「氄者，孔壁中古文，」與段説相左。

稘三百有六旬　禾部　「稘，復其時也。从禾其聲。虞書曰：『稘三百有六旬。』」　吳云：「今書作『朞』。案『朞』即『期』字，會也。『稘』『年』皆取義於禾，改用『期會』之『期』非，然經典相承已久，不可正也。」陳云：「今作『期』，衛包所改也。禾一年一熟，故从禾。王光禄曰：『稘』與『年』同意，今經傳『季』俱作『年』，『稘』俱作『期』矣」。段从小徐作「唐書」，云「壁中古文作『稘』，孔安國以今字讀之，易爲『期』也。『唐書』，大徐作『虞書』。考心部稱『唐書「五品不遜」』，大，小徐本同。此則小徐作『唐書』，大徐作『虞書』。他稱『堯典』者凡二十五，皆云『虞書』，不云『唐書』，參差不畫一，未得其解。竊謂尚書鄭贊云，『三科之條，五家之教。』『三科』者古文家説，虞夏書、商書、周書是也。『五家』者今文家説，唐書、虞書、夏書，商書、周書是也。虞、夏同科，則自堯典至甘誓爲虞夏書，湯誓以下爲商書，大誓、牧誓以下爲周書。五家：堯典爲唐書，皋陶謨爲虞書，禹貢、甘誓爲夏書，湯誓以下爲商書，大誓、牧誓以下爲周書。論衡曰：『唐、虞、夏、殷、周者，土地之名，重本不忘始，故以爲號，若人之有姓矣。説尚書，謂五者功德之名，盛隆之意。唐之爲言蕩蕩也，虞者樂也，夏者大也，殷者中也，周者至也。其褒五家大矣，然而失其初意。』王充業今文，此『五家』之説之證也。伏生有『五家之教』，故尚書大傳有唐傳、虞傳、夏傳、殷傳、周傳之目，見唐人正義所稱引，大傳所亡。近惠氏定宇蒐集之爲書，乃標堯典之首曰虞夏傳唐傳，標禹貢之首曰虞夏傳夏傳，以古文家之目羼入今文家，殊爲不可通。許君云：唐書者從今文家説也，曷爲從今文家説也？堯典紀唐事，紀舜皆紀堯也。則謂之唐。皋陶謨紀虞事，則謂之虞書。禹貢紀禹之功，則謂之夏書。勝於古文家之概稱虞夏書，未得其實也。曷爲自言稱書孔氏古文而从今文説也？古文、今文家標目，皆非孔子所題，皆學之者爲之説耳。説則可擇善而從，無足异也。若左傳以『昚徽五典』六句系之虞書，以『敷内以言』三句系之夏書，洪範一篇系之商書，亦與古文家説不同。許於洪範，則依左傳，謂之商書，於堯典、皋陶謨、禹貢，則依今文『五家之教』謂之唐書、虞書、夏書，蓋合諸説而折其衷矣。凡今本説文以堯典系虞書者二十五，皆淺人所妄改，許不應自相舛戾如是」。古文尚書撰異云「期，今文尚書作『歲』。五帝本紀曰『歲三百六十六日』，漢書律曆志曰『歲三百有六旬有六日』，是其證也。」桂云、「廣雅：『稘，卒也。』大戴禮小辯篇：『夫亦固十稘之變，由不可既也，而況天下之言乎？』王君聘珍曰：『十稘之變，猶云十年之變也。』」王云：「不引『有六日』者，易繫辭凡三百六十當期之日，亦弟舉大數言之。」

帝曰𠷎咨　白部　𠷎，詈也。从白，𠷎聲。𠷎與疇同。虞書曰：此「曰」字段補。『帝曰𠷎咨。』」吴云：「今書作『疇咨』。類篇云𠷎與疇同。」六書正爲云：𠷎，誰何也，俗用疇非。」六書本義云：𠷎，誰也，亦作𠷎，或借𠷎非。案𠷎𠷎音義別，理無可通。从白，與『田』畫近，易混，故經典相承用𠷎，『疇』又𠷎之隸書也」。段云：『詈也』二字當作『誰詈也』三字。堯典言『疇若予』者二，皆訓『誰』。則言『疇咨若』者二，亦必同『疇咨』，當先咨後疇，語急故爾。壁中古文字作𠷎，古字也。爾雅『疇孰誰也』，字作『疇』，今字也。許以『疇』爲叚借字，𠷎爲正字，故口部曰𠷎誰也』，則又𠷎疇爲古今字。尚書作『疇』不作𠷎者，盖孔安國以今文字讀之，易之同爾雅也。古文尚書撰异云：「『誰』之訓當作𠷎，『詈』之訓當作𠷎，『田』之訓當作『疇』。即説文𠷎字。而𠷎𠷎字不行，漢人多叚『疇』訓『誰』。尚書壁中作𠷎者，此周時古文之叚借。漢人經傳作『疇』，此漢時用字之叚借。」

絑　糸部　「絑，純赤也。虞書『丹朱』如此，从糸朱聲。」吴云：「今本作『朱』，書古文訓作『絑』。案説文『朱』訓『赤心木』，『絑』訓『純赤』，音同義近，原可相通。『絑』字經典少見，正字通譏其加糸爲贅，不知『紅』、『緑』、『緗』、『緋』諸字皆从糸，『絑』亦其類，何獨爲贅？」段云：「此謂壁中故書也。故書作『絑』，以今文讀之，乃易爲『朱』字。許云：『虞書丹朱如此』，則知他經『丹朱』字不作『絑』也」。校議云：「『虞書』六字盖校語，『奡』下引『若丹朱奡』，或彼舊作『絑』。桂云：「薛季宣書古文訓作『丹絑』，本書『奡』下引書『若丹朱奡』，堯典『胤子朱啓明』，尚書大傳『堯爲天子，丹朱爲大子』」。孫氏星衍尚書今古文注疏云：「淮南泰族訓云：『雖有天下，而絑勿能統也』，注云『絑、堯子也』。是古文作『絑』。」

旁逑孱功　辵部　「逑，斂聚也。從辵求聲。虞書曰：『旁逑孱功。』」吴云：「今書作『方鳩僝功』。案説文

『⿰亻孨』注亦引此文，作『方鳩⿰亻孨功』。古文尚書作『匚逑』。古書傳本不一，字多叚借用之，其義同也。惟今本『僝』字字書所無，釋文：『本作⿰亻孨』，『僝』蓋『⿰亻孨』之譌也。又今本説文『⿰亻孨』注作『旁救』。尚書今古文注疏云：「⿰亻孨，漢書楊賜傳引作『孱』。」

旁救⿰亻孨功　人部　「⿰亻孨，具也。从人孨聲。讀若『汝南⿰氵孨水』。虞書曰：『旁救⿰亻孨功』。」陳云：「今作『方鳩⿰亻孨功』，史記作『旁聚布功』。『方』讀輕脣，『旁』讀重脣，無异義也。爾雅釋詁：『鳩，聚也。』説文『鳩』『勼』同字，聚也。字林『逑斂聚也』，與説文同。『鳩』『逑』字異義同。大雅『以爲民逑』，傳云『合也』，亦與『聚』義不甚相遠。『⿰亻孨』訓『具』，馬融本與説文同。若『孱』則許訓『迮』，玉篇訓『愞弱』，廣韻訓『不肖』，廣雅訓『惡』。漢書張耳傳『孱王』，孟康云：『冀州人謂愞弱爲孱』，義皆與『具』遠。惟二字皆从孨得聲，江徵君所謂『聲同則字通』耳」。古文尚書撰異云：「案『方鳩⿰亻孨功』者，古文尚書，『旁逑孱功』者，今文尚書也。説文人部引『方救⿰亻孨功』，（小徐作「方鳩」，大徐作「旁救」，汲古閣剜改作「方鳩」，今按當是「方救」。此稱古文『鳩』作『救』者，此壁中故書也。辵部引『旁逑孱功』，此稱今文也。凡古文尚書作『方』，凡今文尚書作『旁』，如『方鳩僝功』五帝本紀作『旁』，『方施象刑』白虎通作『旁』，『方告無辜』論衡作『旁』，皆可證。士喪禮注曰：『今文旁爲『方』。竊謂儀禮則今文爲『方』，古文爲『旁』。尚書則今文爲『旁』，古文爲『方』。廣雅釋詁曰：『方，大也，』此古文家説也。又曰：『旁，大也』，此今文家説也。『鳩』壁中故書作『救』，集韻十八尤曰『勼聚也，古作救，通作鳩』，此語必有所受之。周官經大司徒職以『救』爲『求』。地官大司徒「以求地中」，鄭氏注曰『故書求』爲『救』。杜子春曰：『爲求』，是古文以「求」爲「救」也。尚書以『救』爲『勼』，皆六書之叚借也。孔安國以今文讀之，易爲『鳩』字。左氏昭十八年傳『鳩民』，襄十六年傳『無鳩』，襄二十五年傳『鳩藪澤』，杜注『鳩，聚也』，亦叚借字。漢人有用『鳩』字，故以之易『救』字也。今文尚書作『逑』，説文『逑，斂聚也。』五帝本紀作『聚』，然則『逑』亦訓『聚』。今文與古文字异音義同也。『⿰亻孨』者，説文『具也』。馬季長云『具也』，與説文合。今文尚書作『孱』，亦字之叚借也。五帝本紀『孱』作『布』，今文家説也，參稽互證，知許君稱古文，不廢今文矣。」桂云：「惠棟曰『引書後人所加，非本文。』」此謂人部。

洪水浩浩　水部　「浩，澆也。从水告聲。虞書曰：『洪水浩浩。』」　吳云：「今書無此文，疑即堯典『湯湯洪水方割，蕩蕩懷山襄陵，浩浩滔天』文而有所割裂脱誤也。」　王云：「此堯典約文也。」段及校議説並同。韻會謂説文引書「浩浩洪水」。

方命圮族　土部　「圮，毁也。从土己聲。虞書曰：『方命圮族。』」

有能俾𨐨　辟部　𨐨，治也。从辟乂聲。虞書曰：『有能俾𨐨。』」　吳云：「今書作『乂』，六書正譌云『𨐨，通用乂』，古文尚書作𨐨。　陳云：「『乂』省文也，字異義同。」段云：「丿部曰『乂，芟艸也』。今則『乂』訓『治』，而『𨐨』廢矣。詩作『艾』，小雅小旻傳曰『艾，治也』。堯典今𨐨作『乂』，蓋亦自孔安國以今字讀之已然矣。」　桂云：「『治』也者，釋詁文彼作『乂』。釋文云『字』又作𨐨，謚法解『乂，治也』。書君奭『巫咸乂王家』，史記作『治王家』。金樓子説蕃篇引同，通作『艾』。漢書五行志引洪範『艾用三德』，應劭曰：『艾，治也，』顏注：『艾讀曰乂，』又通作『辟』。洛誥『其基作民明辟』，傳訓『辟』爲『治』。堯典文史記作『有使治者。』」　王云：「釋詁『乂，治也』，仍用古文叚借字，『𨐨』則專字也。」

嶽曰异哉　収部　「异，舉也。從収㠯聲。羊吏切　虞書曰：『嶽曰：异哉。』」　大徐「嶽」作「岳」，與今合。　吳云：「隸省作『异』，傳云『已也，退也，言餘人盡已，惟鯀可試』。正義云：『异聲近已，已訓止，是停住之義，故爲退也。』蔡傳云：异義未詳，疑是已廢而復强舉之意。』説文：『异，舉也，』正與蔡傳吻合。惜蔡氏未考説文，不敢明駮舊説也。」　古文尚書撰異云：「案今説文㠯聲，各書皆從已，疑今説文誤也。釋文：『徐云、鄭音異，孔、王音怡，已也。』鄭音『異』者，蓋鄭讀『异哉』爲『異哉，』謂四岳賢鯀，聞堯短之，輒驚愕而嘆曰『異哉』。鄭注不傳，往往有可於音求其義者，此類是也。廣韻七志曰：『异哉，嘆也，退也，舉也。』『嘆』者鄭義，『退』者孔義，『舉』者許議。集韻七之亦同。許訓『异』爲『舉』，此就從廾釋之。其於虞書不必訓『舉』也，觀『圛』、『夐』、『堲』等字注可知其説。」　王云：「史記五帝本紀曰：『嶽曰：异哉，試不可用而已。』夏本紀曰：『四嶽曰，等之未有賢於鯀者，願帝試之。』據此二文，知四嶽不得已而舉之，故許君説之曰『舉也』。」

𢑴類于上帝　㣇部　「𢑴，㣇屬，從二㣇。息利切　𢑦，古文𢑴。虞書曰：『𢑴類于上帝。』」段云：「堯典文，許所據，盖壁中古文也。伏生尚書及孔安國以今文讀定之，古文尚書皆作『肆』，史記作『遂』，然則漢人釋『肆』爲『遂』，即爾雅之『肆，故也。』壁中文作『𢑦』，乃『肆』之叚借字」。古文尚書撰異云：「史記五帝本紀『遂類于上帝』，『遂見東后』，封禪書，『遂類于上帝』，『遂觀東后』，漢書王莽傳『遂類于上帝』，皆作『遂』。未知今文尚書作『遂』與古文尚書異，抑今文尚書本作『肆』而用故訓字代之也。論衡祭意篇引書作『肆』，則今文尚書亦作『肆』可知。」校議謂「𢑴，篆體當作『𢑴』，」又『𢑦』下云「此後人所加，『𢑦』『𢑴』非異文，何勞重出？」王云：「『類』者古文叚借字，示部『禷』後起之專字也。引書于『𢑦』下而字作『𢑴』者，或本在『𢑴』下，後迻于此也。」

至于岱宗祡　示部　祡，燒柴樊燎，以祭天神。從示此聲。虞書曰：『至于岱宗，祡。』𥛐，古文祡，从隋省。」吳云：「今書作『柴』。案説文『柴』訓『小木散材』，『祡』訓『燒柴樊燎，以祭天神』。燒柴即燔柴，指物則爲『柴』，于祭則名『祡』，二而一者也。揚雄甘泉賦『欽祡宗行，』與説文同。」陳云：「三禮、爾雅俱从木，無从示者。案『祡』之義，釋文云：『馬融云：祭時，積柴加牲其上而燔之，』三禮注亦無异説。説文火『尞，祡祭天也』。是燔柴以祭天神謂之『祡』，猶之類祭爲『禷』，諦祭爲『禘』，不即以類諦爲祭名，則亦不得即以柴爲祭名也。諸書作『柴』，是所燔之柴當作『柴』，而祡祭之『祡』無有作『祡』柴者矣。王制釋文云：『本作柴。』時邁釋文云：『柴，字林作祡』。樊毅修華嶽碑『祡燎壇埋』，是漢人多用『祡』字，此注『燒柴』之『祡』，疑本从木，後人亂之也。」段據爾雅釋文改許文曰「燒柴，尞祭天也」。「尞」從火部之文改。其説云：「許自序稱『書孔氏』，知古文尚書作『祡』，不从木作『柴』也。壁中尚書作『𥛐』。既稱古文尚書作『祡』矣，何以云壁中作『𥛐』也？凡漢人云古文尚書者，猶言古本尚書，以別於夏侯、歐陽尚書，非其字皆倉頡古文也。儀禮有古文、今文，亦猶言古本、今本，非一皆倉頡古文，一皆隸書。如此字壁中簡作『𥛐』，孔安國以今文讀之，知『𥛐』即小篆『祡』字，改从小篆作『祡』。是孔氏古文尚書出於壁中云爾，不必皆仍壁中字形也。綴『𥛐』於『祡』下者，猶周禮既从杜子春易字，乃綴之云故書作某也。」撰異云：「𥛐，壁中尚書也；祡，孔安國以今文讀之之尚書也。今本作『柴』，則漢以後人所改，而非出於衛包也」。　王云：「釋文引馬本，今釋文不出『祡』字，桂、王皆據從以爲馬本作『祡』者，殆於其義知其文與？史記、集韻引鄭本，皆作『祡』。大宗伯『實柴』，堯典正義亦引作『祡』，則非也。」古文从（禬）隋者，省桂云「本書『隋，裂肉也，』『裂』當爲『烈』，謂加牲燔柴之上。」王云：「春官大祝『隋釁』，注謂『薦血也』，蓋祭天無爓熟，故从『隋』。」　蒙案：時邁詩序釋文「柴」，說文、字林作「祡」，爾雅釋天釋文云：「說文作祡」，乃說文「祡」下引書，而不及詩序、爾雅者，陸引說文以正經字，非必盡爲說文所引之經文也。然則據釋文云說文作某，而遽以增許書引經語者，或亦不盡然與？

雉𡝮　女部　「𡝮，至也。从女執聲。周書曰：『大命不𡝮』。讀若摯同。一曰虞書『雉𡝮』」。　吳云：「虞書『一死贄』，釋文：『本又作摯。』案說文『𡝮，至也；摯，握持也。』今經典相承，『懇𡝮』字改用『摯』，『執摯』字兼用『摯』，屏『𡝮』不用。」　陳云：『贄』爲俗，當作『摯』。史記五帝紀注引馬融曰：『摯一死，雉，士所執也。』故許君以爲『雉𡝮』。　撰異云：「『大命不𡝮』，字之本義也。『雉𡝮』則引伸叚借也。故引虞書在商書之後，中以『讀若摯同一曰』隔之。古文尚書、商書、虞書皆不作『𡝮』而作『摯』者，安國以今字讀之，既改從今字矣，叔重存其壁中原字於說文，猶鄭君注禮，每云故書作某，古文作某也。」　王云：「大宗伯『六摯』注云『摯之言至』，則仍是一義引伸」。段亦云鄭注尚書同「摯之言至，所以自致也」，是其義通。

明試以功　言部　「試，用也。从言式聲。虞書曰：『明試以功。』」

𡨄三苗　宀部　「𡨄，塞也。从宀𣪏聲。讀若虞書曰：『𡨄三苗』之『𡨄』。」粗最切。　吳云：「今書作『竄』。古文尚書作『𡨄』，音『萃』。集韻以『𡨄』爲古文『竄』，皆从穴。」段改爲「竄三苗」之「竄」，云「二『竄』本皆作『𡨄』，妄人所改也，今正。說文者，說字之書。凡云『讀若』，例不用本字。倘尚書作『𡨄』，又不當言『讀若』也。」　撰異云：『竄』字今音七亂切，古音七外切，見周易訟象傳、宋玉高唐賦、班固西都賦、魏大饗碑辭、晉張協七命、潘岳西征賦、宋謝靈運撰征賦，古音『𡨄』與『竄』同也。轉寫淆譌，淺人乃謂古文尚書作『𡨄三苗』，由考覈未至耳。孟子萬章篇『竄』作『殺』，『殺』非『殺』戮之『殺』，即『竄』字之叚借也。古無去聲，『竄』讀如『鎩』。左氏昭元年傳曰：『周公殺管叔而蔡蔡叔。』陸氏德明曰：『蔡，說文作𥻦』。案說文七篇，『𥻦，𣧑散之也』，私列、桑割二切。經典『竄』、『蔡』、『殺』、『𣧑』四字同音通用，皆謂『放流之』也。」校議亦云當依今書作「竄三苗」之「竄」。桂氏、王氏則謂「竄三苗」當作「𣧑三苗」。蒙案：段、嚴之說與桂、王不同，然據所言，則王氏鳴盛、江氏聲謂經本作「䆾」，衛包改作「竄」者，非矣。陳用王鳴盛之說，故不録。

殛鯀于羽山　歺部　「殛，殊也。從歺亟聲。虞書曰：『殛鯀于羽山』。」段云：「『殊』謂『死』也。廣韻曰『殊，陟輸切。殊殺字也，從歺。歺，五割切。𣧑同殊』。據此知古『殊殺』字作『殊』，與『誅責』字作『誅』迥別。」撰異云：「案爾雅曰，『殛，誅也。』馬融注尚書，趙岐注孟子，韋昭注國語、晉語，皆同。惟說文云『殛，殊也。』厠『殂』、『殪』之間，則訓爲『死辠』。考春秋左氏傳曰：『舜臣堯，賓於四門，流四凶，族渾敦、窮奇、檮杌、饕餮，投諸四裔，以禦魑魅』，不言『殛』爲『殺』。然則『放』『流』『竄』『殛』正同耳。孟子引書，惟改『竄』爲『殺』，『殺』即說文『𣧑』字之叚借。天問『永遏在羽山，夫何三年不施』，王注『言堯長放鮌於羽山，絶在不毛之地，三年不舍其罪也』。吕覽行論曰：『帝舜於是殛之於羽山，副之吴刀』。高誘注云：『書云鯀則殛死，先殛後死也』。玉裁謂夏本紀舜『行視鯀之治水無狀，乃殛鯀於羽山以死』，此語最分明。因殛而死，非訓『殛』爲『殺』也。左氏傳子産曰：『堯殛鯀羽山，其神化爲黃熊，以入於羽淵。』外傳亦言『昔者鯀違帝命，殛之于羽山，化爲黃熊，以入于羽淵』。山海經曰『帝令祝融殺鯀于羽郊。』此皆渾舉不分析之詞，其實則先殛後死。高注明析。韋注晉語又云『殛放而殺』也。此四字依宋本，今本作「放殛而殺之」。鄭志答趙商云『鯀非誅死。鯀放居東裔，至死不得反于朝』。左氏昭七年釋文『殛亦作極』。多方『罰殛』，『本又作極』。爾雅『殛，誅也』，魯頌閟宮、小雅菀柳正義皆引作『極』。然則堯典『殛鯀』亦是『極』字之叚借，『殛』之本義訓爲『殊』，『殊』訓『死也』，一曰斷也』。『殛』之所叚借爲『極』，『極，窮也』，孟子言『極之於所往』是也。周禮大宰職『八柄廢以馭其罪』，鄭注『廢猶放也，舜殛鯀于羽山』是也。玉裁案劉向謂『放』『流』『竄』『殛』爲『四放之罰』。今淺學謂『殛』爲『殺』，大誤。」釋文「極，紀力反」。葉林宗所鈔宋本如是。通志堂刊本乃妄改之。王云：「大戴禮五帝德曰：『殛鯀於羽山，以變東夷』。史記五帝本紀同。是殛之猶有所用之也。洪範『鯀則殛死』，謂死于貶所耳」。

放勛乃殂落　歺部　「殂，往死也。从歺且聲。虞書曰：『放勛乃殂落。』」校議云「宋本及鈔本，小徐作

「勛乃殂」，無『放』『落』二字。集韻、類篇但無『落』字」。段、王並依小徐作「勛乃殂」。段云：『勛乃殂』，二徐本皆如是。宋本説文及洪邁所引皆可證。至集韻類篇乃增『放』字，至李仁甫乃增之曰『放勛乃殂落』，或用改大徐本，此皆不信古之過也。堯典曰：『二十有八載，放勳乃殂落』，見孟子。春秋緐露、皇甫謐、帝王世紀所引皆如是。此作『勛乃殂』，據力部『勳』者小篆，『勛』者古文，勳則許所稱真壁中文也，而無『放』『落』二字。蓋孟子、董子所稱者，今文尚書也。許所稱者，古文尚書也。孟子何以稱今文尚書？伏生本與孔安國本皆出周時，説詳尚書撰異矣。『放勛』何以但言『勛』也？或言『放勛』或言『勛』，一也，蓋當世臣民所稱不一也。『殂落』何以但言『殂』也？云『殂』則已足矣，不必言『殂落』也。釋詁：『崩、薨、無祿、卒、殂、落、殪，死也』。白虎通曰：『書言殂、落、死者，各自見義。堯見憯痛之，舜見終各一也』。此其所據皆今文尚書，且爾雅無妨『殂』『落』二字各爲一句也」。撰異云：「案孟子、春秋緐露、帝王世紀皆作『放勳』，董子用今文尚書者，許叔重、皇甫士安用古文尚書者，疑古文作『放勛』，今文作『放勳』，皆不作『帝』也。又説文無『落』字，當是古文尚書。孟子、緐露、爾雅、白虎通有『落』字，則同今文尚書。今本古文『帝乃殂落』，恐姚方興本，未可爲據。陸氏用王本作音義，恐不爾。師古注王莽傳引虞書『放勳乃徂』，無『落』字。此當是馬、鄭、王之本。堯典之紀堯也，始言曰『放勛』，終言『放勛乃殂』。其書舜之即真也，始言『舜格於文祖』，『舜曰咨！四岳』，終言『舜生』，古史文法精嚴如是。自僞孔傳不謂放勳爲堯名，而云『言堯放上世之功化』，則『放勛乃殂』不可通矣。於是姚方興傅會之，易爲『帝』字，推見至隱，其在斯乎」？蒙案：「殂落」單言「殂」可也，「放勛」單言「勛」，説終未安。

闢四門　門部　「闢，開也。从門辟聲。𨳲，虞書曰：『闢桂改「闢」四門』，从門从𠬞」。陳云：「許書既於重文稱經，則當作『𨳲』，今作『闢』者刻本之誤」。撰異云：「案下一字古文『闢』字，从門𠬞會意。𠬞引也，普班切。所引虞書則壁中故書然也。書序馬本「東郊不闢」，一作『不𨳲』，此可證壁中『闢』皆作『𨳲』。孔安國以今文讀之，改爲『闢』，而柒誓序則好古所留遺者。凡説文引『𨳲』、『齝』、『𢦔』字，皆於小篆之下舉壁中古文。」桂云：「古今字詁『𨳲，古闢字。』」

時惟懋哉　心部　「懋，勉也。从心楙聲。虞書曰：『時惟懋哉。』」段云：「今作『惟時』，未知孰是。」王云：「史記作『惟是懋哉』，大徐誤倒。」錢云：「今書作『惟時』，繫傳恐此誤字也。」

偰　人部　「偰，高辛氏之子，爲堯司徒，殷之先也。从人契聲。」撰異云：「案此正字也，別無他義，但爲元王之名，故叔重之説解如此。蓋壁中尚書正作『偰』也。厹内部『卨』字下曰：『讀與偰同。』小徐作「讀若偰」。可知漢人通用『偰』，人所共曉，不知何時遺去人旁，借用『書契』」。又云：「經傳多作『契』，古亦叚『卨』爲之。（米）内部『卨，古文偰』，案小徐本作『卨，偰字也』。言古文叚借字」。内部桂云：「廣韻『卨，殷祖也，或作偰』。史記司馬相如傳『契不能計』，漢書作『卨』。張揖曰：『卨爲堯司徒，敷五教，率萬事。』列女傳：『簡狄吞燕卵生卨。』北堂書鈔引尚書刑德攷卨爲司徒。』中鑒政體篇：『卨布五教。』括地志：『商州商洛縣，古之商國，帝嚳之子卨所封也。』通鑑竇武上書『此誠陛下稷、卨、伊、呂之佐』，注云：『卨，古契字』。」

臮咎繇　㐺部　「臮，衆與詞也。本作「衆詞與也」，段據廣韻正。从㐺，自聲。虞書曰：『臮咎繇。』𣬉，古文臮。」吴云：「玉篇『臮，古文暨字。』韻會：『今文尚書作暨咎繇』」。又云：「今書作『皋陶』。案前漢百官公卿表『咎繇作士』，廣韻『皋陶古作咎繇』。」撰異云：「案蕭該漢書音義云：『臮，尚書音巨洎反』，可證六朝時尚書作『臮』。今本作『暨』，蓋衛包本。音義無『臮』，恐臮開寶時删之也。」釋文於孔序曰：『皋，本又作咎；陶，本又作繇。』考自來古文尚書有作『皋陶』者，有作『咎繇』者，是以顔注漢書引尚書皆作『咎繇』，李注文選則皆作『皋陶』。説文作『咎繇』，則壁中元本也。」陳云：「今作『皋陶』，此晉人所改。案此説本後案。今魯頌、左氏傳俱作『皋陶』，惟書大傳、離騷作『咎繇』。」桂云：「書禹貢『暨魚』，史記、漢書並作『臮』。又『朔南暨』，漢志引作『臮』。一切經音義七聲類云：『暨，古文作臮』。史記作『與』。皋陶，漢書人表作『咎繇』」。蒙案：臮者，今文尚書，故班氏漢書作「臮」。許云「𣬉，古文臮」，當是壁中字也。

五品不愻　心部　「愻，順也。从心孫聲。唐書曰：『五品不愻。』」吴云：「今書作『遜』，古文尚書作『愻』，『愻』『遜』音義通」。段云：「許所據古文如此。愻者，順也。故尚書大傳作『五品不訓』，五帝本紀作『五品不馴』，『訓』與『馴』皆『順』也」。又云：「『訓順』之字作『愻』。古書用字如此。凡『愻順』字从心，凡『遜遁』字从辵，今人『遜』專行而『愻』廢矣。學記『不陵節而施之謂遜』，劉向書作『愻』，此未經改竄之字也。論語『孫以出之』，『惡不孫以爲勇者』，皆『愻』之叚借」。撰異云：「今本古文作『遜』，未審衛包所改，抑衛包以前已然。禮記緇衣篇『則民有孫心』，毛氏居正所見本，『孫』『心』二字有作『愻』一字者。漢、魏人書内間有『愻』字而不多見。如王肅家語云：「小人以不愻爲勇。」學記『不陵節而施之謂遜』，説苑作『馴』，皆訓『順』也。古文尚書『五品不愻』，今文尚書作『不訓』，『訓』通作『馴』。尚書大傳『五品不訓』，史記五帝本紀『五品不馴』，正義曰：『馴音訓』。索隱曰：『史記馴字，徐廣皆讀曰訓，訓，順也。』殷本紀『五品不訓』，漢書王莽傳『五品乃訓』，後漢書周舉傳『五品不訓』，劉愷傳『調訓五品』，謝夷吾傳『下使五品咸訓於嘉時，』周禮地官序官注『訓五品』，案此皆用今文尚書作『訓』。訓，順也，非『教訓』之謂。鄭注詩、禮，用今文尚書絶少，此其一也。」一切經音義十五、字林「愻，順也。」

僉曰伯夷　亼部　「僉，皆也。从亼从吅从从。虞書曰：『僉曰伯夷。』」撰異云：「尚書『僉』字始見於四岳舉鯀，亦可以見古人稱引之不拘也。」

教育子　𠫓部　「育，養子使作善也。从𠫓肉聲。虞書曰：『教育子。』」撰異云：「古文尚書作『冑子』，今文尚書作『育子』。五帝本紀曰：『教穉子』。爾雅釋言：『育，稚也』。邶風鄭箋云：『昔育之者育，稚也』。豳風『育子之閔斯』，毛傳云：『鬻子，稚子』。史記多以訓故字代經字，此『穉子』即經之『育子』。合之揚雄宗正箴云『各有育子，世以不錯』，子雲著作多用今文尚書，然則今文尚書作『育子』可證也。知古文尚書作『冑子』者，釋文『冑，直又反。王云：冑子，國子。馬云：冑，長也，教長天下之子弟。』陸用王本爲音義，王本、馬本作『冑』，則鄭本亦作『冑』可知。史記集解引鄭玄曰：『國子也。』然則王注即襲鄭注。王制注云：『虞書曰夔，命汝典樂，教冑子』，是鄭本同王本也。説文所引今文尚書也。大司樂注云：『若舜命夔典樂，教育子是也』，此亦引今文尚書也。許君稱孔氏而不廢今文，鄭君注禮多稱古文而間用今文，如『度西，曰柳穀』、『親百姓、訓五品』，皆是也。大司樂釋文云：『育音冑，本亦作冑。』案『本亦作冑』者，或用古文尚書改之也。考『育』『冑』二字，音義皆通。『育』從肉聲，『冑』從由聲，肉、由同部。爾雅『猶如麂』舍人，『猶』作『鬻』。即「鬻」字『郭音育』，『冑』亦可讀余六，『育』亦可讀直又也。爾雅釋詁：『育，長也。』又曰：『育，養也。』毛公詩傳：『育，長也』。馬注尚書

『冑，長也』。『長』『養』義近而『育』『冑』訓同。馬云『教長天下之子弟』，則與許君『養之使從善』正合，皆『教』『冑』連讀。而其他或訓爲稺子，』或訓爲『國子』，則言其可長可養也，皆『冑』『子』連讀。裴駰集解曰：『案尚書作冑子，稺、冑聲相近』。」尚書今古文注疏云：「經言『冑子』者，詩崧高疏引說文云『冑，胤也。禮謂適子爲冑子。』今本說文脱下七字。王制云：『樂正崇四術，立四教。』注引經文云：『幼者教之於小學，長者教之於大學。』尚書傳曰：年十五始入小學，十八入大學。』王制又云：『王太子、羣后之太子、卿大夫元士之適子、國之俊選皆造焉。』是『冑子』爲『適子』也。史公作『稚』者，詩谷風疏引爾雅釋言：『育，稚也。』今爾雅『育』作『鞠』。鴟鴞正義孫原本作「釋文」。案釋文無見正義，今正。王氏經義述聞誤，與孫同。引郭璞音義曰『鞠，一作毓。』說文作『育子，』詩豳風『鬻子之閔斯』，傳云『鬻子，稚子也。』是『冑子』、『適子』爲古文說，『稺子』、『育子』今文說也。」經義述聞云：「古謂『稺子』爲『育子』，亦曰『鞠子。』堯典之『育子』即豳風之『鬻子』，亦即康誥、顧命所謂『鞠子』。『育』『冑』古聲相近，作『冑』者叚借字耳。」桂云：「馬訓『長』本作『育』。」王用桂說。阮氏校勘記云：「『冑』無『長』義，馬本未必作『冑』。說文作『育』，馬本亦必作『育』，陸未注明，偶失檢耳。」九經古義云：「大司樂鄭注云『教育子，』是鄭本與說文同。鄭注尚書從馬本，知馬本亦當作『育』。集注音疏云：「釋文引馬云『冑，長也』者，蓋宋時所改。崇文總目云：『開寶中，詔以陸德明所釋尚書乃古文，與唐明皇所定今文較異，令陳鄂删定其文，改從穎達書。』然則今之尚書釋文非陸氏之舊，陳鄂改以合唐本，故改馬注之『育』爲『冑』也。」蒙案：同一古文也，馬以『教』『冑』連讀，王以『冑』『子』連讀。同一今文也，史公以「稺」「子」連讀，許君以「教」「育」連讀。然則孫、王謂「育子」即「稚子」，其義甚精，而未合許意。或者許引書爲别一義，不蒙上「養子使作善」之文歟？惠、桂、阮、江以馬本之「冑」爲「育」之譌，然依段、王之說，今古文字本相通，弟說之者異耳。

㮚　卤部　「㮚，木也。从木，其實下垂，故从卤。𣡌，古文卤。从西从二卤。徐巡說『木至西方戰栗也。』」

撰異云：「後漢書杜林傳曰：『沛南徐巡，始師事衛弘，後更受林學，前於西州得桼書古文尚書一卷，雖遭艱困，握持不離。以示弘等曰：林流離兵亂，常恐斯經將絶，何意東海衛子、沛南徐生復能傳之，是道竟不墜于地。弘、巡益重之，於是古文遂行』。『木至西方戰栗』，徐生釋从西之故也。論語『周人以栗，日使民戰栗』。西方者秋，秋之爲言揫也。故古文『㮚』，木字从西，取『戰㮚』之誼。「堯典咎繇謨『寬而㮚』蓋壁中尚書作『𣡕』，此字段改从古文。而徐巡説其字恉如此，會意字也。自部『隉，凶也，』亦徐巡説。」

八音克龤　龠部　「龤，樂和龤也。从龠皆聲。虞書曰：『八音克龤』。」吴云：「今書作『諧』。玉篇『龤』今作『諧』。」陳云：「『龤』『諧』古今字也。『言之諧』爲『諧』，『樂之龤』爲『龤』，猶『盉咊』爲『盉』，『龢樂』爲『龢』。」

龍朕堲讒説殄行　土部　「垐，以土增大道上。从土次聲。堲古文垐，从土即。虞書曰：『朕堲讒説殄行。』堲，疾惡也。」段云：「此釋經以説叚借，謂『堲』即『疾』之叚借，如『莫席』爲『竹蔑』之叚借，『作敀』爲『好』之叚借也。古音讀如『疾』，廣韻子栗、將七二切是也。徐仙民讀在力反，乃失古義矣。」

說文引經異同　卷四

書

皋陶謨

咎繇謨　言部「謨，議謀也。从言莫聲。虞書曰：段云當作「有」。『咎繇謨』。」段云：「謂自『曰若稽古咎繇』至『帝拜曰：往欽哉』一篇也。暮，蓋壁中古文。上文言咎繇謨者，孔安國以隸寫之作『謨』也。」撰異云：「師古漢書注：皋陶謨皆作『咎繇謩』，無逸皆作『亡逸』。」錢云：「暮，玉篇作『謩』，同上。無暮字」。桂云：「古文謨从口者，與古文謀同。」

剛而𡫾　心部「𡫾，實也。从心塞省聲。段改爲寒聲。虞書曰：『剛而𡫾』。」吳云：「今經典皆通用塞。」段云：「邶風『其心塞淵』，毛傳『塞，瘞也』，崔集注本作『實也』。今以許書繩之，作『實』爲是矣。詩『秉心塞淵』、『王猷允塞』皆同。鄭箋云：『塞，克實也。』今文尚書『文塞晏晏』，鄭注：『考靈曜云道德純備謂之塞』。道德純備，克實之意也。咎繇謨『剛而塞』，夏本紀作『剛而實』。按㠭部曰：『𡨄，窒也。』穴部曰：『窒，𡨄也；實，𡨄也。』𡨄廢而俗多用塞。塞，隔也，非其義也。至若燕燕、定之方中、堯典、咎繇謨諸『塞』，又皆當作寒。即曰叚借，亦當叚𡨄，而不當叚𡫾也。」撰異曰：「作『𡫾』者，壁中古文。作『塞』，孔安國以今文讀之也。」後案云：「隸變𡫾，字廢不用，故尚書、毛詩與後漢郅壽、第五倫、陳寵等傳，凡𡫾字皆改爲塞。」王云：「冀缺言陽處父剛而不實，是知剛者必貴乎𡫾也。」又解「塞省聲」，「蓋是時經典已多借用『塞』者，故言此以關之，不可改爲寒聲。」

𢾗　攴部「𢾗，棄也。从攴𠷎聲。周書：『以爲討。』」段云：「此言叚借也。今尚書周書中無『討』字，惟虞書咎繇謨云：『天討有罪』，疑『周』當作『虞』。」撰異云：「云『以爲』者，六書之叚借也，壁中故書如是。」

予乘四載　木部　「欙，山行所乘者。从木纍聲。書曰：『予乘四載。』水行乘舟，陸行乘車，山行乘欙，澤行乘䡅。」　撰異云：「『水行』云云，閻百詩謂許所據古文尚書多十六字。不知此十六字乃自古相傳書説而備載之，非尚書正文有之也。欙，力追切。河渠書作『橋』，丘遥反。徐廣曰：『橋一作檋，玉裁按：「檋之俗，集韻分爲二非也」。几玉反，直轅車也。』漢書作『梮』，應劭曰：『梮或作欙，今本尚書正義作「欙」。爲人所率引也。』如淳曰：『梮，謂以銕如錐頭，長半寸，施之履下，以上山不蹉跌也。』韋昭曰：『梮，木器也。如今轝牀，人轝以行也。』尚書正義引尸子曰：『山行椉欙。』今本省作「樏」。僞孔傳亦作『欙』，今本作「樏」與許書合。玉裁按：輂、梮、橋同字，橋者，輂之轉語。欙與輂異字同義，一物而異名也。輂自其乘載而言，欙自其輓引而言。纍，大索也。此聲義之皆相倚者也。韋訓『輂』云『人轝以行』，應訓『欙』云『人所率引』，皆得其正解。孟子滕文公篇：『虆梩而掩之。』趙注：『虆梩，籠臿之屬。』今按説文木部曰：『梩，徙土輂』，然則虆亦輓引之稱。趙注未了。如氏如錐長半寸之説，是其物如齒屐，豈得稱四載之一，豈履屐等皆可稱載乎？顔師古、張守節從之，誤矣。『䡅』，史記作『毳』，亦作『橇』，漢書作『毳』。如淳曰：『毳音茅蕝之蕝，謂以板置泥上以通行路也。』服虔曰：『木毳形如木箕，樀讀同擲，行泥上。』孟康説同，摘作『擿』。尚書正義引尸子曰：『泥行乘蕝。』引慎子曰：『爲毳者，患塗之泥也。』徐廣注史記引尸子作『楯』，僞孔傳作『輴』，許作『䡅』。毳、橇、蕝、䡅、輴、一聲之轉。䡅，敕倫切，本訓車約䡅，此借爲板行泥上之字耳。」　桂云：「『水行』云云，諸書所言各異。書傳云：『謂水乘舟，陸乘車，汎乘輴，山乘欙。』文子自然篇：『水用舟，沙用駃，泥用楯，山用欙。』釋音云：『䡅，乃鳥切，推版具。』淮南齊俗訓：『譬若舟、車、楯、肆、窮廬，故有所宜也。』高注：『水宜舟，陸地宜車，沙地宜肆，泥地宜楯，草野宜穹廬。』馥案：『肆』即䡅之譌。呂氏春秋慎勢篇：『水用舟，陸用車，塗用輴，沙用鳩，山用樏，因其勢也。』淮南修務訓：『禹乘四載。』高云：『四載，山行用虆，水行用舟，陸行用車，澤行用蕝。』史記禹本紀：『陸行乘車，水行乘船，泥行乘橇，山行乘檋。』河渠書：『禹抑洪水十三年，過家不入門，陸行載車，水行載舟，泥行蹈毳，山行即橋。』徐廣曰：『尸子曰山行乘欙』，又曰：『行塗以楯，行險以樶，行沙以軌。』漢書溝洫志：『陸行乘車，水行乘舟，泥行乘毳，山行則梮。』馥案：『輴』即『䡅』字。玉篇：『䡅』與『輴』同。」檀弓『龍輴』，即下棺之『䡅車』。　蒙案：王以「水行」四句爲孔氏古文説，許君述之。江氏聲説亦同。而段以爲自古相傳書説，殆以古書言四載者，並在孔前，知其説非必出於孔也。

隋山栞木　木部　「栞，槎識也。从木㚘聲。夏書曰：『隋山栞木』，讀若刊。㮮，篆文从幵。」　撰異云：「㮮，唐石經以下作『刊』。此云『篆文從幵，』則栞爲古文，出于孔壁可知矣。李斯改栞爲『㮮』，則孔安國以今文讀古文，早易栞爲㮮。史記夏本紀述皋陶謨『行山㮮木』，然則今書尚書亦作『㮮』可證。許云『讀若刊』者，謂音與刊同，非㮮刊同字也。『槎識也』者，槎衺斫也。衺斫木，使其白多。以爲道路高下表識，如孫子斫樹白書之類，故云『槎識』。夏本紀述禹貢曰：『行山表木』，以『表』訓栞，是槎識爲尚書古訓可知。玩正義，則『㮮』之改『刊』在天寶以前。」桂云：「漢書地理志『隨山栞木』，顔注：『㮮古刊字，言禹隨行山之形狀而刊斫其木，以爲表記』。」嚴云：「㚘即幵。古文用筆多作兩歧，韋古作『𡗜』，韓古作『𠥭』是也。」王云：「古皋陶謨、禹貢皆有此文，此言夏書，則但指禹貢者。嚴鐵橋每言，説文古本必是但言書曰，無虞、夏、商、周之別，增此『夏』字之人，忘卻虞書已有，是嚴氏説之明證也。」

濬〈《歫　部首　「巜，貫穿通流水也。虞書曰：『濬〈《歫川』。言深〈《之水會爲川也。」

㕡畎澮歫川。谷部　「㕡，深通川也。从𣦵谷。𣦵，殘谷阬坎意也。虞書曰：『㕡畎澮歫川。』濬，或从水。濬，古文㕡」。撰異云：「〈部曰『〈，水小流也』。周禮：『一耦之伐，廣尺，深尺，謂之〈。』古文作『甽』，从田川。篆文作『畎』，从田犬聲。《部曰：『《，水流澮澮也。方百里，廣二尋，深二仞。』玉裁按：説文兩引此句，而一作『濬』，一作『㕡』。濬者倉頡古文。㕡者小篆也。一作『〈』，一作『畎』。〈者倉頡古文。〈《巜三字必一人所制，皆倉頡古文也。甽字从田川，當是籀文，今本説文籀誤爲古耳。畎者小篆也。一作『《』，一作『澮』。《者倉頡古文，澮者同音叚借字也。川部引『濬〈《歫巜』，此壁中故書如是。谷部引『㕡畎澮歫川』，此孔安國以今文讀之者也。夏本紀『濬』作『浚』，説文：『浚，抒也。』」又云：「廣韻八語，『歫，其吕切。書傳云至也』。距切同雞距也。分別與説文合。後人盡用鷄距字爲歫至字，輒以改經。而陸法言、孫愐所据書傳固未誤。唐開元時，釋慧苑華嚴音義曰：孔安國尚書傳曰：『岠，違』也。則今本作『距』，衛包所改也。「岠違」見禹貢。」江氏聲謂僞孔及隸古定本俱作「𡿨」「巜」，開元詔改正義本作「畎澮」。蒙按：釋文作「畎澮」，則非開元時所改明甚。即謂釋文傳寫有譌，然釋文如作「𡿨」「巜」，必有説焉，不得止云「畎，公犬反；澮，故外反」也。陳氏取江説，未是。

予欲觀古人之象　序　「書曰：『予欲觀古人之象。』」

山龍華蟲作繪　糸部　「繪，會五採繡也。虞書：『山龍、華、蟲作繪。』論語曰：『繪事後素。』从糸會聲。」撰異云：「繪，今孔本作『會』，云五採也。釋文：『會，馬、鄭作繪，胡對反。』正義鄭玄曰：『會讀爲繪。凡畫者爲繪。』春秋左氏傳昭廿五年正義曰：『鄭玄讀會爲繢，謂畫也。』文選景福殿賦『命共工使作繢，明五採之彰施』。李善注：『尚書曰予欲觀古人之象，作繪。鄭玄曰：繢讀繪，凡畫者爲繪。』玉裁按：此經本作『繪』，説文引作『繪』，是其證也。鄭君謂繪之訓會，五採繡也。畫繪字當依考工記，从糸貴聲，故注尚書云：『繪，讀曰繢。』『讀曰』與讀爲同，易其字也。繢之音胡對反，在十八隊。繪之音貢外反，在十四泰。此唐韻如是，本於陸法言切韻。故尚書釋文曰：『繪，馬、鄭作繢，胡對反。』尚書正義曰：『鄭云繪讀爲繢，凡畫者爲繢。』左氏疏、文選注云：『繪讀曰繢，凡畫者爲繢，胡對切。』此可細推而得者也。孔本本作『繪』，故傳云『繪，會五采也』。『會五采』三字，即説文『繪』字下云『會五采，繡也』。惟孔釋爲畫事，故去繡字耳。今本孔傳云：『會五采也』，此不成文理，五采可謂之會乎？揆其舛謬之由，以繢繪二字，俗既通用不分，因之鄭讀『繪』爲『繢』，繢字皆譌繪字而不可通，則去『繪』之半以通之。此鄭、孔尚書作『繢』而誤『會』。釋文、正義引鄭讀繪爲繢，而誤云讀會爲繪也。選注引尚書作『繪』，又引鄭注『繪讀曰繢』，以爲何賦『命共工使作繢』之證，必如是而後文理可讀。古文尚書本作『繪』，如説文『繪』下引書，左太沖魏都賦『有虞作繪』，張孟陽注引咎繇謩『山龍、華蟲作繪』是也。今文尚書亦作『繪』，尚書大傳、虞傳。咎繇謨作『繪』三見，字皆从糸，會聲是也。司馬彪輿服志『日月星辰，山龍華蟲作繢』，此用鄭本尚書也。劉昭注古文尚書『繢』作『會』，此用孔本尚書之誤者也。」王改「會五采，繡也」爲「五采曰繪。繪，畫也」。其説云：「玄應引如此，與尚書合，與羣書皆合。韻會引『一曰畫也』於上文『繢』字下，蓋誤周禮、禮記借『繢』爲『繪』，古皋陶謨文今作省形存聲字也。」

璪火粉米　玉部

「璪，玉飾，如水藻之文。从玉喿聲。虞書曰：『璪火粉米。』」段云：「藻火，釋文『藻本又作藻』，説文作『璪』，壁中尚書也。玉飾如璪，則其字作『璪』。衣飾以藻，則其字當徑作『藻』，而作『璪』者，六書之叚借也。今本作『藻』、作『藻』者，蓋孔安國以今之文字讀之也。尚書大傳虞傳『璪火』字三見，然則今文尚書與壁中古文同作『璪』也。」　又云：「説文黹部『黺』字下曰：『衮衣，山龍華蟲。黺，畫粉也。从黹从粉省，衛宏説。』玉裁按：玉部亦引虞書黺米，按此大徐本。然則壁中字作『黺』，蓋孔安國以今之文字讀之，改爲粉也。黺與山龍華蟲不相屬，蓋許君筆誤也。又黺，畫粉也。⿰糸米，繡文如聚細米也。黺、⿰糸米爲二物。又黺爲畫。⿰糸米爲繡，皆與鄭不合。許君時，鄭説未出。後漢書：『衛宏從大司空杜林受古文尚書，爲作訓旨。』黺，畫粉也，蓋即訓旨中語。」又云：「困學紀聞曰：『古文尚書及説文璪火，黺⿰黹米黼黻，字皆作黹。』玉裁謂：説文糸部有『⿰糸米』，云繡文如聚細米也，从糸、米米亦聲。黹部無『米』。王氏所云古文尚書，宋次道、王仲至家本也。其米字从黹，實据誤本。尚書音義云：粉米，説文作『黺黺』，徐本作⿰糸米，音米。按陸氏當云粉，説文作黺爲句。米，徐本作⿰糸米爲句。傳寫家將『米』字譌『⿰黹米』，而亂其句，但不知何以不云説文作⿰糸米，而云徐本、汗簡黹部、古文四聲韻上聲皆有『⿰黹米』字。云見尚書而皆無⿰糸米字，亦恐因釋文而誤耳。⿰糸米蓋壁中本字，至徐仙民時尚有作『⿰糸米』者」。王云：「璪，當依繫傳作『藻』，粉，大徐作『黺』，非。繫傳最分曉，引書乃譬況之詞也。此作『粉米』，黹部作『黺』，糸部作『⿰糸米』者，猶川部引『濬〈《距川』，谷部引『容畎澮距川』也。古人據本多，故不一其文。」又云：「『釋文『粉米，説文作黺⿰臬几，徐本作⿰糸米』，案傳述尚書之人無徐氏，知『徐本作⿰糸米』一句，乃宋、元人所記，謂二徐説文本有⿰糸米無⿰黹米也。今説文説黺、⿰糸米爲二事，以陸氏所引⿰黹米字推之，兩字同从黹，則當爲一事。且不須他證，黺从黹而謂之畫，固已大謬矣。江氏聲云：「蓋繡必先畫，以粉畫爲聚米之形，乃後依其畫粉而刺之，故謂之黺⿰糸米。衛宏以黺爲畫粉，其説原不誤。」按王以説畫粉之訓爲謬，此説似可以通之。　陳云：「釋文云説文作黺⿰黹米，説文無⿰黹米有⿰糸米，⿰黹米蓋⿰糸米之譌，與黺連文，遂誤爲黹旁。」校議糸部「⿰糸米」下云：「此脱一或體，益稷釋文『粉米』引説文作『黺⿰黹米』，韻會八霽引或作『⿰黹米』，書『藻大黺⿰黹米』，議補重文云⿰黹米，或从黹。」鄭氏珍説文逸字云：「⿰黹米，繡文如聚細米也。从黹从米，米亦聲。虞書曰：『藻大黺⿰黹米。』書益稷『粉米』，音義云説文作黺⿰黹米，徐本作⿰糸米徐仙民本。按今説文有黺無⿰黹米，而韻會八薺『⿰糸米』下偁説文『繡文如聚細米』，从糸，从米，米亦聲，説文或作𪓐，引書『藻火黺𪓐』。檢韻會引説文之例，凡兩部兩文音義同者，多合於一字引之，不盡是重文。又所據説文是繫傳本。玉海云繫傳舊闕二十五卷，今宋鈔本以大徐本補之，則黄氏所據系部至卵部是補鈔者。系部必似今鉉本，『䋛』下無重文，所稱𪓐字當在黹部，音義所云即此。韻會不引其訓，當與䋛注同。汗簡、古文韻黺𪓐並注古尚書，蓋作僞者采自説文、集韻，據之以𪓐爲古文，䋛。知同謹按困學紀聞云：説文『璪火黺𪓐』、『黼黻』字从黹，此蓋偁繫傳本，其所見有𪓐，與黄直翁同。黺𪓐蓋古文尚書，『黺』下偁畫粉也。衛宏説乃古文尚書訓𪓐之語，則𪓐訓繡文如聚細米，當亦衛本衛義也。宏之尚書出杜林，林之西州漆書古文，即孔子壁中本。後賈逵、馬融、康成所注出於杜者，皆實孔學。據許君書偁孔氏，而此引虞書黺𪓐義本衛宏，則漆書古文之爲孔氏益見。衛以黺爲畫粉，𪓐爲繡，意以此一章先畫粉于裳，而後依書繡之，孔安國以今文讀之，易爲粉米。孔易爲粉米，而杜仍爲黺𪓐者，漆書本壁中原文，無安國所易之字也。許君『璪』下亦引虞書，『璪火粉米』，蓋亦從安國今文。鉉本『粉』作『黺』，乃淺人不知黺𪓐是古文，粉米是今文者所改。惟繫傳不誤，韻會引『藻火』當作『璪』，王伯厚引得之。䋛字當是伏生經文，古今尚書字異義同。」

予違女弼　大部　「𡘋，大也从大，弗聲。讀若『予違女弼』。」段云：「今本説文『女』作『汝』，誤。」

𨔝以記之　于部　「撻，鄉飲酒罰不敬，撻其背。从手達聲。𨔝，古文撻。周書曰：『𨔝以記之』。」段云：「从虍者，言有威也。『周』當作『虞』，此壁中古文。」校議云：「『周』字校者誤加。」撰異云：「从虍未詳。釋玄應衆經音義引古文最多，而有邀、𢾊，無𨔝，疑虍即攴之誤。」

若丹朱奡　夰部　「奡，嫚也。从百从夰，夰亦聲。虞書曰：『若丹朱奡。』讀若傲。論語：『奡湯舟』。」撰異云：「釋文『傲字，又作奡』。此本與説文合，許所引壁中故書也。『朱』依糸部當作『絑』。許君亦從今字作『朱』也。『奡』蓋安國以今文讀之，易爲『敖』，『讀若傲』，當作『敖』。」又云：『傲』蓋本作『敖』，衛包乃改作『傲』也。管子宙合篇房注引書『無若丹朱敖』，此天寶以前本不作『傲』之證也。」吴云：「今書益稷作『傲』，帝王世紀、古文尚書作『奡』。」

堋淫于家　土部　「堋，喪葬下土也。从土朋聲。春秋傳曰：『朝而堋』，禮謂之『封』，周官謂之『窆』，虞書曰：『堋於家』亦如是。」　段云：「上偁春秋傳、禮、周官說，轉注也。堋、封、窆，異字同義也。惟『封』略近叚借。此偁臯陶謨說，叚借也。謂叚『堋』爲『朋』，其義本不同，而形亦如是作也。『堋淫于家』即『朋淫于家』，故孔安國以今文字讀之，定爲『朋』字。『朋淫』即羣居終日，言不及義，恒舞于宮，酣歌于室，徇于貨色也。不知此恉，乃或以楚王戊私姦服舍釋之。夫下棺之地，非持服之舍也，其說書之乖剌何如哉？故不知有偁經說叚借之例，不可與讀說文。」　撰異云：「『堋』，壁中文。」王云：「後漢孝明八王傳作『風淫于家』」。

予娶嵞山　屾部　「嵞，會稽山也。一曰九江當塗也。民俗以辛、壬、癸、甲之日嫁娶，从屾余聲。虞書曰：『予娶嵞山。』」段云：「左傳：『禹會諸侯於塗山，執玉帛者萬國。』魯語：『昔禹致羣神於會稽之山，防風氏後至，禹殺而戮之。』二傳所說，正是一事，故云嵞山即會稽山。嵞、塗古今字。故今左傳作『塗』。封禪書云：『管仲曰：禹封泰山，禪會稽。』吳越春秋曰：『禹登茅山以朝羣臣，乃大會計，更名茅山爲會稽。』封禪書又云：『秦并天下，自殽以東，名山五：大室、恒山、太山、會稽、湘山。』劉向上封事曰：『禹葬會稽』，蓋大禹以前名嵞山，大禹以後則名會稽山，故許以今名釋古名也。『一曰』者，別一義，謂嵞山在九江當塗也。地理志：『九江郡當塗。』應劭曰，『禹所娶塗山氏，侯國也。』郡國志：『九江郡屬縣有當塗，有平阿。平阿有塗山。』按平阿本當塗地。漢當塗即今安徽省鳳陽府懷遠縣。東南有塗山，非今在江南太平府治之當塗縣也。咎繇謨曰：『予創若時，娶於塗山，辛壬癸甲。』鄭注云：『登用之年，始娶於塗山氏，三宿而爲帝所命治水。』水經注引吕氏春秋，禹娶塗山氏女，不以私害公，自辛至甲四日，復往治水。故江淮之俗，以辛壬癸甲爲嫁娶日也。許云當塗民俗以辛壬癸甲之日嫁娶，正與吕覽合。鄭注尚書亦同吕覽。尚書『辛壬癸甲』，言娶塗山所歷之四日也。縣之名當塗者，蓋以嵞山得名。」　撰異云：「佩觿、汗簡、辥氏書古文訓皆依說文作『嵞』，說文則依壁中真本也。」　王云：「此古臯陶謨約文，引此但證後說。」江氏聲謂「今本『娶于塗山』，乃僞武所改，陳氏取之。然其說近于武斷，蓋不知說文有約文也，今不取。」

𠨘成五服　卩部　「𠨘，輔信也。从卩比聲。虞書曰：『𠨘成五服』。」　撰異云：「按言『輔信』者，以其字从卩，卩瑞信也。从比則有輔義，比亦聲。『卩成五服』，蓋壁中本如是。『弼成五服』，孔安國以今文讀之者也。今文尚書作『弼』，夏本紀以詁訓字易之作『輔』。」　王云：「『弼』下云『輔』。」玉篇曰：『𠨘，今作弼』。故以『輔』

說『𠨍』，以其从卪，故申之曰信也。且可省作『比』。釋詁：『比，俌也。』易彖傳：『比，輔也。』」

鳥獸牄牄　倉部　「牄，鳥獸來食聲也。从倉爿聲。虞書：曰『鳥獸牄牄』。」撰異云：「按周禮大司樂注引書，亦作『牄牄』。釋文曰：『牄，本又作蹌』。蓋牄者，壁中故書。蹌者，孔安國以今文字讀之也。說文乃言字形之書，其字既爲倉之屬，則訓之曰『鳥獸來食聲也』，此許之釋字形也。鄭注：『飛鳥走獸，蹌蹌然而舞。』孔說本之，與說文解字異。說苑辨物篇引作『鶬鶬』，與『蹌蹌』同。公羊春秋『頡子牄』，左氏作『牂』，『牄』見於經者惟此。」釋文：「蹌，七羊反，舞皃。說文作『牄』。」孫氏星衍云：「玉篇引說文作食穀聲，此古文說，以『蹌蹌』爲樂聲，如鳥獸之來食穀，不以爲真鳥獸也。呂氏春秋古樂篇云：『顓頊效八風之音，凄凄鏘鏘』，是『蹌』爲樂聲。」蒙案：史遷說『蹌蹌』爲翔舞，與鄭義同。史公从孔安國問，故所言多古文。孫氏之說雖新，未必然也。形容之詞本無定字，蹌蹌、牄牄，皆叚借也。

簫韶九成鳳皇來儀。音部　「韶，虞舜樂也。書曰：『簫韶九成，鳳皇來儀。』从音召聲。」　段云：「樂記曰：『韶，繼也。』公羊疏引宋鈞注樂說云：『簫之言肅，舜時民樂其肅敬而紹堯道，故謂之簫韶。』按『韶』字蓋舜時始製。」　撰異云：「尚書古文、今文皆『簫韶』。」　蒙案：周禮樂師注、王逸離騷經注、風俗通義聲音篇、論衡講瑞篇、公羊春秋襄十四年注引書，作「簫韶」。許竹部曰：「虞舜樂曰箾」。段、王二家並以爲書作「簫」，左傳作「箾」。竹部所言，取左氏叚借字也。桂氏、江氏則謂「簫」當作「箾」。然諸書引書無作「箾」者，恐當以段、王之說爲是。桂、江又謂「皇」當爲「𦏲」，然許訓「𦏲」爲「樂舞」，非謂「鳳皇」之「皇」，其說亦未必然也。

說文引經異同　卷五

書

禹貢

沇州　口部　「㕣，山間陷泥地。从口，从水敗皃。讀若沇州之沇。九州之渥地也，故以沇爲名焉。睿，古文㕣。」水部「沇，沇水。出河東東垣東王屋山。東爲泲，从水允聲。㕣，今本作「沿」，此从段改。古文沇如此。」撰異云：「説文口部當作古文以爲沇州之沇。沇州者，九州之渥地也，故以㕣名焉。今本譌舛，文義不通。水部㕣古文沇，亦謂此焉。故臣鉉等曰：『口部已有，此重出。』今本水部譌作『沿』，與緣水而下之『沿』相複。口部又同睿古文。蓋古文尚書作卣州，今文尚書作沇州，㕣即卣之今字，故水部又謂㕣爲古文沇，口部謂古文以㕣爲沇州之沇，而卣字轉寫既久，漢碑皆作『兖』，則參合卣沇二體成此一字，今隸又省作『兖』。叔重云九州之渥地，故以㕣名此」，比傅山間陷泥地爲此説，古文家説也。古文尚書蓋沇水字作『沇』，容州字作容，不以水名爲州名。」桂云：『容當作容，从卢。卢，殘地阬坎意。」

厥艸惟繇　艸部　繇，艸盛皃。从艸繇聲。夏書曰：『厥草惟繇。』依小徐及宋本作繇。段云：「馬融注尚書曰：『繇，抽也』，故合艸、繇爲蘨，此許君引禹貢明从艸繇會意之恉。撰異云：「説文『厥艸小徐作「草」惟繇』，大徐作蘨。按陸德明、王伯厚皆不引説文『厥艸惟蘨』爲異字，今按楚金本作繇。繇隨從也，此引書以證蘨字从艸繇會意。校議同。　又云：「草，説文作『艸』，地理志作『中』。説文：『中，古文，或以爲艸字。』按班書多以『中』爲『艸』。」王云：「禹貢作繇，是叚借字；後來作蘨，則分別文也。」吴云：「今書作『繇』。案繇本从䍃，䍃从肉，从言。其从缶者，俗書傳寫之誤。」後案以今本爲衛包所改，陳氏从之，然以段、嚴、王之説論之，則其説非。

濰淄其道　水部　「濰，濰水。出琅邪箕屋山，東入海。徐州浸。段云：『徐』當作『沇』。夏書曰：『濰、淄其道』，从水，維聲」。後按云：「釋文『濰音惟，本亦作惟，又作維。淄，側其反』。漢書地理志引作『惟甾』，師古曰：『惟字今作濰，甾字或作淄，古今通用也。』地理志琅邪郡朱虛下、箕下又作維，靈門下、横下、折泉下又作『淮』。」王子侯表：城陽，頃王子東淮侯類封北海。北海別無淮水，亦濰之異文。通鑑梁武紀：『魏李叔仁擊邢杲于惟水。』胡三省注：『惟當作濰』，是濰、維、惟、淮，一也。説文有甾字『菑』字，無『淄』字。周禮夏官職方氏云：『幽州其浸菑時』，以『菑』爲『淄』，是也。」　撰異云：「班氏書一篇一郡内，不應字體淆亂如此，皆轉寫失之也。淄水之字，地理志作『甾』，夏本紀、水經注則作『淄』。廣韻曰古通用『菑』。」　段云：「按地理志述禹貢作『維』，今版本作『惟』，誤。琅邪、箕下云：『禹貢維水』，蒙上文言也。其靈門下、折泉下作『淮』，則轉寫之誤。蓋班从今文尚書作『維』，許从古文作『濰』。左傳襄十八年作『維』，音義曰本又作『濰』，今山東土語與淮同音，故竟作『淮』字。」　王云：「漢志作『維』者，省借也。作『淮』者，猶之作『維』也。作『惟』者，聲借也。均不可謂之誤，吾鄉以其字作淮也，而謂之槐河，俗語也，何可典要？　錢云：「左傳『有酒如淮』，省借。」

艸木蔪苞　艸部　「蔪，艸相蔪苞也。从艸，斬聲。蔪或作槧。」　釋文：「漸如字，本又作『蔪』。」「字林才冉反，艸之相包裹也。包，必茅反，或作『苞』，非叢生也。馬云相包裹也。」　撰異云：「字林本説文也。蔪苞者，稹緻之皃。僞孔以『進長』釋蔪，而或改『蔪』僞『漸』，唐已前已如是。至於『苞』字，説文引禹貢正从艸。大徐本不誤。見於爾雅釋詁曰：『苞無，茂豐也。』釋言曰：『苞，稹也。』釋木曰：『如竹箭曰苞。』凡釋草、釋木中作『枹』者，皆『苞』之別體，見於毛詩下泉、晨風、斯干、生民、行葦，毛皆云：『本也。』鄭兼云：『茂也。』馬以『相包裹』訓經之苞，古六書叚借之法如是。蓋經本作『苞』，衛包易爲『包』，而開寶中又依衛倒易釋文苞、包二字。徐楚金説文解字繫傳『苞』字下曰：『尚書草木漸苞，詩如竹苞矣，皆當作包，不从艸。』徐説甚誤。亦正可以證南唐時尚書作从艸之苞，合於説文。玉篇、廣韻、集韻皆作『蔪苞』。」　又云：「蔪，紀志皆作『漸』，疑今文尚書作『漸』，孔傳依今文爲説。」段氏説文刪「書云」以下六字，云此以鍇語入正文，依韻會訂，與撰異説不同。　蒙案：尔雅釋言「苞，稹也」。孫炎曰：「物叢生曰苞，齊人名曰稹。」陸氏釋文以「叢生」訓苞，可知其字本作「苞」。今本爲開寶改易，段說是也。王氏後案未語及此，遽詆唐人不識字，亦未免說之武斷矣。

嶧陽孤桐　山部　「嶧，葛嶧山，在東海下邳。从山睪聲。夏書曰：『嶧陽孤桐』。」撰異云：「地理志『東海郡下邳縣，葛嶧山在西，古文以爲嶧陽。』玉裁按：班以『嶧陽』爲山名，此古說也。」錢氏大昕曰：「志稱『古文』者，謂古文家說。」爾雅釋山：「屬者嶧。」釋文引説文「夏」作「尚」。

蠙　玉部　玭，珠也。从玉比聲。宋宏曰：『淮水中出玭珠。玭珠，珠之有聲者。』蠙，夏書玭，从虫賓。」撰異云：「『玭珠，珠之有聲者』七字，當作『玭，蚌之有聲者』六字。釋文引韋昭曰：『玭，蚌也。』廣韻：『蠙，珠母也。』然則本蚌名，因以爲珠名耳。山海經西山經：『鮆魮之魚，其狀如覆銚，鳥首而翼，今本「翼」上有「魚」字，今依文選注。魚尾，音如磬石之聲，是生珠玉。』郭注：『亦珠母蚌類而能生出之』，『生』讀去聲。江賦所謂『文魮聲鳴』也。玭蚌蓋類是，能鳴，故曰蚌之有聲者。玭是小篆。蠙是壁中古文，故許云夏書『玭』字作『蠙』。尚書釋文曰：『蠙字又作玭。』今本譌作「比」，注疏本譌作「蚍」。夏本紀索隱曰：『蠙一作玭。』地理志顔注曰：『蠙字或作玭。』大戴禮保傅篇：『玭珠以納其閒。』盧氏注：『玭亦作蠙。』蓋今文尚書作『玭』，古文尚書作『蠙』。宋仲子説淮水中出玭珠，玭蚌之有聲者，今文尚書『淮夷玭珠』訓故也。尚書釋文曰：『又作玭。』韋昭：『薄迷反，蚌也。』韋氏之音及義系諸玭字下，其義用宋仲子説，此韋本漢志作『玭』之明證，漢志用今文尚書之明證也。用此知史記、漢志之一作『玭』者，皆是原本；其作『蠙』者，乃後人用古文尚書改之。古文尚書作『蠙』是原本，其一作『玭』者，乃或用今文尚書改之。蠙入真先韻，玭入齊韻，各以其雙聲爲之。其得爲古今字者，雙聲語轉也。」集韻引説文正作「玭，玤之有聲者」，王依改。

玭珠　糸部　「紕，讀若禹貢玭珠」。説見上。

浮于淮泗達於菏。水部　「菏，菏澤水，在山陽湖陵。禹貢：『浮于淮、泗，達於菏。』从水苛聲。」「菏澤水在山陽湖陵」八字，段改曰：「菏水在山陽湖陵南。」王改曰：「菏澤在泲陰、定陶東，菏水出山陽湖陵，南入泲。」段之說云：「各本水上衍『澤』字，『陵』下奪『南』字，今依尚書音義正。前志山陽湖陵下曰：『禹貢菏水在南』，濟陰郡下曰：『禹貢菏澤在定陶東』，水經曰：『菏水在山陽湖陸縣南，菏澤在濟陰定陶縣東』，是豫州菏澤、徐州菏水，畫然二事。依水經及注，菏水雖源於菏澤，而與菏澤迥別。釋文於徐州引說文『水出山陽湖陵南』，非菏澤也。今本說文淺人增『澤』，大誤矣。山陽郡湖陵見前志。王莽改曰湖陸，光武仍曰湖陵，至章帝復湖陸之號。今山東兗州府魚臺縣東南六十里有湖陵故城，與江南沛縣接界。前志湖陵下曰：『禹貢：浮於淮、泗，通於菏，菏水在南。』不但言菏水在南，而必舉此禹貢文者，明此菏水非豫州及道沇水之菏澤也。水經曰：『濟水又東，至乘氏縣西，分爲二。其一東南流者，過乘氏縣南，又東過昌邑縣北，又東過金鄉縣南，又東過東緡縣北，又東過方與縣北，爲菏水。又東過湖陸縣南，東入於泗水。』酈氏云：『尚書曰浮于淮、泗，達於荷是也。』許不稱道菏澤沇水又東至於菏者，彼爲菏澤，此爲菏水，與班意同也。不言夏書言禹貢者，正襲班語也。尚書古文疏證曰：『自淮而泗，自泗而菏，然後由菏入泲，以達于河，徐之貢道也。』上文沇州浮於濟、漯，達于河。次青州便浮于汶，達于濟，不復言達于河。次徐州浮于淮、泗，達于菏，不復言達于濟。至揚州則浮于江海，達于淮泗，且不復言達于菏。不復言，蒙上文也，聖經之書法也。菏當左形右聲，篆體取結搆，乃似上艸下河耳。五經文字云：『菏見夏書，古本亦作荷。』玉裁謂古尚書、史記、漢書、水經注皆作『荷』，或是叚借，或是字誤，不可定。而應劭曰：尚書荷水一名湖。韋注漢水曰荷胡阿反。是則湖陵以荷水得名，荷與湖，語之轉。至若史記、漢書、俗本尚書作『河』，皆誤字也。郡國志注譌作『苛』。」撰異云：「郡國志：『山陽郡胡陸，故湖陵、章帝更名。』劉注前漢志：『王莽改曰湖陸，章帝復其號。』玉裁謂王莽改陵爲陸，至光武時則仍稱湖陵，而章帝因封侯國，仍避陵呼陸。劉云『章帝復其號』者，復莽之號也。司馬云『章帝更名』者，更前漢及光武、明帝時名也，其實一也。說文『菏』下湖陵，御覽引作『湖陸』。許時不得名湖陵，御覽本是。」王之說云，「『出』字依書釋文引改，『菏澤水』三字不詞，改依各經補之。兼補入泲者，以其爲禹貢之貢道也。地理志濟陰郡下曰：『禹貢菏澤在定陶東』，山陽湖陵下曰：『禹貢菏水在南。』禹貢豫州：『導菏澤，被孟豬。』僞孔傳曰：『菏澤在胡陵』，與今說文本同誤。又云：『又東至于菏』，此謂菏水，非謂菏澤矣。而僞孔傳曰『菏澤之水』尤誤也。胡朏明曰：『菏澤在陶丘之東北，相去不遠。濟水伏流至陶丘，北上奮馳波跳沫，東北匯于菏澤，又東北絶鉅野，至琅槐入海者，爲濟瀆。其一枝東南流，至湖陵入泗者，後人目之曰菏水』。」後案云：「菏本澤名，泲水所豬，在今曹州府定陶縣東北，爲豫之東北，徐之西北境。道沇水之東至于菏，是主澤言，即豫州之菏澤也。徐州之達于菏，則是自乘氏以至湖陵，乃菏澤之枝流，說文名曰『菏澤水』

者也。」又云：「水自陶丘北匯於菏澤，又東北絶鉅野，至琅槐入海者，爲泲瀆。其一枝東南流，至湖陵入泗者，後人目之曰菏水。漢志：山陽湖陵縣菏水在南，且引禹貢徐州文爲證。湖陵今魚臺縣地。許慎云菏澤水在湖陵，謂澤之下流入泗者也。僞孔謂導菏澤在湖陵，似湖陵不在徐，而在豫。導沇至于菏，即豫州菏澤在定陶者，與菏澤水在湖陵者異。而傳又增其文曰菏澤之水，則定陶之菏澤與湖陵之菏水無別矣。酈氏泲水篇注似皆依孔傳而誤。禹貢三言『菏』，惟徐州達于菏在湖陵，其餘豫州及導水皆主澤言，在定陶，與湖陵無涉也。」段云：王氏之言至爲明晳。

楊州貢瑶琨　玉部　「琨，石之美者。从玉昆聲。虞書曰「虞」，段改「夏」：『楊州貢瑶琨。』瑻，琨或从貫。」釋文：「琨音昆，美石也。」「馬本作瑻，韋昭音貫。」　撰異云：「馬本作『瑻』，與漢書同。韋注漢書音『貫』。志作『瑻』，而音『貫』。志作『玭』，而音簿迷反，隨其諧聲爲聲也。凡釋文引韋昭者，皆本漢書音義，此蓋今文尚書作『瑻』，古文尚書作『琨』，故説文琨瑻並列，如玭蠙之比。馬本則同今文者也。」　王云：「小徐曰貫聲。案皇矣篇之『串夷』。鄭箋以綿篇之『混夷』。説文知昆貫同音，串即古貫字也。」　蒙案：此引亦約舉之詞。

瑶琨筱簜　竹部　「筱，箭屬，小竹也。从竹攸聲。簜，大竹也。从竹湯聲。夏書曰：『瑶琨筱簜』，簜可爲榦，筱可爲矢。」　撰異云：「筱，隸變作篠。」　校議云：「釋艸釋文引作『尚書曰筱簜既敷』是也。案稱尚書，知六朝舊本未加虞、夏、商、周字，引書未有是也。許書語例往往如此，校者概删之。」

厥包橘柚　木部　「柚，條也，似橙而酢。从木由聲。夏書曰：『厥包段改「包」爲苞橘柚』。」　王云：「禹貢文鄭君亦如此斷句，王肅則連下『錫貢』爲句。案豫州『錫貢磬錯』，荆州『九江納錫大龜』，其『錫貢』、納錫皆在物上，豈此文因言厥包，遂不與「包匭菁茅」同文耶？然鄭君以錫貢爲貢錫，則何不與『惟金三品』連文耶！」

朝宗於海　水部　「衍，水朝宗于海皃也。从水行。」「淖，水朝宗于海也。从水朝省聲。」　撰異云：「淖者，今之潮字。以淖釋朝宗於海，此今文尚書説也。洚水之時，江、漢不順軌，不與海通，海淖不上。至禹治水，江、漢始與海通。於揚州曰：『三江既入。』『三江』者，北江、中江、南江也。北江者，漢也。『既入』者，入於海。於荆州曰：『江、漢朝宗於海』。」言海淖上達，直至荆州也。今海潮上至安慶而止。海淖上迎江、漢之水，下赴如君臣一德一心，呼吸相通，與前壅閼者異矣。二州之文，相爲表裏。論衡書虛篇曰：「夫地之有百川也，猶人之有血脈也。

血脈流行汎揚，動静自有節度，百川亦然。其朝夕往來，猶人之有呼吸，氣出入也。經曰江、漢朝宗於海，其發海中之時，漾馳而已。入三江之中，殆小淺狹，水激沸起，故騰爲濤。」虞翻注易「習坎有孚」曰：「水行往來，朝宗于海，不失其時，如月行天。」按此皆用今文家説。

杶榦栝柏　木部：「杶，杶木也。从木，屯聲。夏書曰：『杶榦栝柏。』櫄，或从熏。」　撰異云：「釋文杶又作櫄。按考工記注「禹貢：荆州貢櫄榦栝柏及箘簬」，字作「櫄」。括，説文：『隱也，一曰矢栝，隱弦處也。』禹貢叚借栝爲『檜』字。爾雅、毛詩、説文皆云『檜，柏葉松身』。孔傳云「栝，柏葉松身」。正是一字，古音皆入聲也。集韻十四太曰：『檜或作栝』。」　桂云：「周禮太宰『材貢』注云：『櫄榦栝柏，篠簜也。』中山經：『超山，其上多木』，注云：『似樗樹，材中車輮』。」

梁州貢砮丹　石部：「砮，石可以爲矢鏃。从石奴聲。夏書曰：『梁州貢砮丹。』」　撰異云：「按梁州貢砮磬，荆州貢砮丹，梁、丹二字必有一誤。」　王云：「集韻引此注，不及夏書，恐此係後增，是以舛誤。」

惟箘簬楛　竹部：簬，箘簬也。从竹路聲。夏書曰：『惟箘簬楛。』段依木部改枯，嚴、王説亦同。簵，古文簬，从輅。　撰異云：「引夏書而下云古文作簵，則壁中本作『簵』可知也。」　江云：「史、漢作『簵』。」

唯箘輅枯　木部：「枯，槁也。从木古聲。夏書曰：『唯箘輅枯』木名也。」　段云：「『惟』作『唯』，轉寫誤也。『楛』作『枯』，則許所據古文尚書如是。『木名』，未審何木。周易大過之『枯』，鄭書『姑』，謂無姑山榆。周禮壺涿氏，杜子春讀『橭』爲『枯』，云枯榆木名，疑當是枯榆也。而馬云可以爲箭。或謂『枯』乃『楛』之叚借，未知其審。」考工記注引尚書『箘簵枯』，音義曰：『枯，尚書作楛。』鄉射禮注引國語「肅慎貢枯矢」，音義曰：『枯字又作楛。』然則鄭所據尚書、國語皆作『枯』，與許所據合也。」　撰異云：「『輅』當作『簵』，或傳寫脱竹，或如漢碑『窀夕』連上字，从穴从竹而省之。陸璣艸木疏不言楛可爲矢，鄭注亦但云『木類』，不言何木。木有名枯者，周易『枯楊』，周禮『枯榆』，尚書之枯恐亦非此也。」　王云：「閻百詩云肅慎即今甯古塔，長白山徧生楛木，中爲矢，質堅而直，不爲燥濕所移。」

崏　山部：「崏，山也，在蜀郡湔氏西徼外。从山敃聲。」　撰異云：「『岷嶓既蓺』，『岷俗』字也，當依説文作㟭，或省作『崏』。魏大饗碑有「岷」字。夏本紀作『汶』，又曰汶山之陽，又曰汶山道江。按此蓋古文尚書作㟭，今文尚書作汶也。史記封禪書説秦并天下，所幸名山大川，自華以西有瀆山。釋之曰：『瀆山，蜀之汶山也。』凡訓詁之法，以今釋古，謂今之汶山即秦之瀆山也。是則漢人呼爲汶山，字作汶確然可證。貨殖傳『汶山之下』，字作『汶』，此古本也。河渠書『蜀之岷山』，字作『岷』，此改竄本也。地理志『蜀郡有汶江道』，史記西南夷傳『以冉駹爲汶山郡』，漢書武紀『元鼎六年，定西南夷，以爲武都、牂柯、越巂、沈黎、文山郡』，西南夷傳亦曰『以冉駹置文山郡』，此亦漢時字正作『汶』或作『文』之證也。漢人字正作『汶』者，必以伏生今文尚書字正作『汶』。屈賦悲回風曰『隱𡵓山以清江』，王注尚書曰：『𡵓山導江，𡵓一作𡹔，一作汶。』按汶字是文省體，𡵓、𡹔皆或體也，叔師引今文尚書也。若古文尚書則作㟭。説文水部：『江水出蜀湔氐徼外㟭山入海。』山部作『㟭』，此用古文尚書也。夏本紀作『汶』，此今文尚書也。」

梁州貢鏤　金部　「鏤，剛鐵，可以刻鏤。从金婁聲。夏書曰：『梁州貢鏤。』一曰鏤，釜也。」　江云：「鄭康成曰：『鏤，剛鐵，可以刻鏤。』（注見夏本紀注。）説文亦云然，蓋孔氏古文説也。

溺水　水部　「溺水自張掖删丹西至酒泉合黎，餘波入于流沙。从水弱聲。桑欽所説。」（而灼切。）　禹貢：「弱水既西」、「導弱水至於合黎，餘波入於流沙。」　撰異云：『道弱水』，釋文『弱本或作溺，』説文水部云：地理志張掖郡删丹下云，桑欽以爲道弱水自此，西至酒泉合黎。班、許所據正同，而班作『弱』，許作『溺』，似班書从省耳。古文尚書孔安國五傳而及桑欽，（釋文序録「桑」作乘，蓋字之誤。）漢志引桑欽説六，説文水部引桑欽説三，（溺、濕、汶）蓋皆其説古文尚書語，然則壁中故書作『溺』，信而有徵。後人用溺爲沈休字，因用弱爲溺字。」　桂云：「唐書以水經爲桑欽作，今水經無此文，蓋欽説尚書之文也。」　王云：「唐陸淳春秋集傳纂例三傳經文差謬篇曰：『襄公六年，宋華弱來奔，公羊弱作溺。』」

雝州璆琳琅玕　玉部　「玕，琅玕也。从王干聲。禹貢：『雝州璆琳琅玕』。琗，古文玕，从王旱。」　段説古文云：「蓋壁中尚書如此作，干聲、旱聲一也。」　桂云：「禹貢云云，後人加之。」　詩韓奕箋引「璆琳琅玕」，釋文，琳字又作『玪』。今本誤『玲』。鄭注尚書云：「璆，美玉；玪，美石。」」　撰異云：「孔本作『琳』，鄭本作

『玲』，玲與琳異字異物。説文：「玲塾，石之次玉者。」廣雅：『瓅玏，石次玉也。』珍瓅同字，塾玏同字，疑古文尚書作『珍』，今文尚書作『琳』。薛氏『書古文，訓作玲』，採諸鄭本也。」

瀁　水部　「瀁，瀁水。出隴西柏（段依水經注改「豲」，王依集韻作「氐」。）道，東至武都為漢。从水羕聲。瀁，古文从養。」撰異云：「按是則壁中故書作『瀁』，孔安國以今文讀之，易為『漾』也。漢志隴西郡氐道下曰禹貢『養水所出』，字作『養』。（師古曰：「本作『漾』，或作『瀁』，皆非善本。」）則上文述禹貢亦必云「嶓冢道養」，不爾則前無所承。今本志作『道漾』者，淺人用尚書改之也。郡國志隴西氐道下亦作『養水』，蓋夏本紀亦本作『道養』，後人加水旁作『瀁耳』。壁中作『瀁』，孔安國作『漾』，今文尚書作『養』，此三者之不同也。淮南墬形訓作『洋水』，高注云『洋』或作『養』，此可證漢人通用『養』字。」王云：「『養』，省形存聲也。」

蒙案：九經古義謂：瀁，史記及鄭本作『瀁』。所謂鄭本者，據史記集解引鄭注而言，段氏不取其説。意史公嘗从安國問，故夏本紀多古文説，則字亦間用古文，惠説未可議也。

過三澨　水部　「澨，埤增水邊土，人所止者。从水筮聲。夏書曰：『過三澨』。」段云：「水經曰：『三澨，地在南郡即縣北沱』，酈注云：『地説曰，沔水東行，過三澨合流，觸大别山阪。故馬融、鄭玄、王肅、孔安國等以為三澨水名也，惟許慎説異。按水經釋為地，與許合。水經者，或謂桑欽所作，然則許正用孔氏古文尚書説也。」王云：「許君引經有證本義者，有廣一義者，此引不知何屬。」後案云：「鄭云三澨水名。鄭於弱水發例，言道言會，皆水名故也。説文與鄭未必異。」蒙案：據二王之説，則段説尚可商。

東迆北會於匯　辵部　「迤，衺行也。从辵也聲。夏書：『東迤北會于匯。』」

東至於陶丘　𨸏部　「陶，再成丘也，在濟陰。从𨸏匋聲。夏書曰：『東至於（文選應貞華林園詩注引無於。）陶丘。」陶丘有堯城，堯嘗所居，故堯號陶唐氏。」段云：「禹貢道水罕言『出』者，此經『出』字當依説文作『至』。紀無『宇』字。」桂云：「『東至于陶丘』者，禹貢文。彼云『東出於陶丘北』，李善、顏師古引本書亦無『北』字，李善注應貞詩，顏師古注高帝紀。並無于字。丘，古文作𠀉，或以𠀉之一字，誤爲丘北二字與鄭注『道水』云：『言過、言會者，皆是水名。言至于者，或山或澤，皆非水名。據此，則鄭本亦作至于。』下文云『又東至于菏』，是先至于陶丘，又至于菏也。」

渭鳥鼠　水部　渭水，出隴西首陽渭首亭南谷，東南入河。从水胃聲。杜林説夏書以爲出鳥鼠山，雝州浸。段云：水經『渭水出隴西首陽縣渭谷亭南鳥鼠山』，注曰：『渭水出隴西首陽縣首陽山渭首亭南谷山，在鳥鼠山西北。縣有高城嶺，嶺上有城，號渭源城，渭水出焉。東北流逕首陽縣西，與別源合。別源出鳥鼠山渭水谷，禹貢所謂渭出鳥鼠者也。』按酈依説文，故以首陽山南谷與鳥鼠山爲二。以今地理志言之，皆在渭源縣西，相距甚近。『杜林説夏書，』謂林説古文尚書禹貢也。鳥鼠山與南谷同縣而異地，故別爲異説也。」後案：「道渭自鳥鼠、同穴，鄭曰鳥鼠之山有鳥焉與鼠飛行而處之，又有止而同穴之山焉，是二山也。水經注四十卷。案曰：『漢志隴西郡首陽縣，禹貢鳥鼠、同穴在西南，渭水所出，鳥鼠、同穴似是一山。但雍州及道山皆單言鳥鼠于此，又益以同穴之文，當必有異。説文云：『杜林説夏書以爲出鳥鼠山。』鄭氏尚書本於杜林。杜説此經，單名鳥鼠，明析同穴而別言之，故鄭用其説。又地説古書，鄭屢援以證禹貢。水經渭水篇注引地説云：『鳥鼠山，同穴之枝幹也，渭水出其中，東北流過同穴枝間』。鄭據此，故以鳥鼠、同穴爲二山也。」孫説同。　蒙案：此文段以「杜林説夏書」五字句。王於杜林下增「所」字，以「杜林所説」爲句，云與「溺」篆下桑欽所説同例，謂上文之説出杜林。然以鄭君之注證之，則王説非也。

圬　土部　「墺，四方之土可定居者也。从土奧聲。圬，古文墺。」段云：禹貢『四墺既宅』，今作隩者，衛包改也。僞孔傳曰：『四方之土可居』。玉篇土部引夏書『四墺既宅』，廣韻三十七號『墺』字注曰：『四墺，四方土。』文選西都賦『天地之隩區』李注引此説文，知班賦本从土，唐以後人乃改之，如今本尚書釋文之作『隩』耳。圬，蓋壁中禹貢如是與？」　撰異云：汗簡圬，古文墺，字見尚書。此其所據禹貢亦必作『墺』，而後援説文傅會之。」

甘誓

天用剿絶其命　刀部　剿，絶也。从刀喿聲。周（段云夏之譌。）書曰：『天用剿絶其命。』　釋文：剿，子六反。玉篇：子小反。馬本作巢，與玉篇、切韻同。段云：『天用剿絶其命』，天寶已前本如是。釋文曰子六反，玉篇子小反，馬本作『劋』，宋開寶已前本如是。今玉篇『剿』，子小切，絶也。『勦』同上，此顧希馮之舊也。自衛包改剿爲勦，以刀部訓絶之字，改爲力部訓勞之字，於是五經文字力部曰：『勦』見禮記，又見夏書，而力部反無

『剿』字。開寶中，改釋文剿爲勦，剿爲巢。羣經音辨、集韻等皆云『勦絶』也，重紕貤繆，莫能諟正。蓋衛包當改剿爲剿，猶可説也；改爲从力之勦，不可説矣。王莽傳郭欽封剿胡子，又詔曰『將遣大司空征伐剿絶之矣，』此用夏書也。外戚傳『命操絶而不長』，此叚借字也。」

天用勦絶　水部　𤀹。讀若夏書『天用勦絶』。撰異云：「勦必『剿』之誤，與刀部所引不合，蓋淺人以今之尚書改之也。或曰古文尚書有别本，馬本作『剿』是也。王云：「似有挩文，否則後人增也。刀部已引作『天用剿絶其命』矣，小徐作剿从刀尚合，大徐從力尤誤。」　蒙案：諸家所引小徐本亦誤从力，王云小徐从刀，未知何本？據王莽傳之文，是今文尚書作剿，馬作「剿」者，其古文尚書與？

說文引經異同　卷六

書

盘庚

率籲衆戚　頁部　「籲，呼也。从頁籥聲，讀與籥同。商書曰：『率籲衆戚』。」　段云：「呼當作『評』。言部『評』者，召也。口部『召』者，評也。商書『率籲衆戚，出矢言』，某氏曰：籲，和也，率和衆憂之人，出正直之言。按和之訓未知何出。夫下文自『我王來』至『底綏四方』，皆民不欲徙之言，姚氏鼐之説是也。『籲衆戚，出矢言』，正謂不欲徙之民相評急出誓言，爲盤庚敎民命衆張本，注疏殊繆。」　撰異云：「孔傳籲訓和，與立政、召誥籲訓評不同。孔意籲音同籥，籥音同龠，説文：『龠，乐之竹管，三孔，以和衆聲也』，故訓爲和。説文『籲』下引書，未審許意謂籲爲叚借訓和，抑爲本義訓評也。孔傳要必有本。（此説與説文注説不同。）　又云：「戚，衛包改爲慼，俗字也。古干戚、親戚、憂戚同字。」　後案云：「説文所引是孔氏古文。僞孔氏欲闢舊解，改戚爲慼，訓爲憂，謂衆憂之人，不詞甚矣。戚蓋謂貴戚，喻諭臣民必由近臣始，故呼召之。下文云：『般庚斆于民，由乃在位』，即衆戚也。僞孔既以『慼』爲憂，衆憂之人不易呼召，因訓籲為和，古無是訓也。　江云：「戚，近也。民不樂徙，由羣臣胥動浮言之故，故呼衆近習之人，出誓言以曉之。」　孫云：「戚蓋謂貴戚近臣。」　蒙案：段氏兩書説異。王、江、孫三家之説又均與段異。小爾雅廣言「籲和也」。似古非無此訓，故段云要必有本。

若顛木之有甹𣡌　木部　「𣡌，伐木餘也。从木獻聲。商書曰：『若顛木之有甹𣡌。』櫱，𣡌或从木辥聲。巿，古文𣡌，從木無頭。栓，亦古文𣡌。」　吳云：「今書作『由蘖』。按説文『甹，木生條也』。亦引此書。」又曰：古文言『由枿』，蓋古文省甹作由，故今本从之。枿亦櫱之重文。櫱字今誤從艸，本音五達反，今讀如魚列反，並誤。　釋文：「櫱，五達反，本又作枿。馬云：『顛木而肄生曰枿。』」

若顛木之有甹枿。马部「甹，木生條也。从马由聲。商書曰：『若顛木之有甹枿。』古文言『由枿。』」陳云：『由枿』二字説文俱無，乃知『古文言』者，言由爲甹之古文，枿爲欁之古文耳。不明言枿爲古欁字，舉經文而人易知之，不更贅説，此亦許書簡而有法，連篆字讀法之意也。許君於此注收『枿』字，不更于木部重出。木部欁重文甚多，獨不及枿，則猶併爲古文訓，㞢爲古文魯，手爲古文𠂹，𣥠爲古文旅，俱於注文見之，不復於本字之下列重文也。爾雅：「枿，餘也。」李巡謂槁木之餘。釋文作『枿』，又作不。漢書叙傳引詩『苞有三櫱』作『枿』。何超晉書音義云：「枿，伐木餘。」東京賦『櫱栽』注云：『櫱與枿古字同。』蓋欁、櫱古今字，其作枿，作不，作梓者，則古文之別體。段云：下云古文言由枿」，則作甹者，伏生、歐陽、夏侯之書也。伏作『甹』爲正字，孔作『由』爲叚借字，偁伏又偁孔者，明叚借也。撰異云：「『古文者』，謂孔安國所傳壁中古文也。據此一處，是許君親見孔壁尚書之證。古文作『由』，僞孔傳从之，訓爲用。雖本釋詁，而『用枿』之語不通，徐鼎臣之言誠然矣。春秋昭八年左氏傳曰：『史趙曰陳，顓「瑣」之族也，歲在鶉火，是以卒滅，陳將如之。今在析木之津，猶將復由」。杜注云：『由，用也。』玉裁謂：此『由』亦當作『甹』。『猶將復甹』，『與是以卒滅』，語意以生滅相對。『析木之津』，賓位也，故曰『猶將復由』。詩序：「『由庚，萬物得由其道也。由儀，萬物之生各得其儀也』」。詳『由儀』之『由』當作『甹』，與『由庚』之『由』不同。序偁萬物之生各得其宜，以生訓由，以宜訓儀，（惠定宇説）與商書、左傳合。商書古文、左傳、詩序皆假由爲甹。徐鍇云：『説文無由字，蓋古文省马，而後人因之，通用爲因由等字。』如其説，則甹字下不當曰由聲，凡説文全書内由聲之字，皆當作甹，省聲非也。説文油、柚、郵、岫、窗、㽕、胄、宙、䛆、怞、舳、軸、苗、迪、䌷、笛，皆曰由聲。説文自有由字，不知在何部而脱佚，其音義俱不傳矣。漢食貨志『黎民租饑』，孟康曰：『祖，始也，古文言阻。』正以此甹『古文言由』同，『言』猶『作』也。近人不知此恉，乃謂作『甹』者爲真古文尚書，作由者爲僞孔本矣。桂云：「枿，古文梓之變體。甹下當有古文由字，今脱去，本書从由諸字本此。」王云：甹从由聲，與裘从求聲，麗從丽聲一例。『古文言由枿』，上當出由篆，今脱，遂致各部从由之字無所本。」校議云：『若顛木之有甹枿』，當依『欁』下引作『甹欁』。」

王譒告之言部「譒，敷也。从言，番聲。商書曰：『王譒告之。』」段云：「手部『播』，一曰布也。此與音義同，今書作『播』。撰異云：「此壁中故書也。」桂云：「經典借『播』字，多方『爾乃屑播天命』，禮运『播五行於四時』。錢云：「此布告字，今書作『播』。緇衣『播刑之不迪』，注：『播，猶施也。』義同。」王云：「經典借用『播』，康誥『乃別播敷』。後案云：『王播告之，修不匿厥指。』説文引此經『王譒告之』是古本播作『譒』，且讀『告之』句絶，不連修字爲一句。江以「王譒告之」爲句，「修」字別爲一句。注云：「『王敷』告之以所爲當，舊人修明之，不隱匿其恉意。又説文引「王譒告之」，不聯引『修』字，則可知漢經師讀『告之』絶句。」孫亦从説文以「王譒告之」爲句，其訓「修不匿厥指」云：「『修』者，」王逸注楚辭云「遠也」，言王爲敷告之言，行之甚遠，無隱其意旨者。

今女懖懖（心部）懖，拒善自用之意也。（拒字各本無，段、王依釋文所引補。）从心銽聲。商書曰：『今女懖懖。』𦗏，古文从耳。段云：「𦗏蓋壁中文，孔安國易从耳爲心，蓋由伏生尚書如是。」撰異云：「懖，衛包改爲聒，開寶中李昉、陳鄂等又改釋文之懖爲聒。考説文引書作『懖』，此古文尚書也。」又曰：「古文从耳作𦗏，此壁中故書字也。唐以前尚書作『懖』，故釋文大書『懖懖』，注『故活反』，馬及説文皆云『拒善自用之意。』今本釋文係開寶妄改之本，大書字作『聒聒』，則其注當云『説文作懖』，不得誣説文作『聒聒』，於此信開寶依衛包所改無疑也。玉篇心部云「懖，愚人無知也」，耳部云『𦗏，無知皃』，廣韻十三末云『懖愚、懖無知』，此皆用孔無知之皃爲説。然則馬、鄭、王、孔本皆同説文作『懖』甚顯白。尋衛包之妄改『懖』爲『聒』者，以正義引鄭注云『懖（今本改「聒」）讀如聒耳之聒，懖懖（今本改聒聒）難告之』。夫鄭云『難告之皃』，與許、馬、王『拒善自用』之意，僞孔傳，『懖懖（今本改「聒聒」）無知之皃』，皆言其不可教訓，不知話言，絶非多言讙聒之謂。謂讀如『聒耳之聒』者，此讀如非『讀爲』也。漢人注經，凡言讀爲者易其字，凡言『讀如』者擬其音。説文乃字書，故有讀如而無讀爲，經注則讀爲、讀如二者錯出也。懖音同聒，非訓聒也。假令云讀爲聒耳之聒，則易其字而義亦从同，下不云『難告之皃』矣。汗簡云：『𦗏古文聒，字出尚書』，此可證。汗簡之説皆出衛包妄改以後。説文云『𦗏，古文懖』，未嘗云古文聒也。蔡氏仲默訓『聒聒』爲譊譊多言，五百年來墨守其説，包之遺毒有如此者。集韻十三末云『懖通作聒』，此惑於天寶後之尚書也。後案説同。吴、桂、王、孫并云聒，即𦗏之省文。蒙案：𦗏省爲聒，則與耳部之

「聒」無異矣。

予亦炪謀（火部）「炪，火光也。从火出聲。商書曰：『予亦炪謀。』讀若巧拙之拙。」吴云：「『炪』承上『予若觀火』而言，古文當別有解。」撰異云：「許所據尚書作『炪』，當是壁中古文假炪爲拙，如叚攷爲好，叚狟狟爲桓桓，取其同音，其字之本義也。孔安國以今文讀之，易爲拙。近注尚書者，皮傅周禮注以釋『觀火』，皮傅説文以釋『炪謀』，皆非。」王云：『火光也』，類篇引作『火不光也』。桂氏曰『不』字後人加是也。段氏引集韻『炪，鬱煙皃』，以證『不』字，案此是別義。玉篇曰『火光也，鬱也』，分爲兩義是也。鄭君解『予若觀火』，謂『觀』爲『爇』，與許説貫注，蓋古尚書義也。讀若句，不繼出聲，而繼引盤庚後者，蓋是時尚書已作『拙』，而孔氏古文作『炪』，故許君既引古文，又言今本作拙者，乃以音讀易本文也。」蒙案：後案及江、孫兩家并據周禮注以釋『觀火』，據説文以釋「炪」字，正段氏之所非也。後案及江、孫又據類篇謂説文挩不字，又王氏之所非也。然三家之説，亦屬紆回。王謂鄭解與許説相貫注，亦不易曉，不若段説叚借之爲直捷也。陳獨取江、孫之説，何也？

有條而不紊　糸部　紊，亂也。从糸文聲。商書曰：『有條而不紊。』

相時思民　心部　思，疾利口也。从心从冊。書（今本作詩，王據小徐本壹部錯出思字，作「書曰」改是也。）曰「相時思民」。陳云：「今書曰『相時憸民』，憸思同字。立政『憸人』釋文『憸，本又作思。馬云：憸，利佞人也。』冏命憸人釋文：「利口也，本亦作思。」」説文：『憸，憸詖也，便利于上，佞人也』，聲義俱同。」段云：「玉篇、廣韻、集韻、類篇皆不言憸、思爲一字，立政兩言『憸人』，釋文『憸本又作思』，是則當爲一字矣。而思从冊，蓋从删省聲，如珊、姍字之比。漢石經尚書殘碑此字作『㪚』，散即散。疑古文般庚作思，今文般庚作『散』，異字同音。思訓疾利口，與憸訓詖邪。異字異音異義，不知者乃混而一之。」王云：「立政、冏命釋文并云『憸』，本亦作思」，然則憸、思即是一字。疾利者，乃捷疾便利之口也。『憸』下云『憸詖』，蒼頡篇：『詖，諂佞也。』吕覽審分篇「諂諛詖賊，巧佞之人。」」經義述聞云：『相時憸民』，説文引作思。鈔本北堂書鈔蓺文部六作『相時息人』。（陳禹謨本删去）改『民』爲人，爲避太宗諱，『息』則思之譌。蓋唐初馬、鄭古本尚有作思字者，故書鈔剌取『相時思人』，思與息相似，寫者遂譌爲息耳。

若藥不瞑眩（宀部）「賓，讀若書曰『若藥不瞑眩』。」段云：「此許引孟子滕文公篇文也。鄭注『醫師』，亦引孟子「藥不瞑眩，厥疾無瘳」。趙注孟子云：『書逸篇也。』若今僞撰說命，則採楚語爲之，許、鄭所未見者。大徐本作「讀若周書」，謬。江氏據楚語以補說命篇文。吳云：「揚子方言「凡飲藥傅藥而毒，齊東海、岱之間謂之眠，或謂之眩」，與今書同。『眠』即瞑字重文。說命引書作『眄』，（此據大徐本。）疑因音同而借，當時異本如是。

西伯戡黎

西伯戡䣚（邑部）䣚，殷諸侯國，在上黨東北。从邑𥝢聲。𥝢，古文利。商書：『西伯戡䣚。』吳云：「今書作黎，按黎爲地名，理宜从邑。然歷考載籍，皆通借『黎』，即說文本書『𢧁黎』亦引此。書作『𢧁黎』，則在許時原有異本，學者當知其相通之故，不得盡以說文爲好異也。」段云：「此『戡』字蓋本作『𢧁』，（按校議說同。）戈部『黎』字蓋本作䣚，（校議說亦同。）皆後人改也。古文尚書作『䣚』，後易爲『黎』，今文尚書作『耆』，亦作『飢』，亦作阢。尚書大傳殷傳曰：「西伯戡（今刊本作𢧁，當是惠氏所改。）耆。」周傳曰：「文王受命五年，伐耆。」史記殷本紀曰「西伯伐飢國，滅之」。徐廣曰：「飢，一作阢，又作耆。」周本紀曰「明年敗耆國」，徐廣曰：「耆，一作阢。」此皆今文尚書之證也。」又今文尚書作耆，或作『阢』、『飢』，皆叚借字。桂云：郭注爾雅引書『西伯堪黎』，釋文作『䣚』，云『國名，通作耆』。周本紀「敗耆國」，正義：『即黎國也』，鄒誕生云本或作『黎』。宋微子世家『滅阢國』，集解徐廣曰：「阢音耆」，索隱：「耆即黎也。」鄒誕生本作「䣚，音黎」。王云：「戡，玉篇引同。」

西伯既𢧁黎戈部「𢧁，殺也。从戈今聲。商書曰：『西伯既𢧁黎。』」吳云：「今書作『戡』。按說文『戡，刺也』，「𢧁殺也」，音義皆同，當是一字重文。爾雅郭注引書作『堪黎』。漢書五行志『王心弗𢧁』，孟康曰：『古堪字。』書君奭「惟時二人弗戡」，注：「我二人將弗戡勝」，三字多通用。段云：「按漢、魏、六朝人，𢧁、堪、戡、龕四字，不甚區別。左傳「王心弗堪」，漢五行志作『王心弗勝』也」。爾雅曰『堪，勝也』，郭注引書「西伯堪黎」蓋訓勝。則堪爲正字，或叚𢧁，或叚戡，或叚龕，皆以同音爲之也。撰異云：釋文『戡音堪』，說文作𢧁，云殺也，以此戡訓刺，音竹甚反。按說文戈部引作『𢧁』，蓋壁中本，後易爲戡，或易爲堪。爾雅釋詁『堪，勝也』，尚書正義引作戡。文選謝元暉詩「西龕收組練」，李注：『尚書序曰西伯戡黎，孔安國曰戡勝也，戡與龕音義同。』唐初尚書本固皆作戡也。王云：「邑部引『西伯戡𨛫』，彼引于𨛫則不譌爲黎，此引于𢦔下則不譌爲戡。後人習孰時字，妄改許書，其無隙可乘者，不可究詰矣。」後案云：說文、尚書大傳作『𢦔』，則戡字後人改。」

大命不𡠗　（女部）　𡠗，至也。从女執聲。周書：段云：『周』當爲『商』字之誤也。吳：『大命不𡠗。』讀若執同。」陳云：今作『摯』。史記作『大命胡不至』。案詩關雎傳云『摯而有別。』箋云「摯之言至。」爾雅「摯，臻也」，注云：『摯、臻，皆至也。』則𡠗摯同聲亦同義。」段云：「釋文『摯，本又作𡠗』，是陸氏所見尚有作𡠗者。」撰異云：「壁中本作『𡠗』，後易作『摯』。殷本紀作『至』，故訓字也。」又云：「唐石經旁添『胡』字於『命』『不』之間，據說文則不應有也。殷本紀作『大命胡不至』，後人依史記增入尚書耳。」後案及江氏并據唐石經謂當有「胡」字。

祖伊返　（辵部）　「返，還也。从辵反，反亦聲。商書曰：『祖伊返。』」　撰異云：「今本說文『伊』誤『甲』，惟集韻所引不誤。返反古通用。」

微子

𨠊　酉部　「𨠊，醉醟也。从酉，句聲。」　釋文：「酗，况具反。以酒爲凶，曰酗。說文作『𨠊』，云醉醟」。

蒙案：今書「我用沈酗於酒」作「酗」。依說文當作「𨠊」。釋文云說文作「𨠊」，而今說文無引書語者。陸引許以證字，不必皆爲許所引經文也。

予顛躋　足部　「躋，登也。从足齊聲。商書曰：『予顛躋』。」　校議云：「衆本及集韻十二齊引皆同。小徐作『若予顛躋』，毛本於『予』字上刓補『告』字，蓋依今微子。」段云：「今作『隮』。注家云，顛、隕、躋、墜，按升降同謂之躋，猶治、亂同謂之亂。俗作『隮』。顧命『由賓階隮』，毛詩『朝隮于西』、『南山朝隮』，周禮『九曰隮』，皆訓升。左傳『知隮於溝壑矣』，則訓降。」撰異云：「左傳陸德明本从手作『擠』，誤。」王云：「傳曰『隮，墜』。馬融、王肅義同。說文無『隮』，若以馬、王之說爲許說，則登是正義，引書是廣一義。然顧命『由賓階隮』，此登義也。詩蝃蝀『朝隮於西』，候人『南山朝隮』，皆升義，升亦登也。釋文於此三經，不言有作『躋』之本。

玉篇『隮』在後收字中，廣韻十二齊『躋，登也，升也。隮上同』。十二霽，『隮，升也。躋上同』。均無墜義。玉篇竝同。或許君引書仍是登義，謂顛其所躋耶？則是初登于天，后入于地矣，未詳。」

咈其耇長　口部「咈，違也。从口弗聲。周書曰：（段云：「『周』乃『商』之誤」。）『咈其耇長』。　段云：「玉篇引易『咈經于丘』，今易作『拂』，蓋誤」。

我興受其退　辵部「退，𣪠也。从辵貝聲。周書曰：『我興受其退』。」（段云：『周』乃『商』之誤」。）撰異云：「壁中尚書『敗』字蓋皆如此作。」　王云：「攴部『敗』『𣪠』二字，皆云『毀也』。土部『壞，敗也』。是知退敗一字，𣪠壞一字，此重文之在兩部者也。今土部『壞』有籀文𣪠，固自移自攴部，雖誤而不誤也。爾雅釋文引字林『壞，自敗也，下怪反；𣪠，毀也，公壞反』。顏氏家訓『江南學士讀左傳，口相傳述，自爲凡例。軍自敗曰敗，打破人軍曰敗，讀蒲拜反，此爲穿鑿』。筠案：此人殆不知有退字，若知之，當如字林之分壞、𣪠爲二矣。微子文彼作『敗』。」

說文引經異同　卷七

書

牧誓

勖哉夫子　力部　「勖，勉也。从力冒聲。周書曰：『勖哉夫子』。」　蒙案：史記『勖』作「勉」，訓故字也。

尚狟狟　犬部　「狟，犬行也。从犬亘聲。周書曰：『尚狟狟』。」　段云：「今作『桓桓』，許用孔壁中古文也。釋訓『桓桓，威也』。魯頌傳曰『桓桓，威武皃』，然則『狟狟』者，『桓桓』之叚借字。」　撰異云：「桓桓本無正字，故或借犬行之『狟』，或借亭郵表之『桓』也。」　桂云：「玉篇『狟，武皃也，今作桓』。漢桓道縣，魏志作『狟道』。」　王云：「今作『桓桓』。鄭注『桓桓，威武也』。三體石經作『狟』，亦借『趄』爲之用。子白盤銘曰『趄子白』，蓋以走字从犬，故借之也。」

如虎如貔　豸部　「貔，豹屬，出貉國。从豸毘聲。詩曰：『獻其貔皮。』周書曰：『如虎如貔。』貔，猛獸。」　撰異云：「曲禮『前有摯獸，則載貔貅』。注書曰『如虎如貔』，說文云云，按此皆引古文尚書也。許引書而釋之曰『猛獸』者，古文家說也。『如虎如貔，如熊如羆』，周本紀作『如虎如羆，如豺如離』，此今文尚書與古文尚書大不同之一也。漢人皆習今文尚書，故班固十八侯銘曰『休休將軍，如虎如羆』，封燕然山銘曰『螭虎元士』，典引曰『虎離其師』，（後漢書作，离文選作『螭』。）杜篤論都賦曰『虓怒之旅，如虎如螭』，此皆用今文尚書，而李善、李賢、章樵皆莫識其根據。攷說文内部『离』下曰『歐陽喬說，离猛獸也』。江氏叔澐尚書集注曰：『文選西都㧺熊螭，李善注引歐陽尚書說螭，猛獸也』。歐陽尚書說唐初已不存，李蓋於各家註記得之，與說文引歐陽喬說正合，正牧誓說。喬蓋即漢儒林傳之歐陽高字子陽者，古喬、高通用。』玉裁謂：徐廣注史記云『離音訓並與螭同』，此當云『音訓並與离同，』离其正字，離、螭其叚借字也。考工記鄭注：『嬴者，虎豹貔螭，爲獸淺毛者之屬。』左傳服注：『螭或曰如虎而噉虎者』，皆猛獸之説也。齊世家及六韜、『非龍非彲』，『彲』則『螭』之別字也。『螭』之正訓，説文説『若龍而黄也』。一曰：『一角曰螭。』廣雅：『無角曰螭龍』，一本作『蜿龍』。鄭君注五行傳曰：『或曰龍無角者曰蛇』。按此『蛇』即『螭』字。彲、蜿、蛇，皆螭龍別字也。猛獸音吕支切，螭龍音丑知切。」

實玄黄於匪 （匚部） 匪，器似竹匧。从匚，非聲。逸周書曰：「實玄黄於匪。」 段云：按此句今惟見孟子滕文公篇引書。其上文云：「綏厥士女，篚厥玄黄，昭我周王見休，惟臣附於大邑周。」似必為周書。趙氏亦云。從有攸以下道武王伐紂時，皆尚書逸篇之文也。 王云：匪字經典皆借篚。其僅存者，春官：「挈師共設匪罋之禮。」而鄭君注云：「豆實實於罋，簋實實於篚」，匪其篚字之誤與？是鄭君以「車笭之篚」為匡匪，而以「匡匪之匪」為是非，徇俗而違古也。又士冠禮「篚實」，鄭注：「篚，竹器如笭者。」此雖仍是匡匪，而曰如笭，則與竹部「篚，車笭也」相涉。蓋匪似車笭，故篚字从匪，經典即借篚為匪。迨借匪為非既久，而車笭之義無用，遂迷失本來耳。引書今見孟子，其字作篚。今武成「篚厥玄黄」亦从竹。然孟子上文云「篚厥玄黄」，宋孫宣公音義出匪厥而説之曰：丁公著云義當作篚，此作匪，古字借用，下同。則是宋本兩篚字皆本作匪，後人用丁説改之。至於武成乃僞古文，更不必論。

洪範

鮌垔洪水 土部 「垔，塞也。从土，𠧧聲。尚書曰：『鮌𠧧洪水。』陻，垔或从𨸏，㙍，古文垔如此。」 段云：「垔字古書多作堙，作『陻』。真字乃廢矣。」 撰異云：「古文垔，从古文西，蓋壁中古文如是，小篆易㙍爲『垔』，俗作『陻』。玉篇土部『垔，於仁切。書曰鯀垔洪水。孔安、國曰垔，塞也。』據此則尚書孔傳本作『垔』，與説文合。衛包乃改爲『陻』，開寳中又改釋文『垔』。」漢石經殘碑作『伊』，蓋垔、伊雙聲相叚借，此今文尚書也。」 王云：「今作『鯀陻洪水，』鮌乃正字，漢開母、不闕、周憬碑並作『鮌』。」

彝倫攸殬 歺部 「殬，敗也。从**歺**睪聲。商書曰：『彝倫攸殬。』」 吴云：「今書作『斁』。按説文，斁解也，厭也，一曰終也，音睪，引詩『服之無斁』。殬，敗也，音妬。釋文詩大雅雲漢『耗斁下土』，注『丁故反，敗也。』説文、字林皆作殬。』周頌『在此無斁』，魯頌『思無斁』，皆音亦，厭也。二字音義各別，今因形近，經典相承皆作『斁』，非也。」 段云：「經叚『斁』爲『殬』，雲漢鄭箋：『斁，敗也。』」孔穎達引洪範『彝倫攸斁』。洪範文今作

『斁』者，蓋漢人以今字改之。許所云者，壁中文也。彝，張次立本作『夷』。」桂云：「史記宋微子世家，『常倫所斁』，徐廣曰：『一作釋。』馥案：釋，譌之譌也。穀梁傳集解序『彝倫攸斁』，釋文：『斁字書作㱜，敗也』。」

水曰潤下　水部　「潤，水曰潤下。从水閏聲」。　王云：「此說義之詞挩佚，第存引書一句耳。」

無有作㚼　女部　「㚼，人姓也。从女丑聲。呼到切。商書曰：『無有作㚼』。」　段云：「今尚書㚼作『好』，此引經說叚借也。㚼本訓人姓，好惡自有真字，而壁中古文叚㚼爲『好』，此以見古之叚借，不必本無其字，是爲同聲通用之肇耑。此如『朕堲讒說』叚堲爲『疾』，『尚狟狟』叚『狟』爲『桓』，皆偁經以明六書之叚借也。而淺人不得其解，或多異說，蓋許書之沈晦久矣。」　撰異云：「廣韻『㚼，姓也，亦作⿰丑子』。玉篇亦云：㚼，古文好字。」汗簡云：㚼同好，見尚書。」玉篇『妞，姓也，亦作㚼』。王伯厚姓氏急就篇『娧佼嫽嬿娩㚼提』注：『㚼氏，見說文。』伯厚又曰：『好氏見纂文，古好、㚼通用，豈其一姓與？』」說文引書作㚼者，古音好讀如朽，丑聲古音讀如鈕，或如朽，皆在尤幽部，是以叚㚼爲好。惠氏定宇曰篆文女字似丑，故或从丑，或从女，其說非也。周伯琦六書正譌不知此恉，乃訓㚼云：『愛而不釋也。』惑其說者，謂說文姓當作『性』，凡人之性，每多所㚼。竟忘說文上文最搭以姓字，而姜、姬、姞、嬴、姚、嬀、妘、娧、嬿、㚼、娸十一字，皆爲人姓氏，立文之體例，固不可誣乎。」　蒙案：吳引復古編㚼爲㚼惡，好爲美好，此一說也。吳又引通雅曰㚼乃⿰丑子之譌，⿰丑子即好也。古文好，旁从戹，戹譌爲丑也，此又一說也。九經古義：石鼓文好字从孜，好時鼎从好，篆文女字似丑，故或从丑，或从女，文之異也，此又一說也。六書正譌以好爲㚼之重文，此又一說也。後案謂人姓之「姓」當作「性」，此又一說也。陳氏知後案之說難盡通，而變其說曰人姓爲正訓，兼有人性之訓，故引書以釋之，轉寫脱人性之訓，此又一說也。皆不若段說之爲得其通。

曰圛　口部　「圛，回行也。从囗睪聲。羊切益。尚書曰：句絶此「曰」字各本無，段補。『曰圛。』句絶圛者，句絶。「者」字今挩，段依廣韻、五經文字補。升雲半有半無。句絶讀若驛。」　困學紀聞：（二）「說文引書『圛』、圛，升雲半有半無』。今按圛即洪範『曰驛』，其下乃注文。」　撰異云：「圛，衛包改爲『驛』。經典釋文大書『圛』字，開寶中改作『驛』。天寶以前作『圛』，其證有八：正義云『圛，兆氣落驛不連屬也』，又云『圛者，驛也』，證一。　又云王肅云『圛，霍驛消減如雲陰』，鄭玄以圛爲明，言色澤光明也。證二。詩齊風正義曰「洪範稽疑論卜，兆有五，曰圛』。證三。史記集解云『尚書作圛』，又引鄭玄曰『圛，色澤而光明也』。證四。史記索隱云『涕，尚書作圛』，震澤王氏本誤「驛」。證五。詩齊風箋『古文尚書弟爲圛』，證六。周禮太卜注『曰圛』，證七。説文證八。」又云：「説文『曰圛』即今洪範『曰驛』也。『圛者，升雲半有半無』，所以釋『曰圛』也。張參五經文字曰：『圛者，升雲半有半無』，廣韻引説文『商書曰圛，圛者，升雲半有半無』，皆不誤。俗本玉篇引説文『商書曰圛圛升雲者，半有半無』，妄移『者』字於『雲』下，而後人删説文『者』字，以爲逸書有『圛圛升雲，半有半無』二句，丁氏度、周氏伯琦、朱氏彝尊、閻氏若璩皆習焉不察矣。今説文少一『曰』字，無『者』字，誤也。錢氏曉徵曰：『王伯厚已知圛升雲以下爲注釋語，見困學紀聞。』」又云：「説文『回行』也，是圛字本義。『升雲半有半無，』是釋尚書圛字之義，鄭箋詩云『圛，明也』，注書云『色澤而光明』，此爲一説。王肅云『霍驛消滅如雲陰』，許云『升雲半有半無』，僞孔云『氣落驛不連屬』，此三家爲一説。『升雲半有半無』，即『不連屬』、『霍驛消滅』之意，謂龜兆如是也。」蒙案詩齊風「齊子豈弟」，鄭箋「古文尚書，以弟爲圛。」正義：「古文作『悌』，今文作『圛』。」九經古義、尚書後案及王氏、江氏並用其説。段則謂今文尚書作「悌」，宋世家曰「涕」是也。古文尚書作「圛」，馬、鄭、王及僞孔傳本曰「圛」是也，正義説誤。鄭箋衍以字，説詳撰異。段又以悌爲涕之誤，惠、王、江、後案則以涕爲悌之誤，其説糾紛，茲姑略之。

曰貞曰𠧩　卜部　「𠧩，易卦之上體也。商書曰：「曰貞曰𠧩。」从卜每聲。」吴云：「今書作『悔』，本作『𠧩』，形聲相近，遂譌爲悔。」段云：「今尚書、左傳皆作『悔』，疑𠧩是壁中古文，孔安國以今文讀之，易爲悔也。」後案云：「貞从卜，則𠧩亦宜从卜，後人混作心部之悔，𠧩字遂廢不用。」蒙案：卜筮之字，豈必皆从卜。説文「𠧞，灼龜坼也，兆，古文𠧞省」，此古文不皆从卜之一證也。疑悔乃古文叚借字，𠧩乃後出之專字，説文「貞，卜問也」，不云易卦之下體，則安得以貞爲例哉？

曰暘　日部　「暘，日出也。从日易聲。商書曰：『暘谷』。」吴云：「洪範有『曰雨曰暘』之文，此或衍谷字。」錢及校議説同。桂云：「楊君侗曰，『此引洪範八庶爲之文，後人以爲堯典加谷字，若堯典則偁虞書矣，此引凡引洪範皆稱商書也。』」馥案：『崵』下云『堣銕，崵谷也。』是崵字从山不从日。又『堣』下云『堣夷在冀州陽谷』，此陽字傳寫之誤。『㕛』下云『日初出東方暘谷』，李燾本集韻、類篇並作『湯谷』，淮南亦作『湯谷』，是本無暘谷之名也。鄭注洪範云：『暘，金氣也。秋物成而堅，故金氣爲暘。』孔傳『暘以乾物』，正義引易説卦『日以烜之』曰：『暘也，烜乾也。』徐鍇本作虞書曰『至於暘谷』。繫傳云：『按尚書洪範乂時暘若，暘，日暴之也。』馥案：徐氏不釋暘谷而引洪範，是其本作『曰暘』。今作虞書云云者，後人改之。」撰異云：「祭義『殷人祭其陽』，注：『陽讀爲曰雨曰暘『之暘，』此古文尚書作『暘』之證。尚書大傳、宋世家、漢紀、論衡皆作『暘』，五行志、王莽傳作『陽』，叚借字耳。」

庶艸緐橆　林部　橆，豐也。从林奭，或説規模字，從大卌，數之積也。林者，木之多也。卌與庶同意。商書曰：『庶草繁橆。』」校議云：「草當作『艸』，繁當作『緐』，韻會七麌引作『庶艸』。」陳云：「文選上林賦『變蕃弱』，注：『蕃與繁古字通。』」撰異云「『庶草蕃廡』，蕃，説文作『緐』，宋世家同緐者，蕃之叚借字也。」又爾雅釋詁『苞蕪，茂豐也』，郭注：『苞、叢緐蕪，皆豐盛。』釋文：『蕪，古本作橆。』按許説本尔雅，尔雅「古本作『橆』是也。隸變橆作無，以爲有無字，遂改尔雅之『無茂』从艸作荒蕪字，鴻範之『蕃無』从广作廊廡字，皆非本字。晉語曰：『黍不黍，不能蕃廡。』韋昭曰：『蕃，滋也。廡，豐也。』則叚廡爲無，不獨尚書也。」桂云：「廣韻『無，蕃滋生長』。玉篇『無，繁無，豐盛也。』戴侗曰：『書云庶草蕃廡，借用廡字。漢書無萋亭，無湖，皆作無』。」王云：「釋詁釋文『蕪，古本作隸，隸蓋橆之譌。

金縢

有疾不悆　心部　「悆，忘也，嘾也。从心余聲。周書曰：『有疾不悆。』悆，喜也。」段云：「金縢今本作『弗豫』。許所據者，壁中古文。今本則孔安國以今文字易之也。悆，喜也。喜者，樂也。此引書而釋之。必釋之者，以書義與本義別也。」撰異云：『王有疾弗豫』，『弗』史記魯周公世家作『不』，論衡死僞篇亦作『不』，司馬彪禮儀志亦云『不豫』，是今文尚書作『不』也。而釋文云書序『武王有疾』，馬本作『有疾不豫』，説文引書『不悆』，是古文尚書亦作『不』也。蓋弗、不二字，淆亂者多矣。豫、釋文本又作『忬』，忬蓋即悆字也。」桂云：「忬，俗字予、余通借，故悆變爲忬。按：悆變悇，悇變忬。玉篇：『忬，安也；悆，喜也者。』集韻：『悇，樂也。』琴賦：『若和平者聽之，則怡養悦悆。』汗簡：『悆，古文尚書豫。』釋詁：『豫，樂也。』易雜卦傳『豫，怡也』，鄭注：『豫，行出而喜之意。』孟子『夫子若有不豫色然』，趙注謂孟子去齊，有恨色，顔色不悦也。又『吾何爲不豫哉』，注云：『何爲不悦豫乎。』蒙案：陳書廢帝紀『自前朝不悆，任總邦家』。隋書劉昉傳：『及帝不悆，召昉屬以後事。』尚書釋文『豫本又作『忬』，忬即悆字』。是六朝、唐初，尚書尚有作『悆』之本。疑是古文尚書作『悆』，今文尚書作『豫』，今古文作『豫』，乃經師以今文易之，非必出于孔安國也。

我之不𨐨　辟部　『𨐨，治也。从辟井。周書曰：『我之不𨐨。』』釋文：『辟，（抉）扶亦反，治也。説文作『𨐨』，云必亦反，法也。馬、鄭音避，謂避居東都。』吴云：『今書作『辟』。按孔傳『辟扶，法也』。告召公，太公言：我不以法法三叔，則我無以成周道，告我先王。』今説文𨐨訓治也，釋文引作法也，疑今本蒙下文𡰪字訓治，因誤𨐨注『法亦爲治』，宜从釋文改正。』陳云：『今不作弗，輕重脣之别。』撰異云：『説文𨐨法，釋文所引不誤，今本誤也。𨐨从井，井者，法也，故𨐨訓法。𡰪从乂，乂者治也，故𡰪从乂，分别畫然。𨐨與辟字訓同，故以辟建首，次𨐨，而次𡰪。徐楚金注云：『井者，法也，此與刑同意。』觀徐注可以知其正文之爲法字。玉篇『𡰪訓理也，𨐨訓治也，理即治之諱文，治乃法之譌文，不則亦當諱治而云理矣』。又云：『『我之弗辟』，孔讀刑辟，（抉）扶亦反。鄭讀避，毗義反。孔以居東爲東征誅管、蔡，鄭以居東爲出處東國，鄭説爲長。其字壁中故書作𨐨，許訓法也，則與孔説合。而終以鄭説爲長者，古字多叚借，不可泥於其本義。𨐨乃辟之古文，其字惟見于尚書。鄭知故書作𨐨，而不欲如字訓法者，古經譬、僻、避字皆用辟，鄭謂𨐨即辟，辟即避也。魯世家用今文尚書，亦作『弗辟』。』校議説同吴。孫亦據釋文訓云法也，謂許氏蓋古文説也。江氏則从今本説文訓治也。後案謂釋文法治二字互誤，蓋亦據今本説文及孔傳也。王云：『治也，釋文引作『法』也，諸君子皆喜偁之，特以攻孔傳爲僞，不知此傳不誤也。𨐨字乃辟之分別文，𡰪則乂之分別文，若辟𨐨同説爲法，則當目爲重文矣。金縢文下文『居東』，所以治之也。罪人斯得，治之而得其主名也。』

王亦未敢誚公　言部　『譙，嬈譊也。王依史記朝鮮傳索隱，改曰『讓也』。从言焦聲。讀若嚼誚。古文譙，从肖。周書曰：『王亦未敢誚公。』』大徐無『王』字。段云：『漢人作『譙』，壁中作『誚』，實一字也。』孫云：『史遷誚爲訓，訓順也。段氏玉裁以訓爲訫，从立心，古文信字，言王亦未敢信公也，訫見玉篇，云信古文作『訫』。蓋今文尚書誚作『信』，亦或然也。」

大誥

我有𢦔于西　䖵部　蠢，蟲動也。从䖵春聲。𢦔，古文蠢，從𢦏。周書曰：『我有𢦔于西。』」段云：「大誥曰『有大艱于西土，西土人亦不靜，越茲蠢』。𢦔爲壁中古文真本，其辭不同者，蓋許檃栝其辭如此也。」撰異云：「魏三體石經見于洪氏隸續所存，洛陽蘇望氏所刻者，『大三體並存隸古文粤三體並存茲三體並存𢦔隸，』皆尚書大誥文也。𢦔爲古文，不知何以魏時隸不作蠢而作𢦔也。」又云：「王莽所用今文尚書曰：『有大難于西土，西土人亦不靖，於是動』，與古文尚書同，絶無『我有𢦔于西土』之句」。校議、桂、王説同段。後案云：『有大艱于西土』，王莽改作『大難于西土』，魏、晉人因之。若依説文，以『𢦔』字代『大艱』二字，言四國蠢動，以誘西人，而西人亦以蠢應之，文義似通。」陳用此説。吴以爲挩誤。桂云：「魏三體石經『粤茲𢦔，今王室日𢦔𢦔焉』」。

無毖于卹　比部　「毖，慎也。从比必聲。周書曰：『無毖于卹。』」王云：「大誥文今作『恤』，二字本同。案『無毖毖也』，猶之『無念念也』云爾。僞孔傳曰：『無勞于憂』，非也。」隸續載魏三體石經有「于卹」二字，即此文也。

康誥

哉生霸　月部　「霸，月始生魄然也。承大月二日，承小月三日，从月䨣聲。周書曰：『哉生霸。』」今書作『魄』，顧命同。」六書正譌云：「今俗以爲王霸字，而月霸乃用魄字，非本義。王霸當借用『伯』字，月臯當用『霸』字，其義始正。」段云：「鄉飲酒義云：『月者三日則成魄。』正義云：『前月大，則月二日生魄。前月小，則三日始生魄。』馬注康誥云：『魄，朏也。謂月三日始生兆朏，名曰魄。』白虎通曰：『月三日成魄，八日成光。』按已上皆謂月初生明爲霸。而律曆志曰：『死霸，朔也。生霸，望也。』孟康曰：『月二日以往明生魄死，故曰死魄。魄，月質也。』三統説是，則前説非矣。」桂云：「御覽引云『月始生魄然也。承大月，月生二日，謂之魄。承小月，月生三日，謂之朏』。詩：『推度災月，三日成魄，八日成光。』論衡調時篇：『月三日魄，八日弦，十五日望』。」　王云：「馬云魄朏也。馬意是魄朏通名，許君分二。漢志引武成、康誥皆作『霸』。又律曆志曰：『成王即位三十年，四月庚戌朔十五日，甲子，哉生霸。』此即康誥之『哉生魄』，志以爲十五日。案武成正義曰：『朔後明生而魄死，望後明死而魄生』，此自一義，與許君相反。」　蒙案：漢志所云，後案以爲顧命之文是也。王以爲康誥之文非。武成釋文云：「説文作『霸』，匹革反，云月始生魄然也。」古文武成既非許所見，則「霸」下引書自是康誥、顧命之文。而陸所稱説文作霸，第謂説文魄字作霸，非必霸下別有引武成之文也。然則據陸云説文作某，而遽取以增許書者，未必是矣。

敃不畏死　攴部「敃，冒也。从攴昬聲。周書曰：『敃不畏死。』」　段云：「今本尔雅『昏、敃，强也』，盤庚『不昏作勞』，鄭注：『昏讀爲敃，勉也。』似鄭所據尔雅與今本亦不同。康誥『敃不畏死』，孟子作『閔』。立政『其在受德敃』，心部作『忞』。」　王云：「『冒也』，蓋冒昧之義。康誥傳曰：『敃，强也。』立政『其在受德敃』，心部引作『忞』，亦云彊也。蓋詩曾是扚禦之義，故許君以冒説之。」　桂云：「冒當爲『勖』，本書勖勉也，勉彊也。釋詁：『敃』强。」　説文本部「敃，强也」。段云：「釋詁『瞀，强也』，説文『敃，冒也』，則許所據尔雅作『敃，强也』」。王云：「釋詁『瞀，强也』。盤庚『不昏作勞』，釋文：『昬本或作敃』，其彊、瞀皆與敃相當。」　後案云：「冒昧爲惡，自强爲惡，義亦同。」　撰異云：「孟子敃作『閔』者，同部叚借。」

凡民罔不憝　心部「憝，怨也。从心敦聲。周書曰：『凡民罔不憝。』」　段云：「康誥文今作『凡民自得罪，寇攘姦宄，殺越人于貨，敃不畏死，罔弗憝』。孟子引作『凡民罔不譈』」。　撰異云：「此用古文尚書也，而有『凡民』二字，與孟子合。然則枚本古文脱二字，與孟子『憝』作『譈』者，同部叚借」。　又云：「此經『弗憝』，孟子、説文弗作『不』。堯典『弗嗣』，魏志作『不嗣』。皋陶謨『弗子』，禮記注作『不子』。於此見尚書弗、不字淆亂。正之難也。」　桂云：「憞，晉書音義引字林『惡也』。法言重黎篇『楚憞羣策，而自屈其力』，注云：『憞，惡也，通作諄。』方言『諄，（增）憎所疾也』。宋、魯凡相惡謂之諄憎，若秦、晉言可惡矣』。」　孫云：「孟子『憝』作『譈』，譈非古，趙注『譈，殺也』，未詳。」　蒙案：下文「元惡大憝」，法言修身篇「何元憞之有」，李軌注：「元憞，大惡也。」元憞，即用尚書文，然則譈、憞皆憝之別體。

罔敢湎於酒　水部　「湎，沈於酒也。从水面聲。周書曰：『罔敢湎於酒』。」

民罔不衋傷心　血部　衋。傷痛也。从血聿，皕聲。周書曰：「民罔不衋傷心。」傳云：「衋然痛傷其心。」

女劼毖殷獻臣　力部　劼，慎也。从力吉聲。周書曰：『女劼毖殷獻臣。』小徐本、韻會引並無（女）字。讀若覃。」傳云「劼，固也」。疏云「劼固，釋詁文」。後案云：「固亦慎也。」

盡執抲　手部，「抲，抲撝也。王云：「玉篇但云撝也，段則謂下抲字乃複舉字之未删者。」从手，可聲。虎何切。周書曰：『盡執抲』。」段云：「小徐本『抲』下有『獻』字，蓋誤衍。今書抲作『拘』，字之誤也。此如許所言苛之字止句也，後漢書郡國志『菏水』譌爲苛水正同。周書當『盡執』爲逗，下云『抲以歸于周』，謂指撝以歸于周也。撰異云：「『獻』字不可通，恐是齊語。羲字、沙字、儀字皆以獻爲之，獻音在歌戈部。抲獻合二字疊韻成文，蓋齊語如是，蓋伏生今文尚書如是。今文與古文異，有古四字今七字者，見呂刑。有古六字今四字者，見洪範。」江云：「獻當爲『瀗』，壞字也。瀗，議辠也。从水瀗聲，水取其平也。其有告女以羣聚飲酒者，女勿縱佚，盡執抲而平議其辠，以歸於周。」蒙案：執抲二字連言難通，必若段説方明。而指撝下又著不得瀗字，恐與撰異齊語之説曲爲小徐本解説耳。説文傳寫既久，豈無衍字？正不必泥也。後案解抲爲苛察之「苛」，又解爲呵問之「呵」。然用苛察、呵問之義，則抲字當在「執」字上方合，若盡執之後，豈止苛察、呵問已哉？且苛察、呵問之義，與下「以歸于周」句意亦不屬。

梓材

至于媰婦　女部　「媰，婦人妊身也。从女芻聲。周書曰：『至于媰婦。』」側鳩切。段云：「梓材文。今作『屬婦』，許所據則壁中文也。崔子玉清河王誄『惠於媰孀』，亦取諸古文。」撰異云：「媰蓋壁中原文，孔安國等讀爲屬，屬婦與『敬寡』儷句，則爲存恤聯屬之誼。若今文尚書與『鰥寡』儷句，段據尚書大傳梓材傳曰：「老而無妻謂之鰥，老而無夫謂之寡，謂上文至於『敬寡』句。古文尚書作『敬』，今文尚書作『矜』，矜亦作『鰥』。呂刑古文『哀敬折獄』，尚書大傳作『哀矜』，漢書于定國傳作『哀鰥』，正其比例。」則小尔雅所説是也。小尔雅云：『妾，婦之賤者，謂之屬婦。』屬，逮也。逮婦之名，言甚微也，蓋今文家説也。今文尚書作『屬』，故孔讀媰爲屬，芻聲、蜀聲古音同尤矦一類，故得知其叚借。」孫云：「媰，叚借字。」後案云：「廣韻引崔子玉誄『惠于媰嬬』，媰是妊身，嬬是無夫，皆婦人可憐憫者，故並言之。則从說文作『媰婦』，亦得爲一義。」江亦用孕婦之誼。蒙案：此从叚借之說爲是，不得偏舉孕婦也。玉篇女部『媰』下，亦引書「至于媰婦」，蓋即本說文。

惟其㪥丹雘　丹部　「雘，善丹也。从丹蒦聲。讀與靃今本作『隺』，段依釋文改。同。周書曰：『惟其㪥丹雘。』」　撰異云：「正義曰，『二文皆言斁，即古塗字。』集韻十一模「曰『斁，同都切，塗也』。周書『斁丹雘』，去聲。十一暮曰『斁，徒故切，塗也』。賈昌朝羣經音辨曰：『斁音徒，書惟其斁暨茨。又同路切。』丁、賈皆踞經典釋文，然則古文尚書音義有『斁音徒，塗也，又同路反』之文明矣。自衛包改斁爲塗，而正義猶存斁字，此如牧誓『弗御克奔』改御爲迓，而御字猶存于正義也。陳鄂刪改古文尚書音義，則又取『斁音徒，塗也，又同路反』之文盡去之，而莫知梓材古字矣。近人昧於正義所云『二文皆言斁』，乃據說文『雘』下引『㪥丹雘』改爲『二文皆言㪥』，非也。許君所引，不作『斁』而作『㪥』，此古文尚書別本也。㪥之訓閉也，故鄭君引尚書，『杜乃擭』作『㪥丹雘』，而言㪥亦涂之叚借字也。」錢云：「釋名『塗，杜也，杜塞孔穴也。』古杜塞之杜本作『㪥』，故劉熙云尔。許氏說書孔氏或安國古文作此，今文則作『斁』，許君博采羣書，異同互見，不必執一謂之也。」本書㪥閉也，讀若杜。桂云：「經典借杜字。」江云：「㪥涂聲相近，蓋叚借字。」

召誥

丙午朏　月部　「朏，月未盛之明也，从月出。周書曰：『丙午朏。』」

粵三日丁亥　亏部　「粵，亏也。寀慎之詞者，段、王並云「者」當作「也」。从寀亏。周書曰：『粵三日丁亥』」，「亥當爲巳。詩、書多叚越爲粵，箋云：『越，於也。』」　撰異云：「凡尚書『越』字，依許君所引別本作『粵』。律歷志亦引作『粵』。」　桂云：「史記南越、東越，漢書作『粵』。夏小正『越有小旱』，越，于也。盤庚『越其罔有黍稷』，傳云：『越，於也。』釋文『越本又作『粵』，音曰，于也』。堯典、皋陶謨古文並作『粵若』。」孫云：「亥當爲『巳』，自甲寅翼數之，月十四日也。」　校議云：「或此在亡篇。」陳云：「逸書」。

丕能諴于小民　言部　「諴，和也。从言咸聲。周書曰：『丕能諴于小民』。」丕，段、王作「不」。段云：「不，各本作『丕』，宋本説文、宋本集韻皆作『不』，詩、書丕多通『不』也。」　撰異云：「小徐本『無能』字。大徐本、宋刊李燾本集韻皆作『不能』。集韻刊本作「丕，」毛抄宋本作「不。」韻會用小徐本者也，而作『誠』于小民無『丕』字，參錯不定。」

畏于民碞　石部　「碞，磛嵒也，从石品。周書曰：『畏於民碞。』段云「各本『碞』作嵒，誤。今依集韻、類篇正」。讀與嚴同。」　撰異云：「石部碞，磛碞也，讀與嚴同。山部嵒，山巖也，讀若吟。二字雖从石从山有別，而音義略同。徐仙民碞音吟，正謂碞同嵒也。品部又有嵒，多言也，从品相連。引春秋傳次於嵒者，讀與聶同，此字與山部之嵒迥別。而王氏困學紀聞、藝文志考二書皆云説文顧畏於民嵒』，多言也，尼輒切，全與説文不符，不知厚齋何以踳駁至此。」　孫云：「嵒，説文讀與聶同，緩讀則同碞。許氏訓以爲多言，或即碞字本義，亦未可定。」

洛誥

乃惟孺子攽　攴部　「攽，分也。从攴分聲。周書曰：『乃惟孺子攽。』亦讀與彪同。」　段云：「今書作『頒』，周禮亦作『頒』，當是攽爲正字，頒爲叚借字。鄭司農云頒讀爲班布之班，據許所偁古文，則當云頒當爲攽，不爾者漢時攽字不行也。」　傳讀頒屬下句，亦訓爲分。疏引説文云「頒，分也」。當即攴部之文，古人引書容有改易。

亦未克敉公功　攴部　「敉，撫也。从攴米聲。周書曰：『亦未克敉公功。』讀若弭。侎，敉或从人。」

無逸

無或譸張爲幻　言部　「譸，詶也。段云「訓，詛也。則譸亦詛也」。从言壽聲。讀若醻。周書曰：『無或譸張爲幻』。」予部「幻，相詐惑也，从反予。周書曰：『無或譸張爲幻』。」　段云：「釋訓曰『侜張，誑也』。毛詩作『侜張』，他書或作『侏張』，或作『輈張』，皆本無正字，以雙聲爲形容語。此偁『譸張』訓誑，不訓詶，是亦叚借之理也。」　撰異云：『民無或胥譸張爲幻，』説文兩引，皆無『胥』字。爾雅釋訓郭注：『書曰無或侜張爲幻』，亦無『胥』字，而作『侜』爲異。按此句無胥字爲是。上文三胥字，皆君臣相與之詞，此一胥字不倫。下文『人乃或譸張爲幻，亦無胥字，蓋因僞孔傳有相字而增之也。譸，釋文馬本作『輈』，揚雄國三老箴作『侏張』，陳風傳箋作『侜張』，後漢書皇后紀作『輈張』，皆同音隨用。」

君奭

武王惟䀤　目部　「䀤，低目視也。从目，冒聲。亡保切。周書曰：『武王惟䀤』。」　撰異云：「許所據壁中故書也。蓋孔安國以今文讀爲冒字，若然，則壁中䀤字不必訓『低目視』矣。」　孫云：「孔壁古文冒作『䀤』，段借字。許以低目視釋䀤，此字詁，非經義也。或以釋經，失之遠矣。」　又云：「冒與懋聲相近，又通勖勉也。周書祭公解云『昭王之所勖』。此云『昭武王惟冒』，言相道武王，惟懋勉也。」　後案及江氏並據許書爲說，江並以昭字屬上讀。陳氏取後案說。　蒙案：此當以段、孫之說爲是。此文以許訓釋之未免迂曲，傳以布冒爲訓亦非也。上文「乃惟時昭文王，迪見冒聞于上帝」，釋文「冒，馬作『勖勉』也。」崔瑗侍中箴「昔在周文，創德西鄰，勖聞上帝，賴茲四臣」，亦引作「勖」。此文云「惟茲四人，昭武王，惟冒丕單稱德」，與上文一律，則當作「勖」可知。又說文引書多有約文，不必以此句無昭字，而遽以昭字上屬也。

多方

有夏氏之民叨𦤎　至部　「𦤎，忿戾也。从至，至而復孫，孫遁也。周書曰：『有夏氏之民叨𦤎』，𦤎讀若摯。」

段云：「今本無『氏』字，𦤎作『懫』。按𦤎作懫者，天寶間衛包改也。釋文𦤎作懫，宋開寶間改也。釋文曰：『懫，勑二反。說文之二反，』不云說文作𦤎，知其大字本不作懫矣。禮記大學『心有所忿懥』，注云：『懥，怒皃，或作懫。』按懥懫不見許書，衛包以意改經，非必懫即𦤎也。」　撰異云：「尚書本作『𦤎』，與說文所引同。衛包妄謂𦤎爲古字，懫爲今字，改𦤎爲懫。開寶中又改釋文大字作『懫』，而小字則仍其舊。是以云說文之二反，而不知說文無懫字也。不云說文作『𦤎』，則可知大字本作『𦤎』矣。」　蒙案：多方文此句之外，四言「有夏」，皆無「氏」字。多士篇亦言「有夏」。江氏據此增氏字，未必是也。

畋尒田　攴部　「畋，平田也。从攴田。周書曰：『畋尒田』。」　撰異曰：「詩齊風『無田甫田』，正義引書『宅爾宅，田爾田』，則畋字一本作『田』，古義也。說文爾作『尒』，引文侯之命『賚尒』，考工記『㮚尒』，論語『鏗尒』，皆同。尚書正義『即此畋亦田之義』，亦字當爲『尒』字之誤。豈經文本作『尒』，而衛包改爾歟？

上不朁于凶德　言部　「朁，忌也。从言其聲。周書曰：『上不朁于凶德』。」段云：「『上』今書作『爾尚』二字。『朁』今書作『忌』。按宋本說文、篇、韻皆作『上不朁于凶德』」。撰異云：「小徐本及汲古所刻大徐本，作『爾尚不朁于凶德』，誤也。宋麻沙本及李燾分韻本皆不誤。尚上古通用，僞孔尚本作『尚』『忌』，恐是皆以訓詁同音字改其本字，如『夏』改『暇』之比。」校議云：「類篇引同。」王云：「集韻、通志引皆作『上』。」孫云：「說文忌作『朁』，孔壁古文也。」

立政

常敀常任　攴部　「敀，迮也。从攴白聲。周書曰：『常敀常任』。」段云：「漢人所用，皆作『常伯』。今尚書作『伯』，許所據絶異者，壁中古文多叚借字也。」錢云：「淮南子『陽貨舉劍而伯頤』，注：『伯，迫也。』一切經音義：『古文迫敀同』。」王云：「『迮也』，韻，譜作『笮也』。蓋敀迫、笮迫皆以同聲相借，故竹部『笮迫』亦借迫爲敀也。後漢書竇融傳『囂勢排迮』注：『排迮，猶迫蹙也』，亦借迮爲笮也。」後案云：「傳曰『常所長事，常所委任，謂三公六卿』。但文選劉越石答盧諶詩注引揚雄侍中箴云『光光常伯』，又耤田賦注引應劭漢官儀云『侍中，周成王常伯任侍中殿下稱制』，然則常伯即漢侍中。古文苑卷十六胡廣侍中箴云：『亦惟克正，克慎左右，常伯常任，實爲政首』，並常任亦爲侍中之職。說文『敀迮也』，迮爲迫近之義，正與經左右合，疑以爲侍中者是也。」江云：「敀、伯古今字。」

在受德忞　心部　「忞，彊也。从心文聲。周書曰：『在受德忞。』讀若旻。」小徐無此十字。撰異云：「此壁中故書。」桂云：「立政文作『其在受德』，暋傳訓『彊』。釋詁：『暋，强也』。」後案云：「忞暋蓋古今字。」蒙案：江以暋爲衛包所改，然正義引釋詁「暋，强也」爲證，其不作「忞」可知。江說非。段則謂正義本作「昬」，說詳撰異。

焯見三有俊心　火部　「焯，明也。从火卓聲。周書曰：『焯見三有俊心』。」段云：「今尚書作『灼』，古義焯灼不同。」本書灼，炙也。段云凡訓灼爲明者，皆由經傳叚灼爲焯。桃夭傳曰：「灼灼，華之盛也」，謂灼是焯之叚借字也。　蒙案：桂謂灼炙之灼亦通作「焯」，太元「焯於龜資」。然則古焯灼二字相叚借。吴云今皆通用「灼」。揚雄羽獵賦「焯爍其陂，」注：「古灼字」。陳云錢詹事曰說文「灼，炙也」，與「焯見」義別。覲禮「匹馬卓上」，注「卓猶的也。」王光禄云覲禮注「卓猶酌也」，卓有灼音，故云从火，卓聲。酌字恐非。魯峻碑「�矣的的」與逴、邈、悼、樂」協韻，是的有卓音。瑑謂勺、卓同音，故叚焯爲灼。

勿以譣人　言部　「譣，問也。从言僉聲。周書曰：『勿以譣人』。」　吴云：「今書曰：『其勿以憸人』，案玉篇、廣韻譣、憸義同。」　段云：「譣者今之驗字，周書憸人字如此，作則於六書爲叚借，玫狟之比，此亦壁中故書然也。」　王云：「增韻引云『譣詖，姦言也』，案此義與引書合，與心部憸同。『問也，』則與廣雅『譣，證也』合。曹憲曰：『今人以馬旁驗爲證譣，失之矣。』然說文讖、籤、𢧵下皆用驗，不用譣也。」

用勱相我邦家　力部　「勱，勉力也。从力萬聲。周書曰：『用勱相我邦家』，讀與厲同。」今書「邦」作「國。」段云凡古文尚書多作「邦」，凡今文尚書多作「國，」玉篇亦引書「勱相我邦家」。

顧命

凭玉几　几部　「凭，依几也。周書曰：『凭玉几』，讀若馮。」　段云：「今尚書作『憑』，衛包所改俗字也。古叚借祇作『馮』。」　撰異云：「『馮玉几』，今本作『憑』。經典凡馮河、馮依，字皆作『馮』，皮冰反，未有作『憑』者。衛改尚書之『馮』爲憑，而開寶中又改釋文之馮爲憑。周禮司几筵注，『鄭司農云：書顧命曰馮玉几，釋文憑，皮冰反，下同。』說文作『凭』，云『依几』也。字林同皮冰反。」

在后之詷　言部　「詷，共也。从言同聲。周書曰：『在后之詷』。」　釋文「同」侗馬本作『詷』，云共也。」撰異云：「『在後之侗』，說文侗作『詷』，與馬本合。後作『后』者，古字通用。徐鼎臣、李仁甫本皆作『在夏后之詷』，誤衍『夏』字，不可通。徐楚金本無夏字。玉海、藝文志攷引『在夏后之詷』，此用徐鼎臣誤本也。黄公紹韻會引『在后之詷，』用小徐本，無夏字。」　校議亦以夏字爲衍。　後案：江、孫並以爲當有夏字，孫又云今本作「侗」，叚借。

無敢昏逾　辵部　「逾，逃進也。從辵俞聲。周書曰：『無敢昏逾』。」

布重莧席　苜部　「莧，火不明也。从苜从火，苜亦聲。周書曰：『布重莧席。』織，段、王云當作『纖』，蒻席也，讀與蔑同。」吴云：「今書作『敷重篾席』，按篾於六書不知所从，無以下筆。玉篇有『篾』字，蓋後來所作，古書無有也。布、敷音義相近。」段云：「馬融云『蔑，纖蒻』，王肅云『蔑席，纖蒻苹席』，則許亦當作纖，纖與蔑皆細也。莧者，蔑之叚借字，蓋壁中古文。蔑蓋孔安國以今文字讀之，易爲蔑。」撰異云：「敷、布古通用。」又云「蔑訓細，方言『木細枝謂之杪，江、淮、陳、楚之内謂之蔑』。郭注：『蔑，小皃也。鷦鷯謂之蔑雀，於此可知。』經文本作『蔑』，故諸家以纖説蔑。衛包因孔傳訓爲桃枝竹，遂改蔑爲从竹之篾，形聲會意絶不可知，而開寶中又依以改釋文矣。」後案云：「説文作莧，鄭本可知，僞孔好用俗字，改莧爲篾。孔穎達不識字，不知篾之不成字，遂以僞孔之蔑入于鄭注。不可以此而謂鄭作『篾』，亦不可因鄭解爲『析竹次青，』而謂其字當从竹也。吴志諸葛恪傳『篾束其腰』，是時始有篾字。」蒙案：玉篇亦引書「布重莧」，蓋即本説文。孫別訓蔑爲篙，與諸説並殊。

陳宗赤刀　宀部　宗，藏也。从宀尗聲。尗，古文保。周書曰：『陳宗赤刀』也。」段云：「蓋壁中古文如是，今作『寶』。」撰異云：「史記一書，『寶』字皆作『葆』，亦其理也。」桂云：「或借保字，鍾鼎欵識『子孫永保用享』。又借寶字，中庸『寶藏與焉』」。

夷玉　玉部　「珣，醫無閭之珣玗琪，周書所謂『夷玉』也。从玉旬聲。」後案云：「鄭曰『夷玉，東非之之珣玗琪也』。馬曰『東夷之美玉』。釋地云『東方之美者，有醫無閭之珣玗琪焉』。鄭言『東北』，蓋周禮職方氏云『東北曰幽州，其山鎮曰醫無閭』。是因在東北，與説文合，馬注亦同。」

執戣立於東垂　戈部　「戣，周制：大徐作「禮」。侍臣執戣，立於東垂。兵也，从戈癸聲。」

一人冕執鈗　金部　「鈗，侍臣所執兵也。从金允聲。周書曰：『一人冕執鈗。』讀若允。」桂云：「顧命文彼作『鋭』。傳云：『鋭，矛屬也。』岳珂九經三傳沿革例：『顧命「一人冕執鋭」，鋭實鈗字也。按説文以爲兵，今注中釋爲矛屬，而陸德明又音以税切，且諸本皆作鋭，獨越中注疏於正文作鈗爾。』甕牖閒評：『書顧命「一人冕執鋭」，蘇東坡書解云鋭當作鈗是也。鋭本非兵器，書既誤作鋭字，而注書又妄云鋭矛屬，竟音以税切，其誤抑又甚焉。』漢書揚雄傳：『兖鋋瘢耆金鏃滛夷者數十萬人。』宋本傳末附臣佖曰：『按字書無兖字，今俗以爲兖州字。兖州本作沇，此兖鋋合作鈗鋋。漢書相承，疑誤，書爲兖字。』馥案：臣佖即張佖。」王説同。錢云：「淮南子楯讀爲允。漢書有中盾，即後世之中允也，此鋭即盾耳。」　後案云：「説文『鋭，芒也』，無兵器解。左傳成二年『鋭司徒免乎』，杜注：『鋭司徒，主鋭兵者。』漢書高帝紀『朕親披堅執鋭』，顔注：『鋭謂利兵。』鋭皆作虚字，無兵器解也。説文『鋭』下引作『鈗』。説文所引皆真古文。僞孔妄改鋭，唐人不識字，並所引鄭注亦作鋭矣，皆非也。」孫、江並依説文作「鈗」。段云：「顧命作『執鋭』，僞孔傳云『鋭，矛屬也』。陸氏音義云『鋭，以税反』，不言説文作鈗，讀若允，與其説文作鍦，作戣，作鐴，作凭，作詫，詳引許書之例不合，此可疑一也。玉篇無鈗有鋭，云『徒會切，矛也』，在鈒鋋之下，鉈鏦錟之上，正與説文列字次第同，惟易鈗爲鋭耳，此可疑二也。漢書長揚賦『兖鋋瘢耆』，張佖引説文同今本以釋兖，謂兖當作鈗。是説文今本至南唐張佖乃見之，與小徐本同，此可疑三也。廣韻十七準無鈗字，惟十四泰『鋭，杜外切，矛也』。是可知陸法言切韻、孫愐唐韻皆無鈗矣，此可疑四也。集韻十四泰『鋭，徒外切，矛屬』，毛氏禮部韻略、黄氏韻會皆同。以至毛居正六經正誤云：『鋭，矛屬。許氏説文音兑、廣韻徒外切，今音以税切非也，當从説文、廣韻音。』岳珂九經三傳沿革例云：『顧命執鋭，説文以爲兵器。注中釋爲矛屬。』是則南宋時説所據許書古本，尚有釋鋭爲兵器、讀若兑者，非純用大、小徐本也，此可疑五也。竊謂顧命本作『鋭』，説文亦本有『鋭』，無『鈗』。鋭篆厠於『鋋』下『鉈』上，訓曰『矛屬』，从金兑聲。周書曰：『一人冕執鋭』，一曰芒也。次出剡篆，訓云『籀文鋭』也。今據説文當如是改移，而徑删鈗篆。」

王三宿三祭三託。宀部　「託，奠酒爵也。从宀託聲。周書曰：『王三宿，三祭，三託』。」　釋文：「咤，陟嫁反，亦作宅。又音妒。徐又音託，又豬夜反。説文作『託』，丁故反。馬本作『詫』，與説文音義同。」　撰異云：「許所據蓋壁中古文。馬作『詫』者，字之誤也。孔作『咤』者，又『詫』之誤也。作『宅』者，别本也。既釋爲奠爵，則有居義，故其字無妨作『宅』，蓋説書家有讀託爲宅者。」　又云：「玉篇冂部，託丁故、丁嫁二切。周書曰：『王三今本脱三字宿，三祭，三託。』孔安國曰：『王三進爵，三祭酒，三奠爵。』本或作『吒』，按然則孔本亦作『託』，而『咤』乃『吒』之譌也。」　江云：「咤，衛包所改。」

大保受同祭嚌　口部　嚌，嘗也。从口齊聲。周書曰：『大保受同祭嚌。』

稱奉介圭　玉部　「玠，大圭也。从玉介聲。周書曰：『稱奉介圭』。」　後案云：「『賓稱奉介兼幣』，據説文則

『圭』上有『介』字。僞孔删之者，殆以釋器『圭尺二寸爲玠』，考工記玉人『天子之鎮圭尺二寸』，疑非諸侯所有，故删之。但崧高詩『錫尔介圭』，是諸侯亦得有介圭。然彼猶是賜與申伯者，若韓奕詩，『韓侯入覲，以其介圭入覲于王』。鄭彼注云：『韓侯以時覲于宣王而奉享禮，貢國所出之寶。』彼疏云：『經再云入覲，故分爲二，韓侯入覲爲行覲禮入覲於王，爲行享禮。』然則此言享禮之圭，無妨有介字。」江説同。段云：「考工記天子鎮圭，諸侯命圭。戴先生曰二者皆謂之介圭。爾雅『圭大尺二寸爲玠』，據鎮圭言也。詩『錫爾介圭，以作爾寶』，據命圭言也。介，大也。」又云「顧命曰：『大保承介圭』，又曰『賓稱奉圭兼幣』，蓋許君偶誤合爲一，如『或簸或舀，』『竷竷舞我』之類。韻會引『介圭』作『玠圭』。」

用敷遺後人　攴部　「敷，敳也。从攴尃聲。周書曰：『用敷遺後人』。」撰異云：「按經傳敷皆作『敷』，漢碑多从寸，作敷。五經文字曰：『敷，説文也。敷，經典相承隸省也。』此非隸省，乃隸變耳。變寸爲万，筆勢相同，非从方也，今俗从方則誤矣。又與寸古通用，是以下體从又之字，隸或从万。

費誓

敹乃甲胄　攴部　敹，擇也。从攴𡨄聲。段删聲字，云𡨄或眔字，冒也。从攴𡨄者，毄其冒昧而擇之，洛蕭切。周書曰：「敹乃甲胄。」」　今敹上有「善」字，傳訓善簡。玉篇「敹，簡也，擇也」，並與許合。鄭云：「敹，謂穿徹之。」

敿乃干　攴部　「敿，繫連也。从攴喬聲。周書曰：『敿乃干。』讀若矯。」鄭云：「敿，猶繫也。」王云：「敿楯，當有紛繫持之。傳云：『施汝楯紛，』疏云『紛如綬而小，繫於楯以持之，』義並與許合。」段云：「繫連者，謂繫而連之。秦風『龍盾之合』，毛云：『合而載之。』左傳：『齊子淵捷从泄聲子，射之中盾瓦，繇朐汰輈，匕入者三寸。』詳傳文。盾正蔽車前，必聯合之以爲車蔽，故云繫連。」

今惟牿牛馬　牛部　「牿，牛馬牢也。从牛告聲。周書曰：『今惟牿牛馬』。」段云：「柴誓『今惟淫舍牿牛馬』，大、小徐本皆無『淫舍』二字，今刊本妄增之。此許偶遺二字，非必許所據尚書少二字也。惟大放牿牢之牛馬，故令無以擭穽傷牛馬。若牛馬在牢中，擭穽安得傷之？」　撰異云：「大徐本無『淫舍』二字，李燾因之。小徐本『今惟淫牿牛馬』，無『舍』字。韻會引小徐，並無『淫』字。」又云：考鄭注云：『施牿於牛馬之脚。』『施』訓經文之『舍』也。孔傳云：『大放舍牿牢之牛馬』，『大放舍』訓經文『淫舍』也。以今音讀之，孔讀舍上聲，鄭讀舍去聲，舍置也。此蓋賈、杜、衛、馬、鄭本同然者。或乃據脱去『淫舍』二字之説文以改周書，此爲顛倒見。」校議云：「『今惟牿牛馬』，衆本皆同。韻會引小徐作『今唯牿牛馬』，『唯』字从口爲小異。毛本於『今惟』下刓補『淫舍』二字，則依今費誓。然許書當仍其舊。」江據説文以爲無「淫舍」二字，此段所謂顛倒見也。

敜乃穽　攴部　「敜，塞也。从攴念聲。周書曰：『敜乃穽』。」王云：「敜，塞也。傳云：『穽，穿地陷獸，當以土窒敜之』。」

峙乃餱粻　食部　「餱，干食也。从食侯聲。周書：『峙乃餱粻』。」段云：「今書作『糗糧。』據正義引鄭注，『糗，擣熬穀也，』與周禮注同，然則古文尚書作『糗』矣，許或兼偁歐陽、夏侯書與？粻字不見米部，而大雅云『以峙其粻』，釋言、詩箋皆曰『粻，糧也』。大雅又云『乃裹餱糧』，則『餱粻』即『餱糧』。撰異云：「峙从止寺聲，轉寫者易止爲山耳。爾雅釋詁『峙，具也』。亦同其義，即説文之『偫』字也。孔云『儲峙，即儲偫也』」。校議云：「説文無『粻』字，當依今書作『糧』。」桂云：「論語『在陳絶糧』，鄭本作『粻』，云糧也。」王本校議爲説。後案亦以説文爲轉寫錯誤。

吕刑

敚攘矯虔　攴部　「敚，彊取也。周書曰：『敚攘矯虔。』从攴兑聲。」段云：「此是争敚正字，後人叚奪爲敚，奪行而敚發矣。」又云：「今書作『奪』，此衛包所改，唐人尚用敚字。陸宣公集有敚斁是也。」撰異云：「尚書大傳周傳曰：『降畔寇賊，劫略敚攘矯虔者，其刑死。』漢書武帝紀孟康注引尚書『敚攘矯虔』。按大傳及孟康今文尚書也。説文古文尚書，然則古文、今文本皆作敚，敚奪古通用。廣韻十三末敚下曰：古周書曰「敚攘矯虔」。云古周書者，謂天寶以前之周書也，此蓋景德、祥符間重修廣韻之語。」

刖劓斀黥　攴部，「斀，去陰之刑也。从攴蜀聲。周書曰：『刖劓斀黥』。」段云：「刖當作『刵』。尚書正義曰：『賈、馬、鄭古文尚書「劓刵劅剠」，大、小夏侯、歐陽尚書作「臏宫劓割頭庶剠」』。按賈、馬、鄭皆作『刵』，許必同。釋文及正義卷二皆云『劓刵』，本篇正義作『刵劓』，唐初本固不同耳。『斀黥』據正義賈、馬、鄭作『劅剠』，劅同斀，黥同剠。衛包因正義云：『斀，椓人陰』，乃易爲『椓』字，而不知斀、椓字義之不同。椓擊也，去陰不可云椓。」又云「大雅『昏椓靡共』，鄭云：『椓，毁陰者也』，此叚椓爲斀。」撰異云：「劅黥，今本劅作『椓』，衛包所改也，宋開寶又改釋文大書『劅』字爲『椓』矣。正義亦遭天寶後改從衛包，而時有改之未盡者，如正義卷二引鄭本尚書『劓刵劅剠』，此篇云『刵截人耳，劓截人鼻，劅椓人陰，黥割人面』，字皆作『劅』，是其證也。其下文又引鄭注，椓謂『椓破陰』，則亦改劅爲椓。說文所據與鄭本同，惟斀从攴不从刀爲異。」桂云：「正義引鄭注，『刵斷耳也。』六書故引本書作『刵』，本書『刵斷耳也，』此作刖者，刵之譌也。」校議亦以爲誤。

惟緢有稽　系部　「緢，旄絲也。从糸苗声。周书曰：『惟緢有稽』。」吴云：「今書作『惟貌有稽』，緢貌音近義別，不可强通。古本作『緢』，當別有義。同文舉要謂緢同貌、額，是因說文引書作『緢』，遂合爲一，其實非也。」段云：僞孔傳云：『惟察其皃』，按許所據壁中文，蓋謂惟豪氂是審也。」又云：「氂，絲也。氂各本作『旄』，俗所改也。氂者，犛牛尾也。氂絲，牛尾之絲至細者也，故次於纖、細二篆後。」撰異云：「緢之本訓爲旄絲，尚書本作『緢』，孔安國以今文字讀之，審爲貌之叚借，乃更爲『貌』字。孔傳雖僞，亦多舊說。釋文、正義不言馬、鄭說惟貌有異解也。周本紀作『訊』，此今文尚書也。訊與緢音絶不類，今文與古文或彼此絶異。」王云：「此借義也，謂察獄析及秋毫也。」後案云：「緢訓旄絲，亦微細之義，言察其情至微細之處，皆有所考合。」孫、江以微細爲說。孫又云：「貌，廣雅釋詁云治也。史公貌作『訊』，詩傳云『訊，問也。』貌爲治，與訊義通。緢是孔壁古文經文之貌，或藐省文也。」

罰百鍰　金部　「鍰，鋝也。从金爰聲。書曰从古本『罰百鍰』。」段云「尚書釋文引『六鋝』也，『六』誤衍。鄭注考工記曰：『許叔重說文解字云鋝鍰也。今東萊謂大半兩爲鈞，十鈞爲環，環重六兩大半兩。鍰鋝似同矣。』周禮職金正義曰：『夏侯、歐陽說墨罰疑赦，其罰百率。古以六兩爲率，古尚書說百鍰，鍰者率也。一率，十一銖二十五分銖之十三也，百鍰爲三斤。鄭玄以爲古之率多作鍰。』玉裁按古文尚書吕刑作『鍰』，今文尚書作『率』，亦作『選』，或作『饌』。史記周本紀作『率』，尚書大傳『一饌六兩』作『饌』，漢書蕭望之傳『金選之法』作『選』，皆今文尚書也。今文謂率六兩，説古文者謂鍰六兩大半兩，許用古文説者也。百鍰爲三斤，正與十一銖二十五分銖之十三數相合。東原師曰：鍰篆篆體易譌，説者合爲一，恐未然。鍰當爲十一銖二十五分銖之十三，考工記作『垸』，其叚借字。鋝當爲六兩大半兩。史記作『率』，漢書作『選』，其叚借字。二十五鍰而成十二兩，三鋝而成二十兩。呂刑之鍰當爲鋝，弓人膠三鋝當爲鍰。一弓之膠，三十四銖二十五分銖之十四，不得多至二十兩也。」杜云：「虞書曰『罰百鍰』，虞書無此文。呂刑『其罰百鍰』，鍰當爲『鋝』，許公所見本不作『鍰』，非引呂刑。」

報以庶訧　言部　「訧，罪也。从言尤聲。周書曰：『報以庶訧』。」段云：「邶風毛傳：『訧，過也，亦作郵。』釋言：『郵過亦作尤。』」孟子引詩『畜君何尤』。撰異云：「王伯厚蓺文志考説漢世諸儒所引尚書異字『報以庶訧』，今未檢得出何書。」桂云：「呂刑文彼作『尤』，傳云：『其報則以衆人見罪』。」

文侯之命

戰我于艱　攴部　「戰，止也。从攴旱聲。周書曰：『戰我于艱』。」段云：「今作『扞』。戰扞古今字，扞行而戰廢矣。毛詩傳曰：『干，扞也。』謂干爲扞之叚借，實則干爲戰之叚借也。手部曰：『扞，忮也』。」

賚尒秬鬯　貝部　「賚，賜也。从貝來聲。周書曰：『賚尒秬鬯』。」撰異云：「尒，爾古今字。手部引考工記『摯尒』亦是也。鬯部『𩰪』或从禾，作『秬』，疑壁中古文當是作『𩰪』。説文經轉易爲秬耳。」

秦誓

仡仡勇夫　人部　「仡，勇壯也。从人气聲。周書曰：『仡仡勇夫』。」釋文：「仡仡，馬本作『訖訖』，云無所省録之皃。」

戳戳善諞言　言部　「諞，便巧言也。从言扁聲。部田切。周書曰：『截截善諞言。』」釋文：「諞，馬本作『偏』，云少也，辭約（指）損明大，辨佞之人。」

戔戔　戈部，「戔，賊也。从二戈。周書曰：『戔戔段云句絶巧言。段言下增「也」字』。」段云：「今書「戳戳善諞言』，言部引之，古文尚書也。此稱『戔戔』戳戳之異文，今文尚書也。春秋公羊傳曰：『惟諓諓善言。』劉向九歎『讒人諓諓』。王逸注引書『諓諓靖言』。漢書李尋傳：『昔秦穆公説諓諓之言』，諓即戔。按公羊音義引賈逵外傳注『諓諓，巧言也』。許正用傳中說釋戔戔，與賊義少別。」言部「諓，善言也。」段云：「今文尚書諸家作『諓』，許作『戔』者，同一今文而異本，如同一古文而馬作『偏』，許作『諞』，不同也。『戔』下既引『戔戔』矣，而『諓』下又云『善言』者，此又用王逸所據之本也。『善言』謂善爲言辭者。」校議云：「巧言，蓋古文說」。

㫼㫼猗無佗段改它技　斤部「斷，截也。从斤从㡭。㫼，古文斷，从𠧪。周書曰：「㫼㫼猗無佗技。」𠜩亦古文斷。」段云：「許所據蓋壁中古文。」撰異云：「猗，大學引作『兮』。禮記正義：『古文尚書兮作猗。』釋文他本亦作『它』，大學釋文作『宅』。蒙案：大學、公羊均作「斷斷」，則以爲衛包所改者非也。

邦之阢隉　自部「隉，危也。从自从毀省。徐巡以爲隉凶也，賈侍中說隉法度也，班固說隉不安也。周書曰：『邦之阢隉』，讀若虹蜺之蜺」。段云：「阢當是轉寫之誤，當是本作『扤』，或作『兀』，未可定也。今尚書作『杌隉』，周易作『劓刖』，作『臲卼』，鄭注字作『倪伔』，許出部作『槷魁』，其文不同如此。」撰異云：「說文無『杌』字，惟手部有『扤』字，訓動也，與詩正月毛傳合。方言亦云：『僞謂之扤，謂船動也。』然則尚書杌字从木，當是从手之誤。」王云：「出部云『槷魁不安也』据下文引書，則是彼借槷爲隉，書借阢爲魁也」。

説文引經異同　卷八

書

書序

高宗夢得説使百工營求，諸野得之傅巖。旻部　夐，營求也，从夏人在穴上。商书：『高宗梦得说，使百工营求，得之傅巖。』句绝。巖，穴也。」　段云：「此引書序釋之，以説从穴之意。營求而得諸穴，此字之所以从夏人在穴也。與引易『先庚三日』説『庸』从庚之意同。鉉本改『營求』爲「夐求」，誤甚。」　校議云：『夢得』，小徐作『寢得』。寢，正字；夢，叚借也。一切經音義卷一引作『尚書高宗夢㝵説』是也。蓋舊本是『㝵』字，小徐、韻會二十四敬引作『使百工營求』。按上已『營求』連文，明此亦營求。許引説命叙者，釋「夐」所以从人在穴上，非謂「夐」字出説命。旻，使也；百工，人也；巖，穴也。使百工營求，㝵之傅巖，是夐也。」　桂、孫並不取「夐求」之説。錢依大徐作「夐求」，云：「今作『營求』，非。詩：『吁嗟詢兮』，毛傳：『洵，遠也。』韓詩作「夐」，是遠求之義」。王云：「所引書序今本作『營求』，乃以訓義改本文。小徐本作『營求』，乃校者誤改。繫傳曰：『尚書作營』，可知所据文固作「夐」也」。　又云：「乃書引古人一家之學，皆蒙本書之名。」　後案説略同。　江亦从説文作「夐」。　蒙案：史記作「營求」，楚語韋注亦引作「營求」。必謂當作「夐」，未見其必然也。

高宗夢㝵説。見部　「㝵，取也。从見从寸。寸，度之，亦手也，見而手取之。五字王依韵會引補。尚書『高宗夢㝵説』是也。」九字王依玄應引補。　撰異云：「一切經音義卷一曰：『衛宏詔定古文官書，㝵、得二字同體。説文㝵取尚書「高宗夢㝵説」是也。』」玉裁按：衛宏詔定古文官書，即孔冲遠尚書正義、顔師古漢書注引用其序及韓退之所得諸李服之者。其字體僅見於玄應所引三條，曰：『㝵、得同體』，曰：『枹、桴同體』，曰：『圖、啚同體。』玄應引書序『高宗夢㝵説』，今尚書作『得説』，蓋天寶中衛包所改也。陸氏釋文未嘗有『㝵説』之文者，蓋宋開寶中所重定，非陸之舊也。」

武王與紂戰於坶野。土部　「坶，朝歌南七十里地。周書曰：『武王與紂戰於坶野。』」　段云：「此書序文也。今書序『紂』作『受』，『坶』作『牧』。詩大明：『矢於坶野。』正義引鄭書序注云：『牧野，紂南郊地名。禮記及詩作「坶野」，古字耳。』此鄭所見詩、禮記作『坶』，書序祇作『牧』也。許所據序則作『坶』，蓋所傳有不同。坶作坶者，字之增改也。每亦母聲也。」　撰異云：「作『紂』者，从今文尚書。」釋文：「牧，說文作『坶』。」詩大明箋引書「牧野」，釋文作「坶」。桂云：「坶、牧」聲相近。本書：『母，牧也。』」玉篇「坶」下引書曰：「武王伐紂，至于坶野。」蓋本說文而小異。

伯臩。夰部　臩，驚走也。一曰往來皃。从夰、臦。段補「聲」字。周書曰：『伯臩』古文。臦，古文囧字」。段云：「孔壁多得十六篇古文尚書有囧命。書序曰：『穆王命伯囧爲太僕正，作囧命。』周本紀曰：『穆王閔文武之道缺，乃命伯臩申誡太僕之政，作臩命。』臩、囧古通用也。許此引周書，或系書序，或系逸書十六篇文，皆未可知。『古文云云』七字，當作『古文以爲囧字』六字。轉寫譌舛也。」　撰異云：「『古文』云云七字不可解，當作『古文言伯囧』五字，如『甹栟』古文言『由栟』之比。蓋作『囧』者，古文尚書；作『臩』者，今文尚書。是以周本紀、古今人表皆作『臩』。今本漢書作『狊』者，譌字也。」尚書釋文：『囧，九永反。亦作狊。狊，臩之譌字也。』桂云：『古文』七字，當作『臩，古文囧字』，　校議云：『古文』七字，校語也。舊當是『古文句。臩，古文囧字』。言今書伯囧古本作『伯臩』，轉寫『臩』，又誤『臦』耳。　王云：「段曰當作『古文以爲囧字』，說頗直捷。案，集韻二十八梗：『臦，俱永切。闕。人名。周有伯臦，通作囧。狊、臩亦臩之譌字。』如其說，則本文略可屬讀，然恐其說即因此譌文附會爲之也。」承于「臦，古文」上增「也一曰」三字。

𥻆誓。米部　「𥻆，惡米也。从米北聲。周書有𥻆誓。」　段改篆作，「粊」，「北聲」曰「比聲」。說云：「粟之不成者曰秕，米之惡者曰粊。其音同也。莊子：『塵垢粃康。』粃即粊字。各本篆作『𥻆』，解云北聲，今正。粊在古音十五部，不當用一部之北諧聲也。經典釋文、五經文字皆不誤。若廣韵作『粊』，注云：說文作『𥻆。』蓋由說文之誤已久。玉篇作𥸨、作𥻸、作𥻆，皆云『惡米』，而皆『粊』之誤。尚書粊誓即今所用衛包妄改本之費誓也。周禮、禮記曾子問鄭注皆云『粊誓』，裴駰、司馬貞當開元時，衛包本猶未行，至包乃改作『費』。至宋開寶，陳諤乃將尚書音義之『粊』改『費』，學者莫知古本矣。包之改『粊』為『費』也，直謂『粊』即季氏費邑，不知漢費故城在今兗州府費縣西北三十里，去曲阜且三百里。粊誓全篇乃初出師時語，未必遠在今費縣。史記作『肹誓』。徐廣曰：『一作鮮，一作獮』，蓋伏生作『肹』、作『鮮』、作『獮』，古文作『粊』，音正相近，不當从一部北聲可知。」　撰異云：春秋定公十年左氏傳『用秕稗也』。陸德明曰：『又作粃，必履反。』玉裁謂『粃』即『粊』之或體也。儀禮既夕禮記『有柲』，鄭注：『古文柲爲粊。』此叚粊爲柲也。今刻儀禮『粊』譌作『柴』。　又云：「按肹、鮮、獮三字雙聲。尚書大傳作『鮮』，史記作『肹』，今文也。史記多从今文。許君説文、鄭君周禮、禮記注作『粊』，此古文也。據史記集解云：『駰案，尚書作粊，孔安國曰：『魯東郊之地名也。』』然則駰所謂尚書者，即孔本之尚書。孔本經文及傳文皆作『粊』，與許、鄭本同，明甚。衛包乃改爲『費』耳。司馬貞索隱亦云：『尚書作粊誓。粊，地名，即魯卿季氏之費邑地。』今索隱單行本『粊』改為『費』，而震澤王氏所録不誤。粊果在東郊，則非季氏之費邑。王氏鳳喈辨甚確。孔傳與正義皆無此説，衛包蓋依小司馬陋説改之。五經文字米部：『粊，周書篇名，今文作費。』此大曆中謂天寶所改為今文也。廣韻五至：『粊，魯東郊地名。』此用孔傳，蓋陸法言元文也，可證孔傳不作『費』。又云『玉篇米部：粊，鄙冀切，惡米也』。或是顧野王所據説文如此。部末『粜、粊』二字，宋人所爲也。　後案云：粊為魯東郊地，則應在今曲阜，而已無考，唐人改爲費。考春秋之初，費自爲國。隱元年左傳云：『費伯帥師城郎。』後并於魯，爲季氏邑。僖元年左傳『公賜季友汶陽之田及費』是也。漢爲縣，屬東海郡。故城在今兗州府費縣西北二十里，去曲阜且三百里。後人疑作誓之地即在此，皆非也。　陳亦云：當从比得聲。　桂云：玉篇『粊』其次在『粗』下，與本書無異。又重出粜、粊二字在部末。　馥案：粜本从非，俗省作北，粊亦類是。　王云：「北聲當作非聲。蓋本諸桂。」

逸文

眊　目部：「眊，目少精也。从目毛聲。虞書『耄』字从此。」　吴云：按今虞書「耄期倦於勤」。前漢書五帝紀「哀夫老眊」，注：「眊，古耄字。」　段云：虞書無耄字，僞大禹謨有之，非許所知也。惟商書微子、周書吕刑皆有「耄」。吕刑「耄荒」，周禮注引作「秏荒」，漢刑法志作「眊荒」。漢書多以「眊」為「耄」，豈許君所據書作

「眊」與？當云：「尚書耄字如此。」此爲叚借。校議云：虞書下六字當是校語，許無此詞例。梅賾之大禹謨，非許所豫見。「眊」非偏旁，而云「从此」，亦難爲通。議删。桂云：大禹謨有「耄期」字，許未見此篇，不審所云也。漢書平帝紀：「眊悼之人。」顔注：「八十曰眊。眊者，老稱。言其昏暗也。」刑法志：「老眊。」顔注：「謂八十以上。眊讀與耄同。」彭宣傳：「年歲老眊。」顔注：「眊與耄同。」王云：竹君本、顧氏本「耄」字皆空白。後案云：孔壁尚書虞書惟亡藁飫一篇，則許慎所見虞書甚多。特不知其所指「眊」字何篇之文。若今大禹謨「耄期倦于勤」，則僞本不足據，或唐陽冰輩妄增此句，許慎本無。校議議云：此當言「書耄字如此」。說文無「耄」，前漢武紀注：「眊，古耄字。」校議虞書下六字當是校語，恐非是。

蒙案：大禹謨之文見於他書所引者頗多，如「皋陶邁種德」之類。又虞書逸篇不少，安知此「眊」字非在逸篇之中而見於他書，許據以爲古文之證與？

實玄黄於匪。

匚部　匪，器似竹匧。从匚非聲。逸周書曰：「實玄黄於匪。」段云：按此句今惟見孟子滕文公篇引詩。其上文云：「綏厥士女，篚厥玄黄，紹我周王見休，惟臣附於大邑周。」似必爲周書。趙氏亦云：「從有攸以下道武王伐紂時，皆尚書逸篇之文也。」王云：匪字經典皆借篚，其僅存者。春官挈師「共設匪罋之禮。」而鄭君注云：「豆實實于罋，簋實實於篚。匪其篚字之誤。」是鄭君以車笭之篚爲匪，而以匡匪之匪爲是非，徇俗而違古也。又士冠禮「篚實。」鄭注：「篚，竹器如笭者。」此雖仍是匡匪，而曰「如笭」，則與竹部「篚，車笭也」相涉。蓋匪似車笭，故篚字从匪，經典即借「篚」為「匪」。迨借「匪」爲「非」既久，而車笭之義無用，遂迷失本來耳。引書今見孟子，其字作「篚」。今武成「篚厥玄黄」，亦从竹。然孟子上文云「篚厥玄黄」，宋孫宣公音義出「匪厥」而說之曰：「丁公著云義當作篚。此作匪，古字借用。下同。」則是宋本兩「篚」字皆本作「匪」。后人用丁說改之。至於武成，乃僞古文，更不必論。

吕相陵懱。心部　懱，輕易也。从心蔑聲。商書曰：「吕相陵懱。」今商書無此文。

孜孜無怠。攴部　孜，汲汲也。从攴子聲。周書曰：「孜孜無怠。」段云：大誓篇文。見詩文王正義引。又見史記周本紀，字作「孳孳」。按：伏生二十八篇本無大誓，民間後得大誓，博士習而讀之，合二十八篇爲二十九篇。

司馬遷史記、董仲舒對策、劉向説苑及終軍、班伯、谷永、匡衡，平當奏對，多用之。此今文大誓也。孔安國得壁中古文，有大誓三篇。古文家馬、鄭、王皆作注，與今文字或異，如「流」爲「雕」，馬曰「雕鷙」此古文大誓作「雕」之證。尚書大誓鄭所引禮説、周本紀、董仲舒傳皆作「烏」，此今文大誓作「烏」之證。鄭注云：「雕，當爲雅。雅，烏也。」此據今文正古文也。説文此及「搯」下、「涘」下所引，皆古文大誓也。許作「孜」，史記作「孳」，蓋亦古文、今文之異也。唐孔穎達、賈公彦謂梅頤本三篇爲真古文，則不得不謂馬、鄭、王所注為今文大誓。詳見古文尚書撰異。詩大雅大明正義：「大誓曰：師乃鼓譟，前歌後舞，格於上天下地，咸曰：孜孜無怠。」（又見鄭君詩譜序正義，文有義異同）周本紀：「師畢渡盟津。諸侯咸會，曰：『孳孳無怠。』」

師乃搯。手部　搯，捾也，从手，舀聲。周書曰：「師乃搯。」搯者，㨨（本作拔，段改。）兵刃以習擊刺也。詩曰：「左旋右搯。」　段云：尚書大誓文。尚書大傳：「師乃慆。」鄭云：「慆，喜也。」此今文大誓也。許所稱古文大誓也。撰異云：此引書而釋之。明周書「搯」不訓「捾」。如「圛者，升雲半有半無」；「即者，疾惡也」，同一文法。古音「搯」、「抽」同在弟三部，明此「搯」爲「抽」之叚借。又詩以證之也，詩清人之搯亦訓「抽」字，今本徑作抽字則以訓故字改其本字也。（段氏説文注改引詩之搯爲「㨨」，説詳詩。）又云：大傳本不與孔壁本同。許所稱，孔壁本也。

王出涘　水部　涘，水厓也。从水厓聲。周書曰：「王出涘。」　段云：周頌思文箋曰：「武王渡孟津，白魚躍入于舟，出涘以燎。」正義引大誓云：「惟四月，太子發上祭于畢，下至于孟津之上。太子發舟舟中流，白魚入于王舟。王跪取，出涘以燎之。」按，今文尚書、古文尚書皆有大誓，非梅頤本之大誓也。　校議云：此約文。

實元黄于匪

來就惎惎。心部　惎，毒也。从心其聲。周書曰：「來就惎惎。」　段云：今書無此文，蓋即秦誓「未就予忌」也。

撰異云：「來」字當是「未」字之誤。「惎惎」上當脱「予」字，而下「惎」字之下當有脱文。如「圛，升雲半有半無」；「即，疾惡也」。皆引書而釋之。與其字之本義不必合。攷「惎」之在左氏傳有訓「毒」者，如「惎間王室」，「惎澆能戒之」是也；有訓「教」者，如「惎之脱扃」、西京賦「天啓其心，人惎之謀」是也。「教」之訓則「惎」與諅同，「毒」之訓則「惎」與「忌」略同。説文蓋當作：「周書曰：『未就予惎。』惎，教也。」而脱誤與？

「惎、忌」同部同音。壁中作「惎」，説古文者讀爲「諅」。「忌」蓋「諅」之省與，未必如孔訓也。校議、義證並疑是秦誓文。後案、孫、江亦同。後案云：「來」與「未」形相似，「惎」與「忌」聲相亂而誤，其義則不可詳矣。孫云：詳其義，或謂「來就予而反毒之」。「惎」衍一重字，或脱「予」字。江云：「未就予忌」，隸古定本作「未就予忎」。案，隸古定本書凡「其」字皆作「亓」，則忎即惎也。説文引書「來就惎惎」，文誼於此正合。惎惎，毒也。識古事以為謀者，則謂「來就惎毒」，敗我事也。

竹箭如榗。木部　榗，木也。从木晉聲。書曰：「竹箭如榗。」段云：「書曰」六字，疑當作「周禮曰『竹榗』。讀如晉」八字。職方氏：「其利金錫竹箭。」注云：「故書箭爲晉。」蓋所見故書作「榗」。榗本木名，故書借爲竹名也。大射儀：「幎用錫若絺，綴諸箭蓋。」注云：「古文箭作晉。」吳越春秋：「晉竹十廋。」晉竹即箭竹，皆與周禮故書同。「讀如晉」者，許謂榗之音同晉也。校議云：「如榗」當作「讀若」，當在「書曰」上。「竹箭」，蓋古文説。許君往往以經説爲經也。夏本紀：「竹箭既布」；又言：「瑶琨竹箭」，即此。古者箭、榗同聲。止部：「不行而進謂之歬。」歬有進義，即用進音。大射儀注：「古文箭爲晉」，職方氏注：「故書箭為晋」，吳越春秋「晉竹」即「箭竹」，猶「薦紳」即「縉紳」矣。議改云：「讀若書曰竹箭。」孫云：禹貢：「篠簜」，史云：「作竹箭」，今文異字。説文「榗」引書曰：「竹箭如榗」，言夏書「竹箭」讀「箭」如「榗」也。蒙案：錢説同孫。然説文有「本字讀若某」之例，其「某書某字」之例恐非也。江以此爲逸文。

宫中之宂食。穴部　宂，㪙也。从宀儿。人在屋下，無田事也。周書曰：「宫中之宂食。」吳云：今書無此文。段云：「書」當作「禮」，轉寫之誤。周禮稾人：「掌共外内朝宂食者之食。」許偁之，涉校人「宫中之稍食」而誤。記憶之過也。校議及錢、桂説同。王取段説。

白不黑。魚部，鮊，海魚也。从魚白聲。讀若書「白不黑」。段云：未知所出。大玄昆次三曰：「昆白不黑，不相親也。」疑用此語。王引段説又云：或曰當作「讀若書『才生霸』」。即「哉生魄」也。大徐無「讀若」六字。

書説

仁覆閔下則稱旻天。日部　旻，秋天也。从日文聲。虞書説：「仁覆閔下，則稱旻天。」段云：「説」各本作

「曰」，今依韻會訂。「覆閔」各本作「閔覆」，今依篇、韻訂。此古尚書說也。與毛詩王風傳同。五經異義：「天號，古尚書、毛詩說天有五號，各用所宜稱稱〔之〕。尊而君之，則曰皇天；元氣廣大，則稱昊天；仁覆愍下，則稱旻天；自天監下，則稱上天；據遠視之蒼蒼然，則稱蒼天。」

　案，辵部「逑」下引虞書「旁求孱功」，又曰：「怨匹曰仇。」江以「又曰」承虞書而言，遂以「怨匹曰仇」四字為逸書。然諸家並不以「又曰」承上文言，故不録。又卜部：「叶，卜以問疑也。从口卜，讀與稽同。」段云：按小徐曰：「尚書曰『明用叶疑』，今文借稽字。」徐語臆說耳。尚書無作「叶疑」者。即有之，亦陸氏所謂穿鑿之徒務欲立異者也，大徐乃於「同」下沾「書云叶疑」四字，疑惑後生，其亦妄矣。校議云：韻會八齊亦以為徐引據二家所說，是非許語也，故亦不録。

　𣡽疑沮事。木部：「𣡽，衆盛也。从木驫聲。逸周書曰：『𣡽（各本脱此字。段依玉篇補。）疑沮事。』」段云：文酌解：七事三：「聚，疑沮事。」聚，古讀如驟，與𣡽音近。「𣡽疑沮事」，猶云蓄疑敗謀也。各本「事」下有「闕」字。段云：淺人不解周書語妄增。校議說同段。

　竘匠。立部：「竘，健也。一曰匠也。（王云：此句當在「讀若」句下，與逸周書相屬。）从立句聲。讀若齲。逸周書有「竘匠」。」校議云：『文酌解：九柯十「匠柯」，即「竘」之誤。段云：『方言曰：「竘，治也。吳越飾皃為竘，或謂之巧。」廣雅：「竘，治也。」又曰：「竘，巧也。」此與「匠」之訓合。王氏煦曰：小爾雅：「匠，治也。」與方言「竘，治也」合。

　不卵不𨇽㠯成鳥獸。网部　巽，网也。从网巽聲。𨇽或从足巺。逸周書曰：「不卵不𨇽，㠯成鳥獸。」巽者，羉獸足。故从足。段云：文傳解曰：「山林非時，不升斤斧，以成草木之長；川澤非時，不入罔罟，以成魚鼈之長；不麛不卵，以成鳥獸之長。」許所據有「不𨇽」二字。

　天子地方千里分爲百縣縣有四郡。邑部　郡，周制，天子地方千里，分為百縣。縣有四郡，故春秋傳曰「上大夫受郡」是也。至秦初，天下置三十六郡，以監其縣。从邑君聲。」作雒解曰：「制，郊甸方六百里，國西土為方千里，分以百縣，縣有四郡。」

楊州獻鰅。魚部「鰅，鰅魚也。皮有文，出樂浪東暆。神爵四年初捕，收輸考工。周成王時楊州獻鰅。从魚禺聲。」段云：見周書王會篇。蓋漢時楊州地已無此物矣。今王會篇作「禺禺」。考上林賦「鰅」與「禺禺」爲二物，作「禺禺」非是。　王云：「禺禺」，省形存聲字。　蒙案：王會篇「楊州禺禺」，魚名。上「禺」字句絶，下「禺」字乃重言之文。王會篇文並如是，諸家以「禺禺」連讀，殆因上林賦有「禺禺」之文而誤，乃段氏以今本爲非，亦疏矣。

氏羌獻鸞鳥。鳥部　鸞，赤神靈之精也。赤色，五采，雞形，鳴中五音，頌聲作則至。从鳥䜌聲。周成王時氏羌獻鸞鳥。王會篇云：「氏、羌以鸞鳥。」　御覽引「周」下有「書」字，王補。校議説同。

文翰若翬雉。羽部　翰，天雞也。赤羽。从羽倝聲。逸周書「文翰若翬雉」。一名鷐風。（段云：四字當在「蜀人獻之」之下。「一名」當作「一曰」。一曰者，別一義也。）周成王時蜀人獻之。」王會篇：「蜀人以文翰。文翰者，若皐雞。」注：「鳥有文采者。皐雞似鳧，冀州謂之澤特也。」段云：太平御覽「皐」作「皇」。郭注爾雅「皋」作「彩」。許作「翬雉」，疑有誤。校議云：翬、皐、皇，皆形近。　蒙案：爾雅疏引王會篇作「翬雉」，與許同。經義雜記以今本作「皋雞」者非。然郭注及御覽所引又不同。王引易林「晨風，文翰。」則段欲改「一名」為「一曰」，可以不必矣。

芣苢其實如李令人宜子。艸部：苢，芣苢，一名馬舄，其實如李，令人宜子。从艸㠯聲。周書所説。　王會篇曰：「康民以桴苡。桴苡者，其實如李，食之宜子。」

州靡國獻𥝋𥝋人身反踵自笑，笑即上脣弇其目食人。内部　𥝋，周成王時，州靡國獻𥝋𥝋，人身反踵，自笑，笑則上脣弇目，食人。北方謂之土螻。爾雅曰：「𥝋𥝋如人，被髮。」讀若費。一名梟陽。从厹，象形。　王會篇云：「州靡費費，其形人身反踵，自笑，笑則上脣翕其目，食人。北方謂之土螻。」注：「費費曰梟羊，好立行如人，被髮，前足稍長者也。」　蒙按：邵注山海經引作「髴髴」，爾雅作「狒狒」，本草拾遺作「𥝩」。

媽赤鬣縞身目若黄金名曰吉皇之乘。馬部：媽，媽馬，（段云媽字今補。）赤鬣縞身，目若黄金，名曰吉皇之乘。周成（「成」各本作「文」，依段、王改。）王時犬戎獻之。从馬文，文亦聲」。（大徐左「馬」右「文」作駇。）　王會篇：「犬戎文馬。文馬赤鬣縞身，目若黄金，名吉黄之乘。」　王云：符瑞圖作「吉黄」，一名乘黄，亦曰飛黄。

海内北經作「吉量」。李善注東京賦引作「吉良」。瑞應圖曰：「騰黄，神馬，一名吉光。」博物志譌爲「古黄」。六韜：淮南子皆謂之「雞斯之乘」。校議云：小篆體作「媽」，與説解中「媽」字合。漢書王莽傳晉灼引作「縞身金精」。按，「精」即「睛」，西晉古本如是。今作「目如黄金」疑校者依王會篇及海内北經改也。「名曰」下衍「媽」字。「文王」，晉灼引作「成王」，王會乃成王事。海内北經注亦云「成王」，二徐作「文王」，誤也。

蒼梧獻翡翠。羽部：翡，赤羽雀也，出鬱林。从羽非聲。周書曰：「成王時蒼梧献翡翠。」（「周書」云云今無。王據藝文類聚九十二引補。）王會篇：「蒼吾翡翠。翡翠者，所以取羽。」

貆有爪而不敢以撅。豕部：貆，豕屬也。（三字依六書故。）从豕原聲。讀若桓。逸周書曰：「貆有爪而不敢以撅。」段云：見周書周祝解。今周書「爪」作「蚤」。蚤，齧人跳蟲也。爪，覆手也。皆叚借字。許則「叉」爲本字。撅者，有所杷也。

士分民之祘均分以祘之。示部：祘，明視以筭之。从二示。逸周書曰：「士分民之祘，均分以祘之也。」讀若筭。段云：「士分民之祘」，今逸周書無此語，當在亡篇内。「均分以祘之也」，此釋書語。或曰：本典解：「均分以利之則民安」，即此句也。錢云：此逸周書，今見墨子。「士」字作「言」，此與「筭」字同用。廣韻：「祘，明也。」凡計歷數之器爲筭，數之爲算，已明爲祘。

朕實不明以俒伯父。人部：俒，完也。逸周書曰：「朕實不明，以俒伯父。」从人从完。段云：大戒解有「朕實不明」句。本典解云：「今朕不知明德所則，政教所行，字民之道，禮樂所生，非不念而知，故問伯父。」許所據未知即此以不也。「以俒伯父」，「俒」當為「溷」之叚借，經史亦作「慁」。

味辛而不熮。火部：熮，火皃。从火翏聲。逸周書曰：「味辛而不熮。」段云：今本未見有此句。吕覽本味篇曰：「辛而不烈。」周書作「不熮」，字異義同。

按：犬部「狡」下云「匈奴有狡犬，巨口而黑身」。鼠部：「鼩，胡地風鼠。」王會篇：「匈奴狡犬。狡犬者，巨口，四尺，渠叜以鼩犬。鼩犬者，露犬也，能飛食虎豹。」桂氏云：「鼩犬即鼩鼠。」然則二部所言亦本周書，惟不明出耳。又卜部：「卟，卜以問疑也。从口卜，讀與稽同。書云『叶疑』。」案，引書語大徐所增。小徐爲「鍇説」。非許語，今不録。

說文引經異同　卷九

詩

周南

在河之州。巛部　州，水中可居者曰州。水周繞其旁，从重川。昔堯遭洪水，民居水中高土，故曰九州。詩曰：「在河之州。」一曰州，疇也，各疇其土而生也。吴云：今詩作「洲」。按：州本重川，復加水贅矣。徐鉉曰：「今別作洲，非。」段云：州，本州渚字，引申之乃九州。俗乃別製「洲」字，而小大分係矣。

槮差荇菜。木部　槮，木長皃。从木參。詩曰：「槮差荇菜。」（所今切。）小徐曰：「槮差荇菜」，不齊之皃，非此「槮」字之義，當言「讀若詩曰」。無「讀若」字，寫失之。王云：「槮」，關雎作「參」，「荇」當作「莕」。小徐本句下有「是也」二字，非也。此引詩説叚借，謂長木之「槮」可用為不齊之皃。小徐因「是也」，故謂當言「讀若」。然「讀若」則亦不當言「是也」。段云：許作「槮」，謂如木有長有短不齊也。吴云：案，説文「木長皃」，又竹部有「篸䈢」也。説文長箋云：篸，即參差之參。篸、槮並同。三字皆借聲不借義。古或有是異本也。陳云：案篸訓差，縒訓參。縒，錢詹事謂「篸縒」即「參差」之異文。廣韻亦訓篸爲「木長」，長則不齊。蓋「槮」亦「參」之異文也。又廣韻槮訓「禾長」，亦同義。廣韻又作「篸差」，史記作「嵾嵳」，楚詞作「嵾嵯」，皆字之附益也。」

左右芼之。艸部，芼，艸覆蔓。从艸毛聲。詩曰：「左右芼之。」校議云：毛傳「擇也」，在許書爲見部覒字。今此引詩若非後人所加，即有脱文。」王云：「左右芼之」，關雎文。此別一義也。玉篇引「左右覒之」，用毛傳「擇也」義。許君説此詩蓋與毛異。其訓為内則之「鉶芼」乎。段云：毛鄭詩考正曰：「芼，菜之烹於肉湆者也。」禮「羹芼菹醢」凡四物，肉謂之羹，菜謂之芼，肉謂之醢，菜謂之菹。菹醢生爲之，是爲醢人豆實。芼則湆烹之，與羹相從，實諸鉶。儀禮：「鉶芼牛藿羊，苦豕薇。」「牲用魚，芼之以蘋藻。」内則：「雉兔皆有芼」是也。孔冲遠疑四豆之實無荇，不知詩明言芼，非菹也。玉裁案，芼字本義是艸覆蔓，故从艸毛會意。因之爾雅曰「搴也」，毛公曰「擇也」，皆於从毛得解。搴之而擇之，而以爲菜釀，義實相成。詩、禮本無不合。　又云：玉篇引詩「左右覒之」蓋三家詩。

服之無斁。支部　斁，解也。从支睪聲。詩曰：「服之無斁。」斁，厭也。一曰終也。

以晏父母。女部　晏，安也。从女日。詩曰：「以晏父母。」段云：今毛詩無此，蓋周南「歸寧父母」之异文也。毛傳曰：「寧，安也。」尋詩上文「言告言歸」，歸謂嫁也，方嫁不當遽圖歸寧，則此「歸」字作「以」字爲善，謂可用以安父母之心。草蟲：「未見君子，憂心冲冲。」箋云：「在塗而憂，憂不當。君子無以寧父母，故心衝衝然。」葛覃：「曷澣曷否」二句，箋云：「言常自絜清以事君子，正謂能事君子則能寧父母心。」二箋義互相足也。校議云：吉日文二章「天子之所」，三章「以晏父母」，四章「以御賓客」，語有倫次。今詩作「以燕天子」，涉上「天子」而改耳。　承云：「以晏」今作「歸寧」，非古義也。古女嫁曰歸，反母家唯大婦稱歸。定省父母稱晏，故字从女。本婢義也，衞包不達斯指，誤用左傳文改之。不知左氏爲説常詞，以「以晏」爲歸寧，無所嫌諱也。夫春秋尚不以歸字加之，定省父母省豈在后妃自言西有之乎？載馳詩曰：「歸唁衞侯」，言其思之切，願大歸以唁衞侯，而恐鄦之君臣不從，故其詞鄭重矜。此若在婦人，歸可通稱，左氏、公、穀亦不為此煩言矣。毛傳於上文「言告言歸」歸訓嫁，於此上云「安也」鄭箋亦止云「以安父母之心」，如古文作「以晏父母」若此。　蒙案：王以校議之説爲尚通，然吉日文「悉率左右，以燕天子」語意相屬。若易「天子」爲「父母」，轉覺不倫，則校議之説非也。當以段説爲長。此章所云「薄污我私，薄澣我衣，曷澣曷否」，言后妃之躬儉節用也。下忽接以「歸寧父母」，語頗鶻突，不如作「以晏父母」文義爲順，今從段、承之説。

我馬瘣穨。今詩作「我馬虺隤」。李氏黼平毛詩紬義云：虺隤，釋文云：「虺，呼回反。徐呼環反。説文作瘣隤，徒回反。徐徒瓌反。虺隤，病也。爾雅同。説文作頽。」案：今本説文疒部無「瘣」字。玉篇、廣韻俱作「虺隤」，而又皆別有「瘣」字。注云：「馬病。」説文兀部亦無「虺隤」二字。如釋文，則唐初説文本有「瘣」字，下引此詩云：「我馬瘣穨。」陸乃得據而爲説也。頽，當作穨。　説文逸字知同謹按：汗簡禿部「稍」釋作「穨」，云：「見古詩。」汗簡之字，多以古文偏旁易篆體，「肖」即古文「貴」，其所謂「古詩」，皆采說文。知郭氏所見說文「瘦」下必引詩「我馬瘦積」，可與釋文互證。

我夃酌彼金罍。夊部 夃，秦以市買多得爲夃。从乃从夊，益至也。詩曰：「我夃酌彼金罍。」吳云：今詩作「姑」。六書統曰：「夃，且須之義。」六書本義曰：「夃，借姑。」陳云：許所見蓋異本。據說文當以「益多」為義。段云：傳云：「姑，且也。」許所據者，毛詩古本。今作「姑」者，後人以今字易之也。夃者，「姑」之叚借字。玉篇曰：「夃，今作沽。」引論語「求善賈而沽諸」。桂云：引詩上有闕文，當是「讀若」二字。釋文：姑，說文作夃。

陟彼岨矣。山部：岨，石戴土也。从山且聲。詩曰：「陟彼岨矣。」釋文：「砠，本亦作岨。」爾雅釋文：「岨，說文亦作岨。」段云：詩、爾雅作「砠」，許作「岨」。主謂山，故字从山。重土，故不从石。

我馬瘏矣。疒部 瘏，病也。从疒者聲。詩曰：「我僕瘏矣。」釋文：「本又作屠，非。」

我僕痡矣。疒部 痡，病也。从疒甫聲。詩曰：「我僕痡矣。」釋文：痡，本又作鋪，同。桂云：傳曰：「痡，病也。」或借「鋪」字。毛詩紬義云：「按：痡與鋪通。爾雅釋詁：「痡，病也。」釋文云：「詩作鋪」，即謂此。詩江漢：「淮夷來鋪。」傳：「鋪，病也。」正義謂「釋詁文」但彼「鋪」作「痡」音義。雨無正：「淪胥以鋪。」後漢書注引韓詩作「薰胥以痡」。釋文引王肅云：「鋪，病也。」義亦作「痡」。

葛藟縈之。衣部：褮，鬼衣也。从衣，熒省聲。讀若詩曰：「葛藟縈之。」一曰若「静女其袾」之袾。

葛藟蘗之。艸部：蘗，艸旋皃也。从艸褮聲。詩曰：「葛藟蘗之。」釋文：「帶之」，本又作「縈」，旋也。說文作「蘗」。蒙案：衣部作「褮」，與今本同。而艸部作「蘗」，當是三家詩。

螽斯羽詵詵兮。言部：詵，致言也。从言先，先亦聲。詩曰：「螽斯羽詵詵兮。」段云：此引周南說叚借也。毛曰：「詵詵，衆多也。」按：以「衆多」釋「詵詵」，謂即「㚐㚐」之叚借。陸氏詩音義云「詵詵，說文作㚐」。陸所據多部有「㚐」字，引詩「螽斯羽㚐㚐兮」，蓋三家詩。此引毛詩。或作「駪駪」、「莘莘」、「侁侁」，皆同。校議云：蓋六朝舊本作「讀若詩曰『螽斯羽㚐㚐兮』」，今多部脫「㚐」篆。桂云：本書無「㚐」字，傳寫脫漏。玉篇：「辡，多也。」然則本書引詩當在「辡」下。此所引，後人加之。　王云：陸所據多部有「辡」字，其下當引詩。若此亦引詩，陸氏何不據本文而舉異文乎？

辡辡兮。說見上。

桃之枖枖。木部，枖，木少盛皃。从木夭聲。詩曰：「桃之枖枖。」　段云：周南：「桃之枖枖。」毛曰：「桃有華之盛者。夭夭，其少壯也。」邶風：「棘心夭夭。」毛曰：「夭夭，盛皃。」按，「夭」下曰：「屈也。」屈者，大之反。然屈者，大之兆也。故「枖」字从夭。　又云：按韻會引說文「从木夭聲」之下，不言引詩「桃之枖枖」，而云「通作夭」，引詩「棘心夭夭」。至鍇注「棘心夭夭」始援「厥草唯夭」、「桃之枖枖」等語，是黃氏所據鍇本作「詩曰棘心夭夭」甚明。枖，从木夭會意，故稱「棘心夭夭」說「从木夭」之意。淺人不知，故改「夭夭」爲「枖枖」，又易「棘心」爲「桃之」，好學深思者當能知之矣。　王云：小徐本此下有「詩曰凱風自南，吹彼棘心。棘心夭夭，母氏劬勞。言棘心所以枖枖」凡二十五字，繫傳之釋之也。則先引凱風，又引書「厥草惟夭」及「桃之夭夭」。而韻會之引說文也，自加一語曰「通作夭」，而後引「棘心夭夭」，知說文本未引詩也。言「棘心所以枖枖」，即是言「棘心所以速長」者之譌衍。且未有引詩作「夭夭」，說詩反作「枖枖」之理。況女部「媄」下引詩「桃之媄媄」，廣雅：「媄媄，茂也。」則必三家詩有此文矣。彼既有徵，則此爲羼入何疑？陳氏（啓源）毛詩稽古編云：說文枖、媄二字並引此詩，是詩「夭」字亦作「枖」，又作「媄」也。今考其義，當以「枖」爲正。說文以爲「木少盛皃」，毛以爲「夭夭」爲「桃之少壯」義本合，故釋文獨引焉。夭，本於兆切，屈也。今詩借用耳。「媄」訓女子笑皃，當出三家詩。　蒙案：釋文：「桃夭，於驕反。桃，木名。夭夭，少壯也。說文作枖枖，云木少盛皃。」是陸所據說文有引經語，段、王二家之說雖辯，恐未可為定。（廣韻引說文亦有引詩。）

桃之媄媄。女部　媄，巧也。一曰女子笑皃。詩曰：「桃之媄媄。」从女芺聲。　段云：木部已稱「桃之枖枖」矣，此作「媄媄」，蓋三家詩也。釋爲「女子笑皃」，以明「媄媄」之別一義。俗省作「妖」。　王云：木部「枖」下引詩「桃之枖枖」，廣韻引之。此所引詩，廣韻則不引，疑此引詩為後人加也。

南有喬木。夭部　喬，高而曲也。从夭，从高省聲。詩曰：「南有喬木。」（段依小徐刪此六字。）　王云：詩乃小徐所引。

江之永矣。部首　永，水長也。象水巠理之長永也。詩曰：「江之永矣。」凡永之屬皆从永。

江之羕矣。永部　羕，水長也。从永羊聲。詩曰：「江之羕矣。」　段云：漢廣文。毛詩作「永」，韓詩作「羕」，古音同也。文選登樓賦：「川既漾而濟深。」李注引韓詩「江之漾矣」。「薛君曰：『漾，長也。』漾乃羕之譌字」。　王云：釋詁：「羕，長也。」許君加「水」者，沿「永」字説解而加之也。齊侯鎛鐘銘：「子子孫孫，羕保用亯。」此「永、羕」一字之證。又云：登樓賦借「漾」為「羕」，注即「羕」為「漾」以就之。李氏每有此謬。

惄如輖飢。心部惄，飢餓也。从心叔聲。一曰憂也。詩曰：「惄如輖飢。」　段云：輖，各本作「朝」，誤。今依李仁甫本訂。毛傳曰：「輖，朝也。」謂「輖」即「朝」之叚借字也。　校議曰：五音韻譜作「惄如輖飢」，集韻廿三錫引作「調飢」，類篇引作「調饑」，汝墳釋文：「調，又作輖。」厲氏鶚所見蜀石經作「輖飢」，毛傳作「輖，朝也」。今此及宋本作「朝飢」，則毛傳「輖，朝也」爲不詞。王云：毛詩作「調」，而説之曰「調，朝也」者，謂「調」乃「朝」之譌也。五音韻譜作「輖」，非也。　蒙案：毛傳：「惄，飢意也。」與許前一義合。故王謂「一曰憂也」四字當在引詩之下。

魴魚䞓尾。赤部䞓，赤色也。从赤巠聲。詩曰：「魴魚䞓尾。」赬，䞓或从貞。𧹞，或从丁。今詩作「赬」，用或體。釋文：赬，説文作䞓，又作赬。

王室如𤈦。火部，𤈦，火也。从火尾聲。詩曰：「王室如𤈦。」　段云：今詩作「燬」。毛傳：「燬，火也。」按，爾雅亦作「燬」。釋言：「燬，火也。」詩釋文曰：「燬，音毀。齊人謂火曰燬。郭璞又音貨。字書作『𤈦』，説文同。一音火尾反。」夫曰「燬，説文作𤈦」，則説文之有「𤈦」無「燬」可知矣。曰「𤈦，一音火尾反」，則「𤈦」本音燬可知矣。「𤈦、燬」實一字，俗乃强分爲二字二音，又於説文別增「燬」篆。陸德明所據不如此。　桂云：後漢書列女傳引詩亦作「𤈦」，韓詩薛君章句：「𤈦，烈火也。」　王云：毛詩作「燬」，此晉以後改。字林始收「燬」字。

召南

於沼於沚。水部　沚，小渚曰沚。从水止聲。詩曰：「於沼於沚。」

憂心忡忡。心部 忡，憂也。从心中聲。詩曰：「憂心忡忡。」

於以采藻。艸部，藻，水草也。从艸水，巢聲。詩曰：「于以采藻。」藻，藻或从澡。今詩作或體。

召伯所废。广部 废，舍也。从广犮聲。詩曰：「召伯所废。」 段云：傳曰：「茇，草舍也。」周禮大司馬：「中夏教茇舍。」注云：「茇，讀如萊沛之沛。茇舍，草止之也。軍中有草止之法。」按，許書草部：「茇，艸根也。」此「废」訓舍，與毛、鄭説異，以其字从艸从广别之耳。同音故義相因。茇、废實古今字也。毛傳又云：「草行曰跋。」跋即茇之叚借字。漢禮樂志「拔蘭堂。」拔，舍止也。即废之假借字。 又云：此盖用三家詩。字作「废」，故與毛作「茇」訓草舍異。 校議云：甘棠釋文引作「艸舍也」，（此脱「艸」字。鄭箋：「茇，草舍也。」此據今本。段校唐定本以為傳文。）小徐作「邵伯」與韓詩外傳同。邑部：「邵，晉邑也。不言扶風雝地，亦不言南陽地。」皕部：「奭，燕召公名。」不从邑則許書原非「邵」字矣。 桂云：「舍也」者，詩釋文引作「草舍也」。玉篇：「废，草舍也。通作茇。」劉芳詩義疏：「茇，草舍也。」又通作「拔」。僖十五年左傳：「反首拔舍。」杜注：「拔草舍止。」 王云：既云「艸舍」，無屋可知。知「废」是後起之專字。臧氏在東以毛傳、釋文「草舍」之「草」俱衍。

摽有梅。（部首）：「𠬪，物落上下相付也。从爪又。凡𠬪之屬皆从𠬪。讀若詩「摽有梅」。 段云：毛曰：「摽，落也。」按：摽，擊也。毛詩「摽」字正「𠬪」之叚借。孟子：「野有餓莩。」趙曰：「餓死者曰莩。詩云『莩有梅』。莩，零落也。」丁公著云：「莩有梅，韓詩也。」食貨志：「野有餓𦯧」，𦯧音「蔈有梅」之蔈。孟子作「莩」者，𦯧之字誤。漢志作「𦯧」者，又「𠬪」之俗字。韓詩作「𠬪」，是正字。毛詩作「摽」，是叚借字。鄭德作「蔈」亦叚借也。 王云：左襄八年傳引詩同此。竊意許君收「𠬪」字，蓋採之韓詩。以毛詩之「摽」為之讀者，言毛詩叚借也。

嘒彼小星。口部 嘒，小聲也。从口彗聲。詩曰：「嘒彼小星。」嘒，或从慧。」 王云：引詩別一義。毛傳：「嘒，微皃。」許不區别其説者，以詩已云「小也」。

江有洍。水部，洍，洍水也。从水臣聲。（詳里切。）詩曰：「江有洍。」 段云：此蓋三家詩。下文引「江有汜」，則毛詩也。云「汜，水别復入水也」，而證以「江有汜」，此言轉注也。云「洍，水名」而證以「江有洍」，此言叚借也。校議云：小徐、廣韻五旨引作「一曰詩」，蓋許欲廣一義，故引詩以證此「洍」亦為水別復入也。大徐視「一曰」為羡文，輒删之。

江有汜。水部 汜，水別復入水也。（段以上「水」字爲衍。校議據小徐、韻會以下「水」字為衍。王从校議）。从水巳聲。詩曰：「江有汜。」一曰汜，窮瀆也。段云：「召南傳曰：決復入水也。」謂既決而復入之水也。自其水出而不復入者。釋水：水自河出為灉。巳下是也；「決而復入」者，汜是也。釋名：「汜，巳也，如出有所爲，畢巳而復入也。」王云：江有沱，出於江而不復入也。汜亦江之別，而復入於江，故異其名。

其歗也歌。欠部 歗，吟也。从欠肅聲，詩曰：「其歗也歌。」王云：召南：「其歗也歌。」王風中谷有蓷：「條其歗矣。」小雅白華：「歗歌傷懷。」釋文並云：「本又作嘯，吟也。」小徐作「吹也」。王云「吟」似當作「吹」。口部：「嘯，吹聲也。」繫傳：「歗者，吹气出聲也。」然下文「歎，吟也」兩字相比，其義當同。故吾友陳碩甫詩毛氏傳疏謂「嘯、歗本是兩字」。蒙案：「歎」下段據文選注補：「謂情有所說，吟歎而歌咏。」「其歗也謌」，正所謂「吟歎而歌詠」也。「歗」與「歎，吟也」相次，而不與上文「吹，出氣也」，「敂，吹也」，「歑，温吹也」，「欨，吹氣也」，「歕，吹气也」，五字相次，則當從大徐爲是。

無使尨也吠。犬部 尨，犬之多毛者。从犬从毛。詩曰：「無使尨也吠。」或曰：尨，狗也。

何彼襛矣。衣部：「襛，衣厚皃。从衣農聲。詩曰：「何彼襛矣。」王云：許君爲毛傳未允而改之也。改之者，為二章計也。華如桃李，箋、疏皆以「華」字承首章之「棣」，則詩人何厚乎桃李，何薄乎棣，而謂棣似桃李？且何愛乎棣，既託興於桃李，而尚牽連夫棣乎？蓋言何哉其衣若彼之襛乎，美如唐棣之華也；何哉其衣若彼之襛乎，美如桃李之華也。華如桃李，倒句耳。其字不再見於經，且偏旁从衣，故許君專屬之「衣，厚」義則於農聲得之。召南傳曰：「襛，猶戎戎也。」韓詩作「茙」，俗本作「穠」玉篇、廣韻分爲兩字兩義，非也。稽古編「襛」从衣，不从禾。石經、監本、注疏及說文皆同。今集傳俗本多誤从「禾」。

彼茁者葭。艸部 茁，草初生出地皃。从艸出聲。詩曰：「彼茁者葭。」

一發五豝。豕部： 豝，牝豕也。从豕巴聲。一曰：二歲豕能相杷拏〔拏〕者也。詩曰：「一發五豝。」今詩

「一」作『壹』。

于嗟乎騶虞。虍部 虞，騶虞也。白虎黑文，尾長於身。仁獸，食自死之肉。从虍吴聲。詩曰：「于嗟乎，騶虞。」

邶

憂心悄悄。心部 悄，憂也。从心肖聲。詩曰：「憂心悄悄。」

不能奮飛。奞部 奮，翬也。段注：羽部曰翬，大飛也」。从奞，在田上。詩曰：「不能奮飛。」

晤辟有摽。日部 晤，明也。从日吾聲。詩曰：「晤辟有摽。」 段云：今詩作「寤」。此篇云耿耿不寐，云我心匪石，云如匪澣衣，則當作寤，訓覺，晤其叚借之字也。

終風且瀑。水部 瀑，疾雨也。从水暴聲。（王云：既以「疾」說之，則篆當从暴，說當作暴聲。）詩曰：「終風且瀑。」一曰沫也。一曰瀑，霣也。（九字本在「从水」之上，段、王依韻會所引移正。） 段云：毛詩「終風且暴」傳曰：「暴，疾也。」即作風言。許所據蓋三家詩。又云：暴疾有所趣也，故从水从暴，爲疾雨。 王云：「經典省作「暴」。釋天：「暴雨謂之涷」郭注：「今江東呼夏月暴雨爲涷雨。」離騷云『令飄風兮先驅，使涷雨兮灑塵』是也。」説苑：「飄風暴雨，須臾而畢。」 吴云：謂既終日風而且加之疾雨也。如此，「且」字方有著落。況下章「終風且霾」，謂既風而且雨土也；「終風且曀」，謂既風而且不見日也。皆作兩層疊下，首章何獨不然？ 陳云：疑毛本作「瀑」，訓爲疾雨，後脱落一字，經文遂省作「暴」。 蒙案：釋天：「日出而風爲暴，風而雨土爲霾，陰而風爲曀」正釋此詩之詞。然云「日出而風為暴」，與毛、許並不同。

終風且霾。雨部 霾，風雨土也。从雨貍聲。詩曰：「終風且霾。」

終風且曀。日部 曀，陰而風也。从日壹聲。詩曰：「終風且曀。」「陰而風也」，段改曰：「天陰沈也」，其説云：考開元占經引作「天地陰沈也」，太平御覽引作「天陰沈也」。爾雅、毛傳皆云「陰而風曰曀」，釋名：「曀，翳也。言雲氣晻翳日光，使不明也。」小爾雅：「曀，冥也。」曀，主謂不明，爾雅、毛傳因詩句兼風言耳，故許易之。「陰沈」當作「霒霃」。王以此字爲後人所增。

願言則嚏。口部 嚏，悟解气也。（王注：悟，當作寤。气爲寒寤，得嚏而解也。）从口嚏聲。詩曰：「願言則嚏。」段云：毛傳云：「疐，跲也。」釋文「嚏」作「疐」，「跲」作「劫」，自是古字通叚。觀狼跋傳「疐，跲也」，而其「疐」本又作「疌」可證。崔靈恩集注乃改「劫」爲「㰦」，訓以今俗人體倦則伸，志倦則㰦，音丘據反。是蓋以附合許之「嚏」解，而不知許自解「嚏」，非解毛之「疐」也。改「疐」爲「嚏」，自鄭君始。許在鄭前，安得从鄭易毛？各本有「詩曰願言則嚏」六字，休寧汪氏龍以爲後人妄增者，是也。今删。學者可以知毛、許於詩本無「㰦」說，唐石經作「嚏」者，乃从鄭，非从毛。校議云：引詩蓋後人所加。稽古编云：傳義得之。毛訓「疐」爲「跲」，是礙而不行之義。言徒思之，不能行之也。誅除篡賊，原非婦人事也。下章「願言則懷」，毛云：「懷，傷也。」蓋言思及此，則傷心也。二語皆自道其思，非謂州吁思我。鄭以「俗人道我」釋之，穿鑿之見耳。紬義云：王肅述毛云：「願以母道往加之，我則疐跲而不行。」即從上傳看出深得毛意。

𡒄𡒄其陰。土部 𡒄，天陰塵也。詩曰：「𡒄𡒄其陰。」从土壹聲。段云：今詩𡒄作曀，毛傳曰：「如常陰曀曀然。」許所據作「𡒄」，其訓曰：「天陰塵」，蓋雨部所云「天气下，地不應曰霿。霿，晦也」。吴云：按，韓詩作「𡒄」，與說文同。上章「終風且曀」，謂既風而陰不見日也。此章「𡒄𡒄其陰」，謂陰而塵晦也。本各有義，字形相近，故蒙上文而誤。陳云：一切經音義一：「𡒄，古文作曀。」卷十又云：「曀，古文作𡒄。」引韓詩作「𡒄𡒄其陰」。說文日部：「曀，陰而風也。」引詩「終風且曀」。是毛本「且曀」、「曀曀」俱从日，許於日部稱之。韓本从土作「𡒄」，與「曀」同義。許于土部用韓詩以兼存之。

擊鼓其鼞。鼓部 鼞，鼓聲也。从鼓堂聲。詩曰：「擊鼓其鼞。」段云：今詩作「鏜」。金部曰：「鏜，鼓鐘聲也。」「鼓鐘」謂擊鐘也，字从金，故曰「鐘聲」。於鼓言鏜，爲叚借。又云：周禮注曰：「司馬法云鼓聲不過閶。」音義曰：「閶，吐剛反。」然則「閶」即「鼞」也。投壺音義曰：「鄭呼爲鼓。其聲高，其音鏜鏜然。鏜音吐郎反。」是則「鏜」亦「鼞」也。上林賦：「金鼓迭起，鏗鎗闛鞈。」顏曰：「鏗鎗，金聲。闛鞈，鼓音。」「闛」亦「鼞」也。揚雄賦「闛闔」即「閶闔」，堂聲、昌聲古通用耳。

擊鼓其鏜。金部 鏜，鐘鼓之聲也。从金堂聲。詩曰：「擊鼓其鏜。」段云：鼓部引詩「擊鼓其鼞」，爲其字之从「鼓」也。此引詩「擊鼓其鏜」，盖有韓、毛之異與？　校議云：廣韻十一唐引作「鼓鐘聲也」，引詩疑校者所加。按鼓部引「擊鼓其鼛」。

愷風自南吹彼棘心棘心夭夭母氏劬勞。木部　枖，木少盛皃。从木夭聲。詩曰：「桃之枖枖。」詩曰：「愷風自南，吹彼棘心。棘心夭夭，母氏劬勞。」　大徐無「詩曰愷風」以下十八字。說詳前「桃之枖枖」句下。

深則砅。水部：砅，履石渡水也。从水石。詩曰：「深則砅。」濿，砅或从厲。段云：此稱邶風，言叚借也。毛詩曰：「深則厲。」釋水曰：「以衣涉水爲厲。」又曰：「繇帶以上爲厲。」此並存二説也。毛傳依之。定本改云：「以衣涉水爲厲，謂由帶以上也。」合爲二説，繆矣。履石渡水，乃水之至淺，尚無待於揭衣者。其與「深則厲」絕然二事明矣。「厲、砅」二字同音，故詩容有作「砅」者。許稱以明叚借。釋文引韓詩「至心曰厲」，玉篇作「水深至心曰砅」。至心即由帶以上之説也。蓋韓詩作「深則砅」，許稱之與？戴先生乃以橋梁説「砅」，如其説，許當徑云「石梁」，不當云「履石渡水」矣。詩言「深則厲，淺則揭」，喻因時之宜，倘深待石梁，則有不能渡者矣。　王云：釋水：「深則厲。」釋文：「厲本或作濿。」是知經典作「厲」者，「濿」之省文。　承云：爾雅「由帶以上爲厲」，蓋指帶之垂者而言。或疑履石更淺於揭衣，故東原戴氏有「石梁」之説，未免為説爾雅者所誤。揭，摳衣也。則可履水而行。砅雖揭衣，而足不能及水底，必絫石爲籍，然後可渡也。韓詩：「至心曰厲」之訓，已誤解爾雅「帶」字之義。玉篇于「至心」上更增「水深」二字，益不可通矣。爾雅之説，因厲爲帶下垂之飾也。詩曰「垂帶如厲」，可證在帶垂上去束帶處尚遠也，安得曰「至心」？果至心，尚能以衣乎？要之，爾雅以人身言，又主「厲」爲帶垂之説，許以水言，又主「厲」爲石之説。曰「由帶以上」，曰「履石渡水」語雖異，而言水之深淺則同也。蓋水深及要以上，不能不解衣矣。　傳曰：「以衣涉水爲厲，謂由帶以上也。揭，褰衣也。」正義曰：「爾雅以深淺無限，故引詩以由帶以上、由膝以下釋之。」明過此不可厲，深淺異於餘文也。揭者褰衣，止得由膝以下，若以上，則褰衣不得渡，當須以衣涉爲厲也。見水不没人，可以衣渡，故言「由帶以上」。其實以由膝以上亦爲厲，因文有三等，故曰：「由膝以上爲涉。」傳因爾雅成文而言之耳，非解此經之深涉也。鄭注論語及服虔注左傳皆云「由膝以上爲厲」者，以揭衣。褰裳止曰膝以下，明膝以上至由帶以上總名厲也。爾雅釋水：「濟有深涉，深則厲，淺則揭。揭者，揭衣也。（謂褰裳也。）

以衣涉水為厲，衣謂褌。繇膝以下爲揭，繇膝以上爲涉，繇帶以上爲厲。」郝氏義疏曰：左氏襄十四年正義引李巡曰：「濟，渡也。水深則厲，水淺則揭衣渡也。不解衣而渡水曰厲。」孫炎曰：「揭褰衣裳也。以衣涉水，濡褌也。」毛傳俱本爾雅，唯不引「繇膝以下爲揭」一句，文省耳。釋文引韓詩云：「至心曰厲。」「至心」即是「繇帶以上」雖變其文，實用其意也。必以「繇膝」、「繇帶」言者，蓋為空言淺深，恐無準限，故特舉此爲言，明過此以往，則不可渡也。然亦略舉大概而言，實則「繇帶以下」亦通名「厲」，故論語鄭注及左傳服注並云：「由膝以上爲厲」，明「繇膝以上」即「繇帶以下」，故約略其文耳。　蒙案：承氏以「由帶」指下垂之處而言，並議及韓詩，是蓋忘郤釋水之文而未詳考之也。釋水分「由膝以下」、「由膝以上」、「由帶以上」為三等，由淺而深，確有次序。帶之下垂處，必在膝下，既云「由膝以上」，其非下垂處可知。既云「由帶以上」，其必至束帶處，又可知束帶處即與心近。韓詩烏可議也？許以履石渡水為砅，謂水之稍深者，必絫石水中方可渡，與爾雅「以衣涉水」之訓不同，當爲三家之說。然必絫石方可渡，亦非至淺之處，段氏以爲水之至淺無待揭衣者，恐亦未然也。

有鷕雉鳴。鳥部　鷕，雌雉鳴也。从鳥唯聲。詩曰：「有鷕雉鳴。」　傳云：鷕，雌雉聲也。

行道遲遲。辵部　遲，徐行也。从辵犀聲。詩曰：「行道遲遲。」遟，籀文遲，从屖。」傳云：遲遲，舒行皃。

行道遲遲。言部　謘，語諄謘也。从言犀聲。讀若「行道遲遲」。　大徐無「讀若」六字，小徐本如此。「遲遲」段作「遟遟」，未知所據何本。

湜湜其止。水部　湜，水清底見也。从水是聲。詩曰：「湜湜其止。」　段云：邶風：「涇以渭濁，湜湜其止。」毛云：「涇渭相入，而清濁異。」按：毛本作止，鄭乃作沚。毛意涇以入渭而形已濁。且以已形渭之湜湜然清澂，喻君子以新昏而不潔己，且以己而益見新昏之可安。止者，水之澂定也。鄭易「止」爲「沚」，云：「小渚曰沚。湜湜，持正皃。喻君子得新昏，故謂已惡也。已之持正守初，如沚然不動搖。」是其訓湜字，比傳是字之解爲之，非水清見底之謂矣。古今各本及玉篇、集韻、類篇皆作「止」，毛詩舊文也。傳於蒹葭云：「小渚曰沚。」於此無文可以證矣。鄭箋當有「止讀為沚」之文，淺人刪之而改經文。　阮氏校勘記云：此鄭以經「止」字為「沚」字之叚借，不云「讀為」而於訓釋中直改其字以顯之也。此實漢代注經之常例，而後來往往有依注改經者。此經釋文本已誤矣。

有洸有潰。水部　洸，水涌光也。从水光，光亦聲。詩曰：「有洸有潰。」段云：毛曰：「洸洸，武也。」此引伸叚借之義。

能不我慉。心部　慉，起也。从心畜聲。詩曰：「能不我慉。」今本作「不我能慉」。段云：傳曰：「慉，興也。」起與興義同，今本傳作「養」者，非也。小雅蓼莪箋云：「畜，起也。」此謂「樹我畜我」之「畜」乃「慉」之叚借。」又云：許所據如此。與「能不我知」、「能不我甲」句法同也。「能」讀爲「而」。　校議云：讀詩記「董氏曰：「孫毓、王肅本作『能不我慉』。」

碩人俣俣。人部：俣，大也。从人吳聲。詩曰：「碩人俣俣。」傳云：「俣俣，容貌大也。」

泌彼泉水。目部　䀣，直視也。从目必聲。讀若詩云「泌彼泉水」。　段云：今詩作「毖」，「泌」之叚借也。釋文云：「韓詩作秘，說文作䀣。」此語蓋誤。鉉本作「泌」，乃古本也。　王云：呂氏讀詩記引釋文：「毖，說文作泌。」而今釋文作「䀣」，誤。紬義云：傳：「泉水始出，毖然流也。」說文：「泌，俠流也。」文選魏都賦：「温泉毖涌而自浪。」李善注引說文曰：「泌，水駛流也。泌與毖同。」　吴云：王伯厚詩考云：「說文作䀣，誤。」

室人交徧催我。人部　催，相擣也。从人崔聲。詩：「人交徧催我。」段云：北門曰：「室人交徧摧我。」傳曰：「摧，沮也。」音義曰：「摧，或作催。」據許，則「催」是也。不从傳者，傳取「沮壞」之義，與「摧」訓擠、訓折義同。蓋當時字作「催」，而毛釋為「摧」之叚借，許則釋其本義也。　王云：傳：「摧，沮也。」箋：「譏刺之言。」釋文：「韓詩作『誰』，就也。」桂氏曰：「就，當爲訧。」鈞案：許與韓、鄭並同。合參之乃得。

静女其袾。衣部　袾，好佳也。从衣朱聲。詩曰：「静女其袾。」又：褮，讀若詩曰「葛藟縈之」。一曰若「静女其袾」之「袾」。　段云：廣韻：「朱衣也。」按，廣韻蓋用說文古字，故其字從朱衣。所引詩則假「袾」爲「姝」也。今詩「袾」作「姝」。女部引詩作「㛄」。王云：「好佳」之説恐是後人所改。毛傳：「姝，美色也。」女部：「姝」、「㛄」下皆曰「好也」，與毛傳合。袾字从衣，似不合也。「褮」下王云：桂氏引王君念孫曰：「袾當作變」，段氏曰：「之袾當作之静。」嚴氏說同。

静女其㛄。女部　㛄，好也。从女殳聲。詩曰：「静女其㛄。」　段云：此與「姝」音義皆同。今毛詩作「姝」

豈許所見毛詩異與？抑取諸三家與？陳云：說文女部「姝」訓「好」，下列「嬹」字訓「說」。「嬹」下列「㜸、㛂、姣、嬽、娧」五字，俱訓「好」。同一訓「好」之字，以類相次，疑「姝」本列在「㜸」字之次，重文爲「㛂」，注當有「古文姝」三字，轉寫脱落，誤以「好也」一訓竄入，并「姝」字誤倒在上三字，遂疑「姝」、「㛂」爲兩字。引詩云云，當是許君原本。許書於重文下引經甚多，今毛本說文女部云「重十三。」案：女部古文四，籀文六，或文二，以「㛂」爲重文，則與「十三」之數合矣。一切經音義六：「姝，古文㛂同。」玉篇「姝」訓「好」，重文為「㛂」，無訓。但云：「亦見說文。」是野王所見之本，當不以「好也」一訓竄入「㛂」字下也。

僾而不見。人部：僾，仿佛也。从人愛聲。詩曰：「僾而不見。」段云：祭義曰：「祭之日，入室，僾然必有見乎其位。」正義云：「僾，髣髴見也。見，如見親之在神位也。」按，「僾」與爾雅之「薆，隱也」、烝民傳之「愛，隱」、竹部之「𥳐，蔽不見也」義相近。今詩作「愛」，非古也。「僾而」猶「隱然」、離騷之「薆然」也。桂云：聲類：「僾，音倚。僾俙，仿佛也。」又云：「僾俙，一作靉靅。僾俙，不明莫如雲也。通作愛。」列子黃帝篇：「不偎不愛」，釋文：「不偎不僾，謂或隱或見。」字林云：「偎，仿佛見，不審也。」又通作「愛」。太玄：「曹曹之離」，注云：「曹曹猶薆薆。」又或作「曖」。楊慎曰：「班固終南山賦：『曖嚉晻靄，若鬼若神。』」注：「曖嚉，音愛逮，雲霧吐吞，障蔽天日，變化殊形也。」韻會：「曖曃，不明皃。一作曖嚉。」字書或从雲作「靉」，或从日作「曖」，皆蔽而不見之意。吳云：按，說文愛慕字本作「㤅」，愛，行也。僾，仿佛也，音同訓異。詩言女在城隅靜僻之處，仿佛不得見，故搔首踟躕耳。「僾」訛省為「愛」，毛、鄭皆以㤅慕字釋之，失其音矣。蒙案：廣雅釋言：「愛，僾也。」方言六郭注引詩作「薆。薆而」，即「薆然」。華嚴經音義上引珠叢云：「薆，蔽也。」桂、王引毛傳「愛，蔽也」。今傳無此文，恐二家誤也。

彤管有煒。火部 煒，盛赤也。从火韋聲。詩曰：「彤管有煒。」「盛赤也」段依玄應書改曰：「盛明皃也。」王依玄應書改曰「盛明皃也，亦赤也」。校議云：「當作盛明皃也，一曰赤也。」傳曰：「煒，赤皃。」段謂毛就「彤」訓之，盛明之一耑也。王謂引詩證「赤也」一義。

新臺有玼。玉部 此，玉色鮮也。从王此聲。詩曰：「新臺有玼。」段云：今本作「泚」。韓詩作「漼」，云：

「鮮皃。」即今「璀瑹」字也。　又所訂毛詩故訓傳定本，傳：「泚，鮮明皃。」注云：「此謂泚即玼之叚借。」

暥婉之求。目部　暥，目相戲也。从目晏聲。詩曰：「暥婉之求。」　段云：今詩作「燕婉」。毛曰：「燕，安也。婉，順也。」許所據作「暥」，豈毛謂「暥」爲「晏」之叚借，後人轉寫改爲「燕」與？抑三家詩有作「暥」者與？　王云：當作「暥婏」。女部「婏，宴婏也」，亦當作「暥婏」。蓋此引於「暥」下，故「暥」不誤；彼引於「婏」下，故「婏」不誤也。「婉」則「嫛、婏」兩字之隸變，說文所無，　陳云：案：「燕」通作「宴」。論語「子之燕居」，鄭本作「宴」。詩「宴尔新昏」，釋文：「本作燕。」爾雅：「燕燕」，釋文：「本作宴。」小雅：「燕燕居息」，漢書五行志作「宴宴」。史記孝武紀「晏温」，封禪書作「曣昷」。「曣」即「暥」之别體。蓋「暥」省「晏」，又為「燕」耳。廣雅：「暥，視也。」　蒙案：王又云：「暥婏，叠韻連語。許君蓋據毛詩古本。韓詩云：『嬿婏，好皃。』字已非古。今詩作『燕婉之求』，則用韓詩而省『女』旁，後出之字。時世所便，故『嫛兮嬭兮』亦改『嫛』為『婉』。依許則『嫛嬭，順也』，『暥婏，目相戲也』。二義迴别。」其說頗是。然毛云：「燕，安也。」似其所據本已作「燕」矣。韓詩見文選西京賦注。

河水浼浼。水部　浼，污也。从水免聲。詩曰：「河水浼浼。」孟子曰：「汝安能浼我？」　段云：傳曰：「浼浼，平地也。」按，「浼浼」與「亹亹」同，如「亹亹文王」，即「勉勉文王」也。文選吳都賦：「清流亹亹。」李注引韓詩：「亹亹，水流進皃。」此必毛詩「浼浼」之異文。今李注奪一「亹」字，非。許引此詩者，言叚借之義也。

蒙案：李文仲字鑑引本書云：「又水流平皃。」與毛傳義合。王據以補「詩曰」之上。

得此䵶䵹。黽部　鼀，圥鼀，詹諸也。其鳴詹諸，其皮鼀鼀。从黽从圥，圥亦聲。䵶，鼀或从酋。䵹，䵶䵹，詹諸也。詩曰：「得此䵶䵹」，言其行䵹䵹。从黽爾聲。　戴氏（震）毛鄭詩考正云：傳「戚施，不能仰者」。箋云：「戚施，面柔，下人以色，故不能仰也。」按，傳本國語，箋本爾雅，然未詳「戚施」所由名。說文引詩作「䵶䵹」。䵶，七宿切。䵹，式支切。䵶、䵹古字通用。戚施，戚當讀七宿切，以其皮戚戚，其行施施，故名。詹諸爲物，狀卑俛，故不可使仰之。疾似之，本物名，因以爲疾名。又因疾名而爲面柔之名。　桂云：薛君韓詩章句：「戚施，蟾蜍，喻醜惡也。」　蒙案：薛君章句見御覽。據此，則「戚施」為「䵶䵹」之叚借字，許所據為其本字也。

鄘

紞彼兩髳。髟部，髳，髮至眉也。从髟敄聲。詩曰：「紞彼兩髳。」髳，髳或省。段云：鄘風：「髧彼兩髦。」傳曰：「髧，兩髦之皃。髦者，髮至眉，子事父母之飾。」許所本也。內則：「拂髦」注云：「髦用髮爲之。」許引毛詩作「髳」，今則詩、禮皆作「髦」，或由音近叚借。「髳」與「髦」義，古畫然不同。今詩「紞」作「髧」，釋文：「本又作优。」按：紞，冕冠塞耳者。髳蓋似之也。牧誓：「羌髳」，小雅「如蠻如髦」，傳：「髦，夷髦。」箋：「髦西夷別名。」按，詩「髦」即書「髳」。本書「髦，髮也」。與「髳」訓不同。

牆有薺。艸部 薺，疾黎也。从艸齊聲。詩曰：「牆有薺。」段云：今詩鄘風、小雅皆作「茨」。釋艸傳、箋：「茨，蒺藜也。」王云：玉藻：「趨以採齊」，鄭讀爲楚薺之薺。案，鄭君注禮記時未見毛詩，故不用叚借之「茨」，許君於詩，雖主毛詩，而亦以「薺」爲正字也。本書：「茨，以茅葦蓋屋。」

㐱髮如雲。彡部 㐱，稠髮也，从彡人聲。詩曰：「㐱髮如雲。」鬒，㐱或从髟，真聲。段云：今詩作「鬒」蓋以或字改古字。傳曰：「鬒，黑髮也。」疑「黑」字亦非毛公之舊。許多襲毛，不應有異。左傳：「昔有仍氏生女黰黑，而甚美」。黰正謂稠髮，髮多且黑，而皃甚美也。服、杜皆云：「美髮爲黰。」不言黑髮。

玉之瑱兮。玉部：瑱，以玉充耳。从玉真聲。詩曰：「玉之瑱兮。」段云：傳曰：「瑱，塞耳也。」又曰：「充耳謂之瑱。天子玉瑱，諸侯以石。」按，瑱不皆以玉，許專云「以玉」者，爲其字之从玉也。今詩「兮」作「也」。女部又引：「邦之媛兮」，可知此篇「也」字古皆作「兮」。孫毓詩評亦引「玉之瑱兮」。

蒙彼縐絺。糸部 縐，絺之細者也。詩曰：「蒙彼縐絺。」一曰戚也。从糸芻聲。段云：傳曰：「絺之靡者爲縐。」按，靡謂紋細皃，如水紋之靡靡也。戚，各本作「蹴」，今正。箋云：「縐絺，絺之蹙蹙者。」此鄭説之異毛也。戚戚者，如今縐紗然。上文云：「緛，衣戚也。」子虛賦：「襞積褰縐。」張揖注云：「縐，戚也。」

是褻袢也。衣部 褻，私服。从衣執聲。詩曰：「是褻袢也。」段云：今詩「褻」作「紲」。按，毛傳曰：「是當暑袢延之服。」「當暑」二字釋「褻」也。

是紲袢也。衣部 袢，衣無色也。（依韻會引補。）从衣半聲。一曰（段以此二字作衍。）詩曰：「是紲袢也。」讀若普。校議云：韻會引作「一曰紲袢」，無「詩曰是也」四字。段云：紲當同褻，篆下作「褻」。傳曰：「言是當暑袢延之服也。」「袢延」叠韻，如方言之「襎綣」，漢時有此語，揩摩之意。外展衣，中用縐絺為衣，可以揩摩汗澤，故曰褻袢，褻袢專謂縐絺也。暑天近汗之衣必無色，故知「一曰」爲衍文。王云：云「一曰」者，是別義也。紲當作「褻」。此寫者緣今詩改之也。傳曰：「是當暑袢延之服。」疏謂「延」是熱氣，「紲袢」是去熱之名。竊意毛傳「當暑」解「褻」字，箋固以縐絺爲裏衣也。「袢延」解「袢」字，猶卷阿之「伴奐」，毛以「廣大」說「伴」。此「袢」似亦是廣大之義。絺而縐則不黏皮膚，故得寬大之義。

邦之媛兮。女部　媛，美女也。人所欲援也。从女爰聲。詩曰：「邦之媛兮。」段云：「兮」今詩作「也」。許又稱「玉之瑱兮」，可證許所據「也」字皆作「兮」。王云：傳「美女爲媛」，釋訓同。孫叔然釋爾雅曰「君子援助」。鄭箋云：「媛者，邦人所依倚以爲援助也。」釋文：「韓詩作援。」案，楚詞「嬋媛」，一本作「撣援」或「媛」亦後起之專字。

命彼倌人。人部　倌，小臣也。从人官聲。詩曰：「命彼倌人。」段云：傳曰：「倌人，主駕者。」按，許說異毛。「小臣」蓋謂周禮「小臣上士四人」，大僕之佐也。一云左傳所謂「巾車脂轄」也。王云：「小臣」祇是臣之小者，未必是夏官之小臣。衛文公草創國家，不能備官也。然小臣掌王之小命，許君蓋謂使小臣傳命，命御者駕車也。其所以不同毛傳者，亦謂是時不能備戎僕、田僕之官也。

螮蝀在東。手部　摕，讀若詩曰「螮蝀在東」。虫部　螮，螮蝀，虹也。从虫，帶聲。今詩作「蝃」，爾雅作「螮」。釋天釋文：「螮，本或作蝃蚚，同。」

相鼠有皮。目部　相，省視也。从目木。易曰：「地可觀者，莫可觀於木。」詩曰：「相鼠有皮。」段云：釋詁、毛傳皆云：「相，視也」。此別之云「省視」，謂察視也。

歸唁衛侯。口部　唁，吊生也。从口言聲。詩曰：「歸唁衛侯。」段云：穀梁傳、毛詩皆云「弔失國曰唁。」此言「弔生」者，以弔生爲唁，別於弔死爲弔也。

控于大邦。手部　控，引也。从手空聲。詩曰：「控于大邦。」毛傳同。

菉竹猗猗。艸部 菉，王芻也。从艸录聲。詩曰：「菉竹猗猗。」段云：今詩作「綠」，大學引作「菉」，小雅：「終朝採綠」，王逸引作「菉」。籒之作「菉」。釋草、毛傳同。綠，借字。西京賦注引韓詩云作「綠」。本書：「薄，水萹茿也。从艸水，毒聲。讀若督。」段云：謂萹茿之生於水者謂之薄也。統言則曰萹茿，析言則有水陸之異。異其名因異其字。衞風音義曰：「竹，韓詩作薄，萹茿也。石經亦作薄。」按，石經者，盖漢一字石經魯詩也。西京賦李注引韓詩：「綠薄如簀」，玉篇曰：「薄，同薄。」釋草云：「竹萹蓄。」按，「竹」者，釋毛詩衞風之「竹」也。韓、魯詩皆作「薄」，毛詩獨叚借作「竹」，爾雅與毛詩合。茿蓄叠韻，通用。王云：許君所据毛詩亦作「竹」，以爲叚借字，收此韓詩之專字也。吴云：朱子詩傳云：「綠，色也。淇上多竹，漢世猶然，所謂『淇園之竹』是也。」以「綠」字解作綠色，以「綠竹」爲綠色之竹，於大學之「菉」反謂當从詩作「綠」，不知王芻之「菉」或借用「綠」，而顏色之「綠」未嘗借用「菉」。况朱傳於小雅「終朝採緑」亦既釋爲「王芻」，而楚詞章句引小雅此文亦作「菉」，則「綠」之即「菉」，歷有明據，不必泥詩字作「綠」，而創爲「綠色」之解也。稽古編云：綠竹，陸疏以為一草，言其莖葉似竹青綠色，高數尺。孔疏駁其非，引小雅「采綠」證之，謂「綠」與「竹」定是別艸，得之矣。自集傳解爲「綠色之竹」，後儒不敢有異議，而前說俱廢。夫武帝斬淇園之竹，寇恂伐竹淇川，漢史誠有之。然唐以前諸儒，豈皆未見漢書者哉？又水經注亦引漢武、寇恂故事而稱之曰：「今通望淇川，並無此物。惟王芻、萹竹，（注作「編竹」。）不異毛興。」此善長（盖嘗）得於目驗，當不誤矣。

瑟兮僩兮。人部 僩，武皃。从人間聲。詩曰：「瑟兮僩兮。」段云：傳「僩，寬大也」。許與毛異者，以爾雅及大學皆曰：「瑟兮僩兮者，恂栗也。」恂，或作「峻」，讀如嚴峻之峻，言其容皃嚴栗，與寬大不相應，故易之。

王云：許以「武皃」易古説，朱子從之，以其獨高千古也，乃朱子説「嚇兮喧兮」，不用許君說，吾甚惜之。

赫兮愃兮。心部 愃，寬嫺心腹皃。从心宣聲。詩曰：「赫兮愃兮。」段云：毛詩作「喧」，傳云：「威儀容止宣著也。」韓詩作「宣」，顯也。許作「愃」，而義亦異。桂云：禮記引詩作「喧」，叚借字。王云：嫺，列子力命篇釋文引作「閑」。閑者，「閒」之借字。案，許君此說，特爲引詩立解，蓋以毛傳、韓詩章句皆不得詩意，故本之大學「威儀也」之説，以成此詩不易之解也。力命篇注引鄭君注禮記曰：「喧，寬綽皃。」蓋即本之許君。惜今禮記注闕之，韓詩作「宣」，省形存聲字。毛詩作「喧」，聲借字。

充耳琇瑩。玉部　琇，石之次玉者。从玉莠聲。詩曰：「充耳琇瑩。」　段云：傳：「琇、瑩，美石也。」按：琇、瑩是二石名，故都人士傳曰：「琇，美石也。」著傳曰：「瑩，石似玉也。」説文从「莠」，隸从「秀」，猶从「芺」之多爲「夭」也。　王云：衛風作「琇」。汪刻本、竹君本並同，蓋是也。漢諱「秀」而書爲「莠」，蓋説解解「莠聲」是許君本文。篆亦从「莠」者，蓋後人據説解以改篆，惟引經未改。大徐始併改之也。但詩釋文云：「説文作琇，玉篇同。」則梁及唐初本皆然。　蒙案：漢雖諱「秀」，然「莠」非佳字，豈得以之代廟諱？莠从秀聲，又將以何字代之？説解中「秀」字屢見，何獨於此而改爲「莠」耶？王説非。　本書：「瑩，玉色也。一曰石之次玉者。」王云：「玉篇引詩『充耳琇瑩』，傳曰：『石之次玉』，與許合，而與今本毛傳異。」

䯤弁如星。骨部　䯤，骨擿之可會髮者。从骨會聲。詩曰：「䯤弁如星。」　段云：今作「會弁」。毛傳曰：「弁，皮弁，所以會髮。」按，此傳極可疑，蓋淺人改竄也。皮弁者，諸侯所以視朔及與諸侯相朝聘，非為會髮之用也。云「所以會髮」，殊不辭矣。説文多沿毛傳，其云「可會髮」者，必本毛傳。此文蓋毛詩本作「䯤弁」，傳本云「䯤，所以會髮。弁，皮弁」。正同周禮故書。皮弁䯤五采，謂先束髮而後戴弁者，光耀如星也。自鄭箋毛詩，乃易「䯤」爲「會」，釋爲「弁之縫中」，與注周禮从今書不从故書正同。後人據箋改傳，致有此不通耳。毛、許、先鄭説詩、禮，皆與後鄭不同，其義則後鄭為長。　王云：鄭注弁師引之，亦作「會」，許君引此，謂借「䯤」爲「會」，與「骨擿」無涉也。知然者，弁師：「王之皮弁，會五采玉璂。」正詩所云「會弁」。其下文云「玉笄」，若「會」是骨擿，豈不複乎？彼注云：「故書『會』作『䯤』」則亦借字也。」故先鄭、後鄭説雖不同，而皆破爲會以説之。司農又引士喪禮曰：「檜用組，乃笄。」檜讀與䯤同，書之異耳。説曰：以組束髮乃著笄，謂之檜。沛國人謂反紒為䯤。」許君之説詩也，雖未知同先鄭與否，然必本之「檜用組」，上文「骨擿」，則本之「鬠笄用桑」，是皆可以意揣而知之矣。

善戲謔兮。言部　謔，戲也。从言虐聲。詩曰：「善戲謔兮。」

衣錦檾衣。林部　檾，枲屬也。从林熒省聲（去穎切）。詩曰：「衣錦檾衣。」　段云：類枲而非枲，言「屬」

而別見也。檾者，草名也。周禮典枲：「掌布緦縷紵之麻草之物。」注云：「草，葛萯之屬。」掌葛：「徵草貢之材於澤農。」注云：「草貢出澤，萯紵之屬，可緝績者。」「萯」即檾字之異者。萯紵出於澤，與葛出於山不同。又作「顈」，襍記：「如三年之喪，則既顈，其練祥皆行。」鄭云：「顈，草名。無葛之鄉，去麻則用顈。」詩兩言「褧」衣，許於此稱「檾衣」，於衣部稱「褧衣」，而云：「褧，檾也。」示反古。然則褧衣者，以檾所績爲之。蓋士昏禮所謂「景也」。今之「檾麻」，本草作「茵麻」，其皮不及枲麻之堅韌。今俗為麤繩索多用之。衛碩人、鄭丰文，今皆作「褧」。

衣錦褧衣。衣部　褧，檾也。詩曰：「衣錦褧衣。」从衣耿聲。段云：檾者，枲屬。績檾爲衣，是爲褧也。許意如是。若鄭箋衛風云：「褧，襌也」，不言襌用何物。鄭風箋云：「褧，襌也。」蓋以襌縠爲之，與許説異。縠者，細絹也，以絲而非以枲矣。鄭説本玉藻。玉藻、中庸作「絅」，禮經作「顈」，皆叚借字。

頱首。頁部　頱，好皃。从頁爭聲。詩所謂「頱首」。段云：「頱首」當作「螓首」。傳曰：「螓首，顙廣而方。」箋云：「螓謂蜻蜻也。」按，方言：「蟬小者謂之麥蚻，有文者謂之蜻蜻。」孫炎注，爾雅引方言：「有文者謂之『螓』。」然則螓、蜻一字也。引古罕言「所謂」者，假令詩作「頱首」，則徑稱詩句，不言「所謂」。王云：「段氏之言甚辯，特忘説文無『螓』」字。「蜻、頱」疊韻，「頱、螓」雙聲，轉譌成「螓」也。

美目盼兮。目部　盼，目白黑分也。（「目白黑分也」五字，今本無。王依玄應書補。段補無「目」字。）詩曰：「美目盼兮。」从目分聲。段云：毛曰：「盼，白黑分也。」韓詩云：「黑色。」馬融曰：「動目皃。」按許从毛。

朱幩鑣鑣。巾部　幩，馬纏鑣扇汗也。从巾賁聲。詩曰：「朱幩鑣鑣。」「鑣鑣」，段改「儦儦」，其説云：儦儦，各本及詩經皆作「鑣鑣」，今依玉篇人部訂。希馮所據詩不誤，孔冲遠正義已誤矣。又云：按，廣雅亦曰：「鑣鑣，盛也。」則不必改。段又云：傳曰：「幩，飾也。」人君以朱纏鑣扇汗，且以爲飾。金部曰：「鑣者，馬銜也。」以朱幓縷纏馬銜之上而垂之，可以因風扇汗，故謂之「扇汗」。亦名「排沫」。以其用幩也，故从巾。王云：釋文：「鑣，馬銜外鐵也。一名扇汗。一名排沫。」案，陸説誤也。毛傳以「扇汗」爲幩之訓釋，後人因以爲「幩」之名，可也，移以爲「鑣」之名，則不可也。傳：鑣鑣，盛皃。蒙案：重言之字，惟取乎聲。載驅：「行人儦儦。」傳：「儦儦，衆皃。」就人言，故字从人。角弓：「雨雪瀌瀌。」箋云：「雨雪之盛瀌瀌然。」釋文：「雪盛皃。」就雪言，故从水。此就馬銜言，故从金。是不必改也。

施罛濊濊。四部 罛，魚罟也。从网瓜聲。詩曰：「施罛濊濊。」 段云：按，此可以正今本水部「⿰氵薉⿰氵薉」、大部「濊濊」之譌。目部 眓，讀若詩曰「施罛濊濊」。

施罟⿰氵薉⿰氵薉。大部，奯，空大也。从大，歲聲。讀若詩「施罟⿰氵薉⿰氵薉」。濊濊，段改「⿰氵薉⿰氵薉」，云：「或作濊濊，或作泧泧，皆誤。」 王作「泧泧」，云：小徐本類篇引並如此。目部「眓」下、网部「罛」下皆引「施罟濊濊」。段氏依之，以改本文。毛本作「濊濊」，水部所無。桂氏曰：「本書『⿰氵薉』下引詩，後人加之。此當為『詩曰施罟奯奯』，謂罟目大也。後人加『讀若』字。」鈞意必以段氏爲是，姑存異說，以備參考。 蒙案：王伯厚詩攷所舉異字異義云「『施罟濊濊』又作『泧』」。下注：「説文。是伯厚所見，説文水部不作『濊』，大部不作『奯』，亦不作『濊』，而有作『泧』之文。」王又云：「廣雅：『泧泧，流也。』大部奯下引詩『施罟泧泧』，小徐本、宋刻大徐本皆然。」然則作「泧」之本未必誤也。

施罟⿰氵薉。水部 ⿰氵薉，礙流水。从水薉聲。詩曰：「施罟⿰氵薉⿰氵薉。」（汪本作「濊濊」。）段云：有礙之流也。毛曰：「罛，魚罟，濊濊，施之水中。」按：施罟而水仍流，故曰「礙流」。礙流者，言礙而不礙也。韓詩云：「流皃。」與毛、許一也。「濊」又訓「多水皃」，司馬相如傳：「湛恩汪濊。」 段本篆改「濊」，引詩作「濊濊」，其說云：各本篆作「⿰氵薉」，云「薉聲」，今正，呼括切。按，釋文不云説文作「⿰氵薉」，證一；玉篇瀏、濊二字相連，與説文同。「濊」下云：「呼括切，水聲」，又於衞、於外二切，「多水皃」，不云有二字，證二；廣韻十三末：「濊，水聲。」「⿰氵薉」上同，證三；類篇：「濊，又呼括切，礙流也。」引詩「施罟濊濊」，證四。是知妄人改礙流之字為「⿰氵薉」，而別補「濊」篆於部末，云：「水多皃，呼會切。」不知部末至「澒」、「萍」等篆已竟，水多非其次也。今刪正。「罟」當作「罛」。 王云：段以部末之「濊」篆易本篆，所舉證皆是，竊欲从之。 本部末：「濊，水多皃。从水歲聲。」

王云：案，水事既畢，而以治水之「汩」字爲殿，此一定之章法也。此下不應有字，而小徐本「⿰氵薉、淉、洽、湯」四字皆在「汩」下。大徐淉、洽、湯附其義近之字，惟「濊」在「汩」上，段氏删「⿰氵薉」篆而以「濊」當之，是也。汪刻小徐本「⿰氵薉」下引詩猶作「濊濊」也。 蒙案：詩考所引無「⿰氵薉」，亦其一證。然則「濊」之譌「⿰氵薉」，在宋以後矣。

鱣鮪鮁鮁。魚部「鮁，鱣鮪鮁鮁。从魚犮聲。」 段云：按，毛詩：「鱣鮪發發」，傳：「發發，盛皃。」音義云：「補末反。」韓詩作「鱍」。是作「鮁」者非毛非韓，不可信。又不言其義，篇、韻無「鮁」字，其可疑如此。王云：「發」古叚借字「鱍」，後加偏旁也。荀子榮辱篇：「鯈䱁者，浮陽之魚也。」注：「今字書無『䱁』字，蓋當為『鮁』。說文云：『即鱣鮪鮁鮁字。』蓋鯈魚一名鯈鮁。」據此，知唐本說文已有「鮁」字。 蒙按：詩考所引亦有。

乘彼垝垣。土部 垝，毀垣也。从土，危聲。詩曰：「乘彼垝垣。」傳：垝，毀也。釋詁文。

士之耽兮。耳部 耽，耳大垂也。从耳，冘聲。詩曰：「士之耽兮。」 段云：此引詩說叚借也。傳曰：「耽，樂也。」耽本不訓樂，而可借為「媅」字。女部：媅者，樂也。

女也不爽士貳其行。士部 壻，夫也。从士胥。聲詩曰：「女也不爽，士貳其行。」士者，夫也。讀與「細」同。

咥其笑矣。口部 咥，大笑也。从口，至聲。詩曰：「咥其笑矣。」 傳曰：「咥咥然笑。」

信誓悬悬。心部 怛，憯也。从心，旦聲。悬，怛或从心，在「旦」下。詩曰：「信誓悬悬。」 段云：詩曰：「信誓旦旦。」傳曰：「信誓悬悬然。」謂「旦」即「悬」之叚借字。箋云：「言其懇惻款誠」，是也。許稱詩傳而云「詩曰」者，此「詩曰『不醉而怒謂之奰』」之例也。「悬悬」下當有「然」字。 校議云：小徐云：「悬，从心，旦聲。」韻會十五翰引：「悬，憯也。从心，旦聲。」汎釋文「旦旦」引說文作「悬悬」。蓋舊本但有「悬」篆，小徐真本亦有「悬」，無「怛」。大徐補收「怛」篆，後人復以大徐補小徐耳。議刪「怛」篆，而改此說解云：「憯也，从心，旦聲。詩曰：『信誓悬悬。』」 王云：表記引此詩，釋文云：「字林作『悬悬。』」釋訓作：「晏晏、旦旦，悔爽忒也。」釋文：「旦，本或作悬。」 蒙案：毛傳不作「悬悬」，段說未是。

佩玉之儺。人部 儺，行有節也。从人，難聲。詩曰：「佩玉之儺。」 段云：傳曰：「儺，行有節度。」按，此字之本義也。其「歐疫」字本作「難」，自叚「儺」為「歐疫」字而「儺」之本義廢矣。

芄蘭之枝。艸部 芄，芄蘭，莞也。从艸，丸聲。詩曰：「芄蘭之枝。」 段云：說苑亦作「枝」，今詩作

「支」。釋艸「雚，芄蘭」。此「莞」當爲「雚」。說文「莞」與「藺、蒲」為類，「芄蘭」與香草爲類，割分異處，斷非一物。或曰莞，衍字。鄭、陸、郭說「芄、蘭」皆同，許君以「芄、蘭」列於香草，未審其意同否也。王云：「支」當爲「枝」之古文。

童子佩觿。角部　觿，佩角銳耑，可以解結。从角，巂聲。詩曰：「童子佩觿。」傳曰：「觿，所以解結。成人之佩也。」內則注曰：「小觿釋小結也。觿皃如錐，以象骨爲之。」

童子佩韘。韋部　韘，射決也，所以拘弦。以象骨，（句）。韋系，（句）。箸右巨指。从韋枼聲。詩曰：「童子佩韘。」弽，韘或从弓。傳云：「韘，決也。能射御，則帶韘。」小雅車攻傳云：「決，所以鉤弦也。」鄭注周禮：「云抉，挾矢時所以持弦飾也。」注鄉射禮、大射儀云：「決，猶闓也。以象骨爲之，箸右大巨指以鉤弦闓體。」段云：經典多言「決」，少言「韘」，「韘」惟見詩。毛公釋爲「決」，而箋云「韘之言沓，所以彄沓手指」。此以禮經之極釋韘也。大射云：「朱極三。」注云：「極猶放也，所以韜指利放弦也。以朱韋爲之。食指、將指、無名指各一，小指短不用。」鄭意以「韘、極、沓」三字雙聲，且極用韋爲之，故字从韋。決則用象骨爲之，故不从毛而易其義。許說从毛也。以字从「韋」論之，鄭爲長矣。

安得藼草。艸部　藼，令人忘憂之艸也。从艸，憲聲。詩曰：「安得藼草。」蕿，或从煖。（段云：此字小徐無，張次立補，可刪。王云：釋文引作「蘐」。釋訓：「萲、諼，忘也。」此字疑後增。）萱，或从宣。（王云：諸書不引，疑亦後增。）段云：藼之言諼也。諼，忘也。今詩作「焉得諼草」。王云：今詩：「焉得諼草」，蓋是也。許說似涉附會。稽古编云：毛傳：「諼草令人忘憂。」孔疏申其意，以爲「諼」非草名，引爾雅釋訓及孫氏注以證之。然據傳文義，明是以「諼」爲草名。釋訓：「萲、諼，忘也。」邵注云：「義見伯兮、考槃詩。」又明是伯兮字作「萲」，考槃字作「諼」矣。若非草名，則釋「諼」足矣，何必釋「萲」乎？又說文作上藼，云：「令人忘憂草也」，韓詩亦作「萱草」。薛君云：「萱草忘憂也。」則以「諼」爲草名，先儒之說皆然。孔安得獨爲異乎？又朱傳以「合歡」當之，乃襲鄭樵之誤，通義駁之甚當。

蒙案：釋文或作「蘐」注疏本作蕿，與許合。釋訓釋文邵云：「義見伯兮。」詩云：「焉得萲草。」毛傳云：

「萲草令人善忘。」邢疏云：「伯兮本或作萲草。」郝氏義疏以爲「萲」者，「蕿」之或體。文選嵇康养生論注引詩及傳作「萱」，初學記、白帖亦引作「萱」，是今詩作「諼」是借字。王疑許附會，非也。韓詩作「諠」，文選謝惠連西陵遇風獻康樂詩：「無萱將如何？」注：「韓詩曰：『焉得諠』（今本諠作『萱』，胡氏考異無『萱』，當作『諠』），觀下注可見各本皆誤。）薛君曰：『諠草，忘憂也。萱與諠通。』」王伯厚詩考引文選注，兩字正皆作「諠」，可以證今本之誤。陳氏引作「萱」，誤也。　桂云：廣雅：「焉，安也。」薛綜西京賦註：「安，焉也。」陳云：論語：「人焉廋哉」、「斯焉取斯」、「焉知來者」、「焉知賢才」，皇侃俱訓爲「安」，字異而義同。

報之以瓊琚。玉部　琚，瓊琚，玉石也。（段改「佩玉石也」，王改「佩玉也」。）从玉，居聲。詩曰：「報之以瓊琚。」　段云：詩鄭風正義、釋文皆引說文「琚，佩玉名。」衛風釋文又引：「琚，佩玉名。」按，雜佩謂之佩玉，見周禮、大戴禮玉藻，贅以「名」字，語不可通。琚乃佩玉之一物，不得云「佩玉名」也。毛公、大戴皆云：「琚瑀以納閒」，許君以「瑀」字廁於「石次玉」之類，然則「名」字爲「石」之字誤無疑。「佩玉石」者，謂佩玉納閒之石也。木瓜傳云：「琚，佩玉石也」，許君用之。今毛傳「石」譌爲「名」。　王云：珩、琚皆雜佩中物，「珩」下云：「佩上玉」。則鄭風疏引琚，佩玉名也」，可信。惟說文「也」字，它書引多作「名」，故知「名」字衍。　蒙案：五音集韻亦云：「琚，佩玉名。」

報之以瓊瑤。玉部　瑤，石（石，今本作「玉」，段、王依詩正義正。）之美者。从玉，䍃聲。詩曰：「報之以瓊瑤。」段云：傳曰：「瑤，美石。」正義不誤。王肅、某氏注尚書、劉逵注吳都賦皆曰：「瑤，美石。」大雅：「惟玉及瑤」，云「及」，則瑤賤於玉。周禮：「享先王，大宰贊王玉爵，内宰贊后瑤爵。」禮记：「尸飲五，君洗玉爵獻卿，尸飲七，以瑤爵獻大夫。」是玉與瑤等差明證。九歌注云：「瑤，石之次玉者。」凡謂「瑤」爲「玉」者，非是。

彼黍䅻䅻。禾部　今無「䅻」字，桂依釋文補。　王云：黍離釋文云：「說文作䅻。」廣韻：「長沙人謂黍二把爲䅻。」然言「黍」則字从「禾」，若「其桐其椅，其實離離」言木，將字亦从「木」乎？不當補。　逸字云：音義云：「說文作䅻。」是唐本有此字，其義不可知。知同謹按，太平御覽卷四百六十九引韓詩：「彼黍離離」，是韓、毛作「離」，同也。廣韻有「穲」，注：「穲穲，黍稷行列。」字又从麗，蓋同出齊、魯詩。佩觿引詩「彼黍䅻䅻」，或郭氏猶見説文「穠」下稱詩語。蒙案：詩攷亦引説文「彼黍穠穠」，似宋本有此字。

曷其有佸。人部 佸，會也。从人，昏聲。詩曰：「曷其有佸。」傳同。

左執翳。羽部 翳，翳也，所以舞也。从羽，𣪊聲。詩曰：「左執翿。」（今本説文作「左執翿」，王依集韻引改。）校議云：引詩當作「左執翳」。按，「翿」，俗翳字。段云：釋言：「翢，纛也。纛，翳也。」王風毛傳曰：「翿，纛也，翳也。」翳、翢、翿，同字。毛傳本釋言，許無「纛」字者，王風音義曰：「纛，俗作纛」，五經文字曰：「纛，俗作纛」，譌。開成石經周禮、爾雅正作「纛」从縣、毐，會意，與「緐」从系每會意同。从「每」者，如草之盛也。淺人改从「毒」，謂爲諧聲耳。王云：釋言、毛傳皆後人以俗字改之，釋言當作「儔，翳也。翳，翳也」。蒙案：王謂釋言「纛」當作「翳」者，據釋文「纛」字又作「緐」也，然葉鈔釋文則云：「纛字又作纛。」玉篇羽部翿、翳、翳同上，是翿、翳同字。系部「纛」亦作「翿」，又似纛、翿同字，殊參錯不一。竊謂釋言之「翢」許書之「儔」也，「纛」，許書之「翳」也。儔、翳義同而字異。王説爲允。又詩考引説文「左執翳」尚不誤矣。

中谷有蓷。艸部 蓷，萑也。从艸，推聲。詩曰：「中谷有蓷。」「萑也」之萑，段謂當作「鵻」。段云：傳曰：「蓷，鵻。」盖爾雅本作「佳」，與毛傳「鵻」字同。後人疑加艹頭耳。王云：毛傳：「蓷，鵻也。」許當同之。釋文説王風「蓷」字曰：「爾雅云：鵻也」，是知陸氏所據古本作「鵻，蓷也」。又説毛傳「鵻」字曰：「爾雅又作萑」，是當時爾雅有別本作「萑」，故云「又作」，明乎後人以「艸多皃」之「萑」爲「蓷」之專名，而改「鵻」之借字也。陸在陳末，所見爾雅當同毛，豈有許所見反異者乎？

灘其乾矣。水部 灘，水濡而乾也。从水，難聲。詩曰：「灘其乾矣。」灘，俗灘，从佳。王云：言爲水所濡，以致乾枯。桂氏曰：「濡，如『濡滯』之濡。乾，如『旱乾』、『水溢乾封縣』之乾。」王風今作「暵」，傳曰：「暵，菸皃。」許説「水濡而乾」，所以申毛也。艸部：「蔫，菸也」，「菸，鬱也，一曰殘也」。蓋艸傷於水，鬱幽之而氣不揚，雖未遽萎，而已失其性，漸即於乾也。本書：「暵，乾也。」

有女仳離。人部，仳，別也，从人，比聲。詩曰：「有女仳離。」傳同。

嘅其嘆矣。口部 嘅，嘆也。从口，既聲。詩曰：「嘅其嘆矣。」

啜其泣矣。肉部，腏，讀若詩曰「啜其泣矣」。

尚寐無吪。口部 吪，動也。从口，化聲。詩曰：「尚寐無吪。」釋文：「吪，本亦作訛。」傳曰：動也。王云：動也，釋詁文。彼作「訛」，詩無羊亦作「訛」。段云：作「訛」非也。「訛」即「譌」字。

雉離于⿱罒包。网部 ⿱罒包，覆車也。从网，包聲。詩曰：「雉離於⿱罒包。」罦，⿱罒包或从孚作罦。段云：今作「罦」，古包聲、孚聲同。釋器亦作「罦」。毛傳用釋器文，並與許同。

毳衣如⿰糸剡。系部 ⿰糸剡，帛騅色也。从系，剡聲。詩曰：「毳衣如⿰糸剡。」段云：騅者，蒼白色也。釋言：「菼，騅也。」王風毛傳曰：「菼，騅也。蘆之初生者也。」艸部曰：「⿰糸剡者，萑之初生。一曰騅。」帛色如⿰糸剡，故謂之騅色，謂之⿰糸剡也。取其與「⿱艹剡」同音也。「从糸」云云十字，當作「从糸⿱艹剡省。詩曰『毳衣如菼。』」說會意之指，復證之以詩。若如今本，則色固⿰糸剡矣，何云：「如⿰糸剡？」王云：釋言：「菼，騅也。」注：「詩曰毳衣如菼。菼，草色如騅，在青白之間。」釋文：「如騅馬色也。」引詩當作「如⿱艹剡」，此以⿱艹剡、⿰糸剡同从「剡聲」，證其色之同耳。若作「如⿰糸剡」，則是繡文之色如帛之色，似乎不詞。本書草部：「菼，⿱艹剡或炎。」蒙案：詩考所引已誤。

大車啍啍。口部 啍，口氣也。从口，辜聲。詩曰：「大車啍啍。」段云：毛云：「啍啍，重遲之皃。」按，「啍」言口氣之緩，故引伸以爲「重遲之皃」。王云：傳別一義。

毳衣如⿺毛㒼。毛部 ⿺毛㒼，以毳爲繝，色如虋，故謂之⿺毛㒼。虋，禾之赤苗也。从毛，㒼聲。詩曰：「毳衣如⿺毛㒼。」段云：今詩「⿺毛㒼」作「璊」。毛曰：「璊，赬也。」按，許云：「毳繝謂之⿺毛㒼。」然則詩作「如璊」爲長，作「如⿺毛㒼」則不可通矣。玉部：「璊，玉經色也。禾之赤苗謂之虋，言璊玉色如之。」是則「⿺毛㒼」與「璊」皆於「虋」得音義。許稱詩證毳衣色，非證「璊」篆體也。淺人改从「玉」爲从「毛」，失其恉矣。王云：釋文云：「說文作⿺毛㒼。」然則唐本已如此，然非也。玉部「璊」下云：「禾之赤苗謂之虋，璊玉色如之。」彼以「虋」證「璊」，此兼以「虋」證「⿺毛㒼」耳。後人因上文以「毳」與「毳衣」同字，妄以本篆改之。

貽我佩玖。玉部 玖，石之次玉黑色者。从玉久聲。詩曰：「貽我佩玖。」讀若芑。或曰若人句脊之「句」。王云：「貽當从釋文作詒」。

說文引經異同　卷十

鄭　詩

膻裼暴虎。肉部　膻，肉膻也。從肉，亶聲。詩曰：「膻裼暴虎。」段云：釋訓、毛傳皆云：「襢裼，肉襢也。」李巡云：「脱衣見體曰肉襢。」孫炎云：「襢去裼衣。」按，多作「襢」，作「袒」，非正字。膻，其正字。今詩作「襢」作「袒」。王云：「膻」與「但」同。説文無「襢」，毛詩、爾雅、釋文皆曰：「襢，本又作袒。」是魏晉寫經者借「袒」爲「膻」，後人又加「亶」而作，「襢」也。

抑釋掤忌。手部　掤，所以覆矢也。从手，朋聲。詩曰：「抑釋掤忌。」傳同。

左旋右搯。手部　搯，搯也。从手，舀聲。周書曰：「師乃搯」搯者，擂兵刃以習擊刺也。詩曰：「左旋右搯。」（擂各本作「拔」，無「也」字。段、王依釋文引改補。）段改「右搯」爲「右擂」，其説云：擂，各本作「搯」，自陸氏作詩音義時已誤，今正。此引詩爲抽兵刃之證也。毛曰：「右抽者，抽矢以䠶。」箋云：「御者習旋車，車右抽刃。」引之證軍中有此儀。武王丙午逮師，（逮作「還」者誤。）尚未渡孟津，故抽兵刃習擊刺。凡引經説字，不必見本字。此又引「抽」證「抽」耳。若作「右搯」，則「詩曰左旋右搯」六字當在「周書曰師乃搯」之下，而今本爲不辭。王云：又引詩者，再爲擂兵刃以習擊刺作證也。搯，今作「抽」，二韻古通。吴云：毛詩古音考據「慆、滔」二字吴棫載尤韻，説文「搯」從手，舀聲。「抽，搯」字相似，定搯音由，合抽、搯爲一，不知古韻「蕭、豪、尤、侯」原可相通。「舀」字雖音以沼切，而説文引詩「或舂或揄」作「或舂或舀」，則「舀」原有由音。搯既從舀，亦讀由音，原無不可，不必援「滔、慆」二字爲例，然後「搯」可讀「由」也。但「搯」字雖可讀「由」，不必即是「抽」字。「抽，搯」字畫各異，難可合一，古經傳本各有異同。其字之音義相近者，輒相通借。必謂「搯」即爲「抽」，未是通論。況此詩上句「駟介陶陶，」下句「中軍作好」，即讀爲他刀切，亦無不叶，不必定改音「由」然後入韻也。

無我斁兮。（攴部） 斁，棄也。从攴，睪聲。周書以爲「討」。詩曰：「無我斁兮。」段云：傳曰：「棄也。」許本毛也，鄭乃讀爲「醜」。 陳云： 今作「魗」。釋文：「本亦作斁，又作𣪘。」廣韻：「魗，惡也，棄也。」又音醜，義亦不異。而「魗」字說文所不收。 紬義云： 正義云：「魗與醜古今字。」醜惡可棄之物，故傳以爲棄。箋準上章，故云「魗，亦惡，意小異耳」。如正義是箋與傳合。然釋文又云：「鄭音魗爲醜。」說文云：「醜，可惡也。」鄭云：「魗，亦惡也。」則鄭箋詩時經字作「醜」，故得訓爲「惡」。如爲古今字，則箋必言「魗，古文醜」矣。

顔如蕣華，（艸部） 蕣，木堇，（句）朝華暮落者。从艸，𦡆聲。詩曰：顔如蕣華。 桂云： 吕氏春秋仲夏紀：「木堇榮。」注云：「木堇，朝榮暮落。是月榮，華可用爲蒸。襍家謂之朝生。一名蕣，詩云『顔如蕣華』是也。」釋草：「椴，木槿。櫬，木槿。」樊光曰：「別二名也。其爲如李，其華朝生暮落，與草同氣，故在草中。」詩作「舜」，傳云：「舜，木槿也。」陸疏：「舜，一名木槿，一名櫬一名椴，齊、魯之間謂之王蒸，今朝生暮落者是也。」 段云： 詩作「舜」，爲叚借。 王云： 舜，省形存聲。

風雨湝湝。（水部） 湝，水流湝湝也。从水，皆聲。一曰湝，水寒也。詩曰：「風雨湝湝。」 段云： 今鄭風祇有「風雨淒淒」，邶風傳曰：「淒，寒風也。」 許引詩證「寒」，所據與今本異，或是兼採三家。

挑兮達兮。（辵部） 達，行不相遇也。從辵羍聲。詩曰：「挑兮達兮。」 段云： 此與水部「滑、泰」字音義皆同，讀若達。訓「通達」者，今言也。「挑」當同又部作「叏」。叏，滑也。 王云： 傳「挑達，往來相見皃」。而又部：「叏，滑也。詩云：『叏兮達兮。』」於此又云「行不相遇」，然則許意與毛相反。「達」與水部「泰」，當同音他達切。「泰，滑也。」則「達」亦是「滑也」，與「叏」一義。許君所以反毛者，蓋上二章「不嗣」音不來，下文「不見」，是不遇此青衿矣。若忽言往來相見，則與上下文皆不類。且果與相見，則詩人亦在城闕矣。豈有躬蹈之而刺人者乎？故許不敢苟爲同也。「挑」蓋後人依今詩改之。 校議云： （釋文「挑」引說文作「叏」，則當依「叏」下作「叏兮達兮」。）

叏兮達兮。（又部） 叏，滑也。詩云：「叏兮達兮。」从又中，（土刀切。） 段云： 往來相見，即滑泰之意。

（與王説異。）

縞衣綥巾。（糸部）　綥，帛蒼艾色也。从糸，畁聲。詩曰：「縞衣綥巾。」未嫁女所服。綦，綥或从其。吴云：今从重文。段云：「蒼艾色」，謂蒼然如艾色，是爲綥。傳曰：「綦，巾蒼艾色。」許所本也。箋則曰：「綦，綦文也。」綦文者，文錯畫也，象交文，今作「紋」是也。不純綦而紋路蒼畫爲十字相交，是爲綦文。傳曰：「縞衣，男服。綦巾，女服。」箋云：「縞衣綦巾，所爲作者之妻服也。」鄭與毛異，許用毛説，而「未嫁」二字申毛意。篆本作「綥」，段改作「綥」其説云：此用卄部之「畁」爲聲，非用丌部之「畀」爲聲。畁从甶缶之甶爲聲，非由非鬼頭之田也。綥在古音第一部，綥在古音第十五部，此不可或紊者也。「其」亦古音第一部也，故「綥」字亦作「綦」，經典用之。徐鉉以補説文或體，許本書無之。考玉部有「璂」，艸部有「藄」，則當依大徐補也。

出其闉闍。（門部）　闉，城曲重門也。（曲，各本作「内」，段依詩正義改。）从門，垔聲，詩曰：「出其闉闍。」闍，闉闍（王删此二字，而增城門臺三字。）也。从門，者聲。段云：傳曰：「闉，曲城也。闍，城臺也。」正義曰：釋宫云：『闍謂之臺。』闍是城上之臺，謂當門臺也。闍既是城之門臺，則知闉是門外之城，即今天之門外曲城是也。故云闉，曲城。闍，城臺。」按，毛分言之，許并言之者，許意説字从門之恉也。有門故必有曲城，其上為門臺，即所謂城隅也。故「闉闍」字皆从門。而詩云「出其闉闍」，謂出此重門也。「城曲曲城」意同。　校議云：「出其東門」，釋文、文選謝宣遠集别詩注、顔延年始興郡詩注、謝希逸宣貴妃誄注引作「城曲重門」也，此作「城内」，誤。　王云：鄭風正義引云：「闉闍，城曲重門。」又申之曰：「謂闉爲曲城。」案：增「闉闍」二字，謬也。然謂許君謂闉爲曲城，則知此二字沿詩誤加，所據説文本無兩字也。九經字樣：「闉，城曲重門也。」闍字集韻引云：「因闍城門臺也。」「因」字雖誤，證知據本有此二字。雖有之，終是誤增，與詩正義同謬。釋言：「闍，臺也。」釋宫：「闍謂之臺。」孫叔然曰：「闍，積土如水渚，所以望氛祥也。」鄭箋雖破「闍」爲「都」然禮器：「天子諸侯臺門。」鄭注云：「闍者謂之臺。」仍與諸家説同也。未有以「闉、闍」爲一事者，許君不得獨成此謬也。

潧與洧方渙渙兮。水部，潧水，出鄭國。从水曾聲。詩曰：「潧與洧，方渙渙兮。」　段云：經傳皆作「溱」，秦聲。鄭風：「褰裳涉溱」與「豈無他人」爲韻，學者疑之。玉裁謂説文、水經皆云「潧水出鄭」「溱水出桂阳」，蓋二字古分别如是。後來因鄭風異部合韻，遂形聲俱變之耳。王云：毛詩借「溱」爲之。桂氏曰：「潧作溱者，猶『蜻首』作『螓首』也。」筠案，衛風碩人之「螓首」，頁部引作「顊首」，而音轉之理，則與桂說不殊。此作「潧」者，或从齊、魯詩也。荆楚歲時記引韓詩作「溱」。「渙渙」，段改玑玑。其說云：毛詩作「渙渙」，春水盛也。釋文曰：「韓詩作『洹洹』，音丸。說文作『汎汎』，父弓反。」按，作「汎」，父弓反，音義俱非，蓋「汍汍」之誤。「汍汍」與「洹洹」同。細義：父弓反，與「蕑」不協。恐陸氏之誤。傳云：「渙渙，水盛也。」說文云：「渙，流散也。」水盛則流必散，與傳合。校議云：六朝舊本作「方汎汎兮」。汎，从凡聲。凡，渙聲之转。玉篇「洹、汍」爲重文。說文無「汍」字，「汎」非「汍」之誤也。王云：直是誤字，不得曲爲之說。蒙案：詩考引說文「潧與洧」，而不及下句，可知宋本說文已作「方渙渙兮」。

瀏其清矣。（水部）瀏，流清皃。从水，劉聲。詩曰：「瀏其清矣。」王云：傳：「瀏，深皃。」按，毛意謂「瀏其清」者，深而清也。許意謂「瀏其清」者，瀏然清也。二家各自爲義，非一說。蓋冰初解時，水雖清而有沫，祓禊時則其清可鑑矣。於此可見許說體物之工。

齊

東方昌矣。（日部）昌，美言也。从日，从曰。一曰日光也。詩曰：「東方昌矣。」段云：齊風「東方明矣，朝既昌矣」。傳曰：「東方明，則夫人纚笄而朝，朝已昌盛，則君聽朝。」云「朝已昌盛」與「美言」之義相應，許并二句，當由轉寫筆誤。校議云：約文。桂云：明，古文作[illegible]，与支文[illegible]形近，故有異。陳云：此校者誤之，非許君原本。蒙案：約文必於文義無乖，如「洪水浩浩」是也。此全非詩義，則以爲「約文」者，非。桂說亦近附會。王以爲後人妄增，說最直捷。然即後人妄增，亦必與詩同，此自是傳寫奪誤。

遭我于狃之間兮。（山部）狃山，在齊地。从山，狃聲。詩曰：「遭我于狃之间兮。」段云：狃，狃山也。地理志引作「嶩」，師古云：「亦作嶁，音皆乃高反。」今詩「于」作「乎」，漢書作「虖」。

並驅從兩豜兮。（豕部）豜，三歲豕，肩相及者。从豕，幵聲。詩曰：「並驅從兩豜兮。」段云：傳云：「獸三歲曰豜。」豜、肩一物。豜，本字。肩，叚借也。今詩作「肩」，周礼注引邠風亦作「肩」。蒙案：釋文：

「肩，本亦作豜。」後漢書注引韓詩薛君傳曰：「兽三歲曰肩。」亦作「肩」。

婉兮𡢾兮。（女部） 𡢾，順也。從女，𤔔聲。詩曰：「婉兮𡢾兮。」孌，籒文𡢾。 段云：邶風傳曰：「孌，好皃。」齊風傳曰：「婉孌，少好皃。」義與許互相足。今詩用籒文。 校議云：當作「好也」。候人傳：「好皃。」泉水傳同。上文「嬮、𡛷」至「娙、𡡾」十字皆「好」，明此亦「好」。又見部「覶，好視也」。偏旁从𤔔，亦一證。引詩「婉兮𡢾兮」，而列篆先「𡢾」後「婉」，爲「𡢾」在「好」類。婉，順也。若「𡢾」亦訓「順」，則「順兮順兮」爲不詞，又一證。宋本及小徐本「𡢾」篆後有「孌，籒文𡢾」，韻會十六銑、六書故第九引亦有。按，文別有「孌，慕也。从女，䜌聲」。此不當重出，毛本刪去，是。 王云：下文「孌」字下蓋本有籒文，以爲「𡢾」字句。校者又據今齊風作「孌」，遂增「孌」於此。然唐初本固無此字也。知者，陸士衡於承明作與士龍詩言「婉孌」，李注不引此「孌，順也」，乃引後文「孌，慕也」，不知隸書之「婉孌」於篆爲「妴𡢾」，不免於疏，然足徵所據本「𡢾」下無此籒文也。又云：「婉，當作妴。」校者依今詩改。

盧獜獜。（犬部） 獜，健也。从犬，粦聲。詩曰：「盧獜獜。」 段云：廣韻引「犬健也」。今本奪「犬」字。毛詩作「令令」，纓環聲。許蓋取三家詩。 桂云：令、獜聲近，借令字。 承云：獜，蓋齊詩之異字異說。獜與「仁」韻，當爲正字。

其人美且鬈。（髟部） 鬈，髮好也。（也，廣韻作「皃」。）从髟，卷聲。詩曰：「其人美且鬈。」 段云：傳曰：「鬈，好皃。」傳不言「髮」者，傳用其引伸之義，許用其本義也。本義謂「髮好」，引伸爲凡好之稱。凡說字必用其本義，凡說經必因文求義，則於字或取本義，或取引伸、叚借，有不可得而必者矣。故許於毛傳有直用其文者，凡毛、許說同是也。有相近而不同者，如毛曰「鬈，好皃」，許曰「髮好皃」；毛曰「飛而下曰頡」，許曰「直項也」，此引伸之說也。有全違者，如毛曰「匪，文章皃」，許曰「器似竹匧」，毛曰「干，澗也」，許曰「犯也」是也。此叚借之說也。經傳有叚借，字書無叚借。

盧重鋂。（金部） 鋂，大環也，一環貫二者。从金，每聲。詩曰：「盧重鋂。」「大環」各本作「大瑣」，段改。貫，段改「毌」。 段云：傳曰：「鋂，一環貫二也。」上文「重環」傳云：「子母環。」謂以一環毌一環。此云「一環毌二」，以一毌二，則一環差大，故許知爲「大環」也。玉篇、廣韻皆云「大環」，用許之舊。詩正義引説文：「鋂，環也。」非緜連者，不得云「瑣」。　蒙案：段疑「一環毌二」句爲後人所增，然詩正義引本書已云：「一環貫二。」

其人美且偲。（人部）偲，彊力也。从人，思聲。詩曰：「其人美且偲。」段云：傳曰：「偲，才也。」箋云：「才，多才也。」許云「彊力」者，亦取「才」之義申之。若論語「切切偲偲」，馬曰：「相切責之皃。」毛傳作「切切節節」。　校議云：釋文引作「强也」，韻會引作「强力也」，孫云「当作勥也」，轉寫誤分爲二字。王宗校議説而云：力部：「勥，迫也。」論語：「切切偲偲」，馬注：「相切責之皃」，正與勥迫義合。齊風傳：「才也」，此又一義。

行人儦儦。（人部）儦，行皃。从人，麃聲。詩曰：「行人儦儦。」段云：傳曰：「儦儦，衆皃。」許曰「行皃」者，義得互相足也。廣雅亦曰「儦儦，行也」。玉篇曰：「儦儦，盛皃也。」

魏

糾糾葛屨。（女部）孂，竦身也。从女，簋聲。讀若詩曰「糾糾葛屨」。段云：讀如此「糾」字，「簋」字古音正如是。今孂，居夭切，音之轉也。廣雅：「孂、糾，材也。」

攕攕女手。（手部）攕，好手皃。从手，韱聲。詩曰：「攕攕女手。」段云：魏风：「摻摻女手。」傳曰：「摻摻，猶纖纖也。」漢人言手之好曰「纖纖」，如古詩「纖纖擢素手」。傳以今喻古，故曰「猶」。其字本作「攕」，俗改爲「摻摻」，非是。王云：戈部亦引此詩，則今魏風作「摻摻」者，傳寫之譌也。毛傳：「摻摻猶纖纖也」，韓詩即作「纖纖」。薛君章句：「纖纖，女手皃。」案，古詩又曰「纖纖出素手」，則知秦、漢間借「纖」。爲攕纖者，細也。戈部㦰，讀若咸，一曰讀若詩「攕攕女手」。

要之襋之。（衣部）襋，衣領也。从衣，棘聲。詩曰：「要之襋之。」傳曰：「襋，領也。」釋文：「衣領也。」

宛如左僻。（人部）僻，辟也。从人，辟聲。詩曰：「宛如左僻。」一曰從旁牽也。（辟，大徐作「避」。段云：「作避，非。」王云：「作辟，非。」）段云：辟之言邊也。屏于一邊，僻之本義如是。廣韻曰：「誤也，邪僻也。」

此引伸之義。今詩作「辟」。王云：避也者，邪僻也。是本義遷延辭，避是引伸之義。蒙案：二説正相反。校議云：小徐、一切經音義（十一）、韻會十一陌引作「辟也」。辟，即避。小徐「宛如」作「宛然，」蓋依今詩改。

言採其蕢。（艸部）蕢，水舄也。从艸，賁聲。詩曰：「言采其蕢。」傳同釋艸：「蕢，牛脣。」釋文：蕢，水舄也。一名牛唇。

陟彼岵兮。（山部）岵，山有草木也。从山，古聲。詩曰：「陟彼岵兮。」段云：釋山：「多草木岵，無草木峐。」釋名：「山有草木曰岵。岵，怙也，人所怙取以爲事用也。」「山無草木曰屺。屺，圮也，無所出生也。」許書同爾雅、釋名。吴都賦：「岡岵童用」，字亦宗爾雅。而毛傳曰：「山無草木曰岵，山有草木曰屺」，與爾雅互異。竊謂毛詩所據爲長。岵之言瓠落也，屺之言荄滋也。岵有陽道，故以言父，無父何怙也？屺有陰道，故以言母，無母何怙也？毛又曰：「父尚義，母尚恩。」則屬辭之意可見矣。許宗毛者也。疑「有無」字本同毛，後人易之。王云：疏以傳爲轉寫之誤，是也。王肅，伸毛者也，其説「岵、屺」亦同爾雅。蒙案：郝氏爾雅義疏亦是疏説。阮氏校勘記則採段説。

承云：案，詩曰：「父兮生我，母兮鞠我。」然則「怙」爲父，陽道主生，生亦義也，故「怙」爲「覆被」意。「屺」爲母，陰道主斂，斂亦恩也，故恃有勞瘁意。而得執義。王書殺恩，主滋生爲言，致與經義多背也。毛傳本同爾雅，後人泥恩義之説改之耳。近有欲依毛傳改許書者，不免經紕貤繆矣。蒙案：岵父、屺母、岡兄，自以音韻相協，並無他意。傳之「尚義」、「尚恩」、「尚親」，自爲「無止」、「無棄」、「無死」作解，與山名本不相涉。段説未免穿鑿，承氏據「生我」、「鞠我」二語，且破故説之扃，且「岵父」、「屺母」可以附會，「岡兄」何無説以處之。此必不可通者也。諸説自當以疏説直捷，王氏主之是也。

陟彼屺兮。（山部）屺，山無草木也。从山，己聲。詩曰：「陟彼屺兮。」

寘河之漘。（水部）漘，水厓也。从水，脣聲。詩曰：「寘河之漘。」段云：傳曰：「漘，厓也。」爾雅：「厓夷上洒下，漘。」集韻、類篇皆「河」上有「諸」，韻會同。桂云：伐檀文。彼作「寘諸河之漘兮」。王云：蓋本引王風，傳寫譌「在」爲「寘」，説文無「寘」字。

河水清且淪兮。（水部） 淪，水波爲淪。从水，侖聲。詩曰：「河水清且淪漪。」 段云：釋水曰：「小波曰淪。」毛詩曰小風水成文，轉如輪也。韓詩曰從流而風曰淪。釋名曰：「淪，倫也，水文相次有倫理也。」漪，諸家並云當作「猗」。 段云：毛詩「漣猗」、「直猗」、「淪猗」，「猗」與「兮」同，漢石經魯詩殘碑可證。後人妄加水旁。

桂云：猗，語詞也。傳不釋「猗」。 王云：説文無「漪」字。

唐

良士瞿瞿。（部首）䀠，左右視也。从二目。凡䀠之屬皆從䀠。讀若拘，又若「良士瞿瞿」。（九遇切。） 段云：凡詩齊風、唐風、禮記檀弓、曾子問、雜記、玉藻，或言「瞿」，或言「瞿瞿」，皆䀠之叚借，瞿行而䀠廢矣。「瞿」下曰：「鷹隼之視也。」若毛傳於齊曰：「瞿瞿，無守之皃」，於唐曰「瞿瞿然顧禮義也」，各依文立義，而爲警遽之狀則一。

素衣朱襮。（衣部） 襮，黼領也。从衣，暴聲。詩曰：「素衣朱襮。」 段云：白與黑相次文謂之黼。黼領，刺黼文於領也。釋器：「黼領謂之襮。」毛傳曰：「襮，領也。諸侯繡黼丹朱中衣。」箋云：「繡當爲綃。綃黼丹朱中衣，中衣以綃黼爲領，丹朱爲純也。」

有杕之杜。（大部） 杕，樹皃。从木，大聲。詩曰：「有杕之杜。」 段云：「樹」當爲「特」字之誤也。在顏黄門時已誤矣。唐風毛曰：「杕，特皃」，許所本也。 王云：此詩小徐所引。於詩凡六見，小徐引詩傳：「樹特生皃。」案「生」字似當有，古人言「木」不言「樹」也。

獨行踽踽。（足部） 踽，疏行也。从足，禹聲。詩曰：「獨行踽踽。」 段云：毛曰：「踽踽，無所親也。」按，許合經、傳云爾。疏，通也，引伸爲親疏。

獨行睘睘。（目部） 睘，目驚視也。从目，袁聲。詩曰：「獨行睘睘。」 段云：毛曰：「睘睘，無所依也。」許不從毛者，許説字，非説經也。製字之本義則爾，於从目知之。 王云：毛傳引伸之義。 稽古编云：無依之人，多傍徨驚顧。傳與説文語雖異，義實相通。今詩皆作「睘」，俗人傳寫妄減其筆畫耳。

秦

四驖孔阜。（馬部） 驖，馬赤黑色。从馬，𢧜聲。詩曰：「四驖孔阜。」 段云：謂黑色而帶赤色也。「驖」不見爾雅。傳曰：「驖，驪也。」驪者，深黑色。許説小異。漢人或叚「鐵」爲之。前書地理志叚「戴」爲之。今詩「四」作「駟」。按，詩「四牡」「四騏」皆作「四」，惟「駟介」、「俴駟」乃作「駟」。駟，一乘也，故言馬四，則但謂之「四」，言施乎四馬者，乃謂之「駟」。王云：傳曰「驖驪」，即月令之「鐵驪」。鄭注曰：「色如鐵。」玉篇：「驖，馬如鐵，赤黑色。」然則許與毛、鄭同義。毛傳以「驪」足「驖」，非以「驪」釋「驖」也。蒙按：「四」，地理志引同毛傳，不爲「駟」字作訓。箋云「四馬六轡」，是詩本作「四」也。釋文作「駟」，正義云：「乘一乘駟驖色之馬。」是唐詩本已作「駟」矣。

輶車鑾鑣。（車部）輶，輕車也。从車，酋聲。詩曰：「輶車鑾鑣。」傳曰：輶，輕也。段云：本是車名，大雅箋云：「輶，輕也。」此引申之義。今詩「鑾」作「鸞」。詩考引説文作「鸞」。

載獫猲獢。（犬部）猲，短喙犬也。从犬，曷聲。詩曰：「載獫猲獢。」爾雅曰：「短喙犬謂之猲獢。」獢，猲獢也。从犬，喬聲。獫，長喙犬也。一曰黑犬黄頭，从犬，僉聲。釋畜、毛傳同。段云：猲，毛詩作「歇」，爾雅又作「獥」。今爾雅釋文作「獥」，乃轉寫訛字。蒙案：今詩作「歇驕」，釋文：「歇，本又作猲。驕，本又作獢。」玉篇作「獥獢」。

五楘梁輈。（木部）楘，車歷録，録（句）束文也。（段云：文，宋本、葉本、趙本、韻會皆同。一本作「交」，非。）从木，敄聲。詩曰：「五楘梁輈。」段云：傳曰：「五，五束也。楘，歷録也。梁輈，輈上句衡也。一輈五束，束有歷録。」考工記：「輈欲頎典。」大鄭云：「頎，讀爲懇。典，讀爲殄。駟車之轅，率尺所一縛，懇殄似謂此也。」按，此所謂曲轅䋞縛也。歷録者，歷歷録録然，坳胅分明皃。歷録，古語也。

茯以觼軜。（車部）軜，驂馬内轡繫軾前者。从車，内聲。詩曰：「茯以觼軜。」段云：驂馬兩内轡，爲環繫軾前，故御者祇六轡在手。傳曰：「軜，驂内轡也。是則軜之言内，謂内轡也。其所入軾前之環曰觼。」角部曰：「觼，環之有舌者。」是也。詩言「觼軜」者，言施觼於軜也。今小戎「茯」作「鋈」。桂云：大戴禮盛德篇：「故六官以爲轡，司會、均人以爲軜。」盧辯注：「軜，在軾前，斂六轡之餘。「通作『納』。」家語執轡篇：「司會、均仁以爲納。」注云：「納，驂馬轡繫軾前者。」荀子正論篇：「三公奉軶轉納。」注云：「納與軜同。軜謂驂馬内軜繫軾前者。」

厹矛茯鐓。（金部） 鐓，矛戟柲下銅鐏也。从金，敦聲。 段云：柲，欑也。欑，積竹杖也。矛戟之矜，以積竹杖爲之。其首非銅裹而固之，恐易散，故有銅鐏。傳曰：「錞，鐏也。」方言：「鐏謂之釬。」注曰：「或名爲鐓，音頓。」玄應書卷二十一引説文作「鐓」，而謂梵經作「鐓」乃樂器「錞於」字。然則東晉、唐初説文作「鐓」可知。玉篇、廣韻皆「鐓」爲正字，「錞」注同上。曲禮：「進矛戟者前其鐓。」釋文云：「又作錞」而已。舊本皆作𦎧聲，篆作「鐔」，今更正。茯，今詩作「鋈」。車部引詩「茯以觼軜」，亦作「渋」，許書無「鋈」字之證也。以白金固鐏，謂涂銀於銅也。 王云：今作「鋈錞」。沃者，「鋈」之省；錞者，「鐔」之俗。 本書有「鋈」，段疑爲後增。

交韔二弓。（韋部） 韔，弓衣也。从韋，長聲。詩曰：「交韔二弓。」

宛在水中坻。（土部） 坻，小渚也。从土，氏聲。詩曰：「宛在水中坻。」 段云：爾雅：「小州曰渚，小渚曰沚，小沚曰坻。」毛詩周南傳曰：「水中可居者曰州。」「渚，小州也。」「坻，小渚也。」「小渚曰坻。」今按毛傳不應坻、沚」同訓。若云「坻，小沚也」、「小渚曰沚」，則於爾雅合。許水部「渚」下引爾雅：「小州曰渚。」「沚」下云：「小渚。」皆與爾雅、毛傳同，則此「小渚」當作「小沚」明矣。坻者，水中可居之最小者也。 蒙案：釋名「小沚曰泜」。楚詞九懷王注：「小渚曰沶。」泜、沶並「坻」之或體，而一曰「小沚」，一曰「小渚」，參錯不一，故正義謂「諸渚『沚』皆水中之地，大小異也。以『渚』易知，故繫『渚』言之」。

惴惴其慄。（心部） 惴，憂懼也。从心，耑聲。詩曰：「惴惴其慄。」 段云：釋訓、毛傳皆曰：「惴惴，懼也。」許意「懼」不足，故增「憂」字。慄，當作「栗」，轉寫之誤。 王云：説文無「慄」字。

鴪彼鷐風。（鳥部） 鴪，鸇飛皃。从鳥，穴聲。詩曰：「鴪彼鷐風。」鷐，鷐風也。从鳥，晨聲。 段云：各本篆作「鴥」，陸云：「説文作鴪」，今从之。毛詩「鷐」作「晨」，古文叚借。 引詩「鷐風」，大徐作「晨風」。羽部「翰」下「鷐風」，御覽引作「晨風」。 王以「鷐」篆爲後增。 蒙按：韓詩外傳：「鴥彼晨風。」釋文引説文「鴥」作「鴪」，而不言「晨」作「鷐」，是唐本無「鷐」字，王説是也。

隰有樹檖（木部） 檖，羅也。从木，㒸聲。詩曰：「隰有树檖。」 王云：釋木：「檖，蘿」，誤也。傳：

「檖，赤羅也。」孔沖遠，唐人也，引爾雅同。徐楚金，南唐人也，引亦同。可知爾雅挩「赤」字，在宋時也。陸璣、賈思勰皆云：「檖亦名赤羅。」郭注：「今楊檖也，實似梨而小，酢可食。」

陈

市也媻娑。（女部）娑，舞也。从女，沙聲。詩曰：「市也媻娑。」媻，奢也，从女，般聲。今作「婆」。釋文：「婆，説文作媻。」釋訓、毛傳並曰：「婆娑，舞也。」桂云：樂府「楊婆兒」譌爲「楊叛兒」，西戎有朱俱波國，亦名諸居槃國。此「般」、「波」相通之證。

斧以斯之。（斤部）斯，析也。从斤，其聲。詩曰：「斧以斯之。」傳同。

誰侜予美。（人部）侜，有廱蔽也。从人，舟聲。詩曰：「誰侜予美。」段云：爾雅及傳曰：「侜張，誑也。」誑亦「壅蔽」之意耳。許不用毛傳者，許以「侜張」乃尚書「譸張」之叚借字，非「侜」之本意，故易之。

中唐有甓。（瓦部）甓，令適（大徐適作甓。）也。从瓦，辟聲。詩曰：「中唐有甓。」讀若檗。釋宮毛傳同。段云：令適，郎丁、都歷二反。爾雅作「瓴甋」，俗字也。土部「墼」字，解亦云「令適」，考工記注作「令甓」，實一物也。釋文：字書作「瓴甋」。

邛有旨虉。（艸部）渶，綬也。从艸，鶪聲。詩曰「邛有旨虉」是。段云：陳風：「邛有旨鷊。」傳曰：「鷊，綬艸也。」釋艸曰：「虉，綬。」按，毛詩作「鷊」，叚借字也。今爾雅作「虉」，與説文作「虉」不同者，鷊、鶪同在十六部也。陸璣曰：「鷊，五色，作綬文，故曰綬艸。」王云：玉篇引作「虉」，而以「虉」爲重文。

月出皎兮。（白部）皎，月之白也。从白，交聲。詩曰：「月出皎兮。」傳曰：「皎，月光也。」箋云：「喻婦人有美色之白皙。」釋文作「皦」，云：「本又作皎。」本書：「皦，玉石之白也。」

碩大且嬒。（女部）嬒，含怒也，一曰難知也。从女，酓聲。詩曰：「碩大且嬒。」段云：今詩作「儼」，傳曰：「矜莊皃。」一作「曮」。御覽引韓詩作「嬒」。嬒，重頤也。廣雅釋詁曰：「嬒，美也。」盖三家詩有作「嬒」者，許偁以證字形而已，不謂詩義同「含怒」、「難知」二解也。王云：洛神賦曰：「含薄怒以自持。」亦或有合。

檜

棘人臠臠兮。（肉部）　臠，臞也。从肉，䜌聲。一曰切肉也。詩曰：「棘人臠臠兮。」段云：傳曰：「欒欒，瘠皃。」蓋或三家詩有作「臠」，从正字，毛作「欒」，从叚借字，抑許所據毛作「臠」，皆不能臆定也。

匪車嘌兮。（口部）　嘌，疾也。从口票聲。詩曰：「匪車嘌兮。」傳：「嘌嘌，無節度也。」段云：「無節度」者，即上章所云疾驅非有道之車也。

摡之釜鬵。（手部）　摡，滌也。从手，既聲。詩曰：「摡之釜鬵。」釋文：溉，本又作「摡」。段云：傳曰：「摡，滌也。」今本作「溉」者，非。凡周禮、禮經「摡」字本皆作手，釋文不誤，而俗本多譌。

曹

衣裳𪓐𪓐。（黹部）　𪓐，會五采鮮皃。（今作「合五采鮮色」，段依廣韻、韻會訂。）从黹虘聲。詩曰：「衣裳𪓐𪓐。」段云：蜉游曰：「衣裳楚楚。」傳曰：「楚楚，鮮明皃。」許所本也。𪓐，其正字。楚，其叚借字也。蓋三家詩有作「𪓐𪓐」者，如毛革、韓鞹之比。

蜉游堀閱。（土部）　堀，突也。从土屈聲。詩曰：「蜉游堀閱。」段云：突爲「犬從穴中暫出」，因謂穴中可居曰突，亦曰堀，俗字从窟。古書中「堀」字多譌「掘」，如秦國策「窮巷堀門」，齊策「堀穴窮巷」，今皆譌爲「掘」。鄒陽書「伏死堀穴」，尚不誤也。曹風「堀穴」，此蓋自來古本如是。毛云：「堀閱，容閱也。」箋云：「堀地解閱，謂其始生時也。」唐以後本盡改爲「掘」，遂謂許所據爲異本。陸機云：「蜉蝣陰雨時從地中出。」郭璞云：「生糞土中。」然則未嘗掘地也。堀閱、容閱皆聯緜字也，箋則云「堀於地中，解閱而出」矣。風賦「堀堁揚塵」，謂突起之堁。各本篆作「堀」，解作「屈省聲」，而別有「堀」篆綴於部末，解云：「兔堀也，從土屈聲。」此化一字爲二字，兔堀非有異義也。篆從屈，隸省作屈，此其常也。豈有篆文一省一不省分別其義者？今正此篆之形，而刪彼篆。王云：掘發其土，突然高起，如蟻封、蚓場之類。引詩即證本義。王命論所謂「崛起」，蓋「堀」引伸之義。戴氏震毛鄭詩考正云：突者，掘起之意，即箋所謂「掘地」。荀子言「良賈不爲折閱不市」。折，損也。閱，賣。蓋「閱」與「脱」通。箋所謂「解閱」，正此義，當从箋説爲始生時掘起解脱。堀　掘通用。閲讀爲脱。　蒙案：蜉蝣，説文無「蝣」字。虫部「蜳」下「蜉蝣」，平津館本作「蜉蝣」，夏小正作「浮游」。

何戈與祋。（殳部）　祋，殳也。段云：見毛傳。从殳示聲。或説城郭市里高縣羊皮，有不當入而欲入者，暫下以驚牛馬曰祋，故从示、殳。（段云此別一義，與「咄」義同。）詩曰：「何戈與祋。」（段云此證前一義。）　桂云：从「示」者，司馬兵法：「有司皆執殳戈，示諸鞭朴之辱。」樂記：「行其綴兆。」注「綴，表也」。引詩「荷戈與綴」。馥謂表綴亦示意。

薈兮蔚兮。（艸部）　薈，艸多皃。从艸會聲。詩曰：「薈兮蔚兮。」　段云：毛曰：「薈蔚，雲興皃。」謂南山朝隮如草木蒙茸也。　桂云：「嬒」下引作「嬒」，此引詩疑後人加。

嬒兮蔚兮。（女部）　嬒，女黑色。从女，會聲。詩曰：「嬒兮蔚兮。」段云：今詩作「薈」。艸部即稱之，此或爲三家。或本作「讀若詩曰」云云，今有舛奪。

愾我寤嘆。（心部）　愾，大息也。（「也」段改「皃」。）从心，氣聲。詩曰：「愾我寤嘆。」　段云：「大」，各本作「太」；「皃」，各本作「也」，皆誤，今正。古無「太息」連文者，淺人爲之也。嘆，大息也。大息者，呼吸之大者也。箋云：「愾，嘆息之意。」許云「大息」者，謂嘆；云「皃」者，謂愾也。祭義：「入户而聽，愾然必有聞乎其嘆息之聲」是也。

芃芃黍苗。（艸部）　芃，艸盛也。从艸，凡聲。詩曰：「芃芃黍苗。」　曹風傳：「美皃。」小雅傳：「長大皃。」鄘風「芃芃其麥」。傳：「芃芃然方盛長。」

豳

一之日滭冹。（仌部）　滭，風寒也。（「風」上段補「滭冹」二字也，下段補「詩曰一之日滭冹」七字。）从仌，畢聲。冹，一之日滭冹也。（段删「一之日」三字。）从仌犮聲。　今詩作「觱發」，傳曰：「風寒也。」　段云：「觱發」，叚借字。「滭冹」，正字。許所據毛傳不同，或許采三家詩均未定。　王云：释文：「觱，説文作滭。」初不言「發，説文作冹」，兩字相比，豈容不見？且下文云「栗烈」，説文作「颲颲」，陸固並言之也。

二之日凓冽。（仌部）　凓，凓冽，（二字段補。）寒也。（「也」段改「皃」。）詩曰：「二之日凓冽」，（七字段補。）从仌栗聲。冽，凓冽也。从仌列聲。（各本篆作「瀨」，解作「賴」，音洛帶切。段改。）段云：今詩作「栗烈」。考詩「冽彼下泉」疏引七月「二之日凓冽」，是孔本與許同，而陸釋文作「栗烈」，與許異，且云：「說文作颲颲。」其實風部未嘗引詩也。五經文字仌部有「凓」，知其所據作「凓瀨」字，玉篇、廣韻皆無之，而孔沖遠大東正義、李善注高唐賦、嘯賦皆引說文、字林「冽」字，是今本「冽」譌爲「瀨」，顯然也。王云：尚書「夔夔齊慄」，石經作「凓」，玉篇「凓」下云，「凓冽，寒皃」。「冽」下云「寒氣」。其訓一同說文，一同毛傳。騎牆之說，恐係宋人重修改易。且毛傳：「觱發，風寒也。栗烈，寒氣也。」疏曰：「仲冬之月，待風乃寒。季冬之月，無風亦寒。故異其文。」其說是也。許君何故改之？且何不云「凓冽，寒皃」乎？瀨，嚴氏曰：「篆體當作瀨」，說解當作「寒皃。从仌列聲」。大東疏「二之日栗冽」，引說文：「冽，寒皃。」故字从仌。玉篇「凓」下正是「冽」字，無「瀨」字。廣韻亦有「冽」無「瀨」，則「瀨」必「冽」之譌。七月釋文又引說文作「『颲颲，風雨暴疾也。』『颲，烈風也。』」不引詩，與毛傳『寒氣』亦不合，恐釋文誤也。」段氏直改篆爲「冽」，桂氏則不議改而議補，竊恐皆非也。東山鄭箋云：『古者聲栗、裂同也。』栗　裂既同，則栗　烈亦同，雙聲字也。凡形容之詞有二：重言、連語是也。重言有二：『關關』，取音；『喈喈』，取義。其多寡差相當。連語有二：雙聲、叠韻，大都取音，如『窈窕』、『綢繆』者鮮矣，『觱發』，『栗烈』，自足見意。豈許君所見毛詩獨作『滭沷』、『凓冽』，他人傳本無一同，豈盡妄人改之乎？且詩下泉、大東，字皆作『冽』，而疏引七月作『冽』及疏七月又不辨，正作『冽』，何也？長笛賦注引說文『冽，清也。』即是水部『冽，水清也』。苟以取便己說而已。王逸九思曰：『北風兮潦冽。』字亦从水也。吾於滭、沷、溧、瀨四字，一切不信爲許君所收，特無據以删之耳，不復能爲之塗附也。」承云：各本有譌。「瀨」下舊有緟文，「冽」亦奪，大東詩正義、文選高唐賦、嘯賦注引說文可證。今「滭沷」作「觱發」，「凓瀨」作「栗烈」，皆爲通借字，緐爲正字。校議云：大東疏引說文：「冽，寒皃。」蓋因詩作有「冽」，故引「瀨」下說解釋「冽」字，非真說文有「冽」篆也。玉篇、廣韻有「冽」，無「瀨」不得據改「瀨」。水，唐石經小字本亦从水，唯閩本、明監本、毛本「洌」作「冽」。正義亦云：「字从冰。」大東有「洌」，唐石經小字本、相臺本及宋本並从水，釋文亦从水，唯正義云「字从冰」，諸本之从仌者，依正義改也。陸、孔同時人，而所見本不同如此，則據正義以改説文難爲定論。高唐賦、嘯賦李注所引係字林。且「一曰寒皃」、「一曰寒風」，自相歧異，不足以證説文。二賦「冽」字，他本亦多从水作「洌」，不盡从仌也。合校諸家之説，當以王説爲善，特無他確證以申明之耳。

饁彼南畝。（食部）　饁，餉田也。从食盍聲。詩曰：「饁彼南畝。」　釋詁、毛傳並云：「饁，饋也。」孫炎云：「饁，野之餉。」

四月秀葽。（艸部）　葽，艸也。从艸要聲。詩曰：「四月秀葽。」劉向説，此味苦，苦葽也。　段云：毛曰：「葽者，葽艸也。」箋云：「夏小正：『四月，王萯秀葽。』其是乎？物成自秀葽始。」玉裁按，小正「四月秀幽」，幽、葽一語之轉，必是一物。似鄭不當援「王萯」也。「苦葽」當是漢人有此語。漢時目驗，今則不識。其味苦，則應夏令也。小徐按字書云「狗尾艸」，夫狗尾即莠。莠，四月未秀，非莠明矣。

五月鳴蜩。（虫部）　蜩，蟬也。从虫周聲。詩曰：「五月鳴蜩。」　段云：傳曰：「蜩，螗也。」大雅：「如蜩如螗。」傳曰：「蜩，蟬也。螗，蝘也。」小雅：「鳴蜩嘒嘒。」傳曰：「蜩，蟬也。」不同者，或渾之，或析之，蟬之類不同也。夏小正傳曰：「螗蜩者匽。」爾雅：「蜩，蜋蜩，螗蜩。」許書無「螗」字。螗盖蟬之大者，當依小正作「唐」。

十月隕蘀。（艸部）　蘀，艸木凡皮葉落陊。（小徐作隋。）地爲蘀。从艸擇聲。詩曰：「十月隕（小徐作殞。）蘀。」傳曰：「蘀，落也。」

塞向墐户。（宀部）　向，北出牖也。从宀从口。詩曰：「塞向墐户。」傳同。儀禮疏引作「塞鄉」。

食鬱及雚。艸部　雚，艸也。从艸，雈聲。詩曰：「食鬱及雚。」　段云：爾雅：「雚，山韭。」郭注謂山中多有此菜，如人家所種者，故許不謂之菜與。宋掌禹錫、蘇頌皆云：「韓詩：『六月食鬱及雚。』」許於詩主毛而不廢三家也。　王云：韭部既云「韱，山韭」矣，本注云「艸」，似非可食之物。釋草疏：「韓詩云『六月食鬱及雚。』」然不應截去「六月」字，恐小徐不引詩爲是。

黍稷種稑。（禾部）　種，先穜後孰也。从禾重聲。稑，疾孰也。从禾坴聲。詩曰：「黍稷種稑。」穋，稑或从翏。今詩「種稑」作「重穋」。傳曰：「後孰曰種，先孰曰穋。」周禮内宰注：「鄭司農云：先種後孰謂之穜，後種先孰謂之稑。」段云：詩作「重」，叚借字。周禮作「穜」，轉寫以今字易之也。稑，周禮作「稑」，詩作「穋」。釋文：「重，又作『種』。穋，本又作『稑』。」音同。説文云「『禾』邊作『重』，是『重穋』之字；『禾』邊作『童』，是『穜蓺』之字。今人亂之已久。」閟宫釋文：「重，本又作『種』。」蒙按：據釋文，則唐初經本尚有同説文者。段謂説文引經本作「重」，轉寫易之者，非也。王云：幸而省形存聲作「重」，故不改作「童」，足徵許君説「穜」、「種」字，古文固然。

納于𦫵陰。（仌部）𦫵，仌出也。从仌𦨣聲。詩曰：「納于𦫵陰。」凌，𦫵或从夌。今詩从或體。段云：「仌出」者，謂仌之出水，文稜稜然。傳曰：「凌陰，冰室也。」此以「冰」釋「凌」以「室」釋「陰」，非謂𦫵爲仌室也。鄭注周禮凌人徑云：「凌，冰室也。」似失之。王云：嚴氏曰：「出，即宋書『五出』、『六出』之『出』，毛詩、韓詩皆曰『仌室也』，以『室』訓『𦫵陰』之『陰』，猶涼陰爲凶廬。今此但訓『𦫵』，故云『冰出也。』」筠案，天官凌人：「掌冰，正歲十有二月，令斬冰，三其凌。」夫「三其凌」以備消釋也。是直呼「冰」爲「凌」，而九州記之言？「黄河之水也，十二月曰蹙凌水」，則用其正義。蓋冰之初結，中起一骨，其外條條如雪花之出。

隸天之未陰雨。（隶部）隸，及也。从隶，枲聲。詩曰：「隸天之未陰雨。」釋言、毛傳、方言並曰：「迨，及也。」段曰：今詩作「迨」，俗字。

予手拮据。（手部）拮，手口共有所作也。从手，吉聲。詩曰：「予手拮据。」段云：傳曰：「拮据，撠挶也。手病口病，故能免於大鳥之難。」韓詩曰：「口足爲事曰拮据。」韓之「足」即毛之「手」也。許蓋合毛、韓爲此訓。

予維音之嘵嘵。（口部）嘵，懼聲也。从口，堯聲。詩曰：「予維音之嘵嘵。」傳曰：「嘵嘵，懼也。」今詩無「之」字。段云：玉篇、廣韻作「予維音之嘵嘵」，本説文也。今本説文作「唯音之嘵嘵」。

霝雨其濛。（雨部）霝，雨䨂也。（䨂各本作「零」，段依廣韻正。）从雨㗊，象䨂形。詩曰：「霝雨其濛。」段云：「霝」與「零」義殊。許引東山「霝雨」，今作「零雨」，譌字也。定之方中：「靈雨既零。」傳曰：「零，落也。」零，亦當作霝。霝，亦叚「靈」爲之。鄭風「零露」，正義本作「靈」，箋云：「靈，落也。」靈落，即霝落。雨曰霝零，艸木曰零落。　本書：「零，雨零也。」段云：此下雨本字，今則「落」行而「零」廢。　本書「零，餘雨也」。玉篇、廣韻及御覽所引纂要作「徐雨」。王云：今作「零」，经典皆借之。

蜎蜎者蜀。（虫部）　蜀，葵中蠶也。从虫，上目象蜀頭形，中（段云謂勹。）象其身蜎蜎。詩曰：「蜎蜎者蜀。」

段云：葵，爾雅釋文引作「桑」。詩曰「蜎蜎者蜀，烝在桑野」。似作「桑」爲長。毛傳曰：「蜎蜎，蠋皃。蜀，桑蟲也。」傳言「蟲」，許言「蠶」者，蜀似蠶也。淮南子曰：「蠶與蜀相類，而愛憎異也。」桑中蠹即蝤蠐。「蜀」今左旁又加「虫」，非也。　桂云：釋蟲「欒繭」，欒木不生蠶，當作「虊」。虊，鳧葵也，其蠶即此蜀。茙葵亦名蜀葵，當因蜀蠶得名。戴侗曰：「蜀，似蠶，色多青，墳首瞿目，葵藿、胡麻、蹲鴟多産之。」爾雅翼「葵中蟲，亦食於藿，似蠶，不食桑」。詩云：「桑野」者，葵藿之下，亦桑野之地也。

町曈鹿場。（田部）　町，田踐處曰町。从田，丁聲。曈，禽獸所踐處也。詩曰：「町曈鹿場。」從田，童聲。曈，今作疃。傳：「町曈，鹿迹也。」釋文「疃本作曈」。

熠燿宵行。（火部）　熠，盛光也。从火，習聲。詩曰：「熠燿宵行。」傳曰：「熠燿，燐也。」（燐，螢火也。）

段云：宋本、葉抄本作「熠熠」。王伯厚詩考異字異義條舉説文「熠熠宵行」，而文選張華勵志詩「熠熠宵流」注引毛傳：「熠熠，粦也。」疑皆「熠」、「燿」之誤。當依詩音義爲正。小徐本無「宵行」二字。

雚鳴于垤。（萑部）　雚，雚爵也。（段云：雚雀，乃大鳥。各本作「小爵」，誤。今依御覽。）从萑，吅聲。詩曰：「雚鳴于垤。」今詩作「鸛」，釋文：「本又作雚。」傳：「雚好水」，箋：「水鳥也。」玉篇：「雚，水鳥。」今作「鸛」。

鸛鳴于垤。（土部）　垤，螘封也。从土，至聲。詩曰：「鸛鳴于垤。」　段依雚部作「雚」。　傳：「垤，螘冢也。」

又缺我斨。（斤部）　斨，方銎斧也。从斤，爿聲。詩曰：「又缺我斨。」　傳曰：「隋銎曰斧，方銎曰斨。」本書：「銎，斤斧穿也。」　段云：不稱七月偁此者，明斧斨之用不專伐木也。

載躓其尾。（足部）躓，跲也。从足，質聲。詩曰：「載躓其尾。」今詩「躓」作「疐」，爾雅同。爾雅、毛傳並云：「跲也。」段云：疐者，躓之叚借字。王云：叀部：「疐，礙不行也。」則「疐」、「躓」同字。

赤舄掔掔。（手部）掔，固也。从手，臤聲。（苦閑切。）讀若詩「赤舄掔掔」。段云：當依今詩作「几几」。傳曰：「几几，絇皃。」校議云：掔，讀若掔，非。例當作「赤舄几几」。几，「掔」聲之轉。昏義釋文引說文「巹，讀若赤舄几」。則許所據詩原無異文。王云：呂氏讀詩记引董氏云：「崔靈恩集注『几几』作『掔掔』。」案，此或出三家詩。蒙案：如王說，則「讀若詩」三字，當作「詩曰」二字。

赤舄己己。（己部）巹，謹身有所承也。从己丞。讀若詩云「赤舄己己」。己己，段改「几几」，而云「作『己己』非韻」。昏義釋文作「几几」，今據以正之。校議說同王，亦依改。蒙案：段以己聲在之咍部，几聲在脂微部，故曰「非韻」。

說文引經異同　卷十一

詩

小雅

視民不佻。（人部）　佻，愉也。（段云：古本皆作「愉」汲古閣本作「偷」誤也。）从人，兆聲。詩曰：「視民不佻。」　今詩作恌。傳：「恌，愉也。」釋言：「佻，偷也。」本書：「愉，薄也。」　段云：偷者，「愉」之俗字，古無从人之「偷」。　王云：「佻」乃傳寫之譌，説文無之。左昭十年傳：「視民不佻。」服注：示「民不愉薄。」是也。

食野之芩。芩，（艸部）　从艸，今聲。詩曰：「食野之芩。」　段云：傳曰：「芩，艸也。」陸璣云：「芩艸莖如釵股，葉如竹，蔓生澤中下地鹹處。爲艸真實，牛馬皆喜食之。」按，如陸説，則非黄荎藥也。許君「黄荎」字从金聲，詩「野芩」字从今聲，截然分別。他書亂之，非也。

周道倭遲。（人部）　倭，順皃。从人，委聲。詩曰：「周道倭遲。」　傳曰：「倭遲，歷遠之皃。」　段云：倭遲，合二字成語。韓詩作「威夷」，故與「順」訓不同。　王云「此別一義」。説文多以引經代「一曰」。

嘽嘽駱馬。（口部）　嘽，喘息也。一曰喜也。从口，單聲。詩曰：「嘽嘽駱馬。」　傳：「嘽嘽，喘息之皃。馬勞則喘息。」

痑痑駱馬。（疒部）　痑，馬病也。从疒，多聲。詩曰：「痑痑駱馬。」　段云：「嘽嘽駱馬」，口部稱之，與毛傳合。此復作「痑痑」，其爲三家詩無疑。

莘莘征夫。（焱部）　燊，盛皃。从焱，在木上。讀若詩「莘莘征夫」。古文伷。（王云：伷，似當作「侁」。王於「古文」上添「莘」字。）一曰嶷，一曰役也。　段云：今詩「駪駪征夫」。馬部「駪」下不引詩而此引作「莘莘」，招魂引作「侁侁」，亦作「莘莘」，音相近也。　桂云：國語、韓詩外傳並作「莘莘」。本書無「莘」字。廣韻：「佚，行皃」，引詩「佚佚征夫」。陳云：傳：「衆多之皃。」韓詩作「莘」，許君此注亦用韓義也。晉語亦引作「莘莘」，注云：「衆多也。」楚詞注作「佚佚」，又楚詞「有莘氏」，吕覽作「佚」，莊子徐無鬼釋文：「莘，多也。」廣雅：「甡，多也。」詩：「詵詵兮」，傳：「衆多也。」「甡甡其鹿」，傳亦訓衆多也，聲同義俱通也。

我馬維驕。（馬部） 驕，馬高六尺爲驕。从馬，喬聲。詩曰：「我馬維驕。」段云漢廣：「言秣其駒。」傳曰：「六尺以上爲馬，五尺以下爲駒。」按，此「駒」字釋文不爲音。陳風：「乘我乘駒。」傳曰：「大夫乘駒。」箋云：「馬六尺以下曰駒。」此「駒」字釋文作「驕」，引沈重云：「或作駒。」後人改之。皇皇者華篇内同。小雅：「我馬維駒。」釋文云：「本亦作驕。」據陳風小雅則知周南本亦作「驕」也。蓋六尺以下五尺以上謂之驕，與「駒」義迴別。三詩義皆當作「驕」而俗人多改作「駒」者，以「駒」與「蔞、株、濡、諏」爲韻，「驕」則非韻，抑知「驕」其本字音在二部，於四部合韻，不必易字就韻而乖義乎。陸氏於三詩無定説，彼此互異，由不知古義也。毛云「大夫乘驕」，以此推之，當是天子乘龍，諸侯乘騋，卿乘馬。桂云：公羊解詁：「天子馬曰龍，高七尺以上。諸侯曰馬，高六尺以上。卿、大夫、士曰駒，高五尺以上。」馥案，「駒」即「驕」，高注淮南修務訓：「馬五尺以下爲駒。」 校議云：宋本及小徐作「我馬唯驕」。按，説文引詩作「惟」。作「唯」，間有作「維」者，則后人以今詩改也。 王云：集韻引作「惟」與通例符。

六轡如絲。（絲部） 轡，馬轡也。从絲，从軎。與連同意。詩曰：「六轡如絲。」 段云：此非以證「轡」字，乃以釋从「絲」之意也。傳曰：「言調忍也。」如絲，則是以絲運車，故其字从絲、車。凡引經説會意之例如此。段改篆爲「䜌」，其説云：廣韻六至「轡」下云：「説文作䜌。」此蓋陸法言、孫愐所見説文如此，而僅存焉。以絲運車，猶以扶挽車，故曰「䜌與連同意」。祇應从「車」，不煩从「軎」。 桂云：一切經音義三引字書：「轡，馬縻也。」字从絲、从疐。馥案，「疐」當爲「疐」，玉篇作「疐」，云：「一本作疐。」馥謂「疐」省作「疐」，轡亦從疐省。石鼓文作轡，周憬功勳銘作「轡」，夏承碑作「戀」，隸變「止」爲「心」，后魏文帝弔比干墓文作「轡」，唐李邕岳麓寺碑、羅樹碑並作「轡」，明毛晉刻左傳、禮記、韓詩外傳作「轡」，惟宇文周豆盧恩碑作「轡」。 王云石鼓文作轡，説文當作轡。叀，蓋軎之籀文。從叀，當云从叀。五經文字謂説文作「轡」，亦多一畫。「與連同意」，連，當爲

「疐」。叀部：「疐，礙不行也。从叀，引而止之也。」案，䜌從叀，亦控制之，使不妄馳也。故同意。

鄂不韡韡。（𠌶部）韡，盛也。从𠌶，韋聲。詩曰：「鄂不韡韡。」「鄂」今本説文作「萼」，王依韻會引改。（校議説同。）段作「咢」，以臆改。説文無「萼」。傳云：「鄂猶鄂鄂然，言外發也。韡韡，光明也。」鄭云：「承華者曰鄂。」今詩作「韡韡」，蓋由隸變。説文「蕚蕚」，音義雖同，然「韡」固在𠌶部，从𠌶，非从蕚也。

原隰捊矣。（手部）捊，引埾也。从手，孚聲。詩曰：「原隰捊矣。」（大徐無此六字。）段云：埾，各本作「取」，今正。詩釋文作「埾」，今本爲「取、土」二字，非也。埾，義同「聚」。引埾者，引使聚也。玉篇正作「引聚也」。大雅：「捄之陾陾。」箋云：「捄，捊也，築墻者捊聚壤土，盛之以虆。」此引聚之正義。常棣傳：「裒，聚也。」裒者，捊之俗。易：「君子以裒多益寡。」鄭、荀、董、蜀才作「捊」。王云：段改是。釋文云：「爾雅云『聚也』。」説文「引取土」。案「取、土」當合爲「埾」。土部：「埾，土積也。」詩今作「裒」，釋詁：「裒，聚也。」釋文：「裒，本作桴。桴乃捊之譌。」

兄弟鬩於牆。（鬥部）鬩，恒訟也。詩曰：「兄弟鬩於牆。」从鬥兒。兒，善訟者也。段云：釋言、毛傳皆曰：「鬩，很也。」孫炎云：「相很戾也。」李巡本作「恨」，非。鄭注曲禮注國語可證。恒，段云：常也。王云：恒，集韻引作「煩」。桂氏曰：「當作『相』」，所據者，爾雅孫注「相很戾」，郭注「相怨恨」皆言「相」也。

飲酒之餀。（食部）餀，燕食也。从食芺聲。詩曰：「飲酒之餀。」段云：燕，同宴，安也。安食者，無事之食也。無事食，則充腹而已，故語曰「猒飫」。釋言：「飫，私也。」私即安食之謂，此非周語房烝立成之飫，亦非毛傳脱屨升堂之飫。其字下與「飽、餶、饒、餘」相屬，則其義略同也。引詩説叚借。餀，韓詩作「醧」，説曰：跣而上坐謂之宴。能者飲不能者已謂之醧」。毛詩叚「餀」爲「醧」，故傳曰：「餀，燕私也，（今本奪「燕」字。）脱屨升堂謂之餀。」今本句首衍「不」字。毛、韓義一也，故曰許引此詩説「醧」之叚借也。蒙案：許以「燕食」説「餀」，正是詩義，則引詩非叚借也。段注頗自相牴牾。王云：國語注引作「宴安私飲也」，筠案，當作「燕私宴飲也」。「燕私」即用詩備言燕私，謂餀禮亦名「燕私」，而「宴飲」則許君所加注解也。「餀」與西部「醧」同字，其説曰：「私，宴飲也」，亦是「私」，字句絶。釋言：「飫，私也。」是「飫」、「私」皆燕同姓之名，故「醧」説直曰

「私」，即猶之言「燕私」也。孫炎曰：「飫非公朝，私飲酒也。」詩曰：「樂具入奏。」箋以爲在路寢内矣。蒙案：許書「𩝣」、「醧」同義，是兼采毛詩、國語之「飫」自別一義，不得遽據以爲「飫」之本義。段以許訓「𩝣」字爲失，未必是也。𩝣，今作「飫」，隶省。凡从「芺」之字，隶多省从「夭」，如「𣶶」之作「沃」是也。

伐木所所。（斤部）所，伐木聲也。从斤，户聲。詩曰：「伐木所所。」段云：伐木首章「伐木丁丁」，傳曰：「丁丁，伐木聲。」次章「伐木許許」，傳曰：「許許，柿皃。」此「許許」作「所所」者，聲相似。不用「柿皃」之説，用「伐木聲」之説者，蓋許以毛爲君亦參用三家也。桂云：顔注急就篇：「所所，斫木聲也。」所、許聲相近。漢書疏廣傳：「數問其家金餘尚有幾所。」顔注：「幾所，猶言幾許。」陳云：釋文：「許許，沈音呼古反，柿皃。」沈重與毛同訓，是毛本本作「許許」也。古讀「許」如「所」，文選謝玄暉在郡卧病詩：「良辰竟何許。」注：「許，猶所也。」

有酒湑我。（水部）湑，莤酒也。一曰浚也，一曰露皃也。从水，胥聲。詩曰：「有酒湑我。」（王云：此證前二義。）又曰：「零露湑兮。」（王云此證後一義。）段云：「釃酒有藇。」傳曰：「以筐曰釃，以藪曰湑。」「有酒湑我」，傳曰：「湑，莤之也。」按，毛、許「釃」、「莤」皆有別。酉部云：「莤者，禮祭束茅加於裸圭而灌鬯酒。」是爲莤，與鄭大夫甸師注合。是則毛傳「湑」訓以「藪莤」之「藪」，謂「艸」如祭之用茅也，故亦曰「莤」。蓼蕭傳曰：「湑湑然蕭上露皃。」王云：既莤之酒，因亦謂之湑。士冠禮：「旨酒既湑。」注云：「湑，清也。」詩鳧鷖：「爾酒既湑。」箋云：「湑，酒之泲者也。」「一曰浚也」與「釃」下「一曰浚也」同意，謂莤酒謂之釃，謂之湑，亦謂之浚也。「浚」與「漉」同意，「浚酒」即「漉酒」也。

竷竷鼓我。（夊部）竷，繇也，舞也。从夊，从章，樂有章也。夅聲。詩曰：「竷竷鼓我。」（段云：鼓，各本作「舞」。今依韻會訂。士部引「壿壿舞我」，則此當同詩作「鼓」矣。）段云：「繇」當作「䍃」。䍃，徒歌也。上「也」字衍。䍃舞者，䍃且舞也。今小雅作「坎坎」，毛無傳而陳風曰：「坎坎，擊鼓聲也。」魏風傳曰：「坎坎，伐木聲也。」魯詩伐檀作「欿欿」。疑「竷竷鼓我」容取三家，與毛異。校議亦謂「竷竷舞我」舞字韻會作「鼓」。桂云：繇也者，釋詁：「繇，喜也。」郭云：「禮記曰：『人喜則斯陶，陶斯詠，詠斯猶。』」猶即繇也，古今字耳，釋訓：「坎坎、壿壿，喜也。」郭云：「皆鼓舞懽喜。」蒙案：「釋文：『坎』字，說文作『竷』，音同，云『舞曲也』。」陸引許之「竷」而不言「鼓我」有異文。則六朝舊本本作「竷竷鼓我」，韻會所據自是善本，非以意改。詩考巳誤爲「舞我」，則宋時本有不同耳。王疑此字說解之有挩誤，其言誠是。然并引詩而亦疑之，過矣。陳云：玉篇：「竷，和悅之響也。」今作「坎」，則「竷、坎」古今字。

壿壿舞我。（士部）壿，士舞也。（各本無「士」，段依詩、爾雅音義補。）从士，尊聲。詩曰：「壿壿舞我。」段云：周禮大胥：「以學士合舞。」小胥：「巡學士舞列。」故其字从士。「也」當爲「皃」。毛傳：「壿壿，舞皃。」古書「也、皃」二字多互譌。今詩作「蹲」。王於「士」上補「壿士」二字，云：「小徐有一『壿』字。」釋文：「蹲，本或作壿。」釋訓釋文：「壿，本或作蹲。」

如月之恒。（二部）恒，常也。从心舟在二之間上下心以舟施，恒也。（小徐本上下有「一」字。）𠄨，古文恒，从月。詩曰：「如月之恒。」段云：引詩說从「月」之意，非謂毛詩作「𠄨」也。傳曰：「恒，弦也。」按詩之「恒」本亦作「緪」，謂張弦也。月上弦而就盈，於是有恒久之義。故古文從「月」。校議云：𠄨，汗簡卷中之一引作𠄨，從月，與說解合。此从夕，亦月也。𠄨，王依朱文藻本作亙。王云：「引詩『恒』當作『𠄨』此校者以今本改之也。」設詩本作「恒」則傳曰「恒，弦」，箋曰「月上弦而就盛」，何以確知恒之爲上弦乎？釋文曰：「本亦作緪。」此則既用小篆「恒」之后，讀者疑之，故以「古鄧切」之「緪」易之，第取其音之諧，而不知古字本作𠄨也。或曰：如此則許何以「𠄨」爲「恒」之古文？曰：此如「或」爲「域」之古文同也，於古則同，於今則異耳。稽古編云：「恒」字元以「月」取義，「上弦」未必非本訓也。

彼薾惟何。（艸部）薾，華盛。从艸爾聲。詩曰：「彼薾惟何？」傳：「薾，華盛皃。」段云：此於形聲見會意。「薾」爲華盛，「濔」爲水盛皃。今詩作「爾維」。

四牡騤騤。（馬部）騤，馬行威儀也。从馬，癸聲。詩曰：「四牡騤騤。」段云：詩三言「四牡騤騤。」采薇傳曰：「彊也。」柔桑傳曰：「不息也。」烝民傳曰：「猶彭彭也。」各隨文解之，許檃栝之，云：「馬行威儀皃」，於疊韻取義也。

檀車嘽嘽。（巾部）嘽，車敝皃。（段改「弊」爲「敝」。王依釋文改「車敝也」。）从巾，單聲。詩曰：「檀車嘽嘽。」傳：「嘽嘽，敝皃。」釋文韓詩作「緂」。本書：「緂，偏緩也。」段云：古本當是「巾敝皃」，故从「巾」。詩以爲車敝字，則其引伸之義也。釋文引說文「巾敝也。从巾單」。今本釋文乃「巾」譌「車」，殊失陸意。

烝然罩罩。（魚部）鯙，烝然鯙鯙。从魚，卓聲。段云：南有嘉魚「烝然罩罩」。傳曰：「罩，篧也。」音義：「罩，張教反。」此稱詩作「鯙鯙」，不言其義，篇、韻皆不載其字。大徐云「都教切」者，非唐韻有此字此音，乃傅合毛詩音義爲此音耳。集韻效韻亦無此字，惟覺韻有此字，訓曰「魚名」，類篇亦曰「魚名」，蓋其可疑如此。桂云：徐鍇曰：「鯙鯙，衆也。」廣雅：「淖淖，衆也。」王云：「烝然罩罩」與「烝然汕汕」一例，不聞「汕」字从「魚」也。且突舉經文以爲說解，亦非許例。蒙案：釋文「汕」下引說文而「罩」下不言說文有異字，是唐初本說文尚無「鯙」字。

烝然汕汕。（水部）汕，魚游水皃。从水，山聲。詩曰：「烝然汕汕。」段云：傳曰：「汕，樔也。」許不从毛，蓋三家之說。紬義云：「汕」可訓樔，「汕汕」不可訓樔。傳曰：「此嘉魚汕汕而游於樔」，非訓「汕」爲樔也。說文云：「魚游水皃」，得傳意矣。

北山有楰，（木部）楰，鼠梓木。从木，臾聲。詩曰：「北山有楰。」釋木、毛傳並同。

零露湑兮。詳前「有酒湑我」句下。

零露濃濃。（水部）濃，露多也。从水，農聲。詩曰：「零露濃濃。」傳：「濃濃，厚皃。」段云：按，酉部：「醲，厚酒也。」衣部：「襛衣厚皃。」凡農聲字皆訓厚。

懕懕夜飲。（心部）懕，安也。从心，厭聲。詩曰：「懕懕夜飲。」段云：小戎傳：「厭厭，安靜也。」湛露傳曰：「厭厭，安也。」釋文及魏都賦注引韓詩：「愔愔，和悅之皃。」按，「愔」見左傳祈招之詩。蓋「愔」即「懕」之或體，「厭」乃「懕」之叚借。載芟：「有厭其傑，厭厭其苗」，亦「懕」之叚借。王云：今省作「厭」。韓詩作「愔」，本部不收。

彤弓弨兮。（弓部）弨，弓反也。从弓，召聲。詩曰：「彤弓弨兮。」傳曰：「弨，弛皃。」段云：按，詩正義引說文有「謂弛之而弓反」六字，蓋出庾儼默說。「弛」者，弓解也。「弓反」者，詩所云「翩其反」也。弓反爲弨之本義，弛之則亦反矣。王云：謂弛之而反也。至于詩曰「翩其反矣」，傳曰「不善紲檠巧用，則翩然而反」，是謂弓體彎戾，發矢之時，忽然挩弦而反也。與此不同。

其大有顒。（頁部）顒，大頭。从頁，禺聲。詩曰：「其大有顒。」段云：引伸之，凡大皆有是稱。六月傳曰：「顒，大皃。」

既佶且閑。人部　佶，正也。从人，吉聲。詩曰：「既佶且閑。」傳同。箋云：「佶，壯健之皃。」段云：按，鄭以言「壯健」乃可皃馬，但毛言「正」自可含壯健也

約軝錯衡。車部　軝，長轂之軝也，以朱約之。从車，氏聲。詩曰：「約軝錯衡。」小雅斯干傳同。小雅采芑、商頌烈祖箋：「約軝，轂飾。」

振旅嗔嗔。（口部）嗔，盛氣也。从口，真聲。詩曰：「振旅嗔嗔。」段云：門部：「闐，盛皃。」聲義與此同。今毛詩「振旅闐闐」，許所據作「嗔嗔」。玉藻：「盛氣顛實。」注云：「顛，讀爲闐，盛身中之氣使之闐滿。」孟子：「填然鼓之。」是則聲同得相叚借也。

四牡䮞䮞。（馬部）䮞，馬行徐而疾也。从馬，與聲。詩曰：「四牡䮞䮞。」此篆本作「䮞」，學省聲，段改。桂、嚴、王說並同。段云：玉篇：「䮞，弋魚、弋庶二切。馬行徐而疾。次「騤」下「騣」上，正與說文同。然則古本與玉篇同可知矣。廣韻平聲九魚：「䮞，以諸切，馬行皃。」去聲九御：「䮞，羊洳切，馬疾行皃。」集韻九魚「䮞」下曰：「說文：『馬行徐而疾。』」引詩「四牡䮞䮞」。類篇：「䮞，羊諸、羊若二切，說文：『馬行徐而疾。』」引詩「四牡䮞䮞」。是可證宋初大徐本不誤，玉篇、廣韻皆有「䮞」字，訓「馬腹下鳴」，不言出說文。集韻、類篇皆于「䮞」下云「乙角切」，引說文「馬行徐而疾也，一曰馬腹下聲」。是當丁度、司馬光編書時，說文已或譌舛，乃誤以爲一字兩義。論語注曰：「與與，威儀中適之皃。」心部：「惥，趣步惥惥也。」蘇林漢書注：「懙懙，行步安舒也。」是可以證「䮞䮞」之解矣。又引詩各本，段增其說曰：依集韻、類篇、王伯厚詩考所引補。今詩無此句，小雅車攻、大雅韓奕皆云：「四牡奕奕。」古音「奕」，之平聲讀弋魚切，蓋即其異文也。

決拾既佽。（人部）佽，便利也。从人，次聲。詩曰：「決拾既佽。」一曰遞也。傳：「佽，利也。」箋謂「手指相次比也」。傳同前說，箋同後說。紬義云：文選東京賦「決拾既次」，李注引毛詩曰：「決拾既次。」是鄭箋詩時經作「次」，故以「次比」釋之。唐風正義：「佽，古次字。」

助我舉𢪛。（手部）𢪛，積也。从手，此聲。詩曰：「助我舉𢪛。」一曰搣頰旁也。傳同。箋云：「雖不中，必助中者，舉積禽也。」西京賦作「舉胔」，薛注：「胔，死禽獸將腐之名。」今詩字作「柴」，釋文：「柴，說文作𢪛。」陳云：作「柴」者，字之假也。吴云：正字通不考字義，反謂詩本作「柴」，說文誤作「𢪛」，謬甚。

伾伾俟俟。（人部）俟，大也。从人，矣聲。詩曰：「伾伾俟俟。」段云：今毛詩作「儦儦，俟俟。」傳曰：「趨則儦儦，行則俟俟。」按，西京賦李善注、馬融傳太子賢注皆引韓詩「駓駓騃騃」，善引薛君章句「趨曰駓，行曰騃」。疑今毛傳非舊，或用韓改毛也。駉傳曰：「伾伾，有力也。」許从之，當是。吉日傳有「俟俟，大也」之文，而許从之。桂云魯頌駉：「以車伾伾。」釋文云：「字林作駓，走也。」按，文選作「駓」，善注：「音鄙。」玉篇「駓」下有重文「⿰馬舌⿰馬舌」，蓋「駓」之别。

哀鳴嗸嗸。（口部）嗸，衆口愁也。从口，敖聲。詩曰：「哀鳴嗸嗸。」（段注：五經文字、玉篇、廣韻、經典釋文皆下「口」上「敖」，本說文也。今說文作「嗷」，後人所妄改。）釋文：「嗸，本又作嗷。」段云：董仲舒傳：「囂囂苦不足」，食貨志：「天下謷謷」，陳湯傳：「熬熬苦苦」，皆同音假借字。

鑾聲鉞鉞。（金部）鉞，車鑾聲也。从金，戉聲。詩曰：「鑾聲鉞鉞。」吴云：今詩庭燎作「噦」，采菽作「嘒嘒」，徐鉉曰：「今俗作鐬，以鉞爲斧戉之戉，非是。」按，鉞，孫氏呼會切，古音入聲「月、屑」，去聲「卦、隊」，原可相通。詩中去、入同韻者甚多，製字諧聲亦同是理，故「鉞」雖讀「越」，而轉去則可諧「誨」，此「鉞」从戉聲而可音「呼會切」也。段云：詩釋文不言有作「鐬」者，鼎臣何以云「今作鐬」與？考玉篇、廣韻皆有「鐬」字，注：「呼會切，鈴聲也。」而泮水「噦噦」，呼會反，鑾聲即鈴聲。然則古本毛詩非無作「鐬鐬」者，故篇、韻猶存其說。「鐬」爲正字，采菽「嘒嘒」，呼惠反，殆叚借字。許訓「噦」爲「氣啎」，見於内則，詩不得以狀鑾聲，或叚借可也。以戉聲之字狀鑾聲，尤殊不類。「鐬」从歲聲，「歲」从戌聲。戌聲、歲聲則與鑾聲相似。詩言「和鸞雝雝」，宮聲也，車緩行，舒徐聲也；「八鑾鎗鎗」、「鑾聲鉞鉞」，鳴玉鑾之秋秋，商聲也，車將止，舌與鈴相摩聲也。疑古毛詩泮水本作「鉞鉞」，後乃變爲「鐬」字，許所據作「鉞」，戌聲，辛律切，變爲「鐬」，呼會切。當鼎臣兄弟時，説文「鉞」篆譌爲「鉞」，而鼎臣見乃仍以「呼會」切之，蓋昧其遷移原委矣。「鉞」字之存于今者，爲鋸聲，爲鈯鉞。桂云：鉞、噦聲相近，本書「䀢」讀若詩曰「施罛濊濊」。按，詩考引説文作「鉞鉞」，頗與段説相合，然不知所據何本也。

民之譌言。（言部）譌，譌言也。从言，爲聲。詩曰：「民之譌言。」段云：今小雅作「訛」。説文無「訛」，有「吪」。「吪，動也」。訛者，俗字。吴云：玉篇。「訛」與「譌」同。宋書五行志引詩亦作「譌」，言「平秩南訛」，史記五帝紀亦作「譌」。蒙案：無羊：「或寢或訛。」釋文、韓詩作「譌」。爾雅釋詁「訛言也」，釋文：「訛字又作吪，亦作譌，同。」釋言：「訛，化也。」方言：「譌，化也。」漢書江充傳師古注：「譌，古訛字。」一切經音義十二：「訛古文蔿、譌、吪，三形同。」

鶴鳴九皋聲聞於天。（鳥部）鶴，鳴九皋，聲聞于天。从鳥隺聲。「鳴」上段補「鶴」字。養新録：臧在東云：「今本『鶴鳴于九皋』五字爲句。」案史記滑稽傳、論衡藝增篇、風俗通聲音篇、文選東方曼倩荅客難、後漢書注五十九、初學記一、白帖一百九十四、文選注十三、又廿四、又四十三，皆引詩「鶴鳴九皋」，無「于」字。賈昌朝羣經音辨引詩，亦無「于」字，是北宋人尚見古本也。唐石經有「于」字，今本并因之。瞿中溶云：説文「鶴下云鳴九皋，聲聞于天」，似亦引詩，而無「于」字。東塾云：蜀志秦宓傳引詩亦無「于」字。蒙案：廣韻六豪「皋」下引詩亦無「于」字。

佗山之石可以爲厝。（厂部）厝，厲石也。从厂，昔聲。詩曰：「佗山之石，可以爲厝。」吴云今詩作「錯」。按，厝、錯音近義別。毛傳訓「錯」爲「石」，蓋亦用「厝」訓也。徐曰：「今詩借用『錯』。」漢書地理志：『五方雜厝。』注：『晉灼曰：厝，古錯字。』五經文字云：『厝見詩，又作錯。』」

有翬斯飛。（羽部）翬，大飛也。从羽，軍聲。一曰伊、雒而南，雉五采皆備曰翬。詩曰：「有翬斯飛。」（此从小徐本，大徐「有」作「如」。）段云：今詩「有」作「如」，唐玄度、徐鍇、説文皆作「有」。按，毛詩作

「有」，則與「如鳥斯革」合爲一事。翬訓大飛，或許所據毛詩如此，與鄭不同，未可知也。鄭云：「此章四如」，又云：「翬者，鳥之奇異者。」則作「如」顯然翬訓後一義。王从大徐作「如」，而謂引詩證「大飛」一義。奞部：「奮，翬也。」王云：羽部：「翬，大飛也。」引詩「如翬斯飛」。蓋以毛公無傳而補之也。如「跂斯翼」四句各事。「如鳥斯革」傳：「革，翼也。」蓋指屋榮而言。「如翬斯飛」，蓋指屋甍而言。故既以「大飛」說「翬」，又以「翬」說「奮」也。鄭君以鳥翬相儷，遂不以「翬」爲「飛」，而以爲「雉」，故曰：「翬，鳥之奇異者也，故以成之焉。」成之者，謂成上文如鳥之義也。以兩事爲一，與毛公不同。

其泣喤喤。（口部）喤，小聲皃。从口，皇聲。詩曰：「其泣喤喤。」

載衣之褅。（衣部）褅，緥也。从衣，啻聲。（他計切。）詩曰：「載衣之褅。」段云：斯干曰：「載衣之裼。」傳曰：「裼，緥也。」此謂「裼」即「褅」之叚借字也。易聲、啻聲，古音同在十六部。故借「但裼」字爲「褅」字。釋文曰：「韓詩作禘。」禘，集韻云：「或褅字。」韓詩用正字，毛詩用叚借字也。

九十其犉。（牛部）犉，黄牛黑脣也。从牛，臺聲。詩曰：「九十其犉。」傳同。段云：釋畜云：「黑脣，犉。」按，爾雅不言「黄牛」者，牛以黄爲正色，凡不言何色，皆謂黄牛。

牧人乃夢。（攴部）牧，養牛人也。从攴牛。詩曰：「牧人乃夢。」

憂心如⿱𢆉火。（火部）⿱𢆉火，小爇也。从火，𢆉聲。詩曰：「憂心如⿱𢆉火。」（段注：「如⿱𢆉火」各本作「⿱夭火⿱夭火」，今正。節南山、釋文、正義皆引「憂心如⿱夭火」。「𢆉聲」原作「干聲」。段正其說曰：干部曰：「入一爲干，入二爲𢆉，讀若飪。」⿱夭火从𢆉聲，故古音在七部。郭璞、曹憲音淫，入鹽韻，則直廉切。今各書皆譌作「⿱夭火」矣。畢氏以珣曰：「覘，从⿱夭火聲，讀若鐮。」則「干」非聲矣。）釋文：如惔，徒藍反，又音炎，燔也。韓詩作「炎」，字書作「焱」。說文作「⿱夭火」字，才廉反，「小爇也」。正義：如惔之字，說文作「⿱夭火」。段曰：節南山曰：「憂心如惔。」古本毛詩作「如⿱夭火」，故毛傳曰：「⿱夭火，燔也。」瓠葉傳曰：「加火曰燔。」許曰：「燔，爇也。」「爇如火也。」是毛訓作「爇」許則別之云「小爇耳」。桂、王並云：「如⿱夭火，當爲如⿱夭火。」

憂心如炎。（心部）惔，憂也。从心，炎聲。詩曰：「憂心如炎。」（「如炎」原作「如惔」段改。）段云：

節南山：「憂心如惔」，許所據作「憂心如炎」。引之以明會意也。此「豐」、「麗」引易之例。炎者，火光上也。憂心如之，故其字作「惔」，雲漢：「如惔如焚」亦「如炎」之誤。毛傳曰：「惔，燎之也。」桂以此引詩爲後人加。校議云：引詩蓋後人校改。節南山釋文「如惔」，引說文作「𤆍，小爇也」。即火部之「憂心如𤆍」也。雲漢釋文引毛傳：「燎也」，引說文云：「炎，燎也。」則六朝舊本「炎聲」下作「一曰炎，燎也。詩曰：『如惔如焚。』」王引校議而申之曰：「炎燎也」者，「炎」字句絕，謂會意，異于上文之形聲也。「燎也」即本之毛傳。又案，後漢書章帝紀：詔曰「如炎如焚」，注引雲漢，亦作「炎」。段氏詩經小學云：毛詩本作「如𤆍」，或同韓詩作「如炎」，不知何人始作「如惔」？惔，憂也。豈「憂心如憂」乎？又於說文「惔」下妄加「詩曰憂心如惔」。校勘記云：「今考說文『惔』下，當是引『詩曰：憂心如炎』。以解『惔』字从『炎』之意，不知者誤改爲『惔』耳。」

天方薦㽺。（田部）㽺，⿰歹内。（段據集韻、類篇、韻會補「薉」字於下。）田也。从田，差聲。詩曰：「天方薦㽺」，段云：毛詩作「瘥」，傳云：「薦」重。「瘥」，病。許此所引蓋或三家詩也。小徐引詩下有「殁也」二字。校議云：「箋云：『疫病。』殁，疑『疫』之誤。王云當云『㽺，疫也。』」謂詩借「㽺」爲「瘥」也。今本作「瘥」者，蓋沿傳、箋改之。陳云：爾雅：「瘥，病。」荀子富國亦作「天方薦瘥」。

謂地蓋厚不敢不趚。（走部）趚，側行也。从走，朿聲。詩曰：「謂地蓋厚，不敢不趚。」段云：小雅「趚」作「蹐」。足部引「不敢不蹐」，此不同者，蓋三家文異也。朿聲、脊聲同部。蒙案：玉篇走部：「趚，小行皃。詩曰：『謂地蓋厚，不敢不趚』，今作『蹐。』」吳云：「古本或有異同。長箋謂爲逸詩，非也。」陳云：說文瘠瘦之「瘠」作「膌」，重文爲「㾊」，「朿、脊」音近，可互通也。

不敢不蹐。（足部）蹐，小步也。从足，脊聲。詩曰：「不敢不蹐。」段云：毛傳：「蹐，絫足也。」按，「絫、蹐」疊韻。絫足者，小步之至。蒙案：釋文引說文：「小步也。」

胡爲虺蜥。（虫部）虺，以注鳴者。詩曰：「胡爲虺蜥。」段云：今詩「蜥」作「蜴」即蜥字。又云：今俗書「蜥易」字多作「蜴」，非也。按，方言：「蜥易，其在澤中者謂之易蜴。」郭云：「蜴，音析。」是可證「蜴」即「蜥」字，非羊益切。稽古編云：釋文：「蜴，星歷反，字又作蜥。」詩緝辨之，謂「蜥音析，蜴音亦，陸氏誤以『蜴』爲『晰』也，信矣」。然説文引詩亦云「胡爲虺蜥」，是古本多有作「蜥」者，意釋文元本本云：「蜥，星歷反，字又作蜴。」後人傳寫，據今本爲「蜴」，遂互易蜥、蜴兩字，以致音與字違。嚴氏反譏陸誤，殆未之思也。

赫赫宗周褒姒威之。（火部）　威，滅也。从火戌。火死於戌，陽氣至戌而盡。詩曰：「赫赫宗周，褒姒，（女部無『姒』字。）威之。」　姒，王依孫本作「似」。　王云：毛傳：「威，滅也。」釋文：「威本或作『滅』。」左傳昭元年、列女傳七皆引「褒姒滅之」。案，毛以今字釋古字，而上文用「滅」字者，此猶邶之谷風，「售」即「讎」之俗字，皆寫經者之過。

伵伵彼有屋。（人部）　伵，小皃。从人，囟聲。詩曰：「伵伵彼有屋。」　段云：正月：「佌佌彼有屋。」傳曰：「佌佌，小也。」許所據作「伵」。釋文：「佌，説文作『伵』音徙。」廣韻：「詩云：『伵伵彼有屋』本亦作『佌佌。』」　陳云：玉篇亦據説文作「伵伵」。廣韻「佌」訓「小舞」，「伵」訓「小皃」，爾雅釋訓：「佌佌，小也。」是「伵、佌」本一字。説文無「佌」，疑亦齊梁俗字。

哿矣富人。（可部）　哿，可也。从可，加聲。詩曰：「哿矣富人。」　傳同。

燁燁震電。（火部）　燁，盛也。从火，曅聲。詩曰：「燁燁震電。」

豔妻傓方處。（人部）　傓，熾盛也。从人，扇聲。詩曰：「豔妻傓方處。」　段云：十月之交：「豔妻煽方處。」傳：「煽，熾也。」按，詩本作「傓」，後人以訓「熾」之故，臆造「煽」字耳。古通作「扇」，魯詩：「閻妻扇方處。」方言：「扇，助也。」廣雅「扇，疾也」。　王云：扇者，古文借字。傓者，專者，煽者，俗字。（魯詩，見漢書谷永傳。）

噂沓背憎。（口部）　噂，聚語也。从口，尊聲。詩曰：「噂沓背憎。」　傳曰：「噂猶噂噂。沓，猶沓沓。」　段云：人部又引詩「僔沓背憎」。詩釋文：「噂，説文作僔。」五經文字亦云：「僔，詩小雅作噂。」陸、張皆不云説文有「噂」，則知淺人依詩增也。　王云：「噂」祇訓「聚」，「語」字便侵沓字地步，即此一言，知增篆者不達詩詁。秋官朝士：「族談者。」注云「噂語也」。釋文作「僔」。案，以「僔」訓「族」，以「語」釋「談」，與説詩同。

僔沓背憎。（人部）　僔，聚也。从人，尊聲。詩曰：「僔沓背憎。」　王云：王逸注離騷：「總總，猶僔僔，聚皃。」廣雅：「僔僔，衆也。」字亦作「撙」，甘泉賦：「齊總總撙撙其相膠轕兮。」注：「總總撙撙，聚皃也。」小雅文今作「噂」，俗改也。左傳引亦作「僔」。是在齊、魯、韓、毛之前者。釋文：「噂，説文作僔。」然則口部本無「噂」字也。箋云：「噂噂沓沓，相對談語。」「相對」以釋「噂噂」，「談語」以釋「沓沓」，正與許同。

莫知我勩。（力部）勩，勞也。从力，貰聲。詩曰：「莫知我勩。」傳同。

翕翕訿訿。（言部）訾，（段補「訾訾」二字於下。）不思稱意也。从言，此聲。詩曰：「翕翕訿訿。」段云：釋訓云：「翕翕訿訿，莫供職也。」毛傳云：「潝潝然患其上，訿訿然不思稱其上。」不思稱其上者，謂不思報稱其上之恩也。大雅傳云：「訿，訿窳不供事也。」二傳辭異義同。桂云：爾雅釋文引字林：「不思稱乎上之意。」王云：與今爾雅同。今小雅作「潝」，釋文引爾雅亦作「潝」，重言雖多不取本義，然毛傳云：「翕翕然患其上」，則「翕」是。蒙案：漢書楚元王傳作「歙歙訿訿」，乃劉向語。向習魯詩者也。荀子引詩作「噏噏呰呰」。

螟蠕有子蟎蠃負之。（虫部）蟎蠃，蒲盧，（段注：「釋蟲、毛傳同。」）細要土蠭也。天地之性，細要純雄無子。詩曰：「螟蠕有子，蟎蠃負之。」从虫，㒼聲。（古火切）蜾，蟎或从果。吴云：今詩作「螟蛉」、「蜾蠃」。按，説文「蠕」爲螟蠕，「蛉」爲蜻蛉，音同義别。古鐘鼎銘有「霝始霝終」，霝、令義通。「蜾」，重文。陳云：爾雅「降墜摽蕾」釋文：「字或作苓。」是从霝、从令之字互通。

宜犴宜獄。（豸部）豻，胡地野狗。从豸，干聲。犴，豻或从犬。詩曰：「宜犴宜獄。」段云：毛詩作「岸」。釋文曰：「韓詩作『犴』，云『鄉亭之繫曰犴，朝廷曰獄』。」李善文選注亦引韓詩。按，毛詩傳曰：「岸，訟也。」此謂「岸」爲「犴」之假借也。「獄」从二犬，故「犴」與「獄」同意。皇矣箋亦曰：「岸，訟也。」本小宛傳。鄭注射人云：「讀如『宜豻宜獄』之豻。」

踧踧周道。（足部）踧，行平易也。从足，叔聲。詩曰：「踧踧周道。」傳曰：「踧踧，平易也。」王云：字林：「平易也。」與毛傳同，無「行」字。

有漼者淵。（水部）漼，深也。从水，崔聲。詩曰：「有漼者淵。」傳：「深皃。」

譬彼瘣木。（疒部）瘣，病也。从疒，鬼聲。詩曰：「譬彼瘣木。」一曰腫旁出也。（段注：「此别一義。」）釋木：「瘣木苻婁。」郭云：「謂木病尪傴癭腫無枝條。」考工記：「旁不腫。」注：「腫，瘣也。」）段云：「今作壞。」傳曰：「壞，瘣也，謂傷病也。」箋云：「猶内傷病之木，内有疾，故無枝也。」按，疑今毛傳「壞、瘣」二字互僞，許及樊光所引皆作「瘣木」爲是。王云：此許从毛改也。毛意若是毁坏之木，則无枝已久，豈得于既壞之後乃云無枝？故改「壞」爲「瘣」。箋云「内有疾，故無枝也」，即申毛也。若壞，則腐朽矣，豈待言有疾？毛公改字之例，人多不知，故釋文牽連下文「腫旁」以説之。徐幹中論云：「木無枝葉，則不能豐其根幹，故謂之瘣。」雖未引詩，然亦述毛公説也。蒙案：爾雅釋文引樊光説、引詩亦作「瘣木」。光，後漢人，似漢時詩有从「瘣」之本，當爲三家異文，未必許依毛也。

行有死人尚或殣之。（歺部）殣，道中死人之所覆也。从歺，堇聲。詩曰：「行有死人，尚或殣之。」段云：今作「墐」，傳曰：「路冢也。」按，墐者，假借字，殣者，正字也。義在人所覆，故其字次於「殔」。左傳：「道殣相望。」杜云：「餓死爲殣。」桂云：文選王命論：「餓殣流隸。」注引荀悦曰：「道瘞謂之殣。」韋注楚語云：「道冢曰殣。」

僭始既涵。（水部）涵，水澤多也。从水，函聲。詩曰：「僭始既涵。」傳：「僭，數。涵，容也。」段云：涵訓「容」者，就受澤多之義而引伸之。王改「僭」爲「譖」，云：玄應引如此，是也。案，巧言釋文：「僭，毛側蔭反，鄭子念反。」故許君引作「譖」，依毛公改字也。今本作「僭」，則校者依詩改之。傳曰：「涵，容也。」則知許君稱詩，乃爲涵廣一義。

𢧢𢧢大猷。（大部）𢧢，大也。从大，𢦏聲。讀若詩「𢧢𢧢大猷」。段云：𢧢𢧢，當作「秩秩」。今毛詩正作「秩秩」，傳曰：「秩秩，進知也。」「呈」在十一部，「秩」在十二部，古合音爲冣近，是以「𢧢」讀如「秩」。王曰：同字不得曰「讀若」，當依今詩作「秩秩」。走部「𧽒」从「𢧢」，云：「讀若詩『威儀秩秩』」可徵也。

既微且瘇。（疒部）瘇，脛氣腫。从疒，童聲。詩曰：「既微且瘇。」𡰥籀文。段云：巧言：「既微且𡰥。」釋訓、毛傳皆云：「骭瘍爲微，腫足爲尰。」按，云「脛氣足腫」即足腫也。大徐本云「脛氣足腫」，非。爾雅音義：「尰，本或作𡰥。」同並籀文「瘇」字也。按，籀文本作「𡰥」，又或變爲「尰」字耳，非有兩籀文也。

祇攪我心。（手部）攪，亂也。从手，覺聲。詩曰：「祇攪我心。」

有靦面目。（面部）靦，面見人也。从面見，見亦聲。詩曰：「有靦面目。」段云：各本無「人」，今依毛詩正義補。「面見人」謂但有面相對，自覺可憎也。小雅傳曰：「靦姡也。」女部曰：「姡，面靦也。」按，心部曰：「青、徐謂熟曰㥏。」音義皆同，而一从「心」者，熟在心；一从「面」者，媿在外。桂云：「面見也」者，馥謂當爲「面皃也」，釋言：「靦姡也。」舍人云：「靦面皃也。謂自專擅之皃。」李巡云：「靦，人面姡然也。」越語：「余雖靦然而人面哉，吾猶禽獸也。」韋注：「靦，面目之皃也。」後漢書樂成靖王黨傳：「有靦其面而放逸其心。」注云：「靦，姡也，言面姡然無媿。」

緀兮斐兮成是貝錦。（糸部）緀，帛文皃。詩曰：「緀兮斐兮，成是貝錦。」从糸，妻聲。今詩「緀」作「萋」，毛傳曰：「萋斐，文章相錯也。」

侈兮哆兮。（金部）鉹，讀若擠，一曰詩云「侈兮哆兮」。（段注：宋本皆如此，今本作「哆兮侈兮」。「一曰」下當奪「若」字，謂「讀若哆」也。小徐作「一曰若詩曰『侈兮』之侈」，同。）桂云董逌曰：「詩『哆兮侈兮』，說文作『鉹兮哆兮』。」崔靈恩詩集注：「侈兮哆兮」，說文作「鉹兮哆兮」。蒙案：詩攷補遺「侈兮哆兮」下注：「崔靈恩詩集注『鉹兮哆兮』下注：『說文各爲一條。』」非謂崔靈恩集注謂說文作「鉹兮哆兮」也，桂誤。王氏句讀亦承其誤。

咠咠幡幡。（口部）咠，聶語也。从口耳。詩曰：「咠咠幡幡。」段云：巷伯三章「緝緝翩翩」，四章「捷捷幡幡」，許引當云「咠咠翩翩」，而云「咠咠幡幡」者，誤合二章爲一耳。「咠咠」今詩作「緝緝」，毛云：「口舌聲。」陳云：「此是引三章之文，而誤涉四章之幡幡。」釋文云：「緝，七立反，說文作『咠』。下次『翩翩』，音篇。」可證許所引者乃三章，非四章。唐時尚未誤「翩翩」爲「幡幡」也。毛傳：「緝緝，口舌聲。」玉篇：「咠咠，口舌聲。」廣韻：「咠咠，譖言也。」是毛本作「咠」。若「緝」，則昊天有成命傳訓「明」，文王傳訓「光明」，行葦傳訓「踧踖之容」；「緝」與「輯」同，板傳訓「和」，抑傳訓「和」。以毛證毛，無訓「緝」爲「口舌聲」者，故知毛亦作「咠」也。

缾之罄矣。（缶部）　罄，器中空也。从缶，殸聲。殸，古文磬字。詩曰：「缾之罄矣。」　釋詁、毛傳皆曰：「罄，盡也。」桂以此引詩爲後人加。

瓶之窒兮。（穴部）　窒，空也。从穴，巠聲。詩曰：「瓶之窒兮。」　段云：今詩作「罄」，傳曰：「盡也。」空與盡義相因。　王云：缶部「罄」下亦引詩，蓋後增也。　陳云：缶部「缾」之重文爲「瓶」，玉篇「窒」之重文爲「罄」，一切經音義亦云：「罄古文窒。」罄本同磬，磬之古文爲「⿸⿱尸古巠」。何晏論語注云：「硜硜者，謂此罄聲也。」史記載樂記云：「石聲硜硜」，即磬。今禮記作「磬」。此从殸、从巠通字之證也。據此知釋名「罄，磬罄也，其聲罄然堅緻也」。亦當讀「罄罄」爲「硜硜」矣。

有饛簋飧。（食部）　饛，盛器滿皃。从食，蒙聲。詩曰：「有饛簋飧。」傳：「饛，滿簋皃。」

潸焉出涕。（水部）　潸，涕流皃。从水，散省聲。詩曰：「潸焉出涕。」傳：「潸，涕下皃。」　段云：焉韻會作「然」。

攱彼織女。（匕部）　攱，頃也。从匕，支聲。匕，頭頃也。（小徐無此四字。）詩曰：「攱彼織女。」　段云：頃者，頭不正也。大東「跂彼織女」傳曰：「跂，隅皃。」按，隅者，陬隅不正。而角織女三星成三角，言不正也。許所據作「攱」，今本乃改俗爲「企」字，音同而義不同矣。

匪鷻匪鳶。（鳥部），鷻，雕也。从鳥，𢾕聲。詩曰：「匪鷻匪鳶。」鳶，摯鳥也。从鳥，屰聲。　吳云：今四月作「匪鶉匪鳶」。按：說文从「𦎫」之字隸皆省作「享」，「𢾕」省作「敦」，此又省「敦」之「攴」，移「鳥」于右，「鶉」即「鷻」之省文。鷻音團，鶉音純，今詩字雖作「鶉」音尚从團，明鶉即鷻也。至「鶉」本作「⿱𦎫隹」，隸省作「⿰享隹」，義爲雓鶉，與「鷻」之訓「雕」者音義各別，不得以字畫省變並注釋皆譌也。　段云：鳶，今之「鶚」字也。咢，說文作「㖾」，鶚，廣雅作「鶚」。作「鶚」者，隸變耳。詩「匪鷻匪鳶」，正義「鳶」作「鶚」，引孟康曰：「鶚，大雕也。」又引說文云：「鳶，鷙鳥也。」（此「鳶」字段以意改，今正義本作「鳶」。）是孔沖遠固知「鳶」即「鶚」字。陸德明本乃作「鳶」，云「以專反」。今毛詩本因之。又以「與專反」改說文「鳶」字之音，誤之甚矣。鳶，夏小正作「弋」，與職切，俗作「鳶」，與專切，此猶「鷕」切以水，譌爲以沿耳。鳶者，鴟也，非鶚也。

又云隹部「⿰氐隹⿰垂隹也」⿰垂隹⿰氐隹也又名⿰門鳥，今之鷂鷹也。廣雅曰「⿰門鳥鴟」，夏小正謂之「弋」，「弋」之字變爲「鳶」。毛詩正義引倉頡解詁：「鳶即鴟也。」然則倉頡有「鳶」字，从鳥弋聲。許無者，謂「⿰門鳥」爲正字，「鳶」爲俗字也。校議云：韻會十四寒引作「匪鷻匪鳶」，蓋小徐原本如此，大徐據下篆有「⿱𠆭鳥、⿹弋⿱𠆭鳥」二形，因改爲「匪⿹弋⿱𠆭鳥」耳。鳶从弋聲，「匪鱣匪鮪」與「匪鷻匪鳶」隔句協韻，「鷻」、「鱣」韻，「鳶」、「鮪」韻。曲禮「前有塵埃，則載鳴鳶」，亦協韻。四月疏、旱麓疏皆引「鳶，鷙鳥也」，則舊説文當有「鳶」字，隸變相承，或作「⿹𢦏鳥」。左傳昭十五年「以鼓子⿹𢦏鳥鞮歸」，漢五行志中之下「有⿹𢦏鳥焚其巢」，地理下「交趾有朱⿹𢦏鳥縣」，梅福傳「⿹𢦏鳥鵲遭害」，隸釋張公神碑、急就篇皇象本，皆有「⿹𢦏鳥」字，取「𢦏」聲，𢦏取「才」聲，古讀「𢦏、才、弋」大同，亦「鳶」从「弋」聲之證。姚氏謂所議是，孫氏謂所議非。王氏念孫，今世之精小學者也，亦謂所議非，云：「匪鷻匪鳶，不必隔句韻。」則「載鳴鳶」不必韻。又云：「『鳶』、『⿹𢦏鳥』皆譌，當作『⿹戈鳥』，取戈聲。」余未敢遽从。然前議竟爲所奪，今得之矣。大徐云「𠆭非聲，一本从𠆭」，則大徐所據有作「⿱𠆭鳥」體者。「⿱𠆭鳥」从鳥、从𠆭象形，亦聲，𠆭讀若乖，轉讀與「天、淵」韻，此即得之。大徐本不俟援他書改補者。桂云：本書脱「鳶」字，今誤以「⿹弋⿱𠆭鳥」爲「鳶」，又據以改其引詩之文，又云：「鷙鳥也」者。詩正義四月引本書「鳶，鷙鳥也」。旱麓篇又引作「鷙擊小鳥」。馥謂此本「鳶」字訓，脱去「鳶」字，以「⿹弋⿱𠆭鳥」當之，又失「⿹弋⿱𠆭鳥」之本訓。鶡鷄賦：「彼鷙鶚鴟鴻。」李善注引本書「鶚，雕也」。廣雅：「鶚，雕也。」輟耕録：「無名氏雕傳云：其與雕同氣而異質者鷹鸇鳶隼，鷂鶻鴟鶚，皆助雕爲虐者也。」馥按，「鳶、鶚」並列，鶚非鳶明矣。王君念孫曰：「説文『鷻』下當有『⿹戈鳥』字，从鳥，戈聲。古『戈、⿹戈鳥』聲近，門部『閔』字讀若縣，广部『庋』字讀若環，是其證。或體作『⿹𢦏鳥』，隸加『十』，其作『鳶』者誤省一也。今以『⿹弋⿱𠆭鳥』作『鳶』，音義俱失之矣。」陳君鱣類列鳶之典故，云：「爾雅：『鳶鳥醜』釋文：『鳶，悦專反，字亦作⿹𢦏鳥。』后漢書注引倉頡篇：『鳶，鴟也。』急就篇：『鳶鵲鴟鴞鷙相視。』玉篇：『鳶，鴟類也。』大雅旱麓箋：『鳶，鴟之類。』孔疏：『蒼頡解詁以爲鳶即鴟也。』周禮射鳥氏：『以弓矢毆鳥鳶。』鄭注：『鳥鳶善鈔盜便汙人。』曲禮：『前有塵埃，則載鳴鳶。』鄭注：『鳶鳴則將風。』韓非右經：『墨子爲木鳶。』」（原下引漢五行志、梅福傳二條已見前。）王云：「⿹弋⿱𠆭鳥，鷙鳥也」，當云「雕也」，下下文當出「鳶」篆而説之曰：「鷙鳥也。」今本乃「⿹弋⿱𠆭鳥」捝説解，「鳶」捝篆文，合兩一爲耳。（蓋取桂説。）錢氏謂「⿹弋⿱𠆭鳥」古「鴞」字，而以「鳶」字爲謬。又疑「鳶」或另爲一字。　蒙案：諸説當以桂爲長。校議前説與桂同是也。

隰有杞桋。（木部）　桋，赤栜也。从木，夷聲。詩曰：「隰有杞桋。」　釋木、毛傳同。　段云：許書無「栜」，蓋古只作「朿」。

偕偕士子。（人部）　偕，彊也。从人，皆聲。一曰俱也。詩曰：「偕偕士子。」　傳：「偕偕，强壯皃。」

四牡騯騯。（馬部）　騯，馬盛也。从馬，旁聲。詩曰：「四牡騯騯。」　段以爲清人「駟介旁旁」之譌。　桂以爲車攻「四特龐龐」之異文。　王云：詩清人「駟介旁旁」，則省形存聲也。釋文：「王云：『旁，彊也。』」玉篇：「騯騯，馬行皃。」今作「彭」。然則許所稱者，北山、烝民之「四牡彭彭」也。箋云：「行皃。」爲玉篇所本。陳云：廣雅：「彭彭、旁旁，盛也。」漢書匈奴傳集注同。是「騯、彭」字異同義。　蒙案：詩考亦以爲烝民詩之異文。

至於艽野。（艸部）　艽，遠荒也。从艸，九聲。詩曰：「至於艽野。」　傳：「遠荒之地。」

憂心且怞。（心部）　怞，朖也。（段注：未聞，疑是「恨也」之誤。）从心，由聲。詩曰：「憂心且怞。」　段云：今詩作「妯」。毛云：「動也。」鄭云：「悼也。」　校議云：「朖」當作「動」，形近而誤也。女部：「妯，動也。」明此亦「動」。　桂云：「朖」，義未詳。玉篇：「怞，憂恐也。」王褒九懷：「永余思兮怞怞。」

我埶黍稷。（丮部）　埶，種也。从丮坴，丮持穜之。詩曰：「我埶黍稷。」　段云：唐人「樹埶」字作「蓺」，「六埶」字作「藝」，説見經典釋文。然「蓺、藝」字皆不見於説文。周時「六蓺」字蓋亦作「埶」，儒者之於禮樂射御書數，猶農者之樹埶也。　艸部：「蓺，艸木不生也。」（姊入切。）　桂云：篆文當从「埶」。本書「蓻」从蓺，又「槸」或从蓺，可證也。从「坴」之字多誤爲「幸」，埶同，本从「坴」，誤爲「幸」。　今詩作「蓺」，或又作「藝」，校勘記云：「藝非。」

祝祭于䄙。（示部）　䄙，門内祭，先祖所旁皇也。从示，彭聲。詩曰：「祝祭于䄙。」　祊，䄙或从方。傳曰：「祊，門内也。」今「䄙」从或體。

我孔熯矣。（火部）　熯，乾皃。从水，漢省聲。詩曰：「我孔熯矣。」　段曰：稱説叚借也。毛傳：「熯，敬也。」熯本不訓「敬」，而傳云爾者，謂「熯」即「戁」之叚借字也。心部曰：「戁，敬也。」

既瀀既渥。（水部）瀀，澤多也。从水，憂聲。詩曰：「既瀀既渥。」　王云：經典借「優」字。陳云：今作「優」。案，大雅「維其優兮」，傳云「渥也」。廣雅釋言：「優，渥也。」「瀀，饒也。」說文：「優，饒也。」義相因，故「優、瀀」通用。度尚碑：「持重瀀於營平。」義當爲「優」，而文作「瀀」。

取其血膫。（肉部）膫，牛腸脂也，从肉，尞聲。詩曰：「取其血膫。」膋，膫或从勞省聲。　段云：今毛詩、禮記皆作「膋」。

黍稷薿薿。（艸部）薿，茂也。从艸，疑聲。詩曰：「黍稷薿薿。」箋云：「薿薿然而茂盛。」

去其螟蟘。（虫部）螟，蟲食穀心者。吏冥冥犯法即生螟。从虫冥，冥亦聲。蟘，（各本篆作「蟘」，段正，下同。）蟲食苗葉者，吏乞貣（各本作貸，段正）則生蟘。从虫貣，（各本作貸，段正。）亦聲。詩曰：「去其螟蟘。」

蒙案：詩釋文、埤雅引皆作「蟘」，左傳正義引爾雅、五經文字、唐公房碑、廣韻、王氏字說，皆作「蟘」，段說是，桂、王並同。其說今詩「蟘」作「螣」，詩經小學云：「螣，本螣蛇字，借爲螟蟘之蟘，此異部叚借，猶『登來』之爲『得來』也」。禮記月令亦作「螣」。

有渰凄凄。（水部）凄，雨雲起也。（各本作「雲雨」，段、王并依初學記、御覽正。）从水，妻聲。詩曰：「有渰凄凄。」　段云：「雨雲」謂欲雨之雲。　又云：今詩作「萋萋」，非也。呂覽、漢書、玉篇、廣韻皆作「凄凄」。王云：顔氏家訓引亦作「萋」。漢書食貨志引「有黤凄凄」，呂氏春秋：「有晻凄凄」「黤、晻」皆「渰」之借字也。小徐本此不引詩，而引於「渰」下。

有鶯其羽。（鳥部）鶯，鳥也。从鳥，熒（各本作「榮」，段正。嚴、王説同。）省聲。詩曰：「有鶯其羽。」段改「鳥也」爲「鳥有文章皃」，説云：各本作「鳥也」，必淺人所改，今正。毛傳曰：「鶯鶯（下『鶯』字段增。）然有文章皃。」「皃」舊作「也」，非。鶯鶯猶熒熒也，皃其光彩不定，故从「熒」省，會意兼形聲。自淺人謂「鶯」即「鸎」改説文爲「鳥也」，而與下引詩不貫，於形聲會意亦不合。　王補「有文章」三字於「鳥」下，説云：「鶯非鳥名，故以毛傳補之。」玉篇：「鶯，鳥有文。」廣韻：「鶯，鳥羽文也。」

受福不儺。（鬼部）魌，見鬼驚詞。从鬼，難省聲。讀若詩「受福不儺」。段云桑扈：「受福不那。」傳曰：「那，多也。」此作「不儺」，疑字之誤，或是三家詩。

兕觵其觓。（角部）觓，角皃也。从角，丩聲。詩曰：「兕觵其觓。」今詩作「兕觥其觩」。釋文：「觩，本或作觓。」段云：周頌：「有捄其角。」箋：「捄，角皃。」捄者，「觓」之叚借字也。蒙案：本部：「觥，俗『觵』从光。」周伯琦六書正譌云：「觓，俗作觩。」

蔦與女蘿。（艸部）蔦，寄生。（段依詩、釋文補「草」字於下也。）从艸，鳥聲。詩曰：「蔦與女蘿。」傳及陸璣疏同。

憂心怲怲。（心部）怲，憂也。从心，丙聲。詩曰：「憂心怲怲。」釋訓同。毛傳：「怲怲，憂盛滿也。」

高山卬止。（匕部）卬，望也，欲有所庶及也。從匕卩。詩曰：「高山卬止。」段云：卬與仰義別。仰訓舉，卬訓望，今則「仰」行而「卬」廢，且多致「卬」爲「仰」矣。今作「仰」，蒙案：卬、仰古今字。荀子議兵篇楊倞注：「卬，古仰字。」

營營青蠅，（言部），謍。小聲也。（段云：「小」上當奪「謍謍」二字。）从言，熒省聲。詩曰：「謍謍青蠅。」段云：毛詩作「營營」，傳曰：「營營，往來皃。」許所稱蓋三家詩也。桂云：釋文云：「說文作『謍』，小聲也。」本書「蠅」下云：「營營青蠅。」「楙」下引詩：「營營青蠅」，后人亂之。王同段。

營營青蠅止于楙。（爻部）楙，藩也。从爻林。詩曰：「營營青蠅，止于楙。」王云：楙，藩也，釋言文。彼借「樊」且以「藩」釋「楙」，謂其同音可通借也。論衡引詩：「營營青蠅，止于藩」，齊風：「折柳樊圃」，莊子山木：「莊子游乎雕陵之樊」，此皆借爲楙者，他皆樊籠本義也。營，言部引作「謍」。楙，今作「樊」，小徐本同。校議云：言部引作「謍謍」，疑此依今詩改。蒙案：詩攷引說文「謍謍青蠅，止于楙」，似宋本。爻部亦作「謍謍」，傳寫失之耳。

威儀佖佖。（人部）佖，威儀也。从人，必聲。詩曰：「威儀佖佖。」段云：此當作「威儀媟嫚」。賓之初筵：「威儀佖佖，媟嫚也。」許所據作「佖佖」，自奪「媟嫚」字。韻會、廣韻徑注云：「有威儀矣。」詩音義曰：

「説文作佖。」王云：廣韻：「佖，有威儀也。」又曰：「佖，威儀備也。」案，此蓋自爲一義。詩淇奥：「有匪君子。」釋文：「匪，韓詩作『邲』，美皃。」桂氏曰：「邲，即此佖也。」小雅傳：「媟嫚。」案，此義與上義相反，知然者，本部前半字義皆美，后半字義皆惡，惟「佖」以「美」爲正義，故在此雖與「傞、僛」同出一詩，而不類聚于後也。

載號載呶。（口部）呶，讙聲也。从口，奴聲。詩曰：「載號載呶。」傳：「呶，讙也。」

屢舞僛僛。（人部）僛，醉舞皃。从人，欺聲。詩曰：「屢舞僛僛。」傳：「僛僛，舞不能自止也。」段云：屢，當作「婁」。（下同。）王云：説文無「屢」字。賓之初筵、釋文云：「本作婁。」角弓：「式居婁驕。」釋文：「王力往反，數也。」

仄弁之俄。（人部）俄，行頃也。从人，我聲。詩曰：「仄弁之俄。」段云删「行」字，其説云：各本作「行頃」，乃妄加「行」耳。今鄭云：「俄，傾皃。」古「頃傾」通用，皆謂仄也。今詩「仄」作「側」。王云：言「行」者，謂其爲通也。下文引詩但舉一端以證。

屢舞傞傞。（人部）傞，醉舞皃。从人，差聲。詩曰：「屢舞傞傞。」傳：「傞傞，不止也。」

屢舞姕姕。（女部）姕，婦人小物也。从女，此聲。詩曰：「屢舞姕姕。」段謂即「屢舞傞傞」，古「此」聲、「差」聲最近。鄘風：「玼兮玼兮」，或作「瑳兮瑳兮」。桂謂即「屢舞僛僛」，王謂人部皆引之，各如今本。陳云：廣雅：「傞傞，舞也。」廣韻：「佌，小舞也。」爾雅：「佌佌，小也。」傞、佌聲近義同，「姕」即「佌」之同聲字。

有頒其首。（頁部）頒，大頭也。从頁，分聲。一曰鬢也。詩曰：「有頒其首。」傳：「頒，大首皃。」釋文：「頒，符云反，大首皃。説文同。韓詩曰『衆皃』。」段云：苕之華：「牂羊墳首。」傳曰：「墳，大也。」此段「墳」爲「頒」。蒙案：書盤庚正義引釋詁樊光説，引詩作「賁」。

觱沸濫泉。（水部）濫，氾也。从水，監聲。一曰濡上及下也。詩曰：「觱，（小徐作『滭』）沸濫泉。」一曰清也。王云：「濡上及下」者，濫泉之義。此先釋之而後而引詩以證也。詩小雅采菽、大雅瞻卬皆曰：「觱沸檻泉。」觱者俗字，檻者借字也。傳曰：「觱沸，泉出皃。檻泉，正出也。」箋云：「檻泉，正出，涌出也。觱，沸出皃。涌泉之源，所由者深。」釋名作「濫」，曰：「水正出曰濫泉。濫，銜也。如人口有所銜，口闓則見也。」案，借

「檻」字者，謂如有檻逼束之，故濆薄而上涌也。箋云「所由者深」，言其所濆者高，由於深也，是以濡上及下矣。「濡」非「濡漬」之濡，乃易「濡其尾」之濡，謂沾濡也。所濆者高，則先濡其上，而後及其下也。　蒙案：觱，大徐作「畢」，小徐作「滭」。下「沸」字下引同。宋本作觱。濫，詩正義、釋文引爾雅並作「檻」。論衡是應篇亦作「檻」。文選荅賓戲注引爾雅作「濫」，韋昭曰：「濫音檻」後漢書黄憲傳注引爾雅亦作「濫」，音檻。是爾雅本有「濫、檻」二本，詩亦然也。

觲觲角弓。（角部）觲，用角低仰便也。从羊牛角。詩曰：「觲觲角弓。」王云：「『詩曰』之上小徐本有『讀若』。小雅角弓文。彼作「騂騂」，傳云：「調和也。」釋文：「騂，說文作弲，音火全反。」段氏曰：「陸氏誤，當云『說文作觲』。弲自訓角弓，不訓弓調和。」嚴氏曰：「當合小徐本及釋文从之，作『讀若詩曰弲弲角弓』。」筠案：此說似允，蓋三家有作「弲」者，許君以爲正字，而毛詩作「觲」觲爲借字，故言「讀若」以闕之。今本作「騂」，則又借同音之「觲」而隸變从「辛」也。

見晛曰消。（日部）晛，日見也。从日，見聲。詩曰：「見晛曰消。」段云：毛詩：「見晛曰消。」毛云：「晛，日氣也。」韓詩：「曣晛聿消。」韓云：「曣晛，日出也。」。二解義相足，日出必有温氣也。

滮池北流。（水部）滮，水流皃。从水，彪省聲。詩曰：「滮池北流。」段云：池，宋本作「沱」。今詩作「滮」，隸不省也。

卬烘于煁。（火部）烘，尞也。从火，共聲。詩曰：「卬烘于煁。」釋言、毛傳皆曰：「烘，燎也。」

念子懆懆。（心部）懆，愁，不安也。从心，喿聲。詩曰：「念子懆懆。」段云：懆訓愁，慘訓毒，音義皆殊，而寫者多亂之。白華作「懆」，見於許書。月出、正月、抑皆作「慘」，入韻。且毛傳曰：「懆懆，憂不樂也。懆懆猶慼慼也。」正爲許說所本，而陸氏三者皆云「七感反」，其憒亂有如此者。

視我怖怖。（心部）怖，恨怒也。从心，市聲。詩曰：「視我怖怖。」段云：白華「視我邁邁」。毛傳：「邁邁，不悦也。」釋文云：「韓詩及說文皆作『怖怖』。」韓詩云「意不悦好也」，許云「很怒也」，今說文作「恨」，似宜依「很」。「邁」者，「怖」之叚借，非有韓、許，則毛詩不可通矣。許宗毛而不廢三家詩。

說文引經異同　卷十二

詩

大雅

大疋。（部首）疋，古文已爲詩大疋字。

天難諶斯。（言部）諶，誠諦也。从言，甚聲。詩曰：「天難諶斯。」王云：釋詁「諶，誠也。」而必加以「諦」字者，謂此「誠」是審諦之意也。禮記經解：「故衡誠縣。」注：「誠，猶審也。」案：「諶，訦」及心部「忱」古多通用，而許君欲爲之别，故説「忱」以「誠」，説「訦」以「信」，説「諶」以「誠」而伸以「諦」也。然此引「天難諶斯」，今本即作「忱」，彼引「天命匪忱」，今本即作「諶」。釋詁又曰：「諶，信也。」郭引方言：「燕、岱、東齊曰諶。」與「訦」下所引同，則三字不必别也。蒙案：漢書引書作「諶」。書「天棐忱辭」，漢書孔光傳作「諶」，韓詩外傳作「訦」。

在郃之陽。（邑部）郃，左馮翊郃陽縣。从邑，合聲。詩曰：「在郃之陽。」段云：今詩「郃」作「洽」，水經注引亦作「郃」。按魏世家：文侯時「西攻秦，築雒陰、合陽」，字作「合」。蓋合者，水名，毛詩本作「在合之陽」，故許引以説會意，秦漢間乃制「郃」字耳。今詩作「洽」者，後人意加水旁，許引詩作「郃」者，後人所改。王以魏世家之「合陽」爲省形存聲字。

俔天之妹。（人部）俔，譬諭也。一曰聞見。从人，从見。詩曰：「俔天之妹。」段云傳曰：「俔，磬也。」此以今語釋古語。俔者古語，磬者今語。毛詩作「俔」，韓詩作「磬」，「磬」乃「俔」之叚借。「磬、罄」古通用，爾雅「罄，盡也。」猶言「竟是天下之妹」也。「聞見」，段改爲「間見」，説之曰：釋言：「間，俔也。」正許所本。上訓用毛、韓説，此訓用爾雅説。爾雅亦釋詩也。間，音諫，若言「不可多見而間見之」。爾雅無「見」字，許益「見」字者，以其篆从「見」也。郭景純以「左傳謂之諜」釋之，恐非。　蒙案：釋文引韓詩作「磬磬譬也。」是「俔」一義，段以「罄盡」説「磬」。紬義亦以「罄悉」爲説，恐非。孫本説文作「一曰間見」，與段所見合。

其旝如林。（㫃部）旝，建大木，置石其上，發以機，以槌敵。从㫃，會聲。春秋傳曰：「旝動而鼓。」詩曰：「其旝如林。」　段改此文曰：「旝，旌旗也。从㫃，會聲。詩曰：『其旝如林。』春秋傳曰：『旝動而鼓。』一曰建大木，置石其上，發以機，以槌敵。」其説云：依韻會所據小徐本，乃許書之舊。前一説「旝」爲旌旗，故厠於「旂、旞、旃」三篆間。又云：今詩作「會」，鄭箋以「盛合兵衆」釋之，然則毛作「會」，三家詩作「旝」，馬融廣成頌曰：「旃旝摻其如林。」季長所稱同許，而旝爲旃之類，則説亦同許也。飛石起於范蠡兵法，左傳云「親受矢石」，恐尚非飛石。又云：左氏傳杜曰：「旝，旃也。」與馬、許合。蓋左傳舊説多如此。惟賈侍中獨爲異説，桓五年左傳疏云：「賈侍中以旝爲發石，一曰飛石，引范蠡兵法作飛石之事。」然則許之別義正用賈説也。沈於引詩上增「一曰旌旗也」，其説云：「賈注：『旝，發石也。』故首稱之，尊師説也。」　校議云：古唐類範御覽載魏武帝令云：「旝，發石車也。」則漢末舊本「建大木」上有此句，而六朝、唐人諸引不之及，蓋脱落久矣。王用嚴説，補「發石車也」四字於「建大木」上，其説曰：繫傳曰：「按，諸書『旝，旌旗也』，唯許慎言潘岳閒居賦謂之礮。」筠案，此説未詳所出，然證知「發石」定爲許説，而韻會引説文：「旝，旌旗也」，乃以諸書改説文也。　吴云：釋文：「會，古外反，讀與旝同。」　鈕氏段注訂云：韻會自有改移，或雜他説，未可盡信。考周禮、爾雅説旌旗並無「旝」，則「旝」非旌旗明矣。杜注左傳以「旃」釋「旝」，當非古義。今云蓋左傳舊説如此，唯賈侍中獨爲異説，不知杜前爲舊説者何人也。又按，説文「旝」字專本左傳，其引詩恐後人增。詩本作「會」，毛、鄭於「會」并無説，釋文亦不云「説文作旝。」　蒙案：㫃，旌旗之游㫃蹇之皃。此部从㫃之文凡廿三，「旝」字在「旗、旐、旆、旌、旟、旂、旞、⿸㫃賣」八字之後，「旃、旜、⿸㫃攸、⿸㫃要、旖、施、旚、⿸㫃猋、游、旋、旋、旄、旛」十三字之前，皆關於旌旗者，惟「旅、族」二字其義少遠，故厠於末。左傳疏云：「旝字从㫃，旌旗之類，發石非旌旗之比，説文載之㫃部，而以『飛石』解之，爲不類矣。」其説最是。杜預以「旃」訓「旝」與馬融廣成頌云「旃旝操其如林」其義正合，此其爲漢人舊説，杜注所本。初無疑義，即説文亦「旝」列於「旃」前也。杜以「旝」爲大將之麾，執以爲號令。孔疏謂「張侯曰：『師之耳目，在吾旗鼓，進退从之』，是在軍之士視將旗以進退。」其説實較賈逵「發石」之義爲長。發石乃攻擊之具，非號令之具也。韻會引説文之引詩者並云：「『説文』云云，『引詩』云云，旝字與他字文法相同，未必於此文獨有所改移，故以从㫃之義推之。」段、沈據之，增「旌旗」一訓，一在前，一在後，説雖不同，然不得謂毫無依據也。鈕謂「以『旃』釋『旝』當非古義，不知杜前爲舊説者何人」，是未悟馬氏遠在杜前，實漢人舊説，而妄相駁難，何也？至是詩毛、鄭皆不以「會」爲「旝」，書武城：成「受率其旅若林，會於牧野。」與詩相合，不當讀「古外反」。陸音「古外反」而無訓釋，疑有脱誤。馬氏亦傳毛詩者，廣成頌兼用三家説耳。

緜緜瓜瓞。（瓜部）瓞，瓝也。从瓜，失聲。詩曰：「緜緜瓜瓞。」毛鄭詩考正云：傳：「瓜，紹也。瓞，瓝也。」箋云：「瓜之本實，繼先歲之瓜，必小，狀似瓝，故謂之瓞。」震按，爾雅云：「瓞，瓝，其紹瓞。」蓋瓝者小瓜之種，瓞者繼本之瓜，其小如瓝，故以「瓝」釋「瓞」。而紹者爲瓞，非紹者爲瓝，故又言「其紹」以別之。紹爲繼本也。陸農師云：「今驗近本之瓜常小，末則復大。」於詩意物理皆得之矣。

陶𥤚陶穴。（穴部）𥤚，地室也。从穴，復聲。詩曰：「陶𥤚陶穴。」段云：毛作「復」，三家有作「𥤚」者。王云：今作「復」，省形存聲也。但小徐本未引詩，繫傳乃有之，或大徐據別本邪？毛傳曰：「陶其土而復之，陶其壤而穴之。」箋云：「復者，復於土上，鑿地曰穴，皆如陶然。本其在豳時也。」案，鄭君説月令，既以「複」易「復」，推尋毛公意，蓋亦同鄭。「陶其土而復之」者，剛者曰土，既陶其下爲室，復于其上重復爲室，如樓然。「陶其壤而穴之」者，柔者曰壤，但陶其下爲室而已。箋之「復於土上鑿地曰穴」，乃申毛也。又曰「皆如陶然」者，陶即窯，窯下半在地中，上半在地上，故以況之。今山西謂作室曰「捲窯」，乃古之遺語。有自甘肅來者，言「陶𥤚陶穴」遺跡，其石室故存，正如毛、鄭所説，戴氏駁鄭，恐非。

捄之陑陑。（手部）捄，盛土於梩中也。从手，求聲。一曰擾也。詩曰：「捄之陑陑。」（今本作「陾陾」，段依玉篇改。）段云：陑音而，亦作「隭」。各本作「陾」，誤。今詩亦作「陾陾」。

捄之陾陾。自部　陾，築墻聲也。从自，耎聲。（如乘切）詩曰：「捄之陾陾。」段云傳曰：「捄，虆也。陾陾，衆也，度居也。言百姓之勸勉也，登登用力也。」箋云：「捄，捊也。度，猶投也。築牆者捊聚壤土，盛之以虆，而投諸版中。」按，箋與傳不異，箋之「投」即傳之「居」。詩之「捄」即捊土。「度」謂投版中，然後乃築之登登然。則毛傳謂「陾陾，衆也」爲長，許謂「築牆聲」似非是。又其篆从耎聲，則與「如乘切」相去甚遠。玉篇手部作「捄之陑陑」，則之韻而聲可轉入蒸韻，如「耳孫」之即「仍孫」也。王云：案，玉篇「捄」下引詩「捄之陑陑」。陑，阜部「陾」下云：「築牆聲。」後收字有「陑」，云：「如之切，地名。」廣韻七之合陾、隭、陑爲一字，而十六蒸不收「陾」，然則字本作「陑」，玉篇改作「陾」，宋人重修，反坿「陑」於後收字中，是以廣韻合爲一也。且「築牆聲」之訓，亦是希馮誤記，漫加此義，不悟「築之登登」乃言築，本句尚在「度之薨薨」上也。說文「捄」下云：「盛土於梩中也」，正伸毛傳。說本字安得與傳立異？是後人依玉篇改篆文「陑」爲「陾」，即並以玉篇之說爲許說也。毛傳曰：「陾陾，衆也」，許說雖不必盡同，要之不得如今本。从「而」聲而讀如「仍」者。依公羊傳「『乃』難乎『而』」，則聲當微異，若「耳孫」即是「仍孫」，則「而」與「仍」雙聲可通。段氏詩經小學云：顧寧人因說文引作「捄之仍仍」。按，廣雅釋訓：「仍仍、登登、馮馮，衆也。」即釋此詩。然則「陾」有作「仍」者，今說文同詩，未詳顧氏所本。蒙案：校議言詩考引作「捄之仍仍」，然玉海附詩考本無此句，未詳嚴氏所據。

薪之槱之。（木部）槱，積木，（木各本作「火」，段依玉篇，五經文字，王依韻會改。）燎之也。从木火，酉聲。詩曰：「薪之槱之。」周禮：「以槱燎祠司中司命。」禉，柴祭天神。或从示。毛云：「槱，積也。山木茂盛，萬民得而薪之。賢人衆多，國家得用蕃興。」段云：如毛說，則「槱」謂積薪而已。至鄭箋乃以「煙祀槱尞」爲說，許不但云「積木」，而兼云「燎之」者，爲其字之从火。不云「尞之」而云「燎之」者，燎，放火也；尞，柴祭天也。毛曰「萬民薪之」而已，故但云「燎」。又云：周禮，見大宗伯。燎，依許火部當作「尞」。祠，今周禮作「祀」。許从毛說又引周禮者，廣「槱」證也。鄭注周禮曰：「槱，積也。」王云：此是與體，與旱麓「民所燎矣」同意，鄭箋以爲祭天，誤也。許君引此，祇是泛言，引周禮則專主祭事。

鼛鼓不勝。（鼓部）鼛，大鼓也。从鼓，咎聲。詩：「鼛鼓不勝。」傳：「鼛，大鼓也，長一丈二尺。」段云：「不」，二徐同。汲古閣作「弗」，非也。今類篇集韻，宋刻說文皆作「不」，今詩「不」作「弗」。

昆夷駾矣。（馬部）駾，馬行疾來皃也。从馬，兑聲。詩曰：「昆夷駾矣。」傳：「駾，突也。」箋：「混夷惶怖，驚走奔突，入柞棫之中。」　今詩「昆」作「混」。　段云：「昆」恐是譌字。　王云：正義引作「混夷」，今詩同，孟子：「文王事昆夷。」趙注引詩：「昆夷兑矣。」

犬夷呬矣。（口部）　呬，東夷謂息爲呬。从口，四聲。詩曰：「犬夷呬矣。」（夷，方言及釋詁，郭注皆作「齊」。）　段云：大雅「混夷駾矣，維其喙矣」，合二句爲一句，「混」作「犬」，「喙」作「呬」，蓋亦用三家詩。毛云：「喙，困也。」方言：「餯，喙。呬，息也。」按，人之安寧與困極，皆驗諸息，故「喙」與「呬」不嫌異字同義。　王云：廣韻引「昆夷瘃矣」，廣雅：「喙，息也。瘃，極也。」蓋倦極而息也。　吴云：詩考引左傳注：「畎夷喙矣」，詩地理考又云：「書大傳注引詩『畎夷喙矣』」，説文所引，疑即此詩之異文也。

倬彼雲漢。（人部）　倬，箸大也。从人，卓聲。詩曰：「倬彼雲漢。」　段云：「箸大」者，箸明之大也。小雅：「倬彼甫田。」傳曰：「倬，明皃。」大雅棫樸傳曰：「倬，大也。」許兼取之，曰「箸大也」。韓詩：「菿彼甫田」，音義同也，叚「菿」爲「倬」也。　蒙案：雲漢釋文：「倬，王云『著也』。」柔桑箋：「倬，明大皃。」

榛楛濟濟。（木部）　楛，楛木也。从木，苦聲。詩曰：「榛楛濟濟。」

璱彼玉瓚。（玉部）　璱，玉英華相帶如瑟弦也。从玉，瑟聲。詩曰：「璱彼玉瓚。」　段云：今作「瑟」，箋云：「瑟絜鮮皃。」孔子曰：『璠與，近而視之，瑟若也。』」韻會引作「瑟彼」，則引詩爲發明从「瑟」意。　校議云：宋本及韻會四質引作「瑟彼」，釋文不云「説文作璱」，知舊本無異文。　王云：陸氏「音瑟，字又作璱」云「字又作」，明非説文引作「璱」也。　正義曰：以「瑟」爲玉之狀，故云「絜鮮皃」。説文云：「瑟者，玉英華相帶如瑟絃」，或當然。　蒙案：孔疏明引説文玉部之文，則「瑟者」乃「璱者」之誤，校勘記已辨之矣。然則唐本未必不作「璱彼」也。詩考亦引作「璱彼」，是宋本説文亦不皆作「瑟彼」也。

莫莫葛藟。（艸部）　藟，艸也。从艸，畾聲。詩曰：「莫莫葛藟。」

施于條枚。（木部）　枚，榦也。从木攴，可爲杖也。詩曰：「施於條枚。」　傳同。

神罔時侗。（人部）　侗，大皃。从人，同聲。詩曰：「神罔時侗。」　段云：今作「恫」。傳曰：「恫，痛也。」按，痛者，侗之本義。許所據本作「侗」偁之以見毛詩叚「侗」爲「恫」也。

乃眷西顧。（目部）眷，顧也。从目，𢍏聲。詩曰：「乃眷西顧。」段云：大東：「睠言顧之。」毛曰：「睠，反顧也。」睠同眷，凡「顧眷」并言者，顧者還視也，眷者顧之深也。顧止于側而已，眷則至于反，故毛云：「反顧。」許渾言之，故云「顧也」。王云：眷、顧同意而詩連言之者，「眷」作動字，「顧」作静字耳。

其灌其栵。（木部）栵，栭也。从木，列聲。詩曰：「其灌其栵。」段云：毛曰：「栵，栭也。」「栭」與「灌」爲類，非木名，謂小木叢生者，如魚子名「鯤鮞」也。許云「栵，栭也」者，字之本義。曲枅加於柱，枅加於曲枅，栭又加于枅，以次而小，故名之「栭」。毛取小木之義，故亦曰「栵，栭也」。許説爲本義，毛傳爲引伸叚借之義。桂據陸璣疏及釋木以「栭」爲木名，謂「當依玉篇次於『椐』字上」。王氏从之。經義述聞云：案，下文「檉、椐、檿、柘」，方及木名，「菑、翳、灌、栵」，則汎言木之形狀耳。栵讀爲烈，烈，枿也，斬而復生者也。（汝墳傳：「斬而復生曰肄。」）爾雅：「烈、枿，餘也。」疏引詩序曰：「宣王承厲王之烈。」方言曰：「烈，枿，餘也。陳、鄭之間曰枿，晉、衛之間曰烈，秦、晉之間曰肄，或曰烈。」然則汝墳曰「伐其條肄」，長發曰「苞有三櫱」（櫱與枿同。）皇矣曰「其灌其栵」，義並同。段氏詩經小學讀「栵」爲爾雅「木相磨槸」之「槸」，非是。

其檿其柘。（木部）檿，山桑也。从木，厭聲。詩曰：「其檿其柘。」傳及釋木同。

崇墉圪圪。（土部）圪，牆高皃也。詩曰：「崇墉圪圪。」从土，段云乞聲。皇矣：「崇墉言言。」傳：「言言，高大也。」「崇墉仡仡。」傳：「仡仡猶言言也。」依説文本作「圪圪」。王云：鄭箋：「言言猶孽孽，將壞皃。」未釋「仡仡」，蓋亦同「言言」矣。然左傳宋子魚言文王伐崇，三旬不降，復伐之，因壘而降。是文王降服其心，不必破壞其城也。毛、許説同得之。陳云：「圪圪」，今作「仡仡」。説文「仡仡，勇壯也。」引周書「仡仡勇夫」。漢書揚雄傳：「金人仡仡其承鐘虡兮。」小顔曰：「仡仡，勇健也。」廣雅：「仡，勇也。」公羊宣六年傳「仡然」，何休曰：「仡，勇壯皃。」又廣雅：「仡仡，武也。圪圪，高也。」張揖兩收「仡仡」、「圪圪」，是二字不可通用。勇壯以人言，故从「人」；高以牆言，故从「土」。蓋毛本作「圪」，後人多聞「仡」，少聞「圪」，遂改从人旁。

蒙案：釋文引韓詩亦作「仡」。仡、圪並从气得聲，則謂之叚借亦可。

白鳥翯翯。（羽部）翯，鳥白肥澤皃。从羽，高聲。詩曰：「白鳥翯翯。」段云：傳：「翯翯，肥澤也。」釋文引字林亦云：「鳥白肥澤曰翯。」毛則言「肥澤」，而白在其中也。白部：「皠，鳥之白也。」何晏賦「皠皠白鳥」，「翯」與「皠」音義皆同。賈誼書作「皜皜」，孟子作「鶴鶴」，趙注與毛合。

於牣魚躍。（牛部）　牣，滿也。从牛，刃聲。詩曰：「於牣魚躍。」　傳同。

巨業維樅。（丵部）　業，大版也，（見釋器。）所以飾縣鐘鼓。捷業如鋸齒，以白畫之，象其鉏鋙相承也。从丵，从巾，巾象版。詩曰：「巨業維樅。」　段云。周頌傳曰：「業，大版也。所以設栒爲縣，捷業如鋸齒，或白（二字乃『以白』二字之譌。）畫之，植者爲虡，横者爲栒。」大雅箋云：「虡也，栒也，所以縣鐘鼓也。設大版於上，刻畫以爲飾。」按，栒以縣鐘鼓，業以覆栒爲飾，其形刻之捷業然如鋸齒，又以白畫之，分明可觀，故此大版名曰業。許説本毛。今詩作「虡」，上林賦「虡」作「鉅」，許作「巨」，蓋三家詩「巨」與「鉅」同也。墨子貴義曰：「鉅者白也。黔者黑也。」鉅業者，蓋謂以白畫之與？　校議云：説文引詩皆用「惟」字，「嘵」下别作「唯」，此及「驕」下「鷮」下作「維」，蓋轉寫涉今詩改。

欥求厥寧。（欠部）　欥，詮詞也。从欠曰，曰亦聲。詩曰：「欥求厥寧。」　段云：詮，具也。淮南詮言訓高注：「詮，就也，就萬物之指以言其徵，事之所謂，道之所依也。」詮詞者，凡詮解以爲「詞」。「欥」其正字，「聿、遹、曰」皆其叚借字。今大雅作「遹」。班固幽通賦：「欥中和爲庶幾兮」，文選作「聿」。詩曰：「喪厥國，見晛曰消，見晛曰流。」韓詩皆作「聿」。　王云：詩「曰求厥章」，「曰爲改歲」，漢書引作「聿」。「曰嬪于京」，郭注爾雅引作「聿」。「予曰有先後，予曰有奔奏」，王注楚詞引作「聿」。案，曰者「欥」之省形存聲字。聿者，叚借字。

不𡍬不疈。（土部）　𡍬，裂也。从土，㡿聲。詩曰：「不𡍬不疈。」　段云：今詩作「副」，許作「疈」者，所據用籀文也。毛傳：「言易也。」　蒙案：今「𡍬」爲「坼」，隸變也。本又作「拆」，非。

后稷呱矣。（口部）　呱，小兒嗁聲也。从口，瓜聲。詩曰：「后稷呱矣。」

實覃實吁。（㫗部）　覃，長味也。从㫗，鹹省聲。詩曰：「實覃實吁。」　今「吁」作「訏」也。「訏，大也。」段云：許作「吁」，疑轉寫誤。　蒙案：詩考所引説文，異字異義不收。此句則宋時尚不作「吁」也。箋云：「覃謂始能坐也，訏謂張口嗚呼也。」本書「訏」下「一曰訏𧦝」，與箋意相引伸。

克岐克嶷。（口部） 嶷，小兒有知也。从口，疑聲。詩曰：「克岐克嶷。」今「嶷」作「薿」，傳曰：「識也。」段云：此由俗人不識「嶷」字，蒙上「岐」字改从「山」旁耳。高注淮南曰：「軫𨋎之『𨋎』，讀如『克岐克嶷』之嶷。」

禾穎穟穟。（禾部） 穎，禾末也。从禾，頃聲。詩曰：「禾穎穟穟。」穟，禾采之皃。从禾，遂聲。詩曰：「禾穎穟穟。」段云：今詩作「禾役」，毛曰：「役，列也。」按，「役」者，「穎」之叚借字，古支、耕合韻之理也。「列」者，「栵」之叚借，禾穰也。此「穎」通「穰」言之，下章之「穎」則專謂垂者。又云許此句蓋用三家詩。

瓜瓞菶菶。（玉部） 玤，从王，丰聲。讀若「詩曰瓜瓞菶菶」。口部唪，大笑也。从口，奉聲。讀若「詩曰瓜瓞菶菶」。王云：今詩作「唪」，釋文亦不載三家異體。然傳云：「唪唪然多實也。」則从「口」不如从「艸」之切矣。今本殆以音讀易本文乎？本書：「菶，艸盛。」

有邰家室。（邑部） 邰，炎帝之後姜姓所封，周棄外家國。从邑，台聲。右扶風斄縣是也。詩曰：「有邰家室。」

今詩作「即有邰家室」。段云：高誘注呂覽辨土引無「即」，宋本說文無「即」，與九經字樣所引合。一本有者，非也。校議云：集韻十六咍、類篇引無「即」字。王云：此小徐所引，本有「即」字。韻會亦引爲小徐，亦有「即」字。大徐誤以爲許語，又少「即」字。段氏、嚴氏皆據之，謂詩本無「即」字，非也。箋云：「就其成國之家室」，「就」字非解「即」字乎？且孔疏云：「后稷就而有之。」既以「就」解「即」矣，乃其上文云，下言，「有邰家室」，不出「即」字，則引經者偶删一二字，豈可爲典要乎？白虎通京師篇引亦有「即」字。白虎通引「邰」作「台」。

誕降嘉穀惟秬惟秠。（禾部） 秠，一稃二米。从禾，丕聲。詩曰：「誕降嘉穀，（穀，小徐作『種』，與詩合。）惟秬惟秠。」天賜后稷之嘉穀也。釋艸：「秬，黑黍。秠，一稃二米。」毛傳同。王云：釋草文。其上文云：「秬，黑黍。」故字林曰：「秠，黑黍，一稃二米。」李巡曰：「秠是黑黍之中一稃有二米者，別名之爲秬耳。」今詩作「嘉種」，詩考引亦作「嘉穀」，孫氏瑞應圖亦作「穀」。疏云「善穀之種」，則據本作「種」也。

維虋維芑。（艸部） 芑，白苗，嘉穀也。从艸，己聲。詩曰：「維虋維芑。」（今本無此六字，段據韻會補。）本書：「虋，赤苗，嘉穀也。从艸，釁聲。」爾雅、毛傳並云：「虋，赤苗。芑，白苗。」段云：今詩作「穈」，非。

嘉穀者，據生民詩言之，今詩作「嘉種」，許引「誕降嘉穀，惟秬惟秠。」「虋」「芑」下皆曰「嘉穀」。王云：詩釋文引爾雅作「蘴」，引郭「亡偉反」，足徵「蘴」爲「虋」之變文。蒙案：詩考不收此句，是其所見本已不引詩。陸云爾雅作「蘴」，今爾雅作「虋」。釋文云「詩作『穈』，字亦作『蘴』」。是陸所見詩本已不作「虋」矣。

或舂或舀。（臼部）舀，抒臼也。从爪臼。詩曰：「或舂或舀。」（「舂」今本作「簸」，王依韻會引改。詩考引已誤作「簸」矣。）抭，舀或从手宂。䑌，舀，舀或从舀穴。段云：生民詩曰：「或舂或揄。」毛云：「揄，抒臼也。」然則「揄」者，舀之叚借字也。抒，挹也。既舂之，乃於臼中挹出之。今人凡酌彼注此皆曰「舀」，其引伸之意也。「舀」、「揄」不同，或許所據毛詩作「舀」，或許取諸三家詩。又云：周禮春人：「奄二人，女舂抭二人，奚五人。」鄭曰：「抭，抒臼也。」引詩「或舂或抭」。禮有司徹篇：「執挑匕柄以挹湆注於疏匕。」鄭云：「挑讀如『或舂或抭』之抭。」按，鄭君注禮多用韓詩。然則韓詩作「抭」，即「舀」也。王云：本「弋紹切」，孫「以沼切」，詩釋文：「揄音由。」玉篇：「舀，翼珠、弋周二切，抒臼也。亦作『揄』。又以沼切。」案，「俞」在十虞，「由」在十八尤，「舀」在三十小，三部字多通。

詩考：董氏引韓詩「或舂或抭。」

烝之烰烰。（火部）烰，烝也。从火，孚聲。詩曰：「烝之烰烰。」爾雅同。毛詩作「浮浮」，傳曰：「氣也。」

取羝以軷。（車部）軷，出將有事於道，必先告其神，立壇四通，樹茅以依神爲軷。既祭犯軷，（句）轢牲而行爲範軷。从車、犮聲。詩曰：「取羝以軷。」傳曰：「軷道祭也。」

酒醴維醹。（酉部）醹，厚酒也。从酉，需聲。詩曰：「酒醴維醹。」傳：「醹，厚也。」

令終有俶。（人部）俶，善也。从人，叔聲。詩曰：「令終有俶。」一曰始也。段云：許引此爲「善」訓之證，而今本毛傳作「俶，始也。」鄭箋易之云：「俶，猶厚也。」豈許所據作「善」不作「始」與？王云：既云「令」矣，令者，善也，不當云「善終有善。」竊疑此句在引詩上，抑或「一曰」二字爲「俶」之譌，引詩而說之也。

室家之壼。（口部）壼，宮中道。从口，象宮垣道上之形。詩曰：「室家之壼。」釋宮：「宮中衖謂之壼。」郭云：「巷閤閒道也。」段云。毛曰：「壼，廣也。」鄭云：「壼之言梱也，室家相梱致」。皆引伸叚借之義。養新録云：「國語叔向引此章而云：『壼也者，廣裕民人之謂也。』是壼之爲廣，自昔有此訓矣。古人先齊家而後治國，父子之恩薄，兄弟之志乖，夫婦之道苦，雖有廣厦，常覺其隘矣。室家之中寬然有餘，此之謂壼。」

鳧鷖在梁。（鳥部）鷖，鳧屬也。从鳥，殹聲。詩曰：「鳧鷖在梁。」吴云：今詩無此文，或誤字，或逸詩也。段云：「梁」當作「涇」。校議云：此即「在渚」之異文。渚，梁聲之轉。王云：古人引書不檢，本詩有「維鵜在梁」、「鴛鴦在梁」，相涉而誤，不得如嚴氏曲爲之解。蒙案：詩考不引此句，似宋本尚不作「梁」字。

鳧鷖在潨。（水部）潨，小水入大水曰潨。从水，衆聲。詩曰：「鳧鷖在潨。」段云：傳：「潨，水會也。」按，許説申毛。若鄭箋云：「潨，水外之高者也，有瘞埋之象。」則謂「潨」與「崇」同，恐非詩意。

公尸來燕醺醺。（酉部）醺，醉也。从酉，熏聲。詩曰：「公尸來燕醺醺。」段云：今詩作「來止熏熏」，上四章皆云「來燕」，則作「燕」宜也。「醺醺」恐淺人所改。毛傳：「熏熏，和悦也。」許以「來燕熏熏」釋此篆之从酉熏，引經釋會意也。王云：箋：「不敢當王之燕禮，故變言『來止』。」恐字既譌，鄭君曲解之也。豈有上四章皆云「來燕」，末章始不敢當乎？釋文：「熏，説文作醺。」

威儀秩秩。（走部）𧼯，走也。从走，𢦔聲。讀若詩「威儀秩秩。」段云：此稱假樂「威儀抑抑，德音秩秩」，誤合二句爲一。「秩秩」李仁甫本作「袟袟」，少牢饋食禮注曰：「古文替爲秩。」「秩」或爲「𢦔」與「𧼯」，讀如「秩」相似。

可以饋饎。（食部）饎，酒食也。从食，喜聲。詩曰：「可以饋饎。」䭞，饎或从配。糦，饎或从米。傳同。今詩「饋」作「餴」，本書：「𩞁，滫飯也。从食，𩞁聲。饋，𩞁或从賁。餴，𩞁或从奔。」

鳳皇于飛，翽翽其羽。（羽部）翽，羽（各本作「飛」，王據釋文引改。段云：詩釋文引説文：「羽聲也」，字林：「飛聲也」，此俗以字林改説文之證。）聲也。从羽，歲聲。詩曰：「鳳凰於飛，翽翽其羽。」箋及玉篇同。段云：傳曰：「翽翽，衆多也。」此謂鳳飛羣鳥從以萬數，毛比傳下文「多吉士」、「多吉人」爲説，許説其字義，故不同也。

譪譪王多吉士。（言部）譪，臣盡力之美。詩曰：「譪譪王多吉士。」从言，葛聲。段云：釋訓曰：「藹藹、萋萋，臣盡力也。」毛傳曰：「藹藹猶濟濟也。」濟濟，多威儀也。

菶菶萋萋。（艸部）萋，艸盛。从艸，妻聲。詩曰：「菶菶萋萋。」菶，艸盛。从艸，奉聲。王云：傳曰：

「梧桐盛也。」案，葛覃、蒹葭之「萋萋」，皆言草，許君不引，轉引此言木者，通之也。出車「卉木萋萋」，固兼言之。

汔可小康。（水部）　汔，水涸也。从水，气聲。或曰泣下也。詩曰：「汔可小康。」　段云。傳曰：「汔，危也。」周易：「汔至亦未汲井，小狐汔濟。」虞翻曰：「汔，幾也。」皆引伸之義。水涸爲將盡之時，故引伸之義曰危，曰幾也。　王云：箋云：「汔，幾也。」筠案，引詩乃別一義，當以鄭箋「幾也」爲正。釋詁：「⿰豈幾，汔也。」郭注謂「相摩近」，孫叔然曰：「汔，近也。」亦引此詩。紬義云：「傳『危』字非安危之危。釋詁：『幾，危也。』幾，近也。』『危』有『近』義。」

朁不畏明。（曰部）　朁，曾也。从曰，兓聲。詩曰：「朁不畏明。」　段云：釋言、大雅傳、小雅箋同。八部曰：「曾者，䛐之舒也。」曾之言乃也。今民勞，十月之交、爾雅字皆作「憯」，憯之本義痛也。　詩經小學云：「憯莫懲嗟」、「胡憯莫懲」、「憯不知其故」，皆宜作「朁」，同音叚借也。　王云：詩節南山、十月之交，雲漢無不作「憯」者，傳、箋無不訓以「曾」者，蓋古人叚借有省偏旁者，有加偏旁者，不足異也。

以謹怋怓。（心部）　怋，怓也。从心，民聲。怓，亂也。从心，奴聲。詩曰：「以謹怋怓。」（引詩「怋」字各本作「惛」，段正。　王云：宋版釋文云：「惛，說文作怋。」今「怋」作「惛」。　蒙案：「怋怓」連緜字，許書二篆相次，「惛，不憭也。」與「怋」義異。傳曰：「大亂也。」與許「怋」字義合，則其字當本作「怋」。

無然呭呭。（口部）　呭，多言也。从口，世聲。詩曰：「無然呭呭。」　今詩作「泄泄」，爾雅、孟子同。爾雅釋文：「泄，或作呭。」本書言部又引作「詍詍」。

無然詍詍。（言部）　詍，多言也。从口，世聲。詩曰：「無然詍詍。」　段云：與口部「呭」音義皆同。口部偁詩作「呭呭」，此作「詍詍」，蓋四家之別也。　蒙案：釋文云：「泄，說文作呭。」而不及「詍」。經義述聞云：錢氏答問曰：「問，說文口部『呭』字引詩『無然呭呭』，言部『詍』字亦引詩『無然詍詍』，二字并訓『多言』，（家大人曰：史記張釋之傳：『諜諜利口捷給』，索隱：『諜諜，漢書作喋喋，口多言也。』喋喋之爲諜諜，猶呭呭之爲詍詍。）蓋先儒寫有異而義則同，然與毛、鄭、朱注皆不合，何也？曰：孟子引詩訓『泄泄猶沓沓』，而毛氏傳取之。說文『沓，語多沓沓也』。詩：『噂沓背憎』，（毛傳：『噂猶噂噂，沓猶沓沓。』）鄭箋：『謂噂噂沓沓。相對談語』，亦取聚語之義。孟子以『事君無義，進退無禮，言則非先王之道』申『沓沓』之説，亦是惡其多言，與説文同義。爾雅釋訓云：『憲憲、泄泄，制法則也』。鄭箋取其義云：『王方欲艱難天下之民，又方變更先王之道，女無憲憲然無沓沓然爲之制法度，達其意以成其惡。』蓋多言之人恒好改制，以先王之道爲不足法，而迎合時君之指作法以病民。爾雅、説文訓詁似異而理實相因。孔氏正義以『泄泄沓沓』爲競進之意，朱氏又以爲『怠緩悦從之皃』，皆不若説文之可據。家大人曰：此説貫通爾雅、説文及傳箋之訓，與孟子『言則非先王之道』語意尤合，『泄泄沓沓』四字，其義乃瞭如指掌矣。詩言『泄泄』者，每有衆多之意。魏風十畝之間曰：『桑者泄泄兮』，毛傳：『泄泄，多人之皃。』『多人』謂之泄泄，猶『多言』謂之泄泄也。荀子正名篇曰：『愚者之言諸諸然而沸。』（楊倞注：『諸諸，多言也。』）諸諸與沓沓同。又解蔽篇曰：『辯利非以言，是則謂之詍。』（楊注：『詍，多言也。詩曰：無然詍詍。』）尤足與孟子之言相表裏。」

小子蹻蹻。（足部）蹻，舉足小高也。从足，喬聲。詩曰：「小子蹻蹻。」段云：毛傳：「蹻蹻，驕皃。」此引伸之義。

多將熇熇。（火部）熇，火熱也。从火，高聲。詩曰：「多將熇熇。」段云：傳：「熇熇然熾盛也。」易：「家人嗃嗃。」鄭云：「苦熱之意」。是「嗃」即「熇」字也。釋文曰：「劉作『熇熇』。」

民之方唸吚。（口部）唸，吚（各本作「㕧」，从嚴，王説作「吚」）也，（「㕧也」。段云：「當云『唸吚，呻也』」。）从口，念聲。詩曰：「民之方唸吚。」（各本作「㕧」，依段、嚴、王三家改。）吚，（各本篆作「㕧」，依三家。）唸吚（各本作㕧，今改）呻（段删「呻」字，嚴、王補「吟」字。）也，从口，伊省聲。今詩作「殿屎」，釋訓同。毛傳：「呻，吟也。」釋訓：「呻也。」段云：詩、爾雅音義皆云「殿屎」，説文作「唸吚」，五經文字：「屎，説文作吚。」然則今本説文作「㕧」者，俗人妄改也。嚴、王説同。錢云：「屎，古文『徙』爲『屎』字之省也。」桂同錢，云：「借字。」

价人維藩。（人部）价，善也。从人，介聲。詩曰：「价人維藩。」傳同。箋云：「价，甲也。被甲之人，謂卿士掌軍事者。」段云：蓋鄭易「价」爲「介」也。詩正義引爾雅作「价」，今爾雅作「介，善也」。蓋非善本。

天命匪忱。（心部）忱，誠也。从心，冘聲。詩曰：「天命匪忱。」大雅蕩曰：「天生烝民，其命匪諶。」段云：毛曰：「諶，誠也。」許作「忱」，是亦可徵二字通用也。校議曰：蕩篇約文。

白圭之㓠。（刀部）㓠，缺也。从刀，占聲。詩曰：「白圭之㓠。」今詩作「玷」，毛曰：「缺也。」段云：㓠、玷古今字。本書無「玷」字。

莫捫朕舌。（手部）捫，撫持也。从手，門聲。詩曰：「莫捫朕舌。」段云：撫，安也。一曰揗也，謂安揗而持之。大雅傳曰：「持也。」渾言不分析也。

告之詁言。（言部）詁，訓故言也。从言，古聲。詩曰「詁訓」。段云：此句或謂即大雅「古訓是式」，或謂即毛公詁訓傳，皆非是。按，釋文於抑「告之話言」下云：「户快反，説文作詁。」則此四字當爲「詩曰告之詁言」六字無疑。毛傳曰：「詁言，古之善言也。」以「古」釋「詁」，正同許以「故」釋「詁」。陸氏所見説文未誤也。自有淺人見詩無「告之詁言」，因改爲「詩曰詁訓」，不成語耳。嚴、桂説同。

國步斯矉。（目部）矉，恨張目也。从目，賓聲。詩曰：「國步斯矉。」段云：毛詩作「頻」，云：「頻，急也。」鄭云：「頻猶比也。哀哉！國家之政，行此禍害比比然。」「頻」字絶非叚借，此作「矉」者，蓋三家詩。王云：頻部「顰」字，許説二字同義。通俗文曰：「蹙頞曰矉」則與「頻」同義，蓋三家訓義如此。

甡甡其鹿。（生部）甡，衆生並立之皃。从二生。詩曰：「甡甡其鹿。」傳曰：「甡甡，衆多也。」段云：其字或作「詵詵」，或作「駪駪」，或作「侁侁」，或作「莘莘」，皆叚借也。周南傳曰：「詵詵，衆多也。」小雅傳曰：「駪駪，衆多之皃。」

⿰亻菽⿰亻菽山川。（艸部）⿰亻菽，艸旱盡也。从艸，俶聲。詩曰：「⿰亻菽⿰亻菽山川。」今詩作「滌滌」，傳：「滌滌，旱氣也。山無木，川無水。」段云：玉篇廣韻皆作「蔋」，今疑當作「⿱艹滌」，艸木如盪滌無有也。叔聲、淑聲字，多不轉爲「徒歷切」。詩：「踧踧周道」，「踧」字亦疑誤。王云：詩考作「⿱艹滌⿱艹滌」。蒙案：玉海附詩考本作「⿰亻菽⿰亻菽」，與今本説文同。不詳王氏所據。

旱魃爲虐。（鬼部）魃，旱鬼也。从鬼，犮聲。周禮有「赤魃氏」，除牆屋之物也。詩曰：「旱魃爲虐。」段云：「傳曰：魃，旱神也。」此言「旱鬼」，以字从「鬼」。神、鬼統言之則一耳。山海經叚「妭」字。今本大荒北經作「魃」，御覽引作「妭」，據郭注音如「旱魃」之「魃」，則作「妭」者是。段又云：周禮秋官赤犮氏：「掌除牆屋，以蜃炭攻之，以灰灑毒之。」鄭云：「赤犮猶言捇拔也，主除蟲豸自埋者。」按許作「赤魃」，蓋其所據本不與鄭同。其云「除牆屋之物」，「物」讀「精物」、「鬼物」之「物」，故毆之之官曰「赤魃氏」。説義亦與鄭異，蓋賈侍中說與？王云秋官「赤犮」，省形存聲字。許君以爲字之別義，故解説之。下文引詩，乃證本義。

有譏其聲。（言部）譏，聲也。（廣韻衆聲。）从言，歲聲。詩曰：「有譏其聲。」段云雲漢：「有嘒其星。」毛曰：「嘒，衆星皃。」此「有譏其聲」，蓋三家詩也。如史所云「赤氣亘天，砰隱有聲」是也。或曰「聲」當是「星」字之誤，「有譏其星」，如天官書「天鼓有音」、「天狗有聲」之類。王云：「聲」當爲「星」，王伯厚詩考以爲即雲漢「有嘒其星」是也。蓋「譏、嘒」直是一字，故其解説同例。「嘒，小聲也」，凡「鸞聲嘒嘒」、「鳴蜩嘒嘒」，皆統之矣。與此云「聲也」正同。而「嘒彼小星」有「小」義，無「聲」義，則不足統之，故引以補之，與此引詩于聲無關同也。毛傳：「嘒，衆星皃」，與廣韻：「譏，衆聲」同詞。星則有取于「衆」無取于「聲」也。

奕奕梁山。（大部）奕，大也。从大，亦聲。詩曰：「奕奕梁山。」傳：「奕奕，大也。」段云：周頌箋云：「亦，大也。」段「亦」爲「奕」。

鉤膺鏤鍚。（金部）鍚，馬頭飾也。从金，陽聲。詩曰：「鉤膺鏤鍚。」一曰鍱車輪鐵也。箋云：「眉上曰鍚，刻金飾之，今『當盧』也。」段云：人眉目間廣揚曰揚，故馬眉上飾曰鍚。「盧」即「顱」字。今詩作「錫」，省文。

鞹鞃淺幭。（革部）鞃，車軾（王依韻會補「中靶」二字，段則改「靶」爲「把」。）也。从革，弘聲。詩曰：「鞹鞃淺幭。」讀若穹。傳曰：「鞹革也。鞃軾中也。」段云：此謂以去毛之皮鞔軾中人所凭處。篇、韻皆云：「軾中靶。」靶，轡革，不當以名軾。蓋許本作「把」，而俗譌從革。軾中把者，人把持之處也。王云釋器：「與革前謂之鞎。」郭注：「以韋靶車軾。」邢疏：「靶謂鞔也。」

顯父餞之。（食部）餞，送去食也。从食，戔聲。詩曰：「顯父餞之。」傳曰：「祖而舍軷，飲酒於其側曰餞。」

惟葦及蒲。（鬲部）鬻，鼎實惟葦及蒲。（段云：此有奪，當云：「鼎實也。」）詩曰：「其鬻惟何，惟筍及蒲。」

或曰「筍」作「葦」者，三家詩也。爾雅「其萌蘿」，今蘆筍可食者也。王改補同。王云：韻會引作「筍」，各本作「葦」，葦不中食。）陳留謂「鍵」爲「鬻」，从𩰲，速聲。餗，鬻或从食束。今诗及尔雅作「亲」，许无。

𩜦鹿噳噳。（口部）噳，麌鹿羣口相聚皃。从口，虞聲。詩曰：「麀鹿噳噳。」段云：大雅：「麀鹿噳噳。」毛曰：「噳噳然衆也。」小雅：「麀鹿麌麌。」毛曰：「麌麌，衆多也。」按毛意「麌麌」即「噳噳」之叚借也。說文無「麌」。

獻其貔皮。詳書如「如虎如貔」句下。

闞如虓虎。（虎部）虓，虎鳴也。一曰師子大怒聲也。（四字王依玄應詩補。）从虎，九聲。詩云：「闞如虓虎」是也。（八字王依玄應補。）傳云：「虎之自怒虓然。」釋文：「虎怒皃。」王云：漢書卓茂傳注：「虓，怒虎也。」復古編：「虓，師子鳴。」

敦彼淮濆。（水部）濆，水厓也。从水，賁聲。詩曰：「敦彼淮濆。」傳：「濆厓也。」段云：「敦彼」當「鋪敦」之誤。王以爲許君記憶之誤。蒙案：此或是傳寫之譌，未可遽以咎許君也。

鞫人伎忒。（人部）伎，與也。从人，支聲。詩曰：「鞫人伎忒。」段云：舁部曰：「與者，黨也。」此「伎」之本義也。廣韻曰：「侶也」，不違本義。俗用爲「技巧」之「技」，今詩作「忮」，傳曰：「忮，害也。」許所據作「伎」，蓋毛詩叚「伎」爲「忮」，故傳與雄雉同。毛說其叚借，許說其本義也。今詩則學者所竄易也。鞫，今作「鞫」，隸變也。

舍爾介逖。（辵部）逖，遠也。从辵，狄聲。詩曰：「舍爾介逖。」「詩曰」六字，王依集韻引增，段以爲不足信。然詩考有此句，疑宋本有之，詩考未必取之集韻也。傳：「狄，遠。」正義：「毛讀狄爲逖，故爲遠也。」釋文：「狄，毛他歷反，遠也。鄭如字，謂夷狄。」

蟊賊内訌。（言部）訌，讉也。从言，工聲。詩曰：「蟊賊内訌。」段云：召旻傳曰：「訌，潰也。」抑傳曰：「虹，潰也。」虹者，「訌」之叚借字。釋言：「虹，潰也。」亦作「訌」。郭云：「謂潰敗。」按，許作「讉」者，許以「讉」與「潰」同也，詩「實虹小子」、「蟊賊内訌」，皆謂禍由中出，與「中止」之義合。（本書：「讉，中止也。」）王云「讉也」當作「潰也」。

說文引經異同　卷十三

詩

頌

誐以謐我。（言部）　誐，嘉善也。从言，我聲。詩曰：「誐以謐我。」段云：「謐」鉉本作「溢」，此用毛詩改竄也。廣韻引說文作「謐」。按，毛詩：「假以溢我。」傳曰：「假，嘉。溢，慎。」與「誐、謐」字異義同，許所偁蓋三家詩。「誐、謐」皆本義，「假、溢」皆叚借也。然「謐」、「溢」並見釋詁，可知周時已有此二本之殊矣。若左氏作「何以恤我」，「何」者，「誐」之聲誤。「恤」與「謐」同部，堯典「惟刑之謐哉」，古文亦作「恤」。詩考兩引說文「誐以溢我」、「誐以謐我」，大小徐之異也。

載戢干戈。（戈部）　戢，臧兵也。从戈，咠聲。詩曰：「載戢干戈。」段云：傳曰：「戢，聚也。」「聚」與「藏」義相成，聚而藏之也。

載櫜弓矢。（櫜部）　櫜，車上大櫜。从櫜省，咎聲。詩曰：「載櫜弓矢。」傳曰：「櫜，韜也。」王云：樂記注「兵甲之衣曰櫜。」此載于車上者也。士喪禮注：「櫜，韜盛物者。」此則不必載于車上，亦曰櫜也。又云：「毛公以疊韻解之，不言其物而自見。」

鐘鼓鍠鍠。（金部）　鍠，鐘聲也。从金，皇聲。詩曰：「鐘鼓鍠鍠。」今詩作「喤喤」，傳曰：「和也。」段云：「皇，大也。」故聲之大，字多从「皇」。詩曰：「其泣喤喤」、「喤喤厥聲」，玉部曰：「瑝，玉聲也。」執競以鼓統於鐘，總言「鍠鍠」。漢書禮樂志、風俗通引並同。釋訓：「鍠鍠，樂也。」釋文作「韹韹」，又作「鍠」，引字書：「鍠鍠，樂之聲也。」

管磬蹡蹡。（足部）　蹡，行皃。从足，將聲。詩曰：「管磬蹡蹡。」今詩作「磬筦將將」，傳：「將將，集也。」詩考稱漢書引作「磬管鏘鏘」。段云：聘禮：「衆介北面蹌焉。」鄭云：「容皃舒揚。」曲禮：「士蹌蹌。」鄭云：「行容止之皃。」許「蹩」爲「行皃」，「蹌」訓「動也」，然則禮言行容者，皆「蹩」爲正字，「蹌」爲叚借字。廣雅：「蹡蹡，走也。」陳云：毛詩屢言「將將」，緜傳：「嚴正也。」有女同車傳：「鳴玉而後行。」庭燎傳「鸞鑣聲。」皆「蹡蹡」省文。又庭燎、烝民、韓奕釋文俱云：「亦作鏘。」「鏘」字說文不收。校議云：「管磬」小徐作「磬管」。按，執競釋文引說文「將」作「蹩」，不云「管」字在「磬」上。議依小徐。蒙案：「管」之爲「筦」，叚借字也。釋文本亦作「管」，詩考引說文不言作「管磬」，當與小徐同。

詒我來麰。（來部）來，周所受瑞麥來麰。（段下補「也」字。王改「麰」爲「牟」。正義引此句作「周受來牟也」。御覽引作「周所受來牟也」。）一來二縫，（正義引作「一麥二夆」，御覽引作「一麥三縫」，董彥遠謝正字啓閔康侯注引作「一束二縫」，本草綱目引作「一來二麰」。段依正義定爲「二麥二峯」，嚴依正義。王依本草定爲「一來二牟」。）象（正義御覽引下均有「其」字。）芒束之形。天所來也，故爲行來之來。詩曰：「詒我來麰。」凡來之屬皆从來。今詩「詒」作「貽」，俗字。「麰」作「牟」，段以爲古文叚借字。段云：來麰者，以二字爲名。古無謂「來，小麥。麰，大麥」者，至廣雅乃云：「麳，小麥。麰，大麥。」非許說也。王云：傳謂經言「來牟」者，乃牟自天而來也。許君則曰「來，小麥也。牟，大麥也」。故曰「周所受瑞來牟」。然又恐人謂「來牟」二字爲一名，乃區別之曰「一來二牟」，於是較然兩物矣。麥部「麰」字，乃後人增也。

庤乃錢鎛。（金部）錢，銚也，傳同。古者田器。从金，戔聲。詩曰：「庤乃錢鎛。」鎛，鎛鱗也，鐘上橫木上金華也。从金，尃聲。一曰田器。詩曰：「庤乃錢鎛。」傳：「鎛，鎒。」鎒者，槈之或體，並見許書木部。許曰：「薅器也。」鄭注考工記曰：「田器。」

鞗革有瑲。（玉部）瑲，玉聲。从玉，倉聲。詩曰：「鞗革有瑲。」許書無「鞗」，段謂當作「攸」，古叚借字。古金石文字作「攸」。王謂當作金部之「鋚」。瑲今詩作「鶬」，釋文：「本亦作鎗。」小雅：「有瑲蔥珩。」毛曰：「瑲，珩聲。」載見傳曰：「鞗革有鶬，言有法度也。」箋曰「鶬，金飾皃」。與許說不同。本書「鋚」爲轡首銅，故鄭云「金飾皃」。轡首不必有聲，未詳許意云何。

煢煢在宊。（宀部） 宊，貧病也。从宀，久聲。詩曰：「煢煢在宊。」 今詩作「嬛嬛在疚」，毛曰：「疚，病也。」釋文「嬛嬛，孤特也，崔本作煢。疚，本又作宊」。段云：毛詩蓋本作「宊」，左傳曰「煢煢余在疚」。桂云：召旻釋文：「疚字或作宊。」雲漢釋文：「疚本或作宊。」漢書匡衡傳：「詩云：『煢煢在疚。』」顔注：「煢煢，憂皃也。」 王云：許君所據經皆作「宊」，故疒部不收「疚」字。 蒙案：正月：「憂心惸惸。」傳：「惸惸，憂意也。」釋文：「惸，或作煢。」「哀此惸獨。」釋文同。孟子亦作「煢」。周禮太祝注引此詩作「嬛嬛」，文選寡婦賦注引韓詩作「惸惸」，爾雅：「惸惸，憂也。」釋文又作「煢惸」者，「惸」之隸變。本書兮部：「⿱旬兮，驚詞也。或从心，作惸。」卂部：「煢，回飛也。」皆無「憂」意及「孤特」意。女部：「嬛，材緊也。」引春秋傳曰：「嬛嬛在疚。」然傳文亦與「材緊」意不合。魏風又作「睘睘」，目部：「睘，目驚視也」，引詩「獨行睘睘」，「目驚視」與「惸」之「驚詞」意近，然則「惸」、「睘」爲正字，「煢」、「嬛」爲叚借字。「驚」與「憂」相因，而孤特者則不免於驚視也。

有嗿其饁。（口部） 嗿，聲也。从口，貪聲。詩曰：「有嗿其饁。」 傳曰「衆皃」。 稽古編云：李氏曰：「嗿者，衆人飲酒之聲。」殆合毛、許二義而爲之説，然經文「嗿」字本指「饁」言，則是方饋時耳，何遽飲食聲乎？不若毛氏韻增釋爲「衆聲」，不言飲食，足通毛、許之異，而經義亦合。 廣韻亦云「衆聲」。

有飶其香。（食部） 飶，食之香也。从食，必聲。詩曰：「有飶其香。」 傳：「芬香皃。」

畟畟良耜。（夂部） 畟，治稼畟畟進也。从田儿，从夂。詩曰：「畟畟良耜。」王刪下「从」字，云：田人夂者，治田之人進也。 又云：畟畟，耜也。郭注「言嚴利」。舍人云：「畟畟耜入地之皃。」又云：「耜」當作「相」，此依今詩改也。傳云：「畟畟，猶測測也。」箋云：「農人測測以利善之耜，熾菑是南畝也。」筠案，秋官薙氏注曰：「耜之者，以耜測凍土剗之。」知詩箋當作「農人以測測利善之耜」。釋訓亦以「畟畟」屬之耜，不屬之人，不必與許君同意。

既茠荼蓼。（蓐部） 薅，披田艸也。从蓐，好省聲。⿱艹⿰女辰，籀文「薅」省。茠，「薅」或从「休」。詩曰：「即茠荼蓼。」 今詩「茠」从正體作「薅」，「既」作「以」。釋文稱説文引作「以茠」，則今本説文誤也。釋艸：「蒤委葉。」郭注：「詩云『以茠蒤蓼』。」

穫之挃挃。（手部）挃，穫禾聲也。从手，至聲。詩曰：「穫之挃挃。」傳：「穫聲。」

穦之秩秩。（禾部）穦，積禾也。从禾，資聲。（即夷切。）詩曰：「穦之秩秩。」秩，積皃。从禾，失聲。詩曰：「穦之秩秩。」段云：今作「積之栗栗」，毛云：「栗栗，衆多也。」無「穦，積也」之文。蓋許偁三家詩也。爾雅：「栗栗，衆也。」邵氏爾雅正義云：「穦、積、秩、栗」，皆聲之轉，字異義同。郝氏爾雅義疏云：公羊哀二年傳：「戰于栗」，釋文：「栗，一本作秩。」是「秩、栗」古通。説文「秩秩」即「栗栗」，亦其證矣。

素衣其紑。（糸部）紑，白鮮衣皃。从糸，不聲。詩曰：「素衣其紑。」今作「絲衣」，傳：「絲衣，祭服也。紑，絜鮮皃。」段云：「絲衣」乃篇名，「素」恐譌字。此謂士爵弁玄衣纁裳，非白衣也。王云：此説是。「白」當依毛傳作「絜」。通典引劉向五經通義：「詩曰：『絲衣其紑，會弁俅俅。』」

戴弁俅俅。（人部）俅，冠飾皃。从人，求聲。詩曰：「戴弁俅俅。」今詩「戴」作「載」，箋曰：「載，猶戴也。」釋言：「俅，戴也。」郭注引亦作「戴」。詩考采説文，「戴弁」作「弁服」，恐伯厚所據本誤也。王云：釋訓：「俅俅，服也。」毛傳：「俅俅，恭順皃。」段氏曰：「許以上文『紑』屬衣言之，則『俅俅』亦當屬弁言之。故此用爾雅易傳義，而『紑』下不易傳也。」箋意終以毛傳爲是。「載弁俅俅」與「被被祁祁」文法同，彼不言「載」，「祁祁」尚指人言之，況此言「載」乎？且「俅、祈」雙聲，「祁祁」，舒遲也；「俅俅」，恭順皃，義亦相近。即釋文云：「俅，説文作絿。絿，急也。」則是見所尊者齊遬之義，亦指人言。桂云：釋文爲後人所亂，疑陸本詩作「絿」，當云：「絿，説文作俅。」

鼐鼎及鼒。（鼎部）鼒，鼎之圜掩上者。从鼎，才聲。詩曰：「鼐鼎及鼒。」鎡，俗鼒，从金茲聲。釋器同。傳：「小鼎謂之鼒。」釋文：「鼒，説文作『鎡』，音茲。」校議謂引詩當在「鎡」下，作「鼐鼎及鎡」。王云：釋器釋文曰：「字林音載。」然則説文但收「鎡」，字林始收「鼒」，校者以吕亂許也。蒙案：説文音茲，字林音載，音不同，故稱字林以別之，豈遂見説文不收「鼒」乎？

不吴不敖。（矢部）吴，大言也。从矢口。詩曰：「不吴不敖。」段云：「大言」之上各本有「姓也，亦郡也。一曰吴」八字，乃妄人所增，今刪正。檢韻會本正如是。周頌絲衣、魯頌泮水皆曰「不吴」，傳、箋皆云：「吴，譁也。」言部：「譁者，讙也。」然則「大言」即謂「譁」也。孔沖遠正義作「不娛」，史記孝武本紀作「不虞」，皆叚借字。引詩今本無，王依釋文引補。

駫駫牡馬。（馬部）駫，馬盛肥（段依廣韻改「肥盛」。）也。从馬，光聲。詩曰：「駫駫牡馬。」（各本作「四牡駫駫」，段依釋文正。）段云：陸所見作「駫駫牡馬」，即魯頌之「駉駉牡馬」也。「牡馬」古本作「牧馬」。詩釋文曰：「駉，古熒反。説文作驍，又作駫，同。」「作驍又」三字當删，云：「説文作駫，同。」玉篇亦曰：「駫，古熒切，駉同。」則知説文作「駫駫牧馬」，陸所見説文不誤，今本説文則誤甚耳。毛傳曰：「良馬腹幹肥張也。」許言「肥盛」，即「腹幹肥張」。从「馬光」會意，而「光」亦聲。嚴、桂、王説並同。釋文：「牡，本或作牧。」正義云：「『牧馬』定本作『牡馬』。」顏氏家訓云：「江南書皆作牝牡之牡，河北本悉爲放牧之牧。」顏據此章傳「良馬」之文，以爲有騭無驛，定从「牡」字。詩經小學云：「考周官馬政，絶無郊祀朝聘有騭無驛之説。校人職云：『凡馬特居四之一。』鄭司農云：『三牝一牡。』康成云：『欲其乘之性相似也。』此云凡馬並指六種五路之馬。又康成計王馬之大數，而引詩『騋牝三千』，何嘗謂五路之馬無驛歟？序云：『牧于坰野。』傳云：『牧之坰野則駉駉然。』正義云：『駉駉然腹脺肥張者，所牧養之良馬也。』經文作『牧』爲是，顏説誤。」

驍驍牡馬。（馬部）驍，良馬也。从馬，堯聲。詩曰：「驍驍牡馬。」今本無引詩語。校議云：釋文引説文「駉」作「驍」，蓋六朝舊本有。段云：堯聲、駉聲相去甚遠。崧高：「四牡蹻蹻。」傳曰「蹻蹻，壯皃」。泮水傳：「蹻蹻，言彊盛也。」蓋古本説文有「詩曰四牡驍驍」六字，乃崧高之異文，或轉寫譌作「驍驍牡馬」。而陸氏乃有「駉，説文作驍」之説矣。

在駉之野。（馬部）駉，牧馬苑也。从馬，冋聲。詩曰：「在駉之野。」王云：此詩名爲駉，取此字也。今本「駉」作「坰」，傳：「遠野也。邑外曰郊，郊外曰野，野外曰林，林外曰坰。」箋云：「必牧於坰野者，辟民居與良田也。」與許説異。段改「在駉」爲「在冋」，而説之曰：魯頌曰：「駫駫牡馬，在坰之野。」坰，或冋字。冂，古文同字。詩言「牧馬在冋」，故偁爲从馬冋會意之解。蒙案：許訓「駉」爲「牧馬苑」，則「在駉之野」語頗迂曲。詩經小學謂「許意言『在駉之野』即『在野之駉』，倒句以就韻」。亦曲爲之説也。則段欲改「在駉」爲

「在同」，其説頗爲有見。或曰：「駉駉」既作「駫駫」，「在駉」又作「在同」，然則詩何以名駉乎？曰：下文「薄言駉者」，之「駉」，正可以許説解之。段欲改「薄言駉者」爲「薄言駫者」，非也。

有驈有騜。馬部　驈，驪馬白跨也。从馬，矞聲。詩曰：「有驈有騜。」　今詩「騜」作「皇」。段云：許無「騜」字，字林乃有之。此「騜」後人所改耳。韻會作「有皇」是也。爾雅作「騜」，亦是俗本。驈，傳及釋畜同。王云：郭注爾雅引詩「騜駁其馬」，然則「騜」者，晋時所作。

以車伾伾。（人部）伾，有力也。从人，丕聲。詩曰：「以車伾伾。」傳同。

有駰有騢。（馬部）駰，馬陰白襍毛黑。从馬，因聲。詩曰：「有駰有騢。」段云：「黑」字宋本、舊本皆同，汲古毛氏改「黑」作「也」。以合爾雅、毛傳，然而非是。釋嘼、魯頌傳皆云：「陰白襍毛曰駰。」郭云：「陰淺黑也，今謂之泥驄。」或云「目下白」，或云「白陰」，皆非也。「陰淺黑」本叔然説。然則許蓋「襍毛」之下釋云：「陰淺黑也」，如「虦」下「虎竊毛謂之虦苗，竊，淺也」。正是一例。校議云：詩疏引孫炎云：「陰淺黑也。」恐許亦有此語，轉寫脱落，僅存一「黑」字耳。本書「騢，馬赤白襍毛」。釋嘼、毛傳赤作「彤」。

有駜有駜。（馬部）駜，馬飽也。从馬，必聲。詩曰：「有駜有駜。」傳：「駜，馬肥彊皃。馬肥彊，則能升高進遠；臣彊力，則能安國。」箋云：「比喻僖公之用臣，必先致其禄食。禄食足，而臣莫不盡其忠。」王據篇、韻、五經文字改「飽」爲「肥」。　蒙案：馬飽則肥，義本相因。箋意尤與許説相合。

言采其茆。（艸部）茆，鳧葵也。从艸，丣聲。力久切。詩曰：「言采其茆。」　今詩「言」作「薄」，「茆」作「茆」。段云：俗作「茆」，非。王云：釋文音卯，徐音柳，韋昭萌藻反，蓋所據本有「茆」、「茆」之異。然泮水之三章「茆、酒、老、道、醜」爲韻，召南小星「昴、裯、猶」爲韻，蓋兩韻本通，無論讀「卯」、讀「柳」，無不諧也。

束矢其搜。（手部）搜，衆意也。一曰求也。从手，叜聲。詩曰：「束矢其搜。」　段云：傳曰：「五十矢爲束搜衆意也。」此古義也。與考工記注之「藪」略同。鄭司農云：「藪讀爲『蜂藪』之藪。」後鄭云：「蜂藪者，衆輻之所趨也。」

穬彼淮夷。（瞿部）　矍，讀若詩云「穬彼淮夷」之穬。　段云：泮水：「憬彼淮夷。」「憬」下既引之，而此作「穬」，叚借字也。　校議云：釋文「憬」引説文作「懬」。此「穬」必「懭」之誤，當作「讀若詩曰『懬彼淮夷』之懬」。　桂説同嚴。　陳云：吴明經云：「揚子雲揚州牧箴：『獷矣淮夷』，从犬，説文从禾，形相涉而譌也。」瑑案，韓詩正作「獷彼淮夷」。薛君注云：「覺寤之皃。」與説文「憬」字訓正同，若禾部之「穬」訓「芒粟」，音同而義則遠矣。　蒙案：「穬」固義遠「獷」，亦叚字。「獷」本義訓「犬獷獷不可附」，與毛、韓之訓皆遠。

懬彼淮夷。（心部）　懬，闊也，廣大也。从心廣，廣亦聲。一曰寬也。詩曰：「懬彼淮夷。」（各本無此六字，段依釋文補。校議亦云舊有。）　段云：釋文云：「憬，説文作懬。」按，許「闊也，一曰廣大也」，此「懬」之本義。毛云：「遠行也」，即其引伸之義也。由其廣大，故必遠行。然則毛詩自作「懬」，今作「憬」者，或以三家詩改之也。　桂云：「一曰寬也」，「寬」當爲「覺」也。韓詩薛君曰：「獷，覺悟之皃。」

憬彼淮夷。（心部）　憬，覺悟也。从心，景聲。詩曰：「憬彼淮夷。」　段云：按，上文「悟，覺也」。「憬」當與「悟」爲鄰。且毛詩作「懬」，故訓「遠行皃」。「憬」蓋出三家詩，淺人取以改毛。許書蓋本無此篆，或益之以此。　嚴、桂、錢、王皆疑此篆爲後人所加，故在部末。

閟宮有侐。（人部）　侐，静也。从人，血聲。詩曰：「閟宮有侐。」　傳：「清静也。」（「静」字依釋文。）

稙稚尗麥。（禾部）　稙，早穜也。从禾，直聲。詩曰：「稙稚尗麥。」　今作「稙稺菽麥」。　段云：「稚」當作「稺」。郭景純注方言曰：「稺，古稚字。」是則晉人皆作「稚」，故「稺、稚」為古今字。寫説文者用今字襲之耳。　校議云：説文無「稚」字，韻會十三職引作「稺」。（王據改。）　毛傳：「先種曰稙，後種曰稺。」韓詩：「稙，長稼也。」　本書：「稺，幼禾也。」段云：毛傳：「後種曰稺」，許不言「後種」者，後種固小于先種。即先種者，當其未長亦稺也。先種而中有遲長者亦稺也。　王云：韓詩「稺，幼稼也。」此許説所本。許君説「稙」用毛傳者，字不他見也。「稺」不與「稙」字相繼，又説以韓詩者，詩「彼有不穫稺」、「無害我田稺」，皆足見其爲幼。乃至「衆稺且狂」，且借以言人之幼矣。韓詩信而有徵，故用之也。設學專一家，何以云「五經無雙」乎？本書：「尗，豆也。」無「菽」字，「尗、菽」古今字。

實始戩商。（戈部） 戩，滅也。从戈，晉聲。詩曰：「實始戩商。」今詩「戩」作「翦」，傳：「齊也。」箋：「斷也。」段云：「此引詩説叚借也。」毛曰「翦，齊也」。許刀部曰：「𠝣，齊斷也」。「𠝣」之字多叚「翦」爲之，翦即𠝣。戩者，「𠝣」之叚借。毛云「𠝣，齊也」者，謂周至于大王，規模氣象始大，可與商國並立，故曰「齊」，非翦伐之謂。若不通毛傳、許書之例，竟謂大王滅商，豈不事辭俱窒礙乎？夫詩明言翦商而見大王之德盛，後儒言有「翦商」之志，而大王之心遂不可問。嗚呼！是非不知，訓詁之禍也哉！王云：傳云：「翦，齊也。」箋申之曰：「斷也。」蓋釋言曰：「劑、翦，齊也。」郭氏以「翦刀」説之，故説文此義，不在「翦」下而在「𠝣」下，曰：「齊斷也。」是既用釋言，而又申之以「斷」，與箋懸合也。鄭又注周禮翦氏：「翦，斷滅之言也。詩云『實始翦商』。」是知詩言武王之翦商，大王實始之。此乃本朝臣子頌揚之常語，不足致疑。曹全碑：「武王秉乾之機，翦伐殷商。」明以翦商屬之武王，是漢人説詩固如此也。 蒙案：楊氏慎據説文此文，解「戩」爲「福」，以爲大王始受福于商而大其國。九經古義譏其大鑿，而援釋詁「翦，勤也」之文，謂大王奉勤于商。然此詩下文云：「至于文武，纘大王之緒，致天之届，于牧之野。無貳無虞，上帝臨女。敦商之旅，克咸厥功。」與「翦商」之文義緊接，則固非「受福于商」之謂，亦非「奉勤于商」之謂也。段謂「可與商國並立，故曰齊」，然毛傳「齊」字，非「齊並」之「齊」，故許訓「𠝣」字曰「齊斷也」，正以申毛也，則段説非也。此句仍當以毛、鄭之説爲正。王謂「臣子頌揚之常語，不足致疑」，斯爲通論矣。

夏而楅衡。（木部） 楅，以木有所畐（段、王依韻會改。）束也。从木，畐聲。詩曰：「夏而楅衡。」段云：泛云「以木有所畐束」，則不專謂施於牛者。引詩特其一證耳。王云：毛傳：「楅衡，設牛角以楅之也。」周禮封人注：「鄭司農云：楅衡，所以楅持牛也。」案，曰「楅之」，曰「楅持」，與許君「畐束」同意，皆作動字用。

貝胄朱綅。（糸部） 綅，絳綫也。从糸，侵省聲。詩曰：「貝胄朱綅。」段删「絳」字，其説云：各本「綫」上有「絳」字，今依釋文、正義正。以「綫」訓「綅」，不言色也。綅既爲絳綫，則經不必言「朱」矣。傳曰：「貝胄，貝飾也。朱綅，以朱綅綴之。」按，毛意謂以朱綅綴貝于胄耳。正義謂「綴甲」，非也。校議亦疑「絳」爲衍。王改「絳」爲「縫」，其説云：小徐韻譜如此。玉篇、廣韻同。閟宮釋文引皆無「縫」字，非謂之縫線者，「綅、縷、

「綫、紩」相連，皆可以縫衣之綫也，故以「縫」篆承之。

鼗鼓鼘鼘。（鼓部） 鼘，鼓聲也。从鼓，𣶒聲。詩曰：「鼗鼓鼘鼘。」今作「鞉鼓淵淵」。「鼗、鞉」並「鞀」之或體，見本書革部。 段云：詩小雅、商頌作「淵」，魯頌作「咽」，叚借字。魯頌音義曰：「本又作鼘」，譌字。小雅傳曰：「鼓聲。」魯頌傳曰：「鼓節也。」

亦有和鬻。（𩰲部） 鬻，五味盉鬻也。从𩰲，从羔。詩曰：「亦有和鬻。」（小徐作「羹」。） 䰞，鬻或省。𩱴，或从美，𩰲省。 羹，小篆从羔从美。 今詩作「羹」，小篆也。箋云：「和羹者，五味調，腥熟得節，食之於人性安和。」 詩考引此句，又引說文通釋「亦有盉羹」，今繫傳則作「和」。

有娀方將。（女部） 娀，帝高辛之妃偰母號也。从女，戎聲。詩曰：「有娀方將。」 王云：詩長發傳曰：「有娀，契母也。」故許君本之，謂之爲號，皆謂有娀與姜嫄一例也。箋云：「有娀氏之國亦始廣大。」此破毛傳謂有娀與有部一例也。正義云：「有娀，契母之姓，婦人以姓爲字。」似合毛、鄭爲一說，或誤。

不競不絿。（糸部） 絿，急也。从糸，求聲。詩曰：「不競不絿。」傳同。 王云：嚴氏曰：「引詩疑校者所改。絲衣釋文『俅』引說文作『絿』，蓋六朝舊本作『詩曰：載弁絿絿』。」 筠案，人部「俅」下已引詩「載弁俅俅」矣，豈彼又校者所增耶？

布政憂憂。（夊部） 憂，和之行也。从夊，㥑聲。詩曰：「布政憂憂。」 今作「敷政優優」。 段云：「傳曰：『優優，和也。』」廣雅釋訓：「憂憂，行也。」行之狀多，而憂憂爲和之行。「憂」今字作「優」，以「憂」爲「㥑愁」字。 王云：左成二年、昭二十年傳引詩並作「布政優優」。說文「㥑、憂、優」各有專義，今以「憂」代「㥑」，并「憂」於「優」矣。本書：「優，饒也。一曰倡也。」「㥑，愁也。」

百禄是揫。（手部） 揫，束也。从手，秌聲。詩曰：「百禄是揫。」 今詩作「遒」，傳：「遒，聚也。」 段云：束者，縛也。鄉飲酒義曰：「西方者秋，秋之爲言愁也。」愁讀爲揫。按。韋部：「䪌䪌，收束。」或从要作「𩏙」，或从秋手作「揫」。「揫」即「揫」。然則此篆實爲重出也。 校議亦以此篆爲重出，王則以韋部爲後增。又云：傳曰「遒，聚也」，是以「遒」爲「揂」之借字。 本書：「揂，聚也。」「遒，迫也。」釋詁：「揫，聚也。」

蒙案：本書韋部：「⿰韋糕，收束也。从韋，糕聲。讀若酋。」「束也」即「收束也」。義既相同，而「讀若酋」一語，尤與引詩相印證，似當以段、嚴之説爲是，而移引詩于彼。

武王載坺。（土部）坺，治也。一曰臿土謂之坺。詩曰：「武王載坺。」一曰塵皃。今詩作「旆」。傳：「旆，旗也。」段云：按，毛詩當本作「坺」，傳曰：「坺，旗也。」訓「坺」爲旗者，謂「坺」即「旆」之同音叚借字也。此如小宛訓「題」爲「視」，謂「題」即「眡」之叚借。斯干訓「革」爲「翼」，謂「革」爲「⿰革羽」之叚借。若此之類，不可枚舉。淺學者少見多怪，乃改「坺」爲「旆」以合「旗」訓，蓋亦久矣。許之引此詩，則偁經説叚借之例。九經古義云：荀子引作「發」，「坺」與「發」通。（公孫文子名拔，或作發，見檀弓注。）周禮「茇舍」鄭注：「茇讀如萊沛之沛。」「沛」與「旆」皆音「浦見反」，與「茇舍」音通，是「旆」亦讀爲「坺」，古音通也。王云：繫傳曰：「今詩作伐。」「伐」蓋「茷」之壞字。魯頌「其旂茷茷」、左傳「綪茷」是也。荀子作「發」，亦聲借字。經義述聞云：荀子議兵篇、韓詩外傳引詩並作「武王載發」，（詩考引外傳如此，今本作「旆」，後人依詩改。）説文引作「坺」。案，「發」正字也，「旆、坺」皆借字也。「發」謂起師伐桀也。（王制「有發，則命大司徒教士以車甲」，月令「無發大衆」。）豳風七月箋曰：「載之言則也。」「武王載發」，「武王則發」也。漢書律曆志述周武王伐紂之事曰：「癸巳，武王始發。」與此「發」字同義。

冞入其阻。（网部）冞，周行也。从网，米聲。詩曰：「冞入其阻。」段改「周行也」爲「网也」。其説曰：各本作「周行也」，詩釋文引作「冒也」，乃涉鄭箋而誤。今尋上下文皆网名，篇、韻皆云：冞，罟也。更正。蓋冞亦网名，其用主自上冒下，故鄭箋改毛之「突入其阻」爲「冞入」。云「冒也」，就字本義引伸之。此鄭箋之易舊，非經本有作「冞」者。各本「米聲」下有「詩曰冞入其阻」六字，似許用鄭本，今删。詩經、小學云：五經文字、説文作「冞」，隸省作「罙」，今詩各本作「冞」，誤。廣韻「冞，置也」。冞，深入也，冒也，周行也，分別誤。嚴从釋文作「冒也」，王徑依改，其説云：「詩釋文引如此。」戴侗所見本同，小徐本作「周也」，集韻同，大徐又加「行」字，皆譌也。然訓「冒」是動字，方説网名，不宜褫厠。段氏據篇、韻改爲「网也」蓋是，惜無經典證之。毛傳：「罙，深。」段氏所訂。毛詩故訓傳云：「罙，篆體作突。」古深淺字如此。傳以「深」釋「罙」，以今字釋古字也，同式針切。罙，面規切，冒也。此則鄭本如是，釋文不能分別誤也。

松桷有梴。（木部）　梴，長木也。从木，延聲。詩曰：「松桷有梴。」段改篆作「梴」，「延聲」作「㢟聲」，王曰：「是也。」段云：毛云：「長皃。」按，此篆疑後人所增，毛詩从「手」作「挻」不从「木」也。商頌音義曰：「有挻，丑連反，又力饘反，長皃。柔挻，物同耳，字音羶，俗作埏。」又道德經音義曰：「挻，始然反，河上云：『和也。』聲類：『柔也。』字林云：『長也』，丑運反。一曰柔挻。方言云：『取也。』」玉裁謂「挻埴」字俗作「挻」，古作「挻」，柔也。陸氏於商頌云「挻，長皃」。又云「柔挻，物同」，謂「柔挻」與「長皃」無二字也；於老子「挻埴」云「和也，柔也」，而又引字林云「長也」，謂「長」與「柔挻」無二字也。陸氏毛詩本从「手」作「挻」，明甚，今本音義从木旁延，非也。白氏六帖於松柏類引詩「松桷有埏」，勑延切，字正作「挻」之俗字，是亦可以證商頌之本作「挻」也。五經文字木部有「梴」，云：「見詩頌」蓋所據已爲誤本矣。故曰「梴」篆，淺人以誤本毛詩羼入者也。手部云：「挻，長也。」此正用商頌傳也。鈕訂之云：按，詩作「梴」，釋文同，玉篇「梴」下引詩，五經文字木部「梴」注云：「見詩頌。」則「梴」篆引詩並無可疑，並不作「挻」。校勘記云：考正義曰有梴然而長，五經文字木部云：「梴，長皃。見詩頌」，其本皆从木，唐石經之所本也。繫辭「挻」下注引詩「松桷有挻」。

附録

毛傳

不醉而怒謂之奰。（大部）　奰，壯大也。从三大三目。二目爲奰，三目爲奰，益大也。一曰迫也。讀若易虙羲氏，詩曰：「不醉而怒謂之奰。」段云：大雅：「内奰于中國。」毛傳曰：「不醉而怒謂之奰。」於「壯」義、「迫」義皆近。不言「詩傳曰」者，猶書曰「仁覆閔下則稱昦天」，不言「書傳」；易曰：「地可觀者莫可觀於木」，易曰：「井者，法也」，不言「易説」也。桂云：謂「讀若虙」，或「若奰」也。蕩傳云：「奰，大怒也。不醉而怒曰奰。」按，本書：「⿸疒奰，滿也。」玉篇：「⿸疒奰，氣滿也」，馥謂「氣滿怒也」，詩當爲「⿸疒奰」。本書言「讀若⿸疒奰」。

蒙案：⿸疒㒷从「㒷」得聲，則「㒷」下安得云「讀若⿸疒㒷」乎？桂説非。一切經音義七：「贔，古文㒷。」同説文「㒷」，壯大也，謂作力怒也。詩云「不醉而怒曰贔」、淮南地形訓：「食木者多力而㒷。」水經注説孟門云：「渾洪贔怒。」蓋㒷怒之義即由壯大引伸也。

魯詩説

鼐小鼎。鼎部　鼐，鼎之絶大者。从鼎，乃聲。魯詩説「鼐，小鼎」。段云：釋器：「鼎，絶大謂之鼐。」周頌傳曰：「大鼎謂之鼐，小鼎謂之鼒。」傳與爾雅説「鼒」異，説「鼐」則略同。乃者，詞之難也，故从「乃」爲大。才者，草木之初也，故从「才」爲小。「魯詩説」者，謂傳魯申公之學者也。惠氏棟曰：説苑曰：「詩『自堂徂基，自羊徂牛』。言自内及外，以小及大也。魯詩者，劉向家學，故説鼐小鼒大。」

韓詩傳

鄭交甫逢二女魃服。鬼部　魃，鬼服也。一曰小兒鬼。从鬼，支聲。韓詩傳曰：「鄭交甫逢二女魃服。」段云：蓋韓詩内傳語也。文選江賦注引韓詩内傳：「鄭交甫漢皋臺下遇二女，請其佩，二女與佩，交甫懷之，循探之，即亡矣。」南都賦注引韓詩外傳：「鄭交甫遇二女，佩兩珠，大如荊雞之卵。」七發注引韓詩序曰：「漢廣悦人也。漢有游女，不可求思。」薛君曰：「謂漢神也。」許所偁亦説此詩之語。案，示部「禂」下大徐有「詩曰：既禡既禂」，段云：「鍇引『詩曰：既禡既禂』。詩無此語，鉉又誤入正文。」王云：「大徐本有『詩曰：既禡既禂』。案，此乃小徐所引也。風俗通引『既禡既禱』，知許不用者，『禂』下言牲馬，主田獵而言，與『禡』下主師旅不同事也。韻會用小徐本，亦不引詩，雖吉日釋文曰：『禱，説文作禂』，亦謂此義當用『禂』，非謂説文引詩也。」艸部「葏」桂云：「集韻云：『説文引詩「葏葏者莪」，李舟説。』馥謂舟所見本有引詩之文，今闕。」王即據以補説文。然改曹刻集韻一先「將先切」下：「葏，艸皃。詩『葏葏者莪』，李舟説。」不言出説文；又「不先切」下「葏，艸茂皃」。二僊「葏，説文：艸皃」。皆不引詩。十四清：「⿱艹𦘔，茂皃。詩『⿱艹𦘔⿱艹𦘔者莪』，通作莪。」而不言出説文及李舟説，未詳桂、王二家所據集韻爲何本也。又考類篇艸部「葏，艸皃。詩『菁菁者莪』，李舟説」。「菁菁」當爲「葏葏」之譌，其説與集韻一先「將先切」下同，亦不言出説文，然則此句未容羼入説文矣。仌部「凓」下段氏補「詩曰：二之日凓冽」，其説曰：「今詩作『栗烈』。考詩『冽彼下泉』疏引七月『二之日凓冽』，是孔本與許同，而陸釋文作『栗烈』，與許異。且云：『説文作䬆颲。』其實風部未嘗引詩也。五經文字仌部有『凓』，知其所據詩作『凓』。」嚴氏校議云：「七月釋文引説文作『䬆颲』䬆，風雨暴疾也。颲，烈風也。不引詩，與毛傳『寒氣』亦不合，恐釋文誤。」王云：「東山鄭箋云古者聲『栗、裂』同也。『栗、裂』既同，則『栗、烈』亦同，雙聲字也。凡形容之辭有二，重言、連語是也。重言有二，『關關』取音，『喈喈』取義，其多寡差相當。連語有二，雙聲、疊韻，大都取音，如『窈窕』、『綢繆』者鮮矣。『觱發』、『栗烈』自足見意，豈許君所見毛詩，獨作『滭冹』、『凓冽』，他人傳本無一同，豈盡妄人改之乎？且詩下泉、大東字皆作『冽』，而疏引七月作『冽』，及疏七月，又不辨正作『冽』，何也？長笛賦注引説文：『冽，清也』，即是水部『冽，水清也』，苟以取便己説而已。王逸九思曰：『北風兮潦冽』，字亦从水也。吾於『滭、冹、凓、瀨』四字，一切不信爲許君所收，特無據以刪之耳。」本書風部：「䬆，讀若栗。颲讀若列。」王云：「『列』當作『烈』，七月釋文云：『説文作䬆颲』，即據此䬆讀若栗，颲讀若烈也。據『風雨暴疾』推之，隆冬當言風雪，不當言『風雨。』且毛傳：『觱發，風寒也。栗烈，寒氣也。』於時序正合。二之日言風，已不得其情，況雨乎？陸氏讀説文頗疏，勿泥也。」紬義亦謂陸殆因説文「讀若栗烈」，而誤以「䬆颲」當之。然則段氏補「二之日凓冽」於仌部，未見其是，或且疑風部脱引詩之文者，更非也。衣部「襗」下今無引詩語，而秦風無衣「與子同澤」釋文：「如字」，毛：「澤，潤澤也。」鄭：「褻衣也。」説文作「襗」，云：「袴也。」似許有引詩矣，然諸家皆不及此詩字。毛、鄭經文並作「澤」，而「袍襗」連文，見周禮玉府注、論語「褻服」注。上章言「同袍」，而此章言「同澤」，陸以爲依字當爲「襗」，故云「説文作襗」，非所見本有引詩也。以上諸句皆不録。

說文引經異同 卷十四

周禮

天官

幎人。（巾部）幎，幔也。（段注：「謂冢其上也。」）从巾，冥聲。周禮「有幎人」。鄭云：「以巾覆物曰幂。」段云：禮經：「鼎有鼏，尊彝有幎。」其字有作「幂」，俗作「冪」。今周禮作「幂」。蒙案：此「幎」變爲「幂」，幂又變爲「冪」也。

腒䐹。（肉部）䐹，乾魚尾䐹䐹。（段改「肅肅」。）王據案傳作「捘捘」。从肉，肅聲。周禮有「腒䐹」。今作「腒鱐」，注：「鱐，乾魚。」又籩人注：「鱐者，析乾之，出東海。」校勘記云：內則釋文云：「鱐，本又作䐹。」與說文引周禮合。

膳膏鱢。（魚部）鱢，鮏臭也。从魚，喿聲。周禮曰：「膳膏鱢。」今作「臊」，先鄭云：「臊，豕膏也。」杜子春云：「膏臊，犬膏。」釋文：「干云：豕膏也。」段云：當作「讀若周禮曰『膳膏臊』」。蓋「臊」从肉，見肉部，云：「豕膏臭也」，與先鄭説同。然則許所據周禮不作「鱢」。校議説同。校勘記云：周禮諸本不同，説文引經每兼存異本。盖「膏臊」一作「膏鱢」，而其義爲魚臭，與鄭以爲「豕膏」，杜以爲「犬膏」俱互異。説文於「鱢」引周禮，於「臊」下止存「豕膏臭」一義，則許氏所據古文本作「鱢」。禮説云：「晏子春秋曰：『食魚無反惡其鱢也。』」凡「鮏」、「鱢」从「魚」者，皆言魚，則許氏以「膏鱢」爲魚膏矣。王擬删「鱢」篆，其説曰：凡云「膳膏」者，以其脂膏爲煎和之用。以魚膏煎物，不特於經無見，即海濱之人，未之有也。故雖晏子春秋、廣雅皆有此字，吾不信許君收之。

膴判。（肉部）膴，無骨腊也。扬雄説鳥腊也。从肉，無聲。周禮有「膴判」。讀若謨。內饔：「凡掌共羞、脩、刑、膴、胖、骨、鱅。」注：「胖，如脯而腥者。鄭司農云：『刑膴謂夾脊肉，或曰膺肉也。』後鄭云：『膴，牒肉大臠，所以祭者。』」　段云：腊人「掌乾肉，凡田獸之腊膴胖之事」，皆謂膴腊乾肉。故許釋「膴」爲「無骨腊」。蓋賈侍中周禮解詁説，與鄭司農云「膴，膺肉」，杜子春云「膴，胖」皆謂夾脊肉。後鄭云：「公食大夫禮曰『庶羞皆有大』，有司曰『主人亦一魚加膴祭於其上』，内則曰『麋鹿田豕麕皆有胖』，足相參正也。」大者胾之大臠，膴者魚之反覆。「膴」又詁曰「大」，二者同矣，則是膴亦殽肉大臠，胖宜爲脯而腥。胖之言片也，析肉意也。按，依后鄭説，膴、胖皆非腊也。趙商問：「腊人掌凡乾肉，而有膴胖何？」鄭答：「雖鮮亦屬腊人。」此可證膴胖之非腊，許説蓋偏執耳。下文云「周禮有『膴判』」，易「胖」爲「判」度許亦必釋爲腊屬，而今亡其説矣。　王云：腊人注：「鄭大夫讀胖爲判。」許君从之，留「胖」字爲夫婦胖合用也已。見半部。半部：「胖，半體肉也。」段、王並據玄應書删「肉」字。段據腊人注：「杜子春云：禮家以胖爲半體。」用禮家説；王則以爲「夫妻胖合」也。

牛夜鳴則庮。（广部）　庮，久屋朽木。从广，酉聲。周禮曰：「牛夜鳴則庮臭如朽木。」鄭司農云：「庮朽木臭也。」　段云：内則鄭注云：「庮，惡臭也。」引春秋傳「一薰一庮」。許説同。先鄭云：久「屋而後有朽木。」故字从广。王云：引天官内饔文以證，即引鄭司農説以解之。

春獻王鮪。（魚部）　鮪，鮥也。周禮：「春獻王鮪。」从魚，有聲。　注：先鄭云：「王鮪，鮪之大者。」月令：季春：「薦鮪于之寢廟。」　段云：毛詩衛風傳曰：「鮪，鮥也。」許本之。

簎魚鼈。（手部）　簎，刺也。从手，籍省聲。周禮「簎魚鼈」。「周禮」，小徐作「春秋國語」。　注：鄭司農云：「簎謂以扠刺泥中搏取之。」　段从小徐，其説云：魯語：「矠魚鼈。」韋云：「矠，擉也，擉刺魚鼈。」按，矠本矛屬，此叚借「矠」爲「簎」。許所校國語作「簎」，與周禮同。　校勘記云：列子「牢籍庖厨之物」作「籍」，殷敬順釋文謂「籍本作簎。」按，作「簎」爲正字，作「籍」爲聲借字。説文謂簎「从手，籍省」，故列子竟省「手」作「籍」也。

牛宜稌。（禾部）　稌，稻也。从禾，余聲。周禮曰：「牛宜稌。」　鄭司農云：稌，稉也。　釋艸、周頌毛傳同許。段云：九穀考曰：「七月詩『十月穫稻，爲此春酒』，月令『乃命大酋，秫稻必齊』，内則、穛記並有『稻醴』，左傳

『進稻醴粱糗』，是以稻爲黏者之名，黏者以釀也。内則『糝酏用稻米』，籩人職之『餌餈』注，亦以爲用稻米，皆取其黏耳。而食醫之職鄭司農説『稌，稉也。』是又以稉釋稻，其不黏者也。孔子曰『食夫稻』，亦不必專指黏者言。職方氏揚、荆諸州亦但云『其穀宜稻』，吾是以知稌稻之爲大名也。」玉裁謂稻其渾言之偁，秔與稻對，爲析言之偁。

春時有痟首疾。（疒部）痟，酸痟頭痛也。从疒，肖聲。周禮曰：「春秋有痟首疾。」注：「痟，酸削也。首疾，頭痛也。」王云：管子：「終無痟酲」，蜀都賦：「味蠲病痟」，其注皆曰：「頭痛。」列子：「指擿無痟癢」，其注以「痛」釋「痟」，不屬之頭，且均不以「酸痟」爲名也。疾醫注：「酸削，固即『酸痟』矣。」而又以「首疾」別爲一事，是諸説皆不與許君合。然疾醫此例四句，知當以「痟首」爲一事，許君是也。

劀殺之齊。（刀部）劀，刮去惡創肉也。从刀，矞聲。周禮曰：「劀殺之齊。」王云：「瘍醫注：劀，刮去膿血。殺謂以藥食其惡肉。」似與許説不同，然醫瘡者，刮惡肉不能盡，必以藥蝕之。許君單解「劀」字，故云爾，並非忘却「殺」字也。鄭君二字并解，故云爾。「劀」、「刮」皆从刀，若但去膿血，則説之足矣，何用刀乎？二君不異也。

醫。（酉部）醫，治病工也。殹，惡姿也。醫之性然，得酒而使，从酉。（一切經音義引下有「殹聲」二字。）王育説：一曰殹，病聲。酒，所以治病也。周禮有「醫酒」。古者巫彭初作醫。注云：「醫，内則所謂或以酏爲醴。凡醴濁，釀酏爲之，則少清矣。『醫』之字从殹从酉省也。」正義云：从殹省者，去「羽」；从酉省者，去「水」（惠校改从「酉」爲从「酒」，段從之。）段氏漢讀考云：正義大誤，鄭意此字俗用爲醫藥字，而其字上「殹」，下从「酒」省，則四飲之一，乃此字本義也。段注云：酒人「辨四飲之物，二曰醫」。醫非酒也，而謂之酒者，醫亦酒類也。蒙案：鄭司農説以「醫」當内則之「臆」。「醫」，與「臆」音聲相似，與鄭異。四飲，「四曰酏」，鄭云：「今之粥。」賈侍中説「酏爲粥清」，而許解曰「黍酒」，然則此公醫酒，許意與諸家不同矣。鄭謂「醫」從「酒」省，與許不同。

饋食之籩其實乾䕩。（艸部）䕩，乾梅之屬。从艸，橑聲。周禮曰：「饋食之籩，其實乾䕩。」後漢長沙王始煑艸爲䕩。

䘓醢。（血部）䘓，血醢也。从血，肬聲。禮記（段、王删「記」字。）有「䘓醢」，以牛乾脯粱𥻆鹽酒也。段云：各本「禮」下有「記」字，今依韻會本。禮經、周禮皆云：「醓醢」，非出于記也。集韻引亦無「記」。校議謂當云「周禮」。注：「醢，肉汁也。作醢及臡者，必先膊乾其肉，乃後莝之，襍以粱麴及鹽，漬以美酒，塗置甀中，百日則成矣。」段云：肉部：「肬，肉汁滓也。」按，醢多汁，則曰「醬醢」；以血爲醢，則曰「盬醢」。又云：許、鄭正同。鄭槩云：「膊乾其肉」，許云「牛乾脯」者，鄭總釋諸醢臡，許單釋盬醢，舉一以見例也。經牛醢不言牛，他醢臡不言盬，立文錯見也。「以牛乾脯粱麴鹽酒」，則非血醢矣。其謂之「盬醢」何也，禮經「醢」即「盬」之變，醢盬用牛乾脯粱麴鹽酒，閉之甀中，令其汁汪郎然，是曰肉汁滓，是曰肬醢宜矣。而許時禮經作「盬醢」，則叚借「血醢」之字也。故許引禮經而釋「盬醢」，非「盬」之本訓。王云：「盬」乃「肬」之累增字。

蚳醢。（虫部）蚳，螘也。从虫，氐聲。周禮有「蚳醢」，讀若祁。注：「蚳，蛾子。」釋文：「蛾音魚綺反。」

菦菹。（艸部）菦菜，類蒿。从艸，近聲。周禮有「菦菹」。段云：詩、禮皆作「芹」。小雅箋曰：「芹，菜也。可以爲菹。」魯頌箋曰：「芹，水菜。」釋艸及周禮注曰：「芹，楚葵也。」按，即今人所食芹菜。今說文各本於「艾」、「葦」二字之下又出「芹」字，訓「楚葵也。从艸，斤聲。」此恐不知「菦」即「芹」者妄用爾雅增之。考周禮音義曰：「芹，說文作『菦』。」則說文之有「菦」無「芹」明矣。且詩箋引周禮「芹菹」，說文引周禮「菦菹」，豈得云二物也？

設梐枑再重。木部　梐，行馬也。从木，陛省聲。周禮曰：「設梐枑再重」，掌舍注云：「故書『枑』爲『柜』。鄭司農云：『梐，榱梐也。柜，受居溜水涑橐者也。』」杜子春讀爲「梐枑」，梐枑謂行馬。玄謂行馬再重者，以周衛有外内列。段云：許亦从杜。

王后之服褘衣。衣部　褘，蔽厀。从衣，韋聲。周禮曰：「王后之服褘衣。」謂畫袍。內司服注云：「鄭司農云：『褘衣，畫衣也。』後鄭云：『伊、雒而南，素質五色皆備成章曰翬。褘衣，畫翬者。』」（鄭以「褘」與「翬」相近。）　校勘記云：許與先後鄭義合。

地官

廿人。石部　磺，銅鐵樸石也。（段注：文選注二引及玉篇無「石」字。王删。）从石，黃聲。讀若穬。廿，古文磺。周禮有「廿人」。（九字段删。）　段云：周禮鄭注云：「廿之言礦也。」賈疏云：「經所云廿，是總角之丱字。」

此官取金玉，於『卝』字無所用，故轉从石邊廣之字。」語甚明析。卝之言礦，卝非磺字也，凡云「之言」者，皆就其雙聲叠韻以得其轉注叚借之用。「卝」本説文「夘」字，古音如關，亦如鯤，引伸爲「總角卝兮」之「卝」，又假借爲金玉樸之「磺」，皆於其雙聲求之。讀周禮者徑謂「卝」即「磺」字，則非矣。又或云與角卝之字有別，亦誤。至於説文「夘」字，本作「卝」，不作「夘」，五經文字曰：「卝，五患反，見詩風。説文以爲古『夘』字。」九經字樣曰：「卝夘，上説文，下隸變。」是説文「夘」字作「卝」，唐時不誤，確然可證。五經文字又云：「卝，字林不見。」可證「卝」變爲「夘」，始於字林。今時説文作「夘」不作「卝」，則五季以後校字林改説文者所爲也。説文既無「卝」，乃有淺人於石部妄增之。「卝」果是古文「磺」，則鄭何必云「之言」，賈何必云「此官取金玉，於『卝』字無所用」哉？五經文字云：「説文以爲古『夘』字」，謂説文作「卝」乃古「夘」也，九經字樣語甚明。校議云：汗簡亦以「卝」爲「夘」字，則唐本卝在夘部。校者輒移此耳。卝，盧管反。𢇍，从卝聲。關，从𢇍聲。唐本甚確。周禮卝人盖借「廾」爲之。廾，説文作□。廾、礦聲之轉。一切經音義卷二、卷二十四：「礦，古文研，同。」廣韻「⿰金卝，古文礦。」韻會亦作「⿰金卝擂」，皆取卝聲。王云：玄應曰：「磺，古文⿰石卝。」竊疑「卝」是壞字。此「⿰石卝」既挩「石」，夘部遂刪「卝」矣。然玉篇「磺」下無「⿰石卝」，「夘」下亦無「卝」也。廣韻：「礦，古文作⿰石卝。古猛切。」卝，金玉未成器也。呼管切。則二字叠韻而字不同音，其義固同也。玄應又曰：「經文从金作『⿰金卝』，非。所指者，菩薩見實三昧經也。」羣書既不一律，未敢决之。惟是「礦」下繫傳曰：「周禮作卝。」若下文有「卝」篆，既説之曰「周禮有卝人」，而猶作此言，是癡語也。是爲「磺」下無「卝」之確證矣。校議云：余謂「卝」篆當刪。「周禮有卝人」五字，疑當在「磺」下，許言假借也。校者因許引異文，又錯認「磺」爲「卝」，遂補一古文。

五家爲比五比爲閭。門部：閭，里門也。从門，吕聲。周禮：「五家爲比，五比爲閭。」閭，侶也。二十五家相羣侶也。大司徒云：「令五家爲比，使之相保。五比爲閭，使之相受。」段云：「侶」當爲「旅」。旅，衆也。王云：「羣侶」玄應引作「伴侶」，説文并無，當爲「旅」。

及窆執斧。穴部：窆，葬下棺也。从穴，乏聲。周禮曰：「及窆執斧。」鄉師云：「及窆執斧，以涖匠師。」注：「鄭司農云：窆，謂葬下棺也。春秋傳曰：『日中而塴』禮記所謂封者。」又土部：「堋，喪葬下土也。从土，朋聲。春秋傳曰：『朝而堋』，禮謂之『封』，周官謂之『窆』。」段云：禮記十七篇、士喪禮下篇曰：「及窆」，注：「窆，下棺也。今文窆爲封。」然則許、十七篇从今文，鄭从古文而疊今文也。凡戴記皆作「封」，戴記从今文也。周官謂之「窆」者，「鄉師」云云也。又云：遂人注：「鄭司農云：『窆、封、堋聲相似。』」「蒸、侵、東」三韻相爲通轉，故三字音相近。王云：既夕禮：「乃窆」，注「今文窆爲封。」案，許从今文，鄭从古文，故檀弓「於其封也」，又「縣棺而封」，注並云：「封當爲窆。窆，下棺也。春秋傳作堋。」而地官遂人、夏官太僕鄭司農並云：「窆謂下棺。」時禮記謂之「封」，春秋謂之「堋」，皆葬下棺也，聲相似。知先鄭於禮亦主「封」字，不改讀也。許君從之，鄭君改之者，蓋孔子曰：「古者墓而不墳」，又曰：「於是封之崇四尺」，則「封」主起冢而言，周禮所謂「邱封之度」也。鄭君別嫌，故改從古文。

設其楅衡。角部　衡，牛觸，横大木（王下補「箸」字。）其角。（段删二字。）从角大，行聲。詩曰：（段、嚴、王並云：「詩」當作「周禮」。）「設其楅衡。」封人云：「設其楅衡。」注：「鄭司農云：『楅衡，所以楅持牛也。』」杜子春云：「楅衡，所以持牛，令不得抵觸人。」玄謂「楅設於角，衡設於鼻，如椵狀也」。段云：許於「告」字下曰：「牛觸，角箸横木，所以告也。」是設於角者謂之告。此云「牛觸，横大木」，是闌閑之謂之衡。「衡」與「告」異義，大木斷不可施於角，此易明者。魯頌傳曰：「楅衡，設牛角以楅之也。」箋云：「楅衡其牛角，爲其觸觝人也。」許説與毛、鄭不同，毛、鄭謂設於角，許不云設於角也。木部：「楅，以木有所畐束也。」亦不言「角」。云「大木」者，字从「大」也。鄭注周禮「楅衡」爲二，許於「衡」不言「楅」，於「楅」不言「衡」，蓋亦二之。王云：閟宫箋謂「楅衡」爲一物，而薛綜注東京賦亦云：「横木於牲角端，以備牴觸，謂之楅衡。」然則不分兩義者，乃自古相傳之訓也。蒙案：「衡」字从「角」，正以其設于角也。先後鄭、杜、許、薛之説皆同。「其角」二字未可删也，段説難辯而未確。

六鼓靁鼓　靈鼓　路鼓　鼖鼓　皋鼓　晉鼓。（部首）　鼓，郭也。春分之音，萬物郭皮甲而出，故曰鼓。从壴，从中又。中象垂飾，又象其手擊之也。（段注：各本篆作「鼓」。此十四字作「从支，支象其手擊之也」。今正。弓部「弢」下云：「从弓，从中又。从中，垂飾。與『鼓』同意。」則「鼓」之从「中」憭然矣。「弢、鼓」皆从中以象飾，一象弓衣之飾，一象鼓虡之飾也。皆从又，一象手執之，一象手擊之也。夢英所書郭氏佩觿皆作「鼓」，是也。凡作「鼓」、作「皷」、作「鼓」者皆誤也。从中从又，非从「叏滑」之「叏」，後人譌删。）周禮六鼓：靁鼓八面，靈鼓六面，路鼓四面，鼖鼓、皋鼓、晉鼓皆兩面。凡鼓之屬皆从鼓。王云：「六鼓」見鼓人。八面、六面、四面與後鄭同。先鄭：「大司樂曰：『靁鼓六面，靈鼓四面，路鼓兩面。』」後鄭駮之。其鼖、皋、晉之兩面，則先後鄭皆不言，惟風俗通云：「皋鼓、晉路皆二面。」蒙案：賈疏以鼖爲兩面。又大司樂賈疏：「玄謂雷鼓已下八面、六面、四面者，雖無正文，以鼖鼓、晉鼓等非祭祀鼓，皆兩面。宗廟尊於晉鼓等，故知加兩面爲四面。祭地尊於宗廟，故知更加兩面，爲六面。祭天又尊於祭地，知更加兩面，爲八面。是以不从先鄭也。」

鼜。壴部　鼜，夜戒守鼓也。从壴，蚤聲。禮：昏鼓四通爲大鼓，夜半三通爲戒晨，旦明五通爲發明。今周禮作「鼜」，鄭注與許同，並引「司馬法曰昏鼓」云云三句，惟「大鼓」作「大鼜」，「戒晨」作「晨戒」，「發明」作「發昫」。校勘記云：「當从禮注。」段云：鎛師：「凡軍之夜三鼜皆鼓之，守鼜亦如之。」注曰：「守鼜，備守鼓也。鼓之以鼖鼓。」軍禮司馬法，漢藝文志以入禮家。「戚」古音如促，朿聲與蚤聲同在三部。眡瞭注云：杜子春讀鼜爲「憂戚」之「戚」，擊鼓聲疾數，故曰戚。許意同也。杜以他經傳無「鼜」字，故或讀若「造次」之「造」，或易爲「戚」。許則謂但讀如「戚」而已。今音「倉歷切」。

𦏻，翇。羽部　𦏻，樂舞，以羽翿自翳其首，以祀星辰也。从羽，王聲。讀若皇。　翇，樂舞，執全羽以祀社稷也。从羽，犮聲。讀若紱。　地官舞師：「掌教帗舞，帥而舞社稷之祭祀；教皇舞，帥而舞旱暵之事。」注：「羽，析白羽爲之，形如帗也。鄭司農云：『皇舞，蒙羽舞。書或爲𦏻，或爲義。』玄謂皇，析五采羽爲之，亦如帗。」春官樂師：「凡舞有帗舞，有皇舞。」注：「故書『皇』作『𦏻』。鄭司農云：『帗舞者，全羽；𦏻舞者，以羽冒覆頭上，衣飾翡翠之羽。𦏻讀爲皇，書亦或作皇。』玄謂帗，析五采繒，今靈星舞子持之是也。皇，襍五採羽如鳳皇色，持以舞。」　漢讀考云：大鄭云：全羽，正以其字從「羽」知之也。疑今注有脱誤，當云「故書『帗』作『翇』，『皇』作『𦏻』」。蓋大鄭从故書，與許同；後鄭从今書，作「帗」也。段云：大鄭从故書作「𦏻」，後鄭則从今書作「皇」，許同大鄭，惟不云「衣飾翡翠羽」，又不同經文「舞旱暵之事」，而云「祀星辰」耳。蓋本賈侍中周官解詁。

又云：大鄭及許皆从故書作「翇」，以字从「羽」，故知爲「全羽」。後鄭从今書作「帗」，以字从「巾」，故知「析五采繒」也。王云：左昭元年傳：「日月星辰之神，則雪霜風雨之不時，于是禜之。」故許君謂旱暵，「祀星辰」也。承云：此皆用周禮説字，不者書名者也。旱暵之雩，爲祀星辰。

供盆簝以待事。竹部　簝，宗廟盛肉竹器也。从竹，尞聲。周禮：「供盆簝以待事。」牛人：「凡祭祀，共其牛牲之互與其盆簝以待事。」注：「鄭司農云：『簝，受肉籠也。』」段云：「供」當依周禮作「共」。

任削地。邑部　䣊，國甸，大夫稍稍所食邑。从邑，肖聲。周禮曰：「任䣊地。」在天子三百里之内。段云：載師注曰；「故書『稍』，或作『削』。」按「削」當是「䣊」之誤。許所據正故書或本也。大宰：「家削之賦」，當作「家䣊」。釋文云：「家削，本又作䣊」是也。按，「國甸」之下疑有奪文。大宰：「三曰邦甸之賦，四曰家䣊之賦。」載師曰：「以公邑之田任甸地，以家邑之田任䣊地。」此云「國甸」，即經之「邦甸」也。邦甸去國二百里，家䣊三百里。此當云「國甸之外曰家䣊，大夫稍稍所食邑」。鄭曰：「家邑，大夫之采地也。」稍與䣊疊韻。王云：聘禮、地官載師、廪人皆借「稍」爲「䣊」。載師疏云：「名三百里地爲稍者，以大夫地少，稍稍給之。」稍人鄭注曰：「距王城三百里曰稍。」「天子」當作「王畿」，然田部「甸」、「畿」下立文并同此。

五十里有市市有館館有積　食部　館，客舍也。从食，官聲。周禮：「五十里有市，市有館，館有積，以待朝聘之客。」遺人云：「郊里之委積，以待賓客。凡賓客、會同、師役，掌其道路之委積。五十里有市，市有候館，候館有積。」鄭注：「候館，樓可以觀望者也。」王云：此隱括其詞。段云：館，古叚「觀」爲之，如白虎通引「于郊斯觀」，又引春秋「築王姬觀于外」，鄭注以「觀望」釋「館」。釋名曰：「觀者，于上觀望也。」

楬而書之。木部　楬，楬桀也。（王依廣韻删「楬」字，段依趙鈔本及近刻五音韻譜作「楬櫫」，嚴云「當作楬櫫，弋也」。蓋本廣雅。）从木，曷聲。周禮（今本作春秋傳。嚴云：一切經音義卷十四引作「周禮」。王依改。）曰：「楬而書之。」泉府云：「以其賈買之，物楬而書之。」注：「鄭司農云：『物楬而書之，物物爲揃，書書其賈。楬著其物也。』」段云：作「桀」，不可通。桀，自訓「磔」，雖「杙」有評「榤」，然頗迂遠。楬櫫，見周禮注。職金：「楬而璽之」，注曰：「楬，書其數量，以著其物也。今時之書有所表識，謂之楬櫫。」廣雅：「楬櫫，杙也。」

廣韻曰：「楬櫫，有所表識也。」楬櫫，漢人語。許以漢人常語爲訓，故出「櫫」字，於説解仍不大列「櫫」篆。漢書酷吏傳曰：「瘞寺門桓東，楬著其姓名。」「著、櫫」同字，可證也。嚴云：一切經音義卷十四引作「櫫，杙也」。韻會六月引作「楬櫫也」，九屑「櫭，或作楬」引作「杙也，櫫也」，廣雅：「楬櫫，杙也。」許書無「櫫」有「藸」，隸省「藸」爲「著」。漢書酷吏傳「楬著其姓名」，「楬著」即「楬櫫」，知許當言「楬藸」。師古注：「楬，杙也。」亦依許及廣雅爲説。杙，叚借字。弋，本字。王云：桀者，弋也。王風「雞棲于桀」，傳：「雞棲于杙爲桀。」李善注謝靈運擬劉楨詩引王風而曰：「桀與楬音義同」，是也。

守邦國者用玉卪守都鄙者用角卪使山邦者用虎卪土邦者用人卪澤邦用龍卪門關者用符卪貨賄用璽卪道路用旌卪

（部首）卪，瑞信也。守邦國者用玉卪，守都鄙者用角卪，使山邦用虎卪，土邦者用人卪，澤邦者用龍卪，門關者用符卪，貨賄用璽卪，道路用旌卪。象相合之文。凡卪之屬皆从卪。掌節：「守邦國者用玉節，守都鄙者用角節。凡邦國之使節，山國用虎節，土國用人節，澤國用龍節，皆金也，以英蕩輔之。門關用符節，貨賄用璽節，道路用旌節，皆有期以反節。」

五家爲鄰。邑部　鄰，五家爲鄰。从邑，粦聲。遂人文。

五鄰爲鄙。邑部　鄙，五鄰爲鄙。从邑，啚聲。遂人文。

以與耡利萌。耒部　耡，殷人七十而耡。耡，耤税也。从耒，助聲。周禮曰：「以興耡利萌。」段云：遂人職文。今「萌」作「甿」，俗改也。注曰：「變民言『萌』，異外内也。萌，猶懵懵無知皃也。」鄭本作「萌」，淺人一改爲「氓」，再改爲「甿」。注又云：「鄭大夫讀『耡』爲『藉』，杜子春讀『耡』爲『助』，謂起民人令相佐助。」按，鄭意耡者，合耦相助，以歲時合耦于耡，謂於里宰治處合耦，因謂里宰治處爲耡也。許意以周禮證「七十而耡」，謂其意同。王云：此即孟子文也。考工記匠人注引孟子「殷人七十而莇」，又引「莇者，藉也」之類凡五句，并鄭君自作之注。亦皆作「莇」，則「耡」變耒从艸也。知許君所引爲原文。今作「助」，則省形存聲字。云「耡耤」者，即用孟子「助者，藉也」。又申之以「税」者，以今義釋古字也。案，里宰鄭注：「耡者，里宰治處也，若今街彈之室，於此合耦，使相佐助，因放而爲名。」經言于耡，則鄭義爲允。許君用先鄭，雖合經義，而少失經詞。

宮中之宂食。宀部　宂，㪚也。从宀，人在屋下無田事也。周書曰：「宮中之宂食。」段云：「書」當作「禮」，轉寫之誤。周禮稾人：「掌共外内朝宂食者之食。」許偁之，涉校人「宮中之稍食」而誤，記憶之過也。嚴、桂説同。

春官

趧婁。走部　四夷之舞，各自有曲。从走，是聲。段云：趧婁，今周禮作「鞮鞻氏」。注云：鞻讀爲屨，四夷舞者扉也。今時倡蹋鼓沓行者，自有扉。按今説文。革部：「鞮，革履也。」無「鞻」字。釋文引説文：「鞮，履也。」字林：「鞮，革履也。鞻者，靲履。」是則字林乃有「鞻」字。許、鄭周禮所無。鄭注當本作「婁」，讀爲屨。革部之「鞮」是常用之屨。走部之「趧婁」乃「四夷舞者之屨。」「曲」當作「屨」，聲之誤也。王云：「趧婁」下當有闕文。趧婁者，官名也，與下文理不屬。春官鞮鞻氏：「掌四夷之樂，與其聲歌。」注：「言與其聲歌」則是樂者主于舞。字林姑收「鞻」字。承云：許以趧婁四夷樂曲之偁。蒙案：鞮鞻氏云：「掌四夷之樂與其聲歌，祭祀則歙而歌之。」此許所謂「各有其曲」也。「曲」字不誤。孝經緯鉤命決云：「東夷之樂曰韎，南夷之樂曰任，西夷之樂曰侏離，北夷之樂曰禁。」此四夷之樂各有其名。韎師：「掌教韎樂。」故即以韎名其名。鞮鞻氏兼掌四夷之樂，不專主一方，自不得一方之樂名其官，則謂「趧婁」爲樂曲之偁，恐亦未然也。「鞮鞻」當依鄭氏舊説，習此樂之人，服此屨，與常屨不同，即以名其官也。

以槱燎祠司中司命。詳詩「薪之槱之」句下。

副辜祭。刀部　副，判也。从刀，畐聲。周禮曰：「副辜祭。」疈，籀文副从畐畐。今大宗伯作「疈」，籀文也。土部引詩「不坼不疈」，亦用籀文。注：「故書『疈』爲『罷』，鄭司農云：『罷辜，披磔牲以祭，若今時磔狗祭以止風。』玄謂疈，疈牲胷也。疈而磔之，謂磔攘及蜡祭。」漢讀考云：「司農从故書作『罷』，故以『披』釋『罷』。鄭君从今書作『疈』，許亦从今書，蓋本賈侍中與？桀部曰：『磔，辜也。』與二鄭皆以磔釋辜。」

垗五帝於四郊。土部　垗，畔也，爲四時界，祭其中。从土，兆聲。周禮曰：「垗五帝於四郊。」小宗伯注：「兆，爲壇之營域。」段云：今周禮作「兆」，許作「垗」，故書今書之不同也。王云釋言：「兆，域也。」即

「垗」之省也。禮含文嘉注云：「兆者，作封畔兆域也。」「時」見田部。爲「四時界」者，四面作時以爲之界也。言「祭」者，爲下文引禮張本耳。其實有垠鄂者皆謂之兆也。郊特牲「兆於南郊」，此郊天之兆也。肆師：「掌兆中廟中之禁令。」注：「兆，壇塋域。」此凡大小祭祀皆有兆也。士喪禮：「兆南北面」，此墓兆也。晏子：「景公爲路寢之臺，晏子令吏遠其兆。」此臺之兆也。玄鳥：「肇域彼四海」，箋：「肇當作兆。兆域，正天下之經界。」此以邊陲爲兆也。乃至「瑑」下云「兆瑑」，則至小之垠鄂亦謂之兆也。

六尊犧尊象尊箸尊壺尊大尊山尊以待祭祀賓客　酋部　尊，酒器也。从酋，廾以奉之也。周禮六尊：犧尊、象尊、箸尊、壺尊、大尊、山尊，「以待祭祀、賓客」之禮。小宗伯：「辨六尊之名物，以待祭祀、賓客。」六尊，見司尊彝職，「犧」作「獻」、「箸」作「著」，注：鄭司農云：「『獻』讀爲『犧』。犧尊飾以翡翠，象尊以象鳳皇，或曰以象骨飾尊。著尊者，箸略尊也，或曰箸尊，著地無足。壺者，以壺爲尊。大尊，太古之瓦尊，山尊，山罍也。」段云：　毛詩「閟之犧尊」，即「獻尊」也。故許同大鄭作「犧」。

六彝雞彝鳥彝黄彝虎彝蜼彝斝彝以待裸將　糸部　彝，宗廟常器也。从系，系，綦也。廾持米，器中實也。从彑，象形。此與爵相似。周禮六彝：雞彝，鳥彝，黄彝，虎彝，蜼彝，斝彝，「以待裸將」之禮。小宗伯：「辨六彝之名物，以待果將。」注：「果讀爲裸。」六彝，見司尊彝，斝彝在黄彝之前。注：「雞彝、鳥彝，謂刻而畫之爲雞、鳳皇之形。」鄭司農云：「『斝讀爲稼。稼彝，畫禾稼也。黄彝，黄目尊也。蜼，讀爲蛇虺之虺，或讀爲公用射隼之隼。』玄謂蜼，禺屬，卬鼻而長尾。」賈疏：「雞彝、鳥彝相配，皆爲鳥，則虎彝、蜼彝相配，皆爲獸。」故爾雅在釋獸中。　蒙按：　斗部：「斝，玉爵也。」殆不从先鄭説也。鄭注明堂位曰：「斝，畫禾稼也。」則同先鄭。

五几玉几彫几彤几髹几素几　部首　几，踞几也。周禮五几：玉几，彫几，彤几，髹几，素几。凡几之屬皆从几。段云：　髹几，今周禮作「漆」，蓋許所據不同。司几筵掌五几、五席之名物。王左右玉几，諸侯右彫几，筵國賓左彤几，甸役右漆几。凡喪事右素几。漢讀考云：　依載師職，則此「漆」字當爲「桼」。桼部：「髹，桼也。从桼，髟聲。」與「桼」字義同而音別。又云：　彫，叚借字。周禮作「彫」，正字。

天子諸侯席有黼繡純飾。巾部，席，藉也。禮：「天子諸侯席有黼繡純飾。」　段云：　此約司几筵之文「莞筵紛純」、「次席黼純」。鄭司農：「紛讀爲和粉之粉，謂白繡也。純，緣也。」後鄭云：「斧謂之黼，其繡白黑采。」王云：黼繡者，繡爲黼文也。此職兼有紛純、畫純、繢純，而但及黼純者，舉其最華者也。按先鄭則紛亦繡也。許蓋不从，故不及。蒙按：後鄭云：「紛如綬，有文而狹者。」亦不從先鄭。

瑑圭璧。玉部　瑑，圭璧上起兆瑑也。从王，篆省聲。（韻會引作「彖聲」，段从之。）周禮曰：「瑑圭璧。」典瑞：「瑑圭璋璧琮。」注：「鄭司農云：『瑑有圻鄂瑑起。』」後鄭玉人注：「瑑，文飾也。」段云：許云「起兆瑑」，與先鄭合。王云：瑑，玉篇：「圭有圻鄂。」案，圻鄂，似烏絲闌。

孤服鷩冕。鳥部　鷩，赤雉也。从鳥，敝聲。周禮曰：「孤服鷩冕。」司服注：「鄭司農云：『鷩，裨衣也。』玄謂書曰『華蟲作繪』。華蟲，五色之蟲，繢人職曰『鳥獸蛇襍四時五色以章之謂』是也。鷩畫以雉，謂華蟲也。」段云：釋鳥「鷩雉」，樊光曰：「丹雉也。」左傳「丹鳥氏」，杜曰：「丹鳥，鷩雉也。」按鄭意，鷩爲雉，五色，不云「赤雉」也。許云「赤雉」，與樊光合。司服曰：「侯伯之服，自鷩冕而下如公之服。」此云「孤服鷩冕」者，葢以天子之孤當侯伯。校議云：「孤」當作「公」。王云：此記憶之誤。

大喪甫竁。穴部　竁，穿地也。从穴，毳聲。一曰小鼠聲。周禮曰：「大喪甫竁。」小宗伯云：「卜葬兆，甫竁。」注：「鄭大夫讀『竁』爲『穿』，杜子春讀『竁』爲『毳』，皆謂葬穿壙也。今南陽名穿地爲竁，聲如『腐脃』之脃。」家人云：「大喪既有日，請度甫竁。」段云：「此注讀『竁』爲『穿』者，易其字也。讀『竁』如『毳』者，擬其音也。」下文鄭仲子春之説，以南陽語證子春説之不誤。禮説云：漢書：「王莽掘平共王母、丁姬故冢，時有羣燕數千，銜土投穿中。」師古曰：「穿謂壙。」水經注引漢書「穿中」作「竁中」，則「竁」讀爲「穿」信矣。

大傀異災。人部　傀，偉也。从人，鬼聲。周禮曰：「大傀異災。」大司樂：「大傀異烖」，注：「傀猶怪也。大怪異烖，謂天地奇變，若星辰奔霣及震裂爲害者。」段云：周禮作「烖」，篆文也。許作「災」，籒文也。

詔來鼓臯舞。本部　臯，氣臯白之進也。从白夲。禮：「祝曰臯，登謌曰奏。」故「臯」、「奏」皆从夲。周禮曰：「詔來鼓臯舞。」臯，告之也。樂師「詔來瞽臯舞」，注：「鄭司農云『「瞽」當爲「鼓」，「臯」當爲「告」』，呼擊鼓者，又告當舞者，持鼓與舞俱來也。『鼓』字或作『瞽』，詔來瞽，或曰：『來，勑也。勑爾瞽，率爾衆工，奏爾悲誦，肅肅雍雍，毋怠毋凶。』玄謂詔來瞽，詔視瞭扶瞽者來入也。皋之言號，告國子當舞者舞。」段云：禮，謂禮經也。士喪禮：「復者一人升自前東榮中屋北面，詔以衣曰，皋某復三。」注曰：「皋，長聲也。」禮運亦云「皋某復」。又云：大祝職云：「來瞽，令皋舞。」後鄭曰：「皋讀爲『卒嗥呼』之嗥。來、嗥者，皆謂呼之入。」漢書：「高祖告歸之田。」服虔曰：「告音如嗥。」東觀漢記田邑傳作「號歸」，蓋古告、皋、嗥、號四字音義皆同。（校勘記云：先鄭以「瞽」爲「鼓」，與許同。後鄭則如字，讀「皋」爲呼。號即告義，後鄭與許同。）

小樂事鼓朄。申部　朄，擊小鼓引樂聲也。从申，柬聲。周禮曰：「小樂事鼓朄。」讀若引。（大徐無此十一字。）小師文，今作「⿰車柬」。大師「鼓⿰車柬」注：鄭司農云：「⿰車柬，小鼓也。先擊小鼓，乃擊大鼓。小鼓爲大鼓先引，故曰⿰車柬。⿰車柬讀爲導引之引。」玄謂「鼓⿰車柬」猶言擊⿰車柬，詩云：「應⿰車柬縣鼓。」

以朙火爇焦。火部　焦，所以然持火也。从火，焦聲。周禮曰：「以朙火爇焦」也。華氏「掌共焦契，以待卜事。凡卜，以明火爇焦，遂龡其焌契」。注：「杜子春云：『焦，讀爲細目焦之焦，或曰如薪樵之樵，謂所爇灼龜之木也，故謂之樵。契謂契龜之鑿也。』玄謂士喪禮曰：『楚焞置於焦，在龜東』，楚焞即契所用灼竈也，焦謂炬，其存火。」賈疏：「子春讀焦樵，二者皆作俗讀爲柴樵之樵，後鄭不从，依音爲雀，意取莊子『爝火』之義，熒熒然也。」釋文：「焦，哉約反。李又祖堯反，一音哉益反。」段云：「持火」者，人所持之火也。少儀：「執燭抱焦」，凡執之曰燭，未爇曰焦。焦即燭也。士喪禮注曰：「燎大焦大」，焦即大燭也。大燭樹於地，燭則執於手。人所持之火，以焦然之。焦者，苣爲之。卜之用焦，其一耑也。漢讀考云：鄭君之焦謂炬，炬即説文「苣」字。苣束帶燒之也。鄭意焦用葦然，契之用荊灼龜。杜云：「焦謂灼龜之木」，非也。「其存火」三字，當从儀禮注作「以然火」，字之誤也。王云：莊子釋文「爝，本亦作焦。司馬云：『然也』，向云：『人所然火也。』字林云：『爝，炬火也，子召反。焦，所以然持火者，子約反。』」案，字林分「爝、焦」爲二，正同説文。「持」字兩書同，然疑是衍文。鄭注士喪禮無之，似是。苟謂「持火」爲「人所持之火」，則是「炬」矣，焦固即炬也。蓋鑽燧出火，必有焦以傳之於薪，蓋如今之火寸，以蘇稭醮石流黄作之者。下引周禮，始是「炬」矣。又云：「焌」下所引華氏文，本句在其上，而兩字遠隔者，蓋許君以禮文爲「焦」之别義也。士喪禮「楚焞置于焦，在龜東」，鄭注：「焦，炬也，所以然火者也。」鄭君以「炬」説「燋」，與説文、字林之「爝」同字，蓋楚焞用荆，荆木難然，故先以明火爇燋。燋即少儀「執燭抱燋」之燋，已然曰燭，未然曰燋也。弟子職之「總」，本部之「熜」，並即此物。麻蒸火壯，乃可以然焌契。且士喪禮曰「焚焞置于燋」，兩物相須爲用，故重疊頓置之，而焞專爲炙龜之用，燋則常用之物，故以燋薦焞。且當未然之時，故可置。是篇又云「卜人抱龜燋」，既然，則不可抱也。

遂龡其焌。火部 焌，然火也。从火，夋聲。周禮曰：「遂龡其焌，焌火在前，以焞焯龜。」華氏注：「杜子春云：『焌讀爲英俊之俊，書亦或爲俊。』玄謂焌讀如『戈鐏』之鐏，謂以契柱燋火而吹之也。契既然，以授卜師，用作龜也。」段云：此引周禮而釋「其焌」之義，似有舛誤，依鄭注則契即楚焞，楚焞柱于炬然之，用以灼龜。焌者，謂吹而然之也。王云：或無「火」字；焌是物名，而謂之然，似誤。然下文云「以焞焯龜」，則是謂「焞」爲「焌」，早與鄭君懸合。此因字从「火」，周禮言「龜」，故謂之「然火」耳。鄭讀「遂龜其焌契」爲句，許蓋讀「契以授卜師」爲句，从子春以「契」爲「鍥」也。然二禮皆言卜事，周禮有「焌契及燋」，儀禮有「楚焞及燋」，別無他物。又鄭注既云「燋焌用荆」，又云「楚焞即契」，則「焌」、「契」兩字爲名可知，言「吹」未詳。又云：此許君説禮之詞也，在前未詳。「以焞焯龜即以焌灼龜也。」以「焞」代「焌」，猶鄭君謂「契」爲「焞」矣。集韻以「焞」爲「焌」之或體，似即本之許鄭兩君。灼，灸也。卜部云：「灼，剥龜也。象灸龜之形。」故知借「焯」爲「灼」，猶「焯」下引書，今本作「灼」，亦借字也。校勘記云：今本「龡」作「歛」者，从炊省也。説文龡「从龠，炊聲」。

以日月星辰占六㝱之吉凶。一曰正㝱，二曰咢㝱，三曰思㝱，四曰寤㝱，五曰喜㝱，六曰懼㝱。部首 㝱，寐而覺者也。从宀，从爿，夢聲。周禮：「以日月星辰占六㝱之吉凶。一曰正㝱，二曰咢㝱，三曰思㝱，四曰寤㝱，（大徐作「悟」。）五曰喜㝱，六曰懼㝱。」凡㝱之屬皆从㝱。段云：今字叚「夢」爲之，「夢」行而「㝱」廢矣。咢者，譁訟也，借爲「驚遌」之遌。王云：咢，周禮作「噩」，杜子春云：「當爲『驚愕』之愕。」故廣韵曰：「二曰愕㝱，驚愕而㝱。」从杜改字也。然釋天曰：「在酉曰作噩。」釋文：「本或作咢。」天官書作「鄂歲」，索隱引李巡云：「作咢皆物芒枝起之皃。」案，此訓「作咢」爲「柞鄂也」，見秋官雍氏注。又釋樂曰：「徒擊故謂之咢。」孫叔然曰：「聲驚咢也。」是知「噩」者，「咢」之別體；「咢」者，「咢」之近字。孫叔然訓以「驚咢」，與杜子春「驚愕」同義。故許不收「愕」，而引周禮作「咢」，蓋古文也。思小徐作「觭」，誤記太卜之「二曰觭夢」也。占夢文今本經注皆作「夢」，而釋文云「本又作㝱」，是唐本猶有不省者，故廣韻引經注皆作「㝱」，今从之。大卜釋文作「曹」，則譌字也。經義述聞云：「噩」即「咢」（咢譌作「咢」。）玉篇：「咢，驚咢也。噩，驚也。」引周官「二曰噩㝱」。爾雅釋天：「大歲在酉曰作噩。」釋文：「噩，本或作咢。」史記楚世家「熊咢」。索隱：「咢作噩。」（單行本）列子周穆王篇「噩夢」作「蘁夢」，蘁即蕚字。（此借「華蕚」之蕚爲「驚蕚」之蕚。）玉篇又曰：「壥，圻壥也。堮，同上。」此皆「咢、噩」同字之明證。說文：「咢，譁訟也。从吅，屰聲。」又「㝱」字注引周禮「二曰咢㝱」，隸省作「咢」。凡字之从吅从㗊者皆同意。（說文：「吅，驚嘑也。从二口，讀若讙。㗊，衆口也。从四口，讀若戢，一曰呶。」徐鍇曰：「呶，讙也。」）故从吅之字，亦可以从㗊。說文「囂」或从「貫」，玉篇有「𠥯」字，云：「古文𠥲」，是其例也。噩字从㗊，屰聲，篆當作「𡃊」，今作「噩」者，其「𢆉」字曲畫，隸皆變作直畫而爲「手」，（漢梁相費汎碑：「蹇鄂質直」，鄂作「鄸」；孔廟置守廟孔龢碑：「丙子朔」、西嶽華山碑：「奄有河朔」，「朔」並作「玥」；幽州刺史朱龜碑：「門衛弛𠁥」，𠁥作「㡿」，此皆隸書變「屰」爲「手」之證。）又省而爲「王」耳。古文四聲韻曰：「蕚，王庶子碑作𠾂，蓋省𠦬作干，故無下畫，亦猶咢之省作咢也。」然則噩即咢之或作，非俗書也。故杜破「噩」爲「愕」，而鄭不改字。又本書「寤，寐覺而有言曰寤。从㝱省，吾聲。一曰晝見而夜㝱也。𡪏，籀文寤」。段云：蓋亦周禮寤夢之說。占夢釋文云：「寤，本又作𡪏。」此用籀文而小變也。

六曰擩祭。手部：擩，染也。从手，需聲。周禮曰：「六曰擩祭。」太祝注：「擩，讀爲『虞芮』之芮。鄭司農云：『擩祭，以肝肺菹擩鹽醢中以祭也。』」王云：公食大夫禮：「賓升席坐，取韭菹以辯擩于醢，上豆之間祭。」注云：「擩，猶染也。」「六曰」非例，恐是後人所加。段改篆作「㨎」，解作「耎聲」，引周禮作「㨎」。其說云：古音耎聲在十四部，需聲在四部，其音畫然分別，後人乃或淆亂其偏旁本作「耎」者，譌而从「需」，而音由是亂矣。周禮大祝士喪禮、特牲饋食禮、少牢饋食、有司徹四篇，經文凡用「㨎」字二十，唐石經、周禮士虞皆作「擩」，特牲、少牢、有司皆作「㨎」，參差乖異此非經字不一，乃周禮士虞經淺人妄改也。郭璞「而沿反」，李善「而緣反」，劉昌宗「而玄反」，陸德明「而泉反」，皆耎聲之正音也。杜子春讀如「虞芮」之芮，郭璞「而悅反」，劉昌宗「而誰反」，顏師古「如閱反」，陸德明「而劣反」，皆耎聲之音轉也。玉篇：「擩，而主切。」廣韻麌韻作「擩」，切而主；薛韻作「揬」，切如劣，不知其本爲一字。而五經文字云：「揬，如悅反，字書無此字，見禮經。擩，汝主反，見周禮。」是則唐開成石經正用張參之説，故周禮與儀禮異字，不知何以就禮經中士虞與他篇又異字也。張氏云「周禮作『擩』，汝主反」。今按，周禮釋文曰：「而泉反，一音而劣反。劉又而誰反。」絕無「汝主」反，不可以證陸氏周禮之本作「揬」乎？士虞釋文曰：「如悅反，劉而玄反，又而誰反。」與特牲、少牢、有司音義皆同，亦不言「而主反」，又不可以見士虞禮之本作「揬」乎？其云字書無「揬」字，則其所據説文已爲俗改之本，有「擩」無「揬」，而不知説文古本之有「揬」無「擩」也。鈕云：隸書从「需」之字多作「耎」，此乃俗體，故字書不收也。禮經有作「揬」者，并俗改。玉篇無「揬」。蒙案：以告音推之，段説未可非也。

禬之祝號。示部　禬，會福祭也。从示，會聲。周禮「禬之祝號」。詛祝：「掌盟、詛、類、造、攻、説、禬、禜之祝號。」王云：許不當摘一字引之，蓋後人删。又云：一引作「除惡之祭」，則與「祓」同義。玉篇兼用兩説，而天官女祝注：「除哭害曰禬，禬猶刮去也。」秋官庶氏注：「禬，除也。」未詳「會福」之意所出。

祭祀共匰主。匚部　匰，宗廟盛宔器也。从匚，單聲。周禮：「祭祀共匰主。」司巫：「祭祀則共匰主。」注：「杜子春云：『器名。主，木主也。』」段云：許亦用杜説。

閏月，王居門中終月。王部　閏，餘分之月，五歲再閏也。告朔之禮，天子居宗廟。閏月居門中。从王，在門中。周禮：「閏月王居門中終月也。」大史：「頒告朔于邦國，閏月，詔王居門終月。」注：「門謂路寢門也。」鄭司農云：月令十二月分在青陽、明堂、總章、玄堂左右之位，惟閏月無所居，居于門，故於文『王』在『門』謂之閏。」疏云：「鄭知此經『門』是『路寢門』者，按，玉藻云『閏月則闔門左扉，立于其中』。不云『居』，又不言『終』。此經言『居門終月』，故知路寢門。」

駹車大幦。巾部　幦，髼布也。从巾，辟聲。周禮曰：「駹車大幦。」「大」，二徐本同，段改「犬」，注云：巾車云：「木車犬複，素車犬複，駹車然複。」蓋許一時筆誤。「複幦」不同，蓋今書、故書之異。丞從之。漢讀考則云「然」作「大」者，譌字。王云：巾車云「駹車然複」，此作「大」者，「然」之殘字也。鄭君曰：「故書駹作龍」，許與鄭同，不从故書也。巾車注：「鄭司農云：犬禝以犬皮爲覆笭。」段云：既夕禮、玉藻、少儀鄭注，公羊傳昭二十五年何注，皆曰：「幦，覆笭也。」按，車覆笭與車笭是二事。車笭者，周禮之「蔽」，毛詩、爾雅之「笰」，説文之「篚」。鄭曰：「車旁禦風塵者也。」覆笭者，禮經、周禮、禮記、公羊傳之「幦」，大雅、曲禮之「幭」，今周禮之「幎」，蓋乎軾上者也，以禦旁之名名之也。車笭多以竹，故字从竹。覆笭不用竹，用皮。巾車曰「犬禝」、「鹿淺禝」、「然禝」、「豻禝」，各用其皮也。大雅之「淺幭」，虎皮也，與玉藻之「羔幦」、「鹿幦」皆諸侯、大夫之吉禮也。曲禮之「素幭」，即士喪禮之「白狗幦」，大夫、士之凶禮也。然則車覆笭古無用枲布者，許以「髼布」釋幦，幦之本義也，經典用爲車覆笭之字也。車覆笭之字，當是「幭」爲正字，上文云「蓋幭」是也，「幦」爲叚借字。王云：此蓋漢制也。急就篇：「革轖髼漆油黑蒼」，顔注：「革轖，重革之幭，所以覆車笭也。髼漆者，以漆漆之；油者，以油油之，皆所以爲光色而御塵泥，其色或黑或蒼也。」案，此所髼者仍是革。許云「布」者，或以字从「巾」也。羣經「幎、幭、幦」通用，而「幎」又作「禝」。既夕禮注：「古文幦爲幎。」許君列「幎、幭、幦」于三處，各自爲義，亦與鄭君同，不從古文也。説文無「禝」。

孤棄夏𨊻。車部 𨊻，車約𨊻也。从車，川聲。周禮曰：「孤棄夏𨊻。」巾車：「孤乘夏篆。」注：「故書『夏篆』爲『夏緑』，鄭司農云：『夏，赤也。緑，緑色。或曰：夏篆，篆讀爲圭瑑之瑑，夏篆，轂有約也。』玄謂夏篆，五采畫轂約也。夏縵，亦五采畫，無瑑耳。」段云：鄭説「夏篆」，即詩之「約軝」，毛公所謂長轂之軝，朱而約之也。但許君篆作「𨊻」，以約𨊻系之輿，以約軝系之轂，與二鄭迥異。依許意，蓋謂轛、輢、軫等，皆有物纏束之，謂之約𨊻；以赤畫之，謂之夏𨊻；鄉雖赤畫而無約，謂之夏縵。故書作「緑」，或爲「篆」，此字形之異。許所據篆作「𨊻」，此聲相近而異也。王云：段以「約𨊻」爲疊字，蓋是，猶曰「車約謂之𨊻」耳。考工記輪人：「陳篆必正。」注：「篆，轂約也。」鄭未言故書有異，然則注巾車即據此文也。

通帛爲旃。㫃部 旃，旗曲柄也，所以旃表示衆。从㫃，丹聲。周禮曰：「通帛爲旃。」旜，旃或从亶。司常文。今作或體「旜」。注：「通帛謂大赤，从周正色，無飾。」釋天：「因章曰旃。」郭注：「因絳帛之文章，不復畫之。」

率都建旗。㫃部　旗，熊旗五游，以象罰星，士卒以爲期。从㫃，其聲。周禮曰：「率都建旗。」　司常：「師都建旗。」注：「師都，六鄉六遂大夫也。謂之『師都』，都，民所聚也。畫熊虎者，鄉遂出軍賦，象其守猛，莫敢犯也。」　段云：師者「帥」之誤。樂師注曰：「故書帥爲率。」然則許作「率都」，故書、鄭作「帥都」者，今書也。聘禮注曰：「古文帥皆作率。」毛詩「率時農夫」，韓詩作「帥」，見文選注。　王云：省衛爲「率」，聲借作「帥」。漢讀考云：賈疏云：「帥，衆也。則其誤在唐以前矣。」　考工記輈人：「熊旗六斿，以象伐也。」注：「伐屬白虎宿，與參連體而六星。」　校議云：「五游」转寫誤，伐連參而六，不得五也。小徐、古唐類範下二十、韻會四支引作「以象伐」，與考工記合。　蒙案：考工記「游」作「斿」，省文。

勿。（部首）　勿，州里所建旗。象其柄，有三斿，襍帛，幅半異。所以趣氏，故遽偁勿勿。凡勿之屬皆从勿。旛，勿或从㫃。　司常：「襍帛爲物」，今作「物」。　段云：九旗之一也。「州里」當作「大夫、士」。周禮司常：「大夫、士建物，州里建旟。」許於「旗」下既偁州里「建旟」矣，則此偁「大夫、士建勿」，必也。司常曰：「通帛爲旜，襍帛爲物。」注云：「通帛，謂大赤，從周正色，無飾。襍帛者，以帛素飾其側。白，殷之正色。凡九旗之帛，皆用絳。」按，許云「幅半異」，直謂正幅半赤半白，鄭則云以素飾側。釋名則云「以襍色綴其邊爲翅尾」。説各不同，似許爲長。趣者，疾也。色純則緩，色駁則急，故襍帛所以促民。　王擬删「襍帛幅半異」五字，其説云：顏氏家訓引無此語，蓋後人截取周禮「襍帛」二字，又杜撰「幅半異」以爲之解也。司常注云：「襍帛者，以白素飾其側。白，殷之正色。」又云：「大夫、士建物。」注云：「大夫、士襍帛，言以先王正道佐職也。」釋名：「襍帛爲物，以襍色綴其邊爲燕尾。」案，漢人之解如此，則「幅半異」此乃不學之人所爲也。

州里建旟。㫃部　旟，錯革畫鳥其上，所以進士衆。旟旟，衆也。从㫃，與聲。周禮曰：「州里建旟。」　段據韻會删「畫」字。注云：司常職曰：「鳥隼爲旟。」爾雅曰：「錯革鳥曰旟。」小雅毛傳曰：「鳥章，錯革鳥爲章也。」李巡曰：「錯革鳥者，以革爲之，置旐端。」孫炎云：「錯，置也。革，急也。言畫急疾之鳥於縿，周官所謂『鳥隼爲旟』者矣。」郭云：「此謂合剥鳥皮毛置之竿頭，即禮記云『載鴻及鳴鳶』。」三人釋「革」各不同。許仍爾雅原文，許意大約於孫説無異。鄭注周禮云「畫日月」，「畫交龍」，「畫熊虎鳥隼龜蛇」，是則鄭之説錯革鳥，謂畫鳥隼，孫説所本也。許云「其上」，謂畫於正幅高處。王云：韻會引小徐本無「畫」字，與釋天、毛傳同，似無可疑。然竊疑其爲兩義者，有是鳥之皮，則錯置其革於杠上；或無其皮，則畫其形於縿上，所以適變也。郭璞注與許説「錯革」合，孫炎注與許説「畫鳥」合，乃上文曰「錯置也」，下又云「畫」，畫不可謂之錯也。恐孫氏所據釋天，本有「畫」字，與許君同。迨既挩之後，孫注亦經人删節也。

縣鄙建旐。㫃部　旐，龜蛇四游，以象營室，悠悠而長也。从㫃，兆聲。周禮曰：「縣鄙建旐。」王云：言「長」者，釋天曰：「緇廣充幅長尋曰旐。」考工記：「龜蛇爲旐，以象營室也。」注：「龜蛇爲旐。營室，元武宿，與東壁連體而四星。」王云：釋天：「娵訾之口，營室東壁也。」兩宿合爲一次，故鄭曰「連體」。經義述聞曰：經文本作「龜旐四斿」，今作「龜蛇」者，涉注文而誤也。上文「龍旂」、「鳥旟」、「熊旗」，上一字皆所畫之物，下一字皆旗名，此不當有異。若作「龜蛇」，則旗名不箸，所謂「四斿」者，不知何旗矣。龜蛇爲旐，而稱「龜旐」者，猶熊虎爲旗，而稱「熊旗」，約舉其一耳。上注「交龍爲旂」，釋「旂」字也；「鳥隼爲旟」釋「旟」字也；「熊虎爲旗」，釋「旗」字也。此注「龜蛇爲旐」，釋「旐」字也。以注考經，其爲「龜旐」明甚。續漢書輿服志載此文正作「龜旐四斿」，通典禮二十六同。桓二年左傳正義、太平御覽兵部七十二引此文亦皆作「龜旐」。唐石經始誤爲「龜蛇」。説文「旐」字注亦當作「龜旐」，後人依俗本周禮改之耳。

旞游車載旌。㫃部　旞，導車所載，全羽以爲允。允，進也。从㫃，遂聲。旝，或从遺作。旌，游車載旌，析羽注旄首也。所以精進士卒也。从㫃，生聲。司常：「道車載旞，斿車載旌。」注：「道車，象路也，王以朝夕燕出入。斿車，木路也，王以田以鄙。全羽、析羽五色，象其文德也。」賈疏：「巾車云『象路建大赤以朝』，朝所以行道，故謂象路爲道車。是以士冠記及郊特牲皆云『毋追，夏后氏之道。章甫，殷道。委貌，周道』。是與在朝服乘者皆從道，故知道車是象路。但在朝則建大赤，今以朝夕燕出入，則建旞也。鄭知游車是木路者，巾車云『木路以田』，是游樂之所，囿人掌囿游之獸禁，是知游車是木路也。但正田獵所建大麾，今以小小田獵及巡行縣鄙，則建旌爲異耳。」段云：爾雅釋天曰：「注：旄首曰旌。」李巡曰：「以犛牛尾著旄。」郭云：「載旄於竿頭，如今之幢亦有旒。」鄭注周禮云：「全羽、析羽皆五采，繫之於旞旌之上，所謂注旄於干首也。」周禮舉「羽」以晐「旄」，爾雅舉「旄」以旐「羽」，許、鄭則兼舉之，合周禮、爾雅以立文。鄭云：「明堂位曰『夏后氏之綏』，綏以旄牛尾爲之，綴於幢上，所謂注旄於干首者。」蓋夏后氏但用旄牛尾，周人加用析羽。夏時徒綏不旒，周人則注羽旄而仍有縿旒。先有旄首，而後有析羽注之，故許云「析羽注旄首」，孫炎云「析五采羽注旄上」也。孫、郭皆云「其下亦有旒縿」。鄘風：「孑孑干旄。」傳云：「孑孑，干旄之皃。注旄於干首，大夫之旃也。」此可證大常、旂、旃、𣃘、旗、旟、旐七者，皆得注羽旄於首矣。左傳言「晉人假羽旄於鄭」，言范宣子假羽旄於齊，則在春秋時諸侯少有此者。今本「游」作「斿」。王云：疏以「游樂」解「以田」，以「囿游」解「以鄙」知「斿」字譌。蒙案：司常曰：「全羽爲旞，析羽爲旌。」許說與禮合。「斿」字蓋「游」之省文，然當从許作「游」爲是，據賈疏周禮本不作「斿」也。

說文引經異同　卷十五上

周禮

夏官

二千五百人爲師。帀部　師，二千五百人爲師。从帀从𠂤。四帀，衆意也。序官云：「二千五百人爲師。師帥皆中大夫。」

五人爲伍，五伍爲兩，兩司馬執鐸。金部　鐸，大鈴也。从金，睪聲。軍灋：「五人爲伍，五伍爲兩，兩司馬執鐸。」序官云：「二十五人爲兩，兩司馬皆中士。五人爲伍，伍皆有長。」大司馬云：「兩司馬執鐸。」鼓人注：「鐸，大鈴也。」

卒長執鐃。金部　鐃，小鉦也。从金，堯聲。軍灋：「卒長執鐃。」大司馬文。鼓人：「以金鐃止鼓。」注：「鐃如鈴，無舌，有柄，執而鳴之，以止擊鼓。」本書：「鉦，鐃也，似鈴，柄中，上下通。从金，正聲。」段云：鐃即鉦。鄭說鐃形與許說鉦形合。鉦、鐃一物，而鐃較小。渾言不別，析言則有辨也。

司馬執鐲。金部，鉦也。从金，蜀聲。軍灋：「司馬執鐲。」大司馬云：「公司馬執鐲。」注：「杜子春云：公司馬謂五人爲伍之司馬也。」鼓人：「以金鐲節鼓。」注：「鐲，鉦也，形如小鐘，軍行鳴之，以爲鼓節。」

獲者取左耳。又部　取，捕取也。从又、耳。周禮：「獲者取左耳。」司馬法曰：「載獻聝。」聝者，耳也。大司馬文。

治功曰力，（部首）　力，筋也，象人筋之形。治功曰力，能禦大災。凡力之屬皆从力。

司爟掌行火之政令。（火部）　爟，取火於日官名。从火，雚聲。舉火曰爟。周禮：曰「司爟掌行火之政令」。烜，或从亘。小徐本「烜」在部末，注云：「或與『爟』，同。」臣鍇按：說文「烜」字在「爟」字下。注曰：

「或从亘。」今此特出而注云「或與爟同」，又別無切音，疑傳寫之誤。段从大徐而移「舉火曰爟」四字于「令」字下。注云：「日」當作「木」。司爟注：「鄭司農説以鄹子曰：『春取榆柳之火，夏取棗杏之火，季夏取桑柘之火，秋取柞楢之火，冬取槐檀之火。』」是取火於木之事也。若秋官司烜氏「以夫遂取明火於日，以鑒取明水於月」，與司爟所職不同。淮南子氾論訓注：「爟火，取火於日之官也。」引周禮司爟云云，是高注亦爲當譌字。又云：呂覽本味篇：「湯得伊尹，爝以爟火。」高注云：「周禮司爟，掌行火之政令。爟火者，所以祓除其不祥，置火于桔槔，燭以照之。爟讀曰權衡之權。」又贊能篇：「桓公迎管仲，祓以爟火。」高注略同，亦曰「爟讀如權字」。考史記封禪書、漢書郊祀志皆曰「通權火」。又曰：「權火舉而祠。」張晏云：「權火，湊火也。狀若井挈皋。其法類稱，故謂之權。欲令光明遠照通於祀所也。漢祀五畤于雍，五里一湊火。」如淳曰：「權，舉也。」按，如云「權，舉也」，許云「舉火曰爟」爟高云「爟讀曰權」，然則「爟、權」一也。　又云：依許「烜」即「爟」字。亘、藿聲同部。　錢云：考司烜注：「烜，火也，讀如衛侯燬之燬。故書『燬』爲『垣』。」鄭司農云：「當爲烜。」周禮通「燬」於「烜」，許不言也。又通「烜」於「垣」，許亦不言也。疑「烜」本爲另一字，其云「或與爟同」，則以「烜」通「爟」之説也。此云「或从亘」，則後人之誣改也。　桂云：畢君以珣曰：「司爟掌行火之政令，司烜氏掌以夫遂取明火於日。説文以司爟、司烜氏溷而爲一，後人亂之。鍇本『爟』下無或『烜』，而別出『烜』，云『或與爟同』。據此，則『取火於日官名』六字當在『烜』下，即秋官司烜氏是也，而『烜』義亦與『爟』同用，故云『或與爟同』也。」　馥按，玉篇：「爟，舉火也。」廣雅：「爟，炬也。」廣韻「爟」下無「烜」字重文。　又云：鍇本「臣鍇云」云，乃張次立之説，傳寫誤稱「臣鍇」也。玉篇：「烜，況遠切，火盛皃。」釋訓：「赫兮咺兮。」陸德明本作「烜」，云「吁遠反」。烜者，光明宣著。今並作「咺」字，同音。　馥按，此皆不言「烜」與「爟」同也。　王从小徐本，其注「取火於日官名」下云：蓋烜字篆説皆殘闕，但存「取火於日」四字，校者妄附于此。又以其不成句也，自加「官名」二字，不思許君無此語例也。其注「舉火曰爟」下云：敘官司爟注云：「故書爟爲燋。杜子春云：『燋當爲爟，書亦或爲爟，爟爲私火。』」案，杜以爲私火者，司爟職云：「季春出火，民咸从之。季秋内火，民亦如之。」此官所掌者民火，故爲私，與司烜氏掌祭祀之火大不同也。　具注「烜，或與爟同」下云：前人既以「取火於日」入之「爟」

下，後有讀者知「取火於日」爲司烜氏之文，然誤謂許君原本如是也，不敢直言其誤，乃附「烜」字于部末，而説之曰「或與爟同」。或之者，疑之也。大徐改收之「爟」下，説曰「或从亘」，於是許君不識字矣。秋官敘官司烜氏注云：「烜，火也。」讀如衛侯燬之燬，故書烜爲垣。鄭司農云：「當爲烜。」經文「司烜氏掌以夫遂取明火於日」。注云：「夫遂，陽遂也。」案，許君于「爟」字从司農，不从故書作「燋」，則知「烜」字亦从司農，不从故書作「垣」也。其音則玉篇「况遠切」是也，不與「爟」同音，亦不音燬。

六弓王弓弧弓以授䠶甲革甚質夾弓庾弓以䠶干侯鳥獸唐弓大弓以授學䠶者（部首）弓，以近窮遠也。象形。古者揮作弓。周禮六弓：王弓，弧弓、以䠶甲革甚質；夾弓、庾弓，以䠶干侯鳥獸；唐弓、大弓，以授學䠶者。司弓矢云：「掌六弓、四弩、八失之灋。王弓、弧弓，以授射甲革椹質者；夾弓、庾弓，以授射豻侯鳥獸者；唐弓、大弓，以授學射者，使者勞者。」王云：凡皆徑省其文，非所據本異也。惟許君不收「椹」字，以「甚」爲正。豻侯，夏官射人同，而大射儀曰：「大侯九十，参七十，干五十。」鄭注：「干讀爲豻。」其注射人曰：「大射禮『豻』作『干』。」然則鄭君所据周禮異於儀禮，許君所據則同乎。

仲秋獻矢箙。竹部　箙，弩矢箙也。从竹，服聲。周禮：「仲秋獻矢箙。」司弓矢云：「仲秋獻矢箙。」注：「箙，盛矢器也，以獸皮爲之。」釋文：「中，音仲。」段云：本以竹木爲之，故字从竹。國語：「檿弧萁服。」韋昭曰：「萁，木名。服，矢房也。」小雅「象弭魚服」，假借「服」爲「箙」。

四弩夾弩庾弩唐弩大弩。弓部　弩，弓有臂者。从弓，奴聲。周禮四弩：夾弩，庾弩，唐弩，大弩。司弓矢云：「凡弩，夾、庾利攻守，唐、大利車戰野戰。」

馬有二百十四匹爲廄廄有僕夫。广部　廄，馬舍也。从广，既聲。周禮曰：「馬有二百十四匹爲廄，廄有僕夫。」校人云：「乘馬一師四圉。三乘爲皂，皂一趣馬。三皂爲繫，繫一馭夫。六繫爲廄，廄一僕夫。六廄成校，校有左右。」注：「鄭司農云『四匹爲乘』，玄謂二耦爲乘，自乘至廄，其數二百一十六匹。易『乾爲馬』，此應乾之策也。」段云：「四」當爲「六」字之誤也。

夏庌馬。广部　庌，廡也。从广，牙聲。周禮：「夏庌馬。」圉師：「夏庌馬。」注：「故書庌爲訝。鄭司農云

『當爲庌』。玄謂庌，廡也。廡所以庇馬涼者也。」

九州之藪楊州具區荆州雲夢豫州甫田青州孟諸兖州大野雝州弦圃幽州奚養冀州楊紆并州昭餘祁。（艸部） 藪，大澤也。从艸，數聲。九州之藪：楊州具區，荆州雲夢，豫州甫田，青州孟諸，兖州大野，雝州弦圃，幽州奚養，冀州楊紆，并州昭餘祁是也。職方氏云：「乃辨九州之國，使同貫利。東南曰揚州，其澤藪曰具區。正南曰荆州，其澤藪曰雲瞢。河南曰豫州，其澤藪曰圃田。正東曰青州，其澤藪曰望諸。河東曰兖州，其澤藪曰大野。正西曰雍州，其澤藪曰弦蒲。東北曰幽州，其澤藪曰貕養。河内曰冀州，其澤藪曰楊紆。正北曰并州，其澤藪曰昭餘祁。」——注：「大澤曰藪。具區五湖，在吴南。雲瞢在華容。圃田在中牟。望諸，明都也，在睢陽。大野在鉅野，弦蒲在汧。鄭司農云：『蒲，或爲浦。』貕養在長廣。杜子春讀『貕』爲『奚』。陽紆所在未聞。昭餘祁在鄔。」 雲夢，禹貢、左傳、爾雅並同。廣韻作「雲瞢」，史記夏本記：「雲土夢」，索隱：「夢一作瞢。」漢書叙傳「瞢中」，顔注：「瞢，雲瞢澤也。」 段云：「甫」今本作「圃」。汲古未改本、宋本、李燾五音韻譜本皆作「甫」。毛詩：「東有甫草」，毛云：「甫，大也。」箋云：「甫草者，甫田之草也。鄭有甫田。」（俗本作「圃田」，釋文及吴應龍本不誤。）蓋鄭所據爾雅、許所據周禮皆作「甫田」。甫、圃古通用，故毛詩「甫艸」，韓詩作「圃艸」，詩箋、説文作「甫田」，今他書皆作「圃田」。 王云：孟諸，左傳三見。地理志謂之「盟豬」，猶「孟津」一作「盟津」也。故鄭曰「明都」。「明、孟」「都、諸」皆同聲。「孟、望」叠韻。 蒙案：孟諸，小徐本作「孟豬」，禹貢「被孟豬」，夏本紀作「被明都。」故鄭曰「明都」也。索隱：「明都音孟豬。」爾雅作「孟諸」。司馬相如傳：「游孟諸。」 弦圃，今本説文亦作「蒲」。汲古未改本、宋本、李燾本皆作「圃」。段云：按，許所據蓋即鄭之或本。 段云：説文大部：「奚，大腹也。」杜蓋説此藪名取「大腹」意。 王云：説文豸部無「貕」，豕部有「豯」。杜子春讀「貕」爲「奚」，是許依杜改也。風俗通亦作「奚」。 段云：爾雅：「秦有楊陓」，吕氏春秋作「陽華」，注曰：「陽華在風翔，或曰在華陰西。」淮南「在陽紆」，注曰：「在馮翊池陽，一名具圃。」 校勘記云：宋本爾雅疏引作「其澤藪曰陽紆」。此本及余本、閩本注中皆作「陽紆」。 段云：徐鍇本「餘」作「余」，淮南作「昭余」，無「祁」字。 桂云：類篇引作「昭余祁」，釋地並有「昭余祁」，吕氏春秋「燕之大昭」。

秋官

硩蔟氏。石部　硩，上摘（王、段改「擿」）山巖空青，珊瑚墮之。（墮，段改「陊」）从石，折聲。周禮有「硩蔟氏」。序官：「硩蔟氏。」注：「鄭司農云：硩，讀爲擿。蔟，讀爲爵蔟之蔟，謂巢也。玄謂硩，古字从石，折聲。」疏曰：「先鄭意以杖擿破之，故从擿。後鄭意以石物等投擲爲義，故不从先鄭。硩古字从石折聲者，以石投擲毁之，故古字从石，以折爲聲，是上聲下形字也。」釋文：「硩，音摘，宅歷反。徐丈列反，沈勑徹反，李又思亦反。」段改篆爲⿱析石，折聲爲析聲。注云：擿，各本作「摘」。今按，手部：「擿，搔也。」「搔，刮也。」當正作「擿」。陊，各本作「墮」。今按，吳都賦「⿱析石陊山谷」，正用許語，當正作「陊」。周禮音義：徐邈、沈重本作「硩」，从折聲。李軌本作「⿱析石」，从析聲。「擿」與「折」古音同部，蓋作「⿱析石」者是，作「硩」者非。鈕訂之云：周禮音義：硩，引李軌「思亦反」，不作「⿱析石」。「摘」即「擿」之隸體。「擿拓果樹實」，義正合。李注吳都賦引說文亦作「摘」。「陊、墮」本通，徒紛更耳。經義述聞云：段說非也。釋文、賈疏及五經文字、唐石經皆作「硩」，不作「⿱析石」。又說文、玉篇、廣韻、集韻皆有「硩」無「⿱析石」，今欲改「硩」爲「⿱析石」，不知何據。且許、鄭並云「从石，折聲」，則當作「硩」明矣。硩不音宅歷反，而其字以「折」爲聲，故徐音丈列反，沈音勑轍反，惟李本誤作「⿱析石」，故音思亦反。篇韻「硩」字並他歷、丑列二切，文選吳都賦李善音敕列切，而皆無思亦之音，則从徐而不从李也。賈疏云云，然則硩蔟氏掌覆夭鳥之巢（鄭注：覆猶毁也）義取毁折而非取分析也。當从折聲，不當从析聲也。說文云云，亦是毁折之義，非分析之義。硩，或通作折。管子地數篇曰：「上有丹沙者，下有黃金。上有慈石者，下有銅。上有陵石者，下有鉛錫赤銅。上有赭者，下有鐵，君謹封而祭之。」然則與折取之遠矣。折取之者，謂擿取黃金鉛錫銅鐵也。墨子耕柱篇曰：「昔者夏后開使蜚廉折金于山以鑄鼎于昆吾。」折金者，擿金也，猶說文言「上擿山巖空青珊瑚」也。「折」即「硩」之借字，則「硩」之从折而非从析，益明矣。段必欲改「硩」爲「⿱析石」，徒以「折」與「擿」不同部耳。今按檀弓：「吉事欲具折折爾。」鄭讀「折折」爲「提提」，提與擿古同聲。（史記刺客傳「引其匕首以擿秦王」燕策擿作提。）硩之讀爲擿，猶折折之讀爲提提也。折與擿聲相轉，蔑與幦聲亦相轉，古音「析、蔑」二字在月部，「擿幦」二字在錫部。硩从折聲而讀爲擿，猶「鞹鞃淺幭」之「幭」以蔑聲而讀爲幦也。

赤魃氏。詳詩「旱魃爲虐」句下。又校勘記云：魃當是古文叚借字。許所據壁中故書。

議能之辟。网部　罷，遣有辠也。从网、能。网，辠网也。（段依韻會補此四字。）言有賢能而入网，即貰遣之。周禮曰「議能之辟」是也。　小司寇云：「以八辟麗邦灋，四曰議能之辟。」

國有疑則盟。囧部　盟，周禮曰：「國有疑則盟。」（王注：有故而盟，故無定期，此盟之一説也。）諸侯再相與會，十二歲一盟。（王注：約舉昭十三年傳文。無故而盟，故有定期。此又盟一説也。）北面詔天之司慎司命盟。（王注：以下詳其事。「命」，衍文。繫傳云：「司慎、司盟，天之二神。是所據本無『命』字。」）盟殺牲歃血，朱（小徐作「珠」，與周禮合。）盤玉敦，臣立（段注：「立」當作「莅」。莅，臨也。王注：二字傳寫之誤。）牛耳。从囧，从血。（王注：小徐作「血聲」。桂、段二家皆謂當作「皿聲」，據隸書爲説，且忘囧亦聲。）司盟云：「凡邦國有疑會同，則掌其盟約之載。」注：「有疑不協也。」　昭十三年左傳云：「明王之制，使諸侯歲聘以志業，間朝以講禮，再朝而會以示威，再會而盟以顯昭明。」杜云：「三年而一朝，六年而一會，十二年而一盟。」

其奴男子入于辠隸女子入于舂槀　女部　奴，奴婢，皆古辠人。周禮曰：「其奴，男子入于辠隸，女子入于舂槀。」从女又。　司厲文，「辠」作「罪」。校勘記云：「當从許。」　段注：鄭司農云：「謂坐爲盗賊而爲奴者，輸于罪隸、舂人、槀人之官也。由是觀之，今之爲奴婢，古之罪人也。故書曰：『予則奴戮汝。』論語曰：『箕子爲之奴』，罪隸之奴也。故春秋傳曰：『斐豹，隸也，著于丹書。』」玄謂奴从坐而没入縣官者，男女同名。　段云：許用仲師説。

上辠桔拲而桎。手部　拲，兩手共同械也。从手，共聲。周禮曰：「上辠梏拲而桎。」掌囚文，「辠」作「罪」。注：「鄭司農云：『拲者，兩手共一木也。』」　校勘記云：罪，當从説文作「辠」。

舟輿轚互者。車部　轚，車轄相轚也。从車毄，毄亦聲。周禮曰：「舟輿轚互者。」　野廬氏云：「凡道路之舟車轚互者，叙而行之。」注：「舟車轚互，謂于迫隘處也。」

蜡氏掌除骴。虫部　蜡，蠅胆也。周禮：「蜡氏掌除骴。」从虫，昔聲。蜡氏文。序官注：「蜡，骨肉腐臭，蠅蟲所蜡也。蜡，讀如『狙司』之狙。」

立當前軓。車部　軓，車軾前也。从車，凡聲。周禮曰：「立當前軓。」　大行人云：「上公之禮，立當車軹。諸侯之禮，立當前疾。諸子立當車衡。」注：「鄭司農云：車軹，軹也。前疾，謂駟馬車轅前胡下垂柱地者也。」疏：「軹謂轂末。」　九經古義云：「立當前疾。」毛居正六經正誤云：「案，車上無名疾者，説文云云，疑此近是。」棟案，禮説云：「諸侯來朝，行享于廟，入大門下車，所立之位，上公立當車軹，侯伯立當前侯，子男立當車衡。」案，「侯」俗作「疾」。（唐石經及宋本皆同。）論語邢昺疏（鄉黨）引周禮作「前侯」，云：「侯伯立當前侯胡下。」又小雅蓼蕭章孔疏引亦作「侯」，蓋説文「疾」作「[丬平]」，古文「侯」作「[厂矢]」，相似易亂。又案，説文引作「前軓」，云：「軓，車軾前也。」詩義「陰靷」，傳云：「陰靷，軓也。」孔疏：「謂以板木横側車前，陰映此軓，故謂之陰。」考工記：「軓前十尺」，謂軾前曲中下垂柱地，如人之頸，故謂之侯。侯猶胡也。故鄭注訓爲「胡」，以其在軓前，故曰「前侯」。然則陰也、侯也、胡也，皆前軓之名。揜軓曰陰，曲中曰侯，下垂曰胡，總名爲軓。當依説文定作「軓」，則前衡後軹，而軓在其間，讀者一見而心目了然矣。　段云：前軓，從來謂「前侯」之異文。今按非也。蓋周禮車軹本作「前軓」，前軓者，前乎軓也。自車軓以至車衡八尺幾半，而前侯介其中。前侯者，前乎下垂柱地者也，其相去尺寸之差也。若作車軹謂書頭，則自軹至前侯凡七尺五寸有餘，而自前胡距衡四尺有餘而已，恐非也。

圭以馬璋以皮璧以帛琮以錦琥以繡璜以黼。玉部　璋，剡上爲圭，半圭爲璋。从玉，章聲。禮六幣：圭以馬，璋以皮，璧以帛，琮以錦，琥以繡，璜以黼。」　小行人云：「合六幣：圭以馬，璋以皮，璧以帛，琮以錦，琥以繡，璜以黼。」　王云：引此者，六玉皆見上文，此以所配之幣總結之，以見其爲朝聘所用之玉也。

諸侯有卿訝。言部　訝，相迎也。周禮曰：「諸侯有卿訝也。」从言，牙聲。　掌訝文。　段云：惟周禮作「訝」，他經皆作「御」，同音叚借。

考工記

鴝鵒不踰泲。鳥部　鴝，鴝鵒也。从鳥，句聲。鵒，鴝鵒也。从鳥，谷聲。古者鴝鵒不踰泲。雗，鵒或从隹、臾。考工記：「鸜鵒不踰濟。」注：「鸜鵒，鳥也。春秋昭二十五年：『有鸜鵒來巢。』傳曰：『書所無也。』鄭司農云：『不踰濟，無妨於中國有之。』」疏曰：「左氏傳作『鸜鵒』，公羊傳作『鸛鵒』，此經注皆作『鸜』字，與左氏同。

春秋昭二十五年：『有鸜鵒來巢』，傳曰：『書所無也。』先鄭云『不踰濟，無妨於中國有之』者，按，異義：『公羊以爲鸛鵒，夷狄之鳥，穴居，今來至魯之中國巢居，此權臣欲自下居上之象。穀梁亦以爲夷狄之鳥來中國，義與公羊同。左氏以爲鸜鵒來巢，書所無也。』彼注云：『周禮曰鸜鵒不踰濟，今踰，宜穴而又巢，故曰書所無也。』許君謹按：『从二傳。』後鄭駁之云：『按，春秋言來者甚多，非皆从夷狄來也。从魯疆外而至，則言來。鸜鵒本濟西穴處，今乃踰濟而東，又巢，爲昭公將去魯國。』今先鄭云『不踰濟，無妨於中國有之』，與后鄭義同也。」段云：作異義時从二傳，作説文解字亦引考工記爲證，不言夷狄之鳥，則从古左氏説。許君異義先成，説文解字晚定，故多有不同異義者。　鸜，釋文作「鸛」，云：徐、劉音權，公羊傳同。本又作「鸜」，左傳同，其俱反。　段云：穀梁作「鸜」，亦作「鸛」。郭注山海經云：「鸛鵒，鴝鵒也」。按句瞿音同。作「鸛」音權者，語轉也。　校勘記云：權、劬一聲之轉。　左傳釋文：鸜，嵇康音權。本又作「鴝」，音劬。穀梁作「鸜」，亦作「鸛」，音灌。

石有時而泐。水部　泐，水石之理也。从水，防聲。周禮曰：「石有時而泐。」　考工記注：「鄭司農云：泐，讀如『再扐而後卦』之扐。泐謂石解散也。」　今記「而」作「以」。

柔皮之工鮑氏。革部　鞄，柔革工也。从革，包聲。讀若朴。（小徐作樸。）周禮曰：「柔皮之工鮑氏。」鞄即鮑也。　記云：「攻皮之工，函、鮑、韗、韋、裘。」注：「鄭司農云：鮑，讀爲鮑魚之鮑。書或爲『鞄』，蒼頡篇有『鞄甆』。」　又云：「鮑人之事」，注：「鮑，故書或作『鞄』。」　段云：鞄，正字。鮑，叚借。　王云：柔，當依考工記作「攻」。下文「韗」下亦作「攻皮」。

搏埴之工陶瓬。瓦部　瓬，周家搏埴之工也。从瓦，方聲。讀若抵破之抵。　記云：「搏埴之工陶抵。」注：「鄭司農云：『瓬，讀爲甫始之甫。』玄謂瓬讀如『放于此乎』之放。」釋文：「旊，甫罔反，又音甫。」　又記云：「搏埴之工二。」注：「搏之言拍也。」釋文：「搏，音團，劉音博。」　校勘記云：搏，唐石經同。余本、嘉靖本、閩、監、毛本搏作「博」，下同。　説文，小徐作「搏埴」，鍇曰：「搏，團也。」大徐作「搏」。　段云：作「搏」者誤，抵不成字，轉寫譌舛，許云「方聲」，則讀同後鄭「放于此乎」。今公羊「放」作「昉」。　戴氏（震）考工記圖云：博，釋文有「團、搏」二音。團音當手旁專，搏音手旁專，絶然二字，譌溷莫辨。鄭注「搏之言拍」，取聲相邇爲訓。拍，古音滂各反。釋名云：「拍，搏也，手搏其上也。」又云：「搏，博也，四指廣博，亦似擊之也。」據此定从搏音。校議云：搏埴，衆本及諸引皆作「搏埴」。據鄭注則「搏」字誤也。許引考工記二十條，皆偁「周禮」，此作「周家」，亦轉寫誤。説文無「抵」字，疑當作「讀若瓬跛之趽」，未敢定之。錢氏大昕謂「當作瓬破之瓬」，則瓬讀若瓬，非例。王云：音團是也。淮南子：「陶人之克挻埴。」許君注：「挻，揉也。」老子「挻埴以爲器。」河上公注：「挻，和也。」案，挻者，作器之先，揉和其填，使之融洽也。搏者，作器之時，置埴于運均之上，旋轉如風，以成器也。控搏而成之，豈拍搏而成之哉。

戟戟長丈六尺。戈部　戟戟，有枝兵也。从戈，榦省。周禮，戟長丈六尺。讀若棘。記云：「戟常。」注：「八尺曰尋，倍尋曰常。」王云：此許君説周禮也，非引其文。冶氏注：「戟，今三鋒戟也。」

加軫與轐焉。車部　轐，車伏兔也。从車，菐聲。周禮曰：「加軫與轐焉。」考工記注：「鄭司農云：轐，讀爲旃僕之僕，謂伏兔也。」

輻欲其掣尒。手部　掣，人臂皃。从手，削聲。周禮曰：「輻欲其掣尒。」輪人云：「望其輻，欲其掣爾而纖也。」注：「掣纖，殺小皃也。鄭司農云：『掣，讀爲紛容掣參之掣。』玄謂如桑螵蛸之蛸。」段云：「紛容掣參」，出上林賦。又云：今記作「爾」，許所見作「尒」。尒者，本字，詈之必然也。爾者，叚借字。爾行而尒廢矣。王云：今上林賦作「紛容蓊蔘」者，後人改也。其下句曰「猗猊从風」，先鄭注考工又引之曰「倚移从風」，猶之此也。

望其轂欲其輥。車部　輥，轂齊等皃也。从車，昆聲。周禮曰：「望其轂，欲其輥。」輪人云：「望其轂，欲其眼也。」注：「眼，出大皃也。鄭司農云：『眼讀如限切之限。』」釋文：「眼，魚墾反。限，魚懇反。李如字。」

稹理而堅。禾部　稹，穜概也。从禾，真聲。周禮曰：「稹理而堅。」輪人注：「稹，致也。」鄭司農云：「稹讀爲奠祭之奠。」漢讀考云：「致，今之緻字。案，稹者，禾之密，引申爲木文理之密。讀如奠者，擬其音。今本作『讀爲』，非也。漢時『奠』音如震。」

轂弊不藃。艸部　藃，艸皃。从艸。歊聲。（許嬌切。）周禮曰：「轂弊不藃。」輪人云：「則轂雖敝不藃。」注：「藃，當作秏。玄謂藃，藃暴，陰柔後必橈減，幬革暴起。」釋文：「藃，李、戚好角反，劉呼報反。」段云：

按，此荀卿及漢人所謂「槁暴」也。橈減爲槁。木之槁與革之暴相因，而致木歉則革盈。旊人注云：「暴者，墳起也。」先鄭謂「藃」當作「秏」字之誤，後鄭謂「藃」爲「槁」之叚借，其義則通。不言「藃讀爲槁」者，从先鄭作「秏」，亦得也。校議云：毛本「轂」下刓增「雖」字，从小徐注也。王云：本無「雖」字，或依考工記增之；弊，一作「蔽」，皆非也。當依周禮作「敝」。

煣牙外不嗛。火部 嗛，火煣車網絕也。从火，兼聲。（力鹽切。）周禮曰：「煣牙外不嗛。」輪人云：「凡揉牙，外不廉，而内不挫，旁不腫，謂之用火之善。」注：「廉，絕也。挫，折也。腫，瘣也。」疏云：「凡屈木，多外廉絕理。」段云：廉者，嗛之叚借。絕，謂火絕。記文之「外」謂火，「内」謂正當火處，「旁」謂不當火處。煣之不善，則當火處橈減，而不當火處暴起，畏此二病，或絕火而更煣。假令火未嘗少絕而無此病，是真善用火也。車网即牙也。牙，木部作「枒」。玉篇曰：「爁㷠，火不絕。」此義與火絕相輔。蒙案：外者，牙之外也。而段說以「外謂火」，似覺未安。竊謂凡木有四面，使直者爲圜，必以火煣之。外者，當火處也；内者，不當火也；旁者，兩旁也；嗛者，木理絕也。用火不善，則外之木理絕，而内亦橈折，兩旁又腫起也。火部：煣，屈中木也。从火柔，柔亦聲。段云：今辭繫傳、考工記皆作「揉」，蓋非古也。手部無「揉」字。漢書食貨志：「煣木爲耒。」校勘記云：說文云云，又文選長門賦「心嗛移而不省故」，李善引鄭玄周禮注曰：「嗛，絕也。」據此，則周禮經注廉本作嗛。今此注「廉，絕也。」釋文無音，所據本與許、李殊矣。

熊旗五游以象罰龜蛇四游以象營室。詳春官「率都建旗，縣都建旐」句下。

參分軹圍，去一以爲轛圍。車部 轛，車橫軨也。从車，對聲。周禮曰：「參分軹圍，去一以爲轛圍。」考工記與人：「參分軹圍，去一以爲轛圍。」注：「兵車之轛圍，二寸八十分寸之十四。轛，式之植者衡者也。」鄭司農云：「轛讀如繫綴之綴，謂車輿軨立者也。立者爲轛，橫者爲軹。書轛或作軨。玄謂轛者，以其鄉人爲名。」賈疏：「此轛形狀一與前經軹同，但在式木之下，對人爲名耳。」段云：謂車闌也。「橫」下曰「闌木也」。考工記注：「轛，式之植者橫者也。鄭司農云：『謂車輿軨立者也。』」按，許云「橫軨也」，橫訓闌，則直者衡者皆在内矣。後鄭又云：「轛者，以其鄉人爲名。」按：字所以从對與！

重三鋝。金部　鋝，十一銖二十五分銖之十三也。（段云：各本「十一銖」作「十銖」，「二十五分銖」奪「銖」字，今依尚書音義、漢蕭望之傳注、廣韻十七薛正。王云：「二」字小徐韻譜已有。）从金，寽聲。周禮曰：「重三鋝。」北方以二十兩爲三鋝。　冶氏注：鄭司農云：「鋝，量名也，讀爲刷。」玄謂許叔重説文解字云：「鋝，鍰也。」今東萊稱或以大半兩爲鈞，十鈞爲環，環（校勘記云：余本兩「環」字空缺。浦鏜云：「鍰，誤環。」按釋文不出「環」字，「三鋝」下云：「或音環。」賈疏兩引此注，先作「環」，後作「鍰」。）重六兩大半兩。鍰、鋝似同矣，則三鋝爲一斤四兩。　段云：十一銖，計黍千一百。云「二十五分銖之十三」者，此用命分之法。百黍以四除之，凡二十五而除盡，命爲二十五分。二十五分之十三，得五十二黍，命爲二十五分銖之十三，合十一銖，共爲黍千一百五十二。又「爲三鋝」下注云：「三」各本無。戴仲達作「二」，今依東原師補正。師説曰：「無『三』字者，誤也。考尚書僞孔傳及馬融、王肅皆云：『鍰重六兩。』鄭康成云：『鍰重六兩大半兩。』鋝即鍰。賈逵云俗儒以鋝重六兩。此俗儒相傳譌失，不能覈實，脱去『大半兩』言之。説文多宗賈侍中，故曰『北方二十兩爲三鋝』，正謂六兩大半兩一鋝也。」　嚴、桂説同。　王云、此句解周禮之「三鋝」。

天子執瑁四寸以朝諸侯。玉部　諸侯執圭朝天，天子執玉以冒之，似犂冠。周禮曰：天子執瑁四寸。从王冒，冒亦聲。　玉人云：「天子執瑁四寸。」注：「名玉名冒者，言德能覆蓋天下也。四寸者方，以尊接卑，以小爲貴。」　段云：尚書大傳曰：「古者圭必有冒，不敢專達也。天子執冒以朝諸侯，見則覆之，故冒圭者，天子所與諸侯爲瑞也。諸侯執所受圭以朝於天子。瑞也者，屬也。」犂冠，爾雅注作「犂錧」，謂耜也。周禮匠人：「耜廣五寸，二耜之伐廣尺。」耜刃方，瑁上下方似之。」　王云：釋樂郭注有「犂錧」，錧，蓋「輨」之俗字。輨以冒于轂，犂冠以冒于木，猶冠冒于頂矣。今周禮作「冒」，書顧命作「瑁」，白虎通文質篇：「瑁之爲言冒也。」尚書大傳作「冒」，白虎通引尚書大傳作「瑁」。

天子用全，上公用駹，侯用瓚，伯用埒。玉部　瓚，三玉二石也。从玉，贊聲。禮：「天子用全」，純玉也。上公用駹，四玉一石。侯用瓚，伯用埒，玉石半相埒也。　玉人曰：「天子用全，上公用龍，侯用瓚，伯用將。」注：「鄭司農云：『全，純色也。龍當爲尨，尨謂雜色。』玄謂全，純玉也。瓚讀爲餐餍之餍。龍、瓚、埒皆雜名也。（校勘記云：龍當作尨。）卑者下尊，以輕重爲差。玉多則重，石多則輕，公、侯四玉一石，伯、子、男三玉二石。」段云：許君「龍」作「駹」，从先鄭易字也。埒，許、鄭同，皆不作「將」，倘是「將」字，鄭不得釋爲襍。鄭已後傳寫失之。鄭云「公侯四玉一石」則記文不當「公、侯」分別異名，許説爲長。戴先生曰：「此蓋泛記用玉爲飾之等。」鄭説本禮緯，見賈疏，白虎通引玉度記亦同。王云：先鄭作「尨」，許用之而不用其字者，或鄭本作「駹」，傳寫省形存聲耳。駹馬面顙白，故得雜義。犬多毛，其義不協。

大圭長三尺，抒上終葵首。玉部　珽，大圭，長三尺，抒上終葵首。从玉，廷聲。玉人云：「大圭長三尺，杼上終葵首，天子服之。」注：「王所搢大圭也，或謂之珽。終葵，椎也。爲椎于其杼上，明無所屈也。杼，閷也。」相玉書曰：『珽玉六寸，明自照。』」賈疏云：「挺玉六寸者，謂于三尺圭上除六寸之下，兩畔殺去之，使已上爲椎頭。言六寸，據上不殺者而言。」段云：抒，今周禮作「杼」。玉藻注同。抒是也。校勘記云：説文从手，乃从木之誤。

圭尺二寸，有瓚，以祠宗廟。玉部　瑒，圭尺二寸，有瓚，以祠宗廟者也。从玉，昜聲。玉人云：「裸圭尺有二寸，有瓚，以祀廟。」祠，玉篇作「祀」。桂云：魯語：「文仲以鬯圭與玉磬如齊。」韋注：「鬯圭，裸鬯之圭，長尺二寸，有瓚，以祀廟。」鬯圭即瑒圭。瑒、鬯聲相近。

數目顧脰。頁部　顧，頭鬢少髮。从頁，肩聲。周禮曰：「數目顧脰。」梓人云：「鋭喙、決吻、數目、顧脰，小體、騫腹，若是者謂之羽屬。」注：「顧，長脰皃。故書『顧』或作『牼』。鄭司農云：『牼讀爲鬜頭無髮之鬜。』」賈疏、先鄭讀爲鬜，亦取音同。段云：髟部「鬜」音義皆同，蓋實一字。司農意謂鳥頭毛短也，許與先鄭同。證以莊子「其脰肩肩」，則後鄭是也。肩即顧。王云：此引經説別義也。司農之説，與頭鬢少髮正同。然知許義同鄭君，不同司農者，指言頭鬢，便非所以言鳥。且鳥雖有時而禿，本非常事，又不得以禿鳥爲筍虡之華飾也。

作其鱗之而。（部首）而，頰毛也。象毛之形。假借爲語助。周禮曰：「作其鱗之而。」凡而之屬皆从而。梓人注：「之而，頰頌也。」戴氏震云：「鱗屬頰側上出者曰『之』，下垂者曰『而』。此以人體之偁施於物也。」段云：頰謂鱗屬之面旁，頌謂鱗屬之頤顄。魚游泳，必動其頰與顄，所謂「作其之而」也。

縜寸。系部　縜，持綱紐也。从系，員聲。周禮曰：「縜寸。」梓人云：「上綱與下綱出舌尋，縜寸焉。」注：

「綱，所以繫侯于植者也。上下皆出舌一尋者，亦人張手之節也。鄭司農云：『綱，連侯繩也。縜，籠綱者。』」王云：二説相須乃備。侯以布爲之，其邊即包綱在内，故經曰「出」，先鄭曰「連」也。出外之尋，繫之於植，而侯張矣。先鄭又曰「縜，籠綱者」，案，縜，蓋作成之紐，套于植上，綱穿紐中而結之。

其祝曰「毋若不寧侯不朝于王所故伉而射汝。」矢部　侯，春饗所䠶侯。从人，从厂，象張布矢在其下。天子射熊、虎、豹，服猛也。諸侯射熊、豕、虎。（段删「豕」字。）大夫射麋。麋，惑也。士射鹿、豕，爲田除害也。（王云：據周禮、儀禮注，言侯制，不承春饗也。）其祝曰：「毋若不寧侯，不朝于王所，故伉而射汝也。」梓人云：「祭侯之禮，以酒脯醢。其辭曰：『惟若寧侯，毋或若女不寧侯，不屬於王所，故抗而射女。强飲强食，詒女曾孫諸侯百福。』」注：「屬，猶朝會也。抗，舉也。」司裘云：「王大射，則共虎侯、熊侯、豹侯，設其鵠。諸侯則共熊侯、豹侯，卿大夫則共麋侯，皆設其鵠。」鄉射禮記云：「士布侯，畫以鹿、豕。」段云：「熊、虎、豹」當依周禮作「虎、熊、豹」，轉寫誤倒也。諸侯「射熊、虎」，各本作「射熊、豕、虎」，賸「豕」字。「諸侯射熊、虎」與今本不同者，鄭曰：「故書『則共熊侯、虎侯』。杜子春云：『虎當爲豹。』」是則鄭从杜改，許从故書也。抗，許作「伉」，大戴作「亢」。

句兵欲無僤。人部　僤，疾也。从人，單聲。周禮曰：「句兵欲無僤。」廬人：「凡兵句兵欲無彈。」注：「故書『彈』或作『但』。鄭司農云：『但，讀爲彈丸之彈。彈，掉也。』」段云：經文「彈」字疑本作「僤」。彈，乃先鄭所易字。許訓「僤」爲疾者，古説也。漢讀考云：「彈丸者，傾側而轉者也。」掉之義取此，「疾」與「掉」義相足。

久諸牆，以觀其橈。（部首）　久，从後灸之，象人兩脛後有距也。周禮曰：「久諸牆以觀其橈。」凡久之屬皆从久。廬人：「灸諸牆以眡其橈之均也。」注：「灸，猶柱也。以柱兩牆之閒，輓而内之，本末勝負可知也。」九經古義云：既夕云：「木桁久。」注云：「久當爲灸。」士喪禮云：「冪用疏布久之。」注云：「久讀爲灸，謂以蓋塞鬲口。」注云、云：與儀禮「久之」同義，是久爲古文，灸爲今文也。段云：士喪禮、既夕二「久」字本不必改讀，蓋「久」本義訓从後距之，引伸之則凡距塞皆曰久。鄭以「久」多訓長久，故易爲「灸」以釋其義。考工記、許作

「久」，與禮、經用字正同。相歫則其侯必遲，故又引伸爲遲久。遲久之義行而本義廢矣。漢讀考云：案，此則故書作「久」，師讀「灸」，許君从故書。

度堂以筵。竹部　筵，竹席也。从竹，延聲。周禮曰：「度堂以筵。」筵，一丈。匠人云：「堂上度以筵。」段云：周禮曰：「度九尺之筵。」此不合，未詳。王云：「度以筵」句，恐後人加之。陳云：乃漢經師之説。錢云：此「一丈」，即九尺也。

廟門容大鼏七箇。詳易「鉉」字下。

匠人爲溝洫枱廣五寸二枱爲耦一耦之伐廣尺深尺謂之く倍く謂之遂。部首　く，水小流也。周禮：匠人爲溝洫。枱，（段云：枱，許之「耜」字也，見木部。各本作「相」，誤。王云：小徐作俗「耜」字。）廣五寸。二枱爲耦，一耦之伐，廣尺深尺謂之く。倍く謂之遂，（小徐作「倍く曰遂」，王从之。）倍遂曰溝，倍溝曰洫，倍洫曰巜。（王云：約舉考工記文也。）凡く之屬皆从く。甽，古文く，从田川。（段云：「古文」疑當作「籀文」，蓋く、巜皆古文也。）田之川也。（王依漢章帝紀注改「田中之溝也」。）畎，篆文く，从田，犬聲。（段云：「畎」爲小篆，則く、甽爲古籀可知。）六畎爲一畝。匠人云：「匠人爲溝洫，耜廣五寸，二耜爲耦。一耦之伐，廣尺深尺謂之甽。田首倍之，廣二尺深二尺謂之遂。」注：「古者耜一金，兩人并發之，其壟中曰甽，甽上曰伐。甽，畎也。」（段云：謂「甽、畎」古今字。）校勘記云：今周禮作「甽」，爲古文。許所引作「く」，爲今書也。鄭从古文作「甽」，今本作「甽」，譌。

廣四尺深四尺。水部　溝，水瀆也。（「也」字依玄應補。）廣四尺，深四尺。从水，冓聲。匠人云：「九夫爲井。井閒廣四尺深四尺謂之溝。」

十里爲成成閒廣八尺深八尺謂之洫。水部　洫，十里爲成，成閒廣八尺深八尺謂之洫。从水，血聲。論語曰：「盡力于溝洫。」（論語泰伯篇。今本「于」作「乎」。）匠人：「方十里爲成，成閒廣八尺深八尺謂之洫。」

方百里爲巜，廣二尋深二仞。（部首）。巜，水流澮澮也。方百里爲巜廣二尋深二仞。凡巜之屬皆从巜。讀與儈同。匠人：「方百里爲同。同閒廣二尋深二仞謂之澮。」段云：今周禮作「澮」，許所據作「巜」。

桼三斞。斗部 斞，量也。从斗，臾聲。周禮曰：「桼三斞。」 弓人云：「漆三斞。」注：「斞，輕重未聞。」

桼，各本譌「求」。王依集韻、類篇引改。 段云：一弓之膠甚少，與論語、考工記之「庾」絶異。漢讀考云：「此可證今周禮「漆」字皆非古。 王云：量，去聲，通作「庾」。庾有二法：廣雅：「鍾十曰斞」，此大數也；考工記陶人：「庾實二觳，豆實三而成觳」，此小數也。弓人注：「斞輕重未聞」，則是以爲權名也。許君以爲量名。然引此乃別一義，與上説二法均不合。

往體寡，來體多，曰弧。弓部 弧，木弓也。从弓，瓜聲。一曰：往體寡，來體多曰弧。 弓人：「往體寡，來體多，謂之王弓之屬。」注：「王弓，合九而成規，弧弓亦然。」 段云：按，「五弓之屬」者，言「王弓」，以包弧弓也。弧者，直而稍紆之謂。弧弓亦天子之弓。 蒙案：此蓋許自爲説，非引周禮，故其文不同。

附録

周禮説

距國五百里爲都。邑部 都，有先君之舊宗廟曰都。从邑，者聲。周禮，距國五百里爲都。 大宰：「六曰邦都之賦。」注：「邦中，在城郭者。四郊去國百里，邦甸二百里，家削三百里，邦縣四百里，邦都五百里。」載師注：「司馬法曰：王國百里爲郊，二百里爲州，三百里爲野，四百里爲縣，五百里爲都。」 段云：此周禮説。

二十五家爲社，各樹其土所宜木。示部 社，地主也。从示土。春秋傳曰：「共工之子句龍爲社神。」周禮：二十五家爲社，各樹其土所宜木。 大司徒云：「設其社稷之壝而樹之田主，各以其野之所宜木，遂以名其社與其野。」注：「社稷，后土及田正之神。壝，壇與堳埒也。田主，田神后土、田正之所依也。詩人謂之田祖。所宜木，謂若松柏栗也。若以松爲社者，則名松社之野，以別方面。」 段云：風俗通義曰：「周禮説二十五家爲社，但爲田祖報求。」許云「周禮」者，周禮説也。賈逵、杜預注左傳、高誘注呂覽、薛瓚注五行志皆同。鄭駁異義引州長職曰：「以歲時祭祀州社。」是二千五百家爲社也。 祭法：「大夫以下成羣立社，曰置社。」注云：「大夫以下，謂下至庶人也。大夫不得特立社，與民族居，百家以上則共立一社，今時里社是也。引郊特牲『唯爲社事單出里』。」是鄭不用周禮説，與許異。大司徒注云，五經異義：「許君謹案：論語所云謂社主也。」鄭無駁，注周禮从許義。

封圻之内六鄉，六卿治之。𨛜部。鄉，國離邑，民所封，鄉也。嗇夫別治。从𨛜，皀聲。封圻之内六鄉，六卿（各本作「鄉」，段改。）治之。校議云：集韻十陽、類篇引作「六鄉，六卿治之」，與周禮合。今此「六鄉治之」，沿宋本之誤。段云：按，「封圻」上當有「周禮」二字。上云「嗇夫別治」，言漢制。此云「六鄉六卿治之」，謂周禮也。封圻，即邦畿。周禮：「方千里曰國畿」，六鄉地在遠郊以内，五家爲比，五比爲閭，四閭爲族，五族爲黨，五黨爲州，五州爲鄉。鄉老二鄉則公一人，鄉大夫每鄉則卿一人。許先舉漢制，後言周禮者，許書凡言郡、縣、鄉、亭，皆漢制。

㠯竈祠祝融。穴部　竈，炊竈也。周禮：「以竈祠祝融。」（段云：各本無此七字，今據史記孝武本紀索隱補。）从穴，鼀省聲。竈，或不省作。　春官太宗伯「五祀」注：「鄭司農云：『五祀，五色之帝于王者宮中曰五祀。』玄謂此五祀者，五官之神在四郊，四時迎五行之氣于四郊，而祭五德之帝，亦食此神焉。少昊氏之子曰重，爲句芒，食於木；該爲蓐收，食於金；脩及熙爲玄冥，食於水；顓頊氏之子曰黎，爲祝融、后土，食於火土。」段云：賈逵注左傳云：「句芒祀于户，祝融祀于竈，蓐收祀于門，玄冥祀于井，后土祀于中霤。」淮南時則訓：「孟夏之月，其祀竈。」高注：「祝融吴回爲高辛氏火正，死爲火神，托祀于竈。是月火旺，故祀竈。」此皆用古周禮説也。五經異義：「竈神今禮戴説引禮器燔柴盆瓶之事，古周禮説顓頊氏有子曰黎，爲祝融，祀以爲竈神。許君謹案：同周禮説。」鄭駁之云：「祝融，乃古火官之長，猶后稷爲堯司馬，其尊如是。王者祭之，但就竈陘，一何陋也。祝融乃是五祀之神，祀于四郊，而祭火神于灶，於禮乖也。」按許君説文與異義不殊。風俗通義亦从異義，用古周禮説。

三采玉。玉部　璑，三采玉也。从玉，無聲。　夏官弁師：「瑉玉三采。」注：「故書『瑉』作『璑』。鄭司農云：『璑，惡玉名。』」段云：江沅曰：「惡玉者，亞次之玉也。古『惡、亞』字通。」廣雅玉類有璑。玉裁按，天子純玉，公四玉一石，侯三玉二石，故書作「璑」，新書作「珉」，皆謂石之次玉者。諸公之冕，璑玉三采，謂以璑雜玉備三采，下於天子純玉備五采也。許云「三采玉」謂之璑，誤矣。

殳以積竹八觚長丈二尺，建于兵車旅賁，以先驅。部首　殳，以杖殊人也。禮，殳以積竹，八觚，長丈二尺，建于兵車，旅賁以先驅。从又，几聲。凡殳之屬皆从殳。考工記：「秦無廬。」注：「廬謂矛戟柄，竹欑柲也。」又廬人：「凡爲殳。」注：「凡矜八觚。」又：「廬人爲廬器，殳長尋有四尺。」又：「車有六等之數，車軫四尺，謂之一等；戈柲六尺有六寸，既建而迆，崇於軫四尺，謂之二等；人長八尺，崇於戈四尺，謂之三等；殳長尋有四尺，崇於人四尺，謂之四等；車戟常崇於殳四尺，謂之五等；酋矛常有四尺，崇於戟四尺，謂之六等。」注：「此所謂兵車也。殳長丈二。戈、殳、戟、矛皆插車輢。」夏官司戈盾：「祭祀受旅賁殳。」注：「殳如杖，長尋有四尺。」旅賁氏：「掌執戈盾，夾王車而趨。」詩衛風：「伯也執殳，爲王前驅。」段云：「以積竹」者，用積竹爲之。漢書：「昌邑王道買積竹杖。」文穎曰：「合竹作杖也。」竹部：「䈴，積竹矛戟矜也。」木部：「欑，積竹杖也。」「柲，欑也。」凡戈矛柄皆積竹，而殳無金刃，故專積竹杖之名。

秭也。禾部　秅，秭也。周禮云。从禾，乇聲。聘禮曰：十斗曰斛，十六斗曰籔，十籔曰秉，二百四十斤爲秉，四秉曰筥，十筥曰稯，十稯曰秅，四百秉爲一秅。今本「周禮云」作「周禮曰」，在「乇聲」下，無「聘禮曰」之文。王依廣韻改補如是。王云：謂周禮以「秅、秭」爲一數兩名也。秋官掌客曰：「車禾視死牢，牢十車，車三秅。」鄭君引聘禮記而曰：「每車三秅，則三十稯也。」案，許君以「周禮曰」結上文，別以「聘禮曰」起下文，則是許君所據古經解，二經之説不同也。「秭也」句。大徐作「二秭爲秅」，其數即此四百秉。然使二經無異，許君何爲重複引？故依廣韻所引。又云：斤當爲什，即「斗」字也。今本儀禮作「斗」，無「爲秉」二字。案，有者是也。以下文「四百秉爲一秅」推之，則今本脱也。廣韻不引此及「四百秉爲一秅」句，遂使「十籔曰秉」「四秉曰筥」兩句相接，似是爲遞加之數，不知「爲秉」以上米數也，「四秉」以下禾數也，不可合爲一。米數無「秅」字，而許君連引之者，「秉」見又部，曰「禾把」，則「四秉曰筥」有所承，而十籔之「秉」無所承，故連引之，以區別之也。段云：小徐本作「秭也」，廣韻从之。是則「秅」即「秭」，爲今數；「二秭爲秅」，爲古數也。蒙案：記文「十籔曰秉」句，鄭注「秉十六斛，二百四十斗」句。鄭注謂一車之米，秉有五籔。其經文云：「門外米三十車，車秉有五籔。」鄭注：「二十四斛也。」是記文「二百四十斗」句，爲經文「秉有五籔」句作解，經注本自明白，不得有「爲秉」二字。王説非。又詳儀禮「四秉曰筥」條下。

謂之䱍。魚部　䱍，䲛也。周禮謂之䱍从。魚，恒聲。「周禮」五字，嚴謂當作「周、洛謂之鮪」，段改「周雒謂之鮪，蜀謂之䲛」。蓋據李奇注上林曰：「周洛曰䱍鮪，蜀曰䱍鰽也。」

又按：承氏以許之「卻行、旁行、連行、紆行」爲證周禮說。然周禮梓人「卻行、仄行、連行、紆行」，鄭注：「卻行，螾衍之屬。仄行，蟹屬。連行，魚屬。紆行，蛇屬。」而說文虫部：「螾，側行者。」「蟹，有二敖，八足，旁行。」實與周禮不同。旁行即仄行，字異而義尚同。段云：「今觀丘蚓實卻行，而非側行，鄭說長也。」魚部：「魿，蟲連行紆行者。」似亦不專指魚屬蛇屬，與鄭亦不同也。承又謂：以脰鳴、以注鳴、以旁鳴、以翼鳴、以股鳴、以胃鳴并證周禮說，按，今梓人「胃鳴」作「胷鳴」，鄭注：「脰鳴，鼃黽屬。注鳴，精列屬。旁鳴，蜩蜺屬。翼鳴，發皇屬。股鳴，蚣蝑動股屬。胷鳴，榮原屬。」釋文：「胷鳴，本亦作『骨』，又作『肙』。」于本作『骨』，云『㪉屁屬也』。賈、馬作『胷』，賈云：『靈蠵也』，鄭云：『榮原屬也』，不知榮原之屬以何鳴。作『骨』者恐非也。沈云『作胷爲得』，亦所未詳。聶音胃，劉本作『胥』，音鹵。」賈疏：「胃在六府之內，其鳴又未可以骨爲狀，亦難信，皆不如作『胷鳴』也。」說文虫部：「𧍯，𧍯鼀、詹諸，以脰鳴者。」段云：「鼃黽與𧍯鼀別而屬也，故下文即受之以蝦蟆。」「虵，以注鳴者。」「蚖，榮蚖、它醫，以注鳴者。」段云：「以注鳴者，鄭云『精列屬』，與許不同也。」蟬，以旁鳴者。按，鄭云：「蜩，蜺屬。」賈疏：「蟬鳴在脅。」許云：「蜩，蟬也。」「蜺，寒蜩也。」「蛢，蟜蟥，㠯翼鳴者。」段云：「鄭注發皇即蛢蟥也。」「蚣，蚣蝑，舂黍也，以股鳴者。」此三者，許、鄭同。「蠵，觜蠵，大龜也。㠯胃鳴者。」此用賈侍中說，與鄭不同也。惟許書爲通常訓詁，如此類者尚多，非盡引經，故不録。

說文引經異同　卷十五下

儀禮

士冠禮

哲明行事。日部，晢，昭晢明也。从日，㫪聲。禮曰：「晢明行事。」段云：禮，謂十七篇也。許序例云：「其偁禮、周官。」禮，謂儀禮；周官，謂周禮也。士冠禮：「宰告曰：『質明行事。』」鄭云：「質，正也。」許所據作「晢明」以戴記禮器、昏義兩言「質明」推之，戴記多从今文，則知「質明」，今文；「晢明」，古文也。鄭不叠古文者，略也。又云：周易：「明辨晢也。」陳風：「明星晢晢。」傳曰：「晢晢猶煌煌也。」洪範：「明作晢。」鄭曰：「君視明則臣昭晢。」按，「昭、晢」皆从日。

柶。木部　柶，禮有柶。柶，匕也。从木，四聲。　士冠禮：「角柶。」注云：「柶，如匕，以角爲之者，欲滑也。」聘禮：「宰夫實觶于醴，加柶觶。」注云：「周禮漿人云：飲醴用柶者，糟也。」喪大記疏云：「柶長六寸，兩頭曲屈。」段云：鄭云「如匕」，許云「匕也」，小異。蓋用器曰匕，禮器曰柶。「匕」下曰：「一名柶。」王云：御覽引此，下有「所以取飯」四字。此連匕部説解引之也。然一名柶，而柶不第爲取飯之用。

士昏禮

娶婦以昏時。女部　婚，婦家也。禮，（王云：玄應引有「記」字，非也。下文乃約士婚禮以爲言耳。）娶婦以昏時（王依玄應引，下補「入」字。）婦人，陰也，故曰婚。（王云：玄應引作「故曰」，似當作「故用昏」，此解「娶婦以昏時」之故也。）从女，从（段刪此字。）昏，昏亦聲。（王刪此七字，而于「婦家也」下增「从女昏聲」，从小徐本而又正。）記士昏禮：「凡行事必用昏昕。」注：「云用昕使者，用昏壻也。」疏云：「用昏婿也者，謂親迎時也。」鄭目錄云：「士娶妻之禮，以昏爲期，因而名焉。必以昏者，陽往而陰來。日入三商爲昏。」王云：案士昏禮，婦至，即行三飯三酳之禮，禮華而燭出。足知其入爲昏時。

鄉飲酒禮

一人洗舉觶。角部　觶，鄉（段云：「鄉」當作「禮」。禮經十七篇用「觶」者多矣，非獨鄉飲酒也。因下文「一人洗舉觶」之文，見鄉飲酒篇，淺人乃改「鄉」字。王依集韻改「饗」。饗者，闕燕禮、大射儀而言，皆君宴臣之禮也。飲者，闕鄉射禮、鄉飲酒禮而言，皆鄉人飲酒之禮也。儀禮此四篇皆有「觶」。）飲酒角也。（角，段用小徐作「觶」，而云：當同「觚」下作「爵」。王云：當同「觚」下説作「饗飲酒之爵也」。不當言「角」者，禮記「尊者舉觶，卑者舉角」，是兩器也。不依小徐本作「觶」者，以觶解觶，非法也。）从角，單聲。（之義切。王云：字林音支，其音與單聲不合者。觶出今文禮。古文禮作觗，从氏聲。）禮曰：「一人洗舉觶。」觶受四升。䚡，觶或从辰。觗，禮經觶。鄉飲篇：「一人洗升舉觶於賓。」鄉射篇：「一人洗舉觶於賓。」段云：鄭駁異義云：「今禮角旁單，然則是今文禮作觶也。單聲而支義切，由古文本作『觗』，从氏聲。後遞變其形，从辰、从單爲聲，而古音終不改也。」許氏異義云：「今韓詩説：『一升曰爵，爵，盡也、足也；二升曰觚，觚，寡也，飲當寡少；三升曰觶，觶，適也，飲當自適也；四升曰角，角，觸也，飲不能自適，觸罪過也；五升曰散，散，訕也，飲不能自節，爲人所謗訕也。總名曰爵，其實曰觴。觴者，餉也。』古周禮説：『爵一升，觚二升，（陳云：二當爲三字之誤。）獻以爵而酬以觚。一獻而三酬，則一豆矣。食一豆肉，飲一豆酒，中人之食。』謹案：周禮云一獻三酬當一豆，三觚二升不滿一豆。鄭駁之云：『觶字角旁著友，（段云：『友』子無理，蓋『辰』之誤。）汝潁之間師讀所作。今禮角旁單，古書或作角旁氏。角旁氏則與『觚』字相近。學者多聞『觚』寡聞『觶』，『寫』此書亂之而作『觚』耳。又南郡太守馬季長説，一獻而三酬則一豆，豆當爲斗，與一爵三觶（段云：此字乃『觚』字之誤。）相近。」（陳云：「近」當从禮記正義作「應」。）陳氏壽祺疏證云：説文云：「觶受四升。」「觚」解云：「一曰觴受三升者謂之觚。」是與韓詩説異也。異義引古周禮説「觚二升」，「二」當爲「三」。周禮梓人明云「爵一升，觚三升」，賈疏引异義而云古周禮亦與韓詩説同，賈所見异義「觚三升」之「三」字已譌爲「二」矣。「許君謹案」云云，此从周禮説，以辨韓詩説之非也。鄭注梓人則云「觚當爲觶，豆當爲斗」，盖以豆實四升，一献三酬，適當一斗，不得爲豆也。注禮器云：「凡觴，一升曰爵，二升曰觚，三升曰觶，四升曰角，五角曰散。」此鄭从韓詩説也。梓人疏曰：「禮器制度云：『觚大二升，觶大三升。』是故鄭从二升觚三升觶。」駁異義以一爵三觶爲一斗，是謂周禮與韓詩説同。段云：許从周禮，不改字。觚受三升，則觶當受四升。

刷巾。尸部　刷，刮也。从刀，㕞省聲。禮有（有，大徐布。段、王據韻會所引小徐改。）「刷巾」。鄉飲篇：「坐挩手。」注云：「挩，拭也。古文挩作説。」賈疏云：「案，内則事佩之中有『帨』，則賓客自有帨巾，以拭手也。」（阮云：釋文：「坐挩，始鋭反，拭也。注帨同。」今注中無「帨」字，疑「説」本作「帨」，故賈疏以内則之「帨」釋之。）段云：鄉飲酒禮、鄉射禮、燕禮、大射儀、公食大夫禮、有司徹皆言「挩手」，注：「挩，拭也」，「挩手者于帨，帨，佩巾。」據賈氏鄉飲、公食二疏，知經注皆作「帨」，絶無「挩」字也。帨之爲巾，見于士昏禮及内則。内則：「盥卒授巾。」注云：「巾以挩手。」鄭即用禮經「帨手」字也。此云「刷巾」，刷當作「㕞」，蓋漢時禮經「挩手」有作「刷手」者，叚「刷」爲「㕞」，説禮家所定字不同也。「刷巾」又見服氏左傳注。左傳：「藻率鞞鞛。」服云：「藻爲畫藻，率爲刷巾，禮有刷巾。」服語正與許同。巾部云：「帥，佩巾也。」帨，帥或字。是「帨」與「帥」同字。樂師故書「帥」爲「率」，聘禮古文「帥」皆作「率」，韓詩「帥時農夫」，毛詩作「率」，是「率」與「帥」同音叚借。左氏傳之「率」即説文之「帥」，而許、服所見禮經皆作「刷手」。鄭禮經今文作「帨手」，古文作「説手」，是則「帥、帨、率、説、刷、㕞」六字以同音通用，而陸德明「本作挩手」者爲誤字。王云：士喪禮：「乃沐櫛，挋用巾。」注：「挋，晞也，清也，古文挋皆作振。」釋詁：「挋、拭、刷，清也。」則「挋、刷」同意。許所云「刷巾」，或即此「挋用巾」乎？

豐鄉射。豆部　豐，豆之豐滿者也。从豆，象形。一曰鄉（段云：當作「禮」。王云：當作「饗」。）飲酒有豐侯者。鄉射篇：「命弟子設豐。」注：「設豐所以承其爵也。豐形蓋似豆而卑。」大射篇：「膳尊兩甒在南有豐。」注：「豐以承尊也。説者以若井鹿盧，其爲字从豆，曲聲。近似豆大而卑矣。」段云：鄭於鄉射云「所以承爵也」，於大射云「以承尊也」，公食大夫之豐亦當是承爵，燕禮之豐亦當是承尊，皆各就其篇之文釋之。禮但云「豐，」許云「豐侯者」，蓋漢時説禮家之語。漢律曆志：「王命作策豐刑。」竹書紀年「成王十九年，黜豐侯」。阮諶曰：「豐，國名也，坐酒亡國。」崔駰酒箴曰：「豐侯沈湎，荷罍負缶，自戮于世，圖形戒後。」李尤豐侯銘曰：「豐侯荒謬，醉亂迷迭，乃象其形，爲禮戒式。」後世傳之，固無正説。三君皆後漢人，諶，撰三禮圖者，漢人傅會禮經有豐侯之説。李尤以爲無正説，鄭不之用，許則襲禮家説也。　王云：「者」者，起下之詞。蓋有詳説，今佚之。

聘禮

麗皮。鹿部　麗，旅行也。（段云：此麗之本義。其字本作「丽」，旅行之象也，後乃加「鹿」耳。周禮：「麗馬一圉，八麗一師。」注曰：「麗，耦也。」禮之「麗皮」，左傳之「伉麗」，説文之「麗駕」，皆其義也。）鹿之性，見食急，則必旅行。从鹿，丽聲。（段删「聲」字。王云：當云「从古文丽」。）禮，麗皮納聘。蓋鹿皮也。　聘禮篇：「上介奉幣儷皮。」注：「儷猶两也。」（許云「麗皮納聘」，故先引此。）士冠禮篇：「主人酬賓，束帛儷皮。」注：「儷皮，兩鹿皮也，古文儷爲離。」士昏禮篇：「納徵：玄纁、束帛、儷皮。」注：「儷，两也。皮，鹿皮。」王云：士昏禮「納徵」云云，許君所謂納聘，蓋即謂此。所據本作「麗」，與今本異。案，丽，本象兩鹿皮之形，後來以爲不明了，始加「鹿」耳。

四秉曰筥，十筥曰稯，十稯曰秅，四百秉爲一秅。禾部　秅，二秭爲秅。（段云：小徐本作「秭也」，廣韵从之。是則秅即秭，爲今數；二秭爲秅，爲古數也。小徐本非奪字。）从禾，乇聲。周禮曰：（段云：「周禮」當本作「禮記」，淺人所改。嚴云：「周」字校者所加。）二百四十斤爲秉。（段云：此七字妄人所增，當删。聘禮記曰：「十斗曰斛，十六斗曰籔，十籔曰秉，二百四十斗。」云「二百四十斗」者，經致饔米三十車，每車秉有五籔計之，得二十四斛，爲二百四十斗也。此説米之數，與禾無涉。鄭君所謂米禾之秉筥，字同數異，妄人乃益之曰「爲秉」，與下文言禾之四秉曰筥相屬，而轉寫又「斗」譌「斤」，曾謂許君而有此乎？國語：「稯禾，秉芻，缶禾。」韋注：「當本云『稯禾，四十秉也』。秉，把也。缶，庾也。庾米，十六斗也。」聘禮曰：「十六斗曰庾，四秉曰筥，十筥曰稯。今本亦不知何人妄改，致不可讀。要之，許、韋不可誣也。若廣稚之謬誤，又無論矣。）四秉曰筥，十筥曰稯，十稯曰秅，四百秉爲一秅。　校議云：「二百四十斤爲秉」，亦校者所加。記言：「十斗曰斛，十六斗曰籔，十籔曰秉，二百四十斗。」蓋説經之「車秉有五籔」，謂秉又加五籔，爲二百四十斗也。此秉，米量也。記又説經之「車三秅」云：「四秉曰筥，十筥曰稯，十稯曰秅，四百秉爲一秅。」此秉，禾把也。鄭云：「此秉爲刈禾盈手之秉」，引詩「彼有餘秉」。疏云：「對上文秉爲量名。」引詩者，證此秉爲盈手。大田傳云：「秉，把也。」孔疏云：「秉，刈禾之把也。」周禮掌客注云：「米禾之秉筥，字同數異。禾之秉，手把耳。」按，秝部云：「兼持二禾，秉持一禾。」許、鄭正同。秅爲禾把之數，故引禮「四秉曰筥」云云，必不涉米量之秉。今此云「二百四十秉」，又加「爲秉」二字，以聯屬下文，將秅爲六千四百斛，經之「車三秅」爲萬九千二百斛，古乃有此大車也？將經之「米三十車」、「禾三十車」皆爲五十七萬六千斛，古乃有此賓禮乎？

公食大夫禮

鈃毛牛藿羊苄豕，薇。艸部　苄，地黄也。从艸，下聲。禮記：鈃毛：（王云：當，依儀禮作「芼」，繫傳固釋爲芼也。）牛，藿；（段改藿。）羊，苄；豕，薇是。段云：今儀禮「毛」作「芼」與許所據不同。今儀禮曰：「羊苦。」注：「苦，苦荼也。今文苦爲苄。」然則許从今文，鄭从古文也。士虞禮、特性饋食禮二記：「鉶芼用苦若薇。」注皆云：「今文苦爲苄。」特牲又正之曰：「苦乃地黄」，非也。王云：許於禮本用今文。詩采菽傳曰：「菽，所以芼太牢，羊則苦，豕則薇。」是毛亦用古文。蒙案：鈃，今儀禮作「鉶」，釋文作「鈃」。鈃即鉶之省，與鈃之从幵者異。

喪服傳

不成人也，年十九至十六死爲長殤，十五至十二死爲中殤，十一至八歲死爲下殤。歺部　殤，不成人也。人年十九至十六死爲長殤，十五至十二死爲中殤，十一至八歲死爲下殤。从歺，傷省聲。今傳文「不」作「未」，無「年」上「人」字及三「死」字。

袪尺二寸。衣部　袪，衣袂也。从衣，去聲。一曰：袪，褢也。褢者，裹也。袪，尺二寸。春秋傳曰：「披斬其袪。」段、王並云：「袪尺二寸」句上當有「禮記曰」三字。玉藻亦有此文。餘詳左傳「披斬其袪」句。

喪服

女子髽衰。髟部　髽，喪結也。禮，女子髽衰，弔則不髽。魯臧武仲與齊戰于狐鮐，魯人迎喪者始髽。从髟，坐聲。喪服篇：「女子子在室爲父，布總箭笄髽，衰三年。」鄭注：「髽，覆紒也，猶男子之括髮。斬衰括髮以麻，則髽亦用麻。以麻者自項而前，交于額上，卻繞，紒如著幓頭焉。」

士喪禮

日皋。夲部　説見周禮「詔來鼓皋舞」句。

既夕

封。土部　説見周禮「及窆」句。

士虞禮

導。谷部　丙，舌皃。从谷省，象形。㐁，古文丙。讀若「三年導服」之導。木部　棪，遬其也。从木，炎聲。讀若「三年導服」之導。穴部　㝮，深也，一曰竈突。从穴，从火，从求省。讀若禮「三年導服」之導。士虞禮：「中月而禫。」段云：士虞禮注曰：「古文『禫』或爲『導』」，檀弓、喪大記注皆曰：「禫，或爲道。」是今文禮作禫」，古文禮作「導」，鄭从今文，故見古文于注；許从古文，故此及木、穴部皆云「三年導服」，而示部無「禫」。「今有者，後人增也」。「導服」者導凶之服也。不云「讀若導」，而云「三年導服之導」，古語蓋讀如「澹」，故今文變爲「禫」字，是其音與凡「導」字不同也。王云：士虞禮注：「禫之言澹，澹然平安意也。」是讀「澹」之證。小徐注：「古無禫字。」説文示部「禫」字，段、嚴、桂、王並云：「後人所加。」

說文引經異同　卷十六

禮記

曲禮

七十曰老八十曰耋九十曰薹。（部首）　老，考也，七十曰老。从人毛匕，言須髮變白也。凡老之屬皆从老。耋，年八十曰耋。从老省，至聲。薹，年九十曰薹。从老，蒿省聲。　王云：「七十曰老」，曲禮文也，此乃老字正解。「八十曰耋」，即毛傳也。劉熙、郭璞、王肅説同。何休曰六十，服虔曰七十。曲禮釋文：「八十九十曰旄。旄，本又作耄，同，惛忘也。本或作八十曰耋，九十曰旄，後人妄加之。」案，陸氏誤駁。有曰耋者，當爲古本，即許説所承用也。毛公車鄰傳云「八十曰耋」，而板篇傳「八十曰耄」，則傳寫譌也。王逸注楚詞及玉篇皆言九十，而杜預、韋昭云八十，釋名言七十，亦無定文也。　承云：釋文云云，是陸氏與許異也。而秦風車鄰傳、離卦王肅注、爾雅、釋名皆與許同。僖九年左傳服杜注、離卦馬融注、後漢書明帝紀李賢引禮，皆作「七十曰耋」；宣十二年公羊疏作「六十曰耋」，疏引禮亦曰「七十曰耋」；板詩傳、隱四年左傳注、國語韋注，皆「八十曰耄」；車鄰正義曰「耄有七十、八十之異」；僖九年正義耋年齒無明文；離卦鄭注「大耋謂年逾七十」；躾義：「旄期稱道。」鄭注：「八十、九十曰旄。」古義不同如此。近儒錢氏大昕謂禮文「八十」下有「曰耋」二字者爲古本，王氏念孫列證駁之。似曲禮「八十」下或本有「曰耋」字，故陸元朗謂爲「後人妄加」。許氏見本當是有「曰耋」二字者，然陸説爲長。經義述聞云：錢氏曉徵答問曰：問曲禮七十曰老，公羊疏乃云：「今曲禮七十曰耋。豈徐彦所見本特異乎？」曰：陸德明釋文云：「本或作八十曰耋，九十曰耋」，徐所見者，蓋即此本，故引以證何氏六十稱耋之異同。後來轉寫誤「八」爲「七」耳。「八十曰耋」，見于毛詩故訓傳，又見于許氏説文。厥後劉熙釋名、王肅注易、郭璞注爾雅，皆主此義。易：「大耋之嗟。」鄭注「謂年踰七十」。亦與毛許義不遠。曲禮有「曰耋」二字者，當是古本，而陸以爲

「後人妄加」，蓋失之矣。何氏六十稱耋之說，與犍爲舍人注爾雅相同。服虔注左傳又云「七十曰耋」，蓋漢人說耋義各不同，要當以「八十」爲正也。家大人曰：曲禮原文本作「八十、九十曰耄」，釋文曰：「本或作八十曰耋，九十曰耄，後人妄加之。」此說甚確。錢以有「曰耋」二字者爲古本，非也。請列五證以明之：射義「耆耋好禮」。鄭注但云「耆耋，皆老也」，而不云「八十曰耋」。下文「旄期稱道不亂」（旄與耄同。）鄭注則云：「八十、九十曰旄，百年曰期頤。」正與今本曲禮同。（王肅注家語觀鄉射篇亦云「八十、九十曰耄」。）則鄭所見本本作「八十、九十曰耄」。無「曰耋」二字，其證一也；大雅板篇曰：「匪我言耄」，隱四年左傳曰：「老夫耄矣」，周語曰：「爾老耄矣」，毛傳及韋、杜注並云：「八十曰耄」，義皆本於曲禮。若曲禮古本作「八十曰耋，九十曰耄」，則八十尚不得稱耄，毛、韋、杜諸儒何以皆言「八十曰耄」？其證二也；秦風車鄰傳：「八十曰耋」，正義曰：「此言八十曰耋者，耋有七十八十，無正文也。」僖九年左傳注：「七十曰耋」，正義曰：「耋之年齒，既無明文。曲禮云七十曰老，爾雅以耋爲老，故以爲七十。」是曲禮本無「八十曰耋」之文，故曰「無正文」、「無明文」，其證三也；秦風車鄰傳、離九三王肅注、爾雅釋言注及說文、釋名並以八十爲耋。離九三馬融注、僖九年左傳服虔、杜預注並以七十爲耋。爾雅釋言舍人注、宣十二年公羊注并以六十爲耋。鄭注離九三則云：「大耋，謂年逾七十。」蓋曲禮本無明文，是以諸家說「耋」義各不同，其證四也；宣十二年公羊傳注曰：「六十稱耋，七十稱老。」疏曰：「七十稱老，曲禮文也。案，今曲禮云『七十曰耋』，與此異也。」（以上公羊疏。）蓋徐彥所見曲禮本作「七十曰耋」，與今本作「七十曰老」者不同，故云「與此異」。「此」字指「七十曰老」而言。若徐所見本作「八十曰耋」，則是「八十、九十曰耄」之異文，不得言「與此異」。錢謂疏文本作「八十曰耋」，轉寫者誤「八」爲「七」，非也。後漢書明帝紀：「有司其存耆耋。」李賢注曰：「禮記曰：『六十曰耆，七十曰耋。』」此所引「七十曰耋」之文，正與公羊疏同，豈亦轉寫者誤「八」爲「七」乎？射義：「耆耋好禮。」正義亦云：「六十之耆，七十之耋。」是徐彥所見本自作「七十曰耋」，非「八十曰耋」，其證五也。蒙案：述聞說是。許「老、耋、𦒿」之解，當別有所本，不取諸曲禮，故不同。觀于「耆」下不用「六十曰耆」之說，此其證也。

大夫死曰㱙。（歺部）大夫死曰㱙。从歺，卒聲。段云：曲禮：「天子死曰崩，諸侯曰薨，大夫曰卒，士曰不祿，庶人曰死。」白虎通曰：「大夫曰卒，精燿終也。」卒之爲言終於國也。字皆作「卒」，於說文爲叚借。

蒙案：釋詁：「卒，死也，終也，盡也。」釋文：「字或作殌」漢張景碑、劉衡碑」并有「殌」字。小徐引白虎通：「殌，終也。」陳云：杜氏通典引五經異義云：「卒之爲言絕於邦也。」是許君亦通作「卒」矣。廣雅：「殌，竟也。」

檀弓

夏后殯于阼階，殷人殯于兩楹之間，周人殯于賓階。（歺部），殯，死在棺，將遷葬柩，賓遇之。从歺，从賓，賓亦聲。夏后殯于阼（段改「胙」））階，殷人殯于兩楹之間，周人殯于賓階。檀弓：「夏后氏殯于東階之上，則猶在阼也。殷人殯于兩楹之間，則與賓主夾之也。周殯于西階之上，則猶賓之也。」段云：按士喪禮，主人奉尸由阼階鄉西階，斂于棺。棺先在肂中矣。所謂殯也，在西階，故檀弓曰：「殯于客位。」又曰：「周人殯于西階之上，賓之也。」釋名亦曰：「于西壁下塗之曰殯。殯，賓也。賓客遇之，言稍遠也。」此去葬期尚遠，非將葬賓遇之。將葬而朝于祖，而設遷祖奠，而載柩于車。而祖、而設祖奠、而設葬奠，此不得名殯。淺人竄改之，致此不通耳。當云「屍在棺，肂于西階，賓遇之」。桂云：「死」當爲「屍」。曲禮：「在牀曰屍，在棺曰柩」，故曰「屍在棺」。論語：「於我殯。」皇氏曰：「殯謂停喪於寢，以待葬也。」僖九年穀梁傳注：「攢木如椁，塗之，曰殯。」王云：「將遷葬柩」，文不成義，有譌挩也。三日而殯，三月而葬，相去甚遠，不得預言。而既夕禮曰「遷于祖」，與此「遷」字相應，蓋許君詳言自殯以後諸禮節，爲何人刪節，致不通也。

王制

禡于所征之地。（示部） 禡，師行所止，恐有慢其神，下而祀之，曰禡。从示，馬聲。周禮曰：禡于所征之地。段刪「曰」字。嚴云：周禮無此語，王制文也。許君時，王制別行，然亦禮類議。依御覽引禮「郊宗石室」之例，刪「周曰」字。桂云「周禮」云云，疑後人加之。

月令

掩骼薶骴。（骨部） 骴，鳥獸殘骨曰骴。骴，可惡也。从骨，此聲。明堂月令曰：「掩骼薶骴。」骴，或从肉。（段、王刪此四字。桂云：後人加。嚴云：此重文之見于說解中者。）今文作「埋胔」，鄭注：「骨枯曰骼，肉腐曰胔。」釋文蔡云：「露骨曰骼，有肉曰胔。」胔亦作骴。 段云：「殘同歺」餘也。「鳥獸」廣韻作「鳥鼠」。曲禮曰：「四足曰漬。」注：「漬，謂相瀸污而死也。」小雅「助我舉柴」，手部引作「𢪍」，毛、許皆云：「𢪍，積也。」鄭箋：「雖不中，必助中者舉積禽。」二經「漬」、「𢪍」字音義皆同「骴」，故許知「骴」不謂人骨也。周禮蜡氏：「掌除骴」，故書「骴」作「脊」。先鄭云：「脊，讀爲殰，謂死人骨也。月令『掩骼埋胔』，骨之尚有肉者也，及禽獸之骨皆是。」此先鄭兼人與禽獸言之。而公羊傳：「大災者何？大瘠也。大瘠者何？痢也。」漢食貨志：「國亡捐瘠。」孟康曰：「肉腐曰瘠。捐，骨不薶者。」公羊、漢志「瘠」即「骴」字。合之鄭注月令「肉腐曰骴」，蔡氏、高氏云「有肉曰骴」，又皆指人言之。說雖不同，皆關王政仁民愛物之意，其字正作「骴」，叚借作「漬」、作「𢪍」、作「脊」、作「瘠」，皆同音叚借也。「漬」又作「殰」。又云：大戴禮盛德篇云：「明堂月令」盧辯曰：「于明堂之中施十二月之令也。」按，漢志說禮云：「明堂陰陽三十三篇。古明堂之遺事。」月令蓋三十三篇之一。許偁月令，皆云明堂月令。又云：胔，見周禮、禮記釋文或字也。玉篇「骴」作「⿱此骨」，呂氏春秋作「髊」，亦或字也。 王云：从「此」聲，多有可惡之意：呰，窳也；佌佌彼有屋，小皃也；訿訿然不思稱乎上之意，皆是。 又云：蜡氏敘官注作「埋骴」，釋文作「貍骴」。 蒙案：薶，正字；貍，叚借字；埋，俗字。

玄鳥至之日祠于高禖。（乚部） 乳，人及鳥生子曰乳，獸曰産。从孚，从乚。乚者，玄鳥也。明堂月令：「玄鳥至之日，祠于高禖，以請子。」故乳从「乚」。請子必以乚至之日者，乚，春分来，秋分去，开生之候鸟，帝少昊司分之官也。 月令：「仲春之月，是月也，玄鳥至。至之日，以太牢祠于高禖，天子親往。」注：「玄鳥，燕也。燕以施生時來，巢人堂宇而孚乳，婦娶之象也，媒氏之官以爲候。高辛氏之出玄鳥遺卵，娀簡吞之而生契，後王以爲媒官嘉祥而立其祠焉。變『媒』言『禖』，神之也。」

仲春之月祠不用犧牲用圭璧及皮幣。（示部） 祠，春祭曰祠，品物少，多文辭也。从示，司聲。仲春之月，祠不用犧牲，用圭璧及皮幣。　段云：禮記「祠」作「祀」，吕覽同，淮南作「祭」。「及」，禮記、吕覽、淮南皆作「更」，鄭曰：「更猶易也。」高誘曰：「更，代也，以圭璧皮幣代犧牲也。」説文「祠、及」二字疑皆字之誤。或曰：漢時月令，鄭君謂之「今月令」，或與記不同。説文「䨚雨」、「舫人」皆今月令也。江沅曰：言「用」、「不用」，「代」義已瞭。或「更」字即「及」字義，許據本作「及」也。鄭訓「易」，高訓「代」，寘「圭璧皮幣」中間，似未妥。錢氏大昭云：月令作「祀」，與許不同。但仲春之祭，自當作「祠」，許義不可易也。　王云：鄭本「及」譌爲「更」，故注頗詰屈。

虹始見。（虫部）　虹，螮蝀也。狀似蟲，从虫，工聲。明堂月令曰：「虹始見。」　鄭注：「螮蝀謂之虹。」疏云「爾雅釋天文」。

䨚雨。（雨部）　䨚，小雨也。从雨，衆聲。明堂月令曰：「䨚雨。」　段云：月令無此文，惟「季春行秋令，淫雨蚤降」。注云：「今月令日衆雨。」漢人「衆」讀平聲，即許所據之「䨚雨」也。但記文「淫雨」鄭注：「霖雨。」許不當以「小雨」釋「䨚」，似「小」必是誤字。　王云：未知「衆」之傳譌邪？抑許所見爲完本，鄭所見則省形存聲字邪？釋草：「衆，秫。」「灤，貫衆。」釋文「衆」並音「終」，又「韓衆」亦作「韓終」。承改「小雨」爲「久雨」，其説云：衆从㐺聲，與「淫」相近，同部。𩂣，霖雨也。「䨚、𩂣」蓋同聲同義字。各本「久雨」作「小雨」，許書「䨚」次「䨢」下「霃」上，䨢訓「溦雨」，自䨢而上「𩅰、霢」皆訓「小雨」，至「䨢」以「溦雨」終。「久雨」自「䨚」爲始，「霃、䨴」等字繼之，「小」字蓋沿上文之誤也。　蒙案：承説是。「𩂣」下段云：「其字从㐺者，衆立也此處闕戈，言也。形聲字每兼會意。𩂣从衆立之㐺，故爲霖雨。䨚从多之衆，可爲小雨。𩅰字从鮮，鮮有少義，故曰小雨。䨢字从㦰，㦰，絶也，刀斷絲也，絲之斷其微可知，故曰微雨。」一反證閒而益明矣。

靡草。（耳部）　𦕄，乘與金飾馬耳也。从耳，麻聲。讀若渳水，一曰若月令「靡艸之靡」。亡彼切。廣韻：「忙皮切。」

孟夏天子飲酎。（酉部）　酎，三重醇酒也。从酉，肘省聲。（各本作「从肘省」，段改。王亦改，云：「依戴侗引蜀本。」）明堂月令曰：「孟夏（各本誤『秋』，段改。王亦改，云『依蜀本』。）天子飲酎。」　月令：「孟夏之月，是月也，天子飲酎。」注：「酎之言醇也，謂重釀之酒也。春酒至此始成，與羣臣以禮樂飲之，于朝正尊卑也。」

腐草爲蠲。（虫部） 蠲，馬蠲也。从虫四，益聲，⺈象形。（段改「从虫，罒象形，益聲」。蓋依韻會。王云：「當云从蜀，益聲。」因不立蜀部，故其詞如此，勿深泥也。韻會引作「从虫，益聲，罒象形」，尤謬。）明堂月令曰：「腐草爲蠲。」 月令：「季夏之月，腐草爲螢。」注：「螢，飛蟲螢火也。」釋文作「熒」，云：「本又作螢。或作腐草化爲螢者，非也。」 段云：馬蠲，亦名馬蚿，亦名馬蚈，亦名馬蠸，見呂覽仲夏紀、淮南時則訓高注。而爾雅釋蟲：「蛝，馬䗃。」郭注：「馬蠲，蚼，俗呼馬蜒。」方言曰：「馬蚿大者謂之馬蚰。」「蚰、蜒」同字也。莊子謂之蚿，多足蟲也。今巫山夔州人謂之艸鞵絆，亦曰百足蟲，茅茨陳朽則多生之，故淮南、呂覽皆曰「腐草化爲蚈」，高注曰：「蚈，讀如蹊徑之蹊」，是也。注淮南云：「一曰熒火」，乃備異說。鄭注戴記云云，蓋非古文古說。許所據者古文古說。 桂云：本草：「馬蚿形如蚯蚓，紫黑色，觸之即。」側臥如環故又名刀環。

此處闕文

云蓋月令說。桂云許釋「舫人」之文，段「習」上添「舫人」二字。

季夏燒薙。（艸部） 薙，除艸也。明堂月令曰：「季夏燒薙。」从艸，雉聲。 鄭注云：「薙謂迫地芟草也。薙人掌殺草職曰：『夏日至而薙之。』又曰：『如欲其化也，則以水火變之。』」 秋官薙氏注：「書『薙』或作『夷』，玄謂薙讀鬀小兒頭之鬀，書或作『夷』，此皆翦草也，字从類耳。」釋文：「薙，或作雉，同它計反。」

數將僟終。（人部） 僟，精謹也。从人，幾聲。明堂月令：「數將僟終。」 月令作「幾」，疏云：「幾，近也。」呂覽高注亦云：「近也。」「數」，大徐本作「歲」，段云：宋本作「數」，玉篇、集韻作「數」，廣韻作「歲」。 王云：「謹」，玉篇作「詳」。繫傳亦曰：「僟，近詞也，切也，故爲精詳。」是也。精詳謂稽察嚴密也。周禮：「幾出入不物者。」又曰：「幾酒」、「謹酒」，皆此義。

玉藻

天子八諸侯六大夫四士二。（羽部） 翣，棺羽飾也。天子八，諸侯六，大夫四，士二。下垂，从羽，妾聲。 段云：羽，衍文。棺飾本周禮。周禮：「喪縫棺飾焉，衣翣柳之材。」檀弓：「周人牆置翣」，又「飾棺牆置翣」。鄭曰：「翣以布衣木如攝與。」喪大記注：「漢禮，翣以木爲筐，廣三尺，高二尺四寸，方，兩角高，衣以白布。畫者畫雲氣，其餘各如其象，柄長五尺，車行，使人持之而從。既窆，樹于壙中。」按，翣、柳皆棺飾也。鄭云「以布衣木」，又引漢禮況之，經無用羽明文。以其物下垂，故从「羽」也。禮器曰：「天子八翣，諸侯六翣，大夫四翣。」喪大記：「君黼翣二，黻翣二，畫翣二」，此諸侯六翣也；「大夫黻翣二，畫翣二」，此大夫四翣也。周禮注：「天子又有龍翣二。」又云：「翣者，下垂于棺兩旁，如羽翼然。」故字从「羽」。　王云：許君增「士二」者，以降殺之等推之。　蒙案：許增「士二」必有所本，非但以意推之。

下廣二尺上廣寸其頸五寸一命縕韠再命亦韠。（韋部）　韠，韍也，所以蔽前者。以韋。（王云：白帖、廣韻皆無此二字，是也。）下廣二尺，上廣一尺，其頸五寸。一命縕韠，再命亦韠。从韋，畢聲。　玉藻：「韠，君朱，大夫素，士爵。」鄭注：「此玄端服之韠也。韠之言蔽。凡韠，以韋爲之。」「韠，下廣二尺，上廣一尺，長三尺，其頸五寸。」「一命縕韠幽衡，再命亦韍幽衡，三命赤韍蔥衡。」注：「此玄冕爵弁服之韠，尊祭服，異其名耳。」左傳桓二年正義：「韍、韠制同而名異。」鄭玄詩箋云：「芾，大古蔽膝之象也。冕服謂之芾，其他服謂之韠。」鄭玄易緯乾鑿度注云：「古者田漁而食，因衣其皮，先知蔽前，後知蔽後，後王易之以布帛，而獨存其蔽前者，重古道而不忘本也。」知冕服謂之韍者，易云：「朱紱方來，利用亨祀。」知他服謂之韠者，案，士冠禮：「士服皮弁玄端皆服韠」，是他服謂之韠。韍之與韠，祭服他服之異名耳，其體制則同。　段云：許于此言「一命縕韠，再命亦韠」，于「市」下言「天子朱市，諸侯赤市，大夫赤市蔥衡」。許意卑者稱韠，尊者稱韍，説與鄭少異。　王云：此説良是。禮記乃漢初湊合之書，且多漢人所撰，説文不甚遵之。然使別無所據，許君何以變「縕韍」、「赤韍」之名而命之曰「韠」？抑或許君所據玉藻，本是上二句作「韠」，下一句乃作「韍」，傳寫流文，使成一律也。

詻詻。（言部）　詻，論訟也。傳曰：「詻詻孔子容。」从言，各聲。　段云：「訟」當作「頌」。「論訟」即「言容」也。玉藻曰：「戎容暨暨，言容詻詻。」注：「詻詻，教令嚴也。」周禮保氏：「六儀，五曰軍旅之容。」注：「軍旅之容，暨暨詻詻。」　嚴云：訟，亦謌訟字，故曰「論訟」也。玉藻「言容詻詻」而云孔子者，盖舊説君子謂孔子。

少儀

尊壺者偭其鼻。（人部）　偭，鄉也。从人，面聲。禮少儀曰：「尊壺者偭其鼻。」今「偭」作「面」。鄭注：

「鼻在面中，言鄉人也。」段云：鄉，今人所用之「向」字也。漢人無作「向」者。王云：偭者，「面」之分別文，故玉藻「唯君面尊」注：「面猶鄉也。」鄭注召誥、撢人皆云然。反言之則爲背，離騷：「偭規矩而改錯」，法言：「假則偭焉。」而此義亦作「面」，項羽傳：「馬童面之。」

祭法

雩禜祭水旱。（示部），禜，設緜蕝爲營，以禳風雨、雪霜、水旱、癘疫於日月星辰山川也。从示，从營省聲。一曰禜衛使災不生。禮記曰：「雩禜祭水旱。」祭法：「雩宗祭水旱也。」注：「宗，皆當爲禜字之誤也。」小徐本無禮記云云八字，乃鍇語，諸家皆以爲誤，段、嚴、王刪。嚴云：許在鄭前，不得豫依鄭改。許説本左傳昭元年文。王云：許君引此，業已該備，而小徐引祭法，依鄭君破「宗」爲「禜」，又僅「祭水旱」一事，已爲不倫。大徐乃直以羼入許説乎。

附録

禮

縉緣。（糸部），縉，帛赤色也。春秋傳曰：「縉云氏」，禮有「縉緣」。从糸，晉聲。段云：凡許云「禮」者，謂禮經也，今之所謂儀禮也。十七篇無「縉緣」，俟考。玉藻曰：「童子之節也，緇布衣，錦緣，錦紳并紐，錦束髮，皆朱錦也。」朱錦爲緣，豈即縉緣與？嚴云：即檀弓上閒傳之縉緣。蒙按：「縉，帛赤色」，後漢蔡邕傳注引作「赤白色」，「縓，帛赤黃色」。縉、縓不同。嚴説未是。王云：集韻、韻會皆不引此句，豈刪之邪？抑本係衍文耶？

佩刀天子玉琫而珧珌。（玉部）珧，蜃甲也，所以飾物也。从玉，兆聲。禮云：「佩刀，天子玉琫而珧珌。」今三禮無此文。詩瞻彼洛矣：「鞞琫有珌。」毛傳：「琫，上飾。珌，下飾也。天子玉琫而珧珌，諸侯璗琫而璆珌，大夫璙琫而璆珌，士珕琫而珕珌。」正義：「傳琫珌歷道尊卑所用，似有成文，未知出何書也。天子諸侯，琫珌異物，大夫士則同，言尊卑之差也。」定本及集注皆以「諸侯珌璆」字从「玉」，又以「大夫鐐珌，」恐非也。校勘記云：

案，正義云云，是。正義本當作「諸侯鎏琫而鏐珌，大夫鐐琫而鐐珌」。釋文本與定本、集注同。段云：介物之㲋曰甲。釋器曰：「以蜃者謂之珧。」按，爾雅：「蜃小者，珧。」東山經：「嶧皋之水，多蜃珧。」傳曰：「蜃，蚌屬。珧，玉珧，亦蚌屬。」然則「蜃、珧」二物也。許云一物者，據爾雅言之。凡物，統言不分，析言有別。蜃飾謂之珧，猶金飾謂之銑，玉飾謂之珪。金不必皆銑，玉不必皆珪也。又云：「天子玉琫珧珌」，備物也；「諸侯鎏琫璆珌」，讓於天子也。璆，美玉也。天子玉上，諸侯玉下，故曰讓於天子也。「大夫鐐琫鏐珌」，銀上金下也。「士珕琫珧珌」，珧有「玉珧」之稱，貴於珕。自諸侯至士，皆下美於上，惟天子上美於下。毛詩集注、定本、釋文皆作「諸侯璆珌，」惟正義作「諸侯鏐珌」。又集注、定本、釋文皆作「大夫鏐珌，」惟正義作「大夫鐐珌」。又説文作「士珧珌」，正義作「士珕珌」，與説文異。王云：天子不當與士同，又與「珌」下説不合，恐後人加之。本書：「琫，佩刀上飾。天子以玉，諸侯以金。从玉，奉聲。珌，佩刀下飾。天子以玉。从玉，必聲。」段于「珌」下云：此當云「天子以珧，諸侯以玉」。淺人妄竄改之。蒙案：「天子珧珌」，見毛傳，此許所本。惟毛傳云：「士珕珌」，則未嘗與天子同。恐此是，「珕」下説有誤也。

佩刀諸侯鎏琫而璆珌。（玉部）鎏，金之美者。與玉同色，从玉，湯聲。禮：佩刀，諸侯鎏琫而璆珌。段云：釋器：「黄金謂之鎏，其美者謂之璆。」許説小異。王云：漢書王莽傳「瑒琫瑒珌」，借「瑒」爲「鎏」也。

佩刀士珕琫而珧珌。（玉部）珕，蜃屬。从玉，劦聲。禮，佩刀，士珕琫而珧珌。毛傳作「珕珌」。嚴云：「珧珌」疑涉下「珧」之説解而誤。正義：「説文云『珕，蜃属』，而不及於蜃，故天子用蜃，士用珕也。」

知天文者冠鷸。（鳥部）鷸，知天將雨鳥也。从鳥，矞聲。禮記曰：「知天文者冠鷸。」鷸，鷸或从「遹」。段云：釋鳥「翠鷸」，李巡、樊光、郭璞皆云一鳥。許于羽部曰：「翠，青羽雀也。」合此條知其讀不同，各爲一鳥。引禮記者，漢志百三十一篇中語也。左傳：「鄭子臧出奔宋，好聚鷸冠。鄭伯聞而惡之，使盜殺之。君子曰：『服之不衷，身之災也。』詩曰：『彼已之子，不稱其服。』子臧之服不稱也夫。」云「不稱」者，正謂子臧不知天文而冠聚鷸也。獨斷曰：「建華冠形制似縷鹿。」記曰知天文者服之，鄭子臧聚鷸冠前圜，此則是也。司馬彪：「輿服志引記曰：『知天者冠述，知地者履絇。』」莊子『鷸』一作『鷸』。」然則「述」者「鷸」之省。毛傳：「遹，述也。」古音同也。説苑：「知天道者冠鉥，知地道者履蹻。」則又叚「鉥蹻」爲「鷸、絇」字。小顏説禮之衣服圖謂爲術氏冠，亦以古音同耳。桂云：漢書五行志引左傳「鄭子臧好聚鷸冠，」顏注：「鷸，大鳥，即戰國策所云啄蚌者也。」天之將雨，鷸則知之。逸周書曰：「知天文者冠鷸冠」，蓋以鷸鳥知天時故也。禮圖謂之術氏冠。匡謬正俗云：「僖二十四年，『鄭子華之弟子臧好聚鷸冠』。杜預注云：『聚鷸羽以爲冠。』『鄭伯聞而惡之。』杜預注云：『惡其非法之服也。』按，鷸，水鳥，天將雨即鳴，戰國策所稱鷸蚌相謂者也。古人以其知天時，乃爲冠，象此鳥之形，使掌天文者冠之，故逸禮記曰『知天文者冠鷸』，此其證也。」馥案，諸説以知天文之冠即子臧之冠，以啄蚌之鷸即翠鷸，皆誤也。增韻曰：「鷸有三種：一曰大鳥，戰國策謂之『啄蚌』，天將雨，鷸則知之。逸周書曰『知天文者冠鷸』，蓋以知天時也。一曰翠鳥曰鷸。一曰赤足黄文曰鷸。左傳鄭子臧『好聚鷸冠』是也。」馥从此説。

天子造舟諸侯維舟大夫方舟士特舟。（方部）斻，方舟也。从方，亢聲。禮：天子造舟，諸侯維舟，大夫方舟，士特舟。段云：衛風：「一葦杭之。」毛曰：「杭，渡也。」「杭」即「斻」字。詩謂一葦可以爲之舟也。舟所以渡，故謂渡爲斻。始皇臨浙江，水波惡，乃西百二十里從狹中渡，其地因有餘杭縣。杜篤論都賦：「造舟于渭，北杭涇流。」章懷後漢書作「北斻」，注云：「説文『斻』字在方部，今流俗不解，遂與『杭』字相亂者，誤也。」是説誠然。然「斻」之作「杭」久矣。章懷偶一正之，而不能盡正也。李南傳：「向度宛陵浦里斻，馬踠足。」亦係章懷改「杭」爲「斻」，而地理、郡國二志餘杭縣未之或改也。「斻」亦作「航」，方言曰：「舟或謂之航。」杭者，説文或「抗」字。又云：大雅詩傳及釋水同。李巡曰：「比其舟而渡曰造舟，中央左右相維持曰維舟，并兩船曰方舟，一舟曰特舟。」孫炎曰：「造舟，比舟爲梁也。維舟，連四舟也。」釋水及公羊傳注此下又有「庶人乘泭」句。王云：禮無此文，蓋據大明「造舟爲梁」及毛傳，謂周之禮如此也。箋亦云：「天子造舟，周制也，殷時未有等制。」爾雅釋水亦同此文，郭注：「比船爲橋」，是也。而釋文引郭圖云：「天子并七船，諸侯四，大夫二，士一。」則非也。比船爲橋，以河之廣狹爲度，不必于七也。

封諸侯以土，蒩以白茅。（艸部）蒩，茅藉也。从艸，租聲。禮曰：「封諸侯以土，蒩以白茅。」段云：此當云「禮記曰」，脱「記」字。記者，百三十一篇文也。白虎通、獨斷皆云：「天子大社，以五色土爲壇。封諸侯，受天子社土以所封之方色，東方受青，南方受赤，他如其方色，皆苴以白茅授之。歸國立社。」按，班、蔡作「苴」，叚借字。許作「蒩」，正字也。桂云：禮無此文。孔穎達曰：「是必古書有此説，故先儒之言皆同也。」周書作雒解：「周公乃建大社于國中。其壝，東青土，南赤土，西白土，北驪土，中央疊以黄土。將建諸侯，鑿取其方一面之土，苞以黄土，苴以白茅，以爲土封，故曰受列土于周室。」

禮三正記

天子蓍九尺諸侯七尺大夫五尺士三尺。（艸部） 蓍，蒿屬，生千歲三百莖。易以爲數，天子蓍九尺，諸侯七尺，大夫五尺，士三尺。段云：此禮三正記文也。見白虎通。

天子巨䶌，尺有二寸諸侯尺，大夫八寸士六寸。（龜部） 䶌，龜甲邊也。从龜，冄聲。天子巨䶌，尺有二寸；諸侯尺，大夫八寸，士六寸。段云：公羊傳曰：「龜青純。」何注：「純，緣也，謂緣甲䫇也。千歲之龜青䫇，明乎吉凶也。」按，䫇者，髯之省，「䶌」之叚借字。又云：「此出三正記，見白虎通。」「天子」下當有「龜」字。「巨」當作「岠」。漢志「「元龜岠冄長尺二寸」。冄，叚借字也。孟康曰：「冄，龜甲緣也。岠，至也。度皆兩邊緣尺二寸也。」按，兩邊相岠尺二寸，故知元龜尺二寸，謂其廣，不謂其脩也。桂云：亦通作「巨」。論衡狀留篇：「龜生三十歲，青邊緣，巨尺二寸。」

魯郊禮

以丹雞祝曰以斯鶾音赤羽去魯侯之咎。鳥部鶾，雉肥鶾音者也。从鳥，倝聲。魯郊（王云：「郊」下似當有「禮」字。）以丹雞祝曰：「以斯鶾音赤羽，去魯侯之咎。」王云：釋鳥「鶾雉」，隹部説解中引同，則鶾非雉名，祇是肥而鶾音者耳。此「鶾音」，六書故引作「翰音」。下文「鶾音」，風俗通作「翰聲」。段氏又據曲禮改此文爲「雞肥翰音」，且以下文「丹雞」爲證。然集韻引又作「丹雉也」。鈞案，釋鳥之「鶾天雞」，説文作「翰」；中孚、曲禮之「翰」，説文作「鶾」，此如「童、僮」「醋、酢」之互易其音義，祇當隨文説之。小雅：「翰飛戾天。」傳曰：「翰，高也。」此即「鶾」字之義。「雉肥鶾音者」，謂雉肥而高音者也。下文仍作「丹雞」，不依集韻作「丹雉」，通其義，非證此文也。雉、雞一類，故其肥而高聲者皆謂之鶾音。若膠葛爲一，則下文「赤羽」字與羽部「翰」下云「赤羽」正同，是「鶾、翰」一字矣，非許君意也。

䔮。（田部）　畜，田畜也。淮南子曰：「元田爲畜。」䔮，魯郊禮「畜」从田从茲。（玉篇引無「从田」，小徐作「从茲田」。）茲，益也。　王云：「田畜」者，漢之恒言，兼以明字之从「田」矣。史記貨殖傳：「富人争奢侈，而任氏獨折節爲儉，力田畜。田畜人争取賤賈，任氏獨取貴善。非田畜所出弗衣食。」戴侗曰：「周官牧人：『掌牧六牲而阜蕃其物。』小司徒：『經土地而井牧其田野。』鄭司農曰：『井牧者，春秋傳所謂『井衍沃牧隰皋』也。』按，古人言「井牧」，猶漢人言「田畜」也。上古畜而不田，中古田畜兼之。衍沃之地宜稼，故井之。隰皋，水艸所生，則牧馬。　其于「元田爲畜」下云：案，當作「玄田爲畜」，謂玄繫之於田也。篆亦當作畜，从「叀」之古文𢆶。叀部「疐」下云：「从叀，引而止之也。叀者，如馬叀之鼻。」是其義。漢書景帝詔：「農桑毄畜。」注：「食義之畜。」案，毄，古「繫」字。繫之者，恐其逸也。是其證。　其于「茲，益也」下云：艸部：「茲艸木多益也。」據此，則篆當作䔮。小篆省其半，淮南以爲「玄止之玄，已小誤。今本變從𢆶，並『䔮』亦改从𢆶，則尤誤也」。

含文嘉

天子樹松諸侯柏大夫欒士楊。（木部）　欒，木，似欄。从木，䜌聲。禮：天子樹松，諸侯柏，大夫欒，士楊。段云：「士楊」二字當作「士槐，庶人楊」五字，轉寫奪去也。禮，謂禮緯含文嘉也。周禮冢人：「以爵等爲丘封之度與其樹數。」賈疏引春秋緯：「天子墳高三仞，樹以松；諸侯半之，樹以柏；大夫八尺，樹以欒草；士四尺，樹以槐；庶人無墳，樹以楊柳。」「欒草」二字「欒」之誤也。白虎通引春秋、含文嘉語全同，正作「大夫以欒」。又廣韻引五經通義：「士之冢樹槐。」然則此「士」下有奪可知矣。含文嘉是禮緯，白虎通云「春秋、含文嘉」，蓋引春秋、禮二緯而「春秋」下有奪字。

天子赤墀。（土部）　墀，涂地也。从土，犀聲。禮：天子赤墀。段云：蓋出禮緯含文嘉之文。爾雅：「地謂之黝。」然則惟天子以赤飾堂上而已。故漢未央殿青瑣丹墀，後宮則元墀而彤庭。漢典職儀曰：「以丹漆地，故偁丹墀。」張載注魏都曰：「丹墀，以丹與蔣離合用塗地也。」　王依慧苑引，于「涂地也」下補「謂以丹塗地」五字；依廣韻引，于「天子」下補「有」字。説曰：云「有」者，不盡赤也。後庭則黑墀。西都賦：「元墀釦砌。」五臣注：「元墀，以漆飾墀。」

稽命徵

三歲一祫五歲一禘。（示部） 祫，大合祭先祖親疏遠近也。从示合。周禮曰：三歲一祫。禘，諦祭也。从示，帝聲。周禮曰：五歲一禘。 校議云：周禮無此文。南齊書禮志上王儉引禮緯稽命徵云：「三年一祫，五年一禘。」公羊文二年疏引春秋説亦如此。初學記卷十三引五經異義云：「謹案：叔孫通宗廟有日祭之禮，知古而然也。三歲一祫，周禮也；五歲一禘，疑先王之禮也。」又引禮稽命徵云云，若然，三歲一祫，五歲一禘，乃禮緯也。議依御覽引禮郊宗石室之例，删「周」字。 陳氏異義疏證云：此文有譌脱，當作「三歲一祫，五歲一禘」，此周禮也。三歲一禘，疑先王之禮也。 段云：陳説是。兩云「周禮」者，以別於夏、殷之禮，兩「曰」字，皆衍文。

禮緯

郊宗石室。（示部） 祏，宗廟主也。周禮有郊宗石室。一曰大夫以石爲主。从示石。 校議云：周禮無「郊宗石室」之語，御覽卷五百卅一引作「禮郊宗石室」，無「周有」二字。通典祫禘上卷作「春秋左氏傳」。「傳」字誤。新唐書陳京傳作「左氏」，舊唐書禮儀志、御覽卷五百廿八作「春秋左氏説」，蓋此禮緯文又見春秋緯也。議依御覽删「周」字。 桂云：五經異義：「春秋左氏説『徙主石于周廟』，言宗廟有郊宗石室，所以藏栗主也。石主所藏，無明文。」又云：「古者，先王日祭于祖考，月薦于曾高，時享及二祧，歲禱于壇墠，終禘及郊宗石室。」惠棟曰：「郊，郊祀也。宗，宗祀也。郊宗所祭之主廟，已毀者皆藏于石室，故曰郊宗石室。」馥案：石室者，藏木主之石匰也。本書：「匰，宗廟藏主器也。」徐鍇曰：「宔，以石爲藏主之櫝也。」五經文字：「祏，宗廟中藏主石室。」馥謂「室」讀如「鞞，刀室」之室。 初學記引摯虞決疑要注：「凡廟之主，藏于户外西牖之下，有石函，故名宗祏。」藝文類聚引「西牖」作「北牖」。莊十四年左傳：「命我先人典司宗祏。」杜注：「宗祏，宗廟中藏主石室。」正義云：「慮有非常火災，于廟之北壁内爲石室，以藏本主，有事則出而祭之，既祭，納于石室。『祏』『字从「示」神之也』。」

昭十八年傳：「使祝史徙主祏于周廟。」杜注：「祏，廟主石函。」正義云：「每廟木主皆以石函盛之，當祭則出之，事畢則納于函。」哀十六年傳：「使貳車反祏于西圃。」杜注：「使副車遠取廟主。西圃，孔氏廟所在。祏，藏主石函。」「一曰大夫以石爲主」者，並存舊説也。五經異義：「或曰：卿大夫有主不？答曰：今公羊説卿大夫非有土，子民之君不得禘祫，序昭穆，故無木主。大夫束帛依神，士結茅爲叢。古春秋左氏説『衛孔悝反祏于西圃』，祏，石主也，言大夫以石爲主。謹按，大夫以石爲主，禮無明文。今山陽民俗有石主。」馥據此知許公不允古左氏説也。

大戴禮

西王母來獻其白琯。（竹部）　管，如篪，六孔。十二月之音。物開地牙，故謂之管。从竹，官聲。琯，古者玉琯以玉。舜之時，西王母來獻其白琯。前零陵文學姓奚，于伶道舜祠下得笙玉琯。夫以玉作音，故神人以和，鳳皇來儀也。从玉，官聲。　大戴禮少閒篇：「昔虞舜以天德嗣堯，布功散德制禮，朔方幽都來服，南撫交趾，出入日月，莫不率俾，西王母來獻其白琯。」盧注：「琯所以候氣。漢明帝時，于舜廟下得玉琯一枚也。」段云：風俗通、孟康漢書注、宋書樂志皆云：「漢章帝時，零陵文學奚景于泠道舜祠下得笙白玉管。」惟孟注無「笙」字，盧注作「明帝時」，亦無「笙」字。

說文引經異同　卷十七

春秋傳（段云：凡説文引春秋經皆繫諸傳，謂左氏春秋有此文也。王云：言傳者，謂据左氏本，不據公羊、穀梁之經也。叙曰：「春秋、左氏皆古文也。」是其義。）

隱公

不義不䵒。（黍部）䵒，黏也。从黍，日聲。春秋傳曰：「不義不䵒。」䵑，或从刃。　元年傳文，今作「不暱」。段云：「考工記弓人：凡昵之類不能方。」故書「昵」，或作「樴」。杜子春云：「樴，讀爲『不義不昵』之『昵』或爲『䵑』。䵑，黏也。」按，昵或「暱」字，「日近也」。「䵒」與「暱」音義皆相近。校勘記云：李善文選注四十一引傳文「暱」亦作「昵」。唐玄度亦云：「䵒字見春秋傳，日聲、刃聲、尼聲、匿聲，皆雙聲也。」

日有食之。（部首）有，不宜有也。春秋傳曰：「日月（段云：月，衍字。諸家説同。）有食之。」从月，又聲。　段云此引經釋「不宜有」之指，亦即釋「从月」之意也。日不當見食也，而「有食之」者，孰食之？月食之也。月食之，故字从「月」，公羊傳注曰：「不言『月食之』者，其形不可得而覩也，故疑言『日有食之』。」嚴云：日食始見隱三年經。月食不書，「傳」字、「月」字議删。集韻四十四有引作「日有蝕之」，無「月」字。釋名：「日月虧曰蝕。」史記文紀正義引説文：「日蝕則朔，月蝕則望。」則許所據古經是「蝕」字，議依集韻。王云：春秋桓四年：「有年。」賈逵云：「桓惡而有年豐，異之也。言『有』，非其所宜有。」釋例：「劉、賈、許因『有年』、『大有年』之經，『有鸜鵒來巢，書所無』之傳，以爲經諸言『有』，皆不宜有之詞也。」春秋日食三十六，始見隱三年經。許君既用師説，以「有」爲「不宜有」，乃不引「有年」而引此者，彼隱而此顯也。詩云「此日而食，于何不臧」，是也。　王依集韻删「月」字，改「蝕」字，又依史記正義補「日蝕則朔，月蝕則望」八字，而説之曰：「又言此者，上文以日蝕證『不宜有』，而字从『月』不从『日』，故因日蝕牽連月蝕，以爲下文『从月』二字張本也。或删此二句，後人乃于引經妄增『月』字。」釋文：「食」本作「蝕」。詩「日有食之」，漢書劉向傳引作「日有蝕之」。

公子彄。（竹部） 筟，筳也。从竹，孚聲。讀若春秋魯公子彄。隱五年經。 桂云：「筟、彄」聲義並相近。本書：「彄，弓弩端弦所居也。」馥謂彄，管弦者；筟管絲者。筆管亦謂之彄。內則：「右佩玦捍管。」注云：「管，筆彄。」 王云：大徐引唐韻曰「又芳無切」者，苟簡之詞。廣韻：「彄，洛侯切。」十虞不收「彄」，十九侯不收「筟」，或唐韻兼收也。

癹夷蘊崇之。（癶部） 癹，以足蹋夷艸。从癶，从殳。（段、桂、王並云：「癶亦聲。」）春秋傳曰：「癹夷蘊崇之。」 釋文：芟，所銜反。說文作「癹」，匹末反。唐韻：普活切。 校勘記云：蘊，石經、宋本作「薀」，釋文亦作「薀」，周禮稻人、薙人鄭司農注引傳文並作「薀」。此本作「蘊」，俗字。 段云：隱六年傳文。今「癹」作「芟」，音衫。又班固答賓戲：「夷險發荒」，晉灼曰：「發，開也。今諸本多作芟。」按，「發」亦「癹」之誤。

㱃而忘。（欠部） 㱃，歠也。从欠，酓聲。春秋傳曰：「㱃而忘。」 七年傳：「㱃如忘。」 正義引服虔云：「如，而也。」臨㱃而忘其盟載之辭，言不精也。 段云：許作「而」者，古「如、而」通用。許所據與服異。

天子因生以賜姓。（女部） 姓，人所生也。古之神聖人，母感天而生子，故偁天子。因生以爲姓，从女生，生亦聲。春秋傳曰：「天子因生以賜姓。」 八年傳：「天子建德，因生以賜姓，胙之土而命之氏。」杜注：「立有德以爲諸侯，因其所由生以賜姓，謂若舜由嬀汭，故陳爲嬀姓。報之以土而命氏曰陳。」段云：白虎通曰：「姓者，生也，人所稟天氣所以生者也。」按，詩「振振公姓」，傳曰：「公姓，公生也。」昭四年左傳：「問其姓。」釋文云：「女生曰姓，姓謂子也。」定四年蔡大夫公孫生，公、穀皆作「公孫姓」。 又云：五經異義：「詩齊魯韓、春秋公羊說聖人皆無父，感天而生。左氏說聖人皆有父。謹案：堯典：『以親九族』，即堯母慶都感赤龍而生堯，安得九族而親之？禮讖云『唐五廟』，知不感天而生。玄之聞也，詩言『感生』得無父，有父則不感生，此皆偏見之說也。商頌曰：『天命玄鳥，降而生商。』謂娀簡狄吞鳦子生契，是聖人感生見于經之明文。劉媪是漢太上皇之妻，感赤龍而生高祖，是非有父感神而生者也。（同耶。）且夫蒲盧之氣，嫗煦桑蟲成爲己子，況乎天氣因人之精，就而神之，反不使子賢聖乎？是則然矣。又何多怪？」按，此鄭君調停之說。許作異義時，从左氏說聖人皆有父。造說文則云「神聖之母感天而生」，不言聖人無父，則與鄭說同矣。因生以爲姓，若下文神農母居姜水因以爲姓，黃帝母居姬水因以爲姓，舜母居姚虛因以爲姓是也。感天而生者母也，故「姓」从「女生」會意。又云：大小徐本互異，由淺人不學以爲重複，故大徐本删「因生以爲姓」五字，小徐删「春秋傳」以下十一字，皆非也。按，人各有所由生之姓，其後氏别既久，而姓幾湮。有德者出，則天子立之，令姓其正姓，若大宗然。必兼春秋傳之説而「姓」之義乃完。

凡雨，三日已往爲霖。（雨部）霖，凡雨，三日已往爲霖。从雨，林聲。　九年傳：「春，王三月癸酉，大雨霖以震，書始也。庚辰，大雨雪，亦如之，書，時失也。凡雨，自三日以往爲霖，平地尺爲大雪。」　校勘記云：禮記月令鄭注云：「雨三日以上爲霖。」正義云：「隱公九年左傳文。」　段云：按，許直用傳文爲説也。「已」當作「以」。「自三日以往」，謂雨三日又不止，不定其日數也。雨三日止，不得爲霖矣。韋注國語亦曰：「雨三日以上爲霖。」若宋人注尚書云「三日雨爲霖」，失古義矣。釋天：「久雨謂之淫，淫謂之霖。」

犯五不韙。（是部）韙，是也。从是，韋聲。春秋傳曰：「犯五不韙。」　十一年傳。杜注：「韙，是也。」段云：古文尚書曰：「時五者來備」，今文尚書作「五是來備」。李賢於李雲、荀爽傳皆引史記「五是來備」可證。凡史記多用今文尚書也。荀爽對策曰：「五韙咸備」，「韙」與「是」義同，六書之轉注也。李雲上書曰「五氏來備」，「氏」與「是」音同，六書之叚借也。

桓公

美而艷。（酉部）⿱⿰章夅酉，酒味淫也。从酉，竷省聲。讀若春秋傳曰「美而豔」。　元年傳，又文十六年傳。

怨匹曰逑。（辵部）逑，斂聚也。从辵，求聲。虞書曰：「旁逑孱功。」又曰：「怨匹曰逑。」　二年傳：「嘉耦曰妃，怨耦曰仇，古之命也。」　段云：「又曰」與「一曰」同，别一義也。「逑、仇」古多通用。關雎「君子好逑」，亦作「仇」，兔罝云「好仇」。毛傳：「逑，匹也。」釋詁：「仇，匹也。」孫炎曰：「相求之匹。」則孫本釋詁亦作「逑」可知。逑爲怨匹，而詩多以爲美詈者，取「匹」不取「怨」也。渾言則不别，爾雅「仇、妃，匹也」是也；析言則别，左氏「嘉耦」「怨耦」異名是也。許所據左傳、爾雅作「逑」。嚴亦謂許説本左傳。王云：「句」疑後人加。左傳：「怨耦曰仇。」關雎：「君子好逑」，爾雅郭注引作「仇」，兔罝：「公侯好仇。」夫「逑」从辵，與匹偶義遠，固是借字；「仇」從人，則近矣。而人部「仇」下云：「讎也」，釋詁曰：「仇、讎、敵、妃、知、儀，匹也。」景純牽於「匹耦」

之義，曲解之曰：「讎猶儔也」，並引廣雅云：「讎，輩也」，不如李巡注曰「仇讎，怨之匹也」爲得其實也。蓋古有「仇匹」之言而無其字，但有「逑聚」「仇讎」之字，故因便借之。關雎之「逑」，夫妻也，兔罝之「仇」，君臣也，左傳之「仇」，父子也。是在三綱，不可云儔輩。兩詩皆以「好」命之，師服則直謂之怨，亦可見其字訓本不嘉矣。

旝動而鼓。（㫃部）　許説見詩「其旝如林」句。五年傳。杜注：「旝，旃也。通帛爲之，蓋今大將之麾也，執以爲號令。」正義：「旝之爲旃，事無所出，説者相傳爲然。成二年傳：『張侯曰：師之耳目，在吾旗鼓，進退從之。』是在軍之士視將旗以進退也。今命二拒，令旝動而鼓，望旗之動，鼓以進兵，明旝是可觀之物。又『旝』字从㫃，旌旗之類，故知旝爲旃也。賈逵以旝爲發石，一曰飛石，引范蠡兵法作飛石之事以證之。説文亦云：『建大木，置石其上，發其機以追敵』，與賈同。案，范蠡兵法雖有飛石之事，不言名爲旝也。發石非旌旗之比，説文載之㫃部，而以飛石解之，爲不類矣。且三軍之衆，人多路遠，發石之動，何以可見，而使二拒準之爲擊鼓候也。注以『旃』説爲長，故从之。」　釋文：「旝，古外反，又古活反，旃也。説文作『檜』，建大木，置石其上，發機以磓敵。」　蒙案：陸云「説文作檜」，與今説文不同。一本釋文則作「本亦作檜」。

族絫。（疒部）　痤，小腫也。从疒，坐聲。一曰族絫。　六年傳：「謂其不疾瘯蠡也。」杜注：「皮毛無疥癬。」釋文：「瘯，七木反。本又作蔟，同。」蠡，力果反，説文作「瘰」，云：「瘯瘰，皮肥也。」校勘記云：「葉抄釋文引説文作「絫」，云：「族絫，皮肥也。」錢大昕云：「説文歺部『⿰歹羸』字注云：『畜産疫病也。』此瘯蠡之正字。『蠡、⿰歹羸』聲相近，故假借爲『蠡』耳。瘯亦俗字，當爲『族』。六畜之疫曰族⿰歹羸，或作族絫。『絫、⿰歹羸』亦聲相近。」段云：按，季梁以「民力溥存」釋「博」，以「碩大蕃滋」釋「碩」，以「不疾瘯蠡」釋「肥」，以「備腯咸有」釋「腯」。釋文云「説文」云云，此「説文」二字有譌，當是「別本作『瘰』」注云：『不疾瘯瘰，皮肥也。』」奪「不疾」二字。　王云：謂痤一名族絫也。小徐句末有「病」字，非也。釋文：「蠡，力果反。」絫之音當如之。「痤、絫」疊韻，短言之爲痤，長言之爲族絫。與「薺，疾黎」一例。痤从疒，斯族絫不必从疒，猶「薺」从艸，斯疾黎不必从艸也。釋文：「瘯，本又作蔟。」是本不从「疒」，特以音蔟，遂加「艸」耳。蠡亦不从「疒」，廣韻乃作「瘰」矣。乃陸氏引説文瘯瘰字皆从「疒」，殊乖古法，不知以他書當説文耶？抑爲説文之學者所附益耶？好古者不得爲所惑也。桂據説文補「瘝」，鄭珍又改爲「[illegible]」。承云：許書無「瘝」字。歺部「殰」下曰：「獸産疫病也。」合「痤」篆云云，則知「族絫」以作「痤殰」爲正字矣。「痤、族」雙聲，「絫、殰」叠韻。然則「瘝」爲俗字，「蠡」爲借字，「族絫」爲古本借字。釋文引説文作「瘝」，瘝，出字林，乃陸誤臆耳。

鄭太子曶。（曰部）曶，出气詞也。从曰：象氣出形。春秋傳曰：「鄭太子曶。」[illegible]，籀文曶。一曰佩也，象形。六年傳。又先見隱三年曰：「鄭公子忽。」[illegible]，玉篇作「[illegible]」，隸變作「曶」。段云：此與心部「忽」音同義異。「忽，忘也。」若羽獵賦「鑾曶如神」，傳毅舞賦「雲轉飄曶」，漢樊敏碑「奄曶滅形」，皆出气之意。倏䓨之皃本當用此字，不當作「忽忘」字也。揚雄傳：「於時人皆曶之」，則假「曶」爲「忽」。古今人表「仲忽」作「中曶」。許云「鄭太子曶」，則未識名字取何義也。今則「忽」行而「曶」廢矣。咎繇謨「在治忽」，史記作「來始滑」，裴駰曰：「尚書滑字作曶，音忽。」

鄧南鄙鄾人攻之。（邑部）鄾，鄧國地。从邑，憂聲。春秋傳曰：「鄧南鄙鄾人攻之。」九年傳：「楚子使道朔將巴客以聘於鄧，鄧南鄙鄾人攻而奪之幣。」杜注：「鄾在今鄧縣南，沔水之北。」段云：後志曰：「鄧有鄾聚。」水經注曰：「淯水又南徑鄧塞東，又徑鄾城東，古鄾子國也。」蓋鄧之南鄙也。王云：司馬彪以爲鄧之鄾子之國。筠案，鄧之鄾子者，蓋晉之曲沃桓叔之比。

齊人來氣諸侯。（米部）氣，饋客芻米也。从米，气聲。春秋傳：「齊人來氣諸侯。」槩，氣或从既。餼，氣或从食。十年傳：「齊人餼諸侯。」「氣」作「餼」，無「來」字。六年傳：「於是諸侯之大夫戍齊，齊人饋之餼。」杜注：「生曰餼。」段云：聘禮：「殺曰饔，生曰餼。」餼有牛羊豕黍粱稻稷禾薪芻等，不言牛羊豕者，以其字从「米」也。言芻米不言禾者，舉芻米可以該禾也。經典謂生物曰餼，論語「告朔之餼羊」。今字叚「氣」爲雲氣字，而饔餼乃無作「氣」者。左傳許所據作「氣」，左丘明述春秋以古文，於此可見。又「餼」下云「从食」，而「氣」爲聲，蓋晚出俗字，在假「氣」爲「气」之後。王云：左僖二十九年傳：「介葛盧來朝，饋之芻米。」言「芻米」而不言「餼」，其謂米爲餼者。考工記玉人：「致稍餼。」注云：「納禀食」是也。然不及芻。至於周禮掌客言天子待諸侯之禮，上公饔餼九牢，饔五牢，餼四牢。車禾視死牢，牢十車。車米視生牢，牢十車。芻薪倍禾。是知餼爲生牢，以牛羊豕爲重。許言「米」者，爲字从「米」也。且米係之生牢，則與餼相屬。芻系之禾，禾係之死牢，是芻屬饔不屬餼。許連言「芻米」者，以其爲一時事也。考工記玉人注：「餼，或作氣。杜子春云：當爲餼。」又于「餼」下云：此字重複實甚，而杜子春以之改考工之「氣」，此許君字學獨絶千古也。

公會齊侯于袲。（衣部）袲，衣張也。从衣，多聲。春秋傳曰：「公會齊侯于袲。」十五年經：「冬十有一月，公會宋公、衛侯、陳侯于袲，伐鄭。」穀梁同。公羊「宋公」上有「齊侯」二字，「袲」作「侈」。段云：許偁左也，左無「齊侯」，容今有奪。嚴、王並謂今本脱「齊侯」。陳樹華曰：袲，乃「袳」之變體。

夷姜縊。（糸部）縊，經也。从糸，益聲。春秋傳曰：「夷姜縊。」十六年傳。又十三年：「莫敖縊于荒谷。」杜注：「縊，自經也。」釋文：「縊，自經死也。」廣韻與釋文同。晉語：「申生乃雉經于新城之廟。」楚詞天問：「伯林雉經。」荀子彊國篇：「救經而引其足也。」楊倞注：「經，縊也。」

盟于趡。（走部）趡，動也。从走，隹聲。（千水切。）春秋傳曰：「盟于趡。」趡，地名。（此三字段云後人增。）桓十七年經：「二月丙午，公會邾儀父，盟于趡。」杜注：「趡，魯地。」釋文：「趡，翠執反。」

公會齊侯于濼。（水部）濼，齊魯間水也。从水，樂聲。春秋傳曰：「公會齊侯于濼。」十八年經：「春，王正月，公會齊侯于濼。」杜注：「濼水在濟南歷城縣，西北入濟。」釋文：「濼，盧篤反，又力角反，一音洛；説文，匹沃反。」段云：水經注濟水篇曰：「濟水，又逕盧縣故城北，又逕什城北，又東北，右會玉水，又東北，濼水入焉。水出歷城縣故城西南。春秋桓公十八年『公會齊侯于濼』是也。俗謂之娥英姜水，合大明湖、歷水北流注于濟。齊乘曰『小清河之在歷城者』，即古濼水。」按，今山東濟南府歷城縣小清河源出縣西，東經章邱、鄒平、長山、新城，入青州府高苑縣，至博興縣合時水入海。而章邱以下淤塞，濼水東北入大清河。又云：釋文引説文「匹沃反」，此蓋音隱文也。玄應曰：「凡陂池，山東名爲濼，匹博切。鄴東有『鸕鷀濼』是也。幽州呼爲淀，音殿。」按，「濼、泊」古今字，如梁山泊是也。

莊公

修涂梁溠。（水部）溠水，在漢南，从水，差聲。荆州浸也。春秋傳曰：「修涂梁溠。」四年傳：「修道梁溠。」注：「時祕王喪，故爲奇兵更開直道。溠水在義陽厥縣西，東南入鄖水。梁，橋也。」正義：「除道，謂除治新路，故知更開直道。梁溠，爲作梁於溠，故爲橋也。」釋例曰：「義陽厥縣西有漈水，源出縣北，從縣西東南至隨縣入鄖水。」杜以「漈」解「溠」，蓋聲相近而字轉耳。段云：職方氏曰：「豫州，其浸波溠。」注云：「春秋傳曰：『楚子除道梁溠，營軍臨隨。』則溠宜屬荆州，在此非也。」按，職方：「荆州浸潁湛，豫州浸波溠。」許書於「湛」曰「豫浸」，於「溠」曰「荆浸」，蓋正經文之誤，與鄭説「溠」正同也。水經注曰：「溠水，出隨縣西北黄山，南逕㵐西縣西，又東南，㵐水入焉。又東南逕隨縣故城西，又南流，注于溳。溳入夏水。」方輿紀要曰：「今溠水出德安府隨州西北二百里之栲栳山，東南流，至州北百十里，有魯城河流合焉。至安貢鎮入溳。」水道提綱曰：「漢水至漢川縣溳口塘北，有溠溳諸水，北自隨州南流，會德安府雲夢應城數縣水來注之，源流長五百餘里。」玉裁謂職方謂爲一州之浸，正指溳溠合流長五百餘里而言也。王云：言「在」者，似許君未審知其源委也。丁氏杰云：溠，實豫州浸，後人改説文以合職方注。

齊人殲于遂。（歺部）殲，微盡也。从歺，韱聲。春秋傳（小徐無此字。）曰：「齊人殲于遂。」十七年經。杜注：「殲，盡也。」正義：「釋詁文。」穀梁同，傳云：「殲者，盡也。」公羊作「瀸」，傳云：「瀸者何？瀸積也。」何休注：「瀸者，死文。瀸之爲死。積死非一之辭，故曰瀸積。」釋文：「積，本又作漬。」段云：瀸，字同音叚借也。

丹桓宮楹。（木部）楹，柱也。从木，盈聲。春秋傳曰：「丹桓宮楹。」二十三年經。杜注：「楹，柱也。」

刻桓宮之桷。（木部）桷，榱也。从木，角聲。椽方曰桷。春秋傳曰：「刻桓宮之桷。」二十四年經。今無「之」字。杜注：「刻，鏤也。桷，椽也。」

女摯不過亲栗。（木部）亲，果實如小栗。从木，辛聲。春秋傳曰：「女摯不過亲栗。」二十四年傳「亲」作「榛」。杜注：「榛，小栗。」段云：周禮籩人、禮記曲禮内則、左傳、毛詩，字皆作「榛」，叚借字也。「榛」行而「亲」廢矣。鄭云：「如栗而小。」與許合。

齊人來獻戎捷。（手部）捷，獵也，軍獲得也。从手，疌聲。春秋傳曰：「齊人來獻戎捷。」三十一年經。今「人」作「侯」，傳同。杜注：「捷，獲也。」正義：「捷，勝也。戰勝而有獲，獻其捷，故以捷爲獲也。」二傳亦作

「侯」。段云：作「人」近是，不必親來。

閔公

牻椋。（牛部） 牻，白黑襍毛牛。从牛，尨聲。椋，牻牛也。从牛，京聲。春秋傳曰：「牻椋。」 二年傳：「尨涼，冬殺，金寒，玦離，胡可恃也？」杜注：「寒、涼、殺、離，言無温潤。玦如環而缺，不連。」段云：傳本作「尨涼」，蓋許引之證此二字所以从「尨」、从「京」也。京者，「涼」之省也。「牻、椋」同義，如「尨、涼」一理相似。傳寫誤爲「牻椋」，殊不可通。 惠氏棟云：牛之徵色者，不中爲犧牲；衣之不純者，不得爲太子。若以「尨」爲「涼」，義無所取。古文省少，或借「涼」爲「椋」耳。 陳云：案尨之爲襍，小爾雅廣訓：「雜言曰哤。」管子小匡篇：「雜處則其言哤。」易說卦「爲駹」，釋文引干寶注：「駹，雜色。」而涼之義亦爲襍。周禮「水漿醴涼」注：「涼，今寒粥，若餱飯雜水也。」是其義也。 蒙案：左傳上文云：「今命以時卒，閟其事也；衣之尨服，遠其躬也；佩以金玦，棄其衷也。」分三項。此句「牻椋，冬殺，金寒，玦離」亦分頂三項：「牻椋」頂「尨服」，「冬殺」頂「時卒」，「金寒玦離」頂「金玦」。牻椋乃雜毛牛，故引伸爲雜而不純之訓。牻謂牻服，椋謂牻服之色雜也。今本「尨涼」乃「牻椋」之省借。杜注以「寒涼連言，殊欠明白。段氏之注則欲申其引經證字之說，未必果許意也」。

沈氏彤云：上文「偏衣」即「牻服」，蓋分織牻牛白黑毛爲之，下所謂「奇無常」也。

辛伯諗周桓公。（言部） 諗，深諫也。从言，念聲。春秋傳曰：「辛伯諗周桓公。」 二年傳。杜注：「諗，告也。」桓十八年「諗」作「諫」。 段云：「諗、深」叠韻。深諫者，言人之所不能言也。 小雅：「是用作歌，將母來諗。」箋云：「諗，告也。以養父母之志來告於君。」左傳「諗周桓公」，此皆於深諫義近。 毛曰：「諗，念也。」此則謂「諗」爲「念」之同音假借。

卜籀云。（竹部） 籀，讀書也。从竹，擂聲。春秋傳曰：「卜籀云。」 二年傳：「成風聞成季之繇。」杜注：「繇，卦兆之占辭。」釋文：「繇，直救反。」僖四年注：「繇，卜兆辭。」易繫辭釋文引服虔云：「繇，抽也，抽出吉凶也。」（蓋即左傳注。）史記文紀集解：「李奇曰：『庚庚，其繇文也。』荀悦云：『繇，抽也，所以抽出吉凶之情也。』」漢書文紀師古注：「繇，音丈救反，本作籀。籀，書也，謂讀卜詞。」 段云：言部曰：「讀，籀書也。」毛傳曰：「讀，抽也。」方言曰：「抽，讀也。」「抽」皆「籀」之假借。籀者，抽也；讀者，續也；抽引其緒相續而不窮也。亦假「紬」字爲之，太史公自序：「紬史記石室金匱之書。」如淳云：「抽徹舊書故事而次述之也。」亦借「繇」字爲之，春秋傳：「卜筮繇辭」，今皆作「繇」，又俗作「䌛」，據許則作「籀」。又云：左傳卜筮皆云「繇」，此言「卜」，以該「筮」也。王云：此隱括之詞也。嚴云：左氏無此語，疑即「其繇曰」。

僖公

次于喦北。（品部）喦，多言也。从品，相連。春秋傳曰：「次于喦北。」讀與「聶」同。元年經：「次于聶北。」杜注：「聶北，邢地。」段云：此與言部「讘」音義皆同。

伐鄍三門。（邑部）鄍，晉邑。从邑，冥聲。春秋傳曰：「伐鄍三門。」二年傳：「乃使荀息假道于虞，曰：『冀爲不道，入自顛軨，伐鄍三門。』」正義曰：「服虔以爲『冀爲不道，伐鄍三門』謂冀伐晉也，『冀之既病，亦唯君故』謂虞助晉也，將欲假道，稱前恩以誘之。」段云：服說是也。杜云：「鄍，虞邑」，非也。許同服說。

爾貢苞茅不入，王祭不供，無以茜酒。（酉部）茜，禮祭，束茅加于裸圭，而灌鬯酒，是爲茜，象神歆之也。从酉，从艸。（所六切）春秋傳曰：「爾貢苞（大徐『包』。）茅不入，王祭不供，無以茜酒。」一曰茜，榼上塞也。四年傳「苞」作「包」、「供」作「共」，「茜」作「縮」。釋文：「共，本亦作供。」杜注：「包，裹束。茅，菁茅也。束茅而灌之以酒爲縮酒。」正義：「郊特牲云：『縮酌用茅』，鄭玄云：『泲之以茅，縮去滓也。』周禮甸師：『祭祀，共蕭茅。』鄭興云：『蕭字或爲茜，茜讀爲縮。束茅立之祭前，沃酒其上，酒滲下去，若神飲之，故謂之縮。縮，浚也。故齊桓公責楚不貢包茅，王祭不共，無以縮酒。』杜用彼鄭興之說也。」段云：「許說本鄭大夫也。惟鄭不言是裸儀耳。」許云「加于裸圭」者，謂加于裸圭之勺也。又云：按，周禮、禮記內則二鄭所引左傳皆作「縮」，然則「縮」者，古文叚借字；「茜」者，小篆新造字，故毛公伐木傳曰：「湑，茜之也。」以藪曰湑。說者謂藪，艸也，而周禮「蕭茅」或作「茜」，皆漢人所用字。或疑古文「酉」作「卯」，則「茜」即艸部之「茆」，故古文尚書以「茆」爲「縮」，不知汗簡所載古文尚書皆妄人所爲，好言六書而不知所以然者也。校勘記云：詩伐木正義，後漢書公孫瓚傳注、李善注藉田賦、册魏公九錫文，并作「苞茅不入」。文選六代論作「苞茅不貢」，高誘注淮南子同，茅作茆。按，作「苞」是也。史記樂書「苞之以虎皮」字从「艸」，自石經始去「艸」頭，後人往往仍之。又云：共，詩伐木篇正義、李善注册魏公九錫文、高誘注淮南子、顔師古注漢書刑法志作「供」。

與犬，犬獘。（犬部） 獘，頓仆也。从犬，敝聲。春秋傳曰：「與犬，犬獘。」斃，獘或从死。 四年傳。今作「斃」。隱元年釋文：「斃，本又作獘。」五經文字：「獘，見春秋傳，又作『斃』，同。」王云：从死偏枯，故以爲或體。如鞌之戰：「射其右，斃于車中。」又曰：「韓厥俛定其右。」若其已死，何定之云？哀二年傳：「鄭人擊簡子中肩，斃于車中。」下文固曉然不死也。

披斬其袪。（衣部） 袪，衣袂也。从衣，去聲。一曰袪，褱也。褱者，裦也。袪尺二寸。春秋傳曰：「披斬其袪。」 五年傳。杜注：「袪，袂也。」正義：「禮深衣記云：『袂之長短，反詘之及肘。』喪服云：『袂屬幅，袪尺二寸。』幅謂衣之身也。袂屬於幅，長於手，反屈至肘，則从幅盡於袖口總名爲袂，其袂近口又別名爲袪。此『斬其袪』，斬其袖之末也。詩唐風羔裘傳：『袪，袂末。』鄭玄玉藻注云：『袪，袂口也。』但袂是總名，得以袂表袪，故云『袪，袂。』」 段云：鄭風遵大路、唐風羔裘傳皆曰：「袪，袂也。」按，「袪」有與「袂」析言之者，深衣注曰：「袪，袂口也。」喪服記注曰：「袪，袖口也。」檀弓注曰：「袪，袖緣口也。」深衣、喪服且「袂」與「袪」並言，蓋袂上下徑二尺二寸，至袪則上下徑尺二寸，其義當分別也。若詩之兩言「袪」，則無庸分別。定本唐風傳曰：「袪，袂末也」，此非是。傳下文言「本末」，本謂羔裘，末謂豹袖，非謂袂本袪末也。 史記集解引服虔曰：「袪，袂也。」晉語韋注同。

輔車相依。（車部） 輔，春秋傳曰「輔車相依」。从車，甫聲。人頰車也。 五年傳。杜注：「輔，頰輔。」詩碩人正義引服注：「輔，上頷車也，與牙相依。輔車，牙車。」 段云：凡許書有不言其義徑舉經傳者，如「⿰耳斗」下云：「詞之⿰耳斗矣」；鶴下云：「鶴鳴九皋，聲聞于天」；「艴」下云：「色艴如也」；「絢」下云：「素以爲絢兮」之類是也。此引傳文不言「輔」義者，義已具於傳文矣。 小雅正月曰：「其車既載，乃棄爾輔。」傳曰：「大車既載，又棄其輔也。」「無棄爾輔，員于爾輻。」傳曰：「員，益也。」正義云：「大車，牛車也。爲車不言作輔，此云『棄輔』，則輔是可解脱之物，蓋如今人縛杖於輔以防輔車也。」今按，呂覽權勳篇曰：宮之奇諫虞公曰：「虞之與虢也，若車之有輔也，車依輔，輔亦依車，虞虢之勢是也。」此即詩「無棄爾輔」之説也。合詩與左傳，則車之有輔信矣。引申之義爲凡相助之稱，今則借義行而本義廢，尠有知輔爲車之一物者矣。人部曰：「俌，輔也。」以引申之義釋本義也，今則本字廢而借字行矣。面部曰：「酺，頰車也。」面酺自有本字，周易作「輔」，亦字之叚借也，今亦本字廢而借字行矣。春秋傳「輔車相依」，許厠之於此者，所以説「輔」之本義也。所以説左氏也，謂輔與車必相依倚也。他家説左者，以頰與牙車釋之，乃因下文之「脣齒」而傳會耳，固不若許説之善也。嚴云：輔者，大車榜木。考工記不言作輔，蓋非車人所爲，駕車者自擇用之。輔在兩旁，故春秋傳、國語皆言「夾輔」，其俌相之「俌」、酺頰之「酺」皆取此象，故經典皆借「輔」爲之。王云：「春秋傳曰」二句，當在「甫聲」下，許説挩佚之後，後人迻之此也。傳曰：「諺所謂『輔車相依，脣亡齒寒』」，乃連用譬喻。傳又曰：「不如小决使導，不如吾聞而藥之也。」此與相似。自輔制失傳之後，於是注家合兩喻爲一事。淮南人間訓：「夫虞之與虢，若車之有輪，輪依于車，車亦依輪。」韓非十過篇：「夫虞之有虢也，如車之有輔，輔依車，車亦依輔，虞虢之勢是也。先人有言曰：『脣竭而齒寒。』」皆與左氏同意，而高注淮南亦曰：「車，牙也。輔，頰也。」與杜注同誤。又云：今人以小車載大石者，兩輻之間加一木，拄其轂與牙，而繩縛於輻以爲固，蓋其遺象。「人頰車也」句下段云：小徐本著此四字於「甫聲」下，與上文意不相應，又無「一曰」二字以别爲一義，知淺人妄謂引傳未詮而增之也。面部既有「酺，頰也」之文，則必不用借義爲本義矣。若大徐本移「輔」篆於部末，解曰：「人頰車也。从車，甫聲」，而無「春秋傳曰輔車相依」八字，輔非真車上物，厠末似合許例，然無解於面部業有「酺」篆也。校許宜删去四字。王云：此後人據杜注增，不知面部自有「酺」字也。大徐迻此篆於部末，又删「春秋傳曰」二句，而以此句代之，遂若「輔」之从「車」，乃從其叚借之義者，此粗心而又不能闕疑也。

黍稷馨香。（部首）香，芳也。从黍，从甘。春秋傳曰：「黍稷馨香。」凡香之屬皆从香。五年傳引書云：「黍稷非馨」，又云：「而明德以薦馨香。」段云：約舉傳文。

士輿櫬。（木部）櫬，棺也。（王依御覽，引，「棺」上補「附身」二字。）从木，親聲。春秋傳曰：「士輿櫬。」六年傳。杜注：「櫬，棺也。」襄四年傳杜注：「櫬，親身棺。」玉篇：「櫬，親身棺也。」段云：按，天子之棺四重，諸公三重，諸侯再重，大夫一重，士不重。天子水兕革棺冟在內，諸侯杝棺冟在內。檀弓：「君即位而爲椑。」椑謂杝棺親尸者。

盟于洮。（羊部）　𦍒，羊未卒歲也。从羊，兆聲。或曰：夷羊百斤左右爲𦍒。讀若春秋「盟于洮」。八年經。釋文：「洮，他刀反。」唐韻：「洮，土刀切。𦍒，治小切。」

執玉憜。（心部）　憜，不敬也。从心，墯省聲。春秋傳曰：「執玉憜。」　十一年傳：「天王使召武公、內史過賜晉侯命，受玉惰。」段云：今書皆作「惰」。韋元成傳：「供事靡憜。」師古曰：「憜，古隋字。」又云：許「受」作「執」。按，國語作「晉侯執玉卑」。蓋或二書相涉之故。

沙麓崩。（林部）　麓，守山林吏也。从林，鹿聲。一曰林屬於山爲麓。春秋傳曰：「沙麓崩。」𣞤，古文从彔。十四年經：「沙鹿崩。」杜注「沙鹿，山名。陽平元城縣東有沙鹿土山，在晉地。」正義：「公羊傳曰：『沙鹿者何？河上之邑。』穀梁傳曰：『林屬於山爲鹿。沙，山名也。』服虔云：『沙，山名。鹿，山足。林屬於山曰鹿。』取穀梁爲説也。」　蒙案：許説同服，并用穀梁，與杜異。　段云：鹿者，「麓」之叚借字。

震夷伯之廟。（雨部）　震，劈歷振物者。从雨，辰聲。春秋傳曰：「震夷伯之廟。」　十五年經。杜注：「震，雷電擊之。」段云：劈歷，疾雷之名。釋天曰：「疾靁爲霆。」倉頡篇曰：「霆，霹靂也。」然則古謂之霆，許謂之震。　王云：劈歷者，震之別名也。左昭四年傳：「雷出不震。」正義曰：「言有雷而不爲霹靂也。」洪邁曰：「辟歷二字，古不从『雨』。」釋名曰：「震，戰也，所擊輒破，若攻戰也。」又曰：「辟歷，辟，析也，所歷皆破析也。」「震、振」疊韻，詩「薄言震之」，韓詩作「振」。公羊傳：「震之者何？猶曰振振然。」振物者，國語曰：「陰陽分布，震雷出滯。」

士刲羊亦無衁也。（血部）　衁，血也。从血，亡聲。春秋傳曰：「士刲羊，亦無衁也。」　十五年傳。杜注：「衁，血也。」正義：「易言『血』而此言『衁』知衁是血也。」　易歸妹上六：「士刲羊無血。」

磒石于宋五。（石部）　磒，落也。从石，員聲。春秋傳曰：「磒石于宋五。」　十六年經。杜注：「隕，落也。」穀梁亦作「隕」，公羊作「霣」，周禮大司樂正義、史記宋世家索隱引左傳作「霣」。釋詁「隕，磒落也」。王云：

釋詁雖「隕、磒」連文，其實一字也。賈，叚借字。

六鶂退飛。（鳥部）鶂，鳥也。从鳥，兒聲。春秋傳曰：「六鶂退飛。」鷊，鶂或从鬲。䴉，司馬相如鶂从赤。

十六年經：「六鷁退飛過宋都。」杜注：「鷁，水鳥。高飛遇風而退。」釋文：「鷁，本或作鶂。」公穀釋文皆云：「六鶂，五歷反。」可證三傳本皆作「鶂」，與說文同。今公羊注疏皆作「鷁」，穀梁注疏皆作「鶂」，惟經文「六鷁退飛」此一字从「益」，蓋唐時左傳已有作「鷁」者，故後人據以易二傳也。穀梁疏引賈逵云：「鶂，水鳥。陽中之陰，象君臣之訟鬩也。」以「鬩」解，取同聲爲詁，可證左傳字本从「兒」。說文左「鳥」右「兒」，釋文左「兒」右「鳥」，史記宋世家作「鶂」，索隱引左傳、集解引賈逵注并作「鶂」。

女爲人妾。（辛部）妾，有辠女子給事之得接於君者。从辛女。春秋傳云：（「傳」字段補。王云：「依類篇。」）「女爲人妾，妾不娉也。」　十七年傳。杜注：「不聘曰妾。」正義：「內則云：『聘則爲妻，奔則爲妾』」是也。　段云：釋左傳之義，别於上文有罪女子之得接者也。

勍敵之人。（力部）勍，彊也。春秋傳曰：「勍敵之人。」从力，京聲。　二十二年傳。杜注：「勍，强也。」段云：按，「勍」與人部之「倞」字音義皆同，而「勍」獨見左氏。

骿脅。（骨部）骿，骿脅，并榦也。（今本「并脅也」，段、王依正義改。）从骨，并聲。晉文公骿脅。　二十三年傳作「騈」。杜注：「騈脅，合幹。」正義：「說文云：『騈脅，并幹也。肋，脅骨也。』廣雅云：『脅幹謂之肋。』孔晁云：『聞公子脅幹，是一骨，故欲觀之。』通俗文曰：『腋下謂之脅。』如此諸說，則脅是腋下之名，其骨謂之肋，幹是肋之别名。騈訓比也，骨相比迫，若一骨然。」　段云：肉部：「脅，膀也。肋，脅骨也。」廣雅：「幹謂之肋。」是脅骨一名榦，故韋注國語云：「骿，并榦也。」杜云「合榦也」，其字左傳、史記作「騈」。國語、吴都賦作「骿」，論衡作「仳」。骿，仳叚借字。

奉匜沃盥。（皿部）盥，澡手也。从臼水，臨皿也。春秋傳曰：「奉匜沃盥。」　二十三年傳。杜注：「匜，沃盥器也。」正義云：「說文云：『匜，似羹魁，柄中有道，可以注水。盥，澡手也。从臼水，臨皿。』然則匜者，盛水器也；盥，洗手也；沃，謂澆水也。」

臣負羈紲。（糸部） 紲，糸也。（段「系」上補「犬」字。）从系，世聲。春秋傳曰：「臣負羈紲。」緤，紲或从枼。 二十四年傳。今作「絏」。杜注：「羈，馬羈。絏，馬繮。」釋文：「絏，息列反。說文云：『繫也。』」（詩小戎疏引說文同。）正義：「說文云：『紲，係也。』少儀云：『犬則執紲，牛則執紖，馬則執靮。』服虔云：『一曰犬繮曰紲。』古者行則有犬，杜今正以『紲』爲馬繮者，紲是係之別名，係馬係狗皆得稱紲，彼對文耳，散則可以通。巡于天下，用馬爲多，故主於馬耳。」 王云：宋版作「係」。衆經音義：「紲，馬繮也。所以縶制畜牲者皆曰紲。紲，繫也。」晉語：「從者爲羈紲之僕。」韋注：「馬曰羈，犬曰紲。」少儀：「犬則執緤。」離騷：「登閬風而緤馬。」五經文字：「絏，本从世。緣廟諱偏旁。今經典共準式例變。」

天子有事繙焉。（炙部） 繙，宗廟火孰肉。从炙，番聲。春秋傳曰：「天子有事，繙焉，以饋同姓諸侯。」 二十四年傳：「宋，先代之後也，於周爲客。天子有事，膰焉。」杜注：「有事，祭宗廟也。膰，祭肉。尊之，故賜以祭胙。」釋文：「膰，周禮又作繙字，音、義皆同。」左氏說：脤，社祭之肉，盛之以蜃；宗廟之肉名曰膰。大宗伯鄭注：「脤膰，社稷宗廟之肉，以賜同姓之國，同福禄也。兄弟，有共先王者。」 段云：鄭與許同用左氏說也。若傳所云「賜齊侯胙」，又云「宋先代」云云是。亦有歸繙異姓者。「以饋同姓諸侯」六字，段改「天子所以饋同姓」七字，在「宗廟火孰肉」句下。王亦云此語當在「宗廟火孰肉」句下。春官大宗伯「以脤膰之禮親兄弟之國」。案，許言此者，舉其常禮也。而後引春秋傳之饋異姓者，則尊先代之特禮也。若在此，則文不相屬。

衛侯燬。（火部） 燬，火也。从火，毀聲。春秋傳曰「衛侯燬」。 二十五年經。 段、王并謂此篆當删，説見詩「王室如燬」句。

曹人兇懼。（凶部） 兇，擾恐也。从人，在凶下。春秋傳曰：「曹人兇懼。」 二十八年傳。杜注：「兇兇，恐懼聲。」 王云：擾，其狀也；恐，其意也。加「聲」字，而兇之聲情始備。漢書翟方進傳：「天下兇兇。」又借「匈」，項羽本紀：「天下匈匈數歲。」案，即「兇」字迻「人」于上耳。

爇僖負羈。（火部） 爇，燒也。从火，蓺聲。春秋傳曰：「爇僖負羈。」 二十八年傳：「爇僖負羈氏。」杜注：「爇，燒也。」嚴云：春秋傳通釋所引，疑非說文也。 王云：小徐所引也，且少「氏」字，便不可通。

曏役之三月。（日部） 曏，不久也。从日，鄉聲。春秋傳曰：「曏役之三月。」 二十八年傳作「鄉」。杜注：「鄉，猶屬也，城濮役前之三月。」釋文：「鄉，許亮反。本又作曏，同。」 段云：士相見禮曰：「曏者吾子辱使某見，請還贄於將命者。」注云：「曏，曩也。」按，禮注「曏」字或作「鄉」，左氏傳文曏猶前也。城濮之役在四月，前乎此役之三月，正與不久之義合。杜殊誤。 王云：釋詁：「曩，久也。」此云「不久」者，士相見禮曰：「鄉者吾子辱使某見」，論語：「鄉也，吾見于夫子而問知」，左莊三十二年傳：「鄉者牙曰慶父材」，皆一二日間事，如下所引「曏役之三月」，乃言曏之最久者矣。爾雅謂之「久」者，但是淹留，即可言久。如樂記「遲之又久」，信陵君列傳「睥睨故久立」，乃一日間事，亦謂之久也。莊子秋水篇：「證曏今故」，崔云：「曏，往也。」

璿弁玉纓。（玉部） 璿，美玉也。从玉，睿聲。春秋傳曰：「璿弁玉纓。」 二十八年傳作「瓊」。杜注：「瓊，玉之別名。」 段云：山海經：「西王母之山，有璿瑰瑤碧。」郭傳：「璿瑰，玉名。」竹書穆天子傳：「重𨛋氏之所守曰枝斯璿瑰。」郭注：「璿瑰，玉名。」引左傳「贈我以璿瑰」。按，左傳成公十八年，今本作「瓊瑰」。僖公二十八年「璿弁」，今本作「瓊弁」。張守節史記「璿璣」作「瓊璣」。「璿」與「瓊」古書多相亂。張衡西京賦亦作「璿弁」。 蒙案：當書「璿璣」，史記律書作「璿璣」。本部「璿」爲「瓊」之重文。

文公

諸侯敵王所鎎。（金部） 鎎，怒戰也。从金，氣聲。春秋傳曰：「諸侯敵王所鎎。」四年傳作「愾」。杜注：「愾，恨怒也。」詩彤弓箋引傳文作「愾」，釋文：「愾，苦愛反，很也。」杜預云：「很怒也。」説文作「鎎」，火既反，云：「怒戰也。」唐韻：「許既切。」 段改「从金，氣聲」爲「从金，愾省」。又改引傳文「鎎」爲「愾」，謂許「引以證會意之恉」。鈕駁之云：杜注左傳，本與許不同，即杜所訓，亦當是鎎。愾解太息，非恨怒也。

告之話言。（言部） 話，合會（段改「會合」，蓋依詩板釋文、李善注七命、歸去來辭改。）善言也。从言，𠯑聲。傳曰：「告之話言。」 文六年：「著之話言。」杜注：「話，善也。爲作善言遺戒。」釋詁：「話，言也。」舍人云：「政之善言也。」孫炎云：「善人之言也。」詩抑、板兩篇傳並云：「話，善言也。」 段謂「傳曰」以下六字，當作「春秋傳曰：『箸之話言。』」淺人但知抑詩，故改之，刪「春秋」字，妄擬詩可稱傳也。抑詩作「告之詁言」，於「詁」下稱之，又妄改爲「詩曰詁訓」。　桂説同段。嚴云據板釋文「出話」引説文云：「會合善言也」，則舊本當引「詩曰『出話不然』」。

郯瞞侵齊。（邑部）　郯，北方長狄國也。在夏爲防風氏，在殷爲汪茫氏。从邑，叜聲。春秋傳曰：「郯瞞侵齊。」

十一年傳「郯」作「鄋」，杜注：「鄋瞞，狄國名，防風之後，漆姓。」釋文：「鄋，説文作郯。」段云：魯語：「防風，汪芒氏之君也，守封、嵎之山者也，爲漆姓。在虞、夏、商爲汪芒氏，在周爲長翟，今爲大人。」韋注云：「封嵎二山，在今吴郡永安縣。」周世其國北遷爲長翟也。吴之永安縣在今浙江湖州府武康縣。顧氏祖禹曰：「鄋瞞，在山東濟南府北境。或云今青州府高苑縣有廢臨濟城，古狄邑，即長狄所居。」按，許以此篆厠「涿郡北地」之下，則許意謂其地在西北方，非在今山東也。

兩軍之士皆未憖。（心部）　憖，問也，（段改「問」爲「肎」，王改爲「間」，嚴云：「當作間。」）謹敬也。从心，猌聲。一曰，説也；一曰，甘也。（段、王改「甘」爲「且」。嚴云：「當作且。」）春秋傳曰：「昊天不憖。」又曰：「兩軍之士皆未憖。」　十二年傳。杜注：「憖，缺也。」正義：「憖者，缺之皃。今人猶謂缺爲憖也。沈氏云：『方言云：憖，傷。』傷即缺也。」釋文：「憖，方言云：『傷也』，字林云：『間也。』」　段云：各本作「問也」，玉篇作「間也」，左傳音義引字林「間也」。間者，「肎」之誤；問者，「間」之誤。十月正義引「憖，肯从心也」。當是引「憖，肎也。从心，猌聲」。誤以「也」字倒於「從心」之下，不成文理耳。小爾雅曰：「憖，願也。」晉語：「伯宗妻曰：『憖庇州犂焉。』」韋注曰：「憖，願也。」「願」與「肯」義略同。用部曰：「甯，所願也。」丂部曰：「寧，願詞也。」皆與「憖」雙聲。　又云：文十二年傳。釋文：「憖，魚覲反，又魚轄反。」是則「憖」與「齾」雙聲叚借，即方言所謂「傷也」，而郭注方言云：「詩曰『不憖遺一老』，亦恨傷之言也。」似於文理不協。　説苑至公篇載此事作「二軍之士皆未息」。

擣戭。（戈部）　戭，長槍也。从戈，寅聲。（弋刃、以淺二切。）春秋傳有擣戭。　十八年傳作「檮」。釋文：檮，直由反；韋昭音桃。戭，以善反；漢書作「𢾊」；韋昭已震反。　校勘記云：監本「檮」作擣，與説文合。桂云：玉篇：「𢾊，擣也。」漢書人表「檮𢾊」，顔音疇演。

楬柮。（木部）　柮，斷也。从木，出聲。讀若爾雅「貀無前足」之貀。楬斷木也。从木，楬聲。春秋傳曰：「楬柮。」　十八年傳作「檮杌」。杜注：「檮杌，頑凶無儔匹之皃。」　繫傳：「孟子曰：『楚謂之楬杌。』楬杌，惡木也。主于記惡以爲戒也。」　段云：趙注孟子曰：「檮杌，嚚凶之類。」按，蓋取斷木之可憎爲惡人名也。出聲、兀聲同部。許所據與今異。

縉雲氏。（糸部）　縉，帛赤色也。从糸，晉聲。春秋傳曰「縉雲氏」，禮有「縉緣」。　十八年傳。杜注：「縉雲，黄帝時官名。」正義：「昭十七年傳稱：黄帝以雲名官，故知縉雲，黄帝時官名。字書：『縉，赤繒也。』服虔云：『夏官爲縉云氏。』」

饕，貪也。从食，號聲。叨，饕或从口，刀聲。虢，籀文饕，从號省。飻貪也。从食，殄省聲。（段、王並从小徐作「㐱聲」。）春秋傳曰：「謂之饕飻。」十八年傳作「饕」。杜注：「貪財爲饕，貪食爲飻。」正義：「此無正文，先儒賈、服等相傳爲然。」　段云：賈、服及杜云云，此蒙上文「貪于飲食，冒于貨賄」分言之，非許意也。　王補「貪財曰饕，貪食曰飻」二句於「饕飻」之下而注之曰：玄應引之，蔡萊之亦引之，但兩「曰」字作「爲」耳。案，此賈侍中左傳注也。許君引傳，故連引師説，而不用爲正解者，饕从「食」，不可言財也。經義述聞云：傳曰：「貪于飲食，冒于貨賄，侵欲崇侈，不可盈厭，聚斂積實，不知紀極，天下之民謂之饕飻。」是貪財貪食總謂之饕飻。「饕、飻」一聲之轉，不得分貪財爲饕，貪食爲飻也。呂氏春秋先識篇曰：「周鼎著饕飻，有首無身，食人未咽，害及其身。」蓋饕飻本貪食之名，故其字从「食」，因謂貪得無厭者爲饕飻耳。

春秋左氏傳

宣公

媽馬百駟。（馬部）　媽馬，赤鬣縞身，目若黄金，名曰媽，（段、王删此字。）吉皇之乘。周成王時犬戎獻之。从馬文，文亦聲。春秋傳曰：「媽馬百駟」，畫馬也。西伯獻紂，以全其身。　二年傳作「文」。杜注：「畫馬爲文四百匹。」集韻引亦作「文」。　段云：傳作「文馬」。按許書當作「文馬」，此言春秋傳之「文馬」，非周書之「媽馬」也。恐人惑，故辨之。孔子世家：「文馬三十駟」，亦謂畫馬。　王云：王肅亦云然。言此者，所以别于吉皇也。

公嗾夫獒。（犬部）　獒，犬如人心可使者。从犬，敖聲。春秋傳曰：「公嗾夫獒。」　二年傳。杜注：「獒，猛犬也。」釋文：「獒，尚書傳云：『大犬也。』爾雅云：『狗四尺爲獒。』」　王云：「如」，諸書引及字林並作「知」，惟玉篇作「如」。案，公羊傳：「靈公有周狗，謂之獒。」何注：「周狗，可以比周之狗，所指如意者。」案，劭公所謂「如意」，即此「如人心」也。史記作「敖」。　口部嗾，使犬也。从口，族聲。春秋傳曰：「公嗾夫獒。」釋文：「嗾，素口反。說文云：『使犬也。』服本作『㖩』。」正義：「服虔云：嗾，㖩也。」校勘記云：臧琳云：「依正義，則服本亦作『嗾』，但訓『嗾』，爲『㖩』耳。㖩字說文、玉篇皆無，至集韻始收。毛本注疏作『取』，不从『口』，非也。」段玉裁云：此段正義當云：「服虔本『嗾』作『取』。注云『取，嗾也』。公乃嗾夫獒，使之噬盾也。」　段云：使犬者，作之噬也。方言曰：「秦晋之西鄙自冀、隴而西使犬曰哨。」郭音騷。哨與嗾一聲之轉。公羊疏云：「今呼犬謂之屬。」　王云：玉篇引方言云：「晋、冀、隴謂使犬曰嗾。」

成王定鼎于郟鄏。（邑部）　鄏，河南縣直城門官陌地也。从邑，辱聲。春秋傳曰：「成王定鼎于郟鄏。」　三年傳。

皆衷其袒服。（衣部）　衷，裏褻衣。从衣，中聲。春秋傳曰：「皆衷其袒服。」　九年傳。杜注：「衷，懷也。袒服，近身衣。」王云：上文釋褻字，衹是私居之服耳，衷則私服之在中者，故言「裏」以别之。又云：穀梁傳則云「或衷其襦」，案，此「衷」與左襄二十七年傳「楚人衷甲」同，乃動字也。杜注是也。范寧注穀梁曰：「衷者，襦在中也。」則與「裏褻衣」之義相近。

轘諸栗門。（車部）　轘，車裂人也。从車，瞏聲。春秋傳曰：「轘諸栗門。」　十一年傳。杜注：「轘，車裂也。」　周禮條狼氏注：「車轘，謂車裂也。」

吾儕小人。（人部）　儕，等輩也。从人，齊聲。春秋傳曰：「吾儕小人。」　十一年傳。又見襄十七年。釋文：「儕，輩也。」　王以「等」字爲句，云：等，齊簡也；輩，若軍發車百兩爲一輩，以説「儕」字，則其引伸之義也。故必兼言之而後人不惑。玄應引字林「儕，等也」，又申之曰：「儕猶輩類也」，亦爲其衹一「等」字，涉疑似也。

晉楚戰于邲。（邑部）　邲，晉邑也。从邑，必聲。春秋傳曰：「晉楚戰于邲。」　十二年經：「晉荀林父及楚子戰于邲。」杜注：「邲，鄭地。」　段云：水經注濟水篇曰：「次東得宿胥水口，濟水與河渾濤東注，濟水於此又兼邲目。春秋宣公十二年晉楚之戰，楚軍於邲，即是水也。」顧氏祖禹曰：「其地蓋即熒口受河之處，今在河陰縣西。」嚴云：「晉邑」，韻會四質引作「鄭邑」。水經濟水篇引京相璠云：「在敖北。」小徐無引春秋文，而通釋中有之。韻會亦以春秋爲徐按也。議删。　王用嚴説。

川雝爲澤凶。（川部）　巛，害也。从一雝川。春秋傳曰：「川雝爲澤凶。」　十二年傳。王云：此約文。雝，今作「壅」。釋文：「本又作雍。」　段云：「雝、壅」古今字。説文無从土之「壅」，其字當作「邕」。經典皆借「雝」字。

晉人或以廣墜，楚人畀之。（収部）　畀，舉也。从収，由聲。（段云：各本作「由聲」，誤。或从鬼頭之「甶」，亦非也。此从東楚名缶之由。桂云：徐鍇曰：「由音菑。」據此則作由聲，非鬼頭也。）春秋傳：「晉人或以廣墜，（王云：當依左作『隊』。説文無『墜』字。）楚人畀之。」黄顥説，廣車陷，楚人爲畀之。杜林以爲「麒麟」字。十二年傳：「晉人或以廣隊不能進，楚人惎之脱扃。少進，馬還，又惎之拔旆投衡，乃出。」杜注：「廣兵車。惎，教也。肩，車上兵闌。還，便旋不進。旆，大旗也。拔旗投衡上，使不帆風，差輕。」正義：「服虔云：『肩，横木。有横木投於輪間。一曰：肩，車前横木。』張衡西京賦云：『旗不脱肩。』薛綜注云：『肩，所以止旗。』」今杜以肩爲車上兵闌，各以意言，皆無明證。而禮扛鼎之木，其名曰肩，則肩是横木之名。教之脱肩，則肩是可脱之物。杜云「兵闌」，蓋横木車前，以約車上之兵器，慮其落也。隊坑則横木有礙，故不能進。旆縣于竿，插之車上，衡是馬頸上横木，故拔取旗竿投于衡上，卧之，使不帆風，則於車差輕，故得出玩也。　桂云：楚人舉晉之陷車，既舉，脱肩，仍不能進。又舉之，拔其旗，投其衡，然後出陷。衡即肩也。　段云：許偁古本古説。　桂又云：黄顥者，説左之人。　服虔注釋文作：「横木校輪間，一曰車前横木也。」

楚莊王曰：夫武，定功戢兵，故止戈爲武。（戈部）　武，楚莊王曰：夫武，定功戢兵，故止戈爲武。　十二年傳。　段云：此檃栝楚莊王語以解「武」義。莊王曰：「於文，止戈爲武。」是倉頡所造古文也，衹取「定功戢兵」，以合於「止戈」之義也。文之會意已明，故不言「从止戈」。　王云：「門，聞」；「户，護」，雖不須説之字，亦必説之，此獨無説，乃闕佚也。釋名：「武，舞也，征伐動行，如物鼓舞也。」

取其鱷鯢。（魚部）　鱷，海大魚也。从魚，畺聲。春秋傳曰：「取其鱷鯢。」鯨，鱷或从京。　十二年傳作「鯨」。　杜注：「鯨、鯢，大魚名。」漢書薛宣傳亦作「鱷」，小顔曰：「鱷，古鯨字。」段云：羽獵賦作「京」。京，大也。古京音如姜。

皆如挾纊。（糸部）　纊，絮也。从糸，廣聲。春秋傳曰：「皆如挾纊。」絖，纊或从光。　十二年傳。杜注：「纊，緜也。」正義：玉藻云：「纊爲繭。」鄭玄云：「纊，新緜也。」　王云：玄應一引同，一引云：「纊，緜也，絮之細者曰纊。」御覽引作「緼也」。案，此似有兩本，其作「絮」者：禹貢「纖纊」，史記作「纖絮」；玉藻「纊爲繭」，雜記注引作「絖爲繭」；莊子逍遥游「世世以洴澼絖爲業」，釋文引李云：「絖，絮也」，水部「漱」下云：「於水中擊絮也」，此其證也。作「緜」者：玉藻「纊爲繭」、喪大記「屬纊」，鄭注皆曰：「纊謂今之新緜，此其證也。」至於「緼」則亂麻，不當借其名。　校勘記云：水經注廿二「如」作「同」，非是。

地反物爲䄏。（示部）　䄏，地反物爲䄏。从示，芺聲。　十五年傳：「天反時爲災，地反物爲妖，民反德爲亂，亂則妖災生。」杜注「地反物」句云：「羣物失性。」正義引釋例曰：「物者，雜而言之，則昆蟲草木之類也；大而言之，則歲時日月星辰之謂也。凡天反其時，地反其物，以害其物性者，皆爲妖災。」是言妖災皆通，天地共爲之也。此傳「地反物」者，唯言妖耳。洪範、五行傳則有妖、孽、禍、痾、眚、祥六者之名，以積漸爲義。段云：虫部云：「衣服、歌䚻、草木之怪謂之祅，禽獸蟲蝗之怪謂之蠥。」此蓋統言皆謂之祅，析言之則、蠥異也。「祅」省作「祅」，經傳通作「妖」。

反正爲乏。（正部）𤴓，春秋傳曰：「反正爲乏。」十二年傳。段云：此說字形而義在其中矣。不正則爲匱乏。二字相鄉（向）背也。禮，受矢者曰正，拒矢者曰乏。以其禦矢謂之乏。王云：此說義說形之詞皆捝，但存引經也。案，傳「反正」之義，上承「天反時」三句。亂者，反正也；乏者，災妖也。

大有秊。（禾部）秊，穀孰也。从禾，千聲。春秋傳曰：「大有秊。」十六年經。爾雅釋天：「周曰秊。」孫炎曰：「秊，取秊穀一孰也。」桓三年經「有年」，穀梁傳曰：「五穀皆孰爲有年。」五穀皆大孰爲大有年。

天火曰烖。（火部）烖，天火曰烖。从火，𢦏聲。灾，或從宀火。災，籒文從巛。扸，古文從才。十六年傳：「人火曰火，天火曰災。」春秋桓十四年、僖廿年、襄九年、昭九年、十八年、定二年、哀三年皆書「災」，惟此年書「火」。今傳作「災」，从籒文也。

成公

抎子，辱矣。（手部）抎，有所失也。从手，云聲。春秋傳曰：「抎子，辱矣。」二年傳：「隕子，辱矣。」杜注：「隕，見禽獲。」段云：許所據作「抎」，正謂失也。戰國策：「被礛磻，引微繳，折清風而抎矣。」此叚「抎」爲「隕」也。史記東粤越列傳：「不戰而耘。」謂閩粤越不戰而失其王頭。此叚「耘」爲「抎」也。桂云：廣雅：「抎，失也。」墨子天志篇：「抎失社稷。」齊策：「寡人愚陋，守齊國，惟恐失抎之。」案，抎、隕通。楚策鮑注：「抎，失墜也。」呂氏春秋季夏紀：「昭王抎於漢中。」高注：「抎，隊。音曰顛隕之隕。」

擐甲執兵。（手部）擐，貫也。从手，瞏聲。春秋傳曰：「擐甲執兵。」二年傳。杜注：「擐，貫。」段改「貫」爲「毌」。桂亦云：「當爲毌，通用貫。」吴語、後漢何進傳、廣韻並作「貫」也。

韓厥執馽前。（馬部） 馽。絆馬足也。從馬，口其足。春秋傳曰：「韓厥執馽前。」讀若輒，縶，馽或从糸，執聲。 二年傳：「韓厥執縶馬前。」杜注：「縶，馬絆也。」 校勘記云：臧琳云：「古文左氏本作『韓厥執馽前』。馽即縶正字。今本訛爲『馬』，又別出『縶』字。『縶』當爲衍文。」 段云：「足」字依韻會補。糸部曰：「絆者，馬縶也。」是爲轉注。小雅白駒傳曰：「縶，絆也。」周頌有客箋同。莊子：「連之以羈馽」，即此字。口象絆之形，隸書作「馽」，失其意矣。左傳今改易誤衍。許意絆是物，馽是人用物。據傳文則謂絆爲馽。

以爲俘聝。（人部） 俘，軍所獲也。从人，孚聲。春秋傳曰：「以爲俘聝。」耳部聝，軍戰斷耳也。春秋傳曰：「以爲俘聝。」从耳，或聲。馘，聝或從首。 三年傳。聝，今經傳多从「首」。莊六年經杜注：「俘，囚也。」僖二十二年傳：「示之俘馘。」杜注：「俘，所得囚。馘，所截耳。」正義：「釋詁云：『俘，取也。馘，獲也。』李巡云：『囚敵曰俘，伐執之曰取。』郭璞云：『今以獲賊耳爲馘。』毛詩傳曰：『殺而獻其耳曰馘。』鄭箋云：『馘，所格者左耳也。』然則俘者，生執囚之；馘者，殺其人，截取其左耳，欲以計功也。」一切經音義十三：「國語：『而安俘女。』賈逵曰：『伐國取人曰俘。』」襄二十五年傳：數俘，杜注：「數其所獲人數。」家語相魯篇注：「俘，軍所獲虜也。」王謂「賈逵」云云，正義也。書典寶序：「俘厥寶玉」，亦以軍所獲而名之。聝字有生死兩說：詩皇矣：「攸馘安安。」傳曰：「馘，獲也。不服者，殺而獻其左耳曰馘。」王制：「以訊馘告。」注云：「訊馘，所生獲斷耳者。」王制注云：「馘，或爲國」，蓋誤字也。斥彰長田君碑：「討馘畔夷」，漢隸字原曰：「即馘字。」案，兩體皆聲而無義，此漢時杜撰之俗字也。（以上皆王說。） 詩釋文引字林：「截耳則作『耳』旁，獻首則作『首』旁。」

墊阨。（雨部） 䨮，寒也。从雨，執聲。或曰：早霜也。讀若春秋傳「墊阨」。 十年傳：「墊隘。」杜注「墊隘，羸困也」。襄九年、廿五年皆云「墊隘」。 段云：阨者，「陒」之隸變。「陒、隘」古通用。此謂「䨮」音同「墊」耳，非謂春秋傳有「䨮隘」也。而九經字樣云：「䨮，音店，寒也。傳曰『䨮隘』。」引説文而失其真，遂致爲經作音而非其實，以經典絶無「䨮」字也。 桂云：「寒」當爲「塞」。本書：「阨，塞也。」九經字樣云：「傳『䨮隘』，經典相承作『墊』。」馥案，本書當云「春秋傳曰䨮隘」，後人加「讀若」字，又改「䨮」爲「墊」。 王云：桂說由九經字樣悟入，然如此則字不當從「雨」。段氏謂唐玄度爲杜撰，恐亦未然。蓋是借字。

墊隘。（土部）　墊，下也。从土，執聲。春秋傳曰：「墊隘。」　方言：「墊，下也。」莊子外物篇釋文：「司馬崔云：『墊，下也。』」書皋陶謨鄭注：「墊，陷也。」

病在肓之下。（肉部）　肓，心下鬲上也。（今本「下、上」互譌，段王依釋文改。）从肉，亡聲。春秋傳曰：「病在肓之下。」（下，段改「上」。嚴、王亦云「當作上」。）　十年傳：「疾不可爲也，在肓之上膏之下。」杜注：「肓，鬲也。心下爲膏。」正義：「此賈逵之言，杜依用之。」古今傳文皆以爲「膏之下」。賈、服、何休諸儒等亦皆以爲「膏」。雖凝者爲脂，釋者爲膏，其實凝者亦曰膏，故內則云：「小切狼臅膏」，則此膏謂連心脂膏也。劉炫以爲釋首者爲膏，連心之脂不得稱膏，以爲「膏」當爲「鬲」，改易傳文，而規杜氏，非也。　段云：鄭駁異義云：「肺也、心也、肝也俱在鬲上，賈侍中說『肓，鬲也』，統言之；許云鬲上爲肓者，析言之。」鬲上肓，肓上膏，膏上心，今本作「心上鬲下」，則不可通矣。　桂云：李君威曰：「案鍼灸圖經推骨諸穴：心腧二穴在弟五椎下，鬲腧二穴在弟七椎下。」是鬲下于心間一椎。又弟四椎下謂之膏亡腧，弟七椎下謂之鬲關，肓在鬲上，甚明。

爭侯田。（邑部）　侯，晉之温地。从邑，侯聲。春秋傳曰：「爭侯田。」　十一年傳：「晉郤至與周爭侯田。」杜注：「侯，温別邑。今河內懷縣西南有侯人亭。」　段云：侯田今在河南懷慶府武涉縣。　王云：此經後人刪節，故不成語。

楚子登轈車。（車部）　轈，兵車高如巢（今本大小徐並作「兵高車加巢」。王依釋文所引改，注云：字林同。玉篇、廣韻亦作「若巢」，但無「高」字耳。）以望敵也。从車，巢聲。春秋傳曰：「楚子登轈車。」　十六年傳作「巢」，杜注：「巢車，車上爲櫓。」正義：說文云：「轈，兵高車加巢以望敵也。櫓，澤中守草樓也。」是巢與櫓俱是樓之別名。釋文：「巢，說文作轈，云：『兵車高如巢以望敵也。』字林同。」段云：「杜曰」云云，此正言櫓似巢，不得言「加巢」。宣十五年傳：「晉使解揚如宋，楚子登諸樓車。」服虔曰：「樓車，所以窺望敵軍，兵法所謂雲梯者。」杜曰：「樓車，車上望櫓。」　桂云：衛公兵法：「以八輪車，上樹高竿，竿上安轆轤，以繩挽版屋上竿首，以窺城中。版屋方四尺，高五尺，有十二孔，四面別布車，可進退，圜城而行，于營中遠視，亦謂之巢車，如鳥之巢，即今之版屋也。」　王云：「巢」，當是古本。「轈」，當是後起之專字。　九經字樣引：又傳曰：「楚子乘轈車。」

「登」作「乘」。

掀公出於淖。（手部） 掀，舉出也。从手，欣聲。春秋傳曰：「掀公出於淖。」十六年傳：「乃掀公以出於淖。」杜注：「掀，舉也。」釋文「掀，徐許言反，云『捧轂舉之，則公軒掀起也』；一曰掀，引也，胡根反，一音虛斤反；字林云：『舉出也，火氣也。』又丘近反。」段云：陸引字林云：「火氣也。」蓋呂氏所見昭十八年左傳作「行火所掀」，與今本作「焮」不同。亦謂火氣高舉也。 王云：蓋即據左氏而言，不然，「掀」乃今之恒言，廣韻：「掀，以手高舉」，是也，正不必有所出也。

公使覘之，信。（見部） 覘，闚視也。（闚，今本作「窺」，段、王依廣韻所引改。）从見，占聲。春秋傳曰：「公使覘之，信。」十七年傳。杜注：「覘，伺也。」 段云：檀弓：「晉人之覘宋者。」鄭曰：「闚，視也。」國語：「公使覘之。」韋曰：「覘，微視也。」

襄公

鄭伯睔。（目部） 睔，目大也。从目，侖聲。（古本切。）春秋傳有鄭伯睔。 二年經。公、穀同。釋文：「睔，古困反。徐又胡忖反。」 段云：古今人表作「鄭成公綸」。顏曰：「工頑反。」又有泠淪，服虔曰：「淪音鰥」，皆音之轉也。

樹六檟於蒲圃。（木部） 檟，楸也。从木，賈聲。春秋傳曰：「樹六檟於蒲圃。」 四年傳：「季孫爲己樹六檟於蒲圃東門之外。」二年傳：「穆姜使擇美檟。」杜注：「檟，梓之屬。」正義：「釋木云：『槐小葉曰檟。』郭璞曰：『槐，當爲楸。楸細葉者爲檟。』又曰：『大而皵，楸；小而皵，檟。』樊光云：『大，老也；皵，棤皮也。老而粗棤者爲楸。小，少也；少而粗棤者爲檟。』又云：『「椅梓，郭璞曰：即楸也。」』如彼所云，楸、梓皆檟之小別，故云『梓之屬』也。」釋木：「槄，山榎。」郭云：「今之山楸。」釋文：「舍人本作檟。」 段云：榎者，「檟」之或字。左傳、孟子作「檟」。爾雅析言之，許渾言之。 蒙案：本書「梓，楸也。楸，梓也」。故杜言「梓之屬」。

生敫及豷。（豕部） 豷，豕息也。从豕，壹聲。春秋傳曰：「生敫及豷。」 四年傳。今作「澆」。 王云：敫，今作「澆」，非也。論語作「奡」。夰部「奡」下引同。又引尚書「若丹朱奡」，今書「奡」作「傲」。劉向引作

「敖」。管子：「若敖之在堯」則作「敖」、作「畀」皆是。

魯臧武仲與齊戰於狐鮐，魯人迎喪者始髽。（髟部）　許全文見儀禮「女子髽衰」句。四年傳：「邾人、莒人伐鄫，臧紇救鄫，侵邾，敗于狐駘。國人逆喪者皆髽，魯於是乎始髽。」　蒙案：此約文。鮐，今文作「駘」。檀弓亦作「鮐」。

齊高厚定郳田。（邑部）　郳，齊地。从邑，兒聲。春秋傳曰：「齊高厚定郳田。」　六年傳：「齊侯滅萊，遷萊于郳。高厚、崔杼定其田。」杜注：「遷萊子于郳國。」正義：「郳即小邾也。二年傳曰：『滕、薛、小邾之不至、皆齊故也。』小邾附屬於齊，故滅萊國而遷其君於小邾，使之寄居以終身也。」　段云：按，世本云：「邾顔居邾，肥徙郳。」宋仲子注：「邾顔别封小子肥於郳，爲小邾子。」左傳曰：「魯擊柝聞于邾。」小邾者，邾所别封，則其地亦在邾魯，不當爲齊地。今鄒縣有故邾城，滕縣有郳城，皆魯地。且郳之偁小邾久矣，不應又忽評爲郳也。許意郳是齊地，非小邾國。凡地名同實異者不可枚數，如許書邾非鄒國，是其例也。據傳云「遷萊于郳，高厚、崔杼定其田」，蓋定其與萊君之田，以郳田與之也。　蒙案：「高厚、崔杼定其田」者，當與成四年「鄭公孫申帥師疆許田」、昭元年「叔弓帥師疆鄆田」同，正謂「定萊田」非與萊君田也。郳非小邾，自以許説爲長。

將會鄭伯于䧦。（𨸏部）　䧦，鄭地阪也。从𨸏，爲聲。春秋傳曰：「將會鄭伯于䧦。」　七年傳「鄭僖公之爲太子也」云云「及將會于鄬」。杜注：「䧦，鄭地。」經亦作「鄬」，公、穀同。穀梁釋文本又作「䧦」。廣韻「䧦，阪名，在鄭」。段云：傳曰：「及將會于䧦。」本無「鄭伯」字，許以此叙鄭事，故增此二字。　蒙案：此文當作「鄭伯將會于䧦」，約舉傳文也。傳寫誤倒。此役乃諸侯會于鄭地，鄭伯往會，非諸侯會鄭伯也。　王云：言䧦者，鄭國地名也。地名而不从「邑」者，以其本是阪名，因爲地名也。大徐删「也」，便不可通。昧者且於邑部增「鄬」字矣。

儆宮。（人部）　儆，戒也。从人，敬聲。春秋傳曰：「儆宮。」　九年傳。　段云：與「警」音義同。孟子引書「洚水儆予」用「儆」字，左傳、國語亦用「儆」；毛詩「徒御不警」，周禮「警戒羣吏」，皆用「警」。鄭注周禮曰：「警，勑戒之言也。」韋注國語曰：「儆，戒也。」　王云：「戒」下云：「警也。」「警」下云：「戒也。」戒懼、戒備二義，「儆、警」皆有：書「洚水儆予」，詩「耿耿不寐」，傳：「耿耿，猶儆儆也」，皆戒懼義；左成十六年傳：「申宮儆備。」又云：「退舍於夫渠，不儆。」皆戒備義也。

士雃。（隹部）雃，石鳥。一名雝渠，一曰精列。从隹，幵聲。春秋傳秦有士雃。九年傳。段云：雃當是士會之後。傳云：「秦人歸其帑，其處者爲劉氏。」蓋處者不皆爲劉氏，或雃之後，乃改氏劉。

宋皇鄖。員部 䞓，物數紛䞓亂也。从員，云聲。讀若春秋傳曰「宋皇鄖」。九年傳：「使皇鄖。」注：「皇鄖，皇甫充石之後。」正義曰：「服虔云：皇鄖，皇父充石之後，十世宗卿爲人之子大司馬椒也。」釋文：「鄖音云，本亦作員。」承云：此引傳證聲也。

秦公子耴。（耳部）耴，耳埀（段改「乑」。）也。從耳下乑，象形。春秋傳曰「秦公子耴」（玉篇引亦作耴，大徐作輒。）耴者，其耳乑也，故以爲名。段云：左傳秦無公子耴，惟鄭七穆子良之子公孫輒字子耳。以許訂之，古本左傳當作公孫耴。白虎通所謂旁其名爲之字，聞名即知其字，聞字即知其名也。左傳云：「以類命爲象。」生而耳垂，因名之「耴」，猶生而夢神以黑規其臀，因名之「黑臀」。嚴云：疑當言：「春秋傳有公孫耴者，其耳下乑，故以爲名。」蒙案：鄭公孫輒見九年。八年傳稱其字子耳。經見十年。王云：列子：「貊越之東，有輒休之國。」釋文云：「輒，說文作耴，耳垂也。」蓋儋耳之類是也。

篳門圭窬。（竹部）篳，藩落也。从竹，畢聲。春秋傳曰：「篳門圭窬。」十年傳。今作「閨竇」。杜注：「篳門，柴門。閨竇，小户。穿壁爲户，上鋭下方，狀如圭也。」釋文：「閨，本亦作圭。」段云：藩落，猶俗云籬落也。篳之言蔽也。蒙案：玉篇竹部「篳」下云：春秋傳曰：「篳門圭窬。」亦作「蓽」。文選李注謝玄暉拜中軍記室辭隨王牋引作「圭竇」。禮記儒行正義、釋文並云：「左傳作『竇』。」本書穴部：「窬，穿木户也。」王依衆經音義及儒行疏引改「門旁穿木爲户也」，云：「木户」二字可疑。儒行：「篳門圭窬」，注云：「門旁窬也，穿牆爲之如圭矣。」案，此漢儒說，不言「木」，亦不言「户」也。「左傳杜注」云云，案，此晉人說，言「户」矣，猶不言「木」也，乃三蒼解詁曰：「窬，門旁小竇也。」郭氏亦晉人，而亦不言「木」，不言「户」，特直以「竇」解「窬」，忘其爲同音叚借，而以爲通孔之竇，則亦非事實。蓋當以鄭君之說爲正。儒行、左傳所說，皆寒士也，無門旁爲户之理，户亦非穿木所爲也。今本說文當是後人改竄。

取邿。（邑部） 邿，附庸國，在東平亢父邿亭。从邑，寺聲。春秋傳曰：「取邿。」 十三年經。杜注：「邿，小國也，任城亢父縣有邿亭。」 段云：前志曰：「東平國亢父詩亭，故詩國。」後志曰：「章帝元和元年，分東平國爲任城國，亢父屬任城國。」按，前志當作「詩亭，故邿國」。許書當作「東平亢父詩亭」。杜預左注亦當作「詩亭」，皆寫者亂之耳。「邿、詩」古今字也。今山東濟寧州東南有故邿城。 王云：公羊春秋：「取詩」，傳云：「詩者何？邾婁之邑也。」案，許君次字，列「邿」于「鄒、郤」之後，蓋謂邿爲鄒之附庸也。但鄒本附庸，故公羊謂邿爲邑，而許君以爲國。地理志亦以爲國。意者邾婁封其子弟，如曲沃之比耶？六書故引作「亢父縣有邿亭」。案，當作「東平亢父有邿亭」。 蒙案：公羊釋文：「取詩，二傳作邿。」疏云：「正本皆作『邿』字，有作『詩』字者，誤。」是公羊亦有作「邿」。漢志作「詩」，與公羊同。「詩」者，古人叚借字；「邿」者，專字。非必國名必作「邿」，亭名必作「詩」。段說殊泥。

窀穸從先君於地下。（穴部） 窀，葬之厚夕也。（段、王「葬」上補「窀穸」二字。王云：「厚以釋窀，夕以釋穸，故補之。」）从穴，屯聲。春秋傳曰：「窀穸從先君於地下。」穸，窀穸也。从穴，夕聲。 十三年傳：「唯是春秋窀穸之事，所以從先君于禰廟者。」杜注：「窀，厚也。穸，夜也。厚夜，猶長夜。春秋，謂祭祀。長夜，謂葬埋。」 王云：共王言葬後將作謚，故云：禰廟。許言「地下」，記憶之誤也。

晉人踣之。（足部） 踣，僵也。从足，音聲。春秋傳曰：「晉人踣之。」 十四年傳：「譬如捕鹿，晉人角之，諸戎掎之，與晉踣之。」杜注：「踣，僵也。」

猘犬入華臣氏之門。（犬部） 猘，狂犬也。从犬，折聲。春秋傳曰：「猘犬入華臣氏之門。」 十七年傳：「國人逐瘈狗，瘈狗入于華臣氏。」釋文：「瘈，字林作猘。」哀十二年：「國狗之瘈。」杜注：「瘈，狂也。」 校勘記云：漢書五行志引亦作「猘」，是左傳古文本作「猘」也。諸本無「之門」，惟論衡感類篇引與説文同。 王云：「氏」者，家也。「之門」二字，後人誤增之。 承云：瘈，俗字。許書有「瘈」無「瘈」。

夜縋納師。（糸部） 縋，以繩有所縣也。春秋傳曰：「夜縋納師。」从糸，追聲。 十九年傳。 段云：縣者，系也，以繩系物垂之是爲縋。縋之言垂也。玄應引「縣」下有「鎮」字。

盛夏重襺。（衣部） 襺，袍衣也。（王以「袍」字爲句，云業已轉注，而綴言「衣」者，此全衣之名也。）从衣，繭聲。以絮曰襺，以緼曰袍。春秋傳曰：「盛夏重襺。」 廿一年傳：「方暑，闕地下冰而牀焉。重繭衣裘。」杜注：「繭，緜衣。」段云：許檃栝其詞。 校勘記云：爾雅釋言：「袍，襺也。」郭注引作「重襺衣裘」。 段云：玉藻作「繭」者，字之叚借。「以絮」二句下段云：既渾言而又析言之也。玉藻言「纊」、許言「絮」者，糸部曰：「纊，絮也。」鄭注玉藻「緼」謂新緜及舊絮，故纊專爲新緜，許「緼」謂紼，故纊爲絮，不分新舊。糸部曰：「緼，紼也。紼，亂枲也。」亂枲即亂麻。蒯通傳注及廣韻云「亂麻」是也。孔安國論語「緼袍」注亦曰：「枲著。」孔、許與鄭異，似孔、許爲長。 桂云：通作繭。雜記：「子羔之襲也繭衣裳。」注云：「繭衣裳者，若今大㡓也。」

鄭游販，字子明。（目部） 販，多白眼也。从目，反聲。春秋傳曰：「鄭游販，字子明。」 廿二年傳云：「鄭游販將歸晋。」又云：「其夫攻子明。」 校勘記云：鄭游販纂圖本、監本、毛本「販」作「昄」，亦非。宋本、淳熙本、岳本作「販」，與石經合。案，北宋刊本亦作「販」。山井鼎云：「从目爲是。」 段云：釋文古本、五經文字、開成石經皆从「目」，今俗本从「日」，誤。戰國策「田瞖」高注：「瞖，讀鄭游販之販。」姚宏曰：「瞖恐是瞖，瞖同販。」

臧孫紇。（糸部） 紇，絲下也。从糸，气聲。春秋傳有臧孫紇。 廿三年經、四年傳先偁臧紇。

輔趮。走部 趮，動也。从走，樂聲。讀若春秋傳曰「輔趮」。 廿四年傳作「轢」。説文無「轢」字。段、嚴、王謂「讀若」云云，當作：「春秋傳有輔趮。」

附婁無松柏。（自部） 附，附婁，小土山也。从自，付聲。春秋傳曰：「附婁無松柏。」 二十四年傳作「部」。杜注：「部婁，小阜。」晏子：「若部婁之未登。」亦作「部婁」。風俗通山澤篇引作「部塿」。易林蹇之訟作「培塿」。 段云：風俗通義引左傳釋之曰：「言其卑小。部者，阜之類。今齊魯之間，田中少高卬名之爲部矣。」按，或作「培塿」。依許則傳文本作「附婁」。字从阜，自其本義也。上蒲口反，下路口反。玉篇曰：「説文以『坿』爲坿益字，从土；此『附』作步口切，小土山也。」玉裁謂土部：「坿，益也」，增益之義宜用之，相近之義亦宜用之。今則蓋用「附」，而「附」之本義廢矣。

以陳備三愙。（心部）　愙，敬也。从心，客聲。春秋傳曰：「以陳備三愙也。」　廿五年傳：「而封諸陳，以備三恪。」杜注：「周得天下，封夏、殷二王後，又封舜後，謂之恪，并二王後爲三國，其禮轉降，示敬而已。」正義：樂記云：「武王克殷，未及下車而封黄帝之後于薊，封帝堯之後於祝，封帝舜之後於陳。下車而封夏后氏之後於杞，投殷之後於宋。」郊特牲云：「天子存二代之後，猶尊賢也。尊賢不過二代。」鄭玄以此謂杞、宋爲二王之後，薊、祝、陳爲三恪。杜今以周封夏、殷之後爲二王，後又封陳，并二王後爲三恪。杜意以此傳言「以備三恪」，則以陳備三恪而已。若還取薊、祝，則陳近矣，何以言「備」？以其稱「備」，知其通二代而備其數耳。　段云：五經異義：「公羊説存二王之後，取以通夫三統之義；禮戴説天子存二王之後，猶尊賢也；古春秋左氏説周家封夏、殷二王之後以爲上公，封黄帝、堯、舜之後謂之三恪。許慎謹案云：治魯詩丞相韋元成、治易施犨等説引外傳曰：『三王之樂可得觀乎？』知王者所封，三代而已，不與左氏説同。」鄭駮之云：「所存二王之後者，命使郊天，以天子之禮祭其始祖。受命之王，自行其正朔服色。恪者，敬也。敬其先聖而封其後，與諸侯無别殊異，何得比夏、殷之後？」按，許不偁公羊説、戴説，而偁古左氏，亦不與異義同。　桂云：孔叢答問篇：「封夏、殷之後以爲二代，紹虞帝肖，備爲三恪。恪，敬也，禮之如賓客也，非謂特有二代，别有三恪也。」　王云：漢帝堯碑、魯峻碑、魏孔羡碑並作「恪」，經典作「恪」，詩那：「執事有恪。」傳云：「恪，敬也。」　又云：白虎通曰：「尚書：『虞賓在位，不臣丹朱也。』」商頌：「我有嘉客」，毛公無傳，蓋以周頌振鷺已有傳也。然彼傳云：「客，二王之後。」忘其爲三恪，猶鄭注「虞賓」云：「即二王後也」，皆爲郊特牲「尊賢不過二代」所誤。虞夏以前，皆用寅正，豈如公羊説所云「通夫三統」乎？

蒙案：杜蓋用公羊家説，與異義、孔叢合。然終當以古左氏説爲是，故此書獨偁春秋傳也。至正義謂二代不假偁恪，唯陳爲恪，則尤不妥。傳明言「三恪」，若如正義所言，則是一恪矣。

迎于門，顉之而已。（頁部）　顉，低頭也。从頁，金聲。春秋傳曰：「迎于門，顉之而已。」（王依玉篇引，「迎」改「逆」，「門」下添「者」字。）　廿六年傳：「逆于門者，頷之而已。」杜注：「頷，摇其頭。」釋文：「頷，户感反。本又作顉。」　段云：依許，則「頷」非也，杜注亦非。即不執手而言，又不自車揖之，則在車首肯而已，不至摇頭也。

太子痤婉。（女部）婉，順也。从女，宛聲。春秋傳曰：「太子痤婉。」廿六年傳：「公見棄也而視之，尤。姬納諸御，嬖，生佐，惡而婉。大子痤美而很。」段云：此所稱舛誤，一時記憶不精耳。按集韻、類篇皆作「大子佐婉」，蓋依傳改正，而又失之，不知佐非大子也。蒙按：佐後爲大子，則亦可稱大子佐。王謂「婉」字爲後人竄入。説詳句讀。

公孫碫字子石。（石部）碫，厲石也。（段云：碫篆舊作「碬」，九經字様所引已然。今依釋文及玉篇正。王亦改正。）从石，段聲。（王云：此「段」字小徐不誤。）春秋傳曰：「鄭公孫碫字子石。」（王云：此「碫」字小徐亦不誤。）廿七年傳：「子展、伯有、子西、子産、子大叔、二子石從。」杜注：「二子石，印段、公孫段。」傳又云：「公孫段賦桑扈。」桂云：水經注沁水引左傳作「公孫段」。昭三年傳：「鄭伯如晉，公孫段相。晉侯嘉焉，授之以策。伯石再拜稽首，受策以出。」襄二十二年傳：「鄭公孫黑肱有疾，歸邑於公。召室老、宗人立段。」注云：「段，子石。」三十年傳：「子石入。」注云：「子石，印段。」二十九年經：「公孫段」，注云：「公孫段，伯石也。」三十年傳：「有事伯石。」注云：「伯石，公孫段。」案，印段字子石；公孫段字伯石，本書以子石爲公孫碫字者，襄二十七年傳云云。王云：「玉篇同。」廣雅：「碫，礪也。」亦與許説同。詩：「取厲取鍛。」釋文：「本又作碫。」毛傳云：「鍛，石也。」箋云：「鍛石，所以爲鍛質也。」蓋鄭君以「厲、鍛」對文，義當有別，故解爲椹質；許君以爲一物而小别，故以「厲」釋「碫」也。案依許君解之，則「碫」是形聲字；依鄭君解之，則是「段」之絫增字。左傳字「子石」者：褚師段、印段、公孫段，皆古文也。殳部：「段，椎物也。」大徐引唐韻「乎加切」固誤，然廣韻九麻收「碫」字，其説全同説文。九經字様亦曰：「碫音霞，見春秋。」知唐人多誤以「叚」爲「段」也。字林：「碫，大喚反。」曹憲「都玩反」，陸德明「丁亂反」，皆是也。增韻九麻無「碫」字，二十九換有「碫」字。

歲在玄枵。（木部）枵，木皃。从木，号聲。春秋傳曰：「歲在玄枵。」玄枵，虚也。廿八年傳云：「歲在星紀，而淫于玄枵。」又云：「玄枵虚中也。枵，秏名也。」王謂「玄枵，虚也」，釋天文也。較左傳少一「中」字。許不用傳，而又不云「爾雅曰」者，直是自爲「玄枵」加解注，與傳「枵，秏名也」同義，爲「枵」字廣一義也。

楚使公親襚。（衣部）襚，衣死人也。（「人」下王依釋文補「衣」字。）从衣，遂聲。春秋傳曰：「楚使公親襚。」　廿九年傳：「楚人使公親襚。」杜注：「諸侯有遺使賵襚之禮，今楚欲依遺使之比。」　段云：士喪禮：「君使人襚。」注「襚之言遺也」。公羊傳：「衣被曰襚。」注：「襚猶遺也。遺是助死之禮。」　王云：「秦人來歸僖公成風之襚」，釋文云：「説文作『祱』，云『贈終者衣被曰祱』。以此襚爲衣死人衣。」筠案，許君之意，謂「襚」與士喪禮之「襚」同義。

箾韶。（竹部）　箾，以竿擊人也。从竹，削聲。虞舜樂曰箾韶。　廿九年傳：「見舞韶箾者。」杜注：「舜樂。」正義：「箾，即簫也。尚書曰：『簫韶九成』，此云『韶箾』，即彼『簫韶』是也。」　段云：音部引書「簫韶九成」，知臯陶謨字作「簫」。此云「箾韶」，蓋據左傳。左云「韶箾」，此作「箾韶」，見書與左一也。

亥有二首六身。（部首）　亥，荄也。十月微陽起接盛陰。从二，二，古文上字。一人男，一人女也。从乙，象懷子咳咳之形。春秋傳曰：「亥有二首六身」，卅年傳。

或訆于宋太廟。（言部）　訆，大呼也。从言，丩聲。春秋傳曰：「或訆于宋太廟。」　卅年傳作「叫」，杜注：「叫，呼也。」　口部：「叫，呼也」。㗊部：「囂，高聲也。一曰大呼也。」三字音義同。

誒誒出出。（言部）　誒，可惡之詞。从言，矣聲。一曰誒然。春秋傳曰：「誒誒出出。」譆，痛也。从言，喜聲。　卅年傳作「譆譆」，杜注：「譆譆，熱也。」　段云：韋孟詩：「勤唉厥生。」漢書「唉」作「誒」，師古曰：「誒，歎聲。」　王云：項羽本紀：「范增曰『唉！豎子不足與謀。』」索隱曰：「唉，歎恨發聲之詞。」與可惡之詞之義合。　又云：疑今傳作「譆譆」爲是。此下即「譆」篆，蓋引傳而挩誤在此。傳似無可惡義。　「譆，痛也」，王依玄應「痛」下補「聲」字，云：玉篇：「懼聲也。」又曰：「悲恨之聲也。」則與「誒」義近。蓋二字同聲，故義通也。　校勘記云：許意謂左作「誒誒」即「譆譆」之叚借字。　蒙案：此引書明叚借也。王説未是。

說文引經異同　卷十九

春秋左氏傳

昭公

民無怨讟。（誩部）讟，痛怨也。从誩，賣聲。春秋傳曰：「民無怨讟。」段云：元年曰：「民無謗讟。」八年曰：「怨讟動於民。」疑相涉而誤。王（彦侗）云：疑是宣十二年「民不罷勞，君無怨讟」。段云：方言：「讟，謗也。讟，痛也。」二義相足。宣十二年杜注：「讟，謗也。」元年杜注：「讟，誹也。」

是穮是衮。（禾部）穮，槈鉏田也。从禾，麃聲。春秋傳曰：「是穮是衮。」元年傳「衮」作「蓘」。杜注：「穮，耘也。壅苗爲蓘。」段云：各本作「耕禾間也」，今正。周頌釋文引「說文：『穮，槈鉏田也。』表嬌反。字林：『穮，耕禾間也。』方遥反。」然則今本說文淺人用字林改之。穮者，耘也，非耕也。周頌：「緜緜其麃。」毛傳曰：「麃，耘也。」釋訓曰：「緜緜，麃也。」孫炎云：「緜緜，言詳密也。」郭璞曰：「芸不息也」。許云「槈鉏田」者，槈，薅器也；鉏，立薅斫也。薅者，披田艸也。或槈其田，或鉏其田，皆曰穮。嚴、王皆據釋文改。王云：以「槈」解「穮」，廣二名也。再申之曰「鉏田」，以漢語實之也。經典言「穮」者少，言「槈」者多，故以曉人。古用「鉏」爲「鉏鋤」，無「鉏田」之語，漢人乃言之也。字林：「穮，耕禾間也。」案，以耕代耘，吾鄉用之於秫，其名曰郝。爾雅：「郝郝，耕也。」是也。呂氏不用說文者，意謂此槈以耜而不以鋤，故指實其事也。詩載芟：「緜緜其麃」，省形存聲字。釋訓：「緜緜，穮也。」即釋此詩也。又云：張華詩：「麃蓘致功，必有豐殷。」於「衮」加「艸」，後起之專字也。因「衮」借「麃」，則是連語，務令齊同，後人之謬也。

商有姺、邳。（女部）姺，殷諸侯爲亂疑姓也。从女，先聲。春秋傳曰：「商有姺、邳。」元年傳。杜注：「二國，商諸侯。」段云：嫌姺是國名，故曰「疑」。疑者，不定之詞也。王云：「疑」，路史引作「者」，則當八字一句。篇海引作「凝」，則當上五字句，下三字句，謂姺爲國名，凝其姓也。然凝姓無考，字又作「侁、莘、㜪」三體。路史：「侁，殷諸侯爲亂者。」呂覽本味篇：「有侁氏以伊尹媵女。」説苑：「伊尹，故有莘氏媵臣也。」漢書：「殷之興也，以有娀及有㜪。」顔注：「㜪，音詵。」

及衝，以戈擊之。（行部）　衝，通道也。从行，童聲。春秋傳曰：「及衝，以戈擊之。」　元年傳：「及衝，擊之以戈。」杜注：「衝，交道。」段、王依李燾本删「戈」字。　段云：上云「子南執戈逐之」，則云「以擊之」，不再出「戈」是也。今傳亦淺人所改。　承云：衝，今作衝與童。古从「童」，今从「重」。合篆隸之別也。

鮮不五稔。（禾部）　稔，穀孰也。从禾，念聲。春秋傳曰：「鮮不五稔。」（小徐無「鮮」字。）　元年傳。僖二年傳杜注：「稔，熟也。」襄廿七年傳杜注：「稔，年也。」

翫歲而愒日。（習部）　翫，習猒也。从習，元聲。春秋傳曰：「翫歲而愒日。」　元年傳。杜注：「翫、愒皆貪也。」釋文：「翫，説文云：『習厭也。』字又作忨。」　王以「習」爲句。云：廣雅：「翫，習也。」又申之者「猒，飽也」。謂習之而至於猒足也。易大傳：「所樂而玩者。」馬云：「玩，貪也。」鄭作「翫」。貪即猒義，較之習孰義有進，故申之也。　承云：心部「愒，息也」。習習則有棄意，安息則有怠意。與趙孟「朝不及夕，誰能待」五之語正相對。今翫愒皆訓貪，雖貪有偷意，與傳意似未洽，不若許説之明憭也。

忨歲而潵日。（心部）　忨，貪也。从心，元聲。春秋傳曰：「忨歲而潵日。」　段云：左傳云云，習部引之，國語作「忨日而潵歲」。韋曰：「忨，偷也。潵，遲也。」此所偁疑用外傳文。然杜注云云、釋文云云，則許所據左傳如是。　王云：「傳」字當作「國語」二字，段氏説是也。釋言：「懊，忨也；愒，貪也。」或借「渴」字，詩雲漢箋云：「時天旱渴雨。」釋文作「愒」，云：「貪也。」　蒙案：小徐、韻會作「愒日」，恐當以段後説爲是。

禜。（示部）　禜，設緜蕝爲營，以禳風雨、雪霜、水旱、癘疫於日月星辰山川也。从示，从營省聲。一曰禜，衛使灾不生。元年傳：「山川之神，則水旱癘疫之灾，於是乎禜之；日月星辰之神，則雪霜風雨之不時，於是乎禜之。」杜注：「周禮：『四曰禜』祭。爲營攢，用幣，以祈福祥。」正義：「賈逵以爲營攢用幣，杜依用之。」　王云：鄭注周禮及祭法引此文，皆先日月星辰，後山川，與許説同。賈公彥曰：「鄭君所讀春秋，先日月，與賈、服不同。」

案，賈逵，許君之師，而所讀左傳不同者，蓋叔向之問，先實沈而後臺駘。子産之答，亦先實沈參神，而後臺駘汾神。先參神，故先日月星辰；後汾神，故後山川。明是今本誤倒也。

皿蟲爲蠱。（蟲部）蠱，腹中蟲也。春秋傳曰：「皿蟲爲蠱，晦淫之所生也。」梟，（段改「梟」。）桀死之鬼亦爲蠱。从蟲，从皿。皿，物之用也。元年傳。段云：「中、蠱」皆讀去聲。廣韻、集韻皆曰：「蠱，直衆切，蟲食物也。亦作蚛。」「腹中蟲」者，謂腹内中蟲食之毒也。自外而入故曰「中」，自内而蝕故曰「蠱」。此與虫部「腹中長蟲」、「腹中短蟲」讀異。周禮庶氏：「掌除毒蠱。」注云：「毒蠱，蟲物而病害人者。賊律曰：『敢蠱人及教令者棄市。』」左氏正義曰：「以毒藥藥人，令人不自知者，今律謂之蠱毒。」玄應屢引説文「蠱，腹中蟲也」，謂「行蠱毒也」下五字蓋默注語。顧野王輿地志曰：「主人行食飲中殺人，人不覺也。」字从箸蟲於飲食器中會意。嚴云：「晦淫」，衆本及集韻十姥、類篇、韻會七麌引皆如此。毛本「晦淫」刓改作「淫溺」。按傳「晦淫惑疾。女，陽物而晦時，淫則生内熱惑蠱之疾」。許君約其文耳。作「淫溺」，與傳不合。王云：許引「皿蟲爲蠱」乃蠱字正義。而又引「晦淫所生」者，廣一義也。杜注：「皿，器也。器受蟲害者爲蠱。」

晏子之宅湫隘。（水部）湫，隘下也。春秋傳曰：「晏子之宅湫隘。」（本在「周地」下，王依集韻迻於此）一曰有湫水，在周地。安定朝那有湫泉。从水，秋聲。三年傳：「景公欲更晏子之宅，曰：子之宅近市，湫隘囂塵，不可以居，請更諸爽塏者。」杜注：「湫，下。隘，小。囂，聲。塵，土。」王云：隘與廣對，下與高對，乃許君以「隘」釋「湫」，而又揔釋「湫隘」爲窊下者，即主所引傳以立言。傳云：「湫隘囂塵」，杜分爲四事，許君合爲兩事者，以上文「近市」，下文「爽塏」知之。市豈必不在高地，而人烟叢密，外水易來，内水難泄，是「湫」由于「隘」也。趍市者多，則其聲諠譁，其走揚壓，是「囂塵」亦相因而至也。爽者明也，承「囂塵」而反之；塏者高燥也，承「湫隘」而反之。左氏本以爲兩事，杜氏豈得以爲四事乎？十二年傳：「湫乎，攸乎。」杜注：「湫，愁隘。」

徐䣡楚。（邑部）䣡，臨淮徐地。从邑，義聲。春秋傳曰：「徐䣡楚。」六年傳：「徐儀楚聘于楚。」杜注：「儀楚，徐大夫。」段云：許所據左作「䣡」，以邑爲氏。古本古説也。嚴云：䣡楚與鄦般相同。本書：「鄦，宋地也。」嚴云：哀十七年：「而奪其兄鄦般邑。」杜無注。據此則般其名，鄦則般之食邑。鄦般猶温季矣。段云：

鄒般猶祁午、孟丙。

叔孫婼。（女部）　婼，不順也。从女，若聲。春秋傳有叔孫婼。　七年經。

長儠者相之。（人部）　儠，長壯儠儠也。从人，巤聲。春秋傳曰：「長儠者相之。」是。　七年傳：「使長鬣者相。」杜注：「鬣，鬚也。」國語亦作「鬣」。　段云：鬣者，「儠」之叚借字也。韋昭、杜預釋爲美須髯，誤。廣雅：「儠，長也。」　王云：「巤」下云：「巤巤」，「鬣」下云：「鬣鬣」，與此「儠儠」皆形容之詞，故寫經者借「鬣」爲「儠」。

嬖人婤姶。（女部）　婤，女字也。从女，周聲。姶，女字也。从女，合聲。春秋傳曰：「嬖人婤姶。」一曰無聲。　七年傳：「衛襄公夫人無子，嬖人婤姶生孟縶。」

安用勦民。（力部）　勦，勞也。从力，巢聲。春秋傳曰：「安用勦民。」　九年傳：「叔孫昭子曰：詩曰：經始勿亟，庶民子來。焉用速成？其以勦民也。」杜注：「勦，勞也。」宣十二年傳：「無及于鄭而勦民。」杜注同。段云：許檃栝其詞。

取郠。（邑部）　郠，琅邪莒邑。从邑，更聲。春秋傳曰：「取郠。」　十年傳：「秋七月，平子伐莒取郠。」杜注：「郠，莒邑。」　段云：當云：「莒邑也，在琅邪。」王云：郠，固春秋莒國之邑。后漢已無。而后漢琅邪之莒縣與春秋之莒國正相當，故正文如此。

薀利生孽。（艸部）　薀，積也。从艸，溫聲。春秋傳曰：「薀利生孽。」　十年傳作「蘊」，杜注：「蘊，畜也。」　校勘記云：石經、宋本、宋殘本、淳熙本、岳本、足利本「蘊」作「薀」，下及注同。與北宋刻釋文合。案「蘊」俗「薀」字。　段云：左傳：「芟夷薀崇。」杜注：「薀，積也。」又「蘋蘩薀藻之菜」。注：「薀藻，聚藻也。」小雅都人士、禮記禮運借「菀苑」字爲之。

亝欒施字子施。（㫃部）　施，旗皃。从㫃，也聲。亝欒施字子旗，知施者，旗也。　十年經：「齊欒施來奔。」八年傳：「子旗欲治其室。」杜注：「子旗，欒施也。」　段云：經傳叚此爲敷𢻳字。「𢻳」之形、「施」之本義俱廢矣。王云：鄭豐施、孔子弟子巫馬施皆字子旗。論語作巫馬期。楚司馬子期，高注吕覽作子旗。秦策「中期推琴」，史記魏世家作中旗。

衣有襘。（衣部）　襘，帶所結也。从衣，會聲。春秋傳曰：「衣有襘。」　十一年傳：「衣有襘，帶有結。」又云：「視不過結、襘之中，所以道容貌也。」杜注：「襘，領會；結，帶結也。」　段云：玉藻、曲禮、深衣皆謂「交領曰袷」。襘即袷。「會、合」同義。且叔向「視不過結、襘之中」，即曲禮「視天子不上於袷，不下於帶」；玉藻「侍君視帶以及袷」也。然則杜注得之。許合「襘、結」爲一，似誤矣。　王取段說。

尾大不掉。（手部）　掉，搖也。从手，卓聲。春秋傳曰：「尾大不掉。」　十一年傳。楚語賈注：「掉，搖也。」

朝而堋。（土部）　許文見周官「及窆執斧」句。　十二年傳：「則朝而塴」，作「塴」。杜注：「塴，下棺。」釋文：「塴，禮家作窆。」正義：「周禮作『窆』，禮記作『封』，此作『塴』，皆是葬時下棺於壙之事，而其字不同，是聲相近，經篆隸而字轉易耳。」

日旰君勞。（日部）　旰，晚也。从日，干聲。春秋傳曰：「日旰君勞。」　十二年傳「勞」作「勤」。　桂云：李善注謝脁酬王晉安詩引作「日晚」也。纂要曰：「晚曰旰。」襄十四年：「日旰不召。」服注：「旰，日晏也。」哀十三年：「日旰矣。」杜注：「旰，晚也。」

王沿夏。（水部）　沿，緣水而下也。从水，㕣聲。春秋傳曰：「王沿夏。」　十三年「王㳂夏」作「㳂」。杜注：「順流爲㳂。」　段云：禹貢：「沿于江海，達于淮泗。」鄭本「沿」作「松」，字之誤也。馬本作「均」，依今文尚書也。「均」者，「沿」之叚借字。如三年問：「反巡過其故鄉」，荀卿「巡」作「鉛」，假「鉛」爲「巡」，其理一也。　王云：「沿、緣」音義同。字林：「从水而下曰沿，順流也。」沿亦緣也，或借此字。古音「沿、巡」亦疊韻。祭義：「陰陽長短，終始相巡。」注云：「巡讀如沿漢之沿。」

諸侯再相與會，十二年一盟。（囧部）　説詳周官「國有疑則盟」句。

君何所不逞欲。（辵部）　逞，通也。从辵，呈聲。楚謂疾行爲逞。春秋傳曰：「君何所不逞欲。」（大徐無「君」字。）　十四年傳：「子何所不逞欲。」　段云：方言曰：「逞，快也。自山而東或曰逞。」王云：玉篇引無「君欲」二字。案，「君」字傳作「子」，然傳上文已呼南蒯爲君矣，或此亦然，陪臣而用大夫君之稱也。

見赤黑之祲。（示部），祲，精氣感祥。从示，侵省聲。春秋傳曰：「見赤黑之祲」，是。　十五年傳：「梓慎曰：吾見赤黑之祲，非祭祥也，喪氛也。」杜注：「祲，妖氛也。氛，惡氣也。」正義：「周禮有眂祲之官。」鄭玄云：「祲，陰、陽氣相侵，漸成祥者。」然則祲是陰陽之氣相侵之名。

闕鞏之甲。（石部）碧，水邊石也。从石，巩聲。春秋傳曰：「闕碧之甲。」　十五年傳作「鞏」。定四年傳同。杜注：「闕鞏國所出鎧。」

子𪘏。（齒部）齹，齒參差也。从齒，差聲。𪘏、齒差跌皃。从齒，佐聲。春秋傳曰鄭有子𪘏。（段、王刪「曰」字。）　十六年傳「子齹」釋文：「才何反，字林：才可反，又士知反。說文作『𪘏』，云：『齒差跌也。』在河、千多二反。」杜注：「子齹，子皮之子嬰齊也。」　段刪「齹」篆。　王云：案，亦「進」名、「退」字之義。段氏謂「齹、𪘏一字」，是也。不知「齹」不誤，「𪘏」則傳寫之誤。其引釋文云云，以此證「齹」出字林，後人羼入說文，可也；不以此證說文字譌，不可也。衆經音義引說文：「齹，齒參差也。」所引與今本同，與陸氏引異。兩人皆在貞觀時，不應所據本大異。蓋兩人所說皆不詳悉也。說文篆當作齹。抑或作齹，說解當曰：「齒齹跌皃，謂齒參差也。」下句蓋庾注，兩人各引一句，遂不同也。玉篇曰：「此何切，齒齹跌者。」蓋顧氏據古本說文也。又曰：「又楚宜切，齒參差也。」蓋孫强據大徐本增也。「差跌」以義兼聲，說文又無「佐」字，大徐遂疑是「彡」之譌。案直是「差」字平寫之耳。又疑爲彡譌刀者「我」從乑，成之彡即乑也。知然者，乑之古文𢏽从乇从勿。勿亦即勿，指事字可多可少也。字林直書作「齹」，並非立異。又不應字林切合說文反迂遠也。

瓘斝。（玉部）瓘，玉也。从玉，雚聲。春秋傳曰：「瓘斝。」　十七年傳。杜注：「瓘，珪也。斝，玉爵也。」段云：左氏傳：「齊有陳瓘，字子玉。」

鄅人藉稻。（邑部）鄅，妘姓之國。从邑，禹聲。春秋傳曰：「鄅人藉稻。」讀若規椝。　十八年經：「郳人入鄅。」杜注：「鄅國，今琅邪開陽縣。」傳：「鄅人藉稻。」杜注：「鄅妘姓國也。」正義：「鄅爲妘姓，世本文也。」段云：按，韋昭曰：「陸終弟四子求言爲妘姓。」前志曰：「東海郡開陽，故鄅國。」後志：開陽屬琅邪。開陽即春秋經哀三年之啟陽也。魯有鄅地爲啟陽。荀卿則云「襄賁開陽」。今山東沂州府北十五里有故開陽城。

郹陽封人之女奔之。（邑部） 郹，蔡邑也。从邑，狊聲。春秋傳曰：「郹陽封人之女奔之。」（小徐作「郹陽人女奔之」。）十九年傳：「楚子之在蔡也，郹陽封人之女奔之，生大子建。」杜注：「郹陽，邑名。」段云：當云：「郹陽，蔡邑。」以別于衛之郹氏 定十三年傳：「齊侯、衛侯次于垂葭，實郹氏。」杜注：「高平鉅野縣西南有郹亭。」

駟氏愯。（心部） 愯，懼也。从心，雙省聲。春秋傳曰：「駟氏愯。」 十九年傳，今作「聳」。杜注：「聳，懼也。」廣韻引作「愯」。 段云：作「聳」，後人所易。 王云：衆經音義：「悚，又作愯，字林：『遑遽也。』」漢書刑法志：「愯之以行。」从雙不省。案，所引者左傳「聳之以行」也。（昭六年文。） 又云：文選魏都賦：「矆焉相顧。」原注：「矆，懼也。左傳曰：『駟氏矆懼。』」李善曰：「張以愯先壠反，今本並爲矆。矆，大視，呼縛反。」桂氏曰：「李所謂張，蓋張孟陽注，今作劉淵林注。」

賓將掫。（手部） 掫，夜戒守，有所擊也。（一本無「守」字。）从手，取聲。春秋傳曰：「賓將掫。」 廿年傳。杜注：「掫，行夜。」襄廿五年：「陪臣干掫。」杜注：「干掫，行夜。」 桂云：周禮鎛師：「凡軍之夜，三鼜皆鼓之。」杜子春云：「春秋傳所謂『賓將趨』者音聲相似。」疏云：「云『音聲相似』者，趨與鼜皆是夜戒守也。」 王云：夏官掌固注：「又作『賓將趣』」，是則「掫」譌「趣」，因譌「趨」也。

宋司馬牼字牛。（牛部） 牼，牛厀下骨也。从牛，巠聲。春秋傳曰宋司馬牼字牛。（段刪曰字。）嚴云：宋有少司寇牼，見昭廿年傳。疑當作「春秋傳有宋司寇牼，字牛」。 段云：仲尼弟子列傳：「宋司馬耕字牛。」左傳哀十四年兩書「司馬牛」，不偁其名。許云「司馬牼」，豈即司馬耕與？外此昭廿年、廿一年宋有華牼，孟子書有宋牼，皆不傳其字。

齊侯疥，遂痁。（疒部） 痁，有熱瘧。从疒，占聲。春秋傳曰：「齊侯疥，遂痁。」 廿年傳。杜注：「痁，瘧疾。」釋文：「疥，舊音戒；梁元帝音該；依字則當作『痎』。説文云：『兩日一發之瘧也。』痎，音皆；後學之徒，僉以『疥』字爲誤。案傳例因事曰遂，若痎已是瘧疾，何爲復言『遂痁』乎？」袁狎、（見正義。）顔之推（見家訓）并遵元帝之説，即陸所謂「後學之徒」也。 承云：許書「瘧，寒熱休作病」。「痎，二日一發瘧。渾言曰瘧。」其實瘧、痁、痎三病不同。齊侯先患痎，後又患痁，痁，方書所謂癉瘧也。何不遂而元郎非之？恐未必然。蓋疥癬不足云病也。當以染武、顏氏爲長。許書二字連屬，恐本作「痎」而後人依傳改之。蒙案：痎痁雖有熱瘧、間瘧不同，究同爲瘧疾。陸說自爲有理。染武云：「痎是小瘧，痁是大瘧，痎患積久，以小致大，是不察瘧疾以間日發者爲大，頻日發者爲小。二日以痎爲小瘧，痁爲大瘧。痁不過瘧之偏于熱者，痎則二日一發，實瘧之大者。」梁武所言殊爲失實，按傳文語氣，自是先小後大。若以疥爲痎，是先大後小矣，亦何至期而不瘳乎？段、王諸家皆不取梁武之說是也。許書以痁爲瘍，若不足云病，則其字何以從疒也？

澤之目篽。（竹部）篽，禁苑也。从竹，御聲。春秋傳曰：「澤之目篽。」魰，篽或作魰，从又，从魚。廿年傳：「澤之萑蒲，舟鮫守之。」杜注：「舟鮫，官名。」正義：「舟是行水之器，鮫是大魚之名。澤中有水有魚，故以舟鮫官名也。」嚴云：目篽，小徐五音譜作「自篽」。按，「自」當作「舟」，隸書舟爲月，與「自」形近，因誤。昭廿年傳云云，許君約文，彼「鮫」字則重文「魰」之誤也。段說與嚴同。許所據竟作「舟篽」耳。魯語有「舟虞」，同也。段又云：宣帝紀：「詔池籞未御。」蘇林曰：「折竹以繩緜連禁籞，使人不得往來，律名爲籞。」應劭曰：「籞者，禁苑也。」按，蘇、應說與許合。

燀之以薪。（火部）燀，炊也。从火，單聲。春秋傳曰：「燀之以薪。」廿年傳。杜注：「燀，炊也。」釋文：「燀，燃也。」廣雅、小爾雅並云：「炊也。」

公子苦雂。（隹部）雂，雂鳥也。从隹，今聲。春秋傳有公子苦雂。廿一年傳。小徐「苦」作「若」，玉篇亦引作「若」。

揚徽者公徒。（巾部）徽，識也。（王云：古無「幟」字，祇作「識」。大徐作「幟」。）以絳徽（段、王刪此字。）帛箸於背。（王云：以「識」說「徽」既廣二名矣。此乃說其制也。）从巾，微省聲。春秋傳曰：「揚徽者公徒。」若今救火衣然也。（七字大徐無。段云：此與「箸於背」相屬。王云：句蓋庾注，以釋「絳帛箸背」者。大徐誤謂以解左傳則不可通，故刪之也。）廿一年傳：「揚徽者，公徒也。」杜注：「徽，識也。」釋文：「徽，說文作徽。」正義：「禮記大傳云：『殊徽號。』鄭玄云：『徽號，旌旗之名也。』周禮大司馬云：『辨號名之用。』鄭玄云：『號名者，徽識所以相別也。鄉遂之屬謂之名，家之屬謂之號，百官之屬謂之事。在國以表朝位，在軍又象其制，而爲之被之，以備死事。』如鄭此言，則徽識制如旌旗，書其所任之官與姓名於上，被之於背，以備其死，知是誰之尸也。」段云：六月詩：「織文鳥章。」鄭箋：「織，徽織也，將帥以下衣皆箸焉。」周禮司常：「掌九旗之物名，各有屬以待國事。」鄭注：「屬，謂徽識也。」大傳謂之「徽號」，今城門僕射所被及亭長箸絳衣，皆其舊象。司常又曰：「官府各象其事，州里各象其名，家各象其號。」鄭云：「徽識，旌旗之細也。」士喪禮曰：「爲銘各以其物，以緇長半幅，赬末長終幅廣三寸，書名於末。」此蓋其制也。大閱禮象而爲之。兵凶事，若有死事者，則以相别也。按，古朝覲、軍禮，皆有徽識。而「微」各書作「徽」，容是叚借。毛詩作「織」，亦叚借也。「以絳帛」者，用絳帛爲之。周禮九旗之帛皆用絳，則其細亦用絳可知也。箸於背者，專謂軍禮。又云：傳文曰「揚」，則旌旗，而非箸背者。桂云：通作「揮」。東京賦：「戎士介而揚揮。」薛綜注：「揮爲肩上絳幟如燕尾者也。」陳琳爲袁紹檄豫州文：「揚素揮以啟降路」，李善注：「揮與徽古通用。」

子無我迋。（辵部）迋，往也。（王云：左襄卅一年傳：「印段迋勞于棐林。」）从辵，王聲。春秋傳曰：「子無我迋。」廿一年傳。杜注：「迋，恐也。」王云：楚詞：「魂迋迋而南行。」王注：「迋迋，惶遽皃。」案，此借義也。鄭風：「人實迋女。」又借爲「誑」。長門賦：「魂迋迋若有亡。」李善注：「迋迋，恐懼之皃。」

陳夏齧。（頁部）頛，頭不正也。（段云：釋魚：「左倪不類。」周禮「類」作「靁」，蓋皆「頛」之假借字也。）从頁耒。耒，頭傾，亦聲。讀又若春秋「陳夏齧」之齧。段云：又有此音，即與左倪右倪之「倪」同也。曰「陳夏齧之齧」，當許時讀春秋此「齧」必與他「齧」不同也。）廿三年經：「獲陳夏齧。」

王室日惷惷焉。（心部）惷，亂也。从心，春聲。春秋傳曰：「王室日惷惷焉。」一曰厚也。廿四年傳。今「王室實蠢蠢焉」，杜注：「蠢蠢，動擾皃。」王云：「實」與「蠢」皆借字。惠氏（棟）云：三體石經作「𢧵」，尚書「蠢」字説文引作「𢧵」。古「蠢」字皆作「𢧵」，俗作「蠢」。桂云：或借「蠢」字。釋言：「蠢，不遜也。」郭云：「蠢動爲惡，不謙遜也。」

徵褰與襦。（衣部）褰，絝也。从衣，寒省聲。春秋傳曰：「徵褰與襦。」廿五年傳。杜注：「褰，袴。」釋文：「袴，説文作絝。」王云：字林同。方言作「襱」。段云：「襱，俗字。」

楄部薦榦。（木部）　楄，楄部，方木也。从木，扁聲。春秋傳曰：「楄部薦榦。」　廿五年傳：「唯是楄柎所以藉幹者。」杜注：「楄柎，棺中笭牀也。幹，骸骨也。」　段云：方木泛言，非專謂棺中笭牀，故不與「棺、槨」等篆爲伍也。何平叔景福殿賦曰：「爰有禁楄，肋分翼張。」亦方木之一耑也。　王云：「楄部」，李善注景福殿賦作「楄附」，云：「陽馬之短桷也。」「部、附」二字通用，左傳「部婁無松柏」，許君引作「附」。又作「偏柎」：晏子「因問其偏柎何所在」？中山經：「堵山有木名曰天楄，方莖而葵狀。」是知生成之方木亦以「楄」名矣。　又謂引傳約文也。杜注簡而不明，楄柎本方木之名，用爲笭牀，仍襲此名耳，非楄即笭牀之別名也。　桂云：本書：「牑，牀版也。」牑、楄皆以薦體，在牀爲牑，在棺爲楄。

私降暱燕。（日部）　暱，日近也。从日，匿聲。春秋傳曰：「私降暱燕。」昵，暱或從尼。　廿五年傳作「昵宴」，杜注：「昵，近也。降昵宴，謂損親近聲樂飲食之事。」　王云：釋言：「暱，亟也。」郭注：「親暱者亦數。」釋詁：「暱，近也。」許君合「亟、近」二義而曰「日近」，爲其从「日」也。日近，日日相近也。　本書：「宴，安也。」釋訓「宴宴」，釋文作「燕燕」，蓋「宴安」字經典多叚「燕」爲之。

⿱輕足而乘它車。（金部）　鑋，金聲也。从金，輕聲。讀若春秋傳「⿱輕足而乘它車」。　廿六年傳：「苑子剸林雍，斷其足。鑋而乘於他車以歸。」杜注：「鑋，一足行。」惠氏棟云：說文云云，則傳本作「⿱輕足」，五經文字亦誤作「鑋」。故杜訓爲「一足行」。若「从金，輕聲」，與斷足無涉，必傳寫之誤。足部無「⿱輕足」字，蓋即「脛」字之異者。　段云：今傳作「鑋」，不可通。「⿱輕足」蓋即「脛」字，林雍既斷足，乃以脛築地而行，故謂之脛。　王云：「鑋」同聲而誤也。杜注「一足行」，足知所據本固作「⿱輕足」矣。說文本有「⿱輕足」字。　又釋例云：「⿱輕足」字足部挩之耳。段氏調停於聲意之間，謂當作「脛」，「林雍以脛築地而行」，非物情也。足新斷，痛極矣，安能築地？亦以一足跳踔而行耳。今左傳作「鑋」，同聲假借，何不通之有？（此云「同聲假借」，與句讀云「同聲而誤」說異。）　玉篇足部：「⿱輕足，丘盛切，一足行皃。」廣韻十四清：「⿱輕足，云盈切，一足跳行。」

摜瀆鬼神。（手部）　摜，習也。从手，貫聲。春秋傳曰：「摜瀆鬼神。」　廿六年傳作「貫」。　王云：「摜」與辵部「遦」皆「貫」之分別文。古有「習貫」之語，而無專字，借「貫」爲之，後乃作「遦」、「摜」以爲專字。

寫經者苦其繁，故今本仍作「貫」也。左宣六年傳：「以盈其貫。」杜注：「貫，猶習也。」正義云：「詩稱『射則貫兮』，先儒亦以爲習。」字亦作「串」，釋詁：「串，習也。」衆經音義：「串，古文作摜、遺二形，又作慣。」華嚴經音義：「鄭箋詩曰：『摜，習也。』」字宜从扌，今經本从豎心者，俗通用也。

楚郤宛。（女部）　婠，體態好也。从女，官聲。讀若楚郤宛，（一完切。）　廿七年經。釋文：「宛，於阮反；又於元反。」

或投一秉稈。（禾部）　稈，禾莖也。从禾，旱聲。春秋傳曰：「或投一秉稈。」秆，稈或从干作。　廿七年傳：「或取一編菅焉，或取一秉稈焉，國人投之。」　王云：此約舉之也。　杜注：「秉，把也。秆，稾也。」本書：「稾，稈也。」

共工之子句龍爲社神。（示部）　許文見周官「二十五家爲社」句。　廿九年傳：「共工氏有子曰句龍，爲后土。」又曰：「后土爲社。」　王云：此約文也。　段云：五經異義：「今孝經說曰：『社者，土地之主。土地廣博，不可徧敬，封五土以爲社。』古左氏說共工爲后土，爲社。許君謹案曰：春秋稱公社，今人謂社神爲社公，故知社是上公，非地祇。」鄭駁之云：「社祭土而主陰氣。」又云：「社者，神地之道。謂社神但言『上公』，失之矣。」玉裁按，許訓「社」爲「地主」，此用今孝經說，與異義從左氏說者不符。蓋許君異義先成，說文晚定，往往有說文之說早同於鄭君之駁者，如「社稷」、「昊天」、「聖人感天而生」、「三恖」等皆是也。　又云：許既從今孝經說矣，又引古左氏說者，兼存異說也。鄭駁異義，以爲「社者五土之神，能生萬物者。以古之有大功者配之」。然則句龍配五土之神祭於社。

黑肱以濫來奔。（髟部）　䰐，髮長也。从髟，監聲。魯甘切。讀若春秋「黑肱以濫來奔」。　卅一年經。釋文：「濫，力甘反；又力蹔反。」

賜子家子雙琥。（玉部）　琥，發兵瑞玉。爲虎文。从玉，虎聲。春秋傳曰「賜子家子雙琥」是。卅二年傳。

定公

璵璠。（玉部）　璵璠，魯之寶玉。从玉，番聲。孔子曰：「美哉璵璠！遠而望之，奐若也；近而視之，瑟若也。一則理勝，二則孚勝。」　五年傳：「陽虎將以璵璠斂。」杜注：「璵璠，美玉，君所佩。」　段云：鉉本有篆文「璵」字，云：「說文闕載。」依注所有增爲十九文之一。鍇本則張次立補之。考左傳釋文曰：「璵，本又作與，音餘」，此可證古本左傳、説文皆不从玉，後人輒加篆文之「璵」，可勿補也。王云：「璵」字涉「璠」加「玉」。吕氏春秋安死篇亦作「璵璠」，法言則作「璠璵」。嚴云：事類玉賦注引作「逸論語曰」，不云説文。其實引説文也，「逸論語」三字當在「孔子」上。此及「瑧」下、「瑩」下所引，蓋出齊論問玉篇。東漢時齊論傳受不絶，則「逸」字校者輒加也。王依補「逸論語」三字於「孔子曰」上，云：齊論語本有問王、知道二篇，「王」乃篆文「玉」字。

捘衛侯之手。（手部）捘，推也。从手，夋聲。春秋傳曰：「捘衛侯之手。」八年傳。杜注：「捘，擠也。」正義：「説文云：『推，排也。排，擠也。』捘是推排之意，故曰擠也。」

龜䶬。（火部）䶬，灼龜不兆也。从火，从龜。春秋傳曰：「龜䶬不兆。」（王云：「不兆」二字，即上文重出於此。）讀若焦。（王云：蓋許君所據左傳亦有作「焦」者，故言此以闕之，見其爲同音借字也。）定九年傳：「衛侯將如五氏，卜過之，龜焦。」杜注：「龜焦，兆不成。」哀二年傳：「龜焦」注同。嚴云：不兆，蓋左氏説。

晳齰。（齒部）齰，齒相值也。从齒，責聲。一曰齧也。春秋傳曰：「晳齰。」九年傳作「幘」，杜注：「晳，白也。齒上下相值。」（校勘記云：「齒」上應有「幘」字。）正義：「言齒長而白，上下之齒相當也。」釋文：「幘，説文作齰。」段云：幘，譌字也。古無「幘」，則述傳時無此字也。杜云：謂上下齒整齊相對，詩所云「如瓠犀」。晳謂人色白，與「齰」二事。

齊人來歸酄。（邑部）酄，魯下邑。从邑，雚聲。春秋傳曰：「齊人來歸酄。」十年經：「齊人來歸鄆、讙、龜陰田。」段云：鄆，公羊作「運」；讙，三經三傳皆同。許作「酄」，容許所據異也。應劭注前志，引春秋哀八年「取酄及闡」，字亦作「酄」。賈、服云：「鄆、酄，二邑名。」桓三年杜注曰：「讙，魯地，濟北蛇丘縣西有下讙亭。」

越敗吴于檇李。（木部）檇，以木有所擣也。从木，雋聲。春秋傳曰：「越敗吴于檇李。」十四年經「越」上有「於」字。杜注：「檇李，吴郡嘉興縣南醉李城。」校勘記云：「史記越世家正義引注，『南』下多『有』字，『醉』作『檇』。」釋文：「檇音醉。」唐韻：「遵爲切。」廣韻：「將遂切。」公羊作「醉李」。

石尚來歸祳。（示部）祳，社肉，盛之以蜃，故謂之祳。天子所以親遺同姓。从示，辰聲。春秋傳曰：「石尚來歸祳。」十四年經：「天王使石尚來歸脤。」杜注：「脤，祭社之肉，盛以蜃器，以賜同姓諸侯，親兄弟之國，與之共福。」正義：「周禮大宗伯云：『以脤膰之禮，親兄弟之國。』大行人云：『歸脤以交諸侯之福。』是以祭肉賜諸侯，與之共福也。」段云：五經異義曰：「古左氏說：脤，祭社之肉，盛之以蜃。」鄭注掌蜃、杜注左傳皆同。「蜃、祳」叠韻，經典「祳」多从「肉」。詩緜箋、掌蜃注徑用「蜃」爲「祳」字。王云：地官掌蜃：「祭祀共蜃器之蜃。」注：「鬯人職曰：『凡四方山川用蜃器。』」春秋定十四年：「秋，天王使石尚來歸蜃。」蜃之器以蜃飾，因名焉。案，鄭君直以「蜃」爲「祳」，未必所據本即然，古人通借，不拘拘也。

哀公

楚圍蔡，里而栽。（木部）栽，築墻長版也。从木，𢦏聲。春秋傳曰：「楚圍蔡，里而栽。」元年傳：「楚子圍蔡，報柏舉也。里而栽。」杜注：「栽，設板築。」玉篇引「楚」下有「子」字，與傳合。段云：古築墻先引繩營其廣輪方制之正，詩曰：「俾立室家，其繩則直」是也。繩直則豎楨榦，題曰楨，植于兩頭之長杙也；旁曰榦，植于兩邊之長杙也。植之謂之栽，栽之言立也。而後橫施版於兩邊榦內，以繩束榦，實土，用築築之。一版竣，則層絫而上。詩曰「縮版以載，捄之仍仍，度之薨薨，築之登登」是也。然則栽者，合楨榦與版而言。許云築墻長版爲栽者，以版該楨榦也。中庸：「故栽者培之。」鄭云：「栽，猶殖也。今時人名艸木之殖曰栽，築墻立版亦曰栽。」鄭同許說。王云：「長」當作「設」，左僖卅年傳：「朝濟而夕設版焉。」注云：「版築」，莊廿九年傳曰：「水昏正而栽。」注：「於是樹版榦而興作」，定元年傳曰：「庚寅栽。」注：「設版築」，及許君所引，其「栽」皆不可謂之版，故知字譌也。

大宰嚭。（喜部）嚭，大也。从喜，否聲。春秋傳吴有大宰嚭。元年傳。

后緡方娠。（女部）娠，女妊身動也。从女，辰聲。春秋傳曰：「后緡方娠。」元年傳。杜注：「娠，懷身也。」校勘記云：詩生民正義引昭元年傳：「邑姜方震大叔」，及此「后緡方震」，皆謂有身爲震。爾雅釋詁邢昺疏引同。是據本不同也。段云：凡从「辰」之字皆有動意，「震、振」是也。妊而身動曰「娠」，別詞也，渾言之則「妊、娠」不別。詩：「大任有身，生此文王。」傳曰：「身，重也。」蓋妊而後重，重而後動，動而後生。傳曰「方娠」者，方身動，去産不遠也。其字亦叚「震」爲之，昭元年左傳「邑姜方震大叔」是也。若生民「載震載肅」，傳曰：「震，動也。」箋云：「遂有身。」則以「妊」解之。王云：衆經音義：「懷胎爲娠。」漢書孟康曰：「娠音身。」今多以「娠」作「身」，兩通也，詩云「大任有娠」是也。釋詁：「娠，動也。」郭注：「娠，猶震也。」詩生民傳云：「震，動也。」昭元年傳注云：「女懷胎爲震。」

上大夫受縣，下大夫受郡。（邑部）郡，周制：天子地方千里，分爲百縣，縣有四郡。故春秋傳曰：「上大夫受縣，下大夫受郡」，是也。（各本少「受縣下大夫」五字。段、王依水經河水篇、玉篇引補。）至秦初，天下置三十六郡以監其縣。从邑，君聲。二年傳：「克敵者，上大夫受縣，下大夫受郡。」杜注：「周書作雒篇。千里百縣，縣有四郡。」釋文：「千里百縣，縣方百里；縣有四郡，郡方五十里。」

猶拾瀋也。（水部）瀋，汁也。从水，審聲。春秋傳曰：「猶拾瀋也。」三年傳。杜注：「瀋，汁也。」釋文：「北土呼汁爲瀋。」釋名：「宋、魯人皆謂汁爲瀋。」段云：檀弓：「爲榆沈」，假「沈」爲「瀋」。

何故使我水玆？（玄部）玆，黑也。从二玄。春秋傳曰：「何故使我水玆。」八年傳作「滋」，杜注：「滋，濁也。」段云：胡涓切。今本子之切，非也。按左傳釋文：「玆，音玄」，此相傳古音。又曰：「本亦作滋，子絲反。」此俗加「水」作「滋」，因誤認爲滋益字而入「之」之韻也。艸部「茲」从「絲」省聲，凡水部之「滋」，子部之「孶」，鳥部之「鷀」，皆以「茲」爲聲，而「玆、滋」字祇當音懸，不當音孜。廣韻七之作「滋」，一先作「滋」，音義各不同爲是也。且訓「此」之「茲」本假借从艸之「茲」，而不當用二「玄」之「玆」。蔡邕石經見於隸釋，漢隸字原者，尚書「茲」字五見，皆从「艸」，則唐石經皆作「玆」者非矣。又云：左傳釋文曰：「玆音玄，本亦作滋，子絲反，濁也，字林云：黑也。」按，宋本如是，今本「玆、滋」互易，非也。且「本亦作滋」，則仍胡絹切，不同水部滋水字子絲反也。陸氏誤合二字爲一。

孔悝。（心部）悝，啁也。从心，里聲。春秋傳有孔悝。一曰病也。十五年傳。

旻天不憖。（心部）許文見文公「兩君之士皆未憖」句。十六年傳：「旻天不弔不憖遺一老。」杜注：「憖，且也。」段云：許檃括其辭。餘詳前。

嬛嬛在疚。（女部）嬛，材緊也。从女，睘聲。春秋傳曰：「嬛嬛在疚。」十六年傳：「煢煢余在疚。」段云：宀部引詩「煢煢在宂」，此引傳「嬛嬛在疚」，正與今詩、春秋「煢、嬛」字互易。魏風又作「睘睘」，傳曰：

「無所依也。」蓋依韻當用熒聲之「煢」，而或用「嬛、睘」者，合音通用。王云：今作「煢煢余在疚」，孔子世家引同，周禮大祝注鄭司農引作「嬛嬛余在疚」。周頌「嬛嬛在疚」，匡衡傳引作「煢煢在疚」，宀部「宊」下引作「煢煢在宊」。説文無「疚」字。詩杕杜釋文：「睘睘，本亦作煢煢。」

白公其徒微之。（彳部） 微，隱行也。从彳，敚聲。春秋傳曰：「白公其徒微之。」 十六年傳：「白公奔山而縊，其徒微之。」杜注：「微，匿也。」正義：「釋詁云：『匿，微也。』舍人曰：『匿藏之微也。』郭璞曰：『微謂逃藏也，左傳曰其徒微之是也。』」 段云：敚訓「眇」，微从彳，訓「隱行」。叚借通用「微」而「敚」不行。邶風：「微我無酒」，又假「微」爲「非」。傳文杜曰云云，與釋詁互訓，皆言「隱」，不言「行」，「敚」之叚借字也。此偁傳説叚借。

乘中佃。（人部） 佃，中也。从人，田聲。春秋傳曰：「乘中佃一轅車也。」（王依玄應「一」上補「謂」字。）十七年傳：「良夫乘衷甸兩牡。」杜注：「衷甸，一轅，卿車。」正義曰：「甸即乘也。四丘爲甸，出車一乘，故以甸爲名。是古者『乘、甸』同也。兵車一轅而二馬，夾之其外，更有二驂，是爲四馬。今止乘兩牡而謂之衷乘者，衷，中也，蓋以四馬爲上乘，兩馬爲中乘。」玉篇引傳與許合。鄭注小司徒引與今本合。廣韻引説文全同，而益之曰「古輕車也」。

可以稱旌緐乎？（糸部） 緐，馬髦飾也。从糸，每聲。春秋傳曰：「可以稱旌緐乎？」 廿三年傳：「其可以稱旌繁乎？」杜注：「繁，馬飾繁纓也。」又成二年傳注：「繁纓，馬飾。」 段云：馬髦，謂馬鬣也。飾，亦妝飾之飾。蓋集絲絛下垂爲飾曰緐。引申爲緐多。又俗改其字作「繁」，俗形行而本形廢，引申之義行而本義廢矣。至若鄭注周禮、禮記之「繁纓」，繁讀鞶帶之鞶，謂今馬大帶也，此易字之例，其説與許説絶殊。

噧言。（口部） 噧，高气多言也。从口，蠆省聲。（訶介切。）春秋傳曰：「噧言。」 廿四年傳：「是躛言也。」杜注：「躛，過也。」釋文：「躛，户快反，謂過謬之言。服云：『僞不信言也。』字林作『讆』，云：『夢言意不慧也。』音于例反。」 嚴氏、邵氏、錢氏（大昕）、陳氏（樹華）、桂氏並以「噧言」即「躛言」。邵云：高气之言，未有不過者。義亦相入。 錢氏大昕云釋文：「躛，户快反」，與「噧」音訶介切相近。古文从「口」从「言」之字多相通。説文兼收「噧、譪」二字，噧訓「高气多言」，譪訓「譀」，譀訓，「誇」，「誇譀」義較「過」尤長。然則「噧言」

即躗，亦可作「⿱衛心言」也。桂云：本書：「⿱衛心，㝱言不慧也。」俗作「讆」。管子形勢解：「推譽不小之謂讆。」左傳蓋作「⿱衛心」，許公所見本作「噧」。錢氏坫以爲是「嘖有煩言」之「煩」。段以爲是公羊襄十四年經之公孫囆，非也。

君將嗀之。（口部）嗀，歐皃。（「皃」類篇引作「聲」。）从口，𣪊聲。春秋傳曰：「君將嗀之。」廿五年傳作「𣪊」。六經正誤云：「嗀作𣪊，誤。」「之」，玉篇作「焉」。

附録

彶。（辵部）返，還也。从辵反，反亦聲。商書曰：「祖伊返。」春秋傳「返」从「彳」。段云：謂左氏傳也。漢書曰：「左氏多古字、古言。」許亦云：「左丘明述春秋傳以古文。」今左氏無「彶」字者，轉寫改易盡矣。

空⿰衤鳥。（衣部）⿰衤鳥，短衣也。从衣，鳥聲。春秋傳曰：「有空⿰衤鳥。」傳無此文。段云：「曰」，疑衍。「空」，疑當作「公」，即昭廿五年傳之「季公鳥」也。嚴説同。

貞子名坒。（土部）坒，土相次坒也。衛大夫貞子名坒。从土，比聲。嚴云：北宮貞子名喜，褚師聲子名比，疑此「貞子」當作「聲子」也。

闧門而與之言。（門部）闧，閉門也。从門，必聲。春秋傳曰：「闧門而與之言。」段云：六字當是「闧而以夫人言」之誤，見莊卅二年。「闧」，爲句，謂孟任不從也；「而以夫人言」，謂莊公以立夫人爲辭也。

春秋説

大夫以石爲主。見禮附録「郊宗石室」句。

穀梁傳

天子之桷，椓而礱之。（石部）礱，䃺也。从石，龍聲。天子之桷，椓而礱之。莊廿四年傳：「禮，天子之桷，斲之礱之，加密石焉。」釋文「斲，削也。礱之，磨之」。尚書大傳：「其桷天子，斲其材而礱，加密石焉。」鄭注：「礱，礪之也。」晉語：「天子之室，斲其椽而礱之，加密石焉。」韋注：「礱，磨也。密，密理石，謂砥也。先粗礱之，加以密砥。」公羊何注亦引作「斲」。段云：「椓」當依類篇所引作「斲」。

林屬於山爲麓。（林部） 許文見左氏傳「沙鹿崩」句。僖十四年傳説詳前。

公羊傳

楚王之妻媦。（女部） 媦，楚人謂女弟曰媦。从女，胃聲。春秋公羊傳曰：「楚王之妻媦。」 桓二年傳何云：「媦，妹也。」 王云：即據公羊而言，然釋親郭注：「今謂兄爲舅，妹爲媦。」纂文：「河南人云：妹，媦也。」則浸假爲通稱矣。

辵階而走。（部首） 辵，乍行乍止也。从彳止。（丑略切。）凡辵之屬皆从辵。讀若春秋傳曰「辵階而走」。宣六年傳：「躇階而走。」何云：「躇猶超遽，不暇以次。」釋文：「躇，丑略反。一本作辵，音同。」公食大夫禮注曰：「不拾級而下曰辵。」 段云：「讀若」二字衍。 嚴云：「躇」即俗「躍」字。 王亦刪「讀若」，云：引經正讀者，皆不同字，與引諺之例異，故刪「讀若」。然説文部首有「讀若」者，概在「凡某」句下，雖似挩誤，然在上者甚少也。因疑此引公羊，誠是讀若。或「辵」字當依傍今本之「躇」而改爲「躍」耶？抑以公羊何注曰：「躇猶超遽，不暇以次」，其義與乍行乍止異，而音固不異耶？當再詳之。

魯昭公嘂然而哭。（㗊部） 嘂，高聲也。一曰大嘑也。从㗊，丩聲。春秋公羊傳曰：「魯昭公嘂然而哭。」（段云：「嘂」，各本作「叫」，誤。） 昭廿五年傳：「昭公於是噭然而哭。」何云：「噭然，哭聲。」 本書：「噭，吼也。一曰噭，呼也。」

虍有餘。（部首） 虍，虎文也。象形。凡虍之屬皆从虍。讀若春秋傳曰「虍有餘」。 桂云：三傳無此文。昭十二年左傳：「楚子謂成虎，若敖之餘也。」或引此。 嚴云：疑當作「春秋傳有虍𤙖」。當在「象形」下衍「讀若曰」三字。「虍𤙖」即宣四年傳「於菟」之本字。虍，虎文也；𤙖，黄牛虎文也，故鬬穀於菟字子文。或云：公羊昭卅一年「盱有餘」，當作「讀若春秋公羊傳曰『盱有餘』」。孫氏、陳氏鱣謂前所議是，王氏念孫謂後所議是。

䙶然公子陽生。（見部） 䙶，暫見也。从見，炎聲。春秋傳曰：「䙶然公子陽生。」 哀六年傳：「開之闖然，公子陽生也。」何云：「闖，出頭皃。」釋文：「闖，見皃。」字林云：「馬出門皃。」王云：此字亦不他見，許君即主此經而言。今字作「闖」，何依文訓之，不如許君於字音得之爲確也。

說文引經異同　卷二十

國語

周

回祿信於聆遂。（耳部）　聆，國語曰：『回祿信於聆遂。』闕。　今作「聆隧」。韋注：「聆隧，地名。」補音：「聆音琴。」　段云：　闕者，謂其義其音其形皆闕也。後漢書楊賜傳引作「黔遂」，黔亦今聲也。而說苑引國語作「亭遂」，竹書帝癸三十年作「聆隧災」，是其字从「今」、从「令」不可定，而許書此篆，或後人所偶記注於此者。　王云：　段說甚細，惟是小徐本「聝、馘、聹、聆」四字皆在「聶」篆之下，明是後人附益，其或自增之而注以「闕」耶？抑或據補之本先已斷爛，「聆」下但存所引國語，而說義說形之詞皆亡，遂注以「闕」耶？且許君必偁春秋國語，而此不云「春秋」，是其上顯有闕文矣。

周之興也，鸑鷟鳴於岐山。（鳥部）　鸑，鸑鷟，鳳屬，神鳥也。从鳥，獄聲。春秋國語曰：「周之興也，鸑鷟鳴於岐山。」　韋注：「三君云：鸑鷟，鳳之別名也。」　段云：三君者，侍中賈逵、侍御史虞翻、尚書僕射唐固也。許云「鳳屬」，與賈小異。劉逵曰：「鸑鷟，鳳雛也。」說又異。

精意以享爲禋。（示部）　禋，潔祀也。一曰精意以享爲禋。　今文云：「精意以享，禋也。」韋注：「潔祀曰禋。」

郤至挑戰。（手部）　挑，撓也。从手，兆聲。一曰摷爭也。春秋國語曰：「郤至挑天。」　今作「佻天」。韋云：「佻，偷也。」　段云：「佻天之功，以爲己力」，與左傳「天實置之，而二三子以爲己力」語意正同，然則許意爲「一曰摷爭」作證。

魯

講罛䍡。（网部）　罶，曲梁寡婦之笱，魚所留也。从网畱，畱亦聲。䍡，罶或从婁。春秋國語曰：「講」（大徐誤「溝」。）罛罿　魯語云：「古者大寒降，土蟄發，水虞於是乎講罛罶，取名魚。」韋注：「講，習也。罛，魚綱也。罶，笱也。」　段云：釋訓曰：「凡曲者爲罶。」釋器曰：「嫠婦之笱謂之罶。」小雅魚麗、苕華傳合之曰：「罶，曲梁也，寡婦之笱也。」許説本之。按，邶風傳云：「梁，魚梁。」衛風傳曰：「石絶水曰梁。」曹風傳云：「梁，水中之梁。」邶風傳云：「笱，所以捕魚也。」句部云：「笱，曲竹捕魚也。」蓋曲梁别於凡梁，寡婦之笱别以凡笱。曲梁者，僅以薄爲之；寡婦之笱，笱之敝者也。魚麗美物盛多能備禮也，故言此曲梁寡婦之笱，而魚之多如是。苕之華，大夫閔時也，師旅並起，因之以饑饉，言「三星在罶」，則無魚可知也。梁與笱相爲用，故詩云「敝笱在梁」。言逝梁必言發笱，若魯語云云，則非止曲梁寡婦之笱矣。

山不槎。（木部）　槎，衺斫也。从木，差聲。春秋傳曰：「山不槎。」　魯語云：「山不槎蘖。」韋注：「槎，斫也。以株生曰蘖。」李善西京賦注引賈逵解詁曰：「槎，邪斫也。」薛綜注東京賦同。　段云：周禮有柞氏。周頌曰：「載芟載柞。」毛云：「除木曰柞。」「柞」皆即「槎」字。　王云：後漢書馬融傳注：「柞，音士雅反，邪斫木也。」　引傳語段云：宋本皆如此，惟趙鈔本作「山木不槎」。今按，當於「槎」下補「蘖」，不當於「山」下添「木」也。　嚴云：「傳」乃「國語」之誤。許書引國語廿條，無作「春秋傳」者也。「山木不槎」，「木」乃「不」之誤，「不槎」當作「槎不」，轉寫到耳。「不」即「蘖」，所謂古文从「木」無頭者。議改云：春秋國語：「山不槎不。」

木石之怪夔蛧蜽。（虫部）　蛧，蛧蜽，山川之精物也。淮南王説蛧蜽狀如三歲小兒，赤黑色，赤目，長耳，美髮。从虫，网聲。國語曰：「木石之怪夔、蛧蜽。」　今作「蝄」。　韋注：「木石，謂山也。或云：『夔，一足，越人謂之山繅。或作猱，富陽有之，人面猴身，能言。或云獨足。』蝄蜽，山精，好斆人聲而迷惑人也。」　段云：周禮作「方良」，左傳作「罔兩」，孔子世家作「罔閬」，俗作「魍魎」。　王云：左宣三年：「罔兩」，服虔云：「木石之怪。」杜注：「水神。」魯語賈逵注：「罔兩罔象，言有夔龍之形而無實體，皆虛無也。」案，賈各以三字爲一物，許如韋，以爲兩物，且云「精物」，則是山魈、木客之類。杜注亦非也。

闖門而與之言。（門部）　闖，闢門也。从門，爲聲。（韋委切。）國語曰：「闖門而與之言。」　今無「而」字。韋注：「闖，闢也。」　王云：衆經音義云：「字詁：『闖，今作闓，同。』三蒼：『闓，小開也。』字林：『闖，開也，闢也。』廣雅：『闓，開也。』」

在夏爲防風氏，在殷爲汪芒氏。（邑部）（段云：芒，或作茫，作汇，皆誤。）許文見左傳「鄋瞞侵齊」句。」又山部：嵎，封、嵎之山，在吴楚之間，汪芒之國。从風，禺聲。魯語云：「客曰：防風氏何守也？仲尼曰：汪芒氏之君也，守封、嵎之山者也，爲漆姓。在虞夏商爲汪芒，於周爲長翟，今爲大人。」段云：國語本作「在虞、夏爲防風，在商爲汪芒氏」，爲説苑、説文、王肅家語所本。今國語及史記孔子世家皆誤奪數字耳。王説同。

肅愼氏貢楛矢、石砮。（石部）砮，石可以爲矢鏃。从石，奴聲。夏書曰：「梁州貢砮丹。」春秋國語曰：「肅愼氏貢楛矢、石砮。」韋注：「楛，木名。砮，鏃也，以石爲之。」　段云：賈逵注國語曰：「砮，矢鏃之石也。」按，砮本石名，韋注少誤。「楛」當作「枯」字之誤也。

齊

竱本肇末。（立部）竱，等也。从立，專聲。春秋國語曰：「竱本肇末。」　韋注：「竱，等也；肇，正也。謂先等其本，以正其末也。」

有司已事而竣。（立部）竣，偓竣也。从立，夋聲。國語曰：「有司已事而竣。」今「已」下有「於」字。韋注：「竣，退伏也。」廣雅、玉篇並云：「竣，止也。」　桂云：或借「浚」字。書皋陶謨：「夙夜浚明有家。」傳云：「浚，須也。」　王云：或借「逡」，釋言：「逡，退也。」郭注引外傳曰：「已復于事而逡。」疏引韋注：「逡，伏退也。」又借「踆」字，東京賦：「千品萬官，已事而踆。」李善引管仲曰：「有司已事而踆。」「踆」與「竣」同。

有捲勇。（手部）捲，气勢也。从手，卷聲。春秋國語曰：「有捲勇。」（小徐「有」上有「予」字。廣韻引亦有。王云「予」當作「子」。）一曰捲，收也。　齊語：「於子之鄉，有拳勇股肱之力。」韋注：「大勇爲拳，詩云：『無拳無勇。』」　段云：此與「拳」音同而義異，小雅巧言傳曰：「拳，力也。」齊語云云，皆叚「拳」爲「捲」，蓋與古本字異。　桂云：通作「鬈、權」。詩盧令：「其人美且鬈。」箋云：「鬈讀爲權。權，勇壯也。」本書「𥃩」下：「或曰拳勇字。」史記孫吴列傳：「夫解雜亂糾紛者不控捲。」索隱：「捲即拳。」

兵不解匸。（匸部） 医，盛弓弩矢器也。（廣韻「盛」作「藏」。）从匸，从矢，矢亦聲。春秋國語：「兵不解医。」今作「翳」。韋注：「翳，所以蔽兵也。」段云：翳，叚借字，古翳隱、翳薈字皆當於「医」義引申，不當借華蓋字也。「翳」行而「医」廢矣。王云翳者，隱蔽也。玉篇亦以「蔽」釋「医」。「医、蔽」疊韻，是「医」字取俠藏之義，故从匸。玉篇：「医，所以蔽矢也。」廣雅：「医，矢藏也。」

晉

朱儒扶籚。（竹部） 籚，積竹矛戟矜也。从竹，盧聲。春秋國語曰：「朱儒扶籚。」 今作「侏儒扶盧」。韋注：「扶，緣也。盧，矛戟之柲，緣之以爲戲。」考工記注引作「侏儒扶盧」。段云：朱儒扶籚，西京賦所謂「都盧尋橦」也。考工記：「攻木之工，盧。」叚借字。王云：與「柲、欑」二字同義。考工記：「秦無廬。」注：「廬讀爲纑，謂矛戟柄竹欑柲。」釋文：「廬，本或作蘆。」案「蘆」蓋「籚」之譌。又「攻木之工」注：「廬，矛戟矜柲。」又云：朱鈔、汪刻皆作「盧」，與今國語合，或許君引之以明省借乎。

致茅蕝表坐。（艸部） 蕝，朝會束茅表位曰蕝。从艸，絕聲。春秋國語曰：「致茅蕝表坐。」 晉語：「昔成王監諸侯于岐陽，楚爲荆蠻，置茅蕝，設望表，與鮮牟守燎，故不與盟。」韋注：「置，立也；蕝，謂束茅而立，所以縮酒。」段云：司馬貞引賈逵云：「束茅以表位爲蕝。」許用賈侍中説也。史記、漢書叔孫通傳字作「蕞」。如淳曰：「蕞，謂以茅翦樹地，爲纂位尊卑之次也。」王云：「表坐」衍文也。或曰：當作「設望表」。

鄭

𤳙。（田部） 𤳙，和田也。从田柔，柔亦聲。鄭有𤳙，地名也。 鄭語：「若克二邑，鄢、蔽、補、丹、依、𤳙、歷、莘，君之土也。」韋注：「言克虢鄶，則此八邑皆可得也。」鄭詩譜引國語作「疇」。

焞燿天地。（火部） 焞，明也。从火，享聲。春秋傳曰：（段、王並云當作國語。）「焞燿天地。」 鄭語：「夫黎爲高辛氏火正，以淳燿敦大，天明地德，光昭四海，故命之曰祝融。」韋注：「淳，火也。燿，明也。」段云：檃栝鄭語。又云：崔瑗河間相張平子碑云：「遷太史令實掌重黎厯紀之度，亦能焞燿敦大，天明地德，光照有漢。」作「焞」，與許合。下文云「敦大」，則「焞燿」自皆當訓「明」。王云：班固幽通賦：「亥黎醇燿于高辛。」案，

「淳、醇」皆同聲借用。（經義述聞：大元元測序：「五色淳光。」范望亦云：「淳明也。」漢書楊雄傳：「光純天地」，純亦明也。）

天子居九垓之田。（土部）垓，兼垓八極地也。从土，亥聲。國語曰：「天子居九垓之田。」鄭語：「故王者居九畡之田，收經入以食兆民。」韋注：「九垓，九州之極數也。」楚語曰：『天子之田九畡，以食兆民，王取經入焉，以食萬官。』」補音云：「畡，或作垓。」楚語韋注：「九畡，九州之内有畡數也。」段云：畡者，「垓」字之異也。韋云「有垓數」者，即風俗通：「千生萬，萬生億，億生兆，兆生經，經生垓。」

楚

在男曰覡，在女曰巫。（巫部）覡，能齋肅事神明也。在男曰覡，在女曰巫。从巫，从見。韋注：「巫、覡，見鬼者。周禮男亦曰巫。」王云：玄應引「巫、覡」互易，非也。玉篇、廣韻同此誤。又案，周禮春官「神仕」疏云：「男子陽，有兩稱，名巫，名覡；女子陰，不變，直名巫，無覡稱。」

犓豢幾何？（牛部）犓，以芻莖（今本誤「莝」，段、王依文選七發注改。）養牛也。（「牛」上段添「圈」字，王添「國」字。）从牛芻，芻亦聲。春秋國語曰：「犓豢幾何？」今作「芻」。韋注：「草食曰芻，穀食曰豢。」段云：莝，斬芻也。趙岐注孟子曰：「艸生曰芻，穀養曰豢。」孟子正義引説文：「牛馬曰芻，犬豕曰豢。」今説文無此語。經傳皆作「芻豢」。

珠以禦火災。（玉部）珠，蚌之（初學記引作「中」。）陰精。从玉，朱聲。春秋國語：「珠（段依玉篇此下補『足』字。）以禦（段改『御』，王云『當作御』。）火災」是也。楚語：「珠足以禦火災則寶之。」韋注：「珠，水精，故以禦火災。」

吴

於其心伩然。（人部）伩，愓也。从人，式聲。春秋國語曰「於其心伩然」是也。吴語：「夫越王之不忘敗吴，於其心也戚然，服士以司吾間。」韋注：「戚猶愓也。」段云：韋本蓋亦作「伩」，轉寫譌之耳。王及經義述聞亦以「戚」爲譌。述聞云：廣雅曰：「伩，慎憤也。」玉篇曰：「憤，心動也。」廣韻曰：「伩，意慎伩也。」

義與「愓」並相近。玉篇「忕」下：「國語曰：『於其心忕然。』忕猶愓也。」蓋據韋本。

誶申胥。（言部）誶，讓也。从言，卒聲。國語曰：「誶申胥。」吴語：「吴王還自伐齊，乃訊申胥曰。」韋注：「訊，告讓也。」「訊」乃「誶」之譌。段云：釋詁、毛傳皆云：「誶，告也。」許云：「讓也。」釋詁、毛傳泛言之，許專言之也。今國語、毛詩、爾雅及他書，「誶」皆譌「訊」，皆由轉寫形近而譌。

俠溝而㢋我。广部㢋，廣也。从广，侈聲。春秋國語曰：「俠溝而㢋我。」吴語：「齊、宋、徐、夷曰：『吴既敗矣！』將夾溝而㢋我。」韋注：「旁擊曰㢋。」段云：旁擊者，開拓自廣之意也。「夾」古書多作「俠」。王云：引此者，以代「一曰」也。

越

侊飯不及一食。（人部）侊，小也。从人，光聲。國語曰：「侊飯不及一食。」越語：「諺有之曰：『觥飯不及壺飧。』」韋注：「觥，大也。大飯，謂盛饌未具，不能以虛待之，不及壺飧之救饑疾也。」段云：當作「大」字之誤也。凡「光」聲之字多訓光大，無訓小者。韓詩云：「觥廓」，許所據國語作「侊侊」，與「觥」音義同。廣韻十一唐曰：「侊，盛皃。」用韋注。十二庚曰：「侊，小皃。」用説文。蓋説文之譌久矣。「一食」，段依玉篇、廣韻所引改「壺湌」，云：湌者，食部或「餐」字也。集韻正作「餐」猶左傳「趙衰之壺飧」，史記「操一豚蹄，酒一壺」，皆謂薄少。又按，許所據竟作「一食」未可知，似不必改。桂云：類篇引作「一餐」，馥謂「食、餐」並誤，當作「飧」。王云：當作「壹飧」。「壹飧」見梁孝王世家，「一飧」見三國志賈詡傳。史記淮陰侯傳如淳注：「小飯曰飧。」

說文引經異同　卷二十一

論語

八佾

素以爲絢兮。（糸部）　絢，詩云：「素以爲絢兮。」从糸，旬聲。　馬曰：「絢，文皃。」　王云：詩見論語，此即自論語轉引也。　段云：鄭康成禮注曰：「采成文曰絢。」注論語曰：「文成章曰絢。」許次此篆於「繡、繪」間者，亦謂五采成文章，與鄭義略同也。鄭注「繪事後素」云：「畫繪先布衆采，然後以素分其間，以成其文。」朱子則云：「後素，後於素也。謂先以粉地爲質，而後施五采。」據許「絢」在「繡、繪」間，繡、繪皆五采也。蓋許用白受采之恉與？

繪事後素。（糸部）　許文見「書作繪」句。鄭曰：「繪，畫文也。凡繪畫，先布衆色，然後以素分布其間，以成其文。」釋文：「繪，本又作繢。」考工記鄭司農注引作「繢」，文選夏侯常侍誄李善亦引作「繢」。

公冶長

道不行，乘桴浮於海。（羊部）　羌，西戎牧羊人也。从人，从羊，羊亦聲。南方蠻、閩，从虫；北方狄，从犬；東方貉，从豸；西方羌，从羊；此六種也。西南僰人焦僥，从人。蓋在坤地，頗有順理之性。唯東夷从大。大，人也，夷俗仁，仁者壽，有君子不死之國。孔子曰：「道不行，欲之九夷，乘桴浮於海。」有以也。　漢地理志：「東夷天性柔順，異於三方之外，故孔子悼道不行，設桴於海，欲居九夷，有以也夫。」　桂云：桴，當爲「附」。論語：「子欲居九夷，从鳳嬉。」宋均注：「鳳遇亂則潛，居九夷。」本書：「鳳，出於東方君子之國。」

雍也

文質份份。（人部）　份，文質備也。从人，分聲。論語曰：「文質份份。」彬，古文份从彡林。林者，从焚省聲。今作古文「彬」。包曰：「彬彬，文質相半之皃。」

仁者壽。見上「道不行」條下。

述而

不憤不啟。（攴部）啟，教也。从攴，启聲。論語曰：「不憤不啟。」邢疏：「啟，開也。」朱注：「啟，謂開其意。」本書：「启，開也。」許引論語文於「啟」下，則不訓爲開矣。玉篇：「啟，開發也。」經典皆借「啟」爲「启」。

讄曰：禱尒于上下神祇。（言部）讄，禱也。絫，功德以求福也。論語云：「讄曰：禱尒于上下神祇。」从言，畾聲。讄，讄或从纍。今作「誄孔曰」。誄，禱篇名。段云：讄，施於生者，以求福；誄，施於死者，以作謚。校勘記：釋文：「誄，說文作讄，云：『或作讄。』」案，說文云云，是古論作「讄」也。然鄭君注周禮小宗伯引作「讄」，大祝仍引作「誄」，蓋二字相混已久。（案，大祝是鄭司農注。）

泰伯

誃予之足。（言部）誃，離別也。从言，多聲。讀若論語：「跢予之足。」周景王作洛陽誃臺。今曰「啓予足」。鄭曰：「啓，開也。」段云：跢，當是「啓」誤。或曰當作「哆予之足」。哆猶開也。王云：玉篇：「跢，丁泰切，倒也。又丁佐切，小兒行皃。」說文無「跢」。

盡力于溝洫。（水部）見周禮「十里爲成」句。

子罕

今也純，儉。（糸部）純，絲也。从糸，屯聲。論語曰：「今也純，儉。」孔曰：「冕，緇布冠也。古者績麻三十升布爲之。純，絲也。絲易易成，故从儉。」

求善價而夃諸。（夊部）夃，秦以市買多得爲夃。从𠄎，从夊。益至也，从乃。論語曰：「求善價而夃諸。」詩曰：「我夃酌彼金罍。」「論語云」今本說文無。王補云：玉篇、增韻皆有引之。案，此證本義也。「價」當作「賈」，今文作「沽」，馬曰：「沽，賣也。」

欲之九夷。見「道不行」句。今曰：「子欲居九夷」，許約言之。

衣敝緼袍。（衣部）袍，襺也。从衣，包聲。論語曰：「衣敝緼袍。」段云：敝，各本作「弊」，誤。孔曰：「緼，枲著。」段云：秦風：「與子同袍。」釋言、毛傳皆曰：「袍，襺也。」玉藻曰：「纊爲繭，緼爲袍。」注曰：「衣有著（同『褚』）之異名也。」記文「袍、襺」有别，析言之。渾言不别也。

鄉黨

色孛如也。（𣎵部）孛，㝈也。从𣎵，人色也；从子。論語曰：「色孛如也。」今作「勃」。本書：「勃，排也。」則「勃」爲「孛」之叚借字。本部：「㝈，艸𣎵木㝈孛之皃。」

色艴如也。（色部）艴，色艴如也。从色，弗聲。論語曰：「色艴然也。」段云：當作「艴，怒色也」。孟子：「曾西艴然不悦。」趙曰：「艴，愠怒色也。」𣎵部引論語作「孛」，蓋必有古、魯、齊之别在其間矣。或曰：依論語則非怒色也。不知「怒」者，盛氣之偁，不嫌同詞。孟子：「王勃然變乎色」，不與今鄉黨同詞乎？嚴云：「論語」七字，疑校語。韻會五勿、六月引皆無。王云：韻會六月引同，五勿引作「色怒也」，似是。「論語」云云下王云：韻會五勿、六月兩引皆無此文。𣎵部已引「色孛如也」。又案，玉篇曰：「説文曰：『色艴如也。』孟子曰：『曾西艴然不悦。』」所引孟子或本説文所引。

足躩如也。（足部）躩，足躩如也。从足，矍聲。包曰：「足躩盤辟皃也。」王於「足」上補「盤辟皃也。論語曰」七字，云：此捝説義之詞，但存引經之語，故以包咸注補之。

趨進⿺走翼如也。（走部）⿺走翼，趨進⿺走翼如也。从走，翼聲。今作「翼」。校勘記云：⿺走翼之省文。孔曰：「言端好。」賈誼書：「趨以微磬之容，飄然翼然，肩状若流，足如射箭，趨容也。」本部又有「趩」字：「行聲也，一曰不行皃。」段云：「趩」字鍇本在部末，疑「⿺走翼、趩」本一字而二之，如水部之「潩、瀷」也。王於「⿺走翼」下云：疑「趩」字本在此，或改从「翼」，而以論語附會之。後有校得「趩」字者，故附部末。於「趩」下云：「趀、赿」言鳥獸之走而部畢矣。「趩」字安得在其下？此如「菿」譌爲「⿱艹致」而「菿」在末也，「帆」譌爲「⿱艹致」而「帆」在末也。知此爲後人所掇拾，即知「⿺走翼」字之爲譌字矣。大徐迻之于前，而又不與「⿺走翼」相次，豈不謬乎？

行不履閾。（門部）閾，門榍也。从門，或聲。論語曰：「行不履閾。」閾，古文閾从洫。孔曰：「閾，門限。」段云：木部曰：「榍者，門限也。」相合爲一義。釋宮曰：「柣謂之閾。」柣，郭千結反，即「榍」字也。禮古文「閾」作「蹙」，此皆叚借字也。阜𠂤部：「限，一曰門榍。」

私覿愉愉如也。（心部）愉，薄也。从心，俞聲。論語曰：「私覿愉愉如也。」鄭曰：「愉愉，顏色和。」王云：此引經代「一曰」也。鄭注云云，引伸之爲樂。唐風：「他人是愉。」傳曰：「愉，樂也。」嚴云：「論語」上當有「一曰」。韻會七虞引作「一曰顏色和貌」，或小徐真本如此。祭義注有此語。聘禮作「俞俞」。

絬衣長，短右袂。（糸部）絬，論語曰：「絬衣長，短右袂。」从衣，舌聲。（私列切。）今作「褻裘長，短右袂」。孔曰：「私家裘長，主溫。短右袂，便作事。」段云：衣部曰：「褻，私服也。」然則論語自訓「私服」，而作「絬」者，同音叚借也。許偁之者，說六書之叚借也。段迻「論語」云云於「舌聲」之下，添「衣堅也」三字於「从系」之上，云：玉篇注曰：「堅也」，廣韻注曰：「堅絬」，皆本諸說文古本，非能杜撰也。鈕氏駁之。王氏取段氏叚借之說，而不取「衣堅也」之說，則以「衣堅也」三字無所本也。蒙案：承亦取「衣堅」之說，惟篇韻但云「堅」並無「衣堅」之文，此王所以云「無所本也」。

寑衣長一身有半。（衣部）被，寑衣長一身有半。从衣，皮聲。今曰：「必有寢衣，長一身有半。」集解：「孔曰：今之被也。」承云：此用論語說字，不著書名者也。寢衣爲被，漢唐諸儒皆無異說。周禮玉府疏引鄭康成說孔沖遠小星詩疏及論語孔注皆可證。自宋始有「褻衣」之說，後人宗之，或云「短衣」，或云「燕寑所御衣」，皆非也。寑衣之名，析言之則襌者曰「衾」，箸絮者曰「裯」；渾言之則皆曰被。此寑衣謂襌被也。長一身有半，襌被之常制也，故許不言論語，以其制人所同，非孔子所獨也。然則鄉黨何以記之？寑衣一節，舊蓋在「當暑」節下，亦爲當暑言之也，故程子目爲錯簡。唯云在「明衣」節下，則未之宷也。上言袗絺綌，聖人當暑，不以煩褻弛其裏衣，晝則然也；亦不以煩褻小其襌被之制，夜則然也。此理之可信者也。若齋必有寑衣，則未之前聞。被之義，引申爲覆蓋。改易「寑」與「㝲」異字異義：寑，卧也；㝲，卧疾也，篆作㝲。蒙案：宋儒拘于上衣下裳之訓，故不用古說。繫辭「垂衣裳」，九家注：「衣取象乾，居上，覆物。」列子天問：「則爲蠅蠙之衣。」注：「衣猶覆蓋。」是衣以覆形，而凡言覆物，皆得稱衣。被以覆身者也，故亦得偁衣。

狐貈之厚以居。（豸部）　貈，似狐，善睡獸也。从豸，舟聲。論語曰：「狐貈之厚以居。」　今「貈」作「貉」。本部：「貉，北方貉豸種也。」　段云：凡「狐貉」連文者，皆當作「貈」字。今字乃皆假「貉」爲「貈」，造「貊」爲「貉」矣。　「與衣狐貉者立」句釋文云：「依字當作『貈』。」校勘記云：　汗簡引古論語「貉」作「貈」。史記弟子列傳作「狢」。案，貈，正字；貉，叚借字；狢，俗字。

食饐而餲。（食部）　饐，飯傷溼也。从食，壹聲。餲，飯餲也。从食，曷聲。論語曰：「食饐而餲。」　孔曰：「饐餲，臭味變。」釋文：「饐，字林云：飯傷熱溼也。」段云：飯餲者，謂飯久而味變。餲之言鬱也。皇侃云：「饐謂飲食經久腐臭也，餲謂經久而味惡也。」是則孔注本作「饐，臭；餲，味變也」。今本誤倒耳。據論語及許說，「饐、餲」是二事，析言之也；釋器云：「食饐謂之餲」，則統言之。李充云：「皆飲食壞敗之名。」是也。

不使勝食既。（皀部）　既，小食也。从皀，旡聲。論語曰：「不使勝食既。」　今作「氣。」　段云：此與口部「嘰」音義皆同。玉藻、少儀作「機」，假借字也。引伸之義爲盡也、已也，如春秋：「日有食之既。」　引經文，段云：此引經說叚借也。論語以「既」爲「气」，今論語作「氣」。「气、氣」古今字，作「氣」，蓋魯論也。許偁，蓋古文論語也。或云：謂不使肉勝於食，但小小食之。說固可通，然古人之文，云「不使勝」則已足，不必贅此字。王云：「食既」猶中庸之「既稟」，皆複語也。今本作「氣」。氣，古「餼」字，仍是複語，非气臭之气。聘禮注：「古文『既』爲『餼』」，是知「既、餼」一字。

朝服袉紳。（衣部）　袉。裾也。从衣，它聲。一曰：論語曰：「朝服袉紳。」（大徐無「一曰」二字。）　今作「拖」，唐石經作「扡」。釋文作「扡」，云：本或作「袉。」　段云「扡、拖」即手部「拕」字。襍記云：「申加大帶於上。」是也。許所據作「袉」，假「袉」爲「扡」也。此引經說叚借。　嚴云：許欲廣一義，故引論語以明此「袉」亦爲拕曳也。大徐視「一曰」爲羨文，輒删之。

先進

子路侃侃如也。（巛部）　侃，剛直也，从㐰。㐰，古文「信」也。从巛，取其不舍晝夜。論語曰：「子路侃侃如也。」　今作「子路行行如也，冉有、子貢侃侃如也」。段云：許氏筆誤。鄉黨篇孔曰：「侃侃，和樂之皃。誾誾，中正之皃。」許訓「侃侃」爲「剛直」，而言部「誾」曰：「和說而諍也」，並與孔異。

參也魯。（白部）　魯，鈍詈也。从白，魚聲。論語曰：「參也魯。」　孔曰：「魯，鈍也。曾子性魯鈍。」　今説文作「鮺省聲」，段改「魚聲」，王云：證以古文以「旅」爲「魯」，是也。

鏗爾，舍瑟而作。（手部）　摼，擣頭也。从手，堅聲。讀若論語「鏗爾，舍瑟而作」。（口莖切。）車部䡩，車䡩鈏聲也。从車，真聲。讀若論語「鏗爾，舍瑟而作」。一曰讀若掔。（苦閑切。）段改「爾」爲「尒」，改「瑟」爲「琴」，云：「讀若」二字，衍文也。「尒」大徐作「爾」，「琴」大徐作「瑟」，今皆正。舊抄繫傳本作「琴」，論語釋文：「鏗，苦耕反，投琴聲。」是則陸氏論語本作「舍琴而作」。下文云「本又作瑟」者，後人所增語。廣韻曰：「摼，琴聲，口莖切。」玉篇曰：「摼，口耕切，琴聲。」引論語「摼爾，舍琴而作」。「摼」蓋「鏗」之異體。段説王不敢信。張本玉篇：「摼，口耕切，琴聲。論語曰：『摼爾，捨瑟而作。』與鏗同。」不作「舍琴」，不識段據何本也？

顔淵

其言也訒。（言部）　訒，頓也。从言，刃聲。論語曰：「其言也訒。」　孔曰：「訒，難也。」（釋文：「鄭云：『不忍言也。』字或作仞。」）

虎豹之鞹。（革部）　鞹，去毛皮也。論語曰：「虎豹之鞹。」从革，郭聲。　今作「鞟」。孔曰：「皮去毛曰鞟。」校勘記云：「皇本、高麗本作『鞹』。作『鞟』者，省文。」「去毛皮也」，段、王依載驅、韓奕正義改。段云：大雅傳云：「鞹，革也。」孔注云云，此恐人不省，詳言之。若説文「革」字下已注明，何庸辭費？　部首：「革，獸皮治去其毛曰革。」

憲問

𢏚善䠶。（弓部）　𢏚，帝嚳射官也，夏少康滅之。从弓，幵聲。論語曰：「𢏚善䠶。」　今作「羿」。孔曰：「羿，有窮國之君，篡夏后相之位，其臣寒浞殺之，因其室而生奡。奡多力，能陸地行舟，爲夏后少康所殺。」　段云：羿，「羿」之譌也。王云：羽部「羿」下云：「羽之羿風。亦古諸侯也。」固謂「羿、芎」同字矣。又云：賈逵曰：「帝嚳賜芎彤弓素矢，封之於鉏，歷虞夏。」鈞案，左傳：「有窮后羿」，邑部：「竆，夏后時諸侯夷羿國也。」則是竆其國名，羿其君名也。傳又曰：「后羿自鉏遷于窮石。」則國本名鉏，後改爲竆也。然案之傳記，似羿遂爲子孫之姓，如鬻熊子孫姓熊之比。故淮南本經訓曰：「堯乃使羿誅鑿齒於疇華之野，殺九嬰於凶水之上，繳大風於青邱之澤。上射十日，而下殺猰貐，斷脩蛇於洞庭，擒封豕於桑林。」此堯時之羿也。大荒北經：「帝俊賜羿彤弓素矰，以扶下國。」此舜時之羿也。廢太康者亦曰羿，則夏中葉之羿也。堯爲帝嚳子，是時尚當有羿，舜則遠矣，夏尤遠矣，而皆名羿，豈有百世一名者乎？此許君所以以爲官名也。

奡湯舟。（夰部）許文見書「若丹朱奡」句。今作「盪」。段云：依宋本及集韻、類篇作「湯」。今作「盪」，非。嚴云：古「湯、盪」通，漢天文志：「是謂大湯。」晉灼曰：「湯，猶盪滌也。」「湯」亦與「蕩」通，魯論讀「坦蕩」爲「坦湯」；國策地理「蕩陰」，說文羊部作「湯陰」。王謂：讀若傲，蓋言「奡傲」不但同義，而「羿奡」之「奡」亦作「傲」。豕部引春秋傳「生敖」，古「傲」通作「敖」。「湯」今作「盪」，洪注離騷引同。又云：奡即澆也，王注天問引作「澆盪舟」。

公伯竂。（穴部）竂，穿也。从穴，尞聲。論語有公伯竂。今作寮，俗省。

訴子路於季孫。（言部）訴，告也。从言，㡿聲。論語曰：「訴子路於季孫。」𧦝，訴或从言朔。愬，訴或从朔心。今从或體「愬」。馬曰：「愬，譖也。」左成十六年傳杜注：「訴，譖也。」本部：「譖，愬也。」

有荷臾而過孔氏之門。（艸部）蕢，艸器也。从艸，貴聲。臾，古文蕢，象形。論語曰：「有荷臾而過孔氏之門。」

今从篆文「蕢」。注：「蕢，草器也。」釋文：「荷，本又作何。」桂云：論語：「未成一簣」，包注：「蕢，土籠也。」漢書何武王嘉師丹傳贊：「以一蕢障江河。」顏注：「蕢，織草爲器，所以盛土也。」孟子：「我知其不爲蕢。」注云：「蕢，草器也。」或借「匱」字，漢書王莽傳：「綱紀咸張，成在一匱。」顏注：「匱者，織草爲器，所以盛土也。」

衛靈公

小人窮斯㜮矣。（女部）㜮，過差也。从女，監聲。論語曰：「小人窮斯㜮矣。」今作「濫」，注云：「濫，溢也。」樂記鄭注：「濫，僭差也。」本書：「濫，氾也。」段云：凡不得其當曰過差，亦曰嬺。今字多以「濫」爲之。商頌：「不僭不濫」；左氏曰：「賞僭則懼及淫人，刑濫則懼及善人」，其字皆可作「嬺」。「濫」行而「嬺」廢矣。

季氏

友諞佞。（言部）諞，便巧言也。从言，扁聲。周書曰：「截截善諞言。」論語曰：「友諞佞。」今作「便」。鄭曰：「便，辯也。謂佞而辯。」王以「便」爲句。云：謂通作「便」也。所引論語今本即作「便」

陳伉。（人部）伉，人名。从人，亢聲。論語有陳伉。今作「亢」。釋文：「音剛，又口浪反。禮記亦作亢。」段云：亢，字子禽，與爾雅「亢，鳥嚨」故訓相合。作「陳伉」，似非也。然古今人表陳亢、陳子禽爲二人。王云：前説是也。此句亦後人所增，以爲人名證，非許説也。若以古今人表證，則是篇不以士會、范武子爲二人乎？

鑽燧。（革部）⿰革爨，車衡三束也。曲轅⿰革爨縛，直轅⿱⺮⿱目夆縛。从革，爨聲。讀若論語「鑽燧」之鑽。——⿰革贊，⿰革爨或从革贊。王云：火部無「燧」，似當作「遂」。

不有博弈者乎？（廾部）弈，圍棋也。从廾，亦聲。論語曰：「不有博弈者乎？」今本有作「奕」者。毛本作「弈」。王云：左襄二十五年傳：「弈者舉棋不定。」正義：「棋爲子，以子圍而相殺，故謂之圍棋。」博，竹部作「簙」，口部「局」下亦作「博」。

微子

櫌而不輟。（木部）櫌，摩田器也。从木，憂聲。論語曰：「櫌而不輟。」今作「耰」。校勘記云：漢石經作「櫌」，説文與石經合。五經文字云：「櫌，見論語。經典及釋文皆作耰。」段云：鄭曰：「耰，覆種也。」與許合。許以物言，鄭以人用物言。齊語：「深耕而疾耰之，以待時雨。」韋曰：「耰，摩平也。」齊民要術曰：「耕荒畢，以鐵齒鍽⿰金奏再徧杷之，漫擲黍穄，勞亦再徧。」按，先云「再徧杷之」，即國語所謂「疾耰待時雨」也；後云「勞亦再徧」，即鄭所謂「覆種也」。許云「摩田」，當兼此二者。賈又曰：「春耕尋手勞，秋耕待白背勞。」古曰櫌，今曰勞。勞，郎到切。集韻作「橯」，若高誘云：「櫌，椎也。」如淳云：「椎塊椎也。」服虔、孟康云：「櫌，鉏柄也。」「椎塊」尚近之，「鉏柄」之説未可信矣。桂云：其義有二：一曰椎塊，一曰覆種。廣韻：「櫌，打塊椎也。」漢書音義：晉灼曰：「以木椎塊曰櫌。」秦始皇本紀如淳曰：「櫌，椎塊椎也。」皇侃論語義疏：「覆種者，植穀之法，先散後覆也。」管子小匡篇：「深耕均種疾櫌。」注云：「櫌謂覆種。既已均種，當疾櫌。」孟子：「播種而櫌之。」此覆種之説也，高注淮南氾論訓云：「櫌，椓塊椎也。三輔謂之儓，所以覆種也。」此兼二説。王云：此二義者，時分先後：當其既耕之後，柔土則耮之，齊民要術：「春耕尋手勞」，是也；剛土則鑼之，金部：「鑼，相屬」，是也，今音罷；剛土而久旱則塊大，非鑼所能散，則槌之。此三事胥屬于耕。至於播種之時，以耬耩之耬脚雙繩曳重木，以覆其種。今人巧也，古蓋仍以鑼耮覆之。

以杖荷莜。（艸部）莜，艸田器。从艸，攸聲。論語曰：「以杖荷莜。」今作「蓧」。包曰：「蓧，竹器。」校勘記云：皇本「蓧」作「篠」。釋文出「蓧」字云：「本又作條，又作莜。」案，説文、玉篇並引作「莜」，是「莜」爲本字，「蓧」爲假借字，「條」又爲「蓧」之省。史記孔子世家引包氏注：「蓧，草器名也。」字當从「艸」無疑。今包注作「竹器」，「竹」乃「艸」字之訛。皇本竟改爲「篠」，并云：「籮簏之屬。」誤益甚矣。

逸論語

孔子曰：「美哉璠與！遠而望之，奐若也；（御覽作「煥」。）近而視之，瑟若也。一則理勝，二則孚勝。」（玉部）説見春秋傳「璵璠」句。

玉粲之璱兮，其瑮猛也。（玉部）瑮，玉英華羅列秩秩。从玉，㮚聲。逸論語曰：「玉粲之璱兮，其瑮猛也。」段云：藝文志曰：「論語，漢與有齊、魯之説。傳齊論者，惟王陽名家；傳魯論者安昌侯張禹，最後則行於世。」然則張禹魯論所無，則謂之逸論語，如十七篇之外爲逸禮，二十九篇之外爲逸尚書也。齊論多問王、知道二篇。王伯厚云：「問王疑當作問玉。」按説文「王、瑮、瑩」三字下所引，蓋即問玉篇歟？

如玉之瑩。（玉部）瑩，玉色也。从玉，熒省聲。一曰石之次玉者。逸論語曰：「如玉之瑩。」

石之美，有五德：潤澤以温，仁之方也；䚡理自外可以知中，義之方也；其聲舒揚，專以遠聞，智之方也；不撓而折，勇之方也；鋭廉而不忮，絜之方也。（部首）王云云，象三玉之連，其貫也。凡玉之屬皆从玉。此與禮記聘義、管子水地、孫子法行辭皆不同。段疑爲問玉篇語，故録于此。

孔子曰：許引孔子語有不見於論語者，豈皆逸論語之文歟？抑别有所據歟？

一貫三爲王。（部首） 王，天下所歸德也。董仲舒曰：「古之造文者，三畫而連其中謂之王。三者，天、地、人也，而參通之者，王也。」孔子曰：「一貫三爲王」，凡王之屬皆从王。

推十合一爲士。（部首） 士，事也。數始於一，終於十。从一，从十。孔子曰：「推十合一爲士。」凡士之屬皆从士。 「推十合一」，廣韻同，段从之。玉篇、韻會作「推一合十」，王从之。

牛羊之字，以形舉也。（部首） 羊，祥也。𦍌，象四足尾之形。孔子曰：「牛羊之字，以形舉也。」凡羊之屬皆从羊。

烏盱呼也。（部首） 烏，孝烏也。象形。孔子曰：「烏，盱呼也。」取其助气，故以爲「烏呼」。（段云：此許語也。取其字之聲可以助气，故以爲「烏呼」字。此發明叚借之法。）段改「盱」爲「亏」，云：亏，於也，象气之舒。亏呼者，謂此鳥善舒气自叫，故謂之烏。桂云：初學記引作「嘔呼也」。馥謂「盱」當爲「吁」，詩生民：「實覃實訏。」箋云：「訏，謂張口鳴呼。」「訏」即「吁」也。論衡道虚篇：「黄帝既上天，百姓乃抱其弓吁號，故後世名其弓曰烏號。」

㮚之，爲言續也。（卤部） 㮚，嘉穀實也。从卤，从米。孔子曰：「㮚之爲言續也。」 御覽八百四十引春秋説題辭有此語，不偁「孔子緯書」，舊説以爲孔子作。豈許亦沿其説而采用其語歟？

黍可以爲酒，故从禾入水也。（部首） 黍，禾屬而黏者也。以大暑而種，故謂之黍。从禾，雨省聲。孔子曰：「黍可以爲酒，故从（二字段、王依廣韻引補。）禾入水也。」凡黍之屬皆从黍。 文選七啟李善注引春秋説題辭曰：「黍爲酒，陽援陰乃能動，故以麥黍爲酒。」 御覽八百四十二引春秋説題辭曰：「精移火轉生黍，夏出秋收。齊民要術亦引此語。黍者，緒也，故其立字，禾入米爲黍。」（「入米」諸家引作「入水」。） 案，許所引或即檃栝其辭。

貉之爲言貉貉惡也。（豸部） 貉，北方貉，豸種也。从豸，各聲。孔子曰：「貉之爲言貉貉惡也。」（「貉貉」二字，段、王依尚書音義、五經文字補。）

視犬之字，如畫狗也。（部首） 犬，狗之有縣蹏者也。象形。孔子曰：「視犬之字，如畫狗也。」凡犬之屬皆从犬。

狗，叩也，叩气吠以守。（犬部）　狗，孔子曰：「狗，叩也，叩气吠以守。」从犬，句聲。

孟子

許君序所偁古文不及孟子。漢志列孟子於儒家，不過與晏、思、曾、宓等夷耳。自宋代列于四書後，遂尊之爲經。則考許書引經之文，自不得獨遺孟子，故附之論語之後。

簞食壺漿。（竹部）　簞，笥也。从竹，單聲。漢律令：「簞，小匡也。」傳曰：「簞食壺漿。」　梁惠王篇。彭更章注：「簞，笥也。」　段云：孟子及他儒家書皆有此言，故約之以「傳曰」也。　論語孔注同。皇侃曰：「以竹爲之，如箱篋之屬。」

鄒與魯鬨。（鬥部）　鬨，鬭也。从鬥，共聲。孟子曰：「鄒與魯鬨。」　梁惠王篇趙云：「鬨，鬭聲也。猶構兵而鬭也。」音義引劉熙曰：「鬨，構也，構兵以鬭也。」　段云：趙注長。呂覽：「崔杼之子相與私鬨。」高曰：「鬨，鬭也。」鬨讀近「鴻」，緩氣言之。

曾子𣢼然。（欠部）　𣢼，惄然也。从欠，尗聲。孟子曰：「曾子𣢼然。」　公孫丑篇。今作「蹵」。趙云：「蹵然，猶蹵踖也。」音義：「蹵，子六切，踧同。」　王謂引孟子蓋別一義，非證「惄然」之義也。

曾子艴然不悅。　說見論語「色艴如也」句。　公孫丑篇。趙云：「艴然，愠怒色也。」音義：「丁音勃，張音拂。」

汝安能浼我？（水部）　浼，污也。从水，免聲。詩曰：「河水浼浼。」孟子曰：「汝安能浼我？」　公孫丑篇：「爾焉能浼我哉？」趙曰：「惡人何能污於我耶？」　方言：「浼，污也。東齊、海岱之間曰浼。」

登壟斷而网市利。（貝部）　買，市也。从网貝。孟子曰：「登壟斷而网市利。」　公孫丑篇：「必求龍斷而登之，以左右望而罔市利。」趙注：「龍斷，謂堁斷而高者也。左右占視望，見市中有利，罔羅而取之。」音義：「丁云：案『龍』與『隆』聲相近。隆，高也。蓋古人之言耳，如『胥、須』之類也。張云：斷，如字。或讀如斷割之斷，非也。陸云：龍斷謂岡壟斷而高者。如陸之釋，則龍音壟。」　本書土部：「壠，邱壠也。」　段云：趙釋爲「堁斷而高者也」，堁，塵壓也。高誘云：楚人謂塵爲堁。趙本蓋作「尨斷」。尨，塵雜之皃。踞塵不到地勢略高之處也。古書「尨、龍」二字多相亂，許書亦當作「尨斷」，淺人以陸善經説改爲「壟」耳。王據此謂今本孟子是殘字。

鈕駁段云：陸書不甚傳，淺人未必經見。「壟」與「堁」義合，孟子必不作「尨」。

成覸。（覞部）覸，很視也。从覞，肩聲。齊景公之臣有成覸者。滕文公篇作「覸」。趙云：「成覸，勇果者也。」廣韻：「覸，人名，出孟子。」段云：淮南齊俗訓作「成荆」。「覸」爲「荆」，猶考工記故書「顅」或作「牼」也。

殷人七十而耡。説見周禮「以興耡利萌」句。滕文公篇今作「助」。

孝子之心不若是忿。（心部）忿，忽也。从心，介聲。（呼介切。）孟子曰：「孝子之心不若是忿。」萬章篇：「夫公明高以孝子之心爲不若是恝。」趙注：「恝，無愁之皃。」音義：「張古黠切，丁音界。説文作『忿，忽也』。」許介切。」段云：「忿、恝」古今字。

故謜謜而來。（言部）謜，徐語也。从言，原聲。孟子曰：「故謜謜而來。」萬章篇。趙云：「如流水之與源通。」段云：據此，「謜」本作「源」。「源」古作「原」，許引孟「原原而來」，證從「原」會意之恉。淺人加之「言」旁。

孔子去齊，滰淅而行。（水部）淅，汏米也。从水，析聲。滰，浚乾漬米也。从水，竟聲。其兩切。孟子曰：「孔子之去齊，滰淅而行。」萬章篇作「接」。趙曰：「淅，漬米也。」詩生民疏引此而説之曰：「謂洮米未炊，漉之而去，言其疾也。」段云：今「滰」作「接」，當是字之譌。王云：廣雅：「滰，盝也。」下文「漉，浚也」，然此「浚」是「滲漉」。

舜爲天子，二女婐。（人部）婐，姽也。从女，果聲。（烏果切。）一曰果敢也。一曰女侍曰婐。讀若騧，一曰若委。孟軻曰：「舜爲天子，二女婐。」盡心篇作「果」。趙曰：「果，侍也。以堯二女自侍。」王云：果者，省形存聲字。

孝經

仲尼凥。（几部）凥，處也。从尸，得几而止也。孝經曰：「仲尼凥。」凥，謂閒居如此。今作「居」。釋文：「居，如字。説文作凥，音同。鄭玄云：凥，凥講堂也。王肅云：閑居也。孔安國云：靜而思道也。」段云：凡尸得几謂之凥。尸即人也。引申之爲凡凥處之字。既又以蹲居之字代「凥」，別製「踞」爲蹲居字，乃致

「居」行而「尻」廢矣。　又云：此釋孝經之「尻」，即小戴之「孔子閑居」也。鄭目録曰：「退朝而處曰燕居，退燕避人曰閑居。」閑居而與曾子論「孝」，猶閑居而與子夏説「愷弟君子」，故孝經之「尻」謂閑處。閑處即「尻」義之引申。　又云：顔氏家訓云：「『仲尼居』三字之中，三倉著『尼』旁益『丘』，説文：『尸』下施『几』，如此之類，何由可從？」甚爲紕繆！鄭所據者古文真本，「尼」字亦是孔子命名取字本義，何云不可從也？　王云：此亦用意之過。「尼」當是後作之分別文，與夏堪碑作「仲泥」者相似。其義則因反頂受水來也。「居」是聲借，不足詫異。　吴云：今經典相承皆用「居」，以「尻」爲「居」之古文。

祭則鬼亯之。（部首）

亯，獻也。从高省，曰象孰物形。孝經曰：「祭則鬼亯之。」凡亯之屬皆从亯。𦎫，篆文亯。　今作「享」。校勘記云：石臺本「享」作「亨」，注同。案，亨通之「亨」、烹飪之「烹」、獻享之「享」，古多作「亨」。　段云：下進上之詞也。按周禮用字之例，凡祭亯用「亯」字，凡饗燕用「饗」字，如大宗伯「吉禮」下六言「亯先王」，「嘉禮」下言「以饗燕之禮親四方賓客」，尤其明證也。禮經十七篇用字之例，聘禮内臣亯君字作「亯」，士虞禮、少牢饋食禮尚饗字作「饗」。小戴記用字之例，凡祭亯、饗燕字皆作「饗」，無作「亯」者。左傳則皆作「亯」，無作「饗」者。毛詩之例，則獻於神曰「亯」，神食其所亯曰「饗」，如楚茨「以亯以祀」，下云「神保是饗」；周頌「我將我亯」，下云「既右饗之」；魯頌「亯祀不忒」、「亯以騂犧」，下云「是饗是宜」；商頌「以假以亯」，下云「來假來饗」，皆其明證也。鬼神來食曰「饗」，即禮經「尚饗」之例也。獻於神曰「亯」，即周禮「祭亯」「作亯」之例也。各經用字，自各有例。周禮之「饗燕」，左傳皆作「亯宴」。「此等葢本書固尔，非由後人改竄」。　「𦎫」下段云：據玄應書，則「亯」者籀文也。小篆作「𦎫」，故隸書作「亨」、作「享」，小篆之變也。王云：玉篇以爲籀文。　王云：案，「獻也」及此「鬼亯之」之説，是亯神、神饗，許君並作「亯」也。再詳「饗」字説于祭事無涉，尤信。

哭不悘。（心部）

悘，痛聲也。从心，依聲。孝經曰：「哭不悘。」　今作「偯」。注云：「氣竭而息聲不委曲。」釋文：「偯，於豈反。俗作哀，非。説文作悘，云『痛聲也』，音同。」校勘記引臧鏞堂云：説文無「偯」字。「哀」，从口，衣聲；依，从人，衣聲。「依、偯」聲形皆相近，故誤。陸氏本作「依」，故云「説文作悘，音同」。又云「俗作偯非」，以「偯」爲「依」之俗寫也。今「依」既誤「偯」，因改「偯」爲「哀」，然必不當有作哭不哀者，是可證「哀」爲「偯」之改，「偯」爲「依」之譌矣。段云：偯，俗字。王云：經典作「偯」，間傳：「大功之哭，三曲而偯。」注云：「偯，餘聲從容也。」雜記：「童子哭不偯。」又云：「中道嬰兒失其母焉，何常聲之有？」注云：「所謂哭不偯。」釋訓：「哀哀，懷報德也。」裴瑜云：「哀音依。」甘氏星經「依烏」，漢書天文志作：「哀烏。」文心雕龍：「哀者，依也。」悲實依心，故曰哀也。

孝經説

許冲表云：「慎又學孝經孔氏古文説。」

故上下有別。（八部）　兆，分也。从重八。八，別也。亦聲。孝經説曰：「故上下有別。」王云：作「別」不作「仌」者，此引經以説字形也。「仌」字上八下八，故云「上下」以明之，不謂「孝經作此仌字」也。段云：集韻改「上下有仌」，非也。

本書的出版，承蒙中國社會科學院出版基金資助

［清］沈家本　撰
韓延龍　劉海年　沈厚鐸　等整理

社科學術文庫
LIBRARY OF ACADEMIC WORKS OF SOCIAL SCIENCES

沈家本未刻書集纂補編

下卷

（清）沈家本 撰

中国社会科学出版社

三國志校勘記

七卷

三國志校勘記一

魏書

明南監本萬歷二十四年南京國子監刊，裴注皆作大字，低一格。祭酒馮夢禎、監生劉世教、布衣陸景成、監生袁之熊同校。前有馮夢禎及司業江夏黃汝良二序。今即據此爲正本，而以別本校焉。

明北監本即官本所據以重刊之本。

汲古閣毛氏本此本有原刻本、掃葉山房本、坊翻本、金陵書局本。

乾隆四年經史館校刊本今稱官本。此本有乾隆原刻本、道光重修本、粵刻本、蜀刻本。

晉書本傳　案：陳壽本傳，毛有官無。

節錄宋書裴松之傳　案，毛有官無。

三國志目録上　此本目録分冠三國之首，故目下有上、中、下。毛、官三國目録總敘於前，無上、中、下字。

晉平陽侯陳壽撰　毛、官無。

卷第一　毛、官作「卷一」，無「第」字，後同。

武帝操　北監同，毛、官操字正書，不旁行。後同。考證：張照曰：「按史家之例，帝曰本紀，臣曰列傳，始自馬遷，述於班固。晉書則以十六國爲載紀，歷代未之有改也。惟三國志既無本紀之稱，并無列傳之目，不別異吴、蜀以他稱，統名之曰三國志，然則陳壽之意亦可見矣。紫陽生於南宋，其遇比於蜀漢，故諄諄以正統與蜀，作詩曰：『晉史自帝魏，後賢曷更張？』然豈真揶揄陳壽哉。今考證悉遵壽原書例，不書紀、傳等字。」　案：張氏爲此説者，蓋據北監原本，每卷之首不書某紀、某傳也。然南雍及毛本皆有紀、傳字，不知北監何以删去？考本書董卓、袁紹、公孫度、荀攸、賈詡、鮑勛、華歆、程昱諸傳，並有「語在武紀」之文，列傳中稱「語在某傳」者，尤不勝枚舉。然則陳壽原書，非無紀、傳之目。隋書經籍志：「晉時，巴西陳壽删集三國之事，惟魏帝爲紀，其功臣及吴、蜀之主，並皆爲傳。」目録六卷下明注「列傳」二字。裴注中稱某紀、某傳亦屢見。張説非也。

張楊　官同，毛「揚」。案：毛本武紀及本傳並從木，則此誤也。

管寧附胡昭、王烈、張𤣱、焦光　「光」，毛、官「先」，「光」字誤也。考證陳浩曰：「按管寧傳，似應先王烈，次張𤣱，次胡昭。至焦先乃裴松之注中之人，非本傳正文也。不應附見。」

徐晃　晃，毛誤「冕」，局本已改正。

龐淯附母娥英　北監同，毛、官「英」作「親」。案：本傳注引皇甫謐列女傳亦作「娥親」，則「英」字譌也。

裴潛附子秀　考證李龍官同。按裴潛之子秀，其事實詳於裴注，於本傳無所攷，不應附見。疑衍。

卷二十武文世王公，豐愍王昂、相殤王鑠　毛、官諸王皆小字雙行。次序官同，與傳合，毛錯亂失次序。

贊哀王協　官不提行。

王粲附荀「綽」　綽，毛、官「緯」，與傳合。此誤。

劉劭附夏侯惠、孫該　毛、官二人誤倒。

東夷附弁韓　毛，韓誤辰。

武帝紀第一　魏書　國志一

毛分兩行。第一行魏書一（在上），三國志一（在下）；第二行武帝紀第一。北監第一行魏志卷一，第二行晉平陽侯相陳壽撰，第三行以下爲刊書職名。職名後一行，低二格書武帝（操），無紀字。官第二行書晉著作郎巴西中正安漢陳壽撰，第三行宋太中大夫國子博士聞喜裴松之注，無刊書職名。第一行及武帝（操）一行，與北監同。案：南雍、毛皆書紀，必有所承。北監無紀字，未知所據本不同，抑當時妄删也？官本承之，遂有張氏照之謬説，辨已見前。

漢相國參之後。　注：太祖一名吉利　太平御覽九十三引「太祖」上有「曹瞞傳曰」四字，考證李龍官曰：「按裴注所引皆有書名，此脱落無疑。」

注：封曹快於邾。　毛、官「快」作「俠」。案「快」字誤。又案此注王沈魏書上空一格，以後凡引二書，相接之處皆空一格。松之語與引書相連之處亦空一格。毛同，官不空格，體例固善，然界畫不清，檢閲不便。

遷頓丘令。　注：初入尉廨。　「廨」，官「廨」。此作「廨」者，從俗省也。此本俗字頗多，後不悉出。毛從

「厂」誤。說文無廨字，篇韻始有，漢書作「解」。

於是奏免其八。御覽「八」下有「九」字。旁證曰：「此誤脱。」

稱疾歸鄉里。注：築室外城。「外城」，毛、「官城外。」

間行東歸。注：五子皆備賓主禮。毛、官「皆」下有「在」字，此脱。

河内太守王匡。注：匡還鄉里。「鄉」，官同，毛「州」。

注：匡先殺執金吾胡母班。「胡」，毛誤「何。」

注：謝承後漢書。「謝」上當空一格。

山陽太守袁遺。注：太尉朱雋。「雋」，官同，毛「儁」。後漢書作「儁」。

遂焚公室。「公」，毛、官「宫」。案：「公」誤。

司徒王允與吕布共殺卓。「吕」，毛誤「李」。

僅而破之。注：其道乃與中黄太一門。「一」，毛、官「乙」。

故太祖志在復讎東伐。注：妾肥不時得出。「時」，毛、官「能」。

布到乘氏，爲其縣人李進所破。考證：「宋本作『季進』。」

於是紹使人説太祖欲連和。商搉曰：「『紹』，宋本誤同。元修本作爲疑僞字。一云當作『紿』，亦通。」案：「紿」謂袁紹，事詳程昱傳，非誤也。第此文在與吕布相攻之下，則「紹」上當有「袁」字。

建安元年春正月，太祖軍臨武平。御覽無「平」字。案：武平，縣名，屬陳國，上文「遂東畧陳地」。武平既爲陳屬縣，則今本有「平」字爲是。御覽多删節，或當時誤去「平」字，或傳寫奪「平」字，皆未可定。

汝南潁川黄巾、何儀、劉辟、黄邵、何曼等衆各數萬，初應袁術，又附孫堅。二月，太祖進軍討破之，斬辟、邵等，儀及其衆皆降。考證李龍官曰：「按建安五年，汝南降賊劉辟等叛應紹，則此時未得斬也。又於禁傳亦云『斬辟、邵』等，疑有誤。」何焯校本「衍辟字」，良是。案：辟之叛應紹，見後文及蜀先主傳。此文疑本云斬邵等，辟、儀及其衆皆降。傳寫錯亂，辟字誤在「邵」字上。

秋七月，楊奉、韓暹。「暹」，毛誤「邏」。

注：使張楊繕治宮室。名殿曰揚安殿。官同，毛上「楊」字亦從扌。案：後漢書董卓傳：「張楊以爲己功」，故因以『楊』名殿。則下揚字亦當從木，毛本張楊，楊字目録及此注從扌，而本傳從木，殊兩歧。

朝廷日亂。日，御覽離。

公將引還繡兵來。御覽來下有進字，案：此奪。

尹禮昌豨。豨，毛狶。

固使楊故長史薛洪、河内太守繆尚留守。潘眉曰：「『繆』當爲『樛』。文選荀彧檄吴將校部曲云：『薛洪、樛尚，開城就化，字作『樛』。李善注：『樛音留』。」

遣劉岱、王忠擊之，不克。注：繫著忠馬鞍。考證：元修本無『著』字。

昌豨叛爲備。豨，毛同，官狶。案：上文作狶。

良、醜皆紹名將也。皆上，毛衍良字，局本删。御覽引亦衍，乃後人據誤本添。

傷者十二三。注：公抗紹衆八萬。抗，毛、官坑。案：抗字誤。

汝南賊共都等應之。蜀先主傳作龔都。考異曰：『龔』與『共』古字通。

東平吕曠、吕詳叛尚。詳袁紹傳俱作詳，官改翔。後漢書袁紹傳作高翔。

留蘇由、審配守鄴。潘眉曰：「荀彧檄吴將校部曲云：『將軍蘇游反爲内應』。李善注：『游與由同』。」

尚懼故豫州刺史陰夔及陳琳乞降。考證：『尚懼』下當有『遣』字。案：袁紹傳有遣字，此奪。

鑿渠自呼沲入派水。注：派音孤。派，御覽引同。毛正文同。注：泒。官正文及注皆作泒。玉海二十一引作泒。考異曰：「『派』當作『泒』，從瓜得聲，今譌爲支派字。」

以通海。水經注鮑邱水、濡水二篇並引此志，海下有河字。玉海引此句，下注「一云通運。」則宋時有二本。

及復死事之孤，輕重各有差。注：與諸將掾屬。掾，毛誤椽。

乃塹山堙谷五百餘里。塹，官同。毛及御覽壍。説文無壍。

夏六月以公爲丞相。注：璆字孟平。平，和洽傳注作本，後漢書本傳作玉。案玉字爲是。

引用荆州名士韓嵩、鄧義等。潘眉曰：「劉表傳鄧義即此人，『義』字當作『羲』。」案：後漢書劉表傳亦作義。

注：每書輒削焚其札，梁鵠乃益爲版而飲之酒。候其醉而竊其札。晉書衛恒傳削下有而字，兩札字作柎。玉海四十五引晉書亦有而字，兩札字作柎。單行本書勢與玉海同。

於是公欲爲洛陽令，鵠以爲北部尉至皆鵠書也。此段文晉書曰：「梁鵠奔劉表，魏武帝破荆州，募求鵠。鵠之爲選部也，魏武欲爲洛陽令，而以爲北部尉，故懼而自縛詣門，署軍假司馬，在秘書以勤書自效，是以今者多有鵠手迹。魏武帝懸著帳中，及以釘壁玩之，以爲勝宜官。今宮殿題署，多是鵠篆。」與此多不同，疑松之有所删潤也。「多是鵠篆」句，單行本篆作書。又「公嘗懸著帳中」句，懸，毛作縣。

冬作銅爵臺。注：以建立名譽。毛本作建名立譽。

又據有當州。當，毛同，官荆。

又見周公有金縢之書。縢，官滕。

又以及子植兄弟。何焯曰：「『子植』，文類作『子桓』，『植』字乃『桓』字傳寫之訛，對臣下不以稱子之字爲嫌。觀陳思王傳注中，諸令屢稱『子建』，則此爲『子桓』決也。」潘眉曰：「張溥漢魏名家文集已作『子桓』，此何義門所本也。然考是時方封曹植、曹據、曹豹爲侯，所謂前朝恩封三子爲侯也，『植』字不誤。曹丕於十五年未受朝職，至十六年始爲五官中郎將。張、何二家改『子植』爲『子桓』，但據兄弟之次序，不考受爵之先後，皆似是而實非也。」案：曹操此令在十五年十二月己亥，而曹植等三人封侯在十六年正月庚辰，以三人本傳證之，與魏書同。注中前朝恩封三子爲侯，固辭不受，明指前事。潘氏誤會其語，遂謂是時方封，非也。丕以十六年爲五官中郎將，與植等封侯，皆在正月，乃同時之事。受爵本無先後，何據兄弟次序，改植爲桓，其説正未可非。且何云文類作子桓，考三國文類乃宋人所作不著名氏，皆三國志之文，故何據以訂正。潘氏謂何本張書，亦誤也。

馬超遂與韓遂、楊秋、李𡒄、成宜等叛。考證：後云斬成宜、李堪等，又馬超、張魯傳皆作『堪』，則作『李𡒄』誤也。今改正。案：御覽作李堪，可據以校正。

九月進軍渡渭。注：營不得立，地又多沙，不可營壘。婁子伯説公曰：「今天寒，可起沙爲城，以水灌之，可一夜而成。」公從之。乃多作縑囊以運水，夜渡作城，比明，城立。御覽凡三引此事，「可一夜而成」句，七十四引與此同，一百九十二引作「一夜可立」。「以運水」三字，一百九十二引「以盛土偃水」，三百三十五引無「可一夜而成」一句。以水灌之，有「須臾，冰堅如鐵石，功不達曙，百堵所立，雖金湯之固，未能過也」二十四字，下即接曰「公從之」。語意較暢，故旁證謂此爲節文。然御覽祇稱魏志，不曰曹瞞傳。且曹瞞傳久佚，御覽無由採取。疑此二十四字乃傳奪佚，其文當在可一夜而成之上。

秋降，復其爵位，使留撫其人民。人民，官民人。

十七年，割河内之蕩陰、朝歌、林慮，東郡之衛國、頓邱、東武陽、發干，鉅鹿之癭陶、曲周、南和，廣平之任城，趙之襄國、邯鄲、易陽，以益魏郡。考異曰：按光武並廣平國入鉅鹿郡，此後未見復置，疑『廣平』下衍一『之』字。任城屬兖州，不當以益魏郡，蓋亦衍一『城』字。或據劉昭注續漢志引此文作廣平之廣平、任城，似當時已有廣平郡。然獻帝起居注建安十八年，冀州部三十二郡，不數廣平，晉志亦云廣平郡魏置。則劉注「廣平之」三字，明衍文，不足據以爲證。閩本後漢書無此三字。

回戈東征。「回」，毛、官「迴」。文選亦作「迴」。

單於、白屋。「單」，文選「箄」。李善注：「張茂先博物志曰：北方五狄，一曰匈奴，二曰穢貊，三曰密吉，四曰箄於，五曰白屋。然白屋今之靺羯也，箄于今之契丹也。本並以箄于爲單于誤，字誤也。箄音必計切。」案：上文鮮卑、丁令二國名與此句相對，則不當作單于。李注是。

是用錫君袞冕之服。「袞」，毛誤「兖」。

對揚我高祖之休命。注：中軍師王淩謝亭侯荀攸。何焯曰：「『王』字衍文。『淩謝』當爲『陵樹』。荀攸本傳：冀州平，太祖表封爲陵樹亭侯也。」

又奮威將軍樂鄉侯劉展。潘眉曰：「『劉展』當依典論作『鄧展』。」案：顔師古漢書叙例：「鄧展，南陽人，建安中爲奮威將軍，封高樂鄉侯。」然則樂鄉侯上奪「高」字。

又建忠將軍昌鄉亭侯鮮於輔。　潘眉曰：「鮮於輔封南昌亭侯，見魏公卿上尊號奏碑。作『昌鄉亭侯』，誤。」

省安東、永陽郡。　趙一清曰：「漢，魏之際，別無安東郡，疑是『東安』之譌。蓋分琅邪立，不知置於何時。」案：此紀上文「建安四年，使臧霸等入青州，破齊北海、東安。疑東安本漢末立郡，東安本琅邪屬縣，故趙謂分琅邪立也。杜畿傳注引傅子，有東安太守郭智與畿同時，陳思王植傳注引摯虞文章志，劉季緒名修，劉表子，官至東安太守，與植同時，皆建安中有東安郡之證。則此文「安東」必是「東安」二字誤倒也。攷異疑「安東」爲「南安」之譌，其説非。魏時有南安郡，不得云省。

但更多事耳。　注：獻帝起居注曰：「使行太常事大司農安陽侯王邑。」　考證：『安陽』下疑脱『亭』字。案：上文「少者待年於國」，注作「安陽亭侯」，當據以補正。「曰」，毛誤「由」。

后廢黜死，兄弟皆伏法。　注：完及宗族死者數百人。　何焯曰：「『完』字衍，完死在十四年。」旁證曰：「『完』疑當作『興』。興，完之子也。後漢書皇后紀伏皇后父完，建安元年拜輔國將軍，上印綬，拜中散大夫，十四年卒，子興嗣是也。」案：范紀曰「兄弟及宗族死者百餘人」，疑「完」字乃「兄弟」二字之譌。此注上文不言『伏興』，不應突言興也。」

共斬送韓遂首。　注：會涼州宋揚、北宮玉等反。　案：「玉」上疑奪「伯」字。

又遂爲揚等所劫。　「揚」，毛譌「楊」。

分漢中之安陽、西城爲西城郡，置太守。分錫、上庸郡置都尉。　潘眉曰：「下句當云『分錫、上庸置都尉』，『郡』字衍文。蓋安陽、西城、錫、上庸皆漢中屬縣，魏武分安陽、西城二縣置西城郡，又分錫、上庸二縣置都尉。凡置都尉者，皆名曰部，如某郡某部都尉是也。上庸本非郡，而此時亦未爲郡，故不應有『郡』字。錢少詹考異云：『上庸置都尉，而蜀志劉封傳：封與孟達會上庸，上庸太守申耽舉衆降。是上庸亦置太守也。』眉按劉封傳注引魏略曰『申耽遣使詣曹公，曹公使領上庸都尉，此上庸始置都尉之證。至建安末劉封、孟達會上庸，上庸太守申耽舉衆降，耽初爲都尉，至是稱太守，當是中間已立上庸郡，史略而不載耳。自上庸西屬，先主命耽領太守如故，是蜀以上庸爲郡也。』後孟達降魏，魏文帝并房陵、上庸、西城爲新城郡，上庸郡始廢。明帝太和二年又立，四年又省。景初元年分魏興之魏陽、錫郡之安富、上庸爲上庸郡，至是又立。旋又廢。至高貴鄉公甘露四年分新城郡，置上庸郡。此魏朝上庸郡廢置之顛末也。當建安二年，則錫、上庸俱是縣，不當有『郡』字。或舊作分錫，上庸爲某部，置都尉，今本訛闕耳。」案：續漢志劉昭注引袁山松書：「建安二十年、分錫、上庸爲上庸郡，置都尉」。似此文，「郡」字上奪「爲上庸」三字。郡本置太守，上庸雖爲郡，而但置都尉，故上文云爲西城郡，下特書置太守，而此書置都尉以別之。他處史文立郡無言置太守者，以郡皆置太守，不必言也。而此特言之，爲下文而書也。然則「郡」字非衍文。

九月，巴七姓夷王朴胡、賨邑侯杜濩舉巴夷、賨民來附。旁證曰：「後漢書西南夷傳：『板楯蠻夷渠帥羅、朴、督、鄂、度、夕、龔七姓』，則此『杜』字誤也。華陽國志亦云：『除羅、朴、督、鄂、度、夕、龔七姓不供租賦。』」

天子命公承制封拜諸侯、守、相。注：斯則世祖神明。何焯曰：「世字上宋本有『出』字。」

始置名號侯。注：又置關内、外侯十六級。考異曰：「『内』字疑衍。」旁證曰：「關内侯係舊爵，非新置，當作『又置關外侯』，『内』字衍。然各紀傳中亦不見有『關外侯』。」

留夏侯淵屯漢中。注：「侍中王粲作五言詩」云云。案：此詩不全，未知是松之節取，抑傳寫奪。

二十一年春二月公還鄴。注：「此爲恭敬不終實也。」考證：「文類作終，不實也。」

天子進公爵爲魏王。注：「庶姓之與親。」趙一清曰：「當重一『親』字。」

又將何以答神祇慰萬民哉？何焯曰：「『萬民』，宋本作『萬方』。」

又其抑志樽。「樽」，毛、官「撙」。案：樽誤。

二十三年春正月，漢太醫令吉本。趙一清曰：「後漢書耿秉傳作『吉平』，注『或作平』，則『本』字誤也。」

必與潁川典農中郎將嚴匡討斬之。注：因以聞之。何焯曰：「『聞』，宋本作『間』。」

又王曰必欲投禕。「王」，官「或」。考證曰：「『或曰』諸本誤作『王曰』，以上下文考之，當是兩説傳疑，作『或曰』爲是。」

夏四月代郡上谷、烏丸無臣氏等叛。考異曰：「任城王彰傳止言代郡、烏丸，疑『上谷』二字衍也。『無臣氏』即能臣氏之譌。」

執南陽太守劫略民吏。考證：宋本『民吏』作『吏民』。

二十四年春正月。注：東里袞。考證：通鑑作『東里衮』。何焯曰：「『袞』當作『衮』，從三少帝紀改。」案：在甘露三年。

冬十月，軍還洛陽。注：王更修治北部尉廨。「廨」，毛從「广」，此與官並誤。

二十五年，未得遵古也。宋書禮志此句有「百官臨殿中者十五舉音」十字。

注：及造新書。「及」，御覽「乃」。

又故預自製終亡衣服四篋而已。御覽「自」下有「爲」字，「終」上有「送」字，無「亡」字。宋書禮志：「魏武以送終製服四篋，題識其上。春秋冬夏，日有不諱，隨時以斂，金珥珠玉銅鐵之物，一不得送」。案：終亡似當從御覽作送終。御覽爲字則衍文也。製，毛、官及御覽「制」。

又皆以皂帳。「皂」，毛、官「皁」。案：皂俗字。

又是以袁紹、崔豹之徒。考證朱良裘曰：按豹當作鈞，宋書禮志可據。鈞與袁紹起兵山東，見後漢書崔駰傳。

又付麥以相持。御覽九十三作「指麥以相付」。八百三十八作「持麥相付」。

又皆此類也。「此」下毛、官有「之」字，似衍。

文帝紀

生於譙。注：建安十五年爲司徒趙温所辟。考證陳浩曰：「按後漢書獻帝紀及温本傳，俱作十三年。」

立爲魏太子。注：後無幾而立爲王太子。「王」，毛誤「皇」，局本已改正。

皆各遣使奉獻。注：萬潛。「萬」，毛「万」。

天子命王追尊皇祖太尉曰太王。「皇祖」，官、毛「王祖」。案：似以「王祖」爲長。

庚午遂南征。注：幽王不争。「幽」，毛同，官「豳」，局本亦作「豳」，蓋依官改。考證朱良裘曰：「按豳王謂太王也。作『幽王』，非。文類、宋本俱作『豳』，今改正。」

又而令創基。「令」，毛同，官「今」。

居漢陽郡。　注：　吾前遣使。　考證：「宋本作『日前遣使』。」

秋七月庚辰。　甲午軍次於譙，大饗六軍。　旁證曰：金石錄云：「『以魏大饗碑考之，乃八月辛未。魏志誤』。」

冬十一月癸卯。　「十一月」，官改「十月」。考證李龍官曰：「按後云黃初元年十一月癸酉，一月中有癸卯，不得又有癸酉，且注中明云十月乙卯，又云今月十七日己未，又云今十月斗之建，則癸卯十月朔也，作十一月誤。」潘眉曰：「後漢書獻帝紀建安二十五年，冬十月乙卯，皇帝遜位。魏志文昭甄皇后傳黃初元年十月，帝踐阼，魏受禪碑：『十月辛未，受禪於漢』。五代史張策傳『曹公薨，改元延康。是歲十月，文帝受禪』。皆是十月受禪之證。此紀先書十一月癸卯，後書十一月癸酉，兩書十一月，既於文爲複，而癸卯、癸酉相距三十一日，亦無同在一月之理。」宋書禮志云漢延康元年十一月，禪帝位於魏。册府元龜帝王部云『延康元年十一月，受禪』。並沿陳志之誤。朱竹垞跋孔羡碑云「『魏受禪在延康元年十一月』。亦失於不考耳。」　案：御覽引魏志而節其文，曰「延康元年十月升壇即阼」，亦陳壽本作十月之證。他書作十一月，亦據誤本陳志，非陳之誤。

以肅承天命。　注：　名已勒讖。　「已」，毛「以」。

今日是已。　「已」，毛「矣」。

賢人福至民從命。　宋書符瑞志無「福」字。

代赤眉者魏公子。　考證：「宋本無『眉』字。」　旁證：「按宋書符瑞志引玉版讖，亦無『眉』字」。

或以雜文爲蒙。　「文」，毛誤「之」。

日載東，絶火光，不横□，聖聰明。　「横」下空一格，毛同，官有「一」字。宋書符瑞志亦曰：「不横一」，當補。考證李清植曰：「不横一者，丕也。故下文曰魏王，姓諱見於圖讖也。」

比年己亥、壬子、丙午日蝕，皆水滅火之象也。　潘眉曰：「『丙午』二字當衍。宋書符瑞志載許芝曰：『建安二十一年五月朔，己亥日蝕。二十四年二月晦，壬子日蝕。蓋日者陽精，而以亥子日蝕，亥子屬水，故爲水滅火之象也。若丙午日蝕，丙午屬火，與亥子有别，而曰水滅火，其義不合矣。』宋志載許芝之言，本無『丙午』。後漢書獻帝紀載日食甚詳，如建安五年九月庚午朔，六年三月丁卯朔，十三年十月癸未朔，十五年二月乙巳朔，十七年六月庚寅晦，二十一年五月己亥朔，二十四年二月壬子晦，二十五年二月丁未朔。自建安至延康，日食有八，有己亥、壬子，而無丙午，足證此『丙午』二字之誤。」

白鳥爲符。「鳥」，毛「烏」。案：玉海一百九十九引作「烏」。然吴志張紘書曰「殷湯有白鳩之祥。」宋書符瑞志「白鳩，成湯時來至。」則作「鳥」爲是。

赤烏銜丹書。「烏」，毛「鳥」。玉海百九十九引作「烏」。案呂氏春秋：「文王之時，赤烏銜丹書，集於周社。」毛作「鳥」，誤。

伏惟陛下體堯、舜之盛明。「盛」，毛「聖」。

值天命之移受。「受」，毛、官「授」。案：授是。

幸承先王餘業。「餘」，毛「遺」。

心慄手悼。考證：『悼』疑作『掉』。

辭不宣口。「口」，毛「心」。

非人力所能建也。「建」，官改「逮」。

豈余所謂哉。「余」，毛誤「餘」，局本已改正。

未若孤自料之審也。「孤」，毛「吾」。

面有饑色。饑，毛饑。下文「饑者未飽」句同。

殿下踐阼。「阼」，毛「祚」。

柏城子高。考異曰：『柏城』，莊子作『伯成』。

蹈柏成之所貴。「成」，毛「城」。

沖、質短阼。「阼」，毛，官「祚」。

太僕宮廟。考證朱良裘曰：「按『太僕』二字於義無處，其或『火撲』二字之譌歟？」

今月十七日己未宜成。考證盧明楷曰：「按三少帝紀高貴鄉公注，自叙始生禎祥曰：『乙未直成，予生。』又曰：『厥日直成，應嘉名也。』漢書王莽傳：『以戊辰直定，即真天子位』。師古曰：「以建除之次，其日當定。」直成之義，大抵如是。作『宜成』似誤。

且顏斶懼太樸之不完。「斶」、「樸」，毛同，官「斶」作「屬」，「樸」作「璞」，與國策合。

被重而不出。「重」，官改「熏」。考證李龍官曰：「按諸本俱作『被重』，非。據莊子讓王篇改正。」

又輔國將軍清苑侯劉若。旁證曰：魏公卿上尊號奏碑作「清苑鄉侯」，自當以碑爲正。武紀注作「建武將軍清苑亭侯劉若」。

昔柏成子高。「成」，官「城」。潘眉曰：「『柏城』字誤，當作『伯成』。田疇傳注與莊子合。」案：古人柏伯、成城往往通用，不得遽以爲誤。

衆心不可違。「不」，毛、官「弗」。

夫古聖王之治也。「夫」，毛、官「太」。

歲星行歷十二次國。宋志「歷」下有「凡」字，「次」下有「所在」二字。

爲時將討黃巾。宋志無「時」字。案：「時」字衍。

與周文受命相應。宋志「文」作「武」。

聖命天下治。宋志「聖」下無「命」字，有「人制法」三字。

聖人制治天下。「治」，宋志「法」。

魏以改制，天下與時協矣。宋志「改」作「政」，「時」作「詩」。案：宋志是也，與上文相應。

始魏以十月受禪。宋志無「始」字。

於行運會於堯、舜授受之次。宋志上「於」字上有「其」字，「會」作「合」。案：此奪譌。

舜發壠畝而君天下，若固有之，其相受授間不替漏。宋志「君」作「居」，「相」下無「受」字，「替」作「稽」，「漏」下有「刻」字。

天下不可一日無君也。「天」上宋志有「明」字。

下違民望。「望」，宋志「情」。

昭晰分明。「晰」，宋志「晢」，「明」下有「謹條如左」。上文「天有十二次」云云，在下文「天下幸甚」之下。

顯告天帝而告天下。宋志「天」作「上」，而「告」作「布詔」。

衆不可拂。「拂」，毛、官「拒」。

輒勑有司。「勑」，毛「敕」。

奉今月戊戌璽書。考證盧明楷曰：「按十月中無戊戌，疑『戊戌』乃『壬戌』之譌。」

猶爲陛下陋之。「猶」，毛「皆」。

可謂信矣，省矣。旁證：按『省』字似『著』字筆誤，今碑作『可謂信矣，著矣，□矣，裕矣，高矣，邵矣』。

民命之懸於魏政。旁證：「今碑作『民命之懸於魏邦，民心之繫於魏政』。王昶曰：『此與上俱是傳寫脱文，餘文亦稍有異，皆當以碑爲正也』。」

長水校尉戴陵諫。「陵」，蜀志諸葛亮傳同。宋五行志作「凌」。

黄初二年。朝日於東郊。注：尋比年正月郊祀。故知此紀爲脱者也。「比」，毛「此」；「脱」，毛「誤」。案：此紀郊祀惟書此年，則「比」字誤。

咨可謂命世之大聖。「咨」，考證、「文類『咨』作『兹』。」

置百户吏卒。旁證：「『百户吏卒』當作『百石卒史』。漢有孔廟，置守廟百石卒史。此蓋仍漢制也。何焯曰：『百户吏卒是守衛之人，與桓帝永興元年魯相乙瑛廟之百名卒史不同，彼以孔子孫爲之。』此説可兩存」。

春三月，加遼太守公孫恭爲車騎將軍。考證陳浩曰：「前已有春正月，則此處『春』字疑衍。」

以穀貴罷五銖錢。注：昔隗囂灌洛陽。旁證：「『洛陽』當作『略陽』，以後漢書校改。」

又若合符節。「節」，毛「契」。

四年。處於下位者乎？毛、官無「者」字。

壞廬宅。注：議祀厲殊事。考證盧明楷曰：「『祀厲』，宋本作『厲殃』。」何焯曰「『殊』字是『殃』字之誤，作『祀厲殃事』於本文義較顯。」案：通典吉禮門「魏祀五郊六宗及厲殃」，亦其證也。

以廷尉鍾繇爲太尉。注：雲飜飛舞。文昭舞曰大昭舞。潘眉曰：「『雲飜』當依宋書樂志作『雲翹』，『文昭』、『大昭』兩『昭』字皆誤。『文昭』當作『文始』，『大昭』當作『大韶』。兩漢有文始，無文昭。文始本韶樂，故改『文始』爲『大韶』。」

校獵於熒陽。「熒」，毛、官「滎」，非。

行幸許昌宮。注：長樂郡公主。錢大昭曰：「是時獻帝爲郡公，其女安得爲郡主？且郡亦無長樂之名。此『郡』字疑或『鄉』或『亭』之訛。」

五年，行還許昌宮。注：昔太山之哭者。「太」，毛、官「泰」。

皆以執左道論著於令典。毛奪「著於令典」四字。

六年五月戊申幸醮。「醮」，毛、官「譙」，此誤。

六月，利成郡兵蔡方等。武紀建安三年作「利城」，前漢志作「利成」，續漢志作「利城」。

皆以終制從事。注：惟黄初七年五月七日。潘眉曰：「帝以丁巳日崩。推是年五月辛丑朔，十七日乃得丁巳，誄當云五月十七日，今本脱『十』字也。」

萬國悲悼。「悼」，官「傷」。旁證曰：當作傷，與上下韻協。

恩過慕唐。考證：「藝文作『思慕過唐』。」

歎自僵斃。考證：「本集作『欲自僵斃』。」

感惟南風。考證：「文類作『感恨南風』。」

二世而殲。「二」，毛「三」。

闐爾無聞。「闐」，毛「闃」。

求光幽昧。「求」，考證：「宋本作『末』。」

正行定紀。「正」，考證：「文類作『五』。」

祥惟聖賢。「祥」，藝文類聚作「詳」。

潛心無罔，抗志青冥，才秀藻朗。藝文類聚「罔」作「内」，「青冥」作「高明」，「秀朗」作「略見」。

聽察無嚮，瞻覩未形。藝文類聚「嚮」作「響」，「瞻」作「視」。

爵公無私。「公無」，藝文類聚作「功重」。案：「爵公重私」，文義難通，必誤。

宅士之表。藝文類聚士作「土」，下有「率民以漸」四字。

六合是虞，齊契共遵，下以純民。藝文類聚是虞作「通同」，「遵」作「檢」，「下」上有「導」字，「民」下有「由樸儉」三字。案：漸、險、檢、儉爲韻文，義較此爲明。

恢拓規矩，矚之若神。類聚「拓」作「折」，「矚」作「瞻」。

九壤被震。類聚「被」作「披」，案：「披」是。

虞備凶徹。何焯曰：「『徹』疑當作『轍』。」

黄初叔祜。考證陳浩曰：「『叔祜』似當作『俶祜』。俶，始也；祜，福也。言黄初受禪始受福也。」

神鐘寶鼎。「鐘」，毛「鍾」。

瀸塗被宇。「瀸塗」，毛「纖圖」。局本已改。

朱華蔭渚。「蔭」，毛「陰」。

洽德全義。「洽」，官「浴」。

將登介山。「介」，本集「泰」。

元功仍舉。「元」，類聚「九」。

體遠存亡。「遠」，類聚「達」。

追堯慕唐，合山同陵。　類聚「慕」作「纂」，「陵」作「阪」。

悼晏駕之既疾兮。　「疾」，本集「往」。

咨遠臣之渺渺兮。　「渺渺」，毛、官「眇眇」。

幾司命之役籍兮。　「役」，官「役」。　案：説文、篇韻並無「役」字，集韻同「役」。

追顧影而憐形。　「追」，類聚作廻。　考證：「宋本作『迫』。」

號曰皇覽。　注：集諸儒於肅城門内。　御覽「城」作「成」。

才藝兼該。　注：董卓殺主鴆后。　「殺主」，御覽「弑帝」。

以時之多故，每征余常從。　御覽作「以時之多難，故每征伐，余乘馬常從。」

日多體健。　官日「夕體倦」，御覽亦然。

或喜咲曰。　毛「笑」，官「笑」。

時軍祭酒張京在坐，顧或拊手曰。　御覽「拊」上有「俱」字。

方食芊蔗，便以爲杖。　御覽三百四十二引「方食甘蔗，便以習之。」

鑲楯爲蔽木户。　御覽作「兩鑲爲閈木户」。

靡不畢覽。　御覽下有「所著書論詩賦凡六十篇，至若知而能愚、勇而知怯、仁以接物、恕以及下，以付後之良史」三十四字。　案：自叙云所著凡六十篇，與本紀「自所勒成垂百篇」，及魏書所載與王朗書云百餘篇者不合。

明帝紀

撫軍大將軍司馬宣王爲驃騎大將軍。　錢大昭曰：「太和元年，詔驃騎將軍司馬宣王討之。四年，驃騎將軍司馬宣王爲大將軍，『驃騎』下皆無『大』字，疑此『大』字爲衍文。」案：晉書帝紀亦無『大』字。

太和元年春正月，郊祀，武皇帝以配天，宗祀文皇帝於明堂，以配上帝。　侯康曰：「此有月無日，而晉宋禮志及通典則皆作丁未。」　案：此奪文。

秋八月，夕月於西郊。　旁證：「『八月』下脱『己丑』二字，宋書禮志可證。」

詔驃騎將軍司馬宣王討之。注：保官空虛，初無資任。何焯曰：「魏制凡鎮守、部曲將及外州長吏，並納質任，有家口應從坐者，收繫保官。此『資』當作質。」

時桓、尚皆卒。「桓」，官改「階」。考證李龍官曰：「按上云『與桓、階、夏侯尚親善』，則作『階』、『尚』爲是。」

分新城之上庸、武靈、巫縣爲上庸郡。何焯曰：「『靈』當作『陵』，又按宋刻一本無『巫』字。」

曹真遣將軍費曜等拒之。注：以土瓦填塹。考證：「『土瓦』，宋本、通鑑俱作『土丸』。」

四年十一月，太白犯歲星。旁證：「『月』下當書『日』，晉書天文志作『壬戌』，可補。」

六年，陳思王植薨。考異：「諸王薨，例不書謚，『思』字衍。」

青龍元年詔祀故大將軍夏侯惇、大司馬曹仁、車騎將軍程昱於太祖廟庭。注：存則顯其爵。「爵」下，毛、官有「禄」字，此奪。

步度根以爲比能所誘。促敕軌以出軍者。旁證：「兩『以』字皆當作『已』，古以已本通用，與『軌已進軍屯陰館前後畫一，於文法較明』。案：「軌以進軍」句，此本與毛同，本屬畫一，官「以」作「已」。旁證殆據官本而言，然此書「已」字作「以」者多，不必改也。

二將没。何焯曰：「『没』上當有『敗』字。」

以淵爲大司馬樂浪公。注：渡遼將軍。「渡」，官「度」。

二年春，二月乙未，太白犯熒惑。考異：「宋書天文志作『己未』。按下文有『癸酉』，乙未與癸酉相去三十九日，不得在一月，當從宋志。」

葬以漢禮。注：又使持節行大司空大司農崔林。錢大昭曰：「『司空』上『大』字疑衍。」

五月，太白晝見。晉書天文志云「五月丁亥。」

又遣將陸議、孫韶各將萬餘人入淮、沔。趙一清曰：「『淮、沔之淮』，本作『睢』，亦作『沮』，即相中也。」

大將軍以制之。趙一清曰：「『以上』疑脱『足』字。」案：御覽九十四「以」作「必」。

三年，常優容之。注：其秩石擬百官之數。御覽「石」作「名」。

乃選女子知書可付信者。御覽「付」作「附」。

處當畫可。御覽「處」下有「分」字，案：不當有。

通引穀水過九龍前。官「龍」下增「殿」字。考證：「各本無『殿』字，據通鑑增。」太平寰宇記三引魏略作「過九龍祠前」，「祠」字亦「殿」之譌。

蟾蜍含受。「含」，毛誤「舍」。御覽「蜍」作「蠩」。

使博士馬均。考證：「杜夔傳注『馬均』作『馬鈞』，此『均』字疑誤。」

築閶闔諸門，闕外罘罳。御覽「罘」下有小字「音浮」二字，「罳」下有小字「音思」二字。

行幸許昌宮。注：「有石馬七」。「七」，宋書符瑞志作「十二」。

其五有形而不善成。宋志下有「其五成形」一句。

有玉匣關蓋於前。「關」，宋志「開」。

在中大告開壽。宋志作「中正大吉關壽」。案：宋志載程猗説曰：「中者，物之會也，吉者，福之始也。此言司馬氏之王天下，感德而生，應正吉而王之符也。」猗又爲贊曰：「關壽無疆，於萬期齡。」據此，則注中「在」字乃正字之譌，而「越」在「中」上。「告開」二字乃「吉關」二字之譌也。

四年。而郡國蔽獄。考證：『蔽』，宋本作『斃』。案：「蔽」字是。

景初元年，春正月壬辰，山茬縣言黄龍見。潘眉曰：「是年正月無壬辰，當作二月。宋書符瑞志作二月。」御覽「山」字上有「泰」字。案：山茬郡國志屬泰山，晉、宋、魏三志並同。旁證作「太山茬縣」，轉不成文。考青龍元年，青龍見郟，亦單舉縣名而不冠以郡，益可見「泰」之爲衍文。前漢志泰山郡茬縣無「山」字。胡三省通鑑注：「前漢茬縣，後漢改曰山茬，『茬』字前志從『在』，續志從『仕』。宋景文曰當作「茬」。集韻：「茌，茬字。」

尚書左僕射衛臻爲司空。趙一清曰：「據臻本傳及宋書百官志，『左』當作『右』。」

分魏興之魏陽。　趙一清曰：「『魏陽』當是『魏昌』之誤。水經沔水注：『魏昌縣以黃初中分房陵立。』」

樂用章武之舞。　旁證：「『章武』當作『章斌』。宋書樂志：明帝太和初公卿奏曰：『夫歌以詠德，舞以象事。於文，文武爲斌，兼秉文武，聖德所以章武也。臣等謹制樂象名章斌之舞。』」

遣幽州刺史母丘儉。　「母」，毛誤「毋」。

營洛陽南委粟山爲圜邱。　注：多不見經，是以制度無常。　宋書禮志作「多不經見，並以興廢無常。」

又曹氏系世。　宋志「世系。」

屬義陽郡。　注：誰當爲陛下盡言是者乎？　「是」，毛、官「事」，此誤。

二年春正月，詔太尉司馬宣王帥衆討遼東。　注：則手足相代。　考證朱良裘曰：「按晉書何曾傳作『則才足相代』。以上句文義諧之，似當作『才』。」

分沛國蕭、相、竹邑、符離、蘄、銍、龍亢、山桑、洨、虹十縣爲汝陰郡。　考異曰：「晉志汝陰統縣與此無一同者，疑此有誤。」　案：晉志此十縣分屬沛國、譙郡，而汝陰別屬縣八，蓋魏置郡後，晉武帝分汝南立汝陰郡，故郡名同而屬縣不同也。

以沛、杼秋、公丘、彭城豐國、廣戚，并五縣爲沛王國。　考異：「豐本屬沛，今繫彭城之下，恐誤。」　案：豐爲曹昂封國，魏世未嘗絕祀，安得以爲沛國屬縣？「豐國」二字必有誤。彭城王據於景初元年削户二千，此二縣當在削户之内，疑「豐」乃「留」之譌，又越在「國」字上耳。

司馬懿臨危制變。　考證：承祚書稱司馬懿必云宣王，惟此稱名，蓋述帝語不得云宣王也，然亦後人追改。蜀後主傳魏使司馬懿由西城，魏司馬懿、張郃救祁山；李嚴傳平説司馬懿等開府辟召；吴主傳聞司馬懿南向，又司馬懿前來，入舒旬日便退；諸葛恪傳加司馬懿先誅王淩續自殞斃，皆後人所追改也。魏三少帝紀書中撫軍司馬炎者二，書中壘將軍司馬炎、撫軍大將軍新昌鄉侯炎、晉太子炎者各一。壽爲晉臣，不當斥武帝名，蓋亦後人所改。」

癸丑葬高平陵。　注：孫盛曰。　御覽作「魏氏春秋曰。」

三少帝紀

趙一清曰：「此卷陳承祚本題云三少帝紀，故史通『天子見黜者，漢、魏已後謂之少帝是也。』今刻失其義矣。」　案：官本不題三少帝紀，而先列一行曰齊王芳、高貴鄉公髦、陳留王奐，即趙之所謂今刻也。此本與毛刻題曰三少帝紀，尚是承祚原文。

正始元年，春二月乙丑。　潘眉曰：「『春二月』當爲『春正月』，是月無乙丑，乃正月十六日。」　案：下文書丙戌，乙丑、丙戌相去二十一日，乙丑爲正月十六日，則丙戌不得同在一月，疑「二月」非誤，而「乙丑」爲「乙酉」之訛。

自去冬十二月至此月不雨。丙寅，詔令獄官亟平枉，理出輕微，羣公卿士讜言嘉謀，各悉乃心。　潘眉曰：「『自去冬十二月至三月不雨』也，陳志以此句屬之『二月』之後，讀者因誤以爲二月，而不知二月既爲正月之譌，又乙丑與丙寅相距六十一日，丙寅乃三月十八日也，平宂枉、求讜言正爲不雨。」　案：宋書五行志曰：「魏齊王正始元年二月，自去冬十二月至此月不雨。」然則上文「二月」不誤，「丙寅」上奪「三月」字耳。

二年，太傅司馬宣王率衆拒之。　注：此爲麋軍。　「麋」，毛、官「麋」。

六月辛丑，退。己卯。　「己卯」，官「己酉」。　考證李龍官曰：「按本月有辛丑，不得有己卯。據王淩傳芍陂之戰，淩率諸軍爭塘，力戰連日。賊退，即封南鄉侯，遷車騎將軍，其非他月可知。是以從己酉本。」

冬十二月南安郡地震。　宋書五行志作「十一月」。

四年五月朔，日有食之。　案：「朔」上當據晉天文志補「丁丑」二字。

五年夏四月朔，日有食之。　案：「朔」上當據晉志補「丙辰」二字。

詔祀故尚書令荀攸於廟庭。　注：先鍾繇。　考證：「文類作『鍾華』。『華』，蓋謂『歆』也。」

七年春二月，幽州刺史母。　「母」，官作「母」，是。毛作「毋」亦誤。

八年春二月朔，日有食之。　旁證：「『朔』上當據晉書天文志補『庚午』二字。」　案：宋書五行志亦云：「庚午朔。」

散騎常侍諫議大夫孔晏乂奏曰。　考證陳浩曰：「按孔乂字元儁，見後倉慈傳注中。下文晏、乂咸因闕以進規諫，謂何晏及乂也。此『晏』字疑衍。」 旁證：「按此因何晏先有治身之奏，而孔乂亦有循禮之請，同時進言，故下連言晏、乂，則前『晏』字之衍無疑。」

九年四月以司空高柔爲司徒。光禄大夫徐邈爲司空，固辭不受。 案：徐邈拜司空不受，事見本傳，此與高柔爲司徒連書，則「固」字上當有「邈」字方醒。

冬十月，大風發屋折樹。 晉、宋五行志並作「十一月」。

嘉平元年，春正月甲午。 晉、宋五行志並云「嘉平元年正月壬辰朔，西北大風發屋折木，昏塵蔽天」，此不書。

車駕謁高平陵。 注：孫盛魏世籍。 案：此注文前後多稱魏世譜，疑「籍」字誤。

三年春正月，荆州刺史王基、新城太守陳泰攻吴，破之。 考證盧明楷曰：「按陳泰正始中爲并州刺史，嘉平初代郭淮爲雍州刺史，未嘗典新城，何有與王基同破吴之事？或當作州泰。鄧艾傳中州泰注『宣王擢爲新城太守』，是其人歟？」

致南郡之夷陵縣。 「致」，毛、官「置」。此誤。

戊寅，太傅司馬宣王薨。 潘眉曰：「『戊寅』上當有『八月』二字。此闕文。」

四年。 鎮南將軍母丘儉等。 「毌」，官「母」，是。毛誤「毋」，注同。後並同，不悉出。

不利而還。 注：并力討恪。 恪字有剜補痕。考證陳浩曰：「東軍之敗與并州無涉，注中所引明是二事。宋本作『并力討胡』，則『恪』字爲『胡』字之譌也。」

六年，不如早降。 「如」，毛誤「知」。

以避皇位。 注：司徒萬歲亭侯臣柔。 潘眉曰：「此高柔也。齊王紀正始九年，以司空高柔爲司徒。按本傳，初封延壽亭侯，後太傅誅曹爽，以功進萬歲鄉侯。由亭侯進封當爲鄉侯，此作『亭侯者』誤。」

行征西安東將軍新城侯臣昭。 潘眉曰：「此司馬昭也。按文帝本紀，景初二年封新城鄉侯，轉安東將軍，東關之敗，坐失侯。後行征西將軍降北虜，以功復封新城鄉侯。至高貴鄉公立，始進封高都侯。奏永寧宮時實鄉侯非邑侯也。於書例當云安東將軍行征西將軍新城鄉侯，此脱『鄉』字。」

廷尉定陵侯臣繁。何焯曰：「『繁』當作『毓』，鍾毓也，本傳可考。」

少府臣褒。何焯曰：「『褒』當作『袤』，鄭袤也，時爲少府。」案後注亦作褒。

永寧衛尉臣禎。潘眉曰：「『禎』字誤，當從木旁作『楨』。張臶傳宏農太守何楨，注引文士傳楨字元幹。楨、幹字相應，故知應從木旁。」

永寧太僕張閦。潘眉曰：「此張閣也。『閦』字誤，當作『閣』，邴原傳永寧太僕東郡張閣當即此人。張閣字子臺，臺、閣字相應，故知『閦』字誤也。」

城門校尉臣慮。旁證：「一本『慮』作『憲』。」

尚書關內侯臣觀「臣」，毛誤「陳」。

御史中丞臣鈐。潘眉曰：「『鈐』字恐誤，或是石鑒。晉書本傳仕魏至御史中丞。」

營齊王宮於河內重門，制度皆如藩國之禮。旁證：「按太平御覽卷九十四引作『營齊王宮於河內之重門』。宋本有『之』字，晉景帝紀亦有『之』字，今本脱。重門，地名，見水經清水注，在河內共縣西北二十里。陳仁錫以『重門制度』四字爲句，蓋不知是地名而以爲藩國宮室之制也。」案：鮑本御覽九十四引無「之」字，未知梁氏所據何本。

正元二年春正月乙丑，鎮東將軍毌丘儉、揚州刺史文欽反。甲辰，安風淮津都尉斬儉。潘眉曰：「毌邱儉傳從安風津擬壽春，又安風津都尉部民張屬；諸葛誕傳使誕督豫州諸軍，渡安風津皆無『淮』字。安風津在淮南。」

司馬景王薨於許昌。案：晉紀云：「辛亥崩於許昌。」則當在上文「壬子」云云之前。

辛未，以長水校尉鄧艾行安西將軍與征西將軍陳泰並力拒維。戊辰，復遣太尉司馬孚爲後繼。何焯曰：「『戊辰』不應在『辛未』後，殆傳錄者倒其文耳。」案：「辛未」或是「辛酉」之訛。

沛王林薨。注：后相殆滅。考證：「御覽『殆』作『殄』。」案：鮑本御覽作「殆」。

少康生於滅亡之後。「後」，毛同，官「餘」。御覽八十二、九十四皆作「後」。

澆豷無親。「豷」，毛誤「殪」，左傳作「豷」。

豈必降於漢祖哉？「漢」，官同，毛「高」。案：上文皆稱「高祖」，似以毛爲是。

舊章不行。「行」，官改「愆」。考證朱良裘曰：「按此蓋本『不愆不忘，率由舊章』之意，作『不行』於文義未順。何焯校本亦曰『行』疑作『愆』，今改正。」

少康之事。 「事」，毛「時」。

懼於所論。 何焯曰：「宋本『論』作『諦』。」

似山出内氣連天地也。 御覽「内」作「納」，「氣」上有「雲」字。 案：據御覽則「内」音「納」，「氣」上當添「雲」字。

俊對曰：「三王之時。」 「王」，官「皇」。案：作「皇」是。

非其至者也。 「者」字剜添，毛、官無，御覽引亦無。

至於折中，裁之聖恩。 「折」上御覽有「文質」二字。

謂三皇五帝之時。 「皇」，毛誤「王」。

故化有薄厚也。 注：惟正始三年九月辛未朔，二十五日乙未直成，予生。 潘眉曰：「推正始三年九月朔丙寅，非辛未。惟二年九月朔乃辛未。此『三年』係『二年』之譌。考帝以甘露五年卒，紀云年二十。正始三年至甘露五年止得十九年，然則帝生於正始二年無疑矣。」 考異：高貴鄉公以甘露五年遇弒，歲在庚辰，年纔二十，計其生年當在正始二年辛酉，此云『三年』者，傳寫之譌也。考通鑑目錄，正始二年九月正是辛未朔，是歲閏六月，立冬在九月望後，月建於亥，故未直成日。

鄴及上谷並言甘露降。 宋書符瑞志「谷」作「洛」。

夏六月丙午，改元爲甘露。 旁證：「『夏』字衍，上文已書『夏四月』也。」

二年。侍中和逌。 御覽「逌」下有小注「音由」二字。

尚書陳騫等。 「騫」，毛「蹇」，御覽亦作「蹇」。

作詩稽留。 御覽「詩」下有「賦」字。 旁證：「宋本亦有『賦』字。」

三年。 故太守東里衮。 「衮」，武紀注作「褒」。

使蒙伏節之報。注：侒音狂佞。「侒」，何焯曰：「當作「佼」。」

秋八月甲戌，以驃騎將軍王昶爲司空，丙寅詔曰。潘眉曰：「『丙寅』在『甲戌』前，紀文倒誤。」

五年春正月朔，日有蝕之。旁證：「『朔』字下當據晉、宋史志補『乙酉』二字。」

高貴鄉公卒。注：文王第屯騎校尉伷。「第」，官改「弟」，御覽作「弟」，當據以校正。御覽「伷」下有小注「音胄」二字。

散騎常侍王業。注：國語曰。何焯曰：「『國語』當作『世語』。」錢大昭曰：「『國語』疑或世語、通語之譌。晉郭頒作魏晉世語，吴殷基作通語。」

太后從之。注：不設旌旐。「旐」，毛「旍」，下同。

結正其罪。注：乃殪。「乃」，毛、官「方」。

甘露三年封安次縣常道鄉公。「三年」，御覽引同，毛、官「二年」。

景元元年夏六月丙辰，進大將軍司馬文王位爲相國，封晉公，增封二郡，并前滿十，加九錫之禮，一如前奏。

旁證：前甘露三年夏五月，命大將軍司馬文王爲相國，封晉公，食邑八郡，加之九錫，文王前後九讓乃止。故此云「一如前詔」也。「詔」，各本皆作「奏」，誤。案：二年、四年並有「一如前詔」之文，此「奏」當作「詔」之證也。

準之義類，則晏覿之族也。何焯曰：「禮文王世子篇云：『與族燕，則公與父兄齒。』又曰：『公族朝於内朝，東面，北上，臣有貴者以齒，所謂燕覿之敬。』按此，則『晏』當作『燕』。後世晏、燕字通用故耳。『族』字乃『敬』字之譌。」

二年夏五月朔，日有食之。旁證：「『朔』下當據宋書五行志補『丁未』二字。」案：晉志亦稱「丁未朔」。

秋八月戊寅，趙王幹薨。甲寅，復命大將軍進爵云云。陳景雲曰：「以戊寅推之，是月不當復有甲寅，兩『寅』字定有一誤。按之晉書文帝紀致晉公茅土九錫，資治通鑑復命司馬昭進爵位，並系甲寅，則似誤在『戊寅』也。」潘眉曰：「甲寅當繫在九月，戊寅、甲寅相去四十七日也。」案：晉紀書秋八月甲寅，則不在九月。

四年。癸丑，特赦益州士民，復除租賦之半五年。乙卯，以征西將軍鄧艾爲太尉，鎮西將軍鍾會爲司徒。此本之「半」到底「五年」擡起，未爲誤也。毛本之「半」不到底，「五年」字提行，是誤以五年爲紀年之五年矣。考證盧明楷曰：「景元四年十一月，巴蜀平。十二月加鄧艾、鍾會等爵，並非降年之事，蓋此『復除租賦之半五年』，即如文帝黄初二年注中，令天下聽内徙復五年之意。」旁證：按諸本皆以「五年」二字提行，次於四年之後，誤以爲景元之五年，不知景元止四年，無五年也。潘眉推是年十二月壬辰朔癸丑爲二十二日，乙卯爲二十四日，則擢鄧艾、鍾會官並非隔月事也。蜀後主以四年十一月降，十二月癸丑特赦益州士民復除租賦之半五年，謂每年復除其半，凡五年也。」

咸熙元年春正月壬辰，檻車徵鄧艾。甲子行幸長安，壬申遣使者以璧幣祀華山。「壬辰」，官據何焯校本改「壬戌」。陳景雲曰：「以甲子、壬申推之，前不應有『壬辰』，當是『壬戌』之誤。觀下文二月辛卯特赦諸在益土者，庚申葬明元郭后二事，則知辛卯是二月朔，壬辰乃二月二日也。」

遣都尉唐譜等詣進乘縣。續漢志牂柯郡進乘縣。前漢志「乘」作「桑」。晉志亦作「進乘」。

以興爲督交阯諸軍事、上大將軍、定安縣侯。續漢志交阯郡定安。前漢志、晉志作「安定」，宋志作「定安」，未知孰是。

相國參軍事徐紹。晉書「紹」作「劭」。

安彌、福禄縣各言嘉禾生。續漢志酒泉郡福禄，前志作「禄福」。續志考異曰：「魏志龐淯傳及皇甫謐列女傳載龐娥事，云『禄福趙君安之女，又禄福長尹嘉。』曹全碑亦云拜酒泉禄福長，則知作「福禄」者誤也。

二年。襄武縣言有大人見，三丈餘。旁證：「水經渭水注引魏志作『身長三丈餘』。太平御覽卷三百七十七、六百五十二兩引魏志，『長三丈餘』，宋書符瑞志同，又法苑珠林六道篇引魏志亦云『有大人見，長三丈餘』。知古本『三丈』字上有『長』字，今脱也。」

柱杖。「柱」，官「拄」。「杖」，毛誤「杕」。

時年二十。注：大安元年。「大」，毛、官「太」。御覽引亦作「太」。

輔宰統政。考證：「元本作『宰輔統政』，太平御覽、文類同。」案：明元郭后傳亦有「宰輔統政」。

三國志校勘記二

魏書

后妃傳：

此卷第二行後分列武宣卞皇后、文昭甄皇后、文德郭皇后、明悼毛皇后、明元郭皇后五行，官并作三行，毛無。

案：諸傳首皆不標人名，獨此傳此傳有之。

武宣卞皇后　後隨太祖左右至洛。「左右」二字剜補。毛、官無。案：下文云及董卓爲亂，太祖微服東出避難，是太祖爾時在洛，後自是隨太祖至洛，「左右」二字衍。御覽引亦無。

稱永壽宮。注：不當望賞賜，念自佚也。御覽一百三十八「望」作「妄」，「佚」作「勛」。

至泰和四年春。「泰」，毛、官「太」。

祖母周封陽都君。考證盧明楷曰：「上文云追謚太后祖父廣曰開陽恭候，下云及恭侯夫人，恭侯夫人即后祖母也。然則祖母周，『祖字』衍文。」陳景雲曰：「以疏封之次言之，卞后母於文帝爲外祖母，若祖母，則爲外曾祖母，明帝推恩，理應先封太后母，不當反舍太后母而封太后祖母也。」

其年五月后崩。「五月」，明紀作「六月戊子」。潘眉曰：「推太和四年五月無戊子，當是傳誤。」

文昭甄皇后　父逸。世説惑溺篇引魏略作「甄會女」。

後三歲失父。注：未有不學前世成敗以爲己誡。御覽「學」作「覽」。

又左右皆饑乏。「饑」，御覽「饑」。

及東鄉公主。注：紹妻及后共坐室堂上。考證：「宋本『室』作『皇』。」

遂爲迎取。世説惑溺篇注引，「取」作「娶」，下有「擅室數歲」四字。

以巾拭面。有寵。世說注，「巾」作「袖」，「寵」作「子」。

二十一年十月，太祖東征。「十月」二字有剜補痕，官有，毛奪。

又別立寢廟。注：乃四海所以成化。「成」，毛「承」。

自古周人始祖后稷。「始」，宋書禮志「歸」。

今文昭皇后之于萬嗣。「萬」，宋志「後」。

夫以皇家世祀之尊。「祀」，宋志「妃」。

於是差次舅氏親疏高下。「疏」，御覽「屬」。

襲公主爵。注：悳廣安縣公。沈欽韓曰：「廣安縣無考，疑有誤。」

悳鎮軍大將軍。考證：「元本作『悳領鎮軍大將軍』。」

文德郭皇后　祖世長吏。注：謚敬侯。「侯」，毛、官同。趙一清所見一本誤「後」。

三月庚寅，葬首陽陵西。注：惟青龍二年三月壬申。潘眉曰：「『三月』當作『二月』，郭后以二月壬申啓殯，三月庚寅葬也。」

明悼毛皇后　其容止舉動甚蚩騃。御覽騃下有小注「侯楷切」三字。

董卓，隴西臨洮人也。注：爲潁川綸氏尉。後漢本傳注引英雄記作「輪氏」，前志「綸」，續志「輪」。

爲軍司馬，從中郎將張奐征并州有功，拜郎中。旁證：「後漢書董卓傳，從張奐擊漢陽叛羌，破之，拜郎中。按漢陽在涼州，此云『并州』恐誤。」

遷中郎將。范書本傳拜東中郎將，皇甫嵩傳亦稱「東中郎將董卓」，疑此奪「東」字。

堰其還道。「堰」，范書「隁」注云續漢書作「堰」。

徵爲并州牧。注：靈帝紀曰：「中平五年徵卓爲少府。」范書在五年。

乞將之州。范書「州」上有「北」字。

臣輒鳴鍾鼓如洛陽。「鍾」，毛、官「鐘」；范書「鍾」。

卓未至，進敗。注：潰癰雖痛，勝於養肉。「養肉」，范書作「内食」。潘眉曰：「『内食』，猶言『内陷』是也。」

中常侍段珪等。范書注引山陽公載記，「段」字作「殷」。

是爲獻帝。注：宜即尊皇祚。「尊皇」，毛、官「皇帝」。

卓信任尚書周毖、城門校尉伍瓊等。「毖」，范書作「珌」，獻紀注「珌」音「必」。東觀記曰：「周珌，豫州刺史慎之子也。」續漢書、魏志作「毖」，音「秘」。范書卓傳「尚書」上有「吏部」字，獻紀作「督軍校尉」，兩書紹傳作「侍中城門校尉」，范書獻紀同卓傳及鄭太傳作「侍中」。

張資。袁術傳作「咨」，范書獻紀、卓傳、吳志孫堅傳並作「咨」。章懷注引獻帝春秋作「資」。

皆斬之。注：英雄記曰，「毖字仲遠，武威人。」范書稱漢陽周珌。

潛遣鋭衆從小平北渡。范書「平下」有「津」字，疑此奪。「小平津，」地名，見上。

取寶物。注：卓勅司隸校尉宣璠。范書楊彪傳「璠」作「播」；獻紀稱「廷尉宣播」，注：「獻帝春秋『播』作『璠』，」卓傳作「光禄勳宣璠」。注：「音煩，又音甫袁反。」

竿摩車。注：更乘金華皁蓋車也。御覽八百八十引獻帝春秋，稱卓改爲緑蓋。

自詣卓府啟事。注：義真服未乎。范書皇甫嵩傳「服」作「犕」，注：「『犕』，古『服』字。」

主簿田景。范書作「田儀」。注云：「九州春秋『儀字』作『景』」。

諸阿附卓者皆下獄死。注：博有奇功於□世。「世」上空格，毛、官乃「斯」字。

初蔡邕以言事見從。「從」，官據范書改「徙」。

後遷巴東太守。潘眉曰：「蔡邕以初平三年卒，時尚未有巴東郡，當依范史作巴郡太守。至建安六年始分巴郡爲巴東、巴西二郡，邕已没九年矣。」

獨與素所厚友胡赤兒等。范書注，「友」作「支」。

比至長安，衆十餘萬。注：卿往呼之。「呼」，范書注作「曉」。

侍中馬宇與諫議大夫种劭、左中郎將劉范等。 范書尚有中郎將杜禀。

置其家。 注：其從弟應。 杭世駿曰：「後漢書趙典傳作『董卓從弟應』。」

死者萬數。 注：我有呂布之功。 考證：「册府元龜『我有下』多『討』字。」

左中郎將李固。 「固」，范書注作「國」。

至新豐、霸陵間。 注：帝言諸兵汝不御。 范書注無「不」字。

入弘農。 注：瑞字君榮。 「榮」，范書注同。 考證云：「後漢書作『策』，蓋據王允傳何焯校本。范書紹傳注亦改『策』。」

止人家屋中。 注：有師猶有傾覆。 范書注：「故舊河師，猶時有傾危。」

氾爲其將五習所襲。 「五，范書紀傳並作伍。」

袁紹 由是勢傾天下。 注：京子陽，太尉。陽四子。 兩「陽」字官改「湯」。 案：范書紀、傳作「湯」。

平弟成，左中郎將。 范書本傳作「五官中郎將」，袁安傳作「左中郎」。

稍遷中軍校尉。 「中軍」，范書作「佐軍」，而獻紀、紹傳兩引山陽公載記、亦作「中軍」。

紹既斬宦者所署司隸校尉許相。 旁證：「後漢書靈帝紀云：『中平六年，司隸校尉袁紹勒兵收僞司隸校尉樊陵、河南尹許相及諸閹人，無少長皆斬之。』此云『司隸校尉許相』誤也。」 案：范書何進傳「讓、珪等爲詔，以故太尉樊陵爲司隸校尉，少府許相爲河南尹，袁紹與叔父隗矯詔召樊陵、許相斬之，」與靈紀合。疑此傳「司隸校尉」下奪「樊陵、河南尹」五字。

横刀長揖而去。 注：非萬機之立。 「機」，毛「乘」，官亦改「乘」，此誤。

從事趙浮、程奂。 「奂，」范書「涣。」

乃讓紹。 注：雖有張楊、於扶羅。 「扶，」毛誤「浮，」局本改正。

即表授爲監軍、奮威將軍。 范書「威」作「武」。 潘眉曰：「前漢任千秋爲奮威將軍，漢末魏武行奮武將軍。奮威、奮武皆有之，未知孰是。」 趙一清曰：「作奮武是也。時以韓馥爲奮威將軍，不得回授沮生也。」

將作大匠吳脩。范書獻紀作「吳修」，紹傳作「吳循。」

紹使河内太守王匡殺之。注：未有下土諸侯舉兵向京師者。劉向傳曰。「劉」上空一格，毛、官不空。

州郡鋒起。「鋒」，官同；毛「蜂」；范書「蜂」。

起至溷自殺。注：踰西城入，閉守州門。「州，」范「府。」

身自杆衛。「杆」，毛、官「扞」。此誤。

入朝歌鹿場山。「場」，范「腸」。注引續志曰朝歌有鹿腸山。則今續志「腸」作「腹」者，誤也。

薄擊諸賊左髮丈八等，皆斬之。又擊劉石、青牛角、黄龍、左校、郭大賢、李大目、于氏根等。潘眉曰：「張燕傳注引張璠漢紀，後漢書朱儁、袁紹傳，皆作『左髭丈八』，此作『左髮』，字之誤也。此是一種賊號，漢紀謂左校、郭大賢、左髭丈八三部，蓋左校一部，郭大賢一部，左髭丈八一部也。『青』字誤，當作『張』。張燕本姓褚，以冒牛角姓爲張，故張燕傳及章懷後漢書注引九州春秋，並云博陵張牛角。」案：青牛角，張燕傳注引九州春秋無「青」字；范書袁紹、朱儁傳並有青字，據張燕傳，張牛角先死於靈帝之世，則爾時之青牛角當别一賊號，不得遽謂「青」字爲誤。「于氏根，」張燕傳注「氏」作「羝」。

初平四年，天子使太傅馬日磾、太僕趙岐和解關東，岐别詣河北。范書獻紀日磾等之使在三年八月，故紹傳云「四年初，天子遣太僕趙岐和解關東」，雖叙於四年，而冠以「初」字也。此云「四年」，恐誤。

此誠將軍之眷而瓚之幸也。范書，「眷」作「羞」；「幸」作「願。」

各據一州也。注：不彊棄軍期。「彊棄」，毛、官「趨赴。」

將攻許。注：今公師武臣竭力。案：「師武臣力」，本左氏傳。「竭」字衍文。范書作「師徒精勇」。

監軍之計在於持牢。持牢范將軍。梁玉繩曰：「疑『持』字誤。晉書姚萇載記『陛下將牢太過耳』可證。」案：「持」牢蓋持重之意，「持」字未必誤。

備奔紹。注：魏氏春秋載紹檄州郡文曰：「蓋聞明主圖危以制變，忠臣慮難以立權。」文選「蓋聞」上有「左將軍領豫州刺史郡國相守」十二字，「立權」下有「是以有非常之人，然後有非常之事；有非常之事，然後立非常之功。夫非常者，故非常人所擬也」三十七字。

專制朝命，威福由己。終有望夷之禍，汙辱至今。文選「命」作「權」，「己」下有「時人迫脅，莫敢正言」八字，「禍」作「敗」，「汙」上有「祖宗焚滅」四字，「今」下有「永爲世鑒」四字。

及臻吕后、禄、産專政。文選後下有「季年」二字，「政」下有「内兼二軍，外統梁、趙」八字。

興威奮怒，誅夷逆亂。「威」，文選「兵」。「亂」，范書、文選「暴」。

故能道化興隆，光明顯融。「道化」，文選「王道」。「顯融」，范「融顯」。

祖父騰故中常侍。文選「祖父中常侍騰。」

因贓假位。「贓假」，范「臧買。」

輿金輦璧。「璧」，范「寶」。

操贅閹遺醜。「贅」，范「寳。」

本無令德。「令」，文選「懿。」

僄狡鋒俠。「俠」，文選「協」。

幕府昔統鷹揚，掃夷凶逆。「昔」，范書、文選「董」。「夷」，文選「除」。

方收羅英雄。范書、文選無「方」字。「收」，范「廣」。

參咨策略。文選作「同諮合謀」，下有「授以裨師」四字。

至乃愚佻短慮。「慮」，文選「略」。

表行東郡太守、兖州刺史。文選「太守」二字作「領」字。

授以偏師。文選無。

獎蹙威柄。蹙，文選同，范「就」。官據陳琳集改「就」。文選善注云：「魏志作『獎蹙』。蹙，成也」。陳景雲校云：「當作就。後漢書作『就』。就，成。」朱琦曰：「當本作『就』而誤加足旁作『蹴』，又誤爲蹴耳。」

一克之報「克」，文選「剋」。

而操遂承資跋扈。范無「操」字。

肆行酷裂。「裂」，官照陳琳集改「烈」；范作「烈」。文選「酷烈」作「凶忒」。

英才俊逸天下知名，以直言正色。「俊」，范「儁」；「逸」，文選「偉」；范無「天下知名」四字。文選無「以」字。

身被梟縣之戮。文選「身下」有首字，戮作誅。

妻帑受灰滅之咎。「帑」，毛、官「孥」，范書、文選並作「孥」。

民怨彌重。范「人怨天怒」。

故復援旌擐甲。「旌」，范「旍」。

席卷赴征，金鼓響震，布衆破沮。文選「赴」作「起」，「震」作「振」，「破」作「奔」。

復其方伯之任。「任」，文選「位」。

是則幕府無德於兖土之民。文選無「是」字，范無「之民」二字。

後會鑾駕東反，羣虜亂政。范「後會」作「會後」，文選「鑾」作「鸞」，「東反」作「反旆」，「亂政」作「寇攻」。

翼衛幼主而便放志專行，脅遷省禁，卑侮王宮。文選「翼」作「翊」，「而」作「操」，「遷」下有「當御省禁」，「宮」作「室」。范書「脅遷」作「威劫」，「宮」作「僚」。考證陳浩曰：「此『宮』字或是『官』字之訛。」

坐召三臺。文選「召」作「領」。案：董卓傳：「召呼三臺尚書以下，自詣卓府啟事。」所謂坐召三臺也。則「召」字是。

羣談者蒙顯誅。「蒙」，范書、文選「受」。

道路以目，百寮鉗口。范「寮」作「辟」，文選二句倒轉。

尚書記朝會。范「朝」作「期」。

故太尉楊彪歷典二司，享國極位。「二」，毛、官「三」，范書、文選「二」。章懷引續漢書彪爲司空、司徒爲注，李善引范書彪爲司空、司徒爲注。此作「二司」之證。故旁證以作「三」者爲誤。然彪又爲太尉，太尉即大司馬更名，與司空、司徒爲東漢之三公。則彪實歷典三司，何以舍太尉不言而但言「二司」乎？似未可遂以「三」字爲誤。「亨國」，范作「元綱」。

操因睚眥被以非罪，榜楚并兼。文選「因」下有「緣」字。「榜」，范「搒」。「并兼」，文選「參并」。

觸情放慝，不顧憲章。文選「放慝」作「任忒」，「章」作「綱」。

議有可納，故聖朝含聽，改容加錫。文選「議」作「義」，「故」作「是以」二字，「錫」作「飾」。

操欲迷奪時權。「權」，范、文選「明」。

先帝母弟。「弟」，文選「昆」。

松柏桑梓，猶宜恭肅，而操率將校吏士。文選「桑梓」在「松柏」上，「肅」在「恭」上。范無「而」字、「校」字。文選亦無「校」字。

略取金寶。「略」，范、文選「掠」。

又署發邱中郎將。「又署」二字，文選作「操又特置」。

所過墮突。「墮」，范「毁」，文選「隳」。旁證：「作『隳』是也，此誤」。案：「隳」者，「墮」之俗體。

身處三公之官。「官」，文選「位」。

殄國虐民，毒流人鬼。范、文選「殄」作「汙」，「流」作「施」。

繒繳充蹊，坑穽塞路。「繒」，范「矰」，文選「罾」。案：「矰繳」之「矰」，當從矢，古人借用「繒」字。淮南俶真「今繒繳機而在上」，三輔黃圖「佽飛具繒繳以射鳧雁」是也。罾，魚網也，與「矰繳」字義異。

動足蹈機陷。「蹈」，文選「陷」，范埳。

帝都有嗟吁之怨，歷古今書籍所載貪殘虐烈無道之臣。「嗟吁」，范「呼嗟」，文選「吁嗟」。文選「書」作「載」，無「所載」二字，「無道之臣」四字在「貪」字上，「虐」作「酷」。

加意含覆。文選「意」作「緒」，「覆」作「容」。

乃欲撓折棟梁。「撓折」，文選「摧撓」。

除滅中正。范作「除忠害善」。文選「中」作「忠」。旁證：「作『忠正』是也，此誤作『中』耳」。

往歲伐鼓北征，討公孫瓚，强禦桀逆。文選「歲」作「者」，無「討」字，「禦」作「寇」。

欲託助王師以相掩襲。文選「欲託」二字作「外」字，「以」作「内」。范「相」作「見」。

會其行人發路。范無「其」字。「路」，范、文選「露」。案：作「露」是。

故使鋒芒坐縮。「坐」，范、文選「挫」。何焯曰：「『坐』乃『挫』之誤。」

屯據敖倉。「屯」上文選有「爾乃大將軍過蕩西山，屠各左校皆束手奉質，争爲前登。犬羊殘醜，消淪山谷。於是操師震慴，晨夜逋遁」三十九字。

乃欲以螳蜋之斧。文選無「乃」字，范「以」作「連」。

以焫飛蓬覆滄海而沃熛炭。范「焫」作「焚」，「沃」作「注」。文選「而」作「以」。

奮中黄、育、獲之材。「材」，范、文選「士」。

大軍汎黄河以角其前。「大」，毛「太」，局本改正。「以」，文選「而」。

雷震虎步。「震」，文選「霆」。

有何不消滅者哉！文選無「消」字，「哉」下有「又操軍吏士，其可戰者皆自出幽、冀，或故營部曲，咸怨曠思歸，流涕北顧，其餘兗、豫之民及吕布、張楊之遺衆，覆亡迫脅，權時苟從，各被創夷，人爲讎敵，若迴旆方徂，登高岡而擊鼓吹，揚素揮以啓降路，必土崩瓦解，不俟血刃」八十六字。

當今漢道陵遲，綱弛紀絶。文選「當」作「方」，「弛紀」作「維弛」，「絶下」有「聖朝無一介之輔，股肱無折衝之勢，方畿之内，簡練之臣皆垂頭搨翼，莫所憑恃，雖有忠義之佐，脅於暴虐之臣，焉能展其節」四十八字。

操以精兵七百圍守宫闕，外稱陪衛，内以拘執，懼其簒逆之禍。范「執」作「質」，無「其」字。文選「操」上有「又」字，「以」字作「持部曲」三字，「稱陪」作「託宿」，「以」作「實」，「禍」作「萌」。

乃忠臣肝腦塗地之秋，烈士立功之會也。文選「乃」上有「此」，無「也」字。

可不勗哉。文選「哉」下有「操又矯命稱制，遣使發兵，恐邊遠州郡，過聽而給與，强寇弱主，違衆旅叛，舉以喪名，爲天下笑，則明哲不取也。即日幽、并、青、冀四州並進，書到荆州，便勒見兵，與建忠將軍協同聲勢，州郡各整戎馬，羅落境界，舉師揚威，並匡社稷，則非常之功，於是乎著。其得操首者，封五千户侯，賞錢五千萬，部曲、偏裨、將校、諸吏降者，勿有所問，廣宣恩信，班揚符賞，布告天下，咸使知聖朝有拘逼之難，如律令」一百五十字。

紹衆號曰霹靂車。注：魏氏春秋曰。御覽三百三十七引「魏武本紀」。

説曰。御覽「説」下有「文」字。

七年憂死。潘眉曰：「『憂』乃『夏』字之譌，紹以夏五月死，見武紀。」

與太祖相拒於黎陽，自二月至九月，大戰城下。潘眉曰：「紹以五月死，公征譚、尚在是年九月，至明年三月乃大破之。此『二月至九月』倒誤，當作『自九月至明年三月』。後漢書作『自九月至明年二月』較明晰，然二月亦誤，蓋以三月破之，夏四月進攻鄴，五月還許也。」

十月至黎陽。注：天篤降害。「篤降」，范「降災」。

禍難殷流。范，「流」下有「初交殊族，卒成同盟，使王室震蕩，彝倫攸斁，是以智達之士，莫不痛心入骨，傷時人不能相忍也。然孤與太公志同願等，雖楚、魏絶邈，山河迥遠，戮力乃心，共奬王室，使非族不干吾盟，異類不絶吾好，此孤與太公無貳之所致也。功績未卒」九十一字。

尊公殂殞，四海悼心。范「尊」作太，無「四海悼心」四字。

賢胤承統。范「統」下有「以繼洪業，宣奕世之德，履丕顯之祚，摧嚴敵於鄴都，揚休烈於朔土，顧定疆宇，虎視河外，凡我同盟，莫不景附」四十二字。

遐邇屬望，咸欲展布旅力以投盟主，雖亡之日猶存之願也。官「願」改「年」。范無此二十三字。

何寤青蠅飛於干旍，無極游於二壘。范，「寤」作「悟」，「旍」作「旋」，「極」作「忌」。

背膂絶爲異身。范「背」作「匈」。「身」下有「初聞此問，尚謂不然。定聞信來，乃知閼伯實沈之忿，已成棄親，即讎之計已決，旃旆交於中原，暴尸累於城下，聞之哽咽，若存若亡」五十字。

父子相殘蓋有之矣。范「父」上有「君臣相弑」四字「殘」上有「殺兄弟相」四字，「殘」下有「親戚相滅」四字，「蓋下有時」字，無「矣」字。

或欲以定霸功。范「功」下有「皆所謂逆取順守，而徼富强於一世也」十五字。

或欲以顯宗主，或欲以固冢嗣。范無此二句。

杌其本根，而能崇業濟功，垂祚後世者也。「杌」，毛、官「拔」，范「兀」。案：杌當從手旁。説文：「扤，動也」。史記司馬相如傳集解引郭璞曰：「扤，摇也。」此言動摇其本根也。范作「兀」者，當是假借字。「杌」乃「扤」之或體，義異。「本」作「拔」者，恐是校者所改。范「本根」作「根本」，「能」下無「崇業濟功，垂祚後世」八字，有「全於長世」四字。

昔齊襄復九世之讎。范「襄」下有「公」字，「復」作「報」。

未若文公之忿曹。范「文」作「太」，「忿」下有「於」字，「曹」下有「也」字。潘眉曰：「後漢書章懷注：『言』太公者尊之，謂紹也。此作『文公』誤。」

且君子之違難，不適讎國。范無「之」字，「國」下有「交絶不出惡聲」六字。

豈可忘先君之怨，棄至親之好而爲萬世之戒，遺同盟之恥哉？范「豈可」二字作「況」，「怨」作「讎」，「至親」作「親戚」，「爲」上有「而」字，「哉」下有「蠻夷戎狄將有誚讓之言，況我疾類而不痛心耶？夫欲立竹帛於當時，全宗祀於一世，豈宜同生分謗，争校得失乎」四十四字。

冀州不弟之慠，既已然矣。范「冀」上有「若」字；「州」下有「有」字；「慠下」無「既已然矣」四字，有「無慙順之節」五字。

以匡國爲務。范「匡國」作「濟事」；「務」下有「事定之後，使天下平其曲直，不亦高義耶」十七字。

雖見憎於夫人。范「雖」字作「今仁君」三字；「夫」作「天」。

兄弟之嫌，未若重華之於象慠也。然莊公有大隧之樂，象受有鼻之封，願捐棄前忿，遠思舊義，復爲母子、昆弟如初。范，「兄」作「昆」，「慠」作「敖」，無「也」字；「有」字作「卒崇」二字；「受」上有「敖終」二字；

「前忿」作「百痾」，「遠思」作「追攝」；「初」下有「今整勒士馬，瞻望鵠立」九字。

周武有商奄之師。　范注「武」作「公」。　案：「武」字誤。

非彊弱之事争。　范注無「事」字，疑此衍。

故雖滅親不爲尤，誅兄不傷義。　范注無「爲」字、「義」字。

當唯義是務。　「義」，范注「曹」。　錢大昭曰：「後漢書是，當從之。」

然後克得其和，能爲民用。　范注「克」作「剋」，「民」作「人」。

以卒先公之恨。　「卒」，范注「平」。

乃議曲直之計。　「計」，范注「評」。　錢大昭曰：「後漢書是。」

若留神遠畧。　「畧」，毛、官「圖」，下同。

克己復禮，常振旆長驅。　范注「克」作「剋」，「旆」作「旅」。

違而無改。　「違」，范注「遵」。

復能戮力爲君之役哉。　「爲」，范注「仁」。　案：「爲仁」二字皆當有，疑此奪「仁」字，彼奪「爲」字。

若其否也。　若，毛、官「如」，范注亦作「如」。

春秋之義。　范「春」上有「配聞良藥苦口而利於病，忠言逆耳而便於行。願將軍緩心抑怒，終省愚辭。蓋」三十字。

苟有圖危宗廟，敗亂國家王綱典律。　范無「有」字，「敗」作「剥」，無「王綱典律」四字。

是以周公垂泣而蔽管、蔡之獄，季友歔欷而行鍼叔之鴆。　范注「而蔽」作「涕以斃」，「鍼叔」作「叔牙」，「鴆」作「誅」。左傳「鍼叔」作「鍼季」。

事不得已也。　范「得作」「獲」，「已」下有「故」字。

昔衛靈公至兄弟乎？　范無此段。

先公謂將軍至叔父。　范無此二句。

且先公即世之日至益明。　范無。

是時凶臣逢紀。　范「是時」作「何意」，「逢紀」作「郭圖」。　案：譚殺逢紀，故下文云「將軍奮赫然之怒，誅不旋時」云云。下文「凶險讒慝之人」云，方指郭圖。蓋譚、尚相攻，圖實搆之也。范書删「將軍奮赫然」一段，故改「逢紀」爲「郭圖」以就文義，然非其原文矣。配、紀並與尚比，而目爲凶臣者，殆歸罪於紀以自解歟？

將軍奮赫然之怒至姦利。　范無。

至令將軍翻然改圖。　范無「翻然改圖」四字，蓋删去譚殺逢紀一段事，故此四字亦不得不删也。

聽豺狼之謀至之繼。　范無，有「襲閼、沈之迹」五字。

遂放兵鈔撥。　范無遂字，「撥」作「突」。

交尸盈原至支體。　范無。

創痍號於草棘。　范「號」作「被」。

許賜秦、胡財物婦女，預有分界。　范「許」下有「賞」字，「物」下有「其」字，「界」作「數」。

或聞告令吏士云。　「或聞告令吏士」六字，范作「又」字。

輒使身體完具而已。　「輒」，考證云：「宋本作『趣』。」案：范作「趣」，則宋本是也。

莫不驚愕失氣。　范無「驚愕失氣」四字。

使太夫人憂哀憤懣於室堂，我州君臣士友假寐悲嘆無所措其手足。　范「憤」下有「隔」字，無「懣於室堂」四字；「臣」下無「士友」二字；「假」作「監」；「歎」下無「無所措其手足」六字。

念欲静師拱默。　「念欲静師」四字，范作「誠」字。

隕先公高世之業。　范「隕」作「損」，「高」作「不」。　案：作「不世」是。

是時外爲禦難，内實乞罪，既不見赦，而屠辱各二三其心至如初之愛。　陳景雲曰：「『屠』下衍一『辱』字，屠各者，匈奴種也。是袁尚攻譚，倚匈奴爲助，乃交鋒之後，譚兵擊其前，屠各叛於後，故繼云進退無功，首尾受敵也。」　范無此段，有「伏惟將軍至孝蒸蒸，發於岐嶷，友於之，性生於自然，章之以聰明，行之以敏達，覽古今之舉措，覩興敗之徵符，輕榮財於糞土，貴名高於丘岳，何意奄然迷沈，墮賢哲之操」六十五字。

而縱情肆怒，趣破家門，企踵鶴立，連結外讎。范作「結怨肆忿，取破家之禍，翹企延頸，待望讎敵。」

散鋒放火至將軍之疾。范無。有「委慈親於虎狼之牙，以逞一朝之志，豈不痛哉」。

若乃天啟於心，早行其誅。范，「于」作「尊」；「早行其誅」作「革圖易慮」。

配等亦袒躬布體，以待斧鉞之刑，若必不悛。范「袒」作「敷」；「鉞」作「鑕」；「若必」作「如又」。

有以國斃，圖頭不縣，軍不旋踵。范無。有「禍將及之」四字。

願將軍詳度事宜，錫以環玦。范作「願熟詳吉凶以賜環玦」。

其將呂曠、呂翔。旁證：「呂翔，後漢書作『高翔』是也。此誤。」案：武紀作「呂詳」。

城中餓死者過半。「餓」，官同，毛「饑」。案：武紀、范書、作「餓」。

尚走還濫口。「濫」，范「藍」。

遂斬之。注：自卿文榮耳。考證盧明楷曰：「按上正文云『配兄子榮守東門，夜開門内太祖兵。』則此『文』字疑爲『子』字之譌。」

送其首。注：熙曰：「頭顱方行萬里」。旁證：「後漢書『熙曰』作『康曰』，是也。此公孫康語，『熙』字誤。」

熙字顯奕。「奕」，范「雍」。

卒於家。注：奉養兄姊，宗族稱孝焉。旁證：「後漢書注無『孝』字，是也。既云『奉養兄姊』，則『孝』字宜衍。」

袁術　舍近交遠如此。注：弈世相承。「弈」，毛、官「奕」。

殺楊州刺史陳温。「楊」，毛、官「揚」。

以張勳、橋蕤等爲大將軍。官删「軍」字。考證：「呂布傳云『遣大將張勳攻布』，『軍』字衍文，今改正。」

封陽翟侯。「陽」，毛誤「楊」，局本改正。

拘留不遣。注：備軍中千餘人。考證：「通鑑作『條軍中十餘人』。」

叄分天下有其二。「叄」，毛「參」；范「三」。

明公雖弃世克昌。「弃」，毛、官「奕」，范亦作「奕」。

漢室雖微，未若殷、紂之暴也。范「雖」作「衰」，「暴」作「敝」。

用河内張炯之符命。「炯」，范「炯」。

遂僭號。注：乃建號稱仲氏。「仲氏」，范作「仲家」。注「仲」或作「沖」。

奔其部曲雷薄、陳蘭於灊山。劉馥傳云雷緒、陳蘭，夏侯淵傳亦有雷緒，未知緒即薄否？「蘭」，范作「簡」。

道死。注：坐櫺牀上。范「櫺」作「簀」。

劉表號八俊。注中引張璠漢紀作「八顧」，范本傳及黨錮傳並作「八顧」，疑「俊」字誤。黨錮傳列八顧人名。前後二說並無表名。

注：張璠漢紀曰：「表與同郡人張隱、薛鬱、王訪、宣靖、公褚恭、劉祇、田林爲八交，或謂之八顧。」漢末名士録云：「表與汝南陳翔字仲麟，范滂字孟博，魯國孔昱字世元，勃海苑康字仲真，山陽檀敷字文友，張儉字元節，南陽岑晊字公孝爲八友。案：范書黨錮傳張儉鄉人朱並上書所列八顧姓名，與漢紀全同，「公褚恭」作「公緒恭」。章懷注公緒姓也。傳中前一說列八及名與名士録所列同，惟無范滂而有翟超。朱並所列八及名與此全異。范傳云：「及者，言其能導人追宗者也。」八交、八友並無意義，疑「交」與「友」皆「及」字之譌也。

表亦合兵軍襄陽。注：遂使越遣人誘宗，賊至者五十五人。范作「十五人」。

封成武侯。「成」，毛「城」，范亦作「成」。

治中鄧羲。「羲，」武紀作「義」；范亦作「義」。

長沙太守張羨叛表。注：先作零陵、桂陽長。潘眉曰：「縣官千石至六百石稱令，五百石稱長。長爲令之次，零陵、桂陽皆荆州郡，此『長』字誤也。章懷注引英雄記作零陵、桂陽守，當依之。」

備走奔夏口。注：言自中興以來。何焯曰：「『中興』當作『中平』。」

封列侯。注：後復先疆。「復」，官據何焯校本改「服」。

下圖不朽之餘祚。「朽」，毛、官「杇」。此誤。

羲，侍中羲，章陵人。「羲，章陵人」。遵全書例，亦應大字，自爲一行，凡此類體例參差者，後不悉出。

呂布　五原郡九原人也。范無「郡」字。案：諸傳無書「郡」字者。疑此衍。

以驍武給并州。刺史丁原爲騎都尉，屯河内，以布爲主簿。何焯曰：「『爲騎都尉』上當更有一『原』字。」潘眉曰：「後漢書云：『以弓馬驍武給并州。刺史丁原爲騎都尉，原屯河内，以布爲主簿。』劉攽刊誤云下『原』字合在上原字下，蓋原爲騎都尉，以布爲主簿也。按刊誤説是也。刺史屬吏惟有主簿、功曹、簿曹書佐等。騎都尉秩比二千石，非刺史所得置。呂布爲騎都尉在殺丁原後，此時未得爲也。後漢書誤移『原』字在『爲騎都尉』下，此傳並脱去『原』字，當補入。」　案：張楊傳云「以武勇給并州」。則此傳亦當以「州」字句絶，不必補「原」字，范書衍下「原」字耳。

允以布爲奮威將軍。潘眉曰：「『奮威』當作『奮武』。宋書百官志：『奮武將軍，漢末呂布爲之』。後漢書亦誤作『威』。」

布走河内。注：亂斫布牀被。「斫」，毛誤「砍」。

莫敢逼近者。注：以布爲潁川太守。「川」，毛誤「州」，局本改正。

張邈　字孟卓，東平壽張人也。錢大昭曰：「後漢書張邈事即附在呂布傳中，故張邈之前布事未終，張邈之後仍叙布事，且其作贊，言布不言邈，大略與魏志同。蓋蔚宗因承祚之舊故也。魏志本以張邈、陳登附布傳，以陳容附臧洪傳，後之校書者見有『張邈字孟卓，東平壽張人也』十一字，不及細檢，輒於卷首題云呂布、張邈、臧洪傳，而於目録則云張邈陳登、臧洪陳容，皆誤。」

君以千里之衆。范作「君擁十萬之衆」。

與布戰於濮陽。「於」，毛誤「與」，局本改正。

布自稱徐州刺史。注：甫詣封部。旁證：「『封部』，當從後漢書作『封邱』。」

尚，獻帝初爲兗州刺史，東之郡。　范書注同。劉攽曰：「刺史不當言郡，蓋是部字。」

備中郎將丹楊許耽。　「楊」，毛、官「陽」；下並同。

丹陽有兵千人屯白城門內。　旁證：「白門，下邳之城門，即布受擒於曹公處也。『城門』二字宜互易。」

性斫萌一臂，順斫萌首。　「斫」，毛並誤「砍」。

遣鈐下請靈等。　「鈐」，官「鈴」。　案：作「鈴下」是。

勳大破敗。　注：二將軍拔大駕來東。　「拔」，范「扶」。

造策者非布先唱也。　「造」，考證：「元本作『告』。」

霸畏布引還抄暴。　何焯曰：「疑作『畏布抄暴』，衍『引還』二字。」

布遣人求救於術，術自將千餘騎出戰。　考證盧明楷曰：「下『術』字疑衍。」　案：范書無下「術」字，此「術」字爲衍文無疑。下云「術」亦不能救，情事甚明。

陳元龍湖海之士。　潘眉曰：「世説補引作『陳元龍，淮海之士』。明人所見善本三國志，『湖海』爲『淮海』，故所引如此。元龍下邳人，作『淮海』爲是。」

造次難得比也。　注：孫策遣軍攻登於匡琦城。　陳矯傳「琦」作「奇」。

羣下咸以今賊衆十倍於郡兵。　「倍」，毛誤「諸」，局本改正。

遷登爲東城太守。　趙一清曰：「漢書地理志九江郡東城縣，後漢省，故續志無之，未聞立郡也。此『城』字疑『郡』之誤。登由廣陵遷東郡，既去而淮南遂虛，曹公故追恨不用其計也。若仍在九江，則何歎恨之有哉？」　案：續漢志「東城」作「東成」，屬下邳國，未嘗省也。城、成之異，二志屢見。晉志屬揚州淮南郡亦作『東城』，中間不聞爲郡，趙説可從。

臧洪　父旻，歷匈奴中郎將。　范「匈奴」上有「使」字。　案：使匈奴中郎將乃官名，不當去「使」字，疑奪。

中山、太原太守。　趙一清曰：「後漢中山是王國，當云相。中山國都治盧奴，注云盧奴令是也。恐傳有誤。」

案：旻爲盧奴令在先，不得以此爲疑。范書靈紀熹平三年，中山王暢薨，無子，國除。是熹平之後，中山國已除爲郡，故有太守。旻爲揚州刺史，在熹平元年，至三年遷使匈奴中郎將，六年爲中山太守，在國除爲郡之後，傳文不誤。

紹歎其能。「歎」，范「憚」。

望主人之旗鼓。范「望」作「觀」。「鼓」下有「瞻望帳幄」四字。

豈悟天子不悦，本州見侵。范無「天子不悦」四字。案：操之滅超，志在并吞，非有天子之命，故范删之。

股肱奏乞歸之誠耳。「誠」，范「記」。

乃殺之。注：徐衆三國評。旁證：「隋書經籍志，三國評三卷。宋徐爰撰，『衆』字誤也。」案：唐志作「徐衆」，裴前後所引並作「衆」，恐非誤。

公孫瓚　令支人也。注：令音郎定反。支音其兒反。注宜自爲一行，凡似此者，後不悉出。

故太守器之，以女妻焉。范書注引此作「侯太守妻之以女」。何焯曰：「繫太守以侯氏者，所以別下劉太守也。宋本亦作『侯』。」案：「太守」上加一「故」字，與劉太守已有別矣。

日南鄣氣。「鄣」，毛同，官改「瘴」。范作「瘴」，「瘴」上有多字。案：説文無「瘴」字，古假「鄣」字爲之，未可改。

光和中，涼州賊起。「光和」，范「中平」。案：涼州賊起在中平元年冬十二月，「光和」二字誤。

乃以劉虞爲幽州牧。注：吏民思虞治行。「思」，毛誤「使」，局本改正。

紹使周昂奪其處。「昂」，范「昕」。

欲以結援。考證：「宋本作『欲以自結援』。」

進軍界橋。注：不能舉直。范，「直下」有「錯枉」二字。

紹又上故上谷太守高焉、故甘陵相姚貢。考證：「『又上』二字或是『止字』之訛。」案：「上」者，上於朝也，恐非訛字。

輒與諸將州郡兵。「郡」，毛誤「部」。

天子遣使者叚訓。「叚」，毛「叚」，官「段」，范亦作「叚」。「叚」乃譌字，局本改「段」。「叚」、「段」未知孰是。

脅訓斬虞。注：瓚攻及家屬以還。趙一清曰：「『攻』下有脱文。虞傳云攻之三日城陷，遂執虞并妻子還薊。」

多所賊害。注：衣冠子弟有材秀者，必抑困使在窮苦之地。毛「材」作「才」，「困」在使下。

三人者爲仲叔季。考證：「北宋本『三人』上多一『謂』字。」

積穀三百萬斛。注：汲上文書。「上」，毛誤「土」；局本改正。范云「皆汲而上之」。

連年不能拔。注：遂躍馬控弦處我疆土。考證：「『控』一作『横』，『土』一作『上』。」

毒偏生民。「偏，」毛、官「徧」。此誤。

稍至中京。注：袁紹分部攻者。何焯曰：「『分部』當作『部分』。」

拜左渡遼將軍封亭侯。「渡」，官「度」；下同。局本改「度」。范「度」，「亭」上有「都」字。凡渡遼將軍並同，後不悉出。

文帝踐阼，拜輔虎牙將軍。潘眉曰：「據魏公卿上尊號奏碑稱虎牙將軍、南昌亭侯臣輔，輔在延康中已爲虎牙將軍，此傳誤。」

陶謙，丹楊人。「楊」，毛同；官「陽」；范亦作「陽」，下走「歸丹楊」句同。旁證：「按晉志丹楊山多赤柳，故名丹楊，則作『陽』者誤。案：二漢書丹楊字，『陽』、『揚』、『楊』錯見，未詳孰是。

除盧令。注：固彊之，及舞又不轉。范書注作「固彊之乃舞，舞又不轉」。御覽五百七十四引作「乃舞，舞不轉。」案：此當從范。

西討韓遂。注：或又謂謙曰。「又」，毛誤「人」。

謙退守剡。「剡」，官「郯」。案：「剡」誤。范書云「謙退保郯」。局本改正。

單于執楊與俱去至單于執楊至黎陽。錢大昭曰：「上既云『單于執楊』矣，下何必重複言之？『至黎陽』上

『執楊』二字疑衍。」案：下「執楊」字，考證云「北宋本作『與楊』」，然則誤一字，非衍二字。

公孫度　明當有上地而三公爲輔也。　「上」，毛、官「土」。

太和二年，淵脅奪恭位。明帝即位，拜淵揚烈將軍、遼東太守。　考異：「明帝以黃初七年即位，其明年改元太和，傳以明帝即位承太和二年之下，誤也。『位』字當是衍文。」　案：錢説是。明紀太和二年，遼東太守公孫恭兄子淵劫奪恭位，遂以淵領遼東太守。曰遂，曰即，其義一也。

徃來賂遺。注：邵琱。　「琱」，官「瑁」。此與毛本並缺誤。

悉斬送彌、晏等首。注：魏略載淵表曰。　考證：『魏略』，北宋本作『魏書』。

侵擾北方。注：參軍臣柳浦。　「浦」，毛、官「蒲」。

合策明之計。　考證：「『策明』疑當作『策名』。」

合積累之效。　「累」，毛「慮」。

不聽所執。　「執」，毛、官「執」。此誤。

伍部蠻夷。　「伍」，毛、官「五」。

軍旅行成。　「行成」，册府元龜作「成行」。

埋而掘之。　「埋」，毛誤「理」，局本改正。

張燕　拜燕平難中郎將。注：九州春秋曰，黑山、白波、黃龍、左校、牛角、五鹿、羝根、苦蝤、劉石、平漢、大洪、司隸、緣城、羅市、雷公、浮雲、飛燕、白爵、楊鳳、于毒等。　袁紹傳注及范史朱儁袁紹二傳，「牛角」「青牛角」，「羝根」作「于氏根」。此注典略作「于羝根」。朱儁傳「苦蝤」作「苦哂」，「大洪」作「大計」，「緣城」「作掾哉」。注引九州春秋與此同。　潘眉曰：「氐與羝通，或稱羝，或稱于羝，聲有緩急，如於越爲越，其實一也。」

方蒐，子融嗣。　「五字」毛無。

張繡　武威祖厲人。　旁證：「漢書地理志安定郡祖厲，後漢書郡國志屬武威。應劭曰：『祖音置。』」師古曰：「厲音賴，祖字從衣不從示。」　案：漢前志作祖厲，續志作「租厲」，無從衣旁者。惟玉篇衣部「祖又子邪切，縣名」；廣韻九麻子邪切下「祖縣名」。集韻九麻咨邪下「祖厲，縣名」，字並從衣。

張魯　字公祺。　范史劉焉傳「祺」作「旗」。

學道鵠鳴山中，造作道書。　范「鵠」作「鶴」；「道」作「符」。

犯法者三原。　毛奪「者」字，范曰「犯法者先加三原」。

垂三十年。　注：號爲姦令，爲鬼卒。　范史注無上「爲」字。

遂就寵魯爲鎮民中郎將。　范，「民」作「夷」。

遂入蜀。　注：西曹椽東郡郭諶。　「椽」，毛、官「掾」。此誤。

將稽顙。　范，「顙」下有「歸降」二字。　案：「將稽顙」三字語意不全，疑此奪「歸降」二字。

不如依杜濩赴朴胡相拒。　侯康曰：「華陽國志叙魯事，有巴夷杜濩、朴胡、袁約三人，此作『杜灌』與彼異。武帝紀、黄權傳亦作『杜濩』，則此乃筆誤耳。」

遣人尉喻。　「尉」，毛、官「慰」。

皆爲列侯。　注：阻兵杖力。　「杖」，毛、官「仗」。

在禮謂中。　謂，毛同；北監「爲」；官改「請」。　考證盧明楷曰：「案蜀志劉封傳注：『詔轉拜儀樓船將軍，在禮請中。』請，猶奉朝請之請。監本、毛本均失之。」

謚之曰原侯。　「之」字疑衍。

夏侯惇　乃敢執劫大將軍。　錢大昭曰：「是時惇爲折衝校尉，非大將軍也。惇爲大將軍在文帝即王位之後。此『大』字疑衍。」　案：下文「寧能以一將軍之故」句，亦曰將軍，錢説是。

由是劫質者遂絶。　注：政教陵遲。　「政」，毛誤「没」；局本改正。

爲大將軍後拒。　旁證：「『將』字衍。此時爲司空，未爲大將軍也。」

二十四年，太祖軍破吕布軍於摩陂。　考證盧明楷曰：「案布已死建安三年，此時無與太祖交兵之事。又按武帝紀云，『二十四年王自洛陽南征羽，未至，晃攻羽破之，羽走，仁圍解。王軍摩陂。』此『吕布』二字疑爲『關羽』二字之誤。」

梀歷位侍中尚書、安西鎮東將軍，假節。注：以誹謗公主奏之。考證：「『公主』，宋本作『令主』。」

京兆叚默。「叚」，官「段」；毛「叚」；局本改「段」。

夏侯淵　十四年以淵為行領軍。錢大昭曰：「此十四年即建安十四年也。疑脱『建安』二字。」

擊破南山賊劉雄。考證陳浩曰：「張魯傳注劉雄鳴據武關道口，太祖遣夏侯淵討破之，雄鳴南奔漢中，是其人也。此作劉雄，疑脱鳴。」案御覽十五引魏略亦作『劉雄鳴』。

姜叙起兵鹵城以應之。何焯曰：「西縣屬漢陽。『西』古作『卤』，此『卤』字與楊阜傳皆訛爲『鹵』。」

二十一年增封三百户。潘眉曰：「『一』字衍，當作『二十年』。下載武都氐及征張魯事，並在二十年。」

徙樂浪郡。注：進至興世圍。趙一清曰：「興勢，地名，在定軍山。世字誤也。是役在魏太和四年，詳曹真及蜀後主二傳。」

官至兗州刺史。注：莊，晉景陽皇后姊夫也。何焯曰：「『陽』當作羊，此晉景獻皇后也。」

曹仁　從攻費、華、即墨、開陽，謙遣別將救諸縣。考異：即墨屬青州之北海郡，陶謙爲徐州牧，未得有其地。疑是『即邱』之訛。」

紹遣別將韓荀鈔斷西道，仁擊荀於雞洛山。旁證：「『荀』當作『莫』，韓莫見荀攸傳。此誤。」

將士感之，皆無二。旁證：「『二』下當有『心』字。」

袁譚出戰。「出」，毛誤「大」。

純麾下騎斬譚首及北征三郡。北監「及」作「級」，「郡」作「部」，官已改正。

曹洪　至熒陽。「熒」，官「滎」。

時大饑荒。「大」，毛誤「太」；局本已改正。

破表別將於舞陽、陰葉、堵陽、博望。潘眉曰：「『舞陽』當為『舞陰』。考後漢舞陽省入辰陽，時無舞陽也。」

舞陰、陰葉、堵陽、博望皆南陽邑。武紀建安二年，曹洪屯葉，數為繡、表所侵，公自南征至宛，生禽表將鄧濟，攻舞陰下之，即在是時。」

曹休　遷征東將軍，領揚州刺史，進封安陽鄉侯。　潘眉曰：「公卿上尊號奏云：『使持節、行都督、督軍、領揚州刺史、征東將軍、安陽鄉侯臣休。』是延康中所署官爵已如此。本傳載在黃初三年後，似當以碑爲正。」

太和二年，帝爲二道征吳，遣司馬宣王從漢水下督休諸軍向尋陽。　何焯曰：「『督休』當作『休督』，宣王與休並爲上將，分道而進。宣王方從西道當吳上流，則東軍之向尋陽者，不得而兼督也。」

曹真　真以亮懲於祁山。　「祁」，毛誤「祿」；局本改正。

爽　得制其輕重也。　注：　成湯褒功，以伊呂為首。　何焯曰：「單言成湯，下兼言伊呂，此臨文之病。」

案：「成湯」疑「湯武」之誤。

於是帝使中書監劉資、令孫放為詔曰。　「爲」，毛誤「謂」；局本改正。

順長少也。　考證：「北宋本『長少』作少長。」

宣王遂疾避爽。　注：　初宣王以爽云云。　旁證：「此條不出書名，疑有脱文。」

丁謐、畢軌等既進用。　「丁」，毛誤「王」；局本改正。

使先帝捷伃爲技。　「技」，毛「伎」。

群官要職皆置所親。　「官」，毛誤「宮」；局本改正。

根據槃牙。　潘眉曰：「『槃牙』二字誤，當作『互』。」吳志陸瑁傳『九域盤牙』同，蓋字作『𠄢』，『𠄢』即「互字也。」

臣受命之時也。　考證：「『受』疑當作『授』。」

夷三族。　注：　以官易富。　考證陳浩曰：「鄭樵通志略作『以官易婦』是也。臧艾以父妾與颺，故爲此語。」

蓋由交友非奇才。　「奇」，毛「其」。案：作「其」是。

丁謐字彥靖。　御覽二百十二「靖」作「静」。

外似疎畧，而内多忌。　「多忌」，御覽作「明慧」。

二狗崖柴不可當，一狗憑默作疽囊。　何焯曰：「『崖柴』，藝文類聚作『啀喍』。玉篇：『啀，狗欲齧也。』類篇又作『厓』，則偏旁無口字者，或古叚借通用。『默』，太平御覽作『黠』。」　案：御覽二百十二「崖柴」同，「默」作黠。九百四「崖柴」作「嘊喍」，「疽」作「蛆」，「默」同。玉篇：「啀，魚佳切；狗欲齧。喍，仕皆切，啀喍也。」

其意言三狗皆欲囓人，而謐尤甚也。　「尤甚」，御覽二百十二「作尤」；「疽囊」九百四作「畜蛆」。

張魯前爲鎮北將軍。　旁證：「按魯傳為鎮南將軍，此作『鎮北』，疑誤。」　案：魯爲鎮南將軍在内附之後，其先爲鎮民中郎將。此文有誤。

明帝禁浮華，而人白勝堂有四窻八達，各有主名，用是被收。　考證李龍官云：「按堂有四窻八達，未必能得罪，或『堂字』爲『黨』字之誤。諸葛誕傳注云以元、疇四人爲四聰，誕、備八人爲八達，是其證也。『窻』與『聰』古字通用。」　案：盧毓傳，「前此諸葛誕、鄧颺等馳名譽有四窻八達之誚」，亦其一證。

桓範　字元則。　世説六注引魏略，「字允明」。

與徐州刺史鄭岐争屋。　「鄭」，毛「鄒」。

衆人爲君難為作下。　上爲字，官作「謂」；局本已改「謂」。

亦知範剛毅。　毅，毛、官「毅。」

而司農承吏。　「承」，毛、官「丞」。

舉手中扳以示之。　「扳」，毛、官「版」；此誤。

世語曰：　初爽夢二虎云云。　御覽十三引世説曰。

著述凡數十篇。　注：其時秦宜禄兒阿蘇。　世説夙惠篇注引魏略作「阿鱢」。

又其母在内。　考證：「北宋本『其』上有『以』字。」

初，宣王使晏與治爽等獄。　「與」，毛、官「典」。　案：盧毓傳爽等見收，毓治其獄。則非晏典治也。作

「與」字爲是。

皇甫謐列女傳。「列」，毛「烈」。

夏侯尚 文帝踐阼，更封平陵鄉侯，遷征南將軍。旁證：「按魏公卿上尊號奏表中已有使持節、都督、督軍、征南將軍臣尚。則此云『踐阼後拜』者，蓋誤。」

謚曰悼侯。注：贈征南大將軍、昌陵侯印綬。旁證：「『昌陵』下當有『鄉』字。」

玄 緬緬紛紛。考異：「即書『泯泯棼棼也』。『泯』、『緬』聲相近，漢書叙傳作『湎湎紛紛』。」

斯可官矣。「官」，毛「觀」。

勿使過一二之覺。何焯曰：「『覺』疑當作『較』。」

鑠等皆許以從命。注：卿等密之。「密」，毛誤「滅」；局本改正。

即殺之。注：晉惠帝初。毛「帝初」二字誤倒；局本改正。

送廷尉。注：流涕以示元。「流」，毛誤「毓」；局本改正。

於是豐、元、緝、敦、賢等，皆夷三族。案：上文云「收元、緝、鑠、敦、賢等送廷尉」。鑠者，黄門監蘇鑠也。疑此文「緝」下奪「鑠」字。

時年四十六。注：不畜華妍。旁證：「藝文類聚卷五十八引魏本傳云：『夏侯太初見召，還洛陽，絶人道，不畜筆研』。按此，『華妍』恐是『筆研』之誤。」

無復憂矣。「無」，毛誤「吾」；局本改正。

魏將軍司馬文王。「魏」，毛、官「衛」。何焯曰：「『魏將軍』或疑作『衛將軍』，然以三少帝紀證之，文王於時爲安東將軍，亦非『衛將軍』也。」

有何人，天未明。世説六引作「無何有人天未明。」

道死。注：「出止外舍。」「舍」，毛誤「命」；局本改正。

此所謂著繡晝行也。「晝」，毛誤「書」；局本改正。

某郡太守雖限滿，文書先至，年限在後，日限在前。　世說六注引同御覽。引「日限在前」上多「某守雖後」四字。

何謂皆皆備。　衍一「皆」字，毛、官無。

終以致敗。　注：經字彥偉。　考異：「管輅傳注作『彥緯』，當從糸旁。」

不申經意以及難。　考證盧明楷云：「『高貴鄉公卒』，注云：『王沈、王業馳告文王。尚書王經以正直不出，因沈業申意』。則此『竟』字當作『意』字。」

荀彧　潘眉曰：「袁宏漢紀『彧』作鬱，彧、鬱古字通。」　案：說文「戫，有文章也。從有𢧢聲。論語『鬱鬱乎文哉』。汗簡曰：「古論語作戫，或省作𢧢，而變為彧，又變爲彧。」

朗陵令。　考異：『朗陵令』當從司馬彪書張璠紀作『朗陵侯相』。

王佐才也。　注：斯誠以存易亡。　「誠」，毛誤「識」；局本改正。

彧弟諶。　潘眉曰：「後注引荀氏家傳云『彧第四兄諶』。此云『弟』當誤。」

未戰而自困耳。　注：雖是抑抗之言。　「抗」，毛「伉」。

太祖議奉迎都許。　考證李清植曰：「按奉迎之後，用董昭勸乃都許耳，其初未有都許之議也。事見武紀甚明。此『都許』二字乃史家隨筆之誤。」

彧勸太祖曰：「昔高祖東伐，爲義帝縞素而天下歸心。」　何焯曰：「太平御覽『高祖東伐』上有『晉文納周襄王而諸侯願從』十一字。」　案：范史有此句。「願」作「景」。

未能遠赴關右。　「右」，毛誤「石」；局本改正。

皆與彧籌焉。　注：趙有腹尺。　范史禰衡傳注引典略，「腹尺」作「腹大」。劉攽曰：「『腹大』舊作『腹尺』。」

因往疾不肯往。　「往」，毛、官「狂」。世說一注引作「稱」。　案：於文稱字爲長。范傳作「自稱狂病不肯往」，或此注奪「稱」字。世說注：奪「狂」字也，「往」乃狂之譌。

太祖聞其名圖欲辱之。　案：聞名而即圖辱之，於事理不合。世説注引「太祖聞其名」五字作「帝甚忿之，以其才名不殺」。疑此注有譌奪也。范史亦云「操懷忿，而以其才名不欲殺之。」

後至八月朝，大宴，賓客並會，時鼓吏擊鼓過，皆當脱其故衣，易著新衣。　世説注作「後至八月朝會，大閲，試鼓節，作三重閣，列坐賓客，以帛絹製衣，作一岑牟、一單絞及小幝。以上范史注同。鼓吏度者，皆當脱其故衣，著此新衣」。較此爲詳。

衡擊爲漁陽參撾，容態不常，音節殊妙。坐上賓客聽之，莫不慷慨。　世説注作「衡擊鼓爲漁陽摻檛，蹋地來前，躡駁脚足，容態不常，鼓聲甚悲，音節殊妙。坐客莫不慷慨，知必衡也。」案：「參撾」，世説注作「摻撾」；范史注作「參搥撾擊」。撾、槌，章懷注曰「並擊鼓杖也。」其義不同，未詳孰是。

徐徐乃著褌冒畢。　「冒」，毛、官「帽」；世説注作「徐徐乃著岑牟，次著單絞，後乃著幝畢。」　案：范史注引通史志：「岑牟，鼓角士冑也。」然則岑牟乃著於首，此注約其文曰「褌冒」也。

復擊鼓參撾。　世説注作復「擊鼓摻搥而去。」

唯嚴象爲揚州。　注：三輔決録曰：「象字文則，少聰博有膽智。」　陳景雲曰：「三輔決録下脱『注』字，趙岐決録序曰：其人既亡，行乃可書。嚴象敗没，在決録成書後，至韋康遇害，岐卒已久，尤不相及也。其爲摯虞注無疑。」「贍智」，官「膽智」。案：范史注引亦作「膽智」，此與毛並誤。

文愍篤誠。　考證盧明楷曰：「『愍』訓傷，此係孔融讚仲將之言，於義無取。疑是『慜』字，『慜』即『敏』，又與『愍』通，輾轉而訛也。」

公以十分居一之衆。　「公」，毛誤「分」；局本改正。

以功封列侯。　注：閎從孫惲，字景文，太子中庶子，亦知名。與賈充共定音律，又作易集解。　考證李龍官曰：「閎，荀彧第四兄諶之子也。其從孫似不應與彧子惲同名。疑『有誤。』」　陳景雲曰：「『從孫惲』，『惲』當作『煇』，見晉書賈充傳。既定新律，加禄賞，詔文内有荀煇也。」　旁證：「按惲是彧長子，惲於煇爲大父行，則煇命名自不應同。隋書經籍志魏散騎常侍荀煇注周易十卷。」

仲豫名悦，朗陵長儉之少子。　案：儉父淑爲朗陵侯相，朗陵既是侯國，不得有長。范書言儉早卒，蓋未嘗仕也。此文有誤。

其書大行於世。　「大」，毛誤「天」，局本改正。

合二千户。　注：太祖欲表彧爲三公。　潘眉曰：「『三公』依後漢書作『正司』，時彧方守尚書令，位在九卿下，不得遽表爲三公。章懷注云彧先守尚書令，今欲正除也，爲得其實。」

密以諮彧。　考證：「北宋本作『密以詔諮彧』。」　案：范史作「密以訪彧」。此時董昭等建議未有詔也，不當有「詔」字。

太祖遂為魏公矣。　注：楊名於後世。　「楊」，毛、官「揚」。此誤。

其次友之。　「友」，毛誤「有」；局本改正。

彧留請間。　「彧」，毛誤「或」，局本改正。

侯弟詵。　「侯」，毛、官「俁」；此誤。

子甝霬。音翼。　潘眉曰：「『霬』當為『廙』，唐韵與職反，與翼音同。夏侯元傳注引世語散騎常侍荀廙；少帝紀中壘將軍昌武亭侯臣廙，皆作『廙』。又晉書侯史光傳亦作『荀廙』。『霬字』各書所無也。」

咸熙中爲司空。　注：固聖人之糠粃。　「粃」，毛「秕」。案：説文有「秕」無「粃」；玉篇：「粃，俗秕。」

而末有餘者耶。　「末」，毛誤「未」；局本改正。

傅嘏往嗲粲。　潘眉曰：「『嗲』與『咭』通。」　集韻：「咭或作嗲。」

改封愷南頓子。　注：其餘語則同。　「則，」毛誤「時」；局本改正。

荀攸　廣陵太守。　注：兄昱字伯修。　范史，「修」作「條」。

由是異之。　注：衢子祈，字伯旗。　趙一清曰：「『祈』當作『旂』，晉有樂安孫旂，字伯旗，可證也。」

收顒、收繫獄。　下「收」字，毛、官「攸」。此誤。

顒憂懼自殺。注：先覺雋老。「雋」，毛、官「儁。」

建安三年從征張繡。「三年」，毛、官同，與武紀合。趙一清、梁章鉅所見本作「二年」者誤。

袁氏據四州之地，帶甲十萬。「十」，毛「百」；官「數」。何焯校本作「十萬」。案：張範傳，是時太祖將征冀州，術復問曰：「今曹公欲以弊兵數千敵十萬之衆」，即指紹也。程昱傳亦云袁紹擁十萬衆，則作「十萬」者是。

後轉封邱陽亭侯。趙一清曰：「『邱陽』疑是『陽邱』。漢書王子侯表有『陽邱共侯安』。」顧祖禹曰：「陽邱亭在濟南府章邱縣東南十里。」

賈詡　謂詡有良、平之奇。御覽「奇」作「計」。

注：蹈易解之機。「解」，范史、皇甫嵩傳「駭。」

將何以享大名乎？「享，」范「保」。

今將軍授鉞於初春。范，「授」作「受」；「初」作「暮」。潘眉曰：「當從皇甫嵩傳作『暮。』考黃巾以中平元年春二月起，嵩以三月討之。此作『初春』者誤也。」

屠三十六萬方。趙一清曰：「『萬』字衍，因下『方』字誤增，見後漢書皇甫嵩傳。而靈帝紀作三十六萬，注引續漢書作『三十萬餘人』，孫堅傳亦作『三十六萬』，皆後人誤改。」

或封户刻石。案：户當從范作「尸」。范無「或」字，此衍。

風馳海外。范「風」下有「聲」字。此奪。

舉天以網羅京都。范無此句，或疑衍一「網」字。

我叚公外甥也。「叚」，官「段」；下同。此誤。

傕等親而憚之。注：乆赶相違戾。乆，毛「互」；官「等」。

若乘舊楚之饒。毛奪「乘」字，「楚」上衍「江」字；局本改正。

以詡為太尉。注：文帝得詡之對太祖。「得」，官「德」。趙一清曰：「『得』即『德』也。古通。」

未能充其志也。注：橫流已及。「及」，官改「極」。

蒼生蒙舟船之接。「船」，毛、官「航」。案：航是。

袁渙　字曜卿。商搉：「義門何氏校云：『渙』當作『煥』，今太康縣有魏袁煥碑。」案北平黃叔璥玉圃輯中州金石考，陳州府扶溝縣有袁渙碑，此縣又有漢國三老袁良碑。方輿紀要云：『金石林載入太康縣』，何氏因此遂以爲在太康，但作渙甚明，不知何以云當作『煥』？惟是蜀志許靖傳云：『靖與陳郡袁煥親善』，且其字曰曜卿，則又似從火爲合，且其父名滂，不應渙亦從水。未知其審。」

父滂字公熙。范史靈紀注：「熙」作「喜」。

歷位郡守、尚書。注：有儁才。「儁」，毛「雋」。

位至河南尹、尚書。注：文學傅識。「傅」，毛、官「博」。此誤。

司徒辟不至。注：知機其神乎？「機」，毛、官「幾」。下同。

涼茂　論議常據經典。考證：「北宋本『常』作『多』。」

國淵　樂安蓋人也。考異：「縣屬泰山不屬樂安，當爲『益』字之誤。」

欲以大武功。太祖大悅。二「大」字，毛誤「太」；局本改正。

田疇字子泰，右北平無終人也。范史劉虞傳注引魏志云子春。商搉：「案陶潛擬古詩云：『辭家夙嚴駕，當往至無終，聞有田子春，節義爲士雄。』『春』字下注云：『一作泰。』予所據者宋紹熙壬子冬贛川曾集刻本，觀此則知或作『子泰』，或作『子春』，宋人已不能定。然畢竟以『春』爲正也。」

善擊劍。考證：宋本無『善』字。范史劉虞傳注引有「善」字。

請與相見。考證：「宋本無『相』字。」

與年少之勇壯慕從者。「慕」，毛、官「募」；局本改「慕」。

疇皆拒不當。「當」，毛同；官「留」。考證：「元本作『受』。」

又命田預喻指。考證：「『預』，北宋作『豫』。」

舊北平郡治在平岡。考異：前漢志右北平郡有平剛縣，即平岡也。案：范史劉虞傳注引作「平剛」，今本范史

「剛」譌「則」。

疇自以始爲居難。考異：「『居』當作『君』。」

於是乃復以前爵封疇。注：開塞導送。「送」，毛「道」。

亦以為可聽。注：方斯近矣。考證：「北宋本『近』作『遠』。」

王脩 吏不能執。御覽：「執」作「得」。

稱之。注：魏略曰：「脩爲司金中郎將。」御覽二百四十一引魏略，「脩為」上有「河北始開冶，遂以王」八字。

不堪而懼也。御覽「而懼」作「爲擢。」

世稱其知人。注；子褒字偉元。褒，官「哀」，晉書作「哀」。

讀詩至哀，哀父母生我勞悴。考證：「北宋本『讀』上有『每』字，」晉書「勞悴」作「劬勞」。

褒乃下道至土牛。晉書「牛」下有「旁」字。

少有才力，未知名。晉書「力」作「而」。

彥果為西夷校尉。晉書「尉」下有「卒而卒於洛陽」六字，此奪去。

自處姊妹皆遠。晉書「自處」作「昔嫁」，文義較明。

賢兄子葬父於帝都，此則洛陽之人也。晉書「帝都」作「洛陽」，「洛陽」作「京邑」。

馥曰「嫂齊人也，當還臨菑。」褒曰：「安有葬父河南，隨妻還齊？」晉書「隨」上有「而」字，「妻」作「母」。案此「妻」字誤也。上文云，「賢兄子葬父於帝都」，是管彥卒而彥子葬之洛陽，馥爲彥弟，則馥之嫂彥之妻而彥子之母也，故云「隨母還齊」。此注上文奪「卒而葬於洛陽」句，又譌「母」爲「妻」，遂不可通。當從晉書改正。

褒戀墳壠，賊大盛乃南達泰山郡。褒思土不肯去，賊害之。案：既云「南達泰山郡」，則下句「思土」之語不相接，恐有譌字。晉書云：「戀墳壠，不去。賊大盛，方行。猶思慕不能進，遂為賊所害。」語意較明。

單固見王淩傳。「淩」，毛誤「浚」；局本改正。

徒許東土橋下。　「徒」，毛、官「徙」。此誤。

為其郡右姓。　考證：「北宋本無『其』字。」

而田樂、陽逵等。　考證：「北宋本『逵』作『達』。」

邴原　遂〔至〕遼東，與同郡劉政俱有勇略雄氣。　案：下文言公孫度畏惡欲殺之，專指政言，故原得脱政及政之家。此文當以「俱」字句絶，「有」字上當有「政」字，方與下文合。　藝文類聚八十三引邴原別傳，「劉政」作「劉攀」。御覽八百十一又引作「劉舉」。

原從行卒。　注：當以書相分。　考證：盧明楷曰：「『分』字於義文晦。册府元龜作『介』，蓋孫崧與兖、豫士多相識，欲以書爲介紹而先容之，下文非若交游之待分而成也，亦當作『介』。」　潘眉曰：「『分』當爲𠆤，即『介』字。國語一𠆤嫡女，『一介嫡男』，古本並作𠆤。」

疇咨儁乂。　「儁」，毛「雋」。

乃辯之。　「辯」，毛誤「辨」。

署東閤祭酒。　「閤」，毛「閣」。

河南尹扶風龐辿。　「辿」，毛、官誤「迪」。考證：何焯校本作龐辿。　案：何校當即據此。惟考證既引何校，旁證又引考證，乃俱不及此本何耶？鍾會傳「所養兄子辿」注勅連反，蓋舊音也。

以清賢稱。　注：宦歷二官。　陳景雲曰：「『二官』當作『二宮』。歷二宮者，謂以朝臣而更爲東宮官屬也，語見吴志薛綜傳注引王隱晉書，言綜之孫兼字令長，歷位二宮丞相長史。」

永寧太僕東郡張閣。　「閣」，三少帝紀作「閎」。

管寧　度子康絶命不宣。注：鑿坏爲室。乃多買器。　毛，壞誤環，「多」誤「各」；局本改正。

王烈者，字彦方。　何焯曰：「本爲彦考，後漢書注可據。『方』字寡學者所定也。北宋本正作『考』。」

卒於海表。　注：以建安二十三年寢疾，年七十八而終。　范史作「二十四年。」

既已西渡。　考證：「宋本無『既』字。」

盡封還之。　注：明帝使相國宣文侯。　潘眉曰：「司馬懿初謚文貞，改謚文宣，此作『宣文侯』，字倒誤也。宣王未爲相國，此亦傅子之誤。」

而失考父兹恭之義。　考證：「『兹』當作『滋』。」

粢棁駑下。　「棁」，毛誤「稅」；局本改正。

冰絜淵清。　「絜」，毛「潔」。

思求儁乂。　「儁」，毛「雋」；下「賓禮儁邁」句同。

環堵蓽。　「蓽」，毛「篳」。案：禮記、左傳並從竹。

歷觀前世。　「前」，毛誤「何」；局本改正。

而違本心哉。　注：著氏姓論。　「論」，毛「歌」。

雖不盈擔石。　「擔」，毛誤「檐」。

與人弟言訓以悌。　「訓」，毛「教」。

青龍四年云云。　案：此事明帝注在三年，宋書符瑞志亦作「三年」，則「四」字誤也。

還爲寇賊。　「寇賊」，毛「賊寇」。

以勵風俗。　注：古者考行於卿。　「卿」，毛、官「鄉」。

世所高尚。　考證：「北宋本無此四字。」

至熹平二年。　考證：「北宋本作『嘉平二年』。」　案：嘉平、齊王芳年號，當從北宋本改正。高士傳亦作「嘉平。」

衛覬、韋誕。　「覬」，毛誤「顗」；局本改正。

動見模楷焉。　注：人以爲死，就視如故。　「如故」，北監、毛「知生」；官改「如故」。　考證：「宋本作『如故』，今改正。」

是時長安有宿儒欒文博。「欒」，毛、官「欒」；「欒」者譌字。「博」，毛「傳」；局本改「博」。

先等作圜舍，形如蝸牛蔽，故謂之蝸牛廬。考證：「宋本作『形如蝸牛廬』，無『蔽』字及『故謂之蝸牛』五字」。下『蝸』字，毛誤「瓜」。

崔琰　而太祖亦敬憚焉。注：天下稱平。「平」，毛「仁」。

遂賜琰死。注：持其籠行都道中。「都」，毛「部」。考證：「宋本無『持其籠』三字。」案：史通暗惑篇云：「魏志注引語林云，『匈奴遣人來朝太祖，太祖令崔琰在坐而已捉刀侍立，既而使人問匈奴使者曰：「曹公何如？」對曰：「曹公美則美矣，而侍立者非人臣之相。」太祖乃追殺使者』。」今注無此段語，蓋傳寫逸之。

魯國孔融。注：融，孔子二十世孫也。注「融」字毛誤「曰」，局本改正。

融年十餘歲。范書云「年十歲」，世說言語篇及注引融別傳並云「十歲」。

太中大夫陳煒。「煒」，范同。世說作「韙」，注引融別傳亦作「韙」。

時融年十六。范同。潘眉曰：「考侯覽捕張儉事在建寧二年，融建安十三年見殺，年五十六。則建寧二年已十七」。

司徒、大將軍辟舉高第。「大將軍」，毛作「大司馬」。案：本司徒楊賜也，大將軍何進也，見范史本傳。毛本誤。

皆為棺木而殯葬之。「而」，毛、官「以」。

郡人甄子然孝行知名，早卒。考證：「宋本『甄』作『鄭』。」范史「孝」上有「臨」字，「行」作存。「臨孝」存姓名也，疑此譌奪。

融在北海。「在」，毛誤「住」。

左丞祖。「丞」，毛「承」，范史作「丞」。

太祖外雖寬容。考證：「宋本『容』下有『之』字。」

二子年八歲。范史「女年七歲，男年九歲。」潘眉曰：「此引魏氏春秋，但言二子不分男女。又二子不得同是八歲，當以後漢書爲是。」　案世説言語篇云：「孔融被收時，融兒大者九歲，小者八歲」。注引魏氏春秋云：「二子方八歲、九歲」，與世説合。疑此注奪「九歲」二字也。至與史異者，當由傳説不同耳。

譬若甁器。　甁宜作「瓶」，説見後漢書瑣言。

何以不辭？　世説注，「辭」作「辟」；下同。　案：「辟」字是。

能玄了禍福。　世説注作「懸了禍患」，於義為長。

婁圭　注：後坐藏亡命。　「藏」，毛「贓」；官「藏」。考證：「監本誤『贜』，今改正。」

得踰獄出。　「踰」，毛誤「偷」。

毛玠　黥面，漢法所行。　「黥」，毛誤「黠」；局本改正。

春秋嘉焉。　「焉」，毛誤「馬」；局本改。

徐奕　拜諫議大夫，卒。　注：詔以族子統爲郎。　錢大昭曰：「『郎』下脱『中』字，見文帝紀。」

何夔　曾祖父熙。　注：和帝佳之。　考證：「一本『佳』作『偉』。」　案范史作「偉之」，此作「佳」誤也。

永初二年，南單於與烏桓俱反。　「二」，官「三」。　案「三年」是也。范史安紀、梁□傳，南匈奴、烏桓二傳事並在三年。

封成陽亭侯。　晉書何曾傳：「成陽」作「陽武」。

爲司徒。　注：曾使主簿程咸爲議。　「程」，毛「陳」。　案：晉書刑法志亦作「程」，則毛誤。

於防則不足懲奸亂之源。　「防」，毛、官「法」；晉志「防」。

子蕤嗣。　晉書「蕤」作「歧」。

邢顒　子友嗣。　注：喬字曾伯。　「曾」，毛、官「魯」。　案：以名喬推之，字當作「魯」。

鮑勛　語在董卓傳、武帝紀。　注：少有志節。　「少」上當有「信」字。

輜重五千餘乘。　「五」，毛「三」。

能總英雄以撥亂反正者。　「亂」，毛誤「之」；局本改正。

鄖以駙馬都尉兼侍中。　「鄖」，毛、官「勛」；此誤。

移風易俗。　「移」上毛、官有「故」字，此奪。

司馬芝　於魯陽山遇賊。　潘眉曰：「山名魯山，不名魯陽，在魯山之陽邑，因名魯陽。此當云『魯陽魯山』。」

以芝為菅長。　考異：「『管』當作『菅』，濟南有菅縣，故下文有『馳檄濟南』之語。」

今條同等爲兵。　考證：「北宋本『條』作『調』。」

因令督郵以軍興詭責。　「令」，毛誤「今」；局本改正。

曾内官欲以事託芝。　「曾」，毛同；官「會」。何焯曰：「『會』當作『曹』，局本改『曹』。」

南陽圭泰。　錢大昭曰：「古未見有圭姓者，或是『州泰』之誤。州泰，南陽人，見鄧艾傳後。」

三國志校勘記三

魏　書

鍾繇長社人也。嘗與族父瑜俱至洛陽。「與」，毛誤「於」；局本改正。注：諸君終身何所任邪？「邪」，北監「也」；官改正。考證：「此係鍾皓曉諸掾屬之詞，似反詰語气，作『邪』字爲是。」

生子覲。「覲」，范史「瑾」。案繇之族父瑜，字從玉旁，則作「瑾」者是。

覲辟州宰。「宰」，范「府」。

國武子好昭人過。「昭」，范同。考證：「國語『昭』作『招』，音翹。」

繇則迪之孫。潘眉曰：「迪爲皓，子繇爲迪子，此作迪之孫誤。」旁證：「按後漢書鍾皓傳明言繇是皓之孫，注引海内先賢傳，『繇郡主簿迪之子』可證。」

使得專學。世説言語篇注引魏志：「家貧好學，爲周易、老子訓，」今傳無此語。

送馬二十餘匹給軍。「二」，毛「一」。

濟水未平。「平」，毛、官「半」；此誤。

又率諸将討破之。注：乃使邑遠詣闕廷。「闕廷」，毛、官「闕庭」。考證：監本『闕庭』作『闕廷』。以「〔此〕（詣）〔指〕邑佩印綬，徑從河北詣許自歸而言，作『闕』廷誤。今依別本改正。」

堕恭使命。「恭」，官「忝」。此與毛俱誤，局本改正。

楷兹度矩。注：官此枸邑。尸主事之臣。枸，音苟，豳地。毛「地」下有「也」字。官此十字單行，與注文相連，誤也。

欲得之而難公。「公」下毛、官有「言」，此奪。

夫玉以比德君子，見美詩人。　文選作「良玉比德君子，珪璋見美詩人。」

宋之結緑。　「緑」，毛誤「禄」；局本改正。

捧跪發匣，爛然滿目。　「捧跪發匣」，文選作「捧匣跪發」，下有「五内震駭，窮匣開」七字。

敢不欽承。　文選下有「謹奉賦一篇以讚揚聲質」十字。

詒謂太祖欲復肉刑。　考證：「北宋本『太祖』作『大理』。」　旁證：「按『大理』字非，時繇已爲太傅，不當仍稱大理。此太祖之號，或史家追改之文。」　案繇爲太傅在明帝時，此文帝時事。繇時未爲太傅也。文紀改大理爲廷尉在黄初元年十一月，而文帝即王位在是年二月，肉刑之議或是未受禪時事，故當稱大理。太祖之號紀不言何時所建，始見於明紀景初始元年然觀後文太和中繇上疏有二祖之稱，則非定於景初，殆黄初元年受禪追尊之時即建此號，史文不具耳。然則此文即作「太祖」亦不必出於追改也。惟以文法推之，作「大理」爲是。

夫五刑之屬，著在科律，自有減死一等之法。　考證：「宋本無下『科律』二字。」

且寢。注：　則空僞忿怒之所興也。　「興」，毛「生」；局本改「興」。

治之於未傷也。　「未」，毛誤「朱」；局本改正。

而況乎鄉黨乎？　「況乎」，毛「況於」；官「況於」。

謚曰成侯。注：　由于、張之在漢也。　「由」，官「猶」。　考證：「『猶』，監本作由。『由』、猶古字通用。　從宋本作『猶』。」

封繇弟演。　「弟」，毛誤「帝」；局本改正。

毓　明帝欲西征，毓上「疏」曰。　御覽：　「西」上有「親」字。

考證陳浩曰：「毓疏皆係止帝親征之辭。」　監本脱落「親」字。

實非至尊動軔之時也。　「動軔」，御覽作「順」。

備設魚龍蔓延。　考證：「『蔓』當作『曼』。」　旁證：「按文選西京賦『巨獸百尋，是爲曼延』。『曼』不作『蔓』。」　沈欽韓曰：「漢書武紀注：　文穎曰：『巴渝戲魚龍，蔓延之屬也』，亦作『蔓』」。

正始中爲散騎侍郎。考證：盧明楷曰：「按上云毓年十四爲散騎侍郎，太和中已遷黄門侍郎，此時安得又爲散騎侍郎？胡昭傳云，正始中散騎常侍荀顗、鍾毓，『侍郎』其『常侍』之誤歟？」

後以失爽意徙侍中，出爲魏郡太守。何焯曰：「『徒』當作『徙』。時侍中在常侍上，不應忤爽而反得美遷。當是解其近職，出之外郡耳。不書毓爲侍中於前者，史省文。」

及士爲侯，其妻不復配嫁。御覽作「不復改嫁」。

華歆改爲司徒。注：奉皇帝璽綬。考證：「北宋本『綬』作紱。」

絜身徇節。「絜」，毛、官「潔」。

表咸熙中爲尚書。注：司空陳泰等以此稱之。陳景雲曰：「表以咸熙中爲尚書，則其官散騎侍郎當在文、明之世，是時陳羣爲司空，泰之父也。羣以司空録尚書事，凡散騎奏議，無不綜典，故悉表之爲人而稱之耳。雖諸書亦有緣泰之贈官而稱司空此者，然當表爲散騎時東泰方名「微」位卑，朝士似不假其名藻爲重也。『泰』當作『羣』。按陳羣傳，文帝踐阼，遷尚書僕射，徙尚書令。明帝即位爲司空。陳泰傳，青龍中除散騎侍郎，正始中徙游擊將軍，嘉平初爲雍州刺史，後徵爲尚書右僕射。吴將孫峻出淮海，以泰爲鎮東將軍，峻退，還左僕射。景元初追贈司空。均爲『泰』當作『羣』之證。」

稱疾致仕，拜光禄大夫。晉書華表、華廙傳並云「太中大夫」，疑「光禄大夫」有誤。

司徒李胤、司隸王密等。陳景雲曰：「『王密』「當從晉書表傳作『王宏』。宏，弼之兄也，見鍾會傳注。」

不可得而貴，不可得而賤，不可得而親。潘眉曰：「『不可得而賤』句下當脱『不可得而親』五字，晉書華表傳以爲『不可得貴賤而親疏』也。」

表有三子。旁證：晉書表傳，表有六子，此惟舉廙、嶠、澹而不及岑、鑒、簡。」

昆字敬倫。旁證：晉書華廙傳『昆』作『混』，疑誤。」

王朗東海郡人也。考證：北宋本作『東海郯人』，通志略同。」旁證：「世説德行篇注引魏書亦作『東海郯人』，『郡』字誤。」考異：「『郡』當作『郯』。」

浮海至東治。「治」、毛誤「治」；局本改正。
策以儒雅。「以」下當有「朗」字。
積年乃至。注：不意黃能突羽淵也。「能」，毛「熊」。
有俊才大志。俊，毛雋。
俱以治獄見稱。注：爲治於魏。「治」，毛、官「沼」。此誤。
則無餧餓之殍。「餧」，毛、官「餒」。
進封樂平鄉侯。注：釀酹必貫三時而後成。「酹」，官改「酎」。考證：盧明楷曰：「『酎』音宙。說文曰，『三重醇酒』也。西京襍記，漢制嘗以正月作酒，八月乃熟，名曰酎所謂必貫三時而後成也。各本俱作『酹』，今改正。」
學官博士七千餘人。錢大昭曰：「『博士』下當有『弟子』二字。」商搉說同。案漢書儒林傳博士弟子員元帝設千人，成帝末增三千人，歲餘復如故。朗云「七千餘人」未詳，何校，或恐有誤。
夫所以極奢吝。「吝」，毛、官「者」。此誤。
或商賈墮遊子弟。墮，官「惰」。案當作「惰」。
雖有乘制之處。乘制未詳。案續漢禮儀志「立秋之日，兵官皆肄孫、吳兵法六十四陳，名曰乘之。」疑此文有譌。當云「乘之之制」也。
雖名實不副，難以備急。「雖」字於上下文語意不合，疑誤。
已詔有司施行。注今以登爲太官令。「太」，毛誤「大」；局本改正。
外省傜賦而務農桑。「傜」，毛、官「徭」，下同。
可使稱皇以配其謚。明帝不從使稱皇，乃追謚曰漢孝獻皇帝。下「稱皇」，官改「稱帝」。考證：李龍官曰：「按文義當作『使稱帝』。蓋王肅之意止欲其稱皇而明帝不從之也。」
臣宜以爲自今以復。「以復」，毛「之後」。

劉向、楊雄服其善叙事。「楊」，毛、官「揚」。

改封恂爲承子。注：恂字子良，大有通識。潘眉曰：「疑此『子』字衍，『大』字是『夫』字之誤。晉書恂字良夫，其弟亦字君夫也。」亦歷注經傳，頗傳於世。注：而臺閣舉格大高。「大」，毛、官「太」。此誤。

唯洪與馮翊嚴苞交通，材學家高。御覽：「嚴苞交通」作「嚴苞字交通」；「材學家高」下有「故衆爲之語曰：『州中煌煌賈叔業，辯論洶洶嚴文通』」二十字。

晚乃出爲陰泉長。「陰泉」或是「陽泉」之誤。陽泉，西漢縣，屬六安國；東漢侯國，屬盧江郡。

不當顧中材以上。「上」，毛誤「土」；局本改正。

王肅亮直多聞，能析薪。劉寔以爲云云。陳景雲曰：「寔語當是裴注。如譙周傳評後註引張璠以爲云云，與此正同。」肅既名臣，又晉武外王父，史臣於本傳略無貶辭，豈應於評中反摭其短乎？況陳評其意已足其下不容更贅他語尤易之了也。

程昱　彧白。「彧」，毛誤「或」；局本改正。

又兖州從事薛悌。執昱手曰。毛，「又」誤「丈」；「手」誤「乎」。局本改正。

太祖乃止。注：拔千里之齊。考證：「北宋本『齊』作『地』。」

兖州未苦安集。「未苦」，官「尚未」。此與毛並誤。

舉兵背太祖。「兵」，毛誤「昱」；局本改正。

孫權新在位。御覽作「孫權新立。」

闔門不出。注：且在邦域之中。毛無「且」字。

衆議者曰。「議」，毛誤「之」；局本改正。

職司不同。「司」，毛誤「雖」；局本改正。

至使尹模。「模」，毛「摸」；局本改「模」。下同。

年四十餘。注：不能十分之一。考證：「北宋本『一』作『二』。」

郭嘉　陽翟人也。注：密交結英儁。「儁」，毛「俊」。

語在荀攸傳。注：推誠杖。「杖」，毛、官「仗」。

所誅皆英豪雄桀。「桀」，毛、官「傑」。

果爲許貢客所殺。注：不可失也。考證：「北宋本作『不可不測也』。」

又本傳稱自嘉料孫策輕佻。考證：「宋本『自』作『臣』。」「佻」，毛誤「俳」，局本改正。

洧陽亭侯。注：河北既平。「河」，毛誤「以」，局本改正。

漸臣事之，以爲省事椽屬。「臣事」，毛誤「可爭」；局本改「臣使」。「椽」，毛、官「掾」，此誤。

年三十八。「三」，毛誤「二」。案下文云「中年夭折，」又注引傅子曰：「年不滿四十」，皆「三十八」之確證。

并前千户。注：恩隆後嗣。「恩」，毛誤「思」；局本改正。

方將表顯。「方」，毛誤「力」；局本改正。

子奕嗣　「奕」，毛、官「弈」；注及子並同。

董昭　沈欽韓曰：「晉諱昭，故改『昭』字爲『照』，或爲『曜』。隸釋魏公卿上尊號奏碑『將作大匠千秋亭侯臣照』，即董昭也。碑既追改爲照，又吴之韋曜既改去原名昭字，則陳壽作此傳無容不諱矣。蓋裴松之所追改而偶未及韋曜耳。」

使昭領鉅鹿。錢大昭曰：「以下文紹以昭領魏郡太守例之，則『鉅鹿』下當有『太守』二字。」

昭欲詣漢獻帝。考證：李龍官曰：「此時不應稱『獻帝』，『獻』疑爲見字之譌。」案見帝不應曰「詣漢」，恐「漢」字亦誤。

其父元長在楊州。「楊」，毛官「揚」。

安非正之奸。職「非」，毛誤「未」。

不敢「不」陳。注今徒與列將功臣。「今」，毛誤「豈」；局本改正。

若其無臣，不須爲念。旁證：「『無臣』當作『無成』。」

賊兩頭並前，「前」，毛「進」。
皆畏其權勢。「權」，毛「威」。
劉曄淮南成悳人也。悳音德。漢光武子阜陵王延後也。兩「也」字疑有一衍。
欲彊逼曄使唱導此謀。「使」，毛誤「便」；局本又誤「曄爲使。」此蓋本欲改「便」爲「使」，而寫者誤改上一字也。
大兵臨之。「大」，毛誤「太」；局本改正。
爲司空倉曹掾。注：太祖果問楊州。「楊」，毛、官「揚」。此注上文亦作「揚」。
猶不能皆全。「全」，毛「前」；局本改正。
後達終於叛「販」。敗注：樂毅。毅，訛字；毛、官「毅」。
因難求臣必難住也。考證：「宋本『必』作『心』。」
帝不聽。注：權將陸議。「議」，毛「遜」。案遜本名議，故議、遜錯見。
命荆、楊州諸軍並進。「楊」，毛、官「揚」。
有黨有仇。「黨」，譌字；毛、官「黨」。
子寓嗣。寓毛「寓」。
蔣濟遣主簿迎喜。「簿」，毛誤「部」；局本改正。
拜濟丹楊太守。「楊」，毛、官「陽」。
指有令與左軍于禁、沛相封仁等。「有」，官改「前」。考證：盧明楷曰：「按此蓋太祖知蔣濟無謀叛之事、而信前令之不虚，作『前令』爲是。」
而兵入洲中。「洲」，毛誤「州」；局本改正。
又上三州論。「州」，官「洲」。
吾前決謂分半燒船於山陽池。「半」，官「卒」。何焯曰：「『分』當作扶問切，自料大半如此也。通鑑注作

「分半船」誤。」潘眉曰：「上有『吾前』二字即自料之詞。又讀『分』作扶問切，於義爲複。讀平聲者是。」旁證：「各本作『分半燒船』，今殿本作『分卒燒船』義甚瞭然，無庸辨『分』之平仄讀也。」

吳欲塞夾石。「石」，毛「口」。賈逵傳亦作「石」。

弊攰之民。「攰」，毛同；官「攱」。考證：盧明楷曰：「按『攰』音貴，力乏也；攱音溪，險也；似應作『攰』。」又顏氏書證篇曰：『攰即⿰危皮倦之⿰危皮，或者⿰危皮，其⿰危皮字之訛與？」旁證：「按何焯曰：『攰，居胄切』；是從攰。」潘眉曰：『攱，九僞反。見廣雅及陳思五集』，是從攱。」沈欽韓曰：「『說文：攰，尤極也。玉篇：枯勤切。此作支旁，蓋訛』。是又謂攰應作⿺尢力。」案：據顏氏家訓，是此傳本作「攰」，其作「攱」者，當是或據顏說改⿰危皮，又譌爲攱耳。攱，說文䧢也，不安也。盧引即䧢也。險也，誤文。之，⿺尢力，說文尤，極也。義與此不相比附，恐皆不可從。

劉放　涿郡人，漢廣陽順王子西鄉侯宏也。旁證：「按本傳云：景初二年，遼東平定，以參謀之功，各進爵，封本縣，放方城侯，資中都侯。則放當云涿郡方城人。又按漢書五子侯表有西鄉侯容，廣陽順王子。『順』當作『頃』，『宏』當作『容』。且放子名宏，西鄉雖遠祖，亦不當同名。則『宏』字之誤益明。」案本傳放子名正，孫資子名宏，此語殊誤。

資樂陽亭侯。注：天下搔動。「搔」，官改「騷」。考證：「監本誤『要動』，毛本誤『搔動』，今改正。」案賈逵傳陸亦有「搔動」語，吳志陸凱傳：「所在搔擾」。疑古人搔、騷通用。

進爵左鄉侯。注：令孫資對曰。「對」，毛誤「等」；局本改正。

然後帝崩。注：云何悉共出。「共」，毛誤「其」；局本改正。

以爲孫、劉於時。「孫」，毛誤「夢」；局本改正。

劉馥　司徒〔辟〕爲掾。官作「解爲司徒掾。」趙一清曰：「一本作『司徒解爲掾』，非也。曹操時爲司空，而令三府辟之。」案賈逵傳亦有「司徒辟為掾」語，恐趙說未是。

後孫策所置廬江太守李述。「述」，吳志「術」。

及茹陂。御覽「茹」作「茄」。

雖有其名而無其人。「人」，册府元龜作「實」。

則退之以懲惡。「惡」，毛誤「二」；局本改正。

又修廣戾陵渠，大堨。潘眉曰：「水經注劉靖以嘉平二年造戾陵堨，開車箱渠，其地名戾陵堰，以有燕剌王旦之陵，故以戾陵名堨，戾陵乃地名，傳言『戾渠陵』當作『戾陵渠』，文顛倒耳。『修廣戾陵渠大堨』，與碑稱戾陵堨之文合。『大堨』陸抗傳『大堰』，諸葛恪傳『大隄』也。」

子熙嗣。注：劉弘字叔和。趙一清曰：「水經沔水注，宏字季和。晉書列傳亦作『字季和』，未知孰是。」

案晉書作和季，是三處互異。

弘爲車騎大將軍。晉書無大字，此衍。

封新城郡公。晉書本傳「封宣城，卒贈新城郡公」，與此不同。

廣漢太守辛冉。晉書「辛」作「羊」。

弘有劉景升保有江漢之志。「景」，毛説昇；局本改正。

司馬朗　温人也。注：祖父俊。俊，晉書宣帝「紀」作儁。

卿言有意。注：而卓便云。「卓」，毛誤「也」；局本改正。

皆集滎陽。「滎」，毛「熒」，是也。

人相食。「食」，毛譌「貪」。

常粗衣惡食。粗，御覽作「惡」。

以朗為伊、顔之徒。考異：『伊、顔』以下乃朗駁鍾繇、王粲之論，當云『朗以為』，今本誤倒。

太平可致。注：御世垂風。「風」，毛「訓」；官「法」。

爲世好士。注：子豐字子仲，并見百官名志。考證：北宋本作『子豐，字仲子』。『百官名』下無『志』字。」

梁習　辟召爲漳長。兩漢無漳縣。續志東平國有章縣，隴西郡有鄣縣。案習爲操所辟召，必不遠赴隴西，則此漳字當係「章」字之譌。習累轉乘氏、海西、下邳令。〔乘氏〕屬濟陰，海西屬廣陵，下邳屬下邳國，並不在適也。

張雄跋扈。何焯曰：「『張雄』當作『雄張』。倉慈傳亦有『大姓雄張』之文。」

封列侯。注：時有丹陽施畏。「陽」，毛「楊」。

張既 爲郡小吏。注：既世單家富。旁證：「『家富』衍，下文始言『家富』，自惟門寒』。」

又與夏侯淵、宋建。陳景雲曰：「『淵』下疑脱『討』字。」旁證：「夏侯淵傳云：初枹罕宋建自稱河首平漢王，太祖遣夏侯淵率諸將討之，屠枹罕。斬建既 即諸將之一與夏侯淵同討宋建。既又別攻臨洮狄道耳

出居扶風、天水界。注：既爲兒童，爲郡功曹游殷察異之。或曰下爲字當作「時」，不則衍也。

坐收其斃也。「收」，毛「受」。

今則其時，以便宜從事。「時」字剜補，毛、官無。

斬首獲生以萬數。注：且息肩於羌中。「息」，毛誤「恴」；局本改正。

表拜揵爲太守。「揵」，毛誤「健」；局本改正。

既與夏侯儒擊破之。注：儒初爲鄢陵侯彰驍騎司馬。宣王爲征南將軍，都督荆、豫州。正始二年，朱然圍樊城。儒進屯鄧塞，以兵少不敢進。召还爲太僕。陳景雲曰：「『驍騎司馬』句絶。鄢陵北征以北中郎驍騎將軍，時儒從兄尚爲長史，儒則爲司馬從征也。『宣王』二字有誤，『爲征南』上有脱文。宣王嘗以驍騎將軍都督荆、豫，不在四征之列，蓋爲征南都督荆 豫者即儒也，以下文樊城受圍，儒坐遲救召還事觀之，義自明矣。」旁證：按魏志夏侯尚傳，北郡胡叛，遣鄢陵侯彰討之，以尚參彰軍事也。又任城王彰傳，建安二十一年封鄢陵侯，二十三年代郡烏桓反，彰爲北中郎將行驍騎將軍。明帝紀太和元年新城太守孟達反，詔驍騎將軍、司馬宣王討之。三少帝紀正始二年吴將朱然等圍襄陽之樊城，太傅、司馬宣王率衆拒之，退雲雲。並足證是注所引魏略之有訛脱。」

語在夏侯玄傳。注：試呼相者相之。何焯曰：「『者』，宋本作『工』。」

何材如是而位止二干石乎？「止」，毛、官誤「至」。考證云：「尋翫文義，『至』當作『止』，而不及此本，是未以此本參校也。」

温恢 時濟見爲丹楊太守。「楊」，毛、官「陽」。

恢謂豫兗州刺史裴潛。「謂」，毛誤爲；局本改正。

賈逵口授兵法數萬言。注：冬常無綺。「綺」，毛、官「袴」。下同。

守絳邑長，遂得免。毛，「守」誤「少」，「得」誤「乃」；局本改正。

以爲丞相主簿注取造意者，謂獄史曰。御覽四百五十三引取上有「教」字，「謂」上有「逵」字，此奪。

逵典喪事。注：於是軍中搔動。「搔」，官「騷」。

時鄢陵侯彰。「鄢」，毛誤「鄔」；局本改正。

國家征伐亦由淮沔「沔」，御覽作「沛」，非。

進封陽里亭侯。水經注瓠子河篇作「羊里」。旁證：「陽、羊古通」。

微逵。「微」，毛誤「徵」；局本改正。

謚曰肅侯。注：時年五十五。趙一清曰：「集古錄賈逵碑云『五十有四』，當以碑爲正。」

充，咸熙中爲中護軍。注：孚比見尚。「比」，毛、官「北」。

宣傳明教。「宣」譌，毛、官「宣」。

孚本姓馮，復改爲李。考證：「北宋本『復』作『後』。」

以功能轉爲護羌都尉。「功」，毛「公」。

後占河南夕陽亭部。潘眉曰：「亭在女几山之陽，故曰几陽，此作『夕陽亭』，誤。」

任峻。「峻」，毛誤「俊」。

字伯達。御覽二百四十一「達」作「遠」。

太祖以峻爲典農中郎將。御覽三百三十三「中郎將」下有「募百姓屯田於許下，得穀百萬斛，郡國列置官田」十九字與晉書食貨志文同。

而成於峻。注：嵩兄腆，字玄方，襄陽太守。「玄」，毛、官「元」。「陽」，毛「城」。案晉書棗據傳作

「玄方」，與此合。「襄陽」作「襄城」，則毛本爲是。

於饑荒之際。「饑」，毛饑；局本改「饑」。

蘇則　轉安定、武都。注：饑窮。「饑」，毛饑。下正文同。

則綏定下辯諸氏。「綏」，毛誤「餒」；局本改正。

賜爵關内侯。注：聞又出車。「車」，官「軍」；此與毛誤。

武威太守毌丘興。「毌」，毛誤「毋」；局本改正。

侍中傅巽掐。音苦洽反。注文當單行，毛、官奪。此注毛并誤「掐」爲「搯」，局本改正。

於是乃止。注：有爲而不發也。「不」字衍，毛、官無。

愉，咸熙中爲尚書。注：石崇妻，紹之兄女也。考證：「『兄女』，宋本作『女兄』。」旁證：「世説賞譽篇亦云紹是石崇姊丈，蘇則孫，愉子也。」

杜畿　荀彧進之太祖。注：旦遣人。「旦」，毛誤「且」。

彧謂畿曰：「宜須大兵。」陳景雲曰：「『彧』當作『或』，畿移守河東雖由荀彧之薦，而是時畿在陝津，或在許下，不得參預軍謀，殆因前『荀彧』字而誤。」

從郖津度。注：今爲郡將軍也。考證：「『軍』字衍。」

計所置吏士之費與兼官無覺。考證：「『覺』，宋本作搯『異』。」

若二賊遊魂於疆埸。「埸」，毛、官「場」；局本改「埸」。

雖才且無益。何焯曰：「『才且』二字，宋本作『文具』。」

關七聖而課試之文不垂。「關」，官依册府元龜改「閲」。

非一木之枝。「枝」，官「支」。

後考課竟不行。注：二人皆恕之同班友善。「二」，官改「三」。

樂安廉昭以才能拔擢，頗好言事。考證：「宋本無『言』字。」

率之以禮故也。「率」，毛、官「帥」。

昔漢安帝時，少府竇嘉解廷尉郭躬無罪之兄子。旁證：「按『安帝』當作『和帝』，見後漢書竇融傳。郭躬爲廷尉卒於和帝永元六年，亦不及安帝時也。」

轉趙相。注：康既無才敏。考證：「宋本無『無』字。」案『無』字衍。

行各持鐮。「鐮」，毛作「鎌」是。

以疾去官。注：因其壘壍之固。「壍」，毛「塹」；官「壍」。從毛是。

明帝崩時，人多爲恕言者。二語似正文而誤入注中。

倶自薄廷尉。趙一清曰：「『薄』當作『簿』，對簿也。」

邑百户。注：乃從南陽步詣該。從漢書注作「從南陽步涉詣許，從該」。

著於篇。注：子寬字務。「子」，官改「弟」。考證：李龍官曰：「『弟寬』，監本作『子寬』。按恕字務伯，理字務仲，寬字務叔，皆兄弟也。韓愈杜中散墓誌銘亦云幾季子寬，可知『子』字爲『弟』字之誤。」

預從兄斌。考證：「『斌』，宋本作『武』。」

嘏子又字洪治。「洪」，晉書作「弘」。

爲丹楊丞。「楊」，毛、官「陽」。

鄭渾　高祖父衆。案後漢鄭衆傳曰：「曾孫公業。」鄭太傅曰：「司農衆之曾孫。」渾既泰弟，則當云「曾祖父衆」。「高」字誤。注：「衆字子師」。范書作「字仲師」。

又賊靳富等督將夏陽長、邵陵令併其吏民入磑山。何焯曰：「渾爲司隸部左馮翊，夏陽乃其屬城，若邵陵，則屬汝南郡爲豫州刺史部内，與左馮翊無涉。此目前有『渾』爲邵陵令之文而誤耳。其地當去夏陽不遠，或『郃陽』之誤。」

倉慈　料簡輕重。「料簡」，御覽作「斟酌」。

遥共祠之。注；又不曉作樓犂。「樓」，毛「耬」；下同。案齊民作「耬」，則「樓」字誤也。局本改「耬」。

下同。

用布一匹。　「匹」，毛「疋」。

魏郡太守陣國吳瓘。　「瓘」，御覽作璀。

咸爲良二千石。注：「又課民無牛者，令畜豬（狗），『賣以』買牛。」　御覽作「令畜豬，貴時賣以買牛。」

步步稽留，十餘日。　「步步」，毛「步涉」；局本改「步步」。

（暫）出到武安毛城中。　「武安」，御覽作「安邑」。　案武安屬魏郡。下文云，太祖破鄴，遂圍毛城，是其地與鄴相近。作武安爲是。安邑遠在河東也。

太祖破鄴。　「鄴」，毛「城」。

乃解放。　「放」，毛誤「於」；局本改正。

經論治體。　考證：「『論』，宋本作『綸』，張照曰：『經綸本易屯（蒙）象傳而古本易作經論者。是綸亦可作論。』」

張遼　陳蘭、梅成以氐、六縣叛。　陳景雲曰：「『氐』當作『灊』。緐欽征天山賦爲遼平蘭成而作，其詞云：『羣舒蠢動，割有灊、六』，斯其證也。蘭、成初叛，本分據二邑，繼乃并兵於灊。此傳所載，與緐賦皆合。」旁證：「通鑑亦作灊、六，灊、六二縣皆屬廬江郡。」

遼督張郃、朱蓋等。　考證：「宋本『朱』作『牛』。」

拜征東將軍。注：推選方員。　御覽作「雜選武力」。

此亦古之召虎也。　「召」，毛誤「邵」，局本改正。

遼病篤，遂薨於江都。　毛、官「遂」在「篤」上，係誤倒。

樂進　遺進、李典擊之。　考證：「宋本『遺進』下多『與』字。」　案「與」字宜照宋本添。

于禁　薦禁才任大將軍。　「軍」字疑衍。

攻廣威拔之。　旁證：「後漢書郡國志彭城國廣戚故屬沛，此『威』字是『戚』字之誤。」

斬解、邵等。趙一清曰：「此傳之誤與武紀同。曹公破解、邵在建安元年，而五年又云汝南降賊劉解叛，則此時邵死而解降，可知不得斬也。」

形容惟顇。「顇」，毛「悴」。

孟明視故事。注：猶尚若斯。考證：「宋本作『尚猶若斯』。」

徐晃　十五年，討太原反者，圍太陵，拔之。錢大昭曰：「此事武帝紀在十六年，夏侯淵傳在十七年之前，此『五』字疑誤。」擊袁紹運車於故市，功最多，封都亭侯。姜宸英曰：「前已封都亭侯，此又封，殆以前封非出操耶？」案後文云：進封逯鄉侯，必由亭侯進封，而先未書封某某亭侯，則此文封都亭侯必有奪誤。當云封某某亭侯，非與前文複也。龐悳傳先封都亭侯，後又封關門亭侯，此其一證。

使晃與夏侯淵平鄜、夏陽餘賊。錢大昭曰：「『鄜』當從夏侯淵傳作『鄠』，封高唐亭侯。」考證：盧明楷云：「按注引魏書云，文帝即位封靈郈侯，又云於是更封高唐侯，『亭』字宜衍。」

注：以狀聞。「聞」，毛誤「朕」；局本改正。

李典　遂徙部曲宗族萬三千餘口居鄴。「三」，毛「二」。

吾不可以私憾而忘公義乎！官誤「不」字。姜宸英曰：「『不』字衍。」

李通　適歲大饑。「饑」，毛誤饑；局本改正。

朗陵長趙儼。考異：「漢制大縣置令，小縣置長，此與趙儼傳稱朗陵長而田豫傳稱除朗陵令，必有一誤。」

具以其爲奉義中郎將。「其」字剜補，毛、官奪。

以寵異焉。注：緒子秉。晉書李重傳稱「父景」。世說一注引家誡又稱「李康」。秉、康形相近，景則不相似。未知孰是。

有俊才。俊，毛、官雋。

時有三長吏俱見。「見」，毛誤「免」；世說注亦作「見」。

上又問曰，必不得已。「曰」字剜補，毛、官奪。

慎者必自清。　毛、官同。潘眉曰據汲古閣「本作『慎者不必清』」，誤也。

所爲右司馬。晉書「右」作「左」。

臧霸　太祖慕索得霸。「慕」，毛、官「募」。

沛國公武周爲下邳令。　考證：朱良裘曰：「胡質傳注引虞預晉書云，武周字伯南，沛國竹邑人，此『公』字疑衍。」

大軍先及，水遂長，賊船稍進。　御覽「及」作「反」，「進」作「近」。

呂虔　襄陵校尉杜松部民炅母等作亂。趙一清曰：「『襄陵』字誤，當作『襄賁』。兩漢志東海郡襄賁縣，『賁』音肥，時爲昌豨作亂於東海，故炅母得與交通。若河東之襄陵與陳留襄邑之亦名襄陵者，皆去東海甚遠。『陵字』爲誤無疑。」「部」，毛誤「步」，局本改正。

世多其能任賢。注：有少堅冰解。　考證：「宋〔本〕『少』下多『頃』字，」語在三少帝紀。　「三」，毛誤「二」。

頗有賢才相係。　「係」，毛、官「繼」。

許褚　治石如杅斗者。　「杅」，毛「杆」。

太祖將北渡。　御覽三百五十八「渡」作「度」，下同。

軍爭濟船，□重欲没。　「船」下空格毛、官「船」。

褚右手並泝「船」。　御覽「泝」作「棹」。

是日，微褚幾危。　「是日」二字御覽作「太祖曰」三字。

進牟鄉侯。　褚兄定亦以軍功封爲振威將軍。　旁證：「按將軍乃官號，非國邑不當言封，而上文『進牟鄉侯』當作『進封』，蓋『功』下衍字正前取脱也。」

典韋　徐出，取車上刀戟，步出。　御覽「出」作「去」。

將應募者數千人。　御覽「千」作「十」。　案作「十」是。

龐悳親斬援首。注：於鞬中出一頭。「鞬」，毛誤「韃」；局本改正。

將軍董衡、部曲將董超等。「董超」，御覽作「統超」。

龐淯字子異。「異」，毛、官「冀」；御覽四百三十八引作「異」。

酒泉表氏人也。旁證：「漢書地理志，『氏』作『是』，蓋古字通用。」

由是以忠烈聞。注：以商屬督郵。「督」，毛「部」。

乃幃車袖劍。「袖」，御覽四百四十引孔演漢魏春秋作「推」。刊石表閭。注，皇甫謐列女傳曰：「酒泉烈女龐娥親者，表氏龐子夏之妻，禄福趙君安之女也。」「列」，毛「烈」。姜宸英曰：「據士安作傳，娥親是其名，而志但云娥，豈傳寫之訛，或娥是女子之通稱乎？」趙一清曰云：「傳趙君安亦陳志不同。」案御覽四百四十列孔演漢魏春秋亦云「淯母娥」，無「親」字；「趙安」亦作「趙君安。」

卿等笑我。毛奪「我」。

折所持刀。「刀」，毛「刃」。

時禄福長漢陽尹嘉。「漢陽」，毛、官「壽陽」。案兩漢無壽陽縣，作「漢陽」爲是。

面無懼色。「面」，毛「而」。

閻温欲與恭、艾並勢。錢大昭曰：「太守馬艾已卒，故功曹張恭行長史事也。『艾』字衍。」何焯曰：「冊府元龜引無『艾』字。」

父子著稱於西州。注：魏略勇俠傳載孫賓碩、祝公道。案碩名嵩，范史趙岐傳「碩」作「石」。

左悺子弟，來爲虎牙。考證：陳浩曰：「上文衡弟爲京兆虎牙都尉，此云『左悺子弟』誤，當作『唐衡子弟』，或『衡悺子弟』。」

下前襜。毛奪「前」字。

乃以其家粟金數斛。「其」，毛誤「昂」。考證：「監本『其』誤『昂』，今改正。」

從樂浪南山中出。旁證：「『樂浪』當作『樂涫』。舊唐志：肅州福禄縣。武德二年，於樂涫故城置福禄縣。

一統志云：樂浪大城在肅州高臺縣北者，此作『樂浪』係筆誤。」

今反爲我所係。「係」，毛、官「擊」。此誤。

乃攘臂結袵獨追之。御覽作「獨持楯追之」。

任城威王彰　膂力過人。「膂力」之「膂」，典韋傳作「旅」。

率師而行。御覽「而」作「專」。

彰與諸侯就國。注：及帝受禪，國封為中牟也。潘眉曰：「此説誤也。封中牟王者任城王子楷，非彰也。黃初二年，彰尚爲公，三年始封王。本傳云：立爲任城王，四年薨。大帝紀曰：任城王彰薨於京都，彰爲王僅兩年，而一見本傳，一見帝紀，皆曰任城王，其未封中牟甚明。魚豢乃曰：『諸侯畏彰，過中牟不敢不速』，此虛造之言，裴氏「雖」期引之，過矣。」

陳思王植　太祖甚異之。注：家願得而獲逞。旁證：「子建集『逞』作『呈』，與上下韵是也。此『逞』字恐誤。」　案古韻不分平仄，「逞」字非誤，論文義亦「逞」字爲長。

而植寵日衰。注：恐吾適出，便復私出，故攝將行。不可恒使吾爾誰爲心腹也！考證『爾』，册府作『以』。李清植曰：「按此文甚拗，玩其大意，盖謂恐吾它出時，諸侯中便復有私出如子建開司馬門之爲者，故欲管攝。而盡將之以行，既有所不可；而留之，則又不可信類如此。故曰『恒使吾以誰爲心腹』，作『以』字於義較順。」

植益内不自安。注：來意投修。「來」，文選四十注引作「秉」。

德璉發迹於大魏。文選「大」作「此」。案是時漢祚未移，不得稱「大魏」。作「此」字爲是。李善注曰：「德璉南頓人也，近許都故曰此魏。」

人人自謂握靈蛇之珠，家家自謂抱荊山之玉也。「握」，毛及文選同；官誤「掘」。文選無「也」字。

今盡集茲國矣。然此數子，猶不能飛翰絶迹，一舉千里也。文選「盡」作「悉」，「猶」下有「復」字，「翰」作「軒」，「里」下無「也」字。

不閑辭賦，而多自謂與司馬長卿同風，譬畫虎不成還爲狗者也。前爲書嘲之。文選「閑」下有「於」字，「謂」

下有「能」字，「還」作「反」，「狗」下無「者」字，「前」下爲作「有」，「喁」作「嘲」。

吾亦不敢妄歎者，畏後之嗤余也。世人著述。文選「敢」作「能」，「後」下有「世」字，「人」下有「之」字。

昔丁敬禮嘗作小文，僕自以才不能過若人。敬禮云：「卿何所疑難乎！文之佳聲」。文選「嘗」作「常」，「不」下無「能」字，「云」下有「僕」字，「難」下無「乎」字，「聲」作「惡」。

不能錯一字。文選作「乃不能措一辭。」

有龍淵之利，乃可以議於割斷。劉季緒才不逮於作者。文選「淵」作「泉」，「於」作「其」，「割斷」作「斷割」，不有「能」字。

可無歎息乎！文選無「歎」字。李善注引毛萇詩傳曰：「息，止也。」

人各有所好尚。蘭茝、蓀蕙之芳，衆人之所好。文選「有」下無「所」字，「人」下無「之」字。「茝」，毛誤「茝」，局本改正。

咸池、六英之發，衆人所樂。文選「英」作「莖」，「所」下有「共」字。

街談巷説。「街」，毛誤「街」，局本改正。

昔楊子雲。「楊」，官及文選同；毛「揚」。

吾雖薄德，位爲藩侯。文選「薄德」作「德薄」，「藩」作「蕃」。

流金石之功，辭頌為君子哉？若吾志不果，亦將採史官之實錄。文選「流」作「留」，「頌」作「賦」，「不」作「未」，「亦」作「則」，「史」作「庶」。

雖未能藏之名山，將以傳之同好，此要之白首，豈可以今日論乎！其言之不怍。文選「名」上、「同」上並有「於」字，「此」作「非」，「白」作「皓」，「豈」下無「可以」字，「日」下有「之」字，「怍」作「慙」。

豈獨愛顾之隆。「獨」，文選「由」。案「獨」疑「猶」之誤，猶、由古通。

損辱来命，雖諷雅、頌不能過也。文選「來」作「嘉」，「也」作「此」。「諷」，毛、官「風」；文選「諷」。

李善注引説文曰：「諷，誦也」。諷、風古通。

若仲宣之擅江表。　「江」，文選「漢」，案作「漢表」爲是。李善曰：「仲宣投劉表，寓流楚壤，故云『漢表』。」

至如修者。何惶駭於高視哉？　文選「如」作「於」，「惶」作「遑」，無「駭」字。案「惶」應作「遑」，駭字衍。植書言足下高視於上京，故修有此答。

體旦、發之質。　文選「旦、發」作「發、旦」；「質」作「資」。　案「旦發」誤倒。李善曰：「『發』武王名，『旦』周公名。」

不謂復能兼覽傳記，度越數子。　文選「謂復」作「復謂」，「子」下有「矣」字。

無得踰焉。　「得」，毛誤「所」。

敢忘惠施，以忝莊氏。　「忘」，文選「望」。李善曰：「修言已豈敢望比惠施之德，以忝辱於莊周之相知。」則「忘」字誤也。

劉季緒名修，劉表子，官至東安太守。　「東安」，文選十四注引魏志作「樂安」。

其人自若。　考證：「宋本『若』作『苦』。」

慮事有闕。　「闕」，毛「闕」。

并其男口。注：尋辟儀爲掾。　「掾」，毛誤「椽」；局本改正。

而永授無窮之祚也。　「授」，毛「受」。

況明公加之以聖哲。　「聖」，毛「明」。

黄初二年，監國謁者灌均希指，奏「植醉酒悖慢，劫脅使者」。有司請治罪，帝以太后故，貶爵安鄉侯。　文選責躬詩表李善注曰：「植集曰植抱罪徙居京師，後歸本國，而魏志不載，蓋魏志略也。」案植之徙居京師，當即在貶爵安鄉侯之時。史文不言徙居，而當文帝猜嫌之際，雖封鄉侯而不遣就國，理或然也。

忍活苟全。　文選「活」作「垢」。

尸鳩之仁也。文選「尸」作「鳲」。

而不能自棄者也。無復執珪之望。文選「能」作「敢」，「無復」作「永無」。

瞻望反仄。文選「仄」作「側」。

奕世載聰。「載」，毛、官誤「再」；文選亦作「載」。李善注引國語「祭公謀父曰：『奕世載德』。」

受禪炎漢，臨君萬邦。文選「炎」作「於」，「臨君」作「君臨」。

先軌是墮。「墮」，毛、官「墜」。

時篤同類。文選作「時惟篤類」。

哀予小子。旁證：「文選『小子』作『小臣』，與下『濱』字爲韻；然作『子』與上『類』肆字爲韵亦得。

既不復下「臣」韻，且與下『嗟予小子』、『咨我小子』文法一例。」

赫赫天子。「天」，毛誤「小」；局本改正。

朱紱光大，使我榮華。文選作「光光大使，我榮我華」。

性命不圖。「性」，文選注，李善曰：「言生之夭壽，不可預謀也。」

帝優詔答勉之。注：植及白馬王彪還國而作詩曰。文選曹子建貽白馬王彪詩，注載集序曰：「黄初四年五月，

白馬王、任城王與余俱朝京師。」杭世駿曰：「史稱七年從封白馬，而序稱四年白馬王朝京師，則當時未有此封。宜

稱吴王。」趙一清曰：「序既有白馬之文，疑是史誤。」

伊洛曠且深。「曠」，文選「廣」。李善注：「楚詞『江河廣而無梁。』」疑「曠」字誤也。

回顧戀城闕。「回顧」，文選「顧瞻」。

中田絶無軌。「田」，文選「逵」。

欝「行」紆將何念？文選李善本，「何念」作「難進」。

讒巧反親疏。「反」，文選「令」。

歸鳥赴高林，翩翩厲羽翼。文選二句在「孤獸走索羣」句之上，「高林」作「喬林」。

撫心長歎息。文選「歎」作「太」；下句同。

孤魂翔故域。「域」，文選一本作「城」。

存者勿復過。忽若朝露晞。咄咤令心悲。文選「勿」作「忽」，「忽」作「去」，「咤」作「唶」。

何必同衾幬，然後展殷勤。文選下有「憂思成疾疢，無乃兒女仁」二句。案此詩皆十二句一轉，不應此處獨少二句，疑此注傳寫奪也。

收涕即長塗。文選「涕」作「淚」，「塗」作「路」。

而竊位東藩。文選「竊位」作「位竊」。

退念古之授爵祿者 文選「授」作「受」。

而顧西有違命之蜀。文選無「而」字，「西」下有「尚」字。

使邊境未得脱甲。「脱」，文選「税」。李善注引爾雅曰：「税，舍也。」

簡賢授能。鎮御四境。言不以賊遺於君父。若此二士。文選「賢」作「良」，「御」作「衛」，「父」下有「也」字，「士」作「子」。

欲以除患興利。必以殺身靖亂。「患」，文選「害」，「靖」，北監「静」；官改「靖」；文選「静」。

欲得長纓纓其王。下「纓」字，文選作「占」。李善注：「爾雅『占，隱也。』璞曰『隱度』。」

而燿世哉。文選「燿」作「耀」，一本又作「曜」，「世」下有「俗」字。

欲逞其才力。文選無「其」字。

伏以二方未克爲念。何焯文選校本云：「魏志『伏』作『但』。未詳所據何本。」

武臣宿將。猶習戰陣。統偏舟之任，必乘危蹈險。事列朝策。如（徵）才弗試。文選「將」作「兵」，「陣」作「也」，「舟」作「師」，「蹈」作「躡」，「策」作「榮」，「弗」作「不」。

則伯樂照其能。毛及文選無「則」字，文選「照」作「昭」。

則韓國知其才。文選無「則」字。

熒燭末光。　「熒」，文選「螢」。　考證：張照曰：「『螢』古字作熒。『熒』，熒炎也，以虫尾有光，故名。後世乃易火從虫。」

克明峻德。　「峻」，文選「俊」。

恩昭九族。　「族」，文選「親」。

不敢乃望交氣類　「乃」，毛、官「過」。文選作「乃」。

兄弟乖絶。　退惟諸王。　臣伏自惟省，無錐刀之用。　文選「乖」作「永」，「惟」作「省」，「伏自」下有「思」字，「惟」下無「省」字，有「豈」字。

然向之者誠也，竊自比於葵藿。　文選「然」下有「終」字，「竊」上有「臣」字，「比」下無「於」字。

有不蒙施之物。　文選奪此句。

故伊尹其君。　文選無「故」字。

偃武行文之美。　册府元龜「行」作「修」。

賜須臾之問。　册府元龜「問」作「間」。

撮風后之奇。　潘眉曰：「『撮』當作『握』。」

屈平曰：國有驥而不知乘，馬皇皇而更索。　旁證：「按此宋玉九辯第八章之詞，子建云『屈平』誤。」

帝輒優文答報。注：雖有構會之徒。　「構」，毛「搆」；案作「構」是。

後幽囚從魯檻車載。　「囚」毛誤「因」；局本改正。

時年四十一。注：植嘗爲瑟瑟調歌，辭曰。　上「瑟」字，毛「琴」。

志累增邑，并前九百九十户。　陳景雲曰：「魏室諸王至正元、景元間，皆普增封邑，其户皆至累千，即如平陽、成武二公亦皆踰千户矣。按平陽公名琮，見鄧哀王冲傳；成武公名範，見戴公子整傳。思王初封於陳已有邑三千五百户，至志嗣爵，又累經增邑，乃并前計之，止有九百九十户，此必傳寫有所脱誤也。」

其此之謂歟！注：至於植者。旁證：「通鑑引魚豢語：『至於。植者』，下有『豈能興難』四字，此注傳寫脱漏，以致上下文不屬，應較校添。」

鄧哀王沖　智意所及。考證：「『意』，元本作『慧』。」

彭城王據　削縣二千户。注：列書載璽書曰。考證：「『列書』疑當作『魏書』。」

燕王宇　入繼太宗。「太」，官「大」；局本改「太」，「太」字誤也。

沛穆王林　景初元年、景元中累增邑，并前四千七百户。林薨，子緯嗣。案三少帝紀甘露元年沛王林薨。此書薨而言何年，缺文也。又林於甘露元年薨，則不得云景元中增邑，疑傳文有舛錯。以陳留恭王峻傳例之，當云「甘露元年，子緯嗣，景初、正元、景元中累增邑，并前四千七百户。」

中山恭王袞　袞獨譚思經典。考證：「『譚』疑當作『覃』。」

及有善亦宜以聞。「及」，毛誤「反」；局本改正。

其戒慎如此。「戒」，毛「誡」。

趙王幹　初封諸候。「候」，毛、官「侯」；此誤。

近東平王復使官屬歐壽張吏。錢大昕曰：「『歐』當作『毆』。東平靈王傳作『撾』。」景初、正元、景元中累增邑并前五千户。案幹以景元二年薨，見三少帝紀，此傳既不書謚，又不書薨年，又不言子某嗣，恐皆缺文也。

楚王彪　元年爲有司所奏。考證：「『元年』上疑脱『青龍』二字。」嘉平元年。錢大昕曰：「彪之有罪賜死，本紀在嘉平三年，此『元』字誤。」

使自圖焉。注：深用撫然。「撫」，毛、官「憮」；此誤。

其封彪世子嘉爲常山真定王。錢大昕曰：「嘉以罪人之子紹封不應獨得二大郡，前後疑有衍文。」案或「常山」下有奪文，先封常山後改真定也。

并前二千五百户。注：同聲無異嚮。「嚮」毛「響」。

東筦太守曹嘉。「筦」，毛、官「莞」；此誤。

東平靈王徽　奉叔父朗陵哀侯王後。　考證：「『王』，一本作『玉』。趙一清曰：『王』字衍。」

并前三千四百户。注：　賜服一具。　「一」，毛「二」。

樂陵王茂　如聞茂頃來。　錢大昕曰：「『如』疑當作『加』。」

贊哀王協更追改號謚。　正始九年薨。　毛「改」誤「故」，「始」誤「年」，局本改正。

北海悼王蕤以琅邪王子贊奉蕤後。　錢大昕曰：「魏惟范陽閔王矩之嗣王敏於太和六年改封琅邪，此琅邪王子即敏之子也。上當有『敏』字。」

東海定王霖嘉平元年薨。　旁證：「齊王紀嘉平二年十二月甲辰，東海王霖薨。此作『元年』誤。」

一至於此乎。注：　克明俊德。　「俊」，毛、官「峻」。

昔夏、殷、周歷世「數十」。暨於戰國。憂懼滅亡。　文選「周」下有「之」字，「於」作「乎」，「憂懼」作「救於」。

海内無主，四十餘年。　何焯曰：「『四』，從漢書諸侯王表當作『三』。」　文選考異曰：「周赧王五十九年卒。徐廣曰乙巳也，自此歲至始皇二十六年庚辰，始并天下，中間固三十五年海内無主也。」

蠶食九國。　考證：「『蠶』，元本作『薦』。」

以為小弱見奪。　功臣無立錐之地。　文選「以」上有將字，「小」作「以」，「地」作「土」。

臣聞殷、周之王，封子弟功臣千有餘城。　旁證：「文選『城』作『歲』。」文選考異按：元首此文出於史記秦始皇本紀，彼因作歲也。又孝文本紀，『古者殷、周有國治安皆千餘歲。』漢書作『皆且千歲，』蓋當時語自如此。作『千有餘城』，句本未協。」

至於身死之日。　刻薄之教。　文選無「於」字，「刻」作「剋」。

長遭凶父之業。「遭」，毛、官「遵」；此誤。文選亦作「遵」。

而乃師譚申、商。　劉、項弊之於後。　遂成帝業而天下所以不傾動。　文選「譚」作「謨」，「弊」作「斃」，「遂」作「而」，「不」下有「能」字。

受命於內。　「大者跨州兼郡。北發高帝，釁鍾文景。下推恩之令」。文選「受」作「授」，「郡」作「城」，「帝」作「祖」，「鍾」作「成」，「令」作「命」。

至於哀、平。　釋紱。　徒權輕勢弱。　斯豈非宗子之力也。文選「於」作「乎」，「紱」作「綬」，「徒」下有「以」字，「也」作「耶」。

覩前車之傾覆而不改於轍。　「覩」，官、文選同；毛「觀」。　文選「於」作「其」。

外無盤石。　「盤」，官、文選同；毛「磐」。

備萬一之虞也。　必置百人之上。　以扶之者衆也。　而何暇繁育哉？　危急將若之何？　是以聖王。　文選「虞」作「慮」，「置」下有「於」字，「扶」上無「以」字，「何」上無「而」字，「若」作「如」，「是」下無「以」字。

王粲　杖大衆。　「杖」，毛、官「仗」。

時人常以爲宿構　「構」，毛「搆」。

亦不能加也。注：　雖各爲魏卿相。　考證：「『各』，宋本作『名』。」

汝南應瑒字德璉。瑒，音徒哽反，一音暢。　毛、官「暢」下有「也」字。

後爲五官將文學。注：　著後序十餘篇。　案范史應奉傳云：「著漢書後序」，疑此奪「漢書」二字。

刑竟署吏。注：　南垠之金，伏杇石之下。　「垠」，毛誤「琅」；局本改正。「杇」，毛、官「朽」，此誤。

幹、琳、瑒、楨二十二年卒。　毛奪「瑒」字。　案此即下文所云「徐、陳、應、劉一時俱逝」也。

自一時之儁也。注：　咸自以騁騏驥於千里。　「騁」毛誤「聘」；局本改正。「驥」，文選「騄」。

幹時有逸氣，然非粲匹也。　文選作「徐幹時有齊氣，然粲之匹也」。李善注「言齊俗文體舒緩，而粲、幹亦有斯累。」案文選本與此注相乖，下文以粲、幹並言，似以文選本爲長。幹，北海人，故云齊。此幹或因正文公幹有逸氣而致誤。

拍袒胡舞。　「袒」，官「袓」；毛「祖」。局本改正「袒」。

陳留路粹。注：　與京兆嚴像。　荀彧傳「像」作「象」。

諸如此輩。考證：「宋本『輩』作『章』。」

而不在此七人之例。趙一清曰：「典論七子數孔融，今傳無文舉而云七人，未知所數更屬何人？詳傳仲宣以下祇德得六人耳。」案：評曰惟粲等六人最見名，自恐「七人」乃「六人」之誤。

官至步兵校尉。注：禄仕而已。「仕」，毛誤「事」；局本改正。

陰光代爲雄。「光」，毛「精」。

坐事誅。注：嵇氏譜。「氏」，毛誤「康」；局本改正。

晉楊州刺史。「楊」，毛、官「揚」。

取「稽」字之上，「山」以爲姓。考證：「元本『山』上有『加』字。」

河南向秀。「南」，晉書康傳作「内」；案秀河内懷人，「南」字誤。

安亦至烈。「至」，毛「性」。

吴質　封列侯。注：大將軍爲世子。案「大將軍」三字有譌奪。

質出爲朝歌長。文選：魏文帝與朝歌令吴書，「長」作「令」。

其後大將軍西征。考證：「『將』字疑衍。」案文選魏文帝與吴質書注引典略無「將」字。

終以博弈。「弈」，毛誤「奕」；局本改正。文選「博弈」作「六博」。

皦日既没。賓從。凄然。兹樂。文選「皦」作「白」，「没」作「匿」，「賓」作「參」，「凄」作「愴」，「兹」作「斯」。

天氣和暖。「天」，毛誤「風」；文選亦作「天」。

謂百年已分，長共相保。文選「分」下有「可」。

才學足以著書。傳文引此書，「才」上有「其」字；文選亦有此奪。

間歷觀。文選作「間者歷覽」。

至其五言詩，妙絶當時。文選作「其五言詩之善，妙絶時人。」

仲宣獨自善於辭賦。「獨」，文選「續」。善注：「續」，或爲「獨」。

然吾與足下。文選「然」下有「恐」字。案有「恐」字，文意方足。

何時。昔日。文選「何」上有「志意」二字。

年已三十，在軍十年。文選作年「三十餘，在兵中十歲。」案：「餘」字應添。

吾德雖不及，年與之齊。文選無「雖」字，「及」下有「之」字，「齊」下有「矣」字。

溺攢。考證：「『攢』，宋本作『穳』。」

朱鑠，敢壞坐。「朱」，毛誤「未」；局本改正。

衛覬　稍遷尚書。注：魏書曰。毛奪「魏書曰」三字。

進封閿鄉侯。「閿」，官「閺」；一本作「閿」。趙一清曰：「閿本從門中旻，訛為門中受。」案：字從旻，「閿」、「閺」皆俗字。

劉廙。仲尼回輪。注：擊庭鍾於外。「鍾」，毛「鐘」；下同。

奔揚州。注：考絜過蒙分遇。「蒙」，毛誤「家」；局本改正。

據全楚。「全」，毛誤「前」；局本改正。

難用筆陳。注：闕而從人。「闕」，官改「屈」。

以弟子阜嗣。注：「字仲彥」。唐書宰相世系表「仲」作「伯」。

劉劭。潘眉曰：「楊慎集引宋庠曰：卲從卩，說文高也，故字孔才，揚子、周公之才之卲是也。三國志作『劭』，或作『邵』，皆非。按本傳作『劉劭』。荀彧傳注作『劉邵』，皆傳寫之誤。晉刑法志『散騎常侍劉卲』從卩，作『卲』。」

及門不得終禮者四。「及門」，注作「入門」。晉、宋禮志並引此，亦作「入門」，案：此語見禮記曾子問篇，及字誤也。

不為變豫廢朝禮者。晉宋二志並兩引此，「變」下均有「異」字，此奪。

煇燿日新矣。注：近於過也。「也」，毛、官「矣」。

詞佳可觀省。考證：「『佳』，元本作『皆』。」

注：「大司農常林與統共在上黨爲臣道。」案：「爲臣道」三字未詳，疑有譌奪。

名曰昌言，凡二十四篇。「二」，毛「一」；局本改「二」；范史「三」。

韋誕。注：敬侯寫淳尚書　晉書衛恒傳及四體書勢「敬」上有「恒祖」二字。

遂效其法。「法」，晉書及四體書勢作「形」。

敬侯謂覬也。五字晉書、書勢無，裴所增也。

然精密簡理。「簡」，晉書、書勢「閑」。

師宜官爲大字，邯鄲淳爲小字。晉書、書勢云：「鵠宜爲大字，邯鄲淳宜爲小字。」

杜氏然字甚安。「然」，官「結」；晉書「殺」；書勢「結」。案：「然乃譌字，「殺」字亦難解，當從書勢作結。考證：「『結』本或作『然』，誤。」

〔號〕「〔忿忿〕〔忽忽〕不暇草。」晉書、書勢「草」下有「書」字。

傅嘏　字蘭石。世説三引此，「石」作「碩」。案：釋詁「嘏，碩大也」。則作「碩」爲是。

嘏弱冠知名。注：爲之宗主。「主」，毛誤「子」；局本改正。

士有恒貴。毛「士」作「土」，「貴」作「貢」。

所以務本也。「務」，毛、官「立」。

未有六鄉之舉　「鄉」，北監「卿」，官改正。

爲河南尹。注：天下四方會。御覽無「方」字。

次尹劉静綜其目而太密。何焯曰：「按劉馥傳載，劉靖爲河南尹，初如碎密，終于百姓便之，則『静』當爲『靖』也。」

隱兵出民表。注引無「隱」字。

斯必然之數也。注：五年正月，諸葛恪拒戰，大破衆軍於東關。旁證：「按少帝紀，東關之敗在嘉平四年十二月。吴志云十二月戊午大破魏。是年十二月丙申朔，戊午二十三也。此司馬彪戰略作五年正月，恐誤。」

以徹乾没乎？注：不計乾燥。「乾」，毛誤「干」，局本改正。

改封祗涇原子。注：晉諸公讚曰：「祇字子莊，嘏少子也。晉永嘉中至司空。」旁證：「晉書傳遷司徒薨。則非至司空也。晉諸公贊即其子暢所作，不應有誤。疑傳寫偶譌耳。」

桓階　字伯緒。旁證：「按任城太守孫夫人碑云：『長沙人桓伯序。』階、序字義相應，似當依碑作『序』。」

杖義而起。「杖」，毛、官「仗」。

前後懇至。注：而天王。「天」，毛、官「大」，此誤。

陳羣　推杖名義。「推」，毛、官「雅」，此誤。

以爲大衰。趙一清曰：「『衰』當作『哀』。大哀謂如叡自死也。」

泰。多寄寶貨。「寄」，毛誤「奇」，局本改正。

汝南太守鄧艾等。「汝南」，毛「南安」；官改「南安」。考證：『南安』，監本作『汝南』。盧明楷曰：『鄧艾傳云，出參征西軍事，遷南安太守，非汝南也。今改正』。」

求進兵爲翅。旁證：「按『爲翅』係『鳥翅』之誤。後郭淮傳云『討蜀護軍夏侯霸督諸軍屯爲翅，亦同此誤。』」

據櫟陽積穀之實。趙一清曰：「櫟陽縣漢屬左馮翊，魏省。在長安東北，姜維兵方至狄道，安得便可東據櫟陽？此盖略陽之誤。櫟、略音近也。」

謚曰穆侯。注：謂曰。乃不更言。大將軍久之。毛「謂」誤「詣」，言下衍一字，「久」誤「入」。局本改正。

改封温爲慎子。注：羣之後，名位遂微。案：「羣」疑當作「泰」，泰有名魏世，不得云遂微也。

陳矯　淵清玉絜。「絜」，毛、官「潔」。

軍還，復爲魏郡轉西曹。「轉」字剜添，毛無「轉」字。考證：「宋本無『郡』字。」案：文曰「復爲魏郡」，以矯爲魏郡太守也。此文不誤。毛本、宋本皆有奪字耳。

轉署史部。「轉」，毛誤「整」，局本改正。

徐宣 而賞雍季之言。注：城濮之功。毛「功」上有「奏」字。
雍季之言 毛奪「季」，局本正。
衛臻 輒遣使祠焉。注：入滎陽 「滎」，毛、官誤「榮」；局本改正。
與同郡圈文生 「圈」，毛空格；官爲。局本補「圈」。
文生呰呵，減價乃取。毛「呵」誤「阿」；局本改正。「價」作「價」。
兹以烈節垂名。「兹」，毛誤「資」；局本改。
開拔奇之津。「津」，毛「律」。
吴頻歲稱兵。趙一清曰，「上云吴、蜀恃險，此不得單舉吴也。疑傳寫脱『蜀』字。」
未果，尋致討者。趙一清曰：「『尋』字似衍。」
使夏侯玄宣指。「宣」，毛誤「宜」；局本改正。
爲光禄勳。注：晉大司馬。「大」，毛誤「太」，局本改正。
盧毓 字子家。唐書宰相世系表「家」作「象」。
幽冀饑荒。「饑」，毛誤「饑」。
多逋逃。「逋」，毛誤「連」；局本改正。
始適夫家，數日未與夫相見。御覽引「未」上有「皆」字。
文帝踐阼。「文」，毛誤「父」；局本改正。
名如畫地作餅。御覽「名」上有「有」字。
多所駁争。御覽「争」作「易」。
封一子高亭侯。潘眉曰：「『高』字宜衍。『高』、『亭』字相近訛複也。」
邑二千三百户。毛奪「户」字，局本改正。
泰山太守。注：清出有文思。「出」，毛同，官「飭」。

三國志校勘記四

魏　書

和洽　土平民（彊。）〔强〕　「民」，官「兵」。

必有讒慝間其中者。　毛奪「必」字，局本補。

不可以一節儉也。　册府元龜「儉」作「論」。　旁證：「按下文云『今崇一概難堪之行以檢殊塗』，即此意。『儉』字疑『檢』字之訛。」

則容隱僞矣。　注：採莫之譏。　「譏」毛誤「機」；局本改正。

要宜考核。　「核」，毛誤「竅」；局本改正。

浮食者多。　「浮」，毛「人」。

所謂「悦武無震。」　考證：「『悦』，册府作『玩』。張照曰：『按國語曰武不可覿，文不可匿，覿武無震，匿文不祥。此必引此語，自當作『覿』。『悦』、『玩』二字皆非。」

子禽嗣。　旁證：「按『禽』當作『離』，蓋字相近而誤。注中音離可證也。」

吏部尚書。注：　晉諸公贊曰：「和嶠字長興，適之子也。」　陳景雲曰：「『適』當作『逌』。高貴鄉公紀『侍中和逌作詩稽留，』即是此人。晉書和嶠傳『父逌，魏吏部尚書。』字並作『逌』。」案：世説注，三引晉諸公贊作「逌」，足證此注之誤。

以雅重稱。　世説注「重」作「量」。

厚自封殖。　晉書嶠傳云「厚自崇重」。

於黃門郎遷中書令。　「於」字疑誤。

明帝時爲尚書。注：召李叔才鄉閭之間。考證：「『叔』，宋本作『淑』。」

莫不賴劭顧難之榮「難」，毛「採」。

劭宗人許栩，沈没榮利，致位司徒云云。何焯曰：「後漢書言劭從祖敬，敬子訓，訓子相，並爲三公。相以能諂事宦官，故自致臺司封侯。數遣請劭，劭惡其薄行，終不候之。『栩』疑『相』之誤也。靈帝〔初〕爲三公者亦有許栩，史不詳其何許人，建甯元年由大鴻臚為司空，二年免。時許訓爲司徒，四年訓免。〔橋〕元代之。是年栩代元爲司徒，名輩在子將之前，蓋先賢傳失之也。」

避亂江南。「亂」，毛、官同。趙一清所見本「能」，非。

〔常林〕旹弟静紹封。注：爲司馬文王所法。毛奪爲字，局本補。「法」，局本「誅」。

自茂修行。「自」，毛誤「司」，局本改正。

校事劉肇「校」，毛誤「梭」，局本改正。

並之閤下「閤」，毛誤「閣」，局改正。

肇髡決減死。趙一清曰：「『肇』字衍。下文云『刑竟復吏』，謂並被刑也，何與於肇？」

未是夫窮理盡性。考證：「『是』，册府作『臻』。」

長幽桎桔。至夫未世。孤貍。毛、官「桔」作「梏」，「未」作「末」，「孤」作「狐」。此並誤。

吾以材質。「材」，毛「才」。

然以其履行過人。「人」，毛「競」。

還爲大官令。「大」，毛、官「太」。此誤。

於叙人才不能寬。御覽二百六十五引，「於」上有「至」字，「寬」下有「大」字。

杜襲吏民慕而從之如歸。注：南陽功曹。「功」，毛誤「攻」；局改正。

彊識博聞。考證：「元本『彊』上有『粲』字。」案：以下文推之，「彊識博聞」自謂粲也，今本奪「粲」字，宜補。

嘗獨見至於夜半。　考證：「元本『嘗』上有『襲』字。」　案：「襲」字宜補。

增邑三百。　毛同，官「百」下有「户」字，局本添。

趙儼　紹與大將軍相持甚急。　趙一清曰：「『將』字衍。」

儼密白宜遣將詣大營。　「大」，毛誤「太」；局改正。

太祖遣將軍劉柱將二千人，當須到乃發遣。　通鑑「二千人」下有「往」字。

當去者亦不敢動。　毛、官「當」上有「其」字。

遷平寇將軍徐晃俱前。　陳景雲曰：「册府元龜『遷』作『與』，通志同。當從之。」

如有緩救之戮，余爲諸軍當之。　「救」，毛誤「急」；「軍」，通鑑「君」。

便作地道，箭飛書與仁　御覽「箭」上有「射」字。

征東大將軍曹休統五州軍禦之。　「休」，毛、官同。考證：「監本作『曹仁』。盧明楷曰：『曹休傳云帝征孫權，以休爲征東大將軍，仁未嘗爲征東也。今改正』。」

裴潛　乃欲西伯自處。　「伯」，毛誤「北」，局改正。

文帝踐阼。　「阼」，毛誤「祚」，局改正。

謚曰貞侯。　注：有雅要容。　考證：「『要』字疑衍。」

秀，咸熙中爲尚書僕射。　注：封廣川侯。　旁證：「『廣』疑當作『濟』。晉書裴秀以高苑縣濟川墟爲侯國。」

又畫地域圖十八篇。　晉書云「作禹、黄地域圖十八篇」，疑此奪「禹」、「黄」二字。

潛少弟徽，字文季。　「季」，唐書宰相世系表作「秀」。

事見荀粲、傅嘏、王弼、管輅諸傳。　潘眉曰：「裴徽於魏志惟見管輅傳。至如傅嘏傳無裴徽，惟注引傅子有徽非傳也。荀粲、王弼魏志皆無傳，何劭作荀粲及王弼傳，荀粲〔傳〕引於荀彧傳；王弼傳引於鍾會傳，皆注也。若據陳志而言，則當云徽事見管輅傳。若兼傳注而言，則當云見荀彧、傅嘏、鍾會、管輅諸傳。若據所出書而言，則當云見荀粲、王弼、管輅傳及傅子。」　案：裴注凡云見某傳者，皆兼傳注而言，初不分析。此注惟「荀粲」當作「荀彧」耳。王弼附於鍾會，故亦得稱王弼傳，但改「粲」爲「彧」，於本書次序甚合，可無疑也。

徐韓等四人。「徐韓」，北監同；毛「餘幹」，官改「餘幹」。考證盧明楷曰：「按此即指下嚴幹、李義、韓宣、黃朗等四人也。且上文已云徐福事在諸葛亮傳，不應又云徐韓，今改正。」

桓、甲、吉。「甲」，北監同，毛「田」；官改「田」。

會喪母不對。「對」，毛、官「赴」。此誤。

韓暨　在職七年。御覽「七」作「一」。

進封南鄉亭侯　潘眉曰：「進封南鄉侯也，衍『亭』字。」

志節高絜。「絜」，毛「潔」。

子邦嗣。注：性驕佚而才出壽。少子蔚。「壽」，毛、官「衆」。

高柔　以柔爲管長。沈欽韓曰：「『管』，當作菅。青州濟南屬縣也。此與司馬芝傳同誤。」

咸還，皆自勵，咸爲佳吏。御覽二百六十七引，「咸爲」作「成爲」。

舉吏民姦罪以萬數。考證：「宋本無『民』字。」

訖罷作者，使得就農。「訖」，官改「乞」。

殯殮於宅。注：而杖夫計術「杖」，毛官「仗」。

司馬牛獲宥之義乎？「宥」，毛誤「育」，局改正。

螭魅。「螭」，毛、官「魑」。

非防近世。趙一清曰：「『防』當作『昉』。」

嘗出錢與同營士焦子文，求不得。御覽「求」上有「久」字。

班下天下，以禮爲戒。通典「下」四字作「以爲體式」。

以柔等著勳前朝。「等」字衍。

孫禮　明帝方修宮室。御覽「宮室」作「宮省」。

禮固争，罷役。　御覽「罷」上有「因」字。

而鄃以馬丹候爲驗。　「候」，毛「侯」。

王觀　不設監器。　「監」，毛、官「明」，此誤。

辛毗　連年戰伐，而介胄生蟣蝨。　官同。毛「戰」作「征」，「介胄」作「戰士」。

臣誠未見其利也。　「未」，毛誤「朱」，局改正。

爲河内太守。　「内」，毛「南」。

注：外孫夏侯湛。　「夏」，毛誤「更」，局改正。

太傅殆不得不爾。　毛、官無「殆」字。

親泥之職也。「泥」，毛、官「昵」。此誤。

子琇爲參軍。　「軍」，毛誤「豈」，局改正。

楊阜　超率諸戎渠帥。　「諸」，毛「衆」。

敕從阜計，計定。　毛無下「計」字。考證：「『從阜計敕』，北宋本作『敕叙從阜』。」

十七年九月，與叙起兵於鹵城。　旁證：「按武紀及夏侯淵傳並作十九年，此『七』字疑誤。顧祖禹曰：『鹵城在冀縣，西縣〔之間〕或曰「鹵城」即「西（城）之譌。」趙一清曰：『漢書地理志隴西郡有西縣，安定郡有鹵縣。續漢書郡國志漢陽郡西縣，故屬隴西，而安定無鹵，蓋後漢省也。此當爲安定之鹵城』。」案：何義門以鹵爲西之譌。考注中有「辭超寧歸西，」西蓋即指西城也，則何説是。

必不墜於地矣。　注：烈女傳。　「烈」，毛「列」。

至於祈山。　「祈」，毛、官「祁」，此誤。

阜常見明帝著帽被縹綾半褎袖。　何焯曰：「『褎』、『袖』古今字，少章疑下一字衍。尋宋書五行志，果然。『帽』上宋書有『繡』字。」考證：「『褎』應作『衺』。」旁證：「按宋書五行志：『魏明帝著繡帽被縹紈半袖。』然則此一句脱一『繡』字，復一『袖』字，又誤『紈』爲『綾』耳。

曩使桓、靈不廢高祖之法，文、景之恭儉。　錢大昕曰：「『法』字上下疑有脱字。」

民有饑色。　「饑」，毛「饑」，是也。

高堂隆　犢民西牧，年七十餘。　錢大昭曰：「『犢民』非縣名，疑是尉氏之譌。」

特除郎中以顯焉。徵隆爲散騎常侍。　「除郎中以顯焉」六字，趙一清所據本誤作「特之赤水六日」，又奪「徵」字。此本與毛、官皆不誤。不知趙氏據何本也。

青龍中大治殿舍，西取長安大鍾。　「鍾」，毛、官「鐘」，下同。潘眉曰：「帝紀注徙長安鍾簴在景初元年，與此不同。」

泠州鳩。　「泠」，毛「伶」；左傳釋文：「泠，或作伶。」

以盪聖心。　「盪」，毛「蕩」。　案：左傳「蕩王心」作「蕩」。

以答天意。　北監本「意」上有「之」字，官删。

五行志曰：柏梁災，其後有江充巫蠱也。衛太子事。　「衛太子事」四字，官小字在右旁。　案：漢書五行志云：「太初元年十一月乙酉，未央宫柏梁臺災。先是，大風發其屋，夏侯始昌先言其災日。後有江充巫蠱衛太子事。」此爲節引志語。「蠱」下多一「也」字，蓋衍文。「日」字作「其」，「日」、「其」形近，或漢志誤也。官本非。

萐莆。　毛誤「箑莆」，局改正。

而崇其居室。　考證：「『居室』，北宋本作『宫室』。」

此乃皇天子愛陛下。　「天」，毛誤「太」；局改正。

混於後嗣。　考證：「『混』，册府作『流』。」

今若有人來告，權、備並脩德政。　考異：「按隆上陳在明帝景初改元以後，備先殂謝久矣，云備誤也。」何焯云：「通鑑『備』作『禪』是也。」考證李龍官曰：「『備』當『禪』之訛。」

周禮天府掌九伐之則，以給九式之用。　「伐」，官「賦」。考證盧明楷云：「按周禮，大府掌九貢、九賦、九功、之貳，以受其貨賄之入。則九賦太府職也。此云『天府』，疑誤。『九賦』，監本訛作『九伐』，今改正。」考異：「周禮天官有大府，無天府。九賦之財給九式。鄭氏注大府文也，「伐」當爲賦，『則』當爲財，『天府』爲大府譌。局本「伐」改「賦」。

靡陛下少垂省覽。「靡」，毛、官「願」；此誤。

煎水作冰。「煎」，毛「將」。

不夷於隸。考證：「此句有誤，或『下夷』訛作『不夷』也。」

汪充。「汪」，毛、官「江」；此誤。

口爪胸赤。潘眉曰：「胸字誤，宋晉五行志並口爪俱赤。」

穀梁寡儔，宣帝承以士郎。考證：「『士』宋本作『十』。」案漢書儒林傳，瑕丘江公受穀梁春秋於魯申公，其後浸微，唯魯榮廣王孫、皓星公二人受穀梁。千秋少君、梁周慶幼君、丁姓子孫皆從廣受。千秋又事皓星公。宣帝即位，時千秋爲郎，召見，與公羊家並説，上善穀梁説，擢千秋爲諫大夫、給事中，後有過，左遷平陵令。復求能爲穀梁者，莫及千秋。上怨其學且絶，迺以千秋爲郎中户將，選郎十人從受。據此，則當從宋本作十郎。」

由枝幹既杌。「杌」當作「扤」。

滿寵　賊必來燒軍。御覽「軍」作「營」。

引賊遠水。「水」，毛「來」。

伏肥城隱處以待之。通鑑「肥城」作「肥水」。

遣長史督二軍。考證：「宋本『史』作『吏』，『二』作『三』。」

官至衛尉。注：以椽守閶闔掖門。「椽」，毛、官「掾」；此誤。

田豫　使豫守東州令。考異：「『東州』當作『東州』，縣名，屬河間。」

比能、彌加、素利。御覽「利」下有「等」字。

追豫到馬城　錢大昭曰：「『馬城』，魏氏春秋作『馬邑』，故城見劉放傳注。」案牽招傳亦作「故馬邑城。」

東隨無岸。通鑑「隨」作「送」。

譬猶鐘鳴漏盡。「鐘」，毛「鍾」。

子彭祖嗣。注：葬我必於西門豹邊。旁證：「『豹』下脱『祠』字。」

牽招　早卒。注：秀有才儁。「儁」，毛、官雋；此誤。

文辭尤厲。陳景雲曰：「『尤』當作『亢』，見晉書牽秀傳。」

郭淮　陽曲人也。注：父緼。考證：「北宋本『緼』作『蘊』。」

備疑不渡。御覽「渡」上有「敢」字。

蜀兵大至，淮逆擊之。御覽擊下有「走」字。

追至彊中　「彊」，毛「疆」。

因置西川都尉。陳景雲曰：「『川』當作『州』。晉泰始中，中丞傅休奕上陳措置秦、隴事，請更置一郡於高平，因安定、西州都尉徙民克之，以通北道，是其證也。」

討蜀護軍夏侯霸督諸軍屯爲翅。考異：爲翅當作『烏翅』。胡三省云：「烏翅要地也，魏屯兵守之。嘉平元年降蜀將句安於翅上，即此地也。」陳泰傳亦作「爲翅」。

徐邈　以漸收斂民間私杖。「杖」，毛「仗」。

西域流通。御覽「流通」作「通流」。

皆服職前朝。考證：『職』，宋本作『質』。

胡質　威，咸熙中官至徐州刺史。注：「威弟羆」。「羆」，毛、官「熊」。晉書威傳作「羆」。

並以絜行垂名。「絜」，毛、官「潔」。

王昶　晉陽人也。注：當以仕宦顯。「宦」，毛誤，官、局改正。

言奇正之用。注：若循環之無窮。「窮」，毛「端」。

未有干名　「干」，毛誤于；局改正。

甘長饑於首陽。「饑」，毛「饑」。案：作饑是。

誠節有大意。「意」，毛「義」。

不顧兒子慕之。注：於夫鄙懷。考證：「宋本作『於鄙』夫懷。」

願兒子遵之。注：父旐。「旐」，毛「旌」。下同。

夙智早成。考證：「宋本作『夙智性成』。」

今屯苑。考證：「『苑』疑作『宛』。」

船在宣池。沈欽韓曰：「宣池當在襄陽。『宣』乃『宜』之誤，即宜城陂也。」

習水軍於三州。沈欽韓曰：「『州』當作『洲』，水經注襄陽城東有東白沙，白沙北有三洲，東北有宛日，即淯水所入也。」

王基　字伯輿。范史鄭元傳注作「字伯興。」

揚聲欲入攻。「攻」，通鑑「寇」，按：作「寇」是，「寇」字句絕。

此不過欲補定支黨。「定」，官「綻」；通鑑亦作「綻」。

加揚烈將軍。潘眉曰：「王基殘碑作揚武將軍。按碑文遷鎮南將軍在賜爵關内侯之前，今傳叙在後，皆當以碑爲正。」

雖有智者，不能善後矣。御覽「善」下有「其」字。

今與賊家對敵。御覽「家」作「交利」二字。

一不得有所遺。考證：「『遺』，宋本用『譴』。」

又内患未彌。「彌」，毛、官「弭」。

後由等竟不降。注：景元二年春三月。「三」，毛「二」。

皆山險狹。考證：「冊府『山』下有『路』字。」

而值淋雨。考證：「宋本『淋』作『霖』。」

前軍縣乏。「乏」，毛、官同。何焯所據本作「之」。校云宋本作「乏」。

士衆饑餓。「饑」，毛饑，是也。

王淩。淩毛誤從冫旁，紀、傳皆同，不悉出。局改正。

淩就遷爲司空。「淩」，毛誤「浚」；局改正。

勿爲禍先。注：廣樹勝已。「勝已」，毛誤「聲色」，局改正。

會愚病死。注：本名淩。「淩，」毛誤「浚」；局改正。

大軍掩至百尺。水經沙水注，云：「沙水又東南注于潁，謂之（處）〔交〕口。水次有大堰，即古百尺堰也。魏書國志曰：『司馬宣王討太尉王淩，大軍掩至百尺堨，』即此堨也。」案：據此，則「尺」下當有「堨」字。

諸相連者悉夷三族。注問卿，令狐及乎？　考證盧明楷曰：「按『及』字不可解，疑爲『反』字之誤。蓋謂令狐愚與王淩通謀之事，單固知情也。」

毌邱儉　何焯曰：「漢書高紀下云曼邱、毌邱本一姓也，語有緩急耳。故知此字作『母』者，傳寫之誤。史通中音母欠是也。」　楊慎曰：「複姓有毌邱氏，諸姓氏書『毌』作『母』，非也。史記田齊世家『伐衛，取毌邱』，索隱曰：『毌』音貫；貫邱，故國名，衛之邑。今作『毌』，字殘缺耳。按索隱以毌字爲殘缺，亦非。蓋古字從省不用貝。」

毛本誤母，又誤『毋』，不悉出。此本。別傳亦有誤「毋」者。

父興。水經穀水注作「毌邱興盛」，恐「盛」字爲衍，非此傳誤也。

封高陽鄉侯。注：領太守毌邱興。　考證，「『領』元本用『頃』。」

興皆安卹。「卹」，毛「恤」。

昔隨袁尚奔遼東者。「尚」，毛誤「紹」。

賜興馬繒綵。「綵」，毛、官「採」。

大戰梁口。梁音渴。考異：『梁』字不當有渴音，疑誤。　趙一清曰：「『梁口』，册府元龜作『渦口』。注云渦『帝』〔音〕過是也。此並譌。水經濡水注『河又東至九過口，枝分南注海，』即是此地。」

宮遂奔買溝。沈欽韓曰：「東夷傳『北沃沮』一名『置溝婁』，後漢書東夷傳同。溝婁者，句驪名城也。此誤置爲『買』，又脱『漊』字。」

銘不耐之城。　漢志「耐」作「而」，耐、而古通。

欽在外爲游兵。注：不愧於三皇五帝耳。及州郡國典農。　毛「皇」誤「五」，「典」誤「興」，局本「典」，已改正。

衆心沮散。　「散」，毛「喪」。

乃引還。注小字鴦。　「字」，毛「名」。

君侯何若若不可復忍數日中也。　「何若」，考證：「册府元龜作『何苦』，無下『若』字。」局本上「若」字作「苦」。

天不佑汝。　「佑」，毛「祐」。

悉歸降。注：大將軍昭伯與太傅伯俱受顧命。　考證陳浩曰：「『昭伯』，曹爽字。『太傅伯』，『伯』字疑衍，或爲『昔』字之誤。」

此亦大國之所佑念也。　「佑」，毛「祐」。

分分中國。　考證：「『分分』，元本作『瓜分』。」

公侯必欲共忍帥胸懷。　「帥」，毛、官「師」。

夷儉三族。注：問屈頫所在。　考證：「『頫』，宋本作『順』。」

譙侯。注：雨絶於天。　「雨」，毛、官「兩」。

雖則伏隅都。　「則」，毛、官「側」，此誤。

諸葛誕　免誕官。注：共相題表，以玄、疇四人爲四聰，誕、備八人爲八達。　「題」，毛作「顯」；似誤。通鑑「玄、疇」作「玄等」，「誕、備」作「誕輩」。

自出攻揚州刺史樂綝，殺之。注：誕再在揚州。　考證：「『再在』，毛本作『再任』。」　案：今所見毛本一作「在」，一作「任」，蓋「在」字上畫左旁偶缺，遂成「在」〔任〕字，非毛有異。

以今月六日討。「今」，毛「六」。

至吴請救。注：更葬否。「否」，毛「不」。

密與文欽俱來應誕。毛奪「誕」字。

壍壘甚峻。「壍」，毛、官「塹」。

血流盈壍。「壍」，官「塹」；毛「野」。

其得人心如此。注：吴將于詮。「詮」，毛「銓」。

殺太守徐箕。文紀作「徐質」。

致葬舊墓。注：夫建業者異矣。喪王基。通鑑「矣」作「道」，「喪」作「賞」。下同。

鄧艾。集古録云：「『艾』，碑作『乂』，當讀若『刈』。」

辟之爲掾。注：從典農司馬求入御。皆當遠至爲佐相。旁證：「晉書石苞傳亦載此事，『求入御』作『求人爲御，』『當遠至爲佐相』作『並當至卿相』，文義似較明。」

遷尚書郎。自此至「艾所建也」一段。御覽八百二十一所引全同此，可見北宋時魏志本與今無異。

使艾行陳、項已東至壽春。御覽三百三十三此下有小注：「自今淮陽郡項城縣以東至今壽春郡也」十六字，乃唐人語，非裴注也。淮陽、壽春皆唐郡。

可積三十萬斛於淮上。晉志「上」作「土」，一本又作「北」。案：土乃上之誤。

宣王善之，事皆施行。御覽三百三十三引「事皆施行」作「皆如艾計」，下有「遂北臨淮水，自鍾離西晉志而。横石以西盡沘水沘，旁脂切。四百餘里晉志下有五里二字，應補置一營，營六十人，且田且守，兼脩廣淮陽、百咫晉志作尺，咫字誤。二渠，上引晉志下有河字，此奪。流，下通淮、頴、大理晉志治。諸陂於〔潁南〕潁北，穿渠三百餘里，溉田二萬頃，淮南、淮北皆相連接，自壽春到京師，農官兵田，雞犬之聲，阡陌相屬」九十八字下接「每東南有事」云云。何焯曰：「册府引此亦曰鄧艾傳，則悉是承祚本書後來所當刊正也。」案：以晉志食貨志核之，御覽此卷所引乃晉志，非魏志也，故與八百二十二卷所引不同。如「使艾」〔行〕陳項已東至壽春句，上有「廢帝齊王正始四年，司馬宣王督諸軍伐吳，因欲廣田積穀，爲兼并之計」，乃節引晉志，非魏志。又「使」字上有「乃」字，「使」下有「鄧」字。「可以引水繞溉」句，無「引水繞溉」四字；「積穀於許都」句，無「於」字；「令淮北屯二萬人」句，無「屯」字；「十二分休，常有四萬人」二句，無「十二、常有四萬人」七字；「宣王善之，有上文所引云云，無「事皆施行」、「正始二年乃開廣〔曹〕〔漕〕渠」九字；「大軍興衆」句，「興衆」作「出征」，悉與晉志合。又此本傳乃〔正〕始二年事，此所引作「四年」，亦同晉志確證也。以爲承祚本者非御覽，既誤晉爲「魏」，册府並訛作鄧艾傳，不足爲據。

正始二年。　通鑑同，晉書宣紀及食貨志並以爲四年事，似當以晉書爲是。

長皁誘而致之。　「長皁」未詳，或是「去皁」之訛。

阻兵仗勢，足以建命。　考證：「『建』，疑作『違』。」

輒移屯附亭。　「移」，毛誤「以」；局改正。　考證：「『附』，元本作『陽』。」

器杖未復。　「杖」，毛、官「仗」。

吾水陸軍。　考證：「『軍』疑作『運』。」

出劍閣西百里。　御覽「西」作「凹」。

乃叱忠、纂出。　考證：「宋本無『出』字，北宋本『出』作『等』。」

豫順流之事。　考證：「元本『豫』下多『備』字。」

徙艾妻子及孫於西域。注：不候駕而諭。　考證：「『候』，宋本作『侯』。」

不利東北。　「北」，毛誤「南」；局改正。

埋一魂而天下歸其義。　何焯云：「『埋』當作『理』，上云『莫肯理之』是也。」

而子孫爲民隸。　考證：「『民』，北宋本作『萌』。」

謚曰壯侯。注：世語曰：「使尚書鍾繇調泰。」　考證陳浩曰：「鍾繇卒於太和四年，疑調泰者當是鍾毓。」又按何焯曰：「檢毓傳正元中乃爲尚書，齊王初方官黄門侍郎，世語當是稱其後來所歷之職。若當泰典郡時毓已先踐八座，恐不得屈滯相（啁）〔嘲〕矣。世語所記疑其不實」。」

鍾會　太傅繇小子也。　旁證：「按注，黄初六年會始生時，繇已老矣，『小子』當作『少子』。」案：世説注引作「少子」。

少毓惠夙成。注：充成侯。　「充」，毛誤「克」；局改正。

言足以飾非成過。　「非成」，毛「其文」。案：「其」字誤，局本改正。

遷尚書中書侍郎。注：心存之。　考證：「元本『存』作『苦』。」

此真王佐材也。　「材」，毛「才」。

不復追改。注：會兄侍中統。　「統」，毛、官「毓」，此誤。

中書令劉表。　「表」，官改「放」；局本從之。

未蒙王化。　「王」，毛、官「皇」；文選「王」。

此三祖所以〔顧〕懷遺恨也。　「〔恨〕」，文選作「志」。

攝統戎重。　「重」，文選「車」。

以濟元元之命。　「命」，官同，文選亦作「命」。毛誤「美」。

以快一朝之政。　「政」，文選「志」。

興兵朔野。　案：朔野謂涿郡也。文選李善本作「新野」，乃後來傳寫之訛。注中不言「新野」可見。

制命維、布之手。　「維」，毛、官「紹」，此誤。

與隆大好。　文選「與」作「興」，恐訛。

段谷、侯和沮傷之氣。　「侯」，毛誤「候」，局改正。

此皆諸賢所親見也。　文選「親」上有「共」字，無「也」字。

蜀相壯見禽於秦。　「壯」，毛、官誤「牡」；局改正。考證：「文選『牡』作『莊』。」案：文選作「蜀侯見禽於秦」，各本皆然。且李善注云：史記曰秦惠文君八年，張儀復相，伐蜀滅之。今史記「復相」下有「秦九年司馬錯」六字。李注傳寫奪去，故與今本不同。弟觀其引司馬錯滅蜀事，而不及蜀相壯，則作蜀侯明甚。恐考證、文選字傳寫有誤。至蜀相壯殺蜀侯來降，史記在惠文十四年。華陽國志：「赧王元年，秦惠王封子通國爲蜀侯，以陳莊爲相，」陳莊者即蜀相壯，本秦所置，中間蜀侯畔秦，相壯殺之而降。至武王元年誅蜀相壯，然則蜀相壯是來降之後又以事誅，不得云見〔禽〕也。此文當以文選作蜀侯爲是。

此皆諸賢所備聞也。文選「賢」作「君」。

明者見危於無形，智者窺禍於未萌。「窺禍」，文選作「規福」。李善注引太公金匱曰：「明者見危於未萌，智者避危於無形。」若爲「窺禍」作注，而非爲「規福」作注者。疑「規福」即「窺禍」之譌也。

猶加盛寵。錯身陳平之軌。就永安之福。大兵一發。文選「盛」作「上」，「錯」作「措」，「福」作「計」，「發」作「放」。

其詳擇利害，自求多福。文選無此二句。

欲從漢德陽入江。由潘眉曰：「『陽』下當有『亭』字。鄧艾傳云，經漢德陽亭趣涪。」

會與緒軍向劍閣。「緒」，毛誤「諸」；局改正。

軍悉屬會。注：沖子詮。「詮」，毛、官「銓」。

與維情好歡甚。注：有曰鍾士季。「有曰」二字，毛誤倒。

相國知我能獨辦之。「辦」，毛誤「辯」；局改正。

人賜白帢。苦洽反。「帢」，毛誤「幍」；局改正。

以次棓殺坑中。通鑑「坑」上有「内」字。

當何所能一辦耶！通鑑作「何憂其不能辦耶！」

咸如所策。注：殿下讎對枯骨，捐之中野。晉書向雄傳作「殿下讎枯骨而捐之中野」語較明顯。「殿」，毛、官同。旁證所見本作「吾」，誤。

年二十餘卒。注：弼曰：「聖人體无，无又不可以訓，故不說也。老子是有者也，故恒言無所不足。」世說「文學」篇，「弼曰：『聖人體無，無又不可以訓，故言必及有；老莊未免於有，恒訓其所不足。』」案據世說所載則「恒言」下「無」字當作「其」字。

足下之量。毛、官「足」上有「是」字。

著道略論。「著」，毛「注」。

王粲與族兄凱。「凱」，毛「覬」；下同。局改「凱」。

子宏，字正宗。「宏」，毛誤「玄」，局改正。

此蓋古人所謂目論者也。注：越之不亡也。「越」，官同；與史記越世家合，毛誤「楚」。

吾不貴其用智之如目，目見毫毛而不自見其睫也。史記無下「目」字。

不自知越之過。毛、官「不」上有「而」字，「過」作「失」；史記作「而不自知越之過。」

方技傳　「技」，毛「伎」。

華佗　一名旉。注：其名宜爲旉也。「旉」，毛誤「孚」。

兼通數經。御覽七百二十二引此，下接云：「曉養性之術，年且百歲，而猶有壯容，時人以爲仙。」案御覽所引與范史悉合，疑本引魏志而誤范文也。

而貌有壯容。御覽下接「沛相陳珪」云云。

皆不就。御覽下接「精於方藥」云云。

又精方藥。御覽作「精於方藥」。

其療疾合湯。五字御覽作「處齊」二字。

心解分劑。御覽「劑」作「銖」。

每處不過七八壯。毛、官無「不過」二字。

故甘陵相夫人。「故」上毛、官空一格，每段皆同；局改從此。

人云在左。「云」，毛誤爲，范史本傳注及御覽引作「云」。

尚虛未復復，勿爲勞事。上「復」毛、官「得」。

昨使醫曹吏劉租。考證：「北宋本『租』作『祖』。」御覽作「祖」。

常先啼。「啼」，官「嗁」。

佗與四物女宛丸。「女宛」，御覽作「紫苑」。

蒜齏大酢。范書作蒜齏甚酸。

似逢我公，車邊病是也。御覽作「客車邊有物，必是逢我公也」，與范史同。惟范「公」作「翁」。

又有一郡守病。范史「病」上有「篤」字，下有「久」字。

又有一士大夫不快。御覽「不」上有「患體中」三字，「快」下有「詣他」二字。

君病深，當破腹取。御覽「深」上有「至」字，「取」下有「之」字。

忍病十年。御覽「忍」上有「君」字，「病」作「痛」。

故自刳裂。御覽「裂」下有「也」字。

士大夫不耐痛癢，必欲除之。御覽作「士大夫曰：『余不耐痛，必請治之』。」

佗脈之曰。脈之御覽作「診脈」。

半身是生魚膾也。御覽「是」上有「猶」字，范史亦有。此奪。

隨手而差。注：言灸此各十壯。范史「十」作「七」。

佗恃能厭食事。范無「食」字。考證：「『食』字疑衍。」

何忍無急去藥。御覽「去」下有小字祛舉切三字。

以至於死。注：稻穅黃色犬。「穅」，毛、官「糠」。

令周市。「市」，毛、官幣；此誤。

會戰欲死。「會」，御覽作「冷」。案「會」字訛，當從御覽改正。

熊頸。范作「熊經」。

及朝歌云。注：主理五藏。「主」，毛誤「大」；范書注及御覽並引作「主」。

本出於迷入山者。御覽「迷」下有「人」字。

亦善行氣。范史注「亦」作「名」。

行妖慝以惑民。「慝」，毛「隱」。

字世雄。范史注作「字雅」。

而弩行也。范史「弩」作「怒」。

合其一著藥。「合」，官「令」；范書注亦作「令」。「合」誤。

徐市、「市」當作「市」。

杜夔　今將軍號不爲天子合樂。何焯曰：「『不』字衍。」

善鍾律。「鍾」，毛、官同；局改「鐘」。非。

聰思過人。考證：「『思』，册府作『慧』。」

時散郎鄧静、尹齊。御覽五百六十四引同。潘眉曰：「晉宋志並作『尹商』，此作『齊』字誤。」

夔令玉鑄銅鐘。「鐘」，毛「鍾」；局改「鐘」。

其聲鈞清濁。「鈞」，毛「均」，官「韻」。案「均」者，古字，此當從毛。

然知夔爲精。宋書律志「然」下有「後」字。

又嘗令夔與左願等　陳景雲曰：「『左願』當作『左騏』，見繁欽與魏文帝牋。文選李善、吕向注引夔傳，並與牋合。善又云：『騏與顛同音，由善注觀之，夔傳此字本作『騏』，後來傳録者易爲顛，作『願』者又顛之訛。」

莫及夔注：虚爭空言。毛作「空爭虚言」。

城内有地，可以爲園。「地」，官同，毛「坡」；御覽引亦作「地」，「可」下毛、官及御覽無「以」字；「園」，毛「囿」。

乃作䡍車。「乃」上御覽有「先生」二字：「䡍」，御覽同，毛官「翻」。

其巧百倍於常。「巧」，御覽「功」；案作「功」是。

設爲女樂舞象。「女」，毛、官「歌」；御覽引作「女」。

作山岳。「岳」，毛、官「嶽」。

使木人跳丸擲劍。「丸」，毛「瓦」；御覽亦作「丸」。

言語宰我、子夏。「夏」，毛、官「貢」；此誤。

無名之樸乎？考證：「『樸』，宋本作『璞』。張照曰：『無名之樸』，語本老子。宋本作『璞』，非。」

朱建平　何以復加也。「也」，御覽作「耶」。

驚囓文帝膝。「囓」，毛、官「齧」。

管輅　而不敬也。注：嘗云家鷄。「嘗」，毛「常」。

便開淵布筆。考證「『淵』，册府作『胸』；元本作『紙』。」

於時釁上。「釁」，毛誤「舋」；局政正。

一釁之俊。俊，毛、官雋。

若府君四座之士耶！「座」，毛「坐」。

互相攻劫。考證：「册府作『劫詰』。」

至日向暮「暮」毛「莫」。

盛有材氣。「材氣」，毛「才器」。

皆得躄疾。御覽七百二十八引，「疾」下有「不知何故」四字。案注，輅别傳有此四字，疑御覽以注語攙入，未必正文奪也。

當有利其數升米者。御覽，「數升」作「斗」。

未嘗不推机慷慨。「机」，毛「機」；局改「机」。案「机」與「几」同，「機」字誤。

直客舍久遠。「客」，毛、官「官」；御覽亦作「官」。「客」誤。

直老鈴下耳。何焯曰：「太平御覽引此語下更有『公府閣有鈴，鈴以傳呼，鈴下有吏者也』。當亦是裴注。」

君北堂西頭。「北」，毛、官「此」。

家中皆愈。注：如何可得。何焯曰：「『可』字，李安溪先生以意改『將』。」

輅鄉里乃太原。何焯曰：「『乃太原』三字未詳，或疑是人姓而其字誤耳。」

而任心胸者乎？「心胸」，毛「胸心」。

而鯀爲黃能。「能」，毛「熊」。

經爲江夏太守。注：君備州里達人。考證「『君備』，元本作『君侯』。」

流血驚怖。注：於此遂止。毛，作「遂於此止」。

來殺我婿。注：夫鳴鳥之聽。「鳴鳥」，毛「鳥鳴」。

翅翼舒張。考證：「御覽作『分翅舒張』。」案鮑本、御覽作「分翅未舒張」，蓋衍一字。

舉坐驚喜。御覽「喜」作「歎」。

注：知人多聞其善卜、仰觀。「知」，官改「諸」；局本從之。

舉秀才。注：何以消滅於故耶？滅，毛、官減；此誤。

聞君著爻神妙。「著」，御覽「蓍」。案世説規箴篇注引輅别傳云：「聞君非徒善論，至於分蓍思爻，亦爲神妙。」然則各本「著」字「蓍」之誤。

此乃履道休應。御覽「道」下有「之」字，世説注引輅别傳亦有「之」字。

今君侯位重山岳。「岳」，官及御覽「嶽」。

勢若雷電。世説注引輅别傳「電」作「霆」。

多福之仁。御覽「仁」作「人」；輅别傳作「士」。

所以長守貴也。毛、官奪「也」字。御覽引有輅别傳亦有。

過歲更當相見。注：輅既稱引鑒戒。而吐誠。「戒」，毛「誠」；「吐」下毛、官有「其」字。

君可畏也，死以付天。御覽「畏」下有「人」字，「死」作「命」。

乃覺寤云。注：目見陰陽之理。「目」，毛「自」。

五色成文。考異：「『文』與『章』非韻，疑『成文』二字當爲『文成』。」

高岳巖巖。「岳」，毛、官「嶽」。

以光休寵。注：坤位於西南。「西」，毛誤「東」。

生長無首。「無首」，毛「撫育」；疑「無首」乃「撫育」之譌。

輅於此爲論八卦八卦之道。官無下「八卦」二字。考證：「重『八卦』二字，衍文。今去。」

自大佑之。「佑」，毛、官「祐」。

惟以梳爲枇耳。注：其應在天，在天則日月星辰也。下「在天」二字剜增，毛奪。

共爲歡樂。注：又有陰鳥和鳴。「又」，毛誤「丈」；局改正。

年四十八。注：可謂知機相邈也。「機」，毛「幾」。

臨文忼慨。「忼」，毛、官「慷」。

路中小人失妻者。「路」，御覽七百二十五作「洛」，「妻」作「婢」。

婦從甕中出。「婦」，御覽「婢」。

烏丸鮮卑東夷傳

故得擅漢南之地。考證陳浩曰：「『漢南』疑當作『漠南』，蓋就彼言之漠以南也。下『由是（邊陲差）安。漢無「南」（少）事』誤同。」

以雄百蠻。「雄」，毛、官「控」。

遂引鳥丸之衆。「鳥」，毛、官「烏」；此誤。

以備四夷之變云。注：其性悍驁。范史作「悍塞」。

悉髡頭以爲輕便。「髡」，官同；毛「禿」；范史亦作「髡」。何焯曰：「說文『鬃』字注云：『大人曰髡，小人曰鬈』。」案「秃」乃「髡」之譌。

猶中國有冠「步摇」也。「冠」，范史「金」。

妻後母執嫂。范作「妻後母，報寡嫂。」無下文「若無執嫂者，則己子以親之次妻伯叔焉」十六字。

俗識鳥獸孕乳，時以四節。范作「見鳥獸孕乳，以别四節。」

耕種常用布穀鳴爲候。「候」，毛誤「侯」；局改正。

東牆如蓬草。「官」、范並同；毛奪「東」字。

實如蔡子　葵，范「穄」。

織縷氊毼　范作「織[illegible]毼」。

使二人口頌呪文。「頌」，毛、官「誦」。

常歲輪牛馬羊。范「羊」下有「皮」字。

從五原關出塞征之。「原」，范「阮」。

烏丸大人郝且等九千餘人。考證：「『且』，北宋本、後漢書俱作『旦』。『九千餘人』，范作『九百二十二人』；疑此誤。」

率衆詣闕，封其渠帥爲侯王者八十餘人。「闕」，官、范同；毛「關」。「餘」，范「二」。

遂爲漢偵備，擊匈奴、鮮卑。范「備」作「候」，下有「助」。案「助」字疑此奪。

漁陽烏桓大人欽志賁。「欽」，范「韻」。

拜其大人戎末廆爲都尉。「末」，范「朱」。

紹矯制賜蹋頓、難峭王、汗魯王印，皆以爲單于。考證：李龍官曰：「據上文，則『難』下當有『樓』字，照注，則『難』字宜衍。」旁證：「按前列邱力居、難樓、峭王、汗魯爲四大人，邱力居死，蹋頓代立，故當爲賜蹋頓、難樓、峭王、汗魯王也。後漢書作『賜蹋頓、難樓、蘇僕延、烏桓、烏延等皆以單于印』。峭王即蘇僕延也，汗魯王即烏延也。」

注：皆安車、華盖。「車」，毛誤「居」；局改正。

阮鄉侯紹。案紹傳封邧鄉侯，則「阮」乃「邧」之譌。

維：乃祖募義遷善。「祖」，毛、官「相」；局改「租」。

無使作兇作慝。「慝」，毛「惡」。

後樓班大，峭王率其部衆奉樓班爲單于。考證：「元本作『後難樓及峭王率其部衆』。」旁證：「按『樓班大』，謂樓班年既長也。」案范史云：後難樓、蘇僕延率其部衆奉樓班爲單于，與元年相合。恐此文乃今本傳寫之訛。旁證至爲之説，未見其是。

後袁尚敗奔蹋頓，馮其勢復圖冀州。「馮其勢」三字，考證云：「元本作『借兵欲』三字，范作『尚欲憑其兵力復圖中國』。」

遂因以柔爲校尉，猶持漢使節，治廣寧如旧。潘眉曰：「上谷郡有甯縣，又有廣寧縣，漢置烏桓校尉於上谷寧城，則寧縣而非廣寧縣也。下鮮卑傳注亦云：『止烏丸校尉所治。寧下』後漢書亦作寧城下』。然則此『廣』字疑衍文。」

柳軍未進。考證：「『柳』疑作『抑』。」

鮮卑。注：西當西城。考證：「元本『城』作『域』。」

常以季春大會作樂水上。范作「以季春月大會於饒樂水上。」注：「水在今營州北。」旁證：「此注有脱誤。」

端牛角爲弓，世謂之角端者也。范作「角端牛，以角爲弓，俗謂之角端弓者。」

而由自與烏丸相接。考證：「『由』字宜衍」。

從烏丸校尉任常。「常」，毛「賞」；疑「常」、「賞」並「尚」之訛。

止烏丸校尉所治寧下。范「止」上有「令」字。

質宮。考證：「元本作『質館』。」范作「館」。

受邑落質者二十部。范「二」上有「百」字。

調五營弩帥令教戰射。「令」，毛官「令」；此誤。

五原寧貊。趙一清曰：「『寧貊』乃『蔓栢』之譌。兩漢志：蔓栢屬五原郡。」案范作曼柏。

匈奴及北單于遁逃後。此句上疑有奪文。「及」字疑譌。

投鹿侯從匈奴軍。范云：「桓帝時，鮮卑檀石槐者，其父投鹿侯初從匈奴軍。」疑此有脱文。

施法禁曲直。范「曲」上有「平」字，此奪。

啜仇水。「啜」，范「歠」。

東卻夫餘。「夫」，毛「扶」；下同。

東西萬二千餘里。「二」，范「四」。

從右北平以東至遼，遼接夫餘、貊爲東「部」。范下「遼」字作「東」，「貊」上有「濊」字，此譌奪。

慕容等爲大帥。「帥」，毛誤「人」；局改正。

嘉平六年。考證：盧明楷曰：「『嘉平』疑作『熹平』，此叙靈帝時事，嘉平乃本書齊王芳年號也。」案范作「熹平」。

烏侯秦水。「侯」，范「集」。

聞汗人善捕魚。「汗」，范「倭下汗國」作「倭人國。」

北地庶人善弩射者。「庶」，范史注：「廉，縣名，属北地郡。」

厥機。前注引魏書作「闕機」。

長老説有異面之人。何焯曰：「『異』當作『累』，下云『項中復有面也』。」

夫餘。旁證：「他書多作『扶餘』。」

名下户皆爲奴僕。「名」，毛「民」；考證、宋本作「民」。

則尚繒繡錦罽。「罽」，毛。「罽」。

以金銀飾帽。「帽」，毛「冒」。

貂犺。 犺，官「狖」；下同。詳瑣言

有棺無槨。 注：婦人著布面衣，去環珮。 御覽七百八十引作「婦人著布衣而去環珮。」

遣使薄斂送官。 「薄」，毛「簿」。

抑有似也。 何焯曰：「『似』當作『以』。」

注：昔北方有槀離之國。 考異：「後漢書作索離國。章懷注云：『索』或作『槖』，『槀』蓋『槖』之訛。」 案范注，『槖』音度洛反。

南至施掩水。 范作「掩滮水」。

高句驪 都於丸都之下。 「於」，毛誤「與」。 御覽引魏略亦作「於」。

古雛加。 范「加」上有「大」字。

優台丞。 范無「丞」字。

皁衣先人。 范「皁」作「帛」。

有涓奴部。 范「涓」作「消」，御覽七百八十三引魏略作「捐」。

拜跪申一脚。 「申」，范「曳」。

州郡縣歸咎於句驪侯騊。 考異：「『騊』當作『騶』，下同。」

遼東太守蔡風。 「風」，范「諷」；下同。

宮死，子伯固立。 考異：「後漢書宮死，子遂成立；遂成死，子伯固立。此文疑有脱誤。」

嘉平中伯固乞屬玄菟。 案此叙靈帝時事，「嘉平」當作「熹平」。

伯固遣犬加優居。 「犬」，毛「大」。

今句麗王宮是也。 考異：「承祚作志之時，位宮久已破亡，不應云『今王』。」

東沃沮 分置東部都尉。

句麗復置其中大人爲使者。 「使」，毛「主」。

統責其粗稅貊布。「粗」，毛、官、范「租」，此誤。「稅」，范同；毛、官「賦」；「貊」，范「貂」；御覽亦作「貂」。

又選其美人。「美」，毛誤「姜」；局改正。

北沃沮一名置溝婁。「婁」，官及御覽、范史同；毛「漊」。案上文「溝漊」字作「漊置」，毌邱儉傳作「漊買」。

其身如中國人衣。旁證：「後漢書作『其形如中人衣』，『國』字蓋衍。」

挹婁善射，射人皆入因。旁證：「『因』字誤，後漢書作『目』。」

濊。朝鮮侯淮。「淮」，范「準」。

不請句麗。言語法俗大抵與句麗同。考證：「『請』疑當作『諳』。」案下云「與句麗同」，則不得云「不諳」。范史云：「耆舊自謂與句麗同種，言語法俗大抵相類，其人性愚，少嗜欲，不請匄。」然則「請」字不誤。「匄」字誤「句」，又衍「〔麗〕」字耳。御覽「請」作「侵」，亦是譌字。

自單單大山領以西。「單單大山領」，范作「單大領」。

曉候星宿。「候」，毛誤「侯」，局改正。

韓　臣濆活國　考證：「『活』，宋本作『沽』。」

占離甲國。「甲」，毛、官「卑」；此誤。

支半國。考證：「『支』，宋本作『友』。」

莫盧國。考證：朱良裘曰：「馬韓有莫盧國，疑有一重出或有訛字。」案范史云：馬韓有五十四國，而此文共五十五國，則此重出，乃衍文也。

凡五十餘國。范云「有五十四國」。

小國數千家。「小」，毛誤「千」；局改正。

爲燕亡人衛滿所攻奪。注：燕止之，不攻。「燕」，毛、官「以」。

至滿潘汗爲界。　旁證：「『潘』字譌，兩漢志『潘汗』作『番汗』。」　案「番」音「潘」，故亦作「潘」字耳。

與燕界於溴水。　沈欽韓曰：「『溴』，當作『浿』。方輿紀要：『大通江在平壤府城東，亦曰大同江，舊名浿水』。」　案史漢朝鮮傳並作「浿」，「溴」字乃傳寫之訛。

故中國亡命。　何焯曰：「『故』當作『收』。」

四時朝謁。注：辰鑡因將户來來出詣含資縣。　考證：「『辰鑡』，『辰』字，『來出』『來』字，疑皆衍。」

牟韓布。　考證：「『牟』疑作『弁』。」

公孫康分屯有縣以南荒地爲帶方郡。　沈欽韓曰：「通典引此『分屯有、有鹽縣』，方輿紀要引通典作分『屯有、昭明二縣』。」旁證：「按晉志屯有屬遼西；有鹽，地無考。疑此志脱二字，而通典『有鹽』亦傳寫之誤。案「屯有」，御覽作「屯右」，亦是譌字。

立大木，縣鈴鼓。　「木」，毛誤「本」；局改正。

市買中韓。　范，「貨市韓中」；御覽引作「市貨韓中。」　案「中韓」疑是誤倒。

弁辰亦十二國。　考證：「此『弁辰』疑作『弁韓』，下別有『弁辰』。」

其次有險側。　「險」，范「儉」。

次有樊濊。　「濊」，范「祇」。

次有邑借。　「邑借」，毛、官「借邑」。　錢大昭曰：「上文叙馬韓作「邑借」，范史同。」　明監本亦作「邑借」。

弁樂奴國。　「弁」下疑奪「辰」字，弁辰十二國，前後列其十，尚少其二，疑即此樂奴國及下弁軍彌國也。

軍彌國。　與下弁軍彌國名同。案弁辰韓合二十四國，而傳文列二十六國，必衍其二，疑即軍彌國及下馬延國也。

弁軍彌國。　「弁」下疑脱「辰」字。

尸路國。　「尸」，毛、官「户」。

馬延國。　此國名重出，當衍其一。

皆住讓路。　「住」，毛誤「往」；局改正。

衣服絜清。　「絜」，毛「潔」。

倭　到其北岸狗邪韓國。　「狗」，范「拘」。

副曰卑奴毋離。　「毋」，官同；毛及御覽「母」。

南至邪馬壹國女王之所都。　「壹」，御覽引作「臺」，范亦作「臺」。章懷注云：「今名邪摩推。」范書倭國傳云：都於邪摩堆。案馬、摩、靡、臺、推、堆聲相近，並是譯音，無一定耳。「壹」字誤。

次曰奴佳鞮。　「佳」，御覽「住」。

男子無大小皆黥面文身。　御覽下有「聞其舊語自謂太伯之後」十字。

當在會稽、東治之東。　「治」，官「冶」。

住七八十年，倭國亂，相攻伐。　「住七八十年」五字，御覽作「漢靈帝光和中」六字，范云桓靈間。

卑彌呼。　明三少帝紀「卑」作「俾」。

又有裸國、黑齒國。　御覽「裸」下有「墨」字，無「國」「黑齒」三字，疑是譌奪。范與此同。

景初二年六月，倭女王遣大夫難升米等詣郡。　御覽作「景初」三年，公孫淵死，倭女王遣大夫難昇米等言帶方郡。」案公孫淵死於景初二年八月，淵死而倭使始得通。自當在三年，若在二年六月，其時遼東方與魏相拒，魏尚無帶方太守，倭使亦不得通也。此文恐當以御覽爲長。惟淵死於二年而敍於三年，蓋欲明倭使得通之故，而追敍之耳。又案下文云：其年十二月，詔書報倭女王云云。正始元年太守弓遵遣建中校尉梯俊等奉詔書印綬詣倭國云云，是於景初三年十二月下詔書。正始元年到帶方，年月甚明，若是二年事，不應詔書既下，事隔一年始到帶方也。此尤「二年」當作「三年」之明證也。

我甚哀汝。　「哀」，毛誤「衰」；局改正。

遣塞曹掾史張政等。　陳景雲曰：「『塞』疑當作『奏』。」

豈常也哉！注：魏略曰：「西戎傳曰：」考證上『曰』字衍。

或在福禄。「福禄」當作「禄福」。

其太守善。「太」，官本：此及毛並誤。

今之廣平魏郡所守是也。旁證：「『平』字衍。文下云『近在廣魏即此』。」晉志：「略陽郡本名廣魏。」

又故武都地陰平街左右。「又」，毛誤「有」。

轉西與中道合龜兹爲新道。「新」，毛「西」。

且志國。漢書作「且末」。

精絶國。官同，二漢志並作「精絶」，毛作「絶精」，恐是傳寫誤倒。

皮穴國。二漢志並作「皮山國」，恐字誤。

臨兒國。世説文學篇注引，「臨」上有「天竺城中有」五字。

生浮屠。世説注：「屠」作「國」。

浮屠，太子也。世説注：「太」上有「者」字。

髮青如青絲，乳青毛，蛉赤如銅。世説注：作「髮如青絲，爪如銅」。

從母左脅出。世説注：「左」作「右」。

博士弟子景盧。世説注：「盧」作「慮」。

後立者其人也。世説注：「立」作「豆」。

車離國。「車」，范「東」。

皆長一丈八尺。范無「一丈」二字。

盤越國一名漢越正。「盤越」，范「磐越」。「正」，官改「王」。考證：「『王』，各本誤作『正』，今從宋本作王。」

尉梨國。漢書「梨」作「犂」。

滿犂國。「犂」，毛「棃」；漢書作「蒲犂」。

休修國。漢書作「休循」。

烏弋一名排持。「弋」，毛誤「戈」；局改正。考證：「北宋本作『排特』。」案漢書作「排持」。

大秦國一號犂靬。漢書同；范，「靬」作「鞬」。

其國無常王。「王」，毛官「主」。

而生放其故王。毛奪「放」字。

金錢一當銀錢十。毛奪「銀錢」二字。

白馬、朱髦。御覽作「朱鬣」。

馬瑙。「馬」，毛、官「瑪」。

象可。「可」，毛、官「牙」；此誤。

度伐布、温宿布。毛，「伐」作「代」，「宿」作「色」。

畢陸國。兩漢「畢」作「卑」。

又有巖國。「巖」，范「嚴」。

出好馬，有貂。太平寰宇記一百八十五「貂」上有「名」字。

短人國。康居長老傳聞常有商度。太平寰宇記云：「嘗有商旅行北方，迷惑失道而到國中，甚多真珠，夜光、明月珠見者不知，名此國號，以意商度。」此恐有脱文。

載腰裹。「腰」，毛、官「騕」。

三國志校勘記五

蜀書

三國志目録中　各本目録并入卷首，故無上、中、下之名。

卷第一　毛、官與魏志統計卷數，此行作三十一卷。下可依此而推。

二牧　劉焉　劉璋　「二牧」二字，毛、官旁書於上行三十卷之下，與全書體例合。此誤。

先主　劉備　毛、官作「先主備」，三字連書，下「後主劉禪」。

劉永　劉理　毛、官作「先主子永。先主子理。」

諸葛亮子喬、瞻。　毛、官「喬」下空一格。

劉焉字君郎。　考證：「一本作『君朗』。」　趙一清曰：「後漢書亦作『君郎』，蓋宋避聖祖諱書『朗』爲『郎』，遂訛作『郎』耳。」

以宗室拜中郎。　范作「郎中」。

而并州殺刺史張益，梁州殺刺史耿鄙。　考異：「按後漢書亦紀中平五年休屠各殺并州刺史張懿。此作『張益』，蓋避晉宣帝諱改之。紀又稱中平四年涼州刺史耿鄙討金城賊韓遂，鄙兵大敗，不言被殺，與此傳異。漢時無梁州，此稱梁者，音之譌也。」　旁證：「書中懿、師、昭、炎皆不諱，不應獨改此名，當是傳寫之誤。」　考證：「『益』，宋本作『壹』。」案范書焉傳「益」亦作「懿」，「梁」亦作「涼」，然則「益」、「梁」並譌字也。宋本「益」作「壹」，蓋即「懿」字而缺其半耳。范傳亦云張懿、耿鄙並爲寇賊所害，與此傳合。靈紀不言殺鄙者，史省文。

焉謀得旋。　「旋」，毛、官「施」；此誤。

及太倉令會巴西趙韙。　考證：「『會』字疑衍。」　考異：「華陽國志無『會』字，以太倉令下屬。當從之。」

俱隨焉。注：子弟自遠而來。考證：「元本作『弟子自遠而至』。」

故號曰致止。潘眉曰：「『致』當作『至』。」

是時涼州逆賊。范書紀傳並作「益州」，此「涼」字誤。

合聚疾疫之民。考證：「『疾疫』，宋本作『疲役』。」案范亦作「疲役」，則宋本是也。

衆以萬數。范云：「衆至十餘萬人。」案馬相破壞三郡，衆必不止萬數，恐此文有譌奪。

州從事賈龍素領兵數百人。「領兵」，華陽國志作「領家兵」。

劉璋率衆擊劉表。注：屯朐䏰。上蠢，下如振反。「上蠢」以下六字，官小字，雙行，與全書體例合。此與毛並誤。

璋累遣龐羲等攻魯。所破。通鑑「攻魯」下多「數爲」二字，范史亦然。

領兵禦魯。注：故璋厚德羲，以羲爲巴西太守。兩「羲」字，毛並訛「義」；局改正。

璋聞曹公征荊州，已定漢中，遣河内陰溥致敬於曹公。商榷：「『已定漢中』殊不可解，必有脱誤。曹公定漢中，張魯遁走，在建安二十年，距此時相後數年。」案「已定漢中」四字，當是衍文。范史云：十三年曹操自將征州，璋乃遣使致敬。

勸璋自絶。注：曹操方自驕伐。「伐」，毛誤「我」；局改正。

北由墊江水詣涪，去成都三千六十里。考證：盧明楷曰：「按鄧艾傳經漢德陽亭趣涪出劍閣西百里，去成都三百餘里。此云涪至成都三千餘里，似不應如此之遠。三千或三百之訛也。」案漢涪縣在今緜州緜縣，去成都二百七十里，不得有三千里之遠，「千」爲誤字無疑。

穀帛支二年。何焯曰：「宋本『二』作『一』。」案范云「穀支一年」，則宋本是。

盡歸其財物故佩振威將軍印授。官，「故」上有「及」字。何焯曰：「宋本『故』字在『佩』下。」范史注引此，「故」作「猶」。

非不幸也。注：若韓嵩、劉光之説劉表。劉表傳作「劉先」。潘眉曰：「先字始宗，當名『先』，此『光』

字誤。」

先主　漢景帝子中山靖王勝之後也。勝子貞，元狩六年封涿縣陸亭亭侯，坐酎金失侯，因家焉。　何焯曰：「漢書王子侯表陸城侯貞，元朔二年六月甲午封，十五年，元鼎五年坐酎金免，蓋以始封之明年爲元年也。此云元狩六年，少十年矣。恐誤。」考異：「漢表貞以元朔二年封，志誤。又西京無亭侯之名，『亭』亦衍文也。地理志中山國有陸城縣，即此陸城侯國，蓋本中山之地，貞以王子封侯，因改隸涿郡，其後酎金失侯，地入於漢爲縣。宣元之世，中山絶而更封，仍以縣還中山也。」

起曰：「吾宗中有此兒。」　上文兩書「元起」，而此獨無「元」字，疑奪。

除安喜尉。　續志，中山國安憙，本安險，章帝更名。　案「喜」爲「憙」之省文。

遣都尉毋丘毅。　「毋」，官「毌」：此與毛並誤。

遷爲令。注：復與曹公。　考證：「『復』宋本作『後』。」

使爲青州刺史田楷以拒冀州牧袁紹。　考異：爲字當是『助』字之譌。」　御覽一百十七引，爲作「與」，無「以」字。

其得人心如此。注：是時人民饑饉。　「饑」，毛、官誤饑；局改正。

又略得饑民數千人。　「饑」，毛、官饑。

謙以丹楊兵四千。「楊」，毛、官「陽」。

彼州殷富。　考異：「華陽國志作『鄙州』。登，下邳人，下邳屬徐州，故云『鄙州』也。『彼』字誤。」　案注引獻帝春秋，陳登遣使詣袁詔亦稱鄙州。

先主轉軍海西。注：北至下邳。　考證：「宋本『北』作『比』。」

先主還小沛。注：饑餓困敗。　考證：「宋本『敗』作蹴「饑」，毛饑。

祖道相樂。　「相」字毛缺，局補。

諸將謂布曰。　何焯曰：「『謂』，宋本作『靖』。」

失匕箸。注：乃何至於此也。「何」，毛、官「可」。旁證：「華陽國志此後有『公亦悔失言』句，似宜並引。」

承等皆伏誅至車冑。讀書記曰：「魏志建安四年備殺車冑。五年，承等謀洩，乃死。武紀備據下邳亦在承死前。志誤也。」

注：壞李傕數萬人。「傕」，毛、官「傕」。

而身還小沛。注：開後棚。考證：「『棚』，宋本作『栅』。」

身去鄴二百里。「二」，御覽「三」。

與賊龔都等。武紀「龔」作「共」。旁證：「『龔』、『共』字同。」

曹公遣蔡陽擊之。考證：「『陽』，宋本作『楊』。」

說表襲許。「許」，毛誤「計」；局改正。

表不能用。注：曹公自柳城還。「柳」，毛「抑」；官「柳」；「柳」、「抑」並「柳」之誤，局改「柳」。

曹公南征表，會表卒。考證：盧明楷曰：「按武紀，建安十三年秋七月，公南征劉表，八月表卒。此云南征表於十二年，誤。恐上更有脫文也。」

注：君其憂疾。「疾」，毛、官「病」。

吾不忍也。注：或勸備卻將琮。卻，毛、官「劫」；此誤。

自結於孫權。注：吴臣。考證：「『吴臣』疑作『吴巨』；下同。」

與先主並力。注：乃乘單舸。「舸」，毛、官「舸」，此誤。

治公安。注：江表傳曰：「備立營於油口，改名公安。」考證：「監本誤作『公安縣』，今改正。陳浩曰：『按油口』宜作『油江口』，然此注已見於前『曹公引歸』之下，此處不應重出。」

遷觀爲別駕從事。注：張飛屯秭歸。「秭」，毛誤「梯」；局改正。

正因陳益州可取之策。注：吴書曰：「備前見張松，後得法正。」通鑑考云：「劉璋劉備傳松未見備，吴書誤也。」

先主亦推璋持鎮西大將軍領益州牧。　考證：「『持』，通鑑作『行』，宋本同。」　案御覽亦作「行」，則宋本是也。潘眉謂「持」下當有「節」字，然持節之稱，起於魏晉，蜀中未必遽效魏制。

璋出降。　注：愛惜於人。　「惜」，毛、官「恤」。

引辭正色。　「引」，御覽作「列」。

彭羕又璋之所排擯也。　「羕」，毛、官「美」；此誤。

與郃等戰於瓦口。　旁證：「『瓦口』，水經沔水注作『汎口』。汎水在庸郡界。」

分遣將軍吳蘭、雷銅等入武都。　「銅」，毛同。「武都」，毛、官同，而考證作「成都」云。「成都」二字疑有誤，豈今本已據二本改正耶？

於定軍山勢作營。　商榷：「法正傳『於定軍、興勢作營』，『山』字誤。」　潘眉曰：「興勢亦山名，在成固縣，通典謂『内有大谷，爲盤道者』是也。法正傳不誤。」

大破淵軍，斬淵、郃及曹公所署益州刺史趙顒等。　考證：李龍官云：「按張郃死於建興九年，此云淵、郃，恐誤。通鑑無『郃』字。」何焯曰：「華陽國志云，斬夏侯淵、張郃，率吏民内徙，則此『郃及曹公所署益州刺史趙顒等』之下爲有脱字。『郃』字非衍也。通鑑刪『郃』字，以『斬淵』屬下及字讀，亦誤。」潘眉曰：「『郃』字當爲『等』字。法正傳大破淵軍，淵等授首。」　案下文既云「趙顒等」，則上文不得云「淵等」，潘眉説非。以法正傳推之，則「郃」字自是衍文，何説亦未必是。承祚之書不必與常璩同。

遣劉封、孟達、李平等攻申耽於上庸。　潘眉曰：「李平傳不載取上庸事，考平以建安十九年爲犍爲太守，至章武二年乃徵詣永安宫。當劉、孟攻上庸時，平方在犍爲。又平初名嚴，至建興八年始改名平。建安中不應書李平。蜀又不聞有兩李平，疑此二字爲衍也。」

左將軍領長史鎮軍將軍臣許靖。　考異：「『領』字衍。彼傳不書鎮軍將軍，史之漏也。」　旁證：「按靖爲左將軍長史在建安十九年，此『領』字當在『鎮軍』之上。」

庶明勵翼。注：序，次序也。上「序」毛、官「叙」；此誤。

勸學從事張爽、尹默、譙周等。日知録曰：「譙周傳，建興中丞相亮領益州牧，命周爲勸學從事，而先主未稱尊號即有勸學從事。「周」前從后。按周卒於晉泰始六年，年七十二。而昭烈即位之年，僅二十有三，未必與勸進之列。從本傳爲是。」趙一清曰：「周羣傳，羣子巨。此表不知何人所作，而云臣父羣，豈周氏之子列名於中，傳寫者誤爲譙周耶？」案「譙周」疑「周羣」之譌，下文「臣父羣」當作「臣羣，父」惟羣本傳言，為儒林校尉，而不言爲勸學從事。

臣父羣未亡時。考異：「按此奏列名者有劉豹、向舉、張裔、黄權、殷純、趙莋、楊洪、何宗、杜瓊、張爽、尹默、譙周等，而忽稱臣父，果何人之父耶？華陽國志『周〔羣〕父未亡時』似當從之。又按周〔羣〕傳云：『子巨亦傳其術』、或『臣』爲巨之誤，而上脱『周』字耶？惜不舉善本校之。」潘眉曰：「華陽國志作『周羣父未亡時』則周舒也，然周舒亦著名於時，何以不竟稱周舒？宋書符瑞志云：『先是術士周羣言』云云，爲羣無疑，非舒也。『臣父羣』，『父』字當改『周』。」案凡奏中列名稱臣而不書姓名，不列名者，稱名而不稱臣，其大較也。如改臣父羣爲臣周羣，若奏中未列名，則不必加臣字，若奏中列名，則不必言周，潘氏之説，進退皆未當也。竊疑「父羣」二字，傳寫誤倒，當云「臣羣父未亡時」。與華陽國志之言亦不相悖，上文「譙周」之名，則「周羣」之譌，傳寫奪羣字而又誤添譙字也。若周巨，則傳中未言爲何官，而先主王漢中之時，周羣見在，拒此時不過一年，未必遽卒，恐又不當作周巨也。

光禄勳黄權。考異：「上文已有偏將軍黄權，不應重見。考楊戲輔臣贊注，先主爲漢中王，用零陵賴恭爲太常，南陽王柱爲光禄勳，漢嘉王謀爲少府，此傳三人連名，必是王柱非黄權也。黄權傳亦無除光禄勳事。」旁證：「『王柱』當作『黄柱』，此錢依毛本輔臣贊注之誤。」

羣下前後上書者八百餘人。潘眉曰：「前載百二十人，後十二人及此六人而已。考太平御覽十五引蜀志云：『劉毅白舉等上言：建安二十二年必有天子出。』方今蜀志無此文，然則譌脱不少。」

易曰：九五，飛龍在天。「五」，毛誤「三」；局改正。

武擔之南。注：高七丈。考證：「宋本『七』作『十』。」

又懼漢邦將湮於地。考證：「『邦』疑作『祚』。」

夏四月癸巳，先主殂於永安宮。潘眉曰：「先主以四月二十四日殂。四月朔戊午，二十四日辛巳，非癸巳也。」

抑揆彼之量。「抑」，毛、官「仰」。

後主 是歲魏黃初四年也。注：魯乃洗沐。考證：「宋本作『乃爲洗沐』。」

祭即寡人。「即」，毛、官「則」。考證：「監本『則』訛『即』，今改正。」

備則敗於小沛時。考證：「『則』字疑衍。」

牂牱太守朱褒。「牂」，官「牂」。

擁郡反。注：益州從事常房。華陽國志「房」作「頎」。

越嶲夷王高定。華陽國志作「高定元」。

營沔北陽平石馬。注：萬國不静。考證：「宋本『静』作『定』。」

每從菲薄，以益國用。「從」，毛「崇」。

都護李平廢徙梓潼郡。注：漢晉春秋。晉，旁證：「所□□本誤『書』。」

治斜谷邸閣。閣，毛閣。案此字當從毛作「閣」。史記高紀「去輒燒絶棧道」索隱：「棧道，閣道也。崔浩云：『險絶之處，傍鑿山巖而施版梁爲閣。』」說文：「閣所以止扉者」，「釋宮曰：『所以止扉謂之閣。』郭注：『門辟旁長橜也。』」閣本訓直，橜所以杆格者。引申之：櫝者可以庋物，亦曰閣。如内則所云：『天下諸侯大夫士之閣。』漢時天禄、石渠閣皆所以閣書籍皆是也。」由庋物而引伸之，則施版爲梁，亦得謂之閣。庋物之閣，横板爲之，閣道亦櫝版爲之，其義同也。若「閤」字乃門旁户，與此「異」義。

七年閏月。毛作「七年春閏二月。」潘眉曰：「此年閏七月。」案：閏七月不當書於夏四月之前，潘氏以歷法推而知之，豈與當時有不同耶？

十五年吳王孫權薨。讀書記：「不書吳王，恐字誤。」

十六年春正月，大將軍費禕爲魏降人郭循所殺。「循」，官改「脩」。旁證：「魏志齊王芳紀及蜀志張嶷傳，皆作『郭脩』，惟費禕傳同此作『循』。」

十七年冬，拔狄道、河間、臨洮三縣民。案「河間」當作「河關」，姜維傳誤同。

十八年夏，維卻住鍾題。「題」，維傳同；鄧艾傳作「提」。

十九年春，與鎮西將軍胡濟。「鎮」，毛徵。

景耀二年夏，恂爲（新北地興）王，虔爲上黨王。卷四注，「恂」作「諝」；「虔」作「璩」。案下文注中引蜀紀亦作恂。

六年，偕緣蜀土。「偕」，毛「階」。

天威既震，人鬼歸能之數，怖駭王師。考證：「『人鬼歸能』句，上下疑有脱文。」

即報書。注：莫不在乎中土。「土」，毛誤「上」；局改正。

後主舉家東遷。御覽下有「在位凡四十年」六字，疑是注文逸去。

二主妃子　先主甘皇后。　昔高皇帝追太上昭靈夫人爲昭靈皇后。旁證：「按高祖之母死於小黄，高祖即位之五年，追謚爲昭靈夫人。至吕后七年，又尊爲昭靈皇后，事見漢書，則皇后之稱乃吕后所加，而此以爲高祖所追尊，恐是（位）信誤之誤。」

劉永　少子永受茲青社。考證：「『少子』疑當作『小子』。」「社」，毛、官「土」。案下文劉理傳，策曰：「小子理」，則此「少」字乃傳寫之誤。

後主太子璿。璿爲亂兵所殺。考證：「『殺』，宋本作『害』。」

注：璿弟：瑶、琮、瓚、諶、詢、璩。潘眉曰：「依後主傳及蜀紀，『詢』當作『恂』。璩、恂、諶、虔，意義不相遠也。」

評曰云云。旁證：「前明陳仁錫刻本脱此評三十五字。」

諸葛亮　父珪，字君貢。考證：「『君貢』一本作『子貢』。」

往依之。注：遣周皓代玄。「周」，毛、官「朱」，此誤。

謂爲信然。注：州平，太尉列子。「列」，官改「烈」；局本從之。案御覽四百八十八引梁祚魏國統云：「崔州平者，漢太尉烈之孫也。」與此注不同。

三人問其所至。何焯曰：「『至』，宋本作『志』。」

以向宛、洛。「洛」，毛誤「落」；局改正。

遂詣曹公。注：聞元直、龐仕元財如此。官改「聞元「直」、廣元、仕財如此。」考證：朱良裘曰：「廣元即石廣元也，龐仕元何嘗仕魏耶？」潘眉曰：「前注言亮與潁川石廣元、徐元直俱游學，此注言徐庶與同郡石韜相親愛，韜即廣元名，各本或誤作『龐元』，或將『元』『仕』二字誤倒。『士元』之『士』，既非『仕』字，龐士元亦未爲魏臣，此皆妄人塗改，遂至不成文理。」

丞相亮其悉朕意。「其」，毛誤「是」。

領司隸校尉。注：則此客亦一時之奇士也。考證：「『亦』，元本作『必』。」

要應顯達爲魏。潘眉曰：「爲當作『於』。」

事之如父。注：夫杖道挾義。「挾」，毛、官「扶」。

奕者舉棊不定。「奕」，官「弈」。

欲以固委付之人。考證：「『人』，宋本作『誠』。」

國以富饒。注：亮在南中。考證：「宋本『在』作『至』。」

爲夷漢並所服。考證：「宋本無並字。」

今吾欲使不留兵。「吾欲」二字毛誤倒。

益州疲弊。文選「疲」作「罷」。

蓋追先帝之殊遇。恢宏志士之氣。文選無「殊」字、「宏」字。

侍中、侍郎郭攸之、費禕、董允等。禕，毛誤作衣旁，局改。文選：音於宜反。

有所廣益。　優劣得所。　向寵傳，「所」下有「也」；文選二句下並有「也」字。

遠賢臣。　此悉貞良死節之臣。　文選：「賢臣」作「賢士」，「良」作「亮」。

爾來二十有一年矣。　注：在敗軍之前二年時也。　「二」，毛、官「一」；此誤。

故五月渡瀘。　「渡」，文選「度」。

深入不毛。　注：漢書地理志曰，瀘惟水出牂牁郡句町縣。　「惟」，官改「津」。　考證：李龍官曰：「按水經注禁水北注『瀘津水』，則『惟』字實爲『津』字之訛。」　案漢志作「盧唯水」，唯、惟字通，恐此注未必訛，「津」字轉訛耳。似未可遽改。　文選注引漢書，但言「瀘水」，或有脱字。

至於斟酌損益。　董允傳「損」作「規」；　文選，善「規」；　五臣「損」。

責攸之、禕、允之慢，以彰其咎。　文選「慢」「咎」互易，「彰」作「章」。　李善注：「蜀志載亮表云，『若無興德之言，則戮攸等以章其慢』，今無此上六字，於義有闕，誤矣。」　案善所稱蜀志乃董允傳，非此傳也。　茶陵本文選添「若無興德之言則」七字，與注不相應，誤。　考證：陳浩謂文選有之，此傳獨脱之，其説尚未的，惟以文法而論，自當據允傳以補此。

臨表涕零，不知所言。　文選，「零」作「泣」；「言」作「云」。

臣職是當。　華陽國志「臣職」作「職臣」。

所總統如前。　注：使孫策坐大，遂并江東。　讀書記：「按下有脱文」。

幾敗伯山。　「伯」，毛同；官改「北」；　通鑑亦作「伯」。　考證：「『伯』作『北』，聲之譌也。」　胡三省云：「幾敗北山，謂與烏桓戰於白狼山時也。」古書伯與白通。

而不及虛圖之。　「虛」，毛同；官「今」；　本集「蚤」。

臣鞠躬盡力。　「力」，今通行本作「瘁」。

魏雍州刺史郭淮率衆欲擊式。　「擊」，毛「攻」。

君其勿辭。　注：便當移兵東戍。　考證：「『戍』當作『伐』。」

非匹夫之爲分者也。「分」，册府「忿」；「也」，官「比」。

無上岸之情。「岸」，官「進」。

以木牛運。注：至於鹵城。趙一清曰：「西縣城在秦州西南二十里鹵城，蓋西城之訛。此與楊阜傳之鹵城有別。

馬超時在冀，彼文固宜是鹵城。諸葛出上邽，則當是西城也。」

賈栩、魏平數請戰。「栩」，毛、官「詡」；晉紀「嗣」。案：「詡」字當誤，「栩」與「嗣」則未知孰是？

攻無當監何干。趙一清曰：「『干』當作『平』。」

射殺郃。注：非力可制。「可」，毛、官誤「不」。

亮既出戰場。考證：「『出』，宋本作『往』。」

軍無私焉。注：皆親擘焉。「擘」，毛、官「覽」。

詔爲亮立廟於沔陽。注：興王室之不壞。旁證：「水經沔水注無『興』字，疑此衍文。」

嗣爵。注：止得阿承醜女。考證：「『止』，宋本作『正』。」

綜覈下第八。「綜」，毛誤「宗」；局改正。

亮時年二十七，乃建奇策，身使孫權，求援吴會。案亮之見權在建安十三年，以建興十二年時年五十四推之，

則其時年二十八，恐此「七」字誤也。

工械枝巧。「技」，毛誤「枝」，局改正。

故其文指不得及遠也。「得及」二字毛誤倒。

邁蹤古聖。「蹤」，毛「縱」。

喬年二十五，建興元年卒。讀書記：「公北駐漢中，在建興五年，『元』字誤。思遠之生即在建興五年也。詳

『元』字當作『六』。」

瞻　爲幹林中郎將。「幹」，官改「羽」，局從之。

至涪停住。「停」，毛「亭」。

内移河東。注：京位至廣州刺史。考證：「『廣』，宋本作『江』。」

董厥遷大將軍，平臺事。錢大昭曰：「『大將軍』上當有『輔國』二字。」

延熙二十四年以校尉使吴，值孫權病篤。考證：盧明楷曰：「後主傳：延熙十五年，吴主孫權薨，此何以云二十四年值孫權病篤也？『此二字宜衍。』且延熙止二十年，明年即改景曜，所云二十四年，亦誤。〔此『二』字宜衍〕」

游辭巧飭者。「飭」，毛、官「飾」。

非其所長歟？注：即以爲君臣百姓之心欣戴之矣。考證：「『君』疑作『羣』。」

亮始出，未知國中彊弱。考證：「『國中』，宋本作『中國』。」

朝會不諱。「諱」，毛誤「華」；局改正。

託身盟主。考證：「『盟』，册府作『明』。」

杖兼并之衆。「杖」，毛、官「仗」。

不亦優乎？金樓子六：引諸葛、司馬二相〔事〕至此一段，語多删節，故文有異同，兹不悉出。

魏司馬懿才用兵衆。案裴注避晋諱，凡「司馬懿」多改「司馬宣王」，此蓋後人所追改。

聽鼓鞞而永思。鼙，官鞞，此與毛並誤，局改正。

木牛之奇則亦般模。考證：「宋本作『則非般模』，言非前人規也。」

關羽不避艱險。注：蜀記曰：「曹公與劉備圍吕布於下邳，關羽啟公，布使秦宜禄行求救，乞娶其妻，公許之。」潘眉曰：「華陽國志：『關羽啟公，妻無子，下城乞納秦宜禄妻。』『啟公』下有『妻無子』三字，較明晰。」

紹遣大將軍顔良。考證：「『軍』字疑衍。」

將軍傅士仁屯公安。考證：陳浩曰：「楊戲輔臣贊注：士仁字君義，廣陽人也。吴主孫權傳云，獲將軍士仁。吕蒙傳亦云遂到南郡，士仁、麋芳皆降。是士仁即其姓名，此傳獨加『傅』字，誤也。」考異：「其人士姓，仁名，此傳仁與麋芳竝舉而下文但稱芳、仁，亦可證『傅』爲衍字。」

追謚習羽曰壯繆侯。　官改「壯繆」爲「忠義」，遵乾隆四十一年諭旨也。

注：　羽好左氏。　毛、官下有「傳」字。

張飛　進軍宕渠、蒙頭、盪石。　潘眉曰：「『蒙』當爲『濛』，宕渠山東北有八濛山即古濛頭也。」

馬超　右扶風茂陵人也。　考異：「案兩漢書例，惟官名稱左右，若稱人籍貫，但云馮翊、扶風而已。此傳云右扶風茂陵人，法正傳右扶風郿人，兩『右』字當省。」　潘眉曰：「張既傳馮翊高陵人，無『左』字；蘇則傳扶風武功人，無『右』字。」　考證：後漢書劉焉傳注引蜀志法正傳無『右』字，則章懷所見者古本也。此『右』字係後人妄增。」

領騰部曲。　注：　署爲軍行事，典領部衆。　考證：「『軍行事』，元本作『軍從事』。」

國家綱紀始弛。　「始」，毛、官「殆」；局改「始」。　案綱紀之馳，不始於建安，恐當以「殆」字爲是。

涼州牧韋端。　「端」，毛誤「瑞」，局改正。

十五年徵爲衛尉。　侯康曰：「『五』當作『三』。　通鑑考異曰：『張既傳，曹公將征荆州，令既說騰入朝，蓋三字誤爲五耳』。」

軍以大敗。　注：　吾無葬地也。　「地」，毛誤「死」，局改正。

因爲前都亭侯。　考異「『前』字疑衍，先主傳亦稱都亭侯。」　旁證：「按上已云以超爲偏將軍，封都亭侯，此或當作『因前爲都亭侯』。」

黃忠　字漢升。　「升」，御覽作「叔」。

忠摧鋒必進。　「摧」，毛「推」。

趙雲　爲先主主騎。　注：　善云來附。　考證：「『善』，元本作『喜』。」

以雲爲翊軍將軍。　注：　雲兵隨忠取米。　御覽三百九「兵」上有「遺」字。

值曹公揚兵大出。　旁證：「日本，『出』作『山』。」

此時沔陽長張翼。　考異：「『沔陽』當作『江陽』。」

龐統　由是漸顯。　注：司馬德操爲冰鏡。　「冰」，毛同；官「水」。

值其渡沔，上祀先人墓。　范史龐公傳注引無「祀」字。

徐元值向云有客當來就我與龐公譚。　范傳注無「有客」二字，「龐」作「德」。

德公字山民，亦有令名，娶諸葛孔明小姊，爲魏黃門吏部郎，早卒。　考證：盧明楷曰：「後漢書注作德公子，字山民。可知仕魏者非德公也。此脱去『子』字，不然幾疑德公爲遁操不終矣。或『字』字即『子』字之誤。」　案范史注，「山民」作「山人」，章懷避諱改也。「小姊」一本作「小妹」，見梁玉繩瞥記。」范史注無小字。

有逸足之力。　世説品藻篇「力」作「用」。

能負重致遠也。　注：駑牛一日行三百里。　考證：「元本作『三十里』。」世説作「一日行百里。」　案牛行未聞有一日行三百里者，況駑牛邪？此文有訛衍無疑。然未知世説與元本果孰是也？

有似汝南樊子昭。　注：劉曄曰。　世説注：「曰」上有「難」字。

年至耳順。　世説注，「耳順」作「七十」。

子昭誠自長幼貌潔。　案此語訛奪難讀。世説注作「子昭誠自幼至長，容貌完潔」，當據以訂正。

樹頰胲。　胲，世説注作「頦」。　案「胲」，説文「足大，指毛肉也」，與頰不相聯屬，當從世説注作「頦」。玉篇：「頦，胡來切，頤下；」又記在切。廣韻十六咍：「頦，户來切，頤下。」十五海：「頦，古亥切，頬頦。」此注音改，即廣韻之古亥切音也。「胲」字，玉篇古才切，廣韻十六咍，古哀切，無上聲。又案此語本漢書，亦作「胲」。段若膺以「胲」字爲⿰月幾字之假借。

統子宏。　潘眉曰：「王象之涪州碑目有涪陵太守龐肱，闕其文云。肱，龐士元子也。則宏當依碑作肱。」　案以宏字巨師推之，恐不當作「肱」。

法正　右扶風郿人也。　范史法真傳無「右」字。

天下饑荒。　「饑」，毛誤「饑」。

後因璋聞曹公欲遣將征張魯之有懼心也。　毛奪「征」字，局補。

乘劉牧之懦。　考證：「宋本『懦』下有『弱』字。」

日月相選，趨求順耳悦目。　「選」，官改「遷」；局從之。「趨」，毛「趍」。

已定巴東，入犍爲界，分平、資中、德陽三道並侵。　潘眉曰：「考郡國志，資中、德陽皆漢置縣，惟無平縣，即平州也。宋志謂晉太康元年以野民歸化立平州者，非。蓋漢建安中巴西郡已有平州。」　案下文云：「今此全有巴東、廣漢、犍爲過半，已定巴西一郡，非明將軍之有也。」是則〔所謂〕「三道並侵」者，分向廣漢、犍爲、巴西也。郡國（志）資中屬犍爲，德陽屬廣漢，則平必屬巴西。劉璋分墊江為巴西郡，郡國志有平都縣在墊江下，當屬巴西。此「平」下奪「都」字，未必如潘氏之説。宋志言平州，乃晉置，當有〔所〕本，亦未可遽議其非。

必爲人所教也。　注：將計略未展。　考證：「『將』，元本作『特』。」

非測實之常言也。　考證「『常』，宋本作『當』。」

其程、郭之儔儷邪？　注：「先主與曹公爭勢」云云。　考證：李龍官曰：「按此注當在上節『必不傾危矣』之下，但不知所引何書也。」

許靖　劭爲郡功曹。　「劭」，毛誤「邵」；局改正。

以漢陽周毖爲吏部尚書。　錢大昭曰：「西漢置尚書四人，分爲四曹：曰常侍曹，曰二千石曹，曰民曹，曰客曹。靈帝以侍中梁鵠爲選部尚書，非吏部也。至曹魏時始改選部爲吏部，主選部事。蔡質漢儀云：世祖改常侍曹爲吏曹，亦非吏部。是獻帝尚未有吏部尚書，此疑傳寫有誤。」案魏志董卓傳但稱「尚書周毖」，無「吏部」二字，范史則有之。

依揚州刺史陳禕。禕死。　「禕」，毛誤從衣旁；局改正。

吴郡都尉許貢。　孫策傳作「吴郡太守」。

仁恕惻怛。　考證：「宋本『怛』作『隐』。」

同其饑寒。　「饑」當作饑。

饑殍薦臻。　「饑」，毛饑；是也。

死者太半。「太」，毛、官「大」。

并及羣從，自諸妻子，一時略盡，復相扶侍。何焯曰：「『自』當作『洎』，『侍』當作『持』，並從册府元龜改。」

豈可具陳哉！注：謀臣若斯，難以言智。考證：李龍官曰：「『謀』臣疑當作『謀身』，蓋譏文休避地交州，室家顛沛無保身之哲也。」

知聖主允明。考證：「『允』，册府作『光』。」

虎賁警蹕。注：光出都肆郎羽林。考證：「『肆』宜作『肄』。」

足下當以爲指南。注：有連蜀之意。何校，「蜀」改屬。

與陳郡袁焕。魏志本傳，「焕」作「涣」。

歆、朗及紀并子羣，魏初爲公輔大臣。案陳紀之卒，在建安初時，魏國猶未建也。此文「並」字乃衍文。

文多故不載。注：〔遇〕聞「受終於文祖」之言。考證：「册府『遇』作『愚』。」

然後綬帶委質。何焯曰：「『綬』，册府作『綏』。」

既承詔直且服舊之情。考證：「『直』字疑誤，」何焯改「旨」。

爲主擇居安。潘眉曰：「此句多『居』字，一本作爲主擇居，皆因上文有爲身擇居而誤耳。」

糜笁。「笁」，毛、官「竺」。案説文「竺」从二，竹聲。「笁」乃後起譌字。

益州既平。御覽「平」作「定」。

而幹翮非所長。御覽，「幹」作「翰」。

秦宓「宓」，范史董扶傳作「密」。案宓、密義通。

如今見察，則一州斯服。考證：「『今』，册府作『令』。」

但餘情區區。趙一清曰：「『餘』當作『愚』。」

貪陳所見。注爲之碑銘。何焯曰：「宋本『之』作『立』。」

僕文不能盡言，言不能盡之意。考證：「册府作『僕聞書不能盡言，言不能盡意』。」
又論皇帝王霸養龍之説。何焯曰：「『養』當爲『豢』。」
蔣濟以爲「大較廊廟器也。」注：誠令知之，蓋善人也。考證：盧明楷曰：「按『善人』或疑作『人善』。然此句文義殊晦，夫文休本廊廟之器而子將貶之，不知則咎在不明，知之又近於蔽善，兩無當也。」
董和　南郡枝江人也。其先本巴郡江州人。案此文疑有誤。下文云：「和率宗族西遷」，若由巴郡是東遷，非西遷也。且和既遷南郡，又安得仕於益州牧劉璋哉？疑本云巴郡江州人也，其先本南郡枝江人，於下文方合。
其追思和如此。注：偉度者。旁證：「此注奪書名」。
劉巴　少知名。注：郡署户曹史主「記主簿」。劉先主欲遣周不疑就巴學。考證：陳浩曰：「『主記』疑作『主計』。『劉先主』『主』字宜衍，劉表傳中别駕劉先是其人也。」
巴復從交阯至蜀。注：乃由牂牁道去。考證：「『道』，元本作『遁』。」
先主闢爲左將軍西曹掾。注：主公方今收拾文武。「拾」，毛官、「合」。
足下雖天素高亮。考證：「元本『天』下有『分』字。」
馬良　亮猶謂不然。考證：「宋本『猶』下有『不』字。」
董允　凡此類也。注：出作巴郡。「作」，毛「則」，局改正。
吕乂　著格論十五篇。南監此卷末缺一頁。官「格」，毛「恪」。
劉封　自立阿斗爲太子已來。陳景雲曰：「『斗』當作『升』。後主一字升之，之見魏志明帝紀注。古『升』、『斗』字易混，觀漢書食貨志可見。」
猶皆如斯。注：不如霄也。「霄」，國語「霄」；御覽人事部四十三引亦作「霄」。
霄也佷在面。「也」，國語「之」；「面」下有「瑶之佷在心，心佷敗國，面佷不害」十三字。案無此十三字則文義不全，疑係傳寫奪去，非裴氏删去。
美鬚長大。考證：宋本鬚作「鬢」。案國語作鬢。

巧文辯慧。「慧」，國語「惠」；淮南子泰族篇高注亦作慧，「慧」、惠古字通。

以五者賢陵人。「者」，官同；毛誤「去」；局本作「以其五賢陵人」，疑依國語改也。

而不仁行之。國語「而」下有「以」字，此奪。

智果別族於太史氏爲輔氏。考證：「宋本『太史』下無『氏』字。」　案國語本無「氏」字，當从宋本刪。

及智氏亡。國語作「及智氏之亡也」；御覽引同。

唯輔果在焉。國語無「焉」字。

儀魏興太守，封真鄉侯。旁證：「『真鄉』當作『員鄉』，儀襲兄封員鄉侯見前。」

屯洵口。注：初在西平、上庸間。旁證：「『西平』誤，當作『西城』。」

改之。注：徒環扶風。「環」，毛、官「還」；此誤。

彭羕　建迹之勳。考證：「『之』，元本作『立』。」

老革。注：皆老者。「皆」，毛缺，空一格；局補。

悅失「老」語。考證：「『悅』元本作『脱』。」

廖立　後丞相掾李郃、蔣琬至，立計曰。考證：盧明楷曰：「楊戲輔臣贊注云：『李邵字永思，建興元年，丞相亮辟爲西曹掾』，此作『李郃』，未詳孰是。」

李嚴　督軍成藩。「藩」，毛「平」；局改「藩」。

言多增咎。注：狹情志狂。「狹」，毛「挾」。

行護軍征南將軍當陽亭侯臣姜維。考異：「『征南』當作『征西』。」

故以激憤也。注：而醜者亡怒。考證：「『亡』，元本作『忘』。」

劉琰　呼卒五百擿胡。潘眉曰：「『卒』字衍。按漢書鼂錯傳論，『四里一連，連有假五百。』注：『五百，帥名也。』後漢書禰衡傳『令五百將出』，注：『五百，猶今之問事也。』宦者曹節傳：『越騎營五百妻有美色，』注引韋昭辨釋名曰：『五百，字本爲伍伯伍，當也；伯，導也。使之導引當道陌中，以驅除也。案今俗呼行杖人爲五百也。』」

宋百官志云：『諸官府至郡各置五百。』又禮志云：『車前五百者，卿行旅從，五百人爲一旅。漢氏一統，故去其人留名也。』據諸説，五百即卒也。傳言『呼卒五百』，既云卒，又云五百，於文爲複。魏志荀彧傳：『顧伍伯捉頭出。』梁習傳注：『便使伍伯曳五官掾孫弼入』，並不加卒字。」

魏延　遷治成都。　考證：「『遷』疑當作『還』。」

纔儀未發。　考證：「『纔』字疑誤。」　何焯曰：「宋本『纔』作『攙』。」

楊儀　爲後軍師費禕往慰省之。　考證：「宋本爲作『惟』。」案「惟」字是。

霍峻　於鄉里合郡曲數百人。　考證：「『郡』，宋本作『部』。」潘眉曰：「部曲是也。凡領兵營有五部，部有校尉及軍司馬，部下有曲，曲有軍候。」

還統南郡事。　趙一清曰：「『南郡』字誤，蜀稱益州爲南中，非漢薊州之南郡。或是南郡中縣，史省文。」

寵待有加。　注：改封西鄂縣侯。　案羅憲由亭侯封縣侯，乃進封，非改封。疑「改」字誤。

詔問蜀大臣子弟，後問先輩。　何焯曰：「元本下『問』字衍。」

高陽呂雅。　考證：「元本『高陽』作『南陽』。」　案「南陽」是，雅乃呂乂之子。見乂傳。此作「獻」，名與本傳不同。　何焯曰：「據『此』云云，則傳文羅憲之名皆『獻』之訛。」

向朗　使朗督秭歸、夷道、巫山、夷陵四縣軍民事。　沈欽韓曰：「太平寰宇記，漢巫縣故城在今巫山縣北。隋加『山』字，是隋志以前皆無『山』字，此則後人妄加也。」

歷射聲校尉、尚書。　注：鎮南將軍衛瓘。　考證：盧明楷曰：「魏志衛覬傳云：『子瓘，咸熙中爲鎮西將軍。』此作『鎮南』，字誤。」

孫盛曰云云。　讀書記「孫盛語，已見魏書三少帝紀，此重出。」

楊洪　君昔在柏下。　考證：「宋本『柏』作『桓』。」　旁證：「案『柏下』當作『陌下』，即前張裔傳之『德陽陌下』也。」

況吾但委噫於元儉。　「噫」，官改「意」。

能盡時人之器用也。注：嘗梦井中生桑。「桑」，毛「桒」；案毛是。如此寫方與「四十下八」之語合。

初往郡。考證：「往」疑作「仕」。

當奄往録獄。「當」，毛「常」，官「嘗」。

後夷反叛，辭令得前何府君。時難屈祇。拔祇族人為汶山。御覽二百六十一引，「辭」下有「曰」字，「難」下有「復」字，爲下有「之」字。

費詩　羽聞黄忠爲後將軍，羽怒曰。御覽無下「羽」字。案下「羽」字衍。

今漢王以一時之功，隆崇於漢室。御覽「漢王」作「漢中王」。案「中」字今本奪，宜增。讀書記，「『室』當作『升』，黄忠字也。御覽作『漢升』二字，草書似『升』字耳。」

左遷部永昌從事。注：夫創本之君，須大定而後正己，纂統之主，俟速建以係衆心。官，「須」、「俟」二字互改。

不如速尊有德以奉大統。李光地曰：「『如』字誤，當改『知』；」局從之改「知。」

可謂闇惑矣。「可」上疑有奪文。

歲未及還。趙一清曰：「『未及』當作『末乃』，後主傳亮以建興三年二月南征，十二月還成都。」

豈徒空託名榮，貴爲華離乎！考證：「『華離』，册府作『乖離』。」

魏以冲爲樂陵太守。注：詩子立。「立」，旁證、日本作『在』。」

猶用陵遲。「陵」，毛「凌」；局改「陵」。

杜微　字國輔。季漢輔臣贊作「字輔國。」

且以閉境勤農。考證：「『勤』，元本作『勸』。」

周羣　字仲直。季漢輔臣贊作「字仲宣。」

遣將軍吴蘭、雷銅等　「銅」，先主傳作「同」。

故裕以此及之。何焯曰：「『及』字當作『反』。」

孟光　漢太尉孟郁之族。「郁」，范史靈紀作「馘」。

光解正慎宜，不爲放談。考證：「宜」疑作「密」。

此諸君讀書。「諸」，毛「儲」；官亦改「儲」；此與北監並誤。

來敏　坐事去職。注：後主即位。諸葛亮教中不應有「後主」之稱，疑「主」下奪「上」字。

尹默　自劉歆條例，鄭衆、賈逵父子、陳元方、服虔注說。讀書記傳寫之譌，衍一『方』字。按後漢書云：陳元字長孫，父欽，習左氏春秋，事黎陽賈護，與劉歆同時，而（引）別自名家。元少傳父業爲之訓詁，與范升爭立左氏學。」

及立太子，以默爲僕射。旁證：「續漢書百官志太子僕千石，主車馬，職如太僕。此『射』字衍文也。譙周傳：「『後主立太子，以周爲僕』，可證。下李譔傳『遷爲僕射』（二）射字，亦衍文也。」

譙周　故用人養民，以少取多。考證：「宋本『人』作『文』。」

當秦罷侯置守之後。考證：「宋本『當』作『及』。」

周之謀也。注：蜀土險狹。「土」，毛誤「上」；局改。

至八月而文王果崩。注：蜀并于魏，涼州建，首爲別駕從事。「涼」，毛、官「梁」；此誤。案晉志，泰始三年分益州立梁州於漢中，文立乃巴郡人，巴郡屬梁州，故文立首爲別駕從事也。

凡所著述，撰定法訓、五經論、古史考書之屬百餘篇。潘眉曰：「五經論即五經然否論。古史考書，『書』字衍文。玉海四十二引此文作『法訓、五經論、古史考之屬』，無『書』字，想見宋本之善。法訓、古史考，太平御覽多引之。五經然否論，劉昭注禮儀志引之。」

周三子熙、賢、同。少子同頗好周業，亦以忠篤質素爲行，舉孝廉，除錫令、東宮洗馬，召不就。注：周長子熙，熙子秀字元彥。讀書記：元彥之去承祚遠矣。周長子熙，熙子秀，字元彥，皆裴注之文。」考證：李龍官曰：「按上文既云周三子熙、賢、同，此又云周長子熙，於文義似贅，其爲裴注無疑。」考異：「桓溫以晉穆帝永和三年丁未歲平蜀上表薦秀，秀年及八十，而承祚修史大約在太康之世，即云在太康末，秀亦纔弱冠，又無名位，何用書其名字？當是裴氏注後來攙入正文耳。」　案陳壽志，凡魏臣仕晉者，恒載其魏時仕履，而止不以晉事攙入魏也，則蜀志體例必無乖異。同除錫令，錫縣三國時曾爲郡，又廢爲縣，後主之世早屬於魏，則此雲爲錫令者，當在晉世而不在蜀時也。晉時仕履必不附見於蜀志，致與魏志體例相乖，然則此傳自『少子同』云云以下，皆非陳氏原文，蓋皆裴氏注文傳寫誤耳。」

郤正　副吾徒之彼圖。　考證：「册府『彼』作『披』。」

徂詐如星。　「徂」，官徂；局從之。此本下文亦作「狙」，則此「徂」字誤也。

狙詐者暫吐其舌也。　「狙」，毛誤「徂」；局改正。

不粥譽以干澤。　考證：「元本『粥』作『徽』。」

秦牙沈思於殊形。　注：而遺其所不視。　毛，「遺」上有「固」字。

薛燭察寶以飛譽。　注：覩其劒鈔，爛爛如列宿之行。　今本越絶書作「觀其鈲爛如列星之行。」　案「鈔」乃鈲之訛，「劒」亦衍字。

雷公擊鼓。　「鼓」，今本越絶作「橐」。

一曰純鉤，二曰湛盧。　今本越絶書作「一曰湛盧，二曰純鉤。」

獨不得此一物。　「獨」，今本越絶書「猶」。

楚客潛寇以保荆。　注：解齊將軍之帳。　考證：「元本『帳』上有『幬』字。」

雍門援琴而挾説。　注：逢讒罹謗。　「謗」，毛誤「誇」；局改正。

入用堀穴爲冢。　「堀」，官作「掘」；誤。

鼓鉤乎不測之淵。　考證：「宋本『鉤』作『釣』。」

若士竦身於雲清。　注：猶黃鵠之與壤蟲。　「與」，毛誤「興」；局改正。

長不喻解。　考證：「宋本作『至長不渝』。」

猶有沈沈之汜。　考證：「『沈沈』，宋本作『汰沃』。」

弗見乃止。　考證：「宋本『止』下有『駕止抔治，悖若有喪也』九字。」

黃權　少爲郡史。　「史」，官「吏」。

免死爲幸，何古人之可慕也。　御覽所引，爲作「焉」；「慕」作「纂」。

無令敵得入平地。　考證：「元本無『地』字。」　旁證：「姜維傳亦有『使敵不得入平』之語。」

李恢　任郡督郵。　考證：「元本『任』作『仕』。」

雍闓跋扈於建寧。　潘眉曰：「建寧本益州郡，建興三年丞相亮南征後始改此名。今叙雍闓事，不宜先書建寧也。馬忠傳『建寧郡殺太守正昂』失與此同。」

馬忠　乃移治味縣。　考證：「『味』，宜作『昧』，音昧。」

初建寧郡殺太守正昂。　「建寧郡」，張裔傳作「益州郡」是也。說見上。

進封彭鄉亭侯　旁證：「華陽國志無『亭』字，是也。此『亭』字衍。」

張表，時名士。　旁證：「『時』上有脱文。」

王平　其所識不過十字。　「其」，毛誤「而」；局改正。

然性狹侵疑。　「狹」，毛誤「狡」；局改正。

初，平同郡漢昌句（句，古侯反。）扶。　潘眉曰：「侯當爲候。廣韻：句，收去聲。」注：『前有王、句，後有張、廖。』廖，力救切；句與廖叶，應爲古候反。」

張嶷　巴西郡南充國人也。　旁證：「『郡』字蓋衍。」

初，越嶲郡至只住安定縣，去郡八百里。　旁證：「華陽國志云：『越嶲郡安上縣蜀置，去郡八百里。』下云『更由安上』，即此安上縣也。此作『安定』，字訛。」

蘇祁邑君冬逢。　「蘇祁」，兩漢志作「蘇示」。

又斯都耆帥李求承。　「斯都」，疑是「邛都」之誤。

而夷徼久自固食。　後漢書「固」作「錮」。

又令離姊逆逢妻。　潘眉曰：「『姊』字衍。文逢妻即離姊，不當更有『姊』字在『逆』字上也。下云『離既受賜，并見其姊，姊「弟」懽悅』可見。」

不牟下人。　考證：「宋本『牟』作『任』。」

其皆督率，隨嶷朝貢者百餘人。　「皆」，官「偕」。考證：「『其偕督率』，宋本作『其督相率』。皆字據毛，此頁南監缺，未詳是皆是偕。」

蔣琬　亮住漢中。　「住」，毛誤「位」；局改正。

則乞□□憒憒之。「乞」下缺二字，毛、官作「問其」。

視予猶父。　「予」，毛、官「子」；此誤。

費禕　「禕」，毛誤「褘」；全書同。

由是衆人莫不易觀。　御覽引無「人」字。

以禕爲昭信校尉。　「昭」，毛「照」，局改「昭」。御覽七百七十八引荆州先賢傳作「奉信校尉。」

恐不能數來也。　注：權乃以手中常所執寶刀贈之。　毛奪「常」字。

封成鄉侯。　注：必無悉寧，忠臣爲君深慮之謂乎？　何焯曰：「元板『悉』下有『一』字，寧字屬下句讀。」

功名略與琬比。　注：禕推性謙素。　「推」，官「雅」；局從之。

魏降人郭循。　商榷：「案魏書三少帝紀齊王芳嘉平五年作『郭修』，本書張嶷傳及吳書諸葛恪傳注引志林並同，惟禕傳作『循』，明是傳寫誤。」　案官本已改「修」。

姜維　州郡爲從事。　考證：「『郡』疑作『辟』。」

冀亦不入維等。　官奪「等」字。

覲見主上。　注：不在當歸。　晉書五行志「在」作「計」。

維率數萬人出石菅。　旁證：「『菅』字誤，當作『營』。陳泰傳亦作『石營』。」

拔河間、狄道、臨洮三縣民還。　旁證：「『河間』字誤，當作『河關』。後漢書郡國志：隴西郡河關，故屬金城。」

維前住亡水。　「亡」，官據鄧艾傳改「芒」。

傅僉格鬭而死。　注：　蜀命人代之。　考證：「宋本『命』作『令』。」

自稱益州牧以叛。　注：　彼豈闇王愚臣哉？　「王」，毛、官「主」；此誤。

不可以事有差手。　「手」，官「牙」。　案「牙」蓋㸦之訛。

邂逅不會。　考證：「元本『會』作『集』。」

維妻子皆伏誅。　注：　膽如斗大。　胡三省曰：「大如斗，非身所容，恐當作『升』。」　顧炎武曰：「升、斗二字，上升下斗，漢隸如此，些誤『升』爲『斗』耳。」

而可屢擾乎哉？　注：　而懼不得其所也。　「所」，毛誤「死」；局改正。

鄧芝　位至大將軍，封侯。　案「大」字衍，説見下。

先主累遣宋璋。　先主傳「宋」作「宗」。

涪陵國人殺都尉反叛。　旁證：　後主傳：「延熙十一年涪陵屬國民夷反。此脱『屬』字。」

芝爲大將軍二十餘年。　考異：「『大』字衍。」　案芝以建興五年爲揚武將軍，十二年遷前將軍，延熙六年遷車騎將軍，十四年卒，凡爲將軍二十五年，未嘗爲大將軍也。

晉朝廣漢太守。　此六字疑是裴注之文，傳寫誤入正文者。

張翼　高祖父司空浩。　「浩」，范史「晧」。　案晧字叔明，字當作「晧。」爾雅釋天釋文：「晧，光明也。」

皆有名迹。　注：　案行天下貪廉，墨綬有罪便收，刺史、二千石以驛表聞，威惠清忠，名振郡國，號曰八儁。案「威惠清忠」句，上下疑有奪文。范史周舉傳云：「其刺史、二千石有臧罪顯明者，驛馬上之；墨綬以下，便輒收舉，其有清忠惠利，爲百姓所安，宜表異者，皆具狀上。於是八使同時俱拜，天下號曰『八俊』。」司馬雖不必與范史同，然上文既云「案行天下貪廉」，不應下文偏舉一俊也。

維大怒曰：「爲蛇畫足。」　旁證：「按華陽國志述張翼云：『時維屢出隴西，翼常廷爭，以爲國小不宜黷武，必爲蛇畫足不聽。』是『爲蛇畫足』亦是翼語，此以爲維語，似失之。」案維不應自云「爲蛇畫足」，疑此文有譌。

宗預　嘉其抗直。　考證：「『抗直』，御覽作『蓋直』，通鑑作『盡直』。」

遺預大珠一斛。　注：夫帝王之保。　考證：「宋本『保』作『寶』。」

永相資賴哉！　「永」，毛誤「求」。

就拜征西大將軍。　華陽國志作「征北大將軍」。

楊戲　華陽國志作羲。　旁證：「羲、戲古字通，此『戲』當讀平聲。」

戲母推祁以爲冠首。　「母」，毛、官「每」，此誤。

各早死。　注：戲同縣後進有李密者。　晉書密傳及文選李密陳情（事）表注，並云密一名虔；華陽國志作「宓」，又作「虙。」旁證：「『虔』字當是『虙』字之誤。」案：密、宓古通用，本書秦宓范史作「密」，此其證也。若密、宓、虙，則義不同，書傳「虙」字有誤作「宓」者，疑此乃又誤「虙」，「虙」又誤「虔」字也。

臣以險亹。　「亹」，官「舋」；此與毛並誤。晉書、文選並作「釁」。釁、舋同字

躬見撫養。　「見」，晉書及文選李善本同。文選五臣本作「親」，非。

煢孑立。　「孑，」晉書及文選五臣本同。文選善本作「獨」。

而劉早嬰疾病。　「早」，文選「夙」。

詔書特下。　「詔書」，晉書作「明詔」。

苟順私情。　晉書「順」作「徇」，文選「苟」上有「欲」字。

猶蒙矜愍。　「愍」，晉書卹，文選「育」。

特爲尤甚。　晉書作「尫羸之極」。

且臣少仕楊慎丹鉛總録云：「嘗見佛書引此作荒朝蓋密之初文也僞朝。僞，字蓋晉改之以入史。」

寵命優渥。　「優渥」，晉書作「殊私」。

豈敢磐桓。　盘，晉書、文選「盤」。

是以區區不敢廢遠。　晉書作「是以私情區區，不敢廢遠。」文選「敢」作「能」。

臣今年四十有四。　晉書、文選「臣」下有「密」字。

報養劉之日短也。　晉書「報」上有「而」字。

非徒蜀之人士及二州牧伯所見明知，皇天后土實所共鑒。　晉書「非徒」作「非但」，「所見」作「之所」，「共鑒」作「鑒見」。文選「非徒」作「非獨」。

臣生當隕首。　晉書「首」作「身」。

贊鄧孔山。　注：孔山名方云云。　官本贊中小字皆改作中字單行，殆以其爲承祚語也。然班氏漢書地理志中有孟堅原注，向無改爲大字單行者。且此贊中，如所引襄陽記、華陽國志等，皆裴注，非承祚原文，乃一律改爲中字單行，殊與全書體例不合。

揚威才幹。　考異，費觀爲振威將軍。二文當有一誤。

或昏或賓。　「昏」，毛、官「婚」。

少府修慎。　注：南陽黄柱爲光録勳。　「黄」，毛誤「王」。

贊王元泰、何彦英、杜輔國、周仲宣。　考異「杜凝字國輔，周羣字仲直，皆見本傳，與此互異。」

贊吴子遠。　注：徙亭侯。　何焯曰：「壹前未有封而云徙亭侯，於事爲疑。」　趙一清曰：「何説非也。後漢書郡國志，蜀郡屬國有徙縣。」顧祖禹曰：「徙陽廢縣在雅州南，『徙』音『斯』，漢元鼎中始置縣，屬蜀郡，即斯榆地，吴壹蓋初封於徙。」旁證「即據此説，『徙』上亦必有脱文。」

永命不祥。　「永」，毛「末」。　案「末」字爲是。

鎮南粗强。　注：爲巴郡太守。　考異：「『巴郡』當作『巴東』。華陽國志章武元年南郡輔匡爲巴郡太守。」

或才或臧。　注：南廣漢太守。　潘眉曰：「『南廣漢』，誤。廣漢本漢郡，後主。延熙中分四縣置東廣漢。本華陽國志，案亦見晉書地理志。則南廣漢當是東廣漢。又漢犍爲郡有南廣縣，後主延熙中即南廣縣置南廣郡本水經注。則『南廣漢』當作『南廣』，衍『漢』字，或『漢』字乃『郡』字之誤。」

言藏言時。注：建興中，從事丞相掾，遷廣漢太守，復爲飛參軍。案：馬勳先爲張飛功曹，然建興中飛早卒，此云「復爲飛參軍」，「飛」字必誤，或是「亮」字。

佃字子緒，亦閬中人，先主定益州後爲功曹書佐。梁玉繩曰：「『後』一本作『復』，恐並譌。當作『佃』。」案此傳「定蜀後」，「定益州」之文前後屢見，「後」字不誤。

贊程季然。注：未曾爲敵走。「曾」，華陽國志作「習」。

益部耆舊雜記載王嗣、常播、衛繼三人云云。潘眉曰：「此三人皆裴松之引附，非陳壽本書，毛本裴注皆小字，而此獨用大字，蓋誤以爲陳志今殿本皆仍之。」

其先延熙世以功德顯著，舉孝廉。「舉」上疑「有」奪「嗣」字。

屢遷拜奉車都尉、大尚書。考證：「『大』字疑衍。」沈欽韓曰：「大尚書疑首曹，若今吏部。隸釋祝睦、劉寬二碑皆有大尚書也。」

然制度有短。「制」，毛、官「智」；此誤。

三國志校勘記六

吳　書

三國志目録下　毛、官無目録，合在卷首。

四十六卷第一　毛、官作「四十六卷，」以下遞推。

士燮匡。壹子　毛奪「壹子」二字。

權徐夫人　毛、官權上有「吳主」二字，下並同。案傳文有是。此本奪。

潘璋　丁奉　徐盛。　毛、官「徐盛」在「潘璋」之前。案傳文「徐盛」在前，此本錯簡。

鍾離牧　周魴。　毛、官「周魴」在「鍾離牧」之前。案傳文，魴在牧前，此本誤。

陸凱　陸胤。　毛、官「陸胤」不另列一行，於「陸凱」下旁注「弟胤」二字。此誤。

胡綜　徐詳。　毛、官「徐詳」不另列行，於「胡綜」下旁注「徐詳」二字。案：傳文詳附綜傳，似毛、官是矣；然承祚評語列詳於綜前，又似詳自有傳者。説詳綜傳。

孫堅　蓋孫武之後也。注：吳閶門。　「閶」，毛、宮「昌」。

會稽妖賊許昌起於句章，自稱陽明皇帝，與其子韶。　旁證：「後漢書靈帝紀『許昌』作『許生』，『韶』作『昭』。續漢書天文志及范史臧洪傳皆作『許生』、『許昭』，此作『昌』、『韶』，字誤，或因晉諱『昭』改爲『韶』耳。」　案范史朱儁傳亦作許昭。

三十六萬一旦俱發。　考證：「『萬』宜作『方』」。考異説同。

漢遣車騎將軍皇甫嵩。　錢大昕曰：「范書嵩傳，嵩以北地太守爲左中郎將，與右中郎將朱儁共討黃巾。已平乃拜左車騎將軍，此時尚未爲車騎也。疑傳有誤。」

中郎將朱俊　俊，范史雋。

傳表請堅爲佐軍司馬。　「佐」，毛誤「左。」

所向無前。　注：倍地呼鳴。　「倍」，毛、官「踣」。此誤。

上拜堅別部司馬。　注：遷都非計，臣之所急也。辭所不堪，進臣所急。　范史作「遷都計非，事所急也，辭所不急，言所非急」。　錢大昕曰：「當從後漢書作『言所非急』。」　案：如錢說則遷都句亦當從范。

中平三年遣司空張温。　范史靈紀在二年。

卓對應不順。　考證：「宋本『對應』作『應對』。」

明公親率天兵。　考證：「宋本，『天』作『王』。」

堅過殺之。　注：孫府君。　「府」，毛「使」。

晏然自若。　注：子議。　「議」，毛「儀。」

無求不獲。　注：省堅。　「堅」，毛「望」。

以幘冠冢間燒著。　「著」，毛、官「柱。」此誤。

卓兵見堅士衆甚整，不敢攻城，乃引還。　注：英雄記曰：「初堅討董卓，到梁縣之陽人」云云。　案此注當在下「合戰於陽人」之下，此時堅治兵於魯陽城，未到陽人也。堅之進屯陽人在初平二年，范史紀傳可證。而其在魯陽及移屯梁東則皆在元年，不得混而爲一。

還相嫌疑。　注：垂戍。「戍」，毛「戊」；官「成」；局改「成。」

梟其都督華雄等。　潘眉曰：「『督』當爲『尉』，『華』當爲『葉』。廣韵二十九葉，引吳志孫堅傳有『都尉葉雄』，知宋本如此，今本誤也。」

拒雒九十里。　注：卓謂長史，「皆」畏孤。　毛，「卓」誤「車」；「畏」誤「謂」；局改正。

兒曹用必還羌、谷中。　考證：「『兒曹』以下疑有脱文。」

而渡遼兒果斷蔡園。　「蔡園，」范史作「葵園（狹）」。

平塞卓所發掘。注：旦有五色氣。范史袁術傳、文選三十八注引，「旦」上並有「每」字；毛誤「旦」爲「且」；局改正。袁術傳注，「氣」下有「從井中出」四字。

上一角缺。文選注，「上」字上有「龍」字。

應氏漢宮：「漢宮傳國璽文。」潘眉曰：「二『宮』字皆當爲『官』。」

初平三年。爲祖軍士所射殺。注：英雄記曰：「堅以初平四年正月七日死。」潘眉云：「裴注以破虜在初平二年卒，是也。此三年、四年皆誤。」案范史獻帝紀亦書於三年正月。

劉表將呂公。范史劉表傳注引英雄記「公」作「介」。

孫策　丹楊太守。「楊」，毛、官「陽」。注及下文同。

以堅部曲還策。注：君微志得展。「君」，毛、官「若」；此誤。

百姓懷之。注：是歲興平二年也。潘眉曰：「『二年』當爲『元年』。後漢書獻帝紀興平元年劉繇與孫策戰，繇軍敗績，孫策遂據江東。考是年策以朱治爲吴郡太守，治在郡三十一年，黄武三年卒，若興平二年至黄武三年，止得三十年，不得三十一年。故當以元年爲確。策渡江在初平四年，明年興平元年。見魏武紀。」

屠東治。「治」，官「治」。

乃攻破虎等。注：策引白刃斫席。虎衆以其死也。考證：「御覽『刃』作『削』，『以』作『問』。」

而絶之。注：益使憮然。「憮」，毛「憮」，廣韵：「憮」同「憮」。

略烝宮人。「烝」，毛誤「蒸」；局改正。

欲令諸軍振旅，於河北通謀黑山。陳景雲曰：「『振旅』句絶，『於』字疑『然』字之誤。後漢書袁術傳載此書作『然而河北異謀於黑山。』章懷注：『謂袁紹爲冀州牧，與黑山賊相連。』蓋與術書不可斥言其兄，故異其詞耳。」

至廢主自與。「與」，毛「興」。

以先衆人之心。「先」，毛、官「生」；此誤。

封爲吴侯。注：王輔。考證：「宋本『輔』作『誧』。下同。」

雅意未遂。「未」，毛誤「恭」；局改正。

厥美著聞。「美」，毛「筭」。

聞其言以爲不然。考證：「宋本『聞』上有『始』字。」

瑀陰襲圖策。考證：「疑作『陰圖襲策』。」

使持印傳三十餘細賊。「細賊」二字疑有誤。

仰榮寵願。考證：宋本「寵願」作「願寵。」

奉辭罰罪。「罪」，毛「伐」；从毛是。

自歸曹公。注：行奉業校尉孫權。吴主傳「業」作「義」。

焱火所焚。「焱」，毛「猋」。

斬虎狼韓。「晞」考證：盧明楷曰：「前江表傳云：『時劉表遣從子虎、南陽韓晞將長矛五千，來爲黄祖前鋒。』不聞有狼。則此虎即表從子也。『狼』字當是衍文。」

又爲子章。考證：「『章』當作『彰』，即鄢陵侯也。案御覽一百十八引作「彰。」」

迎漢帝。注：則其言符矣。「其」，毛、官「某」；此誤。

仙人鏵。考證：「一本作『仙人鎌』。」

干吉。「干」，毛、官于。

客擊傷策。注：見破之辱。「破」，毛誤「被」；局改正。

北征柳城。毛本「征」字缺，空一格。局補。

時年二十六。注：推几。考證：「宋本『推』作『椎』。」

須臾卒。考證：「『須臾』，北宋本作『其夜』。」

儉矣。注：違情本。「情本」，毛「本情」。

孫權丹楊。「楊」，毛、官「陽」。

八年。使呂範平鄱陽、會稽。胡三省曰：「呂範傳止云『鄱陽』，孫權傳則有『會稽』二字，以地理考之，『會稽』二字衍。」

十三年。多勸權迎之。注：旄麾。考證：「北宋本『旄』作『旌』。」

時甘寧在江陵。考證：「宋本『江』作『夷』。」案以寧傳證之，宋本是。

至益楊。「楊」，當從毛、官作「陽」。下文不誤。

越津橋得去。注：上津橋。「上」，毛「走」。

二十三年。虔亭。虔，音攄陵反。毛無「音」字。

二十四年。虜禁等。御覽「虜」上有「生」字。

又遣朱光等歸。注：南還。考證「宋本作『還南』。」

二年四月劉備稱帝於蜀。案此「二年」當提行，各本皆誤。連上文「改元爲黃初」句下，一似建安二十五年改爲黃初二年者，殊誤。

注：魏啓曰。考證：「『啓』疑當作『略』。」

是其略也。注：吴書。考證：「疑『脱』曰字。」

方物。注：少總經藝。考證：「宋本『總』作『綜』。」

黄武元年。僅以身免。注：轉是前迹。考證：「宋本『是』作『足』。」

魏欲遣侍中辛毗。御覽「欲」作「乃」。

魏乃命曹休、張遼臧霸出洞口。曹休、臧霸二傳作「洞浦」，呂範傳作「洞口」。

時楊越蠻夷。「楊」，毛「揚」。

本有縱横。「縱」，毛、官「從」。

議者怪之。注：背棄天地。考證：「宋本『地』作『施』。」

狃挾累世。考證：「宋本『挾』作『忕』。」

以爲晁錯。考證：「北宋本『以爲』上有『臣』字。」

鴻臚削爵土。「土」，毛誤「士」；局改正。

有如大江。注：又篤將馬和。考證：「『篤』疑作『督』。」

曷云其已。傳不云乎。毛，「曷」誤「倡」；「不」誤「注」；局改正。

不先暢達。考證：「册府『先』作『克』。」

此權異心之明效也。考證：李龍官曰：「按下云帝既信權甘言，且謂周爲得其真，則此詔語非謂權有異心也。此『權』下疑脱『無』字，諸本俱同，惟册府作『無異心』，是。」

始復通也。注：滿五百斛船。「滿」，毛誤「斗」；局改正。

二年。據江陵「中州」。朱桓傳作「中洲」。

用乾象曆。注：而以未祀。考證：「宋本『祀』作『祖』。」

薨於白帝。注：乃引刀自刺。御覽「刺」下有「中乳房」三字。

十一月，蜀使中郎將鄧芝來聘。考證：「宋本『十一月』上有『冬』字。李清植曰：『按後主傳遣尚書郎鄧芝固好於吴。芝本傳：於時芝正入爲尚書，此作中郎將，蓋異國紀録之誤，而編史者因之』。」

四年，孫邵卒。注：從劉繇於江東。「江東」，毛誤「酒來」；局改正。

顧雍爲丞相。注：長七尺。「尺」，毛誤「八」；局改正。

勸子弟。考證：「宋本『勸』作『勑』。」

五年。分三郡惡地。何焯曰：「『三郡』上不著『丹陽、吴會』，是脱文。」案丹陽、吴會，見全琮傳。

不能極陳。錢大昭曰：「『不能』疑是『不敢』，玩下文可見。」

六年。韓當子琮。考證：「『琮』當作『綜』。」

七年。珠官郡注：畏罪而去。「去」，毛、官「亡」。

黄龍元年。即皇帝位。注：玄「牝」。「牝」，毛、官「牡」；此誤。

逆臣乘釁。「乘」，毛、官「承」。

而叡麼麼。「麼」，毛誤「厶」；局改「幺」。

二年。會稽東縣人。旁證：「『縣』當作『治』。」

三年。討武靈。「靈」，毛、官「陵」；此誤。

嘉禾元年，閬中令。通鑑作「郎中令。」案遼東無閬中，公孫淵傳注作「郎中令。」

加淵爵位。注：復書曰。考證：「『書』當作『奏』。」

命便事天。考證：「宋本『便』作『使』。」

庶無罪侮。「侮」，官、毛「悔」。

今以幽、青二州十七郡七十縣。潘眉曰：「郡國志：幽州郡、國十一，青州郡、國六，并之計十七郡。幽州涿郡七縣，廣陽郡五縣，代郡十一縣，上谷郡八縣，漁陽郡九縣，右北平郡四縣，遼西郡五縣，遼東郡十一縣，元菟郡六縣，樂浪郡十八縣，遼東屬國六縣，青州濟南郡十縣，平原郡九縣，樂安國九縣，北海國十八縣，東萊郡十三縣，齊國六縣，共得一百五十五縣。此注云『七十縣』，多寡不符。疑『七十』上脱『百』字。」建安末頗有分縣，合之當得百七十縣耳。」

君運其才略，官方任賢，顯直措枉，羣善必舉，是用錫君虎賁之士百人。潘眉曰：「此九錫，文只有八錫，當是古本相沿脱去一行耳。君運其才略四句，下當云：是以錫君，納陛以登。再加四句，然後接：『是用錫君虎賁之士百人。』然安知非五句連屬？而吾以爲脱在『羣善必舉』之下『是用錫君虎賁』之上者，以魏武九錫文云：『君研其明哲，思帝所難，官才任賢，羣善必舉，是用錫君，納陛以登。』吴主九錫文云：『君運其才謀，官方任賢，是用錫君，納陛以登。』晉文九錫文云：『君簡賢料材，營求俊逸，爰升多士，寘彼周行，是用錫公，納陛以登。』宋武九錫文云：『公官方任能，網羅幽滯，九皋辭野，髦士盈朝，是用錫公，納陛以登。』齊高九錫文云：『公明鑒人倫，證辨涇渭，官方與能，(艾)英乂克舉，是用錫君，納陛以登。』梁武九錫文云：『公揚清抑濁，官方有序，多士聿興，棫樸流詠，是用錫公，納陛以登。』陳武九錫文云『以公抑揚清濁，褒德進賢，髦士盈朝，幽人虛谷，是用錫公，納陛以登。』合諸文觀之，則此任賢舉善云云，其爲錫納陛之辭無疑也。納陛者，孟康曰：『納，内也。』鑿殿基際爲陛，使不露也。』」

秬鬯一卣。「一」，毛誤「二」。

皆不克還。注：奉聞之，到還。考證：「宋本『到』作『倒』。」

赤烏二年。虜得男女。注：父札，與張昭、孫邵共定期朝儀。「邵」，毛官「邵」，此誤。考證：陳浩曰：「按張昭傳注引吴録曰：『昭與孫紹、滕允、鄭禮等採周漢撰定朝儀。』『孫紹』此作『孫邵』，『鄭禮』此作『鄭札』，疑有一誤。」陳景雲曰：「『札』字當作『礼』。『礼』與『禮』古今字耳。案黄武四年書丞相孫邵當是一人，其字亦作邵。」

與雲詩相往反。「相」，官「詞」。

三年春正月。考證：「宋本『正月』作『二月』。」

而吏不良。考證：「宋本『吏』下有『或』字。」

三年。以致饑困。「饑」，毛「飢」；下同。

四年。死者太半。「太」，毛、官「大」。

取柤中。注：殷札。考證：盧明楷曰：「『殷札』疑『殷禮』。張温傳載權罪温令文曰：『又殷禮者，本占侯召，而温先後乞將到蜀。』又顧邵傳稱雲陽殷禮官零陵太守。合二傳參校，作『禮』爲是。蓋『禮』於『札』爲傳寫而互異也。」

指事襄陽。通鑑「指事」作「直指」。

七年。又人家治國舟船「城郭」，何得不獲？「獲」，官改「護。」考證：李龍官曰：「監本『護』作『獲』。按文義當作『護』，即指上多作舟船繕治城郭而言，謂此不過爲保護境土之常，非有他意也。今改正。」

人言若不可信。考證：「『若』，宋本作『苦』。」

朕爲諸家「君」破家保之。「家」，御覽作「券」。案「破家」非權所肯言，當從御覽作「破券」爲長。

八年。夷三族。注：伺權在苑守。考證：「宋本『守』作『中』。」

自小其至雲陽西城。商榷：「『小其』當作『小辛』，傳寫誤也。御覽引吴志，岑昏鑿丹徒至雲陽杜野小辛間，皆斬絶陵襲，施力艱辛。杜野屬丹徒，小辛屬曲阿。」

十一年。鄱陽言白虎仁。旁證：「按『仁』疑當作『見』。恐因注中有『白虎仁』字而誤。」

十三年。丹楊。「楊」，毛、官「陽」。

皆引還。注：楊都。「楊」，毛、官「揚」。

孫亮　心自不安。御覽作「心不自安」。

勸爲亮納。御覽作「勸權爲亮納焉。」

大赦改元，是歲於魏嘉平四年也。閏月，以恪爲帝太傅。考證：李龍官曰：「以孫休永安元年與孫皓元興元年例之，『閏月』上應有『建興元年』四字。未有嗣君改元而不書其紀年之理。」旁證：「御覽引吳志云：『大赦，改元建興元年』。然則宋本有『建興元年』四字，今本譌脱耳。」案四字應在「閏月」之上，御覽删「是歲」一句，故與改元相接。

二年。陽羨離里山大石自立。潘眉曰：「『離里』當『離墨』，古仙人名也。離墨山一名國山。」張壽昌曰：「明統志國山本名離墨山，有九岑相連，亦名陞山。」沈敕荆溪外紀云：「『孫亮五鳳二年，離墨大石自立』。」慎蒙名山紀勝云：『離墨山石無故自立。』並作『離墨』。」

留略爲東海太守。趙一清曰：「孫皓傳是南海太守。且東海郡屬徐州，吴時亦不得有其地。此『東海』是『南海』之誤。」

太平元年春。注：爲鐘立廟，稱太祖廟。「鐘」，毛、官「權」。讀書記：「孫堅父名鐘，見宋書志，然北宋諸本皆作『權』字。」案宋書禮志云：「權卒，子亮代立。明年正月，於宫東立權廟，曰太祖廟。」據此，自以作「權」爲是。惟云亮立之明年立，則此注當在上文「建興二年春正月」之下。

召還。據等聞綝代峻，大怒。考證：陳浩曰：「按文義似應作『召還據等。據等聞綝代峻，大怒』。應重書

『據等』二字。」趙一清曰：「『聞』字上落一『據』字，蓋不服者惟一吕據，故綝遣告欽、咨文二人取之，而據獨受其敗也。」　案以朱據、勝胤傳参之，趙説是。

告諭欽、咨等。　「諭」，毛、官「喻」。

三年春二月甲寅。　「三」當從毛、官作「二」。又未提行，並誤。

又科兵子弟。　御覽「科」作「料」，「兵」下有「家」字。

日於苑中習馬。注：藏吏扣頭。　「扣」，毛同；官及御覽作「叩」。

若矢先在蜜中。　御覽作「若久在蜜中」。

故成亮之惠。　「惠」，毛、官「慧」。考證：「『慧』，監本作『惠』，今從毛本；然晉宋以下史，慧、惠多通用。」

使文欽、唐咨、全端等步騎二萬救誕。　「二」，毛「三」。案孫綝傳作「三」，當從毛。

步兵校尉鄭胄。　「步」，毛誤「部」。

三年。伐官材。　「官」，官「宫」。

將軍劉丞。　「丞」，御覽作「承」；孫綝傳亦作「承」。考異：「承、丞古通用。」

孫休。射慈。　錢大昭曰：「孫奮傳傅相『謝慈』疑即此『射慈』也。射、謝古字通用。」　案御覽引作『謝慈』。

有老公于休。　考證：「宋本于作『干』。」

武衛將軍恩行丞相事。　御覽：「恩」上有「孫」字。

威遠將軍授。　「授」，孫綝傳作「據」。

勿令自疑。注：况洲。　「况」，毛、官「汎」。趙一清曰：「水經注『况』作『汜』，是也。」

三年。以會稽南郡爲建安郡。　考證：「『南郡』當作『南部』。」　案會稽南部見前太平二年，足證此文之誤。

五年。立子𩅦爲太子。注：字莤。　莤，官改「莔」；下同。「莔」字見廣韵九迄，注云：「吴王孫休長子字作酉。誤。」錢侗曰：「小名録『蔄』作『藺』。按『藺』字書所無，廣韻亦不別收『藺』字，恐不足爲典要也。」

名相同音。「相同」，毛「柜柜」；官改「壾壾」。「壾」字見廣韵三十七蕩，注云：「吴王孫休子名。」此及毛並誤。

政以治民，是以政成而民則。考證：「宋本『治』作『正』，『則』作『聽』。案宋本與左傳合。

然欲令難犯。考證：「宋本『然』作『休』。」

王務學業。御覽「王」上有「聖」字。

大豬。注：楊都。「楊」，毛、官「揚」。

六年。孫諝。旁證：「晉書陶璜傳作『諝』，而華陽國志作『孫靖』。」

天門郡。注：慈胡。「胡」，毛「湖」。旁證：「當作『湖』，元和郡國志云：『慈湖在宣州當塗縣北六十五里』。」

七年，休薨。注：日不能言。「日」，毛「口」；官改「口」。

景皇帝。注：重閤。「閤」，毛「閣」。

孫皓。「皓」，毛官「晧」。

時年二十三。潘眉曰：「『三』當爲『五』，考是年魏咸熙元年甲申，至晉太康元年庚子，凡十七年。皓以是歲死於洛陽，年四十二。則此作『二十五』方合。」

元興元年。滕牧爲高密侯。注：吴歷曰：「牧本名密，避丁密改名牧，丁密避牧改名爲固。」旁證：「虞翻傳注引會稽典録亦云：丁覽子固，字子賤，本名密，避滕密改作固。二人何以如此互避，或滕牧之固封高密而改，丁固乃避滕而改耳。」案：據此説，則「避丁密」當作「避高密」，然古未有因封爵而改名者。

徐紹孫彧。晉書文紀「紹」作「邵」，邵孫楚傳作「符。劭孫郁。」

甘露元年。宣明至懷。注孫休時。御覽「孫休」作「景皇」。

父亮。旁證：「是時陟之父安得云亮？此可疑者也。」

西王失土。　考證：「册府『王』作『主』。」

弘璆，曲阿人，弘咨之孫，權外甥也。　旁證：「宏咨見諸葛瑾傳，孫權姊壻也。璆若是權外甥，則當咨之子矣」。　案據此說，則「孫」當作「子」。

寶鼎元年。道病死。　注：　歷顯位。　御覽（二百三十二）「歷」上有「早」字。

以君爲有出境之才。　御覽無爲字。

蒙其榮耀，無古人延譽之美。　御覽「蒙」上有「臣」字，「耀」作「懼」。

尚書何禎。　旁證：「魏書胡昭傳注引文士傳，何禎字元幹，則字當从木，作『楨』。」

吳興郡　注：　楊羨。　「楊」，毛、官「陽」；此誤。

建衡二年，何定曰。　「曰」，毛、官「白」；此誤。

三年。皆還屬。　注：　稷，揵爲人。炅，揵寧人。　上「揵」當作「犍」，下「揵」當作「建」。毛、官不誤。

晉兵賊。　考證：「『兵』字疑衍。」

孟仁卒。　注：　監池司馬。　「監」，毛、官「鹽」。　趙一清曰：「作『監』是。孟宗時爲雷池監司馬。」

鳳皇元年。　盧陵。「盧」，毛、官「廬」；此誤。

三年，會稽妖言章安侯奮當爲天子。　通鑑考異云：「孫奮傳，建衡二年左夫人王氏卒，民間訛言，遂誅奮及五子。若以建衡二年死，不容至鳳皇三年會稽方有訛言。三十國晉春秋，自皓納張步女至殺奮，皆在天册元年」。

天册元年。　毛、官皆不提行，誤也。鳳皇三年甲午，天册元年乙未，旁證：　謂鳳皇三年即天册元年亦誤。

天璽元年。　鄱陽言歷陽岩文理成字。　旁證：「輿地紀勝云，歷陽山在和州西北四十里，即孫皓所祭之石印山。按沈志，晉武帝太康元年復立歷陽，是吳、魏時爲戰争之地，其縣已廢，亦不爲吳所。注中『陽』字蓋『陵』字之誤。石山石下當脱『印』字。又『以太牢祭歷山』當是『歷下』，脱『陵』字。」　案傳文「歷陽」乃「歷陵」之誤。歷陵縣兩漢並属豫章郡（兩汉志）。建安十五年孫權分豫章立鄱陽郡，（吳主傳）故歷陵属鄱陽。晉志歷陵属鄱陽郡，此其確證也。梁氏以和州歷陽山當之，故妄自生疑，而不得其實。沈氏但正注文而不及傳文，何也？

太平始。注：七穿。考證：「宋本『七』作『土』。」

吴當爲九州。考證：「宋本無爲字。」

在所表爲人瑞。「人」，毛、官「大」；此誤。

天紀元年，伏誅。注：俶表正。「正」，官改「立」；局從之。

收累。「累」，毛「繫」；官亦改「繫」。此誤。

取小妻三十餘人。考證：宋本「三」作「二」。

三年。兩「邊」生菜。「菜」，毛「葉」。

黄耇。耇晉宋五行志作「黄狗」。

故也。注：以告者過此，君子惡居下流。「此」，毛、官「也」；此誤。「惡」，毛誤「是」，局改正。

不能無怨。「怨」，毛誤爲；局改正。

四年，所在戰克。注：謂曰，且夫天下存亡有大數。考證：盧明楷曰：「『且夫』二字疑衍，或爲『巨先』之譌。巨先，張悌字也。下文悌曰：『仲思今日是我死日也』，明爲彼此相字。」

三月丙寅。戊辰。壬申，王濬最先到。潘眉曰：「推是年三月戊子朔，無丙寅、戊辰、壬申，此三日皆誤也。晉書王濬傳：壬寅，濬入于石頭，後上書云：『十四日至牛渚、去秣陵二百里』；又云『臣以十五日至秣陵』。今以三月朔戊子推之，十五日恰得壬寅。此傳壬申，當依濬傳作『壬寅』爲確。三日事在一時，丙寅是丙申，戊辰是戊戌。」

皓惶憒從之。註：謂皓曰。考證：「『謂』，宋本作『請』。」旁證：「正文本是『請，皓』當從之。此筆誤耳。」

延請相見。注：郡四十二。御覽作三十三。」潘眉曰：「當作『四十三』。初學記八引括地志云，平吴得郡四十三。晉書武紀及通典皆同。」

拜郎中。御覽作「皆拜郎中」。

注：三公鈕，司馬如。錢大昕曰：「『鈕』『如』二字難解。搜神記云：『三公歸於司馬』，語意較明白。」

五年，皓死于洛陽。旁證：「裴注引吳録曰：『皓以四年十二月死』，此『五年』字當衍。」潘眉曰：「天紀四年吳已亡，皓即死於是年，安得更有五年？惟蕭常續漢書攷異引世紀：『皓以赤烏五年壬戌生，太康四年癸卯死，四十二歲。』如是，則于登位年之二十三亦合，蓋吳録之所謂四年者，晉太康年也。」案：據潘説，疑「五年」乃「四年」之譌。蓋承上文太康元年而言。

昔舜、禹躬稼，至聖之德。考證：「『稼』字疑衍。」

注：則天人殛之。考證：「宋本無『人』字。」

皇綱弛紊，羣雄蜂駭。晉書「紊」作「頓」，「蜂」作「鋒」。

宗枋。「枋」，官「改」祊；此與毛並誤。

飈起之師。「飈」，官「飆」；此與毛並誤。局改正。晉書作「猋」。

哮㘚。「㘚」，文選、晉書並作「闞」。

霧集。義合。晉書「集」作「合」，「合」作「動」。

飾法。「飾」，文選、晉書「飾」作「飭」；文選、宋本「飭」作「飾」。然李善注引易「明罰飭法」，則作「飭」者是也。

干紀。毛，「干」誤于；局改正。

而張昭爲之雄。「昭」，晉書「公」。旁證：「作『公』是也。蓋當時避晉諱，後人復改爲『昭』。下同。其下篇『高張公之德』，則改之未盡者耳。」

反帝座於紫闥。晉書，「座」作「坐」；文選于作「乎」。

以奇蹤襲於逸軌，叡心發乎令圖。晉書無「於」字、「乎」字；「發」作「因」。文選「發乎」作「因於」。

篤固。晉書「固」作「敬」。

朱桓、朱然之徒。「桓」，毛誤「恒」；局改正。

以聲名光國。「聲名」，晉書、文選「名聲」。

以諷議舉正。晉書作「以風義舉政。」文選李注引毛詩「出入諷議」，今詩作「風議」。

謀無遺算。「算」，晉書「計」；文選「諝」，李注：「廣雅曰：『諝，智也，思與切』。」

鋭騎千旅。「騎」，晉書「師」。

謀臣盈室。「謀」，晉書、文選「謨」。

而我陸公。文選無「我」字。

喪氣摧鋒。而吴莧然。「莧」，毛、官「藐」；晉書、文選「摧」作「挫」，「莧」作「莞」，善本文選作「莧」，注引論語「莧爾而笑」爲證。然則「莧」譌爲「莧」，又譌爲「藐」也。今論語作「莞」，釋文則作「莧」，李與陸合，知唐時論語作「莧」矣。

西屠。虎臣。晉書「屠」作「界」，「虎」作「武」。旁證：「『屠』作『界』恐誤，『虎』作『武』則避唐諱耳。」

望飈。「飈」，毛「颷」；官「飇」。案：「飈」、「颷」並誤。文選亦作「飇」、晉書作「焱」之誤。

四民。晉書作「黎元」。案此疑唐時避諱所改。下「齊民」同。

撫循。輝於。晉書、文選「循」作「巡」，「輝」作「耀」。

齊民。晉書作「黎庶」。

丁奉、鍾離斐。讀書記：「文選無『鍾』字，注云：『魏將諸葛誕據壽春，降魏人圍之，使奉與黎斐解圍，奉爲先登，黎斐力戰，有功拜左將軍。』黎與離音同，相近，是一人，但字不同。」余謂李善所見之本必可徵信，但此『斐』字恐『牧』字之訛。鍾離牧爲武陵太守，以少衆討五谿，事在蜀并於魏之後。作『牧』爲得也。」

婁玄、賀劭。「婁」，毛、官「樓」；「劭」，官「邵」，文選「劭」，晉書「邵」。本書有賀邵傳。

股肱猶良。有瓦解之志。「良」，文選「存」；「志」，晉書「患」。

非一世之選。晉書、文選「之」作「所」。

卒散於陣，民奔於邑。晉書「民」作「衆」；文選六臣本無此二句。

而有交廣。文選「有」作「奄」，六臣本作「掩」。晉書「有」上有「掩」字。

其民怨矣。晉書無「矣」下「其俗陋矣」。

劉翁。吴桓王。深遠。文選「翁」作「公」。晉書、文選「吴」上有「夫」字，「深」作「弘」。

如不及。晉書「不」作「弗」。

以豐功臣。以納謨士。晉書及六臣本文選無兩「以」字。

歸魯肅之功。「肅」，晉書、文選「子」。旁證：「作『子』非。此與前篇『魯肅、吕蒙之儔』及本篇『魯肅一見而自託』句一例。」

削投惡言　晉書「惡」作「怨」。

競盡其謀。「謀」，晉書、文選「謨」。

故百官。建業。而不許。百度。晉書「官」作「宮」，「業」作「鄴」，「不」作「弗」，「百」上有「故」字。

粗修。文選善本「粗」作「租」。注云：「『租』古『粗』字。」

懿網。「網」，晉書「綱」；文選善作「綱」，五臣作「網」。

經民。晉書、文選「民」作「邦」。

其民練，其財豐，其器利。未見有。晉書、文選「民」作「兵」，「其財豐」句在「其器利」句下，「見」作「巨」。

借使中才守之以「道」，善人「御之」有術，勤民「謹政」。晉書無「中才」、「善人」四字，「民」作「人」。

未有危亡之患。晉書、文選「患」下有「也」。

則吴亡之國，何則？晉書無「則」字及「何則」二字，「國」下有「也」字。

陸公以四瀆。保城。重資幣。懸旌。晉書、文選無「陸」字，「保」作「寶」，「重資」作「資」，「旌」作「旍」。文選考異云：「『保城』與『資幣』偶句，蓋『保』即今之『堡』字。『保』是，『寶』非。」五臣翰注云：「寶猶堅也，文義殊爲不安。」

而巴漢舟師。陸公以偏師。晉書無「而」字、「以」字。

鋭師三千。考證：「宋本『三』作『五』。」案晉書、文選並作「五」。

罕警。晉書「警」作「驚」。

或曰。文選作玄曰。注引太玄經爲證。旁證：「作『玄曰』是，此太元經之文。上引『易曰』，下引『玄曰』，正一例也。晉書亦誤。」

之由人也。晉書「由」作「在」。

之氓。晉書、文選「氓」作「萌」。

之南。晉書「之」作「以」。

先政之業易循也。晉書「業」作「策」，「循」作「修」。文選「業」亦作「策」。又一本「政」作「攻」。宋本亦作政。

失也。毛「失」誤「夫」，局改正。

故先王。文選「故」上有「是」字。

恭己。晉書、文選「恭」作「謙」。

士民之愛。共患。晉書「民」作「庶」，「共」作「同」。案文選上下文皆作「共」；晉書上下文皆作「同」。此上文作「共」，下文作「同，患」必有一誤。

與下同患。「同」，文選「共」。

感矣。「矣」，晉書「也」。

三國志校勘記七

吳書

劉繇。爲漢太尉。注：繇祖父本。范史劉寵傳「本」作「丕」。旁證：「本」、丕字形相近，不能斷其孰是。」

字祖榮。范史「字榮祖。」

光祿大夫察四行。「大夫」二字疑衍。

山陰縣氏去治數十里有若邪中在山谷間。「氏」，官改「民」。趙一清曰：「『氏』當作『民』，『中』字疑衍。劉寵傳云：『山陰縣有五、六老叟，尨眉皓髮，自若邪山谷間出。』」

狗吠。竟夕。「狗」，毛「犬」。

入居九列。「入」，官「八」；誤。

貪穢不循。考證：「『循』，册府作『脩』。」

振武將軍。范史「武」作「威」。

衆萬餘人。考證：「宋本『萬餘』作『數萬』。」

繇奔丹徒。注：不可生也。「生」，毛、官「往」；此誤。

朱晧。注：不顧命名義者也。考證：「册府無『命』字」。

謙使督廣陵、彭城運漕。坐斷三郡。陳景云曰：「上只云『廣陵、彭城』而下言『三郡』，殊不相應。後漢書『廣陵』下有『下邳』二字，疑此脱。」

皆無所受。注：與詳弟居。「詳」，毛官羣；此誤。

遷基大農。　旁證：「『大』字下當脱『司』字。虞翻、張温傳並作『大司農』。」
太史慈惟涇以西。　「惟」，毛誤「推」；局改正。
當與卿共之。　注：尺木。　「木」，毛、官同。一本作「水」，誤。
撫安焉。　注：不達臣節。　「達」，考證：「宋本作『遵』。」
報生以死。　「生」，毛「主」。
士燮　亡歸鄉里。　注：會卓入闕。　考證：「『闕』疑作『關』。」
䵋弟武，領海南太守。　考證：「宋本『海南』作『南海』。」案：「南海」是。
不足踰也。　注：摇稍之。　考證：李龍官曰：「按『摇稍』二字不可解，『稍』疑當作『捎』，廣韵摇、捎，動也。蓋謂捧其頭摇動之也。」
而恃阻險。　毛誤『阻』字。
孫破虜吴夫人　吴氏親戚。　「吴氏」，御覽一百四十二作「吴夫人。」
甚有補益。　注：魏騰。　考證：「太平御覽『騰』作『勝』，盧明楷曰：『吴範傳作「魏勝」。注引忤策幾殆，賴太妃救得免事，與此合。蓋騰與勝音同，勝則騰之譌耳』。」
魏功曹。　「功」，毛誤「公」。
建安七年，臨薨。　注：此則吴后以十二年薨也。　旁證：「按此書『七年』者，當因下文『八年景卒官』之文而誤。」
謝夫人　父煚。　「煚」，官「煛」。　案作煚是。廣韵三十八梗：煚，俱永切，火也。篇海有「煛」字，古迥切，目驚貌。然目驚貌之字廣韵作「煛」，則煛乃煚之譌體耳。集韵：「煚，古作煛。」
徐夫人　丹陽守。　注：召琨還矣。　考證：「宋本『矣』作『吴』。」
至於蕪湖督。　于，官「於」。　考證：「漢丹陽郡蕪湖縣東晉始改名于湖，此于字疑衍。」
步夫人　寵冠後庭。　性不妒忌。　權指。　御覽「庭」作「宫」，「忌」作「嫉」，「指」作「旨」。

丞相醴陵亭侯雍　錢大昭曰：「顧雍傳：初封陽遂鄉侯，進封醴陵侯。子裕襲。醴陵侯蓋鄉侯進封縣侯也。『亭』字衍。」

王夫人　諸姬有寵者。　御覽「姬」作「妃」。

敬懷皇后　御覽，「懷」作「華」。

潘夫人　有娠。　孫弘。　御覽「娠」作「身」，「孫弘」作「張昭。」

夢有似龍頭授己者。　「似，」毛、官「以」；御覽亦作「以」。

全夫人　迫見殺。　「迫」，毛同；官「道」。考證：「宋本『道』作『追』。」

全主自以與孫和母。　「全主」，毛「公主」。

何姬　而姬觀於道中。　御覽「姬」上有「何」字。

植宣成侯。　考證：「北宋本作『宣城』。　考異：當作『宣城』。」

何氏子云。　注：舉兵欲還誅都，都叔父信。　考證：「宋本『還』下多『秣陵』二字，『信』作『植』。　案孫晧傳云：「遣三郡督何植收熙」，則作「植」字是。

滕夫人　諫爭。　御覽「爭」作「諍」。

孫靜　四維然火。　考證：「宋本『四維』作『羅以』。」

瑜字仲異錢大昭曰以下文孫皎孫奐例之瑜上當有孫字皎子咨彌儀：「皎與瑜皆孫靜子。瑜子既名彌，皎子必不同名。且下文但曰咨、儀，不及彌，疑『彌』字衍文。」

孫奐　壹入魏，黃初三年死。　讀書記：「按魏書，甘露二年以孫壹爲侍中、車騎將軍、假節、交州牧、吴侯。又三少帝紀：甘露四年十一月癸卯，車騎將軍孫壹為婢所殺。『黃初』疑『首尾』之誤。」　考異：「按壹以孫亮太平二年奔魏，即魏甘露二年也。距文帝黃初三年壬寅，已三十六年矣。此云『黃初』，必誤也。魏志高貴鄉公紀，甘露四年十一月車騎將軍孫壹爲婢所殺。蓋壹入魏三年而死。『黃初』二字當是衍文。」　考證盧明楷説同。

孫賁　還江南。　注：因而後免。　「後，」官改「獲」。

鄰年九歲，代領豫章。讀書記：「九『歲』無領郡理，疑脱『十』字。」

多爲有言。官改「多有爲言。」

皆歷列位。注：辟大司馬賊曹屬。晉書孫惠傳：「辟大司馬户曹掾，轉東曹屬。」疑此「賊」字誤。

孫輔　權幽繫之。注：東治。「治」當作「治」，局已改。

孫翊　司空辟。注：翊名儼。趙一清曰：「於文當云『一名儼』。」

孫匡　時年二十餘。注：遣範令。禁固。何校「遣」改「違」，「固」改「錮」。

握兵。「握」，毛「提」。考證：宋本作「捉兵」。

孫韶　盛憲。注：譏平。臨溺。文選「平」作「評」，「溺」作「難」。

即拜丞烈校尉。旁證：「『丞』當作『承』。」

孫桓。「注」：能論義。「義」，毛、官「議」。

斬上兜道。沈欽韓曰：「水經注江水篇，孫桓奮不顧命斬上夔道。是『兜』應作『夔』也。」又曰：「『上』當是土，謂削『土』填道耳。」案「斬土夔道」，語不可解，當從水經注作「斬上夔道」。巫縣故夔國，言斷上夔之道也。

會卒。注：慎子丞。晉書「丞」作「拯」，下同。

皆當如今。御覽二百二十一「如今」作「令如」。

張昭　拜昭爲綏遠將軍。潘眉曰：「陸績述元稱安遠將軍彭城張子布。考雜號有綏遠無安遠，魏于禁曾爲安遠將軍，或是三國時有此號。今當以『綏』字爲正。」旁證：「建安中士燮、士徽，魏唐咨，蜀鄧方、王嗣皆曾爲安遠將軍，不止于禁一人，不得謂雜號有綏遠無安遠也。」

封由拳侯。注：昭與孫紹。趙一清曰：「孫紹即孫長緒，本作『邵（劭）』。」

領丞相事煩。通鑑「領」作「顧」。

造作攻城大攻車。考證：「下『攻』字疑衍。」

至平州都督。陳景雲曰：「吳無平州，當是半州之誤。吳主子建昌侯慮嘗鎮半州，又大將甘甯、潘璋亦嘗屯此，乃中流重地，故特置都督如西陵、濡須之比也。」旁證：「紀文達師曰『平州』，晉書作『半州』，見庾懌、褚裒二傳。元和郡縣志：晉太康十年分豫章、鄱陽、廬江等郡之地置江州，惠帝分廬江之潯陽、武昌之柴桑置潯陽郡，自東晉元帝至蕭齊或理半州，隋改潯陽爲湓城縣，武德五年復改爲潯陽縣。半州故城在縣西九十里，吳孫慮出鎮於此，築云云。據吉甫所志，合之褚裒除江州刺史鎮半州，即吳志之半「城」州無疑。按趙一清言『平州在遼東，此是遙領』，恐未考也。」案州牧、郡守，三國時遙領者甚多，而都督則無遙領者。趙說誠非。

拔彭城蔡款。注：款字文德。錢大昭曰：「周昭論作『蔡文至』，與吳録異。」盧明楷曰：「即名求義，作『文至』於『款』更協。」

顧雍注：故雍與伯喈同名，由此也。潘眉曰：「雍、邕古字通用。」毛無「由此」二字。

典「據」校詣宮府及州郡文書。「詣宮」，毛同；官「諸官」。

何至於此？注：徐衆評云云。案雍之斷獄，蓋得聖人「哀矜勿喜」之意，衆之所譏，未必是也。懷叙之詈辱，豈官「有」正法哉？

盤石。「盤」，毛官「磐」。

舊勳。注：亡衆。「亡」，毛同；官「士」。

欲同手劒之。考證「宋本作『欲因會手劍之』。」

子裕字季則。潘眉曰：「雍次子名裕，母弟徽之子亦名裕，必有一誤。或疑注中子裕即雍次子，是一人。然既云有篤疾，不能襲爵，而又云少知名位，至鎮東將軍。當是兩人也。」

邵字孝則。御覽作「孝時」。

或言議而去，或結厚而列。世説品藻篇注「言」作「諷」，「厚」作「友」。

生於庶民。御覽「庶民」作「民庶」。

烏程吳粲「吳」，毛同；官「吾」。讀書記：「即吾粲也。按庾信作吳明徹墓誌用吾彥事對吳起，豈吾、吳同也？古書吾邱壽王多作『虞邱』，而虞仲亦爲『吴仲』，則吾、吴通也。」　考異：「吴、吾音相似，潁川周昭著書稱『吾粲由於牧豎，豫章揚其善，以竝陸、全之列』，謂此也。」

譚注：太傅諸葛恪等雄奇蓋衆。　考證：「宋本『等』作『以』。」

羊徽之徒　「羊徽」，毛「楊鑑。」

陷没五營將秦兒軍。　考異：「『兒』當作『晃』。　潘眉曰：「秦晃見吴主傳赤烏四年。」

承　章阮　考證：「宋本『阮』作『阬』。　沈欽韓曰：「陳武傳亦作『章阬』。按呂覽九塞高誘注，冥、阨、荆、阮，方城皆在楚。章阮當即荆阮，蓋章山也。方輿紀要：『内方山在荆門州東百八十里。』」

諸葛瑾　易如反掌。　注：行曹公移都之計。　「行」，官「紓」。　考證：「各本『紓』，『俚』俱作『行』，今改正。李龍官曰：『按當作紓。當日雲長威震江夏，孟德恐懼，欲遷都以避之。今「薊」州荆爲權所破，羽死，而操遷都之計可以紓也。』」

有以保分。　考證：「册府元龜『分』作『全』。」

比之於操。　考證：「『比』疑作『丕』。」

駐公安。　注：融部曲吏士親附之，疆外無事。　何焯曰：「此十二字疑當在下文『秋冬』句上，亦陳氏正文也。」

步騭　注：晉有大夫楊。　左傳作「揚」。

長其强也。　「長」，毛、官「畏」，此誤。

權逆命騭上益陽。「逆」，毛同；官改「遂」。　考證：「明監本『遂』作『逆』，今改正。」　案上文云「騭將交州義士萬人出長沙」，是騭猶在道也。權遣使逆而命之，則作「逆」自通，不必改字。

程普、潘濬。　陳景雲曰：「騭所條上諸臣，皆當時有聲績於荆州者，程普之卒，在吴主稱尊號前，不應亦列其中，恐傳寫誤也。時呂岱在荆州，其名跡亦葛、陸之儔，騭獨遺之，爲不可曉。或程普乃呂岱之譌。如魏志夏侯惇傳中以雲長爲呂布也。」

李肅。注：權擢以爲選舉號爲得才。御覽「以爲」下有「選曹尚書」四字。

哲人惟刑。考異：「『哲』當作『折』，用呂刑『折民惟刑』語。」

多蒙濟賴。注：後有呂範、諸葛恪。考證：「『有』疑作『與』。」

十一年卒。錢大昭曰：「吳主傳，步騭卒於赤烏十年五月。此『一』字衍。」

至於趣舍大檢。「大」，毛誤「太」；局改正。

叔嗣雖親貴，言憂其敗。考證：盧明楷曰：「張承傳稱能甄識人物，言終敗葛氏者，元遜也。叔嗣爲承弟休之字，傳無憂敗之言，疑『叔嗣』當作『元遜』。」

張紘　少游學京師。考證：「宋本無『少』字。」

正議校尉。注：後呂布。毛無「後」字。

東部都尉。注：以昭公義。考證：「元本『義』作『美』。」

闇於治體也。考證：「『闇』疑作『諳』。」

求賢如饑渴。「饑」，毛饑。

十餘篇。注：書與孔融書，自書。考證：「元本作『嘗與孔融書，自書』。」案作「嘗」爲是。

子玄。潘眉曰：「前云『臨困授子靖留牋』，則紘子名靖，此作『玄』者，疑『靖』右旁脱譌，又譌『立』成『玄』耳。」

玄子尚。注：江表傳曰稱尚有俊才。考證：「『曰』字疑衍。」

爲誥。注：叩頭請罪。考證：「宋本『請』下有『尚』字。」通鑑考異：引三十國春秋同。

闞澤　追師論講。「師」，毛誤「思」。

官府小吏。考證：「宋本『官』作『宮』。」

盛明之世，不。不下空缺八字，據毛、官乃「宜復有此刑，權從之」。

薛綜　注：世典州郡，爲著姓。「典」，毛「與」。

爲五官中郎。考證：「元本『郎』下有『將』字。」

由此已降四百餘年。考證：陳浩曰：「自錫光、任延至此時尚未及三百年，此云『四百餘年』，疑誤。」趙一清曰：「『四』字恐『三』字之誤。」

珠崖除州縣嫁娶，皆須八月引户，人民集會之時。考證：「『除』一本作『餘』。李龍官曰：『按文義似謂州縣之中猶存禮化，除此之外，則嫁娶由己，不由父母也。作餘非』。」

交阯麊泠。潘眉曰：「『麊泠』，漢書地理志、續漢書郡國志並作『麋泠』。按麊、麋字皆誤也。考説文米部䊳字，許慎曰：『交阯有䊳泠縣，從米，尼聲』。知字當爲䊳也。」

九真太守儋萌。「萌」，毛「明」。案下文毛亦作「萌」。

不爲恭服所取相怨恨。考證：「册府元龜無『所』字，『取』作『輒』。」

𪆽以次鉏治。毛，「𪆽」字空缺；局補。

有士民之變。趙一清曰：「『民』當作『氏』，謂士燮子徽也。」

託乘桴浮之語。官「浮」下添「海」字。

拒以無所取才。「才」，今論語作「材」。

此不可二也。毛，「二」字誤在「不」字上；局改。

頗涉臺觀。考證：「『涉』疑作『陟』。」

繆禕「禕」，毛誤「禕」；局改正。

瑩還廣州。「州」，毛誤「川」；局改正。

注：景字仲嚮。「嚮」，范史周榮傳作「饗」。

景父榮　案范史，榮子興，興子景，疑此「父」上奪「祖」字也。

移臣作子，於之何有？「之」，官「政」；局從官改。案范史云「臣子同貫，若之不厚」，與此又不同。

不令恩偏稱一家也。「偏稱」，范「偏積」。案疑當作「偏積」，文義較明白。

吾得卿，諧也。　考證：元本「卿」下有「事」字。

騎五十四。　注：英儁。　儁作「俊」。

留鎮巴邱。　注：與後所平巴邱處不同。　考證：盧明楷曰：「按本傳後云『瑜還江陵，爲行裝而送於巴邱，病卒』。裴注云：『瑜所卒之處在今之巴陵，與瑜所鎮之巴邱名同地異。』據此，則『平』字當作『卒』。」

共掌衆事。　注：令將軍。　「令」，毛、官「今」；此誤。

士風。　「士」，官「士」。

還備官亭。　旁證：「『官亭』當作『宫亭』，湖也。水經廬江水注云：『廬山之北有石門水，水出嶺端，南嶺即彭蠡澤西天子鄣也，「峯」磴絶峻，人跡罕及，嶺南有大道，順山而下有若畫焉。傳云：匡先生所通至江道，岩上有宫殿故基者三，以次而上，最上者極於山峯。山下又有神廟，號曰宫亭廟，故彭湖亦有宫亭之稱焉。』」

將士聞之皆恐懼，延見羣下，問以計策。　毛，「懼」下有「權」字。　考證：「宋本、元本并無『懼』字。」　案後注引傳文亦有「權」字，當據毛補。

來爭疆埸，又能與我校勝負於船楫可乎？　「埸」，毛「場」；此與官並誤。下同。「可」，官「間」。

自立矣。　通鑑「立」下有「久」字。

然觀操軍方連船艦。　考證：「宋本無『方連』二字。」

煙炎漲天。　考證：「太平御覽作『熛炎張天』。『熛炎』謂『飛火』也。」

還保南郡。　注：同時發火，火烈風猛，往船如箭，飛埃絶爛，燒盡北船，延及岸邊營柴。　「發」，毛舉；「往船」，通鑑「船往」。「絶」，官「絁」。「柴」，毛、官「砦」。考證：「宋本『砦』作『柴』。」

方當廣擥英雄。　「擥」，毛誤「擊」；局改正。

况於瑜身歿未久。　毛、官「歿」下有「而」字。

魯肅所懷盡矣。　注：其辭乖異耳。　「耳」，官「矣」；「乖」，册府作微。

目使之去。　注：觀於長阪。　考證：「『觀』，宋本作『覲』。」

而負恃弱衆。考證：「『弱』，元本作『强』。」

呂蒙　汝南富陂人也。「陂」，兩漢志作「波」。水經淮水注作「陂」。

賜錢千萬。考證：「元本『千』作『十』。」

益州將襲肅。考證：「元本『襲』作『龔』。」

蒙謂諸將曰。「諸將」，毛同；官作「瑜」、普。」

使普、肅萬人屯益陽。普，官改『魯』，各本並誤。何焯曰：「宋本作『使魯肅將萬人』。」

郝子太聞世間有忠義事。錢大昕曰：「楊戲輔臣贊，郝普字子大。『太』當作『大』，下同。」

今子以旦夕之命。考證：陳浩曰：「『今子』下疑脱『太』字。子太，郝普之字也。」

果敢有贍而已。「贍」，毛、官「膽」；此誤。

仗威東夏。「夏」，毛「下」。是也。

程普　騎五十四。考證：「『四』疑作『匹』。」潘眉曰：「當爲『五十匹』，『四』字誤也。韓當傳『授兵二千，騎五十匹』，呂範傳『增範兵二千，騎五十匹。』可證。」

韓當　爲別部司馬。注：分於英豪。考證『分』疑作『介』。」

綜内懷懼。注：又言恐罪自及。考證：「元本『自及』作『及己』。」

蔣欽　孫策之襲袁術，欽隨從給事。考證：盧明楷曰：「按孫策傳，袁術僭號，策止以書而絶之，未有襲術之事，疑有誤。」趙一清曰：「何焯校改袁術爲李術。」案孫權傳注引江表傳，策表用李術爲廬江太守，則不應以兵襲之。袁術、李術皆於本傳不相合，或『襲』字誤。」商榷：「『襲』字當爲『依』字或『就』字之訛，觀隨從給事之言，殆如朱治傳中言『治扶翼策依就袁術』耳。」

會稽治賊。何焯曰：「『治賊』，即『東冶賊』。作『治』字誤。」

黝賊。考證：「『黝』疑作『黟』。」

論者美焉。注：有膽略器用，好萬人督也。「用」，毛「一」；局改「用」。案此文疑「用」字、「一」字並應有。

周泰　惟泰奮激，投身衛權。「激」，毛「擊」；官亦改「擊」。「投」，北監本誤「没」，官亦改正。

將兵屯岑。趙一清曰：「水經澧水注，涔水出作唐縣，「縣」西南天門郡界，南流逕涔坪屯，蓋屯戍之名，在今澧州東北。本文似有脱誤。」

御蓋。注：威平意快爲之。何焯曰：「『威平』當爲『幼平』。周泰字也。」「威」，局改「幼」。

陳武　廬江松滋人。「滋」，班志作「兹」。

徙太子中庶子，拜翼正都尉。陳景雲曰：「『徙』當作『從』，中庶子乃陳表初除之官，非遷改也。此與張休『從中庶子轉右弼都尉』同。」

惟死無辭。考證：「『惟』，元本作『雖』。」

董襲　時山陰宿賊黃龍羅、周勃。錢大昕曰：「以下文斬羅勃首證之，則『周』字衍。」

甘寧　又以凡人畜之。注：乃留依祖，三年，祖不禮之。官作「乃留依祖，祖三年不禮之。」

王不能用。「王」，官改「主」。考證：李龍官曰：「各本皆作『王不能用』，誤。黃祖未嘗爲王也。」

當口。注：捐骸。「骸」，毛誤「駭」；局改正。

今爲君致之，若走云何？「云」，毛「去」；官亦改「去」。考證：「『致』疑作『置』，陳、范二史此二字通用。」

即是吾禽。考證：「元本，『是』作爲。」

寧乃料賜手下百餘人食。「乃」，毛「以」。

即起拜持酒，通酌兵各一銀盌。考證：「元本作『即拜起持酒』。」御覽：「通」上有「次」字。

增兵二千人。注：爲前都督。「都」，當作「部」。

使拔鹿角。趙一清曰：「『使』乃『便』字之譌。」

權尤嘉之。注：持楯。考證：「『楯』，元本作『矟』。」

凌統　「凌」，官「淩」，局從之。

因督祭酒。從往合肥。時權徹軍。何（據）校「祭」改「案」，「往」改「征」，「徹」改「撤」。

以爲便槊大節。「便」，毛、官「梗」；此誤。

時年四十九。陳景雲曰：「統父操以建安八年戰没，統時年十五，及十一年即預討（麾）麻屯之捷，至年四十九，則吴赤烏中也。統自攝領父兵，屢立戰功，若赤烏中尚在，則從合肥還，二十年間，統之宣力行間多矣，何更無功可録乎？據駱統、傳凌統死，復領其兵，在隨陸遜破蜀以前，計統之年殆未逾三十，此『四』當是『二』字之誤。」

注：仁澤内著。何校「内」改「罔」。

豈踒璪近務。「踒」，官改「委」。考證：李龍官曰：「按『踒』音窩，訓折足也。於璪義無涉，當作『委璪』。」

徐盛　不復爲寇。考證：「元本『復』作『敢』。」

復討臨城南阿山賊。「城」，官同；毛「成」。趙一清曰：「當作『城』。宋書州郡志，宣城太守領縣有臨城，吴立。」

出都亭侯貞。「出」上空一字，據毛、官乃「權」字也。

曹休出洞吕　「吕」，毛、官「口」。此誤。

潘璋　遂領百校。潘眉曰：「『百』當爲『五』。」

權即分宜都至秭歸二縣為固陵郡。考異：「『至』當作『巫』。魏氏春秋云：『建安二十四年，吴分巫秭爲固陵郡』是也。」

好立功夫。「夫」，官改「業」。

丁奉　俱從山西上。「山」，毛誤「上」；局改正。

進封都亭侯。陳景雲曰：「『亭』當作『鄉』。奉已封亭侯，更封鄉侯，斯爲進耳。如陳武、是儀進封都鄉侯是也。」

太平二年，魏大圍之。遣朱異、唐咨等往救，復使奉與黎斐解圍。奉爲先登，屯於黎漿，力戰有功，拜左將軍。讀書記：「『二年』下宋本有『魏大將軍諸葛誕據壽（封）春來降』十二字，不可缺。『大』，元本作『人』。」商権：「據此文，則魏大圍之者，即奉也。下文何云『復使奉解圍』乎元修。」宋板『魏大』下有『將軍諸葛誕據壽春來降，魏人』凡十二字，然後接『圍之』云云。此脱去，故不可解。文選陸機辨亡論李善注引吴志正與宋板同，而於『奉爲先登』之下即云『黎斐力戰有功』云云，此作史者因黎斐無傳，故於丁奉傳中帶叙黎斐事耳。俗刻誤衍『屯於』二字，又誤『斐』爲『漿』，遂以黎漿爲地名，而『力戰有功拜左將軍』，似皆爲奉事矣。豈知上文奉先爲偏將軍、冠軍將軍、滅寇將軍，封都亭侯；又爲虎威將軍，何待此時方拜左將軍乎？下文叙建衡元年戰事畢，即云『三年卒』，其下乃又説『奉有功驕矜』云云，俗刻脱『卒』字，又不可讀。」侯康曰：「王氏據宋本及文選注補十二字，是矣。至『屯於』二字爲衍文，改黎漿爲黎斐，則恐不然。通鑑亦作『進屯黎漿』。水經肥水注芍陂一水『東注黎漿。黎漿東經黎漿亭南，文欽之叛，吴軍北入，諸葛緒拒之於黎漿，即此水也。按此事載鄧艾傳。東注肥水，謂之黎漿水口』也。是黎漿實有其地。又諸葛誕傳稱誕等渡黎漿水。晉書石苞傳，『諸葛誕舉兵淮南，吴遣大將朱異、丁奉等來迎。誕等留輜重於都陸，輕兵渡黎水』。黎即黎漿水之省文。諸葛誕所以渡此者，正以丁奉屯黎漿水故也。參考諸傳，佐證顯明。選注乃涉上文黎斐而誤，未可據彼單詞輕改舊史也。」案侯氏之考黎漿也詳矣，然謂選注爲誤，恐又不然。李善因黎斐而引吴志，則所云「力戰有功」者，自謂黎斐，非謂丁奉也。恐今本「屯於黎漿」之下，尚有奪文耳。

斬奉導軍。三年。陳景雲曰：「『三年』下脱一『卒』字，奉卒於建衡三年，見孫皓傳。」

朱治　權表治爲九真太守。潘眉曰：「此九真太守當爲吴郡太守，初孫權以治爲吴郡太守尚未表於漢帝，至是權始表聞。下云『割婁、由拳、無錫、毗陵爲奉邑』，皆吴郡屬城。證一也；又云『權優異之，自令督軍御史典屬城文書，治領四縣租税而已』。明是吴郡太守非九真太守。證二也；又云『思戀土風，自表屯故鄣歲餘，還吴』。既云還吴，則始自吴移屯故鄣可知。岁餘即還，又非交州所能遽返。證三也；又云『在郡三十一年』，考後漢書獻帝紀孫策以興平元年據江東，是歲策即以朱治爲吴郡太守，自興平元年至黄武三年、治以黄武三年卒。正（德）得三十一年，則治始終爲吴郡太守，未嘗遷轉。證四也。況是時止有會稽、吴郡、丹陽、豫章、廬陵、廬江六郡，未得九真，士燮弟䵋方爲「九真」太守。證五也。」 案治前以吴郡都尉領太守事，至是始表爲真太守，傳文衍一「九」字耳。不必改「九真」爲「吴郡」也。

爲陳安危。注：討逆係世。 係承洪業。 「係」，毛、官「繼」；此誤。

有異趣。 「趣」，毛誤「之」；局改正。

朱然 鑿池道。 「池」，官「地」。

忠要遮險隘。 毛奪「忠」字。

皆退。注：魏志及江表傳。 陳景雲曰：「『志』當作『書』，此謂王沈等所撰之魏書也。」

諸葛瑾子融、步騭子協，雖各襲任，權特復使然總為大督。又陸遜亦本功臣名將，存者惟然。 考證：「『各』，宋本作『名』。陳景雲曰：「『本』當作『卒』。孫權傳遜先然五年卒，云『亦』者，承上葛、步二人言之。」

吕範 策亦親戚待之。 考證：「『亦』，元本作『以』。」

遷都督。注：曰稱領都督。 考證：盧明楷曰：「『曰稱』疑作『自稱』。上文範欲蹔領都督，以策意未許，故出而自稱也。」

陳牧。注：陳禕。 「禕」，毛誤從衣。

還都武昌。 「還」，疑當作「遷」。權得荆州後始都鄂，改名武昌。

祀以太牢。注：時謂嚴畯曰。 考證：「『時』，册府元龜作『特』。」

據與朱冀破城外圍。 「冀」，官「異」；此與毛並誤，朱異傳可證。

取大船以備害。 考證：太平御覽「害」作「官」。

朱桓 卒得仁進軍，拒濡須七十里間。 「間」，官「問」。考證：李龍官曰：「此當作『問』，言仁揚聲（考）異：攻溪實欲襲取濡須，此時卒得其進軍音問也。今改正。」

本知季文儈。 「儈」，官改「獪」。考證：李龍官曰：「『儈』訓悶、訓惡，與語意不合，應作『獪』，言其狡獪也。」

大破。注：而用侯子言。考證：陳浩曰：「『侯子』二字不可曉，疑作『傒子』。此朱異詈元遜之辭。」

虞翻　是以行耳。注：日可二百里。「二」，毛「三」。

行一大道。考證：「宋本『一』作『及』。」

咸以安寧。注：執事圖之。考證：「宋本『執』上有『惟』字。」

皆不就。注：翻間曹公。「間」，毛、官「聞」；此誤。

門徒常數百人。注：策命。考證：「『策』，宋本作『革』。」

罪棄雨絶。「雨」，毛、官「兩」；局改「雨」。

皆傳於世。注：違失事因。考證：「宋本『因』作『目』。」案「因」疑是「曰」字之譌。古「冃」似「同」。「冃」當作「曰」，各本並誤。

更爲立法。考證：「北宋本『法』作『注』。」

年七十卒。注：以遼東海絶。考證：「『海絶』疑作『絶海』。」

得還。注：昔禹會群臣。考證：「『臣』疑作後。」

下據。考證：「『據』，宋本作『攄』。」

劕莫候。官改「鄮」。莫候反。考證：李龍官曰：「按鄮，莫候反，音茂。縣名，屬會稽，即今之甯波、慈谿，與此正合。乃『貿』訛爲『賀』，『阝』訛爲『刂』，遂并莫候反而訛之矣。」

故桓文遺之尺牘之書，比竟三高。旁證：「水經漸江水注云：『沛國桓儼避地會稽，聞陳業履行高潔，往候不見。儼後浮東海入交州。臨去遺書與業，繫白樓亭柱而去。儼書載藝文類聚三十一。』按此即朱育所謂『桓文遺之尺牘之書，比竟三高』者也。文下脱『林』字。文林，桓儼字。陳景雲謂『桓文』當作『桓王』，非」。考證：「『竟』字疑。『三高』未詳。李清植曰：『按此句詞旨不明。「三高」疑指上文所引越王翳、鄞大里黄公、餘姚嚴遵而言，「比竟三高」或當作『竟比三高』。」

其文章之事。考證：「『事』，宋本作『士』。」

句章任奕。「奕」，毛、官「爽」。

處士鄧盧叙。陳景雲曰：「『鄧』當作『鄞』，否或『鄮』字之誤。朱育舉上虞陳業以下十餘人，應郡守之問，其人皆不出本郡。鄧乃汝南屬縣，與會稽無預。」考異：「『鄧』當是『鄮』字之訛。乾道四明圖經亦傳寫之本，未能「定」其是非也。」旁證會三賦云鄧斯祈樊自殺以代辠即用此注鄧盧敘斯敦祈庚樊正事鄧爲姓，則宋時已有誤本矣。」

則松楊柳朱。潘眉曰：「『松楊』當爲『松陽』。說見賀齊傳。」

因以其地爲治。「治」，當爲「冶」。

討扶嚴，病卒。注：擅廢立之威，勢上安宗廟。考證：「『勢』，宋本作『將』。」

宜都太守。注：忠子譚。考證：「『譚』，北宋本作『潭』。」旁證：「晉書本傳及顧衆傳，『譚』作『潭』；又列女傳，虞潭母孫氏，孫權叔孫女也。

昺。注：字子文。考證：「北宋本作『世文』。」

陸績 吳郡吳人也。毛同。官無「吳郡」二字，奪文也。范史陸康傳亦曰「吳郡吳人。」

星歷等數。「等」，毛、官「算」。

張温 吳郡吳人也。毛同。官「郡」下無「吳」字。

徵見延「到」。見御覽「延」作「廷」。

豔性狷厲。御覽「狷」作「峭」。

納愚言於聖德。考證：「『德』疑作『聽』。」

駱統 出爲建忠郎將。錢大昕曰：「『忠』下疑脱『中』字。」

又多殘老 「殘」，毛誤「賤」；局改正。

疆場常守。「場」，毛「埸」。

封新陽亭侯。黃武七年卒。陳景雲曰：「凡列侯之歿，其有子嗣爵與否，史必詳書之。而駱統與是儀傳獨闕，疑有脱文。統子名秀，爲時顯士，見陸遜傳注。又孫休傳中有司鹽校尉駱秀，即其人也。則駱統非無後者。」

陸瑁　又瑁從父績早亡，一男一女，皆數歲以還。　考證：朱良裘曰：「績傳云，長子宏，次子叡。此作『一男』，疑誤。」

初瑁同郡聞人敏見待國邑，憂於宗脩。　「憂」，毛「同」；官「優」。　旁證：「『優』或作『憂』，恐誤。然此事他無所見，此又不具本末，似可删。」

吾粲　注：孤城嫗見之。　考證：盧明楷曰：「趙達傳注云：孤城鄭嫗能相人」，此云『孤城嫗』即其人也，疑脱一『鄭』字。其『孤城』或當作『菰城』。烏程縣舊固名爲菰城也。」

陸遜　得務北進。　考證：「宋本『得』作『但』。」

不見至尊。　何校：「不」作「下」。

步騎駐旌。　旁證：「『步』，一本作『少』。」趙一清曰：「下云恐潛增衆，則少字義長。」

大姓文布。　「文」，毛同；官「艾」。

且觀之。　注：顛沛交馳。御覽：「顛」作「猋」。

備知其計不可。　御覽：「可」作「行」。

及才略大施。　考證：「宋本『才』作『方』。」

三方受敵也。　注：推算。考證：「宋本『推』作『惟』。」

權使鄱陽太守孫魴譎魏大司馬曹休。　考證：盧明楷曰「『孫魴』疑當作『周魴』。周魴，爲鄱陽太守。齎牋七條，以誘曹休，事詳周魴傳。」

自不姦穢入身難忍之過。　考證：「元本『不』作『非』。」

又珠崖絶險。　「珠」，毛「朱」。

遂以免罷。　注：何足虧損雅慮。　「何」，毛誤「自」；局改正。

欲興利改作。注：建武將軍。御覽五百十六「武」作「威」。

不遑鑒寐。考證：「元本『鑒』作『假』。」

陸抗　都督西陵，自關羽至白帝。日知録：「於文難曉。按甘寧傳曰：『隨魯肅鎮益陽，拒羽。羽號有三萬人，自擇選鋭士五千人投縣上流十餘里淺瀨，云欲夜涉渡。肅以兵千人益寧，寧乃夜往。羽聞之，住不渡，而結柴營，今遂名此處爲關羽瀨。』據此，則當云自益陽至白帝也。」楊氏守曰：「止『羽』下添一『瀨』字可耳。」潘眉曰：「『至』字上當有『瀨』字，瀨在益陽茱萸江上，水經注云：益陽縣西有關羽瀨，所謂關侯瀨也。南對甘寧故壘。」

故得將士歡心。注：穆子圍鼓，訓之以力。以上下文推之，「鼓」下當有「而」字。

豈徒威力。「徒」，毛誤「徙」。

協數以相危。考證：「北宋本『協』作『挾』。」

審刑罰以示勸沮。考證：「北宋本『罰』作『賞』。」案既以勸沮並言，以作「賞」爲是。

魯人再克。「克」，毛「剋」。

外孫也。注：王梓。晉書「梓」作「粹」。

摧而克之。「摧」，毛誤「權」；局改正。

可設克構。何焯曰：「宋本『構』下有『者哉』二字。」

孫登　登辭侯。考證：「宋本『侯』作『疾』。」

刁玄。讀書記：「古無『刁』，宜從宋本作『刀』。」

號爲多士。注：著論二十篇。「十」，毛誤「士」；局改正。

揚迪。「揚」，毛、官「楊」。

精識時機。御覽「時」作「知」。

凝辨宏達。何焯曰：「『凝』，魏氏春秋作『淑』。」

蔣修、虞翻。讀書記：「此『虞翻』疑誤。於時仲翔没於交州已十餘年，且未嘗厠迹官僚也。」考證：陳浩曰：「下云『此皆陛下日月所照，選置臣官，得與從事。』則疏内所指之人皆（東）青宮賓客，虞翻未嘗厠身官僚，登疏胡爲及之？」

孫慮　尚書僕射存上疏曰。　考證：李龍官曰：「按『存上』疑有脱文，不然則失其姓也。」　錢大昭曰：「建衡元年有督軍徐存。監軍李勗從建安海道擊交阯，未知即此人否？」

孫和　皆從容侍從。　注：後諸葛豐僞叛以誘魏將諸葛誕。　考證：李龍官曰：「按諸葛誕即諸葛豐之後，此何以云諸葛豐僞叛吴主？赤烏十年，傳注引江表傳作諸葛壹是。『豐』字乃『壹』字之訛。」

是後王夫「人」與全公主隙。　考證：「宋本『隙』上多『有』字。」

冤之。　注：孫俊。　「俊」，毛、官「峻」。

親拜送於庭。　注：曰使相繼。　考證：「宋本『曰使』作『日夜』。」案宋書禮志亦作「日夜」，則宋本是也。

如平生日，皓悲嘉涕淚。　宋志無「生」字，「嘉」作「喜」。

孫霸　和同母弟也。　讀書記：「『同母』二字衍，傳後云：霸二子與祖母謝姬俱徒烏傷。則和出自王，霸出自謝矣。」

霸二子，基、壹。　考證：陳浩曰：「案孫奂庶子亦名壹。奂以宗室爲庶子命名，豈有與大帝諸孫相同之理？『壹』字疑誤。」

賀齊　注：漢中楊厚。案蜀志周羣傳，「舒學術於廣障楊厚」。范史楊厚傳云：「廣漢新都人。」黄瓊傳亦云：「廣漢楊厚。」此云「漢中」誤也。

避安帝父孝德皇帝諱。　考證：「『皇』下『帝』字疑爲後人妄增。」

守郯長。　「郯」，官「剡」。　旁證：「剡」即會稽郡之剡縣，世所稱剡中也。别本誤作「郯」，則是東海郡之「郯」。失之遠矣。

縣吏斯從。　考證：「御覽『斯』作『期』。」朱良裘曰：「斯姓，從名。」然期亦姓。案廣韵「斯」中正引此文，且斯姓至今爲大族。御覽非也。

時王朗奔東治。「治」，官「治」。考異：「『治』當作『治』。」
是歲八年也。　何校，「八年」上增「建安」二字。
大潭同出餘汗。　此句未詳，疑有譌奪。
令楊松長。　考證：「『楊松』疑作『松楊』。」潘眉曰：「『楊松』當爲『松楊』。宋志作『松楊』。李吉甫云：縣有大松樹，因以爲名，後漢分章安縣立。時齊爲永甯長，永甯亦分章安縣東甌鄉立，故云鄰城。」旁證：「虞翻傳注引會稽典録有節女松楊、柳朱。古字楊、陽通用，益證此『楊松』爲誤倒也。」
三將又降。　考證：陳浩曰：「『三將』疑作『二將』，上云屯大潭、蓋竹者，吴五、鄒臨也。」
屯安勤山。　「勤」，毛、官同。續志注引魏氏春秋作「勒」。
陰募輕捷士爲作鋨戈。　以戈拓斬山爲緣道。　商榷：「二『戈』字，新安志皆作『弋』。據水經注上『戈』字當作『杙』，下『戈』則不誤。杙所以緣而上也，妄人見下有『戈』，妄改之。『斬』字，新安志作『塹』是，當從之。『塹』下『山』字衍文。御覽三百三十七　下有『道成』二字。」
凡斬首七千。　注：吾聞金有刃者。　御覽「吾聞」下有「雄黄勝五兵，還丹能威敵」十字。
徐盛被創失矛。　得盛所失。　御覽「矛」作「牙」，「所失」下有「牙」字。旁證：「宋本前後亦並作『牙』，此『所失』下各本皆脱『牙』字，當補。趙一清曰：『牙謂牙旗也。權作黄龍大牙，見胡綜傳。』」
鄱陽民尤突。　陵陽、始安、涇縣皆與突相應。丹陽三縣皆降。　旁證：「按始安縣本零陵郡屬。吴甘露元年改始安縣當非此始安，且不與鄱陽相近。洪亮吉補疆域志：丹陽郡領十六縣，有陵陽、涇，無始安。程普傳：『討宣城、涇、安吴、陵陽、春穀諸賊』。州郡志謂：安吴，吴立；一統志謂在涇縣西南。因疑『始安』爲『安吴』之誤。如是者，三縣皆爲丹陽所屬矣。」
襲斬春。　「斬」，官「蘄」，是也。此與毛並誤。
全琮　奇之。　注：馮媛。　「媛」，官改「諼」；局從之。
十二年卒。　錢大昭曰：「琮卒在赤烏十年正月，見吴主傳。」案：據錢説，則「二」字衍文。

懌兄子禕、儀、靜等亦降魏。　趙一清曰：「全琮諸孫無名靜者，此是因孫靜之孫曰彌、曼同降而誤寫入耳。彌、曼二人見晉書文帝紀，而紀云『全端兄子禕及儀等奉其母來奔，儀兄靜時在壽春，用鍾會計作禕、儀書以譎靜之兄弟五人率其衆來降，』亦誤也。魏志鍾會傳作『密爲輝、儀書，使親信入城告懌，懌開東門出降。』諸葛誕傳亦作『全懌』，則『靜』字爲誤無疑。」

吕岱　會稽東治。　「治」，毛、官「冶」。

高涼西郡都尉。　考證：「『郡』疑作『部』。」

督劉纂、唐資等。　案：「資」下文作「咨」，他傳亦多作「咨」。

家門内因而孤不早知。　御覽無「門」字，一本無「早」字。

周魴　錢唐大師。　「師」，毛、官「帥」；此誤。

與胡綜勠力致討。　「致」，官「攻」。御覽「綜」下有「等」字。

敬、恪未顯。　考證：「宋本『未』作『求』。」

推當陳愚。　考證：「『推』疑作『惟』。」

鍾離牧　何得寢公憲。「寢」，毛「寑」。

魏遣漢髮縣長郭純。　「髮」，毛同；官「復」。通鑑作「葭」。考異：「『髮』當作『葭』，温公所見本不誤。」旁證：「漢髮、漢葭二縣均屬涪陵郡，見洪亮吉補志。」

徙濡須督。　注：育謂牧曰：「恨於策爵未副。」　官去「曰」字。

因謂牧曰。　「謂」，毛誤爲。

沉於侯也。　「沉」，官「況」，是。此與毛並誤。

今日何爲常。　考證：「句内疑有脱字。」

子禕嗣。　「禕」，毛誤從衣。

代領兵。　注：宜城信陵爲建平援。　考證：「北宋本爲作『與』，『援』作『接』。」

以施績、留建平智略名將，屢經於彼。陳景雲曰：「『留』下衍『建』字。此因上建平字而複出也。留平見孫休傳。平以永安六年以平西將軍率衆巴東，數月乃還，則平之經信陵者屢矣。」

潘濬　一方寧靜。　注：加鷩有名勢，在所所媚，不可聽也。　考證：「宋本『在所』下闕一字。張照『案：在所言鷩身所在也，猶言所到之處，人皆媚之云耳』。」

建昌侯孫慮。　注：大公平今之州都。　潘眉曰：「當作『大公平今之州都中正。』」

先君昔因君侯。　考證：「『因』疑作『目』。」

陸凱　說皓戈陽可襲。「戈」，毛、官「弋」；此誤。

務寬盪，忽苛政。　考證：「『忽』字疑誤，元本作『思庶政』。」旁證：「『忽』或『勿』字之譌，言政勿苛也。」

今州郡職司。　考證：「宋本『郡』作『縣』。」

常留心推接。　「接」，官「按」。

願陛下留意。　注：「下」當疑「上」。　考證：「元本，『當』作『常』。」

杜稷存焉。　「杜」，當從毛、官作「社」。

胤　交部搔動。　「搔」，官「騷」。

後轉左虎林。　陳景雲曰：「『左』當作『在』，如王昶從兗州轉在徐州，張飛從宜都轉在南郡是也。」

歲有舊風。　考證：盧明楷曰：「『舊』字疑有誤，觀下文『折木，飛砂轉石，』則『舊』當作『暴』。」

楊武將軍。　「楊」，官「揚」。

天策元年　考異：「三嗣主傳作『天册』。」

是儀　入闕省尚書事。　考證：「『闕』，元本作『闒』。」

胡綜　黃龍見舉口。　「舉」，毛同；官「夏」。　考證：李龍官曰：「『夏口』，毛本作『舉口』。太平御覽作『樊口』。『舉口』蓋『樊口』之誤。然孫權傳云：『黃龍元年夏四月，夏口武昌並見黃龍』。則御覽所云『樊口』未爲得也。」

乃自在昔，黄、虞是祖。　考證：「元本『自』作『聞』。」

徐詳者至先綜死。　陳景雲曰：「志中凡不立傳而附見他傳者，雖有事甚可稱，評中皆不及之。綜傳次是儀傳，其事又附綜傳後，而陳氏評詳乃與是儀、胡綜同，目爲孫權時幹興事業者，而尤稱詳之數通使命，無傳有評，疑乖史例。且詳通使曹公，惟一見孫權傳中，如陳氏之評，則詳固屢嘗奉使稱旨矣。前既不著其事，而後忽出此評，更所未喻也。觀評中先詳後綜，則非附見綜傳者甚明。意詳當自有傳在綜傳之前而偶逸之，今綜傳後數語則出自後人附益也。據江表傳，詳嘗以侍中偏將軍爲節度官掌典軍糧，亦可略見其幹略。餘則無從攷證矣。」

吴範　欲知其決。　御覽「決」作「訣」。

何用多爲。　注：歷歷山、潘陽、山陰三縣。　旁證：「『山』當作『陽』，『潘』當作『鄱』。吴時無歷山縣、潘陽縣也。

趙達　法術絶焉。　注：陳梁甫。　書斷作「良輔」。

衛尉畯。「畯」，毛誤「峻」。

吴有葛衡，字思真。　旁證：「御覽二引晉陽秋作『葛衜』。『衜』，古道字。字曰思真，似當『衜』字，『衡』字或誤。」

然君子算役心神。　讀書記：「『算』，當從宋本作『等』。」

注：見公步從木上來。　「木」，毛、官「水」；此誤。

諸葛恪　乃移書四部屬城長吏。　讀書記：「『四部』當作『四郡』，即上所謂與四郡鄰接也。御覽正作『郡』。考證：「諸本皆作『四部』。」

臼陽長。　考異：「丹陽郡無臼陽縣，恐有譌字。」楊文蓀曰：「遍考司馬彪續漢志、房喬晉書志均無『臼陽』之名，蕭常以爲丹陽縣，未知何據？」

今月十六日乙未。　旁證：「按吴主以四月薨，推神鳳元年四月乙未，乃二十六，傳文脱『二』字。」

左右結山。潘眉曰：「齊王芳紀注引漢晉春秋，亦作『結山』。通鑑地理通釋作『左右依山』。」

可以傳世。「傳」，毛誤「博」；局改正。

自本以來，務在産育。考證：「句中疑有脱誤。」旁證：「按下文云『今者賊民』，則『本』字疑是『古』字之誤。」

復大數年，略當損半。「大」，毛、官「十」；此誤。

犬又銜其衣。「犬」，毛誤「大」；局改正。

更「飲」。注：當時咸謂之矣今失言「矣今」二字衍文，毛、官無。

荷國任重。考證：「元本『任重』作『重任』。」

於何相求成子閣。成子閣者，反語石子岡也。旁證：「按晉書五行志『成』作『常』，『岡』作『堈』。宋書五行志又作『揚子閣』。古字成與常同音。范蠡云：『得時不成反受其殃』，是也。故晉書逕作『常』。宋書或作『揚』，反語乃爲岡也。蓋童謡但求音同，本無正字耳。」

遂求之於石子岡。注：以銘其勳績者。「銘」，毛誤「名」。

豫章人也。注：顧子嘿、子真。「真」，毛「直」。案子嘿，顧譚字；子直，顧承字，以本傳證之，當從毛。

孫峻　魏將毌丘儉、文欽以衆叛。毛同；官無「將」字。

軍還。注三史。考證：「元本『史』作『略』。」

以得蹉步。何焯曰：「宋本『蹉』作『差』。」

凌統之閎之。「統」下「之」字衍，官無。

遂被試用，有戰功。考證：「册府元龜『有』上多『累』字。」

將軍孫儀、孫邵、綝、恂等欲因會殺峻。事泄，儀等自殺。考證：李龍官曰：「孫亮傳云：『五鳳二年秋七月，將軍孫儀、張怡、林恂等謀殺峻，發覺，儀自殺，恂等伏誅』。此云孫邵、綝、恂，何也？然各本皆同。」考異：

「『綝』當作『林』。」

孫綝遣從兄慮將兵。考異：「下文云峻從弟慮，蓋峻之從弟於綝爲從兄，實一人也。三嗣主傳作『孫憲』，『憲』與『慮』字形相涉而誤，當以『憲』爲正。孫權之次子慮封建昌侯，此峻弟不應與同名也。」

必委綝就公。考證：「宋本『必』下有『皆』字。」

綝遷大將軍，假節，封永甯侯。考異：「三嗣主傳作『永康侯』，誤也。同時張布封永康侯。」

遂圍宮。注：不得奉手。「奉」，毛、官「舉」。

正得自得之無。考證：「句疑有誤」。

濮陽興皓既踐阼，加興侍郎，領青州牧。考證：「『侍』，宋本作『中』。錢大昕曰：「興位爲丞相，何緣更加侍郎？此必誤。宋本作『中郎』，亦未可據。」沈欽韓曰：「興已爲丞相，當加官侍中，作『侍郎』者誤也。」

王蕃注：跳蕃首。考證：「『跳』字疑衍，或作『挑』。」

樓玄與王蕃、郭連。考證：「『連』，宋本作『逴』。」旁證：「作『逴』是也，見陸凱傳。」

禁中侯。沈欽韓曰：「『侯』當作『候』，蓋與漢北軍中候同名。此誤。」

賀邵注：邵，賀齊之孫，景之子。讀書記：「邵乃從子，非孫也。吴書誤。」

飲之醇酒，中毒隕命。考證：「『醇』疑作『酖』。」

如是之輩，一勿復用。考證：「『是』疑作『定』，指上何定也。」

中宮内豎。考證：「『宮』疑作『官』。」

宜時優育。考證：「『時』，宋本作『特』。」

食不贍朝夕。「贍」，毛誤「瞻」，局改正。

邵年四十九。注：歷踐三城。潘眉曰：「當爲『二城』，謂陽羨、武康也。」案晉書云：「歷試二城。」可據以訂正。

編名凡萃。「萃」，晉書「倅」。

石沐破揚州。考證：「『沐』，元本作『冰』；晉書亦作『冰』。」

於是江東豪右。考證：「『是』，宋本作『時』。」

惟循與同郡朱誕。旁證：「晉書作『吴郡朱誕』是也。卲，會稽郡人，非同郡。」

請循爲軍司馬。案晉書循傳：「以軍司榮卒，引循代之。」榮傳亦言爲軍司，則此注「馬」字疑衍。

韋曜　蓋聞君子。而懼名稱之不立也，故勉精厲操。經之以歲月，累之以日力。文選無「聞」字、「故」字，「立」作「建」。六臣作達。六臣本無「歲月累之以」五字。

歷觀古今立功名之士皆有累積。勞身。不墮。豈有游憧哉。文選無「立」字，「累積」作「積累」，「身」作「神」，「墮」、「憧」並作「惰」。

心勞。文選作「神迷」。

不過二升　「二」，毛、官「三」。

紀多虛無。考證：「宋本『紀』作『既』。」

曜運值千載，特蒙哀識。考證：「宋本無『運』字，『哀』作『表』。」

實不可使闕不朽之書。考證：「宋本『闕』作『關』。」

華覈　西境報險　考證：「宋本『報』作『難』。」

於今而急。考證：「册府元龜『而』作爲。」

扣但固守。「扣」，毛、官「如」；此誤。

日月滋慢。考證：「册府元龜『慢』作『蔓』。」

爲味者口之奇。考證：爲字疑有誤。」

後記

前南、北雍所刊諸史，譌謬不勝枚舉。惟南雍三國志爲馮夢楨手校，向推善本，毛氏汲古閣所刊遠遜於馮。乾隆初經史館本，考訂甚多勝南雍，然以兩本相校，亦時時得失互見。館本所引，有北宋本、宋本、元本，當時所賴以校讐者，精本尚多，今皆不可得而見矣。金陵書局重刻毛本，頗稱精審。毛之誤，有據官本改者，有未改者，既無校勘記，其中之意亦無可考。去年秋，從黄再同太史借得南雍本，以毛本、官本、局本校勘，頗有異同，因之記前賢舊説，有關考訂，略加彙集，管見所及，亦間附焉。見聞陋隘，學識復劣，知無當於萬一，始録存之，以備他日之參究云。

光緒己卯閏月校畢。家本識。

藥言

一卷

藥言

聖人貴憂勤惕勵。惟憂，故勤；惟勤，故勵。

人之不勤不勵者，正坐不知憂耳。能知憂，自能勤能勵。憂者，何深言之？則憂道是也。子曰：德之不修，學之不講，聞義不能徒，徙見善不能改，是吾憂也。此聖人之所憂也。淺言之則衣食之不能謀，身家之不能顧，皆可憂也。知憂，必思所以謀，所以顧之道矣。語雖極淺，未可忽之。

豈有子孫皆靠父祖過活之理？若肯立志，大小自成結果，若祇逸樂自娛，雖得前人百萬家貲，必有坐困之日。據百萬家貲而終，於坐困者，吾見之多矣。諺云：坐喫山空，正不必習於下流也。但知坐食而一無所營，自有山空之慮。戒之！戒之！

少年祇要想，我見在幹些甚麽事？到頭成箇甚麽人？這便含著多少恨意，多少媿汗。如故放過，是自家過。今之少年，但患不想耳，能想自有轉關。

成人不自在，自在不成人。此言雖淺，實切至之論。不自在則勞，自在則逸，人無不好逸而惡勞，此通病也。知病之所以然，而自藥之，亦可望成人矣。不成人，則成何等物？可怕！可怕！

凡人病根多在無恒，見讀書無恒、習業無恒者，多無成就，亦無好結果。子曰：人而無恒，不可以作巫醫。此亦大概言之耳。吾謂人而無恒，即挑葱賣菜，亦不可作，何論其他？

俗有衣禄、食禄之説，禄盡則身亡，故廉於取而儉於用，非惟惜福，兼可延年。吾之自奉甚約者，深有味乎此言。

嘗愛古人近河不肯枉使水語。其一段不忍暴殄之意，直與天地生機相接，此亦惜福之一端也。

創業者，皆期子孫繁盛。須知大本在一仁字，而仁字首在孝悌二字，桃李之核曰仁，仁者，生生之意也。蟲食其內，風透其外，能生乎哉？

此立本之言。

子弟生長富貴家，十九多驕惰淫佚，大不長進。古人謂之豢養，言甘食美服，養此血肉之軀，與犬豕等。此輩闒茸士，君子見之爲羞，而彼且志得意滿，以此驕之，父兄之孽，莫大乎是。

豢養二字，形容酷肖，君子見之，人慎，無甘當此二字也。子弟不可一日近小人，小人不必皆惡人也。但習於下流，即是小人，人慎，無自居於小人也。

傷生之事不一，而好色者，必死色，不可好。故欲不可不寡，寡一日之欲者，多一日之受用；寡一年之欲者，多數年之受用。人能常知此身之貴，常念此生之重，則自不淫於色。

以上二條，當自戒。

恣縱既成，不惟禮法所不能制，雖自家悔恨，亦制自家不得。善愛人者，勿使恣縱；善自愛者，亦勿使恣縱。

自家制不得，習慣自然也。此非自家發憤攻治不可。爲子弟者，慎勿自家制不得也。

孝、悌、忠、信、禮、義、廉、恥，恥字似於上七字不配，其實上七字都離不得這一字，行已有恥，士之大端，故恥心最重。

中庸云：「知恥近乎勇。」蓋不勇不足以言知恥也。孟子曰：「恥之於人大矣，不恥不若人。何若人有？」聖人之言同條共貫，慎勿滑過。

今人病痛，大段是傲，千罪百惡皆從傲上來。傲者，自高自是不肯屈下人，象之不仁，丹朱之不肖，皆是一傲字結果了一生。傲之反爲謙，謙字，便是對證之藥。堯舜之聖，祇是謙到至誠處，便是允恭克，溫恭允塞也。

傲有數種：有恃才而傲者，恃勢而傲者，恃勢而傲，較恃才而傲者，尤不堪。戒之！戒之！

凡人最不可心浮：而氣傲浮者，忠信之反；傲者，敬之反。浮之流弊，必薄必輕；傲之流弊，必很必戾：皆必敗之道也。

即心浮二字，淺言之：讀書心浮，則旋得旋忘；作文心浮，則文字必劣；作字心浮，則字體必拙；作事心浮，則處置多失。直無一而可。戒之！戒之！

與小人處一分，計較不得，須要放寬一步。

此保身之道。

但念自己有幾分不是，即我之氣平，肯說自己一箇不是，即人之氣亦平。

此不獨處世宜然，即家庭之間，亦何獨不然？

忍者衆妙之門也。小忍小益，大忍大益，暫忍暫益，久忍久益，化有事爲無事，化大事爲小事，忍之，忍之，又重忍之，凶人無可如我何也。

處世居家，皆當深味斯言。

財貨由自家辛勤得來，方能消受，若但席豐履厚，坐享父祖之遺，猶不能久，況非分攫取者乎？悖入之禍，士大夫尤宜深戒。

此條徹上徹下，看愈有味。

人不為子孫計者，决非人情，然使之免於凍餒足矣。若必欲求多，則愛之適以害之。往往有天姿穎異頭角嶄然，可以望其向上，顧以家有餘貲，其心隱有所恃，始而苟安，繼而驕縱，久之日甚一日，不惟不能光大前業，並且舉前人所遺不難一埽而空，以家資了子孫，究竟亦不能久。古人言藴利生孽，其孽初不僅此，而此非尤其切近者乎？

漢疏廣言：賢而多財，則損其智，愚而多財，則益其累。年輕將此條語反觀自照，當惕然否。

謝豹覆面猶知自媿，唐鼠易腸猶知自悔，媿悔二字乃吾人去惡遷善之機，起死回生之路也。人若無此，便是既冷之灰，已枯之木，何處討得些生理？

學好即是善，不學好即是惡，人而不知謝豹、唐鼠乎？耳中常聞逆耳之言，心中常有拂心之事，方是進德修業的砥石。言言悅耳，事事順心，便把此生埋在鴆毒中矣。

喜與下等人交接者，當深體此言。

一念之非，至纖至微，人所不見也，然瞞得人，即瞞不得自己，瞞不得自己，便已不堪自問，尚問人之見不見耶？一念如是他念未必不如是，到得胸中爛熟積而必發，畢竟瞞人不得，要皆此一念爲之也。如何忽此一念，此條要自己思量。

沉溺了如神附，如鬼迷，全由不得自家，眼見得深淵陡澗，心安意肯的直前撞去，到此能翻然跳出，無一毫沾滯，非天下大勇不能。

年輕人有所沉溺，即當思跳得出來，勿自甘爲不勇之夫，要做好人，上面然有等級，若作不好人，立地便至，在把住與放行之間耳。

人能把得住，即不至放意行將去，年輕人當深味把住二字。

閑時不放過，忙時有受用。

古人云：白日莫閒過，青年不再來。口頭語須放在心頭：無益之人勿親，亦勿慢；無用之物勿用，亦勿置；無益之事勿以自誤，亦勿以誤人。

少年子弟，每喜近無益之人，買無益之物，作無益之事。戒之！戒之！無益二字所駭者廣，明白人當自知之，事事順吾意而言者，小人也，亟宜遠之。

少年人喜順，不喜逆，最易犯此病。戒之！戒之！

猝然被人怒駡時，我一生病痛，有父兄所不及戒，師友所不及規者，都被他合盤托出，正好下氣返觀，切不可草草聽過。

父兄不及戒，師友不及規者，隱慝也。當此時，誰能下氣返觀，是在聰明人。

時下衣履奇衺，往往倡之所服，紈子弟服之，讀書人亦從而效之，其自褻不已甚乎！

此等風氣南省爲甚，蘇滬尤甚，切不可沾染也。

一衰歇便難振舉，是以君子提醒精神不令昏耗，役使筋骨不令怠惰，思振舉之難也。

今人作事旋作旋輟，必至終於無成，皆不能振舉之故也。

少年人當思振舉之法。

精神散，無微不敗；精神聚，無鉅不成；去浮去雜，讀一書，必得一書之力；爲一事，必奏一事之效。

浮雜二字，病根最深，亟先去之，勿自怠也。

把意念沈潛得下，何理不可得？把志氣奮發起，何事不可做？今之學者，將箇浮躁心觀理，委靡心臨事，糊過了一生。

此條當與上條參看。

士君子之偶聚也：不言身心性命，則言天下國家；不言物理人情，則言風俗世道；不規目前得失，則問平生德業。傍花隨柳之間，吟風弄月之際，都無鄙俚媟慢之談，謂此心不可一時流於邪僻，此心不可一日令之偷惰也。若一相逢不是褻語，即是亂講，與僕隸下人何異？是多了這衣冠耳。

今少年人喜與僕隸交接者，讀此能無汗下？

儉之一字，其益有三：安分於己無求於人，可以敦品；減我身口之奉，以賙極苦之人，可以廣德；忍不足於目前，留有餘於他人，可以福後。

儉，美德也；然非吝嗇之謂。此中大有分別。宜參。享福要惜福，消受太過，必有漸消漸盡，受無可受者。

能惜福者，方能享福，少年享福者，當念消受太過也。

業刻木如鋸齒，古無文字，用以計日行之事數也。一事畢，則去一刻，事俱畢，則盡去之。謂之修業。古人未有一生無業者，未有一日不修業。今也，昏昏蕩蕩，四肢不可收拾，終日無一猷爲放逸而入於禽獸者，無業之故也。人生兩間無一事可見，資衣藉食於人，而偷安墮行以死，可羞也已。

人讀此而不惕然者，其心必死。戒之！戒之！

觀人之起卧早晚，可以卜家道之興廢。紈綺子弟每有日午始興，鷄鳴始寢者。貧賤家無之也；賢子弟無之也；勤以治生。

冰言

一卷

聖賢千言萬語，都祇是教人學好，禁人爲非。若以先哲爲依歸，前言爲律令，即一二語即有受用。若浮沈世俗，或更作人汙下，即將蒼頡以來書讀盡，也算不得讀書人。

學舉業者，讀諸般經書，祇安排作時文材料，用於己全無干涉，故其一時所資以進身者，皆古人之糟粕；終身所得以行事者，皆生來之氣習，誠所謂書自書，我自我，與不學者，何以異？

以上二條，讀書向上一層説法，學者亦不可不知。

凡欲精一事，决非造次可成，須是積累，積累之要在專在勤。屏絶他好，始可謂之專；久而不懈，始可謂之勤。閒時忙得一刻，則忙時閒得一刻。

以上二條，作事之法。

只顧訕笑，隨事機彈，此少年習氣，才子機鋒，每自以爲得意，不知胸次尖刻，輕浮斲喪元氣，暗令福澤胎元頓易爲寒酸軀殼，豈不惜哉？

豪貴子弟，無事不指使童僕，不知兩手兩脚何用。前人有詩：父兄勞於外，子弟逸於家。一逸已過分，况乃事奢華，佳公子宜大書座右。

以上二條，所謂習氣也，宜除之。

凡物雖破壞，而猶不至于無用者，不妨補而用之，人能不厭敝衣，不嫌敝器，一生享受不盡。

至不足惜者，莫如水，然諺有云：冷水要人挑，熱水要人燒，則水亦未可浪費矣。由此推之，無物不資人力而成，如何暴殄得？

以上二條，亦惜福之道。

諸凡器皿宜即時收拾，至於書籍、契券，尤非器皿可比，契券一出笥即入笥，書籍及零星詩文一出隊即入隊，若一時怠忽不即收，原處必有遺失之患，或遲之又久，諸項夾雜，欲尋一件，則他件皆翻亂，清理甚難，何如即時收拾之爲得乎？即時收拾，固省事清心之一法，並可覷人受用。凡人於日用事務，間有發有收，未必有結果。

此執事敬之一端也。勿以其細微而忽之。古人詩云書似青山常亂叠，此名士習氣，有結果人决不如是。余幼年中所看書籍，雖黑暗中，欲檢那一本，從無錯誤，此不亂叠之效驗也。

凡失物不可妄猜，疑人疑心一生，其人實未嘗竊是物，而其行止詞色皆若實竊是物者，倘妄有所執治，必然生禍，即不執治，而一行之語言，亦有不可測者，物之所值幾何？而事變不可不防，不但不可追，亦不必猜疑也。

此釋疑之道。

人之嗜賭，其始不過一念之貪，而壞心術、敗行檢、損聲名、廢職業、傾家破産，種種惡趨皆在其中。賭之爲害，數語已説盡戒之。

世故必有原故。富貴原於勤儉，勤儉原於貧賤。思其原故，則前人締造之艱，若之何其忘之！世故又有變故，富貴變爲奢惰，奢惰變爲貧賤。思其變故，則人傾覆之易，若之何其任之！

此『故』當思。

夫所以讀書學問，本以開心明（貝）（目）利於行耳。未知養親者，欲其觀古人之先意，承顔怡聲下氣，不憚劬勞以致甘腝，惕然慙懼，起而行之也。未知事君者，欲其觀古人之守職無侵，見危授命不忘誠諫，以利社稷，惻然自念，思欲效之也。素驕奢者，欲其觀古人之恭儉節用，卑以自牧。禮爲教本，敬者身基瞿然自失，斂容抑志也。素鄙吝者，欲其觀古人之貴義輕財，少私寡欲，忌盈惡滿，賙窮邺匱，赧然媿恥，積而能散也。素暴悍者，欲其觀古人之小心黜已，齒敝舌存，含垢藏疾，尊賢容衆，恭然沮喪，若不勝衣也。素怯懦者，欲其觀古人之達生委命，强毅正直，立言必信，求福不回，勃然奮厲，不可恐懼也。歷兹以往，百行皆然。

此以古為鑑之説。

讀書一邊讀，一邊體驗做，做得一兩處到身上來，然後諸處漸湊得來，久則盡湊得來。

今日記一事，明日記一事，久則自然貫穿。今日辨一理，明日辨一理，久則自然浹洽。今日行一難事，明日行一難事，久則自然堅固。

以上二條，乃知行並進之法。

子弟不問其才華，但觀其與放肆，則一身之成否定矣。自垂髫以生，束髮能漸漸收斂，勤於本業，惟父師之言是聽，不肯與不肖者相親，是則賢子弟也。

跂予望之。

老者勞而壯者逸，老者苦而壯者樂，顛倒如此，便已不成人家，其他又何論焉！

壯者當三復斯言。

成家的人不肯妄費，寔是見得來處不易，自都是自己心血，自家氣力換來的，子弟輩安享其成，原不曾半點心、一絲力，不知其中有多少辛苦，如何叫他不浪費？

治生者一二人，用者則不知幾何人，生財者一二途，用者則不知幾何事。漏卮隨注隨竭，至於注無可注，則竭者竟竭矣。

此二條沉痛語也，少年人知其沉痛否！

兄弟同居忍便安，莫因毫末起爭端，眼前生子又兄弟，留與兒孫作樣看。又，一回相見一回老，能得幾時爲弟兄。

皆至情至理之言，人能味此，豈復有交瘉之患。

家庭間格言甚多，今姑採此一條，以弟兄易交瘉也。

[illegible]書

先收放心，心地清明，然百骸五官得為我用。

孟子曰：學問之道無他，求其放心而已矣。此入手第一要著。

登山耐險道，踏雪耐危橋，一耐字極有意味，以傾側之人情，坎坷之世道，若不得一耐字撐持過去，幾何不墮入榛莽哉！耐字豈獨在險道危橋哉？凡事能「耐」，則此中即有把持。論理要推詳，論事要愷切，論人要帶三分渾厚。若切中人情，人必難堪。故君子不盡人之道，非惟遠禍，亦以留掩飾之路，啟人羞惡之心，觸人媿悟之機，亦天地之含蓄氣也。

此論人之道所包者，廣而尋常談論，亦應如是。

涵容是處人第一法，安詳是處世第一法，謙退是保身第一法，置生死常變於度外，是養心第一法，過猶病，如此是病，不可如此是藥。

世人有二顛倒，少年當勤，反自放逸。古詩云：少年虛歲月，不解早謀身。老大成無用，低眉向世人。老年當逸，反自勞役。古詩云：可憐七八十，齒落雙眸昏。朝露貪名利，夕陽憂子孫。

誦此一條，不勝浩歎。老年人之役役，豈皆貪名利哉？亦下視子孫不能自立，欲罷不能耳。少年當為老年思，一能罷之法。

夜半不卧，則血不歸心。

已渴方飲，已飢方食，五味亦不宜偏，嗜偏則生疾。

不以脾胃煖冷物、孰生物。

道書極貴口中津液，謂之金醴玉漿，無事静，坐漱而自嚥，不但灌溉五臟，亦能止滅心火，令不飛飏，乃既濟之理也。

以上數條，養生之道，聊附於此。

治生之法，商賈可為，醫更可為。第商賈多市井習染，醫不精則誤人。工則子孫之椎魯者，皆可為之。若論本計，還是務耕織而兼求各項樹蓄之法極為穩妥，亦未始不可致富。此外，倍人之大利，勿與貪人爭。蠅頭之小利，更不必與窮人爭耳。

冰言所採之說如此。今日則情形又稍變矣。工如講求西法，亦非椎魯所，能耕織樹蓄亦然。箇中人不能得利，謀生之路未易言也。祇可就其人之所近，擇一而為之而已。

善惡報應之説，聖人嘗言之矣。大禹言：惠迪吉從逆兇，惟影響。湯言：福善禍淫。伊尹言：作善降之百祥，作不善降之百殃。孔子曰：積善之家，必有餘慶；積不善之家，必有餘殃。善與不善，一氣之相感，如水流濕，火之就燥（燥），不期然而然，無不感也，無不應也。其有不齊，則如夏之寒，冬之燠，得於一日之偶逢，而非四時之正氣也。故曰：誠者，天之道也。

講學家每闢善惡報應之説，以為近於佛氏之因果。冰言有此一則，特録之。

今之人，祇是將好名二字坐君子罪，不知名自是好不將去。分人以財者，實費財；教人以善者，實勞心。臣死忠，子死孝，死節者，實殺身；一介不取者，實無所得。試著渠將這名兒好一好，肯不肯，即使其正好名，所為卻道理，彼不好名者，舜乎？果舜者，真加於好名一等矣。果蹠也，是不好美名而好惡名也。愚悲世之人，以好名沮君子，而君子亦畏好名之譏而自沮，吾道之大害也，故不得不辨。

三代下惟恐不好名，古語也。好高論者，多駁此語。樂言載此一則，甚為透快，故亟録之者，無之也。驕奢淫佚，反天地之性，悖陰陽之宜，不（詳）〔祥〕莫大焉。

近來名士頗有興居無節者，然究非常道也。

少年斷不令浮閒無業，浮閒慣了，便是趨窮的根子，人能親近賢者，雖下才不至墮落。

小人當遠之於始，一飲一食不可與之作緣，因其曲意逢迎，遂相親信，久之為其所賣，始悔初時之不慎，已無及矣。

親君子，遠小人，武侯之戒後主也。上二條當參看。

知過不改有二端，一自怒自護以小失為無傷，一旋覺旋悔，終因循而不力。

因循不力是通病，戒之。

心不堅確，志不奮揚，力不勇猛，而欲徙義改過，雖千悔萬悔，意無補於分毫。

此與上一條參看。

常看得自己未必是，他人未必非，便有長進；更看得他人皆有可取，吾身祇是過多，更有長進。

此佳子弟方能如是。勉之勉之！

戲謔甚則氣蕩，而心亦爲之所移。不戲謔，亦存心養氣之一端。

戲謔最無益，且有因此而成大隙者，不可不戒，衛文公善戲謔，而不為虐，極有分寸，未易學也。

立意説謊人亦少，祇因一時説得好聽，遂生出無數虛誕來。自揣語言之間，其不務好聽者，鮮矣。

人之説謊者，另有數端，有藉以自飾其非者，有藉以弄人者，皆是説謊。曲禮云：幼子常示毋誑，古人從童年中已戒之矣。

人到自家没奈何之時，便可痛哭。

自家身子原是自家心，去害了他，取禍招尤，陷於危敗，更不干别箇的事。

以上二條，當互參，挽回之法仍在自家。

一家之盛衰在子弟，一身之成敗在少年，故少年、子弟最緊要。

今之少年能自知緊要否？思之思之！

何以貽子孫？曰無累。何以教子孫？曰自立。世人以生産貽子孫，而不知適以累子孫，故不殖者，所以去其累也。然子孫不可不知作人的道理。有一人必有一業，但使人之能自立，即人人自有生産，無待乎我為之殖。而其所以貽之者，固已厚矣。

以上二條，當與前業字一條參看。

子弟能知稼穡之艱難，詩、書之滋味，名節之隄防，可謂賢子弟矣。

知稼穡之艱難，方不至淫蕩賭博，驕奢縱逸，敗其家門；知詩、書之滋味，名節之隄防，方不至罔上行私，害人利己，敗其家世。

一生所可自信者，惟學喫虧三字，人見為苦，我見為甘。

學喫虧三字，以之居家，以之處世，無乎不宜。

貧人以物求售，宜準物作價，不可乘其急而故抑其直。出田房酬宜直尤要公平，能從厚更善，斷不可占他便宜。

借人書册及各項物件，不可殘缺遺失，尤不可久假不歸人。託帶信物，既接了他的便要替他遞到，不可任其浮沉。

不可入人私室翻人書帙，閲人信函，重則有干係，輕亦取厭。

凡人私語不可竊聽，人心貴光明正大，竊聽則已自賊其心矣。子弟、奴僕與人争鬥，祇可自行戒飭，不可加怒别人。别人家子弟、奴怠慢於我，如坐不起、騎不下之類，須知彼於我原無父兄、主僕之分，不足責也。

以上數條，皆處世之道。

飯休不嚼就嚥，路休不看就走，話休不想就説，事休不想就做。

智愚無他，在讀書不讀書；禍福無他，在爲善爲不善；貧富無他，在勤儉不勤儉；毁譽無他，在仁恕不仁恕。

讀書明理之本，節欲爲延壽之本；愼言爲遠害之本，虚心爲受益之本，積善，爲裕後之本。

勿以惡小而爲之，勿以善小而不爲之。

以上數條常談也，實至言也。

沈家本日记

不分卷

辛酉　咸豐十一年（一八六一年）

元旦，晨瑞霙普降，此人壽年豐之兆也。午晧日高升，此宇宙廓清之象也。初霽，道涂泥淖，嬾於出門。閑暇無事，於舊簏覓得秘書廿一種，隨便翻閱。是日閱逸周書一過，至晚索之胸中，有不記一。甚矣，其健忘也。

初二日，晴，天氣清朗。晨至保安寺等街拜年，不值。又至松陵宅、至怒斎處亦不值。又至蓮清，留喫點心。又至横街、七井胡同、西磚兒胡同等處賀年。申刻經笙姨丈來，黄汝霖太姻丈來，周氏二丈來，吉甫來，是日閲竹書紀年。

初三日，晴，大風。至南半截胡同答賀年，至大川淀，借得漢魏藂書以代樗蒲之戲。是日本擬要吉甫來館盤桓，姨阻之，前言不信，悵悵。

初四日，晴。午出門賀年。東至巾帽胡同，西至四牌樓。又至棉花七條胡同，拜姜孝廉不值，姜君名敏修，號梅生，金華人，戊午孝廉，鍾雨辰殿撰同年也。雨翁託怒翁轉薦，據云作輟甚少，未知教法何如耳。丑刻拜路頭，三下鍾始就枕。

初五日，晴。巳刻姜梅生來。是日閲易林。酉刻潘桂山來，偉如姊丈進署畢事即來，晚飯後偉如來接。椿闈仲冬既望信由計四十餘日，速甚。黔中軍務，如恒田師抵省按兵不動，逍遥自在，甚不可解。椿闈屢署銅仁缺，界連楚南尚平静。擬仲冬廿四日赴任，至銅即謀接眷計。如銅仁能稍潤行囊，即由長沙章門反浙逆，計如是，未知能如願否。閲邸抄，湖城於仲冬廿六日解圍。計前後圍攻四十餘日，竟能固守，趙竹生之力也。竹翁賞加按察銜，其餘得志之君不少。廣信傳有失，事未見明文，常山亦然。内閣云無消息，想不的確，惟兩省道路恐不甚通順也。皇上十三回鑾，謁陵畢仍駐蹕木蘭浴，沿途州縣均蹙眉矣。

初六日，陰，寒甚。天黄，窗紙爲之變色。章榆翁是日赴甘，巳時啓行。羅巽庭附坐車轅，五更清冷之時未易禁受也。蓮清來唤，即往詣，爲西席事，囑請聽篁叔權館，即詣爲之説項。雖經允應，惟可暫不可常，仍係未了之局。

留喫午飯，歸來肅黔禀未成，聽叔來，因周宅權館事，恐兩三月周宅不另延師，不得脱身，囑爲之期約，擬明日再往説明。晚黔禀成，即送交偉如，明晨再往拜也。王子金陵失事之日，天色亦今日同氣象慘愁，不禁詠北風之時而興慨。

人日，晴。俗傳主人民安吉，午後風及晚更甚。晨至米市胡同，偉翁及桂山均不在家。又至後街，談及蓮清西席事，云有同鄉黄農部可以就館，且黄君曾託薦，事似可諧。又至大川淀，致聽叔語并言及黄君一層，念丈即往松陵詢之。回館午餐，念丈來，偕至琉璃廠一遊，程魚門有句云：「勢家歇馬評珍玩，冷客攤錢問故書。」頗爲確切。余非勢家，珍玩更雅所不喜，侈人爲五，都市五色陸離者，安能迷我？目故書中多不可少之書，檢視囊篋，殊形羞澀，雖觸所好，不敢顧問也。得無貽冷客笑乎？字畫亦多佳者，朝鮮使人羣遊購取，亦能辨真贋，惟不惜貲耳。游歸順道至王鷺芬書齋久談，日暮反寓。是日祭祖。似行叔奉差熱河，明日啓行，不及往送矣。皇上仲春回鑾，舉行經筵諸典禮。季春謁東陵，禮畢仍駐蹕避暑山莊，在京約可半月，大局雖未即傾頽，而當差者苦矣。

初八日，陰風。是日作「君子之中庸也，君子而時中」題文，「庚子陳經」題詩。趙稼軒移往下斜街，似叔要去照料也。桂山清晨來，隨叔即日回昌矣。

初九日，晴。諸弟於今日進塾，晨令陶升驅『車往訝，巳刻姜梅翁來，即送諸弟入學。昨日請經笙姨丈陪，忽以頭痛來辭，因恕齋同飲。午陸恂友自永清來，有回南意，來探聽消息也，約燈節後回永清。上燈後恕斋來，亥刻席散即去。燈下閲許雷門孝廉雞肋编，係千字文試律也。每句一是，計二百餘章，傑作間出，殊可觀覽。

初十日，晴。

十一日，晴。魁宿誕日也。晨起理六經、四書各一號，午臨大字六十四個，理文理詩。晚閲文詩。自以此爲程，如有餘力，兼閲他書，弗違令。

十二日，晴。課如昨。閲邸抄，湖口解圍，都昌克復。前有賊犯九江之説，非謡言也。曾制軍以久祁門，中外倚爲長城，均望其進兵，頗有議論。然不身歷其境，安知其難，豈可妄起浮言耳。聞江西解曾營餉，每月十七萬。大軍所集，詎云充裕，兼以妖氛日熾，其勢大而鋒鋭，新集之兵未可妄動也。張椒翁方伯往九江議税務，李觀察署事，名桓前公子。

十三日，陰，風。是日上燈，作「於緝熙敬止」題文，此題謬説頗多，曹克生一士文掃涂俗説，成一篇不刊之文，舉筆效顰，毫無是處。至晚僅成半首，心爲之悶，因棄之。作「多文爲富」詩。清晨接仲冬既望黔諭，即前函也。計三封，一由西安來，一由岐山，一由昌平，另封由西安過來者。潘醴如來，乃兄奉制軍調往古北口。聞制軍患恙，並生外瘍，此症非偉如丈所長，未必得手。

十四日，晴，早陰午晴。晨至米市胡同答拜醴如，又至際會堂答李、陸二君。又至松陵探視，姨丈頭疼已愈，吉甫胃痛署痊，開印後即府考，近日天氣和融，届時定可奪標。銷假之説在仲春。下滁吴仲雲制軍在陜，函來勸渠處遷居於來，云到彼者甚多，光景亦可支持，惟長途費鉅，姨丈謂力不能，且仲翁之意，亦在就便完姻耳。回館午餐，至大川淀，邀念丈同至楊秉卿處，坐談良久，渠定計回楚，至遲在季春之月。我處如趕得上，可以結伴，且路中不無照應。秋試一層尚費躊躇，在明眼人當此時勢，功名一道大可淡然，惟我輩攻舉子業，所爲何事，倘不逐隊入闈，情理似是説不去，況家計蕭条，或者僥幸萬一，未必不能自開生路，爲糊口計則然也。

上元節，陰，午後小雨濛濛。與梅生縱談至暮。是日，同鄉嚴别駕移寓館中，嚴公號小如，名斌，乃父剌史昌鈺官黔，自幼隨任，生於黔長於黔，口操黔音，雖曾至湖一次，非復湖人也。寄藉大興，因新例補行守制，奉檄來都，就便起擬歸部候選，如滿天飛者。在黔於去歲仲秋動身，沿途耽擱，新正九日始抵都，在途幾及五月矣。樊以南均平坦，樊以北因值隆冬大雪，是以遲滯耳。黔中光景，據雲軍務敗壞，非賊之勢張，實國之忝絀也。往事無論矣，即以田帥勇健所向無前，更得一大有力者爲撫軍，凡攻復之區，妥議善後事宜，安輯新降，使無覬覦，招集流亡以實城壁，他如屯田諸政，諸有關撫字者，無不次第舉行，善民得所，奸回迷化，正不難一掃攙搶也。乃餉難爲繼，民不聊生，賊氛偏野，旋撲旋熾，賊日多而民日少，安望太平日乎？是可慨也。黔中日用甚省，白米飯每碗三文，身有十文即不受餓。石炭廿文可燒一日，如有八口之家，每歲有七八十金即可優游卒歲，非長安居不易也。官黔者，適不能離黔，卒以是故，府缺以思南爲最，銅仁道又次之。思南太平時歲多十餘方，銅仁八竿，頃因田軍門來黔需餉，於税務中抽十之七爲兵費，餘歸官，大爲減色矣。所幸地距賊蹤尚遠，安謐之區耳。

既望，晴。晨理六經，午後作黔信、禀各一件。嚴小如之堂兄雪樵貳尹揀發滇省，十八日偕摺弁南行，三月初必到黔。託其於途中交石阡府或思南，由官封遞去。晚信成，交小如轉交。是夜月色甚好，不似昨宵之空濛不可見也。又與小如談黔中事。方田軍「門」未到省之時，勢漸危急，城内調齊不過二千人，守備因缺餉無可布置，中丞無計可施，邀齊大紳士六十餘家，冀各勉力捐輸，乃集腋僅得一萬餘金，又爲户捐之法，所入亦無濟於事。幸爾時賊勢雖熾，無意攻城，得以瓦全。其實長髮非有大技量，惟地雷爲攻城絶計，他處尚恃馬隊。黔中山路多，平陽少，無所舒展。前在安順爲民練，將農器及他器物横在田野，馬足受制，大加懲創，及至定番，圍已九日未能破城，賊圍三面，適已錯，援軍抵彼，即調進城，詎意内應藏其中，是晚即失守矣。其衆數萬，逆營百餘里，勢似浩大耳。方其由粤竄至興，又有前守何公之戚陷賊中，間道脱歸，語城中人曰：「賊以紅旗隊爲主兵，紅旗一北，即不敢戰矣。」如其言，賊北而去，至廣順掠，但家，至安順戰不利，欲歸粤西。兵練利賊裝之厚也，思弋取之，遏其歸路，賊不得過。域還陷定番，非其本志也。田軍門爲賊所憚，威聲所慴，或可蕩平也。朱蔭堂河帥居會垣、家豐而各其智，蓋不若嫠婦之智，尚憂周室。都自「冃」爲苗據屬。官者荔波一縣。其實苗人勝不相讓，敗不相救，亦易掃除。現占據都自「冃」等處，力耕不出會匪前往，自引啗以重利，余爲之助，攻破城堡，大行殺掠，滿載而歸矣。會則更無能，所恃人衆，且孝廉、茂才公，無不食教。昨春修文失時，廣文及孝廉、茂才食教者十餘人，開門迓之入，殊爲可駭。會匪譬諸生，毒愚淺而根深，最難醫治，如能使苗、教二種互相吞噬，則可享漁人之利。當局者殆未議及此也。

十七日，晴。午念丈來，姨丈來道喜。江、常失事，今日見邸抄。常山有捷徑至蘭谿僅百里，至金華四十里。如有意外之變，浙東危而全浙危矣，可慮也。廣信亦見報，饒州一帶一過即去。賊蓋萃力於浙江，江西不過假道而已。當局何人竟任其横行無忌豈如此，噫！晚至繩匠胡同觀燈，有佳者「西席改就槙館」，打「吾不得志於漢東也」，「改」字傳神。「口」字打「名實未加於上下而去之」，則拆字談也。

十八日，晴，大風。收燈日也。午至大川，淀拜可庭太姻丈之太夫人生日，又八姨二十六，留喫午麵。即至七井胡同，晤星堂、桂村，二公揀發滇中，二十五六啓程。據云由樊至常德，陸行十站，水行十三站，常德至洪江六站，洪江至銅仁五站，陸行均平陽大路，甚好走，費不貲也。惟洪江至銅仁，山路難行，水行較適意，而中途須三易舟。由樊至河洋，河洋至沙市，均須盤堤。洪江則溪行，又須易舟。洪江以北，均大河。洪江至銅入山，均溪河，無大船，僅有銅仁船，甚小，可容四五人，深處以篙，淺處則人入水推行，曲曲折折盡在山中盤旋，意境甚佳，惟不貫坐者，不舒服耳。總之陸行勞而速，水行逸而遲。中途三次易舟，畧爲費事。銅仁府城在半山中，城外四面皆水，環城山峰林立，足供凴眺。府署有黄守收拾，聞甚整齊也。晚又至繩匠胡同看燈，得彩一分。來與此道不近由，無浮聰明，並未曾涉獵耳。

十九日，陰。功課如初。晚又偕梅生往觀燈，各得彩一分。夜深冷逼，即歸。傍晚時小雨，即晴。半夜雪。

二十日，晴，課如常。午黄汝大來。山左聞有大敗仗，僧王有退至德州之謡，想不甚確，然而可危矣。聞某處一仗，僧邸自統兵三千，被匪圍住，免者五百餘人。僧邸幸而免，蓋捻子精鋭在前，未易勝之。克齋歷年勦辦，擊尾不擊首，亦避其鋒。且易要功也。僧王易之，故敗。捻子鴟張未必非勝之，虚言誤事，僧王亦不幸當其禍耳。夫以數千疲卒，當數十萬之妖氛，非有异常才力之人，則勢之不敵顯者知之。矧以衆必不勘之人統軍乎，其敗也宜也。午接歧山另寄之黔諭。

二十一日，晨晴，午陰，天氣驟暖，殆釀雨也。飯後至後街謝步并看吉甫。今日審音，清晨赴貢院未回，府試日期，想今日可懸牌矣。其所速延吉楚香診視，服温藥，畧見效驗，或可漸愈。然能治疾而勿遺類方好。何冠英以二品頂帶署理黔撫，鄧調陝，許補山左，文署直督，恒請開缺賞假調理也。貴東道不知放何人，課如前。

二十二日，陰，雪，午後晴霽。課如常。接念丈示，知秉卿仲春初十啓行，我處不及附伴。山左有天敗仗，僧邸退至德州，山左有人言之，並有奏請另簡大員督師之説，不知確否。如果若此，則都中又震動矣。惟盼南來人早至，離此虎口。連日目疾又起，口膈脹悶，頗覺不適。前門火不知何巷，迭次火灾，不祥之兆。後孫公園泉郡會館，黄壽翁所居之院。

二十三日，晴，天氣清朗。目疾未愈，脹悶依然，欲作文，思室中，止作黔稟，擬託桂村明府帶去。山左荷澤大挫，縣隷曹州，接壤北直大名，如浴河北竄，亦屬可慮。僧邸新敗，且兵本疲敝，勝營亦無兵，先是瑞中堂帶隊連勝而驕，復追勦大敗，僧王救之出，因養精蓄鋭，復獲大勝，賊恚甚，傾巢而來，衆數十萬，官兵勢不能支，遂大敗。

二十四日，晴。早至七井胡同送桂村行，並交黔件，託其覓寄。渠定廿六動身。至西磚胡同，黼夘出門去矣。歸，午餐後至大川淀，昨來喚也。無甚事，詢住秉卯房否，渠處不敎住，且收拾須數百千，大約回覆矣。今日有調團防出城説，拿車甚急，陸恂友於是日反永清，陶曼生捐升知府，指直隸。丁桂邨來辭行。是日腹脹愈，而目如故。

二十五日，晴。課如常。霖弟又抱恙，春日最易得病，前言不謬。章□亥昆仲來，約作會課，送王與翁評，題擬「於緝熙敬止」，詩題擬「雨中春樹萬人家」得「中」字。調勇之説不確。

二十六日，微陰，大風。課如初。

二十七日，晴。課如常，霖弟尚未愈，要梅翁開方，服後牙疼。下午仲歡來診視，據云春温之輕，宜透發方，梅翁方大同小異。雷門來，云僧邸往西路定陶、荷澤一帶應援。半途敗績器械忘失殆盡。廷寄令其堅守，而捻蹤漂忽無常，戰則可逐之去，守則不能遏其衝。曹屬諸縣已焚掠一空，將近大名邊界，勝帥奏議，有「僧某忠厚有餘，而機謀不足」及「濟甯非扼要之區」等語，勝帥南下，大約俟回鑾後再定。三月初旬必有信息也。傍晚作會課文，三鼓脱稿。

二十八日，晴。作「是故君子先慎乎德」文，「雨中春樹萬人家」詩，傍晚脱稿。霖弟服仲奐方，今日疹形大現，又延仲奐來，據云温疹尚須表散也。

二十九日，晴。早偕趙稼翁至大川淀相陽宅也。歸午餐，適黄汝霖丈來，其名字已查出，即可辦赴選矣。至松陵宅，吉甫明日方回，姨丈昨往看視，惟二覆，胃疼稍盡耳。正場取第二，招覆二次，均第一。今日乃第三覆也。謄文一首、詩一首。霖弟温疹大透，頭面渾身並喉亦有幸發出矣。餘邪尚未净，亥汀來交課卷也。

二月，朔，晴。課如常，午謄文、詩各一。傍晚仲奐來，是日疹發癢，餘邪外散矣。留仲奐晚飯，與梅生對飲，梅生大醉。

初二日，晴，入夜，大風。早理書詩，午吉甫來，三覆又取第二，批首讓他人也。留吉甫喫點心，汝始去。謄文一首，是日梅生病酒，諸弟不入學，仲奐來。

初三日，晴。早至堂子胡同晤亥汀，又至大川淀。午作「求益者也」二句題文，三鼓始脱稿。

初四日，晴。晨理詩，嚴州又有失守信，浙又緊。苗沛霖有騷動之事，熱河傳來信也。其才過人，其甚可慮也。

外間有省城被圍之説，恐不甚確。或係捻子猖獗，而毛帥報大勝，又見明文矣。仲奐來，霖弟疹已回，尚未盡。内邪既可，勿藥矣。

初五日，晴。晨理詩，申刻作書院卷二本，生題「爲學也，禄在其中矣」。「衣冠身惹御鑪香」詩題，童題「樊遲從游於舞雩之下」、「春風初長生成」詩題。二鼓完卷。

初六日，晴。作會課，文題爲「宗廟之事」，詩題爲「萬物螾」得「南」字，見淮南子天文訓。「螾」乃説文「蚓」字。解爲「動生皃」。韻府不收，字典有平聲，其義异，二鼓稿脱。

初七日，早晴，午陰，申小雨，入夜雨甚。晨謄文詩各一。午理書，晚理詩。

初八日，晴。天氣清朗，惟街路尚泥耳。晚明月當天，星疏河淡。課如常。慶弟復患疹，已透未痊，仲奐來診視。

初九日，晴，風。晨課如常。仲奐來，午謄文一首。

初十日，晴，晨課如常。仲奐來，亥汀來。

十一日，晴。晨理書詩，下午作會課，「宗廟題」詩文。前作不愜意也。仲奐來。

十二日，晴。花朝日也。晨謄文，仲奐來，慶弟已疹，尚不可以風耳。霖弟雖痊，傷風未盡。連日目疾稍好，而舌緣生小瘤，飲食不便，誦讀亦害事，甚苦之。聯軍報勝仗，紹河無賊蹤。

十三日，晴。晨課如常。午至堂子胡同晤西平、亥汀二公。雷門來，臀尖生瘍，因告假來館養疾。皇上改廿五回鑾，遷延即不果矣。僧邸連敗，退至濟甯。河南會垣閉城，捻離城二三十里，旗號皆有「苗」字。近已遠揚，勢驅西北，山西固喫緊。畿甸亦戒嚴矣。山左係張落刑，龔捻在潁、亳一帶，孫葵心在河南，善馬隊，甚猖獗，惟人數不及張、龔耳。河南大雪幾及六尺，有銀號車在汴來京索川資，如捻不西驅，道涂亦有泥濘之患，黔，雲在邇引領望之。

十四日，晴煥。欲釋裘。午理書詩。江、常收復，浙勢略鬆。張玉良、李定太、段光清均開復。曾帥久無動静，未知能轉戰否，而前聞協辦缺未放人，以待有功，謂曾與駱二公祁門四面皆賊，一時未易得手，曾目亦痊，或養精蓄鋭後，竟能出奇。駱制蜀軍，地未糜爛，尚可有爲。滇平小醜，或不難也。

望日，晴，煥。晨理書詩，午謄文一首。

既望日，晴。晨理書詩，午作會課，文題爲「子上」一節，詩題「春風吹夕生」三鼓脱稿。曾帥報勝仗，賊進攻祁門而擊退也。豫捻由蘭儀、考城一帶東竄至單縣城父一帶。聖躬不適，聞吐紅憊甚，僧王一蹶不振，東事不可問，毛帥株守歸德，毫無布置。賊捻猖獗已甚，殊可慮也。連日舌病愈而喉乾口燥，風襲於中，涕泗交零，更爲討厭。蓋自元宵節來，未常有舒服之日，安得慧劍斬此病魔乎。

十七日，陰，風寒料峭。晨作詩，午理書。王又沂年丈接湖中嘉平廿四信，汪苉、菱湖、荻埛一帶均成焦土，雙林南岸已了，北岸未動。竹墩亦不完善，惟前坵、石塚等處未動耳。

十八日，晴，晨謄文一、詩二。午念丈來，令作會文，逢三爲期，尚有數日也。酉補作「百花生日」試帖二首，「茶成」詩題一首。亥汀來。

十九日，晴。是日頭作痛，精神頓減。午仲奂來，慈闈亦有小恙，均延其診視。謄文一、詩五。僧邸又有敗仗，在東平州地方陣亡副都統伊興額、總兵滕家勝。

二十日，陰。晨起頭愈痛，心中如火，有積熱故也。趙稼軒丁内艱，今日接吟椒滬上來信，正月廿二發也。湖城西北逆氛稍退，惟烏鎮、四安尚爲賊据。竹生於元宵節出城駐紮，擬進攻烏鎮。武林戒備極嚴，富春、餘杭、新城一帶均有賊蹤。賊窺伺越中已久，屢次圖竄，均爲江中炮船擊退。兵餉每或發十日，或發半月，勉力支持。中丞云浙中不愁賊，隻愁餉。餉如不繼，即不可爲矣。吟翁在滬上，已解付三十八萬兩，不够浙中數日之餉，而夷人驕横日甚，近自北犯後，利權均被奪去，以後籌餉愈難。吟翁大有退意，或改官别省，恐雪翁未必放也。蘇省僅存滬城尺土，松江一帶之匪時時來犯，恃外洋之力，苟延日夕，亦非樂土。

二十一日，晴。頭岑岑然痛仍不減。悶坐齋中，無聊之極。仲奂來。

二十二日，晴。頭仍如故，黄二丈要二百去，因印結之故，自顧不暇，焉能顧人，午後來，已向經笙姨丈處開口，有無未可定也。熱河礦匪滋事，已攻破朝陽縣戕官，距府城尚五六百里，聲言鋤奸護駕回都，人數三千餘，肘腋之禍，大可慮也。捻匪有渡齊河信。

二十三日，頭痛愈甚，午仲奂來。浮火上升，須滋陰清潤之品。是日早接偉丈函。大姊三月中來都，九親母已進京，爲其三妹定親，陶曼生續弦也。外信接有黔信二封，一係嘉平十五，一係元旦。椿闈於腊月十六接銅仁印，十三抵銅，二信俱銅仁發也。大江元宵前北來，捻匪滋事，盼其早到，道途不至梗塞。午後又由南路廳遞來庚歲仲冬廿五諭，言債已盈千，而銅仁税務之能有起色與否，尚未可知也。

二十四日，陰。晨姨丈來，豫捻西驅河南府一帶。意在入陝，樊城道尚通也。有人走轎車，每輛十六金，已較前稍昂，以後大約尚欲漲也。山左之捻已越僧王前，幸不北竄。聞東折向濟南，其志仍在擄掠，倘竟長驅直入，孰敢當其衝乎？李鹿生太守聞即起身，或可結伴，是日身子較輕快。

二十五日，晴。頭痛如故，延吉楚香診視，云温邪内蘊，須清利上焦，方與仲奐大同小异，惟少滋陰之品耳。皇上又有上諭，停止回鑾，秋間再看光景。王言如綸綍，所苦者州縣耳。兩次辦差無從開銷，其賠累尚堪言狀耶？拈桃花詩。

二十六日，晴。今日清明也。祭祖，念丈來，吉甫來，作清明詩。武漢聞戒嚴，未知確否。切祝事屬烏有，於南行之路方安然也。苗逆反狀已形，尚未舉事，仍在壽州一帶。

二十七日，陰。連服吉方，不過如是。頭中終未霍然，發熱稍减耳。擬停藥自能恊勿藥之吉也。似叔家書云，楚北股匪大起，於吾處歸路大有礙，朝陽首逆聞已擒獲。

二十八日，早陰午晴。現届外祖周年，慈闈於憫忠寺念經，即於是日除服，抱恙未痊，未克前往敬拜，令諸弟隨侍前往。

二十九日，晴。捻匪聞已至腰站、茌平一帶。

晦日，陰。捻匪圖撲濟南，有失守信，或云泰安失事旋復，而地方焚掠一空矣。或又云捻首有武清人，欲北竄。

三月朔，晴。早理書，薛藴齋自通州來，盤桓半日，勝芳赴考者四十餘人，十名前居其六。明德正案在卅名外，尚有可望。蕭山有失事信，聞自富春竄往，未知確否。唐耕石，金華人，接南中信，賊匪曾撲蘭溪，幸被鄉勇擊退。然桐盧未復，浙東難安枕也。

初二日，晴。早理書，午謄文一、詩二。作文「以意爲車」題。時晚，又作「暮春之初」題詩。龔叔雨廉訪聞已抵都，或云已往熱河。

初三日，晴。天氣清朗，上巳節也。晨謄文詩四，午謄文一、詩一。

初四日，晴。午至後街大川淀，念喬來。

初五日，晴。作會課，文即抄出。文題「君子而不仁者有矣夫」詩題「委懷在琹書」晚作詩，課卷二題，一爲「詞人求作稱」，一爲「數峰如筍雨中青」二鼓脱稿，亥汀來。

初六日，晴。晨謄詩二。至文昌館吊楮，趙稼翁開吊也。又至保安寺，謝黄太丈江右摺差，初八走。午理書。朝陽報勝仗，尚未肅清。東捻至青州地界。龔捻撲楚北，有黄州府失守之信。豫省换嚴中丞督理軍務，毛帥仍帮辦。勝帥初八赴熱河，大約統師南下局面，東省居多。緣豫師已派人也。武林又有失事信，恐不確。作江右信。

初七日，晴，晨理書二號，計六經、四書，入歲各理一過矣。午後代作「花曾識面香仍好」及「紅橋正在楊陰」二題試帖，梅生會課也。寄江右信。

初八日，晨陰午晴。閲邸抄，有飭各督撫保舉堪勝道府人員論。

初九日，晴。午至大川淀，早姨丈已赴熱河，今日起身。

初十日，晨陰，大風，午微晴。早至後街晤吉甫，姨丈昨早起身，約十日回通。可十七前往。又至恕齋處，回館餐。黄州捻子聞已擊退，切祝此説大妙。寧、紹有失守信。據人云寧人家信之言，想係謡傳，總以見明文爲確。曾帥報收復休寧，前傳言退駐江西界似不確矣。東捻擾及齊河、長清一帶，距省僅數十里。東撫報勝仗，豫捻聞已編地築圩，王吉人年伯與雪翁不協，亦非所宜，吾浙之事，未知究竟如何也。季仙九制軍卒於通州，其妾吴氏於葬後三日吞金自盡。龎寶生閣部奏摺也。晚作「好風時捲市聲來」詩，蘭雨齋第一題也。

十一日，晴，風。午作「墜巢乳鵲拳新竹」題詩，蘭雨齋詩課第二題，此課爲陳馨山孝廉本枝創議，要同人共作，今乃第二課，入課者已有三十餘人，可爲大觀。但俗情浮薄，恐始勤而終怠耳。每月六期，逢四逢九一期。詩二，謄詩卷。至西屏處，適馨山、子喬、西峰均在座。因與亥汀諸公久談，渠等作文均不上緊，令人真意索然。西屏興會飆舉勃勃然不可遏，他人不能也。

十二日，晴。午陰大風，天燥躁其釀雨乎。庭中熱氣蒸人，殊覺欝悶。怒齋來，張遂庵來，松坪弟也。亦入詩課。今日送詩來適值餐，留喫飯。念丈送會題來，「而能喻諸人者」，文題、詩題爲「黄花如散金」得「春」，擬過望日再作。

十三日，晴。燥熱如昨，風。捻子已至鄭家口，山東人説也。

十四日，陰微。天氣略爽快。小庭丈來，言蘭山有信到，云於月十二日送婦赴京，晚大川淀遣人來唤，答以明早去。十一日至今日閲周禮一過。

望日，晴。早至大川淀，無要事，欲賃館房，謝以不能。黄師五日不回館，殊爲詫异。午大江來，驚喜交集。接嚴諭，命定計南行，收拾一切，月底大約可登程也。大江自正月十八日動身，至今日爲五十七日，除在樊阻捻十餘日，實行四十餘日耳。捻子撲老虎勢漸西，於大道尚無礙。惟南陽所屬數站，屍滿野血成河。且新雨泥濘，日行四十里卅里不等，自此而北，均好走也。

既望。晴。晨至大外廊營，鑪青未起。久待約，一下鍾時候始得出見。是日遣陶升至昌，途遇偉如赴都，將信件交付，即折。蓋有黔稟，託其寄也。

十七日，陰風。早收拾不帶書箱一，又帶去書箱一。酉刻訪怒齋不值。偉丈招飲，謝之。點燈偉丈來，因所屬連有搶案，悉冒勝營名，故來都料理也。

十八日，晴。大風，念丈來。即偕詣怒齋處，陳儀庭丈來，少談即去。午飡，又至後街，又至保安寺，黄丈已痊，惟面皃消瘦耳。今日有新野不守，於樊城孔道有礙。

十九日，晴，大風。晨至珠巢街鄭聽叔處。回館收拾畫卷帽籠。黄丈來。

二十日，晨晴，午微陰。姨丈於昨日回京。

二十一日，晴。晨至西四牌楼邢處辭行。又至上斜街不值，至後街，已往川淀。即至川淀道喜。因留陪客，陳石青七叔完姻也。午刻禮成，未刻回寓收拾物件。李鹿生太守來，移渠定初八動身，初二且來不及。我處已定廿六結伴之説可無庸議矣。三姨丈來。

二十二日，晴。弟輩散館，即詣琉璃廠買書，回館午餐。聞樊城失事之説，捻意在焚掠，想不久據也。收拾書箱、書包、書畫包。晚備小酌宴梅師也。桃子祥來。

二十三日，晴。收拾寄存書箱。雲舫表丈來。邢瑞庭來。收拾小帽籠，編行李號單。

二十四日，陰。晨詣西四牌樓换黄物。回寓後，出門辭行，回館吃飯，又出門辭行。回寓，慈闈又出門辭行，大姊自昌平來、桂山來。

二十五日，晴。姊丈來，亥汀來，鑪青來，王又年丈來，張星堂來，云遵義鄧君緣赴南鄉抽釐被戕，其乃尊尚無抵家之信，姨丈來，張恕斋及鄭聽叔來。楚北肅清，捻囬安徽舊巢。貴州、襄陽失守旋復，河北三府聞亦安謐，陳石青叔來，晚作黔稟，姊丈復來，即託其用官封遞去。

暮春三月赴黔日記。

二十六日，晴，大風。周氏二丈來，姨丈來，姊丈來。大姊今日回昌平，因與姊丈先行。巳正車悉裝好，本用轎車八兩，又添一兩，計九兩。取其輕便易赶程也。站雖長，天氣亦日長，可無早行晚宿之慮。巳正三刻登車，送行者爲經笙姨丈、周氏二丈，同館趙、許、吳三君。出彰儀門度蘆溝橋，申初至長興店卅五里打尖。又二十五里爲塔灣村，距村半里許爲良鄉塔，五級孤峙，高坂上四無人居。又五里良鄉縣，又二十五里竇店宿，已日暮矣。本日計行九十里。是日大風揚沙，耳目鼻口無不滿塞，大似黄土摶人。

附過蘆溝橋有感詩：「漫云男子志桑蓬，又理晨裝驛路中。風色不分天上下，河聲還始浦東西。摧蹄石子雷鳴轉，撲面沙痕雨點同。回首去年鴻爪印，橋頭太息恨無窮。」去年避難西山，曾度蘆溝，有詩誌事。

二十七日，陰。卯正開車，十五里琉璃河，度琉璃橋，又度永安橋，卅里涿州。距州里許，有大凉亭，額曰：「千間庇夏」。有橋，橋南有華表。又十里張飛店有桓侯廟。十五里松林店，尖。又廿里高碑店，廿五里定真縣。縣属保定。又十里北河，宿。計行百廿五里。

附録松林店壁間詩：「嚴折警荒城，征人向夜行。馬頭殘月落，雁背曉霜輕。淺水凍猶合，大星寒更明。車中無一事，默坐歎勞生。」津門曉發，欵題石吴。「歎息浮生事事飛，一官還與願相違。竟辭郎署誠何意，遥念家山且暫歸。宦海空添新舊夢，征途難息往來機。英雄末路嗟如此，檢點春衫別帝畿。」款題江津李春甫。此君以庶常散刑曹改官滇南司馬，殉難回氛。觀其筆情倜儻，知爲豪士。「□梔春光二月天，東風無那柳纏綿。自慚不是金龜壻，累爾香衾耐獨眠。」清麗芊眠，綽有神韻。「閨中情緒客中知，不寄書回隻寄詩。一穗燈如紅豆子，今宵兩地照相思。」昆明李彤，字内□。

北河壁間詩：「無柳無楊十餘里，輕烟繚繞影縱横，緑陰夾道凉如水，人在迂倪畫里行。」無款。

二十八日，陰。卯初開車，廿五固城，卅里安肅縣，尖。縣屬保定，又十五里潮河，又十五里應天寺，又十五里保定府，計行百五里。宿時方申正，雇車至縣署，謁辛楣叔祖。臨洺一帶無事，同車至店，託其換銀，又託其寄昌平信。内京信二件。由官封遞去。薄暮小雨，途遇自樊城北來者，去歲臘月登程浴途梗阻，在南陽擱二十餘日，又有在大名起身者，據云好走，交子夜，小雨。

附録安肅縣壁間詩：「九日蒙塵悢愴行，逆夷三百犯圓明。可憐十萬京管卒，得力全無一箇兵。」諺云：養兵千日得力一時，今若此，可勝浩歎。江湖散人漫題。「縻盡軍糧調盡兵，依然夷醜自横行。諸君未解蒙塵苦，束手無顔對聖明。」用前人韻花尊軒主人留筆，時在庚申下浣。二詩均紀實。「又別京華去，驅車夜度關。歸雲全擁樹，落日半銜山。遠市鐙千點，危橋水一灣。故鄉頻入夢，何日唱力環。」春舫游客。

附保陽旋次詩：「頻年事業太伶仃，夕税征車暫息形。裏「篘」葅香初撥「甕」，「溉鬵」魚美試分腥。春寒剪燭家山話，夜雨淋鈴逆旋聽。「一枕」旁人長相喚。□客歸夢到紅亭。」

二十九日，晨陰雨。卯正開車，卅里大溧店，卅里滿城縣方順橋，尖。鴻□編野，誰實爲之？復不思經理之。邢牧氏者，若此曷勝浩歎。午晴，又卅里望都縣。一望樹蔭合，車行深樹中，凉風颯至，爽氣撲人眉宇。又卅里清風店，屬定州。宿時已酉刻。本日計行百二十里。

附詩雨後早行：「兩三寥落曉行明，如砥芳原案轡輕，宛宛嘉苗含雨布，濛濛官柳拂雲生，晨光泱漭鴉邊動，新句推敲馬上成。風軟沙平吹不起，卻添爽氣撲行旌。」

方順橋：「惺忪睡境不分明，忽聽行人説滿城，緩轡正將殘梦續，荒村啼徧午鷄聲。嘑饥痍婦還餘淚，索食癡兒慣乞恩，繪出流民圖一幅，當年賴有鄭監門。」

附録方順橋壁間詩：「欲曙復未曙，曉風吹奈何。荒雞隔水啼，天寒聲愈多。途窮念骨肉，事棘愁兵戈。勞勞行不已，癡絶是疲騾。」北河曉發，欵題履□於□「燕雀巢堂一旦空，始知誤國是和戎。傷心待漏趨朝地，敵騎飛馳烽火中。」無名氏。

三十日，晴。卯初開車，卅里定州。定州塔距州東北十餘里，車行遥望見之。又卅里明月店，尖。又卅里新樂縣，四十里新城鋪，宿。有白差自樊城來，據雲捻回周家口。惟安徽遣散川勇在漢口一帶擄掠。門州失守，與赴銅之路稍有阻意。其志在歸川，或不久據。

附詩新晴定州早行「光射塔尖紅日，陰籠林際白雲。撲去飛沙三斗，引來遠水一分。」

附録新城鋪壁間詩：「日出車已駕，月出車尚馳。日月互跳盪，□輪相與隨。借問車中人，轆轤將何之。問言不能答，冥坐若有思。所思不在遠，僕瘁馬亦疲。胡爲徒自苦，衹有寸心知。車或有息時，思則無了期。」車中口占，題豫豫□薊圃。

又詞：「尋夢到仙壇，卧向征鞍。誰知一覺夢魂安睡，起正憐，仙夢杳路又漫漫。無夢英愁歎，入夢何難。人生多作夢中看，衹要一場春夢好，説甚邯鄲。」過邯鄲擬謁盧生祠，因睡而誤。拍賣花聲一闋，聲韻本諧，改作於此。□槎題。

連日小雨，一塵不起，較爲疏爽。是夜雨連綿不絶。

四月朔，陰雨。卯正開車後雨止。五十里度滹沱河，水涸築隄，從隄上行，正定府城堅峻有郭。堞墻基間有坍壞處，則無人繕完也。一路府縣，良鄉城尚完善。而青草编生，知無人焉。安肅城復於隍保垣，睥睨齊整，恂一方之屏翰。他如滿城等處，亦頗堅固。倘有經理之者，豈思被人之衝突耶？進正定東門出南門，城中浮屠獨多。又十里正定十里鋪，尖。有福建差於三月朔自樊開行，路中尚可走。惟邯鄲白蓮教滋事，不甚妥當，前途須打聽也。六十里獲鹿縣界，欒城縣宿。城已墮壞，景象殊熱鬧，過於他處。午後大雨作不絕，冒雨而行，故到店已酉刻也。本日計行百二十里。

附詩陰雨度滹沱：「渡空舟無人，沙净渚無迹。驅車過滹沱，清風拂衡軛。水淺尚潺湲，隄新亦險窄。積陰既成暝，向午忽疑夕。雨深苗更青，日隱樹逾碧。擁霧孤城雄，迷烟村路僻。疲騾嘶荒蹊，歸馬棲古驛。思欲返故園，復爲寄里客。」

初二日，晴，大霧。卯初開車，新雨沙堅，車行迅駛，辰正抵趙州大石橋，尖。計五十五里矣。五十里趙州，又五十五里柏鄉縣，宿時酉初。本日計行百十里。途中遇樊城來車数幫，均云好走。晚又有汴梁來車，云廣平所屬曲州縣失，曹州府屬之白衣捻也。距邯鄲僅七十里，前途須切確打探方妥。二伯往錢鋪換銀，據山西老云捻已東歸，前距此地百八十里，今日距二百餘里矣，似與大道稍遠。

附詩新晴欒城晚發「歸雲尚擁樹，旭日駐枝桑。我行一以眺，曉色何蒼蒼。農夫適南畝，肩荷鋤犁忙。土膏都覘起，苗新潤含光。驅車途霧中，征夫意徬徨。松柏列廣道，雲霞徇東方。村杳不可見，城高猶相望。戒途道彌遠，成裝情更長。既作汗漫遊，曷爲念舊鄉。中心莫以慰，揮手聊徜徉。」

初三日，晴，霧。卯正開車，六十里，内邱縣，尖。有華表，額曰：「九省通衢」。又六十里順德府，邢縣南關宿，時酉刻，計行百二十里。順德城甚堅厚，甲於正定。皆畿南之屏蔽也。街衢熱鬧，又過於正定。太尊王大令榮均頌聲載道。城中團練一家一人，不給工食。每日操演，技精者賞，合城約有数萬人。捻蹤前距此百里，頃東趨距此百五十里矣。

附詩柏鄉縣「溝澮唐渠水，雲煙漢縣亭。野花抉轂紫，晴荔繚墻青。墓古成郊陌，橋平接驛庭。黄巾方擾擾，行李莫留停。」東捻距此百餘里。

初四日，晴，大風。卯初開車，卅五里沙河縣，廿五里搭連店，尖。属沙河地，多沙窩，車行略遲。又十里，臨洺關，順德府界。屬永年縣。廿五里吉和店，三十里邯鄲縣、宿。屬廣平府。本日計行百二十五里。此地前數日喫緊，捻蹤距此僅四十里。曲周距此九十里。本縣鄉勇百五十名，均陣亡，存数人而已。現趨東北相距百數十里，城中遷徙者，漸有搬回者。各店面鋪板尚有未開者。縣城圯壞，景象蕭孛，錢鋪獨多。清風店以南用二八搭用鐵錢，此處不用矣。

附詩：自沙河至邯鄲夹道多楊樹，枝幹殆盡，蓋薪之也。枚肄萌生幸矣。「蕭疏雲影樹千章，樵子何爲問□□。道有緑荑生意好，我今春夢悟枯楊。」旋次邯鄲：「曾將事業付秋風，廿二年光一瞬中。太息浮生原一夢，何須仙枕借仙翁。□然夢與白雲親，仙境迷離記不真。郤笑主人粱已熟，我來翻作醒中人。」

附搭連店壁間詩：「莽莽風塵色，勞勞天地間。倦游邢子國，歸夢洞庭山。溽暑渾如炙。浮名恨未刪。白雲親捨近，便擬賦真還。」楚南少梅氏。「神仙换骨有金丹，富貴由天强得難。何必勞勞求好夢，恬然一夢即邯鄲。」世人過邯鄲者，皆艷羡富貴神仙，偶占一絶，唤醒夢夢，閲者得無笑其煞風景否。杜黼庭。「夢中偏富貴，覺後即神仙，如此便宜事，人人想欲顛。鑿石爲遺像，千秋睡竟成。我來翻一笑，醒眼看先生。」湘筠。「君夢有醒時，我夢無醒期。羞見先生面，驅車夜過祠。」黔中其相氏。「翰墨因緣鄴下生，時詣□臨漳。七年浪迹笑浮名。壬子領鄉薦，酉年始得入禮闈。癡心又逐邯鄲道，這夢今番可做成。平生志願儘堪酬，富貴榮華四十秋，夢醒獨留酣夢態，我來呼唤不回頭。我向先生借枕頭，隻須一夢到杭州。歸來記取西湖景，擬赴西湖次第遊。」□名。

初五日，晴。卯刻開車，五十里杜邨鋪，尖。樊城來車甚多，有數十輛。午刻由杜邨開行入磁州界。渠夾道二十里，水彩雲影相映，如入清凉世界。廿里磁州，地甚清淺，而城垣墮敗。三十里磁州南界総鋪，出直隸界。渡漢河，水淺策馬而渡，入河南界。地爲豐樂鎮，屬安陽縣。即住宿焉。計行一百里。此處已越賊前，可無他慮。作姨丈函，又作方子望書，擬明日過鄴郡寄。

附詩過磁州：「波光云影嫩凉收，菱引清渠緑已稠。布穀聲中新水足，薰風廿里送磁州。」

附豐樂鎮壁間詩：「客中圖畫静中收，□水無聲淡欲秋。□柳兩行風幾兩，和風相送過磁州。横塘十里小橋東，水荇輕翻麥浪風。絶似珠江好風景，蟬聲多處藕花紅。課晴量雨熟梅天，隔樹人家路作田。忽送秧歌三兩句，撩人歸思駐吟鞭。□花争發兩三枝，撲面楊花妒鬢絲。要使行人閒不得，催詩時是憶家時。」己未春三月磁州道中即景口占，珠海漁孫：「好風迎面送香來，瞥見苔蕖映日開。滿地塵沙行正苦，此間便擬到蓬萊。可惜輪蹄去太忙，襟裾猶自襲餘香。客途那得江湖趣，回首依依似故鄉。菰蒲菱芡亦翛然，凉意秋生水國天。快極不知車馬倦，清遊當作五湖船。兩岸垂楊倍有情，况添幽韻到蟬聲。平原公子精靈在，隱隱邯鄲道上行。浴途蒿日旱□時，此地偏能百物滋。得好風光天亦愛，忍教樂土看瘡痍。去年過此笑曹瞞，今日虛衷隻静觀，疑塚纍纍渾不管，賀蘭山翠上征鞍。揮鞭遥揖太行山，兩載相逢去復還。轉盼重來休笑我，不消熱血不能閒。好景流連日又斜，故園南望尚天涯。遥遥最羨浮雲去，旦夕能先客到家。」丁巳季夏南旅，去杜村里許，夾道兩旁有渠，渠有蓮。二十里至磁州，所見皆歷歷有致，風塵中仙界也。是日，時坐馬車時騎馬，車中馬上得八絶句，書以誌快。湘南易叔子。「漳水東流去不回，當年割據事今灰。分香兒女銷英氣，落日河山感霸才。黯淡寒烟埋片瓦，迷離秋草滿荒臺。我來憑吊西陵塚，把酒臨風酹一杯。」過漳河銅雀臺江石胡秋翹。

初六日，晴。卯初開車，四十里彰德府，安陽縣鄴城驛，古相州。穿城過，城中街衢繁盛，遠勝畿南。南城有韓魏公故里朱字碣。又十五里十五里鋪尖。又卅里湯陰縣，屬彰。有岳忠武廟，甚宏深，車行甚捷，未及暇仰。又廿五里宜溝驛宿。計行百十里。

附十五里鋪壁間詩：「生公何事又生秦，亭上風波草木春。□復不難如□令，兵機且可耦張巡。□心□檜猶呼父，天意成名此殺身。尊帝尊王千載烈，檜姦應是岳功臣。」岳武穆廟次聯，初作「兩京功讓汾陽立，六出心如有相純」，後改云「古豳席象三叩三拜神祠古道中夕陽灑，淚問蒼穹偏安遺憾漢諸葛垂成郭令公。」「指日中原傳捷箭，傷心高廟自藏弓。當年酣戰英姿在，颯颯靁旗卷朔風。倘使從權假便回，何難恢復再旅師。精忠但守純臣節，心迹惟憑聖主知。五國城中崇□日，六軍鄆上枕戈時。憐他酣卧臨安者，燕雀巢堂夢若癡。」黼庭。

初七日，晴。卯初開車，廿里大賚店，十五里高邨。又十里許有河，此地屬淇縣，蓋淇水也。清淺見底，有石橋甚危，及因從淺處亂流而渡水，約深二尺，尚不至漸帷裳也。又十五里屬衛輝，淇縣尖。蓋行六十里矣。縣城内有康叔祠，甚巍焕。又五十里衛輝府西關，宿，時申刻。本日行百十里，至樊程途已得半矣。

附録過康叔祠：「尚德屏藩重，於今廟見崇。三篇承訓誥，七族就磨礱。菉竹歌淇漁，椅桐美楚宮。賢孫繩祖武，千載想流風。」

二把手：小車一人推，因以名之。「十丈黃塵染客衫，何須飛騎轡新銜。隻輪徐轉如舟穩，一幅輕風舊布帆。」小車用布遮陽，且借風力也。

有河通船，帆檣林立，惟無巨舟。蓋河深廣近涸矣。北達津沽，南經新鄉縣，憶自丙辰北上，不親舟楫者數年，徘徊岸畔，殊切桑梓之思。

初八日，陰。卯初開車，行里許而萱闌等四車不見來。候之，輿夫曰烟塵坌起，來矣。因令緩緩行，車絕無影響。三十里至一小村，復候之，詢村人知有車兩輛去矣。而兩輛又不知作何下落，殊爲納悶。又十五里駱駝灣地浴河即衛輝之河也。五里新鄉縣南關，如赴陜，由此分路。及至店，則壬弟、陶升之車已見由捷徑來。其二車殆由他道走。待移一時始至，誤走赴陜大道，半途折回，已多行二十里矣。蓋由衛輝至新鄉凡有三股道，一沿河最易認識，一走土道最平「坦」好走。爲中道，一由街心走，輿夫均不認識，故有此謬。打饘後四十里小井，二十里亢村驛，屬獲嘉縣。宿。凡行百十里。地甚僻小，但集有分司署。蓋馹丞兼巡檢事。

初九日，晨晴。五更開車，時寅初，因搶河故邇早也。三十里王驛鎮，此打饘正站。廿四里馬村，路人云岡園渡已移向南二十里。繞道二十里至顏家庄，則渡口又移向北二十五里，打饘又至新寨口，時方向午，狂風陡作，驚心動魄，聲震天地。俟至申牌，風勢愈甚，飛沙走石，對面不見人，因至七里馬庄宿，村僻，惟小車店一處，土屋三間。葦牀三隻，穢氣薰蒸，殊不可一瞬。而食無他物，惟向賣糉翁買得小米粥，權作晚餐。即在車中假寐，惟慈闌及壬、菱二弟，連喜四人在葦牀暫息。此等境地不跋涉風塵，安得嘗之。憶甲寅勝芳回浙，道出東平，因兵差旅店擠滿，在三官廟小車店暫息一宵，前後光景相似，一爲之甚。而今再矣。本日僅行五十四里。而尋渡繞道約多行五十餘里。入夜，風依前甚，三更漸息。同日行蔡令之車同宿馬莊，借店空院暫停「車」馬。均在車中住宿，並土屋三間，葦床三隻而無之。五鼓起，視天色漸清朗，稍爲之減悶。

初十日，晴。天明開車，七里至新寨口渡黃河。河面約二里許，深口支篙淺下猫，風順張帆，逆□過河。時無風，僅用篙猫，聽邪許之聲，知河深急險，風浪息靜，尚若斯也。過河時已巳牌，四里至井水打饘，卌里鄭州，宿。屬開封。計行五十三里。連河面。四更小雨。

十一日，陰，微霧日光。卯正開車，二十里入弇中。蓋土山開成大道，兩岸高一二丈許，狹處僅容軌一輿一，無可回避。輿夫高聲打號，揚鞭而前，不啻輕舟下峽，或里許或半里許稍有平原，出弇入弇如在羊腸道中。三十里郭店驛尖。又四十里新鄭縣，道與前半日同。宿。計行九十里。捻子南趨，回潁、亳一帶矣。一路可無阻礙，前距此處僅一二十里，城外房屋有被焚者。

附郭家驛壁間詩：「日落沙關鬼哭哀，屍歸馬草早成灰。議和都識汪、黄謬，主戰誰爲韓、岳才。半壁東南猶瓦解，雄兵十萬入城來。回思起馬端門日，御手親斟酒一杯。」擬老杜諸將之作。「立馬中原望帝鄉，五雲何處是芒碭，燕臺金盡悲凡骨，御苑花開統戰場。白髮怒生三尺劍，黄河流入九回腸。官家大小糊塗事，留與旁人話夕陽。」中州感懷，庚申季秋楚南黄岐。「新鄭崇墉百雉新，誰官斯土更稱循。自憐逐日登程客，强作觀風問俗人。蔓草已無滋大路，扶蘇那復礙征輪。盡教溱洧淫聲萃，過客何勞再問津。」庚申七月十九赴都，過新鄭縣，城垣新葺，游妓全無，漫成一律。「沿途景況太蕭條，□客關門飯店逃。果腹無從尋麵餅，搔頭空自歎糟糕。」京話謂時運不濟爲糟糕，故動用之。

距東關里許，有宋太師歐陽文忠公墓，有子產廟。

十二日，晨陰午晴。寅正開車，約里許渡河，輿夫不知名，蓋洧水也。水清冷可愛，淌沙行約三十里，出弇中。巳刻至石固鎮。有土城，城外有濠溝，有橋。橋圮方在修造，車不能進城，即在城外小店打尖。計行六十里。又五十里潁橋屬襄城縣。住宿。本日統計行百十里地。亦有土城，城内外皆有濠，已涸淺。捻子前在城外，鄉間被焚擄。此地産甘庶、香油、芝麻。有潁濱書院，有考叔祠。一路皆豐稔，而草雜生其間，蓋方播種時捻來，未及耘耨也。四鼓雷雨，旋止。

十三日，半陰晴。卯刻開車，四十里襄城縣渡河。輿夫呼爲有河，年尺是潁水。有船，林立道旁，有前明賢侯許公去思祠。從橋上行南關打尖。縣屬許州而城爲卧羊山。午刻由襄城開行，十五里望山驛度卧羊山，約五六里有黄帝問途處碣。廿五里汝墳橋，度汝水。似是澌水。爲落風店，有栗園，約千餘株。乃此地富室，捻子過此一家六十餘口均被害，惟賸一老者。房屋亦多焚燬，僅有遺堵矣。二十里葉縣，三十里舊縣，宿。本日計行百三十里，到店已戌刻。今日多行半站，已歸正站。且路不平坦也。地有土寨，而寨内房屋被焚十之五六。

附詩車中偶占：「野花開且落，五色亦離玻，照耀岐路側，問名多不知。無言趣自得，意與雲俱遲，即此怡我情。勞勞更奚爲。擾攘風塵中，日暮□何之。□香□行蓋，胡蝶飛入帷。物理亦天機，停車深以思。」

十四日，晴。卯初開車，三十里保安驛，有葉裕分司。二十里獨樹，尖。此地街甚長，而房屋半被焚，飯鋪無一存者。土人於河灘新葺茅屋数椽，過客藉起中火，不至露天而已。又八里不倒橋，二里龍泉鎮，三十里裕州。申刻到店宿。計行九十里。道涂峒仄不好走也，連日午行，紅日高照，車中蒸熱，令人昏悶。

望日，天乍陰晴。昧爽開車，月當在屋脊也。三十里趙州驛，三十里博望驛，屬南陽縣。三十里北新店，尖此住宿地。時已午刻，計行一站矣。未正由新店開行，申刻抵溧河店，屬南陽。宿地距府城八里，至新店三十里，本日行站半，計百三十里。卧龍岡距此四五里，未及往遊。距此二里許有大塚，方圓數丈，有碑碣，不知何代塚。

既望，五鼓開車，迎日而行，十餘里天始大明。三十里卅里屯，三十里瓦店，三十里羅庄，十二里趙庄，十八里新野縣南關，尖時已午。申刻開行，過張庄，渡南陽河，蓋淯水也。上坡半里許，似是新市興田堡，宿。計三十里。本日行程，進計行百五十里。興田堡爲漢析羌侯耒故里，閭門有額曰「宛屏藩」有萬壽宮，有楊四將軍祠，不知何神。捻子至瓦店，爲連庄會擊敗，擒斬三十餘人，復大股捻來攻，又經鄉民迎拒，乃因腹「饑」力怯而敗，民兵傷亡三四百人，被虜者復不少，賊遂西驅渡南陽河，至柳樹井一帶焚掠。距樊城尚八十里，新「野」鄉鎮被擾，距縣城尚三里，故無恙。新「野」北有白水村，有白水書院，已廢。沿河有蔗田、薑田。

十七日，晴，五鼓開車，北大道聞不好走，由西道行，而□潦未收，車行遲滯，太陽透土，僅行十五里，又二十五里吕堰驛，此住宿正站，又四十里葉家店，打饉。又四十里抵樊城。對渡即襄陽府。今日行站半，本祗九十里，西道多三十里，復因繞越太多，計行百廿一至十里矣。住磁器街百順店，店主姓黃，我處本庄張公義其所借也。

十八日，陰。午后至張公義店，張公保舉從九品，據云盤堤走小河太費事，且恐水淺，不如由漢口直達浦市，人既安逸，路較直捷，惟多八站路耳。由樊至漢口十二站，二千二百四十里，均下水。漢口至常德八站，上水走長江，過洞庭西湖，常德至浦市亦上水，均灘河，六站五百四十里。長发於二月初七冒兵勇衣號混入黃州府城，即日被據。又於十七日據德安府，廿七日據隨州，人衆僅一千餘，官兵約有六千，而在隨州相拒已兩月矣。今日打仗，未知勝負若何也。又至⿰王娄璜街王文茂醬園，王君宋漊人，不在店。晤其戚朱君仙洲，義鬧人，亦勸走西湖，渠往來数次，不甚要緊也。另有道繞東湖走，水較小，多三站。路須過長沙，再至常德。回至寓，與金吾二伯至余家巷埠頭看船，麻陽船五艙者僅一隻無家眷，餘俱四艙。至晚定計由沙洋盤堤。夜雨。

十九日，陰。令大江去看船，與二伯至王文茂晤王君及朱仙洲，詢明由沙洋走計四百五十里，作五站。沙洋堤至沙市旱路一百二十里，作兩站。七十里一站西江，五十里一站沙市。由沙市九站至常德，六站至浦市，可以直達浦市换小舟，四站即至銅仁，計止三百六十里。旱路二百四十里。盤堤人有轎物有□路，均平陽好走。此間風聲略警，昨四鼓到船一隻，在紅仁口「行」跡可疑，奸細必不少。街巷多面兇可疑之人，兵燹之禍，終不免也。回店，大江去雇船，朱仙洲來少談去。作昌平信、保易信、京中三姨丈信，蓮清、張怒齋、姜梅生書，有舊時車夫老管回都之便，託其帶也。又作銅仁稟，湖信，均託王處寄。即交去，又作江右信，託清江令楊眷帶去。大江雇得麻陽一隻四艙船，價甚貴，店主之故也。申刻發行李下船，酉刻大雷雨，即止。

二十日，晴。晨至文茂一談，回喫早飯，午刻登舟，申刻解維。三十里東京口，十里石灰窑，泊時酉正耳。地多燒石灰者，旱道路去襄陽僅八里，有炮船，鄉勇百十人，上水來船者，本日行四十里。

二十一日，陰，大風。二十里泊劉家集避風。巳刻雨，申刻稍小，解維雨復大。酉刻行十里，泊白家行。本日行三十里，傍晚雨勢愈大，風勢助之，波浪掀起，舟爲之動宕。三鼓風雨不止，容夢頻驚，不能安枕。

二十二日，風波雨浪依然如故，仍泊白家行。巳刻雨止，午刻風漸息，申正開行，三十里明正店。東北黑雲壓山，大雨將至，遂泊。雨點数陣即止。雨勢蓄在山頭，故此間不甚也。本日行三十里，風順張半帆行，僅一個時辰，河中水長四尺許，流大且勁，故舟行駛也。入夜倚枕不夢，蛙聲盈耳。

二十三日，早陰雨。卯刻開行，四十里茅草溝，四十里泥水溝，暫泊即開。二十里劉官塘，三十里鄒家嘴，三十里栗河口，有河岔少泊舟，四十里赤河，有街甚長，堤内別有河，蓋赤河也。地距安陸府城十里，又四十里獅子口泊，是日共行二百四十里，水順且風微流急也。地有鳌金局。

二十四日，晴，天明開行，六十里石牌，六十里臼口，泊。訪同鄉蔣君。約三里至天寶醬園晤蔣君，詢及沙洋盤堤情形，茫無以應。即回舟。臼口街市甚長，亦生意馬頭也。四十里抵沙洋，時酉初二刻。即往尋盤堤，小河距襄河約里許，河面甚狹，與南中小港相似。船名拖扁子，計有數十號，形扁狹而小，蓋裝貨船也。回至舟，復至街中訪吉芳醬園，係震澤人開。一老者言及盤堤路程，水路約二百四十里，無風雨兩日可到。河無波浪，中有草湖，七十里水面甚闊，滿長青草，亦無波浪，惟湖心十餘里下水須東北風。如遇南風即難走矣。旱路止百三十里，亦須兩日，人較辛苦耳。又一張姓云：水溝張一家吴漊人也。至舟已上燈，即定由水路走。沙洋屬荆門州，有三府，沿河有漢上書院，鎮水錢牛二，量水尺一。吉芳張君云：月前長髮距此百十里，現稍遠。本地有教匪蓄逆練勇，捕殺數十人，黨羽始散。現尚搜促也。捐輸綦重，如醬園大字號，每歲派捐六數，其貨物往及，每日鋪面生意均抽厘金。每月又數十千，每年約捐一竿之數，故生計日拙，民情愁苦。而官府辦事毫無實在益民之處，即如隨州賊匪千餘，而官兵數萬，絶無動静，徒縻糧餉。官相庸才，胡中丞亦稍能殺罰而已。夷人於漢設街一條，租民房，火輪船六七隻，不時往來。土人入天主教者，本多自夷人出示勸人奉教。匪類翕然，向風多生异志矣。湖州府城尚無事。鄉下無長毛，槍船滋擾不堪，人無安身之地。南潯城内，雙林亦已十二月初六焚掠一空，荻塘、大錢均遭，惟菱湖長毛未到，南邊三月中信云云。

二十五日，陰，風雨竟日。迎梅天氣，悶坐舟中。

二十六日，陰雨綿綿不絶。徘徊舟中，竟日悶甚。

二十七日，五更雨聲未絶，辰時雨止。巳刻過堤，定拖扁子二。午晴霽，盤堤入沙洋小河，泊。

二十八日，早晴。開行十五里高橋村。十五里棗林，有街市。五十里新塘，十里窑口，屬荆門。約數百人家，即泊船户姚姓家也。地多食教之人，夜中宜小心防守，本日行九十里。

二十九日，晴風。十三里泊闗家塘，南風打船，土人謂之鬥風，守風竟日。

五月朔，晴。東南風，仍坐守竟日，無聊之至。徘徊邨落間，觀犁田者。

初二日，晴。東風，卯刻解維，七里入長湖，湖狹處約二三里，廣處約十餘里。深不過一篙，淺處僅半篙許，湖中生編青草及蒲、蓮、菱。是日風大，亦波濤洶浪也。張帆行駛，辰刻入老虎口，少泊。行六十里，又三十里進闗家口，入沙市，河地有楊四廟。又二十五里，荆州北闗，收船料。令大江上岸討闗。過闗五里沙市，泊。沙市屬荆州府，距城十五里，街市繁盛，甲於樊城。

初三日，晴。移泊沙市便河橋内閱景樓茶館下，即上岸。至九十鋪街泰升號内，訪晤崔禮兄，偕至船埠看船，無麻陽船，惟頭號把船一隻，尚寬舒可用，而船價甚辣也。此號船僅至常德，至常又須換船，因遣人至筲箕灣尋麻陽船。午沿堤看船，麻楸獨多，申刻人回，據雲無。傍晚崔禮兄來，同至閱景樓喫茶，託其定船。崔君在此二十餘年，初來時不過大鄉鎮耳，自漢口被刼，移於此。遂成大馬頭，便河等處房屋均新葺者。閱景樓初係湖人填塘築室開張，現歸他人矣。又有姑彭會館，係吴興及震澤公修，以姑山、彭山命名。便河北岸有萬壽宫、鄂城書院，南岸有老郎廟。

初四日，晴。巳刻崔禮兄來，已雇定頭號把杆一隻，午刻發行李堤，申刻登舟。酉刻上岸買零物件，先至泰升號。

端五日，晴。晨上街至泰升一談，復至便河閒行，午刻二伯及壬、菱二弟至便河觀競渡。往年外河有龍舟競渡之戲，近因水大溺人及搶先致鬥等事故，地方官禁止也。

附詩風雨泊白家行：「云霧壓山黑，天地入杳冥。襄水日夜急，風雨稽我程。抱膝默無語，若爲羈泊情。推窗一以望，莽莽空水平。青靄已全失，白練教縱横。陣急打篷背，流勁勢奔騰。洪濤怒洶湧，澒洞碕岸傾。孤舟震耳仄，所聞惟碎訇。中宵數起視，燭影寒不明。推枕呼舟子，鐵鎖鍊交并。我心終未安，轉側魂夢驚。不覺天欲曙，模糊送雉聲。披衣問童僕，雨息風猶鳴。響奔走深漲，湍激馳迅霆。澎湃不可觸，念爲濡滯縈，何當效宗慤，萬里秉風行。」

沙洋河雜詠「聲聲布穀隔邨歸，細草如茵緑滿堤。新水纔深三兩尺，菱篙撑過小橋西。深深轉入小塘行，水面全無聽水聲。菰葉打篷蒲入檻，凉收四壁緑雲輕。小溪之繞路三又，風景依稀似若邪。茅屋夕陽間曬網，緑楊深處是漁家。薰風幾樹送微和，卧聽栽秧踏踏歌。偶起挂窗看水面，金波蕩漾浴青鵞。漁罾兩岸帶漁舟，溪畔人家屋枕流，兒女也知臨水釣，一竿斜倚柳梢頭。半篙新漲没田塍，橋影横波月半弓。曲折穿行深樹裏，繞船蒼翠護千層。」

初六日，五鼓天明，晴。巳刻開船，十五里筲箕灣，十五里進太平口，入小河。四十里百家航，旱路大道三十里，喚津口泊，或名壬家口，進太平口以内，均小村庄，夜中宜小心。

初七日，晨雨，微順風。張帆行五十里泊野王關。船户上岸納税，且轉南風也。午晴，由關口開行三十里泊倪洲，風大難摇，地有三五人家，前途恐無灣船處。本日八十里。

初八日，晴，南風。卯刻開行，十里曾公渡，三十里瓜子灣，入湖南界。旱程至常僅百九十里，地屬澧州，實名澧州營，瓜子灣其俗名也。自午刻泊舟，至暮不開，舟子以風大爲辭。催之再三，無能爲力。其實是日風不甚大，惟係頂風耳。

初九日，陰，東南風。卯刻開船，三十里交溪泊，屬安鄉縣。至午風甚，守至天暮，風浪愈甚，遂泊不行。

初十日，晴，南風大作。仍泊交溪。

十一日，晴，南風如故，仍交溪泊。「惡祝南風五兩輕」，右丞之詩可斷章矣。

十二日，晨微雨，即晴。南風勢略衰，卯初開行，二十里大河口，有卡抽厘，東征籌餉也。又十里港北村，風勢復甚，船身屢閣淺，因泊守風。申刻風漸息，開行二十里滙口。過口即上水，有同來赴吉安船往湘潭，在此分路。旁風略順，張數葉帆，十里王角，泊時已戌正。東北天色昏暝，狂風斗至，雷電交作，雨亦隨至，疏疏密密，達旦不休。卧聽風浪之聲，客睡不能著也。

十三日，風雨不止，申刻雨止，風漸小。開行張半帆，一百里某村，有卡。四十里竇家府泊，本日計行百四十里，僅三時耳。所過之區數百里，悉汪洋成海，堤岸全没。舟子亦不識水路，從田中行。蓋四月間起蛟，常德府城水悉漫屋，現已退去七八尺矣。所過村庄房屋僅存屋椽，人民不知遷徙何處，其高原水亦半屋間，亦有人未去者，正如累卵之危，天之厄人，甚矣哉！

附交溪阻風詩：「矯首牙旗仍北指，南風薰透雨當衫。推篷浪影翻杯底，打岸潮聲送枕函。客子閒吟删舊草，篙師酣睡倚危杉。科頭箕踞偏蕭散，笑數乘船盡挂帆。」

十四日，晴，東北微風。竟日挂帆，七十「里」女浩子廟，三里牛鼻灘。

望日，晴。上水無風，新水流甚，舟行較遲。將近常德，十里開口水流須渡至對岸，行道較遠五里許。酉刻抵常德府南門外馬頭，泊。

既望日，晴。晨上岸看船，午刻回船，極熱。飯後天陰，申刻晴。進城買物，並至南門隆盛錢店。店主江西人，銅仁棉花船，渠處最多。渠言信行今日動身，有信可帶至銅府。戌刻回船作銅仁稟，令田焜送去，信行人已走。錢鋪遣人追送桃源，約十日必可到。惲次山年伯，於己未由侍御出守是邦，春間升授岳常澧道，在任一年有餘，頌聲載道，工商農賈無間言，清勤公正，爲近來好官第一，訟獄者不赴縣而赴府。四月間大水狂作，西門外大塘爲澧州一帶屏蔽，如一失事，則數百里人民又成魚鼈矣。太守竭力搶護，風雨昕宵，必親身歷勘，所費七千串，府後地方恃以無恐，遠近民人翕然稱治，如特旨升任，搢紳輩尚欲稟留也。本往謁，因無甚要事，且事冗無暇，渠公事亦甚忙也。有江西人云，瑞州府屬亦係中王。又被蹂躪，黄德之賊即此一股，武漢亦戒嚴。

十七日，晴。晨雇定二號麻陽花舿一隻，午刻放船過載，申刻移泊清平義渡，有待渡亭。上岸即大西門，酉刻微雨，即止。天氣仍昏暝。

十八日，陰雲四合，東南方有雨。巳刻上岸買物，回午餐。復進城，戌刻回舟。是日有貴州人下來，云銅仁有警信，不知確否。中心懸懸。

十九日，陰。晨至南門隆盛店，探銅仁信。據云，昨上午來船僅知城外火起，府城被圍。下午來船方得確信，先一日有一苗人至府署，揚言明日弟兄們進城，登時擒獲斬首，次日兵士登城，開門以待賊，果由小江一帶進撲北門，並焚民屋，官兵閉門開炮，擊斃數人，後見賊衆僅二百餘人，出隊擊退，逃竄何處則不知也。所調鎮筸兵五百，尚未到北門，僅燒去民房一所，並無大害。此信係下來舟人所説，其店友尚無信來。石阡一帶，本有上游餘匪下竄，刼掠客商，故棉花船上去者甚少，石阡距銅三站，此投或即是烽烟滿途。椿闈正不知作何光景，令人憂悶。距此尚遠，須過辰州方有確耗也。午刻回舟，是日風順，舟子以上河船有七九不開船之忌，必行遲至明日，未能相强。

二十日，陰。卯刻解維，四十里風颷大作，遂泊。是日俗傳爲分龍日，風雨至暮始止，水長數尺，是日麻陽毛欄二隻，被風覆水。

二十一日，晨陰。五十里桃源縣，少泊，午晴。三十里泊桃源洞，一波於水，即淵明所謂「行盡水源」處。縣亦以陶記得名，誦右丞「春來徧是桃花水，不辨仙源何處尋」之句，爲之惘惘。距桃源里許有鸊鶙岩，多小人麕聚，大令屢次搜捕，終未能净也。

二十二日，晴。三十里川市，十五里臨津灘，五里官堡山，五里脚板岩，泊。銅仁府於五月十二日被圍，約六七百人，擊斃數人，已退去矣。此下來脚子語也。

二十三日，晴。天明開行，五里姊妹山，五里至方溪，二十五里萬正山，過萬鎮灘，聲如雷，水與石相激也。風順揚帆，雨至，少泊即開行，十五里甕子洞，三大灘之一也。屬辰州沅陵，計六里。舟從山麓行，山腰鑿石成路，僅容半足，石中穿以鐵索，水手均援索而行，蒙莊所謂「足二分在外者」，險峻是也。天晚，行二里許即泊。本日計行四十七里。

二十四日，陰雨。四里出甕子洞，五里明雲岩，絶頂有閣。兩峯相接，有亭橋。十九里青浪灘，相傳爲神灘，過者必虔祀伏波將軍，蓋伏波嘗征五溪蠻，故自桃源以西所在，有伏波宫也。灘計四十里，河中悉大磐石，舟行湍湍，而水流甚，砰訇如雷霆之疾走。將至洞庭溪，舟淺於石，舟子入水，移時始出淺，而船行已進水矣。幸係裂縫□補葺即開。行未及三里，至有灘處，石滿河中，舟行石隙，行水流阻不得進，篙繩□斷，舟仍打下，幸未撞石上。令舟子換新篙，始得過，泊洞庭溪。計行二十里，青浪之一半也。少泊即行，本擬至蕭家灣泊，行未里許，新篙復斷，即泊高阡，本日行四十九里。

二十五日，陰。天明開行，加□六人。九里蕭家灣，此青浪最險處，岩上有伏波廟，水從下上衝，蓋有深潭故也。又十里灘口，出青浪灘，風順揚帆，十里燒紙鋪，少泊即行，過楊家洞，三十里萬碣灘，計四里。十里斑竹溪，過刺灘十里，泊朱鳳溪。計行七十四里。

二十六日，晴。天明開行，過方竹溪灘，水流極加，十五里歸客灘，灘横踞河中，水淺。半里許皆有石，舟行遲甚。過灘行數里，風順揚帆。申刻風略大，過横石灘計二里，水大稍平，加行不甚遲，據舟子云：水乾時石出，舟行亦甚艱殆，殆即三大灘之一也。約二里爲九碕灘，水大不甚流，約三里許加行過灘，至九碕泊，屬辰州。距北客三十。本日行四十五里，距辰州僅三十里矣。黄昏後有大星見西北方，光如目芒甚長，爲雲所遮，未見其光竟處，疑即長星，壬子年曾見於西北者。三鼓雨。

二十七日，晴。天明開行，三十里辰州府，過高麗洞、白田灘，均不甚流。泊時午刻，上岸探問消息，均不甚明，悉擬專足至銅，無信行。申刻開行，路悉沙洲，水亦平穩，二十里泊蘭灣河，長星仍見，出於斗杓之北，光長數丈，東流入漢。作銅仁稟，明日遣田昆先至署也。

二十八日，晴，南風。天明田昆登陸先行，舟亦解維，二十五里醜灣，對岸爲麗灣。五里窩子灣，水手歇晌，天氣熱也。未刻開行，過三洲灘，泊七陌里，又行十三里，本日計行四十三里。

附詩灘行「一山復一山，山峭難側足。一灘復一灘，灘險不可觸。鼓浪深潭渾，坡摧亂石矗。中流迅奔湍，危崖瀉懸瀑。響如雷鼓鳴，影如雪峰簇。又如羊腸道，斗折且奥曲。貫耳既驚聽，寓目更駭矚。舟子亦戰兢，家童半惴縮。親彼下灘舟，疾如刀破竹。願我上灘船，難於魚緣木。人心每相妒，我額未嘗蹙。曾聞九折坂，叱馭動殊俗。山川自險阻，何分楚與蜀。千古仰壯懷，志期王尊續。」

甕子洞：「峰回面面擁青螺，繚繞雲根卷白波。水立勁驅危石聚，濤奔急彙衆流多。人援鐵索攀緣上，舟轉山岩曲折過。新漲喜添三四尺，刺篙半没舊時窠。」

青浪灘「舟回路轉白雲隈，萬里乘風破浪來。舟入浪心顛欲簸，浪生舟背怒於雷。千尋雪練深潭湧，卌里霜鋒矗石堆。盡向伏波乞靈爽，古宫幽處蘙莓苔。」

二十九日，早陰，南風略大。天明開行，七里瀘灣縣，十里油坊灣。小雨，未刻晴。廿里白龍岩，又廿里秀山塔下，泊。

三十日，晴。天明開行，十里浦市泊，上波買物並探悉銅仁消息，賊已打散，錢鋪中有上頭信來，午刻開行，十餘里摇觽過河，陽橋斷落，水手落水，即泊沙灘，收拾陽橋。酉刻開行，五里許過辰谿縣，入小江口，泊時已昏黑矣。本日行三十里。

六月朔，晴。天明開行，七十里泊□河塘，地屬辰、沅分界之處，對岸屬辰谿縣，距縣旱三十里，此岸屬麻陽縣。

初二日，晴。四十五里泊茅坪，連日灘行，水淺且流，故甚遲滯，傍晚大陰，雷電，小雨即止。連日天氣炎蒸，悶熱殊甚。

初三日，晴。十五里楊閣老，爲船户張姓之家。張姓五世同居，鄉里稱善，可見十步之内必有芳草也。十里抵姚里，時未刻矣。候銅仁來人，至晚不至。河西岸屬愛民司，縣丞。東岸屬高邨司，巡檢。此地稻田秧緑已齊。據土人云，六、七月二交即可收穫。今年水大，略遲往年。二月播種，六月約可收齊矣。每畝磽者，可收四石許，肥者可收六石。田主與佃户均分賦税，甚輕，人歌樂土。不似吾浙與江南之重斂也。銅仁聞於前月十二被圍，當即擊退。十三鎮筸發兵，二十二日匪又至西門，當擒獲匪首數人，餘匪打散矣。又聞長沙至鎮筸調兵不知何往，江西省城聞於五月中失事，未知確否。

初四日，晴。辰刻有載香料銅仁下來，於前日下午開船，據云：大老爺於初一自小江江口一帶回署，城外悉平謐矣。申刻田昆、烏銘、劉升押轎偕來，蓋田昆於初二日方抵銅仁，昨日雇船下放，故今日始到此接。嚴諭眷口登陸，由鎮筸走，計二百八十里，竿三站。行李則仍由水路也。

初五日，晴。今日本可動身，因盤撥行李及換兑銀兩，恐不能早行，故再遲一日耳。巳刻令下人過行李，自至高村換錢，即與船户竿訖。

初六日，晴。卯刻起轎，十五里愛民司，有城池。二十五里石岩哨，打饘。三里石羊哨關，十二里盧定關，有清風亭。進小田關，至鎮筸城宿。地爲鳳凰廳，辰沅道及分府均駐於此。

初七日，晴。天明起轎，六里涼如井，十四里廖家橋，饘。又三十里安樂司，二十里大真場，宿。地屬松桃廳，入貴州界矣。

初八日，晴。天明起轎，十五里龍鳳場，入銅仁界，十里□場，打茶饘，又五里清水塘，寅穀、芳圃二兄及儀從來迎。十里銅仁府接官亭，有葛「崔」汀大令及馮廣文，馮□縣，尉葉□□貳尹来迓，下輿入即行，午刻抵署，叩見椿闈，即拜晤西席謝薇刑錢屏及其弟老三。壽山、郭春三記室。

初九日，晴。萬壽日也。作松陵信一。蓮清信二、梅生信一、怒齋信一。

初十日，陰。作鑪青信一。午刻出門拜同城諸官，晤閔副戎。餘均不見。

十一日，陰。午作鄭德叔書一。傍晚封寄，託楊慎軒孝廉渠赴部投「效」也。

十二日，晴。是日三弟生日，合署喫麪。午刻與二伯、芳圃及諸弟至東關一遊。山水清幽，頗饒佳趣。與二伯乘馬坐轎回署，因壬、菱二弟均欲騎馬也。

十三日，陰。晨作昌平信、保定信各一件，用官封遞去。午雷大雨，即晴，晚小雨。
十四日，晨陰午晴。
十五日，陰，晚晴。月出於東山之上。
十六日，陰。午大雨，即止。
十七日，晨，午晴。申刻陰雨，晚晴月上。
十八日，陰晴倏變。
十九日，陰晴不定。
二十日，晴。有同鄉宋耐菴之弟七郎來。即黄汝霖之婿也。耐菴亦俞氏戚，留喫便飯，渠現赴石阡楊子野觀察行營，明日動身。未刻陰，出門答拜宋君不值，復至銅仁縣晤葛明府，至軍需局晤戴心畬、邱蓮士，公出不值，即返署。凌小莊姻丈自江市來署。
二十一日，陰。酉刻作似竹叔信，又代作邢瑞庭信、蓮清信各一，明日有紳士李丕基之弟赴都，擬託其帶。椿闈作京信十餘件，隨侍封發。四鼓始就枕。
二十二日，陰，午微露日光，旋陰大雨。石阡探回，云有賊千餘被團圍住，尚無緊信。
二十三日，微陰。
二十四日，早晴。巳刻偕芳圃步至謝薇屏公館道喜，其眷屬由省來銅，昨日進城也。由道義繞道來，計行三十九站，其第五弟年十六矣。甚俊秀。少坐即旋署，送曉丈行，渠今日赴江市。
二十五日，晴。寅谷來，與芳圃换班也。
二十六日，晴。芳圃赴東關。
二十七日，晴。代作江右一、杭信二。
二十八日，晴，申陰。聞漢口於五月間失守，不知確否。謝讓哉老五，薇之弟来。
二十九日，陰。連日天氣略熱而不甚酷，非若吾鄉之身不著衣，手不離扇也。然在貴州，則此間爲極熱之地。

七月，朔，微陰，午晴。芳圃來署。
初二日，晴。子初立秋。芳圃赴關，作小楷。江市來信，石阡消息尚鬆，官兵小勝，賊距唐頭五里。
初三日，晴朗。天氣熱。
初四日，晴。有署思州守、興義守周十夫獻庭自省來，道經四川，傳聞濟垣有失事之説，並聞譚中丞已殉難，未知確否也。
初五日，晴。熱極，爲今年第一天。是日拏獲賊首韋青山，僞稱五營揔辦、護國軍師。楊奉光。僞稱元帥。
初六日，晴。申刻陰，西南濃佈，雷殷然。傍晚雲散月升，星沙皎皎。是日辦韋、楊及夥犯龍、陸等五名。江市來探，據云塘頭賊匪爲兵練擊殺，斃數百人，已退至金竹園一帶。
初七日，晴。禾苗漸有旱槁之慮，是禁屠求雨，傍晚西南雲復密布，電光閃閃。諺云「東電日頭西電雨」，或可望沛澤也。
初八日，晴。巳刻陰，微雨，午晴，未陰風，申風甚，大雨滂沱。酉刻止，風亦息。天氣略凉爽，傍晚晴，入夜仍陰。
初九日，晴。午陰。到江西信。
初十日，晨陰已晴。未陰大雨，酉晴。縣中到包封，制臺傳言放駱籲門，未知確否。開城戒嚴，黄、白合股上犯，欽憲派戴□山觀察總辦□開平，修甕防勦事，□宜大定，畢節一帶未清，遵義、相梓有白號猖獗。髮逆亦有下竄，道郡甚形喫緊，興義趙達菴鎮軍前往，韓南翁署臬司，沈秋翁署西道，曾樞翁仍護東道，昨晚所到江右信，有吉臨撫建屬邑均失，瑞州全陷之説。浙中道路不通，臺處均有賊，蘭谿亦陷，林廉訪駐紮之衢，擬收復蘭谿。
十一日，陰晴不定。下午小雨。
十二日，晴陰不定。江口兵事互毆，當即撫定。
十三日，早晴午陰，未雨即晴。申仍陰，大風。戌刻大雷電，雨暴注，水流疾於奔馬，溝澮皆盈，上燈始止。是日伏終，明日出伏。

十四日，早晴申陰，晚晴月上。

中元節，晴。祭祖。夜令家人環署化紙錢，其亦免「空對棠梨」之歎乎。俗例於是日祭亡靈，到處皆然。銅俗到夜往城頭化紙錢，灰烟蔽林，哭聲四起。月下聽之，三峽猿啼無逾是哀也。

既望，早陰，天氣涼爽，午後沈悶。

十七日，晴。芳圃來，下午回關。

十八日，陰，天氣較涼，傍晚大雨。

十九日，晴。督諸弟課于「江聲云彩之齋。」此椿闈命名，以兩山枕江東山，舊有「江聲云彩」四大字刊於絶壁石上，今已模糊。時近秋節，過節後再擬延師。

二十日，早陰即晴，天氣復熱。

二十一日，晴熱，與三伏同。

二十二日，晴，熱極。蓋諺所謂「秋老虎」也。芳圃來。

二十三日，晴悶。午後其霱在東山之陽，密云不雨，杲杲日出。

二十四日，早晴，下午陰，大雨。

二十五日，微陰，傍晚大雷雨。芳圃據云常德來信，云彼處於七月初十日遇大風颶，沉商船數百號。淹斃者不計其數，江中撈獲死尸二百數。

二十六日，早晴，天氣較涼，有風故也。送椿闈行，今日赴江市，約半月方回。未刻陰雨，即晴朗。代作高江書。芳圃回關。

二十七日，陰，申小雨，天氣涼。

二十八日，陰，雨竟日。夜連綿不絶。

二十九日，晨，倏晴倏雨，午後雨連宵。

三十日，微陰，薄晴。

八月朔，晴。天氣復熱，晨至城隍廟觀音寺代萱闈拈香，是日丁祭，分胙甚熱鬧。

初二日，晴。寅穀赴關，芳圃來換班也。代作江市信二。

初三日，晴。酉刻赴馮裕亭，郡尉之招食荷餅。北地風味也。亥刻回署，二皷就寢。大風，是晚甚凉。

初四日，陰，凉風颯颯，溽暑全消。是日白露節，諺語云「白露身不露」，非盡「虚」言也。午縣幕陸錦珊、吴厚甫來。小雨東山在即，小雨殊佳。

初五日，天氣頗凉，陰。長班回署，椿闈今日住桃映，距城七十里，明日可回城。

初六日，陰。酉刻椿闈回署，午後理左傳。

初七日，陰。豫章有被圍之信，九江一帶有賊。

初八日，陰，微雨。午後臨帖、理左，又選詩。

初九日，陰。龔廉訪聞三日内可以抵晃州，傳來之信，並有國喪之説。

初十日，陰，夜雨。

十一日，晨醒，雨聲淅瀝未已。巳刻晴，午微陰。

十二日，陰。是晚有三元團、晾團起事之謠，有搬家者。

十三日，晨小雨陰。何中丞死，省中消息也。髮逆竄至□臺，地方，勢將入川，仁懷廳縣均喫緊。巡撫關防爲欽差携去，亦一奇事。是日謡言未息。

十四日，晴，天氣復熯。俗謂之「桂花蒸」，花廳桂花已開，書房花蕊尚稀，惟學宫金桂一株，著花甚密，晚二皷後，忽滿城鼎沸，訛言賊至九股坡。在清水塘。椿闈即飛轎上北門傳大令，令屬武站□子，人心稍帖，然連發四道探丁，家人劉升親往探聽，交三鼓偕二伯出署看視。椿闈察看街巷人情，並不驚恐，知係謡傳。嗣劉升偕探子回，清水塘、九股坡人家均閉户安寐，敲門查問，據云並無其事。究謡言之由起，蓋五月間教匪滋事，熊千總登魁、帶練在小江等處磕詐富民錢數百千，嗣邱委員育泉復磕詐千餘串並掌責生員等事，人情忿恨，因有殺邱、熊焚熊家屯之説，其實不過逞忿語以爲快，非真有事也。而不肖之徒營兵、散練、土棍。從而生事，布散謡言，人心不免爲之動，即有移家者，故數日前有熊家屯搬空之説。是日有北門外人在清水塘被搶，訛言賊來，或云北門一帶本無驚恐，夜半忽有敲門，告曰賊至矣，遂驚沸，及查拏其人，已無影響，而滿城官民均受其擾矣。三更將盡，椿闈返署就寢。交五鼓，有營中盤獲一人，送署即起審詢，協臺復來署，同問，蓋係散練謡言者。據云係其堂兄所説，因令傳其兄來城。

中秋節，陰。明礮。椿闈出署拈香，派人至八門查保甲，親與慶協出北門查究，無可疑之人。民情已安堵矣。午刻寅穀来，東關一帶昨晚亦不甚驚慌也。午飯後與寅、春二兄侍慈闈爲骨牌戲。晚上燈復打天九，蓋是夜椿闈擬往查夜，借此爲遨夜名。三鼓後椿闈出署，四鼓回署，遂散場就寢。是日午後陰雨即止，入夜復雨無月，孤負良辰，爲之悵悵。

既望，陰，風。午後偕郭春三、謝壽山暨諸弟步游。東山寺踞東山之巔，寺門外有石刻詩二，嵌入壁中。入寺門，爲二帝祠文武、武侯祠又名諸葛樓、魁星閣、文昌宮。後楹已燬，惟梯雲接引匾額尚存。大江帶其南境最幽勝，殊可觀覽。倘室室於兹，焚香讀書，俯視城市喧闐，不啻人間天上。向有大觀樓、澄江樓，川上亭，今遺址不可問矣。鍾鼓二樓亦燬，惟地址存。由火神殿轉而東，爲觀音閣、真武祠、雷祖殿，均在正殿之左，别開山門。由雷祖殿下坡，轉而左爲昭文塔，亦燬於兵火，塔基占絶壁上，「雲彩江聲」四字即在絶壁上，近已模糊不可辨。其地俯瞰大江，而蔓草荒烟，别無可覽。寺中南天燭獨多，纍纍者尚未赤也。桂花亦有數株，偕「生」小徑中，幽芳撲鼻。其他古樹甚鮮，蓋屢遭兵燹，均入爨下之刼矣。其鍾鼓二樓舊基，地占深左江右城市，而境特幽静，魁星高入雲霄，大、小兩江均在目中，銅崖□其前跨鼇亭，藏深樹中。夕陽半山，流水矣繞，亦一勝也。歸路至天右宫，爲福建幫聚會之所，何杰夫中丞爲太守時所修也。頗精緻，盆中養小石山數枚，具凹凸奇特之勢，上植松蘭异草，置諸几席間，足供賞玩。回署收拾書房，緣明日諸弟入塾也。

十七日，陰。晨迓蕭□香先生炳輝入署，即送諸弟入塾。傍晚小莊叔自西關回，送吐綬鷄一，即吐綬鳥也。俗名角鷄，出梵净山，形如雞，尖喙如銅少曲，毛斑然有文。

十八日，晴。明日爲母親生辰，是日大、小江首事、路溪首事及同城文武，均送禮物。晚上煖壽，又謂之敬祝。官員均辭去，惟首事四人及署中諸西賓來敬祝，設席相待。

十九日，晴。協臺及營訊官、銅仁縣經捕教官、江口吏目李梅村、大江首事六人、小江首事七人、府兵首事四人、縣署及本署師爺均來拜壽喫麵，午後始散。復與諸弟拜壽。事竣打牌如中秋，晚間請客。

二十日，陰，大風。早寅穀上關，傍晚回署，上燈後打牌。是日請協臺，席散已二皷三鼓。椿闈步行查夜，親自拏獲雷雙喜，又名雷雙發，土棍福禄壽喜財中，「教」字號中之一首領也。新葛令來。

二十一日，晴，風。昨日賈迪之來信，得京信，安然無恙，大家拮据。中堂往熱河東省靡亂。捻在徐州，僧邸駐濟寧州，勝帥在德州。大名失去兩縣，德帥力圖克復，而白蓮蜂起，勾結捻匪，賊愈聚愈多矣。江南軍務無起色，聖人雙以且泰文字爲蔽諱，吉祥事已預備也。新令葛義民良治來，昨日下午到銅，省門尚無國喪消息。粵逆直竄蜀中，將近涪州，兵練不過尾追而已。緣河司、婺川一帶道路尚可通行，四川則又不能閃。協臺聞遇賊，行李有失落信。是日鎮箄差回，大行皇帝於七月十七日寅時升遐，皇太子即位，遺命以載垣、端華、景壽、肅順、穆蔭匡源、杜翰、焦佑瀛爲顧命大臣，穿白袍。二十七日一切典禮尚未奉有明文。午後陰，晚請客，是日李承哉團上拏獲要犯田二、田三。

二十二日，晴。李梅邨、馮裕亭來署問案，上燈始散。是日辦田二等四名。馮仲慈司馬自玉屏來，乙巳同年也。

二十三日，晴。早謄詩，午理左，夜小雨。復東道札。來催府兵，其意甚急。早謄詩，午理書，寫小楷數百，燈下理詩。

二十四日，晴。巳刻凌小丈赴江市。謄詩如前。午有紳士楊樸民之乃郎□庭來，陪話良久。

二十五日，陰晴倏异。申刻馮年伯來，出見，陪坐良久。

二十六日，晴。午後偕芳圃詣新舊令尹處道喜，新令於昨日接印也。又往謁馮仲慈年伯，長沙傳來消息，有江西賊入浙之説。

二十七日，陰雨。縣中接麻陽信，云酉陽拿姦，供稱僞爲烟客，共有三十七人來松、銅探信。

二十八日，陰雨。

二十九日，陰。有龔灘失守之信，地屬酉陽州，距松桃甚近。云係髮逆，蓋綦江一帶來也。

九月，朔。是日開徵，與二伯輪流至倉上監收。漏澮送萬民繖。

初二日，晴。代作懷江書。申刻上倉。東道曾來銅，接龔憲也，椿闈過河往迓。傍晚曾來署，是日有石阡劉營之武弁，在湖南招勇五百名，路過銅仁，已進城二三百名矣。恐滋事，二礮親自出去查夜，並往拜東道，四鼓始回署。後半夜大風颯颯然，如暴雨之將至。

初三日，陰風。椿闈五鼓出門，往迓龔臬臺也，午刻進城。

初四日，陰。謄詩、理書、寫字。傍晚曾樞元觀察來便飯也。出見，並陪侍喫飯。是日接經笙姨丈函，乃八月初十日在蘇州書，十四日由常德來者，往粤東想係放試差也。聞十月圓考，明年二月間方能回都。

初五日，陰。理書，寫字，理詩。夜大風，逾時雨。

初六日，陰風。頭腹不適意。

初七日，陰，疾少差，逕日閱書。

初八日，晴。

重陽節，晴。申刻隨椿闈暨曾樞元觀察、馮仲慈年伯、郭春三記室再登東山。秋深矣。木落峰高，又是一番景色。曾公於明日回玉。

初十日，晴。作手香新喜橙槎詩，又代作杭信一件。

十一日，晴。早代作湖信二件，申刻移在東闢讀書。地最幽迴，頗相稱書闢，爲太乙峰下，爲水星閣。晚作杭信一。

十二日，晴。晨回署，遶城行，乘馬看山，亦一趣也。書浙信由官封馬遞去。雲南回夷猖獗，川省州縣有被陷者，廣南亦失，將入粤西矣。其不被陷僅三府，盡爲何有保占據。徐中丞被捆撲二次矣，省垣候補官員有作餓莩者。官途至此，可稱大變。章仙舟已逃至四川，輜重被劫，周耕香太姻丈則尚不知下落也。申刻回闢，寅穀進署。

十三日，晴。午寅穀回闢，知謝薇「屏」太夫人今日可抵銅，必有省信也。

十四日，晴。寅穀進署，傍晚取得省信來，大行之事已到，閱京報，閻年伯敬銘以按察使候補，不知何人保舉。小梅叔祖升督糧道，陝撫放瑛棨矣。蔣叔起年伯放廣西南寧府。嗣後諭均以有「御賞同道堂」五字爲據，與硃諭同須繳還，此事亦新鮮花樣也。其端、肅之意乎？

望日，晨大霧。對面峰巒盡隱不見，惟聞灘聲而已。午後候寅縠不來，申刻進署。大行之事，文書尚未到也。許雋來云，沙垻一帶復有蠢動之說。熊營來密函，語亦相符，須查拏也。惟雷了成爲團上放走，可惜。是日，縣中請喫飯，寅、芳兩君各存意見，均不肯去，不得已前往應酬，共兩席，同席則蕭、郭兩西席、馮、李兩參軍，均熟人。其另一席，則爲邱蓮士、王少峰、刺史胡薌谷、大令黄子立、大令葛崔汀及主人，烹庖其美，惜在飲酒者惟獨亭殊寂寞耳。三更回署，謝薇屏處有王君寄李賡石信，云府主已換王君，名雲皆，即席間王少峰也，傳事房出身，馬銘、馬升均與交好，蓋曾同事在湖南陳觀察署中。也，此信似的。

十六日，晴。晨與芳圃上關喫飯，芳圃回署，候寅縠至晚竟不來，殊可怪也。性情之愎至此，可謂極矣。

十七日，晴。晨芳圃來關，午寅縠來，申刻偕芳圃旋署。

十八日，晴。晨上關，申刻回署。

十九日，晴。上倉督發兵米。

二十日，陰。髮逆有竄彭水消息，田營來移文，現在占據黔江縣。虎威軍在正安，鎮筸來文，已辦防堵矣。

二十一日，晴。作江市之行，巳刻登舟泝流，晚泊壩王，計行四十里。

二十二日，晨陰午晴。傍晚抵江口市，下榻西關。夜郝喜亭來，郭朗亭來，馬升來，爲龔憲匯項，兼覓使女也。

二十三日，晴。巳刻詣香山寺禹王宮拈香。即拜郭朗亭、雷、王二弁及曹、周、郝、譚四首事，厘金委員曹、董二君。午刻，均來答拜。

二十四日，晨陰午晴。曉丈下城，馬升隨回。喜亭來，午又來。

二十五日，陰雨。午喜亭來，與曹、郭諸君爲七十二戲。往香山寺收糧。

二十六日，陰雨。王新初云玉華山賊巢已攻破，□□已被圍，軍情略見起色。前在江口滋事之把總金鎮山已被熊營正法。

府兵者也。

二十七日，陰雨久晴，故有久雨也。喜亭來，汪中水長尺餘。

二十八日，陰雨。天氣驟寒，重棉猶不知煖，土人多有向火者。楊亭來，下午曉丈來，昨日出城因無肩輿，故乘舟也。臯臺已行，舊葛令偕往。宮中大事於前日到城，已成服。江口文書明日到。喜亭来，周首事来，椿闈擬即上來。

二十九日，晨雨，午後雨止，仍陰。傳牌到，今日起馬，明日可到，由水路上來也。

晦日，陰雨。酉刻椿闈抵關，昨日在壩旺拿獲聯團首事二人，因起（早）「早」前進，在壩盤又拏一人，均抗傲

十月，朔，陰雨。午斟酌保單。問案昨所拏三人，二係青谿人，一係不捐府兵，因重責之。是晚有聚衆搶奪之謡，而該處紳董均來懇恩保釋，擬明日釋放。三鼓，郭朗亭及二武弁來，謡傳花橋一帶聚衆數千，勢欲刼人，因言不如今晚釋放。曹首事來，揚言如今晚即放出，吾輩首事有何臉面，且彼亦不敢率衆上來也。二武弁始怏怏然去，夜大雨如注。

初二日，陰雨。江水驟長，澎湃之聲愈形聒耳。晨遣人往挂扣一帶探視，午後回城。據云彼處聚人一二百，聲言如將人解城，即刼去。倘我等率衆來江市，大老爺將謂我等造反，亦不肯也。諸首事來保，即將三人釋放。申刻斬逆匪，土棍各一人。土棍係武營蟹脚，故武弁二人均代求免死，不能許也。辦後諸首事均言大老爺爲地方除害，一鄉之人無不感激，而弁則甚不愜意。是日有鄉人挑柴進街，帶有刀。楊亭問之，答以售者。楊亭即攜回告之，曰：售柴後來闞取值，而其人即不知所往。聞所聚多青谿人，團首王光全最爲作梗。

初三日，陰大雨。放棹回城，順流而下，其速如天，申刻即抵署。

初四日，陰雨。謄密保單。午後有李莘農司馬保衡自江西來，浙江情形不堪聞。問江西亦不甚佳也。傍晚思州陳守抵銅。二皷後，其西席王容夫用儀來拜。據云委署王雲「皆」之説已確，特來闞照，並將薇屏薦與新守，此事半因府兵，半因捐項。黔撫放江忠義，湖南文童保舉記名道也。

初五日，晨晴即陰，午放晴。葛羲翁來問案，因陪話良久。接椿闈信，明日回城，薇屏來談，昨陳文軒招去細譚，

所言田營光景甚詳，宦海如斯，不如歸去。

初六日，陰。申刻椿庭回城，入夜雨。

初七日，陰雨。

初八日，陰雨。傍晚接省信，安□收復，苗沛霖反。

初九日，陰雨。上闕，下午回署。

初十日，陰雨，夜晴月出。

十一日，晴。

十二日，陰。聞新守初九接扎，十七、八可來。

十三日，陰雨。

十四日，陰雨。楊朴民之四乃郎來，陪喫晚飯。

望日，晴。看公館，逼仄甚，在皇殿對過。

十六日，晴。與蕭□香看銅江書院屋，甚高敞，其如不彀，住何？

十七日，晴，夜雨。

十八日，雨，旋止仍陰。

十九日，陰。

二十日，陰，晨雨即住。聞辰州府有遷徙之信，近日桐油跌價，常德路不能旺行。

二十一日，晴霽。是日脱白袍，換素服，二十七日滿也。寅穀来。

二十二日，陰，小雨。是日新守之官親來，新守亦來信，已定二十七接篆，廿五、六來銅。

二十三日，晴。連日和暖，是日晨起略寒。

二十四日，陰晴無常。新守門上來，明日貼紅示。

二十五日，陰。晨至公館，什物一切先陸續去也。晚宿公館。

二十六日，陰。奔走兩處照料一切。是交子時，侍萱闈移居公館。

二十七日，陰雨。晨至署照料，巳刻新守進城，即回館。寅穀由關上回。芳圃來，已送印矣。椿闈至公館，晚上薇屏來，聞湖南會同縣不守，逼近天柱，距洪江九十里，沅州府亦止兩站，蓋粵西潰匪也。兆觀察聞駐紮，未知能遏其兇鋒否？

二十八日，晴。是日爲椿闈誕辰，各下僚、紳士均謝不見。蕭夢來留喫麪，席將散，謝薇屏、徐仲輝另設麵席宴之。

二十九日，晴，天氣稍寒。巳刻赴謝薇屏之招，同席爲戴心畬、郭朗亭、李承哉、徐仲輝及主人，拇戰鬨堂。至未刻始散席。寅、芳二兄於同鄉處得有七月中湖城失守之信，不識確否。其所接夏間家信，係由洞庭山發，尚無是說。惟云賊據索供應甚距，每月兩山共需三千花，並有蓄意攻打湖郡之語。聞粵西已至芷江沅州屬。距銅僅三站。如順流而下，數日可至常德。靖州打敗仗，勢亦甚危。作麻陽書。

十一月朔，晴，天氣甚寒。午李承哉來，坐談良久，是日諸弟入塾，借銅仁書院之屋，爲先生督課地。

初二日，晴朗。新守到任，第二日倒一好馬，未幾死一門上，癡一官親。

初三日，晴。晚與二兄偕至李承哉處，晚飯同席爲葉小浦、徐仲輝、謝壽山，二鼓始散席。

初四日，晴，夜與書辦算交代。

初五日，晴。書交代摺三開，凌小翁由江市回。

初六日，晨起至北門禹王宫伏波殿上扁，萱庭走灘河時所許之願心也，巳刻事畢。石阡信息，聞甚緊。熊鎮已退至石阡府城，朱游府所募送田太太之練，有撥往援者。鳳凰有與縣中信，據云由川竄楚之粵匪，尚據来鳳，與官軍隔水相距。龍山緊，由粵竄楚之匪已陷會同，分竄黔陽縣江西街，意圖上犯辰、沅、鎮筸等處。靖州危急，天柱戒嚴，鳳凰、麻陽均辦防堵矣。江中丞聞駐軍洪江，而洪江有失守之信，兆道退至沅州，而沅州有兵勇焚掠之信。

初七日，陰。蔣銘來，新官派往沅州坐探，即日動身。是日催解欵委員林崇如來，云在安化覆舟，船户淹死者四人，渠有事登岸一方之外，然付水龍王矣。

初八日，陰。凌小翁赴江口。晚與書辦算交代，一把連歸一了，惟松桃末截數耳。是日招林委員飲，陪席者爲李承哉。

初九日，陰。書交代摺四開。

初十日，陰冷，有雪意。書交代摺五開，事畢矣。二鼓李承哉来，云下頭信息甚緊，會同之賊竄至魚水灣地方，距鎮筸僅百二十里，距沅州或云九十或云四十六，甚近也。麻陽土匪滋事，以至驚惋。我處以速走爲妙，遲則不能動矣。

十一日，陰，入夜雨。代書挂屏四幅。粵匪曾在會同、沅州，因江中丞帶兵防堵，兵勇滋事，將城外之街道焚掠，計十五里。以至百姓驚恐，紛紛遷徙耳。東關旺極，乃他人之財運好，亦北河、沅河均不通故也。辰州道甚通順，此間萬不可往，緣人情澆薄，且銅人以敲搕爲生，即官場中人亦然。在在掣肘，殊令人悶悶。前日有五月中帶練之田應照來索盤川，勢甚作惡，幸承哉即以八金説開，聞係邱委員主使。田晴川云，我處有錢，且言係今西席郭春三所説，可見所遇之人無一有良心者。黄昏小翁自江口回，石阡之賊有下竄信，今日晨起，數百熊營添募者已上去矣。黄子立帶練赴鎮筸，於昨晨動身。田太太聞不上來，所有兵練悉固守鎮筸城。

十二日，陰。代書屏幅四張，送李弼甫者。是日定見下長沙，椿圍擬往玉屏、沅州一轉，即行上省。謝薇屏来云，賊至麻陽之麻雀灣，或云土匪非長毛。

十三日，陰。巳午之交甚寒，重棉不能勝也。飯後微雨沾衣，蔣銘來信，云黔陽打勝仗，沅州署鬆。來差於十一日動。江帥紮營沅州東門外，聲威尚壯。

十四日，陰。收拾衣件，有熊營逃練來銅，熊鎮退駐思南，賊意在下竄也。江帥來文，令此間防堵，恐賊横竄也。江營所獲犯供，本意至沅州過年，正、二月間由松、銅一帶入川。

望日，陰。早至府署，見新太守。又往見謝薇翁，囑其起解欵底，又至縣署。松桃來禀，又欲遲至十七八，可恨之至。收拾書箱。

既望，陰，小雨。是日營兵往府中要兵，新守以我處交代未清推諉，又至公館叱之去，著老叚往松桃催使來也。

十七日，陰，晨雨雷聲轟轟然。巳午之交，雨與雪子俱下，瓦聲錚錚然。天氣驟寒，蕭夢香來送行，弼甫來送行。孫書辦來，云有漾頭司來信，云長毛已至辰谿，不知真假。弼甫亦云鎮筸亦驚慌，渠有得力探丁劉姓，因作書遣至麻陽一探。松桃差回，已有截數，即將交摺算明寫完。浦市亦有土匪焚掠之説，雪甚。

十八日，微晴，雪化，水流之聲相接。未刻送交代。劉升云辰谿之信似確。縣城被焚，鋪面上信息也。

十九日，陰。劉升云前信又不甚的，貨船有下放者。傍晚蔡書辦來，云今日得江幫中信，據言迷河、唐灣一帶有西兵土匪滋擾，所有船隻均停住麻陽，不下百餘號。探子回，榮少滄回函，樗樹灣前所言魚水、麻雀均誤。之賊竄迷河一帶，已派兵練前往。如辰谿有勁兵堵禦，即可夾攻矣。我處之行隻可暫止，俟河道肅清再議。江營大獲勝，故賊傍竄。

二十日，陰，大雪。椿闈作玉屏之行，午張樹棠來字，云接得浦信，賊已下竄，浦市已被焚，水道不通矣。午薇□翁來信，則云靖晃已鬆，據此即粵逆矣。麻陽距此九十里，迷河距麻陽四十里。屏來，弼甫來。

二十一日，陰。孔發云浦市一帶，長毛已紥有二十餘座營盤，石阡信息亦不好，兩面夾攻，勢甚危險。

二十二日，陰。午壽山來，孫書辦來，晚餞林崇如行。本定今日動身，因係破日，黔中又有初一、十五、廿三不宜出行之例，故改期二十四。浦市或云賊匪乘船下竄，經團民打敗，殺死千餘人。賊已竄往安江縣矣，或云賊自迷河連營，直至浦市街上。約計數十里之遥，高邨一帶均有江營兵勇紥堵。或又云此股乃兆觀察兵練，兆敗入鎮筸，其練到處焚掠，總之紛紛謡傳，未有的信。石阡信息稍鬆，賊退三十里。

二十三日，陰。午薇屏來，爲兵米事。並云江口來信，催新太尊上去，石阡之賊猖狂也。傍晚，蕭口香來，則云上頭稍鬆，大壩場已打退，賊麕聚石阡。蔡書辦來，則云上頭稍緊，野猫灣一帶均驚慌，下頭則鬆。賊被江師打敗，由黔陽背後繞出辰谿，竄入浦市。不過二千餘人，周鎮臺駐師辰州，如鎮筸之兵下擊，兩面夾攻，賊必傍竄保靖一帶，河道可通矣。鎮筸已寫捐辦防。弼甫來，林崇如來辭行，是晚又有婺川不守，上省必由之路。

二十四日，陰。晨起送林崇如行，又改期明日矣。浦市有打勝仗之説，弼甫來，晚赴王小峯之招，同席爲馮少君、王之同鄉董小峰、鄭汝爲二少尉，均厘局委員，李梅村及主人而已。聞江中丞已移駐高村，約七八千人長毛屬浦市兩岸，有久踞之勢，殊可慮也。是日，接省中包封信，安順、厘穀已殺抗傲之顧武舉等，清鎮大團首何山斗，亦因此事經欽差調省，於月之初四日夜殺之梟示。又有厘金委員周鍾秀，係府經，因侵吞厘金，於初五日殺於貴陽營箭道。龔臬臺於二十九日接篆，韓南翁辦理軍需總局。部咨國號爲「同治」二字，前所云「至誠」、「祺祥」均不確。聞蘇常有克復之信，恐係讏言。夜雪。

二十五日，陰，雪花飛，著地即融。南方地氣，究不若朔方之寒也。申刻椿庭自玉屏回，至思州一轉，故往返六日矣。

二十六日，陰。交代事説歸一，飭周桂重寫交摺。麻陽縣來信，粤匪仍踞浦市。官軍圍勦，尚無勝負信息。馮世兄來，云王守之門上云，銅仁又換胡雲谷，恐係謡傳。婺川聞土匪，官軍至即收復。蓋縣城本無可攄，連年烽火房屋早焚燬殆盡也。

二十七日，陰。

二十八日，陰。聞浦市土匪占踞，真長毛相距尚四十里。近日曾聞一仗，無勝負。晃州、天柱一帶，則已鬆矣。今上聞於九月初奉皇太后回京，恭、僧二邸暨勝帥爲叅贊大臣，未知確否。

二十九日，陰。午夢香偕壽山來，久談。浦市之賊兵、長毛不過數百，餘均土匪。老巢尚在安江，地距洪江三十里，在洪江之下，蓋洪江有炮船二百餘號，故横竄也。聞江營紥在江東，三面圍勦，惟留往龍山一路一面。傍晚劉升探得浦市之賊下陷瀘溪縣，云係空船上來所説，此船曾被官兵拿搭浮橋者，不知的確否。果爾，則麻陽以上鬆矣。是日王小峰上江口、嘉平、朔陰。令劉升往問，蔡書辦言與昨同，信似有因。瀘溪仍必由之路，我處行止，仍無把握。

初二日，晨起，日光滿地，移時仍陰。至謝薇屏公館問疾，亭午復放晴，自前月初五日以來，連旬陰翳，此日始微陽。下午仍陰。至北門張樹棠店中一談，賊竄瀘溪之説似確。便道訪蕭夢香不值，回家。晚蔡吏來，所言亦同。賊將浦市焚後，即竄入瀘溪河中，乃棟河非辰州大河也。縣城聞尚堅固，並未失守。周提臺所統之兵不下數千人，江中丞復率兵追勦，勢必傍竄，該處距乾州甚近，由乾州即可至保靖一帶，上犯北河，與来鳳一股合夥矣。賊甚膽怯，有兵勇砲船之處，即不敢犯。昨日有棉花船一隻上来，盖將至辰谿，陡賊匪遁入大河中，後賊至浦市始上來也。亦云幸矣。此信果的，則數日之内此路可以望通，我家亦可順流而下，爲之一喜。

初三日，陰。下午微雨。劉升探得長髮有由乾州回犯鎮筸之説。據云在府中聽來，恐未必確。昨日鎮筸撥兵來銅助防石阡股匪，如彼喫緊，不應分兵也。

初四日，陰，晨起霧氣空濛。關上來送，云有空船上來，詢悉重載，亦有得來矣。約在今明日，水道似通。午後艾香谷來，則云尚不甚通，恐賊回竄也，並云石阡於廿九失守，傍晚寅、芳二君自謝氏回，則無此説，恐不見的。下午微雨。

初五日，陰。蔡吏來，據云賊入棟河地界乾州，乾州距鎮筸、浦市及水路上各六十里，距松桃亦甚近、離松七十里之遥。保寨地方聞有賊蹤，經川兵邀集數百苗人，擊退回乾，殺死數十人。此説則未識確否。張樹棠來，云水道已通，浦市以上均無事。浦市以下，人尚不敢走，恐有阻礙。各店號貨件悉裝好，維舟以待。午後艾香谷着人送信，言石阡之説不確，水道已通，尚無行者。我處初八之行，有三分想頭矣。賊由迷河入竄之時，有某村居民悉鐵工，聚集數百人與賊開仗，死者三四百人，長毛亦斃一二百名。嗣於賊屍搜獲金銀甚多，復集有千餘，尾追直至浦市，怯者潛回，瞻壯者尚餘三百餘人，復與賊搏，斃賊六百餘人，浦市大街悉燬，聞十去其七。吴厚甫来信，云鎮筸已鬆。

初六日，晴爽。山居入冬以來，此日最爲晴朗。入夜月光如雪，掩映林間，煩襟爲之一豁。蔡吏來，云空船上來，絡繹不絶。惟辰州上來重船，終未見到，如欲解維，尚須略聽信息，必須重載過關，方可得的確消息，途中不致担心。接蕭錫堂字，則言路通，賊往花□、保靖、瑣利、河口、北河一帶。思石信息不妥，我處以速行爲妙。午寅、芳二兒上關，上水悉空船，在浦市、麻陽上來者，竟日無上水重載也。黄昏，錫堂來，云江中丞移駐瀘溪，賊勢甚蹙，見砲即遁，殊而勦也，其如官兵不開仗乎。楊載福請假還鄉，有放欽差之信。聞其帶兵會勦，或可痛加勦洗，我處雖定初八日啓程，明日再静候一日，臨時酌量，總以妥速爲主。

初七日，陰，巳刻倏晴仍陰。蔡吏來言，上水船竟不能到，大約因思石信息不好，恐一時未必裝貨上來，下水船開者不少。關上一幫，不少均言今日開行，如渠下走，我家亦可斟酌行事矣。午後大江來，言周桂之兄自辰州來，水道爲兵船阻住，不令行。渠起旱至浦市换船，又有油客周姓放船下行，爲土匪留難，仍復折回。此話未識確否，殊令人疑惑不定。黄昏聞江口之信不妥，有棉花船下來，與二伯、三弟至錫堂處一談，渠未得上頭信息，惟謝薇屏云石阡賊打敗仗，所得鎗砲甚多，均不善用，桿子亦甚少也。回寓言馬升言，在府探得信，石阡已失矣。小莊丈自縣署回，知賊已至野猫灣所，銅屬苗旺地方。寅、芳二君自謝宅回，則無甚信。惟籌餉甚急外，間信似乎匿不與聞，其居心甚叵測也。

初八日，陰。收拾行裝，午後下船，酉初解維，移泊東關。蕭夢香來言，石阡之賊占踞野猫溪，尚未下來，太平場一帶有土匪二三百餘，非上頭之教匪也。蔡吏設席相待，情甚殷殷。今日發行李時，馬銘與營兵口角，諸營卒悉城中無賴子，出言無狀，殊不耐聽。因向蔡吏詢本任官聲，則云城中因捐輸一事，及八門首事未列保單，以致人心不洽。江口亦因捐輸另有數案，大約係凌小莊在中仲鬼，其餘亦無他故。今日遇其熟識之營官，則沈大老爺待我門尚好，如今王家用不著我門矣。

初九日，陰，清冷。凌小翁及馬升來接，嚴諭去昨晤艾香谷，云高村、瀘溪一帶均搶劫貨船之事，勸我家從緩，俟與貨船一齊開行，語固關切，亦隻好俟到麻陽再斟酌矣。辰刻有上水船二隻過關，據云由辰州來，係官兵搭浮橋者。現在浮橋已撤，賊竄保靖，江、趙、楊均追去矣。辰州尚有重兵，沿途亦清静也。浦市幾成白地，瀘溪縣城亦燒矣。午刻放棹行，蔡吏揮淚送行。二十里馬脚崖。三十里漾頭司（屬思州府，出銅仁境。）泊。天氣寒冷，雪花微飄，泊舟後稍煖。沿路由辰州上來之船，不下十餘號，空船多，有裝竹者。

初十日，陰。天明開行，過木寨諸灘，二十里高灘，復過一灘，河面廣不滿丈，灘上灘下水勢高約一丈，勢若層級而下，尚不甚陡也。二十里麻陽縣，泊。將至麻陽，遥望皇山玉峰矗立，蓋積雪也。山距縣城約數里，泊舟時剛過午，與寅兄上岸拜榮少滄大令（懷珍）。榮君之父於道光十一年宰歸安縣。榮君生長杭州，能作杭語，與浙人甚親熱。春木繼至縣署，復與寅兄至捕廳沈鶴鄰處一轉。沈君順天人，原籍分紹興也。賊竄永叙一帶，河道已通。辰州尚有重兵兩萬餘駐防，江中丞因母病，在浦市行營請假回省，所統之兵抄往永順府防堵矣。回舟作禀，著殷貴回銅，今日不能開行，恐趕不上泊舟處也。榮君要喫晚飯，寅、芳二君赴其招。是日過貴州灘，爲楚、黔界首，過灘即屬麻陽矣。

十一日，陰。天明開行，寅、芳二君及陶升二舟未開，緣劉升所辦油觸石舟壞，另換一舟，尚須過載也。四十里麻陽江口，過滿天星灘，二十里大黃婆灘、小黃婆灘，數灘均稱險惡，劉升之油船又閣於石，舟幾沉。又須換載，俟之不來，遂開行二十五里，大紅崖泊。是日行八十五里，距此數「里」爲小紅崖漊泊舟者，須防小人。

十二日，陰。五鼓雨，旋北風甚猛。天明解纜，逆風而行，五里高邨司，十五里茅坪，五里濫泥灘，五里舊縣，十五里李家坪，廿里迷河塘，十五里石馬灣，自迷河以下均長髮所過之處，民居本甚寥寥，亦無可焚掠也。本日行八十里，上水貨船亦間遇之。據賊竄秀山一帶，河道則清吉無事。常德因某道遷，人心驚慌，閉城數日，近亦靖謐矣。中宵大雪。

十三日，晨雪。開門四望，天地一色，人在琉璃世界中，野渡孤舟，荒邨疏樹，映水疑月，無風自寒。景趣殊佳，胸懷頓曠。辰刻開行，二十五里鱔灣溪，對面爲辰谿縣，入大河，二十里普市。長髮去後，爲江練所燬，十焚其五。對岸爲江東，賊在彼處渡河。五里秀山塔，三十里白龍崖，五里馬嘴崖，泊。有張將之兵練在浦市，移紮瀘縣，訛傳彼處有警，賊回竄也。同泊有上水船，今日在辰州來，則云搬家，陸續移回，並不驚駭。殆往彼防堵耳。山岩之上有洞窗，然相傳爲武侯藏兵書、寶劍處。其實武侯未常到此，齊東野語，信多誣也。是日泊舟。已戌刻張將之練同泊，移時即開行，係下辰州，非至瀘溪。上水船云，辰州府上來之船，不下數百號，均由底角上來者。

十四日，陰，北風未息。天明開行，二十里瀘溪縣。大河之西爲洞河，以清高洞得名，通乾州亦通鎮筸。賊即由此逸也。又五里青木嶺，十五里蘇溪口。五里窩子灣，五里麗溪，五里鎖溪，五里蘭溪，二十里辰州府，泊。昨所過張都司之練亦到。係因江營游勇迭次至浦市滋擾，往清查也。是日貴州新學政抵辰，乃陸仁恬吏部郎中。辰州駐防兵練不下兩萬，水師炮船約有二百餘號，空船則無一隻。蓋怕裝差使，均匿藏矣。我處欲換大船，竟不能如願。隻好將就至常再酌。長髮賊蹤，坎上人均不知，無從問起。入夜，戰鼓鼕鼕徹於水府，加以炮之聲不絕，殊爲熱鬧。而街市蕭條，居者均未移回。甚形岑寂，以彼易此，良可慨矣。辰州府姓汪，聞甚有膽量，浦市係江練所燬，此地兵練民亦甚苦之，不亞於長毛也。子時大雪，作銅仁書。

望日，雪未止。篷背船唇積有二寸許，巳刻雪止，午後雪仍飄，賃肩輿至府中一轉，府主汪習之斆杭人，向寓興忠巷，與外祖宅相望也。長髮已竄至永順一帶，此去皆坦途矣。渠曾接都信，云今上於九月初回鑾，初六將肅順正法，怡、鄭二邸均賜帛。隨鑾之軍機大臣均革職，恭邸攝政，周、桂、沈諸大臣贊襄朝政。所云如確，亦一快事。紹興有失守信，長毛十餘萬悉撲犯寧波，浙事殊糜爛不可救藥。回舟後已申末，開船遇白藥、高粱洞□子三灘，三十里泊九溪灣頭。是日同、芳二君及陶升趕到，芳兄瘍痛，暫留就醫，故五舟先行。渠一因病、一因油船未到躭延，實兩便，而我處不能待矣。轉眼度歲，到長沙已在祀竈後也。泊舟已黃昏後，月色朦朧，與諸山餘雪遥相掩映，别有一般佳趣。

既望，陰。天明開船，下九溪、横石二灘，三十里至北溶，又過方竹灘，十里珠甕溪，過剌灘，十里班竹溪，過節灘，入青浪灘漫塘，十里馬步溪，五里横腰，十五里青浪灘口，下灘行十里，泊燒紙鋪水淺灘露，茅山石亂踞河中央，大船行走殊多阻礙，不如一葉扁舟，隨波逐浪，稍易刬槳也。泊舟後雨，入夜雨止。

附道經浦市紀事：「沅之滸賊如鼠，沅之府兵如虎，連雲列戰格，飛鳥不敢舞。明旦晨揚微，中夜鳴金鼓。問君何不揮天斧，賊館昨夜已無虜。聚如窟，戍無卒，奔如突，津有筏，偃旗走，間道疾於穿雲鶻，轟然巨礮震江東。滿山樓閣烟塵中，男啼女哭走何從。噫，豺狼在邑，狐狸人立，巢壹「留」燕雀，城隅嗚唈！擊鼓其（鍾）「鍾」，寇飽遠颺，前門拒虎，後門進狼，可憐千萬户，一炬成焦土。由來苦賊更苦兵，奪吾衣食瀦吾宇，君不聞，賊如梳，壁有盧。兵如篦，村爲墟。」

十七日，陰，無風。晨起萱闈乘肩輿過灘，與子文步行隨之。四里伏波宫，爲一灘最險之處，故建廟於其上，六里洞庭溪，水路四伏波宫，一里同母溪，五里洞庭溪。二十里麻衣浦。出青浪灘，廿四里明月巖，六里甕子洞灘脚，十里萬正小有灘，二十里至方溪，五里姊妹山，相距里許爲姑娘墳，五里脚板崖，五里花豹山，五里臨津灘，十里川市，有穿石洞。又十里泊百子鋪，河心有洲，黄昏後晴月出東方，空水澄鮮，爽心豁目，爲舟行一樂事也。是日計行百三十里，距常德止百四十里矣。明日無風，可以趕到。

十八日，陰。四更開船，無風。五十里桃源縣，時已辰初，六十里鄭溪，三十里常德府，泊。上岸薙頭，此地大小船隻正多，半由辰州開下避兵差者，惟冬令水涸，船大必須走西湖，出布袋口，小船可走青草湖出陵址口。母親意在登陸，尚須商酌。

十九日，陰。晨往拜武陵縣令，縣□。下午定計隨侍母闈登陸，二伯及霖、壬均押行李走水路，用銅仁船。夜雨。

二十日，陰，雨止。巳刻起轎，二十里識母鋪，四十里川塘，宿。距識母鋪五里，渡河。川塘屬龍陽縣，距城二十里。

二十一日，天漸放晴。清晨起轎，度河行十里許，又渡河二次，皆夏發洪水積□未涸也。至鴨東鋪，尖，計行二十里。又二十里小塘總，二十里毓德鋪，二十里龍潭橋，宿。地屬龍陽，有龍潭水利分司，巳刻大晴，黄棉襖子出矣。

二十二日，曉霜，晴冷，巳陰，天明起轎，十五里軍山鋪，尖。三十里白鹿鋪，十五里益陽縣，進北門出南門，由碧津渡渡河，十三里思德鋪，宿。

二十三，祀竈日，陰。天明起行，十里侖家鋪，十里又星鋪，一名猪□堂，尖。十里茶葉鋪，十里浮雲鋪，雨點微飄。十里衡龍橋，屬益陽縣。十里白菜鋪，屬甯鄉縣。二十里甯鄉縣，宿。

二十四日，陰雨。冒雨而行，十五里□都，尖，三十五里□□鋪，二十里赤竹鋪，宿。本日本可抵省，因道塗濘泥，夫行甚遲。申刻雨止，大風竟夜不止。

二十五日，陰，大風。天明起轎，二十里大望城坡，尖。十里連渡兩江，至長沙大西門，進城住藥王街松陽公館，暫歇。申刻往拜俞同甫太姻伯，晤其四少君。渠宅本甚寬，因江西眷口均來，故不能擠也，當託其代覓公館，又至藩署，晤次翁年伯，又至楠木廳汪宅，渠大少君往江西，二少君尚少，大老爺自病不能見客，故不進去，止將其家信付之。回公館天已昏，俞宅著人来，云代覓得公館二所，明日可往看也。問汪宅門上，知馬銘已到彼打聽，船泊小西門菜馬頭。

二十六日，陰。巳刻至俞宅，即偕其家人看彭氏公館，兩所均其家別院。一所計有廿六間，我處居住尚合式也，惟房租及墊租太昂耳。回公館午餐，至南門拜趙韓池，渠係竹生之姪，爲糧道庫大使有年矣。值其糧署放餉，不值即旋。又至東茅巷，託往彭宅講房租，如無他宅，即住此也。霖弟來，渠由水路於昨晨抵此地，較陸路尚速數刻，順風故也。夜雪。

二十七日，雪，風，冷。晨至東茅巷，晤同甫太姻伯，五姻叔及子茂四姻叔，坐談良久，公館託其往講，彭宅竟不肯讓值，即回公館。又至南門廣鹽廳拜趙韓池世兄，渠係舜卿胞弟，乃堂春間在京時曾來結伴，嗣於四月動身，五月到湘也。寧紹於九月間失守，杭州於十月廿八日失守，臺、處、衢、嚴相繼失陷，湖州孤城，恐亦不保也。此浙人家信所説，似有三分的確。正不知家鄉戚友是何結局，爲之夢不成寐。自廣鹽廳出來，至白果樹、織機巷二處看屋。織機巷之屋甚合式，惟家具全無，且需收拾，轉眼年殘，來不及矣。回寓適子受丈來，因託其將東茅巷之宅説定，墊租亦由渠墊給，俟後再歸。子受丈去，趙韓兄來，少坐即去。因往臬臺署拜生，且年事甚忙也。又至大西門換錢，即著大江往俞宅。黄昏回，事已成，賃資俟滿一月再付，非若他處之進宅即付錢。明午即擬移居矣。

二十八日，大風，雪。午刻隨侍移宅東茅巷，俞同甫太丈來，適船上行李均發上來，甚忙亂。二伯及霖、壬均來，燈下作椿闈禀。

小年，夜，大風雪。據土人云，向來無此大雪，自辛亥以來所鮮見。晨至俞宅謝步，並交押租銀，午餐上街換錢，值陡落。回寓令馬銘換成，復令至藩署寄黔信，是日甚寒，較銅仁增二分矣。

除夕，陰，晨雪尚飄揚。巳刻止。午後半晌斜陽，嚴寒徹骨，入夜祭祖，辭歲，即就寢。

壬戌　同治元年（一八六二）

壬戌年

元旦，同治元年，三元日也。天明接竈，即出門。至俞宅及藩署廣盈廳拜年，即回公館。是晨大霧漫天，辰刻旭日駐於扶桑，竟日晴明。

初二日，陰。俞子茂丈來，午後趙含墀來，俞子範丈來，戴雨帆來，傅貳尹楨來，乃父曾充銅仁東關巡役，今作封翁矣。

初三日，陰。

初四日，陰。周大令來，貴州思南人也。

初五日，日光微閃，仍陰。午出門拜客，均不晤。

初六日，晴。是日立春，俞宅來道喜，因往。午後孫蘭士司馬薰來答拜，菱湖人，久幕川中，迴避來楚者，坐談甚久。

人日，晴朗。

生日，晴明。午後楊小田司馬來，渠係彥卿之姪。頃擬由漢口搭火輪船回家，未知能成行否。

初九日，晴。午後盧午橋來，渠亦有回里之意。傍晚赴孫蘭士大令之招，順道拜楊小田、王厚田均不值。即至孫宅，諸客已到齊矣。同席爲楊小田、費蓮清、王厚田、趙含墀、主人與余六人，均一郡人也。席中談及去年黃河清凡九次，鳳鳴岐山，五星聚奎，悉非虛傳。客夏彗星或言主三奸伏法，或言主宮中大事，或又言主出一大將，尚須七年。此人一出，不獨內寇肅清，並且外夷翦滅。英夷知之，爲銅人以厭勝。未至期，而銅人之機壞，英夷大愳，曰天意不可回矣。道路謠傳，未知有徵否。

初十日，晴。連日寫京信，是日始畢。午刻費菊如來，寅、芳二兒至。道出青草湖，河水四合，風雪交加，再不能行，故常德至省，行經半月矣。是日閲粵東主考至湘。

十一日，晴。晨出大西門尋主考船，則已搬往貢院矣。至小西門、石門扆二處，送楊小田、費蓮青之行，即至貢院。則姨丈已出門拜客去矣。獨坐以待，午刻始回。晤談未久，宋耐丈來，耐丈去，姨丈留喫午飯，約於晚間來公館也。

粵東省垣，夷人悉出城，留城者不過領事官數人而已。聞粵東人秋試之時，陡增數萬人故也。適制軍再四與商，即借此出去耳。都中夷人，聞亦不多，並聞大行上賓，彼國尚穿白，可知不足患矣。江西撫放沈葆楨。浙垣不守，將軍、中丞殉難，兩司或云被擄，或云殉難。湖州尚無不好信息，惟徽州有復失之信。則寧國復緊，湖無援兵矣，尚能保乎？上海亦有凶音，寧波且不守，夷人知不足恃。傍晚王厚田來，上燈後姨丈來，談至三更後始去。

十二日，晴。午後趙含墀來，明日方伯生辰，須去一轉也。晚餐至貢院，值姨丈至藩學二憲處赴席，良久始回。送禮者甚多，事甚冗，不得暢談。椿闈之事，總因實缺人員，他省不能奏留，惟有捐雙月道，俟後請咨赴選，則道出湘南，即可奏留矣。回寓時已交四鼓。是日得閲邸鈔，肅順正法，怡、鄭賜帛，陳治罪，黄翤子劉崐、穆蔭、匡源、杜翰、焦佑瀛、成琦、富績德、光津太均革。四額駙止留公爵，餘悉革退矣。恭王授爲議政王、軍機大臣爲桂、沈、寶，曹毓瑛在軍機學習行走，都下又換一番氣象。

上燈節，陰。巳刻往嚴朗文、宋耐菴，即至藩署拜生，回寓午餐。申刻赴趙含墀之招，同席爲張韓嗣、周映華及楊、孫、費、王四同鄉。

十四日，晴。晨至俞宅，晤子範丈。午後與子祥至馬王街、青石街。是日接椿庭臘月十一日諭，言在銅仁發者，定於十四動身。

上元節，晴朗。宋八丈來，午後至小吳門看屋，不合式也。

十六日，晴朗。午後偕二伯至趙含墀、費菊如二處一談，回寓已暮矣。俞子茂、子範來。

十七日，晴。令諸弟温理舊書，下午含墀來。

十八日，陰風。費菊如來，作「蓋有不知而作之者」題文。詩題爲「殘雪在樹」。

十九日，晴。午後偕二伯至廣運廳坐談許久，得觀所藏之大洋片，與我處小者不相上下，復含翁至皇倉街一帶一游，作黔稟。

二十日，晴。晨至藩署，值方伯上院，盧午橋未起，將信交與門上，託其打官封。復孫蘭士處道喜，渠委署甯鄉，前日懸牌也。午後菊如來，平地一聲雷有公館一棟，大約彀住，約其明日同往一看，渠今日無暇也。

二十一日，陰。下午費菊如來，與二伯同其至平地一聲雷，房甚潔净，惟不能分内外，不合式也。

二十二日，晴。作「三品鳥」題時。天氣驟煖，行試袷衣，晨惲方伯來，云趙竹春在上海坐火輪船來，已至漢口，係楊敏齋護送也。宋八丈來。午後王厚堂來。晚赴俞宅之招，同席惟西席費君及四、五二主人。上海到客，望日信尚無事。

二十三日，陰。永順之賊悉竄黔江。來鳳縣於元旦集團民打一大勝仗，斃賊數千，故回竄也。雲南委員陳步墀[潔]來，蓋外祖母之胞姪也。所言滇事，令人髮指。徐中丞不遵□□，廷寄妄作妄爲。何有保在口靖凡練所駐紮處，錢糧等項悉歸，徵官如虛設。迤西久淪於回，與中國不相聞問，迤南尚有未陷處，迤東則均兵練世界。周耕香太姻伯窘況异常，近委署騰越廳，路隔大理賊巢，不能前往。適有大幫商人助二百金以作安家之費，附伴過境，及至大理，賊目杜某先知之，令商人送出周某，因即挺身前往。賊禮云甚恭，並云周大老爺好官，少爺爲小何所害，殊屬可慘，因派人護送出境，並贈百金作川資。官途若此，亦足奇也。趙含墀、俞子範來，午後至費天長一談。作「袚禧褫祜」題詩，甚棘手。雖完卷，殊難愜意。入夜微雨潤。

二十四日，陰晴。晚作「新鶯隱囀」題詩。

二十五日，陰。至南門天妃室，拜陳步墀。渠行三，其兄南泉在祁陽。

二十六日，陰，午後雪花微灑，夜雪甚。晨俞子範來，作「而能喻諸人者」題文，「銜華佩實」題詩，是日天氣復寒甚，衣裘。

二十七日，晨陰，雪止。午晴，宋八丈來。

二十八日，晴陰無常。午後王厚堂來。湖州有先守之信，浙三大憲，均放湖南人。撫放左藩，不知何人。臬放□□□。

二十九日，陰，午雨旋止，黄昏雨。作「子曰弗如也」題文，「曲直不相入」題詩。

三十日，雨。

二月，朔陰，午後雨，入夜不止。

初二日，雨。入夜□大西門火，雨雪交加，約一個時辰方滅。

初三日，雨。馬銘隨孫蘭士上甯鄉，今日動身。午後子範來，入夜雨止。

初四日，陰。連日雨雪交加，天氣甚寒，今日畧好。作「□□□亥」題詩。

初五日，晴。作「都盧尋木童」題詩。

初六日，晴。午至定湘王觀劇。晚歸，作姨丈信，念丈信。

初七日，陰。作黔稟。

初八日，晴。午後至藩署，會客未晤，午橋亦不在家也。至南陽街晤宋八。樊西巷，含墀上庫去矣，即回寓。京信、黔信均交藩署訖寄。又至俞宅，晤子範。田忠普有於去臘下世之説，果爾則黔民之福也。聞昌黎署撫，此信不識確否。匪有攻圍宜昌之信，與南省石門交界，距澧州甚近。宋□□去臘二十六，春江由石阡寄來之信，云二十打一敗仗，賊于撲近城中，幸擊退，賊距城僅一二里也。作「玉巵無當」題詩。

初九日，陰。雷子明維清來，乃□□死□□州，將往料理未了事。

初十日，陰，小雨。作「三十輻共一轂」題。

十一日，陰雨。作「其樞在水及夜夜就國」題詩。

花朝，陰。作黔稟，託宋宅寄。

十三日，晨晴，紅日滿窗，巳後陰。

十四日，晴。

十五日，晴。連日頭岑之作痛，殊少精神。

十六日，晴。費菊如來，俞子範來。

十七日，晴。王厚堂來，午後趙含墀來。□□之眷于正月二十七自上海坐火輪，船于月之初三到漢口，于十一日由漢口坐竿船來湘，二十日外總可到，同來人數不少也。

十八日，陰。

十九日，陰。接嚴諭，正月十六日所發，由葛鶴□遞來者，于正月十一到枽。□撫係韓坐升。

二十日，陰，小雨。晨葛和軒來，寅、春二兄見之。下午作黔信二件。是日疾愈，晨讀古文，午理易。

二十一日，陰。作「三階平則風雨時」題詩。又戲作經文一首。

二十二日，陰，雨。馬銘自甯鄉回。

二十三日，陰雨連綿。作「如茅斯拔」、「畫胎鏤水」二題詩。

二十四日，晨晴，午後陰小雨。春寒未解，其有閏月故乎。早誦古文，午作楷，理□記二卷，讀□文。大雨通宵。

二十五日，大雨連綿不止。作「縻醢□□」題。巳刻雨止。王厚堂來，久談。晚閱邸抄。

二十六日，陰雨。作「積優成陟」題。

二十七日，陰雨竟不止。午後楊敏齋來，渠在上海於正月二十八動身，昨日到湘也。杭垣於上年八月被圍，守禦完密。糧餉援兵俱絶，城中即藥肆可以充饑之物，無不罄盡。賊兵板□而登，士卒束手不能禦，方伯提軍帥殘兵，衝圍出，□中丞、廉訪均殉難，滿兵則闔營自焚。將軍以下無存者，城人百姓於六日間編甲，時計有九十餘萬，餓斃者約十萬餘。城陷後，賊驅難民出城，其時天降大雪，平地深數尺，凍斃者又不下十餘萬計。賊匪編甲，城中存人二萬餘。東南大劫，聞之慘心。湖城本可保守，所恃環城皆水，賊不能直薄城下，不意大雪嚴寒，河冰堅結，賊馬任意弛騁，太湖亦成冰道，吾兵□炮船，均被凍住不能動。賊勢益鴟張矣。此亦有天存焉。一定劫數，不可挽回也。城中人尚有十二萬餘，敏齋之眷存崇明，毅丈之眷在震澤。趙氏來湘者，老六及竹生之子一人，其餘均在滬。周氏亦在滬，明帆師於去歲指館矣。

二十八日，陰雨。作「璞玉渾金」、「豨膏棘軸」二題詩。

二十九日，晨晴。偕二伯至樊西巷，晤趙六世叔，敏齋拜客亦回，坐談甚久，含墀亦在座也。自湖至滬，大錢未失，□時甚爲便易。近則艱阻，自嘉平廿九至今，不通信息矣。城中糧絶，火藥已罄，賊作長圍以困之。四面石城，工已漸竣，惟東南二門尚未築也。内外不通，援師告竭，累卵之危，不足以之。湖人避往上海者獨多，然亦燕巢幕上，非久安之所也。賊已在金陵開科，頭題爲「三分天下有其二以服」，二題爲「君使臣以禮」二句，三題爲「關雎樂而不淫」。鄉試中者曰博士。與大旗一面，上書中式第幾名博士。懸此旗於門，賊兵無敢犯者，有赴會試者，則官給與川資，赴試中式之後，即登仕板任事矣。僞中王李秀臣所闢壘土最廣，於姑蘇玄妙觀建中王府。僞某王李世賢，則殘醜，喜殺戮。

三月，朔陰，巳刻後小雨，入夜雨止。作黔稟、小莊信一。

初二日，晴。由葛處寄黔稟。巳刻偕二伯至同□軒，□敏齋便飯也。同席趙老六暨含墀、費蘭如、竹生之乃郎亦來。未刻散。至王厚堂處略談即回。菊如、敏齋均拆柬相邀，而咳嗽陡甚。夜雨。

上巳，晴。因嗽疾甚，楊、費二處均拆柬謝之。午刻趙六叔來，是晚嗽甚，不安於寢。寅、芳二兄常德，午後登舟解維。□□右信二月十七日發，俞宅送來，杭州無消息。

初四日，晴。驟熯，殆釀雨也。嗽不止，頭昏昏然。

初五日，晨晴。暮陰。申刻二伯偕子祥赴菊如之招，嗽疾不愈，而菊如諄諄相邀，故令子祥往代。入夜星斗滿天，驟雨即止，俗所謂過雲雨，余謂可名「漏雲雨」。

初六日，晴。天氣熯甚。敏齋來，長髮以今年爲昭漢元年。入夜，電而不雷。

初七日，清明節。晨驟雨即止，所謂潑大雨也。大風。申刻雷雨大作。傍晚赴趙泉生之招，二伯以疾辭。中夜大雨。

初八日，陰，天較涼爽。
初九日，陰雨。驟寒，衣裘。入夜大雨，指二月初六黔諭。
初十日，陰雨不止。
十一日，陰。蘇撫放李鴻藻，臬放「曾」國荃，閩撫徐宗幹，年八十餘。
十二日，陰，晚晴。俞子範來。
十三日，微晴。下午楊敏齋來，船已搭定，明日可動身也。晚雨。
十四日，晴。晨至樊西街，敏齋尚未行，行李已發。今日未必解維，留喫便飯。午後至俞宅一談，即回寓。
十五日，晴朗。天漸煐，入夜明月在天，浮雲四合，疏星幾點，涼露侵衣，於此中得少佳趣。
既望，晴。王厚田、趙泉生、含墀、□卯偕來，長談去。傍晚出看屋，率逢厚田，偕往看屋。
十七日，晴。宋八丈偕其兄來，午後至王厚田處，即偕往六斗口看屋，又至福星街，一嫌小，一嫌大，均不合式也。傍晚菊如來，子範來。是日作「□□均被」詩。不握管者，二旬矣。理禮記二册。
十八日，陰，下午雨，夜晴。月微明，半夜雨。晨泉生來，偕至厚田處坐談，又至織機巷看屋。天井太小，不合式也。晚作「弓膠昔乾」詩。
十九日，陰。作經丈、念丈二書，又作黔稟。
二十日，陰雨。寄京、黔信，託方伯也。作「束帶迎五經」詩。
二十一日，陰。晨雨，午止。
二十二日，陰。晨作「□正□中」詩，理過秦論。午作楷，寫核桃字。
二十三日，陰，傍晚微晴。趙泉生偕含墀來。近接上海論，知湖城於二月初九專足至滬，孤城居然無恙。迭次接仗獲勝。城中某觀出硝，故火藥尚不乏。米值每升六十餘，亦不算大貴也。賊勢雖大，終不能直薄城下，故攻不能克耳。作「日月會于」、「龍⿰豸毛一生」二句，「踐式蛙」三詩。
二十四日，雨。午晴，旋雨，晚晴。作「疎盈□溢」詩。

二十五日，晴。辰至天長，久坐。米值斗長而銀值斗落。居家者，如日增數口食。午後，泉生來，渠已買住房一所，我處力量不濟，可粲。

二十六日，晴。燥熱異常，如入三伏。楊柳風吹面不寒，袷衣乍試。入夜二鼓後，大雷電雨雹交作，午夜始止。

二十七日，早晴，午陰晴。清風徐來，人盡衣單，作「□核名實」詩。連日精神頗不振，四弟小恙亦未愈，而慈闈體復違和，心緒紛然。厚田來，夜雨。

二十八日，晨大雨如注，巳刻止。午後趙泉生偕晉卿、厚田來。作「清白上通、資糧萬物、配鹽幽菽」三題詩。

二十九日，陰。天涼爽。晨作「心如穀種」題詩。

三十日，陰。晨集易義。午作楷寫大字，晚隨興讀詩文。黑虎大王，江北人，悍賊也。率其軍師悍侶二十人，謀襲湖郡水門，爲南高橋紳團偵獲，誘登岸襲取其舟，糾合團勇悉拎其從人，黑虎大王獨力轉鬥兩日之久，終不可得，後遁入水蕩中，以鳥鎗斃之。劉協鎮福通巴圖魯也，爲賊應，所部五百人皆潮勇。團勇偵知之，執其勇，訊如實，調兵勇坑其營，福通逸入城，翌日亦爲團民亂刀斃之。飛英塔爲雷所擊，此文風之所以衰也。

四月，朔陰。課如昨。夜二鼓小雨。

初二日，晨陰，午晴。課如昨。

初三日，晴。晨至樊西巷趙處談。上海有信來，湖城無恙。官軍駐紮昇山，大獲賊之輜重。賊總營在晟舍，其頭目□姓。菱湖一帶均已安民，設立鄉官，多□、費二姓人，滬與湖尚通。曾營撥兵八千，由火輪船去至滬，賊退出青浦，鮑軍門奉調至衢，前隊已行，自督後隊爲殿。賊目飛天豹衝至，軍門登時陣亡，殊爲可惜。蘇幫有接南信者，云賊帥爭東西，洞庭山自相攻擊，苗先生率兵赴江南，所擡旗有「殺賊滅清」字樣，未識確否。楊敏齋病卧漢口，勢甚重，不能作書。泉生之兄書云然也。明日有沈廣泰紬莊覓人回湖城，聘金計四百兩，務欲一探實信也。回寓作集成、集元信，託趙氏轉寄。午後至黎家鋪看屋，不合式。

初四日，陰，風。課如常。山左聞有肅清之信，近畿一帶畧可安枕。田忠普有革職信，不識的否。許久不接黔諭，殊懸懸。春明亦無信來，姨丈未知已到否，連日芻尼噪噪，燈花鬥妍，何兆之虚也。

初五日，陰甚，雨。課如常。

初六日，陰雨。銅仁□負，劉玉山來，帶有寅、芳二兄信，已往漢口。月之中旬□□湘也。劉君云及銅事，始因王小峰調集閔家場鄉門團首，勒繳府兵錢文。彼處集團數百人，王怒，即出隊用炮斃團丁十餘人，團遂散。暗行句結石阡教匪下竄。分四股，一擾閔家場，一擾太平場。現王守駐江口，協臺防繳太平場。石阡危甚，思州派五百人往援，賊勢甚張，恐不能解圍也。黔省今年有鄉試。課如前。厚田、泉生來。

初七日，晴。下午趙含墀來。課如常。

初八日，陰。晨泉生來。青陽光復，官軍可以進逼宣城。如宣城收復，湖可無虞矣。課如常。

初九日，晴。晨集易義，午後至藩署不值，戴、盧亦不遇。傍晚又往晤次丈，同座有劉游戎，不能暢所欲言也。鮑帥陣亡之不確，日内尚有鮑營中將弁來湘，此間提軍周自請赴皖，告勇也。晚閱藩署借來邸抄，係正月二十六以前者。沈朗翁往甘肅，係查撤回滋事一案。制軍、提軍均解任矣。麟梅閣薨於蘭州，朗翁暫署總督。去年京察休致者侍郎廉兆綸、福撫瑞瓖。黄荆山年伯升東撫，清盛因案降調也。僧邸之師直抵豐沛一帶，勝帥移兵督皖、豫捻匪，江北李世忠連六合、天長、江浦、浦口四城，斃僞報王秦某及僞國宗頭目等百數十人，江北漸就。動可以直擣金陵，以分擾浙賊勢。曾滌翁授督辦江蘇、安徽、江西、浙江四省軍務大臣，撫提以下悉歸節制，中堂辭之再三，不獲命。

初十日，晴。晨泉生來，長談。午後陳步墟潔自宜昌來，渠本委往四川，半路謀得催餉差使，回湘明日即出省也。下午泉生偕厚田來，河南棗陽一帶告北，省已調兵防剿矣，與樊城切近也。

十一日，早大雨。辰刻止，仍陰。集書義，午課如前。

十二日，陰。課如昨。晚作小講一，夜雨。

十三日，陰，小雨。課如前，晚作小講一。

十四日，陰，雨。課如常，晚作小講一。晨王厚堂來。貴州主考放王發桂。倪杰、□芷綬、章紫佩均考取中書並要記名。會試題爲「此謂唯仁人爲能愛人，能惡人」，「子曰：誰能出不由户」一章，「樂民之樂者」六句，「千門萬户皆春聲,」得「鶯」字。

十五日,陰雨。課如常,夜擬會試二題文一首。

十六日,陰雨。晨課如前。午刻接奉二月二十一日嚴諭,有往安順之意。惟謀者太多,未必如所欲耳。田忠普屢掛□章,因函致駱欽使,情願繳還欽差關防,帶兵三千赴川助剿,聽駱節制。駱即如所言入告,咨催往川。張、謝、冷、錢有勞募典商之參,新中丞尚保奬辦理軍需總局,未知内旨何如。趙國澍因清鎮民變一事,爲駱所參,廷寄查辦。又因拆毁夷人書館並斃四人,夷人訴於京,粤督專差委員至黔查究此事,飭爲夷人造墳四所,賠銀五千,尚未商定辦法也。至俞宅晤子範、子茂,定二十五日赴京。又至王厚田處,此間三大有换動之説。撫爲石贊清、藩乃□□□。未知的否。閲邸抄,會試總裁爲綏仁、青藜、鄭敦謹、熙麟。貴州本擬五月鄉試,嗣改期八月,兩主考仍折回。潘偉丈因昌平升科事加道銜。勝芳、王菊邨保舉知府,復邀保舉須入都引見,范雲吉亦在保舉之列。僧邸於河南地方與鄭元善、毛昶□合剿捻匪,據報殺斃萬餘,聲威頗振。浙江左中丞進營開化、遂安一帶,□州解圍,可以進□寧國以援湖州。上海英、法助戰迭有勝仗,該國統領華爾及副統領白齊文尤爲出力。已華爾復賞副將銜,賞給三品頂翎。雖非治夷之道,而爲目睫之見,因以爲得計也。小梅叔祖與藩臺吴春焕均觧任聽查。毛震壽放陜藩,渠去年以知州驟遷至此,興亦暴矣。

十七日,陰雨,午後止。

十八日,晴。早作江右書,送俞宅彙寄。夜王厚田久談,聞趙宅接有滬信。

十九日,陰。晨至趙含墀處,又至泉生處,閲滬信。二十四發鈔來,湖城三月初三、十四、十九、二十四信,並局友吴蓮衣到申江。竹翁信云:連日與醜類搏均得採,包魚聞已至孝豐,城中米已罄。自三月初一日起,每人發三合,十一日已停,兵餉亦罄,沿户搜括以給之。油亦罄,搜尋芝麻打麻油以食,點燈用桐油。蠟早如洗,縛火把以代。如再無援,即多作餓殍也。火藥尚多,某觀出硝,每日熬八十斤。磺止存百餘斤,尚可敷衍,云云。復據吴蓮衣云,城中人已有餓斃者,其危刻不可待。滬信又云,飽軍門探聞已至湖城,吴蓮衣至申江,係向上游乞援不允也。在申同鄉創捐米石,擬潛運入湖城。定二十七動身,如天意不亡此孤城,或能如願也,云云。回寓雨,作黔稟,即令馬銘送至方伯署中託遞。

二十日，晴。

二十一日，晴朗。下午泉生來。天長接上海信，嘉定、太倉均克復。廣德、四安已爲鮑軍所復。趙吟蕉現募夷兵運糧至湖，未知能得法否。

二十二日，晴。午至藩署，不見。傍晚厚田來。

二十三日，晨晴，午驟雨即晴。泉生來，俞子茂來辭行。趙竹生寄滬帛書，有竹翁飲酒賦詩以示暇，故人心不皇皇。力竭矣而心不敢謂竭，勢危矣而身不以爲危。衆志成城守死善道，以盡臣子之職分而已，云云。城中設硝廠十二座，各取鹽號園之土煎熬。火繩已斷，取衣莊夏布、蚊帳撫搓成繩，均堪應用，曾營發三路援師，一鮑超、一韋志俊、一唐仁廉。其咨文有云，如能立解重圍，當懇祈天恩逾格封爵，否則先圖寧國俾僞輔□，不得肆出攻擊。一面由廣德進援。前所云已至湖城之説不的也。曾帥奏稿，有「趙道忠貞蓋世」之語，衢州失守信已確。四川、重慶亦同。銅仁亦有失守信，是日作姨丈、念喬丈、雲丈、偉丈書各一。

二十四日，晴。晨至俞宅送行，並帶京信。雇船至河市，僅占一艙，計五千文，明日一準走也。午後泉生來。

二十五日，晴。劉升來，言銅仁失守似確。□□□已陣亡等語，江市三月十二日被焚。

二十六日，陰雨。晨集詩義，午作楷寫大字。

二十七日，雨。課如前。

二十八日，晴。課如昨。傍晚晋卿來，云杭州有四月十二克復之説。鮑軍門已至湖州，係廣泰紬緞鋪得來信息，未知確否也。漢口來信，湖城糧絶，以藥充饑，樹皮草根均取以代食，哀哉。聞餓斃者已纍纍矣！是日得會試題名，浙中八人，湖無之。梅生獲雋。

二十九日，晴。晨課如恒。午刻厚田來，未刻至織機巷，看趙氏新屋。

五月，朔，晨晴，午陰雨。校檢韻指南。巳刻至織機巷，泉生今巢遷，往道喜也。傍晚泉翁之招喫搬屋酒，兩桌偕至者，爲薛鳳翁大令、談蓉江西席、餘均同鄉。計賓主十一人，費菊如、徐三太爺、張充齋、王厚田、凌杏春均在焉。

初二日，晴。連日銀值落而米值長，至三千七八，殊爲居家一難。據土人云，米值向未有騰踊若此者。道光二十九年大水，竟長至三千二而止。具最便易者，則咸豐七年，每石不過一千四百文。校檢韻指南。得銅仁張樹棠三月二十四信，協府退在垻上，城中無事。

初三日，陰。晨泉生來，是日雨。復校檢韻指南畢，此書爲初學設，原本多訛繆，故正之。銅仁聞未破，城惟危急耳。府勇到處擄掠，故民心變，上五洞均從賊矣。貴陽總無信來，不可解，抑道塗多阻故也。心甚懸懸。

初四日，陰。晨課如常，夜雨。

重五節，陰，午後晴。偕子範至王厚田處，又至泉生處，即攜晋卿，同至西門登城遠眺。長沙俗例，是日無分男女，逐隊游城。回至天長久。坐始歸。留晋卿喫火骰，泉生來，少坐即偕晉卿去。

初六日，晴。晨謝薇屏偕葛和軒來，薇屏於四月朔挈眷自銅仁移住辰州，子身來湘。銅仁連接敗仗，協府均遁入城。那用厘金逾三千，而連次敗仗，失喪軍裝，所費不貲，辰下楚兵往援，即犒師之費無從籌畫，無論籌餉、籌糧矣。厘局委員移局出城，爲營兵所刼，搶掠一空，兩委員均受傷。兵米不發，營衆入府署搜尋，直至上房。其時太守不在，否則如何下臺。據薇屏云，渠幾被毆，幸速遁得免。去年銅仁保案，已於去臘附仁懷保案出奏，一概照保，未識部覆如何。費菊如來，午至藩署，撫臺來商公事，不得見。至楠木廳，拜汪習之、葛和軒，均不在。至草廠門回望薇屏亦不在家，回至登隆街，答拜傅貳尹楨渠隨張欽使入滇，道出夔州，委解部照來湘前日到。昨日來謁，故往答也。四川、重慶尚無事。夔州驚慌，遷徙一空，欽使至彼，紳士挽留，爲暫駐數日而去。賊距夔州尚二百里，另有謝寡婦一股亦在夔州相近地方，所屬賊衆十餘萬。回家知王厚田偕晋卿來寓即去。泉生來。

初七日，陰。午俞子範來，江右近無事，黄汝霖於三月初出京，所事尚未就也。下午泉生來，傍晚薛鳳池偕含墀、泉生來，是日作黔稟。夜雨。

初八日，陰雨。寄黔稟，由葛宅也。

初九日，晴。晉卿來，謝薇屏來，是日又作黔稟，交葛宅寄。米值復長，每石四千五六百文。下午至織機巷，均出門去矣。

初十日，晨晴，下午陰。方伯來，午刻至趙宅，又不值，至廣盈廳。回寓後，王厚田偕晉卿來。明日開館，故連日遨遊也。

十一日，晴。晨至南門，方伯衡山進香，今日起行，馬中丞排隊送。是日有晃州專差來，送到三月十一日嚴諭，由彼遞來。

十二日，晴。作董竹村書，又作黔稟，擬託董轉遞。薇屏來，興義、天柱均有失守信。田忠普患腿疾甚劇，又患咯血。廷寄飭往四川，署中丞二折保留矣。晚晃州差取信，王厚田來，已派得芷江晃州解餉使，後日即動身也。泉生來。

十三日，晴。晨至厚田處不值，午至藩署拜生，方伯夫人壽日也，不見。下午至厚田處，略談又至泉生處。□惲二世兄來謝壽。

十四日，晴。課如常。趙含墀來，川米到千餘載，官行平糶法，故市上米值跌至三千五六矣。

望日，晴。課如常。

既望，晴。課如常。集詩義畢。

十七日，晴風。作姨丈書，送陳時泉際昌處託其帶京也，渠定二十一走。西安有被圍，或云係四眼狗一股，不識的否。時泉來。

十八日，晴風。午刻泉生來。是日集春秋義。

十九日，陰。晨至路邊井晤費菊如，又至白果園送行，不值。又織機巷晤泉生、杏春。接上海四月二十八日吟（焦）與漢口少珊書及敏齋書。湖城消息尚通，每搏必勝，餉援均絕，城中餓莩纍纍，可慘可慘。吟蕉親往安□乞援。來書云效秦庭之哭，以盡人事。濟與否，未可必也。前所云韋、鮑諸軍均未見到，迭次之信均訛，上海近亦萬分緊，太倉得而復失，李聽翁元度昆玉所統一軍，八千人全軍覆沒，二李均殉難。賊勢大張，賊隊已逼近吳淞口，夷人聞亦惶惑無計矣。青、嘉二邑，雖復亦難守也。

二十日，陰。課如常。

二十一日，晨微晴，午大風，雷雨暴至，簷溜湯，旋即放。申後復大雷電，以風驟雨如注，霹靂震瓦。入夜晴，滿天星斗。課如常。

二十二日，陰雨。課如常。江西回差來，燈下作黔稟。

二十三日，陰。課如常。寄黔稟。

二十四日，晴。課如常。

二十五日，微晴。課如常。夜雨。

二十六日，陰雨。課如常。夏至節。

二十七日，大雨。課如常。

二十八日，微晴。課如常。頭岑岑然。

二十九日，微晴。頭未愈。午刻忽接含墀手片，云湖郡不守，漢口來信也。遣人往趙宅借得少珊五月十七日寄來，據信中云，湖城於初三日寅刻不守，竹哥初一自刎。南門逃出官兵數千紮在潛山漾。西門逃出百千數。此係上海信來云。然並言城中尚無人逃至申，則信尚未真，如係訛傳方妙。然無救兵，雖守千日，無益耳。竹哥一生心血盡付東流，雙目早已失明，終日在局，哭望滬救，此又吴蓮衣來漢面述者，云云。楊敏齋未走，松江被圍甚急，上海夷場尚無事也。

三十日，晴。午後費菊如來，其堂弟蓮青已抵家。蓮青之兄於五月初七日在南潯發信來，由申所云與趙信小异。湖城係初三日辰刻失守，並云聞趙公率所統兵勇數千，望四安一帶突云云。戴雨帆來。

六月朔，晨晴，未刻大雨滂沱。謝薇屏來。

初二日，微陰。

初三日，晴。午後菊如翁來，是日接黔中四月十二日手諭，真義淪亡。□翁尚無下落。課如常。

初四日，晴。課如常。

初五日，晴，連日暴熱。午後子範來，接江右信，湖失亦云然。泉生來，晚晉卿來，曾滌□派吟蕉往滬，查湖州失守情形。

初六日，晴。晨至泉生宅。課如常。

初七日，晴。晨至路邊井晤菊翁，又至廣盈廳晤含翁，云漢口又到信，竹翁已殉難矣。下午偕二伯至織機巷。菊翁、含翁均在座，漢口少珊信云，上海有信來，城中有顧姓、某姓數人逃至申，言初三城破，兵勇從西門突□而出，在潛山漾，竹翁朝服坐局中，手按刀一把，如常飲酒。先有數賊來探訊，不敢入。嗣聚百餘人來，即被執。因諭以勿傷百姓，賊勸之降，不屈。日復飲酒，延至十一日，被害。又言竹翁之弟某被磔，然不殺戮。百姓先餓死者萬餘人。賊入城後自盡者不少。賊悉驅老弱出城云云。子範往織機巷覯扶。

初八日，晴。晨起，方食粥，忽泉翁來呼甚急。粥罷至織機巷，則晉卿飲藥死矣。酒壺中尚存餘瀝，不知何毒。菊如亦踵至，偕入內看視，面紫青，脣紫黑，氣絶身冷，不及延救。泉生云，昨夜子範歸後尚在書房，逾時進內安寢，夜中絶無動静，晨起呼之，則已殁矣。聞父死而殉，何其烈也。髫年鮮死，可慘也夫。即請菊如趕辦諸後事，戌刻復往送入殮。「七尺棺材藏腐骨，半□黄土了英雄」，人生皆然，何异乎壽夭。晉卿年十二，名深彦。

初九日，晴。課如常。

初十日，晴。晉卿於巳刻出殯於南門外金剛院。偕費菊翁、徐月□、凌杏春、張充齋、嚴朗文送至德星街，泉生力阻，無送出城，遂止焉。至天長小憩回家。課如常。

十一日，晴。課如常。下午雨。

十二日，晨陰。午晴，申刻後雨。凌杏春來。

十三日，晴，午後雨。至俞宅，晤子範。

十四日，晴。課如常。

十五日，晴。寄黔稟。午課如常。

十六日，晴。晨至廣盈廳久坐，代改稟帖。爲晉卿事一稟方伯、一稟曾節相。午課如常。

十七日，晴。課如常。午泉生來。

十八日，晴。課如常。作敏齋書，託趙宅帶。午□蒼來。

十九日，課如常。戌刻泉生來。

二十日，晴。晨至織機巷。午泉生來。課如常。夜大雨。

二十一日，陰晴□之。課如常。晨含墀來，舜□已至岳州，今日風順，或可到也。

二十二日，晴。晨課如前。午泉生囑代謄稟黄蘭坡稟，爲晉卿事。本稟曾節相，黄允爲轉稟，並削正稟稿，當即代爲録出，攜去。

二十三日，陰。晨至織機巷，適薛鳳墀在座，少談。薛去，復縱談而歸。午後大雨，復爲泉生謄白稟，録昨日所書之稟，官銜未合式也。傍晚王厚田來，渠於昨日回省。

二十四日，晨晴。至厚田處。午陰，已刻至織機巷，爲晉卿上祭文。延禮生二人來寓作文草。二人者，公服贊禮，誦祭文以祭。此楚人陋習也。禮生係紳士，凡入泮者，均倚此爲業，然較之包攬詞訟者，有□矣。同鄉諸人畢集，酉刻禮畢歸。

二十五日，晴。課如常。房主人□少君來，趙遜青於昨晚到湘，酉刻泉生來。

二十六日，陰。申刻□，課如常。

二十七日，晴。方伯來謝步。午後至趙宅謝步，後至藩署，均不見。至□陽晤趙遜青，談途中事，被小刼，故延日久。接鑪青書，至宋宅不晤，回至本街敏齋處不值，至薛鳳墀處少談。

二十八日，微有陰。至俞宅，子範出門去矣。至天長（興）「與」，徐月翁談，復路邊井看菊翁疾。便道至織機巷，適幼青在焉，與談日下事，並觀泉生數日乩壇詩，留飯。回寓，接五月二十日黔諭，田撤欽留辦匪，錢、謝、冷、張、趙五人仍查辦，駱已據實奏也。

二十九日，晴。至俞宅，晤子範。盧午橋來。午後，宋杏春來。是日左傳畢。

三十日，晴。課如常。黄昏宋八來。是日讀周禮。

七月朔。晴昨今二日熱甚，已至九分矣。課如常。傍晚含墀來。飯罷，率諸弟至白果園。厚田已往趙宅，即至織機巷坐談，一鼓後始歸。

初二日，陰。熱略減，酉刻晴。課如常。

初三日，陰雨，午略止。至酉刻，宋八來，大雨傾盆。課如常。

初四日，早晴，午陰。宋八來，傍晚厚田來。課如常。

初五日，陰。泉生來，雨。課如常。作黔稟，由藩署寄。

初六日，雨。課如常。

初七日，雨。課如常。寄臚青書。

初八日，雨。課如常。讀周禮畢。

初九日，晴。温禮記。午後遜青來。是日，閲四月間邸報，僞英王陳□成暨僞王，僞國宗、僞將等二十餘人，均被苗沛霖誘入壽州生擒正法，廬郡收復矣。仲復以詩中題爲「雞聲茅店月，聲喚一輪孤。」爲太后所申飭，差學不列名，嚴斥□生以頌揚太甚，由一等第一降爲末名，散爲部曹，均可異。

初十日，微陰。晨至織機巷，談前作詩□乩壇□和仙僧束手，奇哉。

十一日，微陰。課如常。

十二日，陰雨。課如常。

十三日，微陰。晨凌杏春來。午刻泉生來喚，即往，則接楊敏齋至滬書也。内言竹生多隱約之辭，奇哉。余則謂此妄人誣衊之談，不足信也。課如常。

十四日，晨雨，午後晴。課如常。遜、含二君來，偕往看屋，不合式。適遇厚田，遂同至白果園一談。蔣益澧兵於上月二十八日有六百人歃血爲盟，謀作亂。幸一僧來報信，禽其魁三人，誅之。夜雨。

中元節，陰雨。課如常。

十六日，晴。課如常。

十七日，晴。課如常。

十八日，晴。課如常。接鄭□叔信。

十九日，晴。作黔書，黔稟。傍晚黔中六月十三來諭，依然匏「繫」，殊悶人也。此信由彭姓專足來，故較速，止三十餘天。

二十日，陰。至趙宅，據云黄蘭坡、王楚田處，黔便多有可託也。午後，增繕黔稟二紙。即緘交泉生處，託其寄黔，内附京、鄭二件。

二十一日，晴。作松陵書。

二十二日，晴。作松陵書一、鄭一、青一、念一。午刻接吉甫五月初八日來函。鑪青一，□寅事甚轇轕。似竹一、玉林一，去年正月發。又二件，又湖二件，均去年八月發。

二十三日，晴。作偉如一、鑪青一，又作答經丈一、吉甫一、似竹一，即封送藩署託寄。連日天氣炎蒸，午刻俞子仙文萊十丈自章門到湘來寓。談及□林，據言動身晤琹舅，出示杭中戚友來信，均言於去年八月十五往興忠巷，見宅中搬運行李上船，擬出避。其避往何處，則不詳悉。果如所言，則興忠一宅可毋恙矣。越中頗通音，託居民無所苦也。左中丞已進攻蘭溪矣。

二十四日，晴。課如常。

二十五日，晴。晨至俞宅晤子仙，其老七尚未起身，意亦鵶劫中人也。課如常，接敏齋信。

二十六日，陰。課如常。禮畢。

二十七日，陰，午微晴。鎮日作楷。晨問厚田病，晚至泉生處觀扶鸞。吟蕉六月二十四日信，云竹生被執至蘇中。逆待之甚厚，而竹生罵不絶口，生死究無的耗。七月初九信，則云近日四路傳言，竹生業已被害。總非的實可靠之信，故不敢稟出。吟翁委署常鎮道，每月須賠一萬兩，即赴任駐焦山。
二十八日，陰。課如常。
二十九日，陰，夜大雨。課如常。

八月朔日，陰。申刻芳兄自□陵旋省。寅兄在船上未登岸，趙幼青鉉來。課如常。
初二日，晴。課如常。寅穀歸。接黔中六月二十日來諭。
初三日，晴。慈闈五鼓即起，俞子仙完姻，今日去遁親也。辰刻，答拜嚴朗文，即至俞宅道喜。午飯後回。申刻看視含墀疾。
初四日，晴。課如常。甯國克復，六月十六日事也。倘早兩個月，湖州何至如此？聞賊無糧食，故全數降。
初五日，半陰晴。課如常。
初六日，半陰晴。晨遜青來。偕二伯、芳兄至天長，又至路邊井棧房，與菊如久談，又至貢院，看迎□，歸已日午矣。楷如常。
初七日，晴。作江右信。午後作楷。□供事捐縣丞銜正項二百三十四兩，監生一百四十四兩，議敘雙月從九加兩班，例銀一百二十六兩，分招例銀三百五十二兩。由捐銅局上兑打六折，每兩以公砝足色銀三錢五分上兑。歸試用班，如欲仍歸議敘班，加三成上兑。註册驗看費二十四兩，代驗八兩。
初八日，陰。寄黔稟，託徐參軍壽松帶。
初九日，晴。課如常。寄京信，託遜青。松陵一、鑪一、天津一。
初十日，晴。泉生來。課如常。
十一日，晴。課如常。閱邸抄。桂中堂卒。
十二日，晴。俞子仙來，午陰。舜卿來，即偕二伯同至廣盈廳，久待扶鸞者，不至即歸，雨亦隨至。晨，作黔稟。即由常德號上寄。

十三日，晴。課如常。

十四日，晴。課如常。

中秋節。晨至織機巷趙宅，與杏師久談。午歸。晚又偕子範往觀扶鸞。下午陰，雷聲殷然，小雨即止。黄昏復小雨，旋晴。水雲四合，三鼓後月華生，時余已熟睡。家中人咸見之。月華有雌雄之分，雄者形長延如船，雌者圍如就。是夕乃雌者，其如船者，不易得見。

既望，晴。課如常。傍晚費菊如、徐垞、趙遜青同來。陝西有講和之信。

十七日，晴。泉生偕遜青來。

十八日，晴。晨至厚田處，渠昨日出闈也。歸來紀擬題文詩各一首。是日，霖弟□□全篇。

十九日，晴。慈闈生日拜壽，放學一天。晨至長沙縣前訪楊秉卿。

二十日，晴。課如常。秉卿來。

二十一日，晴。課如常。

二十二日，晴。課如常。陳補虚來。

二十三日，陰。課如常。

二十四日，晴。泉生來，課如常。

二十五日，晴。課如常。午至泉生處，得閲七月十六以前邸抄。

二十六日，陰。連日天氣甚涼，綿衣上身。課如常。傍晚赴菊如之招，同席爲陳補虚、趙泉生、遜青、凌杏春、徐月垞、費竹泉、主人與余八人。肴甚精美。

二十七日，陰。課如常。午子範來，申刻遜青來。

二十八日，陰。課如常。

二十九日，晴。課如常。宋杏春來，泉生來。

三十日，晴。午後，泉生、勝青來。課如常。

閏月，朔陰。課如常。
初二日，陰。課如常。泉生薄暮至天長一轉。
初三日，陰。課如常。泉生偕幼青來。黔無鴻，望眼欲穿矣。
初四日，陰。課如常。午接黔中七月十三諭。現派總辦防守局務，仍無生發也。泉生攜楊心□女史可仙蛺蝶圖來看。晚代泉生作蛺蝶圖詩。
初五日，陰。晨至泉生處代題，午餐而歸。作黔稟。□金寄小書，黄昏復接八月三日寄來黔諭。賊勢甚張，實至數千，兵見賊即走，以至如此，實則溺於安樂不能打仗矣。
初六日，陰。凌杏春來，杏去遜青繼至，遜去泉生繼至。時已交未矣。中飯後作魯書，凌一、張□。傍晚至藩署，又拜棨令，均不會。
初七日，陰。晨至紅牌樓，又至白果園，厚田解辰州餉，於昨日上船。至俞宅晤五丈。補肅黔稟一張，即由信號寄去。此地係常德分出，逢三八爲期，號在路邊井羅榮□號。午課如常。
初八日，微晴。課如常。作寧鄉復函，託含墀寄。下午俞子仙來。林宅消息不佳，蔣方伯軍已抵浙矣。
初九日，陰。課如常。午晴。泉生來。
初十日，晴。課如常。午泉、杏同來。湖州賊因糧盡退出之信，趙少珊漢口書所述也。遜青來。
十一日，晴。課如常。晚代凌杏春作詩四，七律。
十二日，晴。課如常。
十三日，晴。晨至織機巷，午課如常。晚泉、杏同來。
十四日，陰，微雨，天氣頗凉。課如常。
閏中秋，陰風，雨竟日。課如常。
既望日，晴。課如常。遜青來，午刻接黔信，八月十三發，由信號來。尚達坪賊巢攻破，過江之賊尚在開州地面。川省派□□吉協領過黔，有奉旨查辦事件。下午至城隍廟前覓屋，遍找不見。順道至織機巷，留喫晚飯，觀扶鸞，一鼓後歸。

十七日，陰。課如常。

十八日，晴。課如常。

十九日，晴。課如常。午接黔中六月二十諭。由晃州遞來。故遲遲也。申刻菊如來，晚赴泉生之招，同席爲二李、□圃先生、□□郎及菊如、余與主人五人而已。

二十日，晴。課如常。

二十一日，晴。課如常。泉生來。

二十二日，晴。課如常。接江右信，即作復書寄去。浙中寧、温、臺、處均無賊。燈下接敏齋書，焦山所發，渠偕吟蕉去也。

二十三日，晴。課如常。泉、勝偕來。

二十四日，陰。徐月坨來辭行。申刻偕二伯至天長送徐行。課如常。

二十五日，晴。作敏齋書。交泉生寄。午後至東南二門一帶看屋，全無影響。

二十六日，晴。課如常。午後泉生來。

二十七日，晴。晨，至勝青處略談即歸。課如常。

二十八日，晴。晨至織機巷看屋歸，課如常。

二十九日，晴。課如前。

九月朔，晴。天氣略煗。課如常。

初二日，晴。課如常。

初三日，陰風。課如常。夜雨。

初四日，陰，微雨。天氣復涼。課如常。

初五日，陰。課如常。

初六日，陰。遜青來。寄黔稟，由信號。

初七日，陰，課如常。

初八日，杏、泉偕至。

初九日，重九節，晴。孤負登臨，然楚南實無地可以舒眺也。晨至織機巷，與杏師談。周寶臣者，局雲陽人，被難至楚，窘厄投河，龔姓救之，挈以來湘，泉翁爲謀一噉飯地，亦一好事。

初十日，晴。午接黔中八月二十七日來諭。潘制軍到桌，欲重辦張、謝一案。田大怒，聲言欲與開仗。制軍亦遂將就了事，啓節往滇矣。田大不懷好意，不識下文如何也。夜作黔稟。

十一日，晴。寄黔稟，江左回足帶去。勝青來。課如常。

十二日，晴。課如常。傍晚泉、遜同來。

十三日，晴。課如常。

十四日，陰。課如常。閔小山來，杏來、泉來。徐月坨於初二日到漢口，正值吃緊。距賊僅六十里，現已退去，相距較遠矣。賊在孝感、黄陂一帶，云係長髮。俞宅報喜來，子茂中京兆試，二百八十三名也。其中式三百十餘名，南元江蘇人，題名録偏覓不見。

十五日，晴。晨至俞宅道喜。課如常。

十六日，晴。趙含墀來，病新愈也。課如常。

十七日，晴。晨至織機巷，偕杏、泉至書坊。又偕至廣盈廳。午課如常，俞子範來。

十八日，晴。課如常。泉生來。子仙來。晨接黔中八月二十七日來諭。

十九日，晴。晨課如常。午至俞宅拜壽，日甫丈生日也。留吃麵。下午至遜青處。喬梓均不值。至織機巷，偕泉、杏至天長，亦喬梓均不值。

二十日，晴。課如常。王厚田來。前日由辰州旋青浪灘，壞船一隻，江味報到省□。閱邸抄，泉來。勝師西征，迭報勝仗，金陵亦有勝仗。

二十一日，陰，天氣頗涼。課如常。杏師來。申刻至彭宅，會李子喬。

二十二日，陰。課如常。接松陵宅信二件，閏月二日發。

二十三日，陰雨。課如常。

二十四日，陰雨。至厚田處。課如常。接念丈巧朔書，已遷居賈家胡同。

二十五日，陰雨。課如常。得閲京兆試題名，中式三百十四名。南□五十二、浙十、湖又無名。勝芳王鎮藩（錫命）中式二百九十五名。

二十六日，陰雨，至趙泉生處。竹生爲賊中拘禁，軍中其將爲宋三□乎。惜無王炎。午作生祭文祭之。□昭代粵西馬中丞，亦爲吴世璠拘囚三年，始被害。閩督丁公爲耿逆所執，終不屈，被害。今日之事，殆相髣髴也。蓋棺論定，請觀其終。借閲楊果勇公芳自撰年譜，所叙剿平黔、楚叛苗、三省教匪及張格爾事，頗具眉目。以身列行間者自叙生平績略，故與執筆爲文，談兵紙上者不同。書共四卷，惜多殘缺不全，當日剿辦情事，瞭若指掌，未必非從軍之一助也。趙竹生陷賊中所賦詩四律，泉生之妻舅陸費君攜出寄來：「豈待孤城破，方嗟力莫支。從來畺守義，敢以死生辭。亂刃交揮處，危冠獨坐時。相持示相殺，簫輩爾何知。」「裂眥呼狂寇，奚煩講説多。斷頭身自分，挽手意云何。厚皃徒爲爾，孤臣矢靡他。空勞尊酒獻，駡坐更高歌。」「猝爲羣盗困，遑敢學文山。且盡從容義，聊驚醜類頑。單詞明順逆，正氣懾神姦。反覆誰家子，相看隻厚顔。」「是豈天良見，環觀涕泗揮。但期能悔禍，豈必與生歸。仗劍余何憾，投戈汝著違。但收吾骨葬，暴露益光輝。」大清同治紀元立秋後六日荅上嬴著作。

金陵報勝仗，蔣麻子到浙即報勝仗，皆傳説也，其照例者乎。

二十七日，陰雨。肅黔稟。

二十八日，陰雨。寄黔稟。課如常。

二十九日，晴。課如常。子仙來。江右考官，（州縣以上撫臺考二文、二判、佐貳，藩臺考諭示等件。）

三十日，晴。課如常。泉來，衢、寧各有勝仗，鮑超實無恙也。前云微、寧復失之説不確。

十月朔，晴。王厚田來。方伯已到湖北。夜作念丈、二姑太太書。

初二日，陰。作又川丈書、經丈書。即託泉生附寄。申刻雨帆來，廣德得而復失，南中無佳音，惟疫氣略好耳。

初三日，陰雨。晨至俞宅，晤子範、子仙。課如常。傍晚勝青來。

初四日，晴。課如常。

初五日，陰。課如常。

初六日，陰雨。課如常。

初七日，陰，雨。課如常。午後至浙江會館拜陳三平安府，即看其所住屋，尚合式。渠委署，十二三動身，我處可以搬住。

初八日，陰。課如常。萱堂往看陳屋，嫌其破爛，故未定局。然典值甚合式，舍此恐難另覓矣。

初九日，陰。晨至織機巷，勝青繼至，即留喫飯。金陵聞生擒長髮三百人，内一名乃夷人也，歸閱棣懷堂隨筆。

初十日，陰雨。天甚寒，重棉瑟瑟也。課如常。

十一日，陰。課如常。接黔閏月二十四諭。臘尾春頭，爲有生發。林子清、熊煥章均經駱□翁正法，足以大快。元惡大憝以不動聲色除之，具徵作用，髮匪□搄遵義府、黔西州，勤數百里攻城掠地，甚猖獗。過江之賊，亦未驅出江也。

十二日，陰雨。課如常。

十三日，陰雨。課如常。作鑪青、煙□書。

十四日，陰雨。課如常。至李子喬處，不值。

十五日，陰。課如常。至閔小山處，小坐。

十六日，陰。李子喬來，菊如來，杏春、泉生、含墀偕來。閔小山來。浙中蔣到後，連復龍、游江山，已進攻蘭溪，不日可以得手。蘭溪一復，金華即易收復。金陵曾老九受傷，續募勇三千，已陸續東下往援。聞此時須添勇五萬人，而楚中應募者甚鮮。蓋此輩半多游手好閑之人，全數東下矣。其有家室之人，未必肯當勇。有黄某，寧鄉人，山東人黃正邦家人也。正邦前隨僧王打仗出力，保至四品頂戴花翎参將，嗣正邦物故，又無家室，即係寧鄉黃棺殮，並得其遺物及執照一紙，即回湘冒充黃正邦，至中丞處投效，即派帶勇等事。上游□待□方伯羅致門下，邇時目爲紅客。此庚申、辛酉事也。某恃勢，所爲多不法，而人亦無如之何。今年夏有其所識錢店老闆，以二十千錢向買功牌一張，疑有訛謬，持與所識某識之。某黃太守之家人，持視其主，識爲假者，即將黃某誘至首府處，詢之不承。至鄉拘其叔來，云某實係其姪，功名何處得來，則不知也。視其執照，乃山左籍，用刑訊，始吐實，正之法。

十七日，晴。課如常。晚作黔稟。

十八日，晴。晨至瀏陽門，遜青上衙門去，與幼青談。復出城，至教場坪，看□場馬箭歸。適李子喬來，談春明故事，眉飛色舞，令人解頤。午後寄黔信，明日即有脚子走。

十九日，陰。課如常。申刻勝青來，同至閔小山處。有按照磨后室齋翰章同，在坐後之乃兄黔候補縣也。趙氏之眷已於初二至漢口。夜雨。

二十日，陰雨。泉生、厚生來。竹春於十二日由漢口動身，周華城、吴梅生之眷同來。楊小田、費蓮青於初十動身，已於昨日到湘矣。午刻俞子仙來，接江西初四日信。沈中丞聞得風，現委藩臺代理江西考。州縣與考者止十五人，計除正途人員，候補者不下百七十餘人，而應命者如此寥寥，可見此日官場惟利是圖，「道理」二字撇向九霄雲外去矣。書生爲世所輕，而世道亦遂不可問。不學無術果勘爲民父母乎？此國計民生之所以敝而不可救藥也。未刻，大雨。作姨丈書。作江西書二件。即至間壁送李子喬行，並將京信託其帶去。又至俞宅將江西信託其附寄，擕其順天闈墨燈下讀之，機圓調熟，所謂極合時趨者也。

二十一日，陰雨。課如常。

二十二日，陰雨。課如常。

二十三日，陰雨。晨遜青來即去，至路邊井天長棧中晤費菊如。又至德星號中晤費蓮青，渠今春五月初一到家，初三郡城即陷矣。其時北門尚接仗，熊千總即開東門入賊，趙竹生挺身見賊，曰：「此城係我趙某一人守住，無與百姓事，殺我無害城中人！」賊允封刀，而自盡者、餓斃者已不下數萬人。賊見衣紬者，即捕去拷問窖金所。怒即殺人，由是死者亦不計其數也。渠住家中月餘，鄉村久經安民，尚無罹害，惟□億不暇耳。米價每石長至十三千，富者食兩頓粥而已。鳩形鵠面，亂髮鬅鬙，殊無人狀，即至戚亦相見不相識。城中陷後，河水變色，浮屍隨流而下者，日夜不絕，被擄婦女，小船大舫□□而過者，日數起。賊以汗巾縛婦人首，一巾十人，有求死不得之苦，慘劫至此，尚堪問耶！又至廣盈廳，晤含墀，是日趙宅人至。

二十四日，陰雨。課如常。

二十五日，陰雨。課如常。傍黑厚田、遜青來。趙眷主分藉省較用，而含墀不允。泉生代遜青挑一分，含墀亦無言可籌矣。同來竹眷之外，有周華城、有梅生二眷及其族人老瑞之眷來。

二十六日，陰雨。晨往訪楊小田，半途而反，不識門巷且雨雲壓頭也。俞子仙來。

二十七日，陰雨。至白果園與厚田談，又至織機巷，南來周華城亦在坐矣。梅生携其幼子住泉生處，周則另租公館矣。梅生於城破時被賊擄去，隨賊行經四安一帶，遺民以桑椹爲食，數百里無人烟，至漂陽始逸。至盛澤搭航船，上海經蘇□等處，依舊繁華也。破湖之賊四，一譚主將封慕王，一黄老虎封□王，即擄梅生者也，一李姓封孝王，一、封佑王，賞功也。賊陷湖率大股賊十餘萬，攻松、滬大敗而歸，勢少挫。此六月間事也。賊中勢雖合而各不相顧，甲所轄境，乙或焚掠之。故雖曰安民，而岌岌乎不可終日。觀其行事，真草寇也。天不厭旣，故使之日熾耳。

二十八日，陰雨。椿誕放學，自課如常。

二十九日，陰。晨子仙來，午厚田來。偕至古新安巷，晤楊小田及彦卿之弟二郎。彦卿服毒投河，夫人亦服毒，其大令郎先隨徐少梅進京，老二則今同來者，陷城後被擄去，賊令研火藥，骰上擦傷成瘡，至今未愈。後乘閒逸出，老三亦擄去，亦逃出，在上海。彦「卿」之弟老五號蘭生，來湘。老六在滬，餘則均無下落。至女眷則均自盡矣。湖城本隻十三萬餘人，後搬入城中，不少房多住滿，計查保甲計二十一萬餘人，死者十之七八。其逃至上海者約萬餘人。同鄉之在滬者，公議於湖絲厘金，絲每包抽五錢，作撫邺難民經費，計絲有六萬包，定議時已消其半。僅於三萬包抽厘，可得銀萬五千兩，因設客寓，以居難民。近處冬令，則每人贈綿衣一套，本原梓桑所應爲，而經費有漸罄之時，難民即有難延之喘。兵燹生，恐尚不能保全也。西山亦作古，王魯風之妾投河，魯風則逃至上海，後又蓄往孝豐擒其卷口。傳來之信，頗不佳也。周詠華已進京，蓮伯已殉難。申刻自小田處歸，適周華城在家相訪，少談始去。靠黑遜青來。

十一月，朔。晨至俞宅，晤子仙，歸課如常。午刻子仙送江西信來看。云接其孫親家書，言外祖母及諸姨母均陷城中自盡。仲升舅及蘭生今三月間仍在鄉間，孫路遇匆匆一談，彼此四散。此信似已的確。投入綱中伊誰之咎言，言之弔然憤。棨另已設法託人往援其弟，未識能如意否也。

初二日，陰雨。是日冬至節。午刻楊秉卿（振鈞）來，渠擬明年進京。課如常。

初三日，陰雨。課如常。楊小田來，渠弟二人欲附入我處讀書，而所聘吴君尚未定局也。遜青已委永桂通判缺，甚苦。

初四日，陰。課如常。申刻遜青來，即去。聞織機巷有公館一所，即往觀焉。上房卑小，不甚合式也。至泉生處，又至周華城處，趙崧臣、幼雲昆仲同居。鄖陽有失守之謠，未知確否。歸寓，接黔中九月二十四日手諭。長髮竄入，猖獗异常，官兵不出戰。任其深入大定、安順、平遠，黔西界均有賊蹤。黔西州汪之屏、于總、沈宏富敗入州城。時猶百計媚之，以三百金買一美贈之，沈因竭力保汪。宦場至此，掃盡官常矣。中丞知媚□弁而不知禦賊，亦屬可人。有莊蕙田（受祺）作黔撫之説，韓摘去二品頂戴進京，不識確否。

初五日，陰雨。課如常。楊蘭生來，言及西席事，梅生聞甚樂從。

初六日，晴。課如常。遜青來，言吴梅生，渠請否未定，周華城亦願舉我，則更妙矣。俟遜青定見後再酌可也。

初七日，晴。晨至遜青處，大約月底可動身。厚田來，子範來。

初八日，晴。課如常。是日寄黔稟。周華城來復，偕至巷口楊小田公館，小田於今日遷來也。午刻菊如來。

初九日，陰雨。課如常。含墀來。宋杏春來。領得銀九十餘兩。

初十日，晴。晨課如常。俞子仙來。飯後偕至渠處，要周子湘至廣盈廳，留喫點心，招幼青來少談即歸。與二俞分道，順至織機巷泉生處，掌燈時遜青來。夜飯後，偕二伯至厚田處長談。

十一日，晴。遜青偕崧臣、幼雲來。閔小山來，含墀來，午後泉生偕幼雲來。

十二日，晴。午後遜青來，黄昏俞子湘來，秉贈我處五十金，託渠塾付，故來商函夏令匯來。是日課如常。

十三日，晴。課如常。泉生來，聞寧國吃緊，鮑帥屢有敗仗。又聞張所卿已至滇，何有保已正法，不知的否。厚田來。

十四日，陰。課如常。晨至楊小田處，適厚田繼至，遜青我家不值而來，含墀、華城亦相繼來坐，談少頃即歸。望日，陰。課如常。午杏師及吴梅生來。

既望日，陰。課如常。接經丈十月朔書，渠調左農兼銓左。

十七日，陰。課如常。借閲邸抄，偉丈升登萊道。接念丈十月初七信，□信，青信，八表姨母已贅□矣。

十八日，陰。晨至楊小田未起，至厚田處，泉生處有安慶被圍之謡。又至楊處晤蘭生、叔阮。歸喫午飯，凡出門，又至楊處一轉，即至含墀處久談。説定聘周華城事，每月三緡，楊處亦同。歸路至俞宅，五十□不在家。晋卿事均毛中丞入告交部，從優議給旌䘏。已見邸抄。

十九日，陰。寄京信、經一、念一、榆一、鄭一，由主考家人帶。厚田來。

二十日，陰。課如常。含墀偕容翁、遜青來。

二十一日，陰。課如常。午至俞宅，晤子範、子仙。夜泉生來。文方伯已到，遜青迎至途中，已見過。

二十二日，陰。遜青來。課如常。

二十三日，陰。頭岑岑然，傷風寒也。接黔中八月初六日諭，府紬四匹。此由李梅村帶至銅仁轉，故爾遲遲。

二十四日，陰。課如常。

二十五日，陰。課如常。是日方伯接印。

二十六日，陰。杏春、梅生來。龍游於前月二十六克復。寧國之賊竄至祁門界内，有窺伺章門之意。沈中丞已派段道統水陸全軍往堵矣。江右考試官員，其與考之十五員内，有吴世亨等三人，以不「合」文理奏参勒休，又安鳴鸞同知、李□芳、羅獻琛知縣以文理尚順與題不合札，司停委一年，藉資學習。列榜首者徐元燮，或有調劑。秉□因同試者大半述而不作，亦隨同繕例點句而已。

二十七日，晨微晴，仍陰。作黔信一、稟凌一。

二十八日，半陰晴，日光隱見。寄黔信，由號上。課如常。後半夜小雨。

二十九日，陰風。

十二月，朔。夜初雪。課如常。　葛和軒來，渠於孟冬稟到，曾接黔中十月十三信。

初二日，晴。課如常。

初三日，陰，夜雪。課如常。

初四日，陰。子文有疾，晨課如常。午後至瀏陽門，送勝青行，不值。又至黃泥堰拜惲次翁，以出門拜客謝客。晤雨帆，言及都事，奏彈恭邸者甚多。羅椒生大宗伯所參，爲不學無術以博陸擬之，尚在好一邊。順道回拜葛和軒不值。又至織機巷周、趙二處。外間謠□德失守，又謠之盧郡復陷，賊進踞霍山，未識真否。徐月□來湘置貨，已到漢口矣。上燈泉生來。

初五日，微晴。課如常。申刻遜青來辭行，初八日準走，所雇二號把杆船三十七千，艇子一，十四千。計至永州府，水程十一站，衡州以上皆灘路，又是上水，大約封印後方能到，開印後接印矣。昨日所聞，遜青言謠傳。惟祁門旋失旋復，不知賊何自來，亦不知向何處也。

初六日，陰。芳圃生日，課如常。

初七日，陰。課如常。

初八日，陰。課如常。申刻戴雨帆來，爲周師事，欲我處讓給渠也。籌以不可，尚齮不已。傍黑至楊宅，晤蘭生、小田，與商惲事。歸，晚餐後雨帆送字來，所談已作罷論，可免周折矣。周花丞來，亦爲惲事。

初九日，陰霧。課如常。宵霧。王厚田來，已遷居伍家巷。惲次翁經中丞奏留在省，管東征、茶、釐金三局事務。

初十日，晨霧，晴。課如常。費蓮卿來，申刻蘭生來。皖北和州等處又被陷。江北官軍，現在進攻九洑洲。

十一日，陰，晨霧。課如常。晚接江西前月二十二書。杭事已□，惟仲舅尚無信來耳。在閑林鎮項家坂。

十二日，陰。課如常。午孫蘭士來。大雨。泉生來。

十三日，陰。午後四趙及淩來。

十四日，陰。課如常。王厚田來。

十五日，陰雨。課如常。

十六日，陰，午微晴。課如常。是日實獲我心録畢。今年不温書耳。申刻同哥自葛和軒處來，崔汀已到。接十月十四嚴諭。柏垣有摇動意。

十七日，晨霧，微晴。葛鶴汀來，道中頗多阻格，由築至廬計行四十天。由廬至此二十天。午刻接冬月三日黔諭，號上來。撫聞往大定查辦威甯要案。約帀月方能旋省。髮匪竄回川中，回人據有興義全境，江内□號止千餘人，而帶兵官不肯開仗，故未能竣事。何有保爲回子殺，林子清並未正法，止飭回籍。

十八日，陰。午刻寄黔禀。

十九日，陰雨。

二十日，陰雨。泉生來。

二十一日。

二十二日，陰雨。

二十三日，陰雨。下午散學，夜送竈。明天乃二伯六十大慶，是夜煗壽。

二十四日，陰。午刻拜壽，湖南人於今日祀神過年，有債不準討，最重此一天也。然亦有不過年，則各家例不同耳。申刻出門拜客，至惲處不見。

二十五日，陰雨。晨至伍家巷，厚田不在家。回至小田處，談託其詢王吉士也。又至織機巷，晤泉、杏，渠處今日散館也。趙宅沾徽州例，於二十四送。午飯後至彭海春處一談。是日寫春聯，桃源送食物來。

二十六日，陰雨不止。夜拜利市，此湖俗也，杭人謂之「還年福」，北人曰「還年願」，此地人無此祭。是日作江右信，託俞宅寄，又復桃源信。

二十七，陰，小雨。無聊之甚，隨意論也。

二十八日，陰雨。傍晚泉生來。

二十九日，陰雨。申刻泉生來。是日爲小年，挂影。

除夕，陰雨。申刻周小恬刺史繼善來，渠父養恬久官黔中，渠分發南省，故移家來也。晚拜影辭歲，喫年飯。

癸亥　同二年（一八六三）

同治二年新正月。

元旦，陰。四鼓接竈，天明拜影。拜年。夜大雨。

初二日，陰。申刻至俞宅拜年。子仙於除夕回家。

初三日，晴。安竈，薦糕於祖，喫糕湯。出門拜年，未正回寓。

初四日，倏陰倏晴。葛宅有人返筑並聞彼中軍情喫緊。子刻拜路頭。

初五日，陰雨。湘人於今日送年。午後作黔禀。

初六日，晴。寄黔禀，由周小恬家人帶去。晨至織機巷晤泉、杏。浙東有肅清之說，龔宅所言，恐無此迅速。湘俗於正月出龍神會，人家多迎龍以爲吉。

人日，晨晴，午後陰雨。

穀生日，大雨，申後止，夜半開霽。母親至俞宅，見子仙，云仲升舅氏之眷已脱賊中，約八九人，殆全家無恙也。

初九日，晴。晨至古家巷王厚田處。回家後周小恬來，渠家人今日動身，黔撫聞放張石青。韓聽候查辦。據云已見明文。川中軍務又緊，藍大順一股復曲漢中回竄也。勞辛階已到湘，聞定十三啓行。午後至定湘王廟聽戲。蘇州有克復之信，聞趙竹生之力，恐未必有此好事。是日接遜青衡山舟次來片。署衡陽令朱印燿奎篆列仙。

初十日，晴。午刻祭祖，收影。申刻厚田來。金陵亦有退出之謡，恐與蘇信均屬子虚也。

十一日，晴。晨至織機巷兩趙宅，周師上街，不值。何桂清之柩已到湘矣。午後督諸弟理書，緣先生定十八開館，故先令静坐也。酉刻雨，入夜未止。是日宗氏祖母忌辰。

十二日，晴。申刻至三讓書坊，歸路至楊小田處一談。勞欽使聞定十八啓行，所查仍係洋人案。聞彼族索韓、田腦戴，否則復至津上滋擾。兩官韓、田之外，兩幕張、謝，兩□錢、冷均在案内。是日接凌小莊冬月廿五信，椿闈月月中旬方能旋省也。

上燈日，晴，天氣驟煖。晨拜徐月坨、年惲次翁壽，均不見。

十四日，微晴。午刻在廣盈廳晤含墀，黄昏偕二伯至織機巷晤杏泉。

上元，陰雨。舊諺云「八月十五雲遮月，正月十五雪打燈」。去年中秋夜濃雲圍月，今年上元不雪而雨，氣煖故也。故老傳聞未爲無驗矣。

十六日，陰。晨作黔稟及小書，即送周小恬處，較「轉」交勞欽使隨員帶去。至彭海春處，向借木器。勞欽使未必動身，是日收拾書房。

十七日，陰雨。夜請先生，陪客爲費菊如翁、楊蘭生、趙泉生。

十八日，陰。諸弟入塾，先生偕其世兄小名祥來。午刻楊蘭生送其兩姪來，大者號蓉甫，彦卿第二子也，年十八矣。

初八日作「林放問禮之本，子曰大哉問」題文，未完卷，是日續成。

十九日，陰雨。晨看三國志，午寫字，隨意讀文。作「帆自青山缺處來」詩。晚赴泉生之招，同席者徐月坨、費菊翁、凌師及崧臣、幼雲。而坐首席則一喫肉酒之和尚也。是日凌師喫齋。常熟收復，太倉投誠，崑山得而復失。陝西鳳翔失守，是一降捻復叛。其宋景詩□，勝師已拏問矣。

二十日，陰，入夜晴朗月升。作事如昨。晚讀文廿遍，作起講一分，詩一首。「爲長者折枝」，「鯤鵬水擊三千里」。

二十一日，微晴，午後日色甚净。課如昨。周小恬處到去年□月廿九家信，黔中無緊信。大定之案，聞因縣令責罰秀才而起。起講題「我非生而知之者」，詩題「昨夜庭梧葉有聲」。

二十二日，晴。晨至楊秉卿處談，陝事大壞，西鳳一帶焚掠不堪，回人富强、勝克齊納四眼狗之妻，並以張落刑之子爲義兒，給以五品頂，在營辦事。中朝大怒，已逮赴京矣。小梅叔祖罷官事，均由似叔拜肅順爲師並獻美妾之故，未識真否也。申刻含墀來。津、滬一帶童謡云：「遠看烏龜殼，近看隻一脚，有人殺得長毛盡，一箇洋人跑不脱。」餘課如昨。起講題「根也慾，焉得剛」。詩題「退思」。

二十三日，晨微晴，午刻微雨即晴，申後雨不止。凌、杏、趙、泉來。課如昨。起講題「近聖人之居若此，其甚也」。詩題「輕鷗嬾避船」。

二十四日，陰雨。課如昨。起講題「子貢欲去告朔之餼羊」，詩題「萬緑叢中紅一點」。惲次翁升授布政司。文調粤東，昨晚奉行知也。

二十五日，陰雨，大風。午刻趙兕生來。課如昨。晚閱三國志。

二十六日，微晴。晨至魚塘口行臺道喜，次翁已出門矣。歸閱三國志。傍晚接都中信，經丈一、念丈一、榆青一、鑪青一，又潘偉丈一。九月中津上發。仲復升侍講，□州克復。

二十七日，微晴。閱三國志。午後至趙泉生處一談。寧國兩不守，鮑營早退走也。九□洲本至賊二三千，現聞夷船載賊渡往，衆數萬矣。晚作偉丈書。

二十八日，晴。晨至南門正街，歸作鑪青。又出至俞宅，晚子範、子茂於臘尾出京，二月初可到。又言陝回竄入大名，並有邯鄲、正定均失守之説。劉制軍長佑調任直隸，爲此之故，晏同甫署兩粤制臺。回人闌入畿畺，則北路又□動，切祝此説爲確言也。又至楊少伯處，渠今日登舟往常德。歸作經丈、念丈、雲丈、榆青各書。晚閱三國志。

二十九日，晴。晨至路邊井晤費菊翁，並以京信囑其轉交巡捕寄去。歸閱三國志。

二月初一日，晴。閱三國志。晚上凌師及泉崧來，接漢口信，無消息也。

初二日，晴。閱三國志。俞子範、子仙來。子仙擬於三月中往粤東，黄莘農允奏留也。勞辛階聞辦事畢，仍回粤東，所接廷寄仍言粤事也。張石青聞已實授黔撫。楊蘭生來，田忠普有就地正法之説。燈下三國志閱畢。生平好讀健忘，殊可笑人。

初三日，晴。晨葛鶴汀來。午刻偕周師、趙幼雲至兩浙會館看戲，日暮始歸。今日爲文昌會，到者四十九人。

初四日，陰雨。是日理毛詩一部、自誦自背，二鼓始畢。酉刻周小恬來。

初五日，陰雨。是日理周易一部，掌燈始畢。又理書經三卷半。

初六日，陰雨。晚雨甚，雷。作黔稟，由羅榮先寄。附小一。又作經丈書、鑪青書，託周小恬帶。

初七日，陰。接理尚書畢。晨接江右日信，仲舅已在上海，正月底可到章門也。□林消息尚不知其詳。晚作西江書。

初八日，陰。理禮記五卷又二十頁。

初九日，晴。理禮百七十二頁。上燈後楊蘭生來，去過亥矣。

初十日，晴。晨至俞宅，晤子範、子仙。午至柑子園晤小恬，有大定、黔西、永甯、郎岱失守，築垣被圍之謠，乃中未知的否。大人出差在大定，爾時計將竣事，然心亦懸也。歸閱存吾文集，晚補理禮記畢。存吾文集，長沙余廷燦卿雯所撰，是公爲乾隆間人。集中雜著四十首，傳十首，論三首，書九首，記十首，序二十三首，行狀墓銘六首，祭文七首，表一首，賦二首，讀其文頗爲根柢。學於天文，言之尤詳，談道學則宗朱而深闢疏王，文筆則近穠麗也。

十一日，晴。理左傳十一卷又十七頁，子刻就寢。晨俞子仙來。下午凌杏春、三趙來。

十二日，晴。理左五卷又二十四頁，悦，頭略作痛，掩卷静坐。周小恬、葛和軒來。

十三日，晴。理左五卷。申刻楊秉卿來，渠擬季春之初北上。

十四日，晴。理左三卷又十四頁。申刻趙含墀偕其西席談，容齋來。晚至趙泉生處談。張中丞調裕廉訪，過黔辦軍需，聞大定、龍里確有失守之信。川中回竄粵匪。江西李方伯調陜西辦軍務，專防漢南北竄之路。金蘭確於正月初旬克复。

望日，陰風。晨俞子仙來。偕至小恬處不值。回寓少談，始去。理左傳畢。酉刻又偕子仙至周宅，明日凖下船也。

既望，陰。繙明文明「詩」，晚肅黔禀、一小信，從羅榮先寄。夜雨。

十七日，陰雨。晨又肅黔禀，由煙林商人帶，附周小恬家信一件。楊蘭生渠擬赴滬，因河下無船，大約出旬方能動身。文制軍發臺，孔廉訪治出口，以統兵背賊而行，正定、大名、邯鄲、望都均有賊，途中不甚通利。陜事聞亦大壞，鄖陽喫緊。夜雨。

十八日，陰雨。是日爲清明節，先生於昨晚回去矣。閲漢鑑。晚上陪母親打字紙牌。

十九日，陰。理大學、中庸、論語。晚陪打牌如昨。

二十日，陰風，申刻晴。傍晚又陰。是日繙字書終日。周師於飯後回館，傳言紹興於正月廿六克復，如屬真，則浙東肅清，可渡江而西矣。晚閲漢鑑，聊以解煩。

二十一日，陰。楊蘭生來，言及黔事，有省城兵變海藩被害之謡，果爾則事大壞矣。飯後，芳哥至周宅探聽，知丁廉訪家有長班，於正月十七在築動身來湘，省城無事，惟兵勇索餉。大定、龍里則有其説，因作書致曾道，由銅仁轉遞。探大定消息也。王厚田來，渠解堤工銀至安鄉，十七日始來，此差僅餘八金，小官苦況如是如是。

二十二日，陰。晨至泉生處，又至厚田處。曾中堂聞親詣金陵閲兵，然安慶尚未有委員來湘，不識何故。午後借得臘月下旬、正月上旬邸抄來，張之萬放豫撫，此間學臺放錢寶廉。直隸乃降賊張某等滋擾，自冀州、南宫以至東鹿，均被焚掠。現尚在順廣所屬盤踞，光景不要緊也。　是日請周師敬臣卜椿闈平安否，遇「既濟之剥」，周師曰吉。

二十三日，陰，入夜雨。理孟子，酉初理完。詣楊蘭生宅，不值。又至俞宅，晤子範。勞欽使望尚在辰州，亦傳有築垣兵變之説，而昨日三星街林中正月十九自築來，卻尚云無事，何其説之相左也？

二十四日，陰雨。今日信局言有脚子到，而不見來。望之竟日。閲通鑑。晚肅黔稟，有高姓專人往筑，託帶也。

二十五日，陰雨。理周禮二號，午後閲鑑。

二十六日，陰雨。理周禮一號，午後閲鑑。

二十七日，陰。閲鑑。酉刻費菊翁來。思南、印江一帶苗又出巢。

二十八日，陰。辰刻嚴朗文來。閲鑑。林中有人來言築事，而實殊爲懸懸。燈下作李絢章信。

二十九日，陰，細雨濛濛。晨作汪習之書，即與李信同寄。出門至坡子街，往覓煙林不得，至高元興紬莊探。則云，昨日遵義有人來，正月廿五動身者，省中無事，大定則不知也。又至織機巷看泉生病，居内室，晤杏師。午後周宅家人來，云往陸大老爺用和宅中探得，其兄用康官黔中，專人來省上，前所説爲確。賈迪之署首府矣，餘言吞吐不肯明言。

三十日，陰。晨閲鑑。午後往謁惲次翁，則云黔事皆不的，惟下游苗教甚熾，距銅仁百里耳。浙東肅清爲真，蔣方伯在越左季，高則尚在蘭溪，大可進圖浙西矣。又至息機園清華公館，拜陸令不值。又往謝嚴朗文、孫蘭士步，均晤面。王厚田委署張家壩巡檢，屬永順保靖，路甚遠。因至古家巷道喜，已出門去矣。周師前占課，今日可望信到。乃望之終日，仍杳然。悶對孤燈，閲通鑑，心緒既亂，格格不入矣。目微痛，甚喫力，右臂痛，不能作書，苦甚。

三月，朔，陰風。凌杏翁内子來言，接少珊信，正月初十、十一、十二左軍攻克龍、金、蘭、湯四處，廿六復紹興。二月初二復蕭山。初七克復杭州，的確之至。梓鄉有廓清之期，亦可喜也。徽州喫緊，皖北大約不妙。湖北中丞駐□黄州。借閲正月十六至廿八邸抄，内裁革厘局冗員諭中，有云「以朝廷不得已之舉，爲不肖委員紳士分肥之地，利歸於下，怨歛於上」四語最中款要。陸子祥來，楊蘭生、費連青來。

初二日，陰雨。閲鑑。

初三日，陰雨。晨至王厚田處不值，閲通鑑。

初四日，陰雨。晨王厚田來，缺尚可，惟路遠耳。午後往謁馮仲慈年丈、董竹村太守，又往謁楊海琹年伯，不晤。酉刻至俞宅，晤子仙。適接江右上月廿六信，仲舅氏尚未到彼，不知何故也。子範來，餘暇閲鑑。

初五日，大雨。午後馮仲丈來。餘暇閲鑑。晚作江右復書。漢口謠傳緊，不知的否。浙賊則聚於皖南北。

初六日，陰。董竹邨來。喫粥後又至馬王街謁楊文，仍不見。午後至連陞街訪楊秉卿，留喫點心。借閲去冬孟月邸抄。夜雨。

初七日，陰。閲通鑑，午後戴雨帆來。長髮佔據安興、鄖陽，接□有窺□襄、漢之意。麻城距漢陽不及二百里，惟捻不久留，且不遠出，湘中尚可無虞。酉刻至趙泉生處，雲南省城傳言被陷，自潘制軍以次與難者三十六人。

初八日，陰。閲鑑。午刻費菊翁率李愚谷來。愚谷，姚江涇人，屬嘉興。來從周師改文也。

初九日，陰雨。晨偕春兄至路邊井羅榮先信號，覓專足至黔斤□□良久。午後肅黔禀及小信，於明日專足動身往黔重五回湘，計包五十五人，給錢二十五千。

初十日，陰雨。閲鑑。寫字。

十一日，陰雨。閲鑑。寫字。晨至俞宅，無人在家，又南街回至楊蘭生處，少談。渠已定船，俟風也。漢口已無事。麻城賊退，徽州失守，杭州收復之説似已確。上海下來信息，均如此説。酉刻有蕭山人施漁汀來，帶有厥初及凌也山寄在上海寅哥信，始知大嬸母已殉難，大嫂及兒在新□，凌也山擬著人接至申，芳哥一家則二嬸已逝，餘無下落。厥初家其祖母及其夫人亦殉難，渠被擄孤身逃出，携有幼子，中途棄去。現擬設法來湘。據施君□城收復之似確，惟海寧等處賊未净耳。是日周師回去養病。

十二日，雨。閱鑑，寫字。

十三日，雨。閱鑑。午刻接黔中凌小翁嘉平廿日信，及正月初三、廿七兩次嚴諭，大定、築垣之事均屬訛傳，惟道中信阻，致令人急殺耳。晚作經書。

十四日，陰，未雨，難得也。午後至織機巷看周華師。又至坡子街新泰厚號，晤任致康。又至天長，菊翁出門去矣。是晨作念書，即送楊秉卿處託其帶京。

望日，陰，微雨。晨俞子仙來，午後至趙泉生處託其寫上海信。又至俞宅，晤子茂。初七日始回湘也。子範、子仙均見。

既望日，陰，雨止。午俞子茂來。周師回館。通鑑看完。

十七日，陰。芳哥赴滬尋眷口，搭定湘扁子，辰初上船。作黔稟、霖信一，又作小信二。是晨至右家巷，厚田往首府稟辭，尚未寫定船隻，明天不能走也。

十八日，晴。不見太陽久矣，金鑑當空，人情爽朗。晨至織機巷，又往樊西巷，適值其上衙門去，即折回寓。繙子史精華。

十九日，晴，午後陰，兩三點雨即止。接黔中正月十七莫帶諭並大定皮器。繙子史精華。凌師及崧泉來。夜大雨如注。

二十日，晴。繙子史精華。

二十一日，晴。繙子史精華，寫字。至趙含墀署中。

二十二日，陰。寫字、看書。含墀來。

二十三日，陰雨。寫字、看書。隨興讀文。

二十四日，微陰。寫字，看匯參。午後步至青石街，復自臬署後繞至馬王街，回家。

二十五日，晴。昨日新購得四書匯參一部，較閲之。泉生來。

二十六日，陰雨。看匯參。

二十七日，午前雨，飯後止。閲匯參。接貴州上月廿二所發之信，此信到得較快。張中丞已至遵義矣。滇事，木翁制軍於客秋長驅入重地，新正十二，忽有回子馬榮由外郡帶兵數千到省。岑氏縱之入城，異謀頗露，百姓恟懼。上元日行香後，木翁徑至馬榮駐兵之某書院中，勸令移出，即肆狺語。木翁始平心婉諭，繼而鬢髯皆張，中軍某請返署未及登輿，而賊矛已洞背矣，木翁大駡，復攖一矛，乃武巡捕某俯伏相護，賊亦斃之，巡捕之子某護其父，賊又斃之。首郡黄培林、首縣某，聞變趨赴，各隕於路，徐岑花以次皆不死，傳已降賊。回子馬復初已自爲總督，僞檄交馳，醜類四出。黔省接壤，大有唇亡齒寒之慮。雖以石翁之勇决，亦大棘手矣。彭海春來。

二十八日。辰刻接正月十九黔諭，申刻接客臘五月在大定所發黔諭。皆中途延閣，故遲到也。午刻至南門正街，順道至織機巷，適幼雲自永桂回省，述及彼中光景。廳署距郡百八十里，有城幼二里許，城中皆田，隻四五十家人家，管下有把總、通判。所統士兵五十名，皆取給於官。遂青至永，盤川已盡，以四衣箱質百金，始到任去，錢又完。還幸門上尚能向各紳貸。紳中有數百穀即巨富，故四處張羅，僅得百二十千，頃又將用完。故遣其來省，求領款，未知方伯能□駁否。官窮之至此，可謂極矣。而彼處盜賊頗多，通判兼緝捕之責，干係又不輕也。又言某日署中米絶，詭言發餉，向紳人借米七斗以度日，吁！是日晨陰，申刻後雨。餘暇閲匯參。

二十九日，陰雨。閲匯參。午後幼雲來。湖口有失守之信，曾鬍大有擋不住之勢。鮑超於客臘陣亡矣。此間芷江會匪已祭旗，約三千人已發兵去，本有不軌之謀，因秩爛而起事。

三十日，陰。閲匯參。午後至天長晤菊翁，又至新泰厚晤鄧燮卿萬青，又至廣盈廳，叔、阮均出去矣。又至俞宅晤子茂。

四月，朔，晴。閲匯參。午後至青石街、理問街，周師回家。

初二日，晴。閲匯參。

初三日，晨陰。閱匯參。午至端履街，適值臬臺提人，觀者擁擠，詢之路人，知益陽解來之教匪頭，於今日請令。此人乃胡中丞林翼之姪，而竟爲此不法事乎？有謂殺得冤枉者，然亦不知情節果何如也。申刻大雨如注。

初四日，陰雨。閱匯參。申刻泉生來。是日周師到館。

初五日，晴。晨至青石街，又至織機巷。歸閱匯參。未刻幼雲來，晚作黔稟，同明日寄信也。內附俞復信，又張中丞稟一件。

初六日，晴。閱匯參。

初七日，晴。閱匯參。午後俞子範來。晚杏泉、幼同來。

初八日，晴。閱匯參。泉生來。晚偕二伯至泉處談。夜雨。

初九日，陰，午晴，申後雨。閱匯參。晨接春木漢口信，渠於上月晦方到，即日附輪船赴申。船錢十五金。抵申後接西江三月廿四信，俞子仙親送來也。仲舅氏已至彼矣。是日頭痛，精神不振。燈下作江右書一、滬一。

十一日，晴。閱匯參。借閱二月初九至卅日邸抄。浙東之捷均見上諭。張落刑拏獲，僧營大有起色。東捻竄河西入大朋界矣。

十二日，陰。巳刻至泉生處一轉即回。閱匯參，午後天氣驟熱。

十三日，晴。閱匯參。午後接仲舅氏三月十九書。外祖母宅於前年城破時避出，途中遇賊，仲舅及蘭生弟並下人男丁皆擄去，女眷均被冲散。仲舅被擄四日，幸即釋回。第中已爲匪踞，即在城尋覓眷口不見，因前擄去時挨打時許，即乘間出城避至山鄉。至壬年正初，張姨奶奶忽來鄉間。詢悉諸人均無下落，惟外祖母在途相遇，欲往四鄉，陡患痢，旬餘，延至除夕慘故。仲舅即覓土人借往，草葬於妙音山祖墳之側。張姨奶奶復于城內外遍尋諸人無蹤，仍返鄉間。蘭生擄至桐鄉，乘間逸至烏鎮，遇孫順庵被難，在彼承其救留。三舅母挈女孩逃至紹興，遇來姓人救留無急，惟姐兒不見，過江寓於餘杭鄉下三月以後事。隨時探聽諸姨母及陳姑婆並僕婢人等，竟無一人見面。高薇生姨丈伉儷喪幼女送葬回杭，同遭此劫，存亡未卜。初因鄉間匪徒出没，移避東嶽也，遍至烏鎮，孫竹亭先生避居在彼，因亦暫僑焉。臘初坿舟至滬，即返棹烏鎮度歲。今正十四挈眷動身到滬，中途又被搶。二月十七由滬坿洋舶，開船廿二至九江，卅日抵章門。又接經丈、念丈二月廿一書，霖舅祖出京帶來，渠自己往江西去矣。夜小雨。

十四日，晨晴，午陰小雨，晚霽。人可課程。是日閱匯參畢。

望日，陰晴倏换。晨作經丈、念丈書。午後讀到刺史卷，石山房稿。

十六日，晴，悶熱。寫字看書。上燈後風雷陡作，大雨傾盆，半陰頗涼。

十七日，陰雨。寫字，午後接黔中三月廿一、廿三兩諭。已委首篆，是月廿七接印，令本率馬、盧前往，擬日動身也。

十八日，晴。午後接姨丈信二月廿八發。吉甫信三月十三發。附黔信三經一、張一、鄭一。聽致金一、仲信一，晚作春木信一、續作念一、經一，又复吉一。

十九日，陰。晨至新泰厚寄上海信，又至路邊井託其雇船。是日寄京信。午後收拾書箱。

二十日，陰雨。看書作小楷，晨寄山東信。大姊一、偉丈一、金寄一。

二十一日，陰雨。辰刻偕諸弟至浙江鄉祠，爲外祖母唸經，實成服也。是日接黔中三月十八諭。晚作楷。

二十二日，陰雨。作楷。上街，簡小中來，搭伴也。

二十三日，陰，小雨。上街，作楷。午後出門辭行。是日雇毛篷船一，六千一百文，廿六日準行。

二十四日，晴。簡小中來，午後收拾衣箱。至彭春海處辭行。俞老七來，費菊翁來。

二十五日，晴。葛鴻汀、趙氏叔阮、俞子仙、凌杏翁、彭海春、孫蘭士陸續來送行。

孟夏由楚入黔。

二十六日，晴。辰初下船，二伯偕霖弟送至小西門河下。午刻簡寶臣士珍大令、曉鐘司馬春煥喬梓始來。午正解維，風平浪静，下水順利。五十里新江，十里靖江，三十里橋口，宿。本日計行九十里。

二十七日，晴。卯刻開行，南風揚帆六十里顏官滂，六十里沅江縣，時正午正，已行一百二十里矣。又二十里入黄泥湖，舟轉而南逆風行，船夫泊舟移桅，未及挂帆，被風吹至下風岸。支篙蕩槳，舟行極艱，戌始抵竹雞塘，泊。自未刻至此，僅行十里。本日共行一百五十里。

二十八日，晴。天明開行五里出黄泥湖，五里楊官澇，二十里留心塘，三十里大塘。船柁爲木排挄斷，船户泊舟換柁。天已晚，即宿焉。時轉東風，否則可至龍陽矣。本日行六十里。

二十九日，陰。卯初開行，縴行十里，辰正入龍陽河。風報驟至，舟退入小河避風。未刻風少息，解維行至龍陽縣，泊舟買物，時酉刻矣。陰雲四合，急至對岸泊。雨至，打篷之聲終夜不止。是日僅行三十里。

五月朔，晨雨。催船夫開行，辰初始解維。二十里滄江，天開霽，微風。掛帆十里牛鼻灘，三十里夾馬鋪，宿。本日行六十里。距常止三十里矣。

初二日，晴。天明開行，巳初至常德，泊大馬頭。早飯後上墟探聽路，銅仁、松桃均有被（國）「國」之謡。毛仙、唐二等復起事，隻可走龍潭，而北河灘行艱險，由此至彼路止十三站，至速亦須二十天方能到，躭閣日子太多，因就原船加錢七千文，划至辰州，或水或陸到彼。再聞由辰至龍，旱道止四百五十里，果爾則在辰起旱，較爲簡捷矣。未後與曉鐘上街買物，是日寄慈禀。

初三日，陰風。巳刻開行，五十里湖洑，泊。午後雨。

初四日，陰。天明開船。廿五里業漆塘，十五里桃源縣，又十里蓼花灘，十里辰船岩泊，本日行六十里。

天中節，陰，午後晴。天明開行，二十里簡家溪，二十里收錢鋪，河心爲諸葛墩，俗傳爲王侯行軍處。又十五里臨津灘，泊。本日行五十五里。夜大雨。

初六日，晨大雨。辰正雨小，開船十里掛榜。六十五里上界首，地屬沅陵，入辰州界。本日行七十五里，界首陡岩之上建伏波宫，與曉鐘鼓勇登焉。徑仄□斗，生平所未涉也。距掛榜五里爲姊妹山，俗傳有姊妹二人修真於此，各居一山。余觀山形斗聳，夾江而峙，姊妹其指迷之訛耶。

初七日，陰。天明開行，十里魚子洞，二十里攬主溪，入青浪灘。二十里洞庭溪，十里□□鋪，泊。本日行一站，計六十里。

初八日，晴。天明開船，十里出青浪灘，三十里斑竹溪，十里朱鳳溪，已九節、馬庠諸灘。十里白容灘，泊。本日行一站，計六十里。

初九日，晴。天明開船，過橫石灘，三十里九溪灘，三十里辰州府。當夜探得龍潭一路尚可行走。惟新被賊，夫子恐少。有黔商旋築，言馬脚岩近爲花布馬頭，回頭夫甚多。同幫有李某亦旋築者，擬走此路，因與曉鐘商與同行。

初十日，晴。晨雇銅仁船一，錢五十。如五天趕到，加錢。午刻過載，申刻開行。二十里蘭溪，月上天光一，碧波平若鏡。因乘月行十里，泊白沙灘。是日寄湘稟，交吳大順由下水船帶去。

十一日，晴。天氣炎蒸，五鼓開行，十里要溪。三十里瀘溪縣，船夫到處歇涼，耽延時多。又行廿餘，天已晚。乘月行數里馬嘴岩，又十里白龍岩泊，時已子初矣。本日計行八十里。

十二日，晴。五鼓開行，二十里浦雲。前年焚掠之後，漸起屋矣，然不齊也。至凝昌糟坊訪□懷江之弟，已旋滬去，晤其友陸春波，亦太湖上人，其店被燬，雖起屋數間，生意淡矣。又十里張家嘴。二十里辰谿縣，入麻湯河，又已夜矣。辰谿對岸斗山巖上，有「白水丹山」四字，未識何時所鐫。戴月行十里，泊新馬頭。

十三日，晴。天明開行，三十里迷河，四十里瀾泥，泊，時已亥刻矣。

十四日，晨雨，即晴。天明開行，二十里高□司。十里上紅崖。二十里黃豹灘，泊。

十五日，晨陰，午晴。天明開船，過黃豹灘二十里七天江口，一名滿天星灘。四十里麻陽縣，泊。

十六日，晴。天明開行，過烏木灘，又過銅漕、容江、面□木及丈容口，止容舟行，水勢極陡，又過木閘口灘，亦險惡。水大無□路難行。過貴州灘，入貴州境，計行三十里至鎖口。又十里漾頭司，泊舟上岸。至松茂成棧，探得此地無夫子，且至上頭再酌。又行二十里毛坡。所過惡灘、龍門灘，均斗險。約行半里許，彤云密佈，風雨將來，即泊銅鼓灘。

十七日，天明開行，十里馬脚岩，泊。至夫行，昨天新來數十名，開口尚□，既而有漾頭司二夫作祟，斷［然］不肯，持至未時，始以每名四兩六説定，明日大約可走。

十八日，晴。天明收拾行囊，即上坡扎。午刻起身，二十五里白水洞，十里大興場，宿。地屬松桃廳，距銅仁四十里。是日，發湘、黔二信。

十九日，晴。辰刻起轎，五里上涼亭坡，三里涼亭坳，十里杉木坳。過早十五里松桃廳，過河。此與北河通，可至敘永廳，下辰州。進松桃月城，惟東城門開，餘尚閉。包毛仙在楚南煽惑黨羽，在西洱瀧滋事。經楚擊，販餘匪四五百人，上竄銅仁。距城三里，不進城上竄，欲與張家塞股匪合，爲我軍所阻。又竄松桃撲城，經官團擊，又焚普角，入孟溪。雖經民團勦堵，總不得力也。地距松城六十里，幸有兵合堵，故與行旋無害，又行十里黄泥壩，十五里黄板場，宿。地屬松而完銅糧者，距秀山九十里。

二十一日，晴。天明起轎，八里正心場，上天心坡，陡而高。十七里晏農汛，尖。至秀山入四川界。上再來坡，二十五里更目場宿，未至未初也。行李挑行，遲在後，於申正方到。孟溪之賊竄入小寨，兵不助團，故不能堵禦。地在晏橋之上，距此約四十餘里。

二十二日，晴。卯初起行，八里興隆坳，十五里官轎，尖。十二里毛狗洞，距秀七里。十里沙壩場，十里岩門場，宿。孟溪之賊，今日聞擊敗，上竄閃家場，殆仍思與張家寨賊合夥。

二十三日，晴。東方發白起轎，十五里客寨，尖。又十五里兩河口，上雞公嶺。陡險於天心坡，轎路窄，日難行。天氣炎蒸，夫子數里一歇。未刻下坡，十五里茶園，又上十字路坡，五里至坡坳，宿。由兩河口走大路，上陳家坡，路較寬，較遠，坡亦陡。自兩河口至十字路，計程不過廿里，而徑險坡高，爲生平所未徑過。

二十四日，晴。天明起轎，下坡十五里信風坨，尖。十五里瓦溪，二十里麻塘溪，宿。是日路略平略低。麻塘屬松桃。

二十五日，晴。十五里瓦莊溪，尖。十五里□香岩□坡，屬思南府。下坡十五里沙子場，上花園坡，輿夫歇肩。小雨適來，雨止即行，十五里沿河司，宿。花園坡坳角樹有連理枝。

二十六日，陰。未刻趕船，六十五里暗溪，登陸。此河之船，船頭右高於左，船尾高於右。其形爲別河所無。聞前途有警，因宿焉。昨夜即探得，安化所屬大蝎場有土匪聚衆數百人搶劫之事，適值葛義民之僕周姓自省下來，過該處時，該匪等聲言官差不搶，故得無事過來。揣其情形，似止搕客商，與我等無值。前日搶去爺三十幾担，聞有包送包搶之説，故爾失事。因向思南府章太守索得傳單，飭令沿途團首派人護送即可無事，遂放心前行。是日，又聞該匪羽黨日多，因偕簡曉鐘渡河訪前安化談令廷桂值其過河往税關上去，晤其幕友周君。江蘇人，力言彼處難過，不如在此打坐幾天，聽探聽的確再走，否則由趕船下元江口不過三天，由江口至正安州五站，正安至省十站。勞欽使由此道進省，繞路不多，亦是一法。又過河，值談令回寓，在□□立談，亦言以候信爲是，復至税關上晤其友夏君。則言官差可以去得，當允作書與首楊姓，通知大蝎場首黎姓護送，大約不致有虞。時已黄昏，步行回暗溪宿。計往還遠行十餘里，坡陡徑仄，足爲之疲。汗出如漿，亦生平所未常過之苦。

二十七日，陰。辰刻起轎，至十五里火燒崖，打尖。先遣劉升往談令處索人護送，以業經卸事推辭。適有松桃□領餉差由省下來，言在大蝎場被劫。又有□空身人往婺川者，均半途折回，勢不能前往，有夫子楊姓言，由此趕船至白馬，水路約三四天。白馬（正）［匡］貞安約六七天，此道路清静好走，髮逆在正安婺川交界地方，如由江口上去，恐亦有阻也。午刻雨止，下崖仍至暗溪宿。

二十八日，陰。卯刻趕船，三十五里水青溪。三十五里龔灘，時午刻矣。上岸雇船，船止一隻，索錢四十千文。□□□不能定，即在船上宿。申刻大雨，亥刻大雨，終夜不止。

二十九日，雨不止。上岸無住店。借鹽號屋暫寓。簡寶翁上岸，陡患手足不仁，左畔尤甚。訪有冉茂才，思南人，善攻黄急延論，視據云無害。用祛風理氣之品，服後漸愈。昨日遣去老楊，由王家坨回。雇得船一隻，錢十九千文，明午可到。

三十日，陰。晨起，寶翁之疾已愈，能起行矣。午刻至厘金局，晤委員平仁偕，紹興人。未刻船來，乃過載。船小不能容，另雇陳姓船一，有花客附幫同行。譚仲年大令來，平仁偕來。

六月朔，晨陰。辰刻上船，有汛官之戚欲搭伴，與家人口角。俄延正午初始開，四十里王家坨，屬安化縣。八十里彭水縣，泊。是日所過元灘浪甚大。彭水無城，屬酉陽州。

初二日，晴。辰刻開船，午刻至江口。計行百廿里，上岸。探得由此至貞安之路通行，花布均由此走，客亦有由貞安下來者，即定走此道。未刻上坎，即宿焉。

初三日，晴。辰初起轎，二十里南崖，尖。二十里卡子場，下陽入貴州境。二十里宿爛壩場，正安州屬。場居山之絶頂，自江口上坎即遥見此山，計行六十里方至。其巔山高夜寒，寢用棉具。

初四日，晴。辰初起轎，二十五里觀音岩，尖。駐足古寺中地，尚幽而凉。又行五里丁家壩場，十里牟家□，借宿牟上舍家。時申初矣。屋尚净敞，上舍家可小康，半耕半讀，天倫翕聚，此種清福，生平所不敢幾。

初五日，晴。寅末起，食早飯。緣前途近處無打尖之處所也，辰正起轎，三十五里新店，五里周蓋了，二十五里土城河下，宿。

初六日，陰，午晴，酉刻微雨。天明起轎，度河二十里東江口尖。路多坡坎，曲曲彎彎甚不好走。由來江口起轎，路皆平地，二十五里上壩場，宿。

初七日，晨晴。辰刻起轎，上坡二十五里尖。五里□寶場，下坡二十里，甕溪歇歇晌。此地有卡，甚堅固，有數十人守之，敵不能上。本年三月間，龍鎮之練下來，官團於此堵禦，接仗兩次，雖陣擒數人不能破也。又行五厘新場，工人［遭］練之難，新遷回家，百物住屋，門壁不全，前被龍練焚燒三十餘家，所餘之鋪逼仄之甚。大雨適至，不能前去，因將就宿此。正安州差役，勢甚鴟張，足以挾制官長。鄉民受甚累，故上壩紳團上控，人心兇然。差役一達姓、一蘇雲、一餘高。有鋭某，江西商也。稱達役爲乾爺以銀二千請龍鎮來，因至上壩講和，屢説不允，其家居新場，屋甚高故，因遷入城自焚其室，意蓋欲嫁禍於紳團也。龍練，來首仗傷七人，二仗擒五人。逃一、保一、殺三。後經勞欽使於旺草地方將滋事之勝、劉二都司正法，土人無不稱快。

初八日，晨陰。辰刻起轎，十五里三江度河。五里董家壩，尖。二十五里橋西河，在此由右手大路走安思溪，可至涪州。又上坡五（厘）［里］老鷹崖。下坡十五里正安州東門外，宿。是日所經地方，多有逃避未歸者，有未開店門者，嗟夫，練之禍民也！

初九日，晴。夫子不齊，辰正始起轎。十五里度青谿河，尖。十五里合麻溪。未至二里，大雨驟至，冒雨行至場上避雨，雨止，二十里米糧渡，宿。

初十日，陰。辰初起轎，十里弔角樓，尖。五里牛渡壩，二十五里文家墳，十里土坪。將至土坪五里，有遵義府税關，坐税者爲同鄉潘君，邀至關上略坐即行。由土坪行十五里，宿公館場，屬綏陽。

十一日，陰。早起候夫頭陳士隆，至巳刻令□天順前往跟尋，至晚始回。言遍尋不見，似逃走矣。隨身拜匣被具背去，内均緊要之件，殊怕人也。作嚴督爲書，託其向邱行索人。又作正安彭書，並呈報託具追緝。二鼓，脚夫五六人往迎陳士隆。

十二日，晴。夫子不齊，在場上雇夫凑數，午刻始成行，五里上坡，五里龍隆關，十五里茅家鋪，宿。

十三日，晨陰。天明起轎，五里旺草場。在田畔走。如走場上較遠數里。五里後山，十五里白果坡，尖。桐仁之賊在黄泥江，距此止十五里。五里上坡，十里大關，五里小關，遇雨。五里沙木凹，由旺草來一帶均新被賊，尚有未搬回者。又十里綏陽縣。進東門，棧無閒房，廟宇皆滿，鄉下匪難，搬來者多，故到處擠滿，合城找遍，無可宿處。因向縣中借居。縣令李卓對俞南粤西人，延入署中，舊僕曹雲在此當簽押，尚有招呼。刺史培基委權安化道，出此地，於署中得晤。二鼓至蕭金門處少坐。

十四日，晴。夫子未齊，巳正始起轎。十五里牛金山，十五里蒲老場，是處新於正月被焚，月初八日又有賊千餘人過此下湄潭。百姓避入寨，賊無所得，故亦不停留也。五里朗山關，又逃去長夫四人。今早多放班，有借此脱身者，即用短夫。至遵義二十里四面山，宿。

十五日，陰，微雨。天明起轎，十里燒酒房。十里火石崖，五里合麻崖，十五里遵義府，宿新城中。時交未刻，天色晴霽。聞黔西之賊又回竄湄潭，在獭板凳過路。或云已過去，或云尚紮住，未得的耗。

十六日，微晴。著人至縣中探聽，據云探子未回，似宜略等聽信。至午後有言賊已過盡者，申刻馬牌子林貴賫嚴諭來，因接馬岩寄到之信，故遣來迎。林貴於十四日動身來，二天即至此地，今日過獭板凳，賊於昨晚走完，火未熸，水未冷，蓋去未幾也。此股乃老賊，均回湄潭去，尚有新賊千餘在石撻板一帶，不礙大路，明日可以走矣。半夜雨不止。

十七日，晨陰雨。辰刻起轎，十五里中莊鋪，尖。十五里黄泥壩，十里獭板凳，十里董村，有挑鹽巴夫抄小路走牙溪者，在土坪遇賊折回。土坪距此止十餘里。又行十里新寨，八里新螺場。今日此間趕場，驚場賊距此止八里。又三里舊螺螄堰，十里刀壩水，宿。距賊十餘里，對面坡後有官兵大營。一鼓後忽得警信，云賊距此僅六七里矣。滿街遷避，房主人舉家過江。因仍收拾，於二鼓起轎。適大雨，冒雨步行五里。雨又至，避雨一時許復行。沿途但石包包路，陡滑難走，令下人牽扶以行。約五里，至□□宿時，已交丑正矣。

十八日，陰。卯刻起身，十里度烏江河，至烏江關，晤蘭汀大母舅及西席馮節山。昨日兼程行，人多疲乏，須略爲休息。因止宿焉。今晨探得昨夜之事，有羅姓者與賊通，爲團上報官懲罰，釋後即投賊。是卒二十餘人，至彼報仇，到處放火即退去，其地在刀壩水對坡，相距實止數里。自遵義至烏江途中過中莊鋪，後均於三月間被匪焚掠，無一完善之屋，殘垣斷壁，滿目淒涼，居民有避至寨上者，尚可瓦全。其流離四散者，携老挈幼，陸續歸家，鵠面鳩形，身棲無止。「一幀流民圖，世無鄭監門」，□爲繪得。

十九日，晴。天明起轎，上坡五里美竹箐。十里養龍，五里三皇鋪，十三里龍公鎮，尖。十二里黑神廟，七里上坡，六里大風崖，上鷄扒坎，七里息風，宿。

二十日，陰。天明起轎，十五里楊朗場，尖。二十里鼇[illegible]，十五里狗場壩，二十札佐，李貳尹特夫，來。

二十一日，晨晴。天明起身，三十五里沙子哨，十八里黔靈山，十六里省城。謁椿遲，晤凌小丈、高怔翁、王個峯、張芝麓、李蕓窗、三刑，各曾忘夫書啓，申刻大雨。

二十二日，晴。午後簡曉鐘來，趙锳翁、周養翁來。

二十三日，陰。作湘稟、金信、霖弟書。午後簡曉鐘來。

二十四日，陰。午後出門拜客。寄湘信，由簡交，渠令王紀歸也。

二十五日，陰。賈迪之世叔來，周嵩樵表舅來，嚴雪樵來，是日遷至土房。

二十六日，晴。午刻曉鐘來，作鑪青書。

二十七日，晴。作經啓、念書與鑪信並封，由□河寄京。又作三弟書，作花丞、菊如、泉生諸翁書。

二十八日，晴。楊午山來，即託寄湘信，明日有人走也。簡氏之王乙今日始走。午後至海方伯處借得雷合來，爲勞辛翁之物。方伯臂痛借去，今日轉借來也。能治四肢疼痛及兩太陽頭風，來觀者爲賈、陳、鄧三觀察、周，□二太守及署中諸友，稱可稱雷合大無。余患臂，亦試執之，麻辣異常，由兩手以達於肘，肉爲之跳，惟未能過肩耳。雷合者，以木爲牀，寬不及三寸，長不及八寸，上衡卧銅筩一，長約六寸。牀之首，豎銅管二，繞以銅絲，與衡筩通。牀之尾，兩角安小銅管二，有孔。又有銅器二，徑二寸許，長不及二寸，懸以銅絲，以銅絲入銅管孔內，外有桶一，高約半尺，徑約九寸許，有耳。牀之旁又有小銅管二，亦有孔，以銅絲二，一頭安於桶之耳，一頭鑲入孔內，以通氣。以白醋滿注桶內，即有聲如沸。蓋卧筒有機輪，故有聲也。手持二銅器，氣即達焉。

二十九日，晴。午後謄課文一首，手依舊作疼也。

七月朔，晴。申刻接湘中五月六日霖弟信，均安好。寄會試題名來，浙人中雋者十一人，湖州無。酉刻出門拜徐韻笙司馬維城、梁鳳書太守金誥。即高鑒山司馬本仁喫飯，同席爲名繆煥章記實常州人，在□營辦奏摺，所謂「韓南溪拍案罵皇帝，繆中□飛檄討恭王」者，即此人也；趙暉堂德光、趙達菴軍門之弟，年二十三矣；陸彥琦廉訪第六子楊芝田司馬嘉禾、徐韻生司馬及主人。

初二日，晴。午後錢榆初來，高心田以廉來，作霖弟書，由楊芝田寄。蘭舅自烏江來。

初三日，晴。擬作「吾不與祭如不祭」題文，僅成半篇，有事中止。作霖弟書。由丁松齡號寄。並匯銀也。該號於十二在清鎮開。夜簡曉鐘來。□翁赴開州矣。又代作魯舅書。

初四日，晴。晨送寅哥動身，今日赴烏江也。蘭舅及徐韻生來。

初五日，晴。蘭舅得運糧差，並暫給還翎頂。

初六日，陰雨。簡曉鐘來。

初七日，陰。續成所作題文。

初八日，晴。午後作慈禀、霖書由回足寄湘，明早走。

初九日，晴。商營來告急，何二亡率黨千餘撲開州，已退向馬場，商營無米。

初十日，晴。土人今日迎老祖宗至十四日，送早者，初八九即迎矣。

十一日，晴。趙鎮出省，定五路攻勦之計，擬即進兵也。

十二日，晴。午刻至萬壽寺拈香，今日作中元會，順道答拜高十二，名□□，號心泉，大紳士也。錢榆初之子及龔潤珊之二世兄自浙來，今日到，沿途均無阻也。

十三日，陰，連日天氣較暎。簡曉鐘來，寄湘一，由劉元壽專足到銅仁，據云十三、四可以到。由銅交蔡書辦寄至湘。

十四日，陰。海方伯今日動身回籍，送者濟濟。較之初四韓南溪啓程，相形難爲情矣，署中椿闈去送。差凌小莊赴黃河，昨已出城。高江做中元會去，一人在家寂然無事。椿闈至晚始回，江至三鼓始回。多木菴於下半天出城赴永寧，其太夫人病痢，年七十餘矣。□□之而去不得援，絶裾之温，太真藉口矣。傍晚接湘信，五月廿三發者。

中元節，陰雨。

十六日，陰。

十七日，晴。寄長沙信，由回足，明晨走。簡曉鐘來。

十八日，晴。

十九日，晴。午後嚴小如來，晚赴徐韻生維城司馬之招，同席爲高鑒山、嚴肅卿、簡曉鐘、陸彦珍、朱益甫、潘伯愚兩茂才，皆杭人。劉步蟾協戎。

二十日，晴。午後至北關，又至簡寓，不值。

二十一日，陰。蘭舅來，馮裕亭參軍自銅仁來，在途四十餘天，川資三百餘金，微員何以堪此。申刻凌小丈自黃河回。

二十二日，晴，風。

二十三日，晴，風。晨至簡曉鐘處談。是夜審劉正朝案，至三鼓。

二十四日，晴，風。上燈後李莘農來，爲天主教人滋事，上省稟兩院，請立章程也。

二十五日，陰，大風，雨數點。晨寄湘信一，坿周寓家言。

二十六日，陰。午至北關，又至鼇局晤錢榆初，又至獨獅子徐韻生宅晤朱益甫。燈下作經丈、念丈、鑪青各信。夜雨。

二十七日，陰。天氣甚涼，可衣重棉。寄京信，由摺弁。

二十八日，陰。

二十九日，陰。開州張、商二營失守，迭報敗退。

晦日，陰。是夜已寢，蔡植言三鼓時候，初以爲有警報，實則來談天，可笑。

八月，朔陰。是夜已寢，嚴耐卿來。因開州喫緊，兩院意欲調趙暉堂來援，已分咐辦札，特來稟知。雨，簡曉鐘來。

初二日，雨，下午風，晴。至賈宅道喜。至唐宅謝王九衢，步至周宅，謁六舅婆。明日秋祭，椿圃於十二點即赴文廟。

初三日，陰雨。晨至簡寓，晤其喬梓。王九衢於二鼓後來。

初四日，陰雨。是晚赴賈迪之世叔之招。

初五日，晴。是晚赴貴筑蔡植翁之招。

初六日，陰。

初七日，陰。

初八日，陰。

初九日，陰。大風，天涼。王九衢於一鼓來。

初十日，陰，小雨。午後簡曉鐘來，渠喬梓病，均未愈。燈下作慈稟。

十一日，陰雨。寄湘信，由院上專人帶，明日走。由柏署彙寄，坿周宅信。

十二日，陰。開州信息已鬆，賊之大隊過落旺河去矣。

十三日，晴。作「片言可以折獄者，其由也與」題文。

十四日，晴。是日，傍晚至署後閒望，爲尖風所襲，入夜寢不安。

中秋節，陰雨。今日頭疼，渾身作痛。午刻勉至周寓、二俞寓拜節。

十六日，陰。未愈，連日喫粥。

十七日，陰。疾少愈。

十八日，晴。疾少愈。明日爲母闈大衍之慶，蘭汀舅及凌霄弟、狗弟均煖壽，禮物一概不收，賓客謝絶，以有俗套。接湘信二，發湘信一。

十九日，晨。署中諸西席及俞氏三人均來拜壽，留喫麵。

二十日，陰。簡曉鐘來。

二十一日，陰。上燈後簡曉鐘來，交家信及匯票。

二十二日，陰。晨至南關及南粥敞。進城至文昌宫晤寶翁，知曉鐘翁又進署送家信，交臂失矣。午後雨。

二十三日，陰雨。曉鐘來。

二十四日，陰雨。交□官，□簡處。

二十五日，陰。作京信，經丈一、鑪兄一，作凌杏春書。

二十六日，陰。晚赴簡寶臣之招，二礮歸署。作霜弟信、金信。

二十七日，陰。寄湘信。霖一、金凌一、京信一件。並襄柏附簡氏兑票二。藍布包一。已一託梁鳳書太守帶，渠赴川催餉，本定後日走，或須改期。

二十八日，陰。接七月十三日所發湘信。趙竹生殉難。奉旨照巡撫銜議，建立專祠淳彦附祀。而或者曰殉節之事尚屬渺茫，誣巇之詞與？抑傳聞之異與？江西廣饒不守，賊勢復鴟張矣。朱益甫、簡曉鐘來。

二十九日，陰雨。晚赴嚴鼐卿之招。

晦日，陰，小雨。簡寶臣來。午後偕懷翁至紅邊外看菊花。燈下寫京信。

九月朔，陰。寄京信。吉甫一，雄精壽星、如意各一件，送老太太。滇緞袍料兩件、干尖皮領四件，送表弟輩。

念一，祝敬十兩。鑪青一，由趙介繁明府帶，又富順信一，託其帶至瀘州轉遞。

初二日，陰。寄湘信，即其所封未發者。霖一、凌三。朱益甫來。

初三日，陰。謄文一。

初四日，陰。謄文一。梁鳳翁於今午始動身，走大定一路。午後至簡寓。

初五日，陰。趙達菴鎮軍到省，因朔沈營大敗，沈宏富逃至札佐，開州萬分喫緊，故於初二日委員飛調前來。勞之意尚不允，須熟商而後行。

初六日，晴。燈下作湘信，後日院上有回足也。

初七日，晴。院上差須十一月方走，故信寫而未寄。

初八日，陰。接札佐糧臺委員信，探得開州於初六二更時分失守，賊由北門進。嗣開州逃出團丁數人，入省來報，因城中團丁不専站，城北門係沈統下何練堵禦，賊即由彼而進。戴商翁方在巡城，陡見回署至大堂遇害，合家多與難，苦守四五年，竟爲沈害。遭此慘狀，殊可痛惜。葆於昨日赴札佐，令沈移兵。

初九日，陰。定趙營赴開，沈練撤往清鎮。□仙來省。是日，制軍約中丞、學使扶風山登高。椿園作一聯誦之，云：「軍令分明嚴僕射，圍棋坐鎮謝東山。」

初十日，陰。趙軍出。沈鎮來，謄試帖二。

十一日，晨小雨竟日。晚晴月出，天無雲。

十二日，陰。晚赴馮捷山之招。謄試帖三。

十三日，陰雨。戴□□歸，均係自盡，其子亦無下落，其眷口已逸出城。

十四日，陰雨。

十五日，陰。簡寶臣來，曉鐘來，□月華。

十六日，陰，霧。是日得李西樵刺史崑陣亡之信，旬日之間連喪二良，有司可痛惜也。

十七日，陰。

十八日，陰。

十九日，晴。

二十日，晴。三更後合署□静。總兵全祖塏陡率數十人破門而入，直入内室之庭，醉甚躓焉。故未打寢門，幸其下人尚不多事，嗣經田副將勸之去。敂其意，則局中發米未厭其欲，恃醉而來也。來勢洶洶，父親未之見。去即傳首縣，及經廳高心泉亦至，至三鼓始散。是夜月華，世傳必在中秋，而是月兩見，則不必中秋，並不必□□也。

二十一日，晴。父親告假三日，不出門。經首縣傳彎，全鎮允來謝罪，父親以頭痛咳嗽不可以風，止之勿來。

二十二日，陰風。聞常德有失陷之説。

二十三日，陰。午後寄湘信。接湘中八月初三信，據云林之省無事，則昨談乃謡傳也。申刻至福德街看蘭舅病，夜楊燦廷來。是日紅祚報開州捷，係張梁止率百人於廿一五更收復，其爲賊内應破州城之楊彪，僞封元帥，業經禽軒首級，解入省城。趙鎮已派援兵前往策應矣。所望賊盡過江，則大路可通，税務漸可復元。

二十四日，陰。作曹聘候、李梅村信，爲陳士隆事。

二十五日，陰。楊燦廷來。

二十六日，陰。連日無捷報。開州因兵□，我軍不能駐紮，退至燕子哨，距州二十里。

二十七日，陰雨，驟寒。朱益甫來，擬作湘遊。出月偕徐司馬同行。

二十八日，陰風。

二十九日，陰。

十月朔，晴。朱益甫來辭行，簡曉鐘來。

初二日，晴。晨劉蓮峰世兄來，並接朗師信及其文稿。午刻後至獅子送行。寄霖弟信並黔西皮紙四、紅皮拜匣等件，並附龔、徐各信，又至各處謝步。賊踞西望山，地界黄河、烏江之間，税務如洗矣。修文縣黄來。

初三日，晴。

初四日，陰。晚赴王□翁、張芝麓、馮□□之招，餞胡太守栞仙也。是日得□二百宜失營之信，趙暉堂已親率兵赴援矣。

初五日，陰。簡寶臣來。賈迪之於初三日三更陡患痰證，四更即去世，可知死坐固不可違也。安順委陳鶴莊。

初六日，陰。簡寶臣因林舉人誣賴事，事先脱身行，於傍晚至南關宿，明日行。

初七日，陰。曉鐘來，乃翁已動身矣。二更後忽藩署來傳，探得扎佐大營已失矣。父親至總局後，出門查夜，四鼓始回署，百宜已無賊。暉堂回洗馬河布置，未能即來援，趙鎮已退至斑竹園，距城止四十里矣。

初八日，風，陰。王個翁占六壬課，十一、十二尚有極緊信，並防内應，趙軍開仗恐亦不利。金詡臣赴河子哨，本日閉老東、新東、西門、紅邊各門。

初九日，晴。札佐於昨夜二更經趙暉堂克復，乘賊不備也，賊竄長田。

初十日，晴。簡曉鐘來，乃翁爲林舉人鐘□稟院，言欠其已故之子銀一千五百兩。而寶臣已行，臬臺云必其親至，方可調停，殊費事也。父親連日查夜，今夜少息，縣尊代。

十一日，晴。謄課文一首，臂仍作痛。十數年痼疾，殆不可治。王九衢來。

十二日，陰。修文於昨日午刻被賊扮作官兵竄陷，月翁無下落。修文距省僅五十里，賊由小路可至大關，距清鎮極近，止七十里。聞賊圖犯乾溝，已調全詡臣馳赴修文。王九衢來，言有人占課，八月中事。言須過今日，漸可望鬆，惟省城之西，尚有騷動。王個翁之課亦同，計亦言過今日，可望起色，且看驗否。

十三日，陰。晚劉朗屏師自廣順來。

十四日，晴。午後往謁劉師，並送課文就正。

望日，晴。連日消息緊，全師退紮朱昌堡，賊焚掠至朱關。

既望，晴。修文於五鼓克復，趙暉堂之師也。王九衢來，蘭舅來。

十七日，晴。嚴雪橋下清鎮，寅哥起北門。

十八日，陰。接霖弟八月十三寄嚴稟一、□□一、母親親示一、霖复一、芳一。湖南清静，粤逆已竄回粤西。

十九日，陰。作慈稟一、霖弟一，謄試帖七首。

二十日，陰。作文一首。

二十一日，陰。椿闈今日出巡走馬當、水田壩一帶彈（厭）〔壓〕。

二十二日，陰。作試帖一首。二礮椿闈旋署，三江橋團首控訴兵練不進殺賊，轉退而害民等事，吁！今日楚足旋帶信去。

二十三日，晴。謄詩二首。

二十四日，晴。羅升自黄河回，税房於十四被焚。烏江税房先於初五日焚矣。

二十五日，晴。凌小翁赴龍場分設盐税也，羅升去。夜雷風雨。

二十六日，陰。是晚赴羅坦之之招。□小翁於晚飯旋署。

二十七日，晴。謄詩一首。明日父親誕日，是晚煖壽。

二十八日，晴。拜生者駱驛，外頭開七桌，均各員同寅委員也。是日得賊竄過索橋河之信，全營退至修文，清鎮大緊，距鎮西街、乾溝均近。

二十九日，晴。飛調趙德光來，初一可到。暉堂於廿六日往襲尚大坪，遇雨不能得手，僅馘數級，然趨百二十里之險以入虎穴，可云健者矣。

三十日，陰。父親於昨晚三更查夜，天明始回。少息即上衙門，直至未刻始回。少坐又上局、上院。三鼓始回。即得警報，水田、三江橋官營盡失，兵練退至紅邊、白牙一帶也。正擬少□適獲要犯，與蔡植三同訊。四鼓又上城，遥見東北火光釁天，人心驚惶，探悉乃潰練焚燒民房，非賊也。

十一月初一日，陰，小雨。父親於午刻回署，喫飯，少寢。未刻院上來傳，即上院，上燈始回署，飯後即就寢。三鼓方伯在局來傳，又出署即往巡城。勞制軍於今晨始知警報，昨晚父親往貢院，其門上家人無一在者，祇告知巡捕不及待謁，故此公竟夢夢也。暉堂之軍已到烏當，人心稍定。而扎佐又失守，達菴退至蒙胎。沈鎮於申刻出白牙。

初二日，陰。張制軍往調林自清。以毒攻毒或有益也，然其來亦須半月餘。趙達菴黑紮黑石頭，張梁紮河子哨。父親於昨夜三鼓出門，天明方回，又上城。午刻回喫飯即出去，申刻回即出去。上糧道署問案，三鼓回署，四鼓上城。

初三日，陰。王個翁所占之六壬，言二十八日入丑將即不利，初二尤緊已過矣。未知今後如何。今日沙子哨之營又站不住，達菴退至大關，張樑在偏坡。

初四日，陰。暉堂在烏堂連日出隊，均小勝。達菴在大關又退至小關，賊踵至，直至小關橋下。經達菴親然鳥鎗轟斃一人，親兵又槍斃，賊遂敗。追出大關，適雲南兵三百名調到，即在小關住，趙軍移至東門，照壁山營尚有千餘人，達菴生腹癰，經胡縛禮用藥調敷，即能騎馬矣。清鎮一面已無賊。

初五日，陰。黑石頭之賊因余賊屢敗，合股往援。今日余賊與暉堂接仗，復賊何逆攻沈營，何將營盤已圍住，經暉堂來援，已被賊圍，奮力攻擊，將賊截爲二，適達菴先鋒隊往援，復將賊擊敗，殺數人，何營圍解。

初六日，晴。已刻登城眺望，與小翁偕。今日何逆復圍攻何營，經沈仙槎派隊往援，互有殺傷，擒獲僞將王耿二，解省。據王耿二供，賊有三頭子，何逆之外，一黃三王、一少將姓；兩老冒，一余三三、一李狗第；六元帥、六將軍，耿二其一也。此次帶來將軍四人，其楊幺弟、李麻二二將軍，於初四攻小關時被殺，始知前日賊之遽退者，斃其首也。黑苗已有散回者。而今午接仗，仍有苗隊。或三或五散蹲田塍間，官兵返之，則逆而放冷，故沈營今日陣亡二十七人。趙達菴先鋒、三張（樑、玉林、德隆）。返，賊過洛灣，張德隆及其陣亡，達菴痛惜之。林玉堂前鋒今日到清鎮，明日可到省。河子哨一帶已無賊。

初七日，晴。煗賊聚洛灣，暉堂又調視都司（友林）助矣。遵義協張開友率兵千餘，今日可到清鎮。

初八日，晴風。林貴自洛灣回，言昨日賊勢太衆，暉堂出，不接仗，恐無救應也。戴錫恩紮洛灣之左，堵烏堂之口。苗子約有千餘，賊紮在三江橋、水田一帶。時在馬槽岩，涼水井打□。何營約有六七百，沈營約七八百人，其練時至團上打起發，故百姓搬空。吁！

甲子 同治三年（一八六四）

甲子孟陬正月

十六日。卯時，由貴陽侍椿闈入楚，寅兄偕行，小丈遲至明日。黔西擬住一天，尚趕得及也。是日椿闈先出城，因夫子行李扛擔，至午正始陸續出城。二十里湯巴哨，五里龍場，一名狗場。卅五里清鎮縣，一路踏凌而行，滑甚。至清鎮已一鼓後矣。譚子佩留入署中宿，四鼓扛擔尚未來齊，龔方伯亦今日行。高□山携眷隨之，文中衡亦携二妾入川，故人夫甚短。

十七日。辰刻扛擔始到齊，夫子不彀，陸續拉夫。巳初始啓行，七里□塆橋，實康濟橋也。八里條子場，十里老王衝，五里乾溝場，卅里鎮西，入城已定更後，借藥鋪屋宿。昨日因行遲，未打尖，今日因□塆橋至街上均於上月□日爲聞州賊匪焚毀，片瓦全無，敗壁焦椽，蒼凉滿目，惟□王沖尚餘幾家，人烟未斷耳。

十八日。辰初啓行，十五里王家莊，尖。廿五里茶□，下坡，五里鴨池河口。鴨池河源來自威寧下流，即烏江也。春夏之交，山水漲發，河勢甚險惡。

十九日。辰刻起轎，渡鴨池河，上小關坡。坡極斗，凌又滑甚，輿夫行殊艱澀。五里至坡頂，十里濫泥溝城，二十里空桐樹，尖。廿五里黔西州。夏秋丞刺史爲借徐宅屋住宿，並送魚翅席。連日路滑極，文中衡騎騾，行至空桐樹墜馬，飭臂，易輿而行。諺云「坐船乘馬三分命」，非浪語也。

二十日。打坐一天，待凌小翁也。龔方伯、高□山均今日走，不及附伴矣。亥刻待凌不至，簡曉鐘與我處同日起身，亦未見來。留書於紳士李姓處，囑渠等兼程趕來，我等明日不能再俟也。

二十一日。辰正起轎，卅三里楊家海，尖。二十里烏戍河，上坡十里乾堰塘，宿漱芳樓。主人曹姓，喜詩，唱和者滿壁。主人集成一册，意欲付之棗梨，後燬于於兵燹，未遂斯志。今樓中詩對黏壁尚多。椿闈己未年入黔，曾寓此樓中，作詩贈主人，曾幾何時，葭琯五度矣。去歲賊經此地，兩廊之屋遭燬，而斯樓巋然尚存，樓亦幸矣哉。家君復步主人元韻，得七律一首，命本記之於壁，且以見雪泥鴻爪亦有因緣也。詩云「庭夢迷離記館［賓］，三年［戎］馬憫勞人。劫經兵火樓還在，山擁雲陰地不春。典郡肯慚清白吏，乘［驄］尚憶軟紅［塵］。輕裝更比前賢少，無［鶴］無琹隻一身。」　己未年作云：「游仙嘉詠擅堯［賓］，嗣響于今有後人。種竹愛看尺寸節，栽花能占洛陽春。征途小憩三間屋，宦海難［驅］十丈塵。休戀一麾且歸去，下菰城畔寄吟身。夜雪倚枕聽，之旅魂欲斷。」

二十二日，雪。辰初起轎，廿五里烏戍，尖。卅五里大定府城，宿府署西花廳。將至大定，大轎輿夫滑足，轎爲之攲，扛即裂，此地鮮購處，因將三丁拐之扛換作四轎扛，羅升可以步行，將所乘華□兜之扛，易爲三丁拐扛，烏戍之「戍」，俗呼若「西」，蓋恤音之轉也。大定踞天下極高處，故最冷。威寧比大定尤高，由威入滇，地勢漸平坦矣。

二十三日，辰刻起轎，路凌厚寸許，顛蹶者六七次。有大哭者，有甚詈者，可慘亦可笑也。四十里鍋場，居人因猪拱箐苗，衆出巢打擄，沿途一帶驚皇盡徙。入埨，住屋均無門壁，不獨虛無人也。三里木籠關，宿。居人間有徙歸。厘局鄭委員預備宿處，寒風穿壁，圍爐擁被。

二十四日，五鼓起喫飯，因昨夜委員送一品鍋來也。辰刻起轎，二十里大鷄場，二十七里瓢兒井，住釐金局內。陳心如大令極招呼。

二十五日，辰刻起轎，十里桑木關，上坡十五里三壩，尖。二十五里新普宜，三里舊普宜。此宿站因龔方伯等將店擠滿，復行七里許至石岩脚寨，宿孤村荒店，附近止三五人家，屋小甚。

二十六日，辰刻起轎，下坡二十里至小河集，釐局李委員辦尖站。渡赤河，上坡二十里大河集，店爲龔方伯擠滿，高□山住揚家田，距大河約二里許。趙氏隊伍亦分起住。又行十里至磨盤山，宿。赤水河，本名赤虺，後譌河水聲之轉也。河爲川、黔分界處，過河即川境。山即雪山之支嶺。凌小庄於昨日清晨兼程至瓢兒井，爲陳心如所留，嗣得謡言驚場，因前進至三壩即宿，與我等相距半站，大約到永寧後方能匯在一處。瓢兒井之驚，言系賊至錫場、大鷄場一帶，殆讆言也。我等出省之後下半天，滇勇與楚勇鬨，死者數人，兩驚皆相後，亦幸矣。

二十七日，辰刻起轎，上坡二十里至雪山關頂，下坡十里分水橋，尖。又二十磨泥屯宿站。又行二十里至黑泥哨場，宿。雪山最高處至春夏之交，尚不融化，故山以名。下至磨泥，回視雪山，高入青霄，白雲縹緲，雪痕迷［漓］

如在天上。或傳廿五瓢兒井之驚，實係賊來踞場上，鹽局委員逃至小河，懽言廿四賊至錫場，而凌小莊尚於是日過彼處，知所言尚不甚的。是日天晴，烏輪東上，日光映雪，亦作客第一天也。以前不記陰晴，蓋以黔雲長護，晴少陰多，乃有無天日之地，今入蜀境，如重霧頓開矣。

二十八日，陰，微雨。辰刻起轎，下坡行十八里營盤山，尖。此處客冬仲月中，滇南鎮雄股匪出巢打擄，在屯占踞十餘天，故居民尚未徙回，房屋亦被焚燬矣。又行廿五里棧底，五里普市，宿。自磨泥至此，均新遭兵燹者。

二十九日，陰。天明起轎，四十里［赤］水，尖。廿里□梟關，十里永寧縣，五里叙永廳城，宿源通棧房。二府爲葛玉堂鳳修，直隸人。刑名爲吴禮義。孫莘農前亦在幫辦，今往就江安，年得六百金，然已職向年減色矣。瀘州本任乃許蘭伯培身七先生之子也。信翁尚在楚北迎養未來。

二月初一日，陰。在此打坐一天，酉刻凌小莊來，昨晚住［瓢兒］井，簡曉鐘來否未知。聞廿五瓢兒井之驚，賊實到錫場，在後一幫，有著手者，不知是文協將否。或言苗子聞龔方伯大隊來，故聚［衆］□。大快，所行前隊已來，因見趙氏之練，故未出頭。近日過彼時，實聞炮聲，趙練亦開數鎗，則斯言未盡也。楊子初永善與凌小莊同時受驚，並失去零物數事。

初二日，晴。辰正家君起轎，起仁怌，計三大站。我等在廳封船二隻，官價止一千二百文。午刻發行李下船，我處用船一隻，凌與楊子初用一隻，酉刻開船，行十五里橋子汨，宿。

初三日，陰。天明開行，四十五里天池。此赴仁懷旱道，昨夜椿闈宿此。又行十五里背風岩，乃船户之家，泊舟買米，並待後船。約三時許始開行，卅里江門，泊。夜雨。

初四日，陰。天明開行，百廿里納溪縣，泊。夜小雨。

初五日，陰。天明開行，入瀘水，卅里往謁許蘭伯刺史。適值許七先生明日生辰做壽，甚熱鬧，無暇管我事，托其封麻毛鰍二隻，明日可以過載。

初六日，微晴。辰刻過船，仍泊。

初七日，微陰。北風，天明開船，溯風行四十里彌陀庵，八十里合江縣，泊。駕船者，止四人，幸順水尚速。大定府家人謝升（耒）來。渠今晨在仁懷趕船，傍晚即到。龔雨翁已啓身往瀘州矣。趙練仍護送家君，大約後日可以起程。至渝不過三天，仁懷至合江有小河，在縣城之西。

初八日，陰風。不利打槳。行六十里朱家坨，卅里松溪汎，時已申刻，風愈甚，即泊。聞黔之白號竄入川境，距江津甚近，搬家者甚多，因唐鎮軍打敗仗也。夜雨。

初九日，漸晴，風仍大。辰刻開行，一路搬家之船如織。四十里石門。二十里中白沙場，甚大，黔之買鹽者，多來此。街長里許，亦水馬頭。賊距此百餘里，居民驚徙。兩岸之舟如蟻附。八十里江津縣，泊。夜雨。趙枚臣已入省，縣令爲山西何君。

初十日，陰，風仍不利。辰正開行，六十里白沙沱，大雨，泊，時方午刻。

十一日，陰雨。辰刻開行，六十里九龍灘。卅里午刻重慶府城，泊太平門三馬頭。上坎進城，至白家街孫永藥鋪，晤孫佑浩老板。此地至宜昌約有二十站，速則七八天可到。

十二日，陰。馬銘來，知椿庭於初八申刻在仁懷解維，昨晚已到，因水流天晚，未能泊馬頭，今晨放至東溪門，即步至東溪門，約二里許，又回至三馬頭，與小丈、大江至朝天門看船。鹽船均停泊楊坨，地在江北廳之下，距太平門約七八里。看船二隻，皆可勉强安身，惟船值開口索七十餘兩，未能講妥。旋至太平門喫飯，後復令大江與講，一龍姓者已講定二十一金搭至宜昌。老板已執旗往言，即雇小船來搬行李，俟至晚不至，仍在小舟宿。上燈後龍船户來言，其客東欲坐此船，渠表兄亦有一鹽船，與渠船大小相等，可以趕也。

十三日，漸晴。清早大江、小羅往看船，船已放至唐家坨關上，距此廿五里。船乃辰撥子，隻可將就。未末用撥船放至唐家坨過大船，泊。

十四日，晴。天明自唐家坨開行，一百二十里長壽縣，卅里石家坨，百里李渡，泊。本日計行二百五十里。

十五日，漸晴。天明開行，卅里涪州。百廿里酆都縣，屬忠州。九十里楊坨溪，泊。忠州、酆都、石砫廳三交界地。本日計行二百四十里。將至酆都下獨木梁灘，有上水船遇事起撥，過酆都數十里錢門檻灘，又有上水船遇事起撥。「行船走馬三分命」，信矣哉。

十六日，漸陰。天明開行，下魚涑山，灘水極迅駛，巳初至忠州城，行九十里矣。船户灣船買米，耽閣良久，午正開行，九十里石寶寨。四十里五陵谿。廿里下木力灘、鮑金母渡，對岸爲瀼渡，蓋即杜詩中所謂「瀼東瀼西」也。本日計行二百四十里。

十七日，晴。天明開行，下涪灘，九十里萬縣，下巳陽峽，約長卅里。九十里小江口，有小河可通開縣。六十里雲陽縣。四十五里下東陽子灘，波甚澄涌，舟遇漩，入漩中良久始出險。據舟子云，稍近岸數尺，即不可問矣。又下角子灘，波尤甚，至灘脚即泊，因［船］夫力乏。下去即思莊灘也。時止酉初，本日計行二百六十五里。

十八日，晴。天明開行，下思莊子灘，百廿五里夔州府城，時不過巳正，因船户之鹽須起關查驗，向例今日抵關，明日始查。大約須後日開矣。夔府孤城，唐賢載咏，而城中商賈，局面極小，不及重慶十之一。

十九日，晨晴。灣船一天，未刻暴風雨，俗所謂「觀音報」也。移時即晴。

二十日，晴。因［船］夫逃走七名，現雇補數，至辰正始開行，下□□灘，即黄牛峽也。過灘入夔峽。約長十餘里。百二十里巫山縣，入巫峽。九十里排市。入楚北，竟有小溪爲兩省分界處。又六十里出峽，泊關渡口。此地向有查鹽關卡，蓋曩時，楚北食淮鹽，川鹽不准出境。故設卡查禁。邇日賊氛肆擾，淮鹽不行，奏明川鹽準入楚銷引，關亦廢矣。巫峽長百五十里，古諺所謂「巴東三峽巫峽長」也。峽中水不迅駛，水小故耳。本日計行二百七十里，計三站。

二十一日，晴。天明開行，下牛口灘，鄭仁卿自浙入黔，在此覆舟落水，行李漂没無存，可怕也。今幸水未洪浪，不甚惡。行六十里巴東縣，無城，瘠地也。又下八斗、石門二灘，又下葉灘，九十里歸州。又下冰盤溪。灘漩獨甚，舟甚折旋，避之頗費手力。卅里過兵□寶劍峽，至青灘地，有宜昌同知分駐，距城二百十里，灘爲此江第一大灘。如鍋底水沸，險譎百狀，向規有本地人放灘，「一看頭，一把柁」。鹽船皆號上預定人來接舟至灘。欲灣船喫飯。偕小文隨［家］大人步行，過灘約六七里，始登舟。二十里下通靈灘，水大時亦險，今水小故無浪，然亦有放灘者來，蓋皆本地人，靠此活口也。過通靈後灘，皆小行，九十里泊青坨。船户之家居此。本日計行二百九十里。

二十二日，晴，風。辰正開行，五十里平善壩，有税釐總卡，泊舟查驗，即放行。五十里宜昌府，泊三府馬頭，時申初。上岸看船，有麻陽船二隻，索值甚鉅，他船無合式者，故未看定。

二十三日，陰。晨至馬頭看船，看定河窩子一隻，較偏尖，價較便宜，姑將就雇定，未刻過載，夜大雨。

二十四日，晨陰，巳後晴，晚陰。是日因船户有事躭延，至酉刻開至小南門。□關查卡，泊。明日長行。

二十五日，晴。天明開船，巳刻東風打頭，九十里宜都縣城。距岸口尚有二里許，又行十里白洋地，又名虎背，泊船買米，開行行未半里，風轉甚，仍泊。時方申初。本日行百里。

二十六日，天明開行，大霧連天，對面不見人，上下一色，如居卵中。船夫因不知路，隨流淌之，約二十里，巳初日高，霧始開。抵［枝］江縣，共行三十里矣。午刻風，順帶北過松滋縣六十里，挂帆行，陰雲四合，大雨，至董市即泊，雷雨交作，時亦不過申刻。本日共行九十里。

二十七日，晴。天明開船，卅里江口，東北風起，六十里太平江口，時方未刻。船户恐水小難行，泊舟打聽。有下水船言，灘有五處水較淺，約二尺餘，過此即無梗礙。申正有麥舟開行，亦解維尾之。約五里，麥舟泊，舟亦泊，船户以灘淺處有活沙，恐閣淺不能下水，推移行舟，屢有失事者，故畏之甚。再四促促，不允也。本日計行九十五里。

二十八日，晨晴。夜長水尺許，天明即促船户開行，雇渡船舟子帶路，二十里王家灣，已過淺處。又行二十里大家場，北風掛帆，卅五里王津口。卅里陀空，五里敢山關，此［荆］州道税口也，別有一河通□縣。又行十五里蒙家溪，泊。本日行百廿里。

二十九日，晨晴，北風。掛帆行八十五里交溪，屬湖南安鄉縣，泊舟買物。又行廿里大湖口，泊。時方申初，因船户之貨完釐轇轕，遂不開行。本日行百五里。

三月朔，陰，東北風。掛帆行卅里匯口，左入安鄉河，右走牛鼻灘，乃上水。又行四十五里安鄉縣，無城。船户泊舟，買神福，耽閣良久。開行卅里腰口，泊。時方申初，船户恐風（報）暴將至，入小河，有湖面六十里，無泊處，故遂宿此。本日行百五里，入夜颶風大作，雨驟至，雷電交加，終宵不得寧，俗謂之「玉皇颶」，又謂之「聖帝颶」。

初二日，雨，微風尚甚。午揚帆行二十里百家口，入青草湖，逆水行至黄姑灘，水淺不及二尺。七十里兩津口，卅里入劉江口小河，泊。本日行百廿里。

初三日，大風雨，不開船。

初四日，風略小，雨亦止。天明開船，順水行卅里入湖，仍逆水行，揚帆，午刻行六十里楊官□，復順水行，入黃泥湖。舟轉向北，蕩槳行廿里，仍轉南，逆水行。風息，上縴行，河水歸容，勢如摺。螺旋而行舟，殊□曲。約十里許，天已昏黑，即泊。四無人處，本日行百三十里。

初五日，陰。天明開船，行約十里沅江縣，風轉西南，百丈艱澀。四十里泊西湖口，本日行五十餘里。

初六日，陰，西南風。天明開船，左轉入小河，順水行卅里南湖洲，右轉入大河，直下可至漢口。又行十里西林江，左入小河，□行可至益陽。二十里將軍廟，十里汪家匯，泊。地屬湘陰，距城五十里，本日行七十里。河容枯涸，時須繞越，路轉紆遠。

初七日，雨。天明開行，十里麻溪塘，雨大至泊，雨略止，交午開行，卅里橋口，泊。

初八日，晴，東南風。天明開行，出口入長沙大河。迓風而行。十五里靖江，風甚，泊。午後風略小，促舟子開船，羅升、李祥、老殷均助之。上簹十五里清江。十五里白山洲，泊。對岸爲金子灣。

初九日，晴，仍南風。天明開船，十五里道人磯，五里窑頭，十五里□河小西門。

乙丑　同四年（一八六五）

同治乙丑季夏（六月）

十九日，晴。巳刻由兵馬司後街開車出東便門，二十五里雙橋，十五里通州，進西門，宿北門永茂店。是日同行者，同郡章亥汀、上虞田幼宋改名其倬，煥晨。餘姚翁巳［蘭］、農部琳、［黄］鞠人、黄芹塘泰階叔姪。

二十日，晴。巳翁偕田幼翁往河壩看船，雇定胯子船二隻，每隻（介）［價］价大錢五千五百文。喫飯每頓四十文。於巳刻下船，即放棹。二鼓始泊倉陰。

二十一日，晴。天明開行，巳初泊小鋪，屬香河縣，距城僅六里。翁巳蘭遇其同縣蔣子真，即偕黄鞠人附其車同赴縣署，大令周紹達亦其同鄉也。午刻復用車接芹塘去。申正始回，船即開。一更天泊河西務。

二十二日，晴。天明開行，未初二刻至楊村，小泊即開。傍晚至黄新莊，距津止三十里，又行二十里許，泊。

二十三日，晴。卯正抵津，泊河子廟。上岸，至宮北寶順祥洋行，晤楊習之學源。南潯船已於廿一日放洋南去。明日八點鐘有也道船開行，擬即附之去。回船，翁巳翁諸君均擬俟行如飛來，明後日亦可到津。廿八開行，因與亥汀商定，仍俟渠等同伴去，不附也道船矣。也道船較行如飛爲小，或言不甚妥穩。巳刻幼翁來，同縣王少衡福寬來船，擬同附行如飛南去，於下午搬行李下船。

二十四日，晴，上岸換錢，並至大關閒步。午後舟中無事，與同人作射覆之戲。黄昏驟雨至，大風作，移時始止。

二十五日，晴。至寶順交銀，行如飛今日可到。午後復偕亥汀上街，知行如飛已抵紫竹林。

二十六日，晨風，小雨即止，仍陰，酉刻後晴。

二十七日，晴。作吉甫書。幼宋僕人帶去。午後寶順司帳房錢君送船票來，準於廿九南駛。又送烟臺月十一日信一件，内有閏月十五家信。

二十八日，晴。午刻放船至紫竹林，上行如飛輪船。船與遮攔大小相倣，有新會人葉仁甫管事，招呼尚周到。

二十九日，陰。四點鐘開行，九點鐘至大沽口，候潮。一點鐘開入洋面。颶風作，船行顛簸，滿船客人嘔吐者大半。腸翻胃倒，萬分難受。入夜風稍息。

七月初一日，陰風未止，勢稍減。二點泊烟臺，遣大江上關送信件。偉如送我四十元，姚梅卿來船小談，亦有所贈。薏林來，亦附舟南歸，應試也。六點鐘開行。

初二日，陰。渡黑水洋。

初三日，晴。西南風尚緩，連日風略小，浪亦小平。

初四日，晴。一點鐘進吴松口，二點鐘至黄浦。雇小杉板船至二擺渡三記馬頭，住大昌棧。在盆湯衖内，杉板每隻三百五十文，脚夫每名百文。亥汀搬往安盛棧，適西峯亦在滬。巳蘭及二黄另搬旗昌馬頭住洋行内。

初五日，晴。早至敦泰棧晤古愚。又至各處送信。至鴻順晤高滸梅，紫函昆季已赴武林矣。午後高滸翁來，至會館晤陳雲裳。

初六日，晴。早又至敦泰棧，託其雇船。回寓知高滸翁又來，陳雲裳來。午後少衡、幼宋上白雲輪船赴甯波，古愚送字來，代搭定菱湖船，每人洋兩元，茶飯在内。六點鐘發行李上船。至敦泰喫夜飯，棧中吴君亦附此船往菱湖，九點鐘同下船。薏林亦另搭菱湖船至湖，同時下船。二鼓開行，未及里許，爲新閘釐局卡吏所阻，仍泊。薏林船已先去矣。

初七日。八點鐘雨，午刻晴。開行，東風，揚帆二十里金泰廟。有釐卡，小泊。又五十里黄瀆。十五里四港口，有釐卡，小泊。西轉爲赴蘇之路，南轉五里，泊白湖港。

初八日，漸陰。天明揚帆行卅里青浦縣。由城下繞行，風□路亦□□，四十里章練塘，泊。時酉正矣。申刻雨。

初九日，晴，東南風。揚帆過陸家港，有卡。酉正泊塘匯。本日計行八十里。塘匯在嘉興府北門，距城五里。

初十日，陰，南風。天明開行，三十五里新塲。有卡，泊。午刻雨，旋止，酉刻又雨，連宵淅瀝，旅夢爲之轉側。

十一日，晴，東北風。揚帆卅里烏鎮。四十里雙林，小泊。遣大江至西栅長橋北堍豐受堂鄭氏送少篁信。又四十里，菱湖泊。

十二日，晴。雇帳船一隻，錢五百文。午刻至湖州，進南門遍吉街舊宅。

十三日，晨雨，午後止，仍陰。偕子範至館驛河下同福利號一轉，沈杏題已下鄉。順道至方老鼎處，又至石梅處。

十四日，陰雨。早凌皆六来。已刻出門拜客，午刻歸，趙容生來。

中元節，晴，入暮雨。

十六日，陰雨。早偕子範弟至凌宅，晤及甫，及至施補華份處。

十七日，陰雨。椿闈率同子範弟赴璉市。午後王小沂年丈來。作古愚書，又作鑪青、吉甫書，又作偉如、梅卿書，由德盛土棧寄。

十八日，陰雨。接仲升舅氏書。學臺廿一日開考。

十九日，陰雨。寄杭信。申刻，椿闈與子範歸。

廿日，陰雨。午後王魯風來，渠奉方伯咨辦孝豐善後，每月得薪水廿金。孝豐城中，存户蕭條，豆腐、白菜出城十五里方有，其凄凉可知。今年墾種田止七千畝有奇，孝豐原額不下十六七萬，荒蕪者多矣。定明日赴杭。

廿一日，晴。已初上船，順風四十里菱湖，十八里千金。五里東新開河，泊。上岸至凌宅。曉五赴湖，見初平，留喫晚飯。穀寅於昨日一同進城矣。

廿二日，陰雨。九里新市，四十五里塘棲，四十五杭州大關，泊時已上燈後。

廿三日，晴。十五里艮山門。進城至菜市橋，泊。上岸至延定巷下塌。午後出巷，至仙林寺。又至貢院前號舍，工作已竣，板柵尚未做完。進院至協忠堂，登明遠楼一望，號舍四方二尺八寸，較之北闈爲淺矣。出貢院，過登雲橋，由大街回寓。

廿四日，晴。椿闈出城上坟，申刻回寓小憩，同至貢院。途遇高紫函昆季，又遇俞松泉，又遇歸安學辦考書斗知章。亥汀昆玉尚未來。

廿五日，漸陰。午後王金門來。孫順龕来，詠泉來。

廿六日，晴。晨至招寶堂高氏昆季處，管夢花亦同寓，並遇王又沂丈。□□山歸寓，王芾田觀察蔭棠來。午後出門答拜芾田，並至忠清里孫宅，又至東街又沂丈處。晚隨同椿闈、仲舅氏赴孫氏之招。

廿七日，陰，漸雨。椿闈旋湖，送至菜市橋河下。

廿八日，陰雨。五鼓至學署録遺聖諭，默寫在詩後。巳牌出題，「約我以禮」二句。策問「貢舉」。詩題，「山路秋晴松柏香」得「山」字。申牌交卷，歸寓。是日晤翁巳蘭、田幼宋、許子韓，同攷也。

廿九日，晴。偕仲舅氏至珠寶巷，又至義井巷，訪田幼宋，徧尋不著，回寓喫飯。午後覺頭額脹悶，晚飯服痧藥。

三十日，晴。晨醒，頭□□作痛，徧身發熱，服［表］解之品尚未得法。趙西涯偕歸安沈門斗來。遺才已發案，因考才頭訛去洋一元、錢四百。

八月朔，陰雨。病未去，請王端書證，服化濕解［風］之劑。

初二日，陰雨。是日接椿闈到湖後信，仲另發湖信。

初三日，陰雨。是日熱退，頭亦不甚作痛。惟胸膈總不通利，飲食不進。仍請王端書證，方多温補之品，未敢服也。

初四日，陰。晨坐轎至上叚楊九皋證視，據云濕熱未清，服涼解之劑。鈕質園送家信及物件來，未遇。

初五日，晴。作家書，由報船寄。

初六日，晴。晨至藕粥橋章亥汀處。午後王褚杉來，孫竹亭先生來。

初七日，晴。亥汀來。晨偕三舅舅至孫公館，又至太平橋王渚杉舟中尋鈕質園之船，未見。歸遇諸塗。

初八日，陰，午前雨，午後晴。湖州在西邊，點進時交卯刻，必須起早，因精神不支，計補點。於午牌始赴貢院，時點甯波猶未竣也。繼以紹興人數最多，直候至一鼓方點進轉，喫虧矣。進場人數紹最盛，約二千二百餘名；寧次之約一千六百餘；杭次之，約一千有奇；臺次之，約八百餘；嘉、湖次之，約七百餘。至金、嚴、温、衢、處五府人數最少，統共約九千一百有奇。

初九日，晴。天明題紙來。頭題「君子無衆寡，無小大，無敢慢」。首題「得一善則拳拳服膺而弗失之矣」。三題「禹思［天］下有［溺］者」一節。詩題「紅樹碧山無限詩」得「詩」字。二鼓文、詩皆脱稿，即就寢。詩題不知出處，號舍相傳爲章碣登高詩。

初十日，晴。天明騰［謄］真。稍删改，申刻交卷出場。半夜雨。

十一日，陰。五更起，黎明即赴貢院，挨牌點進。午後雨不止，傍晚稍息。

十二日，漸晴。三鼓題紙來，易爲：「君子［黄］中通理」，書爲「知人則哲，能官人。安民則惠，黎民懷之」，詩爲「自今以始，歲其有」，春秋爲「秋，郯子來朝」，昭公十有七年。禮爲「五聲六律十二管，還相爲宫也」。辰初，易、書、二藝皆脱稿，即騰［謄］真補稿。三鼓詩、春秋、禮皆完，即睡。

十三日，晴。天明起，（騰）［謄］真補稿，申刻出場。

十四日，晴。黎明赴點挨牌進。是日點名較速，酉初即竣。

十五日，晴。三鼓題紙來，捉筆直書，手僵痛亦不顧也。申刻完卷交進，即出場。策題爲經學、史學、考課、衣服、兵制。

十六日，漸陰。晨補山來，即偕至忠清里，與詠泉三人同至青雲街買書。午歸，遇雨。汪子用來。申刻雨漸，至招寶堂高氏昆季處。又至青雲街取書，歸寓已上燈矣。夜雨。

十七日，雨。午後至亥汀處看場作。

十八日，雨。午後朱益甫來。是日倪門斗送謄録□□來，渠明日回去，令其寄語家中。

十九日，雨。是日高氏昆季旋，本擬附其舟去，乃以人多舟小，不能容見復。

二十日，漸晴，夜雨。

二十一日，陰雨，巳刻止，申刻又漸雨。晨至清河坊買物。午刻亥汀來，飯後又偕仲舅氏至清河坊。路遇韓佛生，少談。佛生名與曾王父同。

廿二日，晴。偕仲舅氏至聯橋喫羊湯飯。巳初又偕往游湖。出湧金門，坐瓜皮船，至湖心亭，遇朱益甫。已燬重修，然丹碧耀目，絶少雅致。惟凌波遠眺，風景如故耳。又穿壓隄橋、卧龍橋至茅家埠。自湧金門至此，約三里許。步行五里，至雲林寺，訪飛來峯、冷泉亭諸勝迹。寺中僅存天王殿、羅漢堂及九□樓而已。由雲林左行三里許，至岳墓，遇章榆青，立談少頃，廟亦當局重修。至崇文書院，即沿隄至蘇小墳頭，度卧虹橋，尋［路］因［徑而］行。及詁經精舍遺址，登孤山，披莽而上，至放鶴亭，登巢居閣，梅已無一株。和靖先生墓，此處亦經方伯重修，將竣工矣。又沿隄至平湖秋月，惟存敗壁，隄上柳樹無一株存者，令人徘徊不忍去。度叚家橋，過昭慶寺，止存銅佛一尊。雨淋日炙，無顧而問者。入錢塘門而歸。兵燹之後，南北兩山樹木尚有存者，多被湘軍砍伐，作柴賣錢，漸有濯濯之象。登高一覽，惟見殘垣斷壁，荒烟繚繞，湖光山色緘［留］凝愁而已，吁！是日接湖信。净慈寺已無片瓦，惟雷峯塔巍然獨峙，南屏，韜光亦然。裏湖沿山一帶，彌勒院、大佛寺亦然。

二十四日，晴。早偕仲舅氏至清河坊，韓佛生來。

廿五日，晴。申刻搭菱湖航船，酉初開行。

廿六日，晴。辰初到菱湖。另雇小船一葉，即放棹至荻港，泊。至章鴻儀堂，晤月橋，小談即放行。申初入城。

廿七日，晴。午後大江回杭，帶去仲舅信一。

廿八日，晴。午飯後至儀鳳橋。又至金婆衖沈薏林處，適高氏昆季踵至，坐談良久。申刻高紫函昆季來，鈕質園來，凌及甫來，看病也。

廿九日，晴。晨至高氏昆季處小河頭。又至凌宅甘棠。橋，又至學宫兜，序叔祖往滬未回，三叔則往菱湖矣。又至施補華處，適許雷門踵至，暢談。德清戴水□住補華處，渠幼時曾在吾家讀書。歸寓，則凌初平坐候久矣。飯後去。

三十日，陰，夜雨。

九月朔日，陰，漸雨。姚勝軒來，並送烟臺家書，知大人已於廿一日安抵署中。

初二日，陰。午後至南街鈕質園處少談。又至期堂巷周花丞處，不值。又至浮星橋尋本家金章宅，至紅墻灣尋楊宅，無可詢處，悵悵，即返。蓮青先生於是日下午到館，接仲舅信。

初三日。早施補華來，是日仍陰雨。

初四日，陰雨。接補山信。

初五日，陰雨。接烟臺家書。南南行作罷。重九前後可浮海入都。

初六日，陰雨，夜雨止，大風。午後吟之叔來。

初七日，雨止，漸陰，大風竟日。傍晚戴水蒼来。一字子高。

初八日，晴，風略殺。

重陽，風雨。

初十日，陰。武林於四鼓揭曉。酉正報録始來，中式第六十二名。凌初平諸人來。

十一日，晴。晨至竹安巷吴梅生處，渠中式百五十二名。又至愛山書院王少沂年丈處，不值。又至敦和堂本家子坴處，亦不值。歸寓。門斗諸路人糟雜不堪，至三鼓方散。凌新齊來，初平來，沈南橋來，吟三叔來，高花楼来，子岑來。

十二日，晴。子岑來，賀客絡繹來。姚勝軒來，作禀寄椿庭，由姚勝軒附寄。

十三日，晴。晨至子岑處，遇諸道，即偕往梅生處。午後門斗來，子岑來、施補華來，未值。

十四日，晴。王楮杉自吴□來，盤桓竟日，三鼓始歸舟，明早即開行歸去也。門斗來。晨出門拜客，至書院晤二王丈，至府署見楊太尊楊六兄。徐世兄來。

十五日，晴。序叔公來，子岑來，梅生於今晨動身矣。午後大江自杭來。家嵛仙來，石明之子。夜漸雨。

十六日，陰，小雨。晨至子岑處，發杭信。

十七日，雨。序東叔祖來。

十八日，早晨陰，辰刻後放晴。許雨軒來。

十九日，晴。上墳。辰正開船，未刻至申衙浜，禮畢，返棹入城，已上燈後矣。

二十日，晴。未正下航船開行，酉刻大風作，徹夜不休。

廿一日，晨陰，風未止。未刻至杭，住延定巷，時已杲杲日出矣。偕三舅氏至上叚□陽□五福堂訪吴梅生，不值。

晤周花丞，又至望江門蔡上德刻字鋪內。本十六房老師，爲□名厚慶，任邱人也。

廿二日，晴。早偕三舅至孫公館，又至上珠寶巷德太莊，即回寓。午後陰，胡嘯嵋鳳錦來，孫詠泉昆季來。

廿三日，陰，小雨。早出門拜客。先至鐔子巷解元公處，又至賀衙巷汪子用處，均不值。又至孫公館，又至胡嘯嵋處，即偕本房老師處，談及與父親殿試同年，不收贄敬。世兄名履泰，號子雅，出見代送。又至朱益甫處，亦不值。午後補山來。

廿四日，陰雨。午後冒雨至五福堂吳梅生處，又至草橋門望江蔡上〔德〕刻字店內。又至清和坊及回回堂書坊內，遇子雅。

廿五日，陰雨。接湖信。午後出門拜客，先至義井巷王芾田觀察處，不值。又至豆腐三橋河下沈宏遠過塘行內拜譚子韓，並晤新同年杜葆初元霖。彙占致泰、叔阮、施葭山耿光。又至望仙橋河下純一堂客寓內，拜房首陳愈修，病不能見客。又至小螺螄山杜葆初處，尚未回家。又至杭府取領韡、帽等件填單。順道至三元坊總捕廳公館內領出，即回寓。天已傍晚，雨亦住點矣。接壬弟信。

廿六日，陰。早孫竹亭師偕補山來。午後至小螺螄山杜葆初處，即偕徐怒齊至藩司房看朱墨卷，回寓已天晚矣。發湖州信。

廿七日，陰雨。早至孫宅，又至胡嘯嵋處。夜風。

廿八日，漸晴，大風，天驟冷。巳刻、未刻下雪子少許。

廿九日，晴，冷，始冰。午後至學臺房填親。

十月。朝晨至望江門刻字店，又出城繞至後潮門外，看中丞考試步箭。

初二日，晴。早至孫補山處，寄京信，附吳子章信。

初三日，晴。午後偕吳氷老登城隍山。詠泉昆季來。

初四日，晴。上外祖墳，辰刻出湧金門，放小舟至茅家埠，入二龍山，祭埽畢，仍由茅家埠乘小舟歸，接湖信。

初五日，晨晴。至嚴衙衕周曉峯處。午後偕三舅舅至上叚買東西，申刻陰漸雨，夜小雨。

初六日，陰。王芾田觀察來。周曉峯來。午後偕三舅舅至葉市橋買東西。

初七日，漸陰。早偕三舅舅至城頭巷買物。午後至望江門刻字店。又至望仙橋直街種德堂内晤翁已蘭、黄菊人。又新同年翁英士在琹，已蘭胞弟也，行三。又副榜朱治亭文鎔亦在座。夜雨風。

初八日，風，陰。早寄湖信。晚接湖信。知厥初已由粤歸矣。

初九日，晴。至孫宅，留喫麵。午後至上叚買東西。

初十日，晴。午刻詠泉昆季來。未刻後陰，夜雨。定明日旋湖。

十一日，雨。午後下航船，開至壩上已上燈矣。

十二日，陰，雨止。辰初到荻港，上岸訪章月橋，尚未回湖。即下船開行，未刻至城。

十三日，早晴，午後漸陰，夜雨。寄亥汀信、渚杉信。序叔公來。

十四日，陰雨。寄杭州信，内附江右信。厥初自長興回來。

十五日，陰雨。

十六日，晴。梓琹偕其姪來。申刻接京信，欣悉椿闈已於九月初八抵都，引見在十月初旬。家兩峯来。

十七日，晴。午後出門謝客，晤楊□、家崙仙、梓琹，施補華。接上海高信。

十八日，晴。崙仙來。

十九日，晴。午後至北門姚勝軒處。勝軒赴菱湖，不值。又至書院，適值宴客，亦未進去。崙仙偕周二松來。

二十日，晴。早至書院，晤二王丈。午後至駱駝橋尋沈老美船，不見。

二十一日，晴，午後漸陰。

廿二日，晴。午甄月帆來，渠於九月朔日自山左南來。途中平静，捻氛尚遠。至木閣兜序東叔祖處，不值。寅穀自上海回，亥汀之信未送著。

廿三日，晴。午後又至駱駝橋堍油車橋下，問沈杏題船，知已開往西門上墳去矣。寄高紫函昆李書。凌皆［六］

及初平、叔阮來。

廿四日，晴。寄杭信，内附京信、念兹信。

廿五日，晴。晨至書院，晤二王丈。又至油車橋晤杏題封翁。又至北街大生店晤崙仙，即回寓喫飯。陳雲裳來。申刻至周花丞處，久談。又至許雷門處，不值。順道至施補華處，少坐即歸。

廿六日，晨霧。

廿七日，陰。趙西涯來，趙泉生來，序叔公來，周花丞來。

廿八日，陰。吴梅生來。午後朱敖生、盧沛臣來，皆子範窗友，來望病者。

廿九日，陰雨。周花丞來，敦和堂訥齋偕葉幼松來。幼松，松崖年丈之子也。午後至梓琹處，久談。

三十日，陰雨。早至馬軍巷晤陳嗜梅太表丈。午後作家書、烟臺書、滬書。周曉峯來。

十一月朔日，陰雨，大風。

初二日，陰雨。

初三日，晴。午後至蒲塘漾口，檢陳履祥姑丈暨三姑娘遺骨，用骨罈盛之，明日夜在廟西地上瘞埋。

初四日，晴。出門拜客。

初五日，晴。冬至節祭祖。

初六日，陰。早至木閣兜晤吟三叔，至浮星橋晤金章叔公。至天后粥廠，即偕李廉君至局前巷河下訪甄月帆，少談即歸。

初七日，陰，霰冷。午後至周曉峯處，又至太和坊訪陳九表叔，不值。序叔公來。

初八日，晴。陳雲裳來。

初九日，陰。王小沂年丈來。

初十日，陰，夜雨。王魯風來，章月橋來。

十一日，陰雨。
十二日，陰雨。
十三日，陰。接十月初六日京諭，徐太守少青帶蘇寄來。
十四日，陰。王芷□自長興來。
十五日，陰。晨至書院答拜王魯翁。午後序叔公來，姚勝軒送其兄信來。
十六日，晴。隨寅兄至申衙浜，大伯父安窆也。是夜留宿舟中。
十七日，陰。回城已午刻矣。至北街訪姚勝軒，不值。至補華處，久談。
十八日，晴。晨至木閣兜序叔公處，又偕凌新齋至德明橋堍李少卯處，又至凌曉五處，遇李西芹，接偉如丈書。
十九日，晴。
二十日，陰。午後至梓琹處。
廿一日，晨晴，午後陰。寄滬信，古愚一、紫函一，附東信一、京信一、又寄杭信。夜雨。
廿二日，雨。
廿三日，風，漸晴。
廿四日，晴。
廿五日，晴。
廿六日，晨晴。至東門外章磯村。傍晚，霰夜雪。
廿七日，晴。姚老□來。
廿八日，晴。午至學東訪張希齋，不值。聞恕齋月内可回里。
廿九日，晴。放棹出城，十五里至林家匯，又至東門外章磯村。申刻回城。接杭信。
三十日，晴。晨至甘棠橋堍凌宅，又至太和坊陳氏。

十二月，朔，漸晴。

初二日，晴。

初三日，陰。

初四日，陰，集霰。

初五日，晴冷。接杭信。

初六日，晴冷。寄杭信。

初七日，雪。姚勝軒來。

初八日，漸晴。

初九日，晴。至施補華處一談。午後接杭信，内附十一月四日家書。知前有二信均未寄到。引見後，竟奉罷休之旨。下文竟難設法，爲之焦灼。姚勝軒來。

初十日，晴。辰刻放棹出城。申刻至雙林晤梁海帆年丈，又至南栅郎中橋吴蘭皋襟弟處，留喫點心。即偕至鄭子楷、雨田昆季處，留喫晚飯。二鼓歸舟。

十一日，晴。天明放棹，巳刻至璉市楊堡，飯後周文通、蔣順元歸來，即領至各處量米。是晚，仍泊楊堡。

十二日，漸陰。天明即在楊堡各家量米，巳刻放棹，未刻至雙林，因恐趕不進城，遂泊。至吴蘭皋處，適蔡元襄在座，縱談良久。傍晚歸舟。

十三日，晴。天明放棹，未刻入城。接十月廿一家書。

十四日，晴。錢希齋送山左信來，十一月十七日所發偉二、梅一。

十五日，陰，風。是日陳師解館。接杭信、朱信、劉信。

既望，晴。陳蓮青歸去。接山左十一月廿六日書，知家君已到彼矣。燈下作古愚書。

十七日，陰，漸雪。辰刻放棹出城，至外溪林家匯，量租畢即回城，時已掌燈矣。夜雪。

十八日，陰，風冷。

十九日，晴。大江回家，帶去朱信、劉信、俞信。
二十日，陰，大風。
廿一日，陰。晨至北門姚勝軒處。午至敦和堂梓琹處。
廿二日，晴。寄煙臺信二。
廿三日，晴。接山左家書，十二日發。
廿四日，晴。晨至浮星橋，又至祝安巷趙宅，晤崧生及梅生。
廿五日，晴。施補華來。接杭信、江右信。
廿六日，晴。
廿七日，晴。晨至吴梅生處，送山東闈書。
廿八日，風，漸陰。
廿九日，漸陰，風。

丙寅 同五年（一八六六）

正月元旦，陰。趙氏昆季來。

初二日，晴。借趙□生馬，出門拜年。至凌曉五處喫飯。申刻歸。

初三日，陰，黃昏後小雨。序叔公來，凌曉五昆季來。

初四日，陰。凌孩如來，午後雨。今日甲子，俗傳「不宜雨，雨則多水」。兵燹餘生又成澤國，可慮也。陳晴崖來。

初五日，漸［晴］。午後至歸安城隍廟，霖□阿娜偕順道至凌宅，皆六、墨亭、及甫均在家，留喫春餅。戌刻始歸。夜雨，寄杭信。附□信、江右信。

初六日，陰。晨霧，入夜雨。管夢花來。

初七日，陰雨。凌初平來。

初八日，陰。午後至小市巷訪管夢花，適伊已回菱湖，晤王又沂父子。夜雨。

初九日，陰。

初十日，陰，漸夜雪，厚寸許。接京信，臘月廿六日發。

十一日，陰。寄東信，滬信。

十二日，陰。至木閣兜序叔公處，又至彩鳳坊買物。

十三日，陰。

十四日，陰。厥初設帳，敦和堂今日遷，往偕至彼，與梓琹談良久。

十五日，陰雨。赴凌皆六之招。午刻雪，未刻後漸甚，飲罷冒雪而歸。

十六日，陰雨。

十七日，陰小雨。午後吴梅生來。
十八日，陰。
十九日，陰。晨出門拜客，晤楊黼香太尊、鈕壬林。
二十日，陰。
廿一日，陰。晨至館前凌宅，趙□生、梓琹處辭行。午後雨，寄東信。
廿二日，雨止。
廿三日，晴。發東信。接上海信、杭信。梅生來。
廿四日，晴。辰至敦和堂，即偕厥初至駱駝橋。
廿五日，晴。厥初來，以四弟病危也。夜子時，四弟卒，哀哉。雨。
廿六日，陰。晨偕厥初邀亦山至觀風巷，遇高花農，即偕至吴仁泰，回家喫飯，料理諸事，戌刻歛。
廿七日，晴。梅生來。
廿八日，午後偕子範至敦和堂，即與梓琹、厥初至期堂巷。
廿九日，晴。竹村叔來。厥初来，午後至其館中少談。
卅日。晴。厥初来。風，入夜甚。

二月初一日，陰，夜雨，四鼓後大風，雨止。梅生來。
初二日，晴。五鼓起，四弟出殯於地藏殿。厥初来。
初三日，晴。寄杭信。
初四日，陰，夜雷雨。
初五日，晴。杉峯叔來。上鐙時亥汀自上海來，到館。
初六日，陰。晨至厥初處，又至石梅處，厥初来。

初七日，陰雨。午後至駱駝橋，順道至厥初處。芸閣來，新自四明回家。
初八日，陰。陳羹梅太表丈偕其弟來。是午請先生，梓琹作陪，嚴再橋來。
初九日，漸晴。辰正登舟，風水順利。申刻至震澤，恐前途宿舟處趕不上，遂泊。
初十，晴，風順。天明放棹卅六里平望，十二里黎里，過葑湖、連湖，八十里朱家郭，泊。
十一日，晴。天明放行十二里青浦縣。穿城順風繞城走。行百里金太廟，二十里上海老閘，時未上鐙。
十二日，晴。晨起上岸，住古愚棧內，甄月帆亦因事在此。夜古愚邀至新新樓喫飯，至申成昌晤序叔公。
十三日，陰。午後出門拜客。晤凌蘇生、墨亭、子與、章海秋。序叔公來。
十四日，陰。趙樸齋年丈來。午後甄月帆、楊竹軒邀至松風閣喫茶。歸路遇雨，至申成昌晤序叔公。又至鴻順見高氏昆季，長談。夜月甚朗。
十五日，晴。晨至□安里趙樸翁處，不值。午後高氏昆季來，章月樵來。傍晚椿闈自烟臺至。十三日三點鐘下大鵬鳥輪船，兩週時到滬，可云速矣。
十六日，晴。序叔公來，午後程明甫來。申刻出門，至德盛晤程明甫及何子湘。其東人郭日長臺道也，未見。又至興聖街衣仁里拜潘小雅，不值。
十七日，陰，漸雨。午刻椿闈登舟，序叔公同行。送至怡和馬頭，望洋而返。
十八日，陰。巳刻下船，開行六十里濟王廟，十八里夾店，泊。夜雨。
十九日，陰雨。天明開船，午刻抵松江府，泊府前橋下。上岸謁李□生丈。
二十日，陰雨。午後雨止。上岸拜華亭縣厲，名學潮，浙江人。婁縣張，名澤仁，直隸人。均不見。二鼓遣人送程儀。
廿一日，漸晴。午刻赴□翁之招。同席田君玉門，金陵人，在此當委員。西席潘、朱二君。
廿二日，晨上岸，至府縣辭行。巳正開船。晚泊濟王廟。
廿三日。天明開船，未刻至上海，住敦泰棧。高芝呈來，託帶京信。陰雨竟日。
廿四日，陰，午後雨。至裏虹口凌蘇生處。周少丞來。

廿五日，晴。午後吴梅笙來。接嚴諭，梅笙於廿二動身，今晨到。

廿六日，晴。午後梅笙來。即偕至德盛。南潯今日到，言初一開。薛友樵於前日自東來，因往訪之，值其出門。

廿七日，晴。芸閣來。午後至潘筱雅處，又不值。大風陡作，雨亦隨至，冒雨歸。南潯準於初一日開行，廿九下午須登舟，雨徹夜不住。

順道進城買［物］並至城隍廟湖心亭喫茶，申刻歸棧。凌蘇生、薛友樵均來過。

廿八日，雨。吴梅笙來。午後冒雨至德盛，又至薛友樵處長談。又至奎源棧。歸寓接德盛信，言南潯不往烟臺，直赴天津，未便搭附，又須静候矣。

廿九日，陰。凌墨亭偕子與來。傍晚潘筱涯來，寄湖稟。

三月初一日，漸陰，巳刻後晴。午後友樵來。

初二日，晴。晨至清遠里拜壽，石鹿苹太夫人八十雙壽也。

初三日，晴。

初四日，晴。晨至德盛。梅笙来，高氏昆季來。大鵬烏已到，羅銘與通事某遇於涂，初八準開。

初五日，晴。寄湖信，附去點心、硯，韡等物。管香翁帶。

初六日，晨晴，午後陰。東南風急，漸雨數點。

初七日，陰。晨梅笙來，漸雨。午後梅笙喬梓來，即偕上大鵬烏輪船。

初八日，雨。早八點鐘開輪，甚顛簸。

初九日，晴。風略息。

初十日，晴。晚八點鐘到烟臺，以天晚不能上岸，遣羅升先往告知。

十一日，晴，六點鐘登陸，先至大關少坐，即入署。夜半忽得唇腫之證。

十二日，晴。是日，即唇腫閉户，静坐避風，用紅靈丹、卧龍丹、蟾酥丸諸藥調敷。

十二日，晴。唇愈，頭目未爽。服宣通清降之劑。

十三日，晴。仍服前劑。

十四日，晴。午後出門拜客。

十五日，晴，風。梅卿招遊煙臺山。偕梅笙、沙文卿先往廉泉，後至煙臺山，舊有礮臺，新築一亭，並小廳三間。登高遠眺，對岸之諸島歷歷在目，惜是日漸霧，遠山不甚清明。至山麓觀石船、石架，一石上形頗似船頭耳。壁上刻「造化奇觀」四大字，筆力雄［厚］，爲關中祁國祚書，康熙丁丑年前福山知縣也。又刻七律一首，爲劉□作，不甚工。游畢至新關觀海樓上。未刻旋署。

十六日，晴。

十七日，晴。

十八日，晴。

十九日，晴。

二十日，晴。發家書，交梅卿。

廿一日，晴。二點鐘，南潯船進口，接初四日諭言，序叔公帶滬，古愚由德順寄來。合家安好，甚慰。四點鐘至新關喫飯。七點鐘登南潯船，委員成雨林、李雲舫同行。人甚多，地位頗仄。

廿二日，八點鐘開行，風色不大，舟甚平穩。

廿三日，晴。六點鐘至大沽口外，尚距數十里即下錠候潮。四點三刻開入口，行約三十里，即泊。風漸大，夜雨。

廿四日，陰雨。四點半開路，既曲折，舟行重滯，十一點始抵紫竹林。成、李二君上關，免驗單。十二點搬行李，至宮北寶順洋行。揚習之欵留，即下榻焉。

廿五日，陰雨，未刻後雨止。出門拜客，晤徐小泉、德盛管事。範遜初。

廿六日，晴。徐小泉來，不值。俞廉石来。

廿七日，晴。晨赴徐小泉之招，同席爲張桐軒杭人及俞廉石。晚廉石招飲薛家館，同席有小泉及張仲復、榮叔浦、周恭甫。是日周琳粟來，寄東、南信各一，由南潯。

廿八日，晴。方勉甫來。午後至石橋胡同答拜勉甫，不值。

廿九日，晴。午後兩至德盛。晚赴周琳粟之招，同席孫幼亭、杭人。吴□門湖人。及勉甫。是日傍晚，天津縣報車已齊。

四月朔日，晴。是日自清晨催車，日午不齊。雨林親至縣中，黃昏車始齊。是晚偕雨林、□舫喫素飯館，頗清爽。

初二日，晴。天明裝車，巳刻開行，卅里蒲河，打尖。又卅里楊村。

初三日，陰。天明開車，六十里河西務，饘。卅六里馬頭汛，宿。汛官畢汝霖來。

初四日，陰。天明開車，四十五里禑村，尖。卅五里沙錫門，進城至會館，暫住。

初五日，晴。趙介軒來，方壽甫來。午後出門至松陵、蓮清二宅，並順道拜鄭聽叔、嚴□、潘紱庭、桑曉庵、俞壬甫、劉慶霖及成、李二君。夜李雲舫來。

初六日。聽叔來，吴子章來，午後進署銷假。又至趙□翁處少談。出城至蘊和店找雲舫，不值。晚赴聽叔之招，同席俞壬甫、朱玉坡、徐子静、趙介軒、亦琹。燈下作山東第一號信二。

初七日，晴。李雲舫來，鑪青來，午後仲英丈來，王繼香來，徐子静來，趙□翁來。傍晚李李村來。寄山東信，託慶霖，未趕上。

初八日，晴。潘星齋來。巳刻出門拜客，晤□□楡，又至巾帽胡同陳宅。進城至驢□□見胡瑞老師。又拜客數家，出城至北火扇見董老師。又至椿樹胡同晤高立吾、欽亦岩。回寓。陳雲舫丈來。

初九日，晴。清晨出門晤黃□山年丈、徐子静、姚紫湘、齊小雲太老師、李硯田、吴西垣、吴蕓軒年丈、陶曼生。歸，路遇成雨林，偕至館中，略談方去。吴子章偕伯朗來。客去後，作家書第一號、仲舅氏書、亥汀書，至三鼓。

初十日，陰。五鼓來進内聽旨。今日［理］私銷當十錢，王玉汰一犯也。出門遇雨，甚大。雷聲［轟］然，至東華門雨止。午初回館，午後念喬丈來。寄杭信，由文茂。

十一日，晴。出門拜客。
十二日，晴。曉赴鑪青、繼香之招，同席爲俞壬甫、袁心梅、章念茲、鄭少篁、洪宜孫。
十三日，晴。午後出門拜客。
十四日，晴。午後李雪舫來，同至琉璃廠買物。
十五日，申刻就李村之招，同席周小塘、宗某、潘壽甫、鑪青。
十六日，晴。午後潘漢卿鴻藻自湖州來京，住館中。申刻至李蓮舫處少談，胡輯五亦在坐。晚赴念茲、紫佩之招，同席俞壬翁、周吉甫、章成卿。
十七日，晴。出門拜客，晤趙□翁、馮曉滄年丈。晚赴方壽甫之招。勉甫今日下午到都。
十八日，晴。早赴和合之招，同席聽翁暨黄孝候少君。
十九日，陰。午赴芷綬、亦岩之招，同席俞壬翁、念茲。顧緝庭來，帶到三月廿八家書。
二十日，晴。酉刻黼卿來。傍晚至賈家胡同，即至萬福居。是日偕仲奐請俞壬翁也。陪客爲鑪青、黼卿、繼香。仲奐與繼香大醉，三鼓始歸。
廿一日，晴。卯刻起，先至才盛館拜壽，即至李村處和趙宅，二媒不能早來，改至巳刻。歸寓少息。吴寅軒年丈來。巳初先至東頭拜客，即至米市胡同潘宅。隨同衆媒進城，至趙宅喫點心。過午出城，仍至潘宅，宴畢而散。
廿二日，陰。是［日］過禮至陳氏。晨至周宅，巳刻二媒念仲往巾帽胡同，申刻回。事畢，即偕粉坊琉璃廠道喜，吴子章遷居也。歸來喫宴□齋，適雨至。飲罷，冒雨歸。
廿三日，陰。作家書、仲升舅書、託楊習之。偉如書、習之書、廉泉書，均交李委員帶。酉刻至蘊和店，李公出門，不值即歸，雨至。先以雹，有大如桃者。
廿四日，晴。作晚鐘書、瑞齋書、費鞠士書、俞子範書，交湖南提塘帶。未刻至北極菴，不值。又至雲舫處喫點心。即偕至琉璃廠。渠至繩匠胡同，因附車而歸。
廿五日，晴。早至和合，又至後街，留喫飯。歸寓，雲丈來，王笏亭来。

廿六日，陰。

廿七日，陰。午後雨。作補山書。

廿八日，晴。晨出門拜客，晤龔雨師、邵愛棠世兄、董瑞師。

廿九日，晴。晨至上斜街，晤吴芸軒丈。歸道至周宅，又至沈宅，留喫飯。

三十日，陰。午後邵愛棠來，俞壬甫來。小雨，作霖弟書。

五月朔日，凝陰。寄家信，託俞壬翁，附杏仁、補山信、胎産金丹。鄭亦琹來。夜念丈來，知經丈於今午到都。

初二日，晴。晨聽叔來，少篁來。巳刻至後街謁經丈。

初三日，晴。晨經丈來。申刻至鄭宅，又至經丈處，值其客至絡繹，少坐即走。

初四日，晴。出門拜客。

端午節，晴。

辛未　同治十年（一八七一）

同治辛未四月自里入閩。

初一日，微晴。巳刻登舟放棹出南門，逆風行。午後風略順，掛帆行七十里南潯。十二里震澤，泊。時薄暮矣。是日天氣驟煗，余胸膈不舒，昏卧舟中竟日。泊舟後，步屧岸次，人略爽。上灯，喫晚飯畢，即睡。三鼓小雨。

初二日，晨微雨，巳刻放晴。天明開船，風尚順，四十里平望。十二里黎里波葑湖。舟子欲至其家，由裏面走，至葉家，少泊即行，廿四里蘆溪渡極樂㵾。十二里金澤，泊。時方申正。舟子以前無宿次，故不肯行。是日燥熱，與昨日同，人多不爽。日暮東風盛，漸涼。

初三日。天明東風盛，開船迫風行。連河多蕩，波面頗闊，浪打船聲殊厲。三十六里朱家角，水逆上牽行。十二里青浦縣，風轉西南，掛帆行。天氣復悶熱，風亦漸息。廿五里白湖港，三里四江口，十二里黃渡，泊時酉刻矣。天復陰，二鼓雨。東北風大。

初四日。晨風雨未息，船户不願開行。喫粥，復始令解維，雨漸止，鬥風趁潮落之勢，五十里周大陽廟，晚潮已長，又泊。申刻潮平放棹，二十七里上海泊頭，擺渡木馬頭，至敦睦里敦泰棧下榻，時已上灯矣。風漸小，雨又作。

初五日，雨止，天時晴時陰。託古愚問福建輪舟，據云前日甫開一隻，此後開行尚無日期。須静候數天，悶甚。申刻出門謝孝，凡十二家皆不見。作經丈、雲丈、念喬丈回書及京寓家信，發湖州家信。又接京信三月十四發者，内附經丈、雲丈信一。晚古愚邀至寶善街復新園小飲，同坐者邵玉峯、丁侶耕、施榮軒、石鹿革。十一點鐘始散席歸寓。

初六日，晴。晨至三機馬頭訪高氏昆季，晤紫函。託其向阜康問福州口上岸情形。紫函談及接少篁書，會試題有：「子曰信近於義」一章；「人一能之」至「果能此道矣」；「天下之善士」；賦得「移花便得鶯」。得「移」字。

總裁爲朱中堂常思，阜保毛昶煦。午後作鑪青書，封京信，託古愚寄。高氏昆季來。申刻獨步黄浦灘頭，乏味之至。

初七日，晨微雨，巳刻微晴。高紫函來，言福建輪舟十四五方有。須久待，悶甚。午後雨。佛蘭西與普魯士聞已講和，佛國立君未定，本國自啓争端，日尋乾戈，其不亡幸矣。

初八日，晴。胡誦清來。午後進城至新北門舊教場醉六堂買書。書（價）［買］吴申甫，織里人也，買得吴詩集覽、簡明目録、胡文忠集三種。簡明目録紙板頗佳，惟價過昂耳。出城至彛場瞎走，光景較之丙年來時遠遜矣。滬地小車向來極少，聞去年自崇明江北來者，不下三四千輛，每兩鬼子月收錢二百文，予票一張，一月一换。無票者，不許做生意。每月計可得錢數百千，如此搜括，非鬼不能。

初九日，晴、風。午刻高氏昆季邀至棋盤街泰和館喫飯，便道至清遠里邵玉峰處，不值。即至泰和館，同坐者胡誦清、包頴洲、高迎洲。是日作湖州家信，交信局寄。

初十日，晴，熱。晨至新關後身訪沈濂卿，晤談。須酉刻濂卿來，言船政局火輪船現送英制軍赴津，不往福建，隻好静候行如飛矣。是日燥熱，人頗不舒。

十一日，晴熱如故。不敢出門。讀吴梅村詩，以遣愁悶。

十二日，晴，酉刻陰，上燈小雨。未刻紫函來，酉刻芝呈來，李小梅來。無事。仍讀吴詩。是日悶熱尤甚。

十三日，早晴，午後陰，夜雨。是日仍讀吴詩。傍晚與古愚同步黄浦灘頭。聞黄渡昨日雨雹有如栗者，有如胡桃者。

十四日，陰。早至高宅，晤紫函，長談。借得亭林老人左傳杜解補正三卷，歸寓，閲一過。午後雨止，獨步橋□。是日天氣較凉爽。燈下讀有正味齋試帖詩，昔賢句云「青燈有味似兒時」，此境恰合。

十五日，陰雨，午後甚。接紫函書，知行如飛已收口，胸中爲之一舒，即託金月巖至怡和一問，據云明日下半天上船，夜間開行，十七日係禮拜，恐不能開也。

十六日，晴。辰刻紫函來，巳刻託金月巖至怡和寫票，至三機馬頭高宅晤紫函。五下鐘上行如飛。船搭客不多，艙中不擠。金月巖送上船。

十七日，三下鐘開輪，月色朦朧，波平如鏡。天明出口，陰，已刻晴。風浪平静，船尚穩。申刻過定海一帶，乃内洋地面，兩岸皆山，海面尚窄。戌刻陰，出大洋，風波漸惡，終夜未息。

十八日，晴，風大。竟日伏枕堅卧，惟啖批把數枚，勺飲不入，懼導之嘔也。

十九日，晨晴，風漸平。十下鐘抵福州，將進口，船閣於淺，良久始退出淺，進口，抵羅星塔下錠。舉船之客皆謂水淺船不能復進，皆雇小三板撥行李，余亦雇得一隻，撥至大橋。甫行數里，輪船有外國小三板引路，曲折紆行，仍駛至南臺。我等先下船者，可謂欲速返拙矣。未刻雷雨，冒雨行。酉刻抵大橋，坐肩輿進城至藩署。羅星塔至大橋約五十里，大橋至藩署約十里。

二十日，陰，午刻晴，入暮又陰，夜雨。署中辦公事者吴誼卿大衡、書啟吴霞卿、教讀吴俊卿大彬，即誼卿之堂兄。又俊卿之弟惠卿大恩，亦在此伴讀。庫上程明甫瑋、帳房潘松生茂先。是夜二鼓就枕，忽覺百感交集，反側不能成寐，四鼓後始入黑甜鄉。

廿一日，陰。是日移榻與子静同室。夜雨。

廿二日，陰雨，入夜雨甚。晨作京寓、湖州家信各一，古愚書信一，交程明甫順帶。午後看左恪靖伯奏稿七卷。

廿三日，陰雨。晨送程明甫動身，伊附行如飛至滬，今晚開行也。申刻晴，傍晚復雨，陰。看左恪靖伯奏稿第八卷至第二十六卷。

廿四日，晨晴，巳刻陰雨，晚晴。是日左恪靖伯奏稿第二十七卷至三十八卷終。自第一卷起至末卷，皆恪靖撫浙督閩奏稿。羅提軍大春爲之付［梓］，羅曾受左［之］也。稿中於浙、閩軍事始末頗具。

廿五日，陰雨，晨寫字，午後摘録左稿。

廿六日，陰。晨寫大字數十個，白摺一開，每日以此爲式。午後摘録左稿。

廿七日，晴。晨寫字，午後摘録左稿。

廿八日，晴。晨寫字，午後摘録左稿。

廿九日，晴。晨與吴晋卿同上街，爲古愚買對聯，爲又吾買摺扇。歸來，寫字如式，午後録左稿。未刻，南臺火。

與子宜諸人登樓以望煙氣。酉刻，計延燒民房四五百間。暮陰夜晴，是日極熱。

三十日，晨陰雨，巳刻乍晴，午大雨，申晴，酉陰。寫字、録左稿如前。

五月朔，陰晴不定。寫字、録左稿如前。

初二日，大風。陰晴不定。寫字、録左稿如前。

初三日，晴。晨寫字，爲子静改詩。午後未作事，因患熱傷風，頭重作疼也。是日得閲會試題名録，湖中三人，錢振本、馮壽鏡、孫祿增。乙丑同年中五人，邵世恩、陳聿昌、勞乃宣、孫汝贊、吴浚宣。

初四日，晴。晨寫字如常，午後爲偉兄作信稿二件。

重五，晴。早沿俗例道喜。是日夏日，俗諺云「夏日難逢端午日」，今遇之矣。天氣頗熱，在景蘇亭納涼，未作一正事。夜患嗽，三鼓始睡著。

初六日，晴。寫字，摘左稿。

初七日，晴。寫字，摘左稿。

初八日，晴。寫字，看張大司馬亮基奏稿半卷。午後寫信一件，作朱平州信，交偉兄彙寄。作湖信、家書、高氏昆季及古愚書各一，交帳房託阜康寄。又看張稿一卷半。

初九日，晴。晨寫大字二張，白摺二開。看張稿兩卷，共計四卷已畢。前一卷爲撫湘時稿，後三卷則督鄂時稿也。午後看駱籲門秉章大司馬奏稿第一卷至第四［卷］。晚飯後登小閣，望牆外諸山，暮色舒卷頃刻萬狀，如重城周帀，如峯巒羅列，又如車如蓋，如牛馬，如飛馬、如龍鱗，莫名其妙，高太素所以有萬變圖也。是日爲子宜改詩三首，嘗新鮮荔支味俊甚。

初十日，晴。晨寫白摺兩開，看駱稿卷十一至十六卷。此十六卷皆駱大司馬甲寅至庚申撫湘時稿，此與張稿皆左公入（暮）［幕］時手筆也。

十二日，晴。晨寫白摺兩開，作信稿一件，爲子静改詩。申刻偕子宜及吴惠卿、樓門洛於六一泉，適蘇人徐巽卿在焉。洛罷、巽卿導至温泉一觀。歸署已天黑矣。

十三日，晴，晨寫白摺一開，看胡文忠遺集卷一至卷十八。

十四日，晴。爲偉如太夫人壽日，拜壽、喫面者自司道至州縣約十餘桌，熱鬧之至。余静坐書室中，看胡集卷十九至卷五十六。

十五日，晴。作俞壬夫、徐少青、徐心燕三書，託偉兄打官封遞去。傍晚看胡集第五十七、五十八。爲汪□□、顧紉秋書。

十六日，晴。晨寫白摺九行，看胡集卷五十九、六十。

十七日，早陰，巳晴，午後陰雨，晚晴，夜雨。是日右手指無名指忽腫，不能伸屈，故未作書。看胡集卷六十一至七十五。行如飛於酉刻抵步，而家中仍無信，念甚。

十八日，晨陰雨，午晴，晚陰。看胡集卷七十六至八十二。

十九日，晴。晨作京寓家書，並匯百金，由阜康遞去。又作岳丈書坿去。看胡集卷八十三至八十六。右胡集八十六卷乃同治丁卯鄭小山尚書敦謹、曾沅圃中丞國荃所刊，卷一至五十二卷，五十三卷至五十八官黔書牘，五十九至八十三撫鄂書牘，八十四至八十六撫鄂批札。較嚴渭中丞原刊多至三倍，然其精華，嚴刊已擷十八矣。讀孝經一過，「欲報之德，昊天罔極」，哀哉！讀司馬温公家範一過，此書刊本頗少。

二十日，半陰晴。晨寫白摺半開，録胡集。

廿一日，晴，寫白摺半開，録胡集。

廿二日，晴。寫白摺半開，作信稿一件，録胡集。

廿三日，晨雨，即晴。寫白摺半開，代作採芝圖詩五［律］一首。

廿四日，晴。寫白摺半開，讀御纂周易述義卷一、卷二。

廿五日，晴。晨寫白摺一開，作信稿一件，讀周易述義卷三、四。

廿六日，晴。晨寫白摺一開，讀周易述義卷五、六。改宜、静二人文，夜雨。

廿七日，陰雨。晨寫白摺半開，大卷半開，作信稿一件，改宜、靜詩一首。讀周易述義卷七、八、九、十，欽定詩義折中卷一。

廿八日，陰雨。晨代寫詩一首，作信稿一件，讀詩義折中卷二至卷五。

廿九日，陰雨。寫字如前日，作信稿一件，讀詩義折中卷六至十一。申刻行如飛至，接湖信，徐廉泉及鑪青信。

三十日，晴。寫大卷一開，作信稿二件，讀詩義折中卷十二至十六。

六月朔，晴。夏日第三庚，火伏日也。作信稿兩件，作湖州家書，交帳房，行如飛明日十二下鐘開行。午後讀詩義折中卷十七至二十。

初二日，晴。晨寫大卷半開，看書院文。午後讀御纂春秋直解卷一至卷五。爲宜、靜改詩各一。

初三日，晴。寫大卷一開，爲宜、靜改詩文各一，讀春秋直解卷六至卷九。

初四日，晴。寫大卷一開，讀春秋直解卷十至十二。檢宋本五經一過。

初五日，晴。寫大卷一開，看漢對音一卷，檢經典釋文一過，看易緯十二卷。

初六日，晴。寫大卷半開，爲子宜改文，看程大昌易原八卷，司馬温公易説六卷。

初七日，晴。寫大卷一開，爲子静改詩，看史徵周易口訣義六卷，張根吳園周易解九卷，誠齋易傳卷一［至］三。

初八日，晴。寫大卷半開，看誠齋易傳卷四至二十。夜大風。

初九日，陰雨晴相間。看郭雍傳家易説卷一至卷五，寫字如昨。

初十日，天明大雨，申刻又大雨。寫字如昨，看郭雍易説卷六至十一。蔡［淵］易象意言一卷、黃澤易（象）［學］濫觴一卷。

十一日，晨陰雨。寫字如昨，午後晴。人頗不舒，看陳經尚書詳解卷一至卷二十四。

十二日，陰雨。看尚書詳解廿五至五十卷。

十三日，晴。改宜、靜文，看錢時融堂書解卷一至十三。兩日頭脹，未作楷，讀長沙歌一首。

十四日，晨陰，午晴，未雨，申陰。寫白摺半開，看融堂書解卷十四至二十，傅寅禹貢説斷四卷，申刻行如飛至，接京中四月十八信、湖州五月廿三信，看邸抄。

十五日，陰小雨。晨作京信、小雲信、貴州春木信、蘭汀信，又作湖信，皆交帳房。午後看毛［晃］禹貢指南四卷，王質（博）［詩］總聞卷一、二。黄昏大雨。

十六日，天明雨，旋止，陰。午後時寫大卷半開，讀長沙歌一首，看詩總聞卷三至卷十三。接徐少卿書，並奠銀廿兩。

十七日，晴。寫大卷半開，讀長沙歌一首，看詩總聞卷十四至二十，改宜、静文。

十八日，晴。寫字、讀歌如昨。看戴溪續吕氏家塾讀詩記三卷、袁燮毛詩經筵講義四卷、［晉杜預］春秋釋例十五卷。劉敞春秋傳釋例一卷。

十九日，微晴。是日左目不良，不敢作字。看僅校長沙歌括一卷，讀歌七首。

二十日，晨大雨，午晴，未刻又大雨，申晴，黄昏又雨。寫大卷半開，校長沙歌括一卷。看孫覺春秋經解（卷）一、二。改子宜文，是日立秋，頗有秋意。

二十一日，晴。寫字校書如昨。看春秋經解卷三至卷七。

二十二日，晨晴帶雨，申刻大風微雨，旋晴。寫字如昨。看春秋經解卷八至十五。葉夢得春秋攷卷一、二。改子宜文，是日立秋，頗有秋意。

二十三日，陰，午後大風，夜雨。寫大卷半開，校書半卷，看春秋攷卷三至卷八。

二十四日，陰雨，午後雨甚，大風，傍晚益甚。草木有折者、拔者，土人所謂颱風也。入夜未息，是日移書室，故未作書。看春秋［攷］卷九至卷十六，高［閌］春秋集注卷一至卷九。接俞壬夫書，並奠銀廿兩。

二十五日，風雨未息。晨徐字鹿承祿來，交心燕書，並奠銀雙柏。寫大卷半開，看春秋集注卷十至四十。蕭楚春秋辨疑四卷，大戴禮四卷。前日五鼓山陝會館火，燒成白地。聞火自戲房中起。是夜演劇甫畢，有南臺某寺僧來觀夜劇，留宿館中。火盛，主僧從角門逸，南臺僧無路可逃，投井身亡，樂極而喪命，不死於火，而死於水，其有因果乎？昨日之風，南臺覆小舟百餘，溺人不少。

二十六日，乍晴乍雨。寫大卷半開，改子静文，看宋李如圭儀禮集釋三十卷、釋宫一卷。張湻儀禮識誤三卷、鄭汝諧論語意原四卷。檢水經注，方言，又看唐太宗帝範四卷。

二十七日，晴。校長沙歌半卷，改子宜文，看續通鑑綱目二十七卷、明臣奏議卷一、二。

二十八日，晴。寫大卷半開，校書一卷，看明臣奏議卷三至卷八。行如飛至，接都中六月初十日信，作信稿一件。

二十九日，晴。寫京信、寫湖信，外三百元。徐廉泉信，古愚信，由行如飛寄。寫汪笙叔信。看明臣奏議卷九至十二。近日粵東有送神仙粉者，頗鬧事。謡云「食之，男則斃腫，女則腹脹致死」，人情皇惑，凡有持粉者，見輒毆死，已四五人。其經官拏獲正法者，亦四五人。東莞石龍鎮尤甚。聞已將夷人教堂拆毁一間。言神仙粉從夷人醫館來。此間南門外有丹國人在井邊哈水，爲土人痛毆，謂其持粉投入井中，其實並無是事。官賞該夷人二十元了案。

七月朔，晴。寫大卷半（卷）［開］，校長沙歌一卷，看明臣奏議卷十三至十九。

初二日，晴。抄補長沙歌二張，看明臣奏議卷二十至廿六。是日拏獲散神仙粉匪犯一名，乃土人捆送者。據供係侯官人，向來做裁縫，身帶藥數十包，五色俱備，供係有病自食。福州趙太守令該犯自食，即不能言語。

初三日，晴。抄補長沙歌一頁，看明臣奏議廿七至三十五卷。偉如接鏡如十七日來書，言神仙粉一事，羊城謡言不一。東莞地方歸城内及石龍鎮教堂焚毁，燒死鬼子三人、中國人十數人。瑞中書派兵三千及船六隻前去，亦不敢動手也。

初四日，晴。抄補長沙歌一頁，看明臣奏議卷三十六至四十。衛宏漢舊儀二卷、陸翽鄴中記一卷、吴仁杰兩漢刊誤補遺十卷，東觀漢記卷一至十二。

初五日，晴帶陰。改子静文，看東觀漢記十三至廿四卷，東漢會要四十卷，程［俱］麟臺故事五卷，又五代會要、五代史纂誤二種，乃向日見過者，正看其提要。前日所獲神仙粉匪犯，訊得實，係瘋子，所帶之藥已令自食净盡，但糊言亂語。趙守將該犯鎖在大門，令百姓觀之。瑞中堂有謡其氣死者，殆人心憤恨，故（造）造此語。

初六日，陰，午小雨，傍晚雨，三更始止。寫大卷半開，看宋朝事實二十卷，鄭志三卷。
七夕，陰晴不定。寫大卷半開，檢元和郡縣志、元豐九域志，看輿地廣記三十八卷、嶺表録異三卷。
初八日，陰，午後小雨。看魏鄭公諫續録二卷、元朝名臣事略十五卷。是日新聞紙，瑞中堂已派兵二千往東莞拏人。
初九日，晴，下午雨。王弼老子經二卷、傅子一卷、文子纘義十二卷，檢算經七種，看意林五卷，寫大字一張。
初十日，晨晴，午後陰，傍晚雨，連夜二鼓雨甚。看唐語林八卷。
十一日，晴。看學林十卷，寫大字一張。行如飛暮至，接湖州前月二十日書，時已一鼓餘矣。
十二日，晴。是日天子萬壽，在蘇亭上稱觴。看能改齋［漫］録卷一至十一。
十三日，晴。看能改齋［漫］録卷十二至十八，作湖州家書，交帳房，附古□泉圖一分。
十四日，晴。檢猗覺寮襍記、朝野類要，看涑水紀聞十六卷、項氏家説十卷，檢公是弟子記，看明本釋三卷，檢蘇沈良方及小藥證真訣三［卷］。
十五日，晴，檢農桑輯要七卷、攷古質疑六卷，看絳帖平六卷，檢寶真齋法書贊二十八卷。
十六日，晴。看甕牖閒評八卷、澗泉日記三卷、歲寒堂詩話二卷。
十七日，晴。看雲谷襍記四卷、浩然雅談三卷，檢文苑英華辨證十卷、碧溪詩話十卷。
十八日，陰雨，夜半雨。看山谷詩内集外集注三十七卷。
十九日，晴。看山谷别集注二卷，后山詩注十二卷，檢道乾道稿、□熙稿、章泉稿、南澗甲乙稿、歸潛志、敬齋古今［黃主］。
二十日，微陰。看墨法輯要。聚珍板程式四庫全書攷证百卷，以太繁未看。檢悦心集、直齋書録解題，看文忠集。
二十一日，陰，申後雨。檢燕公集、茶山集、絜齋集、文恭集、［簡］齋集、陶山集、南陽集。酉刻行如飛至步前，於十五日午後並行，今日即到。七日兩頭見，可謂速矣。

二十二日，晨陰，午後乍晴乍雨，夜雨。檢學易集、雪山集、毘陵集、浮溪集。是日，鬼子有照會，言長樂縣、古田縣民人，將教堂［折］［拆］毁，一英一美，亦粵東樣子也。漳州府拏住散神仙粉人犯，訊係夷人主使，不問明白即行正法。亦可謂草率彌縫矣。偉兄接子均信，粵省東莞鬧事之初，縣令訊係鬼子主使，言今春有藥廿四箱寄來。瑞相大怒，駁斥不準提一夷字。劉中丞到粵，即將東莞之兵撤回，頗知大體。印翁又簡西撫，不知瑞公若何了事。看邸抄，春間建平滋事人犯闞文桂及其子隻全、黨羽梅先開，經皖撫派兵擒獲正法，訊係髮逆餘黨也。作京信，附春木匣一個。交阜康。

二十三日，乍晴乍雨，看簡齋集，檢攻媿集。

二十四日，乍晴乍雨，薄暮雙虹如橋，見於東方，夜雨達旦。檢華陽集、文定集、淨德集、止堂集。

二十五日，早晴，午後陰雨。改子靜文，看元憲集詩十五卷，檢文選廿一卷，又檢西臺集、彭城集。福清縣民又將教堂［折］［拆］毁矣。

二十六日，晴，申刻陰。看景文集詩廿四卷，檢文選三十八卷，又檢忠肅集。黄昏大雷電，小雨。

二十七日，早晴，下午雲陰，雷夜雨。檢柯山集，看其詩論。

二十八日，早晴，午後陰。改子靜文，作信稿一件。檢□□集、公是集、拙軒集、金淵集。

二十九日，晴。作信稿二件。　看琉球志略、政領要。是日聚珍板檢視一過已畢，計自五月廿四看起，共六十六天矣。雲烟過眼，毫無實在也。

三十日，陰，夜大雨達旦。作信稿二件，看榕郡名勝三卷，閩中摭聞十二卷。名勝語焉不詳，摭聞多記詩本事。燈下看新聞紙，法國以天主教王事紛紛不定，總統爹亞謂前以利大國，因教王搆釁，幾至亡國，豈可再議重立教王，而諸意見多不合者，皆紛紛辭職，是其國勢尚未定也。

八月朔，晨大雨，午後連綿，連宵未息。録信二件。作信稿二件。爲子宜作産孕集跋。校醫學實在易一卷，讀脈訣一首，看國朝先政事略卷一、二。燈下爲子宜改文，連日陰雨，天氣頗凉。

初二日，晨雨，尚不小，午後晴。校醫學實在易一卷，看先正事略卷三之九。

初三日，晴，天復熱。校醫學實在易一卷，看先正事略卷十之十三。行如飛於申刻至，接湖州前月廿四家信、古愚信。

初四日，微陰。作信稿一件，作且泉信，曉峯信、京中家書、湖信。看先正事略卷十四、十五。

初五日，晴。晨作梅卿信、古愚信，皆交帳房寄，附楹聯、摺扇各二。看先正事略卷十六之廿一。

初六日，晴。看先正事略卷廿二之廿八。

初七日，晴。看先正事略卷廿九之卅四。

初八日，晴。代作楊叔仁詩稿弁言。看先正事略卷卅五之四十六。

初九日，晴，暮雨，入夜達曙。看先正事略卷四十七之六十。右國朝先正事略六十卷，平江李元度次青撰，起順治迄同治。分名臣、名儒、經學、文苑、遺□、循良、孝義七類，得八百餘人。一代名人已十得其六七矣，傳作也。

初十日，晴，夜風甚大。校醫學實在易二卷。

十一日，陰雨，夜大風。校醫學實在易三卷。

十二日，陰雨，天涼。校傷寒淺注一卷。作湖州信，附碑帖三種共一包，神曲一匣，交楊成衣帶滬，送至敦泰，寄湖，十四日上萬年清船，十六開行。

十三日，陰雨，改子宜文，校傷寒淺注一卷，盧勝亭自崖門來，至支應局中見之。

十四日，陰。校傷寒淺注一卷。

中秋，早陰。吴惠卿回南，送其登轎，午後微晴。校傷寒淺注半卷。申刻偕俊卿、誼卿、子宜出署，登鼓樓一望。又至獅子樓買眼鏡，回署已黑矣。是夜行雲未退，月光時隱時見。

十六日，陰晴相間。是日爲子宜夫人二十大慶送燭五斤、麵十斤。校傷寒淺注半卷。萬年清於八下（鏡）［鐘］開行，行如飛於申刻至。看邸抄，仲復調蘇松太道矣。

十七日，陰晴相間。校傷寒淺注一卷。作信稿一件，寫湖州家言，交帳房，行如飛十九開。

十八日，陰，午後間晴。校傷寒淺注一卷。偉兄族弟悦岩霖及其子青士自蘇坐夾板船來，十三開自滬，前日即進，日尚不遲也。

十九日，陰，午後晴。校金匱淺注二卷。觀陳子椒畫竹。

二十日，晴。辰正偕俊卿、夏卿、子宜、子静同游鼓山。出東門二十里，抵山麓，有閩山第一亭，有白雲廨院。入院小憩，院之正楹，有石頭慈音額，字大徑尺餘，三韓李率泰題。院之對面，爲南園。出院度東際橋，上通霄路，長松列道，泉聲琤瑽，石磴盤互，曲折幽消。每二里許一亭，第一亭曰「直上雲霄」，第二、第三亭曰「半山」，距寺里許有更衣亭，過更衣亭有文信國書「忠孝廉節」四大字，徑三尺餘，刻於岩石上。由東際橋上山，十里爲涌泉寺、借榻寺。中時已未正，僧人出素飯相餉。飯罷，周歷（寺）[中]諸殿。出寺，看羅漢泉，至故生池觀魚，游人於此以餌引魚上游，鱗[波]瀺灂。僕人以所攜光餅投之，羣魚争食跳躍水涘。復出無盡石門，東行穿駐錫亭，循磴而上，爲靈源深處，别有洞天。循磴而下，爲靈源洞、洞爲枯澗，長數丈，無水。其上即唱水岩，相傳神晏祥師喝水於此，水遂東流。洞中有朱子書「壽」字，長丈餘。洞之下，爲國師岩，洞之左有忘歸石，蔡君□題。洞中題名極多，不可勝記。由忘歸石循崖而東，爲洗心亭，有龍頭泉。泉自龍頭流出，爲方池以承之，中爲機輪，上懸鐘一，以繩擊輪，水激輪動則鐘鳴。泉水甘冽，小坐啜茗。亭之外，松竹密護，緑陰生凉，地頗幽寂。亭右岩上有蘇才翁、[隸翁]二字，大徑尺餘，極佳。又東爲石門，兩石矗立如門。又東爲水雲亭，有石鎸朱子遺像。下望馬尾，水山風帆，沙鳥歷歷在目。此亭爲是峯盡處，舊有「蔗□」二字，刻於石柱中，今石柱已亡，字亦就湮，亭蓋新築者也。返寺已向暮，晚飯就寢。子宜、子静有擇席之病，不能成寐，挑燈哦詩。余睡魔昏昏，爲之屢醒。

廿一日，陰，大風。出寺右行二里，至達磨洞，洞在紇壁之上，可以俯視省城及南臺橋市。洞中有泉，有「面壁」二大字鎸於壁上。洞之左有小屋，題曰「望州」，未知即古之望州亭。洞之下有八仙崖。距洞二百餘步，爲無諍居，即舊時千佛菴也。余思上大頂峯其顛，看朱子書「天風海濤」四字，别僧意已倦，言風大路不好走，同行者亦有倦容，遂輟是想，仍回至靈源洞、洗心亭、水雲亭徘徊良久，始入寺喫飯。未初下山，松濤謖謖，一路相送，申正到署。

廿二日，陰。校金匱二卷。

廿三日，陰，夜雨。校金匱三卷。
廿四日，陰雨。校金匱三卷黄唯堂來，未見。
廿五日，陰雨。校金匱歌括四卷。美也架輪船於酉刻至，接都中七月廿四日信，並潘星齋、龔老師、彭芍亭、李蓀舟、丁小農、汪痰梅、張步洲信。
廿六日，陰雨。校金匱歌括二卷。黄唯堂招飲，作書謝謝。又校女科要旨一卷。
廿七日，陰。晨校女科要旨三卷。作信稿一件。午後偕誼卿、吴耕娱登王母山間眺，在文昌閣小坐，又至城隍廟喫茶。歸來小雨，是夜雨不絶。悦□附美也架旋蘇。
廿八日，陰。晨叙鼓山游事三紙餘，午後雨。偶感新涼，頭目不適。
廿九日，陰。不適竟日，未作一事。

九月初一日，陰。傷風未愈，作信稿一件，寫經丈、雲丈、步洲書。
初二日，晴陰相間。改子宜、子静文。
初三日，陰。作龔師書。行如飛於巳刻至，接朱平州信二，看醫學源流論一卷。
初四日，陰。傷風愈甚，萬年清於申刻至馬尾，偉兄太夫人於戌初入署。看醫學源流論一卷、素靈節要半卷。
初五日，晴。病甚，卧竟日。晚服俊卿方，汗。
初六日，晴。病未愈，仍竟日卧。
初七日，晴。病少愈。
初八日，晴。夜雷雨。疾未愈。
重九，陰晴相間。病去其九矣。看素靈節要半卷、吴調生廷琯吹綱集六卷、鷗波魚話六卷，二書乃己未所刊，吹綱集攷證史事，頗有新意。
初十日，晴。看素靈節要三卷。

十一日，晴。看素靈節要三卷。

十二日，晨晴，午後陰雨。看素靈節要三卷、傷寒真方歌括六卷。是日始能噉飯，脾胃尚不健也。

十三日，陰雨。看傷寒串解六卷，十藥神書一卷。

十四日，陰雨。寫壬夫、少青、心燕三書，用官封遞去，附行狀。校□園東省批牘。

十五日，晴。有平安輪船由香港回上海，來此停泊。十七開行，封發京信總件。內家書一，經丈、雲丈、龔師、步洲信各一，附行快。行如飛於巳刻至，看邸抄。校□園東省批牘。作湖州家書、朱平洲書交阜康寄。

十六日，陰晴相間，夜雨。校東省批牘，改子静文。

十七日，陰。晨出門拜客，晤方子望、尹竹民、黃唯堂。午後陰，夜雨。校福建批牘。

十八日，陰。校福建批牘。尹竹民來，未見。是日定計回里，萬年清於廿八日北行，較之外國船爲易也，作信稿一件。

十九日，陰。校醫學從衆。接湖州九月初五日信，由（信）局來。三弟及幼稚多患病，晦氣尚未脱也。

二十日，陰。校醫學從衆。馮子珍瑜來。

二十一日，陰。晨與明甫、俊卿至制臺衙門前小步。校醫學從衆。

二十二日，晴。

二十三日，晴。午後陪老太太碰和創格也。

二十四日，陰雨。

二十五日，陰。

二十六日，陰。晨偕明甫至妙巷阜康銀號晤馮子珍，定於二十八八點鐘出城。

二十七日，晴。巳刻伏波來，接湖州九月十一日信，古愚廿二日信，心記二千洋亦來。風起，午後陰，入夜風甚，達旦不休。

二十八日，早晴，午後風又起。巳刻出城至梅花道裕成官銀號，待之良久。喫飯。未初始坐三板放行。申正至羅星塔，上萬年清輪船，同船有阜康號友王培謙，又有王中丞之胞弟號順之及其友周林甫。老太太之女下人王媽，令我帶回上海，一同上船。

二十九日，陰，東北風。六下半鐘開輪，九下半出白犬口，風浪漸惡，五下半即泊三沙口。夜雨。

三十日，天漸晴，風未息。六下鐘開輪，連夜行。

十月初一日，微晴，西北風浪較小。夜十二下鐘，泊同沙□。

初二日，陰。午微雨，七下鐘開，十一下鐘到上海，三下鐘登陸住敦春棧。西北風猛，冷甚。夜臥重被猶覺寒氣侵骨。

初三日，晴冷。晨至三機馬頭晤高大，作閩信、京信。

初四日，晴冷。晨令雷升送王媽至新開河，交與張處，附煙［臺］船返蘇。高二來，午後高大來，出開至集賢里阜康號，晤季仲堅，託其寄京、閩信。回寓高濟梅來，邀喫晚飯。掌灯後，偕古愚同至三馬路浦五房赴飲，同座有鮑敬亭、陳琪卿及潮生。

初五日，晴冷。今日本擬登舟，船户因西北風大，不願開行，故改於明日。季仲堅來。

初六日，晴。未初登舟、解維。候潮，故開遲也。行四十八里，泊章家津。

初七日，早霜，晴，天氣較和。黎明開船，二十九里王渡，五十里朱家閣，泊。

初八日，晴，西風。黎明開行，六十里葉家□，泊。半夜霜。

初九日，晴。黎明開行，大霧迷不見路，至倪家□沙，泊。日高霧散，始開船，暮宿震澤。

初十日，晴。五鼓開行，酉初抵郡。

十一日，晴。姚竹筠、包平階、貴禮門來。

十二日，晴風。

十三日，陰。晨偕兩弟，功甫姪放出城至度善橋掃墓。遇小雨，歸途順道至平頭村看山，到家已月上矣。

十四日，晴。慎香伯來，渠今年五月出都。
十五日，陰。亦山及凌心齋來。夜雨，大風。
十六日，晴，風。三弟偕姚竹筠出北門看山，余偕五弟至同裕典晤禮門及沈老濟、施蓉汀、陳藕笙，留喫飯，飯罷禮門同至館前配眼鏡，又至張春泉、厥初處。又至陳樹軒，樹老不在家，晤胡種軒。又至油車［橋］晤吟山、嵩雲，又至恒裕晤松舟、古愚，歸家已暮。三弟至一鼓始返，地仍無著，殊悶人也。
十七日，晴。作高澥梅書，由局寄。凌及甫、貴禮門來，午後至館前取眼鏡，順道至油車橋晤六［峯］。
十八日，陰。張春泉來，古愚來。午後至亦山處，不值。至梓琹處長談，歸來未久，雨至，入夜不休，風聲獵獵。
十九日，陰。
二十日，晴。梓琴來，厥幼來。
二十一日，晴。三弟約張西莊喬梓、包平階赴白龍山看山，午後偕五弟至古愚、金章、三峯、凌小五喬梓處，均坐談少許。又至吟山、義生處，不值。至蓮花莊看三品石，尚存其二。頹墻敗壁，蔓草荒煙，感王孫之已逝，念勝地之全非。徘徊者久之，由橫塘歸。順道至塘蒲漾，尋老屋基址。先人嬉嬉游鞠爲瓦礫場，不勝悽愴。歸家時三弟已先歸，白龍山有地三塊，皆可葬。其一乃張尚書地，尤佳，俗名活石頭，惟係公産，不知肯售否。一陽基，一桑地，鄉人不肯賣，上燈後。偕三弟至竹筠處，久談。
廿二日，晴。竹筠來。已刻偕三弟至局前橋訪莫硯三昆季，晤梅士。午後亦山來，同出城至牆坳，看其父墓。
廿三日，晴。晨出門拜客，晤雷欒山、周詠花。莫硯三來，晚詠花邀便飯，同席劉子田、許培之、趙子芹及似竹叔。
廿四日，陰。似竹來，巳刻雨。
廿五日，陰雨。作「魚曶蟹斷」詩。
廿六日，陰風。作「豳風日月解」，擬「山谷演雅」詩。接周曉峯書。
廿七日，陰風。作「匡衡説詩解頤」賦，燈下作楷。

廿八日，晴。莫梅士來，午後往訪陸存齋、周花丞，皆不值。申刻姚竹筠來，言往張處一探，知活石頭之地尚肯出售，陸存齋來，託其改先君墓誌，接杭州信。

廿九日，晴。作楷。申刻禮門、亦山來。竹筠來，言張處地不肯言價，恐四百千尚不肯售也。

十一月朔，晴，大風，冷甚。午後竹筠來，張處之地大有頭緒，約於今時討回信。花丞來，傍晚三弟偕竹筠至南街，適張琹軒來找竹筠，言其地肯以四百售去，惟族中出面畫押者有十七人，須每人酬以四番，爲數較多，尚費一番饒舌也。

初二日，晴，大風。竹筠來，喫飯去。松舟來。傍晚竹筠又來，喫飯去。張□之處竟不肯減，統計需五百餘千矣。

初三日，晴，風略小，天亦回陽。午後張小莊來，姚氏昆季偕包怡江、老九來。作「天下國家」至「中庸」文。

初四日，晴，風止。竹筠偕張琹軒往白龍山踏界，傍晚［宿］竹筠處。

初五日，晴。作杭信，附月總。俞子茂謝信、孫補山信。作「望雲思雪意」試帖。張地已有成説。

初六日，晴。是日在姚竹筠處寫契，計産價四百千正金，四十千畫押，十七人每人洋四元，共七十元。午後，古愚來。

初七日，晴。晨偕三弟至姚竹筠、張西章處。

初八日，晴。

初九日，晴。作偉如信，附去喜分禮八色。作羅巽庭謝信，作京中家書，均託古愚寄。

初十日，陰。作「三望」考。晨訪陸存齋，赴秀州未回。晚偕三弟至竹筠處。

十一日，長至大霧，陰。午晴，暮陰。

十二日，晨霧，午後微晴。訪陸存齋，未值。

十三日，晴。偕三弟及張西章喬梓、姚竹筠至活石頭覆看。地極平穩，令鄉人掘土試看，沙性已化火，可用得，無事遲疑矣。歸來已暮，留竹筠喫飯去。

十四日，大霧，午初始散。訪陸存齋，晤談良久。午後高漁亭、包貽江、姚氏昆季、［三］峯、張小章陸續來。

十五日，陰，大風。晨至厥初處，即偕厥初同至清芬堂，請晴崖書墓志銘也。晴崖避風不見，允爲寫楷。夜微雨。

十六日，陰，微雪，風大。陳樹軒來。

十七日，陰。寄杭信、施伯均書。亦山來。

十八日，晴。又寄杭信及施書。松舟來，陳羹梅來。

十九日，晴。晨至碧浪湖閒步，觀駈鴨者，左之右之，緩之急之，亦自有［序］也。午後至廣仁堂，適蔣秋田方去，將往清芬堂。途遇張春泉，留談良久，始至馬軍巷晤幼松。歸途仍由館前至凌及甫處，不遇。擺渡至館驛河頭往榆樹灣，秋田又不在家。過眺閣橋，行觀鷄塞嶺，由總鎮前歸來。

二十日，晴。

二十一日，晴。晨至清芬堂，晤樹軒。接仲翁信、伯均信。

二十二日，晴。張春泉來，午後訪存齋，不值。至清芬堂晤琪卿，又至府廟遇亦山。至梅卿處，稍談。至天寧寺觀石，幢榛莽之中屹然獨存，其不燬於兵火，幸也。又至雙忠祠，今年新建，尚未竣工。又至寶帶河邊，遥望飛英塔，荒涼景象不堪寓目，歸來已暮。接姚蓮槎書。

二十三日，晴。晨至存齋處一談，詢石工。午後李祥來，接仲升丈書。

二十四日，晴。傍晚至慈感寺前看石頭。

二十五日，陰。晨至亦山處。

二十六日，陰。晨微雨。下午偕五弟至慈感寺前看石頭。又至愛山書院，看愛山臺記碑。黄昏雨。

二十七日，陰雨。午後微雪。

二十八日，晴。午後至存齋處。

二十九日，陰。偕兩弟邀同竹筠、春泉及吴福昌同至白龍山村埋界石。申刻雪，冒雪歸。

十二月初一日，陰。
初二日，晴。
初三日，晴。鎸工。[張西]章來，駿聲來，嵩雲來。
初四日，晴。晨至太平橋訪伯均，至東街訪古愚，皆不值。至天后宮少坐。
初五日，晴。偕三弟邀張西章至白龍山定草相。三弟留宿，余送西翁返城。
初六日，陰雨，大風。晨赴白龍山，三弟已於辰時破土，申刻雨止，同歸。
初七日，晴風。晨至書院看刻墓誌銘。燈下作京信，託古愚寄。渠明日赴滬也。
初八日，晴。松舟來。午後施伯均來。晚飯後至亦山處。
初九日，陰。偕三弟同至白龍山，宿焉。
初十日，晴。動工，開金井，掘深二尺許，遇亂沙石，不見好土，駭甚。未刻三弟歸，余仍留宿。
十一日，晴。望三弟來，午刻未至。因至浜口張望，焦急之至。申初三弟到山，張西章未來，惟囑再開，深以五尺爲度，偏向東南。即令工人動手，深至四尺許，土色漸好。
十二日，晴。仍督視開土，近東，土色漸變。申初偕三弟回城。
十三日，晴。晨往訪西章，以土相質，據云甚好。惟中襍細沙石，余兄弟終以爲疑，因邀包平階及小章同至白龍山。平階言，是石中土穴，亂沙石乃是蓋沙，掘視土色，沙雖未淨，而五色相襍，頗稱光潤，心始釋然。三弟、五弟偕平階、小章回歸，余仍留宿督工。
十四日，陰，午刻飛雪。未刻五弟到山，雪漸盛，冒雪同回城。亥正，請靈上船，余兄弟三人在舟中伴宿，篷低艙仄，和衣坐談，徹夜不寐。
十五日，雪，天晴。開船。巳刻抵白龍山，請靈出安於厰内。來送者，功甫姓外，僅家松雲及[三]峯、亦山三人。因不驚動人也。午後，兩弟及諸君回，余留宿。
十六日，雪。金井開齊，午刻三弟偕張西章來定穴，仍送西翁返城。

十七日，微晴，督工人挑泥配料，未刻兩弟及功甫來，夜雪深六七寸。
十八日，雪未止。巳刻請靈登科，余及三弟留次，五弟偕功甫回城。
十九日，雪。
二十日，雪止，仍陰。午刻五弟來，三弟返城。
二十一日，陰。
二十二日，陰晴未定。
二十三日，晴。未刻三弟來山，余返城。西北風盛，到家尚早，訪亦山，晤談少許，訪伯均不遇。
廿四日，晴。晨訪伯均，午作杭信寄去，並年物四色。午後赴謝辛楣叔祖，不遇。聞渠年初六欲動身也。至天后宫小憩。
廿五日，晴。晨訪亦山，言三弟有字在信源行，遂至信源，見三弟字，要石灰也。巳刻放舟至信源上灰，未刻至白龍山，五弟回城。
廿六日，陰，東北風盛，夜雨。
廿七日，雨。
廿八日，雨。午刻停工，申刻五弟來山，遂偕兩弟同歸。接京中十一月十八信。
廿九日，雨。
除夕，陰。晨至辛楣處晤談，自甲秋別後，至今八年矣。

壬申　同十一年（一八七二）

同治壬申［年］。

正月朔，陰冷。高山飛雪，諺以爲豐登之兆。

初二日，晴。

初三日，陰，夜雪。諺云：「上看初三，下看十六。」恐陰雨天多，焦灼之至。

初四日，晨雪，旋止，夜晴。是日出門拜年，晤周緩云、張春泉、家吟山、南喬金、章杉峯。

初五日，晴。巳刻赴白龍山工次，在信源上灰，開行較遲，風水皆逆，申正始到山。

初六日，晴，西南風甚。

人日，晴。西南風尚未息也。薄暮至姚墩頭散步。

初八日，晴。午刻三弟到山，姚勝齋同來。申刻余偕勝齋回城。

初九日，晴。巳刻至信源上灰送山。午刻訪陸存齋，酉訪亦山，未遇。黄昏勝齋來。

初十日，晴。訪亦山。午刻作書致雷樂山。

十一日，晴。晨訪亦山。巳刻赴白龍山，五弟回城。

十二日，微晴。巳刻三弟同鄉民至石羊頭閑步，申刻始返，鄉人以爲痴。夜微雨，老農謂驟［雨］，驟雨雨必不多，竊幸其言之中也。

上燈日，陰。未刻五弟到山。

十四日，陰。巳刻五弟回城，夜，月色朦朧。

上元，晴。夜陰，四鼓雨。

十六日，陰。午後雨。

十七日，陰雨。午刻五弟來山，三弟回城。是日墳珠工竣，惟幽圈未了耳。

十八日，陰。晚晴，夜陰旋晴，月色如晝。

十九日，晴。午（到）〔到〕，三弟到山，錢福同來，是日幽圈工竣。

二十日，陰，晚晴。夜，月色甚好。是日巳刻偕兩弟回城。順道至西門五堡恒泰南貨店晤吴福昌。酉刻衣裳街火，延燒店房六七家。

二十一日，陰，大風。是日釋服，午雨，出門拜客，晤烏程縣尊程亦陶國均。拜雷樂山，值其有事。在天妃宫少憩，往拜始晤，少談即歸。

二十二日，風，雨。晨訪松舟，歸作杭信，交航船寄，作京中家言、雲丈書。申刻至彩鳳坊買物。

二十三日，陰雨。未刻赴程縣尊之招，同席者陳樹軒、鈕壬林。

二十四日，晨陰雨，午後開霽，晚晴。作偉如書、古愚書、少蘭書，均交錢福帶去。

廿五日，晴，偕三弟赴白龍山，埋界石及安墓碑等件，留宿焉。

廿六日，晴，煗。申刻回城，高子函來，適余未歸，不值。

廿七日，晴。晨訪趙竹洲，值其赴滬。至陳樹軒處一談，歸來午飯，飯罷至亦山處。是日五弟赴白龍山，未刻歸。余定其明日赴省。

廿八日，晴。高紫函來，晨出門拜客，西章、存齋皆不遇，晤陳晴崖。午赴省請咨，並送五弟婦歸甯。申刻解維，暮泊荻港，宿。

廿九日，晴。五鼓開行，上燈後宿王家莊。沿途塘路損壞，縴道時有斷續，行旅不便。舟人言曩年大府有興修之舉，爲糧道英樸所阻而止，一言以爲不知，當事者可勿戒哉。

二月朔，微陰。黎明開行，巳刻抵杭州。新馬頭喫飯。入城，未刻到延定巷。自乙丑秋間别此，已（八）閱

［八］年矣。夜雨。

初二日，陰雨。午前補山來，午後偕禮門至清河坊買鞋。

初三日，晴。出門拜客，晤朱益甫，託其料理請咨事。又晤俞子美、洪宜孫及補山。薄暮補山來。

初四日，晴。晨禮門邀至回回堂喫羊肉。仲丈及吴有新同去。午刻張子預、洪宜孫來。未刻補山來。申刻胡嘯楣、譚仲修、王松溪同來。晚仲丈治酌相餉，座有補山。夜雨。

初五日，陰。午後補山來，託其順道買書。益甫來。申刻禮門買舟回湖，帶去與三弟一書，前宵灯下所作，傍晚偕補山至藥鋪看於求。孫老四來。夜雨。

初六日，晨晴。巳刻偕仲丈至織造東馬□訪李九齡，值其上院不值。午後陰，馮吉雲□慶來，久譚。

初七日，晴。晨往拜李九齡行三，晤談，知其弟維山行四，與芸閣換帖。咨文事院司皆章博堂管，須向伊説話也。又至施均甫，少談。至木瑒巷答馮吉雲，不值。歸來午餐罷，至補山處，看其文稿，隨邀同張同泰買（術）［書］，偕至寓所。適陳芝耘之乃郎來，談良久始去。復與補山至清河坊買書，歸寓巳日暮矣。

初八日，晴。申刻赴李九齡之招，同席陳月樵，紹興人，藩署錢穀朋友；屈子達，石門人；吕薇仙，本城人。連九齡昆仲共六人，黄昏始散。

初九日，晨晴。往拜盧方伯，晤談少頃。拜蕭雲史，不值。順道拜章博堂名光普。縣文昨日投進，午峯方伯云已見過，大約不致閣壓。午後陰雨，連宵未止。

初十日，陰，午晴。章博堂來，言縣文丁内艱一個日子扣錯，須行更换，累墜之至。寄湖信。至補山處譚天。

十一日，晴。巳初偕仲丈出湧金門，在茶棚喫茶一碗，坐瓜皮船渡湖至茅家步小憩，循道赴雲林，在途中喫素飯，穿雲林諸洞，至一線天，上冷泉亭，聽泉聲琤瑽，滌去俗塵三斗，登翠微亭，出山門左行，過叟峯插雲處，至岳墳小坐。由岳墳至平湖秋月，初擬至孤山看梅，因天色不早而止，循隄歸入錢塘門，接湖信。

十二日，晴。晨至李九齡處，未刻赴盧午峯方伯之招。同席者周琳粟、蔡又臣、朱修伯之郎，一余姓方伯，鄉人也，曾中堂有騎箕之信。

十三日，晨陰。至章博堂處，伊言供結明日可得，後日可著雷升到湖矣。李九齡來，午後雨風。作雷樂山書、三弟書。

十四日，陰雨。

十五日，陰，章處供結昨未送來，著雷升往索，又值其不在家，氣悶之至。午刻章處送文書來，飯後著雷升回湖。

十六日，晴，天氣驟熯。晨訪朱益甫不遇，飯後偕仲丈至上段買物。天晚回寓，知益甫來訪，交臂失之。

十七日，晴。王楨官于是日寅刻化去，人生死幻大抵如期，殤壽何殊哉。午後偕補山至上段買物，天氣暖甚，須穿袷衣，寄湖信坿錫箔。

十八日，晴。午後陰雨。戌初雷升來，接三弟書，少蘭、存齋各書。夜大風雨。

十九日，風。令雷升送供結至章處，允爲速辦。

二十日，風雨，寒甚。

二十一日，陰。

二十二日，晴，風。晨至博堂、九齡處寄湖信。午後至補山處少譚。獨步至吴山閒眺，天欲雨，遂歸。夜雨。是日有蕓閣之族弟號振齋來。來自江右，寓於此。

二十三日，陰雨。

二十四日，晴。晨至藩署晤午翁，當即飭催趕辦。午後偕仲丈登吴山，上紫陽峯。右湖左江，吴山最勝處也。尋歸雲諸洞，歸來已薄暮。知藩署著人來送信，言司文已於今日詳院。

廿五日，晨晴。振齋赴滬，仲丈送之登舟，余偕行遂過慶春橋，至三忠祠及新建祠看花。三忠祠本戴氏園忠義祠，則昔之金衙莊也，工尚未竣。午後至上段閒步，天忽陰，東北風起，三鼓雨。

廿六日，大風，午後小雨，夜雨大。接湖信，寄湖信。

廿七日，陰。晨至撫署，見楊名泉中丞。

廿八日，雨。是晚中丞著人送咨文來。

廿九日，晴，熯甚。晨邀補山至小營巷王官書坊，飯後獨步出錢塘門王保俶塔峯頂，沿湖上孤山，登放鶴亭，至平湖秋月，小坐啜茗，由蘇堤歸。天氣太熱，游不能暢也。

三十日，晴。熯如昨，恐天欲變也。晨出門，至馬衖晤李九齡。後至撫、藩兩處辭行，中丞不見，見午翁。又至岳官巷吴［宅］見五姨。午後至普安街、忠正巷、三忠祠，晤均甫、松溪、仲修。是夜係禎官回［寓］，兩點鐘始睡。

三月朔，晨晴。至補山處久談。申刻陰，雷，微雨。

初二日，晴。偕仲丈至東嶽掃墓，乃文節公之封翁及兄墓，又仲丈之先人墓。申刻歸，上燈後雷，微雨。寄京信。

初三日，晴。晨朱益甫來，午後陰。申刻大雷雨，夜復雨。聞前日海甯雨雹。

初四日，陰。晨至二龍山文節公墓次展拜馬鬣高封，人不作忱息者久之。回寓午餐。下午偕仲丈至横河橋，雇船不就。

初五日，陰。午刻始雇得海甯船，價甚昂。未刻登舟，放棹出城，宿王家莊，港内以水通塘棲。

初六日，陰。天明開船，午刻大雷雨至，暫泊。申刻宿菱湖，風雨未息，舟子不肯行也。

初七日，陰雨。天明開行，巳刻抵家，午後禮門來。

初八日，晴。午後偕五弟至誦之處談，即邀誦之至彩鳳坊買物，歸順道登慶山臺一眺，復至禮門處。

初九日，晴。偕兩弟及功甫姪至度善橋上。

初十日，晨陰，旋晴。申刻古愚來，寄杭信，仲一、益一、補一。

十一日，晴，夜雨。接杭州信。

十二日，陰雨，夜大雨。接益甫信。

十三日，陰，晨雨，午刻雨止。偕兩弟及功甫赴白龍山上墳。貴禮門同去，歸來已上燈。時天漸開霽，月色朦朧。二鼓雨。

十四日，晨晴，午陰。偕三弟至天后宫，與三峯談。又至古愚處，不值。余先歸，申刻大雷，雨雹交作，雹之大者如鷄子。逾時雹止而雨未止也，入夜始息。寄杭信。

十五日，晴帶陰。薄暮三峯來。

十六日，陰雨。接杭信。

十七日，陰雨。

十八日，陰雨。午後周耕香夫人來，留宿。寄杭信。

十九日，半陰晴，夜小雨。午刻鄭亦琹來，申刻耕夫人去。夜至旱□橋周宅，見耕夫人及亦琹。亦琹有家人北歸，欲余挈之去。允之。

二十日，晴。

二十一日，晴，大風。午後偕三弟至古愚處、峯三處、梅士館中。又至趙竹洲處，適大雨至，買舟歸。

廿二日，陰雨。

二十三日，陰雨。晨寄杭信。午接杭信。

二十四日，晴，薄暮陰，風起。午後至駱駝橋買物。至潮陽巷訪張西章，不遇。

二十五日，陰。張西章來，寄亦琹信。午刻禮門來，申刻史福來，接亦琹信，夜雨。接補山信。

二十六日，陰雨。寄亦琹信。午後出門辭行，晤梅卿、三峯、金章。接杭信。

二十七日，半陰晴。午後訪亦山、均甫、梓琹，均不值。晤花丞、蘭谷、補之、禮門。薄暮大雨，有雹。接杭信。

二十八日，晴。發杭信，仲一、益一。趙子琹來，亦山來，陸蕖卿來。

二十九日，晴。晨出門，晤吟南、春喬。午後送行客陸續來。

四月朔，晴。王誦之來，禮門來，亦山來。

初二日，晴。巳刻登舟，即解維。酉初泊震澤，昨歲赴闈去來皆宿于此，與今爲三矣。

初三日，晴帶陰。天明開行，酉刻宿金澤，夜風起。

初四日，陰。東風大盛，舟行極遲。下午風漸小，暮晴，是日午刻過青浦縣，又行三十里許，泊釐卡船側，時已上燈久矣。此地無人家，距七堡尚六七里也。由青浦至滬城向王渡行走，現因開河築壩，改由七堡走，路較遠三九許。青浦至七堡叫四九，其實路甚長，不止四九，惟港面窄而曲，船多時不好走。

初五日，陰。天明開行，約六七里七堡，有卡。又十二里紅橋。又十餘里出小河，入南黄浦，進外國大橋，至惇泰。下榻時已午飯時矣。薄暮雨，作偉如書。

初六日，陰雨，午後閃晴。飯罷出門拜高氏昆季，不值。至集賢里阜康莊見季仲堅，託閩中信、物。仲［堅］言，明日有船往閩。偉如太夫人坐萬年清回蘇，日内可到。進城至道署，晤聽蕉。

初七日，晨晴。訪高氏昆季，長談。午後陰雨，聽蕉來，高氏昆季來。

初八日，晴。午刻赴高氏之招，在太和館。五點上山西輪船，船身狹長，較行如飛猶小，每人船價規銀十八兩。寄湖信。

初九日，微晴。早四點半鐘開輪，風浪尚小，夜半浪頗大。所卧牀架斗然坍塌，爲之一驚。諸客有頭破臂傷者，余幸無恙。今年輪船頗多失事，有裝米太重而遇礁者，有遇霧而傷一丁礁者。粤洋法船與美船遇於霧中相擊而傷，法船傷輕，修整尚能行走，美船傷重而沈，惟船主、火夫數夷人乘小船而逸，餘鬼及華人五十餘，皆見海龍王矣。

初十日，微晴。

十一日，晴。晚二下鐘半到煙臺，停泊。下貨，上煤。

十二日。早五點鐘開輪。是夜風浪静，月色朗澈，一碧萬里。舟行鏡中。

十三日，晴。早五點鐘抵大沽口外，拒口門尚七八十里。因去年大水，此處攔沙愈漲于昔時，須候潮方能行。十下鐘潮長，十一下鐘開輪，行未遠舟膠於沙，二刻許始出淺，一下鐘進口，現值海運未竣，兩岸沙船甚多，再行不能迅速，岸上新築土臺數十個，相距各數里許，爲沙船停泊之所。緣往年進口，每將沙船碰壞，故今年李中堂擇河面寬綽不礙事之處建此臺爲表識，以避之也。惟七十二沽水勢紆折，尚多礙之處，余坐之船將一沙尾碰壞，幸甚輕，將至紫竹林，又爲河船之錨鉤鉤住，將輪船鉤破一大洞，九下半鐘泊紫竹林馬頭。天色已晚，明日方能登岸。

十四日，晴。辰刻用小車推行李上岸，住河北三順店内。午後雇定轎車。

望日，晨雨。巳刻車始至，裝好即開，冒雨行。午晴，三十五里蒲口林村，打尖。二十五里楊村，司屬武清縣。二十五里蔡村汎，宿時不過酉正也。津郡去年大水，今年尚未退盡，窪下之處一片汪洋，高處麥苗已秀，其瘠已甚，非大秋豐稔，不足以蘇民生。大道未盡好，走間須繞越，尚不甚多。

即望，晴。天明開車，五十三里安平，尖。十八里馬頭。三十里莊頭。二十里俞家園，宿。地屬通州。由津入都，至西河西務爲一站，距蔡村三十五里，今因繞道不走河西務，馬頭至張家灣二十五里，地本孔道。今年多走莊頭，莊頭屬通州，有抽税分局。

十七日，晴。卯正開車，二十五里抵廣渠門，時不過辰正。城門口不肯放行，必須送務，訛去飯錢千餘，始送至務上，余先回寓，遣人進城，至東廠胡同託其向寶宅索得司閽一片，至務即放行，賞京錢六千文。雲丈及小雲三兄弟來。

十八日，晴。小香來，伯朗、小雲偕周渭伯來。同至同興居午飯，諸客皆往觀劇，余歸。

十九日，晴。蔡硯農來、姚蓮槎來，午後進署銷假，司中胡輯五已得減等，王壽山到山東司，王子範到山西司，當家者李蓮舫、李硯田，掌印錫竹泉恩。局又小變矣。見全、龐二堂，順道拜客。晤王又翁、盛蓉洲、鑪青、歐陽陟五。

二十日，晴。陟五來，硯籽來，午後經笙丈來，鑪青來。接周□□信，方川丈已於二月十八日逝世。

二十一日，陰雨。

二十二日，晴。出門拜客。晤輯五、小帆、友蘭、劬菴、子章。子章留喫午饭［飯］。罷，進城晤經丈。小香出城，見王莘鉏師、蔡雲峯。

廿三日，午前晴，午後陰。楊繁齋、周木君、費且泉、鄭聽篁、吴子章來。

廿四日，晴。寄湖信，交鑪青。午後進署，並出門拜客。晤田雨田、周曉峯、松生、王笏亭。

廿五日，晴。

廿六日，微晴，夜雷雨。近因慈禧宮不豫，自三月中旬迄今不叫起兒。廿二日，樞臣因請見，是日始召見。廿七日又停止矣。

廿七日，陰。晨出門，晤念茲。午後雷雨。

廿八日，晴。午刻赴印君錫、菊泉之招。

廿九日，晴。午後偕雲丈進城買參。李李村、姚蓮槎、馮蓮塘來。

三十日，晴。晨出門拜客，晤毛旭翁、費且泉、劉慶林。

五月朔，晨雨，陰晴不定，巳正日蝕。

初二日，黎明大雨。午後進署，當月收兩案，同班滿人慶藹堂吉奉天駐防，辛未進士分部者。慶君晚間回去。余獨宿司中，夜雨。

初三日，陰晴相間。申刻歸寓。

初四日，晴。午後出門拜客，晤晏星榆、龔師、徐肖泉。天忽陰，雷聲［殷］然，小雨。至東南園陳宅，天復晴。小坐即歸，夜復陰。近因慈禧不豫，久不引見，羣下懷疑。前月十九有通政司副使王維珍「請益廣孝思以豫順」一摺，以荒謬交部議。初一日，有御史李宏「請勤召對」一摺，以冒昧行申飭。聞王摺措詞頗不得體，其獲罪宜也。大旨謂慈禧宮德政□隆，皇上可以久處青宮，不必與聞國事。惟前月廿五，翰林院侍講孫眙經奏「天象可畏，請遇災修省」一摺，以「初一日日食非常之警，請隆孝治，勤政理，親君子，遠小人，崇儉黜浮」，語意渾含，頗蒙嘉納。聞王摺上復，慈安宮及上大怒，欲重辦。恭王諫止，猶交議。

初五日，晴。聽篁、敏齋來。

初六日，陰。晚赴朱伯華之招，在福興居。夜半大雷雨。初三，袁侍御承業有「近聞太監在京城內外開列多鋪，並蓄養勝春奎戲班，公然於園莊各處演戲」之摺奏，旨嚴行查禁。而今日勝春奎聞仍演唱，甚哉。其膽大也。前數日有慈安宮劉太監之久和春戲班，逢演唱，該太監居然踞坐臺上，今此班改名永勝奎，尚在各園演戲。今日叫起兒，有旨，初十日接遞引見。

初七日，大雨。聞是日又未叫起兒引見。仍帶□□。

初八日，晴。

初九日，晴。赴吉興樓早飯，雲丈招也。同席有王伯尊觀察，乃翁曾官歸安縣，先府君之師也。勝春奎有散夥之說。

初十日，晨陰，旋晴。午後出門拜客，晤王伯尊、徐亞陶、汪笙叔。聞袁侍御摺政府意頗協，有旨傳袁君至軍機處，以摺内有「謡言四起，人情疑惑」語，令明白回奏，乃袁遽震愳不敢語，僅以風聞無據覆奏，摺上，兩宮笑置之。作家書，託蔣香生帶，附書二種，聯一。

十一日，午前王笏亭來談，午後王伯尊來。是日晴，驟熱。

十二日，晴。午後黃薦才來，聞自初十日各衙門帶領引見。慈禧病未愈，慈安亦不出，上獨御養心殿，此親政様子也。

十三日，晴。午後高立吾來，雲丈來。

十四日，晴。晨至雲裳、笏亭處談。午至同興居喫飯，李蓮舫招也。夜雨。

望日，晨晴。午至福興居喫飯，李李村東，同席有張佩經，乃同坐山西船來，其姪名人駿，號安浦，戊辰同房。作杭州信，託王笏亭帶。附有參丁四兩，參尾十兩。

十六日，晴，笙叔來。

十七日，晴。巳刻在萬興居請客，到者楊敏齋、家羲民，朱伯華、陳雲裳、陳小雲。申刻周曉峯及松生來。勝春奎已換班名，曰瑞和成。亦掩耳盜鈴也。今日李子和制軍到京，召見。

十八日，晴。趙稼軒來。

十九日，晴。午後出門，進署順道拜客。晤李芍洲。後至觀音院弔，楮叔安夫人開弔也。夜雨。接家言，四月十四發。陳渠卿帶來。晚至東南園喫飯。

二十日，晴。馮仲摯來，李芍洲來。酉刻偕雲丈至高廟送王伯尊行，不值。暮雨，夜晴。是日召見六起。
廿一日，晴。晨出門，晤鄭聽篁、陳雲裳、蕖卿、張少蘭、章硯耔。戌刻，大雨，有雹。夜晴。
廿二日，晴。作偉如信，由馮心蘭轉交單縣丞煌帶。酉刻雷雨。
廿三日，晴，申刻雷雨。
廿四日，晴。吴子章來。
廿五日，晴。單菊生煌來。閱本日上諭，張侍御景春参内務府堂郎中文錫，奉旨撤去差使查辦。巨蠹遽去，大快人意。
廿七日，晴。晨至陳宅，坐久，午飯始歸。暮雨即晴，夜中熱甚，不寐。
廿八日，晴。晨至蓮花寺，訪姚蓮翁。又至扁担胡同晤敏齋、少蘭、雲裳昆季。午後門進署、拜客，晤徐小雲、範瑞軒、□夢臣。小雲言自李子和到京之日，兩宫出御殿，以後數日一出，慈禧病仍未愈。暮陰夜熱甚，四更雨。
廿九日，陰，雨甚大，竟日夜不息。是日爲壬子破，俗傳「壬子破日，雨主大水」。
三十日，陰雨。徐小雲來。

六月初一日，陰。周式如來。午刻小雨，晚至福隆堂喫飯，聽篁、鑪青東。
初二日，陰。午刻赴財盛館公請李子和制軍。酉刻客始到，戌初散。自申初下雨不止，冒雨歸，雨愈大，徹夜淋漓。
初三日，晴。作家言。午刻至王莘鉏師處，少談。
初四日，晴。午後送楊敏齋行，並託帶家中信、物，參丁尾、帖、書、對、字、經、信二，禮門參丁尾。未遇。進署，酉刻歸。
初五日，陰。少篁招至如松館喫早飯，同席李子均、王禮堂。午晴，傍晚張少原來。
初六日，陰雨。午刻敏齋來。
初七日，早晨微陰。偕陳氏諸君至順城門城河觀洗象。午後晴，晚雲裳昆季招至松如館喫飯。
初八日，晴。晨出門，晤姚蓮翁。

初九日，晴。辰初偕雲丈至巾帽胡同蔚豐厚號内，余往井兒胡同探費且泉喪，仍蔚豐厚喫飯。飯罷至果子市買瓜，順道至煤市街，敏齋已走，慶林不在家。酉刻晤陟五。五鼓雷雨。

初十日，晴。晨出門，至朱市胡同晤鄭氏橋梓及少蘭、蕖卿。

十一日，晴。

十二日，陰，薄暮雷雨。

十三日，晴。少原來，少篁來。

十四日，晴。鄭棣選興儀來，棣選以知縣解餉到都，引見。

十五日，晴，熱甚。

十六日，晴。司中奏事，卯刻進内聽旨，辰正旨下，出東華門至東廠胡同，久坐。見六姨及伯朗昆季。申刻李李邨來。

十七日，半陰晴。

十八日，晴。晨訪少蘭，少談。雲常今日移居。

十九日，半陰晴，五鼓雨。李芍洲來。

二十日，陰雨，薄暮。少蘭同江蕖生來。晚飯罷，至東南園。

廿一日，晴。少篁來。

廿二日，晴。

廿三日，雨大，夜中頻淅瀝。雲丈來。

廿四日，晨雨，陰晴不定。接湖州五月廿五家信，堉偉如三月廿三日信。

廿五日，晨晴。至文昌館，且泉開弔也。下午陰，天氣甚凉，薄暮大雨。亥初，始冒雨歸，中夜雨未息。

廿六日，晴。午後出城拜客，並至東廠胡同探筱薌病，遇伯孫，言慈禧宫已大安，兩太醫一李德立、其□某，俟及歲時以六部主事用，一留本衙門升用。

廿七日，晴。至棣選處談。
廿八日，陰雨。聞易州等處田禾被水。
廿九日，陰，凉風瑟瑟，頗有秋意。（午）午後小雨，夜雨陣陣。

七月朔，陰雨，午晴。少蘭來。
初四日，晴帶陰。
初五日，晴。午出門進署，並至蕖卿處道喜。
初六日，晴。至雲裳處談。
七夕，晴雨相間。接三弟六月十九日書，坿朱平洲書。
初八日，晴。陟五來，雲常來。暮雨。看四庫全書提要卷一。
初九日，晴。看四庫全書提要卷二、三。
初十日，晴。腹痛頭脹。看提要卷四至卷十。
十一日，晴。病猶未愈。晨作步洲書，託小雲寄，坿鍍金鎖等四件。酉刻棣選來。看提要卷十一至十九。
十二日，晴。病稍可。看提要卷二十至三十一。姚蓮槎來。
十三日，晴。棣選來。看提要三十二至四十一。
十四日，晴。腹病稍可，而頭目脹痛，殊糾纏也。看提要四十二至四十五。
中元，晴。看提要四十六至五十。永定河合龍，保舉到未數日，近又於固安決口七十丈。
十六日，晴。天復熱。看提要五十一至六十卷。閲邸抄，貴州下游報肅清，地方大有起色矣。夜半雨。
十七日，陰雨。看提要六十一至七十卷。
十八日，晴。看提要七十一卷至八十卷。出門晤王笏堂，不出門已十餘天矣。笏堂言，徐紹圃往固安放賑，流離瑣尾之狀不堪言。是日作家書，託鑪青寄。

十九日，陰，下午晴。看提要八十一至八十六。訂七家詩注三首。今日邸抄有邊御史寶泉奏，「督往呈進瑞□恐滋流弊，並請將永定河保案撤銷」，奉旨允行。

廿日，雨。晨作貴州信。蘭一、春一，交提塘寄。坿寶太、阿太一、五姐一、周達五一。午後看提要八十七至九十四。訂七家詩注六首。

廿一日，晴。看提要九十五至百三。訂七家詩注十二首。

廿二日，晴。看提要百四至百六。肖泉來，陳氏合家來。今日大鬧錢鋪，城裏城外共關閉七家。騾馬市永義號爲衆人搶劫一空，錢值大落。蓋緣去年有令各家錢鋪皆取五家聯環保之議，事頗難行，嗣李侍御廷弼又申此説，有旨交順尹辦理。各錢鋪皆不願意，予限半年毫無頭緒。近改派□中蕭履中辦此事。蕭傳四恒號入署，用言洞喝，諭令其四家連環互保，四恒允諾，於是各號與四恒鬥氣不用其票，四恒喫不住，與各號講和。而取保之議，亦從緩議。錢市價值從此長落無常。今日新盛關閉，市人大閧。以至永義號被搶，擠倒者又數家，而錢值愈亂矣。天下本無事，庸人自擾之，古今大抵如斯。

二十三日，晴帶陰。看提要百七至百九。午後進署，並至鄭聽篁處道喜。雲裳來，接蘭汀書，三月二十四發。稚蘭已保通判。

廿四日，晴帶陰。章黼卿來，姚蓮槎來。午赴汪笙叔之招，在宴賓喫午飯。同席段瑞卿、余子駿烈、李漁江璜綸。漁江已革解元也。看提要百十至百十二。夜雨。

廿五日，晴。看提要百十三至百十八。訂七家詩注十首。

廿六日，晴。看提要百十九至百二十二。是日在萬興請棣選，少篁作陪。

廿七日，晴。看提要百二十三至百二十四。訂七家詩注十首。章黼卿、念兹先後來。上燈後棣選邀至福興居喫飯。邀侍御摺今日見邸抄，頗明快。

廿八日，晴。看提要百二十五至百二十七。訂七家詩注四首，淡香齋畢。夜雨。

廿九日，晴。看提要百二十八至百三十五。取淡香詩注覆訂一過。

三十日，晨雨即晴。看提要百三十六至百四十一。接杭州八夕信。附有經信。

八月朔，晴帶陰，夜大雨。看提要百四十二至百四十九。晨至廣誼園，龍妹之墳頭塌落，須修理矣。

初二日，陰雨。看提要百五十至百五十九。

初三日，晴。作會課「君子以文會友以友輔仁」題，久不握管，殊形艱苦。

初四日，晴。作「新秋雁帶來」詩。午後謄文、詩。夜看提要〔百〕六十至〔百〕六十三。

初五日，陰雨。看提要百六十四至百七十二。午後晴。

初六日，晴。看提要百七十三至百七十八。午後進城，至東廠胡同看筱薌病，晤經丈。

初七日，晴。看提要百七十九至百八十九。本部雲南司員外郎孫丕承，永平人，忽於涂中服毒死，其叔坐在車外同行，不知何故，奇極。

初八日，晴。看提要百九十至百九十五。午刻在安徽館請英茂文、楊見山同郡公局。

初九日，晴。看提要百九十六至二百卷，提要畢。此目與殿本各書卷首所列提要間有異同，疑彼係校上時原稿，此爲書成時定本。

初十日，晴。午後進署，據孫丕承之同司言，此人夙有痰疾，時發時止。去年九月始以員外郎到署行走，上月中旬其鄉人見其神氣癡迷，勸其回家，遂雇定（車）〔輛〕，交其族叔某送至通州。廿六日動身，行至崇文門即死於車中。

十一日，晴。午後至芍洲處久談。看李義山詩集。

十二日，晴。看義山詩集。

十三日，晴。蔡雲峯嫁姪女，在彼喫喜酒。李子均慎儒來。

十四日，晴。午後出門拜客，晤嚴六。

中秋，晴帶陰，夜月頗好。

十六日，陰。進城至東廠胡同拜壽。黄昏大雷電，微雨。

十七日，晨雨，午後晴。大婚於前月廿六日納采，今日納徵，於辰刻出東華門，適值雨至，采物皆沾濡。

十八日，晴。午後出門晤笙叔，知子静旋蘇應小試。燈下看史記一卷。

十九日，晴。午後訂修竹詩注五首。

二十日，晴。早起寫大卷半開，自五月以來，每晨作字尚少間斷，今復仍之。看説文九頁，訂修竹詩六首，燈下看史記一卷。

廿一日，陰，晨雨旋止，雷聲猶殷殷然，忽陰忽晴。下午雨，連宵達旦。寫大卷半（卷）［開］，看説文九頁，訂修竹詩五首，燈下看史記一卷。

廿二日，陰，申刻雷，夜雨。寫大卷半開，看説文七頁，訂修竹詩七首，看史記一卷。

廿三日，陰雨，有雷。寫大卷半開，訂修竹詩六首，看史記一卷。

廿四日，陰雨。看史記一卷。接湖州初二日所發信。蔡雲峯來辭行。

廿五日，晴，夜雨。作陳仲英、交小雲行狀附。徐廉泉、交肖泉行狀附。張步洲、交小雲附條。各書。又作仲丈書。今日蔡雲峯出都，其眷同去。

廿六日，晴風。作陸誠齋書。

廿七日，陰。晨入大内聽旨。已刻旨下，順［道］至造辦處一觀，有陳設珊瑚樹五座，盛以金盆，上綴真珠爲花蕊，樹旁以馬腦、碧［玉］、諸寶爲石，高尺許。又有南天燭一株，以沈香樹爲身，以珊瑚豆爲子，以翡翠爲葉，皆以玻璃匣爲罩，其餘演戲所用砌末及一切戲具一律新造。司事者，惟知中飽，詎念物力之艱難哉。午刻至浙紹鄉祠公祭至聖先師，主祭者，温明叔。申刻王又翁來，長談。又翁言大廟之側向來有大鳥，一聞其聲，罕覩其形。其聲悽慘，乾、嘉間常出，出則不詳。道光末復鳴。咸豐間常鳴，及文宗移蹕木蘭，此鳥即不見。頃在科值班時，方已午，忽有怪聲自林中出，聲似人哭，詢之老蘇拉，言此鳥復來已數月矣。又翁又言，上新造龍袍一件，龍文皆以硃作緣，袍成而重，不可著，仍棄勿用，或言康熙間有此袍，舊不可用，故復製此。疑康熙時珠袍猶前朝舊物也，或又謂硃袍乃瑞中堂貢物。

廿八日，晨雨。巳刻晴。作家書，午刻寄杭信，附家書。笙叔來。看史記一卷。

廿九日，晴。寫大卷半開，訂修竹詩五首。看史記一卷。

九月朔。寫大卷半開，訂修竹詩六首，看史記一卷。

初二日，陰。寫大卷半開。午後至陳宅觀虞恭公帖。此帖字畫明者七百六十餘字精神勝常，乃宋搨，可寶貴。看史記一卷。

初三日，晴。抄文半篇，暮雨。

初四日，晴，微帶陰。作「不知禮無以立也」題文，「菊［垂］今秋花」詩。

初五日，晴，風。抄文半首，午後至松陵宅拜壽，進署。自初九起至廿四日，百官皆穿蟒服，不理刑名。燈下看史記一卷。

初六日，晴。抄文一、詩二。看史記一卷。

初七日，晴。巳刻賀芷瀾邀至宴賓嘍早飯，申刻始散。至吴子章處探喪。訪芷瀾，不值。至瀾如處久談。

初八日，風。看史記二卷。是夜有偷兒來，半夜不能寐，鑿後墻已透，幸未入室。後邊馬宅失物數種。

初九日，晴，重九佳節，不獲登高。邊子雅來，姚蓮翁來，石庭菊來。接八月十三日湖州信。

初十日，晴。寫白摺一開。經丈來謝步。和之觀皋來拜，新分刑部。本拜雲峯，雲峯已走，渠不知也。僕人誤傳余處，遂見之。

十一日，晴。午後出門拜客，晤龔達夫。看史記一卷，作家信。交楊見山。

十二日，晴。至陳宅拜壽。

十三日，晴。接步洲八月廿四信。附陳信、壽幛銀。看説文十七頁。作步洲數行，寫十四日子。

十四日，晴陰相間。申刻微雨數點。寫白摺開半，訂修竹詩二。夜月頗好，燈下作「秋水橋邊紅葉林」詩。

十五日，陰。晨寫白摺一開。至東南園送小雲上車，午後進署，當月滿人慶靄堂，夜坐無事，作「有德者必有言」兩句題文半首。二鼓後雨。

十六日，陰雨。晨起續成昨文。又作「淺深山色晚晴時」試帖一首。申刻回家時，雨已止，夜晴風緊。自初九日至十四恭進皇后乘輿、服物。十四日丑刻，上升殿受賀，申刻又御太和殿，命使持節奉迎。皇后十五日子時入宮，至交泰殿成禮。今日筵宴百官，觀者如堵。

十七日，晴，風。抄文半首。看説文五頁。

十八日，晴。抄文半首，詩一。看説文五頁，作子宜及偉翁書，交同泰。

十九日，晴。作白摺一開。午後作丁小農書，交夢松寄。少蘭來。

二十日，晴。作姚彥侍信，附行狀，少笙信。交蔚豐厚。姚蓮翁來，肖泉來，馮伯蓀來。

廿一日，晴。作張午橋師稟。坿行附。交嚴六。今日奉上諭，明年正月舉行新政典禮。曉峯來。訂修竹詩注六首。

廿二日，陰。六□來，訂修竹詩注九首。修竹畢。午至誼園。看史記一卷。

廿三日，晴。巳刻在萬興居請客，申刻散。偕芷瀾、雲丈至琉璃廠閒逛。

廿四日，晴。作又川唁信。交信局。作瑞師稟。坿行附，交張芝浦。午至誼園，又晤芍洲、少蘭、笙叔。

廿五日，晴。潤士來，張小章來。

廿六日，晴。寫白摺一開，看史記一卷，看抄本司馬光續詩話一卷。茅亭黃休復。客話一卷，此乃汲古閣抄本藝書，從芍洲處借來。

廿七日，晴，風。作「康誥曰惟命不於常，道善則得之」文。少篁來。

廿八日，晴。寫白摺一開。午後進署，順車拜客。看抄本老學庵筆記七卷。

廿九日，晴。謄文半首。看抄本老學庵筆記卷八至卷十。魏公題跋一卷、止齋二卷。

三十日，晴。謄文半首。出晤鑪青，又沂文、黼卿、蕖卿。午後王笏來，念茲來。看抄本揮麈前錄三卷。

十月，朔晴。看鈔本揮［麈］前錄一卷，後錄一卷。

初二日，晴。巳刻至吴子章處陪。申刻訪張小章、王笏亭，皆不遇，即歸。看揮［麈］後録卷二至卷四。

初三日，晴，風。看史記一卷。邊子雅來，子雅明日爲子聘婦，邀往陪媒翁。

初四日，晴，夜雨。午至陳宅拜壽，午後至福隆堂爲子雅陪客。子雅言，永定決口之先，官督民夫搶險兩晝夜，水勢漸緩，令民夫暫休，是夜水斗長丈餘，人力未及施，遂至漫口，趨村民夫皆在睡夢中。淹斃三十餘名，良由河身受病太深，非補苴所能救也。水來時，棺槨隨流而下者甚多。河［畔］居人撈上岸後，將屍身委棄，棺木賣錢漁利，慘不可言。有一人撈得一棺頗佳，內係女屍，裝斂頗厚，遂棄屍於水，棺未及賣也。次日至河，忽陷於輭沙中，人不能救，水退始出，其屍遂以所得棺棺之。是夜燈下看史記一卷。

初五日，陰。
初六日，陰。子雅來，傍晚少篁、子均來。
初七日，晴。
初八日，晴，大風。
初九日，晴，大風。作「行有餘力則以學文」文。始冰。
初十日，晴，風漸小。出門晤少蘭、蓮槎。午後晤王笏堂。燈下謄文。
十一日，晴。肖泉來，看揮麈後録卷五至十一、三録三卷、石林詩話。
十二日，晴。昨，今兩日糊房。看金樓子六卷。訂尚絅詩注五首。
十三日，晴。晨至三里河黄小山處，午後作偉如、子彝書，交同泰小雲書。交伯朗，附墨盒、紙、筆。
十四日，晴。晨至雲裳處談。午作家書，交鑪青。看史記一卷。
十五日，晴。有事至千祥。
十六日，晴。看史記一卷。
十七日，晴。晨至兵馬司前街，遇少篁。又至笏亭處談。午後進城至肖泉處少談進署。
十八日，晴。訂尚絅詩注六首。看史記一卷。
十九日，晴。午赴姚蓮翁之招，在萬福居喫早飯。
二十日，晴。訂尚絅詩注五首。看史記一卷。
廿一日，雨。改章文、詩各一。看史記一卷。夜風。
廿二日，晴，風。檢竹溪家［乘］一過。
廿三日，晴。晨出門，晤聽翁喬梓，又至王笏亭處久談。訂尚絅詩注十首。
廿四日，晴。看史記一卷。接家言。九月廿六發。
廿五日，晴。看史記一卷。

廿六日，晴。午後進署。
廿七日，晨晤又沂丈，午後雪。作「知及之仁能守之」一文。
廿八日，陰。看史記一卷。
廿九日，晴。晨出門晤聽翁喬梓、張小章、丁氏昆季。看史記一卷。
三十日，晴。看史記二卷。

十一月初一日，晴。看史記一卷。
初二日，晴。看史記一卷。出門晤笏亭、蓮槎。
初三日，晴。看史記一卷。
初四日，晴。看史記一卷。
初五日，晴。訂尚絅詩注七首。出門晤笙叔。
初六日，晴。訂尚絅詩注一首。出門進署，順便拜客。晤笏亭、芍洲。燈下看黄伯思抄本東觀餘論二卷。何蘧春
初七日，晴。訂尚絅詩注四首，又檢詩注一過。看春渚紀聞卷三、四。
初八日，風。訂桐雲詩注十二首。看春渚紀聞卷五至十。張端義貴耳集卷上、中。
初九日，晴。看史記三卷、貴耳集卷下，邵伯温聞見前録卷一、二。
初十日，晴。夜風。是日張步洲來，昨由山左歸。看史記二卷。晨出門，晤劉慶霖，慶霖言，輪舟已停，生意太差。非緑河凍。
十一日，晴。晨出門，晤雲常昆季，午後少篁、笙叔來。燈下抄會文一首，看聞見前錄卷三至卷十二。是日頗冷。
十二日，晴，夜風。看史記一卷。午後出門，晤笏亭，肖泉來。
十三日，晴，風。作子彝、偉如書，交同泰，附雲裳二。看聞見前録十三至十七。作家書，交鑪青。夜微雪。

十四日，晴。看聞見前録十八至二十。午刻在萬興居請客。
十五日，晴。訂桐雲詩注一首，午後赴步洲之招。
十六日，晴風。晨至東城晤且泉，午後進署，順便拜客。
十七日，晴。看史記一卷。
十八日，晴。出門晤小帆。
十九日，晴。看史記二卷。徐龍伯世昌來，蓮舫來。
二十日，陰。小帆來，午後進城，至東廠胡同見六姨及小香。明日祭天，今日上出正陽門，至文昌宮，正陽十餘年不開矣。
廿一日，晴。看史記二卷。
廿二日，晴。看史記二卷。
廿三日，晴。看史記二卷。
廿四日，晴。看史記五卷。龔榮齋來，趙松生來。
廿五日，晴。看史記八卷。沈□□來，念兹來。
廿七日，陰。看史記兩卷。李芍洲來。
廿八日，陰，大風。看史記兩卷。午後赴硯耔之招。
廿九日，晴。晨至鑪青處。看史記一卷。午後出門拜客，進署。

十二月初一日，晴。看史記二卷。接仲復、蕓閣信。步洲來。
初二日，晴。出門晤笏亭。午後步洲來。看史記三卷。
初三日，陰。曉峯來。看史記五卷。覆蕓閣信。交曉峯。
初四日，微晴。看史記四卷。録文一首。

初五日，晴，風。看史記兩卷。
初六日，晴。看史記四卷。
初七日，晴。看史記四卷。
初八日，晴。京察過堂，辰正進署，午正始點名，晚赴泰山之召，錢步洲也。
初九日，晴。進内聽旨，巳初旨即下。出城拜客，晤又沂丈、又至少篁處。渠昨日斷絃。作小雲書，交步洲帶。
午後人甚不舒服。
初十日，晴。病。步洲來辭行。看史記一卷。
十一日，晴。病未愈，看史記五卷。
十二日，晴。看史記四卷。接十月初五家信。蓮（交）〔丈〕來。
十三日，晴。看史記三卷。
十四日，晴。看史記三卷。筌叔來。
十五日，晴，風。晨出門晤蓮翁、小章。作家書。交鑪青。看史記一卷。
十六日，晴。作家書。附禮對、扇各一，趙冊三、對二、條四。杭信，對一。交王笏亭。
十七日，晴。看史記四卷。
十八日，晴帶陰。看史記兩卷。
十九日，晴。看史記四卷。
二十日，晨微雪。午後出門，晤李芍洲。看史記一卷。筌叔來。
廿一日，晴，申刻風起。看史記三卷，午往送王笏亭行，不值。至觀音院，少篁爲其夫人開弔也。日暮始歸。
廿二日，晴。看史記三卷。
廿三日，晴。晨出門，晤鄭氏橋梓，又至蓮舫處久談。看史記兩卷。史記畢。憶甲子秋闈後，曾校史記一過，訖
今止九霜耳，展卷如未見，健忘如是，可恐也。

廿四日，晴。

廿五日，晴。姚子湘來。夜大風。

廿六日，晴，風。

廿七日，晴。看汲古閣抄本西京襍記六卷。張彥遠法書要録卷一、二。

廿八日，晴。進城至東廠胡同。

廿九日，晴。

除夕，晴。午後出門拜節。夜大風。

癸酉　同治十二年（一八七三）

正月元旦，晴，風冷。看法書要録卷三。

初二日，風。出門拜年。夜看法書要録卷四。

初三日，風。晚赴鑪青之招。

初四日，晴。吴興團拜，在文昌館。

初五日，晴。午後至火神廟閒逛，遇芷瀾。

初六日，雪，申刻晴。看法書要録卷五至卷九。

初七日，晴。午後出門拜年。看法書要録卷十，本事詩一卷。

初八日，晴。看國史補三卷，晦菴題跋三卷。世人多謂朱子惡蘇氏，今觀其跋東坡與林子中帖曰：「仁人之言。」跋陳光澤家藏東坡竹石曰「東坡老人英秀浚凋之操，堅確不移之姿，竹君石友，庶幾似之。百世之下，觀此畫者，尚可想見。」則朱子於東坡未常不傾倒。其生平特蘇學襍於縱横學術之辨，有不得已者耳。燈下看王堂襍記三卷。是晨至米市胡同，晤鄭氏橋梓同往看屋。

初九日，陰。午後出門拜年。雪花飛舞，冒雪行。薄暮歸，黄昏雪止。看冷齋夜話十卷。

初十日，晴。看湘山野録三卷，續一卷。毛氏跋謂文瑩「與蘇舜欽友善，堂題其詩，□强之謁六十居士，堅辭不往」。按：上卷「歐陽公頃謫滁州」條，云「文瑩頃持蘇子美書薦謁之，迨還吴蒙詩見選」云云。毛説正與之相反，不知何據而云。然厲樊榭宋詩紀事亦采此説。四庫總目於此書提要已舉其乖戾矣。

十一日，晴。看詩品三卷，校家藏本一過。午後出門拜年。鐙下看詩品一卷，校舊抄儀徵阮氏校正本一過。又看滄浪詩話一卷。詩體内三句之歌，兩句之歌，舉「大風」、「易水」諸作爲證，而不上溯諸三百篇中，何［也］？又看姑溪題跋二卷，卷一共四十二頁，而卷二僅九頁多，寡懸殊疑，從姑溪居士全集録出而編次未當耳。

十二日，晴。看宣和書譜二十卷，芥隱筆記一卷，甘澤謡一卷，玉蕊辨证一卷。
十三日，陰。看廣川書跋卷一、二。直隸司團拜，在才盛館。夜晴月色頗好。
十四日，晴。看廣川書跋卷三、四。
上元，晴。晨出門，晤李蓮舫、姚蓮槎。午後看廣川書跋五至十，卻掃編上。
既望，晴。看卻掃編中、下，六一詩話一卷。接小雲客臘廿四日書。
十七日，晴。午刻偕幼雲、菊人往訪姚蓮翁，遂與其五世兄徐肖泉、張小章同游白雲觀。憶髫時曾游，一度越二十年矣。觀中有木瓢一，三角形口，圍徑五六尺。純廟御題七絶一首，嵌置其中。又有乾隆中滿、漢字碑二。碑陰有純廟御制五律一首，餘無可記者。歸途於西便門坐氷牀至宣武門。接蕓閣信。
十八日，晴。小帆招飲，在廣和居。燈下看東坡題跋卷一。
十九日，晴，大風。看東坡題跋卷二至八，此書似從東坡集中録出。後山詩話一卷，彦周詩話一卷。
二十日，晴，風。看康駢劇談録二卷，此本凡四十二則，四庫總目云：凡四十條，較此少二則，則與此本異矣。
又看聞見後録卷一、二。朱通甫、明甫理自江右來，帶到琴丈銀信。十月初六發。
廿一日，晴。看聞見後録卷三至三十。右汲古閣抄本祕書凡四十種，借之武林李氏，檢其前序，稱四十二種，蓋佚其二矣。李氏謂是毛子晋手抄原本，然錯脱殊甚，恐子晋不至此，或好事者從毛本抄出耳。
廿二日，晴。校桐雲詩注二十首。
廿三日，晴。校桐雲詩注七首。午後進署，看楊股稿。夜三鼓，煤市街火，延燒六七家。
廿四日，晴。校桐雲詩注廿六首。
廿五日，晴。校桐雲詩注十三首。
廿六日，晴。校桐雲詩注廿二首。今日親政禮成，天清日朗，其昇平之兆乎？
廿七日，晴。校西漚詩注廿七首。
廿八日，晴。校西漚詩［注］卅一首。

廿九日，晴。校西漚詩注十首，簡學詩注十二首。

二月朔，晴。校簡學詩注廿八首，校畢已三鼓矣。接偉如十二月初十日書。今日邸抄，貴州已報全省肅清矣。計自甲子去黔，纔十霜耳。當時糜爛不堪，初不料今日之能底定也。樞翁之功，自不可没，然非得川、楚之助，恐未能奏其成耳。

初二日，晴。

初三日，晴。至金臺書院作課，文題「子謂子夏曰」兩章。詩題「天顏有喜近臣知」得「知」字。

初四日，晨陰，午微晴。出門進署，拜客。

初五日，微晴，風大。今日上諭，雲南奏報大理全郡肅清，首要各逆竝伏誅。

初六日，晴，大風，復寒，水池冰結。作偉如書、交且泉。蕓閣書。交唐酉生。

初七日，晴，大風。作仲復書、交蓮塘。家書。交鑪青。

初八日，晴，風略息。出門晤笙叔。

初九日，晴。辛酉科團拜，在文昌館。

初十日，晴，風。改章伯篘文一、詩二。

十一日，晴。出門晤少蘭、少篁、子均。

十二日，微陰。

十三日，晴。晚赴蓮舫之招，在宴賓齋。同席吴鏡古，雲南人。談及大理賊首杜文秀，盤據大理十八年，其所築子城，皆用大理石砌成，光滑而堅固，有「漆城蕩蕩，寇來不能上」光景。然天戈所指，無堅不破。自古安有白頭賊乎。鏡古又言，普洱茶至外省者皆屬下品。其上者，曰「竹葉青」，烹之作碧色一甌，初開滿座皆香，味極厚。

十四日，陰。十日春寒，聞京外有大雪也。是日，作會課文。「毋意；毋必；毋固；毋我」，「春華秋實」得「文」字。

十五日，晴。午後出門拜客，進署晤董師，遇徐式齋。接步洲正月廿九書。

十六日，晴。謄會課文，作家書，交同泰，附京頂四。申刻出門拜客。
十七日，晴。小章來，作念喬書。交閻壽。
十八日，晴。和合邀喫飯，在同和樓。
十九日，晴。
二十日，晴。午後有事，至東城。
廿一日，晴。作仲英丈書、步洲書，交小章。晨出門唁叔安，晤聯棠、雲裳昆季，午後且泉來。
廿二日，晨晴，午後陰，夜微雨。晨出門，晤小章、笙叔。夜小雲自德州來。
廿三日，晴，風。作會文。「何哉，爾所謂達者」兩節。
廿四日，晴，下午陰。午刻經丈來寓，久譚。申刻至東南園。
廿五日，晴。
廿六日，晴。申刻至東南園。
廿七日，晴。謄會文。朗伯來，接偉如書、子彝書。
廿八日，晴。
廿九日，晴。

三月朔，晴。黄昏俞蘭汀世舅同稚蘭表弟自黔來，都住斌升店。
初二日，半陰晴。至願學堂作會文。「修身則道立」二句，「更達四門聰」。上燈後，蘭舅來。
上巳，陰，微雨，午後晴。
初四日，晴。晨出門晤鑪青、雲裳。午後至文昌館，叔安開弔也。蘭舅來。
初五日，晴。
初六日，晴。作會文。「夏後氏以松」二句，「同學少年多不賤」得「多」字。蘭舅來。

初七日，晨陰，大風，午後晴。是日兩至斌陞店。

初八日，晴。午刻蘭舅遷居寓中。申刻至東草廠三條胡同尋稚蘭，言定明日來寓。傍晚朱通甫來辭行。

初九日，清明，陰。晨至周星甫、章硯籽處，又至廣誼園，午刻回寓，稚蘭已來。是日，作琴舅書、家書，交通甫。

初十日，陰雨，在萬興居請客，子朱、通甫、俞氏橋梓、陳氏橋梓、朗伯。

十一日，晴。

十二日，陰。晨至蘊和店送通甫行。

十三日，陰。改伯筠文、詩各一。午後偕稚蘭至東廠胡同。

十四日，晴。接二月十六家書。

十五日，晴。晨至結局取結，午後進署。

十六日，陰，微雨。至願學堂做會文。「未有義而後其君子也」，「刻桐爲魚扣石鼓」得「魚」字。

十七日，陰。晨出門晤鄭氏橋梓、少蘭。接子夔書。

十八日，晨陰，午晴。出門晤笙叔、蓮槎。

十九日，晴。

二十日，晴。喫素真館。

廿一日，晴。接除夕家書，筆、墨、誌銘。楊小齋帶，[雲]裳送來。

廿二日，晴。

廿三日，晴。萬壽節，堂派至午門行禮，卯刻進内，辰正禮畢。中山貢使三人，亦隨班行禮。

廿四日，晴。作會文。「舉爾所知」。

廿五日，晴，煖甚。晨出門，晤星甫、蕖卿、硯籽。

廿六日，半陰晴。作會文。「大哉孔子，博學而無所成名」，「青山□對卷簾時」得「時」字。

廿七日，晴。謄文、詩各一，接補山書。

廿八日，晴。送稚蘭至闕左門驗看。未刻至東廠胡同喫飯。歸來謄文一首。

廿九日，晴。出門晤□君、少蘭、子均、芷瀾。

三十日，晴。晨出門，晤雲裳昆季，並遇其族叔荔觀察。丙昌　改伯筠文一。

四月朔，晴。午後進署，拜客，晤□洲。

初二日，陰雨。至願學堂，做會文。「子曰不患人之不己知，患不知人也」，「魚戲新荷動」得「新」字。

初三日，晴。午後出門，遇少篁、和合，程掌櫃自山右來，言一路麥甚茂，可喜也。

初四日，陰。作偉如書、子夔書，交同泰。改伯筠文一。夜大風。

初五日，晴。改伯筠文一。巳刻雲丈邀喫致美齋，午後出門晤雲常、蓮槎、小村。晚陳佑卿司馬念祖邀喫萬興居。

接杭州三月十七日書。

初六日，晴。作會文。「道之以德」三句，「滿山樓閣上鐙初」得「燈」字。

初七日，晴。晨謄文，未刻經（史）［丈］。邀陪蘭舅橋梓喫飯，在菜廠胡同聚豐堂。

初八日，晴。晨至大吉巷看會卷。午刻稚蘭邀喫西域樓。

初九日，晴。録文一。

初十日，晴。

十一日，陰，風，小雨。

十二日，晴。午刻至芷瀾處，遇笙叔。作家書。交鑪青。

十三日，晴。晨出門晤星甫。午刻芷瀾邀喫宴賓，飯罷至香濤太史宅觀書。下午大風。

十四日，晴。晨出門，晤鉏師、雲裳、笙叔。

十五日，晴。晨出門，晤鉏師。午後偕稚蘭同拜丁梅卿銓部墉，晤談少頃。梅卿，壬戌同年也。

十六日，晴。至願學堂作會文。「其身正不令而行」，「飲馬投錢」得「錢」字。

十七日，晴。改伯筠文一。

十八日，晴。寅初送稚蘭引見，七下二刻叫散，時方八下鐘也。至東廠胡同喫飯。

十九日，晴。晨出門，晤星甫、蕖卿。接補山書二。

二十日，晴。晚赴［芍］洲之招，在廣和居。作春木書、曾樞元書。交稚蘭。

廿一日，微陰。

廿二日，晴。晨出門，晤少蘭。

廿三日，晴。俞氏橋梓於巳刻動身出都。李松筠塏來。

廿四日，晨晴，午大風，陰。

廿五日，晴。

廿六日，晴。

廿七日，晴。作會文。「子謂子産」二章。

廿八日，晴。王聚軒大令毓奎來。

廿九日，晴。

五月朔，晴。

初二日，晨陰，午晴，夜陰，大風。風息，大雨甚透，農望慰矣。是日至願學堂作會文。「執其兩端」二句，「細葛含風輭」得「含」字

初三日，晨晴，午後陰雨。

初四日，晴。午後拜客。

重五，早晴。午後進署，當月滿人常明，號月川。是日合署無人來，請印鈐官亦未到，惟監印滿人文□及當月官三人耳。申刻大雨如注，有雹，冷欲裝綿。

初六日，陰雨。申初始歸家。

初七日，陰有雨。晨出門，晤鄭聽翁。看通鑑輯覽卷一、二、三。

初八日，晴。作家書、補山書。交鑪青。且泉來，長談。知叔均已入泮。看通鑑輯覽卷四至卷九。

初九日，晴。看通鑑輯覽卷十至十三。

初十日，晴。看通鑑輯覽卷十四。

十一日，晴。看通鑑卷十四。

十二日，晴。今日考差，題爲「欽命者」。「君子義以爲上」，「知人則哲，能官人」，「誦易見天心」得「心」字。此十二年來，第一遭也。聞發出來時，封固三層，慎密之至。

十三日，晴。晨出門，晤少蘭、聽篁、陟五、硯農。

十四日，晴。晨出門，晤筱香喬梓、龔叔雨師。

十五日，晴。至金臺書院作文。易、田疇、兩「桑疇雨過羅紈膩」得「疇」字。

十六日，晴。晨出門，晤慶霖。

十七日，晴。晨出門，晤雲裳昆季、念兹。午至文昌館，少原開弔也。

十八日，晴。晚赴笙叔之招，在宴賓齋。看輯覽卷十五。

十九日，晴。同鄉布庫大使王麗青澍來。看輯覽卷十六。

二十日，晴。

廿一日，陰雨。

廿二日，晴。午後進署，順便拜客。

廿三日，晴。

廿四日，陰。晨出門，晤少篁、少蘭。看輯覽卷十七十頁。

廿五日，晴。晨出門，晤又沂丈。同鄉陸子如清臣大令帶到三月二十日家書。又接偉如四月二十日書。看輯覽卷十七十頁。

廿六日，晴。作家書。交王聚輯，均五弟文、白摺、禮節。午後陰，戌刻雨。

廿七日，晴。看輯覽卷十七二十三頁。此卷完。

廿八日，晴。作書院四月月課。「竊比於我至不倦」，「到處逢人説項斯」得「斯」字。

廿九日，晴。黄竹泉邀喫早飯，在萬興居。

三十日，晴。作書院五月月課。「太甲曰『顧諟天之明命』」，「空將香火事華嚴」得「嚴」字。題乃文與可句。

六月朔，陰雨。

初二日，晴。至願學堂作會文。「及其聞一善言，見一善行」，「木從繩則正」得「繩」字。

初三日，晴。

初四日，晴。

初五日，晴。午後出拜客，晤周少甫忠瀚、經丈。今日西洋俄、英、法、美、荷蘭五國及日本使臣覲見於紫光閣，行五鞠躬禮。所遞國書，置貢案上，非親遞也。儀節皆總理大臣所定，尚能恪恭將事。

初六日，晴。作會文。「君子敬而無失」二句，「愛眠新著毀茶文」得「文」字。

初七日，微陰。改伯筠文、詩各三。作夏雨生衆録得「生」字詩。

初八日，晴雨相間。作偉如書，交同泰。看輯覽卷十八。夜雨達旦。

初九日，晨，雨未息，巳刻雨止，仍陰，薄微晴。看輯覽卷十九、二十、廿一。

初十日，陰。晨出門，至大吉巷看會文，後晤少篁、黼卿，夜雨達旦。

十一日，晨雨未息，巳刻晴。

十二日，晴。看輯覽卷廿二。夜三鼓雨。

十三日，晴。看輯覽卷廿三。

十四日，晴。看輯覽卷廿四三十六頁。

十五日，晴。看輯覽卷廿四七頁。卷畢。作會文。「晉文公譎而不正」，「願書萬本誦萬遍」得「碑」字。

十六日，晴。至願學堂作會字。「在明明德」二句，「荷净納涼時」得「時」字。

十七日，晴。看輯覽卷廿五、廿六。

十八日，晴。

十九日，午前晴。至大吉巷看會文。午後［出］門拜客，道遇驟雨。至芍洲處少談，時已晴矣。

二十日，晨晴，下午陰雨。作書院月課。「春秋修其祖廟」一節，「冷螢綴蓬根」得「螢」字，題乃放翁詩。

廿一日，晴陰相間。看輯覽卷廿七。

廿二日，陰雨。録六一詩話一頁。

廿三日，陰雨。録六一詩話一頁，看輯覽卷廿八。是日初□。

廿四日，陰雨。録六一詩話一頁。看輯覽卷廿九。

廿五日，晴。録六一詩話一頁。

廿六日，晴。作會文。「孝者所以事君」兩句，「伯仲之間見伊、吕」得「間」字。

廿七日，黎明大雷雨，竟日陰。早録會文，午後改伯筠文、詩各三，看輯覽卷卅。

廿八日，晴。録六一詩話一頁。

廿九日，陰雨。録六一詩話一頁。看輯覽卷卅一、卅二。雨竟日夜。

閏六月朔，晨陰。巳刻閃晴，仍陰晴不定。看輯覽卷卅三、卅四。酉刻後雨徹夜。

初二日，晴。録六一詩話一頁。夜雨，大風。

初三日，晴。録六一詩話一頁。

初四日，晴。録六一詩話一頁。陳鷺洲丈自沂州來。

初五日，晴。録六一詩話一頁。看輯覽卷卅五。

初六日，晴。晨出門，進署拜客，午後陰雨。看輯覽卷卅六至四十二。三鼓雨，大雷。
初七日，陰晴雨相間。看輯覽卷四十三至四十六。
初八日，微陰，晴多。晨至棉花五巷送行。小雲携青赴德也。
初九日，晨陰，微雨，午後晴。看輯覽四十七至四十九。四鼓大雷雨，達旦。
初十日，晴。申刻陰，大雨連宵達旦。看輯覽卷五十、五十一。作仲丈書、家書。交陸子如，附楹聯。
十一日，陰，侵晨微雨，午後晴，夜月甚朗。録六一詩話一頁，看輯覽卷五十二五十三。酉刻往送陸子如行，未值。接陳仲英丈書。
十二日，晴陰相間，申刻有雨數點。録六一詩（品）〔話〕一頁，看輯覽卷五十四至五十六。
十三日，陰雨竟日，夜不息。六一詩話一頁，看輯覽卷五十七至六十一。
十四日，陰雨。録六一詩話一頁，看輯覽卷六十二、六十三。未刻赴李松筠之招，在安徽館。
十五日，陰雨。看輯覽六十四至六十九。費竹民言，齊化門外河中浮屍有七（屍），並一猪一狗，以繩連繫者，皆畿東村落之被水冲没者。
十六日，晴。至願學堂作會文。「古之欲明明德」至「先修其身」，「向山看霽色」得「看」字，題乃錢起句。
十七日，陰雨。作會文。「師摯之始，關雎之亂」，「人家高下夕陽紅」得「紅」字　看輯覽卷七十。
十八日，晴。今日上初晴也。録六一詩話一頁、看輯覽卷七十一、七十二。
十九日，晴。晨出門，至大吉巷看會文。晤少蘭。看輯覽七十三至七十五。
二十日，晴，西風生，微凉。録六一詩話一頁。畢。
廿一日，晴。作書院月課。「學而不思則罔」，「鳥臨窗語報天晴」得「晴」字。看輯覽七十六。
廿二日，晴。看輯覽七十七。接蘭汀信，朔日自鄂發者。
廿三日，陰，午後晴。録續詩話一頁，看輯覽七十八、七十九。
廿四日，微陰。晨出門，進署、拜客，晤劉慶霖。看輯覽八十至八十三。三鼓大雨傾盆，達旦。

廿五日，雨。録續詩話一頁，看輯覽八十四至［八］十六。

廿六日，晴，傍晚微雨數點。上鐙後濃陰密布，大風小雨。作會文。「事君盡禮」，「蓬瀛都稱列仙游」得「仙」字。

廿七日，晴，酉刻大雨如注，日尚杲杲也。録文一。

廿八日，晴。録續詩話一頁。看輯覽八十七至八十九。

廿九日，晴陰相間。晨張孝達寓中觀書，所藏元板極多，宋板數種，祕藏不得見也。看輯覽九十、九十一、九十二。

晦，陰晴雨。［雲］常來，録續詩話一頁，看輯覽九十三至九十六。

七月朔，晴陰不定。録續詩話一頁，看輯覽九十七至九十九。上燈時雨。

初二日，晴。至金臺作季課。「子曰君子道者三」兩章，「一舉首登龍虎榜」得「登」字。

初三日，晴。録續詩話一頁，看輯覽卷百至百二。改伯筠文二、詩三，五鼓雨。

初四日，陰，夜初更雨。録續詩話一頁，看輯覽百三。

初五日，陰。録續詩話一頁，作偉如書、子燮書。交同泰。申刻雨。看輯覽百四至百七。夜晴。

初六日，晴。蔡硯農移居同樓胡同。午後傅之範慶咸來，看輯覽百八至百十二。改伯筠文二、詩一。

七夕，晴。録續詩話一頁，看輯覽百十三。改伯筠文一。

八夕，風，微陰。録續詩話一頁，看輯覽百十四至百十六。吉林省阿勒楚喀地於五月十二失火，延燒房屋七千餘間。燒斃民人八名可稱大火。見邸抄。下午晴，夜雨。

初九日，陰。録續詩話一頁半，看輯覽百十七至百二十。畢。此書丁巳、戊午曾閲一過，於今十餘年矣。歲月如流，健忘益甚，自愧且自懼也。

初十日，陰。晨出門，拜客、進署。晚至富順店，鷺丈招喫便飲。午録續詩話一頁。畢。

十一日，晴。

十二日，晴。録後山詩話一頁。作家書。交鑪青。

十三日，晴，晚陰。録後山詩話一頁。梅笙叔晉祥來。

十四日，陰雨。録後山詩話一頁。

中元，晴。録後山詩話一頁。

十六日，陰。至願學堂作會文。「知者動」四句，「香滿一輪中」得「香」字。接小雲信。酉刻小雨，初鼓後晴。

十七日，晴。録後山詩話一頁。看邸抄，熱河都統奏，拏獲妖術殺人匪徒二名，一張守才、劉姓教之一王淀臣。李瀛元教之迷拐小孩，摘心、眼一付，可換銀五十兩。其術以藥用筆管吹向小孩臉上，小孩即隨之走，到無人處用鐮刀將心鈎出，再用手把眼皮掙開，套入小竹筒，上一托，眼珠即落，小孩不流血，不哭。再用藥水抹心、眼上。天熱不臭。照「採生折割人爲從加功律」斬決。

十八日，晴。四鼓小雨。晨至文華樓取首飾，午刻雲丈遂邀鷺丈及幼雲來，同喫蟹。

十九日，西北風甚緊，晴。晨至富順店，歸作仲英丈書。交傅之範，坿鍍金壽星等件。午後訪少蘭、少篁、笙叔，皆不值。王姚蓮翁處久談，歸途至賈家胡同，偕雲丈同至富順店。

二十日，晴，風勁天涼。録文一。

廿一日，晨晴，午後陰。録文一。

廿二日，晴。晨至東城訪且泉，不遇。

廿三日，晴。閩省程玉堂明府森來，送到偉如所寄星保畫一。録文半首，改伯篘文、詩各一。

廿四日，微晴。晨出門，晤鷺丈、雲丈、渠卿、木君。午後晤經翁。

廿五日，晴。録文半首。作小雲書，交興盛。

廿六日，晴帶陰。録文一。晨至西河沿晤程玉堂。

廿七日，陰雨，午晴。録文一。接偉如七夕書，述及上游齟齬情形，益歎宦海風波，真不測也。

廿八日，晴。晨出門晤雲常、木君、少蘭、雲丈。

廿九日，晴。録後山詩話一頁，作家書。交且泉，附江漢炳靈集、蔭樓草。五鼓雨。

三十日，陰，清晨雷雨，旋止。録後山詩話一頁。鷺丈來，宿齋中。

八月朔，陰。晨至東城，晤且泉。午刻至松筠菴，同鄉公請王曉蓮大經、廉訪，酉刻始散。

初二日，陰，申刻雨。録後山詩話一頁。夜大風。

初三日，晴。晨至賈家胡同，午後進署。當月滿人玉恕齋振。

初四日，晨晴，午陰，申刻微雨，夜晴。申初始交月，回寓。

初五日，晴。

初六日，晴。録後山詩話一頁。

初七日，晴。巳刻送雲丈、鷺丈進小寓，大牌坊胡同。晚始歸。四鼓雨。

初八日，卯正進城，送考至貢院。巳辰初尚未開點，雨未止，巳刻晴。是日自辰正開點，日入始畢。薄暮出正陽門，已關半扇矣。

初九日，晴。

初十日，晴。録後山詩話一頁。午後進城望考，薄暮歸。欽命頭場題「回也，其心三月不違仁」，「凡爲天下國家有九經，所以行之者一也」。「孟子曰：人有恒言，皆曰天下國家」一節。「湖色宵涵萬家虛」。得「涵」字。

十一日，晴。録後山詩話一頁。

十二日，晴。録後山詩話一頁。

十三日，晴。録後山詩話一頁。

十四日，晴。

中秋，晴，夜月頗佳。是日晨出門拜節，午至大栅欄。

十六日，晴。晨候出場者，久不至。午刻進城，至東廠胡同拜壽，順便望考。晤叔惠、筱泉、達夫。歸來，知雲丈、鷺丈於二下鐘方出城也。

十七日，晴。晨出門望考，晤旭丹昆季及小阮。午後經丈來。申刻又出門，晤蓮翁、曉峯、隆伯。

十八日，晴。晨出門，晤子清、茂元昆季、少篁。申刻，接三弟初六日自杭發來之信。數月不得書，得此甚慰。書中附來琴丈書。又經翁一。酉刻作家書。交姚蓮翁。

十九日，晴。宗室鄉試文題，「性猶杞柳也，義猶杯棬也」。

二十日，晴。筱香來。晨出門，晤緝庭、雲裳昆季、瑞軒、木君丈。

廿一日，晴。午刻在萬興居請客，接場也。

廿二日，晴。晨出門，晤黄竹泉及梅笙叔。午刻至文昌館，同郡接場公局。

廿三日，晴。客來，絡繹不絶。

廿四日，晴。録後山詩話一頁。

廿五日，晴。巳刻辛酉同年在安徽館公請費芸舫、延鼇，河南。顧子青、雲臣，湖南。吴峻峯華年，廣西。三學使，謝晴帆順之，雲南雲龍州，山左拔。刺史，申刻始散。

廿六日，天將明，大雷雨，節過寒露而雷未收聲，非其時也。午刻雨止，風入夜愈大。録後山詩話一頁。

廿七日，大風。午前晴，午後陰。録後山詩話一頁。

廿八日，晴。録後山詩話一頁。

廿九日，晴。午後進署，拜客。

九月，朔，晴。晨出門，午刻至大溝沿，周宅移居也。

初二日，晴。至願學堂作會文。「卑宮室而盡力乎溝洫」，「惟有黄花晚節香」得「香」字。

初三日，晴。晨進晤瑞睦菴師，前日到京。晚雲丈招飲，在龍源樓。

初四日，晴。録後山詩話一頁。

初五日，晨出門拜客，並進城東廠拜壽。五鼓雨。

初六日，晨雨未息。録後山詩話一頁，已刻雨止。劉健卿邀喫萬興居，申刻復雨。

初七日，陰晴未定。録後山詩話一頁。終。晚問賀芷瀾招飲，在福興居。

初八日，陰雨。録彦周詩話一頁。夜風。

重九，大風，晴而不能登高。

初十日，晴。録彦周詩話一頁。

十一日，晴。鄉試紅録出，熟人絶少。吾湖又脱科。

十二日，晴。俞秋浦太守渭來。接春木書。燈下看新闈墨，不如庚午。

十三日，晴。

十四日，晴。接偉如書。李村處來。

十五日，晴。抄補困學紀聞一頁。經丈來。

十六日，晴。至周宅拜壽。晚陳子廉又號德卿、叔岳憲自山左來。寄偉如書。交同泰。

十七日，晴。晨出門，晤雲常昆仲、念兹。

十八日，晴。晨出門拜客，晤渠卿、曉滄、六□、潤士。同鄉施君懷通判德培來。郭西灣人。

十九日，晴。晨至前門，午後至大滴沿拜壽，即進署。

二十日，晴。晨出門，晤鑪青、雲常。午後抄補困學紀聞一頁。薄暮雲常來。

廿一日，晴。晨至長（巷）、紅巷晤晏星榆。抄補困學紀聞半頁。薄暮雲常來。陳德卿六丈遷居寓中。昨日新舉人覆試，題「自誠明，謂之性」。

廿二日，晴。晏星榆來。抄補困學紀聞頁半。笙叔、聽翁來。薄暮雲常來。

廿三日，晴。晨喫紹興湯，味珍。薄暮雲常來。

廿五日，晴。晨至雲常處，申刻偕鷺丈至廠肆觀書，薄暮雲常來。

廿六日，晴。

廿七日，晴。看埤雅卷一至卷十。

廿八日，晴。馮曉滄來，午至華石橋拜壽，即（晉）〔進〕署。看埤雅卷十一至十五。

廿九日，晴。看埤雅十六至二十。

三十日，晴。晨至雲常處。西北風大迫，風行砭人肌骨，晚間體中欠和。接五弟重九書，六十兒無端化去，惜哉。

十月朔。爲孟冬，太廟時享，上親行。派充陪祀官，三點鐘到内，各署收職名者已散，上將出矣，故未及隨班行禮。天明歸來，病甚，竟日不能出户。

初二日，晴。病未痊。今日邸抄，有沈桐甫侍御淮請停止修理圓明園一摺，未蒙俞允，惜哉！

初三日，晴。病未脱然。閲浙江題名，共中百三十七名。杭二十、副二。嘉二十一、副三。湖六、副二。甯四十一、副三。紹三十一、副五。臺五。金五、副一。衢一、副一。嚴二。温三、副一。二解元。監生沈壽慈，會稽人。湖州六人，朱廷燮、四十一歸安 戴雨清、五十一，程。朱寶書、六十三，程。許延祺、七十八，程。施浴升、六十五，安吉。吴廷楨。百十一，長興。副二，凌鵬飛、六，程。章乃錫。九，府學。官生鄭綬祺、鎮海。楊家駷。慈谿。

初五日，晴。作偉如書，交同泰。作家書。交鑪青。雲常來，姚蓮翁來。

初六日，晴。録彦周詩話一頁。

初七日，晨陰，午後晴。燈下作試帖一首。「曉日雞人傳漏箭」得「傳」字。

初八日，陰晴不定。晨出門，晤竹泉、梅叔。録彦周詩話一頁。

初九日，晴。録文、詩各一。録彦周詩話一頁。

初十日，晴。録彦周詩話一頁。

十一日，晴。晨出門，晤雲常、小帆。

十二日，晴。

十三日，晴。作會文。「必忠信以得之」，「月中清露點朝衣」得「衣」字。

十四日，晴。

十五日，晴。録文、詩各一。晚在萬興喫飯，德丈之招。

十六日，陰晴間。作願學堂會文。「求也退，故進之」四句，「三冬文史足用」得「冬」字。

十七日，晴，風。作家書、由杭。玉山信、由杭。仲升丈信。交信局廣泰。

十八日，晴。公請瑞睦菴師，在浙紹鄉祠。

十九日，晴。作會文。「惟（人）［仁］者，能好人、能惡人」，「大小［事］廉」得「廉」字。

二十日，晴。午後拜客，晤鑪青，進署。

廿一日，晴。

廿二日，晴。晨至賈家胡同。

廿三日，晴。請客，在西域樓。

廿四日，晴。晨出門，晤雲常。

廿五日，晴。作會文。「君子坦蕩蕩」，「茶香别院風」得「茶」字。

廿六日，晴。夜内子舉一男，時交卯刻，已明日付分矣。肅州報克復，左季高協辦大學士，餘人進秩有差。國朝以一榜入内閣者，漢人絶少，洵異數也。

廿七日，晴。作步洲書。交鷺叔。

廿八日，晴。晨出門拜客，見邵太師母，瑞師帶見也。夜至星榆處。

廿九日，晴。

三十日，陰。午後出門拜客，進署，順道至博濟菴晤少蘭、子均。夜微雪。

十一月初一日，陰，午後大風。星榆來，作小雲書、交鷺叔。子燮書、由湖，附少篁信。家書。交局廣通。

初二日，晴。午後潤士來。傍晚至大滃沿，經丈來。浙闈榜後對云「前解元後會元，大學套中庸，始信文章真有價。正侍讀副侍講，翰林放主考，豈知衡鑒竟無憑」。主考正爲徐致祥，副爲宗室□廷。徐會墨脱胎於張孝達「解元鄉墨」，故上聯云然。

初三日，晴。鷺洲丈於午刻動身旋東。

初四日，晴帶陰。午後進城，至瑞師處送行，未遇。至東廠胡同，晤經丈。

初五日，晴。作會文。「故至誠無息」。晨至雲常處。

初六日，晴。燈下改伯筠文一、詩三。

初七日，晨陰，午後晴。改伯筠文一。

初八日，晨陰，旋晴。改伯筠文一。

初九日，陰。

初十日，陰。午後雪，約三二分許，出門進署，拜客多不遇。

十一日，晴。晚赴潤士之招。今日上［祈］雪。

十二日，晴光閃閃而雪花飄灑。作「月作主人梅作客」得「梅」字。試帖。

十三日，晴，風。録文一。德翁言，金鄉縣城有漢平狄將軍扶溝侯朱鮪墓，墓前有石屋三楹，高與人齊。其一已圮，壁上悉是畫象，剥落過甚。朱鮪，淮陽人，封扶濟侯，見岑彭傳。淮陽，故西漢國扶溝縣，故屬淮陽。東漢改屬陳留郡，而金鄉乃東漢縣名，屬山陽郡。既非鮪故里，又非鮪封邑，何以其墓在此？未之詳也。山左金石志言，朱鮪墓石室畫象，拓者分爲二十五幅。上層十二幅，下層十三幅。其中人物衣冠帶束生動，頗類唐、宋人畫法，或是扶濟後人追崇而作耳。蓋亦疑之矣。

十四日，晴。作仲□謝信。交馮聯棠。夜大風。

十五日，晴。病。是日極冷，夜大風。

十六日，晴。病。

十七日，晴。病。俞秋浦來。

十八日，晴。病。
十九日，晴。經翁來，今日上［祈］雪。
二十日，晴。病漸就愈。
廿一日，晴。病未愈也。
廿二日，晴。病愈，尚不敢出門。
廿三日，晴。作會文。「子曰君子不器。」，「故種芭蕉待雨聲」得「聲」字。
廿四日，晴，風。作貴州書三，春木、蘭汀、羅運吉。交俞秋浦。
廿五日，晴。今日至前門。
廿六日，晴。今日如山彌月，有客來。
廿七日，晴。午後出門謝客，進署。
廿八日，晴。今日上［祈］雪，第三次矣。作小雲書。交德翁，銀二兩，米一袋。
廿九日，晴，風。德丈於巳刻動身南去。作會文。「欲罷不能」一節。
十二月初一日，晴。晨出門，晤慶霖。午後進城，晤經翁、筱翁。
初二日，晴。晨出門，晤少蘭。午後出門。
初三日，晴。晨出門，晤少篁。
初四日，晴。晚雲丈偕幼雲移居於此。接小雲信。
初五日，晴。
初六日，晨陰，微雪，午後風，晴。作會文。「居敬而行簡」。
初七日，晴。録文一。
臘八日，晴。晨至雲常、蓮槎處。

初九日，晴。作會文。「事父母能竭其力」，「無□圖」得「圖」字。

初十日，陰。午後出門拜客，進署。

十一日，晨陰，午晴，夜雨。張星堂來。得姚彥侍信。録會文。星堂言，楊理菴泰亨太史，庚午科，典湖南鄉試，操守平常，其妾略識字，頗知之。嗣其妾不安於室，楊逐之，嫁一部吏。今年楊復典試湖南，其妾在西城控其劣蹟，經人調息，吏某亦不敢留，此妾復嫁黄比部爲妾，黄，黔人也。故星堂知之甚悉。

十二日，晴，風。今日開壇祈雪。

十三日，晴。晨至廠肆。又至王筠堂久談。午後至張星堂處，復與星堂至齊宅，晤齊壽民。爲七井屋事，又至姚蓮翁處。

十四日，晴。至吴宅拜壽，時齋太夫人七十六歲誕日也。作會文。「修己以安百姓」，「魚鳥親人」得「人」字。今年順天新舉人徐景春十九名，直隸人。三場策中，文理荒謬，經磨勘籤出，部議斥革。策題有「七十曰老」，「公羊疏曰」云云，策中誤以「公」字爲「句羊疏」曰爲「句共」，傳爲笑柄。主考及同考官處分，禮部議以同考降一級留，主考罰俸。咨核吏部，以不合例駁回。現經部議，主考全慶、胡家玉、童華、潘祖蔭。降二級調用，同考官陸□宗。革職。奉旨照議。然今科笑話甚多。十七名、三十五名藝皆有不通之句，並聞有一卷詩中有「舟船傍浪潭」之句，又一卷詩已押「覃」字，末韵頌揚用「聖恩覃」，而「覃」字加「言」傍作「譚」。副榜第一名潘欲中童尚之故，置副。車王乃，山左人，能識金石，與潘朝夕相見者也。王懿榮，經文中用莊子、淮南、毛傳、鄭注、説文阮□、禮圖王肅注等，皆屬紕繆，不僅「老公」也。覆試時，以文理荒繆斥革者一名，文秀，覆試題「自誠明謂之性」，文中有「朝而誠明，暮而誠明，無時而不誠明」等句。以不完卷斥革者一名，許芳瀾，良鄉人，良鄉自國初以來，未有登鄉榜者，許其破天荒也，復經斥革矣。聞其覆試時遇鬼，然殿廷之上，豈鬼所能到，殊不可解，或別有損德事乎？與徐而三，庚午科舉人革去者亦三人，數適相符。

十五日，晴。録會文。接德州信初五發。小雲已得差，步洲補濱州州判，明年到任。蕭杞山來。

十六日，晴。晨至前門，申刻出門拜客，晤蔡硯農、蕭杞山。

十七日，晴燠。作家書。交局興盛。

十八日，晨陰，旋晴。午赴雲常之招。如松館。作偉如書。交同泰。

十九日，陰，風。作姚彦侍謝信。交子湘。

二十日，晴，風。出門有事，申刻晤慶霖。

二十一日，晴。有事進城。

廿二日，晴。晨出門，晤西垣、蓮舫、鑪青。午刻至安徽館王太師母壽辰，留喫麵。坐中談及江南鄉試卷，于十九日磨勘，第三十七名楊楫，無錫人，新進學者，年不過十七八。其卷經磨勘籤出，云文不對題，多作不可解語，恐舉人未能保全。如舉人一革，則主考、房考處分有順天樣子在也。笙叔來，肖泉來。

廿三日，陰。晨至果子巷，今日祀竈，向來皆在夜半，因須進署當月，故於酉初送神。即進署。滿人普達泉，談及宮中之事，爲之心寒。未刻洪子彭祖年來。

廿四日，晴。酉刻回家。

廿五日，晴。晨出門，晤陳芝軒。

廿六日，晴。晨出門，晤慶霖。改伯筠文、詩各一。

廿七日，晴，風。

廿八日，晴。録彦周詩話頁半。

廿九日，晴，微陰。午後出門拜客，並唁肖泉。

除夕，晴。録彦周詩話一頁。

甲戌 同治十三年（一八七四）

正月元旦，晴。

初二日，晴。出門拜年，在東廠胡同喫午點。

初三日，晴。午後至廠肆。

初四日，晴。至廠肆，遇李子鈞昆季、鄭少篁、王者香。録彦周詩話二頁。

初五日，晴。出門拜年。

初六日，陰，午大風，晴。録彦周詩話一頁。

人日，晴。姚覺民來。

初八日，晨晴，午刻大風沙，陰。早半天至東城拜年，午至文昌館，同司團拜。

初九日，晴。午至廠肆。申刻出門拜年。接杭州仲丈書，臘月初十發。又接補山書，知去年秋闈，伊與五弟卷均堂備。同考官爲江山縣令王叔雅彬。

初十日，晴兼陰。作會文。「有天民者」一節。

十一日，晴兼陰。

十二日，晴兼陰。

十三日，晨霧，巳晴。

十四日，晴。晨兩至廠甸，午後又至火神廟，遇賀芷灤、侯仙舫，偕來寓中啜茗。

十五日，晨陰，下午晴，夜月色朦朧。作會文，「君子喻於義」，「山翠萬重當檻出」得「樓」字。午後至廠甸，暮歸。

十六日，晴。接小雲信。初六日發。酉刻至廠甸。

十七日，晴。午在萬興居請客。

十八日，微陰。晚赴聽篁丈之招。宴賓。
十九日，晴。午刻開印進署。開印畢，至東來館公請錫菊泉。席散，拜客。
二十日，半陰晴。午後至東廠送行，並補拜年數十家。作小雲書。
廿一日，陰，夜晴。作會文。「如智者亦行其所無事，則智亦大矣」。
廿二日，晴。
廿三日，晴。沈刺史純，號粹生。來，竹墩人，長於仲□兩輩，以直隸州捐，分福建。
廿四日，晴。午後進署，拜客，晤少蘭。
廿五日，假陰天。作補山書、蕓閣書由杭。江南磨勘之案，今日具奏。舉人楊楫斥革。正考官劉有銘、副考官黄自元降二級調。同考官朱太修革職。楊楫之卷，二場五經，文純用集句，而詞語多連貫。春秋題「春王正月」，純集左傳句，尤不成文理。革去舉人，實不冤也。
廿六日，晴。作杭信、由湖，附誥軸三、蕓閣、補山書。家書。交王笏堂，後日走。午後進署送考呈。聞江西鄉試卷又經磨勘簽出四本，内一本有字句可疑，二場春秋文，承題起句曰「是役也」。似尚不要緊，此與順天、江南各卷皆係梁少鴻臚僧寶所簽，可謂認真矣。
廿七日，晴。和合請喫早飯。吉興樓。接瑞師書。
廿八日，晴。作會文。「此之謂民之父母」，「曾看揮毫氣吐虹」得「毫」字。
廿九日，晴，大風。

二月朔，晴，大風。録彦周詩話一頁。
初二日，晴，風。至願學堂作會文。「有能一日用其力［於］仁矣乎」，「以鳥鳴春」得「鳴」字。
初三日，晴。午出門，晤笙叔。午後芷瀾來，雲裳來。
初四日，晴。

初五日，晴。午後雲常來。

初六日，晴。接鷺叔、步洲書。辛酉團拜。安徽館。

初七日，晴。改舊文，「后稷教民稼穡」三句。作「緑陰清潤勝花時」，得「陰」字。

初八日，晴，風。録文、詩一。

初九日，晴。莫枚士著人［送］舊唐書來，知伊於昨日抵都，未帶有家書。誼卿有字來，言偉如姊丈明日到都。

初十日，晴。壬戌團拜，在文昌館。未初至彼，適遇吴誼卿，知偉如丈已進城，寓沙灘關帝廟，即命駕而往，晤談良久。述及吾家事，知三弟婦於正月二十五下世，家中諸事棼如，故久無書來。酉刻，至東廠胡同，晤經丈。

十一日，晴。晨進城，至關帝廟。偉如檢出正月初六家書，係五弟所作。飯後出城拜客，晤枚士、枚生及吴泮香思藻、戴笠青翊清、朱稼先寶書、少蘭、子鈞昆季。

十二日，晴。且泉來，交到正月初十日家書及衣料等件。

十三日，晴。晨進城晤少蘭，即至關帝廟，偉如已見面下來。□□詢，皆通套語也。飯後出城拜客，晤且泉。燈下作家書。交鑪青。

十四日，晴。晨出門，晤雲裳、蕖卿、念兹。下午又出門，晤［吉］甫，知小霞尚留滯章門，故所帶之書未到。至會館晤枚生。雲裳來，未遇。

十五日，晴。雲裳來，枚升來。覆試各省舉人題。「性相近也」二句，「唐宗三鑒」得「三」字。

十六日，晴。至願學堂作會文。「曾子曰夫子之道」，「春雨如膏」得「春」字。

十七日，晴。枚升、梅士來。

十八日，晴。晨喫廣和居，潘譜琴請偉兄，邀作陪也。午刻偕偉兄至寓長談，申刻始去。仲英丈自汴來。

十九日，晴。晨出門，晤慶霖。十五日覆試場，于今日覆命，列四等三十七名，不列等者一人。雲南人。

二十日，晴。晨出門，晤鉏師。

廿一日，晴，午後陰，夜風。接武林初六書。今日保和殿補覆試，題「三代之（同）［得］天下也，以仁」、賦得

「彩仗迎春月」。
廿二日，晴風。晨訪慶霖，未遇。下午且泉來。
廿三日，晴。晨訪慶霖，下午芷瀾來。
廿四日，晴。馮蓮塘來。
廿五日，陰，風，飄雨數點而已，夜晴。晨至保安寺，偉丈已移入内城，霞公府關帝廟。午後偕幼雲進城。出城至慶霖處。晚赴鐳青之招，請偉如兄，作陪客也。席中多南菜，頗有鄉味。虎坊橋楊宅鵠山主政，于今日五鼓失火，延燒上房十餘間，精華燼矣。湖廣亦燒去偏房數間，聞其上房院内有廂房三間，乃葉宅存貯家具之屋，門窗皆以磚砌，數年無人迹矣。火從此屋中起，不知何來，或有天乎。上燈後東城火。
廿六日，晴。
廿七日，晴，風。晨出門晤夏卿。曉峯來。林杏農甲子孝廉駿元來，此君乃偉兄守天津時所取案首，後曾以文就正于先大人，故來相訪。
廿八日，晴，風。石仙渚鏡潢來。安慶人，于咸豐十年到直隸司，庚午補壬戌科舉人。
廿九日，晴。少蓀［來］。
三月初一日，晴，午後風。香伯來。
初二日，晴。午後至長春寺，延卿斷弦開弔也。又至廣誼園。作家書。附誥命兩軸，交少蓀。
初三日，晴。晨至東牌樓三條胡同關帝廟訪偉如兄，不遇。午後至萬興居，雲丈招飲。
初四日，晴。晨偉如兄來。午至福興居，偉兄招飲。飯後偕夏卿兄游廠肆。
初五日，晴。晨慶霖及嚴小舫請偉兄來，邀作陪，在永和軒喫羊肉。
初六日，晴。晨出門，晤慶霖。未正搬小寓進城。筆管胡同長宅。申刻陰，夜雨，三鼓大風。同小寓者六人，吴枚升、莫枚士、周曉峯、王者香、朱稼［軒］、戴笠青。

初七日，晨陰，午晴，風。巳刻看牌，名在第七牌。今年京官復改在前，浙江除京官計四百四十三人，連京官約有五百人。吾湖迴避一人，長興王振軒毓辰。王又得年丈派内場監試也。

初八日，晴，風。辰刻進場，西陽五八，同號者有朱蘋華、林茂齋。

初九日，晴，風。夜二點鐘題來，仍睡，天明始起。先做詩，次作文，夜十一點鐘皆脱稿，十二鐘就枕。四書題「子曰君子坦蕩蕩」、「自誠明謂之性」、「孟子曰君仁莫不仁，君義莫不義」，詩題「無逸圖」得「勤」字。

初十日，晴，風。天明起，打磨首藝，先補稿，後謄真。臂痛寫遲，三下鐘始交卷，出場。

十一日，晴。晨刻進場，西知二一。號自此止，此下皆不用。同號有金梅、□□□，在甬道上遇楊雪漁，知其頭場吐血，面有病容。

十二日，晴。子正題到。起作易藝，半首，復就枕。天明起至酉正時，易、書、詩皆脱稿。謄真二，補稿三。子正春秋、禮二藝，皆脱，就枕。五經題。「巽乎水而上水井」、「養而不窮也」、「九五福一日壽」、「琴瑟擊鼓」四句，「冬會陳人、蔡人、楚人、鄭人，監於齊」僖十九，「韭曰豐本」。

十三日，晴。天明起，謄真三，補稿二，二下鐘交卷，出場。

十四日，晴。辰刻進場，東暑二五。同號有吴西垣、都芝仙。

十五日，晴。子初題到經學、儀禮、漢書、科目、錢幣。天明起，做一道，寫一道，亥正完卷，就枕。

十六日，天明陰。卯刻交卷，出場後小雨。巳刻出城回寓，下午晴。接補山、芸閣書。

十七日，晴。午後吴夏卿來，知偉如兄已于毛傳十一出都。申刻至廠肆，遇王鎮藩。

十八日，晴。午後出門拜客，晤龔達夫、蓉齋、枚士、龍超、□庵、旭臣、泮香、稼先、笠青、寅齋、杏垞。

十九日，晴。晨出門晤慶霖。午至文昌館，湖州團拜，帶接場也。接子夔書。

二十日，晴。午後至安徽館，雲常昆季爲其尊人做壽。

廿一日，微陰，午後風。録彦周詩話一頁。

廿二日，晴。録彦周詩話一頁，午赴丁子章之招。福隆堂。

廿三日，晴。午後出門拜客。

廿四日，陰，午雨甚小。晚赴念兹之招，吉興樓。録彥周詩話一頁。

廿五日，晨晴，下午陰。巳刻在萬興請客，到者夏卿、慶霖、均父、枚士。夜雨達旦，農夫之慶也。

廿六日，陰雨，申刻雨始止。久旱得此，天心之仁愛也。午後赴少篁之招，如松。録彥周詩話二頁。

廿七日，晴，午刻赴龔雨師之招。西單牌樓報子街同仁堂。飯後拜客。録彥周詩話一頁。

廿八日，晴。録彥周詩話二頁。午刻赴且泉之招，如松。雪漁來。

廿九日，陰。晨至會館。午風，申小雨。録彥周詩話一頁，酉刻請［客］。

三十日，陰，午後乍雨乍晴。未刻赴經丈之招，酉刻始散。臺灣山後生番向來不服王化。同治十年十一月有琉球小海船遭風，漂出大洋，船隻傾覆，溺斃三人。餘六十六人鳧水登山，誤入牡丹社生番鄉内，被殺五十四人，餘十二人躲在土民家得生。日本聲言，琉球乃伊屬國，曾至總理衙門申理，當事者以地屬中國而人未歸化答之。日本遂謂中國既不能管，伊自與生番理論，現在已撥兵船到彼矣。生番地居臺之半，如爲倭人盤踞，實逼處此，甚可慮也。李制軍無隻字入告，不知何故，豈度外置之耶。上海東門外有四明公所，寧人義塚在焉，法國忽欲在此開馬路，須將墳塚全行平除。寧人在該國領事官處申理，領事官不理。寧人憤甚，齊集數千人，于毛傳三月十八日夜焚燒該國洋房數十間。法人開放洋鎗轟傷中國人不少，死者六名。法人有受微傷者。其時人心皇惑，罷市、搬家。該國領事官始出，示言不復於四明公所開馬路，人情始定。然殺人須問兇手，天津之例具在，不知當事者如何辦法。若草草了事，則轉爲夷人所笑耳。上於十二［日］下圓明園一次，聞下月初九又有旨前去。

四月朔，晴。晨出門，晤聽翁、月先、少篁。午後作偉如書。交同泰。

初二日，陰。晨出門，遇雲常。晤雪漁及陳育菴，又晤陳芝軒。午至萬興，雲常招飲。歸來録彥周詩話一頁。傳聞有上始微行之信，未知的否。宗室會試題。「故治國在齊其家」，「雨中春樹萬人家」。

初三日，晨雨旋晴，午刻又雨有雷，申後晴。録彥周詩話三頁。經丈來，上燈後小雨。

初四日，晴。晨夏卿來，馮鶴巢壽松來。湖人蓮塘之族姪。録彥周詩話五頁。

初五日，晴。戌初陰小雨。録彦周詩話七頁半。且泉來。

初六日，晴。録彦周詩話一頁。畢。

初七日，晴。午後至芍洲處談。

初八日，晴。浙省同榜公請董老師，在文昌館。晨先出門拜客，後到文昌［館］。接鷺叔、步洲書。有銀兩。

初九日，晴。作步洲書、鷺丈書。交李錫三，此君名恩多，直隸人，山東鹽大使。

初十日，晴。晨進城，晤香伯。晚赴洪子彭之招。宴賓。偉兄奉旨幫同沈幼丹查辦臺灣情形，並有旨催令赴閩。

十一日，晨陰，午刻小雨，申刻晴，酉陰。作子宜書。手鐲、百鎖、衣料等件，交夏卿。

十二日，晨雨旋止。看説文。

十三日，晴。會試揭曉，榜上無名。吾浙中二十六名。杭九，陳光煦四，乙丑。諸可炘、九五，乙丑。夏震川、百一癸酉。陸元鼎、百四二，乙丑。鍾烈、百七十，乙丑。張景祁、百八一，乙丑。王汝霖、百九一，庚午江西。王麟書、一百八十，庚午江西。彦鴻謨、二百四，壹丁卯。嘉一，朱升吉、一百八四，乙丑。湖二，李宗蓮、一百十四，乙丑湖南。朱寶書、二百四，癸酉。寧五，洪應祥、五九，吏。鄭鈁、百七六，丁卯。蔡叙功、一百二十二。周晋麒、一百六七，癸酉。林鍾華、二百廿六，癸酉。紹四，湯鼎烜、八六。吴講、百五一，丁卯。趙昌言、一百八，丁卯工。鮑臨、一百五一，乙丑。金三，樓杏春、七一。章德蓀、百三十，丁卯兵。應振緒、一百四五，乙丑。衢一，葉如圭、三十三，丁卯刑。嚴一，陳建常四四。湖州挑謄録者二人，許德裕、吴恩蓀。看説文。

十四日，晴。看説文。接三弟三月十二書。誦之［帶］來。

十五日，晴。看説文。看魁卷，落卷在第七房，黄敏恩。薦而被擯，又多一餘波。

十六日，晴。晨到會館。今日覆試，題。「雖小道必有可觀者焉」，「槐下午陰清」得「清」字。

十七日，晴。晨至博濟菴，午赴勛甫之招。

十八日，晴。晨至同泰。覆試一等浙得七人。周晋麒六、吴講十、諸可炘十四、湯鼎烜廿、彦鴻謨廿四、鮑臨廿九、張景祁四十。第一，湖南張百熙。

十九日，陰，未刻雨。作家書，交枚士，廿一走。附先人時闈墨。作子夔書，交夏卿，附少篁一。作偉如書。交夏卿轉交子宜，附朱、吴二書。

廿日，晴。作武林書、仲一、補一，由湖、家書。交香伯，香伯行期中止，此件交回。附墨選聯珠、方壺齊，登瀛社稿，共三種。暮出門，晤夏卿。明日走。

廿一日，晴。十八日散館題。「松柏有性賦」，「瑶琴一曲來薰風」。夜半刑部火。

廿二日，晨雨即晴。出門晤友蘭、枚生、小帆。

廿三日，晨雨，旋晴。作家書。交小帆，明日走，山西墨。

廿四日，晴。今日小傳臚狀元陸潤庠，江蘇元和。榜眼譚宗後，廣東。探花黄貽楫。福建。傳臚萬金壽。直隸天津。聞探花之卷末一開，爲四川趙某代寫，且乞補甚多，有透亮者，竟入一甲，命也。

廿五日，晴。晨出門，晤農伯、萊成、子篁、枚升。

廿六日，晴。午後陰。出門拜客。

廿七日，陰雨竟日。

廿八日，晨雨，午後雨。今日朝考，題。「大禹以五聲聽政論」、「親賢任能，能虚應物心」得「心」字。唐蔣焕和徐侍郎中書□篠詩。

廿九日，陰。晨出門，晤蕖卿、枚生、瓣香。

五月朔，晴。作家書。交瓣香，書三即前交香伯者。

初二日，晴。

初三日，晴。作瑞師書。交本宅。

初四日，晨陰，小雨旋止。出門晤徐少青。伊言在滬時，聞臺人與日本有互鬨事，未知真實如何。

天中節，晴。看説文。「高，從冂口」，段氏注「上音莫狄切，下音圍」，苗氏夔聲訂云「從𠔼口」。「𠔼」各本俱譌篆作「冂」，非。當作從冋京省，會意。許於「京」下云「從高省，象高形」。按：下文高從高省，高聲，不應［高］既從高，高又從「冋也。苗説尚未妥。

初六日，晴。看説文。

初七日，晴。

初八日，晴。夏至。看説文。

初九日，晴。午後進署。上月二十一日署中之火，由河南司起。延燒房十六間。河南、山西二司堂、直隸司科房、小厨房等，皆被火。司中咨題稿件燒了二百十三件，近日頗聞無事可辦。

初十日，陰 改伯筠文二、詩二。

十一日，陰雨竟日。看説文。

十二日，陰。看説文。午到如松館，且泉招，陪客。

十三日，晴，午後陰。看説文。作小雲書。

十四日，晴。看説文。木部，「檇」，斠詮云：「欈本作檇，玉篇作欈。按：從雋聲不近，當從巂，徑改之」。本按：玉篇「槜」作「檇」，從「巂」者，訓構欈也。錢説未諦。生部，「甡」，詩曰甡甡其鹿。錢云今作莘。按今本亦作「甡」。

十五日，陰晴。午至東廠胡同道喜。

十六日，晴。看説文。

十七日，晴。看説文。邑部，「𨚍」，地名。玉篇云魯地名。按：「𨚍」字列「邴」、宋下邑。「鄌」沛國縣。之後，「邸」、地名。「鄒」宋地也。之前，是許不以爲魯地。午後經丈來，言臺灣生番與日本鬨，日本焚毁生番牡丹社等四社，沈幼丹及偉如於月朔渡臺。接三弟四月二十五日書。

十八日，晴。看説文。

十九日，微陰。看説文。酉刻魯斯舅自黔來京引見，下榻於此。

二十日，陰雨竟日。看説文。

廿一日，晴。午後出門拜客，晤陸春江、鍾梅生、趙雲楣、劉慶霖。看説文。

廿二日，陰雨竟日，酉刻傾盆如注。看説文。夜有星彗於西北方，光長數尺，或言丈餘。十八日始見。

廿三日，晴。看説文。

廿四日，晴。改伯筠文一。作「鏡静含態」試帖、文心雕龍麗辭贊。晨出門，晤雲常、黼卿。

廿五日，晴。作「酒渴氷盤破紫菱」試帖。薩都剌酌桂芳「庭詩上茶香，名鼎燒紅葉」。晨出門，晤慶霖。

廿六日，晴。作古愚書、家書。交同泰。

廿七日，晴。録詩二，作家書。交福興，潤春本三件。

廿八日，晴。經丈來。沈幼丹到臺駐府城，偉如與臺□到郎嶠，日本帶兵官言，須聽伊國王旨意，殆亦推託之辭。偉如吐紅，或是臺地太熱之故。欽天監奏，彗星在上街，其光直射，入紫微垣，數日漸長，已到上衛。

廿九日，晴。巳刻在萬興居請客。

三十日，晨雨旋止，午後晴，夜三鼓大雨如注，天明始息。看説文。雲裳來。

六月初一日，晴。彗移而北，光益長。

初二日，半陰晴。晨出門，晤慶霖。作試帖三。「衣錦尚絅」得「文」字，「楊柳陰中新酒店」得「陰」字（楊萬里遇楊村詩下「葡萄架底小魚船」），「用人如器」得「長」字，唐太宗語。

初三日，雨，晚晴，夜三鼓雨。作試帖一。「借得丹經手内鈔」得「經」字。

初四日，雨，午刻晴，戌刻後雨連霄。

初五日，雨，戌刻晴。看説文。

初六日，晨陰，午晴。酉刻風雨，晚□。看説文，録試帖四。

初七日，晴。晨出門，晤丁心坡、胡子庭。看説文。

初八日，晴。看説文。暮雨三鼓始息。

初九日，晴。看説文。

初十日，晴。看説文。晨出門，晤雲常。考扳貢，題。「樂則韶舞」。

十一日，午前晴，申後陰雨晴相間，夜陰。看説文。

十二日，晨微晴，午後雨，晚晴。看説文。燈下作試帖二。謝鎮「西泛江聞詠詩聲」得「袁」字，「好雲無處不遮樓」得「樓」字。

羅隱詩。

十三日，晴。作試帖二。「味言若鹽酒」得「崔」字，「月照平沙夏夜霜」得「霜」字。

十四日，晴。申刻陰，旋晴，黄昏微雨。林理卿星賡來，甲子鄉榜，閩縣人。榜下新分部，到直隸司。作肖泉書。交全泰盛。

十五日，天明大雨如注。申刻晴，録試帖四。

十六日，晴。晨出門，晤周星甫、黄卣香，進署。

十七日，晴。看説文。

十八日，晴。巳申微雨。看説文。晨出門，晤星甫、雲裳，申刻雲裳來。

十九日，晴，戌刻小雨。雲裳來，看説文。

二十日，晴。雲裳來，看説文。接偉如初四日自臺發書。

廿一日，晴。看説文。

廿二日，晴，酉刻暴風雨。看説文。

廿三日，晴。作試帖二。「食欝及薁」得「幽」字。「繞郭荷花三十里」得「花」字。雲裳來。

廿四日，晴。未刻赴經丈之招，安徽會館。作試帖一。「倚琴看鶴舞」得「琴」字。李端詩，下句「搖扇引桐香」。

廿五日，晨晴，申刻大雨，暮始息。

廿六日，晴。作試帖一，「碧玉深甌點雪芽」得「甌」字，耶律楚材乞茶詩，上「黄金小碾飛瓊屑」。録試帖二。

廿七日，晴。錄試帖二。

廿八日，晴。晨送魯舅至天安門驗看。未刻陳中伯請喫如松。

廿九日，晴。午刻浙同年秋團。揚州館。

七月朔，晴，熱。看説文。

初二日，陰雨竟日，作試帖一。「奉席如橋衡」得「如」字。
初三日，晴。晨出門，至龔宅弔楮，午刻進署。訪雲常，不值。
初四日，晴。訪雲常，不值。晤渠卿。作試帖一。「三十六灣秋月明」得「灣」字。
初五日，晴。斗星水瀉，竟日委頓。
初六日，晨晴，申後陰雨。錄試帖二。
七夕，晴。看説文。
八夕，晴。看説文。
初九日，晨霧，旋晴。看説文。
初十日，晨霧，旋晴，未刻雷，小雨。看説文。
十一日，晴。
十二日，晴。晨出門拜客。
十三日，晴。作試帖。「襍花生樹」得「生」字，「夜堂疏磬發禪心」得「禪」字，温詩。
十四日，晨雨，午晴，暮陰。作家書。交友蘭，松江十兩。
中元，晴。錄試帖二，作試帖二。「居蘭處鮑」得「蘭」字，庾信擬連珠。「竹陰深處小亭開」得「亭」字，趙子昂詩。
十六日，晴。薄暮到廠肆閒步。
十七日，晴。作肖泉書、步洲書，錄試帖二。
十八日，晴。丑刻起，送魯舅引見，五下鐘到裏頭。是日軍機有事，午刻始引見。下午陰。
十九日，陰，午後雨。作家書，交香伯，詒晉齋四册。作春木、蘭汀書。交魯，附搢紳行狀。作三姑奶奶書交章。陳德卿書。交陳笙白。
二十日，晴。
廿一日，晴。午後出門拜客。作敏齋[書]。交陳。

廿二日，晴。

廿三日，晴。作家書。交友蘭，附碑六、千字文五、姚對一。

廿四日，晴。巳刻進署當月。幫當月許雲從龍彪滿人，未到。

廿五日，晴。辰刻到内閣送本，新章須親到也。午刻始交月。

廿六日，晴。午刻魯丈邀喫萬興居。申刻進城，至東廠胡同。候至酉初，經丈始[下]值，略談即出城。

廿七日，晴。天明即起，送雲丈喬[梓]行。

廿八日，晴。下午出門拜客。作試帖二。「漢高祖置酒沛宮，擊築歌大風」得「宮」字，「瓊花明月夜聞簫」得「簫」字。

廿九日，晴。作仲復書。交得卿。旬日前，外間喧傳太白晝見。故十六日召見閻信芳。昨日經翁來，詢知其事，因春間有美國觀象臺間游，將儀器碰壞，欽天監當經知照總理衙門出示曉諭，無論中人外人，概不準無故登臺。邇有法國照會至總署，言今日外國測算，今年金星與太陽同度，十月初十日當穿日而行，外洋各國皆然，未知中國如何。如□于是日登臺測視，總署因有照會前來，不值阻其事。當即知照欽天監，監中遂遞一封，奏言中國測視今年金星並不與日同度，且此等事向歸年終彙題，不專奏。蓋惇邸瞻小，先自占地步也。外間因此訛傳，初無太白晝見之事。今日魯舅至東廠，經翁于六下鐘始下值。今日三次叫起兒，不知何事。錄試帖二。

三十日，晴。晨出門，晤雲常申刻偕魯翁至大溝沿。接仲丈初六日書。閱邸抄，奉旨停止□淀園工程，修理三海以備游宴，此□廷之力也。恭邸奉旨降爲郡王。聖人盛怒，故昨日□臣下值極遲，硃諭言語（言）失儀，是面子文章。殆因諫阻修理淀園，餘怒未息耳。

八月朔，晴。今日奉上諭，以兩宮懿旨，賞還恭王親王，世襲罔替。作王□峯、錢榆初書，洪耕畬書，均交魯丈。

看尚書古文疏證。

初二日，晴。作仲丈書，交魯丈。夜雨通宵，看尚書古文疏证。

初三日，天明雨未息。巳刻魯丈開車出都，時雨已止，午刻又雨，申刻雨又止。魯丈與陳笙白相約同行，笙白來示又改明日，不能如約矣。作家書，交章伯筠，此件改交王誦之，附庚午鄉墨歸真四本，初七走。看尚書古文疏证。

初四日，晴。作試帖二。「黄金與土同價」得「同」字，「洞庭秋水遠連天」得「庭」字。午後出門，晤念兹、桂卿。

初五日，晴，風甚，初寒。看尚書古文疏证。録試帖二。

初六日，晴。晨出門，晤慶霖。作偉如書、夏卿書。交阜康嚴小舫。

初七日，晴。申刻姚蓮翁同至大溝沿，看老太太病。

初八日，晴少陰多。録滄浪詩話一頁。夜雨。

初九日，晨陰，午晴，未雨旋止，仍陰。録滄浪詩話一頁。

初十日，陰雨。録滄浪詩話一頁。申刻晴，旋陰，黄昏雨，旋晴。

十一日，晴。録滄浪詩話一頁。午刻赴仲英丈之招。餘慶堂。

十二日，晴。録滄浪詩話頁半。今日攷「漢御史」題。「賤貨貴德」，論課吏「考功策」。

十三日，晴。作試帖一。「在水一方」得「人」字。録滄浪詩話半頁。午後出門拜客，晤鑪青、陟五、吉孫、董師。

十四日，晴。

中秋，晴。夜月甚佳。

十六日，晴。午刻至東廠拜壽，歸來録滄浪詩話半頁。

十七日，晴。晨出門，晤月先，同到蓮翁處久談，留喫午飯。申刻歸。録滄浪詩話半頁。作試帖一。「一簾涼月夜横琴」得「涼」字。

十八日，晨陰，雨晴相間，午後晴。錢笸仙來。録試帖二、滄浪詩話半頁。作德州書。交興盛。

十九日，晴帶陰。録滄浪詩話一頁。燈下看説文。

二十日，晴。録滄浪詩話一頁。燈下看説文。

廿一日，晴。録滄浪詩話一頁。看説文。午出門拜客，進署。

廿二日，晨陰，午刻小雨，申刻晴，晚陰。

廿三日，晴，晚微雨。作試帖一。「治天下如建屋」得「唐」字，唐太宗語。

廿四日，晴。晨出，往謁黄澤臣房師，值其生日，早避出門，不及晤。順道拜客，晤聯棠、少蘭。午後録滄浪詩話一頁。

廿五日，晴。晨出門，晤渠卿。午後録試帖二。燈下看説文。

廿六日，陰。録滄浪詩話一頁。

廿七日，晴。録滄浪詩話一頁。午刻出門拜客，晤黄澤臣師。至浙紹鄉祠公祭孔子。

廿八日，晨陰，午閃晴。録滄浪詩話一頁。未刻出門，晤慶霖。下午且泉來談。

廿九日，晴。録滄浪詩話一頁。

九月初一日，晴。録滄浪詩話半頁。巳刻請木君丈代幼雲投供，送到吏部。未初始點名，遇洪子彭，邀至同興樓吃飯。天氣驟寒。

初二日，晴。至願學做會文。「之其所畏〔敬而〕辟焉」，「秋菊有佳色」得「佳」字。燈下看説文。接德州信。

初三日，晴。録滄浪詩話一頁。夜雨，看説文。

初四日，陰。未刻大風驟。是日在安徽館公請錫耀庭太尊光午飯。申正始到，薄暮方散席。早晨録滄浪詩話半頁。

初五日，晴。晨出，晤小村及仲英丈。午進城至松陵宅拜壽，經翁甫自南苑歸。申刻進署，燈下録試帖二。燈下作試帖二。「□發五□□」得「虞」字，「最是橙黄橘緑時」得「年」字。

初六日，晴。晨出門拜客，多不遇，晤慶霖。下午録滄浪詩話半頁。

初七日，晴。録滄浪詩話半頁。作家書。交曉峯。燈下看説文。

初八日，晴。燈下看説文。

重九日，晴。燈下看説文。

初十日，晴。録滄浪詩話一頁。夜看説文。

十一日，晴。晨出門，晤趙稼翁、邵小邨，遇少篁。午後錄滄浪詩話一頁。

十二日，晴。

十三日，晴帶陰。晨出門，晤仲英、旭丹。午後錄滄浪詩話一頁。作試帖二。「色思［温］」得「思」字，「布帆無恙桂秋風」得「風」字。燈下看説文。

十四日，晴。錄滄浪詩話一頁，看説文。夜雨。

十五日，陰雨。錄試帖二。看説文。

十六日，晴。晨進城送董師行。其車已裝好，看其上車，始出城拜客，晤仲英丈。午後錄滄浪詩話一頁。看説文。

十七日，陰。晨出門訪張吉人，未遇。晤姚蓮翁。午後錄滄浪詩話一頁。

十八日，陰。錄滄浪詩話一頁。五鼓雨。

十九日，陰雨。錄滄浪詩話一頁，作家書。交陳壽民葒，附扇面。

二十日，晴。錄滄浪詩話一頁。午後進城晤筱薌。

廿一日，晴。錄滄浪詩話一頁。

廿二日，晴。錄滄浪詩話一頁。

廿三日，晴。錄滄浪詩話一頁。

廿四日，晴。錄滄浪詩話二頁，完。用詩人玉屑所錄校一過。此本（家）［佳］句頗多譌奪，因記諸卷後，共二頁半。燈下方寫竟也。

廿五日，晴。是日接偉如八月十八日書。作德州書三件，交興盛，附張宅布包一個。作家書。附武林信中。夜作試帖一。「西風蟋蟀一花籬」得「籬」字。

廿六日，晴。作武林書，交廣泰，附家書。午刻辛酉季團，謝公祠。燈下看説文。［嗇］下聲訂云：觀一曰棘省聲，知籒文牆從二朿，非二禾與二來也。」按：本部［牆］，籒文二，一作牆，從二禾；一作牆，從來。玉篇以牆爲古文，與今本異。嗇從來、㐭，一曰棘省聲。疑從二禾者，乃棘之譌。牆字從嗇，從二來之嗇，依玉篇即古文嗇字，小篆從古文省也。從棘作嗇，乃籀文嗇字。所謂棘，省聲也。苗謂嗇從二朿，其說甚是。謂非二來，則未知籀古之别，與嗇字本從來也。晨作試帖一。「求味兼采」得「求」字。

廿七日，晴，風。録試帖二。看説文。

廿八日，晴。午後進署，拜客，晤馮鶴巢。夜看説文。

廿九日，晴。看説文。

三十日，晴。看説文，申刻經翁來。日本事已議結，計給伊撫邺銀十萬，買伊所造洋屋等銀四十六萬兩，該使人到上海，先給撫邺銀。十月三十夷兵退盡，十一月初二日給買屋銀，似可無反覆矣。夜雨。

十月朔。朝雨有雪。看説文。囧部，「𥁰」從囧皿聲。盟，篆文從朙。按：小篆每從籀省，疑籀作盟，而小篆作𥁰，篆字誤也。囧，賈侍中讀與朙同，蓋囧即小篆之朙字。今人音讀既異，遂失其本義耳。或疑囧是籀文朙，然籀文之字，容有視小篆省者，必小篆從古文而籀文從古文省也。

初二日，晴。至願學堂作會文。「邦有道，貧且賤焉，恥也」，「秋未晚菘」得「菘」字。

初三日，晴。錢笣仙來。看説文。「裘」下聲訂云：「裘，從衣求聲。夔案：求非聲，詩終南裘與梅、哉韵，豳七月與貍韵，大東與「服」韵，求在蕭肴，不得爲聲也。當作從衣求，衣亦聲。」本按：裘、求一字，自不得以求爲聲。若欲改裘從衣聲，是區裘、求爲二音，恐無是理。執□韵以繩古音，必多杆格不通之處，勢不得不紛紛改易，以求合于一已之説，而其説之是非，正未易定也。

初四日，晴。晨出門，晤雲常、渠卿、瀾如。歸來看説文。

初五日，晴。看説文。夜作試帖二。「宵爾索綯」得「豳」字，「滿地月明何處砧」得「明」字，薛能詩句。

初六日，晴。風。録試帖二，看説文。㣇部，𧰲，籀文作豪，古文作𢑟。則㣇者，篆文也。𧰲，籀文從豕作豪。段氏改籀爲篆，注云：「𢑟爲籀文，則㣇爲古文。𧰲，古文也。豪則小篆，改㣇從豕」。按𧰲篆文𢑟，非從古文𢑟，則段說非也。本部䋣，古文作𦃃，益見古文糸，正作豪。豪非古是篆。

初七日，晴。晨出門，晤鑪青。看說文。下午至廣惠寺，戚潤如爲其胞伯念經也。

初八日，晴。看說文。作偉如書。交阜康。

初九日，晴。作時文一。論萬是與君子者乎。

初十日，晴。錄時文一。作試帖二。「［紹］冶爲爲裘」得「裘」字，「遠山寒山石徑斜」得「斜」字。

十一日，晴。錄試帖二。看說文。水部，［漢］從水難省聲。滅，古文漢如此。臣鉉等曰，從難省，當作堇。而前作相承去土從大，疑兼從古文省。本按：堇隸□作莫，凡從堇之字皆然，不特漢也，大徐說非。

十二日，晴。看說文。雨部靁、霣、電三古文，首皆作雨，是古文雨又作雨。部首雨下當有一古文篆體。玉篇雨下有兩古文，一雨一𠕲，當本說文。今說文有𠕲無雨，疑傳寫奪也。霣，雨也。齊人謂靁爲霣。段注謂自靁篆至震篆，皆言雷電。自霝篆皆言雨。叚令霣之正義爲雨，則當次于彼間，故其本刪雨也。本按：玉篇云：「霣，雷起出雨也。齊人謂雷曰霣。」□語當本說文。今本說文奪三字，遂至段氏之疑。

十三日，晴。看說文。接魯［丈］書。

十四日，陰，大風，晨飛雪數點，今日交小雪也。看說文。系部，［綷］，大徐新附字。按：本部繂，籀文繒，從辛省，即綷字也。大徐附之贅矣。蟲部，毛斧季增蛑於蝥後，云古文蝥，段氏以爲非，蓋以宋本所無也。攷玉篇蟲部「蛑」，說文云古文蝥，其字亦次於蝥後，則毛氏補之爲是。又按：蟲部□，古文即字蛑也，則斧季補之實非。

十五日，晴。至惜字會館查課。燈下看說文。

十六日，晴。至願學堂作會文。燈下看說文。是日接家中重九書，半年不得隻字，得之甚喜。此書趙惠卿帶來，附有青鹽橄欖四斤。

十七日，晴。晨起看說文，午至觀音院，經翁爲三姨母念經，廿周年也。接德州書。挑水夫帶來。

十八日，晴。看說文。作德州書。交挑水。

十九日，晴。看說文。

二十日，晴。看説文。重録六一詩話。許啓山振祥來。辛酉拔貢，壬戌舉人，四川榮昌縣。

廿一日，晴。看説文。午出門拜客，晤趙惠卿，進署。

廿二日，陰。看説文。

廿三日，晨陰，下樹掛，午晴。作家書。交鑪青

廿四日，晴。看説文。趙煦卿潤彥來。

廿五日，晴。用廣韵字以説文諧聲系之。

廿六日，晴。纂廣韵聲類。

廿七日，晴。如山周歲，木君丈來。下午偕至廠肆購得樂毅論一册，乃北海石本。

廿八日，晴。檢廣韵。李村來辭行。

廿九日，晴。晨出門，晤木君，午後進城晤經丈，知青蓮之論安仁，實有其事。外間傳言係劍南手筆，事或然也。進署。夜檢廣韵。是日接偉如書。

三十日，半陰晴。檢廣韵。

十一月，朔，半陰晴。編廣韵諧聲，系以後得暇即編，不悉出也。

初二日，晴。晨出門送李村行。即進城至東廠胡同道喜。晤鑪青，知偉如請假三個月回籍調理，已蒙諭允矣。午後送妝至球芝巷，新親爲陸莘農觀察，新郎乃其第五少君，號眉五。其第二少君乃丁卯補，辛酉副，庚午補，壬戌舉，辛未翰林，號蔚亭。榜名繼煇。

初三日，晴。晨進城至東廠胡同，經翁已進内銷假，巳刻方歸。上於三十日不豫，始傳是疹子，昨日方知是痘，勢甚重。現已發出，頭面皆是，今日第四天，大臣皆進如意也。午刻出城送親，觀坐牀，撤帳始歸。

初四日，陰。至陸宅會親。作偉如書。交鑪青。

初五日，晴。

初六日，晴。訪慶霖，未遇。
初七日，曉霜甚濃，午後晴。
初八日，晴帶陰。
初九日，晨陰午晴。
初十日，曉霜，晴。姚蓮翁來診内子疾。
十一日，半陰晴。少蘭、子均同來，言皇上出痘，近兩日内忽患腹瀉及神昏之证。
十二日，陰微雪。
十三日，晴。晨出門，晤慶霖。
十四日，冬至，雪厚未及寸。
十五日，晴，晨出門，晤枚生、少蘭。
十六日，晴。仲昭偕陸眉五繼常來。
十七日，風，冷。未刻進署，同事方坤五、連軫到甚晚，滿人玉振不來。申刻至内閣傳鈔，暮收案三件。
十八日，大風，寒甚。申刻始散署。今日經翁招飲，不及赴。
十九日，晴，寒。午出門，晤芍洲。
二十日，晴。午後至東廠胡同道喜。賞雙眼花翎。
二十一日，晴。
二十二日，晴。
二十三日，晴。
二十四日，晴。
二十五日，晴。説文示部祈從示，斤聲。聲訂云斤非聲，當從本部建，首字聲例從示，斤下補示、亦二字，作示亦聲。按，苗氏謂斤非聲，以祈字在□不在欣也。然廣韵欣、旂、蚚、沂、圻皆從斤聲。日部昕讀若希。苗又無説，何也。
二十六日，晴。午出門，至莘師處道喜，又至吴子章處。
二十七日，晴。申刻笙叔來，邀至宴賓喫夜飯。
二十八日，晴。
二十九日，晴。
三十日，晴。

嘉平朔，晴，大風。作德州信，至惜字館查課。
初二日，晴。
初三日，晴。
初四日，晴。
初五日，晴。
初六日，晴。午後進署，始悉大行皇帝於昨日酉刻龍馭上賓，奉兩宫懿旨，立醇親王之子爲文宗之子，爲嗣皇帝。御名上字「載」不諱，下字左「氵」右「恬」。奉旨缺末一筆。
初七日，晴。
初八日，陰。午後進署領孝布。
初九日，晴。
初十日，晴，風。建元「光緒」。
十一日，晴，風。
十二日，晴。出門，晤錢笆仙，久談。寄家書，交杭。武林書。交廣泰。
十三日，晴。

十四日，晴。
十五日，晴。至惜字館查課。
十六日，晴，夜微雪。
十七日，晴。
十八日，晴。
十九日，晴。大行皇帝恭上尊謚曰「毅皇帝」，廟號曰「穆宗」。皇后封嘉順皇后。
二十日，微晴。午出門，晤成雨林、劉慶霖。
二十一日，晴。
二十二日，晴。
二十三日，晴。
二十四日，晴。
二十五日，晴。晨出門，晤鑪青、枚升、蓮槎。
二十六日，晴。
二十七日，晴。
二十八日，晴。
二十九日，晴。

乙亥 光緒元年（一八七五）

光緒元年，歲在乙亥。

元旦，晴。

初二日，陰。

初三日，晴。

初四日，雪厚寸許，申刻晴。

初五日，晴，日生雙珥。

初六日，晨陰即晴。出門拜客，歸來鐙下作德州書。附吴、周二信，張段子。

初七日，晴。午後進城，筱翁明日赴德，託其帶小雲信也。晤仲昭。作仲英書。交興盛。

初八日，晴。

初九日，晴，風。

初十日，晴。

十一日，晴。

十二日，晴。作偉如書、子宜書。交廣泰。

十三日，陰。

十四日，晨陰，午晴。晨出門，晤慶霖。

元宵，晴。

十六日，晴。

十七日，晨微雪，午晴。經翁來，知幼師覆奏已入告，於洋務則自先引咎，於藩司任内事則云未知其始末，係王凱泰任内一手之事，詢之王凱［泰］必知其詳。末爲偉如出數語，有「謹管鑰，恤孤貧」等語，現又交王中丞查明覆奏矣。

十八日，晴。午至周宅拜壽。

十九日，半陰晴。接德州［書］，言步洲於去臘廿一日謝世。此事甚棘手，不代籌也。

二十日。卯正一刻，上升殿登極受賀。天氣晴朗，甚吉祥也。

廿一日，晴。作德州書。交陳宅，附蜜棗、小菜。午出門，晤詠虞、慶霖。

廿二日，半陰晴。

廿三日，雪約厚二三寸，夜大風。

廿四日，晴，風。復仲復書。交聯棠。

廿五日，晴。

廿六日，晴。作家書，交詠虞，附書樂毅論。偉如書。交詠虞。

廿七日，晴。

廿八日，晴。

廿九日，晴。說文「狄之爲言淫辟也。從犬，亦省聲」。苗先路謂狄音義近翟，凡從翟同之字，在蕭豪部。狄當從犬，與省亦聲。本按：說文逖古文作逷，惕或作悐，是狄聲與易聲同部，在支佳，不在蕭豪。段氏謂詩瞻印「剌狄諧」，其說可從。苗氏譏其不通古音，過矣。史記殷本紀「母曰簡狄」，索隱舊本作「易」。「易」音同，又作「逷」吐歷反。

三十日。晨出門，晤蓮槎、枚升、少蘭。

二月朔，晴。

初二日，晴。至願學堂作會文。「可以仕則仕」至「學孔子也」，「文昌新入有光輝」得「天」字。

初三日，陰。説文予部：「舒，從舍從予，予亦聲。」鍇本從舍予聲，段改爲從予舍聲，以爲今本誤倒是也。苗亦云然，考韵補九魚舍下引説文「舒，舍聲」，乃宋本不誤之確證。段、苗皆未引。

初四日，晴。陸眉五來辭行。

初五日，陰，午後雨。出門拜客，均不遇。

初六日，晴。晨出門，晤木君，潤如。

初七日，陰。

初八日，晴。

初九日，晴。偉如請開缺，奉旨允準。

初十日，半陰晴。晨出門，晤慶霖。

十一日，陰雨。

十二日，晴。輯廣韵諧聲類畢，得卷二十。惟於古音考之，未詳聯系，尚多未當，人事紛拏，不及細核。他日當更定也。

十三日，晴，夜大風。

十四日，晴，大風。寄德州書。附張宅二。

十五日，晴。晨出門，晤笸仙。

十六日，陰。至願學堂作會文。「子曰學而時習之」兩節，「淑氣依遲柳色青」得「青」字。

十七日，半陰晴。寄肖泉書，交雨林。校史記十四頁，以所購金陵書局本爲主，以家藏汲古閣集解本，陳、徐測議本及借得震澤王氏本、道光十六年官本相校，局改正錯訛甚多，以視各本爲勝。

十八日，晴。大風。午後進署，當月滿人敬臣未來，步軍統領咨送護軍常春因病投井身死一案，明日須往相驗。燈下無事，作試帖一。「十里坡塘春鴨鬧」得「塘」字，元好問句。

十九日，午前晴，午後陰。辰刻敬君來號咨廷，午初，偕至朝陽門南小街竹竿巷相驗，因地界不清，未驗。回署查例，仍應歸部相驗，當約敬君次日再往。

二十日，陰，小雨溟濛。午刻進署，敬君不來。即帶同書役、仵作至竹竿巷驗屍。驗得屍身仰面、合面均無塲傷痕眼合手握，口流水沫。腹脹，按之氣通。手指、足指皺白，委係生前自投井身死，餘無別故。飭令屍親具供完案。本日寅刻嘉順皇后崩。

二十一日，陰，午後小雨。出門晤芷瀾，得雲丈初六書，已旋德矣。又晤少蘭。進署標屍格，出城晤周少甫。嘉順皇后初喪，事宜視大行皇帝酌減。軍民人等男摘冠纓，女去首飾七日。一月不薙髮，内城旗人仍百日不薙髮。各衙門上皇太后奏疏，仍用硃印。其餘文移等件，用藍印十三日。

廿二日，晴帶陰。作德州書，交興盛。校史記七頁。

廿三日，晴。作文一。「子謂衛公子荊」兩章。

廿四日，晴，風。校史記十二頁。

廿五日，陰，申刻微雨，晚晴。出門晤慶霖。校史記十四頁。

廿六日，晴。晨出門，晤雲裳、枚升、鄭氏喬梓、月先。午後校史記十頁。

廿七日，陰，薄暮雨。

廿八日，晴，夜陰。作文一，「毋友不如己者」二句 接武林初六日書。

廿九日，晴。接家信初二發。偉如書、十三發。古愚信十七發。補山書。去年秋仲。録文二。校史記十三頁。今日風北，諺云「清明日風午正交風起於午。四十九天方息」。果爾則麥苗受傷。

三月朔，晴，風。晨出門晤蓮翁，後至惜字館查課。接德州書。校史記十一頁。是日日食四分五秒。

初二日，晴，申刻大風。至願學堂作會文。「憲憲令德」四句，「觀文化成」得「成」字。

初三日，晴，風。校史記十三頁。作試帖一。「詩集仙心」，得「心」字。

初四日，風，陰，暮晴。作德州書，交陳，火骰一。作試帖二。「春水望桃花」得「花」字，「飛羽觴而醉月」得「飛」字。

初五日，晴，風。録試帖二，作試帖。「更作新詩繼永和」得「和」字。午後進城，至東廠胡衕，晤經翁。知兩宮皆安，外間無根之談甚可怪也。上月會議乃海防事，與夷人不涉。惟雲南于正月十七有殺死英國繙譯官名馬加利事，威士馬到總署饒舌，此事稍費調處耳。王補帆覆奏，偉如事已入告洗刷無痕，其于制軍原參摺有二節，一係委署簾缺，未令到任。當時係督、撫會商，並非藩司專輒；一某事未詳，當時實有詳文可據。摺中言係李鶴年疎忽，然亦未請處分。幸朝廷寬大，亦未加責讓也。臺灣獅頭番社滋事，此社係與日本通謀，番之最惡者。

初六日，晴。晨出門，晤慶霖。歸録試帖二，校史記十頁。午後風，尚不大。

初七日，晴，午後風。晨出門，晤蓮翁、枚升。午後作古愚書、家書。交鑪青。

初八日，微晴。校史記五頁。

初九日，微晴。作文一。「子曰德不孤必有鄰」。

初十日，晴。録文一，作試帖二，「睡餘柳花墮」得「餘」字，「侍山修竹有人家」得「家」字。接家書，上月底。三日不風矣，夜又風。

十一日，晴，風。今日皇上於巳刻請髮。大行皇帝百日將滿也。復從大行嘉順皇后大事之日，扣足百日不薙髮，王公百官皆如之，軍民人等仍從皇后大事之日起，扣足一月不薙髮。録試帖二，校史記二十頁。

十二日，晴，夜風。晨出門晤鑪青、硯籽。江蘇商局福星輪船在黑水洋遇霧，爲怡和洋行直隸輪船撞破，沈於海底。船上百餘人，救出七十餘人，淹死者四十七人，内海運局委員二十一員，有通判朱聲槐，菱湖人。

十三日，風，微陰。作文一。「古之人有行之者，文王是也」。

十四日，陰。録文一。校史記十六頁。

十五日，晴，大風。晨出門，晤鑪青。午後作詩二，「垂紳正笏」得「韓」字，「江南日煖午風細」得「風」字，謝逸蝴蝶詩。未刻赴劉健卿之招，在燕喜堂。燈下録二詩。

十六日，微風。至願學堂作會課。「公則説」，「春日静愈長」得「長」字，永叔暮春有感詩。

十七日，晴，大風。校史記十一頁。寄德州書。交興盛。

十八日，晴，大風沙。辰刻赴和合之招。匯源樓。

十九日，晴，午前風，午後息。作文一。「知者［樂］水」一。

二十日，晴。録文一。午出門，晤子鈞。歸來校史記八頁。夜作試帖二。「日高茫影重」得「重」字，「石上題詩掃綠苔」得「苔」字。

廿一日，微晴。午出門，晤子湘、惠卿。惠卿今日引見，以主事用。

廿二日，晴。作河南唁信、仲英丈書。交查。午出門，晤彭芍亭、查蔭階、李芍洲。進署。

廿三日，午前晴，午後風，申刻陰晦，入夜大風沙。頭腦脹痛，竟日不舒。

廿四日，晴，大風沙。作文一，「左右皆同矣」至「用之」。夜中風息。

廿五日，晴。録文一、詩二。校史記十二頁。申後陰。

廿六日，晴。有風，尚小。晨出門，晤聯棠。午後作偉如書、交同泰。作家書。交鑪青。

廿七日，晴，風小。晨至同泰，歸來作文一。「紫也愚」至「庶乎」。

廿八日，晨晴，下午陰，薄暮小雨，夜大風。作文一。「國人皆同賢至用之」。

廿九日，晴，風。録文二。

四月朔，晨晴。出門晤莘師、少蘭。又至惜字館查課，午後校史記廿頁。夜雨。

初二日，晴。午間稍有風。至願學堂作會文。「慮而后能得」，「夏雨生衆綠」得「生」字。

初三日，晴。午有風。校史記三十二頁。

初四日，晴。至金臺書院，作甄別文。「自耕稼陶漁」至「莫大乎與人爲善」，「新竹壓擔桑四圍」得「翁」字。午有風，夜風稍大。

初五日，晴。晨出門，晤聽翁、月先。午後校史記三十二頁。

初六日，微晴。校史記三十頁。

初七日，晨陰，微雨。今日設壇求雨也。午後晴。校史記六十九頁，作試帖二。「宅心道祕」得「顔」字，「馬上聽鶯夢早朝」得「朝」字。

初八日，晴帶微陰。校史記四十頁。

初九日，晴，午風。校史記四十七頁。

初十日，晨晴，午陰。録詩二。

十二日，晴。午後進署監印，順道拜客。

十三日，晴。作德州書，交金子陶。又點心一匣、布包一個，交王媽。

十四日，晴。作文一，「四十而不惑」三句。接偉如三月十九書，自湖州發。

十五日，晨晴。至惜字館查課。午陰。今日考試差，題。「蕩蕩乎民無能名至文章」，「終始惟一，時乃日新」，「膏雨潤翁田」得「霖」字，虞世南句。

十六日，晨微雨，旋晴，午後微風，陰。至願學堂作會文。「子曰弟子入則孝」三章，「五字擢英才」得「才」字。

十七日，晨晴，午陰。晨出門，晤陟五、念兹。

十八日，晴，大風。清明至此爲四十九天封家，或不再作惡。接偉如四月初二日書，言泛舟西湖，甚樂。

十九日，晴。校史記一百四十二頁。

二十日，陰雨。晨出門，晤黄竹泉。午後作試帖二。「松際露微月」得「微」字，「小庭半拆紅薔薇」得「庭」字。

廿一日，晴，大風，其清明之餘波耶。録文半首。校史記九十四頁。

廿二日，晴，有風。録文半首。校史記五十頁。接武林初七日信。

廿三日，晴。録詩二，作詩二。「席珍待聘」得「珍」字，「一渠流『水』數家分」得「分」字。

廿四日，晴。午至觀音院，少蘭爲其弟念經也。亥刻始散。

廿五日，晴。校史記十九頁。

廿六日，晴。晨出門，晤木君、莘師、姚蓮翁，留喫飯，歸遇且泉，偕至會館，晤徐曉芙。午後校史記九頁。李有鶴慶良來，交到李村書。天驟熱。

廿七日，晴。今日大考，題。「進善旌賦」、「所寶惟賢論」，賦得「十風五雨歲豐穰」。

廿八日，晴。作文一。「夫仁者，己欲立」二節。

廿九日，晴。接家書，初九發。早錄文一，午後進署監印。大考一等四人吴寶恕、瞿鴻禨、鈕玉庚、孫詒經。二等第一，徐郙。四等四人，謝元福、雷鍾德、周崇傅、寶瑛。

三十日，晴。晨作補山書。午校史記廿一頁。天乾熱異常，頗似伏天，夜大風。

五月朔，晨陰，風未息，微雨數點，午晴。晨出門晤聽翁、笙叔。作家書，是日病。

初二日，晴。病未愈，兼病足。

初三日，晴。

初四日，晴。病漸愈，足尚不能行也。巳刻微雨數點即晴。作杭信，交廣泰，附補山信、家書。校史記五頁。

天中節，晴。校史記五頁。

初六日，半陰晴。校史記十一頁。夜大風。

初七日，晴，風。校史記三十四頁。

初八日，晴陰不定，酉刻雨數點。校史記三十六頁。陸清齋澄源、萬齋學源來，以足病未見。交到上月二十六五弟書及桂圓、茶葉。且泉來亦不能見。

初九日，微陰。校史記三十八頁。芷潤來，不能見。

初十日，陰雨，巳刻雨最大，酉刻晴。校史記十八頁。

十一日，晴。校史記廿二頁。接德州書，現移居大寺後身盧家井街。

十二日，陰。校史記五十六頁。巳刻微雨。

十三日，半陰晴。校史記五十五頁。

十四日，晴。校史記五十一頁。

十五日，晴。作德州書，交同順。校史記三十頁。

十六日，晴。校史記四十七頁。

十七日，先晴，下午陰。校史記七十六頁。
十八日，晨陰，微雨，午微晴。校史記四十九頁。
十九日，晨微雨，旋晴，暮微雨，旋晴。校史記四十三頁。
二十日，晴，微陰。校史記四十七頁。
廿一日，晴，暮陰。校史記五十九頁。黄昏後雷電，大雨。
廿二日，晴。校史記四十二頁。
廿三日，晴。校史記廿八頁。
廿四日，晴。作詩二。「萬谷酣笙鐘」得「酣」字，「滿地落花無人掃」得「花」字。
廿五日，晴。校史記四十九頁。
廿六日，晴。申刻驟風雨。校史記七十八頁。
廿七日，晨陰，巳刻大雨，旋晴，午後復陰雨，暮晴。校史記六十七頁。
廿八日，晴。校史記七十八頁。
廿九日，陰雨，暮晴。校史記五十八頁。

六月初一日，晴。校史記七十九頁。
初二日，微陰。校史記三十八頁。
初三日，陰。晨出門拜客，午後校史記二十八頁。畢。手校史記至此已三過，學不加長，心力漸遜，恐也。酉刻雨。
初四日，陰。晨出門至東廠胡同，晤□昭、恂如，進署監印。申刻散署。黄昏雨。接偉如書。
初五日，晨雨，旋晴旋陰，申刻雨，旋晴旋陰，暮又雨。
初六日，晴，黄昏雨。
初七日，晴。晨出門晤彭芍翁、李向樵、劭三。

初八日，晴。

初九日，晴，黄昏大雨雷電。

初十日，晴，申刻大雨。

十一日，晴，時有陰雲，五鼓大雨。

十二日，雨未止。酉刻閃晴，旋雨，黄昏雨息，半夜又雨。

十三日，陰。作家書、由蘇轉。偉如書。交同泰，附家書。

十四日，半陰晴。夜半雨。接德州書，知岳母於五月十一日謝世。

十五日，陰雨。作試帖二，「明月入懷」得「懷」字，「一枕波濤松樹風」得「松」字。酉刻晴。

十六日，微晴，暮雨數點。夜雨。

十七日，晨雨旋息。作德州書。交興盛。

十八日，微陰，薄暮大雨。

十九日，晴。伯朗來，且泉來。

二十日，微晴。

廿一日，微晴。巳刻進署監印。暮雨，中宵始息。

廿二日，陰。申刻雨，入夜不息。

廿三日，陰雨。是日丙子，爲岳母成服，在觀音院唪經一日。暮晴，夜熱甚。

廿四日，晴。

廿五日，晴。

廿六日，晴。

廿七日，晴。晨進城，晤查曜庭。

廿八日，微陰。晨出門，晤張叔憲。叔憲于説文頗有心得，著説文索隱數十卷，尚未脱稿。

廿九日，晨陰，午小雨。暮又小雨，旋晴。

七月初一日，晴。

初二日，晴。未申之間，陰有雨點，即晴。是日至願學堂作會文。「行人子〔羽〕修〔飾〕之」二句，「起來雨露滿天涯」得「涯」字，石湖七月二日上沙夜泛詩，原用六麻韵。

初三日，晴。作試帖七言一，「鈎心斗角」得「房」字。五言二。「百川而東之」得「韓」字，「三更畫船穿藕花」得「荷」字。

初四日，晴。作德州書。交興盛，附磁□三斤。自廿三以來，酷熱异常，是夜尤甚。

初五日，晴。

初六日，晴。

初七日，晴。

初八日，陰，午後風，酷暑少減，薄暮大雨。是日進署監印。

初九日，晴。作肖泉書，交逸軒，附馮信及□照一套。作偉如書。交同泰。酷暑如故，五鼓大雨。

初十日，晴。岳翁偕鷺丈自東來，寓西永盛。

十一日，晴。

十二日，晴。二鼓有風，稍涼。

十三日，晴。

十四日，晴。

中元，晴。初鼓，涼風颯至。是夜岳翁爲九老所留。

十六日，陰雨，涼爽，酷暑驟减。未刻往訪王祝萱。申刻張叔憲來。

十七日，陰。訪譚厚甫，晤談良久。是晚鷺丈移居寓中。

十八日，晴。是午，鷺丈又移居中和居。

十九日，陰。發四川信。交協同慶。

二十日，晴。晨出門，晤少蘭。午赴姚蓮翁之招。宴賓齋。飯罷同游龍爪槐、陶然亭。
廿一日，晴。
廿二日，晴。
廿三日，晴。
廿四日，晴。午後出門，進署監印，順便拜客。是晚，岳翁來寓喫飯。
廿五日，晴。午赴陳酉山之招。廣和居。昨、今兩日又熱。
廿六日，晴。作家書、由杭。仲升丈書、補山書。交廣泰。
廿七日，晴。巳刻至觀音院，經翁爲老太太念經。十周年。王誦之來，勞玉初來。
廿八日，晴。午赴陸氏昆季之招。廣和居。
廿九日，晴。
三十日，晴。夜雨。

八月初一日，晴。
初二日，陰。晨出門，晤邊子雅。夜雨。
初三日，晴。晨出門，晤姚氏喬梓。
初四日，晴。
初五日，陰。
初六日，陰雨竟日，達旦始息。
初七日，晴。
初八日，晴。五鼓即赴貢院送場，歸來日已酉矣。
初九日，陰雨。

初十日，晴。午出門唁章黼卿，進署監印。
十一日，晴。夜陰。
十二日，陰，夜雨。
十三日，陰雨。
十四日，半陰晴。
中秋，晴。
十六日，晴。午至東廠胡同拜壽，出城晤邊子雅。夜初鼓小雨。
十七日，晴。午出門望考。
十八日，晴。午在萬興居，爲親友接場。
十九日，晴。午進署，出城望考。接初七日家書，自杭州發。皐康交來。
二十日，晴。午出門望考。寄德州信。交朗伯，附扇、書。
廿一日，晴。午至前門。
廿二日，晴。午至萬興居請客。
廿三日，陰，午後雨。寄家書。交鑪青。
廿四日，晴。
廿五日，晴。晨出門，訪雲常、桂卿，不遇。
廿六日，晴。
廿七日，陰。喫西域樓，遇雨。雨止始歸來，喫蟹。
廿八日，晴。晨至東城喫羊肉，又至八聖廟，歸來日暮矣。
廿九日，晴。晨出門，晤雲常，又至章宅，今日開弔也。

九月朔，晴。

初二日，晴。至願學堂作會文。「孔子對曰，舉直錯諸枉，則民服」，「園菊茂新芳」得「韓」字，「韓退」之句。

初三日，晴。

初四日，晴。岳丈邀喫早飯，在萬興居。

初五日，晴。午後至東廠胡同拜壽，出城至馮鶴巢處，今日開弔。

初六日，晴。晨出門晤林竹銘。午至宴賓齋，芷潤邀喫飯。接家書、仲丈書。前十九發。

初七日，陰。偕鷺丈逛琉璃廠。作家書。交王誦之，初九走，附叔憲字六張。

初八日，晨雨旋晴。且泉來，芷瀾偕乃弟筱琴元鼇來。作王個峯書、□翁書、蘭翁書。交提塘。

重九，晴。午至萬興居，偕雲丈、鷺丈、黄小山同登樓小飯。

初十日，晴。未刻赴蕭杞山之招。在萬福居。經翁來。

十一日，晴。

十二日，晴。夜半風雨。

十三日，晴，風。

十四日，晴。京兆榜明日接曉，今日在琉璃廠看紅錄。浙中十四人，爲□科所無，今年外簾多浙人，故浙卷先進，較便宜也。湖中四人，徐世颺、王紹廉、馮文蔚、陳兆甲。自道光戊子後，無如此之盛者。

十五日，晴。

十六日，晴。至願學堂作會文。「以善養人，然後能服天下」，「志士多苦心」得「心」字。

十七日，晴，風。晨出門，晤鄭氏橋梓、逸軒。

十八日，晴，風。

十九日，晴，風。午出門拜客，晤瑞軒。

二十日，晴。晨出門，午作黔信。王個峯一、蘭一、魯一，交賀鐵珊，官名瑒。

廿一日，晴。

廿二日，晴。作試帖二。「樂人歸農業」得「宣」字，「黄菊倚風村酒熟」得「黄」字。

廿三日，陰，風大，小雨，未刻晴。

廿四日，晴。晨至中和店，送鷺丈行。

廿五日，晴。晨出門，晤蕖卿、蓮槎、枚升、篤齋。浙榜信來，湖中十一人，程六、安二、長二、德一。副二。程。兩弟又落第。東廠送信來，六姨於今日寅刻舉一子，此大喜事也。

廿六日，陰雨，未刻雨止。

廿七日，晴。午刻進城，行至東華門適值鑾回，車不得過，遂出城拜客。

廿八日，晴。作杭信、家書。交同泰，附闈墨題名。

廿九日，陰。經翁來。晨出門，晤少篁、逸軒。看浙榜全錄。杭廿七、嘉十四、湖十一、寧卅三、紹卅三、温二、臺五、金六二、嚴一，副杭三、嘉三、湖二、甯六、紹三、温一。

三十日，晴。

十月朔，陰，夜大風。

初二日，晴，風。至願學堂作會文。「己所不欲」至「在家無怨」，「崇舉九賢」得「賢」字，題出新序。

初三日，晴。晨出門，晤雲常昆仲。

初四日，陰。作試帖二。「蕭規曹隨」得「曹」字，「剡藤開玉版」得「藤」字。覆試題。「凡有四端于我者」至「泉之始達」，「修竹含疎韵」得「含」字，白香山句。

初五日，晴。

初六日，晴。芷瀾來，言其舊西席張君鈞，山西人，今科中式，其頭場作文時，首藝作兩大比，脱稿已上燈。時神思稍倦，遂就枕卧，囑號軍至天明時呼之，至初鼓後若有人推之者，以爲天尚早，仍卧不起，則又推之，起視則無人，號軍方熟睡，鄰生息燈寢矣。心甚異之，遂不寐，引火視所作，首藝甚不愜意，因另作六比一首，較勝。遂録之，竟以命中，自謂若有使之者。

初七日，晴，風。

初八日，晴。

初九日，晴。經翁來。

初十日，陰。夜大風。

十一日，晴，風大。

十二日，陰。

十三日，晴，風大，天寒。中宵頭脹，惡寒。

十四日，晴。病。

十五日，晴。病少愈，作試帖二。「小國爲蘩」得「蘩」字，「繞檐紅樹織蟰蛸」得「蛸」字。

十六日，晴。至願學堂作會文。「居處恭」三句，「松寒不改容」得「松」字。

十七日，晴。　午後出門拜客，進署。

十八日，晴。出門。四鼓風起。

十九日，晴，大風。作文一。「可以仕則仕」至「學孔子也」。

二十日，晴。午赴陳西山之招。萬福居。浙闈有一對，云「至公堂上打三恭，監臨俯首。題□紙中挖兩孔，主考粗心」。聞二場禮記題「故聖王脩義之柄、禮之序，以治人情」，「王」字誤書作「正人」，「脩」誤書作「修」。題紙已發十餘張，經監臨看出，將已發者收回挖補更，故有此語。又楊乃武案，對云「乃武歸天，斯文埽地。」

廿一日，晴。　五鼓小雨。

廿二日，晴。

廿三日，晴。作文一。「自耕稼陶漁」兩節。

廿四日，晴。作試帖。「嶺月破雲」得「雲」，宋史張愈傳下句，「秋霜灑竹」，「聞説故園香稻熟」得「園」字，李郢江亭晚秋詩。

廿五日，晴。午後至東廠胡同道喜。

廿六日，晴風。

廿七日，晴。

廿八日，晴。改舊文一。「國家閒暇」至「政刑」。

廿九日，晴。

三十日，晴。臺灣自去秋開山，旋分三路進師。南路總兵張魁垣，由内埔而北；中路總兵吴光亮，由林圯埔而東；北路提督羅大春，由蘇澳而南。咸會於繡姑巒，一名泗波瀾，地居内山之中，東面大海，西擁羣山。其中平原曠野，稱爲沃壤。惟山無人徑，海無港汊。故與外山隔絶，生番聚於其中。生番有二，其一種巢穴高崖峻領之上，獉狉未化；其一種以耕植爲生，結廬山麓，自爲村落，馴良易導。羅提督由蘇澳行兩日程，得平壤廣袤二十里建新城焉。由新城行兩日程，爲加禮苑。番社夙兇悍，羅提督開示威信，以紅絨爲賚，言將假道以攻鯉浪山，番目與鯉浪山世仇，願悉索以從官軍。至鯉浪山，番目簞食壺漿以迎官軍，許其歸化，而加禮苑疑官軍負約，阻我歸途。官軍乃緣山鬬鳥道紆途以歸新城。近鯉浪山，有平埔生番，性純良，實導官軍也。羅軍已至奇萊島，與繡姑巒尚隔一溪。中路吴軍已逾八同關，距繡姑巒四五十里，番族之歸化者六七十社，番丁萬餘人。南路張軍至卑南覔社，距繡姑巒亦不甚遠。南路水土惡瘴癘盛，軍士多病。生番亦多崛彊不服，蕆事較難，卑南覔爲南路十八番社之主，番目自稱卑南王云。

十一月初一日，晴。

初二日，晴，風大。至願學堂作會文。「默而識之」一節，「歲寒知松柏」得「知」字。

初三日，晴。

初四日，陰，夜大風。

初五日，晴。笙叔來。接子静書，知與子宜應科試，同入泮。子宜十一名，子静十三名，皆撥入府學。子静考取古學九名。

初六日，晴。作試帖二。「磬折垂佩」得「垂」字，「横斜枝寫月精神」得「神」字，方岳梅花詩。

初七日，晴。經翁來。

初八日，陰，雪花飛舞，竟日不盈分。作家書、交蘇。偉如書、子静書。交笙叔。

初九日，陰，午後微晴。改舊文一。「執其兩端」二句。

初十日，晴。

十一日，晴。

十二日，晴。出門晤姚蓮翁。

十三日，陰。晚岳丈招至廣和居喫飯。夜雪約寸許。改舊文一。

十四日，晨陰，午晴。作試帖二。「經神」得「神」字，「一帆暝色鷗遇雨」得「帆」字，殷堯藩句。

十五日，晴，風冷。

十六日，晴。至願學堂作會文。「子曰盍各言爾志」至「懷之」，「學得養生通治民」得「通」字。

十七日，晴。

十八日，晴。

十九日，晴。

二十日，晴，大風嚴寒。

廿一日，晴，風略息。是夜梦裹還家，與三弟絮語，相約北征徵，甫即途而醒。

廿二日，晴。晨出門，至教場五條胡同，斗覺惡氣上攻，昏暈於地，幸即蘇。疑受煤毒也，徐步而歸。

廿三日，晴。

廿四日，晴，大風。

廿五日，晴，風。改舊文一。「父母俱存」一節。作試帖二。「冬薦稻雁」得「冬」字，王制、獨斷。「安得健步移遠梅」得「移」字，杜句。

廿六日，晴。午出門拜客。

廿七日，晴。午後陰。

廿八日，晴。

廿九日，晴。天氣和暖，改舊文。

三十日，晴。

十二月初一日，晴。作文。「未有義而遺其君者也」

初二日，大風，晨陰，午後晴。

初三日，晴。晨出門，晤鄭氏橋梓，午後逛土地廟。

初四日，晴。晨出門，晤雲常。

初五日，晴，風。

初六日。

初七日，晴。

初八日，晴。

初九日，晴。晚夏竹軒邀喫飯，在慶福居。

初十日，晴。晚賀芷瀾邀喫飯，在慶福居。

十一日，晴。

十二日，晴，風。馬介臣來。

十三日，晴，風。午刻進署，京兆過堂。至東廠胡同喫飯，出城拜客。

十四日，晴。至吴宅拜壽。晚赴侯仙舫之招，在萬興居。

十五日，晴。

十六日，陰。吴時齋招飲。

十七日，陰，頗有雪意。

十八日，晴。仍未見雪花也。
十九日，晴，封印。
廿日，晴。張蘭軒清華來，交到蘭汀信。
廿一日，晴。
廿二日，晴。
廿三日，晴。
廿四日，積昜閃閃，雲薄雪飛。午後日光皎然，雪亦止。
廿五日，晴。晚賀芷瀾招飲，四鼓始散席。
廿六日，晴。申刻進署，當月滿人聯星五奎，此公有總署差。
廿七日，晴。午刻交月歸。
廿八日，晴。
除夕，晴。文郎中錫宅中於是日火，燒去戲房及唱戲行頭，約值廿萬金。

丙子 光緒二年（一八七六）

光緒二年，歲在丙子

正月朔，晴。晨至廠肆。

初二日，晴，風。十點鐘出門拜年。今年官場例不拜年，惟至親及熟人往來而已。

初三日，晴。午後至廠肆。

初四日，晴。晨至廠肆。改舊文一。

初五日，晴。晨出門，晤逸軒。

初六日，晴。暮至廠肆。

初七日，晨陰，午後晴。蓮翁橋梓來，同遊廠肆。薄暮始歸。

初八日，晴。

初九日，晴。仲英丈來。

初十日，晨微晴，下午陰寒。今日立春，天有雪意。芷瀾來，同游廠肆。夜月色朦朧。

十一日，陰。

十二日，晴。

十三日，晴。午後出門拜客。燈下作試帖一。「驟雨松聲入鼎來」得「聲」字，夢得西山蘭若試茶詩。

十四日，晴。

上元日，晴。

十六日，晴。

十七日，晴。

十八日，微晴。

十九日，晴，午後大風。開印。
二十日，晴。至觀善堂作會課。「子曰事君敬其事」兩章。「［文］移北斗成天象」得「移」字。
廿一日，晴。午後出門拜客。
廿二日，晴。劉健卿招飲。萬興居。
廿三日，晴。
廿四日，晴帶陰。晨出門，晤少蘭、子章。
廿五日，晴。作試帖二。「信如四時」得「時」字，「風自遠來聞笑語」得「聞」字，東坡寶山新開徑詩句。
廿六日，晨晴，午後陰，夜晴。改舊文一。「申之以孝弟之義」。
廿七日，晴。
廿八日，晴。午刻在萬興居請客，飯罷游廠肆。晚在景元居喫飯，岳丈東也。
廿九日，晴。
三十日，陰。晨出門，晤鄭氏橋梓。午後雪隨飛隨化，積者寸許。晚晴，大風。
二月朔，晴，風。
初二日，晴。至願學堂作會文。「政者正也」三句，「學者猶種樹」得「家」字，顏氏家訓。
初三日，晴。
初四日，晴。晨至鄭、邵二處道喜。小邨嫁妹，少篁續絃也。申刻始歸。
初五日，晴。晨出門，歸作試帖二。「上丁釋菜」得「春」字，「嫩寒江店杏花前」得「寒」字，高啓梅花詩句。
初六日，晴。午後進署，拜客。接偉如書。
初七日，晴。
初八日，晴。午出門，至同泰。

初九日，晴。申刻至同泰，寄偉如書。

初十日，陰。至觀善堂作會文。「爲人子止於孝，爲人父止於慈」，「春生柳眼中」得「中」字。

十一日，陰。曉峯來。

十二日，晴。午刻在餘慶堂公請沈江梅同年。

十三日，晴。爲黄宅執柯。凌虚臺到京，帶到家中寄來物件，而無信件。今日遇同署李貢三燧，癸亥進士也。言曾因事詣沈中堂投刺。友人某踵往，見其刺，詢司閽者，曰「此君亦來乎？」司閽者答「此亦中堂門生，正派人也。」他日其友與之遇，述其語，不覺自笑曰：「我居京師十餘年，隻博司閽『正派』二字。」余謂此事雖微，可以觀世變故，記於此。

十四日，晴。午後曉峯來，交到嘉平十九家書。此虚臺所帶，伊轉交者。夜微雨。

十五日，陰。至惜字館查課。覆試題。「禹聞善言則拜」，「林花不待曉風開」得「春」字。

十六日，晴。至願學堂作會文。「益者三樂」一節，「廣學開書院」得「賢」字，唐明皇集賢書院詩，下句「崇儒引席珍」。

十七日，陰。

十八日，陰。晨出門，晤鄭氏橋梓、錢氏橋梓。午後雪盈分許，晚晴。

十九日，晴。日來春寒較甚。

二十日，晴。至觀善堂作會文。「益者三友」一節，「崇儒引席珍」得「賢」字。

廿一日，晴。晨出門拜客。

廿二日，晴。

廿三日，晴，大風，頗冷，有冰。「放千枝爆竹，把窮鬼轟開，數年來，被者小奴才擾累俺一雙空手；燒三炷高香，將財神請進，從今後願你老夫子保佑我十萬腰纏」。此送窮聯也。晚岳丈招至萬興居小飲。

廿四日，晴帶陰。癲狗齩傷方，馬前子一個、黑白丑各一錢、生大黄三錢、飛雄黄一錢。共研末，用紅銅雍正錢一枚煎湯，冲藥連渣服，蓋被得汗，毒由大便瀉出，輕者一服，重則兩服，瀉有血絲，即愈。忌牛、犬、生、冷、麵食四十九日。齩處用苦杏仁研末，口水調敷，布裹，毒自出。

廿五日，晴，風大，入夜風息。顔積生文煥來，帶到正月十九家書。作家書、由杭。江西書、由杭。武林書。交廣泰。

廿六日，晴，大風。作鷺丈書、小雲書。午後出門。

廿七日，晴。日高，風大。京師呼「醃蘆菔絲爲嬾老婆菜」、「牽牛花爲勤娘子花」，可以作對。

廿八日，晴，日高，風。午後出門，晤且泉。

廿九日，晴，風。晨出門，晚赴芷瀾之招，在同興居。

三十日，晨微晴，午後陰，夜濃雲四布，頗有雨意，二鼓風又作。

三月朔，晴，大風，入夜不息。

初二日，大風。

初三日，晴，午刻風又作。

初四日，晴，日高，風起。

初五日，晴。今日風甚小。

初六日，晨微晴午後陰。未刻移小寓，在牌坊胡同長宅，同寓曉峯、西臺、笠青、敏生、雅琴、端士、茀君與余共八人。

初七日，晴，申後陰，夜晴。

初八日，晴。辰初進場，在東發十三號，連號者爲閩人郭績昌，字咸熙，癸酉舉人，乃壬辰年伯柏心之子。前年署湖府式昌之堂弟，故曾到過湖州。夜十二下鐘，題紙到。康誥曰「克明德」二節，「施於有政」二句，「惟義所在」，賦得「南山曉翠若浮來」得「來」字。

初九日，晴。天明始起，作首藝，申正始脱稿。夜十二下鐘，次三藝、詩，皆脱。

初十日，晴。天明起，改削首藝及詩，即録真。三下鐘交卷出場。是日於夜之三下鐘始净場。掣卷十三。

十一日，晴，辰初進場。西朝十五號，夜十下鐘題紙到。「孚於嘉吉」，「寬而有制，從容以和」，「興雨祁祁，雨我公田」，「仲孫蔑，衛孫林父會吴於善道」襄五年，「温舉敦厚，詩教也；疏通知遠，書教也。」睡至三下鐘，不成夢，因起然燭作易藝，脱稿而天明矣。

十二日，晴，午微陰，小雨數點即晴，傍晚復夜晴。十二下鐘，五藝皆脱稿。嘉興姚某然燭作首藝，天大明而某未知也。旋出號，而燭燼未滅，風動火作，延燒號簾及號板上書本，幸即救滅。

十三日，天微明即起，西羽第三十二號火起，勢甚洶湧，旋即撲滅，然書本行李已燎，□□□號椽波及鄰號，聞此號係黔人也。未初交卷出場。傍晚陰，夜大風。

十四日，晴，大風揚沙。辰正進場，東李十一號。是夜因二場多火，兼值風大，申警達旦。故題紙至時已交十二下鐘二刻矣。經學、史學、古今官制異同、貢舉、國用。

十五日，晴，風略小。然塵土入硯，筆頭起膠，録真者頗覺費力。夜一下鐘，始完卷。五策得十之七八。

十六日，晴。天明即交卷出場，因候西臺、茀君、雅琴三人，至午初始出場，故出城已交未時矣。

十七日，晴。接家書。二月廿六發，鑪翁送來。

十八日，晴。晨出門，晤莘師及枚升、少蘭。少蘭文未録出，詩甚佳也。宗室題。「脩其孝悌忠信」，「嘉穀垂重穎。」

十九日，晴。午後出門拜客。

二十日，晴。晨出門，午後作家書，交鑪青。作四川信。交天成亨。閏濤繼子曰麗生。

廿一日，晴。午後出門。

廿二日，晴。申報述西報云「外洋販進牛莊鴉片，已年少一年。查一千八百七十三年進口洋烟共二千三百六十三箱，其明年則一千三百零三箱，至上年則八百四十箱。」蓋滿洲地方栽種日多，故洋烟銷售遂致鋭減耳。是日由王詢之寄到二月十七家書。

廿三日，晴。晨出門，晤香伯。

廿四日，晴。

廿五日，晴。午後至施宅。今日納幣也。申刻赴經翁之招。

廿六日，晴。未刻赴芷瀾之招，在謝公祠。

廿七日，晴。午赴且泉之招。如松館。作偉如書、交同泰。曜卿叔書。

廿八日，晴。午後出門拜客。

廿九日，晨晴，午後陰。今日萬尚書往邯鄲請龍牌。

四月朔日，晴。申刻出門，晚赴鑪青、新甫之約。廣和居。

初二日，晴。劉健卿招喫早飯，在萬興居。

初三日，辰晴，午後陰。岳翁邀喫飯在萬興居。

初四日，晴。未刻龔雨翁邀喫飯，在西單牌樓報子街同和堂。晤達夫，言陵上荒火情形極重，延燒至二十天，逼定陵，近日漸熄。江陵人鄧筠翹廣文無字，客歲年七十八矣，於重九日，妾舉一男，亦僅事。曩在長沙，余戚俞同甫，年七十三，得一男，視鄧爲少年矣。

初五日，侵晨。上親祈雨。微雨數點，旋晴。

初六日，晴。酉刻陰，雷，微雨，夜晴。

初七日，晴。天頗熱。午刻本省同榜團拜，在安徽會館，共六席，到者四十七人。今年進場者，六十三人，不進場者二人，已中十人。

初八日，晨晴，午後陰，夜半小雨。午赴錢�仙之招，晚莘師召飲，在廣和居。

初九日，陰。

初十日，晴，風。

十一日，晴陰倏易。午後出門拜客。

十二日，晴。接武林書，上月二十七發，止十五天，可云迅速。是日紅録出，至夜杳然。

十三日，晴。看題名，湖中三人。朱鏡清、馮文蔚、周宗。晨赴黄宅，又至施宅，今日迎娶也。

十四日，陰，閃晴，酉刻微雨數點。

十五日，陰，閃晴，午刻微雨。是日領落卷，在第八房，楊薦批：「首藝氣息清醇，詞亦縝密。」次後二比，「樹義尤精，三明暢詩可」，二場。批「五藝皆經義紛論，不苟爲，麟麟炳炳」，三場批「條分縷析，斷制謹［嚴］。」，堂批「意精筆健」，下贅一「備」字。申刻出門，歸途遇雨，夜晴。

十六日，晴。至願學堂作會文「子貢問爲仁」一節，「更闌四門聰」得「門」字。今日覆試，題。「爲天下得人者謂之仁」，「川嶽食餘清」得「清」字。

十七日，晴，晨出門。天氣炎熱。

十八日，晴。今日庶常散館。午後仲英丈相招襆被，進城詣北沙灘關帝廟一宿。散館題。擬唐李程日五色賦，以「德動天鑒祥開日華」爲韵，「際天菽粟青成堆」得「青」字，東坡訢山祈雨有應詩。

十九日，晴。晨至東廠胡同，留喫午飯。飯罷偕忻如同游隆福寺，申刻出城。傍晚仲丈來，言伊名列二等三十三，以賦中「忒」誤寫成「忒」也。館元爲馮仲摯，一等二十五，二等四十七，三等六人，吾浙列一等者三人。諸可炘、周晋麒、鮑臨。二等五人，張映梅列三等第一，不知何故。探花黃貽楫，詩中「藍」字誤寫「蔚」，遂失粘，列三等二，恐不能留館。廣東列前十名者四，姚檉甫名列一等十名，在本省已打第四矣。今日下午鐵牌進城。

二十日，晴。晨出門，晤諸又滕，言映梅卷並無錯誤，惟賦中用古體字二，或場中以此加籤。嗣知賦中「押崔嵬」字「嵬」誤寫「巍」，遂致出韵，場中自己未經看出，命也。

廿一日，晴。夜四鼓小雨。殿試第題。聖學、儉德、官人、屯田。

廿二日，陰。午後進署、拜客。夜雨寸許。

廿三日，陰，晨出門。

廿四日，晨陰，旋晴。今日小傳臚狀元曹鴻勳，山東。榜眼王賡榮，山西。探花馮文尉，浙江。傳臚吴樹梅。山東。一甲三人皆刑部，元在江西司。丁未張之萬、丙辰翁同龢、壬戌徐郙□，江西司司官，與□而四，□與探花出，陸夙韶修撰房，皆佳話也。今日雲常續絃，已刻往道喜。夜歸遇潘笛漁，言今科第十三名本已擬元，爲同考官徐季和誤加密圈，不能進呈，故置十名之後。又向來進呈之卷，須謄録工整，字無脱誤，故有佳文而不入前十者。進呈止頭場，無二、三場之卷。

廿五日，晴。聯棠今日歸第，在會館設席公賀。已刻齊集，同鄉有不到者。止坐三席。

廿六日，晴。作家書。交許小萊，銅人圖三、衛生要術四本、試帖二本、會墨一本。

廿七日，晴。晨出門，遇自東鹿來者，言饒陽、雄縣等處已於廿三得透雨，麥苗尚有救。東鹿雨雖未透，麥亦有收成，惟歉薄耳。河間一帶，則已於三月中得透雨矣。申刻至會館送行，小萊與雅琴改於初一啓行，由輪船。

廿八日，晴，下午風大。今日散館引見，浙留六，諸可炘、周晋麒、鮑臨、陳夢麟、吴講、吴□宣。部一，詹鴻瑛。知縣二，湯鼎煊、張景祁。探花以部屬用，仲丈亦留館。朝考題。論「剛健中正疏」，「清詩美政」，「年新」。

廿九日，晴。午刻在萬興居請客，晚赴侯仙舫之招，是日下午燥熱。

五月初一日，晴，夜大風。朝考，元吴樹梅，浙江列入一等十二人，朱蘋花列三十二名。

初二日，晨微雨數點，旋晴。未刻進署監印。夜大風。

初三日，晴。晨進城，晤經翁，談及殿試前十本，馮卷諸公皆賞□，殷譜翁欲置第一，經翁因其末一開精神漸差，文亦不如曹、王。曹較有骨力，故得元。吴樹梅卷用筆嫌重，不如前三名矣。楊濟清卷因第一開爲彌封官誤入彌封，故附二甲末，其卷雖佳，然尚嫩，不過二甲中間之卷，不餂得前列也。夜大風。

初四日，晨晴。出門拜客，午後陰，燥熱難過，微雨數點，夜晴，有風。有自武清來者，言該處已得透雨，連日午後即燥悶，當是城外有下雨之處。

初五日，晨晴，午後陰。作家書。交廣泰。

初六日，晴。未刻岳丈啟行赴東，徐小齋錫祉來。

初七日，晴。早晚頗涼。

初八日，晴。晨出門。

初九日，微晴。晨至芷瀾處送行，伊言十一動身。

初十日，陰，小雨，午後雨止，微陰，夜晴。

十一日，晴。作李村書、交芷瀾。寅谷書。交鑪青。

十二日，晴。作文一、「必固其材而駕焉，故栽者培之」。詩一。「人在蓬萊第一峯」。新進士引見。浙用庶常九，金星桂，嘉；馮金鑑，嘉；朱一新，金；曹昌燮，寧；陶方琦，紹；楊鴻元，杭；朱鏡清，湖；朱善祥，嘉；馮崧生，杭。與探花爲十人。部屬六，莫峻、應振緒、葉慶增、袁昶、劉一桂、李濂。中書一，陳邦瑞。知縣五，屈□□、顧家相、徐錫祉、林嵩堯、朱彭年。主事歸班，本班一。周景曾。

十三日，晴。

十四日，晴。晨出門拜客，午後作試帖二。「雨我公田」，得「公」字，「卷簾新月上」得「簾」字。傍晚陰，微雨數點，夜月色朦朧，廉纖小雨。

十五日，晴。今日考試差，題。「雅、頌各得其所」、「嶧陽孤桐，泗濱浮磬」、「罨畫溪光碧玉泉」得「洲」字。元遺山濟南雜詠詩，上句「吴兒洲渚似神仙。」

十六日，晨陰。至願學堂作會文。「文行忠信」，「滿庭花木半新栽」得「栽」字。移時小雨一陣，旋晴。

十七日，晴。申刻微雨即晴。

十八日，晴。

十九日，晴。接朔日家書。鑪青送來。午刻赴聯棠之招，在安徽館。趙介軒言，在市口見堆子上拿獲用藥迷拐人犯一名，聞名蘇，拐一男，已賣銀，二女約十四五歲，尚在伊家，業經搜獲。

二十日，晴，晨出門。

廿一日，陰。晨出。傍晚雨，入夜湘瀝旋止，塵土未濕透也。

廿二日，晴。未刻赴同司任保和恒起、鄭抒丹瓊書之招。惠豐堂。

廿三日，晴。晨出門拜客，進署。

廿四日，晴。午後大風，至觀善堂作會文。「用之則行」一節，「詩書滋味長」得「長」字，鄭思肖隱居謡。

廿五日，晨微雨，即晴，有風。吴退菴司馬宗琳自黔來。交到魯翁書。作試帖二。「有蒲與荷」得「荷」字，「暗擲金錢卜遠人」得「錢」字。

廿六日，有風。晨且泉來，偕出門。

廿七日，晴。晨出門，訪吴退菴，並晤其子餘軒，言春木狼狽之狀，爲之太息。

廿八日，晴。晨進城訪客，未遇。夜陰小雨。

廿九日，晴。晨出門，晤雲常。

三十日，晴。今日交夏至，甘霖未沛，大秋亦可危矣。

閏五月初一日，晴，連日頗熱。

初二日，晴。酉刻微雨數點。至願學堂作會文。「仲尼日月也，無得而踰焉」，「桐葉知閏」得「知」字。接偉丈書，子靜已於廿四動身。

初三日，晴。晨出門，午後作家信。由杭轉。

初四日，晴。初更陰，小雨一陣。作武林信。仲一、補一、交廣泰，附家言。同司林芷衫元賡、蔣紉秋茂蘭來。

初五日，晴。晨進城，晤經翁。出城拜客。

初六日，晴。作試帖二。「荷氣上薰風」得「風」字，「谷轉松翠密」得「松」字，孟句。

初七日，晴。晨出門拜客。今日祭社稷壇祈雨，而片雲不起。

初八日，晴。作家書。附易林四本、脈經六本、磠砂膏四兩、交周曉峯。王叔和脈經十卷，宋林億等類次本也。序云「世之傳授不一，其別有三。有以隋巢元方時行病源爲第十卷者，考其時而謬自破。有以第五分上下卷，而撮諸篇之文，別增篇目者，推其本文而義無所稽，是二者均之未睹厥真。今則考以素問、九墟、靈樞、大素、難經甲乙、仲景之書並千金方及翼説脈之篇以校之，除其重復，補脱漏，其篇第亦頗爲改易，使以類相從，仍舊爲一十卷，總九十七篇」云云。序末稱國子博士高保衡、尚書屯田郎中孫奇、光禄卿直祕閣林億等謹上。據此則已非叔和原書，世但稱林億本，其實校定者亦非林億一人也。此本爲明趙王重刊，板心上格有「趙府居敬堂」五字。後附外科集驗方二卷，乃明興獻王令良醫副［臣］周文采所集。前有興王序，末有純一道人跋。純一道人，蓋興王別號也。卷下末頁稱「趙王臣奏准刊行」，蓋爾時與脈經同付剞劂，故二書遂合在一處耳。張世賢圖注脈注（注）［訣］贋鼎流傳，坊刻甚多，而脈經則鮮刊本。趙邸所刊，尚是宋人校本，差爲近古。繆［希］雍亦有校本，不及此也。此書以銀二兩五錢購得，通內外城書坊，止此一部，亦可流傳之少矣。黄昏後陰，微雨。

初九日，晴。午初子静自蘇來。同來者周恂卿希旦、陶仲平惟坦，皆寓於此。得偉兄書。

初十日，晴，夜陰，三鼓雨聲湘瀝，達旦未息。

十一日，晨陰雨，巳刻雨止，午晴。此次雨雖不大，而歷時較長，計可數寸。順天府報三寸。

十二日，晴。

十三日，晴。作試帖二。「知人安民」得「謨」字，「日向壺中特地長」得「壺」字。

十四日，晴。晨出門拜客。作偉如書。

十五日，晴。

十六日，晴。夜三鼓雨，達旦。

十七日，雨。申酉之交傾盆如注，農田深透，可喜之至。

十八日，晴。

十九日，晨陰，午晴，未刻大雨，旋晴。夜十二點鐘雷電，大雨。

二十日，晴。酉刻内子舉一男。

廿一日，晴。

廿二日，晴。作家書，交廣泰。作德州書。交興盛。

廿三日，晴。

廿四日，陰。作文一，足食足兵。暮病。

廿五日，晴。病。

廿六日，陰，晨出門，詣姚蓮翁診脈、開方。

廿七日，微晴。病漸愈。

廿八日，晴。晨出門拜客。

廿九日，晴。連日熱甚。

六月朔，晴。晨鑪青來，交到三弟書。上月十六發。戌刻大雨。
初二日，晨陰。至興勝與送仲丈行。歸來大雨，午晴。
初三日，大雨竟日。
初四日，晴，夜小雨。
初五日，晴。晨出門，晤雲常。
初六日，晴。
初七日，晴。晨偕恂卿、仲平、子静同游十刹海。荷花極盛，在河沿喫茶，午刻到福升樓喫飯。小樓臨水，清風徐來。未刻進後門，到金鼇玉蝀橋，日高無納涼處，不能停足，遂歸。
初八日，晴。接菊人自金陵來書。
初九日，晴。接偉如書。
初十日，晴。晨出門，晤鑪青。
十一日，晴。經翁來。作偉如書。
十二日，晴。連日頗熱。作家書。交廣泰。
十四日，晴。接德州書二。
十五日，晴。晨出門，接菊人自湖荷葉洲來書。
十六日，晴。夜雨甚大，天氣稍涼。
十七日，陰雨。天頗涼爽。
十八日，晴。未正立秋，申酉微雨。
十九日，晨晴。子静之僕胡寶斗夜半患霍亂，兩骽轉筋，急延醫證視，已不救，於未刻作古。即爲棺斂，忙亂竟日。酉刻雨，夜雨湘瀝。

二十日，晴。庚三彌月。

廿一日，晴。晨出門進城，晤經丈。

廿二日，晴。

廿三日，晴。作德州書。交興盛。酉刻出門。

廿四日，晴。作魯斯書。交吴退菴。

廿五日，晴。晨出門，聞吾鄉南商林地方，於此月初三日下雪，積三寸許，奇笑也。或又言雲巢。

廿六日，微陰。

廿七日，晴。

廿八日，晴。

廿九日，晴。晨出門。

七月初一日，晴。晨進城，晤經丈。

初二日，陰，大雨。

初三日，晨微陰，午後雨。作文一、「魯無君子者斯焉取斯」。詩一。「詩人愛竹如愛賓」，得「賓」字。

初四日，陰雨。

初五日，晨微晴，午後陰雨，黄昏大風，有雨。

初六日，晴。晨出門，晤林貞伯方伯肇元。接家中六月十九信。姚來。

七夕，晴。吴退菴來，言安徽青陽、［湯］陽皆有戕官失守城池事，青陽是會匪，湯陽是捻匪，桐城地方拏獲翦

［辮］子者甚多，此事始於金陵，而揚，而蘇，而上海，又至桐城矣。

初八日，晴。

初九日，晴。作金臺書院甄别文。「人不可以無耻，無耻之耻」，「家爲買琴添舊債」，得「添」字。接杭信。

初十日，晴，天氣復熱。

十一日，晴。作家書、由杭。武林書。交廣泰。是日晨出門，晤雲常，進署。

十二日，晴。作試帖。「清風徐來」得「清」字。

十三日，晴。作觀善堂約課「中心悦而誠服也，如七十子之服孔子也」，「嘯竹引清吹」得「清」字。夜大風雨。

十四日，晴。天氣復凉，作偉如書。

十五日，陰雨。午刻進署監印。雲丈於今日來京，住玉成店。

十六日，陰，辰刻微雨。偕子静至願學堂作會文。「德潤身，心廣體胖」，「桂花秋皎游」得「張」字。夜作試帖。「竹裏新添賣酒家」得「村」字，張熣詩。

十七日，陰。

十八日，晴。晨進城，至東廠，不遇。

十九日，陰。晨出門，訪汪笙叔，託其至順天府辦送考文。

二十日，晴。偕子静至觀善堂作會文。「善誘人，博我以文」，「科舉人才兩榜寬」得「寬」字。是日申初時辰，有聲自西北來，轟轟如在屋上過，地亦爲之震動，移時問之，知有火藥車七兩，在西直門外斗然失火，車馬、人夫皆不知所之矣。

廿一日，晴。晨出門拜客，午後子静邀至文昌館觀劇。作魯斯、蘭汀書。交林貞伯。

廿二日，陰雨。

廿三日，陰，微有雨。

廿四日，晴。子静邀宴賓齋，飯罷觀劇。

廿五日，晴。

廿六日，晴。午後至周詠花處道喜，喫酒。

廿七日，晴。雲丈、鷺丈邀喫慶福居，飯後觀劇。

廿八日，晴。

廿九日，晨陰，旋晴。午刻在萬興居請客，飯後至文昌館觀劇。

三十日，晴。子静邀至文昌館觀劇。

八月朔，微晴。作菊人書。

初二日，陰。作芷瀾書、筱琴書，交全東盛。作德州書，交興盛。接德州書。

初三日，晴。

初四日，晴。

初五日，晴。

初六日，陰。子静偕兩師移寓城内，傍晚雨，連霄達旦。

初七日，晨陰，巳午有小雨，未刻晴。是日五鼓起，進城送考，日暮始歸。

初八日，晴，微有風。

初九日，晴。

初十日，晴。大風驟冷。午後進城望考，日暮方歸。頭場題。「抑爲之不厭」三句，「是故居上不驕」至「以興」，「禹、稷當平世」一節，「秋風起兮白雲飛」得「辭」字。

十一日，晴。晨偕熙臺至金臺書院，午後病。

十二日，晴，病。

十三日，晴。病漸減。二場題。「蒙以養正，聖功也」，「圻父薄違」三句，「觀其流泉」，「齊侯救邢」閔公二年，「昔者仲尼觀於蜡賓」。

十四日，晴，病愈。

中秋，晴。午出門，天復煖。作魯斯、蘭汀書。交吴退菴。

十六日，晴。晨進城拜壽，午後子静偕兩師移出城來。三場題。經義，文體、田制、兵制、治河。
十七日，晴。
十八日，晴。晨出門，晚間爲諸公接場。作偉如書。
十九日，晴。作家書。交廣泰。申刻驟雨如注，夜晴。
二十日，晴。接五弟初五自武林來書，接言郡城嗣［辦］等事，情形甚爲驚惶，甚有搬注上海者，故五弟未赴省也。風大，午赴同泰之招，寶興堂。夜赴雲、鷺丈之招。萬興居。
廿一日，晴。子静偕兩師南歸。
廿二日，陰。
廿三日，晴。晨出門，晚赴次泉之招。萬興居。
廿四日，晴。午刻在萬興居請客，接場。
廿五日，晴。午至富順店。
廿六日，晴。晨至廠肆。顏積生來，郡城遷徙者紛紛，人情騷動。
廿七日，晴。晨至富順店送鷺丈行，午正始開車。酉刻雲丈移來下榻。雲常來。郡城妖言稍息。
廿八日，晴。夜半雨。
廿九日，晴。接三弟十八日自杭來書及場作二首。湖州妖匪事已漸息矣。

九月初一日，晴。
初二日，晴。至願學堂作會文。「吾未嘗無誨」，「以文常會文」得「文」字。
初三日，晴。午刻辛酉同年公請鈕潤生玉庚、譚叔裕宗後兩學使、劉雲泉澤遠太守，在安徽館。晚赴邀子雅之招，在龍源樓。
初四日，晴。

初五日，晴。巳刻進城拜壽，經笙六十大慶也。午後歸寓，作芷瀾書，菊人書二。附陳信及扇面二、萬應錠，應吴望雲。是日接芷瀾書、菊人書。
初六日，晴。夜雨。
初七日，晴。
初八日，晴。晚赴仙舫之招。
重九，晴。鄉試紅録出，子静中式廿八名，其堂兄鶴亭志宲中司廿四名，皆南官也。南皿連官卷中三十八名，江蘇十七，安徽五，福建二，江西四，湖北二，湖南四，浙江僅四人，亦向來無此之少。吾湖又脱科矣。
初十日，晴。作偉如書、子静書，交廣東。作家書。交廣東。
十一日，晴。擬移住中院，是日移家具。
十二日，晴。移住中院。
十三日，陰。
十四日，晴。晨經翁來。旋出門，晤雲常。午後拜客，進署。
十五日，晴。晨進城拜客。夜大風，有雪子。
十六日，晴。晨進城。是日大風。
十七日，晴。大風。
十八日，晴。午刻在餘慶堂公請張藴梅同年。
十九日，晴。午刻辛酉同年在謝公祠秋團，余在主人之列。
二十日，晴。
二十一日，晴，風大。薄暮送徐次泉行，傅□函來。
二十二日，晴，風。晨出門，晤王子範。
二十三日，陰，晴，忽大風。接武林書。初七發。

二十四日，晴。晨鑪青處送信來，知浙榜揭曉，三弟中式七十四名。湖共中八人，許文泳、安。俞祖綏蔭甫，子德青。傅桐豫、烏。蔡汝鍠、安。徐夙衡、小豁子，烏。張堯淦、安。俞佳鍾香坪姪，烏。及三弟也。副榜一人，鈕承應。巳刻至唐西生處看全録，解元戈桂馨，平湖人。杭人中認識者吳子修慶坻，中第七。接子靜初十日信。酉刻接三弟初十［信］，浙闈係是日揭曉也。共中二百零四名，杭廿、副三。嘉九、副一。湖八、副一。寧廿二、副六。紹卅二、副四。臺五、副二。金三、副一。嚴一、温四。夜半風。

二十五日，晴，下午陰。晨出門拜客，進城道喜。夜大風。

二十六日，晴，風。作家書。交廣泰。

二十七日，晨晴，出門。午後陰。作春木書、蘭汀書、魯斯書，交張主事主敬。作子靜書。交同泰，附闈墨及文六。

二十八日，晴。

二十九日，晴。晨出門，午後陰。

三十日，午前晴，午後陰。作伯朗書。國朝館選録乾隆十一年，仁和沈椒園侍御廷芳始輯成書。起順治丙戌，迄乾隆乙丑。前有張文和公序，廷玉。板存館下。三十一年陸丹叔太史費墀暨椒園哲嗣世瑋重訂，續增至丙戌科止。已丑以後則院吏按年續入，至光緒丙子科止。

十月初一日，晴。晨出門。

初二日，晴。至願學堂作會文。「夫［達］也者」兩節，「求儒務求真」得「真」字。

初三日，晴。晨出門。

初四日，晴。赴高紫函之招。福隆堂。

初五日，晴。

初六日，晴。

初七日，晴。

初八日，晴。
初九日，晴。晨進城晤經丈。接偉如書，言明年來送子宜考蔭，子靜會試，即行起病，銷假。
初十日，晨晴，晚陰。
十一日，晴。
十二日，晨晴，下午陰，頗有雪意，夜大風。
十三日，晴。接鷺翁書。
十四日，雪。隨下隨化，積不盈分。午後止，夜晴。
十五日，晴。午後出門拜客。夜大風。
十六日，晴。至願學堂作會文。「是故君子誠之爲貴」至「成物知也」，「得雪晴更佳」得「佳」字。
十七日，晴。大風。作家書，交廣泰。作偉如書。交廣泰，附紱庭書。
十八日，陰。
十九日，陰。
二十日，陰竟日，夜飛雪，積不盈半分。申刻至觀音院，同鄉姚子實逝世，今日念經也。
二十一日，陰，夜晴，大風。作文一。「禹疏九河」至「之江」。
二十二日，晴，午後起風，入夜尤狂。作詩二。「遠水無波」得「波」字，「花壺夜凍先除水」得「壺」字，放翁句。
二十三日，晴，風冷甚。午後出門拜客，進署。
二十四，晴。晨出門。
二十五日，晴。作金臺書院冬季甄别。「我亦欲正人心」，「三冬文史足用」得「冬」字。
二十六日，午後雲丈邀至文昌。
二十七日，晴。作德州書。鷺丈一、小雲一。
二十八日，晴。

二十九日，雪竟日，得有寸許。

三十日，陰。作文一。「然後驅而之善，故民之從之也輕」。

十一月初一日，晴。

初二日，晴。至願學堂作會文。「康誥曰作新民」，「掃雪開松徑」得「開」字。

初三日，晴。

初四日，晴，冷。作試帖二。「冰生池玉」得「生」字，韓鄂歲華紀麗，上句「菊謝籬金」。「料得南枝有早梅」得「梅」字。

初五日，晴。作家書。交廣泰，附姚連翁信。

初六日，陰。晨至惜字會館放棉衣票、錢票，所備之票一萬張，尚不足，放見錢七百餘千。

初七日，晴。晨至惜字館放棉衣錢，日暮方畢，計放棉衣三千餘件，見錢五千千。申刻起風。

初八日，晴。爲成雨林作延嗣録序及蒙養編序，並爲檢點一過。

初九日，晴。午刻劉健卿邀喫飯。萬興。庚三於昨晨小有不適，今晨尚陽陽如常，午後忽發痙狀，似角（了）［弓］反張，余薄暮歸家，始知之。急請凌熙臺一看，熙臺言是驚風，因服廣東回春丹二粒。二鼓後復患厥痰誕上壅，凡四五次，家人終夜不能安眠。

初十日，晴。晨延姚蓮翁來診，言指紋純青，病在風木，用鎮驚息風之品，並服曲嫗處取來之追風滚痰散。日暮始服湯藥，神氣略清，安睡兩時許，醒後又服二道，食乳。乳畢，移時痰厥又來，加以抽掣。［聰］門下陷，外腎上搐，狀極危險，約兩時許痰勢略平復，四鼓後，能食乳。此夜家人亦未安眠。

十一日，晴。晨延蓮翁來，眼邊紅，起珠。用清肝肺熱及降痰下氣之品，服之痰漸清。是日［痰］厥不復發，勢始定。

十二日，晴。晨延蓮翁來，用宣肺清熱化痰之品。是日神氣漸清。鐙下作試帖二。「犀辟塵埃玉辟寒」，義山碧城詩。「放鶴人歸雪滿舟」得「梅」字。高啓句。

十三日，晴。今晨庚三眼光漸活，惟眼邊尚紅、聲嗄不亮，因詣蓮翁處，開凉血清熱宣肺［諸］味，是又爲狗嗽所驚。

十四日，晴。晨庚三之風又作，仍延蓮翁來治，方劑同前，鎮驚清熱宣肺。午後兩手緊握不能張，乃筋脈拘攣之故。又往蓮翁處定方，加入平肺下氣之品。晚間驚風不作。

十五日，陰。仍移居東院。庚三午間後爲狗驚，午後驚風又作，服曲嫗追風滾痰散，夜間不作。是晨飛雪數點。

十六日，陰，晨雪花復飛。午後出門拜客。薄暮雪漸盛，中夜始止，積有五寸，豐年之象，爲數年來所未見。雪止，風大起，晴。

十七日，晴。風大。午後復延蓮翁來爲庚三診視，服養肝清熱安神之品。

十八日，晴。雪後嚴寒。

十九日，陰。硯壺皆冰，近年無此寒信也。

二十日，晴。未刻吴老太太出殯，于三聖菴，前往送殯。

廿一日，晴。天氣少和煖。

廿二日，晴。吴時齋移居棉花四巷。午刻同年在天福堂公餞勞玉磋。

廿三日，晴。

廿四日，晴。

廿五日，晴。作試帖二。「雪夜訪［戴］」得「猷」字，「斷雲流水孤山路」得「山」字，王冕句。

廿六日，陰。暮飛雪數點，夜晴，大風。

廿七日，晴，大風，冷甚。作文一。「中道而立，能者從之」。

廿八日，晴，風冷。午後出門，拜客，進署。

廿九日，晴。午後進城，晤經丈。

十二月初一日，晴。

初二日，晴。午刻同榜消寒，局在萬福居，作主人。趙瑾伯家、鮑敦甫臨、毛溪芷琅、俞筱雲斯瑁、溪芷抱恙未到。

到者連主人得三十人。

初三日，晴。晨出門。

初四日，曉霜，午晴。午後出門。

初五日，晴。作文一，「王者之民皞皞如也」。接德州書。

初六日，早霜，晴。

初七日，晴。時齋今日移來西跨院居住，因新居邪祟不安，家人多病也。

初八日，晴。午後出門。

初九日，陰。晨出門，拜客。

初十日，陰。晨出門，至東城。午後雪。

十一日，晴，大風。作書院月課文二。「禮之用和」一節，「以待來年」。

十二日，晴。作試帖二。「冬烘」得「冬」字，「重與細論文」得「詩」字。晚赴夏竹軒之招，坐客有山左來者，知山左爾於

上月十六得雪，以南尤大，明［年］之豐亨可慶也。

十三日，晴。晨出門。

十四日，晴。作試帖二。「班定遠平西域」得「班」字，「柳捎含緑認春歸」得「捎」字。

十五日，晴。午後出門。

十六日，晴。

十七日，晴。午刻同年消寒第三集，在且園。主人五，余與保初、眉生、韵卿、小村。小村有事未到，客到者二十四人。

十八日，晴。晨出門，午後又出門。是日庚三又病。

十九日，晴。晚赴岳丈之招。萬興居。

二十日，晨起霜，霧甚濃，午後晴，夜陰。作文一。「其爲氣也，配義與道」。

廿一日，雪。

廿二日，陰，暮雪。

廿三日，雪，午後雪止。庚三連服蓮翁方未效，今晚延市醫李姓推拏，言是啞驚。

廿四日，晴。

廿五日，晴。晚陰，夜雪。

廿六日，晨陰，微雪，出門，午後晴。

廿七日，晴。午後出門。夜大風。

廿八日，晨陰，旋晴，風。

廿九日，晴冷。晨出門。

除夕，晴，冷，夜四鼓大風起。

丁丑　光緒三年（一八七七）

正月朔，晴，大風冷。
初二日，晴。出門拜年。
初三日，晴。
初四日，晴。午後大風。
初五日，晴，大風。
初六日，晴，大風。
初七日，晴，天稍煖和。周宅老姨太太逝世，偕雲丈前往照料。
初八日，晴。晨出門拜客，進城至東廠胡同，陪仲梓先生。申刻飯罷，至大溝沿，歸來上燈矣。
初九日，晴。午至廣和居，同年消寒第五集也。作東者枚升、梅垞、達夫、勛甫、吉孫。
初十日，晴。天津駐防淮軍於初二日殺死管帶，兵官四潰凡兩營，不知其起事之由。
十一日，陰，大風。
十二日，晴。
十三日，晴。作文一。「夫仁，天之尊爵也，人之安宅也。」
十四日，晴。
上元，晴，四鼓月食。
十六日，陰，夜微雪。
十七日，半陰晴。
十八日，半陰晴。午後出門拜客。

十九日，半陰晴。申刻進署當月。是日辰刻開印，各衙門多不辦事，並空文亦無，此尋常所未遇也。同事滿人博泰，號介臣，察侍郎少君也。

二十日，晴。申刻歸病。

廿一日，晴。

廿二日，晴。

廿三日，晴。

廿四日，晴。

廿五日，晨陰，午後晴。作試帖二。「豐年爲上瑞」得「豐」字，「不知江柳已摇村」得「知」字。

廿六日，晴，風。

廿七日，晴。自十四感受風寒，日久不愈。今日請熙臺來開方，服藥。

廿八日，晴。午後大風。　又請熙臺來。

廿九日，晴，風。

三十日，晴。

二月初一日。晴。

初二日，晴，午後風。

初三日，申刻接偉如自天津來書，知於正月十七日動身。廿九，到大沽，三弟偕來。

初四日，晴。遣張升至俞家園迓偉兄。上燈後，彭宅遣車夫來，通知偉兄今晚宿俞家園，明日進城。

初五日，晴。巳刻，三弟到都。同偉如來者，子宜、子静及貞孚、子祥。西席王酉山、記室張留仙。夜雨。

初六日，陰。

初七日，晴。午後經丈來。

初八日，晴。

初九日，晴。作書院春季課。「五畝之宅」四段，「春城雨色動微寒」得「春」字。

初十日，晴。

十一日，陰。晨進城至東廠胡同，並往看小寓。夜雨雪交作。

十二日，陰。午後囑律泰進城看小寓，仍在裱褙胡同子靜秋闈舊寓也。

十三日，晴。晨進城晤經丈。

十四日，晴。三弟於申刻襆被進城住小寓，明日覆試也。

十五日，陰。五鼓偕虛臺至舉場送考，浙江在東磚門點名，頭一省七下開點入場，午後開齋。三弟日暮出城，試題爲「多聞闕疑」至「寡尤」，「春風起棹歌」得「春」字。

十六日，晴。偕子靜至願學堂作會文，「庶民興斯無邪慝矣」，「求真得良友」得「真」字。是日已刻，至東廠未遇。浙江楊乃武案，經刑部奏結平反，今日奉旨楊中丞、胡欽使及承審之知府二人、知縣四人皆革職。餘杭縣劉錫彤發黑龍江效力贖罪。楊乃武依不應重律杖八十，已革去舉人，無庸議。

十七日，晴。

十八日，陰。卯刻内閣報來，偉兄補湖北、孫琹西調江寧也。是日，大風。

十九日，晴。偉兄於昨日進城，宿黄酒館。今日謝恩，五鼓赴乾清門知謝。謝恩者皆未叫起兒。覆試閱卷，於今日覆命。一等八十名，第一汪槼湖南，第二劉傳祁江蘇。二等四百名，三等六百九十五名，四等四名，共一千一百七十九名。四等浙一錢，陝、雲南一、河南一。

二十日，晴，風。

廿一日，晴。偕三弟、子至觀善堂作會文。「行已有恥」四句，「馬蹴同踏杏園春」得「春」字。

廿二日，晴。申刻送子靜進城，宿黄酒館，明日覆試。

廿三日，晴。一點起，四點送子靜至中左門，五點半鐘點名，領卷。是日題「宗族稱孝焉」，賦得「春水絮吹魚」

得「吹」字。三弟發家書。

二十四日，陰雨竟日不止，潤物無聲。

廿五日，晴。

廿六日，晴。午刻邀偉兄在萬興小酌，鑪青作陪。鑪青於昨日引見，補授福建道御史矣。晚雲丈請客，邀作陪，亦在萬興。接杭信。

廿七日，晴。

廿八日，晴。午後出門拜客。

廿九日，晴。

三十日，晴。

三月朔，半陰晴。午後陰，入夜雨。

初二日，晴。至願學堂作會文，「仁者不憂」三句，「昨夜新雷催好雨」得「催」字。夜陰。

初三日，晴帶陰，大風。

初四日，晴。

初五日，晴。

初六日，晴。會試總裁放，寶［鋆］、毛昶煕、錢寶廉、崑岡。午後移入内城小寓。裱褙胡同。

初七日，晴。

初八日，晴。辰初點名進場，在東文三十三號。

初九日，陰。丑正題紙來。「修己以安百姓」，「言世爲天下則」，「見賢焉，然後用之」，賦得「露苗烟蕊滿山春」得「烟」字。天明始起搆思，午正首藝脱稿。申初次藝成，酉初詩成，戌正三藝成，復改削首篇，十二下鐘始睡。

初十日，陰雨。午未之交大雨如注。是日晨起，復改削首藝及詩，巳正始謄真。申刻真草皆畢，交卷出場。其時雨已止，而角道已泥淖不堪矣。

十一日，晴。辰初進場，在西三十九號。

十二日，陰。丑初題紙來。「齊乎巽巽，東南也，齊也者言物之潔齊也」，「五者來備，各以其敘，庶草蕃廡」，「有馮有翼有孝有德以引以翼」，「晉侯使士匄來聘」哀公八年，「遂其辭，則實以君子之德」。天明始起作文，酉初易經、書經、詩三藝真草皆畢。十二下鐘，春秋、禮記亦脱稿，即睡。是日陰雨，入夜尤大，達旦不息。

十三日，陰，天明時雨未息。即起錄後二藝，辰正真草皆畢，即出場。其時雨暫止。

十四日，晴，大風。辰初進場，在東露十五號。

十五日，晴。子初題紙來，經學、史學、吏治、兵制、評詩。天明始起，展卷疾書，酉正真草皆畢。

十六日，晨陰即晴。天明出場，即出城。偉翁邀至萬福居小酌。

十七日，晴。午刻偉翁又邀至萬福小酌，飯罷觀劇。

十八日，晴。午後到前門。

十九日，晨偕三弟進城，至東胡同，晤經丈。

二十日，晴。晨出門拜客。偉兄於巳刻行，先到通州，俟大衆到齊，南行。

廿一日，晴。作魯斯舅、退菴、林貞伯、王介峰各位，均託偉兄到鄂遞黔。又作偉兄信，均交張留仙帶去。又作大姊信，交信局寄。三弟作家書，附大卷各件，託貞孚到滬寄。交惇。

廿二日，晴。貞孚、留仙於未刻起身赴通。

廿三日，陰。晨出門，晤莘師。

廿四日，陰。午刻赴經丈之招，夜雨。是日得黔中消息。

廿五日，晨，陰雨，午後開霽。

廿六日，晴。

廿七日，陰雨竟日。

廿八日，陰雨。晨出門，作偉如書，交子宜。是日陰雨竟日，入夜尤大。

廿九日，晨陰雨，旋閃晴，申刻又雨，雷聲殷殷，旋晴。晚赴鑪青之召，福隆堂。道路泥濘異常，車行甚險。

四月初一日，晨晴。午刻赴岳丈之召，萬福居。午後陰，申刻雨又作，旋晴。

初二日，晴。夜陰雨。

初三日，晨晴。出門訪客，下午又陰，夜晴。

初四日，陰雨。

初五日，晴。子宜請在福興居喫飯。

初六日，晴。午刻在福興居請客。飯後到廣和樓觀劇。

初七日，晴。浙榜團拜，列單者七十四人，進場者六十二人，到者六十三人。在安徽館。

初八日，晴陰半。湖州接場在安徽館。薄暮淅雨，夜晴。

初九日，晴陰半。子宜邀在同樂觀劇，後半夜雨。

初十日，晨大雷小雨，午止。

十一日，晴。是日看紅錄，至晚杳然。

十二日，晴。看題名。湖州中三人，梁枚□、張楨、傅桐豫。杭十、嘉一、寧四、紹五、臺二。

十三日，晴，天甚熱。晨出門，巳刻至大溝沿陪新郎。看樞垣紀略，是書凡二十八卷，原編係梁林茝中丞章鉅章京時所撰。爲門七，爲卷十六，書成於道光癸未。經李侍讀彦章拾遺正誤，首「訓諭」、次「除授」、次「恩叙」、次「規制」、次「題名」、次「詩文」、次「襍記」。光緒乙亥恭親王、屬章京朱智等重加修輯。「訓諭」至「詩文」六門增十二卷，故爲卷二十八云。

十四日，晴。

十五日，晴。

十六日，晴，風。晨出門，今日覆試，題。「柔遠人則四方歸之」，「山張屏幛緑参差」得「山」字。

十七日，晴。酉刻大雷雨，即放晴。
十八日，半晴陰。今日散館，題。「三階平則風雨時」以題爲韵，「奇文共欣賞」得「文」字。
十九日，晴。晨出門拜客。
二十日，晴。
廿一日，晴。
廿二日，晴，夜大風。
廿三日，晴，大風。作武林書。仲一、補一交吴子修。
廿四日，晴，大風。費升庵來，帶到五弟書並野术。
廿五日，晴。
廿六日，陰。晨出門，薄暮雨，即晴。
廿七日，晴。
廿八日，晴。偕三弟出門買物。
廿九日，陰雨。未後雨止，出門買物。

五月初一日，晴。
初二日，晴。天氣頗熱。
初三日，晴。
初四日，晴。
重五，晴。
初六日，晴。
初七日，晴。雲丈邀觀劇。

初八日，晴。

初九日，晴。

初十日，晴。

十一日，晴。三弟行南旋，送至東城，順便拜客。申刻微雨，即晴。

十二日，晴。作揚州書、甫廷一、德卿一交局。似竹書。交偉。

十三日，晨晴。子宜昆弟邀往長吴會館觀劇。下午傍晚大雷雨，三鼓始止。

十四日，晴。午刻至長椿寺，叔安將撤座，今日諷經也。夜雨甚大。

十五日，晴。子宜今日考生，題爲「天地順而四時當論」、「謹庠序之聲策」。同考者共八人。

十六日，晴。作吴退菴書。交偉。

十七日，晴。得三弟十四日自津來書，知於十一開船，十四未刻，已定十六附海琛南行。

十八日，晴。晨進城拜客，進署。作小雲書、交鷺。春木書、蘭書。交偉。

十九日，晴。午前出門拜客。

二十日，晴。

廿一日，晴。

廿二日，晴。晨出門拜客，午後在廣德樓請客觀劇。

廿三日，晴。

廿四日，晨微雨即晴，出門至大溝沿道喜。又至莘師處探喪。又至觀音院，伯朗夫人逝世，今日唸經也。

廿五日，晴。

廿六日，陰晴相半。同司李子襄擢英來，榜下分部者。

廿七日，陰雨。小滿之後，南昌天氣微煖，各鄉早稻已出苗，小暑之期可望成熟。土人名爲五十日早、其次爲二樣早、湖廣早、撫州早、進賢早。穀粒上皆無芒，其有芒者，爲「青占一枝搶」，「離見愁」品最劣，在大暑後刈割。

又早稻中亦有遲收者，爲邱水最遲。爲瘦穀早，計其登場之時，近秋期矣。

廿八日，晴。接五弟初三日書，熙臺交來。本家子楫竹墩來，山東縣丞。

廿九日，晨。出門拜客，又至王莘師，至公祭太師母同硯五人。午刻至安徽館，同司公請錫菊泉恩太守。

三十日，晴。作家書、交子宜。偉書。交子宜。

六月初一日，陰。吴清卿太史邀游十刹海，巳刻到彼，在市樓小酌，清風徐來，爽人心目。未刻間，冒雨而歸。

初二日，晨陰，午晴。子宜昆季於侵晨南行，酉山先生同往。

初三日，晴。移居西院正房。申刻趕車自通回，得子宜書。

初四日，晨陰雨，惜不大，巳刻晴。連旬又患雨少，糧值復長。

初五日，晴。

初六日，晴。吴清卿移來同居。接魯斯書、偉如書。

初七日，晴。午刻至大溝沿道喜。是日看史記九頁。

初八日，晴。看史記三十九頁。今日上祈雨。

初九日，晴。天酷暑，寒暑表至八十九分。看史記三十頁。

初十日，晴。下午微有雲。看史記三十九頁。

十一日，午前陰雨，申刻夜雨，尚未透也。是日晨起看史記十頁，巳刻進署。當月滿人傅潤齋琦，宗室，前靖迸將軍公奕山之孫。

十二日，晴。巳刻歸寓，内子於辰初七下鐘舉一女，已呱呱而泣矣。午後看史記十九頁。

十三日，晴帶陰。看史記七十一頁。夜雨較大，達旦未息。

十四日，晨小雨即止，尚嫌不透，夜晴。看史記四十四頁。錄瑞師稟。交本宅。

十五日，晴。作偉如書，交同順附知□一。看史記廿三頁。

十六日，晴。晨進城拜客，午後看史記三十七頁。

十七日，晴。今日天又熱，寒暑表至八十七分。巳刻至王師處陪弔，申刻歸。看史記五十四頁。

十八日，晴。看史記七十三頁。夜微雨數陣，三鼓晴。寒暑表八十九分。

十九日，晴。作子宜、静書，交同泰。看史記七十五頁。寒暑表八十九分半。

二十日，晴。看史記八十三頁。

廿一日，晴。看史記百十六頁。

廿二日，晴。看史記六十八頁。

廿三日，晴。午前出門拜客。看史記二十頁。鷺洲丈自潞河來，下榻於此。

廿四日，晴，微有雲。看史記五十頁。日暮水雲勝火雲，以爲有雨矣。而天仍晴，五鼓始有小雨。

廿五日，天明小雨，辰刻大雨如注，竟日不息。入夜猶簷溜泠泠也。久旱之後得此甘霖，尚可救枯於十五也。

廿六日，天明雨，辰刻漸止，午刻開霽，午後晴。看史記廿七頁。作潘甄甫書。交同泰，附簿一、折一。看史記五十六頁。

廿七日，晴。看史記十五頁。

廿八日，微陰。晨作王個峯、蘭汀、魯斯三書，交李果行，名慎。作家書。交廣泰。看史記十二頁。申刻王耕石來，宗炎。個峯第二郎也。帶到個峯書，耕石以知縣分發湖南。

廿九日，大雨數陣。看史記十五頁。

七月初一日，陰雨，夜雨較大。看史記二十頁，寄南皮書。

初二日，晴。看史記十八頁，天氣漸凉，有秋意。

初三日，晴。天氣爽，寒暑表退至七十六分。晨出拜客，歸後，看史記廿四頁。

初四日，晴。看史記十七頁。是晨經翁來。

初五日，晴。看史記十二頁。

初六日，晴。看史記三十五頁。

七夕，晴。作小雲書、二姑奶奶書，交鷺，頭繩、耳環、花菽、附子等件。鷺叔今日旋通，巳刻動身。看史記廿六頁。

初八日，晴。晨出門，歸來看史記廿六頁。夜三鼓雨。

初九日，陰。看史記四十九頁。晚赴仙舫之招。夜雨。

初十日，晨，陰旋晴。巳正至大溝沿，申初送妝至葛宅。有黑雲自西北來，即出城，行至西河沿，大風雨驟至，冒雨歸，衣履盡濡。是日看史記廿九頁。

十一日，晴。晨至大溝沿，未刻送親至内城。申刻又往會親，歸來倦甚。

十二日，晴。晨至上斜街，王又沂年丈開弔也。周旋半日，午後至柵欄，燈［下］看史記九頁。前日大風，西城最甚。兵馬司街鄧宅屋後大樹折爲兩段，將鄰屋壓倒，屋内六人，一小孩壓死，一受傷。教厰胡同大樹倒地，鑪青宅内上屋後院大春樹，中裂爲二，樹根搖動，堂屋内方磚掀起，兩層後院大墻全倒。永光寺羅宅大樹倒地，打壞上房兩間。東城則風甚小也。

十三日，晴。看史記十九頁。

十四日，晴。看史記廿二頁。

十五日，晴。看史記廿四頁。

十六日，晴。看史記六頁。午刻岳丈請葛振卿伉儷，相陪半日。暮雨。

十七日，晴。看史記四十七頁。

十八日，陰，下午晴。看史記二十六頁。

十九日，晴。看史記廿三頁。晚岳丈招飲，在萬興居。

二十日，晴。出門拜客，午後同年在嵩雲草堂公請新庶常楊雪漁、梁小帆、黃循陔、楊定甹及廣西思恩縣陳學黯，日暮始散。散時天陰小雨。燈下看史記十六頁，夜雨達旦。接家中七夕書。

廿一日，陰雨。看史記三十四頁。

廿二日，晴。卯刻出門，送夏竹軒行。歸來看史記四頁，又出門，日暮始歸。

廿三日，晴。晨進城訪費申菴，午後又出門。燈下看史記六頁。

廿四日，晴。看史記廿頁。

廿五日，晴。看史記四十二頁。

廿六日，晴。看史記廿四頁。

廿七日，晴。看史記五頁。作王個峯書，交耕石。接偉如、子宜書。是日巳刻出門，日暮始歸。

廿八日，晴。看史記廿二頁。

廿九日，陰。午後出門拜客。看史記廿九頁。夜雨甚大。

八月初一日，晴。看史記六十五頁。

初二日，晴。看史記三十四頁。

初三日，晴。看史記五十二頁。

初四日，晴。看史記四十二頁。酉刻至山會邑館拜壽，金梅垞翁雙壽。

初五日，晴。看史記十六頁。

初六日，晴。燈下看史記三頁。是日晨出門，午刻在松筠菴公請王與軒廉訪。

初七日，晨小雨旋晴。出門，午後又出門，［燈］下看史記三頁。連日左目不良，展卷頗形喫力。

初八日，晴。晨□函來，今日爲沈三姨母六十冥壽，在觀音院唪經。巳刻前往行禮，句留半日，歸來已申刻。振卿來，燈下看史記四頁。

初九日，晴。看史記廿四頁，下午出門。

初十日，晴。午前出門，午後作家書，交廣泰，附凌、傅二書。看史記三十六頁。

十一日，晴。晨出門，午後作友蘭書，交梁小帆。看史記四十四頁。
十二日，晴。看史記九十二頁。自六月初一日看起，至此爲六十四日，看史一周，此爲第四過矣。南窗多暇，偶有所見，書之於短册，成史記瑣言三卷，雖不足以言學問，然歲月消磨於此中矣。故録而存之。
十三日，晴。羅吉孫同年在觀音院爲其亡親做冥壽，午前到彼行禮。
十四日，晴。作偉如書。
中秋陰，雨竟日。
十六日，晴。午刻至東廠胡同拜壽。
十七日，晴。不觀書者，四日矣。午後看漢書四頁，以德藩本、官本、毛本、凌本相校。
十八日，晴。午前出門，午後看漢書六頁。
十九日，晴。晨進城謁瑞睦師，午後看漢書九頁。
二十日，晴。晨出門。看漢書十頁。
廿一日，晴。晨出門即歸，看漢書一頁。午後出門進署，在署聞鑪青放四川重慶府，出署往道喜，未晤。［燈］下看漢書三頁。
廿二日，晴。看漢書十一頁。
廿三日，晴，晨出門。看漢書十三頁一卷。
廿四日，晴。申刻出門。看漢書一卷七頁。
廿五日，晴。看漢書十三頁。是日巳刻進城，至費申菴處。
廿六日，晴。看漢書七頁。
廿七日，晴。在嵩雲草堂公請瑞師，巳刻往，酉刻始歸。［燈］下看漢書一卷七頁。
廿八日，晴。看漢書一卷十六頁。
廿九日，晴。晨進城至東廠胡同，留喫飯。飯罷至頭條胡同，申刻歸，看漢書一卷九頁。

三十日，晴。午前出門，午後進署。燈下看漢書一卷十一頁。

九月朔。看漢書二卷十一頁。

初二日，陰。看漢書三十一頁。

初三日，晴。晨作家書，交費申庵，外使女一，名平安。巳刻在萬興居請客。申刻飯罷歸來，爲熙臺作書院課卷，故是日未看漢書。夜大風。

初四日，黎明到西長安門監收囚犯，巳刻歸。今日大風，重棉尚不能禦寒也。午後看漢書五頁。晚赴肖泉之招。

初五日，晴，大風。午刻進城，至東厰拜壽。歸來看漢書十一頁。

初六日，晨出門，午出門。看漢書十頁。作家書，交熙臺，附對聯。作周恂卿書。交錦盛。

初七日，晴。看漢書三十三頁。夜陰。

初八日，雨，午刻雨止，晴。看漢書三十頁。

重九，晴。作家中數行字，交熙臺，附木戳兩個。明日準走。午刻出門，至前門。是日看漢書四十三頁。

初十日，晴。晨出門，送熙臺行。午後進署、拜客。燈下看漢書四頁。

十一日，陰，晨微雨，午後微晴。看漢書二十頁。

十二日，陰。傍晚看漢書十三頁。是日午前出門，午後有客來，岳翁生日也。

十三日，陰，夜大風，晴。晨至厰肆，歸來看漢書三十頁。

十四日，晴。晨至東小市看衣服，喫永和軒，歸已未刻，風又作。看漢書十二頁。

十五日，晴。看漢書二十頁。申刻至善成堂。夜風。

十六日，晴，風，日轉甚。晨至東四牌樓，午赴葛振卿之招，太昇樓。歸看漢書十頁。

十七日，晴，風。晨偕雲丈出門，午後看漢書二十四頁。

十八日，晴。看漢書廿一頁。

十九日，晴，風略小。晨出門，午後至大溝沿拜壽。看漢書廿二頁。
二十日，晴。看漢書三十五頁。午後至廠肆。
廿一日，晴。晨出門晤雲常。午後看漢書廿頁。
廿二日，晴。晨進城拜客，出城晤陸鳳石。知三弟吉銅定十月十八。家中無書來，可怪也。看漢書十五頁。
廿三日，晴。午刻杞山招飲，在樂椿園。看漢書十二頁。
廿四日，晴。錄漢書攷證數則。
廿五日，晴。晨起寫書。頭疼，下午身子不快，倦卧良久。
廿六日，晴。輯漢書侯國郡縣表。
廿七日，晴。輯侯國郡縣表。
廿八日，陰。晨起送雲丈驗看，至闕左門。輯郡縣表。
廿九日，晴。輯郡縣表。

十月朔，晴。輯郡縣表。
初二日，晴。午刻在松筠公餞鑪青。輯郡縣表。
初三日，晴。晚赴肖泉之招。輯郡縣表。
初四日，晴。午刻在衍慶堂請客，晚赴樸人之招。在萬興居。輯郡縣表。
初五日，晴，夜大風。午刻進城送行，瑞師明日動身也。便道進署。輯郡縣表。
初六日，晴。輯郡縣表。
初七日，晴。看漢書六頁。
初八日，陰。看漢書廿七頁。
初九日，晴。看漢書十六頁。

初十日，晴。出門，晚赴仙舫之招。鐙下看漢書二頁。
十一日，雨雪交加，午後始止。看漢書十三頁。
十二日，晨陰，下午晴，大風。晚赴笏東之招，泰豐樓。是日有事，未及看書。
十三日，風，雲陰不散。作偉如書、附吴、龐、鄭三件。家書，均交廣泰。看漢書十二頁。
十四日，晴，大風。看漢書八頁。
十五日，晴。丑正送岳丈到内閣驗放，辰正散。
十六日，陰。作江右書、芷一、菊一，交廣泰。看漢書八頁。
十七日，陰。看漢書十三頁。
十八日，陰，夜晴。看漢書四頁。是晚赴陳心荃之招，在樂春園。接三弟月朔書。
十九日，晴。看漢書廿頁。
二十日，晴。看漢書九頁。
廿一日，陰。看漢書五頁，午刻振卿請岳丈，邀作陪。
廿二日，晴。看漢書十六頁。
廿三日，晴，風。晨出門，午刻看漢書一頁。未刻進署，當月滿人溥潤齋。
廿四日，晴。申刻始交月，歸家。
廿五日，晴。看漢書十頁。作家書。交林樸人，明日走，附書法正傳。
廿六日，晴。晨出門，送林樸人行。看漢書廿頁。
廿七日，晴。看漢書十二頁。
廿八日，晴。看漢書廿頁。
廿九日，晴。午後拜客，進署。[燈]下看漢書八頁。
三十日，晴。看漢書廿六頁。

十一月朔，晴。看漢書八頁。
初二日，晴風。看漢書兩頁。是晨出門。
初三日，晴。看漢書四頁。接三弟蘇州十四日書。
初四日，晴。看漢書十頁。
初五日，晴。晨出門，至北新橋報恩寺胡同，值其病卧，見其小郎。順道至東廠胡同，留喫飯。飯後進署。［燈］下看漢書兩頁。
初六日，晴。晨至善成□。看漢書九頁。
初七日，陰。今日大差，寅初起進署，天明出城，至市口。巳刻司中斬犯一名，共斬犯六名，絞犯四名，皆處决。同免句者五名，其一官犯成禄也。事畢至廣和居喫早飯。飯罷，歸看漢書三頁。
初八日，陰。看漢書五頁。
初九日，晴。看漢書六頁。
初十日，濃霜，午晴。晨出門。看漢書十一頁。
十一日，陰。重訂侯國郡縣表。午後，義成號邀喫局，廣和、匯源樓。
十二日，陰。訂侯國表。
十三日，陰。訂侯國表。是日午後進署。
十四日，陰。訂侯國表。
十五日，陰。岳丈邀進城，歸來燈下訂侯國表。
十六日，風大，陰雲往來，夜晴。訂侯國表。作家書。交廣泰。
十七日，陰。訂侯國表。
十八日，晴。午刻岳丈邀喫飯，萬福居。鐙下訂侯國表。
十九日，晴。午刻出門拜客、進署。鐙下訂侯國表。

二十日，晴。訂侯國表。

廿一日，晴，大風。訂侯國表。

廿二日，晴。訂侯國表。

廿三日，晴。訂侯國表。

廿四日，晴。訂侯國表。

廿五日，晴。岳丈邀往西山吕村省視墓地。天明出城，午刻在蘆溝橋喫飯，未刻到吕村，宿於王氏塋屋。

廿六日，陰。由吕村至太平嶺，午刻到蘆滴橋喫飯，酉刻到家。

廿七日，晴。晨訂侯國表，午後進署。

廿八日，晴。五鼓進署，今日司中辦案，斬决者六名。河南司二名。辰刻散，午刻至三里河。歸來訂侯國表。

廿九日，晴。訂侯國表。

十二月初一日，晴帶陰。訂侯國表終。

初二日，晴。

初三日，晴。

初四日，晴。午後出門，進署拜客。

初五日，晴。振卿來，句留竟日。接杭州仲翁十月廿六日書。又張心梅少尹元達書。

初六日，晴。看漢書七頁。

初七日，晴。看漢書十四頁。午刻偕雲丈進城。

初八日，晴。看漢書三十四頁。

初九日，晴　看漢書十九頁。

初十日，晴。午後進署拜客，夜看漢書九頁。

十一日，陰，午後晴。看漢書十九頁。

十二日，晴。看漢書十頁。

十三日，晴。雲丈動身赴東，未正開車。申刻到大溝沿道喜。

十四日，晴，風。晨出門。看漢書十一頁。

十五日，晴。看漢書二十四頁。

十六日，晴。出門，夜看漢書四頁。

十七日，晴。掃房。夜看漢書四頁。

十八日，晴。看漢書廿頁，午後出門。

十九日，晴。今日封印、午刻進署。散署後，在衍慶堂公請馮春人刺史。

二十日，晴。晨進城至東廠。

廿一日，晴。

廿二日，晨陰，午晴。作姚蓮槎書。由家。

廿三日，晴。作家書，由武林。夜大風。

廿四日，晴風。作武林書、張心梅書。交廣泰，附家書。

廿五日，晴。

廿六日，晴。晨出門。

廿七日，晨雪積有一寸許，午晴。

廿八日，晴。晨出門拜客。

廿九日，晴。出門算帳。湖北知縣宗繼增來。

除夕，陰，微雨。

戊寅　光緒四年（一八七八）

正月元旦，晴。出門拜年，是日風大。

初二日，陰，夜晴。申刻進署，當月滿人聯星五奎先到，準提督衙門咨稱，青海札薩克臺吉丹怎綽克多布，於月三十日在東黄寺因瘋自抹身死。東黄寺在德勝門外，例不應當月官相驗，惟死係臺吉，職分較大，當請示，堂諭，令本部會同理藩院相驗，即知照理藩院。

初三日，晴，風大。未刻交月，旋準理藩院來咨，定於初四日巳刻至東黄寺會同相驗，即歸家。

初四日，晴，風。巳刻進順城門，出德勝門，到東黄寺。未初理藩院郎中恒壽之齡來，未正聯星五始到。當即會同驗得，已死頭等臺吉丹怎綽克多布，問年二十二歲，仰面，色微變，口眼閉，項上偏左傷一處，寬二寸，深至食氣嗓俱斷，血汙流出，内卷縮。左起手重，右收手輕。偏右傷一處，皮破寬一分，深一分，右起手重，左收手輕。兩手皆能攣曲至傷處。係用薙頭刀自刎身死，餘無别故。其兩皆彎曲者，蓋先用左手自刎，傷止皮破，復用右手自戕，始食氣系俱斷而死也。其跟隨人一名，蒙古話，不能懂問。據恒公言，曾傳同來之貝勒、臺吉三人，乃跟隨人問過，死者原係喇嘛本支，臺吉絶嗣。經西寧辦事大臣於同治十二年擇令承襲，襲爵後即患瘋證，時發時愈。今年該年班並襲爵初次引見，於光緒三年十二月廿三日，由領侍御内大臣帶領引見，恩賞戴翎支，碰頭謝恩時，將翎支挖落在地，自拾未獲，經伯王代爲拾起戴上。心生懼怕，舊患瘋病復作。回廟後，即將屋門關閉，不准跟隨人進去。三十日早晨，同來之貝勒、臺吉進内，該班迨回寓時，車甫進門，即聞其屋内喊嚷，其跟隨人亦在外屋喊嚷，見其屋内關閉牢固，將屋門撞開進内，見其自戕身死，當由福薄不能承受故耳。

初五日，晴風。出門拜年，午後進署。

初六日，晴。

初七日，陰，暮微雪，夜晴。接德州十二月廿六信，湖北十一月廿一信。

初八日，晴。
初九日，晴。
初十日，晴。
十一日，晴。
十二日，晴。晨即出門拜年，午赴經丈之招。
十三日，晴。午後出門拜年。
十四日，晴，晨至前門，歸來作退菴書、蘭汀書，交吴太守厚恩雲丈、鷺丈、小雲書各一，交興盛。偉如書，交同泰。鐙下看漢書三頁。
上元，晴。
十六日，晴。看漢書十九頁。是日酉刻月食。
十七日，晴。看漢書廿六頁。
十八日，晴。看漢書十二頁。
十九日，晴。看漢書十三頁。
二十日，晴。看漢書十一頁。晚赴蓮舫之招。
廿一日，晴。看漢書十頁。午後出門補拜年，進署。
廿二日，陰，午後小雪。看漢書十五頁。
廿三日，晴。看漢書七頁
廿四日，晴。看漢書十頁。
廿五日，陰。看漢書十五頁。
廿六日，晴。看漢書十二頁，是日申刻如山、安南入學。
廿七日，晴。看漢書廿六頁。

廿八日，晴，風。看漢書十五頁。
廿九日，晴。看漢書五頁，午後出門拜客，進署。
三十日，晴。看漢書六頁。

二月初一日，晴。看漢書五頁。
初二日，晴。作家書。交鑪青、丫頭順兒、殿卷、書目答問、科第表、七政經節。酉刻至鑪青處送行，明日走。看漢書九頁。
初三日，晴。看漢書十四頁。
初四日，晴。看漢書十頁　接德州信。
初五日，晴。看漢書十一頁。
初六日，晴。作偉如書，交宗恒齋名繼增。看漢書十六頁。
初七日，晴。作德州信二，交張宅，附竹軒信。看漢書十頁。
初八日，晴。看漢書廿四頁。
初九日，晴。和合請喫飯，匯興樓。看漢書三頁。
初十日，晴。看漢書十三頁。
十一日，晴。看漢書十二頁。
十二日，晴。午後出門、進署。看漢書十三頁。
十三日，晴。看漢書廿七頁。新疆南路已報肅清，從此軍務可以了矣。
十四日，晴。晨出門晤笆仙、吉蓀。笆仙言「冥壽」對「喜喪」甚確。看漢書十四頁。
十五日，晴。看漢書廿四頁。
十六日，晴。看漢書廿頁。是日初雨，而風大作。
十七日，晴，暮陰雲，頗有雨象，戌正風大作，雲散天晴。看漢書十四頁。

十八日，晴。看漢書卅頁。

十九日，晴，微有雲，陰。晨出門，馬介臣、傅懋元二處開弔也，申刻始歸。作敏齋書、交羅。春木書、蘭書，交松子久。作鷺叔書。

二十日，晴，有風，時有雲陰往來。晨出門。作小雲書、雲丈書、交興盛。黃植亭書，交户部蔡宗瀛宅。作瑞師禀。交本宅。

廿一日，晴。晨出門，晤仙舫、勉甫。暮陰。

廿二日，陰閃晴，大風、黃沙蔽天。看秋審節略。河南。

廿三日，晴。看秋審節略，接五弟正月廿九信，虚臺月朔書同泰來。午後出門進署，拜客。順天府報，所屬得雨，分寸不等，而都城未見雨點。

廿四日，晴。看秋審節略。

廿五日，晴。午後進城。邯鄲鐵牌到。

廿六日，晴，大風。作友蘭書，交少篁，附笆仙一。作五弟書、交廣泰。熙臺書。

廿七日，晴。至歐陽陟五處道喜。

廿八日，陰。作偉如書。交廣泰，附鄭苓泉信。

廿九日，陰。夜四鼓雨，大風陡作，雨息風狂。

三十日，晴，大風揚沙。看漢書三頁。

三月初一日，晴，大風揚沙，連宵達旦。看漢書十一頁。

初二日，晴，風大。看漢書廿三頁。

初三日，晴。今日清明也。看漢書十四頁。今日風尚微。

初四日，晴。今日周幼軒完姻，前往道喜。午後風又作。看漢書四頁。

初五日，晴，暮陰雲密佈，二鼓小雨，風復作，雨遂止。看漢書十四頁。接偉如書。附史書六包。

初六日，晨，有雲陰往來。午後出門，進署、拜客。下午雲陰甚濃，大有雨意。上燈時天又晴，二鼓後又陰。看漢書六頁。

初七日，雲陰往來，夜晴。看漢書廿二頁。武清有人來，言得雨一指許。

初八日，晴。看漢書十五頁。午刻張香濤邀喫喜酒。

初九日，陰，夜晴。看漢書十三頁。

初十日，晴。晨出門。作偉如書，交全泰盛，附敏生信一。看漢書十四頁。

十一日，陰，午後微雨。看漢書十頁。

十二日，晨陰，午後小雨如絲。夜晴。看漢書六頁。

十三日，晴。看漢書十頁。

十四日，陰。午前看漢書三頁，午後進署。當月滿人松普泉山。燈下作芷瀾書、菊人書。看稿廿餘件。

十五日，陰。申刻交月歸。燈下看漢書兩頁。夜雨，惜未透。

十六日，晨微雨，旋晴。今日又祈雨。看漢書十七頁。

十七日，晴。看漢書十頁。

十八日，陰，午後雨，晨溜有聲，連夜至三鼓始息。爲經翁校織簾居士時文鈔。

十九日，晴。校織簾時文。昨日之雨，順天府報四寸有餘，已深透矣。

二十日，晴。看漢書廿一頁。寄蘭汀書。交談仲蓮，表套二。

廿一日，陰，旋晴，下午陰，夜大風，晴。看漢書六頁。午後拜客，進署。

廿二日，晴，大風。看漢書十五頁。是晨至廣誼園。日赤少光。

廿三日，晴，日赤少光。看漢書三十五頁。河南已得雨。

廿四日，晴。看漢書二十四頁。

廿五日，晴。看漢書十頁。又校織簾時文。

廿六日，晴。看漢書三十頁。天氣驟熯。

廿七日，晴。看漢書十三頁。午後出門，進署、拜客。

廿八日，晴，大風。看漢書三十頁。下午陰，聞山右已得雨。

廿九日，陰。午刻進城拜壽，筱香三叔六十歲也。看漢書廿四頁。

四月初一日，晴。看漢書廿五頁。

初二日，晴。看漢書三十四頁。

初三日，晴，風。看漢書廿五頁，漢書一過畢。接子宜書。

初四日，晴。午後大風揚沙。作偉如書、子宜書，均交全泰盛。作吳退菴書、魯舅書，交易季謨嘉猷明府。作家書。交局廣泰。

初五日，晴。午後出門，進署、拜客。申報言，金陵五龍山有人掘得古墓，石碑上鐫「大明洪武十七年南安侯俞通海之墓」。按俞通海於［洪武］元年卒，追封豫國公。封南安侯者通海之弟通源，卒於洪武二十二年，恐傳之者非其真也。

初六日，晴。

初七日，晴。巳刻，子宜偕徐黼平保康自鄂來，寓此。

初八日，晴。

初九日，雨。報三寸有餘。

初十日，午前小雨，午後雨止。

十一日，陰晴相半。校取斯堂遺稿。

十二日，晴。午後進署、拜客。

十三日，晴。校取斯堂遺稿，枚升招飲。
十四日，陰，夜雨。
十五日，陰。作德州書二。小雲一、三姑奶奶一，交張委員。
十六日，晴。
十七日，晴。
十八日，晴。寅初送子宜進内銷假。
十九日，晴。肖泉招飲。午刻大風，旋息。
二十日，陰，晚微雨。
廿一日，晴，下午大風。病。山右奏報得雨。作南皮書。交張宅。
廿二日，晴，午刻大風。病。
廿三日，晴風。病。
廿四日，晴。筌叔招飲。
廿五日，陰風。午後出門，進署、拜客。
廿六日，晴。
廿七日，晴。
廿八日，雨。
廿九日，晴。
三十日，晴。進城至東厰。
五月初一日，晴。晨出門晤子章。
初二日，晴。暮出門，晤聽翁、雲常。

初三日，晴，午後陰。出門拜客，進城，暮雷雨。
初四日，晴。
天中節，晴。
初六日，晴。下午陰，晚大風驟雨，旋息。作芷瀾書、菊人書。交仙舫。
初七日，晴。作五弟書，交全泰盛。夜雨達旦。
初八日，陰，暮雨連宵達旦。
初九日，晨雨，午後晴。夜五鼓大雨如注。
初十日，晴風。接偉如書、子靜書。不能讀書者，月餘矣。今日讀後漢書五頁。
十一日，晴。晨至王莘師處探喪。莘師於初七捐館舍也。進署午歸。看後漢書七頁。中夜病。
十二日，晴。延趙稼翁診視，服辛涼之劑。
十三日，晴。病，夜四鼓大雨。
十四日，晴。延稼翁復診。
十五日，陰雨。
十六日，晴。延稼翁復診。
十七日，晨雨，午後晴。經翁來。
十八日，陰。看後漢書三十三頁。酉刻雨作，夜不止。
十九日，陰雨。看後漢書五十一頁。
二十日，陰，雨。看後漢書三十八頁。
廿一日，晴，申刻大風驟雨，旋息。看後漢書三十一頁。作偉如書、子靜書。
廿二日，晴。看後漢書四十一頁。
廿三日，晴。看後漢書四十二頁。巳刻，至南半截胡同，公祭王莘師，夜雨。

廿四日，晴。看後漢書二十八頁。
廿五日，晴。看後漢書五十七頁。
廿六日，晴。午前至王莘師處陪弔，午刻歸來，有遇雲雨。看後漢書四十一頁。
廿七日，晴。同泰招飲，看後漢書兩頁。
廿八日，晴。
廿九日，晴。晨出門拜客、進署。看後漢書十三頁，夜雨達旦。

六月初一日，晨雨，午晴。看後漢書五十三頁。
初二日，晨陰雨，午晴。看後漢書廿頁。
初三日，晴。看後漢書十頁。
初四日，晴。晨出門。看後漢書二頁。作家書、作鷺丈書、小雲書。均交局興盛。
初五日，晴。看後漢書五頁。
初六日，晴。薄暮微雨。校取斯堂遺稿。
初七日，晴。校取斯堂遺稿。
初八日，陰晴。校取斯堂遺稿。
初九日，晴，時有過雲雨。
初十日，晴，大風。
十一日，晴。看後漢書十七頁。
十二日，晴。作偉如書、家書，均交小帆。作仲英丈書，十三寄，交杜記報房。看後漢書六頁。
十三日，晴。看後漢書二十五頁，下午大風密雲，而雨甚微。
十四日，晴。看後漢書十三頁。下午大風驟雨一陣。

十五日，晴。看後漢書廿二頁。下午大風雨數陣。夜晴。
十六日，晴。晨進城，午後陰。看後漢書廿三頁。暮微雨。
十七日，微陰。看後漢書四十六頁。下午雷聲殷然，陰雲四合，風起而雲散。
十八日，晴。晨出門拜客，進署。□□□自通州回，知通州前昨皆得透雨，至雙橋雨即小矣。看後漢書七頁。
十九日，晴。看後漢書十七頁。
二十日，晴。晨出門，晚赴蓮舫之招。作蘭汀書，交謙吉升。是夜甚熱。
廿一日，晴熱。看後漢書廿二頁。
廿二日，晴。看後漢書七頁。校織簾時文。
廿三日，陰。午刻在萬興居請客。申刻大風大雨，連宵達旦。校織簾文。
廿四日，陰雨。校織簾文，午後晴。晚赴肖泉之招。
廿五日，晴。校織簾文。
廿六日，晴。看後漢書十六頁。
廿七日，晴，夜陰雨。接小雲書。李福帶來。
廿八日，陰雨。辰刻送子宜、黼平至闕左門，午刻事畢，喫同興樓。歸來作仲英丈書。交杜記報房，誤交全泰盛。
廿九日，陰。巳刻進署。當月滿人英顯號玉峯。
三十日，陰。午刻交月，歸申刻後雨。

七月初一日，陰雲時作。作偉如書。交同泰。
初二日，晴，夜熱甚。
初三日，陰，申刻大雨傾盆，酉末又大雨，旋止，夜又雨。作賀偉如書。交子宜。
初四日，陰。午刻赴笙叔之招。校取斯堂文。未刻大雨如注，比昨日又大。

初五日，晴。晚赴同泰之招。校取斯堂。

初六日，晨雷聲殷然，大雨一陣，旋晴。酉刻雷又作，雨如銀河下注。視前兩日又大，戌刻晴。校取斯堂。

七夕，陰，晨大雨一陣。巳刻出門拜客。歸看後漢廿頁，戌刻大雨。

八夕，早晚小雨。看後漢十六頁。作家書。交蕓閣。

初九日，陰。晨出門拜客、進署。午刻大雨，雨息歸。

初十日，丑刻送子宜到内閣驗看。出門時天晴，卯刻雨。辰初驗放事畢，戴藝甫邀喫九和興。巳刻大雨，雨小後冒雨歸，到家而雨亦止。午後晴，旬日以來雨已過多，今日立秋而復雨，竊慮淫潦爲災。作辛楣叔祖書。校織簾文。

十一日，陰雨，午後雨息。

十二日，晴。校織簾文，寄南皮書。

十三日，晴時有雲陰，夜陰，三鼓雨達旦。晨，出門晤蕓閣，改於十六日走。

十四日，陰，夜大雨。校取斯堂。

十五日，陰，晨雨旋息，夜晴。今日爲偉丈生日，子宜在燕喜堂備席，到彼盤桓竟日。

十六日，陰雨。校取斯堂。

十七日，晴，時有雲陰。病。午間小雨。

十八日，晴。病，夜間小雨。

十九日，晴。校織簾文。

二十日，陰。巳刻，鳳石邀喫福興居。午刻在萬興居請客，爲宜甥及黼平餞行也。未刻大雨，冒雨至慶和園觀劇。

廿一日，陰雨。作小雲書，交摺差至保定。校織簾文。

廿二日，陰，五鼓雨。作梅卿書、宗恒齋書。交偉。看後漢書二頁。

廿三日，陰雨竟日。看後漢書四十一頁。初更時地動。

廿四日，晨陰小雨，午刻西北風起，微雨過後，陰雲漸收。申刻晴。看後漢三十八頁。

廿五日，晴。晨出門。看後漢十九頁。
廿六日，晴。作偉如書，交宜。看後漢四十頁。
廿七日，晴帶陰，有微雨數陣。看後漢五十一頁。作家書。交子宜。
廿八日，晴。子宜偕黼平於巳刻動身南歸。看後漢三十六頁。
廿九日，晴。晨至騾馬市，爲仲英丈買家具。至潘家河沿，住房布置停妥，歸寓。仲英丈於下午携眷到京。酉刻雨。中宵雨息。看後漢三十二頁。

八月朔，晴。晨至潘家河沿。看後漢三十四頁。
初二日，陰雨。看後漢六十頁。夜晴。
初三日，晴。晨進城。夜看後漢十頁。
初四日，午前晴。巳刻至觀音院，經翁爲太夫人唪經。午後陰，申刻歸來途中，遇雨大至，連宵達旦，雷聲隆隆，雨亦時作時輟。夜看後漢十二頁。是夜有如狗蠅，紛飛滿屋，打死極臭，俗名天狗蠅，專食高粱，幸是夕雷雨交作，次日如洗。
初五日，天明雨未息，辰刻開霽，下午又陰，夜晴。看後漢八十九頁。
初六日，晴，天氣甚熱。作蘭汀書，交謙吉塔升，南官園，附咨文底稿及執照等件。午後進署、拜客。燈下看後漢三頁。
初七日，晴。接三弟六月十七信，笠三交來。作雲丈書，交德州。燈下看後漢七頁。
初八日，晨霧。諺云「秋霧豐」，辰刻晴。作小雲書，附毓麟膏、安居信。交興盛。接芷瀾書、菊人書，作芷瀾書、菊人書。交廣泰，雲書二。燈下看後漢十一頁。
初九日，晴帶陰，午刻有過雲雨，未刻雷聲隆隆，陰雲漸合。申酉大雨，入夜息。看後漢三十頁。
初十日，晴。看後漢四十二頁。
十一日，晴帶陰。晨進城至順天府。酉刻至觀音院，趙稼軒今日開弔也。燈下看後漢廿三頁。

十二日，晨陰雨，申刻開霽。看後漢三十頁。

十三日，晴。看後漢三十頁。

十四日，晴。晨出門。看後漢三十頁。

中秋，晴。看後漢三十一頁。

十六日，陰雨，已午至交，風起雲散，未初晴。看後漢十三頁。

十七日，晴。午後進署。看後漢十頁。

十八日，晴。看後漢十三頁。

十九日，晴。看後漢十八頁。二鼓大雷雨。

二十日，晴。看後漢二十九頁。後漢並續漢志一過，此書戊辰夏曾讀一過，並此爲兩過矣。隨手劄記得瑣言四卷，學不加進，聊當過夏之課。

廿一日，晴。

廿二日，晴，晨陰，午後晴。

廿三日，晴。接三弟初五日書。上海來，永大正交。

廿四日，晴。午後進署。

廿五日，晴。作家書、古愚書。交永大正。

廿六日，陰，午後雨。

廿七日，晨陰微雨，巳刻晴。作偉如書，子宜書，交同泰，附趙訃。接菊人書，即作菊人覆書。交全泰盛，附甚要偉書。接偉如書，寄信後來。看三國志四頁。

廿八日，陰雨竟日。左目疼痛，不能看書。

廿九日，陰雨。清卿之子於今日化去。

九月初一日，晴。目痛轉甚。

初二日，晴。清卿於是晚由天津歸。

初三日，晴。

初四日，晴。晤清卿，言畿省大秋豐稔，河間一帶穀子有十二分年成，荒田亦不過廿分之一。現在鄉間糧價極賤，幾無賣處。穀子每擔不過制錢一千文。夏子松侍郎所請開井亦經舉辦，計開一小井，可灌田三畝，開一磚井給費八千文，皆令鄉民自開。故費省而功歸實用，惟其時已遲，開井之事未畢，即遇甘雨滂沱，農人無暇，且無隙地，到秋後續辦，振務則已告竣矣。

初五日，晴。目病漸愈，作書看字尚不甚便。接三弟八月十四日書。看魏志七頁，目力殊遜。

初六日，晴。看魏志十頁。

初七日，晴。看魏志十一頁。

初八日，陰風雨。看魏志十七頁。

重九陰，早間雨，下雪子，午後雨息。看魏志十七頁。

初十日，晴。看魏志十頁。午後進署，拜客。直隸斬犯蕭英誤傷其母，由立決改監候，永遠監禁。歷奉恩旨，詔不准寬免，現據犯母呈請留養，經司中援引道光年間龔奴才樊□成案，由咨改題請留養。

十一日，晴。看魏志五頁。

十二日，陰，申刻出門。

十三日，晴帶陰。看魏志廿頁。

十四日，陰。午刻在謝公祠公請邵小村同年，並舉行秋團。小村隨崇地山侍郎出使俄國，廿六動身。看魏志十頁。

十五日，晴。看魏志十五頁。假得南監本，因以官本、閣本、局本相校。先自公孫傳起。

十六日，晴帶陰。晨出門，午後又出門拜客。

十七日，晴帶陰。晨出晤笙叔、吉人。

十八日，晴。晨進城拜客。作偉如書、子静書。交全泰盛，附沈管樵信。
十九日，陰。作雲丈書、小雲書。廿一交興盛，芷一、菊一。未刻至結局。
二十日，陰。黎明進署，盗犯八名今日處斬，與雨田監綁。巳刻同司公請蓮舫在餘慶堂。作家書、附仲梓白摺。古愚書，交同泰。看魏志二頁。
廿一日，晨小雨，巳刻大風起，天晴。作芷瀾書、菊人書，交全泰盛。看魏志二頁。作家書，交平華，附沈稿兩本、大卷三本、朝考卷三本。
廿二日，晴。午刻徐肖泉邀至衍慶堂，爲其太夫人六旬大慶補壽筵。燈下看魏志三頁。
廿三日，晴。看魏志廿五頁。
廿四日，晴。巳刻在萬興居請客。燈下看魏志三頁。
廿五日，晴帶陰。午後出門進署、拜客。燈下看魏志七頁。
廿六日，陰雨，午後晴。看魏志十三頁。
廿七日，晴。午刻在安徽館公請英茂文觀察。燈下看魏志五頁。
廿八日，晴。看魏志十頁。
廿九日，晴。看魏志十三頁。
三十日，晨小雨，欲晴不晴，下午晴。看魏志十四頁。

十月初一日，晨陰霧，旋晴。看魏志廿二頁。夜半雨，達旦未息。
初三日，晴，大風天寒。看魏志十五頁。接家書、上月十五發。古愚書。
初四日，晴。午後出門拜客、進署。［燈］下看魏志七頁。
初五日，晴。申刻出門訪陳少裳，取回家書及書四本。燈下看魏志四頁。
初六日，晴。作家書、古愚書，交永大正，永大正夥計一姚姓號□一，姜姓號南浦。是夜燈下看魏志六頁。

初七日，晴。午後進署，當月滿人英玉。燈下無事，看魏志廿頁。
初八日，晴。晨起看魏志十頁。申正歸，清卿移居。
初九日，晨陰，巳刻晴。看魏志十頁。
初十日，晴。午刻在餘慶堂公請剛子良。看魏志十三頁。
十一日，陰。看魏志十四頁，晚仲英丈招，在宴賓齋小飲。黄昏小雨。
十二日，晴，大風。看魏志十七頁。
十三日，陰。立冬，午晴。出門拜客、進署。夜看魏志十頁。風。
十四日，晴，風。看魏志十頁。夜風愈大。
十五日，晴，風。看魏志十五頁。
十六日，晴。看魏志廿四頁。夜雪半寸許。報一寸有餘。
十七日，晴，風。看魏志十六頁。
十八日，晴。下午微陰。看魏志九頁。午後出門，進署、拜客。
十九日，晴。看魏志十六頁。
二十日，晴，風。看魏志十四頁。
廿一日，晴。看魏志七頁。
廿二日，晴。
廿三日，晴。午後出門拜客、進署。
廿四日，晴。午後進城，視經翁疾。接菊如初十日書，又芷書。
廿五日，晴。
廿六日，晴。
廿七日，晴。午後出門拜客。作偉如書、子静書。交全泰盛，附徐、吴二信。

廿八日，晴。作菊人書。交全泰盛。

廿九日，晴。接偉如書。夜赴侯仙舫之招。聚寶堂。

十一月初一日，陰，雨雪霏微。

初二日，晴。午後進署。

初三日，陰。時有雪花飄。

初四日，晴。午後進城，視經翁病。

初五日，晴。作小雲書，交興盛。校魏志。自目起。

初六日，晴，下午陰。晨出門在笣翁、仲丈處久談。

初七日，晴，大風。午後進署，對秋審文書。接菊如書。

初八日，晴。作三弟書，交廣泰。午後進署。

初九日，晴。巳刻赴松楚航之招，龍源樓。作唁張午橋師稟，交李宅，附祭幛。燈下校魏志。

初十日，晴。作心岸書，交同泰，用「寄簃」二字代名。作鑪青書。十二日早交農伯，書中寫十一，内有姚學康報照等件。

十一日，晴。校魏志。

十二日，晴。晨出門晤農伯。託寄重慶信。校魏志。

十三日，晴。校魏志。

十四日，晴。校魏志。

十五日，大風飛沙，晴。午後進署。夜校魏志。接偉如書。

十六日，晴。校魏志。

十七日，晴。校魏志。

十八日，陰，有雪意。校魏志。

十九日，晴。校魏志。作俞子茂書，交其弟子鄉，名文湘。作雲丈書、小雲書。交東南園。

二十日，晴。午刻赴枚升之招，聚寶堂。校魏志。

廿一日，晴。校魏志。

廿二日，晴。校魏志。

廿三日，晴。校魏志。午後進署。

廿四日，晴。校魏志。

廿五日，晴。校魏志。午後進城，看經翁。

廿六日，雪竟日，積有寸餘。報三寸有餘，諺謂之「迎九雪」，主豐。校魏志。又校至公孫瓚傳。

廿七日，晨尚有雪，午晴。校魏志。

廿八日，晴。校魏志。

廿九日，冬至。晴，夜雪。校魏志。

三十日，晴。申刻出門。

臘月朔，晴。午後進署。

初二日，晴。作鑪青書，附姚樂泉監照、履歷，交農伯。作偉如書，附趙信二，交廣泰。是日接鑪青書。燈下作家書。交廣泰。

初三日，晴。校魏志。

初四日，晴。京察過堂，巳刻進署，申刻始散。校魏志。

初五日，晴。校魏志。

初六日，晴。校魏志。

初七日，晴。校魏志。

初八日，晴。校魏志。

初九日，晴。校魏志。

初十日，晴。校魏志。接偉如書。十一月廿一發。
十一日，晴。晨訪慶林。校魏志。
十二日，晴。午進署、拜客。校魏志。
十三日，晴。午後洪文卿來、仲英來，傍晚至觀音院，姚九先生開弔。校魏志。
十四日，晴。校魏志。
十五日，晴。校魏志。
十六日，晴。接東信。仲蕭、侯九、張葛査。
十七日，晴。晨進城又出城，至東城。作偉如書，交摺差附吴信。山東信，交崧宅咨送。是夜伯徐來，三鼓又來，鬧至雞鳴始去。
十八日，晴。晨掄齋來、伯徐又來，直至申刻始去。仲英丈來。
十九日。卯刻印封未去。校魏志。卷二十八缺廿三頁。
二十日，晴。校魏志。
廿一日，晴。校魏志。晨出門至潘家河沿。
廿二日，陰。校魏志。經翁來，午後出門，晚赴笣翁之招。
祀竈日，晴。校魏志。晨出門至潘家河沿。
廿四日，晴。魏志校畢。
廿五日，晴。下午出門。
廿六日，晴帶陰。午至仲英丈處拜壽。
廿七日，晴。下午兒女放學。
廿八日，陰，下午晴。
廿九日，雪竟日，積二寸許。夜大風寒冷。

己卯　光緒四年（一八七九）

元旦，閃晴，雲陰未淨，較三九時寒冷。作東信，呵凍而書。
初二日，晴。出門拜年。
初三日，晴。
初四日，晴。
初五日，晴。午後出門拜年。接五弟臘月初三日信，阿穗化去，惜哉。
初六日，晴。午後出門拜年。夜陰。
初七日，晴。午刻兒女入學。夜雪，校蜀志五頁。
初八日，晨雪，午後閃晴。校蜀志六頁。
初九日，晴。午刻偕且泉至笙叔處。校蜀志六頁。
初十日，晴。校蜀志十一頁。
十一日，晴。接偉如書。
十二日，晴。
十三日，晴。午後出門拜年。
十四日，晴，立春。燈下作補山書。附入家書中。
上元，晴。接安居信。
十六日，晴，夜大風。下作家書，作保定書。次日交興盛。
十七日，晴，大風。午刻進署，當月滿人溥潤齋。下作退菴書，又作菊人書、賀芷瀾書。十九日交全泰盛。晚間感受風寒。

十八日，晴。晨起作子宜書、黼平書。廿七日交同泰。申刻歸來，即病卧。

十九日，晴。病卧不起。

二十日，晴。

廿一日，晴。病稍愈。

廿二日，晴。

廿三日，晴。

廿四日，晴。校蜀志五頁。

廿五日，晴。赴枚升之招。張立自德州回。

廿六日，晴。午後進署。

廿七日，晴。午赴肖泉之招。燈下作德州書、安居書。

廿八日，晴。看秋審。河南二本。

廿九日，晴。看秋審。夜陰，李來朝邀喫飯。

三十日，晨陰雪，午後晴。夜校蜀志二頁。

二月初一日，晴。晨晤輯五。

初二日，晴。午後進署，日入始散。即赴劉健卿之招。

初三日，晴。校蜀志五頁。

初四日，陰，午前微雪。校蜀志五頁。

初五日，晴。校蜀志五頁。

初六日，陰。校蜀志十四頁。夜雨。

初七日，陰，下午大風。午刻至仲英丈處道喜幫忙，戌正始歸。

初八日，晴風。午刻又至仲英丈處幫忙。申刻歸，夜校蜀志五頁。
初九日，晴。仲英丈邀赴查宅會親，未刻去，酉刻歸。夜校蜀志五頁。
初十日，晴，酉刻陰。夜校蜀志六頁。
十一日，晴。至陳宅陪新郎。夜校蜀志八頁。接芷瀾、菊人書。
十二日，晨陰，旋晴。午後進署。夜校蜀志二頁。作偉如書。十七日交廣泰。
十三日，晴。校取斯堂。
十四日，晴。看秋審。河南一。
十五日，晴。看秋審。
十六日，晴。
十七日，晴。校蜀志六頁。
十八日，晴。校蜀志五頁。接德州信，即作小雲回書。
十九日，晴。寄德州信。午後進署，夜校蜀志五頁。
二十日，晴。夜校蜀志五頁。接三弟初六日書。
廿一日，晴。夜校蜀志五頁。是晨進城。
廿二日，晴。夜校蜀志七頁。
廿三日，晴。校蜀志七頁，蜀志畢。
廿四日，晴。晨訪鳳石。
廿五日，晴。作芷瀾書、菊人書，次日交全泰盛。作家書。交同泰。
廿六日，晴。看秋審。河南三。
廿七日，晴。看秋審。章黼卿搬來同居。
廿八日，晴。看秋審。河南五。

廿九日，晴。看秋審。河南六。酉刻至廣惠寺，錢崙仙謝世，今日設奠。

三十日，晴，大風。　校吴志六頁。　作蘭汀書，又稚蘭一。交笙叔轉鮑旭齊太令，附退菴一。

三月朔，晴。校吴志十頁。接偉如書二。

初二日，陰。校吴志十五頁。

上巳，晴。爲經翁校曾祖時文勤補書莊。夜看秋審。是日校吴志四頁。酉刻張立自安居回。

初四日，晴。六下鐘三刻内子舉一女。日風起，校吴志七頁。

初五日，晴。接安居書。天成亨交來，張春浦手名錦繡。

初六日，微陰。晨晤輯五。歸看秋審。

初七日，晴。校勤補稿　午後出門拜客，進城。

初八日，晴。夜校吴志三頁。

初九日，晴。晨出門。作偉如二號書、梅卿書。交全泰盛，附沈、董、王、徐、鄭、吴六件。

初十日，晴。校吴志二頁。今日在松筠菴公請姚彦侍。接偉如四號書。

十一日，陰。晨進城。校吴志九頁。

十二日，晴。作南皮信。

十三日，晴。校吴志三頁。

十四日，清明節，陰微雨。校吴志十四頁。

十五日，陰，夜小雨。校吴志十三頁。

十六日，陰，寒。城外當有得透雨者。夜作家書。午後進署。接菊人書。

十七日，雪厚數寸，入夜未已。寄家書，交福興瀾，附王可莊、張香濤大卷，聯棠摺。燈下作雲丈書、小雲書。交興盛。

十八日，晨雪未息，申刻開霽。午刻赴且潛之招。校勤補稿。

十九日，晴。寄安居信。交天成亨。校吴志十六頁。
二十日，晴。校吴志十四頁。
廿一日，陰。校吴志九頁。
廿二日，晴。看秋審。直隸九。
廿三日，晨陰，微雨。辰刻晴。午刻偕枚升、且泉、茂齊在聚寶堂公請崔劭方太守志道，雅州府。吴煜甫刺史光奎，華州。兩同年。看秋審。熱河一。
廿四日，晴。看秋審。熱河一。
廿五日，晴。午後進署、拜客。夜校吴志五頁。
廿六日，晴。校吴志十四頁。
廿七日，晴。校勤補稿。
廿八日，晴。
廿九日，晴。午後進署，當月滿人溥潤齋。
閏月朔，晴。申刻散署。接三弟上月廿一日來信。協興昌。
初二日，陰。寄偉如三號書，交局，附寅、雲各一。接三弟上月十七日書。
初三日，陰，小雨，夜大風，晴。改仲笙文一。
初四日，晴風。晨訪輯五，改仲笙文一，看秋審。直隸，留養二。
初五日，晴。
初六日，晴。校吴志十三頁。
初七日，晴。午後進署，拜客。晤熊東庭。文策。
初八日，晨陰，即晴。午刻在萬興居請客。校吴志十頁。

初九日，晴。校吴志廿六頁。

初十日，晴。接三弟上月廿八日信。協興昌來。科中書周錦華嘉穎來，蕭山人。校吴志廿二頁。夜雨。

十一日，晨晴，午後陰，申刻微雨，晚晴。校吴志十頁。畢。

十二日，晴。晨進城。午後校勤補稿。改仲笙文一。

十三日，晴。改仲笙文一。

十四日，晴。午後進署、拜客。

十五日，晴。作家書。交福興潤。傍晚雨，雨點落地乾即成土，夜雨復然。

十六日，大風晴。晨晤葆初。

十七日，晴。作甫丈書。擬交張子和，廿二交，附取斯堂六本。

十八日，晴。

十九日，晴。晨進城。

二十日，陰。

廿一日，晴風。作芷瀾書、附羊毫一匣。菊人書二，韡一雙，書四本。彭芍高書、小雲書、鷺洲丈書。均交張子和。

廿二日，晴。午刻出門拜客，中途遇大風揚沙，對面不見人。

廿三日，晴。午後進署閲稿。

廿四日，晴。午刻，至王逸軒處道喜。

廿五日，晴。晨進城至東廠胡同，叔均夫人於昨日申刻仙逝也。午刻赴張子和暨鄭抒丹之約，聚寶堂。晚赴杞山之約。

廿六日，晴。午刻至大原館同榜團拜，兼餞杜葆初、張杏村之行。四喜部演劇帶燈，子正歸時，戲未散也。

廿七日，晴。「欽差查欽差汝往欽哉」，吉林案。「御史參御史吾執御矣。」樓譽□參英震。

廿八日，晴。午後進署。

廿九日，晴。看秋審，河南續增二。

三十日，晴。晨至觀音院，叔均夫人出殯也。二鼓小雨，作伯驤書。交丁蘭孫，附搢紳車道圖、取斯集。

四月朔日，晴。作偉如書。四號，交丁蘭孫。

初二日，晴，申刻大風。午刻進署、拜客。

初三日，晴。看秋審。河南續增一。

初四日，晴。午刻進署、拜客，申刻大風沙。夜二鼓陰，微雨，大風。燈下看秋審。直隸續增一。

初五日，晴大風。看秋審。河南承記一起，直隸承記二起。熱河留養三起。

初六日，晴。看秋審。河南留養一。

初七日，晴。晨晤輯五。陳蕖卿送到家書。並筆扇等件。

初八日，晴。

初九日，晴。午刻至觀音院，叔均夫人唸經也。飯後進署，接三弟前月晦書。

初十日，晴。作梅卿書。交蔚長厚。

十一日，晴。晨進城，即出城，至鄭聽翁處道喜。歸作心岸書。五號，附梅卿信中。

十二日，晴。午後進署。燈下作家書。次日交福興潤。

十三日，晴。改仲笙文一。

十四日，晴。改仲笙文一。

十五日，巳刻進署，今日改早衙門。申刻菊人自江西來，下榻於此。

十六日，晴。晨偕菊人□□。昨日考試差題，「信而好古」，「望於山川」。賦得「進賢興功」得「官」字。語出周官夏官。擬題是潘伯寅，聞所據爲晋傳咸詠周官詩也。

十七日，晴。晨出門望考。

十八日，晴。
十九日，晴。
二十日，晴。
廿一日，晴。接三弟初三日信，戚貴帶來。晨至馮宅陪弔半日。
廿二日，晴。晨進署。午刻至安徽館，今日同郡公請董新甫、吴廣菴二觀察。
廿三日，晴。薄暮陰雲四起，頗有雨意，旋晴。天氣稍凉，或遠處有得雨者。
廿四日，晴。午至財盛館，壬戌團拜。
廿五日，晴。午至財盛館，辛酉團拜。
廿六日，晴。
廿七日，晴。晨進署，並至翁堂宅拜壽。
廿八日，晴。改仲笙文一、菊人文一。
廿九日，陰雨竟日，中夜始息。久旱遇此，無不拍手，惜未深透。
三十日，陰。作蕓閣書。交杜葆初。
五月初一日，晴。接三弟書。永大正。
初二日，晴。至願學堂作文，「與命與仁」，「蜘蛛雖巧不如蠶」得「蠶」字。閣筆者二年餘矣，今日始試爲之。
初三日，晴。申刻陰微雨。
初四日，晴。晨出門。
重五，晴。
初六日，晴。改仲笙文一。
初七日，晴。作家書。交福興潤。

初八日，晴。
初九日，陰雨。午刻在衍慶堂請客，午後雨更大。
初十日，晴。
十一日，晴。
十二日，晴。晚赴趙惠卿之招。萬福居。
十三日，晴。申刻凌初平自南來，伊偕陸篤齋、趙子琴坐順利輪船，於上月廿三日自滬開行，廿四日夜十二下半鐘駛至山東摩崖島洋面，閣於礁，石入船底，船不能動，其時海氣迷漫，遥視距山約二三十里迢，天明海氣澄清，則距岸僅半里許，當有沿海師船來救，先將客人載至島上，復陸續運出。約三日船始沈，諸客有附師船至烟臺者，伊等自摩崖島起旱，至石島計二十里，由石島坐車至烟臺，約三百里。到烟臺復附船舟北來。是日接家書二。一由初平帶來，一由局來。
十四日，晴。出門拜客、進署。
十五日，晴。趙子琴送家書來。
十六日，雨竟日，午前見大。
十七日，陰雨。
十八日，晴。
十九日，陰。晨出門拜客，午到晉陽寺，酉歸。午後小雨，暮始息。
二十日，晴。晨進署，午到謝公祠公請王曉蓮方伯。申刻散席，到財盛館同司團拜，並公請薛雲階方伯。
廿一日，晴。午刻菊人動身赴東，申刻到觀音院，周小帆夫人開也。
廿二日，晴。
廿三日，晴。酉刻出門。
廿四日，晴。晨出門。鷺丈於午後來，邀往游廠肆。夜陰雨。

廿五日，大雨。酉正始放晴。
廿六日，晴。辰刻進署，當月滿人英玉峯。午後熱甚。
廿七日，晴。巳刻散署。作家書二、補山一。交福興潤。夜雨。
廿八日，晴。接雲丈書。作偉如六號書。交同泰。
廿九日，晴。

六月初一日，晴。宗恒齋來。
初二日，晴帶陰。至願學堂作文，「巍巍乎其有成功」、「而天下治」，「西蜀子雲亭」得「亭」字。申刻天欲雨，携歸完卷。酉刻小雨即止。
初三日，晴。
初四日，陰微雨。晨出門拜客，進署。夜雨甚大。
初五日，晨雨未止，午間放晴。在萬興居請客。
初六日，晴。校大清律。
初七日，晴。校律。
初八日，晴。晚赴笙叔之招。校律。
初九日，晴。校律。
初十日，晴。校律。
十一日，陰，雨甚大。校律。
十二日，晨陰即晴。校律。晨出門拜客、進署。天氣漸爽。
十三日，晴。作家書，交福興潤。校律。
十四日，晴。校律。
十五日，晴。校律。

十六日，陰。後門一帶有暴雨，校律。

十七日，晴。同人公請松楚珩。龍源，慶和。

十八日，晴。晨出門拜客，進署。傍晚又出門。是日接德州信，小雲調充撫轅巡捕，菊人於初一始到德。

十九日，晴。校律。

二十日，晴。校律。

廿一日，晴。校律。夜雨。是日立秋。

廿二日，陰雨。校律。午時雨息，入夜又雨，連宵。

廿三日，陰，雨甚大。改仲笙文二。申刻斜陽一閃，入夜又雨不休。

廿四日，陰雨，未刻雨息。申刻雲歸絡繹，夜晴。改仲笙文一。

廿五日，晴。作詩二。「碧筩」得「筩」字，「一聲蟬送早秋來」得「蟬」字，李中句。

廿六日，晨午間陰微雨，旋息。接家書。

廿七日，晴。晨出門拜客，進署。

廿八日，陰微雨。午刻赴松楚珩之招。覆校勤補稿。

廿九日，晴。作家書，初二交永大正，由古愚。客有自山西來者，介休人也。其言曰「吾鄉之應差有三等名目。一曰流水差，一曰五鄉公辦差，一曰兵差。流水差者，凡逐日過往官員，暨官之親戚、幕友，所用之車輛皆取給於民。自一二輛至十餘輛不等，由衙中辦差門丁發一紙條於車局，局董雇車以應之。用錢若干皆向應值日之各鄉取之，並一應供賬皆取給焉。此等差使，無日無之。五鄉公辦差者，五鄉□派。凡官員暨兵勇過往，用車二三十輛或五六十輛，不在流水差之列，另由衙中差門發條，局中支應，車價及一切供應皆五鄉公派。兵差者，則兵勇過往用車，較多者或用一週或用半週，半週用車一百二十輛，一週（信）［信］之。先期數日，著各鄉雇車到局伺候。用錢若干由各鄉自行給付。用車不過一二日，而支應約需五六日，計一日之車價及供應火食約需錢三千許。其外更有差馬，較差車稍減而供應則一也。各鄉應車之章程，大村四馬五車，中村三馬四車。如兵勇有二三百人，則局董向各鄉雇半週之車馬，有六七百人則雇一週之車馬。應兵差之車，到局或尚需伺候，則局董即以之應。流水差及五鄉互辦差，而其費仍取之各鄉，不能於兵差中扣除也。其中之用一報十，弊有不可勝言者。即如介休一縣，共二百餘村，每歲每村按畝派出應差錢，該七百餘千。咸豐年間曾立石定程，除流水差外，一概禁止。而未及一年，積弊如故。近來則一村有出至八百餘千者。鄉間田畝每畝僅有四百餘文租息，而完糧亦須二百文，加以應差四五百文，故有田一畝每貼錢二三百文，向來鄉中大户置田幾畝，不過聊粧門面，原非藉以糊口也。至貧家有田三畝，更藉生意以活命，至近年則即以田予人，亦無人收受，而徵糧則如故也。始荒之時，報災七層，而官之取於民者，曾無勿足。近經曾中丞奏請蠲免，如得稍寬，而應差者仍如故也。蓋此弊由來已久，不能盡除，前有某太守定例出示，凡其官親幕友概不使民間應差，而一人之力不能偏惠，誠屬無可如何。紳士知此弊者，牽於衆議，局董又多不肖之徒，藉以漁利，此風又何日而終哉？學憲按臨，例送皮衣銀八百兩，此款亦派之於民，是在三差之外者。市上貨物，官有定價，如市價十之四，各署所用又無定例，胥吏等以官價買進，以市價賣出，於是民間之物非落行家，不得賣矣。各處當鋪，亦定有供應錢每年數百，近年來當鋪皆當而不贖，供億又不可省，故當鋪歇業者已十之七八，而生路益窄，晉省本多旱地，河道久淹，無人創議開掘。彼地可種大米者，千中之一，向年可種麥者，不過三十分之一。餘盡種高粱、黃豆，目下則並高粱、黃豆亦不能種矣。」

三十日，晴。

七月朔，陰雨。作陳伯襄書，寓揚州運司大街北園門探花巷，交興盛。作梅卿書。交宗恒齋，附照二。

初二日，晴。晨出門拜客，進署。作偉如七號書。又子静書，附取斯堂二本 交恒齋。晚赴健卿之招。

初三日，晴。

初四日，晴。午刻爲周少甫執柯。

初五日，晴。

初六日，晴。晨進署。

七夕，晴。校律。

初八日，晨大雨，旋止，陰晴屢變。晚赴初平之招，戌初大雨如注，旋晴。
初九日，晴。午後出門拜客。校律。
初十日，晴。校律。
十一日，晴。校律。
十二日，晴。晨送趙子琴到司，歸來作雲丈、小雲、菊人三書，交興盛，附葛二、周一、賀一。燈下校律。
十三日，晴。酉刻，至觀音院，張叔憲夫人開弔也。燈下校律。
十四日，晴。校律。夜陰雨。
中元，陰雨竟日。校律。
十六日，陰，晨雨，旋息。校律。
十七日，陰。晨至延旺廟街吳氏拜壽。校律。
十八日，晴。晨進署。校律。
十九日，晴。校律。
二十日，晴。校律。午刻赴子琴之招。
廿一日，晨晴，未刻陰雨，即息即晴。三鼓大雨。校律。
廿二日，晨雨旋止，辰正出門拜客、進署。
廿三日，晨雨旋止，旋晴旋雨，暮晴。校律。
廿四日，陰，晨小雨。
廿五日，陰，晨微雨，午晴。出門謝客，途遇小雨。
廿六日，陰。午後微雨。作南皮書、梅卿書。
廿七日，陰，微□。作心岸八號書。交福興潤。
廿八日，晴。晨進署，午至鄭聽翁處拜壽。

廿九日，晴。作家書。交趙翰卿，附貴禮門照、張叔憲橫幅。

八月初一日，晴。

初二日，陰，酉刻大雨。

初三日，陰晴倏變。周少甫明日完姻，今日至女家送妝。夜西北風晴。

初四日，晴。爲少甫迎親周旋一天，日暮始歸。

初五日，晴。晨進署，午至謝公祠同郡公請新太尊桂文圃斌。四下鐘二刻，太尊方到，散席已日暮矣。

初六日，晴。校律。

初七日，晴。校律。

初八日，晴。校律。作家書。交凌初平，杏仁、口蘑一匣、貞女傳一本。

初九日，晴。晨進署。校律。

初十日，晴。校律。

十一日，陰雨。校律。

十二日，陰。校律。

十三日，陰雨。校律。

十四日，陰雨。校律。午後開霽。

十五日，晴。晨起校律。午後作家書。交福興潤。

十六日，晴。出門進署，又進城拜壽，出城拜客，望考。

十七日，晴。傍晚出門望考，校律。

十八日，晴。晨出門望考，校律。

十九日，晴。晨出門望考。

二十一日，晴。晨進署，當月滿人溥潤齋。在署無事，校律。

廿二日，午刻散署。校律。

廿三日，晴。校律。接三弟自杭來書。十三發。

廿四日，陰。校律。

廿五日，陰，四鼓雨。看申報中嬾則致貧説中有「嬾於晉接，則託言不事奔競以鳴高」之語，頗與余情狀相合，爲之啞然。

廿六日，陰雨。巳刻爲親友接場，在萬興居。

廿七日，陰雨。下午雨止。

廿八日，陰。晨起大霧。出門進署，午至聚寶堂同榜秋團。

廿九日，晴。接三弟自杭來書。十一發。

九月初一日，晴。晨偕王魯風進署。

初二日，晴。至願學堂作會文。「盈科而後進」至「取爾」，「九轉丹成鼎未開」得「丹」字。

初三日，晴。

初四日，陰。夜作家書。初七寄。

初五日，晴。晨出門，進城拜壽，出城拜客，日暮始歸。

初六日，陰。

初七日，陰，小雨。寄家書。交福興潤。

初八日，晴。作芷瀾書，廿二寄。朱哲臣瓛來。歸安人，天津籍。

重九，晴。作小雲書，菊人書。

初十日，晴。

十一日，晴。作文一。「江漢以濯之」二句。

十二日，晴。午後出門拜客，進署。

十三日，晴。

十四日，晴。京兆揭曉湖州中二人，陳其儀廿一，趙燮卅四。又外籍二人。戴彬元、章乃鼎。

十五日，晴。

十六日，晴。作願學堂會文。「子曰言」至「吾猶人也」，陶淵明「採菊東籬」得「秋」字。

十七日，晴。晨經翁來，午後出門拜客，進署。夜大風。

十八日，晴，大風。

十九日，晴。

二十日，陰，小雨帶有雪子。作琴舅書、林樸人書。

廿一日，陰。晨出門，午後雨。燈下作家書、子宜書。

廿二日，晴。寄江西賀俞林信、家信。均交福興潤，附子宜書。

廿三日，陰。午後出門進署、拜客。申刻雨。作凌熙臺書、仲升丈書。

廿四日，陰。寄家書。交且泉，附杭信、凌信、册頁二、闈墨一、凌照四。

廿五日，晴。得湘榜信，吾郡中五人，五弟又落孫山。

廿六日，晴。又作家書，交且泉。傍晚出門送且泉行。

廿七日，晴。晨出門。燈下作偉如九號書、子静書。交同泰。

廿八日，晴。

廿九日，晴。

三十日，晴。

十月朔，晴。午後出門拜客，進署。

初二日，晴。作願學堂會文，「揖所與立」一節，「家書新報橘千頭」。寄菊人書。

初三日，晴。午後出門拜客。燈下作試帖。「歲寒知」。

初四日，陰。燈下作會文。「君子義以爲質」三句。

初五日，晴。午刻王魯風喫飯，在龍源樓。魯風今日籤掣江西。燈下錄會文。

初六日，晴。作家書。交王□人，師竹詩二本。

初七日，晴。

初八日，晴。午後出門，進署、拜客。

初九日，晴。枕上作文一。「曰賢者亦樂此乎，孟子對曰賢者而後樂此」。

初十日，晴。燈下纂説文引經異同。以吴、陳爲本，而以諸家説附益之，分經而不分部，則與吴、陳二書殊旨。

十一日，晴。燈下纂説文引經異同。

十二日，晴。燈下作試帖二。「大山宫小山」，「嬾有羣鷗責舊盟」得「盟」字。

十三日，晴。午後出門，進署、拜客。夜赴枚升之招。聚寶堂。

十四日，晴。燈下作試帖一。「木落參差見寺樓」得「樓」字。錄會文。「子謂衛公子荆」兩章，舊作。

十五日，晴。燈下纂説文引經異同。

十六日，晴。作願學堂會文。「子張問善人之道」，「踐迹」，「陶侃運甓」得「勤」字。

十七日，晴。燈下纂説文引經異同。大風。

十八日，晴。燈下纂説文引經異同。大風。

十九日，晴。午後出門，進署、拜客。燈下纂説文引經異同。

二十日，晴風。燈下作家書。交王魯風，附成士課士錄六本。

廿一日，晴。傍晚送王魯風行，明日走。燈下纂説文引經異同。

廿二日，陰，大風。燈下纂説文引經異同。

廿三日，晴，大風。燈下作會文，「今天下車同軌」。僅成小講。

廿四日，晴。燈下續成會文。

廿五日，晴。燈下作試帖。「霜高丹葉照横林」得「高」字，放翁句。録真。

廿六日，晴。燈下作詩課題。「解議困」，「寒窗呵筆尋詩句」，羅隱雪詩。

廿七日，晴。午後出門進署、拜客。燈下纂説文引經異同。

廿八日，晴。燈下纂説文引經異同。

廿九日，晴。燈下纂説文引經異同。易畢。

十一月朔，晴風。

初二日，晴。作願學堂會。「矢人豈不仁於」至「惟恐傷人」，「善學若食雞蹠」得「千」字。

初三日，晴。酉刻至龍樹寺，孝達夫人開弔也。鐙下作試帖。「一點黄金鑄秋橘」得「金」字。

初四日，晴。午後出門拜客。下作文半首。「是故君子無所不用其極」。

初五日，陰。午刻鷺丈邀喫福興居。燈下續成昨文，即録真。

初六日，晨陰，旋晴。是晚感受風寒，殊不適。

初七日，晴。夜纂説文引經異同。是日作小雲書、幼雲書、雲丈書。次日交興盛，附李書。

初八日，晴。夜纂説文引經異同。

初九日，晴。夜纂説文引經異同。

初十日，晴。夜纂説文引經異同。

十一日，晴。晨出門，至東廠視中堂疾。面色憔悴，疾已漸愈。午後進署。夜纂説文引經異同。

十二日，晴。夜纂説文引經異同。

十三日，晴。夜作試帖二。「龍門賞雪」，「花磚一線添紅景」，李肩同詞句。

十四日，陰。夜作會文半首。「相維辟公天子穆穆」。

十五日，陰，大風。夜續成會文，作試帖，「雲生澗户衣裳潤」。白樂天詩。録真。

十六日，晴。作願學堂會會文。「子謂伯魚曰」兩章，「薰蕕不通器」得「蔵」字。

十七日，晴。接心岸書，十月廿六。夜作伯襄唁信。番洋二元，經信一，銀十兩，交仲英丈。作心岸十號書、子静書。交同泰摺弁。

十八日，晴。午後出門進署。夜作蘭笙覆書。交朱越卿。

十九日，晴。夜作幼雲書。交伯朗二十三，葛信三，陳子燮託買物件，照單帶去。作家書。交篤齋。

二十日，晴。夜纂説文引經異同。

廿一日，晴。午後進署，又至東廠送伯朗行。夜纂説文引經異同。

廿二日，晴。夜纂説文引經異同。

廿三日，晴。夜作試帖。「纔有梅花便不同」得「花」字。

廿四日，晴。夜改舊文一。「子謂韶，盡美矣」。

廿五日，晴。夜録文詩。

廿六日，晴。夜纂説文引經異同。是日大風。

廿七日，晴。夜纂説文引經異同。是日大風，午後進署。

廿八日，晴。夜作小雲書、菊人書，交鶯丈。纂説文引經異同。

廿九日，晴。夜纂説文引經異同。

三十日，晴。夜纂説文引經異同。

十二月朔，晴。夜纂説文引經異同。

初二日，晴。夜纂説文引經異同。

初三日，晴。午後出門，進署、拜客。

初四日，陰。夜作會文半首。「問人於他邦」至「拜而受之」。

初五日，雪，積不盈寸，報一寸有餘。夜續成會文，作試帖。「鳳鳴高岡」得「高」字並錄真。

初六日，晨尚有雪，午後微晴。夜纂說文引經異同。

初七日，陰。午後出門，進署、拜客。夜纂說文引經異同。

初八日，雪。夜纂說文引經異同。

初九日，雪，午後止。積有二寸許。報四寸有餘。夜纂說文引經異同。

初十日，晴。夜纂說文引經異同。書畢。接心岸第十書。

十一日，晴。夜赴趙希齋之約。萬福堂。

十二日，晴。午後出門拜客，進城。夜作家書。交篤齋。

十三日，晴。夜作心岸書、子静書，交同泰。作試帖。「詢於芻蕘」得「詢」字，「朝回坐客酬琴價」。

十四日，晴。夜與篤齋在聚寶堂請客。

十五日，晴。午進署，當月滿人英玉。夜作會文。「願無伐善」二句。

十六日，晴。未刻歸來。接東信。新泰厚。

十七日，晴。晨作雲丈書、小雲書。交摺弁。薄暮訪仲丈，留喫晚飯。歸來作瑞師賀稟。交本宅。

十八日，雪。夜作魯丈書。

十九日，雪。稚蘭自黔來，下榻於此。得蘭丈、春木書。申刻出門訪客。

二十日，雪。三日來積有尺許。時齋來。夜改仲笙文詩，接家書。

廿一日，陰。午後出門。夜改仲笙文詩。

廿二日，晴。

廿三日，雪。

廿四日，雪。兩日積六寸餘。

廿五日，晴。偕稚蘭至東廠胡同晤經丈。

廿六日，陰。午至潘家河沿拜壽。

廿七日，晴帶陰。

廿八日，晴帶陰。

除夕，晴帶陰。續海防要論：「海防事宜既已得其要領，而經費宜籌不可臾緩也。以中國地大物博，無事之時，歲中籌措數十萬金，固自易易。原不必取供於地丁漕糧，致惟正之供，不足以給度支也。又不必設卡抽釐稅，及雞豚析及錙銖，朘削民之脂膏，以致閭閻受累，有民窮財盡之虞也。計自各省開設通商口岸，所催之稅，若能先與各國公使相商，妥立章程。我用我法，專以歲中所入，用作海防經費，自能綽有餘裕，惟在得人以經理焉耳。即如洋藥一項，昔日因此致失和好，今日藉此視作正稅，現將換□之時，何不即將此款與各國公使反覆辯論明晰，每箱烟土入口加抽若干，即或慮價值頓昂，而吸煙之人既已視爲性命，則須日耗多金，亦所弗吝。是所抽仍在吸煙之人，而於人販運，商人，固可依然利獲三倍也。推之疋頭烟酒以及雜等物，亦可仿照西例，參酌其中，一律加抽。在西商祇求暢銷得利，若能開誠心、布公道，俾情意浹洽，心志悦服，未必不允。此則取資於入口者也。至於出口之貨，固以茶絲爲大宗，然能普勸民間多爲種植，善爲飼養，及出售之時，又嚴飭經手之人，務揀選上等貨物，然後售與西商，毋攙襍、毋作僞，則西商可以賺利，自必爭相購辦。而又爲輕其稅，以便銷流，其或可以種棉開礦之區，悉本商力，以次第舉行，則財源可裕，而緩急可恃也。此則取資於内地者也。至於節流之法，又須統全局以兼籌。查今者稅關所雇之洋人，輪舶所用之員役，非不時更調，即過於優崇。同一關吏也，或妻子房租有給，同一管駕，或薪水額外開支。試思歲中所入，祗有此數，何堪若斯之濫費乎？夫當時事艱難之秋，在在需用，即涓滴歸公，且虞不給。初不解何人倡此，以致爲厲厲階也。夫省有用之費，以成有用之舉。理財者，所宜首務也。今者言及海防，無不以經費難籌爲虞，亦嘗計及於此否？開財源節財流，偏務財無成，兼籌則有濟。其要在汰冗員，去貪吏而已矣。又如臺灣一島，其北則宜於茶，其南則宜於蔗，而麥稻二種，則偏地皆宜。若廣招徠、勤開墾，自用輪船招攬販運，而於平安、淡水、蘇澳、□籠各處皆設立總商，以爲經理。商力不足則朝廷撥帑濟之，諒不數年而稅項又多一進數也。至於商船必須領牌，郵政又須創舉，所有使民利國之事，歷不舉行，則經費□尚虞支絀乎？然有可戰之器，尤須得能戰之人。歐州諸大國，所以能縱橫宇内，雄視寰中者，以戰艦之内，上自督帶，下至工役，無不經練習、慎挑選，量能授職，各當其才。微特駕駛之法，進退之宜，胸中瞭然，無或能謬。即大敵當前，砲彈紛飛，波濤洶湧，亦能各守紀律，心志不擾，膽氣自豪。故死生所關，勝負所繫，視爲固然，並無紛擾。以之守險，而險可守，以之摧敵，而敵可摧也。若中國砲船，所有人員工役，則與之殊科非。全船雇用西人，而各官互相濫保，其視爲名利之藪，蠅營狗苟，以圖得缺者，且更紛紛皆是也。夫雇用西人以資得力，在往來洋海捕盗、緝私勤能者，著試思一旦中外失睦，有事戰爭，其所雇之西人，將仍留供職乎？抑將聽其辭去，而置身局外乎？其辭去則倉猝之間，安更得人以承其乏？雖有戰艦，亦成無用之器，甚且轉以資敵。若仍留供職，又恐非我族類，其心必貳。此真事之萬難委曲求全，而又不可不早爲之慮及也。今之視輪船爲名利之藪者，固所在皆是矣。其最足慮者，曰管駕，次曰大副，次曰管隊，非不外觀，有耀麗然自大也。然試與西國之船主參觀而並論，特優絀立形，抑其賢否不侔矣。出其稍通各國語言文字，稍明駕駛機宜，得失固渺不可得，甚且有目不識丁，儼同没字碑之誚者，更何論戰守之事乎？且其弊尤在於不耐勞苦，惟知嗜利。聞有船主缺出，則不吝先出二三千金，鑽營謀幹。及得補授，逞胸臆，作威福，人役悉爲更換，非有情面進苞苴，不能仍留船中，故終日惟以營私罔利爲事，而於操練巡防率皆故事。奉祈無事，則欺蒙掩飾，有事則推諉潰逃。日本擾臺之時，兵船水手潛逃回閩者無日不有。若仍不加整頓，可爲寒心。今幸海晏河清，安撫如故，而每船抵埠管駕諸貴人，則登岸訪友，尋惟恐不暇，而大副、管隊亦相率效尤。惟略餳水手各司乃職，即船中有暇日，惟偃息在床，未聞有一人振刷精神，督飭人役按時操練也。一旦日影漸西，又輪流登岸，是更有何事可期盡心？此中國炮船之積習也。然則救弊補偏，在力反其所爲而已。管駕無倖得之人，則戰守必能講求於平日。闔船無冗情之卒，則士氣思奮。而又拔才能，優糧糈，嚴功過，勤訓誨，河船用以守，河船用以戰。安居之時，如論大敵，規條必肅，器械必精，短於戰者，不妨用以守，長於守者，不必用以戰。尤須以時課其能否明於水道，熟於沙綫，遇風濤而知趨避，没深淵而不墜溺。老弱必汰，嗜好必除，凡倩人替代操演之習，務使悉除。所用炮手，惟令各管其炮位。若有妄燃虛擊，立斬以徇。此皆制勝之要著，而善守之事，尚豫籌於無事之日者也。」

庚辰　光緒六年（一八八〇）

元旦，晴。
初二日，陰，午未之間雪。晨出門，上燈時始歸。
初三日，晴。
初四日，微晴。
初五日，雪，下午展晴。作姚彦侍方伯賀函。心岸書，交協興昌。作家書。交篤。
初六日，晴。午刻，稚蘭邀喫龍源樓，逛荷包巷。夜作松子久書。交楚珩。
初七日，陰。纂説文引經異同。詩。
初八日，晴。如山入塾。午後赴經丈之招，稚蘭同往。夜黼卿招飲。
初九日，陰，夜雪。纂説文引經異同。
初十日，晴。夜纂説文引經異同。
十一日，晴。午後出門拜年。夜纂説文引經異同。接信，知太夫人病篤。
十二日，晴。夜纂説文引經異同。
十三日，晴。午後出門拜年。夜纂説文引經異同。
十四日，晴。夜纂説文引經異同。
上元，陰。夜纂説文引經異同。是日午刻出門拜年。
十六日，晴。夜纂説文引經異同。
十七日，雪，申刻晴。夜纂説文引經異同。
十八日，雪，申刻晴。夜纂説文引經異同。

十九日，晴。午到同福樓同司開印公局。夜纂説文引經異同。

二十日，晴。夜纂説文引經異同。

廿一日，晴。夜纂説文引經異同。

廿二日，晴。

廿三日，晴。

廿四日，晴。午赴小泉之招。

廿五日，晴。午後出門拜客進署。夜作會文。詩書、執禮二句。「春風已緑瀛洲草」得「洲」字。

廿六日，陰。晨録會文詩。

廿七日，陰，雪旋霏旋化，竟日不息。

廿八日，晴。午進署，閲稿五十餘件，目爲之疲。

廿九日，晴。夜作芍庭、清卿謝函，並賀。

三十日，晴。作雲丈書。

二月初一日，晴。作菊人書。交興盛，附雲丈三、小雲一。

初二日，晴。晨出門至東城，歸來作願學堂會文。「詩云迨天之未陰雨」至「道乎」，「好賢如緇衣」得「賢」字。

初三日，晴。

初四日，晴。作試帖。「好鳥枝頭亦朋友」得「枝」字。

初五日，晴。録會文。「知者動」二句，舊作，略改。

初六日，晴。夜看秋審，河南一。是日進署，遞會試呈。午到萬福堂，赴篤齋之約。

初七日，晴。夜看秋審册。河南二。

初八日，雪。夜看秋審册。河南三。

初九日，晴。夜作蘭汀丈書、魯丈書、春木書。

初十日，陰。稚蘭於辰初動身。四點子静於酉初到京，同伴柯□菴逢時孝廉。庚午。

十一日，晨陰，旋晴。

十二日，晴。

十三日，晴。

十四日，晴。夜作會文。「則修文德以來之」，「花映垂楊溪水明」得「溪」字。

十五日，晴。

十六日，晴。作願學堂會文。「禹稷躬稼」、「适出」，「煙曲香尋篆」得「尋」字。

十七日，晴。午後偕遜菴至舉廠看小寓，租定在筆管胡同口外觀象臺下玉宅。

十八日，陰。作偉如唁函，交同泰。作陳子英、黼廷、小雲三書。交興盛。

十九日，陰。

二十日，陰。晨微雨旋止，大風揚沙。

廿一日，晴。

廿二日，晴。

廿三日，晴。午初三弟到京。

廿四日，晴。

廿五日，晴。午後出門拜客。作會文。「故君子不出家而成」至「事長也」，「鵷鴻得路爭先翥」得「先」字。

廿六日，晴。

廿七日，晴，午後陰。

廿八日，晴。

廿九日，陰，夜雨。

三月初一日，晴。申刻至文昌館，辛酉春團。

初二日，晴，風。

初四日，晴。

初五日，晴。

初六日，陰。午刻搬小寓。夜雨。

初七日，陰雨。午後雨息。

初八日，晴。辰刻進場。夜半題紙來。「子曰：吾與回言」一節，「舉遠人則四方歸之」二句。又「尚論古之人」至「論其世也」。賦得「靜對琴書百慮法」。

初九日，天明始起作文。巳刻首藝脱稿。先作詩，夜戌正三藝皆脱稿，即安睡。

初十日，晴。天明打磨首藝，即録真補稿，未初出場。是日有江西孝廉殁於人字號舍，年三十餘。

十一日，晴。辰刻進場。

十二日，晴。子初題紙到。

十三日，晴。巳刻完卷出場。

十四日，晴。辰刻進場，戌正題紙到。

十五日，晴。戌正完卷。

十六日，晴。天明出場。

十七日，晴。出門拜客。子靜邀喫福興居。

十八日，晴。申刻後出門拜客，即赴誼卿之約。

十九日，晴。午後偕三弟進城，探經翁病。

二十日，晴。午赴篤齋、健卿、時齋三約。

廿一日，晴。

廿二日，晴。吴興團拜接場。

廿三日，晴。晚在衍慶堂請客。
廿四日，晴。
廿五日，晴。
廿六日，晴。
廿七日，晴。晨出門進署、拜客。
廿八日，晴。此後十餘日未記。

四月十二日，晴。揭曉，寓中無名。湖州中兩人。朱炳熊、王蘭。
十三日，晴。
十四日，晴。
十五日，晴。晨出門拜客。
十六日，晴。
十七日，晴。
十八日，晴。
十九日，晴。錢子静、逐菴義勝居。夜赴汪竹亭之招。萬福堂。
二十日，晴。申刻赴笙叔之招，泰豐樓。夜赴柯文青之招，同興居。三鼓作大姊、偉如書。
廿一日，陰雨。子静南歸。
廿二日，陰雨。作蕓閣書。交汪笙叔轉董令。
廿三日，晴。午後出門拜客。作陳黼廷覆書。今日來信，交福興潤。
廿四日，晴。作且潛書。交熙臺。
廿五日，晴。作董新甫書。交寶興隆。

廿六日，晴。作補山書。交子修。作鑪青書。交聯棠。

廿七日，晴。

廿八日，晴帶陰，午小雨，旋晴。

廿九日，晴。午刻在衍慶堂請客。夜作琹甫書、朱蕊亭書，均由杭。仲升書。交子修。

三十日，晴。晨出門進署。午至松楚珩處拜壽，申刻出城拜客。夜作家書。交子修，附春木照三張。

五月初一日，晴。晨送子修行。

初二日，晴。晨進城看經丈，病已就痊。初四出來銷假。

初三日，晴。

初四日，晴。午後出門拜客。

重五，晴。午後誼卿來長談，日暮始去。

初六日，晨小雨。作小雲、菊人書。交文茂。

初七日，黎明雨作，日午始息，然未透也，申刻晴。作春木書、蘭汀書。交百川通。

初八日，晴。覆看秋審。直隸十三。

初九日，雨。覆看秋審。

初十日，陰，午後雨。覆看秋審。

十一日，晴，帶陰，申刻微雨。晨出門。

十二日，晴，帶陰。作王與軒信。交逸軒。

十三日，陰，午後雨。覆看秋審。直隸留。

十四日，晴。夜覆看秋審。

十五日，陰，申刻大雨，夜微晴。月食。夜覆看秋審。

十六日，陰，晨大雨。
十七日，晴。未刻在家請客。
十八日，晴。
十九日，陰雨。
二十日，在聚寶堂公請客，客不到。陰。
廿一日，晴。
廿二日，晴。
廿三日，晴。
廿四日，晴。
廿五日，陰雨。
廿六日，晴。
廿七日，晴。
廿八日，陰晴不定，午間微雨。
廿九日，陰。午後出門。

六月初一日，陰雨。
初二日，陰雨。
初三日，陰雨。
初四日，晴。
初五日，晴。
初六日，晨晴。進署。申刻雷雨即晴，夜又雨。

初七日，晨雨，午晴。作小雲書。交摺差。
初八日，晴。
初九日，晨陰，旋晴。午刻三弟南歸。令張烈送至通州。酉初大雨，旋晴，夜又雨。
初十日，陰，時有微雨。
十一日，晴。未刻張烈自通州歸，知昨日通州雨甚大也。
十二日，晴。
十三日，晴，時有雲陰。
十四日，晴。初伏，時有雲陰。晨出門進署，午到後門拜客，又出城拜客。城中道已好走，城外尚難行，泥深尺半許。申正即歸。
十五日，晴。
十六日，晴。酉刻小雨一陣。
十七日，晴。
十八日，晴。
十九日，晴。晨進署，拜客。
二十日，陰，午雨，酉刻晴。巳刻地震。
廿一日，晴。酉刻夜半雨。
廿二日，晨陰雨，午止，申刻晴，夜半雨。
廿三日，天明雨未止，日出晴。接五弟十三日書。
廿四日，晴。自上月初以來，假得歸、方二家平點史記，錄寫一過。
廿五日，晴。夜作子靜書。交同泰。歸方平點史記四套，素幛二懸，趙、孫唁函各一。
廿六日，晴。早四下鐘二刻，内子舉一男。長夏天氣涼爽，今日始熱。

廿七日，晴。纂説文引經異同。自正月廿二閣筆，迄今數月，兹復續之，以後排日自課，不悉記矣。
廿八日，晴。作雲丈書、菊人書、交胡萬昌。家書。交福興潤。夜陰微雨。
廿九日，晴。
三十日，晴。

七月朔。
初二日，晴。立秋。
初三日，晴。
初四日，晴。晨出門。作子静書。交誼卿，畢咭信一、幃一、福建公幃一、湖州公幃一。
初五日，晴。
初六日，晴。晨進城至東廠。
七夕，陰，晨雨。午申時，時閃日光。
八夕，陰。
初九日，晴。
初十日，晴。作子静書。交同泰。
十一日，晴。
十二日，陰，夜小雨。
十三日，晨雨，即晴。
十四日，晴。
中元日，晨晴，巳刻陰，夜雨。傳聞是日火星與太陽同度，日光爲之蔽，當盡晦，而未驗也。
十六日，晴。午刻小香叔邀喫福興居。晚在萬興居請客。歸途感冒。

十七日，晴。病卧。
十八日，晴。病。
十九日，晴。病少愈。偉如兄奉召入都，寓賢良寺，子静同來。
二十日，晴。晨進城至賢良寺。
廿一日，晴。
廿二日，晴。晨進署，又到賢良寺。偉兄以服色未便，不能入宫視病，故請假十日。午後又到署，日暮始散。
廿三日，晴。晨出門拜客。
廿四日，晴。
廿五日，晴。作家書。交福興潤。
廿六日，晴。晨出門，午後又出門。
廿七日，晨陰雨，辰正晴，黄昏小雨。
廿八日，晴。作彭芍庭書、宗恒齋書。交同泰。
廿九日，晴。不愈。
三十日，晴。未愈，聲嗄。

八月初一日，晴。連日天氣炎熱。
初二日，晴，夜雨大。
初三日，陰。晨進署。
初四日，晴。午後出門拜客。
初五日，晴。
初六日，晴。晨進城，出城買物。作小雲書。交貢差。

初七日，陰。午在萬興居請客。
初八日，晴。
初九日，晴。午後出門拜客，在偉翁處喫夜飯。
初十日，晴。
十一日，晴。申刻到東城。薄暮到仲莫丈處，留喫夜飯。
十二日，晴。
十三日，晴。晨進署。
十四日，陰雨。作家書、雲丈書、小雲書。
中秋，陰雨，夜微露月光。寄家書，交福興潤。寄東信，交文茂。又寄東信。交筱香，帶去參丁一包、鹿角膠一包、香羊皮一包、夏布、白布、半夏、絹人、帽籠一個。
十六日，陰雨。進署，即到東厰拜壽。
十七日，晴帶陰。午赴仲丈之招。福隆堂。
十八日，風大，晴凉。
十九日，晴。
二十日，晴。偉兄招往坐談。
廿一日，晴。晨至東城。
廿二日，晴。申刻至東城。寄家書。交協興昌。
廿三日，晴。午後到東送筱香丈行，明日走。又出城拜袁子彦學諭。又到米市胡同送偉兄行。明日走。
廿四日，晴。晨進署，到秋審處對黄册。晚赴李子襄之招，廣和居。昨夜觀音寺有明火案。
廿五日，晴。
廿六日，晴。
廿七日，晴。接三弟中秋書。

廿八日，晨陰，旋晴。辰刻進署對黄册。夜作三弟書。交協興昌。

廿九日，晴風。

九月初一日，晴。午刻在嵩雲草堂公請劉貢三太守。正隻。

初二日，晴。

初三日，晴。

初四日，晴。延袁子彦先生授兩兒讀，申刻到館。

初五日，晴。晨至東廠拜壽，又進署對黄册。午後拜客。

初六日，晴。五鼓雨。

初七日，晨陰雨。作小雲書、雲丈書、鷺丈書。交李嫗，伊於廿六日始走。附信五件，布包一、皮包一、杏仁匣一。

初八日，晴。晨進署。

重九，晴。經翁來，知俄國事務現派惇邸、醇邸會同辦理，漢大臣添派潘、翁二尚書。

初十日，晴。

十一日，晴。晨進署對黄册。

十二日，晴，薄暮風起。

十三日，晴。晨進署對黄册。

十四日，晴。

十五日，晴。

十六日，晴。未刻浙榜同年在聚寶堂秋團，並請程麗菜、陳學黑二觀察。金梅垞、黄循陔、梁小帆三明府，仲□庭、廣文。

十七日，晴。

十八日，晴。作三姑奶奶書，交張宅，附大板箱一、大皮箱一、小皮箱一、琴箱一、琴包一。作姚梅卿書，交廖吏。午刻出門拜客，謁瑞睦菴師。

十九日，晴。

二十日，晴。

廿一日，晴。晨進署。

廿二日，晴。

廿三日，晴。午後至土地廟。

廿四日，晴。晨至給孤寺，午後至花兒市。

廿五日，晴。晨出門拜客，午後作家書。交協興昌。

廿六日，晴。

廿七日，晴。

廿八日，晴。午刻進署。

廿九日，晴，夜陰，初鼓微雨數點，大風起，晴。

三十日，晴，有風。

十月朔，晴，大風。

初二日，晴。午刻赴振卿之招。

初三日，晴。午刻在安徽館公請瑞老師。

初四日，晴。晚赴陳少海之招。是晨進城拜客。

初五日，晴。

初六日，晴。

初七日，晴。午刻進署，拜客。
初八日，晴。
初九日，晴。
初十日，晴。
十一日，晴。請客。萬興慶和。
十二日，晴。
十三日，陰閃晴。作家書、次日交協興昌。柯遜菴書。交協興昌。
十四日，晨陰，微雨。作仲□書附家書中。午晴，進署。
十五日，晴。
十六日，晴。
十七日，晴。
十八日，晴。申刻出門。
十九日，晴。
二十日，晴。接家書、玉山書。是日午後拜客，進署。
廿一日，晴。
廿二日，晴。
廿三日，晴。
廿四日，晴。
廿五日，晴。午刻進署。作玉山、琴舅書。交湖州。
廿六日，晴。午刻進署，日暮始散。作家書，交協興昌，附玉山信。
廿七日，晴。

廿八日，晴。
廿九日，晴。

十一月初一日，晴。
初二日，晴。午進署。
初三日，晴。
初四日，晴。
初五日，晴。
初六日，晴。作家書。交協興昌。
初七日。
初八日，晴。
初九日，晴。晨進城拜客。
初十日，晴。午進署。
十一日，晴。
十二日，晴。
十三日，晴。
十四日，晴。
十五日，晴。晨拜客、進署。接家書。永正大來，上月十七發。
十六日，晴。晨出門，午接家書。初一發，協興昌來，附有公文部照等件。
十七日，晴。
十八日，晴。作家書。交永大正。

十九日，晴。晨訪雲常，午進署。
二十日，晴。
廿一日，晴。
廿二日，晴。
廿三日，陰。進署。
廿四日。
廿五日，晴。辰刻進署，今日軍機處、内務府過部，會訊劉振生一案也。
廿六日，晴。
廿七日，晴。劉振生今日處決，照「擅入御在所絞監候律」擬絞。以該犯言語狂悖情節較重，即行處決。劉振生，深州［人］，向在鼓樓東古玩鋪生理。先於同治十二年，有于姓者賣魚缸一口，係伊送入大内中正殿茶房交收。此後進内數次，皆係賣瓷器未成。伊之妻父李順，係太監李雙喜又名祥兒之叔。伊去年曾進内找尋李雙喜，到過景陽宫，未遇。去年十二月，伊在後門買上房二門，獨自看守。夜間夢一小孩，言要你的腦袋，夢中嚇醒。自將左手小指用刀剁去一節，從此患瘋，時發時愈。今年五月間，又跟李順到内，找李雙喜未遇。十一月初七日，伊在清化寺街周宅幫忙。瘋病復發，經周宅著人送回家。初八日一早，伊穿薄底布鞋，手持旱煙袋、香火出門，不覺走至大内體元殿。見有穿衣鏡，伊將香火向空抛擲，即經拏獲。詢伊從何處來，言從天上來，我要做天下。送部訊，忽明忽暗，傳訊伊妻李氏及李順，並周姓家人，並瘋病實有確证，即傳查李雙喜。内務府轉據事房覆稱，内中並無其人。或云内務府太監，卯册李雙喜係打頭者。
廿八日，晴。
廿九日，晴。子彦赴通應小試。
嘉平朔日，接東信。

初二日，晴。
初三日，晴。
初四日，晴。晨進城。
初五日，晴。
初六日，晴。
初七日，晴。
初八日，晴。
初九日，晴。
初十日，晴。
十一日，晴。
十二日，晴。
十三日，晴。
十四日，晴。酉刻出門。接東信。
十五日，晴。
十六日，晴。午刻進署。當月滿人餘慶，號善廷，甲子舉，甲戌進士。
十七日，晴。午刻散署。
十八日，陰，薄暮飛雪盈分，大風起，雲散。
十九日，陰。
廿日，晴。接東信。
廿一日，晴。封印。進署，散署拜客。午至龍源樓喫飯，福益三作東。作東信。交江紀。
廿二日，晴，晨進城看經丈病。寄貴州信。交百川通。

廿三日，晴。

廿四日，晴。接東信。

廿五日，晴。寄東信。交摺弁。

廿六日，晴。午至陳宅拜壽。

廿七日，晴。

廿八日，陰，午後飄雪花，風起雪無，夜晴。

廿九日，晴。接家言。初六。午後進城視經翁病。

除夕，晴。未刻，得經翁凶問，進城探喪。

辛巳 光緒七年（一八八一）

正月元旦，晴。

初二日，晴。晨出門拜年，午到東廠送歛。

初三日，晴。卯初進城，到東廠。今日遞遺摺。辰刻特遣貝勒載漪帶領侍衛十員奠。侍衛先來，次内務送茶奠來。送恩賞陀羅經被來。孝子跪受於正廳。次天使來，孝子跪迎於大門内，天使入聽事更衣，孝子隨入，俯伏於西階下。天使至靈前三奠畢，孝子碰頭。天使下月臺復入拜靈，此私情。孝子至旁俯伏。天使出，孝子跪送於大門内。午刻出城拜年。

初四日，晨陰，午晴，風大。巳刻到東廠，申刻歸。

初五日，晴，夜大風。

初六日，晴風，冷於三九天。晨到東廠，暮歸。

初七日，晴，出門拜年。

初八日，晴。作家書。十一發，交協興昌。

初九日，晴。丑刻信女化。

初十日，晴。

十一日，晴。

十二日，晴。午後出門拜年。

十三日，晴。進城拜年。順道到東廠。朗伯昨日自東來，接小雲書。

十四日，晴。進城到東廠，寫紅簽。經翁賜謚文定。

上元，晴。

十六日，晴。到東廠寫簽。
十七日，晴。晨進城拜，進署。
十八日，晴。
十九日，晴。開印。
二十日，晴。
廿一日，晴，夜雪盈分。報一寸有餘。
廿二日，晴。午進署。接家書。
廿三日，晴。
廿四日，陰。晨進城至瑞師處拜壽。到東廠。今日賜謚天使殷兆鏞也。作東信二。交摺差，雲丈一、小雲一。
廿五日，晴。晨進城至東廠。今日請萬藕舲大冢宰題主也。
廿六日，晴。午後出門。
廿七日，晴。巳刻進署。
廿八日，陰。晨進城，至東廠。今日、明日開弔兩天也。夜留宿。
廿九日。雪。酉刻冒雪出城，竟日霏霏，到夜始息。然不過二寸許耳。

二月初一日，晴。
初二日，晴，風。天明進城，至東廠送殯。申初方到觀音院，歸來已上燈矣。
初三日，晴。連日天氣甚冷。
初四日，晴。晨出門赴振卿之招。
初五日，晴。作家書，交篤齋，初九走。册頁十、殿卷六、目錄十一、小米卅斤。是日午刻進署，申刻散。
初六日，晴。作家書。交協興昌。

初七日，晴。
初八日，晴。晨到會館，送林樸人、陸篤齋行。
初九日，晴。
初十日，晴。午刻在衍慶堂請客。
十一日，晴。
十二日，晴。申刻文昌館，丙子團拜。
十三日，晴。
十四日，晴。薄暮出門。
十五日，晴。
十六日，晴。
十七日，晴。午到文昌館，辛酉團拜。
十八日，晴。
十九日，晴。看秋審。直隸四本。
二十日，晴。看秋審。
廿一日，晴。延周木君丈課兩兒讀，巳刻到館。午出門，晚邀振卿、掄齋陪木丈小酌。
廿二日，晴。巳刻進署，午到安徽館公請瑞老師。
廿三日，晴。午後出門進城。
廿四日，晴。晨出門。作春木書、蘭汀書。廿九，交百川通號，寄周緩雲致岑宮保信一件。
廿五日，晴。作雲閣書。交同泰。巳刻進署，下午訪陸九翁，菊人自東來下榻。
廿六日，晴。未刻出門。寄家書。交協興昌。
廿七日，晴。午刻陪陸九翁到大溝沿看病。

廿八日，晴。未刻到文昌館，吴興團拜。接家書、且泉書、笙書。
廿九日，晴。晨進署，午拜客。
三十日，晴。午赴少篁之招，宴賓齋。看秋審。直隸十。

三月朔，晴。看秋審。
初二日，晴。作家書數行，交趙誼卿昆仲，附東廠信六件。傍晚出門。是日作願學堂課文。「我欲仁斯仁至矣」，「雨及望時來」得「來」字。
初三日，晴。晨出門。
初四日，晴。傍晚邀九翁至大溝沿看病。夜陰，是日午前進署。
初五日，陰。作家書，交協興昌，附陸信。覆且泉書。
初六日，清明。五鼓雨，不過一指，午間晴。
初七日，晴。
初八日，晴。接家書。前月廿六發。
初九日，晴。
初十日，晴。慈安太后於戌刻升遐。昨日尚垂簾召見臣，驟得痰厥之症，竟至大漸。
十一日，晨陰風，午後晴。
十二日，晴。
十三日，晴。
十四日，晴。晨進署。
十五日，晴。卯刻進内，至隆宗門外朝房齊集。巳初二刻，赴慈寧宫門外隨班行禮。午初二刻，亦如之。申初二刻如之。是日兩次到東廠胡同。酉初歸家。照例庶僚在永康左門外，近年均在慈寧宫門外。

十六日，晴。亥刻小雨。是日願學堂課期。「未有義而後其君者也」，「石鼓文」得「文」字。夜看秋審。直隸十二。

十七日，晨陰，午刻風起，晴。看秋審，直隸十二。是日北城有雨。

十八日，晴。晨出門，夜陰。

十九日，晴。進内齊集。

二十日，晴。作家書，交恊興昌，附九翁選方二本。

廿一日，晴。

廿二日，晴。酉刻出門，是日有風。

廿三日，晴。

廿四日，晴。

廿五日，晴。

廿六日，晴。夜陰。

廿七日，陰。卯刻赴觀德殿齊集禮畢，進署。

廿八日，晴。午後出門。

廿九日，陰。作偉如書、子静書，交同泰，附東𠩄三件。夜雨達旦。

四月朔，陰雨。作仲升丈書，交恊興昌，附東𠩄計五。作家書。由杭。

初二日，陰雨。連霄達旦。

初三日，陰雨。

初四日，晴。

初五日，晴。晨進署，當月滿人餘善庭。

初六日，晨陰雨，午晴。未刻散署。

初七日，晴陰未定。晨少篁邀往同泰，酉刻陪陸九翁至大溝沿看病。

初八日，晴。作蘭汀書、春木書。交百川通，附東廠訃三件。

初九日，晴。申刻到觀音院，文定公百日。

初十日，陰，午刻雨，下午雨息。是日晨，進城拜客即進署。夜風起天晴。

十一日，晴。

十二日，晴。

十三日，晴。

十四日，晴。

十五日，晴。晨進署。

十六日，晴。願學堂課題。「事思敬疑思問」，「射以觀德」得「升」字。

十七日，晴。晚赴聽翁之招。

十八日，晨陰，午後晴。是日巳刻到觀音院，文定公靈明日南旋。今日在廟唪經。上祭者絡繹，酉刻始散。岳母靈輀於今晨抵通，著人來送信。

十九日，晴。辰初偕菊人到觀音院送殯。巳刻出東便門，余與菊人先行在雙橋打尖。申正到通州東門土壩，得晤小雲兄。文定靈輀於酉初始到。是晚在小雲舟中宿。

二十日。晚，辰初文定靈舟解維。巳刻雇車回京。未正到寓。

二十一日，晴，夜半微雨。前數日天極熱，得雨稍凉。

廿二日，晴。黎明四下鐘偕木君丈赴吕邨。九下鐘到柿子園。岳母靈輀午初方到。未初一下鐘。回京酉正。六下鐘。

廿三日，晴。內子率諸孩赴柿子園。

廿四日，晨雨，巳初雨息，午後漸晴。內子於酉初由柿子園歸。

廿五日，晴。小雲、菊人於未刻到京，小雲亦下榻於此。

廿六日，晴。辰初進署，午散。
廿七日，晴。
廿八日，晴。邀木丈、小雲、菊人喫西域樓。
廿九日，晴。晚赴振卿之約。
三十日，晴。晨出門。酉刻陰，夜晴。

五月初一日，壬戌朔。日食。京師一分二秒。初虧卯初三刻四分十三秒。上偏左。食甚卯正一刻二分十五秒。復圓卯正三刻一分五十二秒。左偏上。奉天食四十四秒，濟南府食二十四秒。開封府食十七秒。太原府食一分一秒。西安府食四十秒。成都府食二十二秒。蘭州府食一分二十六秒。餘省不食。寄家書，交協興昌。是辰進署。
初二日，晴。
初三日，晴。
初四日，晴。
重五日，陰，晨小雨。
初六日，晴。晨進署。接家書。四月廿三，附來書廿九本，梳二張。
初七日，晴。
初八日，晴。
初九日，晴。小雲動身旋東，是午在萬興居請客。
初十日，晴。晨進署，午拜客。
十一日，晴，夜大雷小雨。
十二日，陰，午後微雨。
十三日，陰。

十四日，陰，雨竟日□瀝。
十五日，晴。
十六日，陰雨。
十七日，陰雨。
十八日，晴。晨進署。
十九日，晴。夜赴慶霖之約。
二十日，晨晴，午後陰，悶熱。作家書，交陳渠卿，附又吾對、柿帶。作王個峯書、蘭翁書、春木書。均交王耕雲，名安瀾，個峯大郎。
廿一日，晴。晨進署、拜客。是夜大雷雨。
廿二日，晴。午後進城，偕聽翁、黼翁至觀音寺胡同看房。
廿三日，陰。酉刻雷雨。
廿四日，晴。
廿五日，晴。晨進署。
廿六日，晴。
廿七日，晴。
廿八日，晴。
廿九日，陰。晨進署，巳刻小雨，旋晴，申刻大雨。有異星出於北方，白氣上指，長數尺，起西北至東北而没。
六月初一日，晴。
初二日，晴。願學堂會文課題，「爾所不知人其舍諸」，「燒薙行水」得「疇」字。酉刻林礪臣邀便酌。
初三日，晴。

初四日，晴。
初五日，陰。夜雨。
初六日，晴。
初七日，晴。午赴西垣之約。
初八日，晴。異星漸高，或言又有星見於東南，候至三鼓未見。
初九日，晴。
初十日，晴。晨進署。
十一日，晴。異星漸移入紫微垣內，在四輔光射於句陳。
十二日，晴。
十三日，晴。
十四日，晴。
十五日，晴。
十六日，晴。願學堂會課題。「百姓足，君孰與不足」，「修竹不受暑」得「修」字。
十七日，午前晴，薄暮雷，大風暴雨。昨今兩日極熱，終宵不能安枕。
十八日，午前晴，薄暮風雨，天氣稍爽。
十九日，晴。
二十日，陰。初伏。
廿一日，晴。晨進署、拜客。
廿二日，晴。時齋來言，異星之光，近日又上移，直射紫微第五星，曰後宫。
廿三日，晴。天氣復熱。
廿四日，晴。

廿五日，晨小雨，進署。少蘭來言，又有星見於南方，夜陰未見。作家書。交局。

廿六日，晴。

廿七日，晴。晤仲英叔言，異星之初見在八穀，漸入紫微垣，初指句陳之第五星，漸移至四輔南，其光掩天樞，指句陳第三四星之間，連日不動。

廿八日，陰。午刻雨，申刻晴。

廿九日，陰。晨進署。

三十日，晴。傍晚出門。

七月初一日，晴。

初二日，晴。願學題。「用之則行」二句，「一府傳盡黄琉璃」得「州」字。

初三日，晴。傅茂元叔母逝，在廣惠寺設奠，到彼周旋一日。戌刻陰，大雨如注，夜半始息。

初四日，晴。

初五日，晴。晨進署。接家書。六月廿一，書十六本，紬二疋。

初六日，晴。

七夕，晴。酉刻暴風、小雨。

初八日，晴。

初九日，晴。連旬酷暑，雖不若乙亥年，然歷時則已久矣。作安居、雲丈書。異星漸隱。

初十日，晴。午刻赴李菊生之招。嵩雲堂。

十一日，晴，夜陰。作家書。交協興昌，附雨纓一個。

十二日，陰。昨今兩天熱甚。是日酉刻後天氣漸晴，有風稍涼。

十三日，晴。接初三日家書。書十二本，綫一包。

十四日，晴。晨進署。
十五日，陰，雨竟日連宵，已覺深透，苗稿者當勃然矣。
十六日，晴。願學題，「如用之則吾從先進」。「安置妥帖平不頗」得「文」字。雨後天氣頗凉。
十七日，晴。
十八日，陰。
十九日，晴。晨進署，午刻赴雨田之招。下午天氣復熱，夜陰不雨。
二十日，陰。天氣悶熱。
廿一日，晨陰，即晴。寄家書。交協興昌，册頁十。
廿二日，雨，午間極大。
廿三日，晴。
廿四日，陰雨。
廿五日，陰。晨進署。戌初大雨傾盆，旋息旋作，三鼓熱勢尤猛。
廿六日，陰。彗又見於西北，在天牢。
廿七日，微陰。
廿八日，晴。今日有人於白晝見星月於日旁。
廿九日，晨雨數點，旋息。
三十日，晨小雨，旋晴。
閏七月初一日，陰。晨進署，午散。
初二日，陰。願學題，「子夏曰：富哉言乎」連下二節，「四時和謂之玉燭」得「時」字。午赴賀晤琴之招。樂春花園。申初席散雨來，冒雨歸，旋晴。薄暮又雨，至中宵。

初三日，晴。

初四日，晴。晨進署。四輔前之異星久不見聞。宮中以好千里鏡測之，今夜始没云。

初五日，晴。丑初起送章黼翁進内，今日考御史也。寅初到中左門，尚闃其無人，天明人漸集，卯初點名，到者三十三人。題「中正以觀天下論」，「食節事時策」。午後出門拜客。

初六日，晴。黼翁考第三，聽翁考第十四。第一王瓛。

初七日，陰。

初八日，晴。作小雲書、黼廷書、朗伯書。

初九日，晴。晨入署。巳刻雨，旋晴。

初十日，陰。

十一日。

十二日。

十三日。

十四日，晴。晨進署。御史引見，章、鄭皆記名。

十五日，晴，夜陰。

十六日，陰。願學詩題。「論道經邦」得「邦」字。

十七日，晴。

十八日，晴。夜大雨傾盆。

十九日，晴。接安居書。

二十日，晴。晨進署。寄家書。交協興昌，册頁十，陸信一。

廿一日，晴。

廿二日，晴。寄東信。雲丈一、小雲、幼雲各一。接家書。鹽青果一簍，十三發。

廿三日，晴。振卿於辰刻得一子。
廿四日，晴。午後進城。
廿五日，晴。
廿六日，晴，帶陰。晨進署。
廿七日，晴。
廿八日，晴。
廿九日，陰，微雨。

八月初一日，晴，上燈雨數點即晴。
初二日，晴。願學題。「弋不射宿」，「佳士如香固可薰」得「香」字。
初三日，晨雷雨，即晴。
初四日，晴。晨進署。
初五日，晴。
初六日，晴。午後出門，天陰，中途遇雨。
初七日，晴。
初八日，晴。作家書。交協興昌。
初九日，晴。纂説文引經異同畢。此書己卯冬初纂輯，旋輟，客夏續纂，仍未畢而輟。今夏復纂，今甫脱稿，然尚草創無條例也。
初十日，晴。晨進署。
十一日，晴。
十二日，陰，微雨。作廖仲山謝信，交本宅。董師信，交武林。稚蘭唁書。交百川通。
十三日，陰。晨出門，小雨溟濛。午後又出門。

十四日，微晴。晨進城拜壽，拜節。作余子春書、春木書。交百川通。

中秋，陰雨。作彭芍亭謝信，宗恒齋書、程麗棻書、柯遜菴書。均交同泰。

十六日，晴。晨進城。願學題。「孔子當仕有官職，而其官召之也」。「明盍簪」得「簪」字。

十七日，陰。作侯仙舫書、交杞山。桂文圃書。交家中。

十八日，陰。晨進署。作朱越卿覆書，交前工部林宅。作子静書。交同泰。

十九日，晴。接稚蘭書。春木於七月逝世。

二十日，微陰。

廿一日，陰。薄暮小雨。彭大翼山堂肆考，卷分宮、商、角、徵、羽五集。天文、時令、地理、君道、帝屬、臣職、仕進、科第、學校、政事、親屬、人品、形皃、性行、文學、字學、謚法、人事、誕育、民業、釋教、道教、神祇、僊教、鬼怪、典禮、音樂、技藝、宮室、器用、珍寶、幣帛、衣服、飲食、百穀、蔬菜、花品、草卉、果品、樹木、羽蟲、毛蟲、鱗蟲、甲蟲四十五目。末十二卷，則補遺也。其書實類書，而分目未盡精當。最不可解者，臣職一目也，而分隸宮、商二集。親屬一目也，而分隸於商、角二集。飲食一目也，而分隸於徵、羽二集。是其分集初無義例，不過以卷數載分而已。每集四十八卷。明人之書大多不知體裁，正不獨此書已也。其登第門内，引摭言「薛逢值新進士」一條「團師所由輩」句，誤「輩」爲「輋」，而解曰「由輋走卒之屬」，不知所由。二字連文，見南史沈洞傳、唐書崔成傳。一說謂州「郡官」，一說謂即今之「保正」。摭言所說，與「保正」相類。爲江孟亭叢殘小說之所譏。又試文門内，採「李宗閔玉笏班」事。唐書李宗閔傳言「玉筍」而無「班」字，故西溪叢話謂「玉筍班」恐因此得名。今妄加一「班」字，亦未爲得其實也。是日接家信。朔日發，永大正處交。

廿二日，晴。作家書。交協興昌。

廿三日，晴。

廿四日，晴。晨進署。

廿五日，晴。

廿六日，晴。午後出門拜客。

廿七日，晴。

廿八日，晴。

廿九日，晴。

三十日，陰。晨進署。

九月初一日，陰，午晴。出門拜客。

初二日，晴。願學題。「及其至也，察乎天地」，「鴻毛遇順風」得「風」字。

初三日，晴。晨出門，夜雨。

初四日，晨大霧，午晴。接家書。

初五日，晴。晨進署。夜半大風起。

初六日，陰。寄家書，交協興昌，章信。仲笙唁信。

初七日，晴。

初八日，晴。

初九日，晴。今日孝貞顯皇后梓宮奉移山陵永安奉安，派有行禮差使，約王次潭以莊、殷蓴亭鴻疇、王鏡宇守堃同伴，定於十一日走。

初十日，晴。寄東信。交提塘。

十一日，早水霧甚大。辰刻次潭、蓴亭、鏡宇陸續來，即開車。六里半東便門，六里朝陽門外關東店，十四里定風莊，二十里通州北關外栅欄店尖。去通州城二里許。三十里燕郊鎮。行宮在街外。二十里夏店宿，時已戌初二刻。

十二日，晴。卯正二刻開車，二十里棗林莊，五里三河縣，二十里段家嶺過白澗行宮，二十里邦均店尖。此地爲山海關喜峯口岔道處。三十里薊州獨樂寺，行宮在州城中。二十五里敖門，宿桃花寺。行宮在山坡上。去教門六里。

十三日，晴。卯正三刻開車，三十里興隆口，俗呼龍門，兩山如峽，中爲大澗，進口即陵寢矣。距昭西陵三里。二十里馬蘭谷。「谷」字「俗」作峪，北音如「裕」，今言南關。上題曰「馬蘭谷營」。可知其字本不從「山」也。釋水水注：「豁曰谷。」說文：「泉出通川爲谷。」「谷」本有「欲」、「穀」二音，而以「欲」音爲古。北人讀「欲」如「裕」，聲之轉也。說詳音學五書。距此十二里，爲湯泉，温泉也。住西關外孫姓家，主人號秀仙，其子號佐臣，乃孝陵奉祠吏也。其宅依陵墻龍亭門口，龍亭門本通車路，自惠陵後，因此次車道逼近後山，形家欲將此門杜塞，因爲每月祭祀時龍亭出入之道，因改爲小門，但容人走，車不能走矣。飯後偕鏡宇及佐臣坐車詣定東陵普祥谷，由墻外繞道七里進東口門，過孝陵七孔橋，裕陵五孔橋，凡十五里普祥谷，進東口門即望見惠陵、毅皇陵據半山之上，地勢既高，松柏又未茂，故以望而知。聞此山俗名甚不好，地既臨邊，又無局面，聞初相視時，穴定在山之下，後因尺寸不符，退在山坡之上。又以山坡較卑，加土培高，全是將就了事。其地高固非法，低即在界水中，竟非吉壤。形家二人高士龍、張元益。皆得超擢去，不知其心果安否也。上燈時回寓。

十四日，早陰，水霧甚重，巳刻晴。是日四鼓起，黎明坐車赴普祥谷。午刻行饗奠禮，禮畢歸寓。三鼓雨，四鼓雨止。

十五日，大風，晴，冷甚。午前上街買物，午後回寓。是日本擬赴孝陵瞻仰，以風而止。是日水始冰，飛雪數點。

十六日，晴。寅正三刻起，坐車赴普祥谷。辰初三刻行遷奠禮，禮畢歸。道出孝陵七孔橋下車，由七孔橋而北，二里五孔橋，二里孝陵宮門口。陵後坐山數峯，名鳳臺山，今封爲昌瑞山，在遵化州南四十里。迆不甚高，而蔥翠特秀，左右砂山數十重回抱，局勢極緊，非至陵下不能見也。是日有風，而自七孔橋以北，風勢漸漸，此真所謂風屍氣聚者也。西向金星山。嘯亭襍錄言章皇嘗校獵於此，停轡四顧，曰此山王氣蔥鬱非常，可以爲朕壽宮。因取石自抑之，諭侍臣曰：落處定爲佳穴即可。因以起工，詢知聖人天縱，非尋常青烏家所能跂及也。松亭行紀云：峯巒層秀，頂如華蓋，羣岫環拱，衆水來歸，規模宏整，天造地設。復由宮門口而南回里至七孔橋，又二里一孔橋，南即牌樓，牌樓外即石象生。凡文石人六，一品服色。武石人六盔甲。石馬四，立馬二，跪馬二。麟麒四，立二，二後足跪。象四，同上。駱駝四，同上。狻猊四，同上。獅子四，同上。望表二，相去各四十步。由望表而南，約一里許爲大碑樓。樓之四角有華表四，樓南爲三座門，俗呼大紅門。由一孔橋至此三里，由宮門口至此共九里，規模宏壯，諸陵所不及也。大紅門外二里昭西陵，孝陵東一里孝東陵，又二里景陵，仁皇。孝陵西二里裕陵，純皇，又四里定陵，顯皇。是日皆不及瞻仰。定東陵在裕陵之西，定陵之東也。惠陵在孝陵之東南，諸陵神道皆相連，惟惠陵未修神道，殆以距諸陵稍遠乎。到大紅門後，仍步行至一孔橋北，坐車歸寓。

十七日，陰。丑初起，寅初開車，赴定東陵。辰初行虞祭禮，饗奠、遷奠二禮皆在宮門隆恩門。外行。惟王、貝勒、貝子在宮門階陛上。虞祭禮在宮門内行禮。是日到遲者皆不及進宮門，仍在門外行禮。禮畢即行出西口門到喜峯口，約十五里西峯口，此非喜峯口。山領高峻，誠險隘也。又三十里隆福寺行宮，又十四里馬伸橋，又十二里教門，又二十五里薊州。時甫未正一刻，恐前途無宿處，而此處二店亦已住滿，租得民房一間，房錢京制錢兩弔文，聊避風雨而已。夜晴，而風漸大。

十八日，晴，風。丑正開車，天明到段家領，行五十里矣。棗林尖。又七十里，宿通州北關外雙和店。亦柵欄店也，去關二里。是日迎風，行人極不爽。

十九日，晴。寅初開車，辰正到家。

二十日，晴。夜赴菊人之招。

廿一日，晴。

廿二日，晴。

廿三日，陰，小雨。晨出門進署、拜客，暮始歸。

廿四日，晴。午赴溥瀾齋之招。

廿五日，陰，夜雨。作鑪青信，交聯棠。作承霖書、王個峯書、魯斯書、稚蘭書。交百川通。

廿六日，陰，雨竟日連宵。

廿七日，晨雨未息，午晴。

廿八日，晴。

廿九日，晴。晨進署，申刻出門，晤陸九翁。

三十日，晴。午出門，晤蔡松敷。

十月朔，晴。午後出門，接家書。上月十九發。

初二日，晴。
初三日，晴。晨進署，午後拜客。
初四日，晴。午後拜客，寄家書。
初五日，晴。
初六日，晴。
初七日，晴。午後進城拜客。
初八日，晴。
初九日，晴。
初十日，晴。
十一日，晴。辰刻進署，當月滿人慶毓不到。是日隻收空文一件。
十二日，晴。辰刻交月。潘堂面詢慶老爺，以不到對，旋奉堂諭計過。午刻散署。夜赴枚升之約。
十三日，晴。
十四日，晴。
十五日，晴。
十六日，晴。願學題「孟子曰：柳下惠不以三公易其介」「圭璋特達」得「璋」字。是日菊人移居。
十七日，晴。晨進署。作王笏亭書。交惺伯，惺伯名錫綬，笏亭子。
十八日，陰。雪厚不盈分。
十九日，陰。作岳丈書、小雲書。交提塘。
二十日，晴。接家書。
廿一日，陰。微雪。
廿二日，午後出門。陰。

廿三日，晴。
廿四日，晴。
廿五日，晴。晨進署。
廿六日，晴。夜作家書、且泉書。交協興昌，附章信一。
廿七日，晴。
廿八日，晴。午後出門拜客。
廿九日，晴。

十一月初一日，晴。午後出門拜客。
初二日，晴。
初三日，晴。晨出門，進署、拜客。
初四日，晴。
初五日，晴。夜赴黼翁之招。
初六日，晴。
初七日，晴。夜赴藹臣之招。
初八日，晴。
初九日，晴。晨進署。
初十日，晴。
十一日，晴。
十二日，晴。
十三日，晴。

十四日，晴。
十五日，晴。作家書。十七，交協興昌。
十六日，晴。
十七日，晴。午後出門拜客。作偉翁書、子静書。交同泰。
十八日，晴。
十九日，晴。晨進署拜客。
二十日，晴。
廿一日，晴。
廿二日，晴。
廿三日，晴。夜赴少蘭之招。
廿四日，晴。午後出門，進城拜客。夜赴聯棠之招。
廿五日，晴。晨進署。
廿六日，晴。
廿七日，微晴。
廿八日，晴。
廿九日，晴。午後出門拜客。夜風甚大。
三十日，晴。晨進署。

十二月朔，晴。
初二日，晴。申刻到大溝沿拜壽。是夜微雪。
初三日，陰。

初四日，晴。京察過堂。卯刻到署，巳初上班，午刻同司長如齋春招飲。龍源樓。晚赴笣仙之約。聚寶。
初五日，晴。
初六日，晴，風。晨進署。
初七日，晴。午至廣惠寺。文定公於今日安窆，故在廟唪經。
初八日，晴。
初九日，陰。夜雪，約有寸許。
初十日，陰。作小雲書、朗伯書。交貢差，附仲信。
十一日，晴。晨進署。
十二日，晴。夜赴枚升之約。
十三日，晴。
十四日，晴。
十五日，晴。晨進署。
十六日，晴。
十七日，晴。到廣惠寺，筱香夫人廿週年。
十八日，晴。
十九日，晴。
廿日，晴。晨進署。夜赴崧甫之招。接東信。
廿一日，晴。封印。同司在義勝居喫飯。午至仲丈處問病，復至東城。
廿二日，晴。夜微雪。作東信。交謙吉昇。
廿三日，晴。木師解館、邀陳孟樂、菊人陪先生飯，日暮始散。
廿四日，晴。

廿五日，晴。
廿六日，陰。
廿七日，晴。
廿八日，晴。
廿九日，晴。

壬午　光緒八年（一八八二）

元旦，晴。

初二日，晴。晨出門，至各親友處，日暮歸。風大。

初三日，晴，風於日高起，較昨日尤大。

初四日，晴，風。

初五日，晴，風。

初六日，晴，午後始有風，不甚大矣。

初七日，晴，風。

初八日，晴。午刻赴雲常之招。接家書，十二月十一。作子静書。交同泰。

初九日，晴。晚在萬興小叙，消寒第七集也。聯棠新斷弦，少蘭以事不至。

初十日，陰。午赴雨田之招，樂椿園。夜雪。

十一日，陰。雪共得四五寸許。

十二日，午晴。出門拜客。作家書。交協興昌。

十三日，晴。

十四日，晴。晨進署。

上元，晴。叔均招飲。

十六日，晴。

十七日，晴。

十八日，晴。

十九日，晴。吴柚農招晚酌，消寒第八集。聯棠斷弦，不能出門，局勢終矣。
二十日，晴。振卿招午飲。福興居。
廿一日，晴。開印，進署。
廿二日，晴。
廿三日，晴。
廿四日，晴。
廿五日，晴。晨進署。作家書。
廿六日，晴。寄家書。交協興昌，衛景武碑。
廿七日，晴。
廿八日，晴。
廿九日，晴，午後風，陰。未刻至長春寺。聯棠夫人開弔。

二月初一日，晴。
初二日，晴。
初三日，晴。晨進署，午後微陰。
初四日，晴。
初五日，晴。
初六日，晴。
初七日，晴。
初八日，晴。晨進署。接子静書。
初九日，晴。

初十日，晴。

十一日，陰，晨微雨，夜雨。

十二日，陰，夜雨。

十三日，午晴，申陰。作子静書。交海帆。

十四日，陰。作古愚書。交海帆，部照五張。

十五日，晴。

十六日，陰。

十七日，晴。晨進署。

十八日，晴。午後出門拜客。

十九日，晴。

二十日，陰。

廿一日，晴。晨進署。作家書。交協興昌，陸信。

廿二日，晴。午刻在萬興居請客。

廿三日，晴。

廿四日，晴。

廿五日，晴。作家書。交協興昌。

廿六日，晴。晨進署。

廿七日，晴。

廿八日，晴。

廿九日，晴。

三十日，晴。晨進署。天氣甚燠。

三月初一日，晴。
初二日，晨陰雨，巳刻雨止，夜二鼓復雨。午刻至陳宅拜壽。
初三日，晴。
初四日，晴。接家書。二月廿四，陸一。作家書，交協興昌，作山東信。雲丈一、小雲一。附仲一、交文茂。
初五日，晴。菊人來留宿。
初六日，晴。菊人邀往游繼園，即三貝子花園也。午去酉歸。
初七日，晴。晨進署、拜客。
初八日，晴。菊人出都，晨往送行。
初九日，晴。午後進城。
初十日，晨陰，午小雨，申晴。
十一日，晴。
十二日，晴。
十三日，晴。晨進署。
十四日，晴。
十五日，晴。
十六日，晴。
十七日，晴。作篤齋書交景虞。鷺洲書交信局。薄暮出門。
十八日，陰。作芍亭書、遜安書、恒齋書。交同泰。
十九日，晴。巳刻三弟到都。
二十日，晴。
廿一日，晴。晨進署、拜客。

廿二日，晴。
廿三日，晴。雨田來邀往陝西司看稿。
廿四日，晴。
廿五日，陰，巳刻微雨。
廿六日，晴。午後出門拜客。
廿七日，陰雨。作黼廷書。交協興昌，内公文一角，仲信一件。
廿八日，晴。
廿九日，陰雨。

四月初一日，晴。
初二日，晴，大風沙。晨進署，到陝西司。
初三日，晴，大風沙。
初四日，晴，大風沙。
初五日，晴。移居東院。
初六日，晴。
初七日，晴。
初八日，晴，午後風。出門拜客。申刻風沙蔽目，薄暮大雨。
初九日，晴。晨進署，拜客。申刻大風起。
初十日，晴。
十一日，晴。
十二日。

十三日，晴。
十四日，晴。晨進署。
十五日，晴。
十六日，晴。
十七日。
十八日，晴。晨進署、拜客，暮方歸。
十九日，晴。
二十日，晴。
廿一日，晴。
廿二日。
廿三日。
廿四日。
廿五日，晴，大風。寅刻入城，至東厰胡同送文定公木主入賢良祠，祠在十刹海之西。午歸。是日延蕭山夏芝山茂才澍督兩兒讀。
廿六日，晴。晨進署，午刻在衍慶堂請客。
廿七日，晴。
廿八日，晴。
廿九日。晨進署，未刻赴陳少海之招，安徽館。中席先散，赴聯棠之招，補消寒第八集也。廣和居。
三十日，晴。
五月朔，晴。

初二日，晴。
初三日，晴。
初四日，晴。晨進署、拜客。
重五，晴。
初六日，陰，雷雨。
初七日，陰。以後數日未記。
初十日，晴。進署。
十一日，晴。以後數日又未記。是日進署。
十四日，晴。進署。以後數日又未記，事冗故也。
十九日，酉刻大風。是日通州大雨。
廿一日，晴。偉如到京。同來者鏡如、子宜、貞孚及其族叔蘭臺、沈藻卿翰。
廿二日，晴。
廿三日，晴。進署。
廿四日，晴。病。
廿五日，大雨。
廿六日，雨甚大，竟日夜。是日皇上祈雨牀鑾如此。申刻送偉兄進城，宿覲光亭。即黄酒館。
廿七日，雨。寅刻偉如兄詣宫門請安，皇上召見，巳初出城。
廿八日，晴。病。午刻爲偉兄及同來諸君接風。
廿九日，晴。

六月初一日，雨。

初二日，晴。進署。夜雨。

初三日，陰。此後未記。

七月初一日，晴。此後未記。

十三日。寄東信，交文茂。此後未記。

廿七日。寄東信。幼雲，交永順估衣局。

廿八日。作杭州信。交協興昌，附家言、六姨信。

廿九日，晨雨，午後晴。出門拜客。

八月初一日，半陰晴。

初三日。作東信，交秋貢差，附壽幛一、荷包一付，壽對、補服一付。差官楊姓。此後未記。

十三日。有異星見於赤道南，光如瀑長二丈布，指柳、星二宿之間。

廿五日。未正有星白天隕於地，其色紅碧，見之者甚夥，或云其形圓，墜於刑部之南所。或云其形如喇叭，向東北去。補廿一日。夏芝山辭館去，言往保定。此後又自課矣。

三十日。有星在日旁，未刻。或云是太白晝見，今日僕人見之，外間傳説已數日矣。

九月初一日。作岳丈書，交福興潤。發信之後，又接岳丈書。夜二鼓作覆書。交摺弁。

初二日。偕三弟到願學堂作會文，「子曰：小子何莫學夫詩」二章。「千門走馬將看榜」得「看」字。文題乃今科江南題也。

初三日。晨進署。

初六日。晨進署。

初八日。午後到筌叔處道喜。

重九，陰雨。
十一日。晨進署。巳刻拜汪慎菴樹垣、茂才。午刻在樂椿花園公請王與軒方伯。
十二日。京兆明日揭曉，今日看紅録。浙江止中四人，向來未有如此之少者，吾湖一。朱祖謀。
十三日。
十五日。晨進署。
十六日。作「百日習一經」試帖。得「舒」字。下午往視陸九翁疾。
十九日。請汪慎菴到塾課兩兒讀。申後雨。
廿一日。晨進署。
廿二日。接五弟書，知中式第三十六名，浙榜吾郡共八人。
廿四日。晨進署。作五弟書、仲丈書。交協興昌。
廿五日。赴聽翁之招。
廿六日。病。
廿九日。病愈進署。午到龍源樓同司公局。接山東信。
三十日。寄山東信，交摺弁。覆鷺洲書。交仲丈。

十月朔。病復作。
初三日。寄稚蘭書、承煒書。
初四日，陰，先雨後雪。
初七日。病有愈象。
初十日。病未大愈。晨進署，至九翁處就診。
十三日，陰。午後出門，至吴誼卿處拜壽，錢子良處道喜。

十五日。晨進署，拜客。作朱益甫書、仲丈書、五弟書。

十八日。進署。

廿一日。進署。

廿二日。巳刻偉兄簡放江西巡撫。午刻到萬福居喫飯。

廿四日。進署。

廿五日。作芷瀾書交協興昌。岳丈書。交文茂。

廿六日。連日爲偉兄幫忙，竟日無暇。

廿七日。子宜先南歸。是日大雪且大風。

廿九日。陰。偉兄明日請訓，今夜住黄酒館，偕往同宿。夜雪寸許。

十一月初一日。寅初進内，至内務府朝房，天漸明，八下始叫起兒。偉兄奏對兩刻許。慈禧宫垂問，頗祥也。

初二日。天將明，偉兄動身赴津。

初八日。得偉翁大沽來書，知乘順和輪船南下。

初十日。移居西院。

十二日。進署，拜客，竟日始歸。自廿五日爲偉翁事忙碌，今日始到署一行。

十三日。冬至，風息。

十七日。風又作。晨進署。

十八日。風息。到妙光閣，諸又塍同年開弔，周旋半日。

廿一日。進署。

廿四日。作東信二。交提塘。

廿五日。進署，拜客。作偉如喬梓書。初擬交朱室常，朱巳走，交沈春茀。朱號松耘、沈號杏觀。沈要回里，轉交摺弁。

廿六日。孫友梅同年搬來，住後兩層。
廿八日。進署。
三十日。作仲丈書、朱益甫書、且泉書、小萊書，代作六姨、仲丈書，由湖。作蘭臺、遜安二書，交姜介夫大令，附銀二兩。

臘月朔。進署。
初二日。
初五日。進署。
初六、七兩天，因周六太太病故，前往照科。
初九日。進署。昨日大風極冷，今日風息略好。
十二日。病。
十九日。病漸愈。作心岸書。附延一、立一、孫一，交摺弁。
二十日。封印，進署。
二十七日。寄賀芷瀾書、筱琴書、菊人書。交協興昌。
廿九日。午後進城拜客。夜飛雪數點。
除夕，晴。

癸未　光緒九年（一八八三年）

癸未正月。

元旦，晴不書，陰不書，尋常客來不書，無事並不書日。

初二日，雪巳刻止。出門拜年，進署。

初三日。作彭芍庭、馮聯棠、邵小村三書，即分遞。

初五日，雪。

初六日。接汪慎菴，不至。自督兩兒讀。

初八日，雪。

十二日。周木君丈來，代延汪次爵兆録改次卿。茂才課兩兒讀。接五弟書、稚蘭書。

十四日。巳刻拜汪次爵，訂十八日到館。

上元，晨微雪，旋晴，雲陰未散，夜月朦朧。作東信二，交局。

十八日。次爵先生到館。改號次卿。

十九日。夜請先生，木丈作陪。是日午後拜客半天。

廿一日。午刻開印進署，未刻在樂椿園喫飯。

廿二日。看署中咨題稿，共三十件。

廿三日，晨陰，午刻小雨，即晴。

廿四日。晨進署，到瑞師處拜壽。午偕同人至潘大司寇處弔唁。

二月初一日，陰霧。晨進署遞會試呈。午後偕三弟至舉廠看小寓未成。

初二日。作願學堂會文，「仁者人也。尊矣爲大」。「青雲得路新。」得「新」字。薄暮雨、趙子琴來，言五弟十六動身。
初三日。接菊人書二，朱松耘書一。
初九日。申刻五弟偕子静、遜安到京。
十一日。晨出門拜。
十四日。五弟搬入小寓。
十五日。寅正進城送考。今日覆試題，「天下國家可均也」，「稼穡滿東菑」。得「東」字。五弟日暮始歸。
十六日，陰，微雨。欲往願學堂未果。
二十日。晨出門到會館晤熙臺及家石軒明府。午到禮部看覆試。五弟取二等三十三名。詩中訛一字。
廿四日。偕兩弟到觀善堂作會文。「曰：夫子何爲。使乎使乎」，「馬蹄同踏杏園春」得「春」字。
廿五日。嵩祝三即教嵋來。
廿六日。嵩書農觀察崑來。
廿八日。清明，晨陰微雨，午晴。出門拜客。
廿九日。晨偕兩弟出門。

三月初一日，陰。
初六日，申刻雨。三點偕兩弟移至内城小寓，大牌坊胡同常宅。
初八日。辰初入場。
初九日。子初題紙來。「知其説者。斯乎」，「文理。别也」，「其事則齊。則史」。「花開鳥鳴晨」得「晨」字。天明始起搆思，未正脱稿。思路頗枯窘，夜三鼓次藝、三藝及詩皆脱稿。疲極而卧。
初十日。晨起先補稿，復改削首藝。未初始錄真出場。已六下鐘矣。
十一日。辰初入場，酉正題紙即來。「天下何思。百慮。」「九河既道。日就月将」二句。「晉侯使韓起來聘」。「黍曰薌合。粱曰薌萁。」

十二日。天明始起作文。酉初易、書二蓺皆脱稿，録真。夜三鼓詩、春秋脱稿。禮蓺僅得半首，疲甚而寢。
十三日。天明起，先録詩、春秋蓺蓺。始續成禮蓺。題較難，未初始完卷出場。
十四日。辰正入場。
十五日。子初題紙來，經學、史學、儒林、道學、循吏、兵法。天明即握筆，夜三鼓五策皆完，就寢。
十六日。天明出場，巳刻出城歸寓。
十九日。在萬興居請客。
二十日。午後拜客。
廿一日。午赴笙叔約，夜赴雪軒約。是日作蕓閣書、初平書、剛子良書。交雪軒。
廿二日。晨進署、拜客。作朱益甫書、仲丈書。交湖州。
廿三日。午刻到餘慶堂同郡接場。作芷瀾書、菊人書、子和書、朱蕊亭書，交協興昌。附葛信一、金果欖一包。又作心岸書。交協興昌。
廿四日。作且潛書、鑪青書。交湖。
廿五日。拜客到廣惠寺。沈宅除靈。晚赴誼卿之約。福興昌。
廿六日。拜客，到瑞宅。赴立山之約。聚寶。
廿八日。晨進署，到闕左門送驗看。
廿九日。赴時齋之約。龍源樓。

四月初一日。
十一日。明日會榜揭曉，今日聽紅録。申正報到，中式二百三名。遂安中式二百四十四名。先於午初報來。是日作趙文卿書。交百川通。附吏部執照一張，監生一套。
十二日。早看題名。湖州中四名，皆安籍。許文詠、王紹廉、朱祖謀、沈。巳刻往拜房師未遇。即進城見座師。惟徐蔭軒師見，出城又往謁房師。周雲章號鬱齋，福建人，甲戌進士，內閣中書。見。知堂上係張子青師，無批。房師言詩中圈一聯。二三場圈不少，中式或在此。

十三日。午後進城，見張子青師、貴午橋師。

十五日。酉初，搬小寓。上駟院。同寓者，遜安、亮甫、砥齋、藿生。

十六日。覆試。卯正點名。題「如智者亦行其所無事，則智亦大矣」。「月點波心一顆珠」，得「珠」字。酉初交卷出城。

十七日。申刻報到。知昨日取列二等四十八名。

十八日。晨進城見瑞師。

二十日。申刻到上駟院。

廿一日。殿試。卯初點名，分中左、中右兩門進。中式單名在左，雙名在右，點名已畢，對卷官率同行三跪九叩禮，始散題紙。禮部司員黃士咸跪領策題。聖學、經學、河防、考課。申正完卷，錯一字。攜出中左門，仲英丈爲刮去，填好交卷。出城已上燈矣。

廿三日。會榜團拜，徐世兄到。財盛［館］。

廿四日。小傳臚黎明到宮門聽信息，辰初傳十名引見。藿生得傳臚，到內閣天尚早。藿生邀喫久和興。飯罷復到內閣，則又遲。二甲以前卷皆入箱矣。看諸舍人寫榜，知名在二甲百名。遜安二十九名。湖北打第一也。未刻出城，託仲英遞聲明呈。

廿五日。太和殿行禮，未到。聞到者四五十人。

廿七日。宮門謝恩，長班代領表裏。申刻到上駟院。

廿八日。朝考卯正點名。題「觀乎人文以化成天下論」、「天道至教聖人至德論」。賦得「叔孫通起朝儀」得「儀」字。酉刻交卷。

廿九日。薄暮始得信，知取列三等六十二名。嗣有人説，係因詩中用「緜」、「蕞」二字。

五月初一日。引見起。

初二日。寅刻進内，卯正傳引見養心殿，是日係安徽、福建、浙江、山東四省。

初四日。薄暮始得信，知仍以本官即用。

初六日。辰正進署，各堂已散。不及見，往謁徐、瑞二師。

初七日。黄榜團拜。財盛。藿生承辨，前往幫忙。

初八日。辰初進署，見各堂。巳刻散署，即到各堂宅中親投大柬。晤張師、貴師。

初十日。晨出門拜客，謁巡卿師振鐸。辛未翰林，丁丑薦卷房師也。

十一日。晨進署。

十三日。出門拜客，謁楊蓉浦師頤。乙丑翰林，丙子薦卷師。

十四日。午後出門拜客。

十六日。晨進署。午刻到篙雲草堂公請房師周旭齋先生。

十七日。病。

廿三日。病略愈，晨進署。薄暮子厚送信來，三弟選四川會理州。

廿四日。晨出門拜客，午後三弟赴吏部驗到。申後又出門拜客。

廿五日。晨進署。寄江西信。偉一、静一，交協興昌。

廿七日。晨進署。

廿八日。巳刻財盛館新同公請外官。酉正始散。是日三弟驗看。

廿九日。卯刻進内，遇雨。辰刻到署，雨猶未止。午歸。

六月初一日。

初二日。晨進署。

初四日。晨進署。午刻在松筠菴公餞同省外官及分發浙省同年。

初五日。丑刻送三弟到内閣驗放。遇雨，薄暮雨始止。未刻房師請在餘慶堂。
初六日。晨進署。午刻在松筠菴公請同鄉。
初八日。晨進署、拜客。
十一日。晨進署、拜客。
十四日。晨進署、拜客，中途遇雨，申刻歸寓。
十六日。晨進署、拜客。午後雨，夜大雨，天明漸小。今日逢甲子，諺云「夏雨甲子撑船入市」。
十七日，陰雨。
十八日，陰，微雨。
十九日，晴。晨進署。李燮亭招飲。早飯福興未到，晚在萬興。
二十日。午刻杜雲颿招飲。萬福早飯。柯遜安招飲。聚賓晚飯。中夜大雨。
廿一日，夜大雨。
廿二日，陰雨。
廿三日。友梅來，言署中水滿，白雲亭亦有水，各堂在秋審坐。陝西司水深三尺，後牆坍塌，須修理矣。
廿四日。
廿五日，陰雨，午後雨息。閃晴。
廿六日，寅初大雨如注，直至申初始住。近來雨之大無過於此者。
廿七日，晴霽。三弟、五弟回南，於巳初開車，著老楊送出城。薄暮老楊來言，送至定風莊始返。
廿八日，晴。半夜雨。
廿九日，晴。晨進署。司中水滿，不能下車，即歸。
三十日，晴。

七月初一日，陰。晨進署，司中水雖退，而潮濕異常，小坐即歸。作芷瀾、筱琴、菊人三書。交協興昌。發稚蘭書。交百川通，十日前作。夜雨。

初二日，晴。

初三日。晨進署。午後接三弟天津來書，知廿七申刻到通。廿八申刻登舟，廿九申刻到津，迅速之至。三十日上輪船，初四、五可到滬，初七、八可到家矣。

初四日。午刻赴笙叔之招。便宜坊。

初五日。晨進署。

初六日。晨進署。

初八日。晨進署。

初九日。午後到北池子，張老師昨日生辰，今往補祝。

初十日。晨進署。

十一日。晨進署。酉刻雨。

十二日。作偉如書。

十三日。晨進署。作夏竹軒書。接雲丈書，已得安居差。

十四日。晨進署。寄家書。陸、吴、柯各一，寄夏一，子静一。江西書柯二，均交協興昌。

中元，夜大風。晨到貢院，送施旭臣、章雨田進教習場。

十六日，晨陰雨、午晴。晨進署。

十七日，陰。晨進署。

十八日。晨到總布胡同，謁見瑞師。

十九日。晨進署，午後往謁張師。作三弟數行。交叔憲帶滬，畫一軸。

二十日。晨進署。聞堂派奉天司當家。申刻又往謁師力辭，不許。

廿一日。卯刻進内聽旨，巳初始下，聞聖躬欠安故也。到署，堂諭已下。

廿二日。辰刻進署，堂派秋審處兼行。是日張賡颺、方寶彝皆告假開缺。是日作家書。交協興昌。

廿三日。晨進署。夜大雨，達旦未息。

廿四日，晨陰雨未息，冒雨進署。至前門橋頭，遇友梅由署歸，言署中水滿，不能下車。因午後雨息，到各堂處宅中謝堂，由東單牌樓進安兒胡同，到華石橋橋邊，水勢洶湧，車不能前，故貴師處未去。

廿五日。晨進署，司中水滿，仍不能下車，到華石橋。

廿六日。辰刻進署、到奉天司任，到秋審處。

廿七日。晨進署。作陳曜卿書。硃卷一、交小雲。

廿八日。寅刻進内，該速議班，巳初到署。作薛蘊齋書。硃卷二，交泉盛。

廿九日。晨初進署，午歸。作芍庭書。附硃卷，交遜安。

八月朔。遜安出京，午正過方開車。是日未進署。接五弟上月十九書。

初二日。辰初進署。是日陰，午正歸。

初三日。辰初進署。

初四日。辰初進署，午正歸。作張午橋師禀。交陳宜菴。

初五日。辰初進署，午後拜客。夜半雨達旦。

初六日。辰初冒雨進署，未初始散，日暮雨始息，作家書。交耆香，硃卷三包，書黑一包。

初七日。辰初進署，午正歸。晨晴，暮陰。

初八日。辰初進署，午正始散。排日如此不再記。

十三日。連日陰晴不定，是日晴朗有風。辰初進署，已散。拜客，申初始歸。

中秋。卯正進内，該速議班，無事。辰正到署，午初散。午後陰，夜雨。

十六日，晨陰，巳刻晴。是日訛詐張觀準之案於今日奏結。劉雄峯、孟廣心即行正法，皆張僕也。絞候者五犯，德蘇氏宗寶婦、余之淦、張文溥、魏升、鄭二。鄭二已病故。

十七日。作雲丈、筱雲書。交文茂，硃卷、曜信、賀信。

十八日。作芷瀾、菊人書，交筱琴，硃卷。作陳黼廷書。硃卷，交宜菴。

十九日。作家書。交耆香，又筆一包。

二十日。作聯棠書。交子湘。硃卷。午後拜客。

廿一日。接杏觀書。復杏觀書硃卷。甄月帆書。硃卷，交江西摺差。

廿二日。申刻拜客。作嵩書紳書、硃卷，交本宅。梁小帆書、硃交聽翁。孫小坪書。硃卷，又朱硃卷交少篁。

三十日。作徐農伯書。硃卷，交萊臣。

九月初一日。寅正進内，該速議班。作施敏先書。硃卷，交朱少萊。

初二日。司中全班竭見。新奉堂諭，自初一起每日一司。作稚蘭書。交百川通，硃卷。

初五日。作鷺洲書。交大順，硃卷。

初六日。作念喬書，交木君，硃卷。作且潛書。連日復煥，内廷換棉袍袿，而夾袍尚穿不住，恐是作重易信也。是夜雷電大作，達旦未休，雨不甚大。節臨寒露向少雷聲，此殆天地之陽氣未宣通乎。

初八日。作小雲書、交陳冠生，附葛一。作董師書。硃卷，交賀筱琴。

重九。天氣甚好，未登高。

初十日。是日夜同榜公餞雪漁學使。汪先生患病，功夫疏懈，連日早晚爲兩兒温書，十九以後遂不到館，每日散署即課讀，甚覺勞頓也。

十四日。寅刻進内，奉天省秋審。到宮門口接榜示。辰初雨。

十六日。午刻在萬福居請客。

十七日。卯刻進内該速議班。作子静書。

十八日，陰雨。作心岸書。交協興昌。

廿二日，陰，微雨。作三弟書。交新泰厚寄。

廿四日。接五弟書。律例四套。

廿五日。作林樸人、周曉峯、王魯風、朱蕊亭四書。交賀筱琴硃卷。

廿六日。未進署，暫歇一天。司中既審祇賸一件也。作俞子茂書、芷瀾、菊人書，交筱琴。作張子和書。交筱琴。

廿七日，晨，陰雨即晴。寄五弟書，交協興昌，附陸二。昨日歇一天，薛堂即問及，此後竟有不能一日偷閒之勢。

廿八日。未刻赴馬輔卿之約，萬福。作三弟書、交春波，附陸信。春波書。交蔚豐厚。

三十日。今日堂派徐兆豐號廼秋來司辦現審，李念玆號慕皋幫辦現審，並分付龔司官，可以不必來署。此係從寬辦也。

十月初三日。卯刻進内，該速議班。午後至財盛館拜壽。徐萊臣爲親稱觴觀劇，至子初始散。

初四日。徐、李二君到司，現審有徐君辦理，可以稍弛肩仔。

初五日。接五弟書，九月廿二。寄五弟書。附本草硃卷，初二先交筱琴，今日交雲仲。

初六日。是日延張掞庭茂才崇藻課兩兒讀。汪先生因病久不到館也。

十一日。接三弟宜昌來書。九月十七發。晚赴松舟之約，廣和居。子正始散，候蕓閣也。

十四日。寄遜安書，交同泰。齒録二部。

十五日。未刻到樂椿園，同郡公請蕓閣。

十六日。作小雲書。交胡小懷，交其堂兄，附叔均帽籠。

十七日。晚，在萬福南院請蕓閣小叙，朱松耘大令暨同鄉數人作陪。是日扶病出門。

十八、十九。兩日因病未出門。

二十日。力疾進署。

廿一日。病漸愈。晚赴少蘭、少篁之招，人合局，請蕓閣邀作陪也。坐中皆同鄉人。

廿二日。作剛子良、蕭杞山、凌初平、家軒書，各附硃卷，交蕓閣。作五弟書，附道教碑、臨文便覽、化度寺碑、交蕓閣。夜赴書玉之招。聚寶堂。

廿三日。作菊人書。交協興昌。

廿四日。作五弟書。廿五封，交協興昌。

廿五日。作子静書，交協興昌。且泉書。附家信。

廿七日。作稚蘭書、松孫書、武策臣書、松生書，交百川通。砥齋書。交婁東衡，寓保定竈君廟。

三十日。卯刻進内聽旨，有明發，午刻始散。

十一月初五日。卯刻進内，該速議班。傑暉庭署坐辦，同班係英立庭志，有速議，午刻散。

初十日，申正二刻，四兒生。是日未進署。

十一日。朝審大差。黎明到市口，午初決犯，共六名口。在廣和居喫飯。

十四日。接遜安書，即復一書，交協興昌，七政經緯一本。作五弟書。交協興昌。

十六日。作山左書、雲、筱各一。交文茂。

十七日。作三弟書、交新泰厚。作甄月帆書。交蔚長厚。

十八日。午刻傑暉庭招飲。龍源樓。

廿三日。連日散署均拜客不能閑，是日又至瑞師處。阜康銀號於初六日關閉，旬日以來市面大壞，銀價驟落。人心皇皇。

廿五日。卯刻進内聽旨，司中遞速議一摺。八下鐘二刻事情始下來。是日署遞封奏，張佩綸召見。

廿八日。越南消息大壞，張幼樵於廿五日往津商議和戰之事。接小雲書。

廿九日。作小雲書。交泰興店。今日午刻在萬福居請直隸、陜西兩司同人，到者廿六人。

十二月初一日。作朱藿生唁信。交河南提塘，魏染胡同。

初二日。复朱益甫書。交夏相武，夏言明年方走，仍交回。

初五日。越南消息又大好。或云不確。

初七日。林勱臣招飲。龍源樓。

初八日。卯刻進内，該速議班，無事。聞西北方又出一彗星，司天已於初五日奏聞，聞甚遠，須以極遠之千里鐘打視方見。在危室之間。

十一日。卯刻進内聽旨。

十三日，陰。飛雪數點，旋閃日光。

十四日，陰。

十五、十六兩日風。作小雲書。交泰興店。芷瀾書、交揚蘭蓀，廿三走，十六作，十七日交。作朱藿生。由仲英丈託蕭紹溪，十六作，十八交。

十八日。午刻散署，至東城隆安寺，瑞世兄夫婦明日安厝，今日同人公祭。

二十日。巳刻封印，掌印鐘友琴請喫飯。龍源樓。

廿四日。卯刻進内，畫奏稿。今日總署封奏二，召見醇王，黄桂蘭有兵潰之謠。

廿五日。彗星漸高，黄昏後即見，光長二尺許，上射。

廿六日。未進署。雪。午刻到仲英丈處拜壽。接五弟十一月廿九日書。

廿七日，雪。

小除夕。今明兩日不進署，至各位老師宅中叩節。

除夕。晨至各堂宅中叩節。

庚寅 光緒十六年（一八九〇）

光緒庚寅

元旦，天晴。是日五鼓，忽患嘔逆，來勢甚惡，天明後稍定，勉强起來。午刻出門拜年，酉刻歸來，竟日未思飲食也。黄昏始進飯一小甌。

初二日。午刻進署。孫堂於清晨到署，署中人甚寥寥。午後薛堂、徐堂、貴堂陸續到。正堂嵩、左堂桂在假中未到。申刻，至財盛館赴樞署之約。

初三日。是日，飲食漸能照常。

初四日。雪堂同人在財盛館團拜，演義和順部並傳徽班、外請票友。堂官到者四堂，及外請一堂。張中堂。樓上自己請客一桌，到者四人。童佩卿、施均甫、陸粲林、吴炯齋。夜丑刻始散。

初五日。出門拜年。

初六日。午後進署。

初七日。早辰至譚宅弔楮，順道拜年。

初八日。午前，遣車接孫伯屏先生到塾。午刻爲張叔憲、王砥齋二家作冰人。夜請孫師，招菊人作陪不至。

初九日。菊人得家書，知筱雲委署萊蕪縣事。

初十日，微陰。周郁齋房師嘔血甚重，前往看視，已不能言。

十一日。

十二日。

十三日。

十四日。進署。

上元。午前進内，西城拜年。午後至廠肆一遊。是晚振卿召飲。
十六日。
十七日。
十八日。松陵七表妹於寅刻逝世，清晨前往照料後事。午後進署，薄暮又至松陵宅。周郁齋房師亦於今日卯刻逝世。
十九日。清晨至左宅送菊人行，又至松陵宅送殮。
二十日。郁齋師殯於三勝菴，同人前往公祭，家屬不在京，隻同鄉數人照料，可慘也。是晚，雨田召飲。
廿一日。巳刻開印進署。此後照常進署。散署在福興居小集。是晚書玉召飲。
廿二日。
廿三日。邊紳泉先生到塾。
廿四日。松陵七表妹殯於觀音院，清晨往送。未進署。
廿五日。申刻赴碧岑、達夫、潤甫、心巖、積生之約。餘慶堂。座中皆癸未同年。是日接三弟臘月廿三日成都來信，知已於十一月十八日卸涪州篆，旋省矣。
廿六日。巳刻出門，至東北城補拜年。日暮方歸，未進署。
廿七日。今年二旬萬壽。恩詔軍流以下人犯減等，查辦緩決三次，及一二次斬絞人犯。詔未頒。夜雪。
廿八日，大風。
廿九日。皇上恭謁東陵，本部隨扈大臣派出薛堂。
二月朔。友梅召飲。聚寶。
初二日。本部派充隨扈司員。同派者崇雲生、定鎮平、方坤吾。
初三日。友松召飲。泰豐樓。飯前觀劇。是日未進署。

初四日。

初五日。

初六日。坤吾丁憂，隨扈改派雨田。

初七日。

初八日。癸未同年公請，主人係子年、小舫、雲卿、保之、伯香、怡莊、鶴笙、秋圃。聚寶堂。

初九日。

初十日。

十一日。

十二日。

十三日。午後拜客，未進署。

十四日。午前拜客。午刻在福隆堂公請癸未同年。同作主人是修古□、砥齋、子預、松泉、班侯、禮卿，客到者四十六人。夜八下鐘始散。

十五日。蟄節。春寒中人，早晚尚禦重裘。

十六日。辰刻，田雨春招飲。同福樓。

十七日。午刻，申甫召飲。

十八日。今日天較和。

十九日。辰刻劉健卿召飲。福興居。午刻鳳石召飲。江蘇會館。是日未及進署。

二十日。

廿一日。散署後至北池子，出城赴王虎文、謝秀山之招。松筠菴。

廿二日。

廿三日。

廿四日。午後至總布胡同，瑞睦菴師六十壽誕。出城赴□臣之約。福興居。是日未進署。直隸司盜犯得山等一案，到案六犯，僉供係宗室玉升爲首。玉升堅不承認，宗人府承審之員並不認真拷訊，拖延半年。本部廿一日奏請可否將得山等六犯先行擬結。奉旨「著先行擬結。欽此」今日將得山等六犯審定，具奏。奉旨「著刑部會同宗人府將玉升一犯嚴訊確供，按律定擬，與得山等一併具奏。欽此」，與前旨不相符合。傳聞本日有徐季和副憲封奏，係言此案之不宜分辦，然未奉明文也。

廿五日。

廿六日。春寒未已，重裘難釋。

廿七日。

廿八日。午刻立山召飲。

廿九日。天氣少煥。申刻，癸未同年公局，福隆堂，主人爲伯英、印亭、幼叔、玉屏、炳青、採卿、頡雲、子彝。是日，未進署。

三十日。晨至秦老胡同補拜壽，未刻散署，赴鹿遂齋之約，同春部觀劇。晚在萬福居小集。

閏月朔。辛酉，團拜財盛館，演永盛和部，不帶燈。散署後到。是日早晨，對門失火，櫻桃斜街草鋪之後院也。燒去草堆，幸未延燒房屋。

初二日，陰，下午微雨。

初三日。王逸軒召飲。巳刻廣和居。陳蓺孫、陳□□。未刻松筠菴。

初四日。

初五日。申刻，越縵先生召飲。

初六日。

初七日。在寓請客。善庭、子襄、友梅、雨田、麟閣、鉞卿、申甫、宸臣、伯温。友松有事不到。未進署。是日本部奏事，處決盜犯二名。午初刻，嵩堂又叫起兒，交出太監楊福茂年十八歲。一名，奉旨「屢次偷盜庫銀，著即處斬」。聞係兩次盜銀兩千兩也。或云係偷上用香串。差使到市口，已酉刻矣。嵩堂召見時，上詢及得山一案。上云該犯身係宗室，起意搶劫，情殊可惡，應從嚴訊辦，不得因係宗室有心袒庇。嵩堂出來即告知禮邸，或可認真也。

初八日。熊再卿召飲。同春部觀劇，福隆堂晚飯。

初九日。癸未團拜財盛館，演義順和部，兼傳徽班票戲，張、貴二師到。夜四鼓始散。

十日。

十一日，夜微雨。

十二日。

十三日，陰，微雪。晨至騾馬市恒豐金店。邵太夫人出殯，鄉榜同人在此公祭。未初殯始過此，天氣甚冷。是日未進署，料理行裝，明日赴東陵也。酉正晴。

十四日，陰，飛雪。十下鐘雨田來。開車至朝陽門，與雲生、鎮平會齊，檔房筆政四人，常浩齋泰、文益齋謙、奎鶴延緜、英菊圃勛。出城。未刻雪漸止，三下鐘至栅欄店即馬廠打尖，小憩即行。六下鐘至燕郊營次。由朝陽門至栅欄店四十里，又三十里燕郊營，或言二十五里。官路程單係廿九里次，距燕郊街上里許，距行宮半里。是日天甚冷，重裘。

十五日。晴，午時風起。午刻至宮門聽事。皇上於卯初啓鑾，未正聖駕莅燕郊行宮。皇太后聖駕於申正到。叩閽者二起。湖北文童蕭月清，山東民婦李王氏。酉初始交出，略訊供詞。六下鐘一刻開車啓行。其時陰，微雨數點，旋晴，月色甚佳。夜半一下鐘三刻至白澗營次。是日叩閽者三起，一起未收。上閱其原呈，謂無辦法也。聞呈中言，本朝聖祖仁皇帝深仁厚澤，後人宜事事遵行之。

本日聖駕路程。內務府傳官路程單。東華門起，一里東安門，七里朝陽門，二里東嶽廟，九里慈雲寺備用房中火，二十九里馬廠中火，二十九里燕郊行宮，共七十七里。

十六日。是日爲清明節。日高風起。天明起，敘供辦稿。蕭月清一起，係因休棄之妻，被族人夥賣與人爲妾，涉訟之後，經官斷給伊妻兄，另嫁與人爲妻，應立案不行。李王氏一起，係因被蠹役搶奪，將伊私押，百般凌辱，予以查辦，明日具奏。午刻至宮門聽事。未初聖駕至白澗行宮，申初太后駕至。叩閽者十起，在聖駕前者七起，太后駕前者三起。四下鐘交出，略訊一過。五下鐘一刻開車啓行，八下鐘一刻至薊州小憩，二下鐘三刻至隆福寺營次。

本日聖駕路程。二十五里棋盤莊中火，二十四里三河縣中火，黄幄設於郊交。二十五里白澗行宮，共七十四里。

十七日。天明起，叙供辦稿。午刻至宮門聽事。聖駕於未正到，太后聖駕於申正到。叩閽者三起。酉正甫將人犯送來。内龐福瑞一起，情節較真。是日奏事一件。

十八日。上詣隆福寺拈香，仍駐蹕行宮。是日孫堂、薛堂著人來請，叩閽之案須回商也。十六日十起。田廣備即田振興，山東，因本縣錢糧奉文緩徵，官吏朦混徵收。原呈内牽涉知縣串通知府，上下分吞。並稱知縣句通兩省響馬，主令勇丁在外搶劫客商。語頗荒誕。孫堂以事關錢糧，且係山東人，念切桑梓，故欲查辦。范亭會，山東，因丁懷璞等闖至伊家栽贓搜搶，將伊母及弟婦擄去私押輪姦。楊鳴泰，直隸，因伊父被差役於振芳毆斃。此三起擬罪後仍予以查辦。書敏一起，奉天，旗人。因清查祖遺冊，在奉天户部有案未結，解回奉天，案結後發遣。李俊嶺，山東，因索討已故堂伯之義子應交地畝錢文。鄭道海，湖北，因被人穢語村辱。宋啓源，安徽，因妻被妻母價賣，經官斷離。郭鳳鳴，安徽，因雇主姚廣田向劉耀武索討地價尾欠口角。張亢太，安徽，因塘水被人阻截。敖王氏，河南，因夫弟奪種應分地畝。此六起均問罪立案不行，分三摺具奏。十七日三起。龐福瑞，直隸，因伊父被鹽巡高永等砍斃，賄買趙連賄等頂兇，州官相驗匿傷，並不嚴究，巡役反行將伊掌責，年餘未能結案。李奉先，河南，因捕役豢賊搶劫。周仕柱，直隸，因會匪擄捉勒贖。均予以查辦，定稿後畫齊，定於二十日在桃花寺呈遞。夜二鼓始將各稿辦妥就寢。

十七日聖駕路程。三十六里。獨樂寺行宮中火，三十五里。壕門村中火，二十六里。隆福寺行宮，共八十七里。隆福寺因山爲基，山名葛山，昌瑞山之餘支，孝陵之屏障也。據官路程單云去薊州五十一里。順天府志山川門稱五十里，尚相符合。其苑囿門稱六十里者非也。行宮在寺之西，據高嶺上，四山環抱。夜間各營燈火齊明，上接宮垣，下連御道，洵是奇觀。唐人上元詩所言，「火樹銀花」，合者無以踰此。各營燈或大或小，或多或寡，無一相同。有書官署，有書姓者，有圓形者，有長形者，有五幅直連者，有三燈而上一下二者，有三燈而横連者，有雙燈横連者，有雙燈上小下大者。刑部係四燈直連，堂官則一紅一白相間，司員則上二紅下二白。此又一衙門中自爲區别者也。各營晝間以旗色爲分别，内務府二龍旗最爲鮮明。其餘各衙門，軍機處司員係黄旗紅邊，堂官則白旗黑邊，書姓於上，南書係畫古鼎形，翁師傅處係鹿形橫古錢刀，李中堂係五幅相連，刑部堂官係標明刑部某堂，藍旗紅字，又書司官，係標明行在刑部，藍旗白字，邊帶火焰。此處有守行宮外委一，兵二十。每日上將至，有飛騎傳呼二里，則隨扈各官皆集宮門外兩旁鵠立以竢，駕至跪迎。俟太后駕入宮後方始散門。例文內稱「聲音帳」，初不知何解。是役見「聲音帳」房，在宮門口百武許。蓋禁止人聲喧譁者也。

十九日。早起至買賣街買物。午刻赴宮門口，聖駕已至。天氣熱甚，因回營次。而太后駕未至不能行，候至日落，太后駕下山，探得無事，六下鐘一刻開車，行紆道，過馬紳橋。九下鐘二刻至桃花寺營次。

是日聖駕謁陵，軍機大臣隨行。三里。西峯口，十一里。昭西陵，一里。更衣殿中火，十一里。孝東陵，二里。景陵，四里。裕陵，四里。定陵，半里。普陀峪西中火，半里。普祥峪、定東陵，十四里半。惠陵，半里。西朝房西中火，四里。出東便門，十三里。西峯口，三里。隆福寺行宮，共七十三里。

由隆福寺至桃花寺，官程二十九里。由馬紳橋鎮走，遠二三里，馬紳或作馬伸。吴柳堂侍御畢，命於鎮之三義廟，奉詔建祠於此，顔曰「景忠墓」在三義廟東里許，過此鎮時已張燈，不及前往瞻仰。桃花寺在桃花山上，乾隆年建行宮於山半。有守行宮外委一，兵十。志言「山有桃花放」，較先以此得名。龍山上松柏蕭疎，獨無桃花也。東距壕門村三里，西距薊州二十三里。志云十八里。

二十日。奏事四件。筆政於六下鐘在奏事處呈遞。巳正，聖駕至。午正太后駕至。是日天氣甚熱，晌午時須著單衣，同人多怕穿棉袍。且營次距宮門口約二里，山坡路陡，故是日未至宮門口。益齋、菊圃前往聽事。叩閽者二起。未正即將人犯解到。一名馮士全，山西，因與梁府貴清算帳目涉訟未結。一名馬世有，因馬春林偷賣伊聘妻反被毆打，事既微細，情復支離，俱問罪立案不行。當即叙供辦稿，事畢喫飯。四下鐘三刻開車行，十一下鐘二刻至白澗村營次。

是日，聖駕紆道先至朱華山端慧太子園寢奠酒後，始至桃花寺行宮駐蹕，共三十九里。朱華山在桃花山東十二里，亦薊州山也。官路程單，隆福寺至桃花寺二十九里。蓋本不計朱華山路程也。後又有往朱華之命，計遠十里。各處行宮，門外左右有屋各三楹，右三楹爲御前王大臣辦事處，左三楹爲軍機大臣辦事處。桃花山行宮在山半，軍機大臣辦事之屋在山坡下，距宮門較遠。蓋聖駕亦盤旋而上，坡路陡窄，宮門外無建屋地也。由桃花寺至白澗莊官程五十九里。是日行二十三里薊州，在鼓樓西慶昌號小憩，買子兒餑餑，係都下同人所索者，時已日落。又三十六里過邦均店。白澗營次。府志言「白澗在州西四十里」，計里有大小也。大路由邦均店鎮街上行，御道在鎮北，往返過皆傍御道行、未入街也。

二十一日。天明起詣各堂處畫稿，定明日奏。未刻詣宮門口，聖駕已於午正到，太后駕於申初到。叩閽者三起。劉忠盛爲□□，曲永祥爲□□，皆應查辦。徐萬保即趙萬明山西忻州人。一名，聖駕出都經此即來叩閽，因無呈未收，此次又來，仍無呈詞，惟有讕語一紙，絕無倫次。其中言聖上爲蜀先主後身，張之洞爲桓侯後身，伊爲武帝後身，尤爲荒誕可駭。詢供時兩目直視，確有瘋迷情狀。此三起本可辦了，惟辦稿易畫稿難，明日萬趕不上，隻好帶進城去矣。孫堂來請，亦爲徐萬保一起。上意欲詳細研鞫也。四下二刻訊供畢，開車行十里段家嶺交三河縣界。十五里三河縣，時已日落。由白澗至三河，志程三十里，詢之土人，亦有言三十里者。由郊外行五里棗林莊，志稱大道棗林。二十五里夏店鎮，二十里燕郊鎮，宿營次。過棗林十里許大風起，車行極遲，抵帳房擁被卧。帳房時有飛去之慮，天明漸息。連日皆有風，無是夜之大者。春風狂似虎，殆此之謂歟。

本日官路程單。二十三里。獨樂寺行宮中火，三十六里。白澗行宮，共五十九里。此地有守行宮外委一、兵七。各處行宮，志附見於苑囿之後，獨不及獨樂寺，此處爲中火，非駐蹕處。各處中火多在郊外設黃幄，此與慈雲寺二處在寺中，疑本非行宮也。

二十二日。奏事一件。聖駕於午正至，未刻詣宮門口聽事。有叩閽者七起。申刻太后駕至，又有叩閽者三起。四下鐘人犯解到，略訊一過，張太元、馬振明、葛文遠、馬全仁、徐洪，四川義茂興等商號之抱所控局書浮收釐金。祖量，直隸僧人，爭廟產。竇玉秀，直隸，父被人毆死未抵命，蓋遇赦援免。劉周氏，順天，控内務府官員誆騙，慎刑司有案。楊羡氏、李張氏，與昨日三起俱交地方官解送京刑部。六下鐘一刻晚飯畢，即開車。行三十里通州柵欄店。各店皆人滿，無可憩息。即令緩轡，行二十里定福莊，二十里朝陽門，時已三下鐘。進城，四下鐘到前門外，門未啓，俟天明始出城，時已六下鐘矣。

本日官路程單。二十五里。三河中火，二十四里。棋盤莊中火，二十五里。燕郊行宮，共七十四里。志稱「棋盤莊在縣西北二十七里，御道由縣北行也。大道在縣南關」。十七日奉上諭「此次經過燕郊、白澗、桃花寺、隆福寺，守護四處行宮之守備、千總、委千總、把總、外委兵丁等，均著加恩賞給半月錢糧。欽此」考之新志，但有白澗、桃花寺、隆福寺三處守行宮外委，燕郊不詳焉。更無所謂守備、千總、委千總、把總者，其志之疎略歟。

二十三日。陰。六下鐘，到家後安睡兩時許，未出門也。聖駕於午後還宮，叩閽者十二起。太后至東嶽廟會親，還宮稍遲，叩閽者又三起。連行在所收共四十五起。甚矣，好訟者之多也。

本日官路程單。二十九里。馬廠中火，二十九里。慈雲寺備用房中火，九里。東嶽廟，二里。朝陽門，七里。東安門，一里。東華門，共七十七里。

二十四日。進署。申刻詣孫堂宅，有公事面商。

二十五日。

二十六日。

二十七日。未進署。下午病。

二十八日。未進署。出門拜客。

二十九日。人甚不舒，勉强進署。

於役東陵口占十絶句：

「旗影鸞聲去不停，雪花相送出郊坰。今年春比常年晚，柳色纔黄未變青。」

「塔影摇空日已西，潞河南畔促輪蹏。紅欄隔岸遥相接，煙鎖平橋壓水低。」

「龍旂高卓拂雲烟，鶴列無譁鷺序聯。忽聽傳籌呼二里，千官齊集禁門前。」

「夜認燈光晝認旗，各標新樣記曹司。引繩爲界風原古，萬幄分行布尊棊。」

「石燈縈紆輦道清，琳宫高聳接丹甍。聲音帳静營門肅，萬馬雲屯總不驚。」

「銀花十里夜光寒，鶴燄騰霄放眼看。皎若繁星圓若月，滿山燈彩搆奇觀。」

「複岫層巒疊四圍，晴沙風卷襍雲飛。三春氣候兼冬夏，宵著重裘午葛衣。」

「楬櫫道左示煌煌，履畝蠲租率舊章。畚挶經營休説苦，聖朝德澤本汪洋。」

「御史祠堂堊黝新，薊門風雨即孤臣。史魚屍諫芳標遠，莫道今人讓古人。」

「寒食清明幾日過，郊原天氣漸融和。桃花乍放紅霞薄，榆芙初圓緑陰多。」

三月初一日。未進署。申刻子静自津來，同伴孫漢槎宗華、戊子孝廉陳燕伯元康、蘇府茂才。

初二日。

初三日。

初四日。子静移進内城小寓。未刻直隸司團拜，福隆堂。酉刻癸未公局，聚寶。主人爲再雲、餘波、子深、穉珊、補菴、竹初、辛谷、展峯。

初五日，陰，夜微雨。

初六日。今日放會總，孫毓汶、貴恒、許應騤、沈源深同考。浙一：諸成博，癸未同年一，邵松年，蘇人得其六，爲較多也。

初七日。散署後至大牌坊胡同子静小寓。風沙大作。

初八日。晨至貢院送考，未進署。今年人數較少，通共約五千餘人。天陰。

初九日。是日得濟南電信，知均甫作古，朗師來商大兒姻事。

初十日，雨，午後雨息。天氣甚冷。頭場題「子貢曰：夫子之文章可得而聞也」兩章。「知所以治人」至「有九經」，「霸者之民」四句，賦得「城闕參差曉樹中」得「門」字。武元衡春題龍門香山寺詩：衆香天上梵王宫，鐘磬寥寥半碧空。清景乍開松嶺月，亂流長響石樓風。山河杳映春雲外，城闕參差曉樹中。欲盡出尋那可得，三千世界本無窮。擬作。「闕聳春城麗，山圍曉樹繁。參差通燕路，咫尺近龍門。闕勢臨芳苑，林陰匝古原。萬條遮碧靄，一角露丹垣。隱隱墻分雉，鱗鱗瓦認鴛。觚稜初日逗，樓閣早雲屯。蓊緑連槐市，霏紅接杏村。帝鄉花事勝，紫陌展風幡。」

十一日。

十二日。

十三日。晨至舉廠望考，在小寓喫飯進署。散署後至萬福居，邀子雅、包履中，請胡輯五太守，招令作陪也。

十四日。

十五日。進城拜客。午刻到龍源樓，武柳畦召飲，飯罷觀義勝和部。

十六日。晚赴蘇器之同年之召。看秋審冊一。廣東一，四起。

十七日。子静、漢槎、燕伯自小寓移居東院。

十八日。散署後至嵩雲草堂，叙雪同人公請胡輯五太守。

十九日。是日請子静諸人觀劇，春臺部。晚酌衍慶堂，客到者六人，笙叔、漢槎、燕伯、玉叔、黄樓、子静。未進署。

二十日，雨。報四寸有餘。

二十一日。湖郡同鄉接場，財盛館。三鼓始散。同鄉進場者三十五人，又杭州籍一人，臨場病故者一人，施旭臣。臨場因病南歸者一人，錢夢樓。臨場小病未進場者一人，吴枚升。到京過遲者一人。徐甫。

烏程十五人。朱昂生毓廣、戴笠青翊清、徐雅琴書、徐篆香鳳銜、蔣書箴錫紳、周勤軒慶賢、韓孟蛟焜、許滋泉鑫、劉澄墅錦藻、梅石菴福墉、張悟珊鳳藻、姚本泉炳熊、梁詠裳榕、陳雅生逢熙、汪薦青宗泗。

歸安十二人。朱蓮夫廷燮、凌熙臺文曜、葉簡臣守銓、沈小周裕説、徐菊生信善、沈聯棣唐□、陸純伯樹藩、蔡啓生世錚、俞恒農宗濂、蔡延青蒙、蔡旬宣松、張樹猷宗德、錢塘籍。

長興三人。鍾伯荃蓀、朱韻松承琳、張玉山承德。

德清六人。蔡千禾右年、許蔭堂德裕、沈鳳樓桐、俞階青陛雲、陳岫安承福、陳藴山瑞玉。

二十二日。是日上御正殿，頒萬壽恩詔。

二十三日。

二十四日。午刻先赴訥子襄之約，福隆堂，即至聚寶堂爲同鄉接場，與枚升、潤如、少篁、立山作主，客到者十六人，是日未進署。

二十五日。在崇效寺公請瑞老師。鄉試同榜京官九人，少原入闈不列名。會試者二人。外請邵小村中丞及年世兄。下場者四人。一鐘、三黄。今年同榜會試者董仰甫舍人外喬年，有徐濟川、韓錦濤、謝光樞，是日未進署。

崇效寺在白紙坊，余居京師數十年，足迹所未到也。楸花滿地，緑牡丹數本，亦已殘謝，惟餘清陰匝院而已。國初亦呼棗花寺，漁洋山人、竹坨老人皆有題詠，西來閣下有漁洋，竹坨手植丁香。吳嵩梁又移植海棠於丁香左，翁覃谿爲之記，刊石置於壁間。又有唐貞元時監察御史裏行王仲堪墓誌銘，此石係乾隆己酉、庚戌間出於廣渠門內，後移置於寺。寺本劉濟捨宅，仲堪爲濟參謀，故使相依，北平徐松爲記，言其顛末甚詳。寺僧出青松紅杏手卷相示，乃拙菴和尚行狀貼子，漁洋、竹坨以下諸名公卿題詠甚多，卷長數丈，亦大觀也。

二十六日。晨至湖南會館拜壽，鹿遂齋爲其太夫人稱觴也。午後在寓看秋審冊二。江西一，七起。奉三，七起。未進署。

二十七日。連日天氣驟熱，單衣猶不勝也。核恩詔條款。

二十八日。

二十九日。看秋審一。川三，十起。

三十日。看秋審一。山東一，十起。晚赴陳燕伯之招，福興居。

四月初一日，陰雨。連日天氣驟熱，今日頗覺凉爽。看秋審一。川二，十起。

初二日。看秋審一。湖一，十起。擬查辦緩決各犯減等章程奏稿。

初三日。看秋審一。山東二，十起，廣州一，一起，官犯。

初四日。在衍慶堂請客，午刻到者八人。申刻至安徽館，浙榜丙子壬午團拜，請同年兄弟也。是日未進署。

初五日。散署後至廣和店，赴竺齋之約。申刻至湖南館，丙子鄉榜團拜，三鼓始散。

初六日。午刻瑞師召，同門到者十人，惟少原入闈未至。是日未進署。

初七日。看秋審一：山東三。六起。

初八日。今日例不進署。午刻喫福興，觀春臺部。雪堂公局。

初九日。改定駁稿一件，湖廣，又奏稿一件。廣西。

初十日。明日春闈揭曉，今日聽録。

十一日，晨，陰雨，午後閃晴。春闈榜發，浙江中二十五名。杭七、嘉三、寧七、紹四、温三、臺一、吾湖竟脱榜。國朝會試，吾郡無脱榜者，惟同治壬戌科無人，其時鄉邑邱墟，計偕者絶無僅有。今年與試者三十餘人，而竟無一人獲雋，實少有之事。陜西興、漢二府每科中雋者七八人，今年亦無一人。河南汝寧府向不脱科，今年亦無一人。散署後謁午橋師，知前十八魁，孫大司寇中定者十名，許三、貴三、沈二。分校中吴燮丞中三十名，亦從來所未有。

十二日。看秋審一。蘇一，十起

十三日。看秋審一。廣西一，八起，三鼓始看畢。

十四日。看秋審一。直一，十起。

十五日。看秋審一。河一八起。

十六日。看秋審一：熱一，一起。貴一，二起。覆試題。「湯之盤銘曰」二節，「膏雨潤公田」得「祈」字。

十七日。

十八日。看秋審一：直二，十起。散館題。白虎觀議、五經同賦，賦得「盤雲雙鶴下」。

十九日。看秋審一。奉二，十起。

二十日。看秋審二。山西一，五起，湖增二起。

二十一日。看秋審一。湖二，四起。

二十二日。看秋審一。浙一，五起。核定朝審緩決人犯減等，計三十一起，共三十四名口。准減者四名，郭三合故殺姦夫之子。常葬刃傷胞兄情實改緩二次。仇安，竊盜圖脱，刃傷事主，緩決三次。二十六日具奏。

二十三日。看秋審四。直留一起，陝留一起，山西服一起，河服一起。

二十四日。看秋審五：川四，十起，直服一起，江西服一起，川服一起，雲服一起。今日小傳臚，狀元吴魯，福建，榜眼文廷式江西，探花吴蔭培江蘇，傳臚蕭大猷湖南。吴係本部浙江司主事，去年榜眼李盛鐸亦在浙江司行走，從前張子青師相亦在浙江司行走。一司中聯科得鼎甲，又與前輩後先輝映，可謂盛矣。去年榜眼係江西人。今年又是江西。前兩科傳臚是湖南丙戌彭述，戊子杜本棠。今年又屬湖南，此殆有關省運歟？吾浙鼎甲自庚申鍾殿撰後寂然無人，惟辛未丙子得兩探花，每科十本頭未嘗無人，今年黃紹第列二甲第二，其不得上躋一甲，人乎天也。

二十五日。連日核定緩決減等清單。直隸三次以上二十九起，一、二次二十六起，准減十一起。奉天官犯一起，三次以上十八起，一、二次二十八起，准減四起。熱河三次以上三起，一、二次二起，准減一起。山西三次以上四起，一、二次十一起，准減四起。山東三次以上十四起，一、二次十八起，准減十四起。河南三次以上十起，一、二次十六起，准減十起。陝西三次以上八起，一、二次七起，准減六起。江蘇三次以上十一起，一、二次八起，准減五起。浙江三次以上三起，一、二次五起，俱不准減。江西三次以上二起，一、二次十起，准減四起。安徽三次以上八起，一、二次三起，准減二起。福建三次以上一起，一、二次一起，俱不准減。湖廣三次以上七起，一、二次式十三起，准減十起。新疆三次以上一起，一、二次一起，准減一起。四川三次以上十二起，一、二次三十六起，准減十七起，廣東三次以上十起，一、二次三起，准減四起。廣西一、二次二起，俱不准減。雲南一、二次四起，准減二起。貴州三次一起，一、二次五起，准減三起。計共准減流者六起，准減軍者九十二起。共人犯九十九名口。不准減等二百五十五起，人犯二百七十七名口。

二十六日。

二十七日。

二十八日。看秋審一。安一，五起。

二十九日。看秋審三。福一，一起。雲一、三起。廣西服一起。

五月初一日。日食。酉戌之交。

初二日。晚赴乃秋之約。江蘇會館。朝考一等八十人。第一王乃徵，四川人。浙江七人，傳臚詩中脱寫一韻交稿，後添注列入三等倒第四名。四等一名，侯維鵬，直隸人，因病未完卷。

初三日。連日天氣亢旱，乾熱非常，衣服器皿以手捫之，無不如炎。殿試時蕭大猷之卷，讀卷者誤以爲安徽程秉釗也，故在前列。迨拆卷，是蕭非程，無不失望。朝考程列一等第二，程，績溪人，名士也。

初四日。看秋審一，川一，十起。連日酷熱異常，寒暑表至百六度。
天中節。清晨進城拜節，未進署。今日癸酉，交夏至節。古語云「夏至酉逢三伏熱。」記此以占驗否。
初六日。天氣較爽。
初七日。
初八日。
初九日，午刻大雨。報二寸有餘。看秋審一。陝一，九起。
初十日，今日復熱。看秋審一。山西續增一起。
十一日，未刻雨。
十二日。看秋審一。山西服二起。
十三日。派審提督奏送壽安宮厨役郭大自戕身死一案。將壽康宮太監李志奎送部審訊。同派者訥子襄、崇雲生、張麟閣。壽安宮主位係佳貴妃，新近薨逝。壽康宮主位係晉貴人。
十四日。
十五日。未刻赴聯棣之約。廣和居。
十六日。
十七日，未刻雨。酉刻偕雲生、麟閣詣孫堂宅中，因宴客不見。
十八日，雨。報四寸有餘。
十九日。連日研訊李志奎，今日始據供認，因郭大向伊借錢，伊不允。郭大纏擾不清，伊向其嗔斥，並稱如再纏擾，定將其逐出。郭大節下難過，愁急自盡。畫草供。案可結。
二十日。陰雨。午刻偕雲生、麟閣冒雨詣嵩堂宅中，回派審情節，因病不見。薛堂交辦直隸司盗犯宗室吉升一案，奏稿一件。
二十一日。看秋審一：蘇二，十起。竟日大雨，四境深透，道路泥濘難行。雨連宵達旦不休。

二十二日。大雨。麟閣來。前日所擬奏稿一件已送薛堂閱定，另擬正稿一件相與商定，即呈薛堂。不進署矣。是日雨至夜半方息，友梅進署，白雲亭已有水。薛堂來，在叙雪堂少坐。

二十三日。署中水滿，叙雪堂院内向不存水，此番水亦齊階。是日同人齊至徐堂宅中，未歸久候，至即同至孫堂宅。歸家已日暮矣。

二十四日。看秋審一。奉一十起。

二十五日。是日未進署，著車夫等赴興平倉拉運俸米。

二十六日。今日奉派貴恒、汪鳴鑾前往吉林查辦事件。

二十七日。貴師欲奏帶余及鎮平、雨田前往吉林。下午余赴貴師處面辭。

二十八日。李志奎案今日畫供。今日貴師奏請回避。奉改派麟書。吉林之行可免矣。

二十九日，大雨。午後雨漸息。在寓宴客，到者六人。筱坪、昂生、聯棣、竺齋、本泉、逸軒。宗室玉升案今日具奏，奉旨依議。

三十日。麟堂欲奏帶子襄、申甫、友松。子襄、申甫辭不去，改派星瑞，亦辭，聞已改派俞魯生矣。五鼓大雨，天明未息，巳牌雨止。是夜初鼓，大雷雨又作，徹夜不止，水勢甚大。

六月初一日，竟日雨未休。未進署，南西門外水甚大，花廠有被水衝没，連人淹斃者。夜間雨尚小。

初二日，雨未止。今日南西門未開，菜挑無一能進城者。有從南西門外歸者，水没騾腹，人立車中。夜中雨尤大。

初三日，雨未止。下午六下鐘雨止，微閃日光。

初四日，晴，雲氣猶往來也。晨偕麟閣赴薛堂宅，畫李志奎稿本，定初七奏。雨後道濘，回明下一班再奏。黄昏後星光甚朗，二鼓後又陰，五鼓雨又作。

初五日，天明雨尚未息，午刻雨止。

初六日，晨晴，旋陰。午間小雨即止，黄昏後晴朗，旋又陰。

初七日，侵早微雨即止。竟日雲氣往來。

初八日。自初一以後七日不進署矣。今晨至署，小馬言司堂未乾，院内有水，未下車即歸。酉刻雨又作。孫伯屏於今日辭館去。

初九日，雨。初五日永定河北上汛，二號被水衝決四百餘丈，及黄村一帶。南苑亦被水，苑墻衝塌十之八，水勢北趨，以致廣安、永定門外人民廬舍亦被衝没，人無棲止，苦不可言。現經紳民人等，助饍饍等物前往散放。吉林查辦事務，麟堂請假，改派敬信。

初十日，放晴。午後急雨一陣。

十一日，薄暮小雨。

十二日，天明小雨，即開晴。中伏第一天，康日晴霽，似不至再有大雨矣。今日進署。前日大雨之時司堂進水半尺許，爲八九十年來所未見之事。近日水雖退出，地上尚十分潮濕。署中房屋無一間不漏，秋審科房尤甚，存案卷之屋坍塌兩間。直隸司後墻坍塌，提牢值宿之所全行坍塌，監内厨竈被水衝没不能做飯，人犯每日買現成餅麵散給。北三監山牆坍倒，人犯併監收禁。兵丁巡夜之房全行坍倒，暫搭窩棚棲止。監外大圍牆坍塌三十七叚，溝渠淤塞，水無出路，署中大院之水尚深尺許。監内之水尚深二尺許，無處宣洩，一時尚不能退也。

城内外大街小巷牆壁倒處處皆是，其全行落架者甚多，壓斃人口不少。刑部街一木廠宋姓者，今春將其弟妻毆斃。訊因伊與妻妹通姦，被弟妻撞破，常向譏誚。伊心中懷恨，糾人毆打，以致斃命。下手傷重之人，未曾到案。大雨之後，木廠内房屋塌倒，壓斃幫夥一名，或疑即係當時幫毆下手傷重之人。雖逃法網，終伏冥誅也。城墻亦坍塌數處。聞南北海殿庭亦多滲漏，並有進水之處。醇邸府内牆垣坍倒，福晉所住之室亦滲漏倒塌，民間更無論矣。萬壽山有新造橋一座，水漲之時，浮至平地，並無損壞，亦可異也。友梅今日引見，坐糧廳差。奉旨圈出，記名二年有餘。六部中爲魯子光，今得此差，亦非所願也。是日偕麟閣赴薛堂宅回烏步。又至孫堂宅畫稿。麟閣約子襄在廣和居會齊，畫稿之後小飲而歸。

十四日。薛堂因署中工程緊要，令擬奏稿一件，請旨飭下工部趕緊勘估修理。稿定後同子襄、麟閣、鉞卿、申甫，同至薛堂宅中閲定，並回定烏步管理派雨田充署，又同至孫堂宅中回定。

十四日。連日晴霽，天氣酷熱。

十五日。李志奎案今日奏結。

十六日。敬奏，帶刑部司員二人，友松暨徐子光謙同年。

十七日。楊韻樓先生於昨日到館，名家壁文安廣。

十八日，下午雨。

十九日，雨。

二十日。子襄，麟閣召飲。未刻福隆堂。

二十一日。星瑞召飲。福隆堂。午後觀同春部。

二十二日。散署拜客。於香鑪營頭巷失落衣包一個。至粵東館，赴鉞卿、宸臣、伯温、子襄之約。子刻立秋，又是末伏第一天，天氣晴朗，可喜也。

二十三日。巳刻在福興居請客，午後觀同春部。客到者子襄、麟閣、鉞卿、申甫、友松、子光六人，翰卿未入座，先散。半夜大雨。

二十四日，後半夜大雨。

二十五日。天氣漸覺涼爽。

二十六日。今日二旬萬壽聖節。天氣晴杲。每年萬壽節多雨，今年獨晴杲，可喜。未退署。今日爲秋甲子，晴最相宜。

二十七日。

二十八日。萬壽正日，未進署。晨至闕左門，送子勤驗看。是日天氣甚熱。

二十九日。午刻赴篤齋之約。福隆堂。

三十日。散署後在寓寫津、黔各信，半日始了。

七月初一日。王海自山中來言，山中先患雨多，近日又嫌缺雨。由盧溝橋以東，車輛甚不能行，騾駝可以行走。距呂村約五十里許，山崩一處，水甚大，由房山而入運河。

初二日，陰雨竟日，入夜雨始止。是日未進署。叙雪同人在福興小集，因家中有事未及前往。申刻至廣德樓觀劇。

初三日。

初四日。

初五日。艾觀亭招飲。福隆堂。午後觀劇。寶勝和部。

初六日。

七夕。李子襄招飲。福隆堂。午後觀劇。春臺部。

初八日。晨至張老師處八旬。拜壽，並拜東城客。午刻在署喫飯。

初九日。

初十日。未刻在嵩雲草堂公請許仲□廉訪鈐身，客到甚早，主人皆後至。

十一日。

十二日。

十三日。

十四日。李子襄言，阜寧風災，該處居民見一女一牛由西南而東北。在前，五龍自後追之，所過之處風霾二夜，老樹連根拔去，人有吹至數里外，房屋塌倒數千家。聞此女及牛，五龍究未追也。

中元。

十六日。

十七日。

十八日。晚田雨春召飲。同福樓。

十九日。邵竹村招飲。安徽館，演四喜部。是日午前雨。

二十日。未進署。同人在安徽館爲張師相公祝，演寶勝和部。
二十一日。
二十二日。未進署。
二十三日。
二十四日。
二十五日。
二十六日。
二十七日。
二十八日。
二十九日。

八月初一日。
初二日。
初三日。
初四日。
初五日。
初六日。
初七日。
初八日。
初九日。壽卿表弟週年，在觀音院哸，下午前往行禮。
初十日。秋審司議，由緩改實者五起。奉一、安三、山東一。由實改緩者［二起］，直一、奉一。擬照實聲叙者四起。雲一、川一、陝

一、山東一。

十一日。

十二日。

十三日。秋審堂議，秋審不符二十四起。朝審未定册八起。今年秋審除病故及後尾未到者，共二百一十九起。朝審二十七起。

十四日，陰。午後散署，至東城拜節。

中秋，陰。

十六日。貴師及沈叔眉副憲奉派往福建查辦事件。

十七日。欽差隨帶司員派本部五人。英鳳岡、李子襄、鹿邃齋、段燮堂、左牖和。

十八日。段燮堂辭差不去，改派户部一人。振卿。

十九日。振卿亦辭不去，不復添派矣。

二十日。

二十一日。至北池子晤青師。

二十二日。今日未進署，青師召飲。福壽堂演雙順和部。福壽堂戲臺聯云「八千場秋月春風，儘銷磨胡蜨梦中琵琶絃上；三百副金尊檀板，最棖觸桃花扇底燕子燈前」，相傳是吴梅村祭酒重到京師所題，聲口卻甚肖也。

二十三日。

二十四日。今日吏部引見。「鴻臚寺少卿一缺奉著田我霖補授。欽此。」雨田名列第三，竟邀簡用，近來罕見。

二十五日　今日回烏步。薛堂言，以次遞推提調不復添人。祿米倉虧空一案，添派會審。原派子襄、雲生、雨田、麟閣。雨田升任去，故添人也。

二十六日　午後至孫堂宅中回事。今日總會晤，候至日暮未歸。

二十七日。申刻復至孫堂宅回事，烏步點定。今日友梅簡放廣西府知府。

二十八日，雨。

二十九日。秋審上班。辰初至天安門，九下鐘二刻上班，十鐘散，午後拜客，暮歸。今明二天不進署。

三十日。朝審上班帶人。舊事二起三名，新事二十七起二十八名口，共三十一名口。午後拜客。晚在福隆堂請客。

九月初一日申刻至燕喜堂，壬戌科團拜，並請曹吉三廉訪。秉哲。

初二日。未刻叙雪同人在嵩雲草堂恭請吉三廉訪。上燈回寓。接署中當月處知會，奉堂派審興廉奏，接閱御史恩霖信函，請飭查究一案。不知係何事。麟閣來，知伊亦在派審之列。約定明早進署。

初三日。今日辦喜事者甚多，清晨赴各家道喜。即進署提訊爲恩霖送信之邢鎮勳。據供係山東福山縣人，曾拜恩霖爲師，閲看文章。恩霖交給伊書信一件，囑代送至興廉宅中當面呈交。書中情節伊概不知道等語。查閲恩霖原信内稱，本年漕糧興廉之子句串碓房，得受賄銀三鎰，攙水舞弊。有人欲入彈章，因同係八旗骨肉，特爲關照。書末稱現在搬家用度甚多，又要嫁姓女。向興廉借銀三千餘兩等情。當與麟閣擬定片稿，呈薛堂閲定。嵩、□二堂均到署，亦將片稿呈閲。即飭書吏趕寫正稿，赴孫、徐二堂呈畫。此案未分簽，約定同派滿人訥子襄、崇雲生二君進内聽旨。歸家已上燈後。

初四日。寅初，赴西苑門公所。卯刻事下摺中，辰初桂月亭至公所。知恩霖於今日呈遞明白。回奏，内稱興廉之子内閣侍讀靈椿，有在外招摇情事。當以僅出人言，並無確據，未敢糾姪，函致興廉，勸其自行訪查。至借銀一節，因素有往來，以爲有無可相通，實無他意等語。奉旨恩霖著革職，永不叙用。邢鎮勳著即釋放。

初五日。

初六日。施均甫夫人送人到京，在會館下榻。同來者仲起彦振、模庵文楷。

初七日。樾青送坐糧廳。

初八日。未進署。本日户部奏，録米倉盤查究竣，虧短十五萬五千餘石。將花户郭啓東奏送到部。

重九日　進署。研訊郭啓東，供多閃爍。

初十日

十一日，清晨微雨。坐糧廳今日引見，樾青如願以償，十四日即到任。因向例九月十五到任，扣至次年三月十五已及半年。京察時即不由原衙門註考，伊恐本部堂上官不予一等，故亟亟前去也。

十二日。晨至東城船板胡同訪竺齋。復出順承門，偕麟閣、申甫訪薛堂宅回烏步，復出署喫飯。飯後赴英旭齋龍源樓，林礪臣、錢夢昂福隆堂之約。酉刻至孫堂宅中回定烏步，坐辦莘兼行。秀山。

十三日。未進署。

十四日。是日未刻在衍慶堂請客。

十五日。爲承熊納征。大賓於未初到，喫飯。申初過盤，酉刻回。今日在署乞假十天。

十六日。午訪周小帆，請渠於十九日來寓照料也。

十七日，陰雨。

十八日。施宅發妝奩，申刻始至。是日天晴。

十九日。午初刻發花轎，未正花轎來。新夫婦合巹成禮。上燈後客漸散。是日天氣晴煥，客來甚多。

二十日。

二十一日。施宅接新夫婦回門。

二十二日。

二十三日。

二十四日。是日接新親，北俗謂之會親，吾鄉謂望朝。均夫人不至。仲起及模庵請枚升，竺齋、逸軒作陪。均夫人因有服，故不來，非有他意。

二十五日。進署銷假。

二十六日。竺齋招飲。福隆堂午刻。少坐即進署。

二十七日。

二十八日。

二十九日。

十月初一日。施親家太太來。復招仲起來寓，盤桓半日。是日未進署。

初二日。清晨，孫堂遣人來，催令進署。爲録米倉案内全才一犯也。全才既交本部審訊，宗人府毋庸審。派審同人回堂，擬將該宗室在本部外看，以免往返提審，或有疎虞，桂堂不以爲然，昨日在堂上與嵩堂意頗齟齬。今日嵩堂召對，上詢及此案。嵩堂面奏，全才既交奴才衙門審訊，如仍在宗人府收禁，朝夕提質恐有疏虞，奴才擬請旨徑交奴才衙門收禁，以昭慎重。上令於明日具奏。嵩堂下來，即告知孫堂，故催派審諸人趕辦奏底。午刻嵩堂、薛堂、桂堂來，將奏底呈堂閲定。麟閣諸公分持畫稿。明日即具奏。

初三日。在寓寫東信，料理應寄物件。仲起、模庵來辭行。竟日不得暇，未克進署。日暮始出門至吴興會館送行。今日具奏，請將全才革去宗室頂戴，交刑部收禁一摺。奉旨依議。

初四日。施宅於今日回東，今如山夫婦送至雙橋。是日無車，未進署。全才於今日由宗人府解送到部收禁。

初五日。案内馬春山一犯，充當該倉筲頭，張六等私放黑檔，係屬知情，堅不承認。自今日爲始，分班拷訊，巳刻到酉刻散。張六、郭啓泰供詞略有端倪。提訊全才，供認於光緒十一年，經禄米倉身後辦事，張五邀伊在倉了事。每月給與工錢三百千文。共在倉廿個月，得過錢六千千文。又代爲了事，給過錢二千三百千文，至十三年以後，伊初猶狡展，迨提同張六質對，伊亦頫首無辭矣。

初六日。

初七日。

初八日。宸臣招飲。福興居，未刻。

初九日。

初十日。今日皇太后萬壽正日，未進署。

十一日。

十二日。未刻，薛堂召飲。嵩雲草堂。

十三日。

十四日。

十五日。今日提張六、郭啓太，與馬春山質對。馬春山狡展如故，拷至日暮，始行供認得過張六分給錢九百千文。當令畫草供。出城時已上燈矣。

十六日，夜雪盈不及咫。

十七日。傑暉庭召飲。天福堂，未刻。

十八日。

十九日。

二十日。

二十一日。晨至薛堂宅，面回倉案大概供情稿。午刻在衍慶堂請客，到者友梅、蔣子相、慕皋、砥齋、竺齋、叔均，飯罷觀同春。天氣陰沈。歸來上燈後。

二十二日。申刻同人約至孫堂宅中回稿，候至上燈未歸。約定明晨再來。

二十三日。辰刻至孫堂宅候至十下一刻，孫堂始歸。將稿回定。午後拜客，赴竺齋之約。福隆堂。

二十四日。晨至桂堂宅中回稿。桂堂將稿留下細看。

二十五日。午後散署，復至桂宅，著人來說有話面商也。奏稿頗有挑剔。

二十六日。

二十七日。

二十八日。總理各國事務衙門記名章京將次用竣，咨取考送。本部於今日在署考選，題係「俊、顧、及厨名目論」。出後漢書黨錮傳。與試者四十一人，取八人。李子榮、鄭淑璋、陳瀏、吴庭芝、沈曾植、吴品珩、李清芬、楊家騊。嵩堂與薛堂所商定也。上次考者止十三人，此次竟有四十一人，可見官途之日隘矣。

二十九日，陰，頗有雪意。昨取總署章京，楊家駒一名撤下，改送方孝傑。孫堂所改。

三十日。巳刻後天氣開霽。本部此次考送總署章京所取之卷，尚爲公道。第一名寫二開二行，點題甚詳盡，餘皆知出處。未取之卷有寫得甚好者，因不知題解被黜，未爲枉也。

題楊韵樓清流作鑒圖七言絶句五首「烟波舊與白鷗盟，沙石粼粼徹底清。觀我觀人原一樣，此中妍醜最分明。」「閒支竹杖看清流，雲影天光一鑑收。養得此心常活潑，那分萬派與源頭。」「壘塊何須用酒澆，滿腔俗慮自能消。空明一片無纖翳，對此方知識界超。」「長松如叟石如仙，獨坐臨流思悄然。此意是誰能識得，故教寫向畫圖傳。」「留得青氊短榻安，蕭蕭斗室一燈寒。願將不息川流句，説與黑蒙子細看。」

十一月初一日

初二日。總署章京添送楊家騶、夏孫桐二名。

初三日。

初四日。是日自署中歸即病卧。

初五日。病卧。

初六日。病卧。

初七日。病稍愈，尚不能出户。麟閣來，商定禄米倉奏案稿，於卧室見之。

初八日。

初九日。

初十日。

十一日。

十二日。

十三日。作唐律疏議序。

十四日。申甫來。病雖小愈，尚不敢出户。

十五日。麗皇貴太妃於今日薨逝。玫嬪近亦薨逝。

十六日。

十七日。麗皇貴太妃薨逝，自今日起輟朝五日。明日上親臨祭奠。

十八日。倉案今日會小法。病雖未脱，然勉力進署，氣餒畏風。今日風又大。

十九日。倉案今日會大法，明日奏。

二十日。倉案今日具奏，奉旨依議。

二十一日。醇親王於今日丑刻薨逝。奉太后懿旨，遵高宗濮議辨定程，號曰皇帝本生考。上詣邸，成服行禮，還海時仍常服。

二十二日。連日纂輯續會典事例賊盜下發塚門，共得十九條，編纂成册。天明微雪，積不成分，即晴。

二十三日。醇親王賜謚曰賢。上縞素十一日，輟朝十一日，素服期年。尋常臨朝仍常服。

二十四日。砥齋女嫁叔憲郎，今日納採，前往作冰上人，未進署。醇邸喪事無禁止嫁娶之議，故仍照常辦事。然近日有得凶問，而倉猝成昏者。

二十五日。晨至北城拜客。午刻至會典館交功課。賊盜下發塚十九條。近日又編得盜賊窩主門十八條，會典原文應修補者八條。發塚門二條，盜賊窩主門六條。會典原文應修應補之處甚多，若能將通部細校一過，按條修補，方足傳信於後也。

二十六日。砥齋處發裝奩，午刻前往，飯後送妝。

二十七日。吉人處午刻花燭，巳刻前往迎親。午刻禮成，飯罷已申初矣。此二日未克進署。日落大風起。

二十八日。

二十九日。代牖和延請西席，今日往拜未遇，胡啓心號品三，四川崇慶州人、戊子副貢。馮莘垞於子刻丁母憂，其太夫人係今日七十正壽，特從家中迎養來京，本意稱觴上壽，不料到京即病，竟爾西歸，殊難爲莘垞之得坐辦也。具大神道爲京察一等地步，乃期而遽遭大故，人力之不能與造化争也如此。今日點烏步，段燮堂得坐辦減等林□賡，兼行黄均隆。上次坐辦段即可得，爲馮攘去。馮奉諱而仍屬段，段初不營求，信天翁非不可做也。惟段病未愈，不知能進署否。

十二月初一日。午初到會典館，交盜賊窩主十八條，總纂劉博泉給諫囑編纂於原書之内。因與前所交之十九條一併攜回。午正到署，晚赴砥齋之約。燮堂力疾到署，神色甚不佳。

初二日。是日左宅西席到塾，晚間往陪。

初三日。京察過堂。今日是係實缺人員。滿正堂嵩犢山、申。漢正堂、孫萊山敏汶。漢左堂薛雲階、允升。漢署右堂徐小雲到。用儀。滿左堂桂修三、全滿右堂清吉甫、安。均因病請假未到署。巳初過堂喫飯，飯罷封門定列等第，封存檔房。燮堂來，神色較前日略勝。

初四日。補補人等過堂。巳刻畢，拆封。向來皆三日拆封，因明日係忌辰，故改於今日。滿一等湍多布、傑光、長春、英啓四人是舊一等。崇祥、文康、光昭、明熙、承毓、英瑞。漢一等張成勛、馮鍾岱、沈、關國光、王鵬連、湯似瑄、王聯璧、段理。余考語曰：「廉明練達，心細才長。」滿備一等六人：崇廉、松寬、文超、德隆、定成、英昆。漢備一等六人：張衍熙、熊起磻、張聞錦三人，皆減等。黄成綬、戚人銳二人當家，易俊軍機章京。滿上二等六人，崇恩、桂春、英壽。漢上二等六人：吴毓春、陳墀蓀、曹志清、李念兹。拆封後堂上喫飯，飯罷散，與同人赴各堂宅中謝，遵舊規也。今日燮堂未來，亦未赴各堂宅。聞昨日又咯血，其病甚不輕也。

初五日。派審之吉林商民賄買參摺案内人犯五名，於今日解到收禁，未及過堂。申刻同人至馮莘垞處公祭。即至孫堂宅中回案，良久始出見，時已戌刻矣。子静自津來，下榻東院，爲潘文勤公明日發引，前往執紼也。同來者同族姪彦儔，係增伯之子。自初三日起，連日天氣甚冷。

初六日。今日提訊派審案内各犯，供極參差。是晨至東城，騾骸不良於行，勉强至署。

初七日。午前寫要信數件。未刻至會元堂赴英捷軒琨。之約。飯罷，至小榮椿部觀劇一出，甫終即歸。又至同興堂拜壽。友松之兄六十雙壽，在彼稱觴，時已上燈。留觀夜戲，二鼓始歸。顧康民在子静處久俟，有要語相告也。是日因騾病未進署。

初八日。子静旋津。今日借張六太太黑騾套車進署。向來臘八日皆不入署，今日因有派審案，相約而來。

初九日。晨借騾至内西城拜客，午刻進署。

初十日。張六太太爲嗣子柢號印咨。完姻，於今日納采。未刻前往陪客，未進署。

十一日。

十二日。今日本部堂官至醇賢親王邸第公祭，各衙皆有此舉。門上需索門包，自十餘兩至百數十兩不等。祭禮皆由府中代辦，每分約需銀百數十金。府中每日止備一分上祭，各衙門祭皆折乾，僅將銜名進呈。聞上索看故也。如門包不遂所欲，及自備祭品皆不列入單中。故各衙門皆先託人關説，講定盤子，然後往祭。刑部公祭用門包四十兩，祭禮一切約百數十兩，未及二百金，已不算甚多。

十三日。封篆。伊邇簿書蝟集，每日入署，竟至應接不暇。

十四日。

十五日。酉刻赴黄策安之約。聚寶堂。

十六日。張印咨今日花燭，未刻成禮，前往照料，未進署。

十七日。散署後至孫堂宅。

十八日。

十九日。辰刻封印。散署後惠豐堂直隷司。福隆堂秋審處。二局，散時已上燈矣。是晨雪。

二十日未進署。

二十一日。

二十二日。是日取蔣儒草供。桂堂於十九日逝，今日遞遺摺。

祀竈日。未進署。清堂轉左，右堂放鳳秀。鳳在瀋陽。

二十四日。是日取沈學曾草供。

二十五日。散署至法源寺公祭，徐箴甫世兄謝世也。箴甫年甫二十六，於上月二十七日爲金元直侍御看停靈之屋，自門樓胡同步行過南下窪，將至觀音院門口，斗有旋風兩陣，將身裹住。即覺頭旋骽輭，不能舉步，勉强入廟，經僧人扶至榻上，昏迷不省。次日方舉至家中，服許筠菴藥方，日漸見好，已出房門能喫飯矣。初九日疾忽變，昏暈不省人事，口吐紅白沫，旋即逝世。其得病既奇，病漸愈而忽變，亦奇也。

二十六日。進署。

二十七日。進署。

二十八日。至東城拜節。此後三日皆未進署。

二十九日。今日奉旨，右堂派崇禮兼署。

除夕。至西城拜節。近日重輯會典賊盜發冢門續纂條例十五條，案語二條，歷年事例四條，會典舊文應修補者十一條、爲一卷。共三十二條。

辛卯　光緒十七年（一八九一）

辛卯正月

元旦，微陰。午刻出門拜年。

初二日。午刻進署，散署至署右堂宅道喜，順道拜年。右臺住東四牌樓六條胡同。

初三日，命如山代拜年。重輯會奏賊盜夜無故入人家門，續纂歷年事例二條，盜賊窩主門，續纂條例十五條，案語一條，歷年事例五條。會典舊文應修補者十一條，共爲一卷，越三日始成。共三十四條。

初四日。進署值日，順道拜年。

初五日。命庚三代拜年。

初六日。是日内子用車接左姑太太。未出，至廠肆。

初七日。晨赴東城拜年，午刻至桂宅公祭。

初八日。進署值日，未刻赴林礪臣之約。福隆堂。

初九日。未出門。

初十日。進署，至東城。

十一日。未出門。

十二日。進署值日，申刻赴福隆堂，直隷司團拜。

十三日。午後至東北城拜晤崧甫，遇枚升、潤如。崧甫於臘月選授四川綏定府通判，此缺係分防駐城口廳，有學校、錢糧與直隷通判相似，而仍屬於府者也。

十四日。未出門。

上元。天氣晴甚燠。晨命如山至西北城拜年。

十六日。晨至賈家胡同焦子柯，未遇。子柯爲韵樓之婿，擬於明日令三四兩兒入塾，韻樓未來，請其暫權也。午刻在衍慶堂請客，飯罷聽小丹桂部。晚歸，知子柯來，允於明日到館。

十七日。丑末寅初，雪，天明未止。巳刻偕麟閣至孫堂宅，面回派審案内情形，又至薛堂宅。回寓喫飯，用車接子柯到塾，即進署。申刻赴潤如之約。是日雪報三寸有餘。

十八日。進署。

十九日。

二十日。進署。

二十一日。巳刻開印，進署。此後照常日日進署。午刻赴堅卿、夢昂及奉天司之約，俱少坐即到福隆堂。是日公請吉蓉帆、順。廷用賓、訥子襄三觀察，並約許少鶴太史、王子鶴大令、韓仲獻比部，上燈後始散席。

二十二日。未刻赴薛堂之召，陪吉、廷、訥三觀察也。是日未進署。

二十三日。提李振宇，用刑拷訊。

二十四日。早至瑞宅拜壽，到會典館交書。未刻赴伯温之約。

二十五日。

二十六日。連日拷訊李振宇。

二十七日。辰刻赴吏部過堂，午初上班。散後至同興樓午飯，友松之約。飯後至東城，未進署。段燮堂於今日午刻謝世。

二十八日。

二十九日。散署歸寓，申刻襆被，至西苑門外刑部下處。麟閣、申甫同寓，預備明早引見。因明日有那動，恐引見較早故也。

二月初一日。六下鐘，吏部帶領京察人員引見。今日先帶大一等，至刑部止共九十七名。丁二、差二、故一均已扣除。下來至九和興喫飯。紳泉由家來到塾。

初二日。今日吏部引見，七十三名。申刻至薛堂宅，遇趙慶如。

初三日。今日吏部引見五十五名。辰刻至孫堂宅回定烏步，坐辦張勤巖減等，莫堅卿兼行。沈子培晚在衍慶堂請楊、邊二先生，朱繩甫、焦子柯作倍。福建欽善今日到都，後日請安。

初四日。今日吏部引見六十二名滿員。圈出四十六名。大一等。漢員圈出四十四名。大一等。内閣，滿三，漢一。翰林院，漢二十二。詹事府，滿一、漢一。奏事處，滿一。宗人府，宗室一。吏部，滿一、漢二。户部，宗室一、滿八、漢二。三庫，宗室二。禮部，滿二、漢二。兵部，滿五、漢二。刑部，滿五。□□、長春、文康、光昭、崇祥。漢四張成勛、馮鍾岱、湯似瑄、王聯璧。工部，宗室一、滿五、漢二。繙書房，滿一。理藩院，滿四。都察院。滿二、漢五。六科二人均未圈。

初五日。晨至北城晤貴午橋師，坐談甚久。

初六日，陰。

初七日，雪。報二寸有餘。

初八日。

初九日。

初十日。

十一日。

十二日。

十三日。

十四日。

十五日。赴錢夢昂、武德卿之約。自去冬迄今，内外大臣病故甚多。恩崇理藩院侍郎。烏拉布工左。鍾濂、原任京口副都統。連慶原任江寧副都統。曾國荃兩江總督。潘祖蔭、工尚書。孫詒經户左。雙壽科布多參贊大臣。喜昌，前庫倫辦事大臣。而醇親賢王薨逝，怡王載敦。亦卒。宮中則麗皇貴太妃及玫嬪薨逝。國有大喪，此之謂歟？

十六日。京察一等，昨今兩日引見，惟徐慶瀾、黄思永、慶恕、英琦、湯似瑄五員不圈，其餘均蒙圈記計。宗室五員、滿三十八員、漢三十九員，兩部本記得不多，又去其一，下次京察愈擁擠矣。

十七日。

十八日。至大興縣，晤謝端甫同年。

十九日。晚赴健卿之約。

二十日。

二十一日。

二十二日。

二十三日。

二十四日。

二十五日。今日吏部引見詹事府右贊善□硃筆圈出。李岷琛同日奉上諭，廣西左江道着李岷琛補授，一日兩遇恩命，亦佳話也。

二十六日。

二十七日。

二十八日。保送内閣侍讀學士及坐糧廳監督，均於今日引見。閣讀學由吏部帶，係候補四品京堂金保泰。打頭，六部各保送二員作陪。坐糧廳由户部帶，係吏部沈錫晉。打頭。六下鐘二刻叫引見，均係打頭者，得雨田，今日引見，光少、四科八道作陪。仍進署。本日奉上諭，給事中洪良品奏：「倉臣侵欺廢弛，請飭查辦，並條陳整頓倉務事宜各摺片，着派貴恒、許應騤會同確查覆奏，欽此。」午刻貴師着人來召，即至都察院往謁，諭以查辦事件派余同鎮平、振卿隨同辦理。回寓少憩，詣許少宰宅内告之此事，往告振卿，約令明日早至西苑門會晤。

二十九日。寅刻至西苑門，貴師以原奏尚未見，着令赴内閣抄録。當偕振卿至久和興喫飯。巳初至内閣，將原奏抄出，係一摺一片，即偕鎮平、振卿同至貴師宅中，將原奏送閲。粗議大概辦法，貴師留喫便飯始散，仍到署。

三十日。今日振卿進内，將隨帶一節回明户部堂官，始派四人會同雲南司查辦。四人者：傅仲路(頲)、那琴軒(桐)、王敬臣(用欽)、孫景裴(毓俊)。雲南司掌印啓(約)、周佑之(文令)、王茀卿(頌蔚)。吏部先派三人，惠樹之(森)、李輔庭(紹芬)、何筱雅(剛德)。又添派一人傅倬雲(興)。貴師亦派一人，都事長綿九以便用印發文，免致耽延也。

三月初一日。下午晤振卿，知福中堂與貴卿約定初五日巳刻，在大高殿西間壁步軍統領衙門公所會議。我等定於初四日午刻，在户部北檔房會齊，晤面。

初二日。

初三日。午刻在福興居公請趙展如太守，飯罷觀義順和部。

初四日。午前鎮平來談，即進署。未刻同至户部，與議者咸至。略觀户部檢出之案卷，將應查各條議定，登入堂片簿。振卿赴總署值宿，先散。當偕鎮平、綿九至六班值宿下處，先呈貴卿閱定，明日再畫行。

初五日。辰初，至會典館，知已補實纂修矣。候至八下鐘一刻，總纂諸公出，未至不及待，即至提督衙門公所，各堂陸續至。將片呈閱，皆無異議，即用印畫行。午刻散，約俟查覆回時再商辦法。進署。

初六日。

初七日。

初八日。申甫召飲。(福隆堂。)

初九日。

初十日。巖琴召飲。(福隆堂。)

十一日。

十二日。十下鐘進署。與鎮平晤面，午初至遂儕處道續膠之喜。即至餘慶堂，湖郡同鄉公請成竹銘方伯(允)、丁金生觀察(兆基)、丁觀察先到，成方伯四下鐘二刻方到，席散已酉初過矣。又至粵東新館樞署團拜，請叙雪同人也，少坐即歸。

十三日。

十四日。叙雪堂團拜。假坐湖南會館，演義順和部西班，外串徽班，並請票友。是日晨，先至鐵山寺，同年徐子光謙丁憂，今日開弔也。巳刻至湖南館樓上，搭坐二桌請客。堂官惟清堂及許星翁辭不到。到者張中堂及孫、薛、崇、徐五堂外，請湯幼菴廉訪聘珍，樞署到者二桌。五下鐘雨作，張中堂先散，嵩、崇、徐陸續散。孫、薛至上燈後始散。寅初二刻方收場，歸來已鷄鳴，就枕已天明矣。是日酉初雨，子初始息。街巷已有積水，報二寸有餘。未進署。

十五日。署中到止余一人。

十六日。

十七日。辰刻進署。本約鎮平同赴貴師宅中畫片也。巳初綿九遣人來，説倉場回文已到，即着通知振卿先與鎮平、綿九同赴貴宅，振卿隨後亦至。細閲來文，商定辦法。並定自二十二日起，前往倉上閲看工程。貴師留喫飯，出門已四下鐘。至嵩雲草堂，赴王敬輿之約，歸已日落。

十八日。貴師在署來召，即往謁見。言今日在内與翁大人約定，二十二日先看城外二倉，先儲濟、後太平。囑告之吏部司員轉許大人酌定。上燈後振卿來字，言得翁堂手諭，二十二日看倉，當函告小雅轉回許堂。旋接小雅覆函，許堂二十二、二十四兩日均無暇，二十三、二十五均可。伊又至翁宅面回翁堂，二十三日看起亦可，尚須往回貴師也。連旬以來，重輯會典共謀爲盜續增條例二條，事例二條，公取竊取皆爲盜、無續增。起除刺字增條例四條、事條三十二條，補輯事例十二條。原文應改正者三條。共五十五條，爲一卷。合前交之二卷，共一百二十一條，係會典原書之六百二十五卷也。

十九日。晨赴貴宅回定二十三，約定在月河寺會齊看倉，即進署，與鎮平約會。未刻同至户部北檔户，與同事諸君會晤。晚赴張玉□昆仲之約，伊處請西席作陪也。西席爲諸城□□□舍人桂琛，係癸未同年，陪客係余與振卿、□和，皆同年也。

二十日。施仲起自湖州來。

二十一日。散署後，赴張蘭圃之約。福壽堂。

二十二日。

二十三日。巳刻出東便門至月河寺，寺在護城河東岸，距儲濟倉不及半里，對岸即太平倉第四水門。此倉倚城臨水有水門五，與大城之觀象臺相值。午刻各堂陸續至，未刻先至儲濟倉查驗新修之益字、周字、景字、惟字四廒，據花户供，如字廒去年有簷頭脱落之處，係花户自行修補，一併查驗，取具花户及承修之木廠商人各供。申刻渡河進太平倉第四水門，自南而北查驗新修之賢字、清字、和字、恩字、澤字、仁字、鈞字、日字、□字、霜字十廒，及龍門一座。仁字廒原報揭瓦，前坡其餘□隴，而後坡已坍塌二間，祥茂木廠商人情願賠修，責具結並取倉書及各商人供詞對已。酉正進朝陽門，歸來黄昏後矣。月河寺有明成化年碑，記言係古刹僧人重修，其陰爲法王□□上師碑，亦成化時僧人封法王者新修。順天府志未載此碑也。考程敏政月河梵院記，乃宣儉中僧道□自□之别院，有一粟軒、聚星亭、春意亭、蒼雪亭、竹塢松亭諸蹟，今已無可考矣。寺僧言，寺中有地四頃，水田一頃。用長工二十餘，課耕自給，不化緣，不爲人誦經懺，每年所入，有一千五百金，衣食之餘，修飾屋，故寺中屋宇頗潔淨也。二十五，查城内四倉，約定在崇大人宅中會齊。

二十四日。

二十五日。辰刻赴東四牌樓崇大人宅，與同人會齊。各堂陸續到，留喫點心，巳正先至富新倉查驗。新修之建字、名字、息字、棠字、宜字、初字、思字八廒。次至興平倉查驗，新修之律字、珠字、羽字、服字、致字、鹹字、荒字，八廒。次至南新倉查驗，新修之利字、智字、安字、癸字、言字、兑字、宫字、以字花户自修，商人改修，申字廒抵數。仰字九廒。次至舊太倉查驗新修之新字、立字、光字、有字、國字、利字、添字七廒，各廒工程較之太平儲濟略勝，惟興平之致字廒已有滲漏情形，飭令商人賠修。是日未到，補傳豐盛木廠。未正四倉俱驗畢，仍至崇宅，受之侍郎留飲於猗園，園中布置甚精，酉初始散。出城天色昏黄，到家甫六下鐘，而室中已暗不見人，風沙驟作。爾雅所謂「風而雨土爲霾者」是也。舊太、富新、興平、南新四倉，花户等言，本明之太倉，後分爲四南門、舊太北門、興平東門、南新西門、富新俗呼四門倉，其内不相通也。有太倉神廟在舊太倉南，向地居四倉之中，相傳是明之舊址。

二十六日。未刻赴枚升逸之約。義勝居。

二十七日。未刻赴子預之約，在全浙老館，館於前年重加修葺，今日初次到也。其地本明冉駙馬月張園，國初爲趙吉士寄園，後捐爲會館。咸豐後殘破無人居住，濮紫泉武部與同人集貲重修，爲宴客之所。在城西塵慈略遠，惜經費支絀，尚不能一律修整耳。連日燈下擬查倉奏稿。

二十八日。早，奏底擬就，送至振卿閱看，其意以爲然。轉鎮平另録清底，明日約同至貴卿宅呈閱。未刻至户部，傳豐盛木廠來，責令畫供，並具賠修甘結。吏部同人均未到。

二十九日。晨至長椿寺，丁子襄丁外艱開弔，往唁也。即至署。鎮平奏底已録出，申刻初偕至户部，與振卿會齊，同赴貴宅呈閱稿底。貴卿以爲可用，惟以放代盤辦法，原擬停進新糧，儘數札放。福中堂以爲如此虛實立見，恐花户聞風逃避，又出虧典重案，於大局殊有關繫，不如放鬆一步，或暗中尚可補苴，回將「停進新糧」四字删去，言明日即送許筠翁處閱看。

四月初一日。

初二日。得振卿來字，知前擬奏稿，户部各堂已有看見者矣。

初三日。

初四日。徐堂在署詢及前擬奏稿，以爲工程一節，説得太多，恐上去時或再行根究，即生枝節，適貴卿在署遣人來召，即將此層回明。貴卿意謂現在惟此一節尚是實話，删去則更宜。斟酌良多，删去兩行，定初九日具奏，即交鎮平寫摺，酉刻至振卿處晤談。

初五日。卯刻貴卿來召，即駕車前往。貴卿言，今早在内見廖翁，亦以奏稿内工程一節尚欲説得渾含。初意頗爲之握要，既而思之渾含未免蹈虚，終覺不妥，惟末段内，仲翁於删去數語，即商定删去，尚無緊要也。

初六日。未刻約會在户部商辦未盡事宜，請吏部諸公看奏底，到時吏部李河□已先散，滿二人未來，言明户部所定附片章程五條，明日寫好啓省三送至都察院，面交長綿九，以便初八一同封口呈遞。

初七日。

初八日。

初九日。卯刻至西苑門聽旨，查辦摺子今日呈遞都察院摺班筆帖式遞。也。辰刻探得有明發諭旨，交部嚴議。託桂月亭抄六行，久候不能得。振卿急欲散，即偕至内庫，今日各堂盤庫。將大概回明貴卿，適仲翁亦在座。午刻到署，月亭已抄諭旨來，即交書吏封發。

初十日。

十一日。看秋審册一。陝二，十起。

十二日。散署，先至龍源樓。子雅召飲，客未齊不及候，先走。次至福隆堂月亭召飲。次至安徽館，延臣臣昆季。召飲。敬臣行二。名延熙，會典館提調。其弟名延燮，號理臣，禮部。延照，號季雲，内務府。

十三日。看秋審册一。安一，十起。

十四日。看秋審册一。川一，十起。

十五日。巳刻至會典館。未刻赴伯温、宸臣、友松三人之約。福隆堂。上燈後微雨，風旋起，雲散月明。考差題。「强恕而行」二句，「雷雨作而百果草木皆甲坼」，「水面初平雲脚低」，得「湖」字。

十六日，雨。連旬風沙屢作，田禾乾旱，得此當誟然矣。惜雨太小，午後即晴霽。赴馮樾軒、魏星五、小農之約。福隆堂。看秋審册一。川三，十起。

十七日。看秋審册一。山西一，十起。

十八日。看秋審册一。蘇一，十起。赴再卿之約。福隆堂。

十九日。赴承瑞堂、謝秀山之約，萬福居。又至福隆堂，子虞相召，商定癸未團拜事。叫玉五來，講明演小丹桂部，戲價壹百四十五兩，外串在外，日暮方散。

二十日。看秋審册，直一僅看四起。

二十一日。將昨日未看還之秋審册看畢。共十起。散署已申正矣。

二十二日。看秋審册一。湖一，九起。有以考差題作對云：「面情原許有，脚力本來無」此又闒面之餘波也。

二十三日。看秋審册三。河二，五起，熱一，四起，浙二，四起。晚赴陽煦菴之約。福興居。

二十四日。未刻赴趙子鶴聯第之約。福隆堂。看秋審册二。川四，二起、奉三，二起。

二十五日。看秋審册四。河一，十起。雲二，五起。廣東一，二起、廣西一，五起。

二十六日。看秋審册三。蘇三，四起、山東二，三起、福一，三起。

二十七日。看秋審册五。川服五起。貴二，一起。河服一起。山西服一起。山東服二起。

二十八日。看秋審册五。湖服一起，直服三起，蘇服一起，福服一起，安服一起。

二十九日。昨日大考差題。「建中於民論」，「積於不涸之藏」。

三十日。癸未同年在湖南會館團拜，演小丹桂部。張、貴二師到，夜至一點鐘先歸，戲未散也。

五月初一日。

初二日。徐堂承修圓明園，八旗兵房工程派監督十六員，户八人，惠昌、啓約、葛寶華、那桐、鄭思贊、崇源深、林開章、許之淦。刑八人，瑞多布、攀桂、張成勳、靈昆、馮鐘岱、沈、湯似宣、李念兹。攀號月橋，己未孝廉，與徐堂同年。靈號樂峯，乃松壽泉侍郎之姪，此項工程承修之滿堂，即壽翁也。原估最重、次重。最重者於本年趕緊繕完，次重者十八、十九兩年分修。最重兵房一千七百二十六間，原估銀十八萬三百七十兩四錢六厘，遵照奏章，應領三成，實銀五萬四千一百十二兩一錢二分一厘八毫。是日陰，午前淅雨即息，午刻同扆臣、樂峯、麟閣、申甫同至徐堂宅，未見。歸途風雨驟至，在東安門洞避雨，片刻雨小，歸寓雨已息矣。

初三日。

初四日。晨至西城拜節，即到署。夜半大雷雨。

天中節。天明雷聲殷然，雨尚未息。辰正雨止，出門至東城拜節。夜半雨。是日不進署。

初六日。雨甚。爲雨沾足，惜乎遲矣。是日進署，同人無一至者。獨坐看秋審册。江蘇二。僅看五起，雨後甚涼，歸寓。將此看還，十起。已薄暮矣。

初七日。看秋審册一。直三十起。

初八日。看秋審册二。貴一，十起。河另一起。

初九日。看秋審册一。山東一，十起。

初十日。寅刻赴西苑門，保送内閣侍讀學士今日引見。户部打頭係小軍機顧璜也。此次保送人員吏無一等，二等亦止一人，户二顧、葛。下即刑部、工部，陳傅奎乞假不到班，故引見時止一人也。辰初到會典館，坐良久無人來，即進署。楊莫機來，知顧已奉硃筆圈出矣。看秋審册，奉二。僅看二起。散署，至吴子章處拜壽，燈下看三起。

十一日。補看奉二，一册五起，共十起。又看四册，山東留一起，河留一起，奉留一起，河服另一起。

十二日。看秋審册一陝三，七起。燈下看奉天第一册，僅看三起。

十三日。補看奉天第一册七起。共十起。

十四日。晨訪□□□長談，歸來寫信數件，改館稿一件，傍晚又出門拜客。是日署中搭涼棚，故未進署。夜雨。

十五日，看秋審，直隸續增第一册，十起。又看雲南第一册，僅看五起。竺齋請孫吉生壽昶及振卿，作陪。申刻在義勝居小聚。

十六日。補看雲南第一册五起，共十起。又看隸續增第二册，十起。今有□縣人吴瑞堂實自黔來，乃翁號退菴，十年前曾來京也。

十七日。看秋審册三。陝續一，一起。山東續留一起。浙服二起。

十八日。看秋審册三。直續七，九起。山西續留二起。陝留二起。

十九日。圓明園營房明日卯刻開工，徐堂前往。今日同人偕赴海淀，早五下鐘三刻開車出阜成門，八下鐘到海淀，距西直門十二里，西街裕盛軒，天儉木廠預備。同人尚無至者，隨後陸續到。午後無事，同人皆言頤和園工程未竣，不禁外人往觀，靈樂峯覓得興隆木廠商人引道前往。由海淀西北行約五六里，方抵北宫門口，園即清猗園原址，兵火之後半歸瓦礫，現在修葺工未及半也。進宫門爲朝房，由朝房北行至樂壽堂後，樂壽堂已經修好，新近太后出郊在此税駕。上後山西行，歷香巖宗印閣諸處，折而南至智慧海，額曰：祇樹林爲前山最高處。俯視昆明湖，一覽在目。與湖中圓島山正相對，湖之東西爲長隄，緑樹掩映於波間，長橋自東隄俗呼十七孔橋。斜界於湖心，與圓島山相接。其南爲繡猗橋，西隄之北爲柳橋、桑苧橋，中爲玉帶橋，稍南爲鏡橋、界湖橋，風景之佳，仿佛西湖也。此湖本名西湖，乾隆中錫今名。由智慧海旋而下約數百步，長廊如帶，自西而東，界於湖濱。斜照在西，微波盪漾，石欄曲抱，孤塔遥撑。紅塵中，那得有此景物。六下鐘回裕盛軒，知徐堂已於未正到，住那家花園。園在巴溝，距此西南二里許。銘鼎臣將軍之别墅也。那琴爲將軍胞姪，故户諸公皆寓於此，與同人往謁徐堂，琴軒留啜茗。園中屋宇不多，其後面臨水田方畦，水稻秧緑如鍼，頗有江鄉風景。日將暮，小坐即歸。

二十日。天未明，月橋即起呼童收拾行李。余語太早，不聽也。樂峯、申甫皆起，天明後赴正藍旗營房，距此東北三里許，到彼尚未五下鐘。坐候三刻，徐堂祭土神畢，即進城。同人亦陸續進城，到方八下鐘，是日未出門。由阜成門至西直門中間，城根嵌一白石，上刻「春宫對峯」即砲局，相傳此石爲鎮局而設。昨今兩日甚熱。

二十一日。看秋審册一。陝一，十起。

二十二日。看秋審册一。浙一，十起。

二十三日。看秋審册一山東續五起。申刻赴逸軒、本泉之約。陶然亭。

二十五日。看秋審册一直續五，十起。夜雨。

二十六日。看秋審册二山西續二，十起。河續二，六起。夜雨。

二十七日。看秋審册直續留三起，河留二起，直續承一起，直續服一起。夜雨。王星端來署驗監盜犯屍身。至叙雪堂少坐，伊言運河道被搶一事。鄉人傳説，運河向有挑挖經費銀三千兩，歸知縣請領散放。耆道今年催辦工程甚嚴，而經費提入道署不行散放，在工人役無不切齒，此次在省請領銀一千兩，携帶回署，行至滕縣，泊船突被匪徒多人將耆道拉至岸上，重責二十板，將關防及銀兩搶奪，該道哀求將關防留下，該匪持關防當面擲來，致打門牙二個。與奏報所言大不相同，言之過乎，抑實在情形乎？

二十八日。

二十九日。未刻赴慕皋之約。候客至四下鐘始入座。五下鐘時大風挾沙自北來，雷聲隱隱。意未必有大雨，上車出炸子橋口雨大至。冒雨行，雹如栗子大，打車蓬有聲。騾甚健，幾不能行。歸寓，雨漸小，移時日光晃漾，夜仍陰雨。是日大風，折樹甚多。中院東鄰之樹，一大枝倒壓東厢房上，瓦爲之碎。琉璃廠一鋪後大樹壓倒，屋岌岌可危。

次日湯伯温言，伊寓忽有一樹株飛來，駕上房及廳屋院中。

六月初一日。秋審於今日上堂，每日二十起。未刻在衍慶堂請客，到者四人。聯棣、逸軒、枚升、少□。

初二日。辰刻至孫堂宅中回事，到署略遲，堂官已散。酉刻至西□拜客，遇雨歸。看秋審册一。直四，六起。

初三日。清晨長春帆廉訪禄來，河臯。看秋審册二。直續四，十起。

初四日，雨。看秋審册一。山西續一，十起。

初五日，雨。看秋審册一。直續三，十起。

初六日，晴。看秋審册一。直續二，十起。

初七日。看秋審册一。直續一，十起。

初八日，初伏天氣炎熱，晨雨數點。

初九日。看秋審册一。直續六，十起。

初十日。看秋審册一，江西一，六起。俞雅蘭偕瑞軒於今日動身赴黔。

十一日。晨刻偕同赴孫堂宅回事。新在口袋胡同買房一所，作小寓。適值其散直歸來，已睡息，不得見。在韓仲獻處喫點心，即進署。申刻復至孫宅，晤見。其宅聽事僅一處，陡止一院，甚宏敞也。

十二日。

十三日。

十四日。

十五日，夜雨。

十六日。看秋審册一。新疆一起。半夜雨，一下鐘達旦未息。

十七日。天明雨未止，勢尚小，冒雨進署，午間大雨如注。未刻略小，散署歸，雨勢忽大忽小，至暮不息。夜半十二下鐘始止。

十八日，晴。
十九日。
二十日。在安徽會館請客，未刻午間微雨旋息。
二十一日。秋審册今日上堂俱齊。薛大人一堂。
二十二日。
二十三日。
二十四日。
二十五日。
二十六日。萬壽，未進署。同人在福隆堂小叙，飯後至新之玉成部觀劇。
二十七日。子□於今日動身赴東。
二十八日。
二十九日。
三十日。午後散署，至會元堂，雲生召飲。夜雨。

七月初一日。傍晚微雨。
初二日。未進署，午後至安徽館，壬戌科團拜，又伯温、友松召飲，演椿臺部。池子内戊辰、丁卯團拜，請陶子方中丞。
初三日。申刻小雨。傍晚雷聲殷然。
初四日。
初五日。
初六日，雨。

初七日。歡樂堂喬茂□召飲。會元堂。
初八日。晨至北池子，拜壽。
初九日。
初十日。子襄召飲。潤然亭。
十一日。
十二日。
十三日。連日看朝審十册。共二十起。
十四日。
十五日。
十六日。
十七日。
十八日。昨日伏竟，今日轉覺甚熱。朝審之日，上堂。
十九日。黄昏雨旋息。
二十日。未進署。今日同人公謙張師相。四川館，演玉成部。
二十一日。
二十二日。未進署。
二十三日。秋審司議，辰刻齊集。不符者四十二起，由緩改實者五起，雲南區哈哈、貴州陳三、浙彭河培、山東索三、直李長林。由實改緩者三起，陜老馬等、蘇胡憨、直王黑狗。由緩改矜一起，河王羣。午後酌定方籤，四下鐘方散署。
二十四日，連日熱甚。甚於伏中。
二十五日，黄昏雨，梅孫三於下午來此長談。
二十六日。今日較爲凉爽。

二十七日。秋朝審堂議，已刻上班。老馬等、胡憨，仍照實聲叙，河南龔海林一起改矜，餘如司議。

二十八日。定實緩奏稿、存稿二件。

二十九日。

八月初一日，今日放學差，浙人三。張預、徐璜、盛炳緯。

初二日。

初三日。

初四日。申刻貢幼山在嵩雲草堂請梅孫三、陳仲英丈，令作陪。派審木匠滋事一案。送到人犯十名。

初五日，下午至孫宅回事。

初六日。

初七日。

初八日。辰初刻至貢院送考，酉初刻始出城，未進署。

初九日。

初十日。頭場題。「言忠信行篤敬」，「君子之道淡而不厭，儉而文温而理」，「詩曰天生蒸民」至「存是懿儉」，「遠樹望多園」得「淮」字。

十一日，申刻至孫宅回事。

十二日。

十三日。

十四日。未進署。

賦得「遠樹望多園」：得「淮」字，題爲香山渡淮詩句。

「一望蒼□鎖，葱蘢樹繞淮。陰園多入畫，岸遠净無涯。杳靄雲迷路，團□蔭滿街。遥青張蓋似，缛緑結帷皆。駐日輪疑轉，涵波鏡若楷。交柯三面密，清眺四圍佳。草色連長甸，花光補斷崖。御園芳植盛，茂對愜宸懷。」

中秋，不進署。

十六日。

十七日。

十八日。湖郡同鄉鄉試，接場，並請邵小村中丞、梅孫方伯、吴抽農、趙遜春、孫小秋大令壽彭。今年鄉試四十一人，今日到者除京官外，僅有九人，餘俱缺。嵩雲草堂。散席已黄昏矣。

十九日，午刻貴卿召飲。松筠菴。

二十日。未刻在衍慶堂諸親友。接場。

二十一日。

二十二日。

二十三日。秋審上班，申甫放四川城都府遺缺。

二十四日。朝審上班。

二十五日。申甫丁憂。

二十六日。

二十七日。

二十八日。今日黄册頭單送軍機處。

二十九日。連日公私交迫，早出暮歸，竟少一日之暇。

三十日。午刻偕鎮平、振卿、幼鶴在松筠菴公請慶□生世兄、張子預同年、仰季英比部，□生午正到，子預酉初到散席已黄昏矣。

九月初一日。

初二日。

初三日，小雨。

初四日。敘雪同人在嵩雲草堂公請松晴濤廉訪。林。未刻。微雨。

初五日。

初六日。三單黃册，今日送軍機處長如亭去。

初七日。

初八日。卯刻至西苑門赴軍機處領取黃册，寫存稿。未刻赴瑞卿之召。在座皆鄉榜同年。小村中丞爲客，陪者茂齋、枚升、敦甫、纘夫、書玉、芝仙及余七人，少原充外監試，尚在場内，不克到也。重九，錢子密侍郎派往河南查辦事件，囑詹輔庭來約同去，前往面受密翁之意，如余不能去，即不帶刑部司員矣。到署，申刻方散。酉刻又至孫宅回事，竟日奔忙，負此佳節。

初十日。

十一日。

十二日。

十三日。

十四日。

十六日。

十七日。頭單句到，寅刻仍借坐都虞司署至西苑門，徐中堂及本部堂官陸續到，卯刻至軍機處領諭旨及黃册，即到内閣。徐中堂秉筆句決，此一單共八省，新疆、三起，常。雲南又服制一起。雲南、十一起，常。貴州、九起，常。廣東、官一起、常五起、服一起。廣西、服二起、常十一起。福建、服一起，常二起。湖廣、服四起、常三十一起。浙江、服三起、常十六起。共一百一起。内服制十二起，浙江常犯内聲叙三起，俱免句決。計句決人犯八十六名，句畢即在閣擬定榜示。復到西苑門，嵩大人至内奏事處呈遞後，在都虞司小憩。進署，已正紅本到，請大人接。始散署。

十八日。

十九日。

二十日。

二十一日。振卿之子完姻，前往作媒，未刻成禮。至四川館，同年馮心巖太史爲母作壽，日暮始歸。未克進署，燈下趕辦廣雲木廠木匠滋事一案奏稿，二十七日具奏也。

二十二日。飭吏録出，昨擬片稿，攜歸細看錯誤，重加改正，又酌改字句。子初始畢，少睡即起。

二十三日。二單句到，寅刻至西苑門，候至五下鐘，恩中堂方到，即隨各堂同至軍機處領事，即赴内閣。恩中堂不進西華門，坐轎由神武門穿統子，良久方來。句到畢，擬定榜示，已天明矣。復至西苑門，鳳大人遞榜示，各堂皆至都虞司署小憩，當將奏案片稿呈堂閱定是日嵩大人有事未到。約定遂儕於下午至孫堂宅，即進署，紅本於午正方到。周大人接。方散署。下午遂儕來，同至孫宅。孫堂赴總署未遇，將片稿封固留下。此一單共二省，四川、服十二起，常六十八起。陝西二十八起。共一百八起。内服制十二起，聲敘五起。人犯六十名，俱免句。餘九十一起，人犯九十五名，俱句決。閲浙江題名，湖州中式五名。姚陛、三名。歸安。陸樹屏、四十八。歸安。姚洪淦、五十四。歸安。沈錫齡、八十二。武康。沈祖桐、四名歸安。解元。王萬懷。山陰。杭州、二十八。嘉興、十一。寧波、二十二。紹興、二十二。金華、三。衢州、一。嚴州、一。温州、四。台州、七。駐防。三。共壹百七名。孫補山中七十七名。

二十四日。三單句到，福中堂秉筆，一切如昨，計共四省，奉天、服二起，常三十八起。江西、服一起，常十二起。安徽、服一起，常十三起。江蘇、服三起，常三十四起。共一百四起。内服制七起，聲敘三起。人犯七名，俱免句。餘九十七起，人犯九十七名，俱句，遞榜示後鳳大人出城，孫堂宅候至八下鐘三刻，孫堂方散值，片稿無更動處，即進署飭吏繕稿，紅本於十下鐘到署。薛大人接。

二十五日。

二十六日。嵩大人於昨日回京，如亭前往回奏案。

二十七日。［廣雲木匠］案今日具奏，奉旨依議。

二十八日。

二十九日。
三十日。申刻在衍慶堂請［客］。徐心□、何□僧、吴枚升、陈英士、王蘭簃、沈菴荀、及家樹人。便酌。孫小秋已出京，未到。
十月朔。振卿召飲。晚，福隆［堂］。
初二日。周大人六十壽，申刻前往拜壽。麟閣約赴孫宅回事。出城時大風揚沙，改於明晨。
初三日。辰赴孫宅回事，候至十下鐘始散值得見。順道至會館，枚升、菴荀已於清早出京矣。
初四日。申刻至四川館，段少滄爲太夫人做壽，夜二鼓歸。
初五日。仲英丈爲小舫弟完姻，借居中院，於今日移來。
初六日。
初七日。
初八日。
初九日。田雨春召飲。晚，同福樓。
初十日。萬壽正日，不進署。在致美齋請掄齋、小遽、小舫。
十一日。
十二日。
十三日。小舫納采，在家陪大媒，未進署。是日風大，天寒冷。
十四日。
十五日。
十六日。
十七日。張宅於今日送妝。
十八日。小舫花燭，兩日在寓招呼，未進署。

十九日。逸軒召飲。晚，廣和居。

二十日。

二十一日。晚仲丈召飲。福隆堂。

二十二日。連日風大，天氣寒甚，積冰極厚。

二十三日。作家書交王蘭簃。

二十四日。毛碩臣大令文彬自成都來，帶有家書。

二十五日。

二十六日。

二十七日。作成都家信，交新泰厚。

二十八日。

二十九日。申刻赴張馥山之召，惠雲堂。熱河會匪滋事，風鶴之聲頻來。

十一月，初一日。

初二日。申刻偕如亭至孫堂宅回事，未遇。

初三日。四單句到，丑刻赴西苑門，大風寒甚。五下鐘方赴軍機處領黄册，至内閣。恩中堂秉筆句到。榜示繕妥，天尚未明。復至西苑門周大人遞榜二，此一單二省，河南、服四起、常犯二十六起。山東、服四起，常犯二十九起。共六十三起，内服制八起，山東聲敘一起未句，計句決人犯五十四名。進署十下鐘，紅本來，堂官未來，兩御史至敘雪少憩，周大人到，接本。

初四日。仲英丈同小舫伉儷於今日出京，午刻開車。

初五日。今日天氣又和煖。嵩堂於今日仙逝。

初六日。熱河叠勝仗。

初七日。貴陽樵卿補本部尚書。雲生放承德府。

初八日。今歐陽煦菴爲其弟納采，往作冰人，未進署。

初九日。五單句到。徐中堂秉筆，周大人遞榜示，此單共三省。山西、服二起，常十起。直隸、服六起，常六十三起。熱河常八起。共八十九起。内服制八起，山西聲敘一起免句，餘俱句決。計人犯八十六名。進署，鳳大人接紅本。

初十日。

十一日。

十二日。

十三日。

十四日。

十五日。

十六日。朝審句到，福中堂秉筆，薛大人遞榜示，此單服制三起，俱免句。常犯十四起，十五名，俱句決。十二斬，三絞。申刻在福隆堂小集，上燈後赴子雅之召。

十七日。陳芰聲召飲。義勝居，酉刻。

十八日。

十九日。

二十日。

二十一日。

二十二日。

二十三日。今日馮宅送妝，往作冰人，未進署。

二十四日。今日歐陽宅迎娶，往作冰人，未進署。煦菴之弟名侃，號毅之，行八。晚在書玉寓中公請周鶴友景祁、阮澡雲晉恩兩大令，鶴友浙榜同年，原名奎照，大挑知縣，分發江西。歷次署事，頃解餉來京。澡雲爲浙榜同年馥雲之弟。新班知縣，將次選缺。主人七人，茂齋、少原、纘夫、書玉、子献、敦夫及余。浙榜同如晨星之落落，今日之集，亦難得也。

二十五日。

二十六日。未刻赴子培、佩蔥之召。全浙老館。

二十七日。

二十八日。午刻敘雪堂在福隆堂公餞崇雲生，未刻初余一人進署。

二十九日。貴卿到任。是日上祈雪。

三十日。雍正七年續纂大清律附例黄册七本，存在律例館。頃取出檢閱，計續纂一百十五條内，三年已纂入條例者五十七條。其餘各條，惟保辜限期門，「原毆傷輕，越日因風身死」一條，奴婢毆家長門「旗人稱家人喫酒行兇送發遣」一條，父祖被毆門「兩家互毆又傷一命」一條，後來續纂爲例，餘條未見纂輯。豈乾隆五年修例時，均在就删之列耶？且此編各曾進呈，不應後來修例時絶無稱説，其故未詳。

臘月朔。

初二日陰。

癸巳 光緒十九年（一八九三）

光緒癸巳

正月元旦，天氣晴朗。出門拜年，明年皇太后六旬萬壽，舉行恩科，今年鄉試，明年會試。
初二日。午刻進城拜年。
初三日。少篁夫人於元旦子時逝世，前往看視。
初四日。令大兒出門拜年。
初五日。至西城拜年。
初六日。進署。
初七日。督諸兒入塾温書。
初八日。清大人奏請開缺。
初九日。令二兒至東城拜年。
初十日。進署。
十一日。奉上諭：「刑部左侍郎著阿克丹轉補，裕德著調補刑部右侍郎。工部左侍郎著克們泰補授，欽此。」
十二日。令大兒至西城拜年。
十三日。進署，至阿、裕二堂處道喜。
十四日。午後至北沙灘關帝廟，張師之弟在籍仙逝，今日唪經成服也。順道拜年。天氣和煖。
上元。大風，自元旦以來天氣晴明，景象頗佳。今日風沙眯目，爲稍遜也。出門補拜年。
十六日。敘雪堂團拜，在安徽館，當官到者李中堂及貴、阿、薛、裕、李五堂。裕堂到時已薄暮矣。四鼓始歸。
十七日。

十八日。

十九日。卯刻開印，未明而往，午刻在福興居小集。

二十日。進署。已後照常進署。申刻至阿大人處拜壽，六旬晋一補做整生日也。今日派審江蘇司黃大等砍傷父長海等一案，同派者遂儕、錦巨、鎮平。

二十一日。提黃大、程三訊問，毫無端倪。問樓以新春遣懷二律見示，即步其韻：「番風早送隔年春，客舍偏驚百態新。故里空留三畝宅，知交半是二毛人。案多積牘休傖俗，家有遺書不算貧，慙愧雲毫過十考，流光奄忽似飈塵。」

「譽咎全無學括囊，最多憂患是名場。屈平尚欲隨駑馬，甄宇由來取瘦羊。薄官久經諳世味，高歌翻羡作詩狂。柳芽將茁花將發，好把香醪薦木皇。」

二十二日。

二十三日。

二十四日。今日引見鴻臚寺少卿。寅刻赴西苑門，引見時已七下鐘兩刻矣。同時引見又有内閣侍讀學士一缺，奉旨内閣侍讀學士貴賢補授。鴻臚寺少卿田志肅補授。田打二，打一者周文令。是晚赴笙叔之約，廣和居。是日未進署。

二十五日。

二十六日。

二十七日。

二十八日。是日奉孫堂點派，恭辦萬壽慶典。隨帶司員同派者，滿八、漢八。滿員係錦臣、如亭、達齋、鎮平及德峻峯、隆文翰臣趙、景宇澄晟、宗孝虎彝。漢員有友松、伯温、佩蕙及郭馥卿集芬、區□□震、劉叔南瞻漢、薛鳳喈邦龢。

二十九日偕錦臣諸公詣孫堂宅。是月放道二人。大順廣道，吴廷斌，直隸候補道。喀什噶爾道，黃光達，應補。選道一人，湖北糧道。岑春萱，特旨。

二月初一日。
初二日，薄暮雨雪。報四寸有餘。隨下隨化。
初三日。
初四日，黄大案内，庫兵連海於傳到所，供亦甚閃爍。
初五日。今日慶典處各堂會議，卯刻至隆宗門朝房，謁見恭辦慶典各堂，至大公所各堂齊集，所議爲恭上皇太后徽號字樣，議定用「崇」、「熙」、「雍」、「泰」各二字，恭候欽定。九下鐘散，回家少息，即進署。
初六日。連日傳訊連海，未得要領。
初七日。
初八日。自今日始，請假五日。友松、子襄、如亭來，客來。
初九日未出門，發杭信。附湖信。
初十日。未出門。
十一日。在廣惠寺為三弟設奠。辰正往，戌正歸。
十二日。午刻至隆安寺，瑞師於明日安葬。同年前往公祭，申刻振卿邀至天福堂。癸未科公議團拜之事，日暮始散。隆安寺在廣渠門内北，不詳建自何年，有康熙四十七年碑。碑文言，是前明廢刹，寺之西為廣東義園，又西為卧佛寺，又西為福壽禪林，僅遺山門一額，無半椽片瓦存矣。
十三日。午刻赴薇卿之約。
十四日。進署銷假。
十五日。晨至北城謝客。午進署。
十六日。陰雨竟日，農人歡喜。
十七日。
十八日。亥初二刻，清明，天氣甚好。

十九日。出門謝客，未進署。

二十日。

二十一日。

二十二日。

二十三日。辰刻赴西華門闕防衙門，萬壽慶典處設放於此署。今日會議，自頤和園至地安門，蹕路取經兩旁鋪面房間，應否量加修葺，及相地點設景物，經壇、戲臺，請曹過行。乾隆年間，六旬萬壽由地安門至長春宮，點景等項相連不斷，聞各督撫及兩淮鹽商報効。迨七旬萬壽之時，物力已形不逮，點設景物等項，僅止三十六處。八旬萬壽之時，則愈形竭蹷矣。此時籌款維艱，各督撫亦無此力量，兩淮鹽務自改辦票鹽以來，亦無從前之殷富商人，此事未易辦也。

二十四日。申刻，同人至欽派總辦慶典王大臣府中投刺。

二十五日。未進署，午后出門謝客。晚劉健卿召飲。萬福居。

二十六日。昨日慶典處具奏之摺，已奉懿旨允行。

二十七日。晚本泉召飲。聚寶堂。看秋審册一。雲二。

二十八日。巳刻黄敬菴召飲，天福堂。看秋審册一。浙一。

二十九日。看秋審册一。川三。是月放知府二人。贛州府，惠格，盛京户部京察。揚州府。沈錫晉，京察。

三月初一日。

初二日。看秋審册二。蘇一、蘇二。

初三日。看秋審册一。廣西一。

初四日。看秋審册一。川十二。

初五日。看秋審册一。河一。是日午前至貴堂、孫堂宅，畫派審稿。

初六日。燈下看秋册一。山東二　是日未進署。

初七日。看秋册一。貴一。

初八日。看秋册二。湖二、川一。

初九日。看秋册二。川五、江西一。

初十日。

十一日。看秋册二。山東五、川十。

十二日。看秋册一。奉五。

十三日。看秋册一。川十七。

十四日。看秋册一。湖十。

十五日。坐糧引見，於卯刻到景運門，辰初引見，振卿打頭，得派審慶那氏自盡案，同派者達齋、如亭、友松。申刻至孫宅回話，囑令速奏。歸來燈下擬定奏稿底。

十六日，奏底在署回定薛、李二堂。至孫堂宅適已赴總署，乃先至貴堂宅，貴師病，未愈，不看稿。又至阿、裕二堂宅，均不在家。至孫宅，坐後一刻許，孫師方歸。將稿看定，準於十九奏。阿、裕二堂請達齋明晨再去，出城又至薛堂宅回明十九日奏。歸寓已成正矣。兩日未及看秋審。

十七日。看秋册一。山西一。

十八日。看秋册一。川十八。

十九日。看秋册一。湖三。

二十日。看秋册二。直二、川二十五。

二十一日。看秋册一。湖六。

二十二日。看秋册二。浙五、山東四。

二十三日。看秋册二。浙三、浙四。赴宗孝虎藩、郭馥卿集。劉叔南瞻漢之招，餘慶堂。

二十四日。看秋册一。貴一。

二十五日。燈下看秋冊，僅三起即睡。河二。

二十六日。看秋冊十七起。河二、湖十一。進署看秋冊一起，川七。歸來燈下又看一冊。奉十。

二十七日。未刻赴朱公雨之召。燈下看秋冊一。山西九。

二十八日。燈下看秋冊一。川九。看畢已三鼓，夜小雨。

二十九日。晨至秦老胡同，又到褡背胡同，又至竺兄處喫午飯，進署。今日無秋審冊看。是日雨。報二寸有餘。

三十日。看秋冊一。川二十一。是月放道府二人。温處道，袁世凱，密保。廣州府遺缺。文康，京察。選知府一人。銅仁府。韓文彬，京升先，此缺勒歸雙月。

四月初一日　看秋冊二。奉八、奉六，自二月二十七日看起，至今日僅得四十冊。

初二日。看秋冊一。湖五。

初三日。未刻松陵宅中邀往陪客，日暮方歸，燈下看秋冊一。川二十五。

初四日。陰。看秋冊二。山西六、山西二。

初五日。看秋冊一，川十一。夜雨。今日考漢御史題，「慎選守令論」，「直隸山西救荒策」。

初六日。晨雨未息，巳刻風起。看秋冊二。雲一、浙二。

初七日。看秋冊二。川二十三、川三十一。

初八日。今日不理刑名，故未進署。午刻赴鳳岡、友松之召。

初九日。看秋冊一。蘇九。

初十日。今日改早衙門，署滿正堂懷，辰刻到任，卯正進署。看秋冊三，川二、川二十九、奉二。方散，時已酉初矣。

今日漢御史引見，圈十四名，刑部六。

十一日。看秋冊二。奉七、川二十六。

十二日。看秋冊二。雲三、直二。甲子雨。

十三日。看秋册三。直一、福一、直九。
十四日。看秋册三。廣東三、河四、直十一。夜至丑刻方就寢。
十五日。看秋册二。川六、川十五。申刻至懷大人處拜壽。
十六日。看秋册二。廣東二、陝八。
十七日。看秋册二。蘇八、川十六。
十八日。看秋册一。山西十。申刻雨。
十九日。看秋册二。川十九、川四。
二十日。看秋册一。直七。
二十一日。看秋册一。陝四。
二十二日。看秋册二。山東八。
二十三日。看秋册一。山西五。
二十四日。看秋册一。川二十八。
二十五日。看秋册一。山東三。
二十六日。看秋册一。山東十。
二十七日。看秋册一。陝一。
二十八日。連日辦慶那氏稿，故看秋册較少。今日午後，在寓請客，到者吴廣菴承潞及竺齋、純伯、師竹，客散已上燈後。燈下檢點直隸秋審各案，竟未及看秋册也。
二十九日。看秋册一。湖一。十五日考試，差題。「澤梁無禁」，「辭尚體要不惟好異」。賦得「密林生雨意」得「林」字，姚合句。傳誦有「地無篩月影，天有鍊雲心」二句甚佳。劉太史孝謙有二句「地留嘉樹蔭，人觸養花心」聞取第一，然亦不甚工也。
二十八日，大考，差題，「敬義立而德不孤直方大」。是月放道府四人，左江道，瑞林，應補。太原府遺缺。朱百遂，京察。池西道，張廷燎，截取。霸昌道。湍多布，京察。選知府二人。温州，徐兆豐，截取。雷州。李劍，海防先。

五月初一日。看秋册三。河七、蘇四、山西一。
初二日。看秋册一。陝十一。
初三日。看秋册一。安二。
初四日。看秋册一。安一。
重五日。未進署，看秋册三。廣東一、奉三、河五。申刻雨。
初六日。看秋册一。河六。
初七日。看秋册一。陝十。
初八日。看秋册一。陝五。
初九日。看秋册一。直八。
初十日。看秋册二。山東九、直十。
十一日。看秋册一。陝三。
十二日。看秋册一。江西二。
十三日。看秋册四。山西七、湖九、奉四、安一。是日黎明風雨大作，竟日傾盆如注，日暮始息。雨勢之大，歷年所無，幸夜間雨即止。
十四日。看秋册二。直三、直八。
十五日。看秋册一。川十四。
十六日。看秋册一。川十三。
十七日。看秋册二。川二十二、川二十。
十八日。看秋册一。山西三。

十九日。看秋册一。陝九。赴駢齋菴之召。江蘇館

二十日。看秋册二。陝二、陝續一。

二十一日。看秋册二。奉十四、山西留。

二十二日。看秋册二。湖四、湖九。入夜，雨達旦方息。

二十三日。看秋册四。直十三、川留一、陝留一、直留二。

二十四日。看秋册一。直留一。

二十五日。看秋册一。山西一。今日天氣甚熱，寒暑表至九十一分。

二十六日。看秋册二。江西三、直五。夜雨達旦。

二十七日。看秋册二。山西八、奉留一。晨，至西華門内拜客。未刻在署，雨將至，急駕歸，途中小雨，到家大雨。夜半又大雨。

二十八日。看秋册三。直十三、蘇六、奉十三，十一起。初伏，下午微雨，晚陰。署中於十九日看送漢軍機章京，題爲「宋司馬公議阿云之獄論」事見宋刑法志，與考者四十六人，知出處者十三人，取送八人。徐宋溥、浙。段書雲、蘇。吴庭芝、江西。盧震、蘇。武玉潤、河。左紹佐、湖北。區震、廣東。楊家騊，浙。備四。周錫光、霍勤燡、□□□、鮑琪。是月放道四人：廣東糧道，魁元，蘇州府升。潮州府遺缺，周開銘，應補。蘇州府遺缺，彦秀，京察。雅州府。嵇志文，保舉存記。

六月初一日，陰雨。晨冒雨進署，途中雨甚大，到署略小。鄭鉞卿來銷假。午後雨小，至全浙老館公餞徐乃秋太守。戌刻雨息，夜晴。看秋册一。直十二。

初二日。

初三日。看秋册二。川二十七、貴三，九起。

初四日。看秋册二。奉十二、廣西二，九起。

初五日。看秋册二。蘇三、湖留一。雨。三日未雨矣，今日又雨。

初六日。看秋册二。直續三、陝六。雨。

初七日。看秋册二。直續二、奉九。是日竟日未雨，三鼓大雨。

初八日，雨自□至申，晡雨始息。赴薛大人之召。嵩雲草堂，請外官六人。看秋册二。直六、陝六。

初九日，看秋册二。陝七、奉十六。中伏竟日雨。

初十日。看秋册二。奉十五、山東十一九起。晨晴，未刻雨至，冒雨至會館，訪王逸軒。途中雨甚大，西初雨止，歸。

十一日，雨。竟日未息。看秋册二。湖十二七起、直十四六起。

十二日，雨，竟日。自未至戌傾盆如注，入夜不息。未進署。擬奏底一件，送呈薛堂。屋皆漏，惟門房、厨房及堆什物之房未漏。

十三日。昨日之雨，至今晨辰刻方息。上祈晴。巳刻以後雲氣不散，夜雨，四鼓又大雨一陣。看秋審册三。山東續五、蘇九五、陝十二、三。

十四日。晨小雨旋止。午後漸開霽，夜中微雨。錢念劬來，看秋册二。直續五、奉一。

十五日。晨欲進署，聞署中水滿。敘雪堂屋中水退，而院内水尚深。前門兩月水深尺許，言自大清門流出。想北山發水矣。不克前去，到會館一看，大街泥深没騾膝，難走之至。歸來看秋册一。雲留上。薛堂交來提牢廳禀呈，言十二日夜，該廳水與楣齊，南北兩監水勢極大，比光緒十六年高四尺餘。北監第二屋罩棚塌陷，第四屋山牆俱倒，監犯分匀三屋居住，内外監牆各塌六丈有餘。厨房鑪竈全淹，犯人飯粥以餅代放。監犯身在水中，備極困苦。

十六日。晨著人至署探視，敘雪堂院内水雖退出，而屋内潮濕未乾，勢難久坐，故仍未進署。看秋册二。蘇續八、河留八。

十七日。五日不進署矣。今日進署，署中水已退，惟屋内潮濕異常，茶房言十二日署中水深不能走出，用杉篙紮牌，撐出大門購買物件。水勢之大可想。敘雪堂地勢最高，十六年屋中進水數寸，今年進水一尺數寸，實從來所未有。

十八日。看秋册四。浙六三、蘇續四、直留三四、浙留六。晨至薛堂宅，西刻至孫堂宅，回南北監工程片稿。

十九日。看秋册二。山東留一、奉留八。晨雨。

二十日，陰。晨至東城拜壽，即進署。趙展如廉訪來敘雪堂，留喫便飯，看秋册二。山東六、蘇留十一。

二十一日。看秋册一。川留二。坤吾諸公請展如廉訪，邀作陪。廣和居

二十二日，看秋册九。川服六、直續四、直續服一、安服一、河服一、雲服一、廣東服一、直承一、浙服二。

二十三日。看秋册一。直服二。申刻，在義勝居公請展如廉訪。

二十四日。晨偕鳳岡至孫堂宅回事。

二十五日。看秋册三。江西四二、福二九、山西留二五。

二十六日。申刻在江蘇會館公請黄澤臣師，同門凡十有六人，管是一太史承辦。

二十七日。

二十八日。敘雪堂同人在南河泡雅集，並公請趙展如、希賓臣、湍藎臣，趙、[希]不到，湍到。巳刻往，戌刻歸，河泡被淹，殘葉甚稀，花無一朵。

二十九日。看秋册。山東另一、河留三、直續留五、廣西留七、山東續留一、陝續留一、福留一、熱正四、熱續二、陝續二、安續二、直續六二、山西續二、陝留二、山東服二、江西服二、蘇服一。共四十起。

三十日，連日熱極，暑表升至九十四。是月放知府三人：錦州、奎華，京察。衢州、林啟，截取。貴陽遺缺。趙時俊、截取。截取數年不放人，連月放一道二府，亦罕事也。

選知府一人。邵武。王琛，截取，係京升正班到班。

七月初一日。未刻大風雨。看秋册。川三十二七、直續一十、湖留八、安留八、湖服三，共二十七起。晚間電光閃閃於東，未雨。聞東城有雨。

初二日，晨微雨。未刻大雨如注。看秋册。河服一、貴服二。

初三日。看秋册四。安三上，福服一，河官一，陝服三。未刻大雨至暮，夜雨略小。

初四日，雨淅瀝竟日，幸不甚大。署中水甚深，敘雪堂院中尚有水。棋盤街水深半尺，午後猶未退。

初五日，晴。

初六日。

初七日。

初八日。午後全浙老館戲臺新落成，公請德小峯中丞、黄澤臣方伯、趙展如廉訪。展如今日即出城。

初九日。

初十日。後半夜，雷電大風，雨不甚大。秋册今日呈堂，始竣。連日清理積牘，辦出館稿約二十件。

十一日，晴。薄暮雷微雨。

十二日。

十三日。

十四日。

十五日。申刻赴張馥山之約。惠雲堂

十六日，陰未雨。

十七日，晨小雨。未刻赴高紹良之約。福興居。

十八日，申初陰雨，酉刻大雨一陣。

十九日，晴。

二十日。

二十一日。

二十二日。散署後至秦老胡同貴師處，未見。至北池子謁見南皮師。

二十三日。

二十四日。散署至貴處，薛堂命以署中公事往詢也。晤疊生世兄，貴師今銷假，甚免强。出月仍須請假。

二十五日。

二十六日。貴師來召，散署後前往謁見，顔色雖覺輕減，言笑若平常。師意以心中無主張，當差恐貽，令擬開缺摺底，於初二日遞。是日貴師請假五天，順道至孫堂宅未遇。

二十七日。晨至孫堂宅未見。

二十八日。

二十九日。今日司議，九下鐘上班，凡議雲南、貴州、廣東、廣西、四川、奉天、陝西、河南、江蘇、山西十省，一下鐘方畢。飯後擬方籤，五下鐘時，又赴孫堂宅，今晨著人來召也。孫師以貴師開缺事，面籌再四。終以不便挽留，且看臨時旨意何如。

八月初一日。司議，九下鐘上班。議福建、浙江、安徽、湖廣、山東、直隸、熱河各省養留，午正畢。計兩日改實二十九起：貴州二，冉洸庭、竊盜拒斃事主。楊法，革役，致斃無辜室女。廣東一，梁亞槐，要害奇重。奉六，陳玉祥、刃十六共毆。劉旬蒽、拒捕剎人。李萬青、刃九，一要害奇重。蕭萌甸、誘拐室女强姦未成。董庭碌、賭匪套拉，致斃婦女。郝萬發，連斃二命。陝四，蕭辛未、刃十四，倒後。孫學淋、刃十四，八倒後。李振憘、竊盜，臨時拒捕刃砍事主一傷。馬老四、回民，致斃彼造回民父子二命，該犯致斃一命傷多且重。刃六，二倒後。蘇二，陳發溉、故殺緦麻表弟，致母自盡。高嬉姓，四命以上。福一，蔡仝，謀殺聲敘。湖廣五，鄧其榜、負恩致斃逾七老人。曹樹庭、刃傷婦女七，傷重。段庚辰、刃十，另傷其妻。藺樹萱、爭姦，故殺小功。盛洸預，穿透綦重。浙三，陳培蒡、聽從謀殺父妾，下手加功。方悉之、竊盜甫離盜所護贓拒捕，刃傷事主。鄔雨泉。武生，圖詐誣姦本婦，被夫殺死。安二，丁□、因姦拒斃捕人。雍斅梧，竊盜，拒斃事主爲從，幫毆刃傷。山東二，李小創、竊盜刃傷事主，無圖脱急情。隋雲潰，要害奇重。直一，高氏，因姦致夫被拒殺，跟隨同逃。改緩三起，周越兒、幼孩殺人，陝。蕭三、推跌斃命，山東。王漣仲，幼孩斃命，直。改矜十三起。雲一，鄧四，情近擅殺。川四，饒泳鎬、幼孩斃命。帥文澕、死，不孝有據之妻。張萌統、同上。廖鍾果，老人鬥，情輕。陝二，張鎖兒、救親。王三有，因風越九日身死。蘇一，胡少淋，義子救護義父。湖廣二，朱經汶、死，不孝有據之妻。陳得渼，死，自行失跌。浙一，閔懙旺，救親。安一，牛繕志。又。山東一，侯四，情近擅殺。飯後擬方籤，五下鐘散。今年秋審因滿堂延擱日久，前日方齊，故司議稍遲。初三、四即堂議，爲時過迫，故方籤皆當日分擬。計兩日共議二百九十五起，每起皆須黏簽。

初二日。對方籤，五下鐘方散。夜半，腹大瀉不止，倦甚。

初三日。力疾赴署。堂議於巳初上班，雲南起四川止，喫飯。飯後議福建起河南止。歸寓已五下鐘。伏枕卧，寒熱大作，入夜即昏沈睡去。

初四日。力疾赴署。堂議於巳初上班，山東起各省留養止。計兩日共改實一。蔡仝、陳培秀，鄔雨泉以外，尾係雙情，仍作照實算。奉天宫續，與表姪女通姦。被妻辱罵，謀斃其命。改矜一，浙江葛受山，毆死國法已伸之犯，撞遇盤問，究因復仇起釁。照矜一，蕭三。照緩歸彙奏四：奉一，楊春懷。直三，石洛霞、蘇廷漳、李萇彝。皆刃十以上。飯後議朝審，共情實六起，内二起皆聲敘。歸來即伏枕卧。

初五日。病卧不出門。

初六日。病未愈。

初七日。

初八日，夜半雨。

初九日。病稍可，五日不進署矣。

初十日。兩署堂到任，進署。病雖可，而飲食不能如常。

十一日。

十二日，陰。午後雷聲滿天，申刻大雨一陣。寄趙展如書，交葛君。錫爵。

十三日。午後至東城拜節，並到試館一看。

十四日。

中秋，未進署。

十六日。

十七日。酉刻雷聲滿天，雲頭湧起。移時大風，雷止雲散。

十八日。

十九日。晨起套車正欲進署。楊蘇拉來送信，言奉旨簡放天津府知府。婦稚皆不信。十下鐘李玉坡同年著人送旨諭來，午刻往訪玉坡。知津守鄒岱東因病出缺，遂有是命。玉坡已飭供事，代備謝恩摺。午刻送來，恭閱一過，即令於今夜呈遞。

二十日。丑刻至西苑門，今日上赴頤和園請安，辦事略早，九卿公所待漏五下鐘叫起兒，排在第二起。第一起長沙府趙環慶。至德昌門他塔少憩。五下一刻，太監至，言叫了。隨至勤政殿東屋，太監掀簾進門，至軍機墊子之下，免冠扣頭，謝恩。仍冠趨進至御案側，跪候垂詢畢退出。

你是刑部？你在衙門多少年？

你在秋審處？你是截取？

你多大歲數？你出過外差没有？

你那人？你那地方好。

你幾時走？你好好去做。

你下去。

順道至張師、貴師處均未見。至薛堂處，見，談及敘雪烏步，頗屬意於坤吾也。午後謁見許星翁，問已見張中堂否，並稱此缺爲海疆繁劇，上爲缺擇人，斟酌良久云。往謁額中堂，閽人囑於二十一日午前來。午後向不見客，至禮邸第，亦未見。

二十日。竟日拜客。

二十一日。巳刻見額中堂。

二十二日。大女許字錢塘汪伯唐舍人。大燮。巳丑孝廉也。媒人爲葉柏皋庶常、朱霍生同年，今日文定。

二十三日。申刻謁見南皮師，告以津郡情形甚爲詳悉，語不及私。

二十四日。訪柏皋，催伯唐於九月内完姻，伯唐新有姊之喪，意欲稍遲，未能决定。伯唐姊丈朱韵松也。

二十五日。以後酬應紛繁，不及按日排記矣。

二十六日。許星翁召飲。

二十七日。

二十八日。

二十九日。

三十日。巳刻赴鴻臚寺謝恩。候堂官先詣龍亭，行三跪九叩禮。次至大堂點名，親自在簿上畫押，領取照票。

九月初一日。託劉楷堂同年在吏部請假一個月。用同鄉官小結一張。

初五日。錢密翁召飲。

初七日。午刻徐小雲師召飲。申刻薛雲階師召飲。

初八日。

初九日。敘雪公局。

初十日。直隸公局。幼鶴、穆門各一局。

十一日。

十二日。

十三日。

十四日。

十五日。謁見禮邸，凡六往而始得見。

十六日。天津公局。

十七日。松壽翁召飲。

二十日。未刻廖仲山召飲，午刻鳳名召飲，是日内外城奔馳，甚苦。

二十一日。

二十二日。李蘭翁召飲，徐季和召飲。

二十三日。汪宅納征。與伯唐商定明日贅姻。

二十四日。大女合巹，午刻成禮。任官娶何潤夫之女，亦於今日完姻。
二十五日。至松陵宅道喜。
二十六日。請新親，簫九夫婦偕來。
二十七日。
二十八日。吴興同鄉公局。
二十九日。汪宅請女新親，簫九夫婦偕來，代作主人。

十月初一日，在吏部銷假。
初二日。
初三日。
初四日。
初五日。楊蓉浦師召飲。
初六日。
初七日。
初八日。
初九日。汪柳翁召飲。
初十日。赴吏科畫憑。午後吏部書吏送憑來。
十一日。
十二日。
十三日。
十四日。晨起雪花飛舞，冒雪至内西城拜客，即赴李苾翁之召，午後雪止。

十五日。

十六日。懷紹翁召飲。召飲不及全記，今日後不赴召。因聞署津守李公病甚，津令爲李搏霄同年，催令早到省也。兩月以來百忙之中，擬秋審比較成案凡例，選館稿纂會典事例。晝日酬應，燈下則握管。已形左支右絀，三五日又要摒擋行李。每日至四鼓始克就寢，精神疲敝，不可言狀。兹定於十八日動身，不能再遲矣。

十七日。出門辭行。

十八日。晨起清理帳目，至未刻始粗有眉目。未正三刻登車，慕皋來送上車。伯唐、健卿、冠英及大兒送至廣安門外。因石道被水衝壞難行。北向由土道走，途中亦有泥淖間雜冰雪，車行頗遲。四十里許，天即昏黑。星光下行十里許，度蘆溝橋，寒月東上，送人西行，至長新店，宿時已八下鐘一刻矣。

十九日。早五鐘二刻五分開車，二十五里良鄉縣。有塔，薇卿在此。不及往訪。日已高，又二十里竇店，尖時十鐘二刻。十一鐘二刻開車，十五里琉璃河。有橋。三十里涿州。過河。其城門聯云：「日邊衝要無雙地，天下繁難第一州。」近年以來入都者，半由海道，已不若從前之衝繁矣。十五里松林店，宿時六鐘十分。涿州南関第五鋪，道左有漢昭烈章故里，漢張桓侯故里二碣，有廟。

竇店口占：「莫嗤見卵求時夜，荒店先謀二卵難。時求雞卵不得，土人言水荒雞少之故。粗糲但能供一飽，何須苦戀大官餐。」

二十日。四鐘二刻開，五十里定興縣。十里度北河　至北河店，尖時十鐘一刻。十二鐘自北河店開車，三十里固城店。属定興。三十里安肅縣，宿時五鐘二刻。後半日行較速也。同年胡恪三宰此，未及往訪，恐滋擾也。

松林店早行口占：「四更漏轉策霜蹏，雪靜沙平月色低。滿目荒萊生計苦，連村到曉不聞雞。」

二十一日。七鐘開車，十五里祥店，五里荆塘鋪，五里漕河店，十里徐河橋，十五里保定省城。時十二鐘二刻，寓唐家胡同天元店。聞清河道潘□於明日出省查工，下午先行往謁。未刻先拜首縣徐子樹戍，首府朱敏齋及存甫、陳雨樵。

二十二日。晨謁見藩臺裕□、臬臺周。均單見。並拜院幕府。在省繳憑。陳雨樵及舊□存甫、王敬輿。首府朱敏齋、首縣

院幕。

徐子樹。

二十三日。晨謁藩臬。藩随班見，臬單見。午後拜客，訪孫嘯泉丈未遇。晚赴敬輿之召，同席吴蘭石太守，爲三十年前肄業成均舊侣。今又同舟，亦有緑也。在座有吴蔗農大令保芳，乃津署發審委員，新來省者，所談津事頗詳。

二十四日。晨謁見藩臬。藩随班見，臬以晚得見，不見。夜赴臬臺之召，同席有敏齋、敬輿、存甫。

二十五日。晨赴院署站班，每月逢五逢十，兩司皆來與院幕會晤。兩司散至存甫處略談，順道拜客。夜赴敏齋之召。

二十六日。晨訪嘯泉丈，約令同行，伊意未定。午赴吴協甫觀察之約。夜藩臺召飲。清河道於今日旋省。

二十七日。晨赴藩、臬、道三署稟辭。均見。拜首府、縣，未見。夜嘯丈來，言不克同行，稍遲十日即到。存甫來談。

二十八日，八下鐘一刻五分開車，四十里半橋尖。站長有五十里，時已一鐘。二十里高陽縣。有二十五里。時甫四鐘，因前途趕不及站，故遂宿此。

二十九日。二鐘二刻開車，天明僅行三十里。十鐘五分任邱縣尖。計高陽至此爲六十里，行至七鐘二刻，繞越多也。十二鐘開車，四十五里吕公堡，宿時四鐘十分。

三十日。一鐘二刻開車，六十里大城縣尖，時八鐘二刻。里數大。十一鐘開車，三鐘三刻柳河。行三十八里，里數大。渡南運河，十二里唐官屯汛，此里數小。宿時五鐘十分。

十一月初一日。一鐘開車，五十里靜海縣，在城外行走。時七鐘二刻。署事史仲甫大令善貽遣丁來迓，言已預備公館，婉謝之。二十五里梁王莊尖。津郡書役人等迓于途，著令先回。二十里炒米店，自此至府城三十里。入天津境五里，將去小稍直口。天津縣先以轎來，迓至小稍直口茶座。摶霄同年暨經歷繆靜泉廷珍、海河主簿費繩甫繼武、北署倉大使黄竹泉德春、天津署縣典史俞仲山葆森、武仲崙大令玉昆均在座，小憩即行，路過育黎堂方少農觀國、羅亦韓燮陽兩别駕。即進城，寓浙江會館，晚飯後摶雲來，子靜來。

初二日。辰正，上院稟到，中堂偶感風寒，令明日往見。往謁運臺季、天津道方均不在署。見署海關道黄花農建筦。午後見季道運臺、方道臺。

初三日。上院謁見，堂諭以署守李病未愈，可早到任。又上三道衙門，均未見。

初四日。上院，又上三道衙門均未見。晚奉中堂札，飭令接印任事，即傳知書吏人等，定於初六日巳刻上任。

初五日。上院謝委，見。又到三道衙門。

初六日。辰正出北門進東門，祭門。到署祭兩祠。拜印升座，禮畢。上院及三道衙門稟知接印，均未見。

初七日。上院中堂問以接印後何日移入署中，答以李守病未愈，尚無移居日期，中堂傳徐巡捕往詢李守，問何時騰房，李守回明，初十日一准騰空。上各衙門。

初八日。上院及各衙門均未見。張汝琛先生華燕自靜海來。

初九日。下午六點鐘，中堂在新醫院宴客外國人。前往陪侍。到者二十餘人，女醫士亦在座。新醫院者洋醫學堂也。聘洋醫爲師，學上四十人，院新落成，張筵爲賀宴外國人。列長筵，中堂爲主人居中坐。各國使臣暨司道以下凡與宴者，以次圍坐。坐次預定，以牌寫銜名，依牌自入坐。不讓食，有食單。人各一器，一器至，人各自食，亦不讓。酒五六種隨意飲，亦不讓。食畢，中堂即各散。

初十日。李少翁於昨日移居。午刻，先至署中，延左子榮大令相視一切，定計在西院居住。略爲變易，飭工修理。

十一日。巳刻移居署中，暫在三堂下榻。

十二日。以下數日未記。

十五日。遣人赴京接眷。擇於十八日動身，二十日到署。

二十日。午刻，內子挈同稚弱自京至。大女同來。

十二月十三日。大女與張君立之眷結伴入都。

十七日。龔仰翁起程，前往送。仰翁言及三弟之事，甚爲太息。並言兩姪皆好，此番承伊格外招呼，可感也。仰翁坐火車至山海關，坐利運輪船，旅順附輪南去，送上火車始反。

甲　午　光緒二十年（一八九四）

光緒甲午

正月元旦。卯刻先至龍亭行禮，即至各署賀年。

初二日。許河帥，振禕於明日抵津，今日住蒲口，偕搏霄往迓。午後三下鐘到蒲口，［謁］河帥後即返，進城已上燈後。

初三日。許河帥於早晨八下鐘［到］，中堂率司道迎至公館，吳楚公所。恭請聖安。

初四日。臬臺自北路來，巳刻到。茶座在玉篁閣。藩臺自南路來，午刻來。茶座在育黎堂。皆迎至茶座，南北奔命，又各至公館挂號，藩臺住浙江海運局，臬臺住海防公所，下午上院迎壽。

初五日。上院賀壽。

初六日。在鄉祠公請許仙屏河帥、中堂作主人。

初七日。

初八日。在鄉祠公請中堂，河帥亦在座。兩司爲主中客。

初九日。

初十日。

十一日。河帥啓節赴蘆溝橋，臬臺偕行。

十二日。

十三日。

十四日。

上元。上院並赴各衙。

十六日。
十七日。赴東局拜年，張蓉軒方伯留喫飯。
十八日。
十九日。開印、赴各署道喜。
二十日。
二十一日。
二十二日。
二十三日。
二十四日。
二十五日。
二十六日。
二十七日。
二十八日。
二十九日。
三十日。

二月二十八日。津海道盛自滬縣來，報早八下鐘到。即赴招商局相迓候，至下午五下鐘方來，坐候竟日之久。

三月十七日。中堂委審遵化州武生孫詒謀扎傷大功兄孫獻身死一案，因滿御史某聞是慶祥。糾參，署牧馮清泰有縱令書差情事也。先委龔令彥師密查大概情形，並守提人卷來郡。

二十二日。遵化案中堂添派龔令幫同審訊。

二十三日。上院以府考在即，遵化州案恐不克親自研審，龔令又係原查之員，面稟中堂，請派添劉令傳祁、阮令國楨幫同審訊，中堂首肯。

二十四日。本届科考定於明日在貢院開考，於申刻移居貢院，閱卷請孫嘯翁、徐綏翁及吴石腴孝廉畲亦襆被來院，巡捕委經廳繆靜泉及侯補縣丞張紫青。榮祖。

二十五日。天津縣正場，丑正點名，實到八百四十四人。點畢，天漸明。扃門出題。首，已冠「今天下」，未冠「問津焉」至「輿者爲誰」，次「臣始至於境」，「春陰又過海棠時」得「春」字。至三鼓交卷者，尚未及半也。

二十六日。天明六下鐘卷始交齊，分送閱看。

二十七日。考天津縣，「性理論」、「孝經論」。

二十八日。靜海、青縣、滄州、旗籍正場。靜海二百十二人，青一百七十一人，旗九人，滄三百十八人。實到人數。題。靜，「仁者靜，知者樂」，滄「滄浪之水清兮可以濯我纓」，「滄浪之水」青，「清矣」。旗，九人而已。次題「河取於水也」，「入簾風絮報春深」得「簾」字。是日出天津正場案。取五百五十名。

二十九日。遵化州案人犯，今日解到。

四月初一日。考靜、青、滄、旗。「性道」、「經孝」。論。遵化案犯今日委員審訊。

初二日。南皮、鹽山、慶雲正場，南一百五十一人，鹽三百四十四人，慶一百五十三人。首題南，「南人有言曰人」，鹽，「山徑之蹊間介然用之」，慶，「慶以地入其疆，土地」。次題，「何由知吾可也」。詩題。「風卷飛花自入帷」得「飛」字。是日出靜、青、旗、滄正場案。靜取一百四十名，旗九名全取，滄取二百名。

初三日。中堂大閱海軍，於今日啟節，遣差官往送。

初四日。考南、鹽、慶「性」、理「孝經」論。

初五日。津、靜、青三屬初覆，天明點名。津到四百五十五人，靜到一百三十一人，青到一百十六人。題「人人有貴於己已者」，「四月秀葽」。「青山有約長當户」得「山」字。出南、鹽、慶正場案，南取一百名，鹽取二百二十名，慶取一百名，旗全取。

初六日。永思、梅卿來，面述歷訊遵化一案情形，商明酌量添提人犯。

初七日。雨。旗、滄、南、鹽、慶初覆。旗全到，滄到一百九十六人，南到九十九人，鹽到二百十二人，慶全到。題「許行自楚」至「聞君行仁政」，「有渰萋萋，兴雨祁祁」。「緑暗初迎夏」得「初」字。

初八日。出津、靜、青初覆案。津取二百九十名，靜取八十名，青取七十名。

初九日，出旗、全取。滄、取一百。南、取五十。鹽、取一百一十。慶取五十。初覆案。

初十日。合屬二覆。津到二百六十三，靜到七十八，青、旗全到，滄到九十八，南到四十八，鹽、慶全到。題「賢者而後樂此，孟子對曰，賢者」，「幻茶成詩賦」，此「注湯幻茶成一句詩」爲韻。「喜雨志乎民」，得「乎」字。

十二日。出二覆案。津取二百名，靜取四十五名，青取四十名，旗全取，滄取五十名，南取三十名，鹽取六十名，慶取三十名。

十三日。合屬三覆。津到一百八十名，靜到四十三，青、旗、滄、南、全到。鹽到五十九，慶到二十八。題「管仲得君」至「久也」，「自攜修綆汲清泉」得「攜」字。

十五日。出三覆案。津取一百二十名，靜取二十名，青取二十名，滄取三十名，旗全取，南取二十名，鹽取三十名，慶取二十名。

十六日。合屬四覆，不到，津邑二十人，餘全到。津、靜、青題，「學之弗能」，「憲憲令德」。旗、滄、南、鹽、慶題。「將行仁政」，「臨之以莊」。未初完場，六下鐘出大案，回署。

十七日。上各衙門。

十九日。學憲下馬，接至炒米店。早五下鐘動身，八下鐘到。九下鐘學臺到，飯罷進城，十一鐘二刻。未初學臺進城，又至貢院。

二十日。學憲謁廟，放告，各學廩生講書，前往伺候。是日合屬補考，津三十五、靜十六、青六十、旗九、滄八十一、南十五、鹽三十七、慶二，共二百五十五名。題「從而後」至「及其成功一也」，「薄採其芹」得「芹」字。

學臺排單，二十一童古，二十二生古，二十三頭童，二十四覆童古，二十五二童，二十六提覆頭童，二十七三童，二十八考貢録科補考。二十九合生。三十日提覆二、三童。初一日覆合生，初二覆合童，初三日文童總覆，初四獎賞，初五起馬。

二十二日。新提遵化案犯，研訊一過。

二十三日。丑初赴貢院點名。青、靜、南。文童正場。慶、旗。

二十四日。中堂回轅。四下鐘到，接至老龍頭火車站。

二十五日。丑初赴貢院點名，竈籍、滄州、鹽山。文童正場。

二十六日。上院見，面陳遵化州案大概情形。

二十七日。丑初赴貢院點名，天津文童正場。

五月初三日。上院見，面遞遵化案犯供詞，請即擬結。中堂首肯。上貢院，適文宗將出門，未見。朝鮮東學黨滋事，占據全州道城。

初四日。在曾公祠請李石農學使、劉景韓方伯。

初五日。學憲入都，至西沽送。

初七日。劉景韓方伯入都，茶座設在吴村之公所，往送。内子於今日赴京，由旱路。

十七日。酉刻至紫竹林拜客，順道訪吴崙峯軍門。臬臺於十六日自蘆溝橋起身，今日住王慶坨，明日可以到津。

十八日。四鼓二刻出城，行至西沽，雨大至，在宋家店暫避。候至九下鐘，雨略小，搏霄未來，臬臺亦無准信，縣中來言，在韓家村預備尖站，約於明晨往接。

二十日。午刻雨息，臬臺於酉刻到，迓至玉皇閣，冒雨歸。

二十六日。臬臺回省，往送，船已開，不及。

六月初六日。午刻内子自京回，大女同來。由旱路初三日動身，今日到，途中泥濘難行，其難苦可想。

十二日。朝鮮東學黨滋事，國王來乞師。先派葉軍門志超、聶軍門仕成統領七營前往，我兵甫至，賊即星散，而日人從而生心，陸續派兵萬數千駐於漢城，我軍在牙山相距二百餘里，我駐朝使臣袁蔚亭觀察欲我軍進紥漢城，中堂恐生事不許。葉欲移平壤，亦不許。日欲朝鮮改易西洋服色，歸伊保護。朝王不肯，俄、英轉圜，日不退兵。前月二十六日中堂有備戰一摺，久未得消息，今日有電旨，聖意決戰，即日添兵前往，衛汝貴統盛字步隊十二營，由鴨緑江，初意大同江，今大同江已有日船，故改道。吴育仁撥四營，江自康統帶，雇英國商船高陞、飛鯨、圖南三艘，載往釜山口，二十四，日圖南，二十開，飛鯨，二十一，高陞二十二開。圖南，江自康統兩營。飛鯨所載之兵，已登岸。二十三八下鐘，高陞至，爲日艦攔截，先遣六人來，令開往仁川。船主不肯，六人去即開砲，將高陞擊中，廣乙、廣甲、濟遠三船護送，廣乙係鐵皮船，開七十餘砲，惜船身不固，旋爲日艦擊沈。濟遠被日打中三百餘下，船上管帶方伯謙逃避船内，大夫、二夫連開兩炮，旋被日砲轟斃，砲夫又開一砲，日艦始不追。鐵皮廣甲亦駛回，又操江運船一艘，載有洋鎗三百枝，餉銀四萬，爲日人連船擄去並開。先於二十一，日人在漢城者，打入王宫，御林出來抵禦，轟斃日兵數十名。衆寡不敵，遂敗潰，朝王、閔妃、大院君皆被擄拘禁。遂將中國使館打毁，電桿砍斷，故電報不通。此信由外國水電來，並聞日人已發兵攻我陸軍，葉軍在牙山無後應，危哉。

二十二日。上院，不見，明日中堂考各書院賓興，往請題目。

二十三日。至輔仁書院監場，今日中堂考賓興也。輔仁屋舍較多，故在此，各書院士子咸附焉。

二十五日。上院未見。

二十六日。皇上萬壽，文武官於黎明齊赴龍亭行禮，中堂不到。

七月初一日。上院，赴各衙門。

初二日。聞葉軍在牙山與倭人三次接場，先小勝，後共殺倭人二千餘，係二十五、六日之事。聶士成之力居多，然軍火不繼，恐終難支持耳。中人之在日及朝鮮者，倭人之在中者，均歸美國保護。

初六日。昨日有葉軍全營覆没之信，上院至巡捕房打聽，言尚不的確。

初七日。聞葉軍廿七、初一兩次失利，諸將存亡無的耗也。江自康兩營大約全軍覆没，毅軍四營、左寶貴奉軍八營已抵平壤，人少不敢輕進，盛軍沿途逗留，日三二十里，至今未到。平壤統領衛汝貴貪而刻，軍心不固，此軍亦可危。海軍則全無心肝，中堂以臨敵易將，兵家所忌，故不肯更易。歲縻六百萬，九年於戰竟不能得毫末之用，可歎可恨。

十一日，津道來召，病卧不能起，與李少雲太守在内室見。因今日電信，倭船二十二艘昨日下午至威海，互擊未距砲臺遠敵，船回略駐，又西進。夜過旅順，亦互擊，未傷。恐其北竄，地方震動，欲辦團以安民心，與少雲約定明日序東、搏霄至署公議。

十二日。巳刻搏霄先來，言昨日見關道談及辦團之事，欲練數營，請曹軍門克忠統帶，運臺願籌兩營餉，擬令紳士損捐募兩三營，關道已作書，往請曹軍門矣。少雲、序東陸續來，商定在府署明日申刻請紳士公議。楊春農、王益齋、黄幼山、張少農、姚解泉、卞鹿賓、劉善甫、韓雲章、朱吉巷、李幼香、楊少勲、沈祖勲申刻往見運臺，聞敵船北趨，似向山海關、北塘一帶。今日平壤來電，聶軍門仕成移軍金州地方，距平壤二百餘里，尚存千人，葉軍門仍無消息。

十三日。巳刻往謁關運，適朝鮮領事在彼候之，良久始見。關道言，昨將曹軍門之意稟知中堂，以山海關一帶空虛，欲募數營，請其統帶前往。練團事似當另請人。即請鎮臺亦可，囑往告運臺。至運署，適值喫飯，又候之良久始見。運臺言，且看衆紳之意云再行定局。酉刻紳士來者五人，王懿齋，姚解泉、朱吉菴、張少農、沈［祖勲］，少雲、序東、搏霄亦先後至。張少農願自練一營，黄幼山亦可練一營，王懿齋言不能獨練，或數人練一營，候再公同商議。

十四日。偕少雲、序東、搏霄往謁運憲，稟知昨日紳士之論，運憲不以爲然。出一節略相示，大旨以募練鄉團之勇，宜参以防軍之制，束以什伍以忠義。平居用以保衛，有急亦可征調。庶幾募一勇得一勇之力，練一日有一日之效。擬請遴派知兵大員，先行挑練一千人，編列兩營，屯紮津南一帶。仿照練軍營制，堅築營壘，專心操練，其薪水口糧，由地方紳商集捐、支給。準照海防新例，請奬以示鼓勵。一切支發款項，事竣造册送部核銷，請由運庫先行籌款墊發，俟紳商等勸辦，集有成數，即行歸款云云。當偕三君往見關道，以運臺節略呈閲，言俟明日在院上面商定局。荆州將軍祥亭於夜九下鐘到。

十五日。上院，運臺已以昨日節略回明中堂，中堂首肯，擬請鎮臺統帶，下午請諸紳來。少農、懿齋、吉菴、解泉四人到。

出運臺節略示之，令即迅速具禀，今日又有葉軍門現在某處之説，不知的否。
十六日。下午運臺來。囑催諸紳具禀，當即告知搏霄，令其飭催。
十七日。王守善遣人送公禀來。
十八日。在楚公所面見運臺，遞紳士公禀。是日祥將軍入都，中堂出來寄安。
二十二日。上院見。今晨得平壤電，言葉、聶二軍門全軍而出，將至平壤，所統尚存三千七百餘名，傷亡者二百數十人。
二十三日。午後關道送來平壤電信，葉、聶二軍門今晨安抵平壤。馬玉崑發。此於中國體面大有關係。
二十八日。子靜來，昨晚坐飛鯨到津。
三十日。李鑑堂中丞到津，坐二小艕子船，人不知爲現任撫臺也。船到大王廟，辦差者始知，趕緊通知各署，聖安棚在楚公所，中堂率司道等跪請聖安。
八月初一日。往謁李中丞，未遇。
初二日。李中丞於未刻開船南下，司道府縣送至河干。清河道潘署臬篆同日接印。首府朱署清河道，大名府陳署首府，節後接印。今日祭文昌。
初三日。今日丁祭。
初四日。今日祭神祇社稷壇。
初六日。臬臺周自省來。
初八日。上院見。
初九日。周臬臺派充前敵營務處，於今日起節，赴朝鮮。坐火車至山海關，由山海關至鳳皇邊門，達朝鮮之義州，而至平壤。
初十日。衍聖公於五鼓到津，未刻往見。聖安棚設在薩寶實洋行，中堂率司道等跪寄聖安。

十三日。平壤電信，言左軍馬隊渡江、巡哨遇倭兵千餘，接仗傷彼六十餘名，我兵傷者二人。又一日衛軍派隊過江，甫渡。一營倭兵猝至，我軍傷者二十餘人，即退回，並將浮橋拆去。衛達三不聽葉軍門調度，衛欲赴前敵，葉阻之不止，致有此小挫。

十四日。訥子襄自吉林來，長談。伊由吉林道放西藏幫辦，夜大風，雷雨。

十五日。今日祭關帝。上院並至各署拜節。聞昨午平壤電言，本日開仗，勝負無消息。昨夜十下鐘，有電至，不知何事。半夜大風雨雹。

十六日。今日赴龍亭朝賀，皇太后上號也。

二十一日。偉老於昨日未刻仙逝，子靜得電信，前往看親。子靜即擬挈眷南去。海軍十一艘護送銘軍赴義州，甫抵岸下錠，遥見倭船十二艘駛來，我船趕即生火，倭船排一字陣，我船分爲兩行。德人漢納根在定遠船上，拉同丁汝昌共坐將臺，言今日你要走，我即將洋鎗打你，丁迫於勢，故未走。副將鄧世昌駕致遠快船將汽機開足，銑進放一魚雷，四炮擊沉其最後之大船。倭船四面環攻，又擊沉其船二。致遠船亦被倭砲擊沉。鄧世昌爲英人在水中救起，一臂傷未死。兩軍互相開砲，方伯謙管帶濟遠船先逃，經遠、揚威二船子藥放還，擱於淺，被倭人火彈所焚。或言失火自焚。濟遠船首先逃遁，致超勇撞爲兩截。倭人旋退去，蓋子藥亦盡也。我軍賸船七，受傷者四，須修五禮拜，此十八日之事。十六日。平壤之師爲倭人元山之軍所襲，左寶貴陣亡，盛軍潰，葉軍亦潰退至義州。聶軍門時在安州，師少而全。馬玉崑所統毅軍未潰，軍裝亦未失，有砲七尊，亦親自督同運回。當是庸中□□者。聞元山領事用重賄遣一朝鮮人密告平壤諸軍，言倭軍萬五千人由元山襲平壤，如以一軍扼楊德，倭人即難遽出，而平壤諸軍不悟也。其敗也，皆人人所預料及之者，而當軸不悟也。傅相奏請宋祝三軍門總理奉省邊防，宋言他軍不聽號令，須募三十營，不知旨意如何。

二十二日。子靜明日走，往送行。

二十三日。聞有密電，以倭人慣抄我軍後路，義州孤城恐不可守。令我軍退過鴨緑江，駐紮九連城，以固東三省門户，然不知屢敗之後，能禦其來否。是日奏上諭，宋慶著幫辦北洋軍務。德人漢納根自海人回，今日帶同受傷之德人四名見中堂，並言方伯謙之先逃。中堂始據以入告，丁提督乞病假，劉步蟾代理。

二十四日。濟遠船改派林國祥管帶。原帶廣乙。

二十八日。方伯謙於昨日正法。

二十九日。河南巡撫裕到津，在船上見。

九月初一日。巳刻裕中丞起程進京，薩寶實洋行茶座寄請聖安，午後江寧將軍豐到津，在船上見。豐將軍申刻開船進京。

初二日。晚在江蘇會館公請胡雲楣廉訪。翁宫保於昨晚到津，今晨便服見中堂，至運署少坐。

初三日。與張戟門太守、李摶霄太令在署請紳董議團練事，以經費難籌，無人肯出頭。摶霄言水會諸人頗高興，萬人可一呼而至，擬分段小辦，略壯聲威。翁宫保於今晨放掉回京，翁宫之來，聞奏密旨，或言上有不信傅相之意，命來察看。或言太后命來安慰傅相，令好好辦理中朝不遥制。太后之意，在和也。又聞翁有隨員數人，分起來津，密查事件，亦不知所查何事。

初四日。晨出門拜客，十點半鐘至關道署，戟門相約有面商之事。摶霄亦來，關道客來不斷，日過午，桂公將到，不及見，即至楚公所茶座，移時關道來，面談向紳富借款事甚悉，然未辦。申正桂公方到，中堂出轅跪聖安。回署已天暮。始克喫飯。無謂之奔走，一入此途，即不能免矣。

初五日。晨，見桂公，語甚訥。

初八日。大女同汪簫、九農由水路回京。□師今晨赴山海關，桂公馬隊已去一半，今日全走，步隊明後日走。

重九，晤婁椒生，知宋軍門已到九連城。今晨見查如江，言有南洋劉調北洋，王夔翁補直隸督，傅相召入都之信，詢之椒翁尚無的音，想有訛傳。

十一日。早送桂公赴榆關，即上院見，禀明赴各屬勘災。定十三日前往。

十二日。道臺來，謂召團練大臣將至，勘災可否暫緩前去，當以已回明中堂，道臺言，明日見中堂再說。酉刻與戟門，摶霄請當行值年來署議借款事。

十三日。晨上院，候至午正方見。道臺先見，中堂言勘災事亦甚要緊，不必候團練大臣，速去速回可也。下午至各署稟辭。是日發慶雲、南皮兩函，囑令一至鹽山、一至滄州，會辦災務。

十四日。早九下鐘登舟解維，三十里楊柳青，四十里獨流鎮，屬靜海。時已上燈八下鐘矣。由津至運河西岸，水勢甚大，九十餘里一片汪洋，窪中水高於河，尚自放水，隄岸之決者，無可施工。

十五日。五鼓開河，十八里靜海縣，八下鐘。史穀孫大令暨李□□，張□□、二廣文，張□□縣尉來見。史令施送會稿來，畫行用印畢，十下鐘。即開行，五十里唐官屯，靜、青交界處，時止五下鐘一刻，因恐前途宿處尚遠，即停泊。

靜海全境成災，情形其苦。計成災六分者，洋芬巷等三十五村；成災七分者獨流等二十一村。成災六分者，青凝侯等四十六村；成災五分者，前後楊家莊窠等一百十八；歉收四分，東五里等一百二十六村。

十六日。四鼓開行，雨聲打篷，淅瀝有聲。天明至流河鎮，十八里。泊，換縴夫，七下鐘雨未息，冒雨行二十里，二十里屯，十一鐘，雨大風狂，船不能行。候至日暮雨略小，風仍不息，即在此宿。

十七日。天明開行，二十里青縣，八下鐘。姚錫九大令、孟□□廣文、謝□□縣尉來見。姚令送會稿來，畫行用印畢，十一鐘開行，三十里興濟鎮，三十五里花園莊，宿。屬滄州。青縣災狀輕於靜，計成災五分者，太興鎮等六十二村、遠南頭等三十六村。共九十八村。歉收四分者，濟興鎮等二十八村，孫家莊等八十四村。共一百十二村。歉收三分者，馮有功屯等十二村，北柳等一百六村。共一百十八村。

十八日。四鼓開行，二十五里滄州，時甫六下鐘。宮玉甫刺史來舟，囑令速具車馬赴鹽山，今日尚來得及也。八下鐘三刻啓行，四十里舊州，尖。五十里鹽山縣，夏漱蘅大令來迓邊，至署中下榻，其公事未齊，飭帶去之書吏幫同趕繕，初鼓後慶雲楊積堂大令來，當將兩處會稿趕令繕齊，畫行鈐印，二下鐘二刻方就枕。

鹽山灾極重，計成災八分，羊海鋪、辛莊等十九村。成災七分者，帽圈鋪、韓家橋等一百二村；成災六分者，郭家鋪八十五村。成災五分者，掛甲林等一百四村；歉收四分者，高家莊等七十六村。

慶雲災輕，歉收三分者，順河莊等五十一村。積堂言亦有田畝被淹顆粒無收者，惟合並牽算，則不過三分也。

十九日。天明即起，漱蘅留喫早飯，七下鐘三刻動身，十里掛甲林，十里辛店鋪，鹽、滄交界處。三十里舊州，尖。午初適署中送公事包封來，閲畫兩刻許。遷道觀鐵獅。日暮到滄州。南皮殷芝階大令來。燈下將兩會稿行鈐印畢。

滄州災較重于青，計成災七分者，吕家橋等二十村。六分者，姜家橋等莊二十三村。五分者，萬家莊等四十八村。四分者王吉莊等五十七村；三分者，後大吴家莊等五十七村。南皮四分者二十九村，三分者三十一村，與慶雲相等。

二十日。四鼓開行，未初到青縣，姚令來。五下鐘二刻，流河鎮宿。

二十一日。四鼓開行，十一下鐘靜海縣，史令來。晚宿楊柳青。八下鐘。

二十二日。天明開行，九下鐘抵署。午後赴各署，運臺、道臺見。

二十三日。上院見。

二十六日。當行值年來，僅允五萬。

二十八日。又請當行戟門、摶霄來，令伊等再行熟商。今日電信言，倭人渡鴨緑江，從倭都統所守地段過來，甫渡三百人，倭都統兵即敗退，電信宋軍門派劉子珍前來接應。

二十九日。聞九連城已失，鳳皇城亦不能守，所存軍火運回遼陽州，其詳未悉。浙江鄉試，湖州中八人：邱炳珍、程，包延青安、閔次顏程、沈毓麟程、王樹榮湖、丁樹蕃程、張鈞綸程、潘鈞安。

戊戌　光緒二十四年（一八九八）

元旦，寅正祀竈，即出門至萬壽宮，候藩、臬、道三憲至，隨班行禮。天明又隨藩憲訪文廟行禮。畢赴院署，在月臺上行團拜禮。文官皆實缺廳局以上，武官則實缺三營營官。是日，因日食不拜年，即歸署。上午天氣晴朗，未刻陰，申初二刻三分五十三秒，日食初虧，素服至大堂拜位，前行一跪三叩禮，禮生唱進鼓三聲，僧道救護。回署，申正二刻七分二十七秒，食甚，八分三十四秒。復詣拜位，行一跪三叩。酉初二刻五分四十三秒，日復圓。更吉服，行三跪九叩，禮畢。是日日食時陰，雲靉靆不見也，在諂諛之臣將以爲少賀矣。夜晴。

初二日。天氣晴朗。詣各署拜年。唯道憲見。申初偕玉磋復至藩署，見。畿輔學堂山長方伯本擬延請湯蟄仙大令，蟄仙於歲底有電來辭，改請沈子培比部，而子培已他就，別無信服之人，擬請子培之弟子壽太史，適正閑居也。方伯言候到津面商督憲，再行定局。復至臬署，不見，囑明早來。

初三日。晨至藩署送行，未見。藩憲明日赴津，不令設茶座，司道亦不送。至臬署，見。

初四日。午刻拜年。城内外達竣省城地段，周行僅一數里，故拜年事已了，不似京師之道遠人多，非旬日不能畢也。方伯今日赴津查中道。

初五日。晨訪臬署，見。順道拜客。

初六日，風。午刻訪浙紹會館，同鄉團拜。方益訪先到先散，未入座。

初七日。

初八日。晚請發審局同人，到者卅七人。

初九日。晚補請發審局同人，到者廿六人。發審局新正開局，向來必先招飲，因人多，分兩日。

初十日。方虛訪召飲。晚。

十三日。晚晏觀察召飲。

十四日。津電，方伯今日回查南道。

上元。午刻詣浙紹館，同鄉演戲過節，亦向例如此也。未刻方虛訪來，酉刻散。是日有他省人搭車者，故較初六日爲盛。白鏡江來。是州於臘月廿八日有周正萬因瘋殺死伊父、伊妻、伊子、伊女四命案，此次押犯來省發局審辦。

十八日。方伯於巳刻旋省，午刻赴藩署，見。方伯昨日宿板橋，安州境。先命人來，毋庸設茶座，故未遠接。晚赴張西園按察之召，座中爲藩、臬、道三憲及趙贊臣太守。

十九日。開印，午刻先赴藩署，次赴臬署、道署，即上院，散時已申初矣。周正萬一犯，今日局訊，所供與州審略同。

二十日。官場團拜，上燈始散。省中團拜，清苑縣承辦，藩、臬、道、府、州作主人，請武營各官及候補道、府、廳、州、縣。而藩、臬、道又互具請帖，席設淮軍公所。

二十二日。周正萬素習白蓮教，而伊父及伊妻素習青蓮教。正萬强伊父、妻從伊教而不獲，遂極不相融，去年廿八日夜，伊父帶伊女在東屋宿，伊同妻子在西屋宿。半夜起，先往东屋殴斃伊父並刃其女，回至西屋，適伊妻聞聲下炕，將出视，亦手刃之並及其子。次日赴州以盗劫聞。鏡江見其神情恍惚，訊之語無倫次。元旦即馳往驗，並無盜劫情形，即控正萬是兇手。餳令鄉地留心防範，勿令逃逸，正萬以實情夜告伊出继胞兄，伊兄於次捆送州署，伊亦供認不諱。局員連日研訊，蓋習教入魔，遂詔父母妻子，皆不必要。似瘋非瘋，可以瘋定案，今日晝供。

廿四日。晨至臬署，見。勉翁本定於明日赴津，因周正萬案改於廿八，周正萬稿今日送臬署，此稿係代臬署辦也。

廿五日。周正萬案今日司中送堂。

廿七日。申刻至臬臺，見。

廿八日。勉翁辰刻起程赴津，各官皆不送。

三十日。周正萬案今日過院堂。畫供畢，周正萬言：「我有話當可說？」詢以何事，則言：「我有教經，皆被他們埋在地下，此事如何辦法？」似皆囈語，則謬之，瘋可也。子刻，雪旋下旋化，竟日紛飛，亥刻猶未息。

二月朔。卯刻行香上院，時雪已止，所積雖不及寸，而連融化者計之。約三四寸許。

初三日。上丁祭文廟。寅正，前往先祭後殿。卯刻藩憲、道憲至，隨司祭正殿，並分獻東配，禮畢少憩，又詣文昌宫，先祭後殿，道、臬憲主祭前殿，府縣分獻東西二配，禮畢天色大明矣。謹按：大清通禮文昌廟無二配。今東配祀米衣神，西配祀魁星，不知何據。「米衣」出於歐陽語，本恍惚魁星竟有字形，尤屬附會，乃与文廟之二配同用三獻之禮，習僞相倡莫之改耳。天津文昌廟不祭二配。

初四日，風。南北壇分祭，府陪藩司祭北壇，縣陪清河道祭南壇。卯正前往，辰初行禮。禮畢，藩憲言，昨日二鼓接津電，景虛訪急於交卸，運篆方勉初署運司，新放之還都轉署，臬司還未到任以前，以清河道兼署。當隨藩憲至道署道喜，未見。

初六日。午刻藩憲傳見，即往。出，方勉翁言，到津後感冒未愈，夔帥囑令不回省，請晏道憲迅速接印，道憲已定初九接印矣。方電文言，昭信股票，河南撫、藩各認一萬，通省攤派三十萬勸商民。在民，直隸州縣多於豫，勢不能少，然直隸中下缺多，未易籌也。

初八日。午至道署，偕玉磋同見。明日接印，本定辰刻，現改午刻。回署後，院上來送信，言周正萬一案定於明日請令，祇好候道憲接印再行。

初九日。午刻至臬署道喜，不見。未刻上院，藩司、署臬司先後至。大堂設公座五，各官隨同藩、臬先向上行庭參禮，藩、臬、府分東西坐。一座本係道憲坐，今道憲署臬司，故東邊虛一坐，制憲不在省，故虛中座。提犯、點名畢，正堂清苑至儀門外監綁畢，請王命旗牌，左右營守備騎馬手揮押犯前行。縣繼之，府與中協參將、署臬司又繼之。出西門，署臬司、中協參將、府，在於公祠少坐，縣押犯赴法場行刑畢，各散。

初十日。午刻，約玉磋同往謁署臬憲，見。是辰藩署懸牌，以調補部文已到，潘守春照印赴津新任。申刻至藩署，見。

十二日。蓮池書院甄别。近年以來甄别並不扃門，亦不點名散卷。今年藩憲囑令整頓，以投卷人數過多，幽貢院不能容，向來甄别皆在貢院。故生童分兩處坐。生在貢院，藩司監場，童在書院，府監場。是日天明六鐘三刻前往，人數，來者尚寥寥也。七鐘一刻開點，八鐘三刻點竣，投卷者七百九十餘名，而領卷者祇三百餘人，扃門出題，午刻蓋戳後，囑令委員陸續催令交卷。晚六鐘一刻，僅得卷二百八本，即携歸。歸後續交者十二本，共童卷二百二十卷，不及投卷者三之一。貢院坐卷投者千六百有奇，領者僅七百餘，交者僅五百四本，亦不及三之一。生題：「子曰：君子病無能焉」四章。「諸生個個王恭柳」，得「生」字。童題。「是以如是其急也」至「易地」，「思下有文章」得「章」字。藩司代制軍出。

十三日。祭文昌。五鐘前往，先祭後殿，藩司、署臬司先後至，祭前殿，分獻東配。張府經日陞白文稱拏獲盜犯劉三刀、王小羣、曹小五三名，劉三刀乃著名兇盜，去年十一月搶刦南七工主薄衙門，贓數甚鉅，兼有强姦婦女情事。該犯自知罪重，被獲後乘間服毒身死，不得明正典刑律矣。

十四日。午刻偕玉磋謁署臬憲，見。王小羣等今日發局，回署後請鄒令祥生等提訊。據供著名盜首張來柱、北王老及夥犯張二已被永清縣拏獲，揑報鬼名，即派人往提。

十五日。祭關帝廟，五鐘二刻前往，先祭後殿，藩、臬至，祭前殿。禮畢，天明。又隨藩署訪文廟行香，即上院，與署臬憲派黃全國瑄往永清提盜犯。

十六日。午刻赴道署，見。申刻赴藩署，見。馮伯崖太史思崐自都來，湯大使世晉於今日開弔，與伊至親，故來。伯崖言及昭信股票事，有合肥五千、常熟三千之説，山西匯票莊有公湊三十萬之説。今日藩署宣布李筱軒回本任，河間如鶴儕撤，省委趙太守德襄前往署理。關口北道與鶴儕甚不融洽，李搏霄與鶴儕幾至互訐，不知爲何事。

十七日。早起左骽忽痛，勢不能舉，勉强出城拜客，歸來而痛未止。局員來商議案情者數起，餘客俱不能見。晚赴藩署之召，甚勉强，幸未失儀。夜以燒酒調七釐揉擦良久，始寢。

十八日。大骽痛小愈，請假一天。

十九日。續假一天。是日請各署及本署幕賓。院署陳雨樵、紹藩，藩署章莘農、錫田、陳孝卿、錫綬，臬署吳絺舲、壽清關、武仲、本儉，道署孫春舫、詒謀、及本署三友到，署鮑硯耕，臬署關蘇生、敏儉不到。

二十日。銷假。是日得都下信，言英國借款已定，許償日不許別用。以浙東、蘇、松、江、皖、九江、鄂省百貨、鹽釐作押，歸赫德掌管。自山東以北練軍均用俄人，一切教習歸俄人簡派，中國並不辭退，不得更調，悉聽俄人之命。兵權、利權皆授於人，奈何！

廿一日。午刻赴道署，見。蘇春雲長慶邀喫午飯，到。

廿二日。午刻赴道署，見。上燈時土地祠西廂火，燒老房二間。

廿三日。晚請客，趙贊臣、馬晉卿二太守，謝子治、慶宜壘二司馬，聯雅堂別駕、朱允卿直刺、謝方塘太令皆到。

是日申刻健卿自都回。

廿四日。

廿七日。午刻請客。張西園協戎士翰、余幹臣參戎子才、蘇春雲長慶、李松亭都戎、王岑元占魁、張春甫泰、勞玉磋太令皆到。

三月朔。卯正行香上院，是日雪約一寸。陳彥甫自正定來。

初二日。申刻赴臬署，見。夜請　張觀侯先生。

初三日。巳刻藩署傳見，偕玉磋往。

初六日。劉健卿進京接新親，擇於月之廿九日爲三兒完婚。

十三日。浙紹會館春祭，午刻往，申刻歸，館中苑央福福之館，自成一院，爲同鄉喜事暫假之所。今日往視，爲新親借用也。

十五日。卯刻行香上院。

廿五日。大女、二女自都來。廿三登車，申刻到，新親於十九日在京乘火車至津，小住二日。廿二日自津開船，亦於申刻到。新親陳紹達肇孫候選州同，壬戌解元光暄之堂姪孫也。原籍紹興，入籍。

廿八日。行納采禮，午刻過盤，女家即於申刻送妝。是夜雨。

廿九日。自早晨起客來，絡繹不絕，人爲之疲。申初發轎，酉刻新婦至，行合巹禮，禮畢，微雨。黄昏客散。

三十日。午刻會親，男客到者，新親家陳紹達及紹達之母舅袁霽雲比部通彥。女客到者，紹達夫人及陳瑞伯之二弟婦。

閏三月初一日。三兒夫婦回門。

五月初一日。卯初行常上院。得電信，榮中堂於今日午刻抵津，申刻接印。

初二日。晨訪梁敬之，酉刻訪藩署，見。

初三日。巳初訪臬署，見。下午梁敬之來。

初四日。未出門，早起雲陰四布，西南風來，日光微露。夜亥刻微雨，電光閃閃而無雷，旋而晴朗。瑞伯宰鉅鹿七年，言縣屬有三十六村，猶漢代黃巾餘燼。村中多張姓，無關牡繆廟，人多强横，吏役不敢往捕人，錢糧由村中自行斂齊，赴縣完納，即不足，亦不敢與較也。自漢迄今，千數百年而風俗猶如此，蓋教化之不講也久矣。

重五。辰初上院，至各署賀節，皆不見。聞上月卅日有電，旨召祝春材帥。

初六日。昨日至電局得見閣抄，夔帥已授户部兼書軍機大臣，在總理各國事務衙門行走。孫燮翁得協辦，榮相實授直督北洋大臣。得伯棠書言，局面之變當不止此。

初七日。酉刻詣藩署，見。

初八日。辰刻詣臬署，見。

初九日。連日酷熱，庭院中暑氣侵人。高陽、安州、定興、新城均於初三、四日又得雨。趙州之寧晉於初一得雨三寸。

初十日。午刻山西何相山方伯自豫到此小憩，往謁，見，年已七十五矣。未申之間雨，約一時許即晴，當不能以寸許。

十一日。傍晚至院署訪陳雨樵，適摯甫在座，談許久。

十二日。蓮池書院官課，輪應本署考試，辰刻前往點名。新奉停止時文，改用策論之諭，故今日出一論題，「作事謀始」一五古詩題「農夫詞」。派田綸閣大令監場。交卷以日爲度。

十三日。祭關帝廟，丑正前往，先祭後殿，兩司至，隨同祭前殿。申刻訪臬署，見。是交子刻，微雨數點，交丑刻又一陣。

十四日。是日爲四兒聯姻趙氏松生大令景林之女，忠郎公之堂姪女也。天氣甚熱，夜不能寐。

十五日。早四鐘一刻出門，詣文昌宮拈香，又至文廟隨藩臺行禮，即上院。高道臺於傍晚回省，途中受暑，不見客。陸桴亭答郁儀臣論學校書云：「秦制學法令者，以吏爲師，秦特法令不善耳。著法令而善，則學而後入政禮。孔子所謂道之以政，齊之以刑也。至漢則不然，雖有學校而無學校之制，聽天下自爲學術，而上之人從而雜用之。故漢治最雜，有用儒術者，有用黃、老者，有申、韓刑名者。然漢雖未賞以學校教人，亦未賞以教法壞天下之人才也。晉唐以後，則又不然，治天下，初未嘗文章詞賦，而教人學作文章詞賦。至於學成而售矣，則不使之委而棄之，而用吾所頒居官之法律。是學校之制，三代善教，秦不善教，漢不用教而晉、唐則又教懷人才而後用之也。」按：此一段論學校，能得其本。今日時文，即晉、唐之文章詞賦也，近年明諭改爲策論矣。就策論而論，只與時文何殊，且時文有法度可循，策論則支離掇拾，猝不能抉其是非，故看時文易而看策論難。康熙年間，旋改旋廢，其如此歟，今欲力洗蹈其之習，亦難責實而已，責實之道，亦非一端。取其所長略其所短，其在分科之法乎。

十六日。月食，九分二十八秒初虧，寅初二刻九分二十八秒月入地平，寅正二刻七分帶食，七分三十八秒食甚。卯初刻十一分四十四秒在地平下。復圓，卯正三刻十四分。在地平下。三點鐘起，行救獲禮，遵功令也。酉刻赴藩署，見。順道拜客，薄暮雲陰四合，西南風作，雲散月出半雨，微雨數點。

十七日。晨，風改東北。未刻北方重陰，雷聲隐隐，怪風暴作，而仍不雨。酉刻赴道署，見。戌亥之間小雨、風息、雲稀，庭中熱氣爲東北風所蕩除，雖不雨而宧中能寐矣。

十八日。晨暴雨一陣，旋息開霽。巳刻赴臬署，見。酉刻赴藩署，見。藩臺明日赴津，囑勿送。歸署已日暮。正喫晚飯間，忽縣中來報，北關外甘軍打毀法國教堂，將洋人毆傷，捆縛入營。飯罷，臬臺傳見，即往。途遇張西園，約出北關彈壓。囑先往，即至臬署，偕馬東園刺史同見，即同出北門。時陰雲四合，大雨如注，勢不能行，在光順酒店避雨，約兩鐘許，雨漸小，冒雨至甘軍吴管帶處。西園在彼詢悉，今日傍晚時，有甘軍中營哨官何文儉、劉萬善二人帶領，路遇法國教堂門首，問一賣瓜小童：「此何處，可進一遊否？」。童云：「可」。二人即推入進内，堂中人攔阻不服，口角争毆，堂中人閉門將二人捆起。該哨勇丁聞信，糾衆前往，打入堂内，將何哨官搶出。打毁門窗什物，洋教士杜保禄、華教士王儉芝皆受傷，勇丁又將兩教士、一工人拖至營中，勢汹汹將欲焚堂，該營管帶姚興壘旺、趙正定不在營，幫帶劉姓前往彈壓，勇丁始歸營。清苑陳令赴該堂勘驗，至營中安慰兩教士，勸令回堂，兩教士不肯，非派兵百人護送不可。時已子刻，猝不克派兵弁，因先歸署作兩稟，稟藩、臬二憲，丑初始安息。

十九日。三鐘即起，五鐘陳令來，言五鼓已將兩教士陪送出營，進城暫寓北街慶祥客店，其一人遣令回堂。即偕至臬署，見。又偕至藩署，見。臬臺亦至藩署，藩署言，已接昨稟，電稟督憲矣。目前辦法，必須先將教士送回，再議了結之法。當囑陳令將堂中人侯鎮東找出，令伊勸駕，又令章全籌會同陳令先往堂中，將打毀門窗什物，眼同該堂中人開具一單存案，赴慶祥店勸教士回堂，言非有兵役不可，並欲在該堂門前札兩帳房，常行保護。往向張西園相商，而西園不肯，言非章帥諭，不能派兵。經臬臺往説，西園始允派二十人、保易軍派八人，在該堂常行駐紮。陳令往勸駕，教士始允回堂。旋以天晚兵役不齊，言定明日午前十鐘護送回堂。

二十日晨。赴臬署，見。藩臺亦至，津電來，令先多派兵役送教士回堂，派張道蓮芬帮同辦理。與現在所辦相合。歸署，得教士來函，言保伊命方肯回去。余恐其借此俄延，即親赴慶祥勸慰。該教士忻然歸，陳、章二令送往。初議，教士歸後，陳令偕姚管帶前往見面，即可解釋前嫌，而教士不欲姚往，蓋欲藉此要挾，一見面反不好説也。侯鎮東言，堂中有電予總教杜國良，明日十鐘電來，當有説法，姑俟之。亥刻臬臺又傳見，津上又來電，催令速了。已擬一電，令往與藩臺商定即發，同見者東園、瑞伯、僧侯，即偕往藩署，將覆電商定，歸署已交丑刻。

二十一日。張西園來，又赴臬署，見臬臺，言昨日督電係添派姚道文棟來，我等必須先辦有眉目，方不落人後，令即往與教士面議此事，午後約同梁敬之太守、馬東園直刺、陳、章二令及西園於五鐘至該堂，詢知該堂京電才到，即與教士晤面，杜保禄將京電持視，乃法文，無人能識。據杜言，樊總教電稱，第一款，滋事勇弁須懲辦，我不要他腦袋，我不要他性命，但照大清律辦，我不要利害聲明。第二款，教堂在北關外，從前常有兵勇滋事，中國官員勢難保護，要在城内給予有住屋地基一處，將該堂互相掉換。第三款，移堂之時，要地方官護送進堂，不要人説我外國人害怕跑了。第四款，我教士受傷，不要養傷之費。夫役受傷，要給養傷費。第五款，打毀門窗什物要賠償。能如所請，即可在外議結。當與諸員進城，先至藩署，見。令將此議請臬臺擬電速發。遂至臬署，將此議稟明，歸來已在上燈後矣。是日張觀察自津來。

二十二日。晨，張觀察來，言下午赴教堂撫慰教士並至各營。午後姚子良觀察文棟自津來。

二十三日。往拜姚觀察，即至藩署，臬臺、張、姚二觀察先後至。姚本定九鐘赴教堂，直至午後始往，姚慮前日所議，未經闡單或有反覆，故前往索一單來，酉刻赴臬署，藩臺、高道臺、姚、張二道先後至。張西園亦至。姚所索單，大致相符，唯第二款改爲要公所地基，其意不可測，其單系半開紅紙，亦何足爲據？而姚之意得甚公，公擬與中堂發電，姚主筆，作爲初次定議，藩憲將「初次」二字刪去，姚意不怡而未發也。散時亦已上燈。

二十四日。陰，早六鐘，臬臺來函，言中堂覆電來，言所議五條當妥，即照議速結。令八鐘赴藩署會商未盡事宜。七鐘出門拜張觀察，見。又至豐備倉一看，即赴藩署，姚先至，臬臺良久始來，坐定，言及移堂。余言既許移堂，必有地基以應之，豐備倉似可以備選。姚云，此意不可露，如欲如此辦，我即不管。姚又欲一人獨發一電，其意欲將教士等先借一地以居之，事結後再與之磋磨，蓋欲一人居功，而將爲難之事諉諸地方官也。藩憲言一人獨發電，中堂將疑我等有意見。發電亦須聯銜，斷斷相持歷已過午兩時之久。始聯銜發電。驟雨一陣，過午始散，歸署飯後，二鐘雨又一陣而息。往見臬臺，言姚公早晨來，謂此事爲府署辦糟，此後會議不可令府縣知，臬臺與之辯論數四，並欲一人發電，阻之不可。午前在藩署委曲牽就，而始有聯銜。其意蓋移教堂一事不可驟允之也。然其初到之時，曾言此五者皆不可不允，不允反覺小氣。何其自相矛盾也？余於移堂一事，前此開議時並未允許，而姚到堂中，即慨然允之。此時何從挽回？聞伊明日欲遣翻譯往詢賠償數目，必須令陳令偕往，方與商議不斷氣，否則如侯鎮東並不羈縻之，即生枝節矣。臬臺以爲然。瑞伯言姚到堂中大聲言，此事皆由府縣保護不力，中堂派我來查辦，府縣皆須參處。杜保祿云非府縣之力，我等無命矣。姚又言，中堂命我來專辦此事。杜保祿云甚好，即請定議。姚則又言，移堂之事尚須商之府縣。是日酉刻，姚連得堂中兩書。前一書言，我等賴有府縣保護，萬不可將府縣參處。後一書則要淮軍公所及舊道署內予一處，與教堂掉換。姚得書大窘，即赴藩、臬兩處商定如何覆之。臬臺云，伎倆畢露矣。近來熟悉洋務，大率如此等輩，人才之乏可勝浩歎。夔帥曾言，姚是做文章人，蓋彌不許之。上燈後雨，五鼓大雨。

二十五日。晨至敬之處一談，即赴臬署，見。臬署言，今晨得中堂電，此事已在京議定，可不必聚訟矣。中堂電言，前因杜教士有須候樊主教覆電之語，當派胡直牧良駒入都，與樊主教面商辦法。茲接胡牧電，樊主教云「第一款，教士受傷自醫，無庸給費，惟夫役傷三名，每名給百金；第二款，教堂門窗被毁並遺失各件無須賠償，惟北關地勢孤僻，擬向城挪移，將清河道舊署互相調換，不給改造遷移之費；第三款，滋事勇丁、哨弁照中國軍律懲辦，地方官免議。移堂之日，請府縣設筵款待以彰交誼。樊主教一面照會公使自行議結」等語。查與該司等所議大致相符，有恤費而無賠償，亦爲省便，已餳胡牧告知樊主教，轉電杜教士遵照。望即依此議結，切速具電以憑。電奏時藩憲亦在座，言昨日姚之窘狀。臬臺言伊等今日即往與定議，因候鎮東爲姚招往，當約四鐘前往，屆時與敬之、瑞伯、及侯四人赴堂，知伊堂電未至，此區電杆壞。當將津電説與杜聽，杜言即在外議結，何以樊國良又在京如此辦？惟中國有上司，我亦有上司，樊主教即我之上司，既如此説，我亦無可説，惟須俟電到，看相符否，舊道署亦須勘視一番再行定議。當將此議至兩司交回。歸來未上燈。是日各巷五道廟皆點燈燒香，僧紀五道神生日也。

二十六日。晨，縣中送信，言教堂京電已至。午後赴舊署勘視丈量。

二十七日。晨赴臬署，見。敬之、瑞生諸公同見。道署地基除去後面三十六人之墓，酌留三畝許，前面道署科房、馬號未經勘丈外，計地十畝六釐零，房一百三十四間。是日又發津電，藩司之意，諸多窒礙當欲挽回也。

二十八日，初伏，庚辰。晨雨。遇伏有雨伏雨必多。酉刻赴藩署，見。夜雨。

二十九日，夜雨。

卅日，半夜大雨。

六月朔。卯初行香上院。又赴臬署，見。酉刻赴藩署，見。夜雨，史甫同令來。

初二日。辰初臬署送津電來，教堂事已畫押完結，惟欲割留墳廟三畝許，樊初不允，擬將署旁民房拆讓補足三畝之數，樊始允。令即籌辦妥協具報。因與敬之諸公商酌，今日先將前未安置之東西科房及馬號之地丈量，如符此數，免購民房，致費用相當。赴臬署，見，臬臺之意亦同，令今日即將地皮勘丈明晰，赴教堂與之定局。午刻堂中人來言，伊電亦來，請陳令先去面談，乃知中堂已派胡牧偕教士林懋儉同來定界，該堂須候二公來，此時不能談也。申刻至道署督餳縣委員將東西科房、馬號分段丈量，署後舖面系民房官地，一併勘丈統計，地二畝九分七零。計房六十九間半。合之前數約十三畝零，足抵該堂地畝之數。即赴藩、臬二署，見。本日即發津電具報。榮相電言：省城不能了結，是以逕向商辦，今賠既少，地方官又免參處，辦理甚屬持平。豈知省中業已辦有眉目，何至以道署遞予之耶？政令如此，可發一歎。後半夜雨。

初三日，晨大雨。

初四日。晨，臬臺傳見，裕方伯初二登舟，今日泊上皇廟。安州南十二里。

初五日。早五鐘一刻接差。出南門登舟，八鐘三刻至仙人橋早飯，少憩。聞裕方伯船在蓮花橋停泊。解維往迎，中途相遇，適方伯小睡，隨之行至仙人橋泊，登舟見，時已未初。仍坐船歸，至上閘登陸，至南門龍王府茶座，時將四鐘矣。六鐘二刻，裕方伯舟始抵南關，到茶座與各憲談許久，即進城，入公館。兩江會館。

初六日。早至兩江會館，客來者絡繹，余等南坐，談未數語，臬臺來，即出。酉刻至藩、道署，與法人樊懋儉定地基界限，齗齗者甚久始定議，歸來已上燈。

初七日。八鐘又至舊道署勘立界石，酉刻赴臬署，病不見。又赴裕憲處，見。同見者瑞伯千里。

初八日。早八鐘赴北關教堂，勘收地界，堂中人言一草一木皆不動，而我之舊道署營務處搬得雜亂，活樹一株亦鋸之去，相形之下，可發一歎。午刻赴藩署，裕方伯未刻接印也，客一概不見，即赴道署，見。

清河道舊署建於康熙四十一年有韓文懿公墓。碑文紀事。

「慕廬文筆擅當時，剔蘚剜苔競讀碑。閑坐豆棚諸父老，爭將舊事說康熙。」

初九日。早九鐘法教堂遷居，余至舊道署候之。瑞伯千里出城護道，進城張西園亦至，設席二，法人三，林、杜之外又有一諭姓，東渠村教堂神甫中人三，王、張晨抵縣教堂、侯。主人四，府縣協戎胡直牧也。法人甚歡喜，席終始散。赴臬署、藩署、道署，皆見。酉刻赴兩江會館，見。教案之起，凡二十二日而事結。

六月初九日書事：「銅虎符分使廨雄，枉將經始記韓公。許田璧假謀何狡，漢寺經來事詎同。與此竟非孤始願，不矜疇與汝爭功。臨漪亭北蓮池側，遺碣摩挲夕照紅。景教東來孰厲階，枉申高議衆相排。和宮遠仿唐祆寺，邸第弘開漢藁街。鼉吼但聞長夜鼓，虎頭空憶舊時牌。荒祠寂寞英靈護，留得清陰覆古槐。」

初十日。未出門，高道憲於今日上工。

十一日。酉刻赴兩江會館，見。
十二日。申刻赴臬署，見。
十三日。辰初赴藩署，裕方伯命查庫，具文也。檢點大數，即赴兩江會館，見。又赴臬署，見。酉刻雨，上燈後又雨，皆小。五鼓雨淅瀝不止。
十四日，雨竟日未息，入夜更大，四鼓方息。
十五日。卯初行香，辰初上院。
十六日。酉刻赴臬署，見。
十七日。赴道署、臬署，又至邢家牌樓，員方伯移居也，皆不見。夜四鼓雷雨。
十八日，晨雨，巳刻晴，午後忽雨忽晴。
十九日。辰初上院，兩司先後至，鉅鹿築城二，缺掣籤也。酉刻至兩江會館，見。
二十日，午前晴，申刻雨，亥初三刻立秋，是時雨止。亥正又雨，四鼓大雨。
廿一日。辰刻員方伯赴津，茶座設龍王廟，同城文武齊集送行。是日辰酉淅雨，黄昏三鼓雨。
廿二日，夜雨。
廿三日。祭大神廟。寅初前往，適暴雨一陣。寅正上祭，時雨止，辰刻開霽，天氣復熱，酉刻至兩江會館，見。孫孝泉於今日卯刻作古，身後蕭條，又費周章。
廿四日。
廿五日。晨，赴臬署、兩江會館，皆見。又赴各署拜行。酉刻至孫孝泉處一弔。
廿六日，寅刻赴萬壽宫拜牌，卯刻至藩署、道署，裕方伯移入署中。巳正登舟赴津。五十里東安屯，二十里膳馬廟，二十里安州，泊。時已七鐘一刻，劉藴璵刺使來，言新築南堤之端村以下，近日險工叠出，危急異常。今日甫從該處來，似可保住。所説上游水不再來，此隄無恙，則隄中所種稻田可值四十萬。距東安屯兩里許，有决口一處，據劉刺使言，該處地向來一水一麥，故水來時，即不决口，民間亦必挖决口放淤，秋後種麥，勝於尋常。戌初小雨，連日天氣酷熱，是晚在舟中尤甚。竟夜汗淋漓也。

廿七日，陰，東風甚大，天明開船，逆風行。七鐘至新縣，距安陽二十四里半。鄒州判源來，言王營決口，水盡入新安之東北鄉，被淹者數十村。今年静園僅割兩成，不及去年矣。一路園地多被淹，高粱皆在水中，如無風，收獲時尚有數分也。雨至，遊雨蘆塘中兩次，午後三鐘甫抵太平橋暫泊，距新安廿五里。謁高道憲於龍王廟。回舟，王林山大令自雄縣查案遇此一見。即開行，卅里苟各莊泊。此地屬任邱。時已□鐘，此地有百餘户，尚不貧。是日涼爽。

船窗觀雨：雨點落於水面如珠，有圖暈如盤，香山「大珠小珠落玉盤」句可以借用，東坡「白雨跳珠」尚祇肖其半也。

廿八日，晴，西南風，四鐘開船，行四十里史各莊，有橋，屬雄縣，郭蔭庭大令來見。少泊，挂帆行四十里，蘇橋。六十里臺頭，泊，時七鐘。是日風過小，故所行止此。是日又熱，二鼓雨。

廿九日，北風甚大，小雨。四鐘開船，仍泊，迎風也。八鐘二刻風略小，開行十八里獨流街後，地名獨流大橋，時十一鐘二刻。船户至其家中，又泊。十二鐘二刻風轉西南，挂帆，六鐘到天津。計七十里，一片汪洋，如無風，甚難行。上燈時，吕秋樵大令來。知員方伯明早回省，即往楚公所，見。夜微雨。

七月初一日。五鐘二刻上院，七鐘二刻見，又見幕府奭少南、楊俊卿二觀察。赴三道運司，以閱卷不見。津、關二道出門未遇。飯後又進城拜客，見晏誠卿觀察、馮少芝司馬。

初二日。晴陰。午前至紫竹林拜客，見子静、少甫，適汪笙督寓於子静家中，伊言親者無失其爲親。似前事已釋然矣。申刻進城，見李少堂，即上院，見婁株塵，在甫處坐侯良久。六鐘中堂始見。每日午後必睡兩時許，故見客總在五鐘以后。

初三日。辰初上院，辭不見。午後出門拜客，見袁慰庭、盧訪、任月華觀察。晚赴子静之招。今日盛杏辨送榮相禮八包，約值萬金，榮相收四包，亦值五千金，從此前隙盡釋矣。繆恒菴請第一樓晚飯。

初四日。晨，客來甚多，午後拜客，七鐘登舟。

初五日。天明開行，卅里楊柳青鎮背後循西隄行，過當城高家莊坨力府出決口，匯入大清河。此決口距坨力府四里，距獨流八里。泊獨流大橋時，方五鐘，舟人言距臺頭當廿五里，一路大窪，無縴路，西南風未息難行，遂泊於此。舟人皆獨流人，亦皆歸去一看也。舟人言，此處本有大橋，長三里，久圮。

初六日。天明開行，南風，廿五里臺頭，七鐘。舟人暫泊喫飯。八鐘又開行，過富貴營、荷溝、左各莊，六十里蘇橋，多橋。三里苑家口，過橋泊。橋本九孔。時六鐘二刻。

初七日。三鐘開行，十七里藥王廟，二十里史各莊，時已十一鐘二刻，韜泊喫飯，十二鐘二刻開行，未數里，風轉而北，揚帆行窪中，越苟各莊，時三鐘二刻。風勢愈大，泊蘆塘中，雷雨交作，六鐘雨止，開行未及二里，遇裕方伯船，過船碣［謁］見，我船隨之順流而下，至苟各莊，裕方伯泊船於此，我船亦泊。

初八日。四鐘一刻開行，北風揚帆，三十里趙北口，遣人至道憲交掛号，其閽人當未起也。廿五里新安，廿五里安州，時十二鐘一刻。二十里膳馬廟，行大窪中，迷路約一刻許，方得路出窪。二十五里東安屯，有橋。又過新橋，二十五里仙人橋，五里下閘，時七鐘二刻，過下閘，水勢甚小，行甚遲，九鐘二刻抵上閘，有劉爺廟。登岸，先入城，追行李到署，已十一鐘多矣。是日計行一百七十里。

初九日。晨至臬署，見。順道拜客。

初十日。在署清理積牘。

十一日。午前出門拜客。

十二日。晨至蓮池書院，代藩憲考官課。申刻赴臬署，見。

十三日。

十四日，雨竟日不息，申刻冒雨至北司，代勘過院案八起。二鼓雨勢更大，達旦未息。

十五日。五鐘出門行香，七鐘上院，雨又作，午後閃晴。

十六日，晴霽。

牽牛花：

一笑嫣然露氣含，明河耿耿月西南。小名呼作勤娘子，籬角剛開花兩三。

十七日。晨赴臬署，見。上燈後雨。

十八日。作京信，伯唐、松友、左禄。便差帶去。

十九日。

二十日。申刻赴臬署，見。白露，淅雨。

二十一日，晨，出門赴衛觀察處拜壽，不見。

廿二日，夜三鐘雨。

廿三日，雨竟日不息，入夜愈大。今日交白露節。

廿四日，午前雨，午後雨止，酉刻出門拜客。

廿五日。晨出門拜客，中途遇雨，歸。午後雨止，酉刻赴臬署迎壽。夜三鼓後又雨。

廿六日，晨雨未息，冒雨至臬署拜壽，不見。即歸。午刻雨止，夜小雨。

廿七日。七鐘赴臬署，下午三鐘裕方伯自津歸，茶座在龍王廟，同城文武出迎，赴藩署，不見。是日，早晨濛濛細雨，旋止。

廿八日。晨赴藩、臬二署，見。是日晴霽。

廿九日。晨赴臬署，見。出城至畿輔學堂晤子春、映庚，酉刻赴藩署，見。

畿輔學堂規模宏敞，因經費支絀，僅收學生四十名，另有自備資斧者二十人，願入堂者甚衆，而勢不能一律收考，近直隸紳士忽有公函致榮相，請改蓮池書院爲省城高等學堂，而改畿輔學堂爲保定郡城中等學堂。於是堂中諸生譁然。聯名赴各衙門遞章。臬司之意，候藩司回省妥籌辦法，乃藩司來則言，榮相已接公函入告矣。臬司與藩司再三辯論，始允將「畿輔」二字挽回不改，而「高等」，中堂則不能再行改議。今日赴學堂，將此意告之學長諸公，囑必照常督課，勿稍懈怠，諸生始悵然。余意蓮池即改學堂，亦不妨與畿輔學堂各擲旗鼓，稍有高下，必另起爭端。臬司與藩司亦將此意告之。藩司言，如能另立中學堂，則畿輔學堂亦可與蓮池並行不悖。臬司言，如能另創立中學堂，我願捐千金爲助。然此事未易籌也。

中國之事，無一不用其爭。豈真氣數使然耶？人人自爲計而全不顧大局，杞人之憂正未艾也！

三十日。晨赴臬署，見。

八月初一日。五鐘三刻行香，七鐘至龍王廟送臬憲赴津。

初二日，雨，午刻甚大，竟日不息。交夜十鐘後勢更大，五鼓猶未止也。

初三日，三鐘三刻雨漸止，出門訪文昌宮，先祭後殿，後陪藩憲祭前殿，分獻東配，辰刻閃晴。

初四日，晨晴午陰。申刻赴藩署，見，歸途小雨。

初五日，陰。

初六日。一鐘赴文廟，先祭崇聖祠，三鐘二刻藩憲到，隨同訪大成殿行禮，分獻東配，四鐘二刻歸署。

初七日。六鐘二刻，訪南壇行禮。即神祇。藩憲祭北壇。因臬、道二憲皆不在省，故主祭南壇。申刻陳意川都事壽平來，學堂疊長向允同文館英文副教習。是夜十一下鐘，地微震。

初八日。秋分，祭城隍廟，早八鐘行禮，禮畢，赴藩署，見。是日天氣晴朗。

初九日。伯唐自滬來電，囑遣人接春至保，不知何事。

初十日。發滬電及京信，迎臬憲，今日自津回省，用小火輪船拖帶。

十一日。出西門至畿輔學堂，拜陳意川。申刻赴藩署，見。定州徐子樹同年於昨日作古，良吏也，可惜之至。榮中堂於今日進京。

十二日。晨代臬臺考蓮池書院官課。袁侍郎暫獲督篆。

十三日。三點鐘至關帝廟，先訪後殿行禮，四鐘藩臺至，隨同訪前殿行禮，禮畢，五鐘歸，少息，七鐘一刻聞迎臬臺。將出城，至龍王廟，八鐘臬臺到，茶座少談，即隨至臬署，適藩臺來，久談，故餘客皆不見。申刻訪藩署，見。二鼓得電信，裕壽山尚書補直督，榮中堂在軍機大臣上行走，節制北洋各軍。

是日適看温公易説，於乾之「初九潛龍勿用」云：「是故冬華而雷，爲妖爲笑，人燥而狂，爲兇爲殃，皆時不可用而用之也。乃知君子之言有著著蔡。

十四日。晨，赴臬署，見。

中秋，晴。晨八鐘行香上院，並各署賀節。是晨，聞楊深秀、楊銳、譚嗣同、林旭、劉光第、康廣仁已於十三日正法。黨禍至此，慘矣。戴澤致靖交刑部嚴行監禁，張蔭桓押發新疆嚴行管束，幸矣。裕方伯調任甘肅，甚不悦。迴避。曾方伯調直。

書事：

「之奇盡室行，伯玉近關出。君子見幾作，必不俟終日。哀哉稚𧟌子，營營競觸熱，浮名嬰網羅，絆羈曷遺脱。白首竟同歸，春山慘埋骨。千秋萬歲後，疇秉董孤筆。」

十六日。廷臬憲調署藩篆，仍兼署臬。行新政者，辟諸祛病，欲速則不達也。

十七日。申刻赴藩署，見。正坐談間，方伯接家電，調江寧，喜見於色。袁方伯昶調直。袁方伯與裕帥同宗故。

十八日。晨赴藩署道喜，不見。至趙松生處看視，松生於十五子刻謝世也。得電，袁方伯以京堂留在驛署，廷用賓奉尹杰升直藩，廷邵翁升奉尹。

十九日。巳刻赴臬署道升官喜，不見。至浙紹會館秋祭。飯後三下鐘又赴臬署，廷邵翁印在本署接藩篆也，道喜亦不見。

二十日。早十一下鐘，赴臬署，未見。

二十一日。早赴臬署，見。

二十二日。申刻赴道署、臬署，皆見。

二十三日，酉刻陰，漸雨，六鐘赴道署。晚飯同席者春生、敬之、允卿、輔臣四人，瑞伯辦兵差未及到。正入座間，天大雷雨，旋止。夜四鐘雨又作，大雷雨以震，今日申刻已交寒露節，陽氣不減，失於時矣。

廿四日，天明霽，申刻赴藩署，見。赴臬署，以腹瀉未見。

廿五日。

廿六日。申刻赴臬署，見。

廿七日。孔子生日，辰刻赴蓮池書院公祭。藩、道皆到，九鐘赴畿輔學堂送學。陳疊長開館也。十鐘赴藩署盤庫，十二鐘赴臬署，見，歸來已十二鐘二刻矣。

廿九日。赴臬署，見。又赴袁方伯處，見。腰瘍漸愈，尚未收口，不能束帶，大約須養息月餘方能歸里。

九月初一日。得津電，周臬憲於今日登舟開行，初八日接印。午後至南司晤章藹堂，知三書房皆蟬聯府發審，北書房孫春舫代庖不辦事，須另延聘。夜藹堂來，爲春舫説項，婉謝之。是日見廷憲。

初二日，晨藹堂又爲春舫來。申刻赴臬署，廷太夫人明日生日，今日迎壽。至院署，晤陳與鳳，遇吴藕舲在座。商酌延幕友事，未能遽定。

初三日。晨，赴臬署拜壽，皆不見。

初四日。赴臬署，晤吴藕舲，北書房擬延婁晉三，藕舲以爲甚好，明日即發專函。

初五日。巳刻俞恒農自天津來，裕方伯來。

初六日。早五鐘二刻，登舟迎周臬臺，至下閘稍候，周臬臺船來，過船見。乖轎回至東關茶座，十鐘臬臺到，各憲延入，稍談即進公館，兩湖會館。又至公館，不見。

初七日。早至兩湖會館，見。周臬臺言，明日接印，又至藩署，適裕方伯出門，久候始歸，見，明日午刻起程入都。戌刻微雨。

初八日。早七鐘，赴臬署，八鐘一刻，周臬臺來接印，諸客不見。歸署喫飯，十一鐘赴北關茶座，候司道到齊即赴漕河，時方一鐘。二鐘二刻，裕方伯來，少談。送行歸來，四鐘一刻。

重九。早赴兩湖會館，見。至蓮池書院晤吴蘭石，長談。書院風景頗佳而無人灑掃。鳥糞滿地，雜以敗葉，污穢不堪，可惜也。惟登樓四望，聊應登高之意而已。

初十日，董宫保福祥自南來入都，七鐘出西門至茶座，宫保遣人來擋駕再三，乃歸。午初至藩署，延署憲移居也。酉刻至臬署，周臬臺亦自兩湖會館移居署中。

十一日。天未明，雨甚大，天明未息。巳刻漸小，午後晴。

十二日。至蓮池書院。清河道官課，代點名、命題。

十三日。

十四日。晨至畿輔學堂，晤子春、映庚。申刻赴臬署，見。

十五日。辰刻行香上院。董軍於初九日在蘆溝橋與鐵路洋人互鬨，女鬼子用鎗放傷甘勇二人。甘勇羣起，將車站打毁，鎗轟二通一名，洋人亦受微傷。聞起釁因洋人有一小巴兒狗，甘勇索之不予，以致爭毆，車站洋人全數回津停工不做，意在要挾。洋人之驕横，甘軍之滋事皆可惡也。

十七日。申刻赴臬署，見。是日彬士定親，女家杭州張氏。子春來。

十八日。晨赴藩、臬二署，皆見。

十九日。松年夫婦進京。

二十日。申刻公請周廉訪，在淮軍公所。

廿一日，婁晋三先生園誥自昌平來，北書房友人。

廿二日。

廿三日。赴臬署，見。巳刻。

廿九日。申刻赴臬署，見。

卅日。午後赴臬署，今日提獻縣案親訊也。案中人數太多，天黑尚未及半，約候初二日再訊。

十月初一日，七下鐘行香上院，藩臺抱恙未到。

初二日。午後趙宅延請題主。是日臬臺又提獻縣案親訊，因事未到。

初三日，雨。未刻至税務角路祭棚。趙宅今日出殯、祭畢，赴臬署。晚請婁三晋，斐師、越橋、覲侯、恒農作陪。

初四日。

初五日。

初六日。松生初鼓自京歸。是日雨，夜半漸雪。

初七日。赴藩署。申刻。見。

初八日。

初九日。赴臬署，申刻。見。赴藩署，見。

初十日。六鐘一刻，赴萬壽宮，七鐘二刻各憲到齊，隨班行禮。午刻在署請客，陳意川、陸映庚、家菴及耀五，子春感冒未到。申刻赴臬臺之召，同坐者，孫麟伯觀察、梁敬之太守，陳瑞伯、原小蓬、李萍野、陶蔚堂四大令。韓總戎、孫觀察談及北河造橋，洋人用氣筒入水，直到水底而筒中無水，人可在筒中挖泥。臬臺言此壓力也，幼時嘗以茶杯試之，黏紙杯底，覆杯入水中，而杯中不霑水，紙亦不濕。當即令人持水桶以杯試之，果然。因知泰西人所爲，中人非不能，特無專心致志者耳。臬臺又言，在上海辦河工，曾購煤油火輪一隻，初駛不及用煤之速，而費用過之，且易失事，旋即售去，此亦不可不知也。

十一日。

十二日。巳初赴蓮池書院點名，本署官課。申刻赴藩署，又赴臬署，皆見。

十三日。晨赴藩署，申刻赴道署，皆見。

十四日。申刻赴臬署。

十五日。早六鐘二刻，行香上院。

十七日。未刻至臬署道喜少君在蘇完婚。未見。晤藕舲、藹堂，細談獻縣案。

十八日。巳刻赴藩署，見。

二十日。申刻赴藩署、臬署，皆見。得伯唐到京書，十五日到。半月來校天津府志物産一卷，應訂者爲箋識。今日甫畢。

二十二日。申刻赴道署迎壽。

廿三日。巳初赴道署拜壽。彬士道大姑奶奶進京，午刻行。

廿四日。感受風寒，未出門。昨晚四鼓唐家胡同劉姓火，四鐘前往彈壓，五鐘二刻歸。身本不舒，復著夜寒，頗覺委頓。

廿八日。數日不出門，今晨往拜大名道龐劬菴，談及文定宅中事，甚晰。赴藩署，見。

十一月初一日。七鐘行香上院。

初二日。

初三日。

初四日。申刻至員方伯公館，以摒檔行李，未見。赴臬署，見。赴藩署，見。

初五日。申刻至員方伯處，見。輜重已於昨日先行走河南道，方伯定於初七日啓程歸里，去山西道。

初六日。申刻赴藩署，見。廷召民方伯送楊忠愍公家書來，爲題七律一首：「義景何曾照覆盆，獨留浩氣至今存。直聲能褫東樓魄，忠悃難忘北闕恩。諫草久經傳樂石，家書長得守賢孫。代夫疏語尤悽惻，恨未當年連九閽。」此卷在容城祠廟内。廷召翁索觀，章祀生、楊銘者親送來。

初七日。員方伯歸里，送至大吉店。午初一刻出，未初一刻到大吉店。方伯同眷屬於申初方到，打尖畢，西行時已申正一刻。送行後回城，已上燈矣。

初八日。辰刻，楊東橋銘來見。詢其家中，約有田數頃，足以自贍，長、二兩房一在城一在鄉，丁口約數十人。送來手卷，係家堂尚有諫草手卷，爲人持赴都中傳觀，此時不在祠中也。

初八日。

初九日。

初十日。卯正赴萬壽宫隨班行禮。

十一日。申刻，赴南北司，皆見。

十二日。晚赴張西園之召，請周廉訪，往作陪也。

十三日。探得廷用賓方伯昨日晚車開輪，宿定興，今日宿安肅，明日進省。

十四日。天明出城六鐘三刻。八鐘二刻到漕河慈航寺，九鐘一刻方伯到，見。在寺喫飯，十鐘回城，十一鐘三刻到北關茶座，一鐘三刻方伯到，茶座少坐，即入城，至公館又見。公館在湖廣會館。卯初以遠鏡視金星，如半月形，不若月輪之大，遠也。西人言金星有盈縮，信然。

十五日。辰初行香上院，赴北司，見。

十六日。月食十四分一秒。卯刻二刻五分二十五秒初虧，辰初三刻三秒食甚，在地平下。巳初一刻九分四十一秒復圓，在地平下。在署行救護禮。初虧時以遠鏡望之如樹影朦朧，月之圍光仍隱約可見。時甚已在地平以下，不能見矣。禮畢，出門至南司，見。申初，新方伯接印，在署。往賀。號房令至公館見。迨到公館，候至上燈時，方伯始歸，客皆不見。

周廉訪有月蝕詩以示僚屬，今步其韻：「司天既可算從頭，鉦鼓儀陳等杞憂。地軸朦朧虛影隔，天文揭要云：「月繞地轉至與日相衝，且入地日引長之切綫，則月必入地影內而有月蝕。」按：今以遠鏡窺之，光遮之處，影朦朧，然月之輪廓仍隱約可辨，非全不透光也。雲衢隱約素光留。卻循黃道推經緯，漫對紅輪卜咎休。天文揭要云：「月如全蝕而能見者，蓋地雖居日月之間，其中阻逆之光，仍有透地之氣，赦而射至日者。夫光之所以能至月，即日光綫過地之氣，皆向地影之中軸而相，故於月遇地影之交，影內處處有光而微淡也。此時月之色，或淡紅或若舊紅銅，然其所以紅者，日光過地氣，即被折分爲七色若虹。而七色惟紅色難減殁故也。當日落時，有紅雲朦朧，亦此理也。而月蝕之色更紅者，因光遇之氣，加倍有奇故也。」試釋古人災異說，詩成堪此畔牢愁。

十七日。巳初赴湖廣會館、南北司，皆見。酉刻又至湖廣會館，見。

十八日。巳刻赴藩庫，今日盤庫，照例前往監盤大庫、樓庫、中庫、東庫四處，每處抽查一箱，平色相符。庫中有邯鄲縣祈雨金牌，上鐫「闓澤宏敷」四字，連座重二百十四兩有奇。同治六年六月京師請邯鄲鐵牌祈雨，有應鑄金牌以獻廟祝。恐有失，不敢留，故存儲藩庫。省城某年祈雨，曾請此牌供奉保甲局中，早晚拈香，得雨後仍儲庫。今年三次盤庫，亦罕覯之事。盤庫謁臺憲，見，所談言都親切，晚赴湖廣會館，見。明日用憲生日，而佯言已過，不收禮、門包諸費，則閽人笑納矣。臺憲贈楹帳，句云「養心雖若冰將釋，憂國猶虞火未然」，言是放翁詩。

二十日。廷臺憲入都，定十點鐘行。九鐘至湖廣會館，不見。順道拜客，即至茶座，十一鐘三刻藩憲始來，即出城至漕河慈航寺，二鐘三刻臺憲到漕河，略談。三鐘三刻飯罷啓程方歸，到署五鐘一刻。

送覺羅臺民大京兆入都時將之官瀋陽：「

李峴唐華胄，劉般漢至親，天潢傳世德，帝眷屬宗臣。執法清三輔，宣風慰四民，虛懷原若谷，庶事切咨詢。

語及艱危際，忠肝鐵石堅，事難多束手，恩重獨仔肩，方喜風丕變，還虞火未然，惓惓憂國念，三復放翁篇。

至性言無閒，庭闈日問安，潘輿方就養，萊綵爲承歡，忠孝能兼盡，行藏轉覺難，九重隆倚畀，未許挂朝冠。濟世心仍切，荊關筆暫抛，北門嚴鎖鑰，東土擁旌鐃，報國瞻移節，搜才頌下交，賓僚相送處，斜日駐寒郊。漆室憂偏積，誰憐倚柱吟，同仇惟士氣，固本在民心，君若持鈞軸，人思溉釜鬵，芻蕘宏採納，爰敢貢丹忱。」

廿一日。未出門，意欲暫息，而客來極多，仍不得息也。

廿二日。申刻赴南司，見。

廿三日。巳刻赴北司，見。申刻至張西園協戎處道喜，喫喜酒。

廿四日。申刻至畿輔學堂。

廿五日。午刻至南司，見。

廿六日。今日未出門。

廿七日。申刻北司，見。

廿八日。今日畿輔學堂兩司會考，早六鐘二刻前往，七鐘二刻兩司到，即點名，共四十二人，連外省。題爲「籌濬東河方略論」，臬出。「以閏月定四時成歲疏」。藩出。八鐘，浙撫劉景韓中丞抵省，即在學堂作茶座，十鐘早飯，飯罷蓋戳。兩司散，即至道署，道臺昨晚往安肅，今日病不能與，不能來。即至雲貴會館謁劉中丞，見。

廿九。申刻在淮軍公所公請劉中丞。三鐘往，四鐘兩司到，又二刻劉中丞到，入座。七鐘席散。

三十日。劉中丞啓程入都。五鐘出城，城門尚未開，催令啓鑰，到茶座尚無人來，少座廳縣各官方來，三刻臬臺來，六鐘一刻藩臺來，七鐘劉中丞來。臨行，城守尉偕司道寄請聖安，申刻至南司，見。

十二月初一日。七鐘行香上院。是夜雪花飄灑數點旋止。

初二日。申刻赴北司見。

擬發審局楹聯：

「叙雪本來難，維能曲意平反者已受十分苦楚。

飲冰當共勵，要在虛心推鞫兢兢哉勿存一點僞私。」

初三日。早赴南北司，皆見。

初四日。未出門。都下人來言，都中初一得雪二三寸。邸抄報四寸。

初五日。微雪竟日飄灑，積不成寸，未刻漸閃日光，夜晴。

初六日。申刻赴北司，見。

初七日。赴畿輔學堂晤子春。胡全錫綸自奉天來，言關外雪甚大，爲風吹散，高阜不能有。關内永平府屬雪亦不小，天津較小，約有二三寸，愈南則愈小矣。

初八日。周臬臺調福建，直臬廷劭翁補授。早至南司，見。意甚不愉。

初九日。申刻赴北司，見。是日子春午前來。

初十日。未出門。

十一日。午刻在家請客。意川、子春、映庚、悟三、葦野、旭雲。夜十鐘拿本署工房賭局，共獲四十六名。

十二日。晨，赴南北司，皆見。下午將賭犯傳老同移送理事廳。

十三日。晨自訊昨夜所拿賭局爲首開局者二人。傳老同即來成，係旗人，陳文甫係南司經堂，同看局之周太三在押候覆訊，餘同賭三人，分別責釋，午後赴南司，見。

十五日。早七鐘行香上院。

十七日。申刻至畿輔學堂送子春行，明日坐火車入都。赴北司，見。

十八日。

十九日。申刻赴北司，見。至兩江會館，與瑞伯公請，客到者衛鵬秋、孫麟伯二觀察，張西園協戎、余怜臣參戎，恩樹壘、梁敬之、龔達光、趙贊臣、陳寬仲五太守，謝子治、唐宜菴二司馬。

二十日。封印。午刻早八鐘上院，十鐘散。赴各署道喜。

廿三日。明日立春，巳初刻赴東關迎春上院。僅府縣至院署。申刻赴北司，見。

廿四日。辰正初刻鞭春上院。

廿六日。早赴南司，見。申刻赴北司，見。

廿七日。分冬差炭資，未出門。

廿八日。

廿九日申刻上院，並赴各署拜歲。

壬子　中華民國元年（一九一二）

壬子正月

元旦，晨陰午晴。未出門。今日本應詣皇極殿行朝賀禮。因服色不便未去。同人相約如此。呈遞如意二柄，仍賞還。

臨時大總統袁十二月三十日布告：

現在共和政體業已成立。自應改用陽曆以示大同。應自陰歷壬子年正月初一日起，所有内外文武官行用公文，一律改用陽曆。署「中華民國元年二月十八日」，即壬子年正月初一日字様。

初二日。各國公使有來賀總統者，日、俄不至。奐如辭職。

初三日。今日總統拜晤各國公使。先到英館，英使朱邇典歡迎，令其子女齊出瞻仰，沿途拍照者甚多。

初四日。南京政府必欲臨時政府在南，而亦有不以爲然者。

初五日。九鐘訪陸潤生，長談。王炳青兼署法副。

初六日。一鐘二進署，南京參議院會議亦以臨時政府在北爲宜，而孫文政府則與之反對，此公私之别也。當此共和初成之時，而仍循個人之私見乎。

人日。王炳青兼署副大臣，又以終養辭，並乞開去少卿底缺。

初八日。星期。午後一鐘二進署，忘其爲星期也。署中各司皆無人，少坐即歸。

初九日。許璣樓暫管法副，徐季龍理少，王書衡總檢察，皆係暫行管理。

初十日。午後一鐘三進署，四鐘一散。

十一日。璣樓又辭法副，請開缺修墓。季龍暫管法副，書衡兼理少。

十二日。晚飯後八鐘二，獻臣忽來言内東城兵變，分路焚搶。畢宸臣來言三鎮兵因放餉滋事，登樓望之，火光燭天，徹夜鎗聲不絶，天明方息。舉家未睡，余略睡片時，變兵得財後，多由西便門豁子出城，沿城根火車道行走，距金井甚近，幸已滿載，不暇波及。

十三日。天明後始探得，東安門外丁字街焚燒最烈，延及東安門已被燒净盡。丁字街迤北之東西鋪面存者亦稀。東四牌樓自八條胡同起，自北而南無不被禍。單牌樓以南尚稱完善。二條胡同以北至石大人胡同被燒者，尚不過數家。變兵起自朝陽門，故朝陽門一帶挨户被搶，聲言：「袁大總統將南行，我等必在遣散之列，借些盤川回家。」可見此次之肇禍，南行其一端也。兒輩恐今晚尚不能安静，因在六國飯店留屋一間，八十五號。下午婦稚暫移於彼。下午季龍來，是夜内西城門又焚搶，聞有姜軍在内，而土匪爲多，天明始定。

十四日。因六國飯店需費太鉅，擬將婦稚送往天津，余移居六國飯店。三四兩兒同行，迨到彼後，風聞火車有被搶之事，又不敢行，因將婦稚移居於北京飯店。是日姜軍在西城拏捉土匪，正法者數十人。刑部街北頭當鋪於白晝十鐘被搶，皆本街人。聞大理院巡警首先砸門，法部之皂隷人等亦無不混雜其間。内城總廳聞之，派巡警來彈壓，人始散，故南頭一家未搶。總統命令各營軍隊，夜間不准出營，各地面責成步軍統領、巡警廳分段巡邏，夜間漸就安靖，不聞鎗聲矣。馨吾、仲和寓居於此，晚飯後來談。

上元日。聞豐臺一帶多搶火車，頗爲危險，遂停止婦稚赴津之舉。即在北京飯店居住，每日言明三十五元。大小十二人。余與三四兩兒仍居於六國飯店。

十六日。

十七日。早十鐘歸寓，飯後二鐘許，仍到六國飯店。三四兩兒輪流 一人在此相陪，一人歸寓。

十八日。

十九日。早九鐘晤馨吾、仲和，知臨時政府地方在北京。前日有代表四人，總統亦派代表四人同往組織臨時政府事宜。十鐘歸寓，下午四鐘仍到飯店。

二十日，自十四日夜後，頗覺安靖。此間所住，在第三層樓上，上下步履不便。氣管煖氣過甚，僅着薄棉衣，空氣全無，不甚宜。因決計於明日歸寓，今日婦稚一半先歸。

二十一日。九鐘晤馨吾，知大總統明日三鐘在石大人胡同大樓受職，各首領須前往行禮。四國投資已立合同。每月賻三百餘萬，以半年爲期，大款借定，再行歸還。月賻外別有欵千二百萬，亦分期交。陸潤生來喚三兒到署，不知何事。十鐘歸寓，婦稚亦齊歸。下午三兒歸，言係偕同庫長鐘君赴四國銀行領款。匯豐、德華、會理、花旗。初欲開票，該行以先未知照，一時來不及，仍取現銀，與之言明，此後每期領款，皆開票，已説定。

二十二日。午後二鐘，赴閣。大衆齊集後上大樓，依次排立，請大總統就位。大衆一鞠躬，總統宣誓辭。宣畢面遞與歡迎使。歡迎使誦頌詞，總統有答詞，畢，二喇嘛遞烏達，總統回贈，烏達挂於其頸間。於是大衆詣總統前一鞠躬，先各署首領依次行禮畢，總統退位，大衆又一鞠躬。總統退入別室。各領帶同丞参司員謁行一鞠躬禮。禮畢下樓茶會，歸來未四鐘。

二十三日，大風天氣甚冷。

二十四日。午請叔詹喫便飯，二鐘二散。是日風未止。

二十五日，風微小。總統令特任唐紹怡爲國務總理。

二十六日，風小。

二十七日，風漸微，夜十二鐘風又大作。

二十八日，風大，天氣忽陰忽晴。連日風天氣寒。

二十九日，晨風息，午後又作。奐如來。

三十日，晨風息，午後又作。夜大風。

二月初一日，大風未息。

初二日，大風。

初三日，風微小。書衡、霖叔來。

初四日，晨風息，午後又有風。

初五日。書衡、霖叔來。晨風息，下午又有風。此後每日皆然。

初六日。午季龍來長談。

初七日。羅石帆來。石帆言，伊姪在滬，去年冬仲即有信來，言南方有舉余爲司法長之説，此次究竟不知如何。甚矣，虛名之纍人也。

初八日。劉蔚如來。

初九日，晚陰風，叔詹來，趙伯勤來。

初十日，陰，風大。下午時見日光，夜晴。

十一日，風略小，晴。司法總長王寵惠。

十二日，晨風息，下午風又作。此後每日又如此。

十三日。陽曆三月三十一日。發東京書。

十四日。四月初一日。

十五日。

十六日，風大。

十七日。司法次長徐謙。風大。

十八日，清明，微陰無風。

十九日，微陰無風。

二十日，晨陰。十鐘小雨，風又作。雨止。午後風漸大。

二十一日，風大。參議院仍在法律學堂，派章宗祥、曾怡進二人專司照料。

二十二日，晨起無風，八鐘後風又作。交通總長施肇基。昨日任命。

二十三日，晨起無風，八鐘風作，午後風大。季龍來言，昨日見總統，次長一席辭之不獲。王總長係熟人，必能融洽。來電言須歸里三星期方能來，總統則言須兩月方來。民政次長二人，張元奇、榮勳。

二十四日，天氣與昨日同。

二十五日，晨起無風，天燠。午後一鐘後風又作。四鐘漸大，黃昏微息。

二十六日，晨無風，九鐘風作，十鐘大。

二十七日、二十八日、二十九日。天氣與前同。

三月初一日、初二日。以後數日不及記。

初五日。大總統命令：「現在國務院業經成立，在京原有各部事務，應即分别交替，由各部總長接收辦理。」

初六日。季隆來書，言署中公事暫行停辦，印信已不能用，行文等事亦暫停止。有要緊者，送伊處辦理。伊每日在國務院辦事，不進署矣。余專候交代事畢，即可脱離政界矣。下午，善芝樵偕署中司員三十餘人來，爲售款事。當告以我已無行政之權，此事須請示徐次長。

初七日。沙巖採來，何幼芩來，傍晚何幼芩又來。昨日法部人到徐處，大起衝突。

初八日。下午何幼芩來，言售款事。中國不肯撥，可毋庸議。大風竟日。

初九日。聞法部人意尚未已，今日又聚會。今日早無風，下午風亦不甚大。

初十日，十鐘風作，日暮方息。得馨吾書，言王亮疇明日在滬動身，十五、六可到。

十一日，陰，黄昏小雨。

十二日，陰。

十三日，陰晴相間，夜風又作。

十四日，大風竟日，黄昏風息。

十五日，午後風，入夜方息。暮時微雨數點。王總長今午抵京，寓國務院。

十六日，晨六鐘雨。七鐘二漸大，十一鐘漸小，午後濛濛細雨，二鐘後雨止。晚八鐘又小雨一陣。九鐘晴，月出半夜風作。是日之雨，約三四寸許，久旱之後得此，人人有喜色。周霖叔、壽子謙、胡□□來。

十七日，晴，大風，傍晚風息。

十八日，晴，聞保定一帶雨大，已深透。王書衡來。

十九日。雲抱自南來，同來者王斗華及其弟楚卿，亦下榻於此。
二十日。立夏，黄昏小雨。
二十一日。民國初七。今日法部交代，傍晚張□皖來，以收發所交代事未了，囑王幫辦招呼。度支部暫設籌備處，先派員四十人，承烈在内。
二十二日。王京普來，下午法部電話來，交代已清。夜微雨。
二十三日。
二十四日。下午六鐘，王亮疇、徐季隆偕來。夜陰。
二十五日。早大風作，竟日不息。
二十六日，風尚未息，午後漸息。顧少箎來。
二十七日。
二十八日。晚請親友便酌。梅峯、瀏清、襄臣、鞏伯、斗華、楚卿、伯勤、伯剛。夜九鐘小雨。
二十九日，天氣驟煖。
三十日。

四月初一日。早六鐘四十分雨作，七鐘後漸大，申酉之交尤大，入夜未息，三鼓雨止，風作。
初二日。早八鐘小雨旋息。下午書衡、霖叔來。
初三日，風。不甚大。
初四日。書衡來。
初五日。法律學堂於今日交代，司法部派恩培接收。
初六日。
初七日。初八日、初九日。大借欵事將不成。

初十日，星期。大風竟日。

十一日，早無風，十鐘風漸作，不如昨日之大。

十二日。叔詹言，袁、唐離，唐欲行指捐，袁非之，而黄與電來贊成之。

十三日，無風。陳禮耕城裏駱駝橋塊。移居來。代劉清寫字。

十四日，微陰有風。

十五日。

十六日，微陰。

十七日。不出大門八十五日矣。今日風小，午後三鐘赴文明茶園觀劇。王梅峯約。六鐘三歸，甚疲。

十八日。

十九日。

二十日。午後三鐘三雷聲殷殷，四鐘雨數陣，不大。

二十一日。雲抱於今日南歸，下午三鐘二赴火車站。黄昏微雨。

二十二日，晴。

二十三日。午後三鐘雷聲殷其，四鐘雨，七鐘二雨漸大，霹靂聲振瓦，九鐘微小。

二十四日，黄昏小雨。

二十五日。

二十六日。午後二鐘，偕四兒、三孫至陳列所一遊，氣力衰，茶坐歇十餘次，又在接待所卧憩良久，始歸。

二十七日，早晴，旋陰。雷聲作於西南，小雨旋止。

二十八日，陰。

二十九日，陰。夜半大雨。

五月朔。王梅峯遷居。

初二日，天氣漸熱。唐總理於今日赴津，意在辭職。

初三日。總統遣段芝泉、梁燕生赴津勸駕，唐不允。

初四日。陸子興暫署總理。

初五日。晚叔詹、伯剛、寶蘅在此喫飯。同坐斗華、楚卿、禮耕。

初六日，夜二鐘半雷雨。

初七日。唐決計不來。

初八日。昨日總統府開大會，國務長咸至。聞衆舉陸，總統意在徐太保。参議院人私議在岑雲階、程雪樓。是日早四鐘雨，六鐘止，陰晴不定。

初九日，星期。晨陰旋晴。

初十日。

十一日。

十二日。午後叔詹來。

十三日，夜兩鐘許雨一陣。是日下午寶瑞臣來。

十四日，陰。國務總理衆論皆屬於陸子興。

十五日。今日参議院公舉國務總理。到會八十四人，陸得七十四票。當日奉命令委任其他國務總長，須由陸参定。陸意不更動，而同盟會中人皆約辭職，蔡、宋、王、王，惟冠雄不辭。叔詹今日南下。

十六日，天氣漸熱。

十七日。

十八日。輓端午橋聯。奇變發征途，最可憐夏鼎商彝同遭淪落。忠魂逢浩劫，更怕談峽雲薊樹還望歸來。

十九日。

二十日，連日炎熱，今日尤甚，夜間睡不得安。

二十一日，天方明雨旋止。五鐘雷作雨來，竟日斷續不絶。薄暮時傾盆如注，八鐘二微小，旋大旋小徹夜不息也。陸總理發表已七日，而各總長尚無確定明文，未知何故。

二十二日，雨忽作忽止，午後二鐘放晴。

二十三日，晴，亦時有陰雲往來，黃昏雨。

二十四日。聞國務總長中同盟會之蔡、宋、王、王皆決意辭職。在做人之意尚肯留，而懼同會者不允也。手鎗炸彈時之可危，有不得不辭之勢，司法無人，又有擬及余者。

二十五日。

二十六日。

二十七日。馨吾來，言國務同盟會人總統留之不得，不得不另訪替人。與陸總理擬四人，孫毓筠、胡瑛、沈秉堃而欲以司法屬余。陸因與余不識，馨吾轉致此意，余婉謝之，久病未愈，實難再出應世事。

二十八日。張杏生來，仍是馨吾属來談項者，並言參議院可不到，國務院亦不必常到，可在總其大成，余仍以疾辭。

二十九日。施伯彝來，乃陸子與屬來。余告以病不任事。伯彝見余病狀，亦不甚慫恿。段芝泉來，總統属來勸駕，余仍以病辭，連日政界人來，言語過多，氣急之證益甚。昨今兩日陰雨，時作時止，雨亦不大。

六月初一日，晴。黃昏斗華自馨吾處歸，復以不入耳之言來相勸勉，無如余病體之不能支持乎。

初二日。余託言赴西山養病，客皆不見。是晚杏生又來探口氣。二兒見之，告以病不能行，杏生言隻好敦請仲和、伯勤來診視，開方服藥。

初三日，陰雨忽作忽息。徐季隆辭職。王書衡署司法次長，兼理總長事。伯勤來改方。

初四日，夜三鐘雨，天明未息，八鐘止。連日黨論紛紜，內閣尚未能組織完，可歎。

初五日，晴。昨日伯勤來改方，今日仍服昨方。

初六日。總統提出總長六人，參議院無一通過者。竟至陷於無政府地位，可歎，可歎。同盟會主張其事統一，共和黨附和之。共和黨人數不及二黨之多，此其所以難通也。

初七日，今日熱甚，夜十一鐘睡醒後，發熱不能成寐。一鐘後雨一陣，少涼始睡著。

初八日，午前時陰小雨。時晴，午後二鐘二大雨，旋小旋大，入夜不息。今日總統請參議院議員茶會，聞到者五十餘人，總統演説良久，議員湯化龍答詞尚和平。

初九日，天明雨尚未息，時大時小。

初十日，雨未息竟日，黄昏漸微。

十一日，陰。

十二日，陰。總統送法律顧問狀來。

十三日，微晴，夜月出。今日參議院國務員投票，惟工商蔣作賓少三票，餘五人並通過，已任命。仲和任命大理院長，大局又暫定矣。伯勤來開方服藥。

十四日，晴，午後六鐘二雷聲作，陰雲四合，雨來。七鐘勢若傾盆，八鐘始微。又二十分鐘雨又作，旋止，雲開月出，九鐘二又雨，十二鐘止。

十五日，早晴，晚六鐘又陰，九鐘一又雨，旋止。

十六日，陰六鐘雨，旋止，子静來少坐。

十七日。十八日。保定一帶連雨十二天。

十九日。八月初一。二十日。天熱。

二十一日，天氣炎熱，永定河已決口，直境被水之處不少。

二十二日。星期。

二十三日，午後五鐘陰，七鐘二微雨。連日酷暑，今日有微風少可，然中午亦極熱，晚得微雨稍涼。

二十四日，早六鐘微雨，七鐘漸大旋小。十二鐘止。二鐘又作，三鐘止。

二十五日，晴。

二十六日，立秋。晴。

二十七日，陰。立秋後尚未見西風。

二十八日，陰。

二十九日，陰雨竟日。時雨時止，自正月無事以來纂漢律摭遺二十二卷，今日方畢事。然其中尚多未備，著述不易言也。

三十日，末伏。晴。

七月初一日，時陰時晴。

初二日，晴。

初三日，晴。發家書、伯唐書。天氣又熱。黎元洪來電，請拏張振武、方繼二人，於今日九鐘拏住，十一鐘鎗斃。

初四日，陰。午後二鐘大雨，旋小，暮息。天氣雨後少凉。

初五日，晴。

初六日。星期。

乞巧日，晴。連日因張、方正法，湖北議員大發怒，已有質問書。

初八日，晴。聞張振武領三十萬赴滬買鎗械，一月之中挾妓應酬報館，花了二十四萬。此必罪狀之一端也。

初九日，晴。

初十日，連日天氣復熱。黎元洪來電，張振武十大罪已登報，其中以蓄意爲二次革命，情節爲重。

十一日，處暑。

十二日，晴。天氣晴熱，又五日矣。

十三日，暑氣略減。
十四日，今日又熱甚。
中元，一鐘雷作，約數十分鐘許，小雨一陣，即晴。
十六日。發湖州快信。
十七日，夜雨，一鐘後止。
十八日。
十九日，早霧，北風作，暑氣略退。
二十日。
二十一日，陰。
二十二日，晨雨、旋止，午晴。得雲抱書。
二十三日。發湖州快信。
二十四日。
二十五日，午後陰。
二十六日，陰雨。
二十七日，晨晴。二十二日本擬攜三孫觀劇，因晨雨中止。今日星期，早晴。遂在文明茶園定了戲座，乃午未又陰小雨，三孫冒雨先往，他客亦有到者，二鐘晴，余亦往，忽又急雨數陣，六鐘二歸，則雨又止。
二十八日，早陰，九鐘後晴，夜風。
二十九日。發湖州快信。連日天氣漸冷，須著棉衣。
八月初一日。斗華請作致雲抱書，催令從速北來。快信。初二發。
初二日。今日作法律學會雜誌序一首，交子健。

初三日，午後四鐘小雨一陣，夜北風甚厲。

初四日，天氣驟冷，可御重棉。風晴。夜九鐘，得家書。

初六日。伯剛南去。

初七日，今日天氣少和煥，今日襄臣約至同樂軒觀劇。

初八日。早十鐘馨吾來長談。南北關稅抵借欵外，約餘五百萬。而賠欵毋著。算至年底，共須二千八百萬。有着可抵之欵約有九百萬，尚不敷一千九百萬。各省分認之欵，固不肯借，即今年新款，亦絲毫未解也。新兵不裁，財政真無著手。而各省之擁兵以自利者，竟不爲公家計，柰何柰何。

初九日。

初十日，午後二鐘雨，入夜未息，中夜風作，雨止。

十一日，晴。午後二鐘湖州同鄉在江蘇會館開茶會，歡迎陳英士都督其美。英士三鐘到，由李子裁代表朗誦歡迎詞，旋由英士演説，頗以吾湖鄉民生計爲念，語中漸辨報界謗伊之言，演説畢，拍照入茶座，談至五鐘始去。客去後公議會館事，散時歸來，已五鐘三。

十二日。聞湖州年成甚好，新米價已落。

十三日。午後五鐘，陳英士來。

十四日。

中秋。民間仍以爲節，照常要帳。各署則不然，不放假。是日晴朗，夜月色甚好。

十六日，晨陰，旋晴，夜月食。

十七日。周小帆來，腦後生疽，尚未收口。

十八日至二十三日。連日天氣復煥，棉衣又穿不住。

二十四日，今日稍涼。

二十五日，雨，夜風。

二十六日，風大，天氣驟寒，重棉尚覺衣薄。

二十七日、二十八日。

二十九日。寒露。

九月初一日。十月初十。國慶節，在琉璃廠設會，追祭革命死事諸人。趙總理代總統主祭，陪祭者大理院長、参議院議長及九部總長，各署放假一日。各學堂放假三日。天壇開放三日，任人游玩。

初二日，陰微雨。今日天壇放煙。

初三日。初一日以前謡言極多，此三日内幸而平安無事，可喜也。

初四日。

初五日，陰，午後二鐘三至廣德樓觀劇。夜大風。

初六日，風竟不止，入夜息。晴。

初七日，晴。彬士自保定來。

初八日。俞襄臣南歸。

重九。

初十日。

十一日，夜，北風甚厲。

十二日。風。天驟寒，有衣裘者。未刻飛雪數點。

十三日。晨接雲抱自滬來電，言今日坐連陞輪船北來。午後飛雪數點，旋小雨濛濛，五鐘止。

十四日，今日晴，稍煥。

十五日。

十六日，晴。

十七日，陰。

十八日，晴。雲抱偕夭夭姪女於十一鐘到京。十二鐘一刻赴畿輔先哲祠，法律館館員約往照相以作紀念品。到者二十六人，瑞臣、仲魯、仲和、潤田、子來、子健、士可、宴南、鞏伯、棣生、書衡、霖叔、綬金。聘三、次之、任先、郁堂溯、伊海饒、胡雲儷、桓樂園範、秦。及岡田博士。一鐘二照相畢，入座共三席，三鐘散。綬金買得永樂大典十六本，價千餘元。伊言内有湖字韻，内湖州志書者極多，已飭鈔胥鈔矣。鈔好相贈，又有董斯張吹影録二本，問我要否，要則可以由西京寄來也。永樂大典存於公家者，尚有六十六册，在圖書館。

十九日，陰。

二十日，晴，天稍煖。

二十一日，陰雨竟日，夜半風作。

二十二日，晴，午後孫慕韓來少談。

二十三日。

二十四日。

二十五日。夜請幫忙親友三桌。並宴新人。夜中有風。

二十六日，晴，風息。午刻宴大賓，十二鐘大賓往迓新郎，二鐘新郎來，二鐘合巹禮成，三鐘祭祖，四鐘見禮，五鐘分次開宴。夜八鐘三，送新郎入洞房坐牀前宴。九鐘禮皆畢。

二十七日。今日晚斗華發起煖房，宴請票友演劇，晚五鐘先坐席，夜七鐘開戲，二鐘二止。是日客到者約四十人。是日風大，天驟寒，黄昏風止，而寒氣甚重也。

二十八日，風。水缸冰已甚厚，須穿大毛。

二十九日，風略小，然寒氣仍重。

三十日，立冬。

十月朔，風息，天較和煖。仍著小毛。

初二日。

初三日。

初四日。

初五日。向綏金處假來永樂大典兩册，一册六模湖字韻，爲二千二七十九至二千八十一三卷，標明湖州府志。五、六、七皆湖州故實。所引有吴興續志、吴均入東記、統紀圖經、餘英志諸書，皆久佚者。其細目係山、川、宫、室、祠、廟、寺，一字一門，五門。惜前後皆不得見，不能完全也。一册七皆臺字韵。爲二千六百八、二千六百九兩卷。前卷爲元憲臺通紀，後卷爲元憲臺通紀續集。御史臺之三四。二書頗完備，皆可貴也。當屬綏金代爲迻寫一通，未知能如約否。原册廣大、横量營造尺九寸，直量營造尺一尺五寸七分，以紅圈分句，字之有他音，此[者]，以紅圈記於四角，此又當日進呈之式也。圖書館所藏之書，近爲人盜出者甚多，綏金得京本自警編，元槧□王事蹟、明大誥諸書。今日有風，夜中漸大。

初六日，風較尖冷。

初七日。

初八日。

初九日。今日湖州會館開會，知单約午後二鐘。余四鐘到，人來者尚不甚多。及至開會，已將議決本會章程，先有反對者，磨磋良久，全體贊成，繼又議決去年寄來千元之餘欵，因劉澄墅託人來説郡城工藝學堂房屋已具，而開辦無經費，余意將此欵撥充。章穀生極爲贊成，於全體無異議。次票舉會長。余得二十六票。蓋今日到會之人有新自南來者，不知余前此之曾辭此事也。又費唇舌矣。歸來已六鐘許矣。是晚張大來備飲内外三席。綏金送宋槧自警編來，與余所藏本校勘，係屬一本，以甲乙丙丁戊五字分卷。伊書缺丙卷，而余缺戊卷。因假伊書補抄。

初十日。綏金來言，自警編曾見洪武本，係九卷，其以甲乙丙丁戊分卷，此確係宋槧。伊假余丙卷去抄補，伊書留在此，余亦可抄補戊卷也。余書爲沈慈藏本，當時書估將目録後亦行割去，故沈氏亦不知此書之不全也。是日大來生日，余備飲餉之。早喫麵，晚外一席、内便飯一席。晚飲散時，已九鐘一。

十一日。雲抱南歸中車行。

十二日。

十三日。作伯唐書。

十四日至十七日。無事可記。

十八日。得伯唐書。

十九日，晨陰，八鐘微雪，午晴。自十七日夜寐不熱，連三夜矣。未知何故。

二十日，晴風不大。今日稍安。

二十一日、二十二日。

二十三日。今日十二月初一日，會館開會並歡迎工商代長。沈聯芳鏞、王一庭雲、馮季常。三君。正會長共推丁少蘭矣。

二十四日。是日脖項疼痛，項後發現筋疙瘩。

二十五日。延伯勤診視，言是受風。連日核算會館帳目，預備款項，以便交出。

二十六日。頭面皆痛，發現紅色，又延伯勤來換方。是日方將會館帳目算結，款亦備齊，應俟王楚卿有暇送往丁處。老病之動輒不如意如此。

二十七日。伯勤來換方。雲抱二十抵家，二十二發書，今日。天津逍遥四日，而上海不肯暫住一日，亦可怪也。

二十八日。發伯唐書。伯勤來，仍服昨方。早陰午晴，夜風。今夜又睡不著。

二十九日。風大，伯勤來診，言暫停藥。是日交大雪節。夜騾馬市瓷店火，近來賓宴樓、東安市場連次火。今夜又火，連三次矣。天不降雪，奈何。近日向道生銀行提款者絡繹不絕，道生票相戒不用，此等無意識之風潮，其起也，一鬨而已。初無結果，中國人慣技如此。徒增交涉之波瀾。何益於大局，徒爲外人所笑耳。今夜睡稍安。

三十日。星期。今日風息，而天尚冷。伯勤來診，藥可不服。今夜又睡不著。

十一月初一日。魏梯雲輓聯。「月旦冠同曹，驥足先登君獨健。雲亭懷舊侶，鵬飛中鎩我深悲」。

初二日，無風而寒甚，須著大毛。

初三日，較昨日寒少減。

初四日、初五日。連日停藥，咳甚，夜不能寐。

初六至初十日。無事記。

十一日，陰，八鐘雪作，午間漸大，竟日不息，夜中息，約得三寸。午後三鐘，叔詹來。前日自滬坐津浦路來，由浦至津約行二十四鐘。談及浙事，不統籌出入之款。酌盈劑虚，惟事摹仿他人，行政費須二百餘萬，如何是了。

十二日，晴。校刑統賦疏上册。

十三日。晨陰微雪，午晴。

十四日，冬至，天氣較寒。校刑統賦解一册。

十五日，寒氣較昨日尤重。作説文引經異同序一。

十六日。

十七日，夜十鐘後雪達旦。

十八日，晨八鐘雪止，午晴。雪約有三寸許。

十九日。

二十日。滴水即凍。

二十一日。朱桂卿七十壽辰，今日同鄉在同興堂演劇公祝。七鐘三前往觀劇，十二鐘二歸。所演皆票友，有昆腔三出甚佳。

二十二日。二九天，寒微減。

二十三日。三十一號，民國之除夕也。校河南集。

二十四日。民國元旦，薦任以上官，齊赴總統府行禮。校河南集。

二十五日。東西長安門聞於昨日開放，可通車馬。

二十六日。午後一鐘，在寓請客。到者：胡馨吾、章穀生、伯初、仲和、張宴南、斗華、楚卿、叔詹。少蘭不到。五鐘席散。作河南集校語。新得鈔本穆參軍集。取以相校，所得極多。

二十七日。

二十八日，夜寒甚重。

二十九日，小寒。陰寒。校説文引經異同五頁。

十二月初一日，陰，午前飛雪數點。申刻先微雪，繼則似雪似雨似霧，夜半漸息，天氣極冷，兩手似冰，骨節爲之作痛。此兩日來，爲今年極寒之時矣。校説文引經異同九頁。

初二日，晴。寒氣已減，視前二日相去遠矣。校説文引經異同七頁。今日爲三九第一天。

初三日至初六日未記。連日續纂説文引經異同坿錄、漢郡鄉亭名。

初七日。晨，陰。下樹掛、旋晴。

初八日。今日臘八，無送臘八粥者，此風其遂已乎？

初九日。天津人王竹林賢賓來，爲伯唐售屋事也。竹林新從日本歸，言日本人勤儉之不可及，如國王宴各部大臣，第三日筵宴，第一日偏告之，第二日即送宴費，於各大臣家每人二錢，以小盛盛之。如自來火之盒。各大臣即捧至桌上，行鞠躬禮，供奉之。儉如此，據某大臣者，曾充中國恭贊，言曾預中國之宴，聞每人須費四百金，如此妄費，安得不貧。又舉男女無不學者，伊寓友人處僱一下女，問之曾入學堂十年，得暇即看書習字。其女孩之貧者，入蒙學三年即入工廠作工。每日得工資四毛，即送入銀行。日日如此，有積至百數十金者，其據爲一小摺，帶在身旁，曾索觀之不虛也。中等社會以上人，無日日喫肉之事，下等無論矣。其儉也如此。而大貧亦可知矣。

初十日。此三日寒略重。然視二九爲輕。連日纂漢郡縣鄉亭名。初以爲數日可了，乃十日但成司隸一部。

十一日。又成豫州一部。交四九。天氣寒轉輕。

十二日。又成冀州一部，兗州之半。

十三日。又成兗之半部，徐州一部。今日頗覺和融，水缸冰已解。

十四日。成青州一部，荆州半部。

十五日。成荆州半部，揚州一部。

十六日。成益州一部，涼州十之二。風，午間較甚，朱閏生來。

十七日。成涼州十之八，並州一部。周霖叔來。

十八日，早八鐘雪，雲薄時見日輪，午後四鐘息，積約一寸。成幽州十之九。

十九日。成幽部十之一，交州一部，最少。午前畢矣。偶得句云：「園庭晨雪沍，燈火夜寒深。問字車聲杳，催詩鉢韻沈。靜中領佳趣，長此息塵心。」首二句「雲氣收層宇，晴光動遠林」，題目「雪後初晴」。

二十日。今日爲四九末一天，此三日中寒氣頗重，今日尤甚。

二十一日，校河汾詩話一册。

二十二日。風大。昨今兩日寒與前三日同。

二十三日。今日早晚仍寒，中午略爲和煦。發雲抱書。拊劉澄如書。

二十四日。校文選書目二卷。中夜風作。

二十五日，風大。迪莊來，攜權齋老人筆記相視。筆記鈔本，宋雪漁先生作。府志藝文略所未載，燈下閱一過。

二十六日至二十八日。未記。

二十九日，立春。酉刻立春，八鐘風作，夜中甚大。

除夕。六九第一天，夜飯王氏四人，連自己共十三人。寶蘅來，是夜至三鐘始睡。是日風大，黄昏漸息。大京兆自書楹帖，用放翁句見贈，云：養心雖若冰將釋，憂國猶虞火未然。